合肥年鉴

2018

合 肥 市 人 民 政 府　主办
合肥市地方志办公室　编纂

全 国 百 佳 图 书 出 版 单 位
APCTIME 时代出版
时代出版传媒股份有限公司
黄　山　书　社

图书在版编目（CIP）数据

合肥年鉴．2018/ 合肥市地方志办公室编纂．
—合肥：黄山书社，2018.10
ISBN 978-7-5461-7740-3

Ⅰ．①合… Ⅱ．①合… Ⅲ．①合肥－2018－年鉴
Ⅳ．①Z525.41

中国版本图书馆 CIP 数据核字（2018）第 236619 号

出 品 人　王晓光
责任编辑　徐娟娟
装帧设计　黄肖肖
出版发行　时代出版传媒股份有限公司（http://www.press-mart.com）
　　　　　黄山书社（http://www.hspress.cn）
地址邮编　安徽省合肥市蜀山区翡翠路 1118 号出版传媒广场 7 层 230071
印　　刷　合肥添彩包装有限公司
版　　次　2018 年 10 月第 1 版
印　　次　2018 年 10 月第 1 次印刷
开　　本　880mm×1230mm　1/16
字　　数　650 千
印　　张　32.25
书　　号　ISBN 978-7-5461-7740-3
定　　价　200.00 元

服务热线　0551-63533706
销售热线　0551-63533761
官方直营书店（http://hsssbook.taobao.com）

合肥市地方志编纂委员会

（2018 年 9 月）

《合肥年鉴》责任审稿

主　　审　凌　云（市政府市长）
执行主审　吴春梅（市政府副市长）
副 主 审　罗　平（市政府秘书长）
　　　　　谢　军（市政府副秘书长）
分类审稿　各供稿单位负责人
特别责任审稿　中共合肥市委保密委员会办公室（市国家保密局）

《合肥年鉴》编辑部

主　　编　王德桡
副 主 编　徐克虎　黄华华
编　　辑　（按姓氏笔画排序）
　　　　　王尚先　王惠莹　田　文　赵永军　贾南田
　　　　　陶俊生　徐仙春　储茂仁　鲍　甄

编辑说明

一、《合肥年鉴》是一部由合肥市人民政府主办、市地方志编纂委员会办公室编纂的，系统记述合肥市自然、政治、经济、文化、社会和生态等方面情况的年度资料性文献。《合肥年鉴》逐年编纂，本卷年鉴是连续出版发行的第19卷。

二、《合肥年鉴（2018）》坚持以马列主义、毛泽东思想、邓小平理论、“三个代表”重要思想、科学发展观、习近平新时代中国特色社会主义思想为指导，贯彻落实党的十九大和十九届二中、三中全会精神，客观记述2017年合肥市以新理念引领新发展，坚持稳中求进工作总基调，大力实施五大发展行动计划，主动作为，砥砺奋进，在建设长三角世界级城市群副中心、打造“大湖名城、创新高地”征程中的新情况、新成效、新特点。

三、《合肥年鉴（2018）》按分类法编辑，主体内容分为类目、分目、条目三个层次。全书设类目32个、分目244个，收入条目1337条、随文图照84幅、表格76张。坚持“质量第一，常编常新”的原则，全书框架在上年的基础上主要有以下调整：取消“专辑”类目；“总述”类目取消“向创新之都迈进”分目，新增“合肥综合性国家科学中心”“合肥成为‘中国制造2025’试点示范城市”分目；“中共合肥市委”类目取消“领导考察”分目，新增“市委重要会议”“市委重要活动”“关心下一代工作”“行政教育”分目；“合肥市人大常委会”类目取消“人大常委会会议”和“其他”分目，新增“重大事项决定”“代表工作”分目；“合肥市人民政府”类目新增“市政府办公厅工作”分目，“政务服务”分目更名为“政务服务中心”，“信访”分目更名为“信访工作”；“纪检监察”类目取消“重点工作”和“大事记略”分目；“法治”类目中将“公安与消防”分设为“公安”“消防”两个分目；“军事”类目中“武警合肥市支队”分目更名为“武警合肥支队”；“经济监督管理”类目中“调查”分目更名为“民生调查”；“财税与金融”类目中将“合肥证券业”分目更名为“合肥证券期货业”；“工业与信息化”类目更名为“工业与信息产业”，取消“工业结构调整与转型升级”“信息化与信息业”分目，新增“中国（合肥）工业设计城”和“大数据”分目，将“传统产业”分目更名为“主导产业”；“农业经济”类目更名为“农业农村经济”，取消“农产品质量安全监管”“农技推广”“秸秆禁烧和综合利用”分目，新增“引江济淮”“江水西调”分目，将“扶贫开发”分目更名为“脱贫攻坚”；“商贸 旅游”类目更名为“商贸服务业 旅游”，将“电子商务”“服务外包”“会展经济”三个分目调整为“综述”分目中的条目；“交通运输 邮政”类目中“民用航空”分目更名为“航空运输与管理”；“生态建设与环境保护”类目中新增“综述”分目，将“造林绿化”分目更名为“林业园林”，取消“环境保护”分目；“教育与科技”类目取消“科技”“知识产权保护”分目，新增“国家实验室”分目；“文化 传媒”类目取消“国家级非物质文化遗产”，新增“省级非物质文化遗产”；“社会民生”类目新增“劳动关系”分目；“民营经济”类目取消“发展特点”“发展举措”分目。

四、本卷年鉴所载录的文章和条目，均由合肥市有关部门、各承编单位提供并经过严格审核，文中主要数据由市统计局提供，文字和数据记述时限为2017年。

五、《合肥年鉴（2018）》编纂工作得到了各县（市）区、开发区、市直各单位的大力支持，全体编纂人员为年鉴撰稿、编辑付出了辛勤劳动，在此谨致衷心感谢，同时，特别感谢市地方志办公室时任主任黄群英的精心指导。书中难免有疏漏和差错之处，恳请广大读者批评指正。

合肥市地图

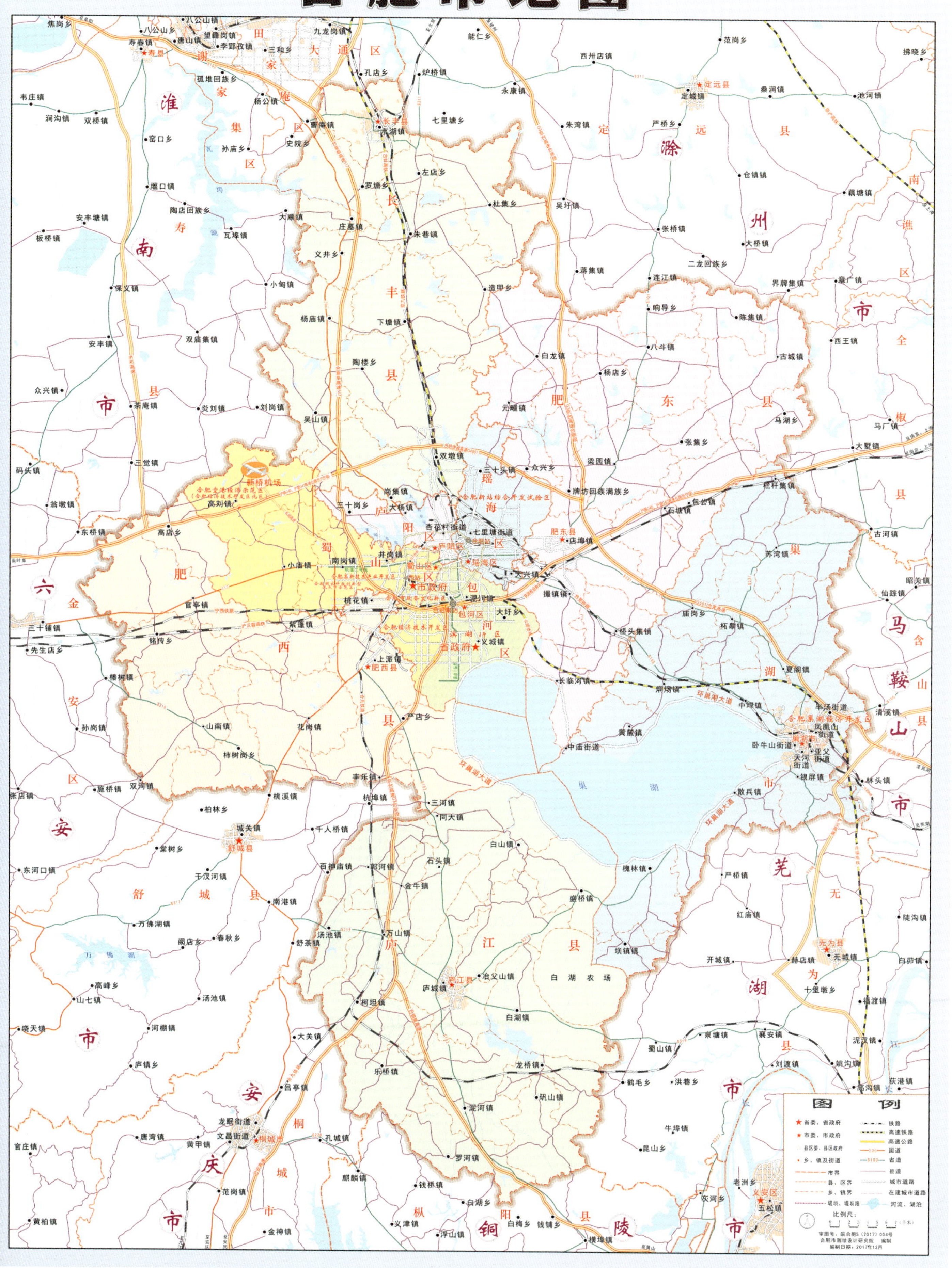

长丰县
肥东县
肥西县
庐江县
巢湖市
庐阳区
瑶海区
蜀山区
包河区
市政府
省政府
庐阳区
瑶海区
蜀山区
包河区
新桥机场
合肥新站综合开发试验区
合肥经济技术开发区
滨湖新区
合肥巢湖经济开发区
巢湖
环巢湖大道
白湖农场
淮南市
寿县
谢家集区
田家庵区
大通区
八公山区
八公山镇
九龙岗镇
三和乡
孔店乡
炉桥镇
能仁乡
西卅店镇
范岗乡
拂晓乡
滁州市
定远县
定远县
桑涧镇
池河镇
永康镇
朱湾镇
严桥乡
定城镇
仓镇镇
藕塘镇
吴圩镇
张桥镇
大桥镇
二龙回族乡
蒋集镇
连江镇
界牌集镇
章广镇
南谯区
全椒县
西王镇
马厂镇
大墅镇
古河镇
昭关镇
仙踪镇
马鞍山市
含山县
清溪镇
林头镇
芜湖市
无为县
无城镇
严桥镇
红庙镇
陡沟镇
开城镇
赫店镇
白茆镇
十里墩乡
福渡镇
泥汊镇
姚沟镇
蜀山镇
泉塘镇
襄安镇
刘渡镇
鹤毛乡
洪巷乡
牛埠镇
昆山乡
铜陵市
义安区
五松镇
老洲乡
横埠镇
陵
枞阳县
白梅乡
钱铺乡
浮山镇
义津镇
白湖乡
钱桥镇
麒麟镇
安庆市
桐城市
龙眠街道
文昌街道
孔城镇
吕亭镇
大关镇
唐湾镇
黄甲镇
官庄镇
范岗镇
金神镇
黄柏镇
六安市
舒城县
城关镇
舒城县
干汊河镇
南港镇
万佛湖镇
阙店乡
春秋乡
汤池镇
舒茶镇
高峰乡
山七镇
晓天镇
河棚镇
庐镇乡
东河口镇
棠树乡
柏林乡
千人桥镇
百神庙镇
金安区
张店镇
施桥镇
孙岗镇
椿树镇
先生店乡
三十铺镇
东桥镇
翁墩乡
码头镇
三觉镇
茶庵镇
众兴镇
安丰镇
保义镇
板桥镇
安丰塘镇
堰口镇
窑口乡
双桥镇
韦庄镇
涧沟镇
寿春镇
焦岗乡
孙庙乡
杨公镇
孤堆回族乡
唐山镇
望峰岗镇
李郢孜镇
史院乡
曹庵镇
长丰县
水湖镇
七里塘乡
左店乡
罗塘乡
杜集乡
朱巷镇
庄墓镇
义井乡
大顺镇
陶店回族乡
瓦埠镇
小甸镇
造甲乡
杨庙镇
下塘镇
双庙集镇
陶楼乡
吴山镇
刘岗镇
炎刘镇
白龙镇
元疃镇
杨店乡
八斗镇
响导乡
陈集镇
古城镇
马湖乡
张集乡
梁园镇
牌坊回族满族乡
众兴乡
三十头镇
双墩镇
岗集镇
大杨镇
三十岗乡
高刘镇
高店乡
小庙镇
南岗镇
井岗镇
官亭镇
铭传乡
紫蓬镇
桃花镇
上派镇
山南镇
花岗镇
柿树岗乡
双河镇
严店乡
丰乐镇
杭埠镇
桃溪镇
三河镇
同大镇
白山镇
石头镇
郭河镇
金牛镇
盛桥镇
万山镇
冶父山镇
庐城镇
庐江县
柯坦镇
白湖镇
乐桥镇
龙桥镇
矾山镇
泥河镇
罗河镇
汤池镇
槐林镇
坝镇镇
杏花村街道
七里塘街道
大兴镇
店埠镇
撮镇镇
大圩乡
义城镇
长临河镇
桥头集镇
石塘镇
包公镇
栏杆集镇
苏湾镇
庙岗乡
柘皋镇
夏阁镇
烔炀镇
中垾镇
黄麓镇
中庙街道
半汤街道
凤凰山街道
卧牛山街道
天河街道
亚父街道
银屏镇
散兵镇
合肥新站综合开发试验区
图例
省委、省政府
市委、市政府
县区委、县区政府
乡、镇及街道
市界
县、区界
乡、镇界
铁路
高速铁路
高速公路
国道
省道
县道
城市道路
在建城市道路
河流、湖泊
比例尺
审图号：皖合肥S（2017）004号
合肥市测绘设计研究院 编制
编制日期：2017年12月

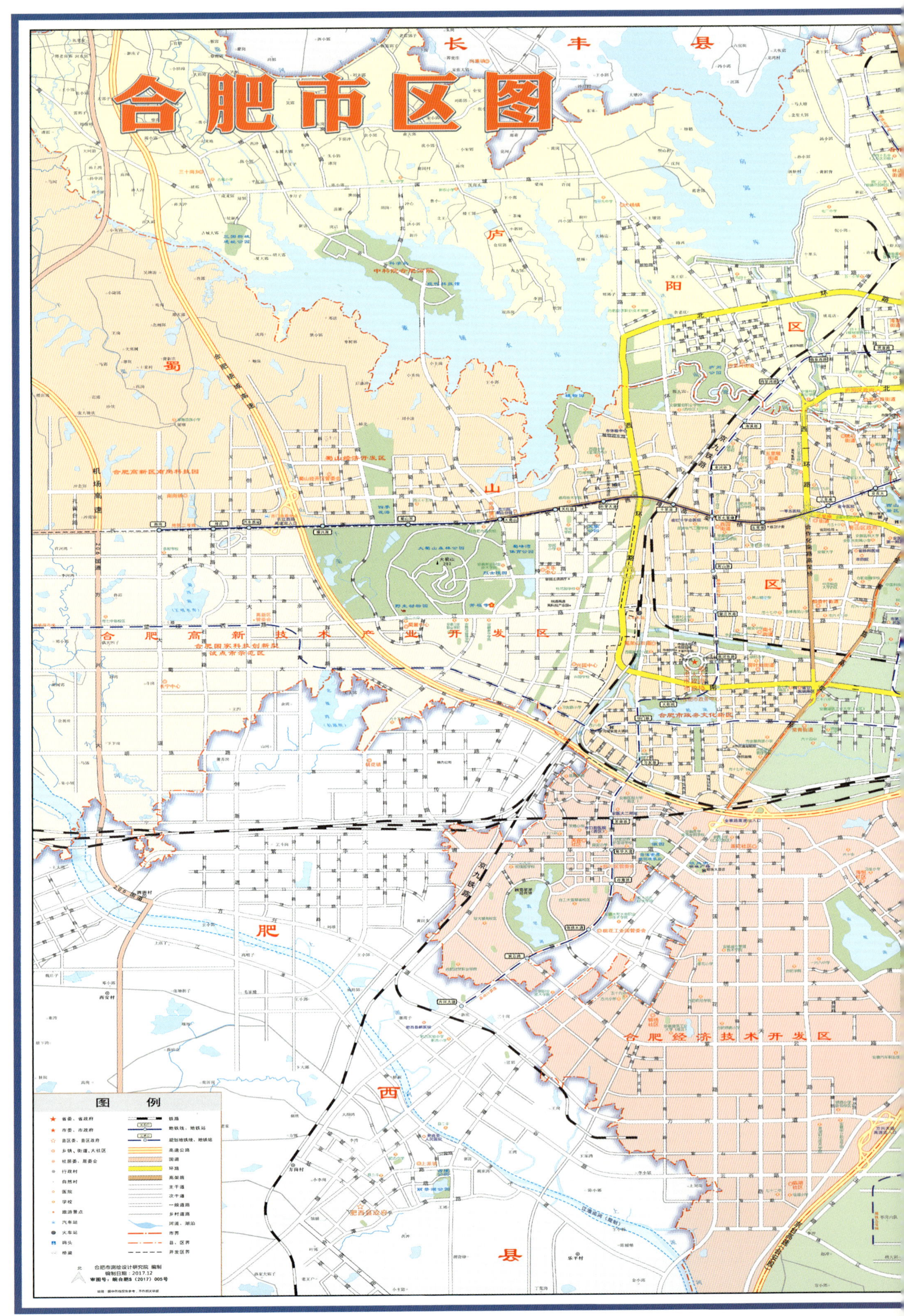
合肥市区图
长丰县
庐阳区
蜀山区
瑶海区
包河区
合肥高新技术产业开发区
合肥经济技术开发区
肥西县
合肥高新区南岗科技园
蜀山经济开发区
合肥市政务文化新区
大蜀山森林公园
京九铁路
北一环路
西一环路
机场高速
合肥国家科技创新型试点市示范区
图例
省委、省政府
市委、市政府
县区委、县区政府
乡镇、街道、大社区
社居委、居委会
行政村
自然村
医院
学校
旅游景点
汽车站
火车站
码头
桥梁
铁路
地铁线、地铁站
规划地铁线、地铁站
高速公路
国道
环路
高架路
主干道
次干道
一般道路
乡村道路
河流、湖泊
市界
县、区界
开发区界
北
合肥市测绘设计研究院 编制
编制日期：2017.12
审图号：皖合肥S（2017）005号
说明：图中界线仅供参考，不作相关依据

合肥新站高新技术产业开发区

瑶海区

肥东县

肥东经济开发区

包河区

合肥包河经济开发区

金谷产业园

滨湖新区

安徽省人大
省政府
省政协
（省政务行政中心）

滨湖国家森林公园

巢湖

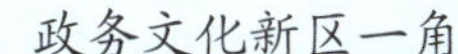

政务文化新区一角

王世保 摄

5月25日，合肥综合性国家科学中心专家学者创新创业论坛在合肥召开。

EAST 核聚变实验装置（李亚朝 摄）

稳态强磁场实验装置

合肥综合性国家科学中心大基因中心（安巢开发区供稿）

合肥工业大学新区

安徽大学文典阁

清华大学公共安全研究院

中国科学技术大学先进技术研究院

联宝（合肥）电子科技有限公司

滨湖金融港（郑成功 摄）

中国（合肥）跨境商务综合试验区（郑成功 摄）

合肥高新区一角（王世保 摄）

江汽生产线（郑成功 摄）

合肥巨一工业机器人（郑成功 摄）

京东方 10.5 代线（郑成功 摄）

惠而浦（中国）股份有限公司

安徽华米信息科技公司一角（苏玲 摄）

合肥合锻智能制造公司生产车间

合肥阳光公司电源产品展厅（苏玲 摄）

合肥新桥国际机场

合肥保税物流中心（B型）

合肥滨湖国际会展中心（王世保 摄）

高铁合肥南站（王世保 摄）

合肥港（王世保 摄）

中欧班列

交通大动脉

巢湖湿地（徐振华 摄）

塘西河公园（王诚宽 摄）

天鹅湖畔

滨湖清晨（王斌 摄）

包河公园（郑成功 摄）

巢湖市区鸟瞰（吴芳 摄）

杏花公园（郑成功 摄）

滨湖湿地公园（程效军 摄）

天鹅湖一角（王世保 摄）

渡江战役纪念馆

紫蓬山（郑成功 摄）

环城公园一段（张玉进 摄）

合肥高新区鸟瞰

2017年12月26日，合肥轨道交通正式进入换乘时代。（王宗媛 供稿）

三十岗桃花节（张大岗 摄）

正月里的城隍庙（陈安云 摄）

2017 年 2 月，建筑面积 6400 平方米的瑶海区政务服务中心建成投入使用。

明教寺（桑琳 摄）

三河古镇（马迪 摄）

2017 生态大圩国际半程马拉松（王世保 摄）

中国非物质文化遗产园

郎溪路与包公大道交口（张行知 摄）

2017 中国青年帆船帆板精英赛暨全国 OP 帆船锦标赛（桑琳 摄）

合肥世界铁人三项赛（王晓侠 摄）

晨练

牛角大圩（桑琳 摄）

滨湖万达公园（王少明 摄）

文博会上的罍街茶馆（余健平 摄）

灯火辉映磨店街（陈安云 摄）

七彩半汤（张晓辉 摄）

目　录

总　述

特　载

大事记

中共合肥市委

合肥市人大常委会

合肥市人民政府

政协合肥市委员会

纪检监察

民主党派　工商联

人民团体

法　治

军　事

经济监督管理

财税与金融

工业与信息产业

农业农村经济

商贸服务业　旅游

交通运输　邮政

城乡建设与管理

建筑与房地产业

生态建设与环境保护

教育与科技

文化　传媒

卫生　体育

社会民生

民营经济

开放与合作

开发区

县（市）区

人物　光荣榜

附　录

索　引

CATALOGUE

合肥概况

合肥居皖之中，地处江淮之间，是全国唯一环抱五大淡水湖之一——巢湖的省会城市。合肥因东淝河与南淝河均发源于此而得名。合肥是全省政治、经济、文化、信息、交通、金融和商贸中心，全国重要的科研教育基地，是正在建设中的具有国际影响力的创新之都。合肥位于中国经济最具活力的长江三角洲腹地，是“一带一路”和长江经济带的重要节点城市。

【行政区划】 合肥辖肥东、肥西、长丰、庐江4个县和县级巢湖市，瑶海、庐阳、蜀山、包河4个区和合肥高新技术产业开发区、合肥经济技术开发区、合肥新站高新技术产业开发区、安徽巢湖经济开发区4大开发区，总面积1.14万平方千米。

【自然环境和资源】 合肥通过南淝河、巢湖和裕溪河，可以通江达海。境内有丘陵岗地、低山残丘、低洼平原三种地貌，以丘陵岗地为主，江淮分水岭自西向东横贯全境。全市海拔多在15～80米之间，平均海拔20～40米。主城区地势由西北向东南倾斜，岗冲起伏；西南部属大别山余脉，层峦叠嶂；海拔最高为境西的牛王寨595米。

合肥地处中纬度地带，属亚热带季风性湿润气候，季风明显，四季分明，气候温和，雨量适中。年均气温15.7℃，年均降水量约1000毫米，年日照时间约2000小时，年均无霜期228天，平均相对湿度为77%。

合肥自然环境优美，名胜古迹众多，具有鲜明的园林生态环境，四度获得“中国人居环境范例奖”，城中有园，园中有城，是国家首批命名的3个全国园林城市之一，也是全国优秀生态旅游城市。2017年，合肥全面推进林业园林增绿增效增质，全力做好“绿文章”“水文章”“山文章”“彩文章”。城市建成区绿地率40.3%，森林覆盖率27.1%，绿化覆盖率46%，人均公园绿地面积13平方米，城乡绿化实现了跨越式发展。合肥自然条件优越，水资源、土地资源、矿产资源、农产品资源和旅游资源丰富。合肥可利用水资源充裕，且成本较低，天然水资源总量为38.63亿立方米。地表水系较为发达，以江淮分水岭为界，岭北为淮河水系，岭南为长江水系，淮河水系主要有东淝河、沛河、池河等，长江水系主要有南淝河、派河、丰乐河、杭埠河、滁河、裕溪河、兆河、柘皋河、白石天河、西河等。境内巢湖东西长54.5千米，南北宽21千米，水域面积770平方千米，号称“八百里巢湖”，湖底海拔5米，湖水容量随水位高程的不同而不同，当水位高程达14米时，湖水容量为63.7亿立方米。

全市耕地面积5618.8平方千米，市区面积1312.5平方千米。合肥的矿产资源丰富，有白云石、花岗石、磷、铁、铅、锌、银、明矾石、石膏、灰岩等。其中，肥东县磷矿储量居全省第二位；庐江县素有“地下聚宝盆”之称，铅、锌、硫铁矿、明矾石储量居全省首位，铜矿居第二位，其硫铁矿储量占全省二分之一，铁矿储量占全省三分之一。

合肥是全国重要的农副产品生产区，粮食作物以水稻、小麦为主，经济作物主要有油菜、棉花、瓜果、蔬菜等，畜禽养殖业发达，特色农产品丰富，被授予“中国淡水龙虾之都”“中国坚果炒货之都”称号。三岗苗木花卉、长丰草莓、高刘白鹅、朱巷仔猪、巢湖银鱼、槐祥大米、大平油脂、柯坦有机茶叶等名牌农产品享誉大江南北。

【历史沿革】 合肥历史悠久。巢湖流域是古人类最早的发源地之一，有文字记载的历史约4000多年。早在新石器时代，就有人类在此活动，春秋战国时期，先后属楚、吴、越。秦汉之交，正式建立“合肥县”，属九江郡，至今有2200多年历史。东汉刘秀升合肥为侯国，三国时属魏国淮南郡，为扬州治所；东晋于合肥侨置南汝阴郡，南朝梁改名汝阴。隋唐和北宋时属庐州，为庐州州治；明清时属庐州府，为府治，故合肥又别称为“庐州”。清咸丰年间，合肥曾为安徽省临时省会。民国初，庐州府废，合肥县直属安徽省。抗日战争胜利后，1945年国民政府安徽省省会由立煌县（今金寨县）迁至合肥。1949年1月21日合肥解放，2月1日根据江淮区党委的决定，将合肥县分为合肥市、肥东县和肥西县。1952年8月17日，中央人民政府正式批准合肥市为省辖市和安徽省省会。肥东县、肥西县隶属关系几经调整，1983年7月复属合肥市；1964年，由肥东、肥西、寿县和定远四县各一部分新建长丰县，隶属合肥市；2011年8月，安徽省实施部分行政区划调整，撤销原地级巢湖市，原居巢区改设县级巢湖市，由安徽省直辖、合肥市代管，庐江县划入合肥市。

自东汉末年以来，合肥数为州郡治所，一直是江淮地区重要的行政中心和军事重镇，素有“淮右襟喉、江南唇齿”“江淮首郡、吴楚要冲”之称，历来是重要商埠和兵家必争之地。西汉时，合肥是全国除长安外十八大商贸市场之一。三国时，合肥成为“恩化大行”“官民有畜”的江淮“巨镇”。隋唐时期，合肥社会繁荣，百姓殷富。宋元时期，合肥为江淮之间首屈一指的政治军事重镇。南宋筑斗梁城，城中“百货骈集，千樯鳞次”，金斗河（淝河流经城区的一段）两岸“悉列货肆，商贾喧阗”。直到鸦片战争前，合肥的经济社会发展水平和全国大部分地区相比，仍毫不逊色。

【历代名人】 合肥人杰地灵，从古到今孕育了无数杰出人物，在历史上产生了重要的影响。楚汉相争时的“亚父”范增，三国名将周瑜，“五代十国”时期吴国缔造者杨行密，北宋著名清官包拯，晚清重臣洋务派首领李鸿章，台湾光复后首任巡抚刘铭传，清朝直隶提督聂士成，抗法名将刘秉璋，北洋军阀皖系首领段祺瑞，北洋海军提督丁汝昌，淮军将领吴长庆，民国初期总理李经羲、龚心湛、贾德耀，辛亥革命时期上将倪映典、吴旸谷、范鸿仙，爱国将领冯玉祥，抗日名将卫立煌、孙立仁、郭寄峤，“和平将军”张治中，共产党隐蔽战线卓越领导人李克农，国民党高级官员吴忠信，革命英烈柯武东、刘敏、徐百川，诺贝尔物理学奖获得者杨振宁，著名作家鲁彦周等。

【人口情况】 截至2017年底，合肥市常住人口796.5万人，同比增长1.2%，比上年快0.2个百分点；其中居住在城镇的人口587.4万，居住在乡村的人口209.7万。常住人口占全省比重达12.73%，比上年提高0.03个百分点，其中净增常住人口占全省净增比重达16.16%，比上年提高0.94个百分点。此外，合肥市常住人口城镇化率已达73.75%，比上年提高1.7个百分点，比全省平均水平高20.26个百分点，继续保持全省第一。合肥市几个县（市）区中，蜀山区常住人口最多，为125.16万人（含高新区和经开区），庐江县次之，为100.07万人。

合肥人均受教育年限11.26年，位列全省第一，其中，男性人均受教育年限12.06年，比上年提高0.72年；女性人均受教育年限10.47年，比上年提高0.01年，人均受教育年限全省第一。

【民族和宗教】 合肥市属少数民族散杂居地区，是安徽省民族工作重点市。至2017年，全市有52个少数民族成份，少数民族人口4.8万人，占全市总人口的0.6%。合肥有佛教、道教、伊斯兰教、天主教、基督教五大宗教。市区较大宗教活动场所有明教寺、开福寺、清真寺、天主教堂、基督教堂等。

【交通运输】 合肥交通被纳入国家战略布局后，全国性综合交通枢纽的功能日益显现。“一环八线”高等级公路网基本建成，新改扩建高速公路176.42千米，让合肥到省内其他城市的时空距离迅速缩短。

合肥水陆空铁立体“大交通”，让人们“在路上”的时间越来越短，也让合肥承东启西、连南接北的独特区位优势更为抢眼，使合肥与世界的距离越来越近。合肥南站四通八达的高铁路网基本建成；合肥还将有商合杭、合郑、合青和合安九高铁贯通，成为中国高铁路网布局中的重要支点之一。

港航设施建设加快，全市航道总里程达704千米，合肥港集装箱综合码头成为全国面积最大的综合性内河港口、国家二类开放口岸，全年港口货物吞吐量3545.38万吨，同比增长26.1%。新桥机场建成通航，航线版图不断扩大，开通国内外及地区客运航线64条，货运航线1条，通达国内外62座城市，合肥新桥机场旅客吞吐量914.71

万人次，同比增长 23.7%。随着轨道交通 2 号线的开通运营，合肥迈入地铁换乘时代。轨道交通 3、4、5 号线建设也在全面推进。

合肥集“国家创新型试点城市、国家系统推进全面创新改革试验区域、国家自主创新示范区、综合性国家科学中心、中国制造 2025 试点示范城市”五大“国字号”创新品牌于一身。进入新时代，合肥正充分发挥国家创新战略平台叠加效应，突出以科技创新引领全面创新，推动经济发展质量变革、效率变革、动力变革，加快向建设有国际影响力的创新之都目标迈进。

（华 文）

经济社会发展概况

2017 年，全市生产总值达到 7213.5 亿元、增长 8.5%，居全国 26 个列入统计的省会城市第 9 位；规模以上工业增加值增长 9.4%，总量居第 9 位；财政收入 1251.1 亿元、增长 12.3%，其中，地方财政收入 655.9 亿元、增长 6.7%，地方财政收入总量居第 10 位；固定资产投资增长 5%；社会消费品零售总额 2730 亿元、增长 11.8%；进出口总额 238 亿美元、增长 27%，总量居第 9 位。

【实施创新驱动战略】 充分发挥科教人才优势，把创新作为引领发展的第一动力，聚焦重点，持续发力，重大创新平台形成体系，创新成果密集涌现。综合性国家科学中心、合芜蚌自主创新示范区获批建设，滨湖科学城、大科学装置集中区等重大规划加快编制，量子科技创新研究院开工建设，世界首条量子保密通信“京沪干线”正式贯通，聚变堆主机关键系统成功落户，积极开展先进光源、大气环境立体探测实验研究设施等大科学装置争取和预研，科大讯飞智能语音入列国家人工智能四大平台，微尺度物质科学国家研究中心获批组建，离子医学中心、安徽创新馆等加快建设，热核聚变、铁基超导等一批具有国际领先水平的科技成果相继问世。深化与高校院所战略合作，推动科技创新与产业创新深度融合，中科大先研院、清华公共安全研究院中科院、合肥技术创新工程院、合肥北航科学城等一大批新型协同创新平台发挥作用或加快建设，与北京外国语大学等战略合作深入推进。2017 年，全市国家级高新技术企业达到 1666 户，高新技术产业增加值增长 12.8%，全社会研发投入占 GDP 比重达到 3.15%，自主创新主要指标全部进入全国前 7；新建重点实验室和工程（技术）研究中心、企业技术中心 258 家，各类研发机构达到 1503 家。出台人才新政“20 条”，加快人才高地建设，引入国家“千人计划”等各类专家 300 多人，在肥工作院士 108 人，科技人员总数 70 多万人。

【加快产业转型升级】 实施工业立市、制造强市、质量兴市战略，推动政策向制造业倾斜、资源向实体经济集聚，培育壮大战略性新兴产业，改造提升传统产业，谋划发展未来产业，着力构建现代产业体系。成功获批“中国制造 2025”示范城市，大力推进新型显示、机器人 2 个国家战略性新兴产业区域集聚发展试点建设，全球首条最高世代线京东方 10.5 代液晶显示、康宁玻璃基板等项目竣工投产，新型显示成为全国面板产能最大、产业链最完整的产业基地，合肥站上了显示产业全球制高点。以 6 个省级战略性新兴产业集聚发展基地为突破口，在集成电路、太阳能光伏、高端数控机床、新能源汽车、生物医药及高端医疗装备、燃气轮机、智能语音等重点领域聚焦发力，江淮大众新能源汽车、长鑫存储器晶圆等重大项目开工建设，晶合 12 吋晶圆项目一期成功量产，在驱动芯片领域提升了国产化率，实现了“合肥芯”“合肥造”。聚焦量子通信、大数据、未来网等领域，主攻产业化核心技术研发和领军企业引进培育，努力在未来产业发展上抢占先机。2017 年，全市战略性新兴产业产值占全市工业三成，对工业增长的贡献率达到 50%。实施加快新一轮工业技术改造三年行动计划，以智能化改造等为突破口，推动传统优势产业转型升级。2017 年，全市技改投资 1370 亿元，占工业投资总量的 58.7%；家电、汽车及零部件、装备制造、平板显示及电子信息成为千亿元产业，其中，家电“四大件”产量突破 7000 多万台（套）、稳居全国第一。以环巢湖国家旅游休闲区、滨湖金融后台服务基地、蜀山国际电商园等集聚区建设为抓手，大力发展文化、金融、旅游、会展、物流、健康、养老、电商等现代服务业，万达文化旅游城等一批重大项目建成运营。2017 年，全市服务业增长 9%，总量占生产总值比重由 2013 年的 39.8% 提升至 45.3%。

【扩大对外开放合作】 充分发挥“一带一路”、长江经济带双节点城市功能，拓展通道、提升平台、优化环境，着力打造内陆开放新高地。积极争创以合肥为主片区的中国（安徽）自贸区，加快“四港”（水运港、国际内陆港、航空港、跨境电子商务港）、“三区”（综合保税区、出口加工区、空港保税物流中心）、“一中心”（对外劳务合作服务中心）等八大开放平台建设。“合新欧”国际货运班列加密运行，合肥港吞吐量突破24万标箱，水果、冰鲜水产品进境指定口岸建成运行，国际快件监管中心、航空港食用水生动物指定口岸通过验收，空港保税物流中心（B型）全面建成。与180多个国家和地区实现经贸合作，在肥投资境外世界500强企业达到43家。全面融入长三角一体化发展，发起成立长三角城市会展联盟，与沪苏浙签订大通关协作协议，开辟合肥—宁波铁海联运新通道，开通“合肥—芜湖—上海”和“合肥—南京—上海”两条外贸中转航线。深化与长江中游城市联动发展，加强与武汉、长沙、南昌等长江中游省会城市合作，共同发起建立长江中游省会城市会商机制，形成了《武汉共识》《长沙宣言》《合肥纲要》《南昌行动》和《长江中游城市群省会城市合作行动计划（2017—2020年）》等纲领文件。积极开展合肥上海“双城合作”，深入推动产业、经贸、教育、文化等领域合作共建。充分发挥龙头带动作用，建立完善共建共享机制，引领合肥都市圈一体化发展。2017年，合肥都市圈主要经济指标占全省比重约60%，成为安徽加速崛起的重要引擎。

【提升规划建设水平】 全面实施“1331”城市空间发展战略，坚持规划引领、交通先行、老城提升、新区开发、组团展开同步，城镇化率超过73%。全国性综合交通枢纽地位确立，合肥铁路枢纽规划获批实施，“米”字型高铁网络基本形成，高铁南站建成运行；新桥机场通航国际，合肥港通江达海，“一环八线”高等级公路网不断完善。轨道交通1号线运行平稳，2号线正式通车，3、4、5号线全面开建，积极推进6号线和2、3、4号线延长线。城市快速高架桥网络基本建成，主城区与各组团实现“一刻钟快速交通”。大力推进海绵城市建设，建成城市地下综合管廊41千米。全面推进城市更新和精品城市建设，突出老城区特色风貌和历史记忆，整体打造一批有品位、有内涵、“最合肥”的文化街区。以“绣花”功夫提升城市管理水平，全面开展城市环境综合整治和“两治三改”专项行动，深化城市执法体制和街道社区管理体制改革，完善“数字城管”运行机制，城市净化、序化、绿化、亮化、美化水平全面提升，成功蝉联全国文明城市。

【统筹城乡融合发展】 坚持城乡一体，加大县域发展支持力度。市财政继续拿出30亿元专项资金，支持县（市）基础设施大建设；整合50亿元资金，支持县（市）区社会事业发展和民生保障。2017年，全市县域经济总量达到2300亿元，占全市33%，肥西、肥东、长丰三个县进入全国百强，巢湖、庐江跻身全国中小城市投资潜力百强县市。全面实施“粮安工程”，粮食年均总产量300万吨以上。加快农业产业化发展，规模以上农产品加工企业达到550家，农民专业合作社达到4595家，家庭农场达到5326家，市级以上农业产业化联合体达到96家。积极发展休闲观光等都市型现代农业，推动一、二、三产业深度融合。大力开展土地综合整治，连续19年实现“占补平衡”。全面推进美丽乡村建设，2017年，完成34个乡镇政府驻地建成区整治任务，建成省、市级中心村278个。深入推进农村环境综合整治“三大革命”，完成陈年垃圾清理任务，改造农村厕所2.6万户。加强城乡规划和建设标准等衔接，全面加快农村道路畅通工程等建设，建成通行农村道路畅通工程5100多千米，行政村光纤网络实现全覆盖。建立健全“1+20+X”精准扶贫政策体系，大力实施脱贫攻坚“十大工程”，深入开展“重精准、补短板、促攻坚”专项整改行动，统筹推进产业、健康、教育、金融脱贫，全市112个贫困村全部出列，21.09万建档立卡贫困人口脱贫，剩下2581人计划今年全部脱贫。

【着力保障改善民生】 坚持以人为本、民生优先，加快基本公共服务均等化、优质化，不断增强民生保障的感受度和获得感。2013年以来，累计民生工程投入449亿元，惠及760余万群众。坚持创业带动就业，五年城镇新增就业近105万人。社会保障提标扩面，城乡基本养老、基本医疗保险、居民大病保险、被征地农民保障实现全覆盖。完善廉租房和公租房并轨运行、分类补贴和梯度保障机制，累计开工建设各类保障性住房35.4万套、建成24.6万套。认真贯彻党中央、国务院决策部署，制定出台“十条新政”，积极探索租赁住房试点，房价过快上涨势头得到有效遏制，房地产市场实现平稳健康发展。坚持教育优先，全国义务教育发展基本均衡县（区）实现全覆盖，大力发展公办幼儿园，积极发展普惠园，多建群众上得起的幼儿园；全面创建美丽校园，办好老百姓家门口的学校，打造教育名城。2013年以来，新建改扩建幼儿园306所、新建中小学150所。实施职业教育质量提升工程，打造职教高地；支持中科大建设世界一流大学，支持合工大、安大等建设一流学科专业和高水平大学，支持合肥学院建设地方应用型高水平大学，打造大学之城。大力建设文化强市，深入实施文化惠民工程，连续荣膺中国最爱阅读城市，大型原创舞剧《立夏》全国巡演，成功创建全国未成年人思想道德建设工作先进城市，137位市民入选“中国好人”。加快建设健康合肥，编制完成健康合肥2030规划，基本建成覆盖城乡的基层医疗卫生服务体系，国家区域健康医疗大数据中心顺利获批。办好老百姓家门口的健身工程，加快构建10分钟健身圈，环巢湖四季赛事打响品牌。深入推进平安合肥建设，连续三次捧得“长安杯”，成功实现全国双拥模范城“八连冠”。

（市政府办公厅）

全面深化改革

2017年，合肥市坚持以重点突破带动整体推进，突出打造合芜蚌自主创新示范区升级版、对标国家自由贸易试验区、深化供给侧结构性改革、深入实施城市管理提升年行动等4项牵动性强和事关全局的重大改革，共部署137项改革任务，其中有合肥特色的创新之举超过1/3（48项）。中央主流媒体累计刊播合肥市改革经验成效的相关报道180多篇。

【经济体制改革】 深化供给侧结构性改革，统筹推进“三重一创”体系建设，成功获批“中国制造2025”试点示范城市，新增5个省级服务业集聚区、4个省级服务集聚示范园区，出台促进经济平稳健康发展“20条”和降低实体经济企业成本“10条”，实现直接融资3181.2亿元，占全省58.3%，新增上市企业7家、新三板挂牌企业17家，在促进产业创新转型升级上实现新突破。出台深化国资国企改革实施意见，制定市属国有企业负责人履职待遇、业务支出管理办法，将天使投资基金等3个管理办法纳入“1+3+5”政策体系，引导基金出资参股设立子基金7支，总规模145.4亿元；出台或编制完成9份财税改革类文件，制定市政府性债务风险应急处置预案，市本级财政支出政策库上线运行，市区两级财政体制得到优化；出台盐业体制改革实施方案，推动获批2家全国“双创”示范基地，市小微企业“1+13+X”网络枢纽平台（一期）建成并通过验收，公共资源交易全程电子化加快推进；全省首家民营银行安徽新安银行、首家科技融资担保公司合肥市兴泰科技融资担保有限公司先后正式开业；市大数据资产运营有限公司正式注册，全面实行负面清单外的外商投资企业登记审批改备案制，国家物流标准化试点初步确定试点企业24家。

【统筹城乡发展改革】 出台关于深入推进城市执法体制改革改进城市管理工作的实施意见、住房租赁试点城市工作方案，开展5项城市环境专项整治，被住建部列为第一批城市设计试点城市。成立数据资源局，智慧城市加快建设，在打造具有国际品质的生态宜居城市上得到新提升。调整完善合肥市土地利用总体规划，初步建立空间规划数据库和信息联动平台，出台地下综合管廊管理办法，2个小镇获选第一批省级特色小镇，累计发放“两证一书”14.4万本；完成1.6万贫困人口脱贫任务，“三变”试点15个试点村（居）的改革任务全部完成，出台合肥市农业水价综合改革方案。

【行政体制改革】 取消和下放行政审批事项230项，全面建立“3+2”清单制度，公共服务清单确定81个市直部门服务事项1589项，中介服务事项保留179项（含转换13项）；承担的行政职能事业单位改革试点工作已顺利通过中央编办评估验收；行政处罚网上运行扩大至市直32家重点行政执法部门。

【文化体制改革】 建立国有演艺企业社会效益评价考核试点工作联席会议制度；出台合肥市城市阅读空间建设实施方案，建成各类阅读空间24个；出台合肥市引导城乡居民扩大文化消费试点工作方案，安排专项资金800万元，参加试点单位近150个。

【社会体制改革】 出台合肥市学前教育三期行动计划（2017～2020年），建成并相继投入使用28家公办幼儿园，中小学午餐服务工程城区、农村学校覆盖率分别达到95%和50%，合肥大学创建方案已经形成初稿；出台合肥市市区就业补助资金管理暂行办法，率先启动生育保险和职工基本医疗保险合并工作，机关事业单位养老保险参保登记率达到90.5%，全年投入农村留守儿童关爱保护资金约1900万元；制定加快健康产业发展的实施方案，家庭医生全市共签约居民303.5万人，签约率38.96%，县域医共体建设实现全覆盖；完成法官单独职务序列改革及法官工资制度改革，正式挂牌成立合肥知识产权法庭，出台合肥市公安机关警务辅助人员管理办法、关于深化律师制度改革的实施意见；出台关于推进安全生产领域改革发展的实施意见，自2017年4月起在全市执行实施外国人来华工作许可证制度，积极探索"小街区规制"试点。

【民主政治制度改革】 出台合肥市绿色建筑发展条例，修订燃放烟花爆竹管理规定及合肥市文物保护办法，制定市人大常委会关于加强市级预算审查监督的决定、关于完善人大代表联系人民群众制度的实施办法；出台加强人民政协协商民主建设及加强和改进人民政协民主监督工作的实施意见，制定市政协提案办理协商实施细则；出台实施市、县两级总工会、共青团、妇联、科协、侨联等5家单位改革方案，各县（市）区群团改革方案也已全部出台；出台以村民小组或自然村为基本单元的村民自治试点工作方案。

【生态文明体制改革】 环巢湖综合治理二至六期项目有序推进，试点探索完善流域治理技术框架和标准体系，形成巢湖综合治理适用技术试点示范及储备；出台合肥市生态文明建设目标评价考核实施办法、党政领导干部生态环境损害责任追究实施细则、生态环境保护工作责任规定，全市共设立各级河长4639名，出台合肥市控制污染物排放许可制实施方案（试行），全年共核发排污许可证73家，完成12个重点行业排污许可证申请与核发工作任务，出台环境领域失信联合惩戒备忘录，完成36家省控企业环境信用评价工作；全市5个国有林场"三定"方案全部获批。研究制定《合肥市生态文明目标评价考核实施办法》《合肥市党政领导干部生态环境损害责任追究实施办法（试行）》。进一步强化生态环保工作职责，印发《合肥市生态环境保护工作职责规定（试行）》《关于明确巢湖流域环境保护职责分工的通知》。探索建立生态补偿机制，按照《安徽省大别山区水环境生态补偿办法》，自2015年开始，每年市财政安排4000万元、累计拨付1.2亿元，支持六安市涵养水源及水环境综合整治。推进全市重点公益林森林保险试点工作，实现重点公益林保险全覆盖，全市森林保险综合投保总面积近54万亩。落实合肥市环境保护行政执法与刑事司法衔接配合工作的实施意见，加大对环境违法行为打击力度。开展排污量、节能量和碳排放交易制度试点，在全省率先启动节能量交易、工业能耗在线监测、城市楼宇能耗在线监测"三大平台"建设，编制《合肥市节能量交易办法》。推进合肥市国家低碳城市和气候适应型城市"双试点"建设，完成全国碳排放权交易前期准备工作，实施全市重点企业2011～2016年碳排放核查，编制合肥市温室气体排放清单，谋划推进重点支撑项目。

【党的建设制度改革】 出台人才新政"20条"、市管领导班子和领导干部"三案一单"精准管理实施办法，从市直单位选派58名年轻干部到基层一线挂职锻炼，公开遴选、选调了272人到市直机关工作，合肥学院和市属8家公立医院编制周转池制度试点方案已全部获批；出台合肥市推进基层党组织标准化建设实施方案、中共合肥市委关于进一步加强国有企业党的建设工作的实施意见；完成市级派驻纪检机构改革，市级派驻监督单位增加到83个，出台合肥市纪检监察体制改革试点工作总体方案，县级监察委全部挂牌成立。

【改革试点工作】 党的十八届三中全会以来，合肥市累计承担省级以上重要改革试点任务109项（国家级试点65项、省级试点44项），试点领域涉及"五位一体"建设全方位，其中已完成38项（国家级试点14项、省级试点24项），试点工作呈现点多面广、蹄疾步稳的良好局面，部分改革试点已落地生根，产生了良好的发展动能和明显的改革红利，改革"试验田"种出合肥"新样板"。

（田哲生）

生态文明建设

2017年，合肥市坚持绿色发展、生态优先，以国家级巢湖生态文明先行示范区建设为统揽，打好水、气、土污染治理"三大战役"，全域打造美丽合肥。统筹推进环巢湖综合治理工程，一期、二期全面建成，三期、四期加快建设，五期、六期启动"山水田林路园村"小流域综合整治。开工建设引江济淮工程。出台加快生态文明建设实施方案、建设绿色发展美丽巢湖"20条"等，启动编制《巢湖综合治理绿色发展总体规划》，构建顶层设计清晰、中观层面完整、实施层面有效的规划路径。完善"湖长制""河长制"，设置各级河长4600多名，双桥河、十五里河等重污染河流水质明显改善。加快污水处理设施建设与提标升级，城区和县城共建成污水处理厂27座、总规模218.5万吨/日。加快农村环保设施建设，环巢湖乡镇建成35座污水处理厂，总处理能力7.04万吨/日。巢湖生态文明先行示范区建设取得阶段性成果，巢湖水质总体保持Ⅳ类，富营养指数由2013年的60.8下降到2017年的50.3，15个国控断面14个达标，近五年湖区未发生蓝藻大面积爆发。围绕中央环保督查和中办回访反馈问题，坚持立行立改，有针对性地采取措施，确保问题按期整改到位。大力实施蓝天行动，扎实开展餐饮油烟、扬尘等十大专项整治，2017年，全市PM10、PM2.5浓度分别为79.9、56微克/立方米，是全省唯一实现“双下降”的城市；空气质量优良天数达到222天，比2013年增加40天。出台土壤污染防治实施方案，启动马（合）钢等4个土壤治理修复试点项目。在全国率先实施重点生态区域“林长制”，成功创建国家森林城市，累计植树造林118万亩，新建提升园林绿化7665万平方米，全市森林覆盖率、城区绿化覆盖率分别提高到27.4%、46%。

【水环境治理】 大力推行“河长制”，设立省级巢湖总河长、副总河长，成立省级巢湖河长制工作领导小组，建立省级巢湖河长会议制度，印发《安徽省级巢湖河长制工作方案》。按照“一河一策”要求，编制南淝河、十五里河、派河、双桥河4条河流达标方案，确定4名市委市政府领导分别担任河长。实现巢湖治理规划与发改、建设、规划、水利、环保、林业、旅游等规划“多规合一”。完善立法执法体系，编报《巢湖风景名胜区条例》，推动修订《巢湖流域水污染防治条例》，将制定《巢湖流域管理条例》列入省政府2018～2022年立法规划。修订《合肥市饮用水水源地保护条例》，建成省内首个饮用水源监测预警系统，城市饮用水源水质稳定达标。建立安全供水系统，完成《合肥市城市供水发展专项规划（2013～2020）》。落实最严格的水资源管理制度，出台《关于实行最严格水资源管理制度的意见》《合肥市实行最严格水资源管理制度考核办法》等，开展水资源开发利用控制、用水效率控制、水功能区限制纳污“三条红线管理”。实施环巢湖水质自动监测及预警系统改扩建工程，在巢湖全湖及环湖河流布设32个监测点位，完善流域水环境监控网络，完成肥东、肥西、长丰、庐江、巢湖5个三级监测站标准化建设验收。印发《合肥市巢湖蓝藻防控工作方案》，设立三级监测、巡查机制，建立蓝藻应急防控制度，投用塘西河、派河2座藻水分离港。

全面推进环巢湖地区生态保护与修复工程一至六期项目建设，累计完成投资近170亿元。创新实行工程调度、第三方巡查、廉政监督、检察预防、跟踪审计、专家咨询、专项“资金池”等多项制度。加快实施“引江济淮”工程，引江济巢段正式开工建设。推进海绵城市建设，成功跻身全国地下综合管廊试点城市，编制完成《合肥市地下综合管廊规划（2016～2030）》，逍遥津、杏花公园初期雨水调蓄工程建成投入使用。与六安市舒城县共同推进龙河口引水及水源置换工程项目。

加强畜禽养殖污染治理，全市共划定禁养区3300平方千米、限养区3200平方千米，完成1039家畜禽养殖企业限期治理。完成渔民上岸工程，将柘皋河、丰乐河入湖口无序停放船只集中统一管理，减少污染物排放。组织编制《环巢湖湿地公园群总体规划》，累计完成湿地生态修复工程62个，投入资金14.68亿元，肥西三河、巢湖半岛成功申报为国家级湿地公园建设试点。

【大气环境治理】 大力实施“五森工程”，在全省率先开展重点生态区域“林长制”，印发《合肥市林长制工作实施方案》。加快推广绿色建筑，全市通过建筑节能和绿色建筑方案审查项目数、获得绿色建筑标识项目数、绿色建筑示范项目数均居全省前列。实施《合肥市空气质量达标阶段性工作方案》，基本淘汰燃煤锅炉和黄标车。深入开展全域全面全年秸秆禁烧，午季小麦、油菜秸秆还田率达99%、65%。

【打造生态宜居环境】 大力开展城市道路绿化和园林环境整治行动，推进精品园林建设，城区绿化观感质量显著提升。开工130个“城市管理提升年行动”绿化项目，完成绿化面积500万平方米；“一园一路”精品工程、复合功能园林绿化项目建设，分别完成17个和14个；着力推进增花添彩，共建设花境202处，总面积7万多平方米。全市新建道路绿化400多条、改造提升200多条，面积达3200万平方米；新建公园游园120处、改造提升公园游园58处，面积约2860万平方米，先后建成了滨湖国家森林公园、庐州公园一期、塘西河公园等一批群众身边的重要城市公园。深入推进农村环境“三大革命”，农村道路保洁率达100%，农村垃圾收运市场化率达80%以上，垃圾治理覆盖所有自然村，近七成乡镇建成污水处理厂（设施），半数以上中心村建成污水处理设施。

【发展绿色产业】 优化区域空间开发，出台《合肥市主体功能区规划》。初步划定合肥市生态保护红线区域，着力构建“一湖五渠、五源六脉、多廊道”的生态保护红线总体格局。制定战略性新兴产业集聚等“八大工程”实施方案，加快培育战略性新兴产业。出台中心城区工业优化布局转型发展意见。出台《关于加快都市现代农业发展的意见》《关于加快推进现代生态循环农业发展的意见》，启动巢湖焖炀、包河大圩、肥东长临河等农业面源污染防治试验示范区建设，大力推进农业清洁生产，实施化肥农药减量化使用行动。在全省率先编制完成《合肥市“十三五”循环发展引领计划（2016～2020年）》，加快肥东、长丰、庐江静脉产业园建设，深化高新区省级园区循环化改造试点。全省最大的小仓房大型垃圾中转站建成运营，在全省率先启动生活垃圾分类收集处置。出台《关于支持新能源汽车发展的若干意见》《关于加快电动汽车充电基础设施建设和管理的实施意见》。

（华　文）

精神文明建设

2017年，合肥市通过第四届全国文明城市复牌检查，成功创建第五届全国文明城市和全国未成年人思想道德建设工作先进城市，巢湖市荣获全国县级文明城市；1人当选全国道德模范提名奖，6人当选第五届安徽省级道德模范；12人当选中国好人，稳居全国省会城市第二，其中余忠杰候选中央电视台“感动中国”年度人物，为安徽省唯一候选对象；3所学校获评全国文明校园，4个典型获评全国“四个100”志愿服务优秀典型，为全国省会城市最多；13个单位荣获全国文明单位，7镇8村获评全国文明村镇；文明创建工作经验在中央文明办《精神文明建设简报》刊发8篇，排名全国省会城市第二，并在全国作大会交流发言；公益广告铁雕、灯雕和彩绘工程受到中央文明办领导肯定，分区测评通报反馈工作受到省文明办充分肯定并在全省推广。全年精神文明建设各类奖项实现全覆盖，取得历史性突破。

【攻克创建“老大难”】 打好全国文明城市创建暨环境整治“百日大会战”和“城市管理提升年”及文明创建攻坚月三大战役，全力推进农贸市场、老旧小区、立面整治、文明交通整治，有效解决一批创建“老大难”问题。在全市创新开展文明示范小区、文明示范农贸市场和十佳物业企业等评选。持续开展“文明行车、文明行走”专项整治，采取宣传发动、联勤联动和处罚曝光等有效措施进行管理。同时设计开发了合肥市智慧停车管理系统，疏堵结合，缓解了停车难题。全年17个城市来肥考察学习，创建为民创建惠民成为常态，市民满意度从70%上升到96%。

【创新管理体制】 召开创建文明城市工作千人动员大会，市文明委主要领导亲力亲为，常态化督查暗访文明创建工作，四大班子办公厅领导分片包联督办各城区、开发区文明创建工作，切实做到创建工作在一线推动、矛盾问题在一线化解，形成市文明委领导周督查、月调度工作机制。落实各区领导分片包联责任制，由区领导分别包联实地测评的社区、街道、主次干道、公园广场、农贸市场等项目，及时发现问题，现场解决问题。每双月委托市城调队在全市开展一次全国文明城市实地考察测评，对各区、街和市直单位进行排名并在市属新闻媒体上公示，其中排名倒数第一的街道主要负责人，需在市属新闻媒体作表态发言；下次仍然倒数第一的，由市文明委领导约谈问责街道主要负责人。市文明办牵头对全市各城区、开发区文明创建工作进行专项测评，分区通报问题，排定成绩，媒体曝光，切实解决了2115个创建问题，省文明办在全省推广。加大城乡共建力度，扎实开展“三线三边”环境治理，城乡环境面貌持续优化。

【思想道德建设】 在全国率先启动社会主义核心价值观亮灯工程。举办第二届“我们的核心价值观”歌咏比赛，持续推进社会主义核心价值观进机关、进学校、进乡村、进社区、进企业、进教堂（寺观）、进公共场所。举办合肥市首届“致敬好人礼遇好人”“百十工程”颁奖典礼，开展第五届合肥市道德模范和第十四届合肥市文明单位评选表彰，持续发挥优秀典型示范引领作用。举办道德讲堂活动，全年累计1万余人次参加市级道德讲堂，20多万人次参加县（市）区级道德讲堂。召开5次全市“讲文明树新风”公益广告工作专题推进会，组织7次“讲文明　树新风”公益广告专项督查，评选表彰一批公益广告优秀作品，推动合肥市公益广告网正式上线，实现公益广告宣传的标准化、常态化和规范化。深化文明家庭创建，评选表彰合肥市首届100户文明家庭，首次开展合肥市市级十佳文明好司机、好交警、百名社区好人、楼道好人和好婆媳评选。举办合肥市第二届“七彩文明　万家同行”活动，1万余人环巢湖徒步行走，传播文明，影响深远。持续深化“我们的节日”主题活动，先后举办2017“我们的节日　清明”和“巢湖明月夜　包公故里情——我们的节日·中秋”大型主题活动。持续加大各级各类好人典型选树活动，中国好人总数累计达到138人。

【打造志愿之城】 年初，市文明委下发《合肥市弘扬雷锋精神打造志愿之城行动方案》。在“3·5”雷锋日举办安徽省暨合肥市“弘扬

雷锋精神 打造好人安徽”主题活动；“七一”前夕，组织开展爱心文艺志愿服务团“纪念建党96周年‘迎七一’”文艺进社区演出活动。全年举办4期“圆梦微心愿”爱心志愿服务行动认领对接仪式，为240位困难群众圆梦。同时，扎实开展志愿服务四季行主题活动，分别举办“春天”“盛夏”“金秋”“暖冬”志愿行启动仪式。深入贯彻落实中央文明办《关于公共文化设施开展学雷锋志愿服务的实施意见》等相关文件精神，加快志愿服务站点建设，实现全市建成区内社区志愿服务工作站和景点景区、公共文化设施志愿服务站点全覆盖。加快推进志愿者网上注册，全市现有59.2万名注册志愿者，占建成区常住人口总数比例的15%以上。有11个典型入选感动江淮志愿服务“月评十佳”优秀典型，为全省最多。

【获评全国未成人思想道德建设工作先进城市】 召开全市未成年人思想道德建设工作联席会议，制发《合肥市未成年人思想道德建设工作测评办法》，全力抓好创建迎检，初步形成学校、家庭、社会“三位一体”工作格局。积极开展“做一个有道德的人”主题实践活动，扎实开展争做美德少年、童心向党歌咏比赛、向国旗敬礼、优秀童谣征集传唱等系列活动，其中“清明祭英烈”活动经验在中央文明办“未成年人思想道德建设工作简报”刊发。4名学生入选第二届安徽省美德少年及候选人；52家集体和120名个人被评为“合肥市第三届未成年人思想道德建设工作成绩突出单位和个人”。

开展合肥市第五届“美德少年”“美德教师”“美德家长”和“合肥市第二届十大最美小创客”评选，广泛开展“小手牵大手 共建文明城”“社区小帮客”和“文明交通小使者”等主题实践活动，成功举办第五届“中华小导游”合肥赛区半决赛，推荐10名优秀小导游参加全国第五届“中华小导游”角逐。印发《关于深入开展文明校园创建活动的实施意见》，开展合肥市首届文明校园评选，35家文明校园脱颖而出。屯溪路小学和合肥工业大学、安徽大学荣获首届全国文明校园。出台《合肥市学校少年宫检查考评细则》，完成全市177所学校少年宫检查验收、经费拨付和专项督导，实现学校少年宫建设管理可持续发展。一年中，全市新建学校少年宫15所，其中2家学校少年宫建设管理经验在全省作交流推广。加大市级校外未成年人心理健康教育辅导中心建设力度，首次组织百名心理健康教育教师赴异地开展集中培训；严格心理志愿者专业队伍资质管理，编写面向全市初高中学段心理健康教育教材。开通“阳光心理”微信公众号，面向全市常态化开展心理咨询和辅导，阳光健康积极的心态在全市未成年人中业已形成。

（市文明办）

合肥综合性国家科学中心

2017年1月，国家发展改革委和科技部联合批复《合肥综合性国家科学中心建设方案》，合肥成为继上海之后国家正式批准建设的第二个综合性国家科学中心。2月27日，合肥综合性国家科学中心正式启动建设。2017年9月出台《合肥综合性国家科学中心实施方案（2017—2020年）》，力争到2020年基本建成综合性国家科学中心框架体系。合肥综合性国家科学中心将聚焦信息、能源、健康、环境等领域，建设核心层，创建代表最高水平的国家实验室，提升现有大科学装置性能和开放度，打造大科学装置集群。建设中间层，打造世界一流的创新型大学和研发机构，构建公共技术研发平台。建设外围层，面向地方经济社会发展重大需求，努力形成较强国际竞争力的产业集群。建设联动层，组织实施大型科技行动计划，形成“源头创新—技术开发—成果转化—创新创业—新兴产业”全链条式产业创新体系。形成中国特色、世界一流的综合性国家科学中心及产业创新中心。

【大科学装置集群】 合肥综合性国家科学中心以大科学装置为核心层建设内容，聚焦信息、能源、健康、环境四大科研领域，开展多学科交叉和变革性技术研究。2017年，中国科学院与安徽省积极合作，共同推进合肥综合性国家科学中心建设，以中科院合肥物质科学研究院、中国科学技术大学为主的建设承担单位，在原有工作基础之上取得了多项世界级、国家级的科学进展。同时，合肥综合性国家科学中心正在规划建设的多个新大科学装置陆续启动前期工作，集群态势初显。

量子科学实验卫星“墨子号”圆满实现了三大既定科学目标：在国际上率先实现千公里级星地双向量子纠缠分发，在国际上率先实现千公里级星地高速量子密钥分发，在国际上率先实现千公里级地星量子隐形传态，相关成果均发表在《科学》和《自然》杂志上。

2017年9月29日，世界首条千公里级量子保密通信骨干网——“京沪干线”正式开通，并结合“墨子号”量子卫星首次实现北京和维也纳之间的洲际量子通信，标志着我国在全球已构建出天地一体化广域量子通信网络雏形。首次实现十个超导量子比特纠缠的量子计算芯片，为国际上通过严格测试和同行评审的最大数目的超导量子比特纠缠。这些为国家实验室建设奠定了坚实基础。

国家发展改革委宣布，“聚变堆主机关键系统综合研究设施”在合肥集中建设，这是合肥综合性国家科学中心首个落地的国家大科学装置项目。该设施主要为下一代聚变堆的超导磁体和偏滤器系统提供研究和环境，保障我国聚变堆核心技术发展的先进性、安全性和可靠性，加快聚变能实际应用进程。“大气环境立体探测实验研究设施”预研项目方案已通过可行性论证。该预研项目将满足大气环境污染防治、应对气候变化、改善生态环境、保障人体健康等重大需求。“合肥先进光源”预研项目已正式启动。该项目具有超快时间分辨、超高空间分辨和超高能量分辨的能力，为功能材料、能源与环境、物质/生命及交叉等前沿领域研究及产业发展提供支持。

大科学装置集群区的园区规划和建设得到了安徽省、合肥市的大力支持，地方政府已做出决策，在中科院合肥物质科学研究院以北，打造10平方千米的大科学装置集群区。

【成果转化机构和技术平台建设】 合肥综合性国家科学中心建设了一批有代表性的成果转化机构和共性技术研发平台。中科院（合肥）技术创新工程院已引进高端团队28个，建设专业技术工程中心11个，孵化培育企业71家。

中国科学技术大学先进技术研究院已建立应用工程技术中心10家，孵化创新型企业206家。安徽工业技术创新研究院已初步建成机器人智能装备研发平台、环境新材料研发平台，在孵企业40家。合肥离子医学中心超导质子治疗设施的国产化研发进入调试阶段。大气环境污染监测先进技术与装备国家工程实验室已正式启动建设。类脑智能技术及应用国家工程实验室已建成初具规模（400+GPU卡）的智能计算平台。

【人才队伍建设】 合肥综合性国家科学中心成立以来，依托中国科学技术大学、中科院合肥物质科学研究院及安徽本地的其他科研机构和高校，积极引进、培养高端人才，使人才队伍建设跃上新台阶。一年来，合肥综合性国家科学中心新增院士2人，新增万人计划、千人计划、杰出青年、长江学者等国家级高端人才90余人，新增省部级高端人才110余人。

（华　文）

合肥成为“中国制造2025”试点示范城市

2017年4月17日，合肥成功获批“中国制造2025”试点示范城市，正式成为制造业“国家队”成员。合肥的入选实现了对接国家重大战略和实现自身发展的统一。作为国家战略体系的重要组成部分，“中国制造2025”试点示范城市获批意义重大，对企业更是带来实实在在的政策“利好”。国家工信部明确，现有工业转型升级、技术改造、智能制造、“两化”融合、化解产能过剩等政策和专项资金都将优先支持试点示范城市。这既是国家和安徽省赋予合肥探索创新、推进供给侧结构性改革和经济迈向中高端的重大使命，也是合肥借势推进转型升级的内在要求，实现跨越发展的重大机遇。

合肥正在积极争创首批“中国制造2025”国家级示范区。国务院已明确，要将已在国家自主创新示范区等实施的简政放权、财税金融、土地供应、人才培养等有关政策扩展到示范区。比如，经批准可将省级相关投资审批、外资管理、经贸合作等权限下放至示范区。合肥将通过全力争创，争取更多政策和制度上的先试先行，为“合肥制造”营造更好的生态环境。

【工业立市】 合肥通过多年坚定不移实施工业立市、制造强市战略，已经形成以战新产业为先导、高新产业和优势产业为主导的先进制造业体系。瞄准推进高质量工业

合肥阳光电源公司生产车间

化的目标，合肥正围绕高端制造、智能制造、绿色制造、精品制造、服务型制造等“五大制造”的转型升级路径奋力前进，为“中国制造”贡献合肥力量。

合肥成功获批“中国制造2025”试点示范城市之后，市委、市政府成立高规格的合肥市建设“中国制造2025”试点示范城市领导小组，联合印发《合肥市建设“中国制造2025”试点示范城市实施方案（2017—2019年）》。在普惠性新型工业化政策基础上，加大语音、光伏、集成电路、新能源汽车等专项产业政策力度，市财政每年安排资金支持产业发展。进一步提高“中国制造2025”投资引导基金使用效益，相继设立合肥芯屏产业投资基金、新能源汽车产业投资基金、智能语音创业投资基金、集成电路产业并购基金等。

与此同时，合肥还做好推动制造业发展的“顶层设计”，围绕“中国制造2025”试点示范建设提出的“3411”产业体系，坚持传统优势产业和战略性新兴产业并举，通过深入实施推进新一轮技术改造三年行动计划，推动工业能级整体提升。

【合肥骄傲】 2017年12月，全球首条最高世代线京东方10.5代线正式投产，引领全球电视面板业快速进入8K时代，可谓“石破天惊”。晶合12吋晶圆项目成功量产，打破国产面板芯片几乎全靠进口的局面，实现“中国芯”合肥造。

康宁合肥全球首条10.5代液晶玻璃基板生产线实现量产，使合肥能够生产全球技术最先进、尺寸最大的玻璃基板；安徽先进制造业“一号工程”——江淮大众新能源汽车项目首款纯电动SUV也即将上市销售。此外，彩虹合肥光伏玻璃等一批标志性项目投产量产，长安汽车二期、长鑫DRAM存储器、通威年产2.3GW晶体硅太阳能等项目加速建设，这些都是合肥的重大项目，为全市经济发展注入新的活力。

骨干企业联宝电子成为合肥市首家规模超500亿元的单体企业，连续三年蝉联全省第一大进出口企业；科大讯飞获批建设首批智能语音国家人工智能开放创新平台，与互联网巨头BAT携手组建人工智能“国家队”；华米科技成为全球出货量第一的智能可穿戴设备厂商，实现皖企在美上市“零”的突破；阳光电源逆变器出货量保持全球第一，产值同比增长36.1%。2017年，全市产值超亿元企业1137户，同比增加40户；亿元企业实现增加值增长12%，对工业增长贡献达到116.1%。安利股份等5家企业入选工信部“制造业单项冠军”。

（华 文）

合肥组织机构领导人名录（截至2017年12月）

一、省、市级领导

宋国权 省委常委、合肥市委书记
凌 云 市委副书记，市政府市长、党组书记
熊建辉 市人大常委会主任、党组书记
杨思松 市政协主席、党组书记
汪卫东 市委副书记、市委党校校长、市委教育工作委员会书记（兼）
韩 冰 市委常委、市政府常务副市长、党组副书记
姜 明 市委常委、政法委书记，市公安局局长、党委书记、督察长（兼）
钟俊杰 市委常委、宣传部部长
汪学致 市委常委、市纪委书记
钱岩松 市委常委、组织部部长
罗云峰 市委常委、市政府副市长、党组成员（挂职），中国气象局科技与气候变化司司长
韦 弋 市委常委、市委秘书长
姜宗健 市委常委，合肥警备区政治委员、党委书记
陈晓波 市委常委、统战部部长，市政协党组成员
韩 丁 市委常委、市政府副市长、党组成员（挂职），中国医学科学院北京协和医院（临床医学研究所）副院（所）长、党委常委
胡启生 市委常委、巢湖市委书记
宋家伟 市人大常委会副主任、党组副书记
张 进 市人大常委会副主任、党组副书记
陈 栋 市人大常委会副主任，合肥一中校长，省政协常委
陈葆华 市人大常委会副主任、民进市委专职副主委
阚建华 市人大常委会副主任、党组成员
孔向阳 市人大常委会副主任、党组成员，市总工会主席
李 兵 市人大常委会副主任、党组成员
吴春梅 市政府副市长，致公党省委副主委、市委主委
王 翔 市政府副市长、党组成员
王文松 市政府副市长、党组成员
王民生 市政府副市长、党组成员
宁 波 市政府副市长、党组成员，包河区委书记，市滨湖新区建设管委会主任、党工委书记
彭庆恩 市政府副市长、党组成员

（挂职）
华　艾　市政协副主席、党组副书记
储昭平　市政协副主席、省政协常委
李晓梅　市政协副主席、省人大常委
程晓舫　市政协副主席，中国科学技术大学教授、博士生导师
奚芝英　市政协副主席、民盟市委主委、省政协常委
王贤泰　市政协副主席、党组成员
丁家康　市政协副主席、党组成员
余小平　市政协副主席、党组成员
朱　毅　合肥警备区司令员、党委副书记
束从国　武警安徽总队合肥市支队政治委员、党委书记（副师职）
许　建　市中级人民法院院长、党组书记
胡胜友　市人民检察院检察长、党组书记
宋道军　合肥高新技术产业开发区管委会主任、党工委书记
杨　伟　合肥经济技术开发区管委会主任、党工委书记
路　军　合肥新站高新技术产业开发区管委会主任、党工委书记，瑶海区委书记
余忠勇　省巢湖管理局局长、党委书记
柴修发　市委党校常务副校长
蔡敬民　合肥学院党委书记
洪家友　合肥学院纪委书记、党委委员
陈　秀　合肥学院副院长
刘建中　合肥学院副院长、党委委员
张思扬　合肥学院副院长、党委委员
张小樵　市行政学院院长、党委书记
罗兆好　合肥职业技术学院党委书记
邵一江　合肥职业技术学院院长、党委副书记
胡守祝　合肥幼儿师范高等专科学校党委书记
方东玲　合肥幼儿师范高等专科学校校长、党委副书记

二、市纪委领导班子成员

刘　清　市纪委副书记
魏常年　市纪委副书记
张　勇　市纪委常委、市监察局副局长
王晓晨　市纪委常委，市纪委驻市公安局纪检组组长、市公安局党委委员、第一副督察长（兼）
马从军　市纪委常委、秘书长
李皖生　市纪委常委

三、市直单位主要负责人

刘观宝　市人大常委会秘书长、党组成员，办公厅党组书记
朱　策　市政府秘书长、党组成员，办公厅党组书记
袁文长　市政协秘书长、党组成员，办公厅党组书记
毛万里　市委副秘书长、市委办公厅主任
李茂凯　市人大常委、副秘书长，办公厅主任、党组副书记
罗　平　市政府副秘书长，办公厅主任、党组副书记
李尚才　市政协副秘书长，办公厅主任、党组副书记
刁吉润　市委组织部常务副部长
王　浩　市委宣传部常务副部长
李　殊　市委统战部常务副部长
张　华　市委政法委常务副书记、市社会治安综合治理委员会办公室主任
程千宜　市委政策研究室主任
蒋　烽　市直机关工委书记
吴功福　市机构编制委员会办公室主任
马谟荣　市委组织部副部长、市委老干部工作局局长
吴和平　市巢湖老干部服务管理局局长
秦远望　市发展和改革委员会主任、党组书记
李海鹰　市经济和信息化委员会主任、党委书记
夏伦平　市农业委员会主任、党组书记
姚　凯　市城乡建设委员会主任、党委书记
查　凯　市教育局局长、党委书记
程振革　市科学技术局（知识产权局）局长、党组书记，合肥高新技术产业开发区管委会副主任
陆　平　市民族事务委员会（宗教事务局）主任（局长）、党组书记
张　炜　市民政局局长、党委书记
刘晓文　市司法局局长、党委书记，市义城监狱第一政委
吴利林　市财政局局长、党组书记，市投融资管理委员会办公室主任（兼）
吴松保　市委组织部副部长，市人力资源和社会保障局局长、党组书记，市公务员局局长
储昭海　市国土资源局局长、党组书记，市土地储备中心党组书记
方正杰　市交通运输局局长、党委书记
徐春雷　市水务局局长、党组书记
张世军　市林业和园林局局长、党委书记
邢孝鸿　市商务局局长、党组书记
郑家余　市文化广电新闻出版局（版权局）局长、党组书记
秦继平　市卫生和计划生育委员会主任、党委书记
程　林　市审计局局长、党组书记
闫　萍　市规划局局长、党组书记
李　锋　市城市管理局局长、党组

书记
陈　刚　市环境保护局党组书记
丁志松　市环境保护局局长，致公党市委副主委（不驻会）
陈启亮　市外事侨务办公室（市政府港澳事务办公室）主任、市外事侨务办公室党组书记
汪菊喜　市房地产管理局局长、党组书记
贾　伟　市体育局党组书记、副局长
菅　青　市体育局局长
张红军　市统计局局长、党组书记
许道和　市工商行政管理局局长、党组书记
靳民斌　市质量技术监督局局长、党组书记
胡国春　市食品药品监督管理局局长、党组书记
汪　涛　市安全生产监督管理局局长、党组书记
王　磊　市物价局局长、党组书记
完颜绍建　市旅游局局长、党组书记
陈　东　市委、市政府信访局局长、党组书记
刘　浏　市人民政府法制办公室主任、党组书记
拱　艳　市数据资源局党组书记
陈　睿　市数据资源局局长
王　强　市人民防空办公室（民防局）主任（局长）、党组书记
吴晓东　市政府国有资产监督管理委员会主任、党委书记
凌必发　市委台湾工作办公室（市政府台湾事务办公室）主任
赵寒松　市委保密办（市国家保密局）主任（局长）
王毓江　市政府政策研究室主任、市政府咨询委员会办公室主任，市政府办公厅党组成员
杨祥生　市供销合作社联合社主任、党组书记
王家贵　市委党史研究室主任
苏　祥　市机关事务管理局（接待办）局长（主任）、党组书记
时利民　市招商局局长、党组书记
张家祥　市重点工程建设管理局局长、党组书记
张　毅　市金融工作办公室主任、党组书记
谢　涛　市土地储备中心主任、党组成员
胡宏同　市公共资源交易监督管理局局长、党组书记
王世保　市地震局局长、党组书记
黄群英　市地方志编纂委员会办公室主任、党组书记
李炳云　市残疾人联合会理事长、党组书记
林晓炼　市住房公积金管理中心主任、党组书记
方世文　市政务文化新区建设指挥部办公室主任、党工委书记
陶兴林　市政府政务服务中心常务副主任、党工委副书记
陈　荣　市政府副秘书长、市政府驻北京联络处（北京招商处）主任
杜亚宏　市政府驻上海联络处（上海招商处）主任
张业锁　市总工会党组书记、副主席
吴娅娟　共青团合肥市委书记、党组书记
王兴梅　市妇女联合会主席、党组书记
陈明义　市科学技术协会主席、党组书记
司胜平　市文学艺术界联合会党组书记、副主席
刘晓明　市文学艺术界联合会主席、党组副书记
魏玉萍　市委宣传部副部长、市文明办主任
王继锋　市档案局（馆）局长（馆长）
王道才　市社会科学界联合会（市委讲师团）主席　（团长），市社会科学院院长
方　玲　市归国华侨联合会主席、市外事侨务办公室党组成员
夏向东　市委统战部副部长，市工商业联合会（市商会）党组书记、第一副主席
姚亚妹　市工商业联合会（市商会）主席（会长）
吴爱国　阜阳合肥现代产业园区管委会副主任、党工委副书记（主持工作）
高斌友　市政府副秘书长、办公厅党组成员，市巢湖风景名胜区管委会主任、党工委书记
张义明　市政府副秘书长、办公厅党组成员，市扶贫开发领导小组办公室主任（兼）

四、县（市）区党政主要负责人

耿延强　肥东县委书记
孙良鸿　肥东县委副书记、县长
金成俊　肥西县委书记
李　煜　肥西县委副书记、代县长
许　华　长丰县委书记
黄　铧　长丰县委副书记、县长
王连贵　庐江县委书记
许华为　庐江县委副书记、县长
张　生　巢湖市委副书记、市长
单　虎　瑶海区委副书记、区长
徐静平　庐阳区委书记
黄卫东　庐阳区委副书记、区长
李学明　蜀山区委书记
葛　斌　蜀山区委副书记、区长
葛　锐　包河区委副书记、区长

（市委组织部）

责任编辑：黄华华

政府工作报告

凌 云

一、2017年和过去五年工作回顾

2017年，在省委省政府和市委的坚强领导下，我们全面贯彻落实党的十八大、十九大和省市党代会精神，深入学习习近平新时代中国特色社会主义思想，以新理念引领新发展，坚持稳中求进工作总基调，大力实施五大发展行动计划，主动作为，砥砺奋进，在建设长三角世界级城市群副中心、“大湖名城、创新高地”的征程上阔步前行。

一年来，我们当好排头兵，经济实力再上台阶，主要指标稳居全国省会城市前十，对全省经济增长的贡献率进一步提升；我们勇担使命，科技创新再添动力，综合性国家科学中心、“中国制造2025”试点示范城市建设高位推进，量子科技创新研究院、江淮大众新能源汽车、引江济淮三个全省“一号工程”全面开工；我们敢破难题，改革开放激发活力，全面创新改革试验纵深推进，内陆开放新高地加快崛起；我们争创一流，城市建设管理提质提效，全国文明城市成功蝉联，城市功能进一步完善；我们善解民忧，全心全意办好民生实事，群众满意度、获得感进一步提升。经过全市上下共同努力，顺利完成了市十五届人大六次会议确定的主要目标任务。

一年来，我们主要做了以下工作：

（一）经济发展持续稳中向好。以供给侧结构性改革为主线，综合施策，精准调度，出台促进经济平稳健康发展“20条”和降低实体经济企业成本“10条”，开展“四送一服”，强化“四督四保”，经济发展保持较快增长，质量效益持续提升。预计，生产总值突破7000亿元、增长8.8%左右；规模以上工业增加值增长9%以上；固定资产投资6350亿元、增长5%；财政收入1251.1亿元、增长12.3%，其中地方财政收入655.9亿元、增长6.7%；社会消费品零售总额2730亿元、增长11.8%；进出口总额238亿美元、增长27%；居民人均可支配收入31800元、增长9.2%。节能减排指标全部完成省控目标。

（二）创新驱动实现重大突破。加快建设综合性国家科学中心、合芜蚌自主创新示范区，编制滨湖科学城、大科学装置集中区等重大规划，世界首条量子保密通信“京沪干线”正式贯通，聚变堆主机关键系统成功落户，科大讯飞智能语音入列国家人工智能四大平台，微尺度物质科学国家研究中心获批组建，离子医学中心、安徽创新馆等建设积极推进。深化与高校院所战略合作，推动科技创新与产业创新深度融合，中科大先研院、清华公共安全研究院、合肥北航科学城等创新平台建设加快推进，新建工程（技术）研究中心、企业技术中心、重点（工程）实验室258家，新增国家“双创”基地2家。出台人才新政“20条”，获批国家海外人才离岸创新创业基地，引进国家千人计划等高层次人才300余人，“哈佛八剑客”追梦科学岛成为人才回归、创新报国的时代佳话。

（三）产业转型迈出重大步伐。以“三重一创”建设为统领，新型显示、机器人国家区域集聚发展试点加快建设，6个省级战略性新兴产业集聚发展基地领跑全省，首批4个市级基地认定挂牌。高新技术产业增加值突破1400亿元，战略性新兴产业对工业增长的贡献率达到50%。全球首条最高世代线京东方10.5代液晶显示、康宁玻璃基板等项目竣工投产，站上了显示产业全球制高点。晶合12吋晶圆一期成功量产，在驱动芯片领域提升了国产化率，实现了“合肥芯”“合肥造”。长鑫存储器晶圆等一批重大项目加快建设。家电“四大件”产量突破7000万台（套），联宝电子主营收入首超500亿元。完成技改投资1370亿元、增长8.5%，建成智能工厂41个、数字化车间320个。现代服务业加速发展，合肥商贸物流园区跻身全国首批示范园区，成功举办中博会、家博会等重大展会192场。

（四）改革开放取得显著成效。持续深化“放管服”改革，大力实施“多证合一”，新登记市场主体16.3万户。积极推进承担行政职能事业单位改革试点，建立事业编制周转池制度，组建数据资源局。调整市区财政分配体制，优化财力资源配置。出台深化国资国企改革实施意见，着力解决“三供一业”等历史遗留问题。健全企业上市融资服务机制，新增上市公司7家，直接融资3463.8亿元、增长47.9%。民营安徽新安银行正式开业。实施医药卫生体制综合改革，扎实推进医保管理体制“六统一”试点。稳步开展农村“三变”改革，全面完成土地确权颁证工作。出台打造内陆开放新高地实施意见，聚焦重点领域开展精准招商，引进大项目90多个。“合新欧”国际货运班列加密运行，合肥港吞吐量突破24万标箱，国际快件监管中心、航空港食用水生动物指定口岸通过验收，空港保税物流中心（B型）全面建成。设立“留学合肥”奖学金，有序推进中德教育合作示范基地等建设，50余家企业入驻“侨梦苑”。

（五）城市建设谱写崭新篇章。开展新一轮城市总体规划修编前期工作，推进全国首批城市设计试点市建设。新建续建大建设工程1514项，完成投资470亿元，六项工程荣获“鲁班奖”。合肥铁路枢纽规划获批实施。庐铜铁路全面建成，商合杭高铁等加快建设。滁淮高速、合宁扩容等工程进展顺利，合铜路二期等国省干线公路快速推进。轨道交通1号线运行平稳，2号线正式通车，单日最高客流量超过57万人次，3、4、5号线全面开建。阜阳路高架延伸、长江西路快速化改造等加快建设，上海路、绕城高速改线等全线贯通。启动长江中路街区等改造，开工红星路等慢行系统62条，推进海绵城市建设。新增公交车辆800台，建成500kV肥北变电站，五大类公共场所实现无线网络免费覆盖。以“绣花”功夫提升城市管理水平，城市净化、序化、绿化、亮化、美化水平全面提升。

（六）城乡统筹发展强力推进。持续加大县域发展支持力度，安排各类转移支付资金144亿元。加快农业产业化发展，市级以上现代农业产业化联合体发展到96家，新增新型农业经营主体1550家。“粮安工程”全面实施，粮食产量315万吨，肉蛋奶及水产品总量超过100万吨，主要“菜篮子”产品保障能力居全国大中城市第8位。大力开展土地综合整治，连续19年实现“占补平衡”。美丽乡村建设全面推进，完成34个乡镇政府驻地建成区整治任务，建成省、市级中心村278个。农村环境综合整治“三大革命”深入推进，完成陈年垃圾清理任务，改造农村厕所2.6万户。建成农村道路畅通工程5100多千米，行政村光纤网络实现全覆盖。灾后水利水毁修复工程顺利完成，滁河干渠江水西调工程正式通水。扎实开展“重精准、补短板、促攻坚”专项整改行动，1.6万建档立卡贫困人口脱贫。

（七）生态建设取得重大进展。出台加快生态文明建设实施方案、建设绿色发展美丽巢湖“20条”等，启动编制巢湖综合治理总体规划，强力抓好中央和省环保督察问题整改。统筹推进巢湖综合治理工程，建成十五里河污水处理厂三期和清溪净水厂。完善“湖长制”“河长制”，设置各级河长4600多名，双桥河、十五里河等重污染河流水质明显改善。实施蓝天行动，扎实开展餐饮油烟、扬尘等十大专项整治，PM10、PM2.5浓度分别为79.9、56微克/立方米，是全省唯一实现“双下降”的城市。出台土壤污染防治

巢湖岸边

实施方案，启动4个修复试点项目。建立重点生态区域“林长制”，全年植树造林3.45万亩、城镇绿化1534万平方米。

（八）人民生活全面改善提升。高质量完成“31+9”项民生工程，倾心办好20项为民办实事事项。城镇新增就业24万人，城镇登记失业率下降至2.86%。实施全民参保计划，城乡低保、五保标准进一步提高。毫不动摇实施“十条新政”，积极探索租赁住房试点，有效遏制房价过快上涨势头，实现房地产市场平稳健康发展。新开工各类保障性住房2.62万套，改造城中村、危旧房项目9个，整治老旧小区192个。制定学前教育提升计划，出台中小学规划建设管理导则，启动“美丽校园”创建活动，建成城区幼儿园47所、中小学25所，合肥职业技术学院新校区、黄麓师范学校改扩建等加快建设。成功创建全国未成年人思想道德建设工作先进城市。大型原创舞剧《立夏》全国巡演，举办上海国际艺术节合肥分会场等活动，建成城市阅读空间24个。国家区域健康医疗大数据中心顺利获批，全国首家智慧医院挂牌成立，市儿童医院综合楼等建成使用，市公共卫生管理中心、全民健身中心等加快建设。加大治安立体防控力度，刑事案件发案起数下降15.8%。信访维稳形势总体向好，信访积案化解率近100%。扎实开展“百日除患铸安”专项行动，全力创建国家食品安全示范城市。国防动员和后备力量建设取得新进展。民族宗教、人防民防、防震减灾、统计、地方志、科普、气象、档案、保密等工作取得新成绩，工会、共青团、妇联、红十字会、老年人、残疾人和关心下一代等工作实现新进步。

过去一年，我们深入贯彻全面从严治党要求，认真开展“两学一做”学习教育和“讲重作”专题教育，不断提升政府自身建设水平。自觉接受人大监督，严格执行人大及其常委会的决议决定，主动接受政协民主监督、社会监督和舆论监督，全年办理人大代表议案和建议194件、政协提案628件。出台推进法治政府建设实施意见，完善重大行政决策程序，依法行政考核连续8年保持全省第一。全面实施“五项清单”，大力推进“互联网+政务服务”。严格落实党风廉政建设责任制，持续强化行政监察和审计监督，坚决查处各类侵害群众利益的腐败问题，持之以恒整“四风”、强作风。

五年来，本届政府积极应对复杂多变的宏观环境，保持定力、科学研判，开拓创新、奋发有为，经济社会发展取得重大成就。这五年，我们始终把创新驱动作为战略支撑，下好“先手棋”，抢占制高点，塑造更多依靠创新驱动的引领性发展。我们始终把工业立市作为强基之本，瞄准中高端，构建新体系，推动“合肥制造”迈向“合肥智造”。我们始终把生态保护作为永恒底线，坚守绿水青山，强攻大湖治理，努力让合肥的天更蓝、水更清、空气更清新。我们始终把优化环境作为重要保障，全力营造“四最”环境，充分激发干事创业活力。我们始终把满足人民美好生活期待作为至高追求，一件事情接着一件事情办，一年接着一年干，以政府辛苦指数换取百姓幸福指数。

——这五年，经济发展质量更优，综合实力大幅提升。坚持质量第一、效益优先，更好地提高质量、做大增量、扩张总量。生产总值连跨三个千亿台阶，年均增长10.1%，总量前进五位，居全国省会城市第10位。规模以上工业增加值年均增长11.4%，总量升至第9位。固定资产投资年均增长14.4%，总量升至第6位。财政收入年均增长12.5%，地方财政收入升至第10位。进出口总额稳居第9位。五年争先进位、跨越赶超，合肥开启了加速崛起的新征程。

——这五年，创新转型升级更快，核心竞争力显著提升。坚持以创新培育发展动能，以转型增强经济韧劲。基础研究取得重大突破，悟空探秘、墨子传信、热核聚变、铁基超导等一批具有国际领先水平的科技成果相继问世。主要创新指标进入省会城市前七，全社会研发投入占生产总值比重升至3.15%。以战略性新兴产业为先导、先进制造业和现代服务业为支撑的现代产业体系加快构建，智能语音及人工智能、集成电路、光伏太阳能、新能源汽车等保持国内领先，家电、新型显示等全国生产基地优势地位持续巩固；服务业占生产总值比重由39.8%提升至45.3%。新业态加速涌现，新经济快速发展。五年创新引领、厚积薄发，合肥抒写了建设创新之都的新华章。

——这五年，城市功能品质更好，承载辐射力有效提升。尊重城市发展规律，以现代城市理念提升规划建设品质。大建设工程累计投入1900多亿元。全国性综合交通枢纽地位确立，“米”字型高铁网络基本形成，新桥机场通航国际，合肥港通江达海，“一环八线”高等级公路网不断完善。合肥都市圈扩容升级，“5+2”一体化发展格局基本建立，与省内其他城市联动发展的态势初步形成。“1331”城市空间发展战略深入实施，城镇化率超过73%。城市步入地铁时代，快速路网加快构建，主城区与各组团基本实现“一刻钟快速交通”。农村基础设施与城市加快对接，教育、文化、卫生等公共服务均等化稳步推进。高新区、经开区、新站高新区、合巢经开区主引擎作用显著增强，辐射带动效应明显提升。肥西、肥东、长丰进入全国百强县，巢湖、庐江跻身全国中小城市投资潜力百强县市，包河、蜀山、瑶海、庐阳成为全国综合实力百强区。五年内外兼修、提升能级，合肥塑造了现代城市的新风貌。

——这五年，生态环境保护更严，持续发展力明显提升。绿色发展、生态优先理念深入人心，制度体系更加严密，生态环境持续改善。巢湖国家生态文明先行示范区建设取得阶段性成果。大气污染治理成效明显，空气质量优良天数持续增加。成功创建国家森林城市，森林覆盖率、城区绿化覆盖率分别提高到27.4%、46%，巢湖、肥东、肥西跻身国家园林城市（县城）。五年强力治污、生态保护，合肥描绘了绿色发展的新画卷。

——这五年，改革开放力度更大，社会创造力持续提升。坚持先行先试，全面深化改革多点发力、纵深推进。65项改革纳入国家试点，国资国企、财政金融、农业农村、行政审批和社会治理等重点改革取得突破。马（合）钢冶炼生产线整体关停，4800多名职工全部妥善安置。动态完善“1+3+5”产业政策体系，在全国率先探索光伏扶贫模式，省市共建公共资源交易“合肥模式”、高铁南站综合管理领跑全国，金融改革创出“一通三改”新模式。八大开放平台建设取得重大进展，与180多个国家和地区实现经贸合作，43家境外世界500强企业在肥投资。深度融入长三角一体化，加强与长江中游城市群联动发展，合肥上海双城合作渐入佳境。对台经贸和文化交流不断深化。结对合作扎实开展，阜合等共建产业园区建设稳步推进。援疆、援藏工作取得新进展。五年改革攻坚、开放合作，合肥彰显了革故鼎新、海纳百川的新气魄。

——这五年，获得感幸福感更强，民生保障力全面提升。坚持以人为本、民生优先，加快基本公共服务均等化、优质化。民生工程投入449亿元，惠及760余万群众。城镇新增就业近105万人。社会保障提标扩面，城乡基本养老、基本医疗保险、居民大病保险、被征地农民保障实现全覆盖。优质教育资源供给持续扩大，新建改扩建幼儿园306所、新建中小学150所。安徽名人馆等一大批公益文化设施建成开放，《合肥市志》《合肥通史》出版发行，连续荣膺中国最爱阅读城市，“大湖之约”艺术名家大讲堂形成品牌。138位市民入选“中国好人”，居全国省会城市第2位。三河古镇成功创建5A级景区，成为全国旅游标准化示范市。编制完成健康合肥2030规划，覆盖城乡的基层医疗卫生服务体系基本建成。全民健身成为风尚，环巢湖四季赛事打响品牌。平安合肥建设成效显著，社会大局和谐稳定。五年初心不改、躬身为民，合肥集聚了更加丰满的新福祉。

五年的成就令人瞩目，这是省委省政府和市委坚强领导的结果，是市人大依法监督、市政协民主监督、社会各界大力支持的结果，是全市人民团结奋斗、顽强拼搏的结果。在此，我代表市人民政府，向辛勤奋战在各个领域、各个岗位为合肥发展作出贡献的全市人民，向驻肥人民解放军、武警官兵、公安干警和中央驻肥单位，向各民主党派、工商联、无党派人士、各人民团体和社会各界人士，向所有关心支持合肥改革开放与现代化建设的海内外朋友，表示衷心的感谢和崇高的敬意！

在肯定成绩的同时，我们也清醒看到，当前合肥发展不平衡不充分的问题依然突出，主要是：经济发展质量和效益还不够高，传统优势产业亟需转型升级，战略性新兴产业仍需提速扩量，现代服务业发展相对滞后；城区转型不快，县域经济发展动能不足，区域协调发展任务繁重；巢湖综合治理、大气污染防治等任重道远；开放型经济发展水平不高，国际化都市区建设不快；大城市管理经验不足，精细化不够，交通拥堵等问题较为突出，教育、医疗、文化等基本公共服务均等化、优质化水平有待提升；效能建设仍需加强，少数政府部门和工作人员不作为、慢作为等现象仍有发生。对此，我们将高度重视，采取切实有效措施，认真加以解决。

二、今后五年的奋斗目标和主要任务

中国特色社会主义建设进入新时代，引领着合肥现代化建设走向更加美好的未来。新时代标注新方位。当前，全球新一轮科技革命和产业变革风起云涌，国际竞争合作方兴未艾，“一带一路”和长江经济带建设等纵深推进，为我们科学发展、跨越赶超提供了重大机遇和良好条件，合肥仍处于大有可为的战略机遇期。新时代承载新使命。进入发展新时代，社会主要矛盾已经转化为人民日益增长的美好生活需要和不平衡不充分发展之间的矛盾，经济已由高速增长阶段转向高质量发展阶段，我们要紧扣新矛盾、瞄准新目标，勇于担当，奋力争先，努力实现更高层次更高水平的新发展。新时代展现新作为。国家战略赋予合肥新的城市定位，省委省政府对合肥寄予厚望，全市人民对美好生活殷切期盼，我们要以永不懈怠的精神状态和一往无前的奋斗姿态，在决胜全面建成小康社会和社会主义现代化建设的新征程上再创佳绩。

今后五年，政府工作的总体要求是：高举中国特色社会主义伟大旗帜，以习近平新时代中国特色社会主义思想为指导，全面贯彻落实党的十九大精神，按照省市党代会和市委十一届五次全会精神，统筹推进“五位一体”总体布局和协调推进“四个全面”战略布局，坚持以新发展理念统领发展全局，坚持以满足人民日益增长的美好生活需要为目标，坚持以高质量发展为根本要求，坚定实施科教兴市、人才强市、创新驱动、乡村振兴、区域协调发展、可持续发展、军民融合发展等战略，大力实施五大发展行动计划，加快建设现代化经济体系，打造具有国际影响力的创新之都，在全国省会城市和长三角城市群中争先进位，在现代化五大发展美好安徽建设中作好表率、走在前列，奋力谱写社会主义现代化建设合肥篇章。

今后五年的主要奋斗目标是：发展质量稳步提高，创新动能显著增强，开放高地引领内陆，城乡融合更加协调，生态质量明显改善，文化建设繁荣兴盛，民生福祉全面提升，社会大局和谐稳定。全市生产总值超过 1.1 万亿元，人均生产总值突破 2 万美元，主要经济指标增幅和综合实力位居全国省会城市前列。

开启合肥现代化建设新征程，各县（市）区、开发区要找准新定位，实现新发展。四大开发区加快转型升级，推进产城融合，成为引领发展、辐射带动全市的高端产业集聚区、创新创业引领区、宜居宜业新城区。高新区全力建设世界一流高科技园区，经开区全力建设全球知名先进制造业集聚区，新站高新区全力建设世界级新型显示产业集群示范区，合巢经开区全力建设全国有影响的大健康产业集中区。瑶海、庐阳、蜀山、包河四个城区全力打造国际化都市区核心区、现代服务业集聚区、新经济新业态发展先行区、社会治理示范区。五县（市）全力增强新型工业化主战场作用，成为全市发展新引擎、全省县域发展排头兵，肥西、肥东、长丰巩固提升全国百强县位次，巢湖、庐江加快跻身全国百强县。

今后五年的主要任务是：

（一）融入全球创新体系，建设综合性国家科学中心。坚持把创新作为引领发展的第一动力，深入实施创新驱动发展战略，高标准规划国家级合肥滨湖新区，加快建设国际一流的滨湖科学城，全面提升参与全球科技竞争合作能力。加快建设具有国际影响力的大科学装置集群，高水平建成聚变堆主机关键系统等大科学装置，建设人工智能等交叉前沿研究平台，推动中科大先研院等创新平台形成示范效应。在量子信息、核聚变等领域形成一批具有国际领先水平的原创成果，在人工智能、网络安全、生命科学等领域形成一批引领性、颠覆性技术。以全球视野招才引智，引进培养集聚一大批国际水平的科技人才和高水平创新团队。系统推进全面创新改革试验，强化知识产权创造、应用和保护，构建最优创新生态圈。基本建成综合性国家科学中心，成为世界级科技创新策源地、国家级产业创新核心区、全国重要教育科研区。

（二）构建现代产业体系，建设中国制造强市。以供给侧结构性改革为主线，加快质量变革、效率变革、动力变革，系统构建现代产业体系，推动实体经济高质量发展。加快建设“中国制造 2025”试点示范城市，推动新型显示、集成电路、光伏太阳能、智能语音及人工智能等战略性新兴产业发展成为世界级产业集群，促进汽车、家电、装备制造等优势产业升级成为全球制造研发基地，抢占量子信息、大数据、机器人、生命健康等未来产业发展先机。瞄准国际标准提高现代服务业发展水平，推动三次产业跨界和融合发展，高定位建设区域金融中心，把旅游业打造成重要支柱产业。以完善产权制度和要素市场化配置为重点，深入推进国资国企、商事制度、金融体制等改革。大力发展民营经济，培育一批“独角兽”和“隐形冠军”。扎实推进军民融合示范城市建设，加速壮大军民融合产业规模。

（三）提升城市功能品质，建设国际化都市区。贯彻“一尊重、五统筹”要求，加快建设以人为核心的现代化都市。建成全国性综合交通枢纽，构建现代交通体系，提升国际国内通达能力。完善“米”字型高铁网，衔接南京、福州、武汉、西安等 9 个方向，加快形成商合杭、合福、合宁、合武等 13 条线路引入的大型放射状枢纽。加密提标高速公路网，建成全国公路枢纽。深入推进智慧城市、信用城市建设，构建现代城市治理体系。持续实施城市畅通工程，构建轨道交通骨干网，建成快速路网体系和“公交都市”。全域优化功能布局，全面实施“多规合一”，开展城市设计试点，推进城市“双修”和“微更新”，高品质打造城市地标、特色街区和人文景观。

（四）全面扩大对外开放，建设内陆开放新高地。充分发挥“一带一路”和长江经济带双节点城市优势，积极融入全球开放体系，着力提升竞争合作水平。系统提升八大开放平台功能，加快建成全国性综合航空枢纽港、国家级临空经济示范区、全国一流的跨境贸易电商集聚区和产业示范区，全力打造江淮航运中心。构建与国际投资贸易通行规则相衔接的制度体系，积极争创以合肥为主片区的中国（安徽）自贸区。全面提升区域合作水平，拓展对德、对美、对俄等交流合作领域，深度融入长三角，联动长江中游城市群发展。扎实推进与皖北、皖西结对合作。增强核心作用，引领合肥都市圈一体化发展，打造安徽高质量发展的样板区。

（五）实施乡村振兴工程，建设融合发展先行区。坚持农业农村优先发展，建设产业兴旺、生态宜居、乡风文明、治理有效、生活富裕的美丽乡村。大力推进城乡融合发展，提档升级农村基础设施，逐步建立全面覆盖、普惠共享、城乡一体的基本公共服务体系。深化农业供给侧结构性改革，大力构建现代农业产业体系、生产体系、经营体系，加快提升产业园区发展水平，推进县域工业和都市农业增品种、提品质、创品牌。全面深化农业农村改革，巩固完善农村基本经营制度，保障农民财产权益。创新乡村治理体系，建设平安乡村。实施特色小镇培育计划，建成一批产业特色鲜明、生态环境优美、体制机制灵活、人文气息浓厚、宜业宜居宜游的特色小镇。

（六）聚力天蓝水清地绿，建设绿色生态美丽合肥。全面实施生态优先战略，构建人与自然和谐共生新格局。完善生态文明制度体系，严格实施生态环境监管。积极发展循环经济，加快建设低碳城市。大力建设绿色发展美丽巢湖，构建数字巢湖、全域监管、系统保护相结合的治理体系，基本建成引江济淮工程，流域水质明显好转，巢湖综合治理成为生态文明安徽样板。统筹山水林田湖草系统治理，严格保护耕地。坚持全民共治、源头防治，强化大气污染源监测预警和联防联控。积极创建国家生态园林城市，高品质建成森林生态网络，让绿化景观绘就城市最美生态画卷。

（七）树立高度文化自信，建设全国一流文化强市。坚定文化自信，持续提升城市文化品位和市民文化素养，建设一座有底蕴、有气质、有灵魂的城市。把中国梦和社会主义核心价值观融入到全市人民建设美好家园的生动实践中，汇聚成追求美好生活的强大精神力量。坚持以人民为中心的创作导向，推出更多反映时代、群众喜爱的精品力作，推动文创企业、文创园区等发展壮大，不断提升合肥文化对外影响力。打造全国一流的公共文化服务体系建设示范区，深入实施文化惠民工程，广泛开展群众性文化活动，努力建成全国乃至全球全民阅读典范城市。

（八）顺应人民美好生活期待，建设和谐宜居幸福之城。坚持民生至上，构建高质量公共服务体系，打造15分钟生活圈，努力实现幼有所育、学有所教、劳有所得、病有所医、老有所养、住有所居、弱有所扶。优先发展教育事业，打造教育强市，推动义务教育优质均衡发展，提升学前教育、特殊教育、网络教育水平，普及高中阶段教育，建设职教高地，支持“双一流”大学建设，创建合肥大学。实施就业优先战略和积极就业政策，提高就业质量，增加低收入者收入，扩大中等收入者比重。进一步完善统一的城乡居民基本医疗保险制度，稳步提高养老待遇水平，保障中低收入市民基本住房需求，完善城乡社会救助体系，积极探索新市民享有同城待遇的实现方式。大力实施精准扶贫和精准脱贫。建设健康合肥，深入开展全民健身运动，持续完善医疗卫生服务体系，推进医养结合，提高全方位全周期健康服务水平。深化平安合肥建设，推进社会治理现代化，构筑共建共治共享的社会治理新格局。

三、2018年重点工作任务

今年是全面落实党的十九大精神的第一年，是决胜全面建成小康社会、实施“十三五”规划承上启下的关键一年，是新一届政府的开局之年，我们要学习新思想，践行新理念，努力实现高质量发展。经济社会发展的预期目标是：全市生产总值增长8.5%左右；规模以上工业增加值增长9%左右；固定资产投资增长7%左右；财政收入增长10%左右；社会消费品零售总额增长10.5%左右；居民人均可支配收入增长快于经济增长；居民消费价格涨幅3%左右；城镇新增就业13万人，城镇调查失业率控制在5%以内；节能减排完成省控目标。

重点做好九个方面工作：

（一）着力推进经济发展质量变革

提高供给体系质量。深化供给侧结构性改革，重点在“破”“立”“降”上下功夫。用市场化、法治化手段化解过剩产能，破除无效供给。积极创建全国质量强市示范城市，深化小微企业“双创”基地城市示范建设，培育共享经济、数字经济、人力资本服务等新业态新模式，加快壮大新动能。常态化推进“四送一服”双千工程，全面落实减税降费政策，切实降低企业成本。

扩大有效投入和消费需求。谋划储备一批基础设施、产业发展和民生工程类重大项目，高效推进300个亿元以上项目建设，建成180个以上。加大基础设施、社会事业和公用事业等领域开放力度，激发民间投资活力。推动互联网、大数据、人工智能和实体经济融合发展，促进大众消费升级。

提高金融服务实体经济能力。大力发展普惠金融，改善中小微企业金融服务，扩大政策性融资担保、“税融通”等新型融资规模，提升股权投资基金运作效率。加强后备资源培育，支持企业上市融资。打好防范化解重大风险攻坚战，全面加强地方金融监管和政府债务管控，开展非法违规金融活动打击、“互联网”金融专项整治、地方金融机构不良资产压降“三大行动”。

（二）着力推进创新发展动力变革

建设综合性国家科学中心。按照国际标准规划建设滨湖科学城。高水平建设量子科技创新研究院，积极争创量子信息科学国家实验室、新能源国家实验室，加快聚变堆主机关键系统等大科学装置规划建设，基本建成离子医学中心，大力推进人工智能平台、天地一体化信息网络合肥中心等建设。

推进科技成果转移转化。推动中科大先研院等创新平台建立市场化运行机制，提升成果转化、企业孵化、产业培育能力。积极引进知名高校共建新型创新平台，推动中科大高新园区、合肥北航科学城、北外德国中心等建设取得重大进展。基本建成安徽创新馆。新增国家高新技术企业150户以上，新建工程研究中心、重点实验室等各类研发机构100家以上，有效发明专利拥有量、技术合同交易额增长15%以上。

优化创新生态环境。深化全面创新改革试验，出台科技成果转移转化专项政策，扩大科技成果“三权”改革等试点。落实人才新政“20条”，实施人才发展“6311”工程，建成合肥国际人才城。推进国家知识产权示范城市建设，新增示范企业100家以上。坚持“生态＋创新”的理念，突出王咀湖、南艳湖、少荃湖等重点区域，以最美的自然生态集聚最高端的创新资源。

2017年4月，新汇成光电公司实现量产

（三）着力加快产业转型升级

加快发展先进制造业。积极建设“中国制造2025”试点示范城市，争创国家级示范区。统筹推进“三重一创”，以京东方、科大讯飞、晶合等为龙头，加快“中国声谷”、长鑫存储器晶圆等建设，集聚发展新一代信息技术产业，打造全国重要的人工智能产业先行区和智慧产业新高地；推动通威、晶澳等企业，巩固储能技术领先优势，加快阳光电源智慧能源管理系统建设，持续提升光伏太阳能产业核心竞争力；加快江淮大众、长安二期、大陆马牌轮胎四期等重大项目建设，推进海尔、格力、美的等家电企业智能化升级，促进产业链整体提升；积极培育量子通信等未来产业。推进智能制造“万千百”工程，新建智能工厂15个、数字化车间150个。建成军民融合信息平台，建立企业库、产品库和项目库，争创国家军民融合示范城市。

加快发展现代服务业。大力发展会展、物流、中介咨询等生产性服务业，培育发展健康养老、旅游休闲、家政服务等生活性服务业，提速发展工业设计、大数据、服务外包等高技术服务业，改造提升城区商圈服务功能。积极引进国际知名服务品牌和服务企业，聚力提升瑶海物联网产业园、庐阳金融集聚区、蜀山跨境电商园、包河创意文化战新基地、滨湖金融后台服务基地等发展水平。全力创建环巢湖国家旅游休闲区，推动巢湖市、庐江县创建国家全域旅游示范区。

扶持发展民营经济。放宽市场准入，加大政策支持，破除制约障碍，构建亲清新型政商关系，培育更多、更大、更强的民营企业。继续实施“专精特新”中小企业培育工程，培育一批专注细分领域的“单项冠军”和“配套专家”。积极倡导企业家精神、工匠精神，大力培养创新型企业家。

（四）着力提升城市功能品质

优化城市空间布局。修编新一轮城市总体规划，编制完成全市空间规划等重大规划，提升县城规划，完善镇村规划。强化全域规划管控，推动东部新中心、骆岗机场、空港示范区等重点片区城市设计实施，构建中心城区、副中心、产业新城、小城镇、美丽乡村协调发展的新型城镇化格局。

建设综合交通枢纽。加快建设商合杭高铁、合安客专，开工建设合新高铁，完成合宁高铁前期，规划建设合肥新西站，建成高铁南站南广场。积极推进新桥国际机场二期，规划建设通用机场。全面建设引江济淮主体工程，开工建设派河港，推进合裕线航道船闸改造。加快实施合宁高速扩容等工程，开工建设合六高速扩容、明巢高速等工程，积极谋划外绕城高速连接线等前期工作。

完善城市承载功能。加快建设轨道交通3、4、5号线和1号线三期工程，积极推进6号线和2、3、4号线延长线。加密主城区与各组团快速通道，全面建成铜陵路、阜阳路高架延伸和长江西路快速化改造等重点工程，开工建设金寨路快速化改造等骨干路网工程，继续推进“畅通二环”建设。加快建设黄山路等公交专用道，完善城市慢行系统，有序实施城市支路和小街巷改造等“微循环”工程。开工建设龙河口引水工程，建成七水厂二期、绕城天然气高压管线、220kV大学城变电站等重点项目。

提高城市管理水平。巩固城市管理提升年成果，全面开展“两治三改”专项行动。实施城市出入口环境美化工程、骨干路桥亮化工程，推进长江中路等精品化改造，完成城隍庙片区等环境综合整治。加强重点时段和区域交通管理，加大公共停车场规划建设力度，鼓励市民绿色出行。建设新型智慧城市，构建城市智能运营平台，创建国家社会信用体系建设示范城市。

（五）着力推进乡村振兴

推进县域经济振兴。大力实施制造强县战略，聚力发展主导产业，培育壮大特色产业，提升县域经济发展质量和层次。推进县域工业园区整合和优化升级，支持肥西桃花工业园、长丰双凤经济开发区争创国家级开发区，支持庐江县争创农业类国家级高新技术开发区。

提升都市现代农业水平。实施粮食产业三年提升行动，稳定粮食产能，强化“菜篮子”供给保障。推进农业多功能开发和标准化建设，做大做强高效绿色种养业，加快发展休闲农业和乡村旅游业、农产品加工流通业、定制农业、农产品电子商务等新兴业态，打造更多农产品知名品牌。提升农业产业化水平，大力建设现代农业示范区、现代农业园区，新增新型农业经营主体1000家以上。

大力改善农村设施环境。探索促进资本、技术、人才等要素向农业农村流动的政策措施。加强城乡规划和建设标准衔接，建成农村道路畅通工程3200千米，全面实施城乡客运公交化改造。巩固“百河千渠万塘”行动成果，提升农田水利设施建设水平。大力实施土地综合整治，新增耕地4万亩以上。深入推进美丽乡村建设，全面完成29个乡镇政府驻地建成区整治和70个中心村建设任务，启动建设80个中心村。深入开展农村环境“三大革命”，新建乡镇污水处理厂20个、中心村污水处理设施70个，完成农村改厕10万户以上。建立自治、法治、德治治理体系，推进乡村由“管理民主”向“治理有效”升级。

深入推进脱贫攻坚。深入实施脱贫攻坚十大工程，强化支撑保障体系，健全稳定脱贫长效机制，把扶贫和扶志、扶智结合起来，激发贫困人口内生动力，确保脱真贫、真脱贫，全面完成脱贫攻坚年度任务。

（六）着力深化改革攻坚

深化经济领域改革。加快国有企业改制、整合和上市步伐，完善以“管资本”为主的国有资产分类监管体制。推进财政事权和支出责任划分改革，强化预算绩效管理。有序放开竞争性领域商品和服务价格，保持价格总水平基本稳定。深化统计管理体制改革。推进农村集体产权制度改革，稳步开展“三变”改革试点，加强农村承包地确权登记成果应用。

深化行政领域改革。持续深化“放管服”改革，全面推行权责清单制度，全方位加强事中事后监管。深层次推进商事制度改革，进一步加大“多证合一”整合力度。全面落实城市管理执法体制改革实施意见，理顺城市综合管理职责范围，推进执法标准化建设。持续推动公共资源交易管理改革创新，加快省市县一体化平台建设。积极推进投融资改革，稳步扩大PPP模式运用。

深化社会领域改革。加快社区治理体制改革，积极开展城乡社区协商和村（居）民自治试点。培育壮大社会组织，探索实践“五社联动”基层社会治理机制。完成机关事业单位养老保险制度改革。深入推进“三医联动”，全面完成医保管理体制改革试点任务。持续深化户籍制度改革，切实保障流动人口权益。

（七）着力提升开放水平

增强开放平台功能。高标准建设国际内陆港，力争“合新欧”班列全年开行100列。推动合肥港发展多式联运，稳定提升港口吞吐量。开通航空港国际货运新航线，力争进境水果、冰鲜水产品、食用水生动物指定口岸成为区域分拣中心。拓展提升海关特殊监管区功能，高水平建设综合保税区、出口加工区。

大力开展招商引智。聚焦变革性技术研发、战略性新兴产业和先进制造业高端环节，全力引进领军人才、顶尖研发团队、知名研发机构，全链条引进重大产业项目。发挥“合肥之友”等平台作用，开展精准招商，加强与央企、知名民企、外企合作，办好2018世界制造业大会，全年招商引资4100亿元，其中外商直接投资32亿美元以上。

提高对外贸易水平。深入实施“走出去”战略，积极扩大高技术、高附加值、高效益产品出口，鼓励外贸企业在“一带一路”沿线等国家和地区建立营销服务网络。大力推动汽车、家电、装备制造、电子信息等优势产业走出国门，开展国际产能合作。

扩大对外交流合作。积极搭建合作平台，加快中德教育合作示范基地、中德（合肥）智慧产业园、智能制造创新园、“侨梦苑”等重点项目建设。加强国际友城等合作交流，争取举办高层次国际会议、高水平国际赛事。全面深化区域合作交流，深入推进上海合肥双城合作。推动合肥都市圈一体化发展，加强与省内城市联动发展。

（八）着力强化生态环境治理

深化巢湖综合治理。高水平编制巢湖综合治理绿色发展总体规划。全面排查污染源，大力整治入河（湖）排水口。高标准实施巢湖综合治理三期、四期工程，开工建设五期工程，加快推进六期工程前期。推进胡大郢等污水处理厂建设，实施十五里河一期、望塘等污水处理厂提标改造。严格落实“湖长制”“河长制”，系统推进水资源保护、水污染防治、水生态修复和水环境治理。巩固黑臭水体治理成效，建立监管养护长效机制。

整治突出环境问题。深入开展亲水行动，加强董铺、大房郢水库等饮用水源和良好水体保护，集中攻坚南淝河、十五里河、派河等重污染河流治理，确保水质按期达标。打好蓝天保卫战，开展餐饮油烟污染专项整治，实行城区烟花爆竹禁放，严控道路、施工等扬尘，巩固秸秆禁烧成效。扎实推进净土行动，推动马（合）钢等土壤治理修复试点取得实效。严格工业固废、生活垃圾、医疗废物处置和监管。

提升城市绿化水平。全力创建国家生态园林城市，优化提升大蜀山、滨湖国家森林公园，高品质建设环巢湖绿色景观生态廊道，加快改造城市道路、广场和居民小区等绿化景观，新增公园游园、街头绿地40个以上。持续抓好森林长廊建设，完成植树造林5万亩，新增绿色长廊200千米、绿化面积600万平方米。推进庐阳三十岗等新十大城市公园建设，实施4个国家级湿地公园建设试点，积极申报国际湿地城市、申办中国（合肥）国际园林博览会。

严格生态环境监管。严守生态保护红线，划定永久基本农田和城市开发边界。强化排污者责任，健全环保信用评价、信息强制性披露、严惩重罚制度。严格落实“党政同责”“一岗双责”，严格执行考核评价和责任追究等制度，积极开展领导干部自然资源资产离任审计。健全网格化环境监管体系，加强区域联防联治，严厉打击环境违法违规行为。

（九）着力保障和改善民生

繁荣发展文化事业。深入实施公民道德建设工程，深化群众性精神文明创建。大力实施全民科学素质行动计划，弘扬科学精神，普及科学知识。完善公共文化服务功能，积极推进市工人文化宫、中心图书馆建设，加快启动市科技馆新馆、美术馆、博物馆、妇儿活动中心、青少年活动中心、档案馆、方志馆等公益性项目，建成城市阅读空间50个。广泛开展群众喜闻乐见的文化活动，认真办好第十届中国曲艺牡丹奖大赛等全国性品牌文化活动。大力繁荣文艺创作，努力推出一批原创精品力作。

优先发展教育事业。办好学前教育，建成城区幼儿园47个，全面实现“明厨亮灶”。加快义务教育优质均衡发展，深入推进“三大提升工程”，实施特殊教育二期提升计划。深入创建“美丽校园”，新建改扩建中小学24个，建成合肥新四中、巢湖二中新校区，加快市青少年综合实践基地、市特教中心北校区建设。加大农村教育投入，缩小城乡教育发展差距。深入推进产教融合与校企合作，推动合肥职业技术学院、合肥幼儿师专建设地方技能型高水平大学；实施中等职业学校质量提升工程，完成黄麓师范学校改扩建等项目建设。继续推动合肥学院地方应用型高水平大学建设。强化师德师风建设，完善考核评价机制，提升教师队伍整体素质。

推进更高质量就业。鼓励创业带动就业，全面实施高校毕业生就业创业促进计划，不断提升四级就业创业公共服务网络功能。大规模开展就业培训，拓宽就业渠道。完善政府、工会、企业共同参与的协商协调机制，构建和谐劳动关系。

健全社会保障体系。建立统一的社会保险公共服务平台，完善各项社会保险关系制度衔接与跨区域转移接续政策。实施全民参保计划，提高城乡居民基础养老金和失业保险金标准，实现城乡养老保险体系全覆盖。统一城乡居民基本医保政策，全面实施按病种收付费结算。完善困难家庭救助机制，稳步提高城乡居民低保。从严落实房地产调控政策，稳步开展住房租赁试点，实施集体建设用地租赁住房试点项目，建立多主体供应、多渠道保障、租购并举的住房制度，筹集租赁住房 1.5 万套。启动 11 个城中村和危旧小区搬迁改造，新建棚户区改造安置房 2 万套，完成 172 个老旧小区综合整治任务。

加快健康合肥建设。大力发展大健康产业，推进国家区域健康医疗大数据中心建设，建成全民健康信息平台，加快建设智慧医院。推广家庭医生签约服务，推进分级诊疗，建设一批医养结合示范基地、示范社区。鼓励和规范社会力量办医，发展特色专科和高端医疗服务。加强应急队伍和装备建设，提升疾病预防控制和突发公共卫生事件应急处置能力。办好老百姓家门口的健身工程，打造 10 分钟健身圈，扩大合肥国际马拉松赛等品牌赛事影响力。加快城区农贸市场升级改造，扎实创建国家食品安全示范城市，保障人民群众“舌尖上的安全”。

加强社会治理创新。深入开展“七五”普法，全面推进法治合肥建设。加强预防和化解社会矛盾机制建设，加大领导干部接访下访力度，引导各类信访问题在法治轨道妥善解决。推进“智慧社区”建设，促进物业小区精细化管理。建立网络综合治理体系，营造清朗的网络空间。建设“雪亮工程”示范城市，打造立体化、信息化的社会治安防控体系。严格落实安全生产责任制，坚决遏制重特大安全事故。坚决响应改革强军号令，大力支持备战训练，全力推进双拥工作。进一步完善应急管理体系，全面提升综合防灾救灾能力。支持工会、共青团、妇联、红十字会等人民团体广泛参与社会管理和公共服务，扎实做好民族宗教、防震减灾、地方志、气象、新闻、档案、保密、残疾人等工作。

四、加强政府自身建设

新时代对政府自身建设提出了新任务、新要求，我们要以新担当、新作为，不断提高政府工作现代化水平。

以新思想引领方向。坚持用习近平新时代中国特色社会主义思想武装头脑，牢固树立“四个意识”，坚决维护党中央权威和集中统一领导，坚定维护习近平总书记党的领袖和核心地位。深入推进“两学一做”学习教育常态化制度化，巩固提升“讲重作”学习成果，组织开展“不忘初心、牢记使命”主题教育，奋力推动合肥各项事业新发展。

以新自觉依法行政。全面落实法治政府建设实施纲要，自觉运用法治思维和法治方式推动工作。依法接受市人大及其常委会工作监督和法律监督，自觉接受市政协民主监督，认真听取各民主党派、工商联、无党派人士和人民团体意见，认真办理人大代表议案建议和政协提案。完善行政执法和监督体系，推行重大行政决策民主公开。

以新标准执政为民。坚持以人民为中心，深入基层、深入一线，躬身倾听群众最深处的声音，努力做到“民有所呼，我有所应；民有所需，我有所为”。以人民群众满意作为评判政府工作的第一标准，抓住老百姓最急最忧最怨的问题，解决好群众最关心最直接最现实的利益问题，扎实开展为民办实事，让民生幸福的底色更厚重，让共享发展的主题更温暖。

以新定力廉洁从政。全面履行从严治党主体责任，严格遵守《廉洁自律准则》和《纪律处分条例》。健全完善惩治和预防腐败体系，强化审计监督。支持监察体制改革，实现对所有行使公权力的公职人员监察全覆盖。认真贯彻中央八项规定精神和省、市委实施细则，同形式主义、官僚主义的种种表现进行坚决斗争，锲而不舍纠正“四风”问题，坚决防止和纠正损害群众利益的违纪违法行为。

以新担当增强本领。以适应新时代的紧迫感，着力增强学习、政治领导、改革创新、科学发展、依法执政、群众工作、狠抓落实、驾驭风险的本领。坚持说实话、谋实事、出实招、求实效，勇于攻坚克难，以钉钉子精神做好各项工作。注重战略思维，自觉将合肥发展置于全球全国全省的大格局中来谋划，在敢闯敢试中探索新路、破解难题。

以新作风提升效能。持续推进简政放权，创优“四最”营商环境。大力推行“互联网＋政务服务”，加快建成市县乡村一体化平台。完善政绩考核评价体系，健全正向激励机制，为敢于担当、勇于创新者撑腰鼓劲，严厉整治庸政懒政怠政，全面提升政府执行力和公信力。以永远在路上的坚持，抓实抓牢作风建设，真诚服务好科学家、企业家、千万家，使合肥真正成为养人的地方、创新的天地。

幸福都是奋斗出来的。让我们更加紧密团结在以习近平同志为核心的党中央周围，在省委省政府和市委的坚强领导下，高举中国特色社会主义伟大旗帜，凝心聚力，开拓创新，奋力谱写社会主义现代化建设合肥篇章，为决胜全面建成小康社会，实现中华民族伟大复兴中国梦作出新的更大贡献！

合肥市2017年国民经济和社会发展计划执行情况及2018年计划草案的报告

一、2017年国民经济和社会发展计划执行情况

2017年以来，全市上下深入贯彻党的十八大、十九大和省市党代会精神，认真学习贯彻习近平总书记系列重要讲话精神特别是视察安徽重要讲话精神，在市人大的监督指导下，按照长三角世界级城市群副中心的战略定位，全面贯彻落实新发展理念，以供给侧结构性改革为主线，深入实施五大发展行动计划，经济社会总体延续了健康平稳发展的良好态势，预计，全市生产总值完成7000亿元以上、增长8.8%左右；规模以上工业增加值增长9%以上；财政收入达到1251.1亿元、增长12.3%，其中地方财政收入655.9亿元、增长6.7%（同口径增长12.8%）；物价总体保持平稳，居民消费价格指数(CPI)预计上涨1.4%；城镇登记失业率下降至2.86%，生产总值、固定资产投资等主要经济指标稳居全国省会城市“十强”（附件1）。

（一）供给侧结构性改革深入推进。制定实施深化供给侧结构性改革20条政策，推动“去降补”重点任务落实见效。围绕“去产能”保持对“地条钢”高压打击态势，预计工业技改投资增长8.5%，获批创建全国质量强市示范城市，51家企业通过工信部“两化融合”贯标评定，推进绿色制造体系建设示范，阳光电源成为我市首家国家级“绿色工厂”。围绕“去库存”从严执行房地产调控“十条新政”，月均商品住房价格实现“环比不增长”，住房租赁纳入全国首批试点，房地产市场步入平稳运行轨道。围绕“去杠杆”发挥金融服务实体经济发展功能，全市新增直接融资3463.8亿元、增长47.9%，全省首家民营银行安徽新安银行正式开业，产投集团在港成功发行合肥市首笔境外债券。新型政银担业务新增投放98亿元，小微企业周转贷款135亿元。围绕“降成本”出台降低实体经济企业成本10条措施，按规定取消或停征2项政府性基金、41项行政事业性收费。围绕“补短板”续建、新建大建设工程1514项，完成投资470亿元。印发推广政府和社会资本合作模式实施意见，积极推进城市基础设施代建制试点，胡大郢污水处理厂等PPP项目稳步实施。荣获全省“四送一服”双千工程集中活动考评优秀等次，修订促进民营经济发展条例实施细则。

（二）创新动能加速汇聚。深入开展系统推进全面创新改革试验，合肥综合性国家科学中心成功获批，“2+8+N+3”创新体系加速构建，加快科技成果“三权”改革，股权激励试点企业达到170家，激励总额突破4.7亿元。预计全市新增国家级高新技术企业260家、总量突破1600家，高新技术产业增加值突破1400亿元；新建各类研发机构258家；技术合同交易额突破130亿元；每万人发明专利拥有量达到22件；全社会研发投入占GDP比重达3.15%。完成环巢湖科技创新走廊规划编制，滨湖科学城规划启动前期，量子创新研究院开工建设，中科大高新园区启动实施。稳态强磁场实验装置通过国家验收，全超导托卡马克（EAST）在全球首次实现101.2秒稳定运行，量子保密通信“京沪干线”正式开通，携手“墨子号”量子科学试验卫星首次打通洲际量子保密电话。聚变堆主机关键系统获得国家批准，微尺度物质科学国家研究中心、类脑智能技术及应用和大气环境监测两个国家工程实验室获批建设，科大讯飞智能语音入列国家人工智能四大平台，离子医学中心、分布式智慧能源等重点项目稳步实施，先进光源等大科学装置开展预研。中科大先研院、清华公共安全院等协同创新平台发挥作用，合肥北航科学城、哈工大机器人研究院、合工大智能院等项目加快推进，“一带一路”质子、超导及核能应用国际标准联盟成立。深入推进“大众创业，万众创新”，新登记各类市场主体16.3万户，增长33.6%。安徽创新馆进入展陈设计阶段，小微双创“1+13+X”核心枢纽平台上线运行。中科院合肥物质研究院和荣事达电子电器获批全国第二批“双创”示范基地。顺利获批国家海外人才离岸创新创业基地。成功举办全国“双创活动周”合肥分会场、2017海峡两岸半导体产业高峰论坛，国家级国际科技合作基地达到12个，组建产业技术创新联盟22个。培育科技企业孵化器49家、众创空间62家。出台打造创新之都人才

新政20条，安排20亿元经费支持人才创新创业，引进高层次人才300余人，建设院士工作站47家，在肥“两院”院士达到108名。

（三）转型升级蹄疾步稳。成功争创“中国制造2025”试点示范城市，20余个项目入选工信部试点示范。制定“三重一创”若干政策意见，6个省级基地领跑全省，8个项目入围省第二批工程（专项），4个市级基地启动建设。战略性新兴产业对全市工业增长贡献率达到50%左右。全省先进制造业一号工程——江淮大众新能源汽车全面开工，全球首条最高世代线——京东方10.5代线提前投产，国内首款合肥造“无人驾驶”公交车在深圳投入运行，联宝电子成为我市首个产值超500亿元工业企业，晶合晶圆一期、新汇成晶圆凸块封测实现量产，康宁液晶玻璃基板竣工投产，长鑫存储器晶圆等加快推进，通威10GW高效晶硅电池开工建设。深入推进智能制造“万千百”工程深入实施，建成41个智能工厂、320个数字化车间。推进国家军民融合示范区建设，与火箭军研究院合作取得积极进展，17个项目获得2360万元省级专项基金支持。服务业发展质量效益持续提升，预计增加值占GDP比重达到45.3%，同比提高0.3个百分点。新增5个省级服务业集聚区、总数达到30家；4个服务业集聚区获批全省首批省级服务业集聚示范园区。包河区获批全省首批省级服务业综合改革试点。罍街、半边街、罍街二期等一批文化特色街区和商贸综合体投入运营。国家级企业技术中心、工业设计中心分别位居全国省会城市第一、第二。出台将旅游业培育成为重要支柱产业实施意见，环巢湖国家旅游休闲区加快推进，巢湖、庐江国家全域旅游示范区创建有序推进，预计全年累计接待游客1亿人次，实现综合收入1300亿元。入选全国省会城市及地级市最具竞争力会展城市十强，中博会、家博会、农交会等192场重大展会成功举办。新经济发展方兴未艾，与阿里巴巴、腾讯、华为、新华三等行业龙头达成战略合作，全国首家智慧医院及首个人工智能辅助诊疗中心挂牌运行，全球首家共享书店在肥亮相，跨境电商、共享汽车等新业态新模式层出不穷。农业发展提质增效，预计粮食总产量达315万吨，规模以上农产品加工企业达到550家，农民专业合作社达到4595家，家庭农场达到5326家，市级以上农业产业化联合体达到96家。

（四）质量效益不断提高。主动加快投资结构优化调整，预计完成固定资产投资6350亿元、增长5%，其中工业投资2325亿元，投资效果系数在全省位次明显提升，重大项目投资比重上升，5000万元以上项目投资增长30%左右，省、市“大新专”项目分别完成投资2360.5亿元、3280.8亿元，分别占年度计划投资的126.1%、116.2%，投资完成量、新开工项目数等均位居全省第一。内地最大的半导体显示芯片封测公司总部“双子项目”、清溢光电高精度掩膜版、云海5万吨镁基轻合金、新华三安全产品基地等项目成功落户；京东安徽电商产业园、亿帆药业等项目开工建设；博讯光学材料、海纳新能源汽车、中安创谷等项目加快推进；彩虹光伏二期、江汽高端电动轻卡、蓝科玻璃、国轩动力电池基地、君正微处理器芯片等项目竣工投产。编制实施市级政府投资项目三年滚动计划。推动国家专项建设基金项目支付使用，争取52个项目获得11.2亿元中央和省级预算内资金支持。消费实现平稳增长，预计社会消费品零售总额达到2730亿元，增长11.8%；对外贸易稳步提升，预计全市进出口总额238亿美元，增长27%。

（五）城乡一体融合发展。新型城镇化规划制定实施，新一轮城市总体规划启动编制，获批全国首批城市设计试点城市和国家装配式建筑示范城市，东部新中心启动建设。综合交通枢纽地位不断夯实，合肥铁路枢纽规划获批实施，庐铜铁路全面建成，商合杭、合安高铁加快建设，合六市郊铁路完成可研编制，合宁、合巢马城际铁路前期有序推进。丰乐河航道升级改造大潭湾至三河口门段、派河整治一期正式竣工。北沿江高速巢无段建成通车、京台高速陇西至路口段、绕城高速梁园互通、集贤路互通等基本完成。滁淮、合宁、合芜、合安高速扩容工程进展顺利，新建国省干线140千米。合肥通用机场场址初步确定。全省基础设施一号工程——引江济淮工程全面开工建设。轨道交通2号线建成运营，3—5号线全面开工。城市骨干路网不断完善，上海路等建成使用，阜阳北路、裕溪路、铜陵路等高架项目和长江西路快速化改造等工程加快推进。城市品质不断提升，长江中路街区、老城隍庙片区、淝河片区等改造启动实施，黄山路示范段等精品道路建成完工，红星路等62条道路慢行系统开工建设。“公交都市”强力推进，新增公交线路19条、公交车800台。500kV肥北变电站建成使用，合肥电网实现从220kV向500kV环网的跨越式提升。深入实施城市管理提升年行动，农贸市场、小街巷、公厕、老旧小区改造提升全面启动，一批城市管理难题得到有效解决，海绵城市建设取得新进展，成功蝉联全国文明城市，巢湖市跻身全国文明城市。城市名片不断擦亮，深入实施大数据发展行动纲要，市数据资源局和大数据资产运营公司顺利组建，市大数据平台基本完成功能建设，国家健康医疗大数据中部区域中心获批建设，2017中国（合肥）智慧城市院士峰会、2017合肥网络安全大会成功举办。荣获全国信用城市建设创新奖，举办首届合肥市“十大诚信企业”“十大诚信个人”评选。完成国家电信普遍服务试点任务，公园景点等五大类重要公共场所无线网络实现免费接入，行政村实现光纤网络全覆盖。县域经济实力不断增强，肥东、肥西、长丰三县跻身全国百强县并实现位次前移，巢湖市、庐江县跻身全国中小城市投资潜力百强县市。美丽乡村加快实施“由点到面”战略转换，已建成省、市级中心村278个。印发加快推进特色小镇建设实施方案，推荐三瓜公社等4个小镇获批首批省级特色小镇（含试验），认定首批7个市级特色小镇。深入开展农村环境“三大革命”，在全省率先完成陈年垃圾清理任务，农村生活垃圾分类收集试点扎实推进。建成农村公路畅通工程5100多千米，行政村光纤网络实现全覆盖。

（六）财税金融支撑有力。全市财政收入增长12.3%，其中地方财政收入同口径增长12.8%。累计税收完成1102.8亿元，占财政收入比重88.1%。财政支出964.1亿元，增长12.1%。金融总量逐步扩大，预计全市本外币各项存、贷款余额分别达到1.45亿元、1.35亿元，其中新增本外币贷款占全省比重达到30%。全市正常经营的21家融资性担保机构及2家融资性担保分支机构合计在保户数13321户，在保余额447.7亿元；全市66家正常经营的小额贷款公司贷款余额预计140.5亿元，当年累计发放贷款预计230.6亿元。新增上市公司7家，总数达到46家、其中境内上市企业44家，居全国省会城市7位；新三板挂牌企业总数达到104家，新增省股权托管交易中心挂牌企业40家。多元化金融体系基本形成，消费金融、民营银行、金融资产管理等业态全部在肥落地，浙商银行合肥分行、兴泰科技融资担保公司正式开业。与安徽保监局开展战略合作，共同创建具有合肥特色的保险发展示范区。全市已有各类金融机构、组织500余家，各类金融营业机构近2000个，从业人员接近10万人。

（七）生态合肥扎实推进。严格落实中央环保督察问题整改任务，中央环保督察1033件、省环保督察196件信访件全部办结；中央环保督察及中办二次回访反馈意见整改任务完成41项，达到序时进度。出台生态文明建设目标评价考核实施办法、生态文明建设实施方案、建设绿色发展美丽巢湖20条、党政领导干部生态环境损害责任追究实施办法（试行）等政策文件，在全省率先编制印发循环发展引领计划，启动编制巢湖综合治理总体规划。加快巢湖生态文明先行示范区建设，环巢湖生态保护与修复工程一期、二期基本建成，三期、四期全面开建，五期、六期加快推进，累计完成投资近170亿元。深入推进水污染防治，纳入国家、省考核的15个地表水断面，有14个达到年度考核要求。分类制定实施33个不达标水体达标治理方案，双桥河、十五里河等河流水质明显改善。省级及以上工业聚集区污水集中处理设施建设即将完成。全市禁养区已关闭或搬迁规模养殖场927家，完成率达100%。制定蓝天行动实施方案，深入开展“十大专项行动”完成挥发性有机物治理项目54个，全面启动餐饮油烟整治，统筹抓好施工工地、道路、渣土运输等扬尘控制，PM10和PM2.5浓度分别为79.9、56微克/立方米，分别下降4.9%和1.7%，成为全省唯一实现“双下降”城市。出台土壤污染防治实施方案，签订土壤污染防治目标责任书，推进南七叉车厂、中盐红四方土壤污染调查与修复。扎实推进林长制、深入开展园林绿化专项整治，完成新造林3.45万亩、城镇园林绿化提升面积1534万平方米。顺利获批国家低碳城市试点和气候适应型城市建设试点，扎实推进合肥经开区国家低碳工业试点园区建设。印发节能量交易（试行）办法，节能减排达到省控目标。

（八）改革开放持续深化。“放管服”改革持续深化，制定创优“四最”营商环境实施意见，取消或部分取消市级权力事项9项；中介服务事项取消20项、规范23项、转换13项，精简率达20%。大力推进“互联网+政务服务”，在14个市直部门开展试点。大力实施“多证合一”，全面实施“56证合一”登记，积极探索“71证合一”。深化国资国企改革实施意见、市属国有企业负责人履职待遇、业务支出管理办法和企业负责人薪酬管理办法印发实施。动态修订产业发展“1+3+5”政策体系，调整完善市区财政体制，全面推进预算绩效管理，财政资金绩效和财政政策引导作用充分发挥。深入推进农村“三变”改革，农村土地承包经营权确权颁证全面完成。大湖名城系列中小企业发展基金总规模达7.4亿元，累计投放贷款22亿元。实施外商投资企业备案登记制度。稳步推进营改增试点。深化医药卫生体制改革，城市医联体、县域医共体、家庭医生签约服务实现全覆盖，新农合与城镇居民医保两项制度并轨运行全面实施。完成招商引资3850亿元，其中外商直接投资30.2亿美元。与央企新签约合作项目64个，总投资1387.3亿元，占目标任务280%。新引进世界500强企业3家。持续推进“四港三区一中心”建设，合肥港集装箱吞吐量突破24万标箱，合肥至法兰克福货运航线成功试飞，出口加工区位居全国第六，综合保税区进出口增幅居全省各特殊监管区域首位。跨境电子商务综合试验区线上平台具备通关服务功能，进境商品保税展示体验中心开业运营，全国首个白色家电跨境离岸集采中心正式落成。空港保税物流中心（B型）全面建成，国际快件监管中心、食用水生动物进境指定口岸建成验收。对外经济合作服务平台获评全省优秀对外劳务服务平台。中德（合肥）智慧产业园、中德（合肥）智能制造国际创新园、“侨梦苑”暨侨商产业集聚区有序推进，中德教育合作示范基地和合作基金建设方案获得国务院批准。深入推进合肥上海双城合作，成功举办上海合肥第三次创新合作对接会，上海合肥产业园挂牌成立。长江中游城市群省会城市第五届会商会顺利举办，共同签订《长江中游城市群省会城市合作行动计划（2017—2020年）》。参加长三角区域经济协调会第十七次市长联席会。加强合肥都市圈交流合作，组织召开合肥都市圈城市党政领导第八次会商会，谋划推进一批重大项目。制定开发园区改革创新发展实施意见，高新区、经开区综合排名分别位居全国第六、第十位。瑶海老工业区搬迁改造成效显著。皖北结对合作有序实施，阜阳合肥现代产业园区初具规模，与寿县、霍邱结对合作重点事项稳步落实。援疆援藏、支持重庆渝北发展工作扎实推进。

（九）民生保障持续改善。扎实推进省市“31+9”项民生工程，累计投入资金119亿元。预计城镇居民人均可支配收入达37950元，增长8.9%左右，农村居民人均可支配收入达18590元，增长9%左右。城镇新增就业24万人。实行“一村一策、一户一法”，安排落实产业扶贫项目和政策，112个贫困村产业到村率100%，1.6万建档立卡贫困人口实现脱贫，圆满完成年度脱贫攻坚任务。启动全民参保行动计划，推进社保扩面征缴，预计市本级新增参保人员11万人。居民医保政策范围内基金支付比例提高5%，在三级、二级和一级医院住院报销比例分别达到75%、85%和95%。新农合筹资标准提高到600元/人，参合率105.43%。市区低保标准提高到户月人均579元，四县一市农村低保标准提高到户月人均360元。贯彻落实居家养老服务条例，完善政府购买居家养老服务第三方监理机制，出台推进医疗卫生与养老服务相结合实施意见，推动医养结合养老服务机构纳入医保定点。开工建设各类保障性住房2.62万套，推进192个老旧小区环境综合整治，惠及4.45万户。建成幼儿园47所、中小学25所，合肥新四中、巢湖二中、黄麓师范学校建设加快推进。制定城区2017—2020年学前教育提升计划，进一步提升学前教育普惠率。市二院新区内科病房大楼、市儿童医院综合楼等4个项目竣工。着力构建“1+X”阅读公共服务体系，推进市中心图书馆和城市阅读空间建设，建成首批24个城市阅读空间。全民健身氛围更加浓厚，在全省率先启用“智慧健身管理系统”，全市299所中小学体育设施对外开放，南艳湖全民健身中心·李宁体育园正式落户，合肥国际马拉松赛升级为国际田联金牌赛事，青春毅行等环巢湖体育赛事“四季品牌”深入打造。开展文化文明广场活动，推出“紫凤女子乐坊”专场、影视金曲交响音乐会等多场演出，打造广大市民共享、共同参与的文化盛宴、文明盛会。成功举办第十九届上海国际艺术节合肥分会场、第三届中国（合肥）青少年文化艺术展演等活动。

从2017年国民经济和社会发展主要目标执行情况看，预计除地区生产总值、固定资产投资等个别预期性指标外，均能完成年度目标。

二、2018年国民经济和社会发展的主要目标

2018年是贯彻落实党的十九大精神第一年，是新一届市政府的开局之年，也是实施“十三五”规划、决胜全面建成小康社会的关键之年，做好今年工作意义重大。

从国际看，经济形势积极因素增多，发达经济体保持较快增长，新兴经济体和发展中国家内生增长动力增强。以美国实施大规模减税为重要标志，全球性宽松货币政策酝酿渐次退出，进入“减债、升息、去杠杆”轨道。全球大宗商品价格进入长周期、宽区域、大区间均衡波动，世界银行预测2018年世界经济将保持较快增长。从国内看，我国进入“两个一百年”奋斗目标的历史交汇期，新常态下经济社会

发展正面临转变发展方式、优化经济结构、转换增长动力“三大关口”，改革进入攻坚期和深水区，发展方式、经济结构、增长动力正在经历前所未有的优化重构。新发展理念落地生根，五大发展美好安徽正在趁势而上闯出新路，特别是省委、省政府对我市提出奋力在全省“当标杆、当示范、当排头、当榜样”的目标要求。这为我们充分发挥“一带一路”、长江经济带政策叠加优势，在更大范围、更高层次上集聚配置要素资源，不断提高发展质量和效益提供了难得机遇。从我市看，长三角世界级城市群副中心正在加快建设，合肥综合性国家科学中心和中国制造2025试点示范正在释放动能转换的强劲动力，丰富的科教资源、雄厚的产业基础、良好的生态环境为我市提供了巨大的发展潜力、广阔的发展空间。综合判断，当前及今后一段时期是我市大有作为的重要战略机遇期，必须倍加珍惜、牢牢把握，努力开创经济社会发展新局面。

但是，也要清醒认识到，我市发展仍然面临不少困难和问题，个别指标增长低于预期，部分主导产业贡献减弱，中小企业经营困难，环境治理压力依然较大，公共服务供给不足、不优，这些都需要在当前以及未来一段时期切实加以解决。

2018年工作的总体要求是，全面贯彻党的十九大精神和中央经济工作会议精神，以习近平新时代中国特色社会主义思想为指导，按照省市党代会和市委十一届五次全会的部署要求，坚持稳中求进工作总基调，坚持新发展理念，紧扣社会主要矛盾变化，按照高质量发展的要求，统筹推进“五位一体”总体布局和协调推进“四个全面”战略布局，坚持以供给侧结构性改革为主线，坚持以五大发展行动计划为总抓手，统筹抓好稳增长、促改革、调结构、惠民生、防风险各项工作，扎实推进长三角世界级城市群副中心建设，加快打造具有国际影响力的创新之都，奋力开创合肥社会主义现代化建设新局面。

2018年，全市经济社会发展主要预期目标是，地区生产总值（GDP）增长8.5%左右；规模以上工业增加值增长9%左右；固定资产投资增长7%左右，其中工业投资增长5%左右；财政收入增长10%左右；社会消费品零售总额增长10.5%左右；进出口总额增长与全国保持同步；招商引资总额4100亿元，其中外商直接投资32亿美元以上；居民人均可支配收入增长快于经济增长，农村居民人均可支配收入增长快于城镇居民（附件2）。

三、2018年主要任务

围绕上述目标，今年要着重抓好以下工作。

（一）深化供给侧结构性改革，促进经济更高质量发展。以“破”“立”“降”为重点，深化要素市场化配置改革，优化存量、引导增量、主动减量，提升供给质量效率，促进实体经济发展。一是提升优化供给能力。推动实体经济特别是制造业转型升级、提质增效，落实工业精品三年行动计划，新培育15家智能工厂、150家数字化车间、10家行业智能制造解决方案领军企业。持续推进全国质量强市示范城市创建。二是促进房地产市场健康发展。深入落实房地产市场调控“十条新政”，优化完善土地供应方式和结构，引导合理投资和理性消费。加快住房租赁试点城市建设，盘活社会存量租赁房源，形成住房租赁市场多元供应体系。完善住房保障新体系，新增棚户区改造安置住房2万套、筹集租赁住房1.5万套。三是强化金融支撑作用。提升资本市场发展能力，推动增加上市（挂牌）企业数量，扩大直接融资规模与质量，力争全年新增直接融资2000亿元。创新财政金融产品，搭建更加精准有效的政银担企对接平台。坚持防范地方金融风险，完善地方金融监管制度，提升地方金融行业经营发展质量，探索构建风险监测预警体系，坚守不发生区域性系统性金融风险的底线。四是助力企业降本增效。常态化实施“四送一服”双千工程，深化“一业一策、一企一策”分类指导。深入贯彻省、市降成本20条和新10条，全面落实“营改增”等结构性减税和普遍性降费政策，开展涉企乱收费清理整治专项行动，减轻实体经济税费负担。五是着力补齐发展短板。持续实施一批重大项目，加快补齐基础设施、产业发展、社会事业和民生保障短板。

（二）系统推进全面创新改革试验，加快建设国家创新型城市。坚持把创新作为引领发展的第一动力，以系统推进全面创新改革试验为抓手，厚植发展新优势。一是加快建设综合性国家科学中心。精心编制滨湖科学城规划，健全完善管理体制。着力构建“2+8+N+3”创新体系，加快量子创新研究院及中科大高新园区建设，开展聚变堆主机关键系统综合研究设施建设，推进合肥先进光源（HALS）预研、大气环境立体探测实验研究设施预研。统筹推进离子医学中心、天地一体化信息网络合肥中心、未来网络试验设施（合肥分中心）、大基因中心、智慧能源创新平台、人工智能平台等重点项目建设。二是优化提升创业创新载体。扎实推进环巢湖科技创新走廊建设，基本建成安徽创新馆。加快推进合肥北航科学城、哈工大机器人研究院、北外德国中心、天津大学安徽研究院等协同创新平台建设，完善平台运行机制和考核体系。完善“众创空间—孵化器—加速器—产业基地”孵化体系，发挥小微双创“1+13+X”核心枢纽平台作用，形成“互联互通、资源共享”服务体系，新增省级以上小微创业基地和公共服务平台超过10个。三是打造创新创业优质环境。扎实推进高端创新平台市场化管理改革等任务，加快国家知识产权示范城市建设，有效发明专利拥有量、技术合同交易额增长15%以上。突出“高精尖缺”导向，落实打造创新之都人才新政20条，深入实施“双引双培”四大计划，力争扶持引进高层次人才团队20个，大力发展院士工作站、博士后科研工作站等载体。加速技能人才培养，建立技工“蓝卡”制度。积极推行天使投资等科技金融政策。深入推进“大众创业、万众创新”，指导推进三个国家双创示范基地建设，继续举办全国“双创”活动周相关活动。

（三）加快构建现代化产业体系，推动实体经济转型升级。坚持以质量和效益为中心，加快培育形成新动能主体力量，推动产业层次迈向中高端，构建具有核心竞争力的创新型现代产业体系。一是持续深化“三重一创”建设。围绕做大做强战略性新兴产业，发挥6个省级战略性新兴基地引领作用，健全“三重一创”政策体系，引导资源要素向战略性新兴产业集聚，加快市级基地认定和建设，争取申报一批省级工程(专项)，加快构建国家、省、市级基地（工程、专项）梯度培育体系。推动江淮大众新能源汽车、长鑫存储器晶圆等项目竣工达产，加快长安汽车二期、大陆马牌轮胎四期、半导体显示芯片封测公司总部“双子项目”、通威10GW高效晶硅电池等项目建设。围绕打造全国重要的人工智能产业先行区和智慧产业高地，积极培育量子通信、人工智能等未来产业。二是深入实施“制造强市”战略。全面推进“中国制造2025”试点示范城市建设，积极创建国家级示范区。以智能化改造为切入点，加快家电、汽车、装备等传统优势产业转型升级，推进智能制造“万千百”工程，完成300项以上重点技改项目和50户左右企业对标诊断，探索制订地方和重点行业智能制造标准，加快推进服务型制造示范企业和项目建设。实施“万家企业登云”计划，推进首批200户工业企业开展资源共享、产业链协作。持续实施国家两化融合管理体系贯标达标工程。三是壮大服务经济规模。突出集聚集约，加快构建以服务业集聚区为主导，特色楼宇（街区）和服务业特色小镇为补充，线上线下结合的现代服务业发展平台体系。大力发展现代物流、金融服务、总部经济、科技服务、商务服务、服务外包、电子商务等生产性服务业，全力引进和培育生产性服务业新业态；着力提升特色街区、现代商贸、教育培训、旅游休闲等生活性服务业品质，满足人民日益增长的美好生活需要。加快发展现代物流、电商、健康养老、文化创意等新兴业态，抓好全域旅游和“旅游+”发展。四是加快农业结构调整。强化农业科技创新，实施“互联网+”现代农业行动，推进农业领域“机器换人”，加快农村电商发展，促进一、二、三产融合发展。实施优质粮食工程，建设现代农业产业园，推进农产品加工业由中低端向中高端转变。发展多种形式的适度规模经营，培育新型职业农民、家庭农场、产业化联合体。五是提升民营经济发展水平。围绕构建大中小微企业专业化分工协作体系，深化与全国知名民企合作，支持构建开放式“双创”平台，培育认定“专精特新”中小企业50户。畅通政企沟通渠道，加快构建“亲、清”新型政商关系，稳定民营企业家信心。六是推动军民融合深度发展。争创国家军民融合示范城市，编制军民融合发展规划，搭建军民融合信息平台。

（四）坚持供需结合两端发力，充分释放发展新潜能。深入实施项目带动，推进消费新模式新业态发展，促进消费和投资良性互动、产业升级和消费升级协同推进。一是全力推进重大项目。深入落实“四督四保”制度，坚持分级分类调度，持续推行重大项目挂图督战，定期组织开展新开工、新竣工重大项目现场观摩调度会，以及新签约项目专题调度会等专题活动，加强固定资产投资监测分析。加快推进德电新能源汽车等一批先进制造业项目，大力推动晶澳二期、阳光电源等一批战略性新兴产业项目，确保一批影响全局的重大项目实质性开工建设，力争全年新开工亿元以上重点项目300个以上，建成180个以上。二是牢牢抓实项目储备。围绕国家投资导向，动态充实重大项目储备库和市级政府投资三年滚动计划项目库。聚焦重点产业、基础设施、综合性国家科学中心、民生工程等重点领域，谋划储备一批重大项目。初步安排，2018年市“大新专”重点实施项目800个以上、年度计划投资2900亿元以上，储备项目500个以上。三是激发民间投资活力。落实鼓励社会投资、促进民间投资健康发展等一系列政策措施，继续推进政府和社会资本合作（PPP）模式，加快建设合六市郊铁路等一批试点项目，创造条件引导民间资本进入，激发社会投资动力和活力。四是推动新消费引领新供给。继续推进促消费行动，积极发展大数据、云计算和“共享经济”，探索智慧商圈建设，全面完成城区125个存量农贸市场升级改造，促进社区商业线上线下融合发展，积极创建“全国网络市场监管与服务示范区”。居民消费价格指数（CPI）涨幅控制在3%以内。

（五）践行生态文明理念，加快建设美丽合肥。牢固树立生态优先、绿色发展理念，严守生态功能保障基线、环境质量安全底线和自然资源利用上线。一是持续抓好环保整改任务。坚持问题导向，抓好中央环保督察反馈意见整改，确保按期完成整改任务，建立长效常态机制，持续巩固提升整改成效。从严查处环境违法行为，集中力量查办典型案件。实施绿色发展指标体系和生态文明建设考核目标体系年度评价考核。落实省以下环保机构监测监察执法垂直管理制度。积极开展领导干部自然资源资产离任审计。二是探索大湖治理合肥经验。贯彻落实建设绿色发展美丽巢湖的意见，按照“共抓大保护、不搞大开发”要求，统筹推进巢湖生态文明先行示范区建设，加快实施环巢湖地区生态保护与修复工程建设，抓好全流域治理和小流域治理，加快构建巢湖梯级湿地体系。科学划定水环境保护区，编制巢湖流域综合治理和绿色发展规划，打造保护、治理、监管“三位一体”的生态建设“绿色谱系”。三是系统推进重点领域污染防治。全面落实“河长制”，实施“一河一策”科学治理，严格执行十五里河、南淝河、派河水体达标方案，逐步恢复水体生态功能。加强集中式饮用水源和良好水体保护，集中治理工业聚集区水污染。严格执行蓝天行动计划，推进重点工业行业挥发性有机物削减，分步开展餐饮油烟专项整治，加大机动车污染防治力度，加强土壤等领域污染防治，编制土壤污染治理和修复规划，开展农用地土壤环境状况详查。加快矿山治理修复，推进绿色矿山建设。加强噪声污染监督管理，减少噪声扰民问题。扎实开展第二次污染源普查。四是推进节能减排和绿色循环发展。推进国家低碳城市试点和气候适应型城市建设试点建设，参与全国碳排放权交易市场，争创低碳社区试点。制定节能目标评价考核办法，推进能源管理体系建设试点，正式开展节能量交易试点，节能减排完成省控目标。全面推进绿色制造体系建设，壮大节能环保产业规模。大力推行垃圾分类和循环利用，完善固体废弃物收运处置系统，出台重点工业行业挥发性有机物削减计划。大力推行垃圾分类和循环利用，完善固体废弃物收运处置系统。发挥第一批装配式建筑示范城市（基地）引领作用，加快推广绿色建筑和建材。加快建设一批分布式新能源、垃圾焚烧发电、生物质发电项目。五是提升城市绿色生态水平。围绕国家生态园林城市创建，加快建成环巢湖“金项链”绿道，完成植树造林5万亩，新建绿色长廊200千米，加快推进省级森林抚育示范片建设，完成森林抚育7万亩。创建2—5个省级森林城镇、20个省级森林村庄。积极申报国际湿地城市。

（六）实施乡村振兴战略，统筹城乡融合发展。坚定不移实施乡村振兴战略，健全城乡融合发展体制机制，加快构建协调、集约、高效发展的新型城镇化格局。一是拓展城市发展空间。争取国家级合肥滨湖新区尽快获批，开展新区发展规划编制和管理体制机制研究。启动修编新一轮城市总体规划，落实新型城镇化发展规划，推进中心镇扩权改革，逐步推进符合条件的农业转移人口落户城镇，使进城人口实现“三维转换”。加快开发区转型发展，推进肥西桃花、长丰双凤等园区申报国家级开发区前期工作。加快新站区产城融合示范区建设。围绕东部新中心建设，推进瑶海老工业基地搬迁改造试点。二是提升城市功能品质。坚持精品城市理念，推进城市特色塑造，加强城市片区改造和城市基础设施提档升级。加快建设轨道交通3—5号线和1号线三期工程，积极推进6号线和2—4号线延长线。建成铜陵路、阜阳路、裕溪路高架和长江西路快速化改造等重点项目，开工建设畅通二环、庐州大道等路桥工程；拓展快速交通路网体系，延伸加密城市组团之间的快速通道；持续推进公共停车场建设，计划新建泊位1万个左右；建成运行覆盖全市的充电设施管理平台。加快建成220kV大学城变电站、绕城天然气高压管线等水电气热项目，开工建设龙河口引水工程。三是提高城市管理水平。深化国家文明城市创建成果，巩固城市管理提升年成效，聚焦薄弱区域、薄弱环节全面开展“城市双修”。稳步推进城市执法体制改革，努力实现数字城管指挥平台全覆盖，提升城市治理体系与治理能力现代化。四是加快建设智慧合肥。聚力建设数字经济发展高地，巩固宽带城市覆盖基础、补足窄带物联网短板，加快政府部门间、政府与社会间等数据交换共享。开发“智慧合肥”综合管理运行和服务平台，建设统一的社会综合服务平台，推进“互联网+政务服务”向纵深发展，实现政府职能由管理型向服务型转变，探索推进“智慧社区”建设。五是强化县域经济支撑。落实省支持创新驱动县域经济振兴若干政策，优化县域功能布局和空间形态。大力实施工业强县战略，积极建设县域特色产业集聚发展基地，促进县域园区优化整合。按照政府引导、社会资本参与原则，健全完善考核评估体系，加快建设一批产业特色鲜明、生态环境优美、体制机制灵活、人文气息浓厚、宜业宜居宜游的特色小镇，加快构建国家、省、市特色小镇建设联动机制。推动市级社会事业优质资源下沉，继续支持县域基础设施大建设，深入推进新型城镇化试点。六是深化美丽乡村建设。积极探索推进农村土地制度、集体产权制度改革，实施农村道路畅通工程3200千米。深入开展农村环境“三大革命”，推动美丽乡村建设由乡镇政府驻地、中心村向规划保留中心村延伸。

（七）纵深推进改革攻坚，持续释放发展活力。坚持问题导向，突出重点领域，形成系统推进改革攻坚的强大合力。一是重点推进经济体制改革。稳步推进财政事权和支出责任划分改革，健全转移支付制度体系，强化预算绩效管理。探索国有资产监管体制改革，加快国企上市步伐，探索混合所有制改革，做强做优做大国有资本。深化地方金融改革，推动恒丰银行合肥分行筹建，健全市县两级地方金融监管议事协调机制。积极拓展股权融资等新型融资渠道，引导驻肥金融机构优先支持我市重大战略、重大项目、重点领域。全面深化价格机制改革，推进价格市场化，建立健全价格动态调整机制，健全差别化价格机制。二是深入推进“放管服”改革。围绕“最多跑一次”深化审批制度改革，持续推进权责清单制度和行政许可标准化建设，完善窗口“一站式”审批功能，全面落实在线审批和网上公示。进一步推进商事制度改革，缩短企业筹备开办周期，全面实施市场准入负面清单制度，将外商投资登记管理权下放四个城区。深入推进“多证合一、一照一码”，扩大“证照分离”改革范围。加快公共资源交易市县一体化平台建设。全面实施公平竞争审查制度，有序清理废除妨碍统一市场和公平竞争的规定和做法。三是协同推进重点领域改革。加快推进社区治理体制改革，启动综合性社区服务平台规划建设，培育壮大社会组织，推进村（居）民自治试点。扎实开展养老保险、城乡义务教育改革，持续深化医药卫生体制综合改革，实施“三医联动”，鼓励和支持社会力量进入医疗、养老服务领域。持续深化户籍制度改革，保障流动人口权益。大力推进文化体制改革，积极构建现代公共文化服务体系。深化行政执法体制改革，推动执法力量向基层倾斜。深化事业单位改革，推进政事分开、管办分离。以农村集体产权制度改革试点为引领深化农村综合改革。完善可再生能源价格机制，稳步推进农业水价综合改革，严格行政事业性收费管理，清理规范经营服务性收费。

（八）构筑开放型经济优势，坚定迈出国际化新步伐。实施更加积极的开放战略，持续提升城市国际化水平，着力构建全方位开放新格局。一是构筑开放大通道。全方位参与长江经济带综合立体交通走廊建设，落实合肥铁路枢纽规划，加快商合杭、合安等高铁建设；争取合新高铁、合六市郊铁路开工建设，完成合宁高铁、巢马城际等前期工作；积极推进新合肥西站方案设计并争取开工建设。推动新桥机场发展国际航线航班，加快推进合肥通用机场选址和建设。全力实施引江济淮工程。启动派河港建设，扩容改造合裕线航道巢湖、裕溪一线船闸，谋划推进合肥港水运联航。继续推进合宁、合安、合巢芜高速改扩建，推动合六叶、明巢高速、岳武东延、德上高速等开工建设，谋划沪陕高速复线、外绕城连接线等前期；加快G329、G346等国省道及服务区建设。二是优化开放大平台。推进国际内陆港规划全面实施，推动“合新欧”班列实现市场化运营，加快合新欧班列货场前期

翡翠湖畔

工作。引导外贸企业选择合肥港进出，实现港口吞吐量稳定增长。积极争取航空港食用水生动物等进境指定口岸获批。加快国家跨境电商综试区线上平台和线下园区建设。推动综合保税区、出口加工区、空港保税物流中心（B型）在建项目尽快投产，积极拓展保税研发、保税物流、保税维修等新型业务。着力做强对外贸易，强化后劲培育，大力引进带动力强、技术先进的外向型项目。实施外贸主体倍增计划，促进中小型自主品牌企业做大做强。落实合肥都市区国际化行动纲要，加快建设一批国际学校、国际医院、国际社区、国际文化演艺场馆等服务设施。三是拓展合作新空间。全面融入长三角，深化与沪宁杭等城市联动发展，深入推动合肥上海双城合作，推进与长江中游城市群互联互通，加强与珠三角、京津冀等区域交流互动。推动合肥都市圈扩容升级和一体化发展，加强与皖北、皖西地区结对合作，做好援疆援藏工作。实施央企合作“标准化”工程，加强已签约项目协调服务，确保央企工作继续位居全省前列。印发实施与德国交流合作工作方案，推进中德（合肥）智慧产业园、中德（合肥）智能制造国际创新园等重点合作项目，加快推进中德教育合作示范基地建设。深化对俄罗斯伏尔加河沿岸联邦区项目合作。加快推进“侨梦苑”暨侨商产业集聚区建设。

（九）服务群众改善民生，不断提升幸福指数。坚持人民利益至高无上，切实加大民生投入，引导鼓励就业创业，增加公共服务供给。一是加大民生保障投入。完善市级民生工程项目选择与退出制度，加强政府购买服务工作。完善多层次社会保障体系，推进实施全民参保计划，形成覆盖城乡居民的养老保险体系。提高城乡居民基础

附件 1

2017 年国民经济和社会发展主要指标预期完成情况

分类	指标名称	单 位	2017 年计划		2017 完成情况（预计）	
			总量	增速（%）	总量	增速（%）
	GDP	亿元	—	9.5 左右	7000 以上	8.8 左右
	固定资产投资	亿元	—	11.5 左右	6350	5
	其中工业投资	亿元	—	11	2325	11
	社会消费品零售总额	亿元	—	12 左右	2730	11.8
	财政收入	亿元	1220	与 GDP 同步	1251.1	12.3
	其中地方财政收入	亿元	657.9	7	655.9	6.7（同口径 12.8）
结构调整	规模以上工业增加值	亿元	—	9.5 左右	—	9 以上
结构调整	战略性新兴产业产值	亿元	—	10	—	16 左右
结构调整	服务业增加值	亿元	—	11 左右	—	9 左右
结构调整	R&D 经费支出占 GDP 比重	%	3.15		3.15	
结构调整	每万人口发明专利拥有量	件	18		22	
城市建设	建成区面积	平方公里	456		456	
城市建设	市区常住人口	万人	449		449	
城市建设	城镇化率	%	73		73.5	
资源环境	耕地保有量	万公顷	55.69		55.78	
资源环境	单位工业增加值用水量降低	%	达省控目标		达省控目标	
资源环境	单位 GDP 能源消耗降低	吨标煤 / 万元	达省控目标		达省控目标	
资源环境	非石化能源占一次能源消费比重	%	达省控目标		达省控目标	
资源环境	单位 GDP 二氧化碳排放降低	%	达省控目标		达省控目标	
资源环境	主要污染物排放总量减少：化学需氧量	吨	达省控目标		达省控目标	
资源环境	主要污染物排放总量减少：二氧化硫	吨	达省控目标		达省控目标	
资源环境	主要污染物排放总量减少：氨氮	吨	达省控目标		达省控目标	
资源环境	主要污染物排放总量减少：氮氧化物	吨	达省控目标		达省控目标	
资源环境	城市垃圾无害化处理率	%	100		100	
资源环境	建成区绿化覆盖率	%	46		46	
资源环境	森林增长：森林覆盖率	%	27.4		27.4	
资源环境	森林增长：森林蓄积量	万立方米	740		742	

续表

分类	指标名称	单位	2017年计划		2017完成情况（预计）	
			总量	增速（%）	总量	增速（%）
人民生活	年末总人口	万人	790		795	
	城镇居民人均可支配收入	元	—	8.5左右	37950	8.9左右
	农村居民人均可支配收入	元	—	9左右	18590	9左右
	城镇保障性安居工程建设	万套	2.6		2.62	
	人均期望寿命	岁	76.7		76.7	
社会建设	城乡居民参加基本养老保险人数	万人	258.08		274.59	
	城乡居民合作医疗保险参保率	%	96		105.43	
	九年义务教育巩固率	%	99		99.2	
	高中阶段教育毛入学率	%	100以上		122.5	
	城镇新增就业人数	万人	13		24	
	城镇登记失业率	%	4.5以内		2.86	
对外开放	招商引资	亿元	3850	—	3850	—
	外商直接投资	亿美元	—	7.5	30.2	7.5
	进出口总额	亿美元	与全省保持同步		238	27

附件2

2018年国民经济和社会发展主要指标计划安排

分类	指标名称		单位	2018年计划	
				总量	增速（%）
经济发展（4项）	GDP		亿元	—	8.5左右
	固定资产投资		亿元		7左右
	其中工业投资		亿元	—	5左右
	社会消费品零售总额		亿元	—	10.5左右
	财政收入		亿元	—	10左右
结构调整（5项）	规模以上工业增加值		亿元	—	9左右
	战略性新兴产业产值		亿元	—	11
	服务业增加值		亿元	—	9以上
	R&D经费支出占GDP比重		%	3.2	
	每万人口发明专利拥有量		件	23	
城市建设（3项）	建成区面积		平方千米	475	
	市区常住人口		万人	455	
	城镇化率		%	74.5	
资源环境（9项）	耕地保有量		万公顷	55.68	
	单位工业增加值用水量降低		%	达省控目标	
	单位GDP能源消耗降低		吨标煤/万元	达省控目标	
	非石化能源占一次能源消费比重		%	达省控目标	
	单位GDP二氧化碳排放降低		%	达省控目标	
	主要污染物排放总量减少	化学需氧量	吨	达省控目标	
		二氧化硫	吨	达省控目标	
		氨氮	吨	达省控目标	
		氮氧化物	吨	达省控目标	
	城市垃圾无害化处理率		%	100	
	建成区绿化覆盖率		%	46	

续表

分 类	指标名称		单 位	2018年计划	
				总 量	增速（%）
	森林增长	森林覆盖率	%	27.6	
		森林蓄积量	万立方米	765	
人民生活（5项）	年末总人口		万人	805	
	城镇居民人均可支配收入		元	—	8.5以上
	农村居民人均可支配收入		元	—	快于城镇居民
	城镇保障性安居工程建设		万套	1.74	
	人均期望寿命		岁	76.7	
社会建设（6项）	城乡居民基本养老保险参保人数		万人	260	
	城乡居民基本医疗保险参保率		%	96	
	九年义务教育巩固率		%	99.3	
	高中阶段教育毛入学率		%	100以上	
	城镇新增就业人数		万人	13	
	城镇调查失业率		%	5以内	
对外开放（3项）	招商引资		亿元	4100	
	外商直接投资		亿美元	32以上	
	进出口总额		亿美元	与全国同步	

说明：GDP、规模以上工业增加值、服务业增加值等增速为可比价。

养老金标准和失业保险金标准，完善被征地农民社会保障政策，统一城乡居民基本医保政策。建立健全“8+1”社会救助机制，做好农村留守儿童关爱保护工作。探索智慧养老服务模式，建设一批医养融合的示范性社区，继续推进农村敬老院特护区建设，在城区规划建设4个1000张床位的大型护理院。二是推进更高质量和更充分就业。深化国家级创业型城市创建成果，完善就业创业政策，扶持一批众创空间等新型孵化平台，积极申报省级青年创业园，支持新建一批农民工返乡创业园，加快建设就业创业一站式服务中心。做好贫困大学生、就业困难人员、零就业家庭等重点群体就业创业工作。继续推进人力资源服务机构与用工企业对接，及时帮助企业解决招工难、用工难问题。进一步完善市、县、乡、村四级就业创业公共服务网络。城镇新增就业13万人、调查失业率控制在5%以内。三是提高公共服务供给质量。坚持宽视野、多维度、大融合，统筹推进文教结合、教体结合、文旅结合，落实2018年度市级政府投资公益性项目暨三年滚动计划，完成城市基本公共服务设施规划修编。加快公办幼儿园建设，鼓励符合条件的民办幼儿园申办普惠性幼儿园，进一步提升学前教育普惠率，建成城区幼儿园47个。扩大义务教育均衡范围，启动高中阶段教育普及攻坚计划，继续加大教育基础设施建设投入，加快智慧校园和智慧课堂建设，新建改扩建中小学24个，建成合肥新四中、巢湖二中新校区等项目。坚持各类教育统筹协调发展，推动中等职业教育开拓创新，提升高等教育内涵。强化师资队伍建设，完善师德考核评价机制。四是促进文化惠民利民。推进市文化宫、市中心图书馆、城市阅读空间等重大公共文化工程建设。深入实施文化惠民工程，推出更多全国性、国际化文化活动，扩大文化大讲堂、全民文化活动季、新春文化庙会、“大湖名城·悦读合肥”全民阅读等文化品牌辐射力和影响力。以合肥国际马拉松赛、世界铁人三项赛等品牌活动为引领，拓展巩固环巢湖体育赛事“四季品牌”，推动体育公园、体育特色小镇和体育产业综合体建设，发挥国民体质监测中心作用，引领激发全民健身热情。五是扎实推进脱贫攻坚。持续巩固脱贫成果，深入推进脱贫攻坚十大工程，实现产业扶贫项目到村、项目到户全覆盖，建立健全稳定脱贫长效机制，力争实现全市剩余贫困人口全部脱贫。六是提升信用城市建设水平。推进国家社会信用体系建设示范城市创建，加快建立以信用为核心的市场监管体系。

我们将深入贯彻党的十九大精神，在市委的坚强领导下，在市人大的监督支持下，立足新时代，贯彻新思想，展示新作为，深入实施五大发展行动计划，为扎实推进长三角世界级城市群副中心建设，加快打造具有国际影响力的创新之都奠定坚实基础。

（市发展和改革委员会）

合肥市2017年预算执行情况和2018年预算草案的报告

一、2017年财政预算执行情况

2017年，在市委的正确领导下，市政府及财税部门深入贯彻实施五大发展行动计划，认真落实积极的财政政策，充分发挥财政职能作用，全年预算执行情况良好，较好地完成了市第十五届人大六次会议确定的各项财政预算任务。

（一）一般公共预算执行情况

1. 全市预算执行情况

2017年，全市财政收入1251.15亿元，完成调整预算的103.12%，比上年增长12.3%，其中税收收入1102.75亿元，占比88.14%。地方收入655.9亿元，完成调整预算的101.14%，增长6.68%，扣除营改增后中央地方分成比例调整为五五分享因素影响，同口径增长12.75%。全市支出964.13亿元，完成调整预算的99.43%，增长12.13%。

2. 市级预算执行情况

2017年，市级（包括市本级和四个开发区，下同）财政收入859.17亿元，完成预算的103.87%，增长13.94%。其中，地方收入418.94亿元，完成预算的100.96%，增长8.28%，同口径增长14.57%。市级支出523.43亿元，完成调整预算的99.41%，增长13.19%。

市级预算平衡情况：市级地方收入418.94亿元，加税收返还72.76亿元、上级转移支付220.28亿元、下级上解16.14亿元、债务转贷收入51.22亿元、上年结转1.72亿元、调入预算稳定调节基金20.63亿元、调入资金2.65亿元等，收入总计804.34亿元。市级支出523.43亿元，加对下税收返还24.18亿元、对下转移支付163.33亿元、上解上级29.94亿元、债务还本支出25.82亿元、对下债务转贷支出28.15亿元、补充预算稳定调节基金6.38亿元，支出总计801.23亿元。收支相抵，年末结转3.12亿元。

3. 市本级预算执行情况

2017年，市本级财政收入771.93亿元，完成预算的104.28%，增长14.26%。其中，地方收入368.69亿元，完成预算的101.44%，增长8.54%，同口径增长15.64%。市本级支出382.11亿元，完成调整预算的99.23%，增长17.22%。

市本级预算平衡情况：市本级地方收入368.69亿元，加税收返还72.76亿元、上级转移支付220.28亿元、下级上解18.89亿元、债务转贷收入51.22亿元、上年结转1.56亿元、调入预算稳定调节基金11.4亿元、调入资金1.52亿元等，收入总计746.32亿元。市本级支出382.11亿元，加对下税收返还24.4亿元、对下转移支付252.93亿元、上解上级29.94亿元、债务还本支出11.99亿元、对下债务转贷支出41.98亿元，支出总计743.35亿元。收支相抵，年末结转2.97亿元。

（1）主要收入项目执行情况

国内增值税（地方分成部分）114.09亿元，完成预算的86.43%；企业所得税（地方分成部分）38.54亿元，完成预算的94.46%；个人所得税（地方分成部分）12.69亿元，完成预算的113.77%；城市维护建设税18.4亿元，完成预算的82.02%；契税76.43亿元，完成预算的118.49%。

（2）主要支出项目执行情况

一般公共服务支出12.24亿元，完成预算的99.44%；公共安全支出19.87亿元，完成预算的99.9%；教育支出34.78亿元，完成预算的99.94%；科学技术支出30.07亿元，完成预算的99.99%；文化体育与传媒支出4.19亿元，完成预算的99.48%；社会保障和就业支出26.05亿元，完成预算的99.76%；医疗卫生与计划生育支出30.21亿元，完成预算的98.79%；节能环保支出35.62亿元，完成预算的99.66%；城乡社区支出128.92亿元，完成预算的99.91%；农林水支出17.39亿元，完成预算的95.66%；交通运输支出14.11亿元，完成预算的93.83%；资源勘探信息等支出12.95亿元，完成预算的100%。

（二）政府性基金预算执行情况

1. 全市预算执行情况

2017年，全市政府性基金收入1280.22亿元，完成调整预算的104.78%，增长15.3%。政府性基金支出1333.44亿元，完成调整预算的96.84%，增长16.04%。

2. 市级预算执行情况

2017年，市级政府性基金收入981.93亿元，完成调整预算的104.83%，增长12.47%。政府性基金支出887.23亿元，完成调整预算的96.36%，增长11.01%。

市级预算平衡情况：市级政

府性基金收入981.93亿元，加上级转移支付6.15亿元、债务转贷收入89.9亿元、上年结转34.5亿元、下级上解3.2亿元等，收入总计1115.68亿元。政府性基金支出887.23亿元，加对下转移支付122.38亿元、债务还本支出20.19亿元、对下债务转贷支出51.05亿元、调出资金1.5亿元，支出总计1082.35亿元。收支相抵，年末结转33.33亿元。

市级政府性基金预算主要收支项目完成情况见附件十七、十八。各开发区政府性基金预算主要收支项目完成情况见附件二十一至二十八。

3. 市本级预算执行情况

2017年，市本级政府性基金收入977.5亿元，完成调整预算的104.75%，增长12.44%。政府性基金支出731.57亿元，完成调整预算的95.89%，下降2.91%，主要是市本级对县（市）区转移支付增加，相应减少本级支出。

市本级预算平衡情况：市本级政府性基金收入977.5亿元，加上级转移支付6.15亿元、债务转贷收入89.9亿元、上年结转33.67亿元、下级上解3.2亿元，收入总计1110.42亿元。政府性基金支出731.57亿元，加对下转移支付260.44亿元、债务还本支出2.41亿元、对下债务转贷支出83.96亿元、调出资金0.89亿元，支出总计1079.28亿元。收支相抵，年末结转31.14亿元。

（三）国有资本经营预算执行情况

1. 全市预算执行情况

2017年，全市国有资本经营预算收入3.43亿元，完成调整预算的98.72%，增长39.49%。国有资本经营预算支出6.76亿元，完成调整预算的99.34%，增长2.92倍，增长较快主要是上级下达转移支付1.86亿元。

2. 市级预算执行情况

2017年，市级国有资本经营预算收入3.09亿元，完成调整预算的98.83%，增长43.7%。国有资本经营预算支出2.65亿元，完成调整预算的98.63%，增长77.51%。

市级预算平衡情况：市级国有资本经营预算收入3.09亿元，加上级转移支付1.86亿元和上年结转0.24亿元，收入总计5.19亿元。国有资本经营预算支出2.65亿元，加调出资金0.68亿元和对下转移支付1.86亿元，支出总计5.19亿元。收支相抵，年末结转81万元。

3. 市本级预算执行情况

2017年，市本级国有资本经营预算收入2.68亿元，完成调整预算的100%，增长86.79%，增长较多主要受国有企业股权转让收益等一次性因素影响。国有资本经营预算支出2.09亿元，完成调整预算的100%，增长80.47%。

市本级预算平衡情况：市本级国有资本经营预算收入2.68亿元，加上级转移支付1.86亿元，收入总计4.54亿元。国有资本经营预算支出2.09亿元，加调出资金0.59亿元和对下转移支付1.86亿元，支出总计4.54亿元。收支相抵，年末无结转。

（四）社会保险基金预算执行情况

1. 全市预算执行情况

2017年，全市社会保险基金预算收入310.21亿元，为预算的102.49%，增长13.72%。社会保险基金预算支出222.11亿元，为预算的98.87%，增长15.05%。

2. 市本级预算执行情况

2017年，市本级社会保险基金预算收入259.44亿元，为预算的103.11%，增长14.95%。社会保险基金预算支出177.33亿元，为预算的98.13%，增长15.59%。

需要说明的是，2017年四个开发区社会保险基金纳入市本级统一核算，因此市级社会保险基金预算执行情况与市本级相同。除被征地农民养老保障基金外，其他险种的执行情况需报经省级有关部门审核。

以上一般公共预算、政府性基金预算、国有资本经营预算和社会保险基金预算收支是财政快报数，具体情况待决算编制完成并经审计后，将专题向市人大常委会报告。

（五）落实市人大预算决议有关情况

围绕市十五届人大六次会议有关决议，及市人大财经委的审查意见，市政府及其财政部门认真研究，逐项落实。

1. 预算管理全面强化。一是收入管理水平进一步提升。加强收入预期管理，深化综合治税，强化税源管理，收入质量保持较高水平。稳步推进营改增试点，按规定取消或停征2项政府性基金、41项行政事业性收费，扩大残疾人就业保障金免征范围，各项减负政策全部落实到位。二是预算执行进度进一步加快。严格预算刚性约束，强化预算执行督查通报、上门会商和领导约谈，压实部门主体责任；拓宽政府采购预采购范围；扩大国库集中支付授权支付范围，加强动态监控，预算执行质效并举。三是资金使用效益进一步提高。预算绩效管理改革全面推开，出台支出绩效自评工作规范、绩效管理工作考核实施细则等制度，绩效目标编制实现全覆盖，对835个支出项目开展绩效运行监控，加强绩效管理考核结果运用。加大存量资金盘活和预算统筹力度，及时将收回资金统筹用于重大改革、重大政策和重大项目。

2. 财税改革深入推进。一是预算管理更科学。创新建成财政支出政策库，支出政策跟踪评估机制更加健全，政策落实反馈机制有效建立；探索以政策为支撑引导预算分配，完整编制政策预算，提高年度预算编制科学性和有效性。中期财政规划进一步完善，跨年、延续实施的政策全部编入规划，加强项目日常储备和动态管理。二是预决算约束再增强。试编政府综合财务报告，探索编制部门财务报告，实现市本级和县（市）区、市直各单位全覆盖。预决算信息公开细化深化，债务信息、重大专项设备购置和信息化项目等情况首次公开。财务集中管理平台上线运行，市本级295家预算单位财务核算更加便利高效；县乡国库集中支付制度改革深入推进，授权支付提标扩面。三是区域协调发展再发力。出台《关于进一步完善市区财政体制的通知》，统一共享税分享比例，适度下沉财力，建立均衡性转移支付制度，提升区级公共服务保障能力，促进市区均衡发展。加大对下支持力度，拨付对县（市）区转移支付513.37亿元，其中市级转移支付361.45亿元。四是资源配置方式再优化。规范实施政府和社会资本合作，开展PPP项目物有所值评价和财政可承受能力论证。动态调整分级分部门政府购买服务指导目录，完整编制政府购买服务项目预算。

3. 优化支出凸显重点。一是落实民生保障更有力。全市民生支出818.42亿元，占一般公共预算支出的84.89%，比上年提高2.83个百分点，充分保障教育、科技、医疗等公共事业发展。继续大力实施省市“31+9”项民生工程，累计投入119亿元，建成项目点4.3万个。整合资金55亿元，用于县（市）区农业、交通、生态环境等社会事业建设。二是支持脱贫攻坚更精准。严格执行“地方财政收入增量的10%增列专项扶贫预算、清理回收财政存量资金中可统筹使用的50%用于脱贫攻坚、涉农项目资金原则上不低于40%优先投向贫困地区和贫困人口”规定，全年安排各类扶贫资金14.69亿元，按季开展财政扶贫资金重点督查，提高扶贫资金使用绩效。三是助推经济转型更有效。有力保障创新驱动发展战略实施，统筹拨付资金22亿元，着力推动合肥综合性国家科学中心建设；在加大科研项目和协同创新平台发展等专项资金投入的同时，分别出台资金管理制度，着力提高资金绩效水平。围绕供给侧结构性改革、省“三重一创”、制造强省等战略部署，优化“1+3+5”政策体系，严格联合审查和绩效评价，当年安排兑现政策资金31.26亿元。加大“双创示范”资金投入，强化金融信贷保障，示范目标顺利实现。

4. 财政监督严格高效。一是依法接受人大和审计监督。严格落实重大事项报告、议案建议办理、民生工程巡视等工作机制，及时向市人大常委会报告市本级预算调整方案、预算清理情况以及预算科目调整等事项。依托财政信息化平台，积极配合市人大开展预算联网监督系统建设。二是加强债务风险防控。修订政府性债务管理暂行办法，严格举债程序和债务限额管理要求，出台政府性债务风险应急处置预案，债务管理纳入政府目标考核范围，债务风险处于较低水平。三是严格财政资金监管。大力压减一般性支出，严控“三公”经费、会议费、培训费，认真开展预算单位财务监督检查、“小金库”防治、财务决算检查和行政事业单位资产清查等工作，开展预决算公开、财政收入质量专项检查，严肃财经纪律。

二、本届政府财政工作回顾

2013年以来，市政府及其财政部门全面贯彻党的十八大和十八届三中、四中、五中、六中全会及省市党代会精神，深入学习贯彻习近平总书记系列重要讲话特别是视察安徽重要讲话精神，认真落实新预算法要求和市委决策部署，紧紧围绕打造“大湖名城　创新高地”，聚焦服务发展、强化创新驱动，全面发挥财政职能作用，有力保障了全市经济社会发展。

五年来，财政实力实现了新跨越。全市财政收支持续保持量质齐升的良好态势，与合肥经济社会跨越发展形成良性循环。全市财政收入在2015年首次突破千亿大关，2017年实现1251.15亿元，自2013年以来年均增长12.5%。地方财政收入从438.62亿元增长到655.9亿元，年均增长10.99%。收入质量稳中向好，税收占比保持在88%以上。财政收入在全省的首位度从22.83%提高到25.76%。全市财政支出从630.85亿元增长到964.13亿元，年均增长11%。其中，民生支出占财政支出比重从76.8%提高到84.89%。

五年来，财政管理踏上了新台阶。围绕建立现代财政制度，持续推进全口径预算、透明预算、滚动预算、绩效预算，创新开发应用财政支出政策库、财务集中管理平台，多项改革成果走在全省乃至全国前列。2016年，因真抓实干成效明显，我市被国务院评为全国地方财政管理工作先进典型市。

五年来，财政职能发挥了新成效。紧扣十八届三中全会关于“财政是国家治理的基础和重要支柱”的新定位，充分发挥财政在落实五大发展理念中的主动性，全面实施积极的财政政策，不断创新方式支持经济发展，持续增强人民群众获得感、幸福感，在优化资源配置、维护市场秩序、促进社会公平等方面发挥了重要作用。

（一）强基本，法治财政全面推进。五年来，市政府及财政部门牢固树立法治思维，坚持把加强财政制度建设作为推动依法理财的切入点和突破口，严格贯彻落实新预算法等法律法规，加快完善财政制度体系，先后制定各类财政管理制度370余项，确保了预算管理严格规范，预算信息公开透明，财政监督约束有力。

以新预算法指导四本预算管理，四本预算草案同时接受市人大审议和监督，政府预算体系实现“全覆盖”。主动邀请人大代表、政协委员和行业专家等参与预算编审，“开门办预算”进一步深化。严格执行市人大及其常委会批准的年初预算、调整预算，稳妥开展收入预期管理，稳步提高收支质量。预算信息公开深入推进，全市各级各部门依法依规、全面、完整、及时公开预决算信息，公开范围不断拓展，公开内容持续细化。主动接受人大审查和政协民主监督，自觉加强审查、审计问题整改落实，积极借助审查、审计促进财政工作提高。每年开展市直单位财务检查，扎实做好小金库、扶贫资金等专项检查，市政府和市直部门每年签订财务管理风险防控承诺书，财政监督力度持续加大，财经纪律遵从度进一步提高。

（二）强服务，政策部署有效落实。五年来，围绕促进供给侧改革、科技进步，全面落实减税降负政策，探索创新财政扶持方式，全力服务经济发展。

全面实施积极的财政政策。营改增、资源税等税制改革全面推开，各类市场主体充分享受改革红利。认真贯彻国家政府性基金和行政事业性收费各项政策。五年来累计落实降费政策65项，累计减轻企业负担约8亿元。坚持实行工业园区工业项目免收费政策，累计免收费约12亿元。

加大创新转型升级支持力度。累计投入73亿元，有力推动合肥综合性国家科学中心等重大创新平台、科大先研院等协同创新平台的建设运行、技术研发和人才培养。建立扶持产业发展“1+3+5”政策体系并逐年完善，综合运用基金、“借转补”、金融产品等多种方式，实现财政扶持由事后为主向事中事前介入为主、由分散使用为主向集中使用为主、由无偿使用为主向有偿使用为主、由直补企业为主向创造外部环境为主四大转变，累计投入125亿元，扶持优势主导产业和战略性新兴产业快速发展，吸引高端人才、管理团队和产业项目等要素在合肥积聚汇集。紧抓2015年成功入选小微企业创业创新基地城市示范契机，3年累计争取中央财政资金9亿元，创新政策举措，打造双创平台，圆满完成“双创示范”任务。

（三）强保障，民生福祉持续增进。五年来，全市累计投入民生事业发展支出3176.1亿元，年均增幅13.51%，基本公共服务保障水平不断提高，人民生活进一步改善，城乡环境更加优美。

五年来，市本级累计投入180亿元，支持学前教育、义务教育、职业教育、高中教育和高等教育等各类教育事业发展；投入8.68亿元支持“书香合肥”建设、文艺创作、公共文化场所免费开放，不断满足群众文化需求；投入335.14亿元大力支持社会保障体系建设，就业和社会保障提标扩面；投入261.12亿元支持医疗卫生事业发展，公共卫生均等化水平进一步提高；积极筹措资金1123.8亿元，支持轨道交通、城乡基础设施等重大项目建设快速推进；投入283.4亿元重点用于污染治理、生态建设以及环保能力建设，绿色发展理念牢固树立；投入449亿元持续推进民生工程建设，累计实施60余个省、市民生工程项目，建成教育、卫生、住房、农村基础设施等领域22万余个项目点，惠及全市760余万群众，民生工程考核居全省前列；统筹整合脱贫攻坚资金28.07亿元，出台《关于财政支持脱贫攻坚实施意见》，建立全市财政扶贫资金清单，实施常态化监督检查，确保资金使用规范。

（四）强创新，财政改革有力有效。五年来，围绕建立现代财政制度，认真落实财税体制改革各项部署，结合合肥实际积极开展创新实践，多项改革取得重要突破。

建立健全跨年度预算平衡机制，在全省率先编制中期财政滚动规划，建立项目动态管理机制，预算编制的前瞻性、科学性、可持续性有力提升。全面推进预算绩效管理改革，实现绩效目标管理、公开评审、绩效自评、预算管理过程和预算绩效考核问责“五个全覆盖”。积极探索预算编审向支出预算和政策拓展，试行按支出政策条款编制预算，为政策执行、动态监控和绩效评估奠定基础。建立运行财政支出政策库，健全政策动态更新、政策预算编制、政策执行监控、政策绩效评估、政策监督检查五大机制。严格执行盘活资金有关要求，依法依规收回沉淀资金，健全存量资金清理、挂钩机制，资金效益显著提高。依托“互联网+”，创建运行市直预算单位财务集中管理平台，成功构建财务监管共享新模式，实现预算、执行、核算、决算的闭环管理。2013年先行试编市本级权责发生制政府综合财务报告，在全省率先出台综合财务报告制度改革方案，并不断扩大试编范围，积累丰富试编经验。全面推进国库集中支付电子化改革和预算执行资金支付方式改革，强化现金管理，落实公务卡结算制度，按款级经济科目执行部门预算，财政资金拨付全流程监控机制成效显现。进一步理顺市区财政收入分配关系，保障区级更好履行事权，促进区域协调共享发展，为今后市区两级基本公共服务水平共同提高奠定基础。

（五）强防控，债务管理规范安全。五年来，严格执行预算法和有关规定，强化举债管理和预算管理，加快存量债务的置换，债务管理规范有序，债务风险安全可控。

先后三次修改完善政府性债务管理暂行办法，制定出台应急处置预案，政府债务管理制度体系更加健全。严格执行债务限额管理规定，各类政府债务全部纳入预算管理，动态加强风险防控，确保不发生区域性债务风险。全市政府性债务余额逐年稳步下降，截至2017年末，我市政府债务率（一类债务率）低于40%，远低于公认的标准警戒线（100%）。我市强化债务管理工作举措有力、成效显著，获省委主要领导批示肯定，并作为典型经验在全省推广。

财政工作五年来取得的成绩，是市委科学决策、正确领导的结果，是市人大、政协及代表委员们加强监督、有力指导的结果，也是全市人民艰苦奋斗、共同努力的结果。同时，我们也清醒地认识到财政工作中存在的问题和不足，主要是：随着收入基数提高和税制改革进一步推进，经济发展进入新常态，财政收入增速趋缓；促进创新转型升级发展、满足人民日益增长的美好生活需要等方面仍需加大投入，财政收支矛盾在一定时期内依然存在；预算执行进度不够均衡，财政资金使用绩效有待提高，绩效管理和评价的质量还需要提升等。我们将高度重视这些问题，并采取有效措施，努力加以解决。

三、今后五年财政工作目标

2018年至2022年，是实现第一个百年奋斗目标的冲刺阶段，是合肥在全国提前、在全省率先全面建成小康社会的决胜阶段，是奋力开创长三角世界级城市群副中心建设新局面的关键阶段，财政工作要更加主动作为，更加勤勉奋进，进一步发挥好财政职能作用。今后五年，全市财政工作的主要思路是：认真贯彻党的十九大精神，以习近平新时代中国特色社会主义思想为指导，紧扣社会主要矛盾变化，按照高质量发展的要求，以实施五大发展行动计划为抓手，以建立全面规范透明、标准科学、约束有力的预算制度为目标，加快法治财政建设，完善财政体制，深化预算制度改革，优化财政资源配置，提高预算编制水平，严格预算执行，全面实施预算绩效管理，统筹推进“稳增长、促改革、调结构、惠民生、防风险”，进一步提高财政收支运行质量。

今后五年，全市财政工作的主要目标是：

财政收入水平持续提升。全面提升依法理财水平，深入推进协税护税工作，大力培植税源，积极优化税源结构，依法依规强化财政收入预期管理，财政收入增速高于经济增长，收入质量稳中求进。

财政支柱作用充分发挥。全面落实中央、省各项财政政策，按新发展理念创新财政政策内容和方式，强化财政在创新转型升级发展中的支持引领作用。坚持统筹兼顾，勤俭节约，财政支出结构更加优化，推进实现基本公共服务均等化，全力保障经济平稳健康发展和社会和谐稳定。

财政资金绩效显著提高。预算绩效管理改革全面深化，可考核、可量化、可追溯、可约束的绩效管理机制基本健全，覆盖财政分配、财政管理、财政政策、财政监督全流程的绩效管理全面建立，绩效结果导向作用有效发挥。

现代财政制度加快建立。财政事权和支出责任划分初步明确，财政收入分配关系更加协调，区域发展较为均衡，预算管理更加规范透明，标准定额体系基本建立，财政管理制度机制更加健全，预算约束严格有力，风险管理安全可控。

四、2018年政府预算草案

2018年预算编制的指导思想是：全面贯彻十九大精神，以习近平新时代中国特色社会主义思想为指导，统筹推进“五位一体”总体布局和协调推进“四个全面”战略布局，坚持以供给侧结构性改革为主线，加快建立全面规范透明、标准科学、约束有力的预算制度，全面实施绩效管理，着力支持全市创新转型升级、民生改善、防范化解重大风险、精准脱贫、污染防治以及区域协调发展，为我市加快建立国家级科学中心和长三角世界级城市群副中心城市提供强有力的财力保障。

(一)一般公共预算安排情况

全市预算：根据市本级和13个县（市）区一般公共预算汇总情况，2018年全市财政收入预期增长10%左右，全市支出预计931.82亿元。

市级预算：根据四个开发区2018年预算汇编情况，开发区财政收入预期185.31亿元（扣除市区两级财政体制调整因素，同口径增长9.64%），加市本级财政收入预期699.97亿元，市级财政收入预期总量885.28亿元，同口径增长10.4%。其中，开发区地方收入预期91.78亿元（同口径增长6.3%），加市本级地方收入预期326.11亿元，市级地方收入预期417.88亿元，同口径增长6.03%。市级支出安排540.68亿元。

市级预算平衡情况：地方收入417.88亿元，加税收返还72.76亿元、上级转移支付127.12亿元、下级上解30.4亿元、上年结转3.12亿元、调入资金40.59亿元、调入预算稳定调节基金5.81亿元，收入总计697.67亿元。市级支出540.68亿元，加上解上级37.66亿元、对下转移支付92.11亿元、对下税收返还24.18亿元，结转支出3.04亿元，支出总计697.67亿元。

市本级预算：2018年，市本级财政收入预期699.97亿元，同口径增长10.49%；地方收入预期326.11亿元，同口径增长6%。根据调整后的市区财政体制，按照收支平衡、略有结余的原则，2018年市本级支出相应安排405.36亿元（不含省提前下达2018年转移支付资金31.14亿元）。其中：基本支出安排57.53亿元，项目支出安排347.83元。主要支出科目安排如下：

1. 一般公共服务支出23.83亿元，增长34.69%。主要用于：按照调整后的公用经费政策和定额标准，安排市直行政事业单位人员经费和办公经费；合肥市大数据平台、“互联网+政务服务”等平台运行维护；党政办公区域运行保障等。

2. 公共安全支出21.62亿元，增长22.65%。主要用于：足额安排公安及交警办案经费；警务数据中心和警务智能语音云平台等业务系统的开发维护；公安、消防业务必要的防护装备、器材设备购置和业务场所维修改造等。

3. 教育支出52.26亿元，增长9.3%。主要用于：保障市属学校基础设施建设、校园维修及信息化项目运行；安排各类研究院经费，加快新型协同创新平台建设；对县（市）区教育给予补助，并根据新的财政体制，加大地方教育附加对区级补助的力度；推动民办教育、职业教育发展；对学前教育、义务教育、高中阶段和高等教育家庭经济困难学生给予资助等。

4. 科学技术支出71.59亿元，增长75.38%，主要用于：推进合肥综合性国家科学中心及科大新校区建设；扶持智能语音及人工智能产业发展和推广应用；落实省“三重一创”政策配套资金，加快市战略性新兴产业基地建设；安排自主创新、工业发展专项资金等。

5. 文化体育与传媒支出6.3亿元，增长42.07%，主要用于：安排文化产业发展专项资金；新市中心图书馆建设经费；支持城市阅读空间等场馆的建设、设备改造更新和图书购置；支持合肥广播电视台新闻频道改版；安排政府购买宣传服务资金；促进体育事业发展等。

6. 社会保障和就业支出24.47亿元，增长23.83%。主要用于：安排就业、社会保障和社会救助专项资金；支持社会服务人才队伍建设；给予创业担保贷款财政贴息；安排城乡居民养老保险市级配套资金；优待城镇义务兵及安置退役士兵；保障市级民生工程建设等。

7. 医疗卫生与计划生育支出13.55亿元，增长81.09%（同口径），主要用于：支持公立医院综合绩效补助制度改革；保障公立医院基础设施建设、智慧医疗项目开展和医疗设备购置；支持公立医院学科建设、人才培养、医疗质量控制和市级公立医院化解债务；保障基本公共卫生服务及家庭医生签约项目推进；保障计划生育及妇女儿童健康工作开展；对重性精神病人给予医疗救助；加大食品药品监管投入；安排城居医保市级配套资金；安排援助南苏丹医疗队专项经费等。

8. 节能环保支出27.58亿元，增长51.8%（同口径）。主要用于：支持打好污染防治攻坚战，保障生态环保建设；安排环巢湖治理专项资金、大别山水环境生态补偿资金；安排秸秆综合利用和焚烧奖惩经费、城市集中供热企业减排奖励、污染治理专项经费等。

9. 城乡社区支出119.49亿元，下降14.3%。主要用于：安排基础设施建设及还本付息资金；推进市级公益性项目及信息化项目建设；安排部分市政设施维护补助等。

10. 农林水支出18.51亿元，增长21.63%。主要用于：支持打好精准脱贫攻坚战，大力实施扶贫项目；安排现代农业发展、美丽乡村建设、源水购置等专项资金；保障绿化大会战、贫困村人居环境整治、农田水利工程建设、小型水利工程管护工作开展；安排土地整治项目经费；安排农村饮水安全工程配套资金等。

11. 交通运输支出3.04亿元，下降4.71%（同口径），主要用于：保障国省道、农村公路养护维修；给予村村通班车冷线财政补贴等。

12. 其他各项支出23.12亿元，主要包括支持资源勘探信息、住房保障、商业服务、粮油物资储备、国防、金融和国土海洋气象等事务，保障债务付息，并根据预算法规定安排预备费。

市本级预算平衡情况：地方收入326.11亿元，加税收返还72.76亿元、上级转移支付127.12亿元、下级上解32.68亿元、上年结转2.97亿元、调入资金40.43亿元，收入总计602.05亿元。市本级支出436.5亿元（含提前下达31.14亿元），加上解上级37.66亿元、对下转移支付支出100.52亿元、对下税收返还24.4亿元，结转支出2.97亿元，支出总计602.05亿元。

需要说明的是：

一是市本级一般公共预算草案是在市直部门（单位）预算草案基础上汇编完成的。为方便代表审议，市直各部门（单位）的部门预算草案一并提交大会现场，供代表查询。

二是省提前下达2018年转移支付资金31.14亿元在市本级预算草案中单独反映。

三是根据《预算法》和中央及省相关规定，市财政已提前下达各县（市）区2018年转移支付资金100.52亿元。

四是今年以来，为保障政府职能工作正常开展，市财政已参照2017年同期支出水平支付了部分必须的基本支出、项目支出。

（二）政府性基金预算安排情况

全市预算：根据市本级和13个县（市）区政府性基金预算汇编情况，2018年全市政府性基金预算收入安排840.9亿元，下降34.32%。政府性基金预算支出安排817.65亿元，下降38.68%。

市级预算：根据市本级政府性基金收入预期和四个开发区预算汇编情况，2018年市级政府性基金预算收入安排617.61亿元，下降37.1%。政府性基金预算支出安排491.4亿元，下降44.61%。

市级预算平衡情况：市级政府性基金收入617.61亿元，加上级转移支付3.48亿元、上年结转33.33亿元，收入总计654.42亿元。政府性基金支出491.4亿元，加调出资金40亿元，对下转移支付93.57亿元，支出总计624.97亿元。收支相抵，年末结转29.45亿元。

市本级预算：2018年市本级政府性基金预算收入安排613.49亿元，下降37.24%，主要是根据2018年土地交易预测情况，预计国有土地使用权出让收入减少。政府性基金预算支出安排432.33亿元，下降40.9%。

市本级预算平衡情况：市本级政府性基金收入613.49亿元，加上级转移支付3.48亿元、上年结转31.14亿元，收入总计648.1亿元。政府性基金支出432.33亿元，加调出资金40亿元，对下转移支付146.37亿元，支出总计618.71亿元。收支相抵，年末结转29.4亿元。

（三）国有资本经营预算安排情况

全市预算：2018年，全市国有资本经营预算收入2.44亿元，下降28.9%。国有资本经营预算支出2.45亿元，下降63.81%。

市级预算：2018年，市级国有资本经营预算收入1.94亿元，下降37.24%。国有资本经营预算支出1.46亿元，下降44.71%。

市级预算平衡情况：市级国有资本经营预算收入1.94亿元，加上级转移支付0.64亿元和上年结转0.01亿元，收入总计2.59亿元。国有资本经营预算支出1.46亿元，加调出资金0.49亿元和对下转移支付0.64亿元，支出总计2.59亿元。收支相抵，年末无结转。

市本级预算：2018年，市本级国有资本经营预算收入1.7亿元，下降36.53%，扣除2017年国有企业股权转让收益一次性因素影响，同口径增长12.2%。国有资本经营预算支出1.28亿元，下降38.97%。

市本级预算平衡情况：市本级国有资本经营预算收入1.7亿元，加上级转移支付0.64亿元，收入总计2.34亿元。国有资本经营预算支出1.28亿元，加调出资金0.43亿元和对下转移支付0.64亿元，支出总计2.34亿元。收支相抵，年末无结转。

（四）社会保险基金预算安排情况。

全市预算：2018年，全市社会保险基金预算收入安排458.13亿元，增长47.68%。社会保险基金预算支出安排357.33亿元，增长60.88%。

市本级预算：2018年，市本级社会保险基金预算收入安排401.45亿元，增长54.74%。社会保险基金预算支出安排308.14亿元，增长73.76%。收支增长幅度较大，主要受2018年我市全面启动实施新的机关事业单位养老保险制度影响。

需要说明的是，2018年四个开发区社会保险基金纳入市本级统一核算，因此市级社会保险基金预算执行情况与市本级相同。除被征地农民养老保障基金外，其他险种的预算编制情况需报经省级有关部门审核。

五、2018年财政主要工作

一是深化财税体制改革。全面推进法治财政建设，坚持依法履行财政职能，进一步健全依法理财制度体系，完善财政重大事项决策机制，规范财政收支活动和具体行政行为。密切跟踪国家税制改革动向，落实税改措施，做好环境保护税开征后的跟踪调研和动态评估分析。密切关注中央及省财政事权和支出责任划分改革，准确把握市区新财政体制运行状况，稳步推进市、县（市）区财政事权和支出责任划分改革。健全转移支付制度体系，推进基本公共服务均等化。

二是全面实施预算绩效管理。深入推进预算绩效管理改革，全面落实市政府《关于全面推进预算绩效管理的工作方案》等制度，加强对市直部门和县（市）区的培训指导。研究建立财政支出绩效评价指标库和中介库，提高绩效评价的科学性和规范性。加大考核问责力度，强化绩效评价结果运用，推进绩效目标、评价结果对外公开，引导各级各部门单位自觉提升预算资金绩效水平。

三是提升财政管理水平。强化涉税平台综合利用，完善收入预期管理工作联动机制。建立健全财政支出标准定额体系。提升部门滚动财政规划编制水平。及时批复并严格执行市人大审议批准的预算，硬化预算约束。开展财政支出政策跟踪落实评估。加强专项资金管理，持续盘活财政存量资金，科学统筹财力，提高资金使用效率。

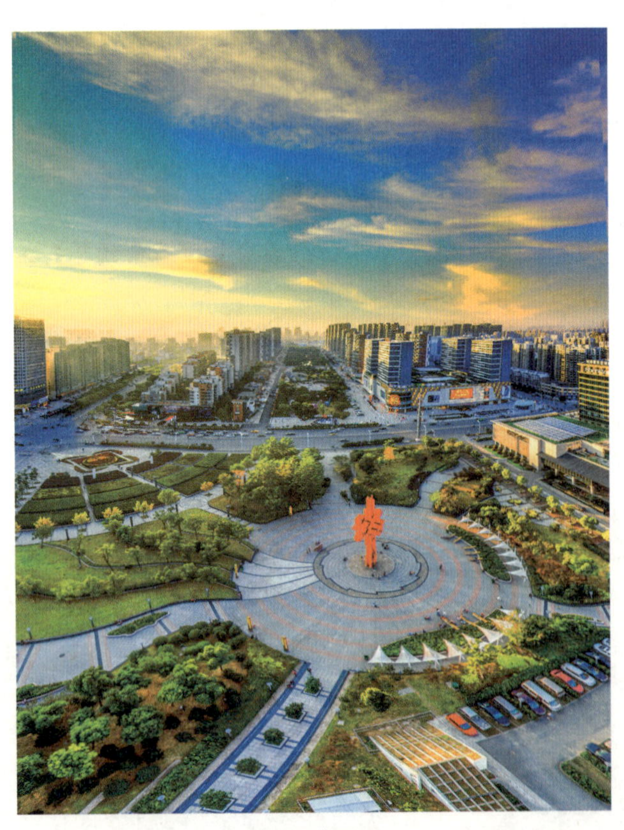

新站区鸟瞰图

四是服务经济转型升级。以全力保障加快综合性国家科学中心建设、落实“三重一创”政策，支持创建质量强市、推动“中国制造2025”试点示范城市建设等为重点，修订扶持产业发展“1+3+5”政策体系。支持开放平台建设和跨境电商发展，大力促进开放水平提升。支持建立大建设项目预研制度，创新举措争取重大项目建设资金。推进国家地下综合管廊城市试点。推行政府和社会资本合作的PPP模式，引导更多社会资本参与重点领域建设。

五是发挥公共服务职能。持续加大财政支持脱贫攻坚力度，积极探索“三变”改革试点工作，完善资产收益扶贫，创新财政扶贫资金监督检查方式。完善市级民生工程项目选择与退出制度，做好民生工程项目、为民办实事、政府购买服务相结合的文章，不断提升人民群众的获得感。优先保障教育发展，稳步提高社会保障水平，加快医疗卫生、文化、体育等方面公益性项目建设，优化基本公共服务供给。加大环境保护投入，统筹安排资金重点支持大气、水、土壤污染防治工作。推进住房租赁试点城市建设，有效发挥公共租赁住房社会效益。优化政府购买服务指导性目录，完善政府购买服务综合评价机制。

六是全面加强监督管控。增强接受人大、审计监督的自觉性，进一步利用监督结果改进财政工作。配合人大加快预算联网监督平台建设。持续加强债务管理，积极做好债务风险动态监控评估，严防系统性区域性债务风险。提高预决算公开水平，全面深化预算信息公开管理。探索建立预算单位内部控制定期报告、调查处理和整改问责制度，依法加强财政监督检查和会计管理监督。

（市财政局）

责任编辑：黄华华

1月

1日　“万科杯”安徽省暨合肥市2017年迎新年健康走、合肥市第57届元旦越野赛在滨湖新区安徽名人馆正式开跑。省委常委、市委书记宋国权，市长凌云，省体育局副局长陈海军为活动鸣枪发令。出席仪式的领导和嘉宾与现场1万余名市民一起迈步走进2017。

2日　合肥市第四届“美德少年”暨首届“美德教师”“美德家长”评选结果公布，授予武士杰等10名同学“合肥市美德少年标兵”荣誉称号，授予丁开欣等90名同学“合肥市美德少年”荣誉称号；授予臧世下等10名教师“合肥市美德教师标兵”荣誉称号，授予王竹林等91名教师“合肥市美德教师”荣誉称号；授予李红霞等10名家长“合肥市美德家长标兵”荣誉称号，授予赵自红等89名家长“合肥市美德家长”荣誉称号。

3日　全国防震减灾业务工作考核结果揭晓，合肥市被中国地震局授予“2016年度全国地市级防震减灾业务工作考核先进单位”称号。

▲　合肥供电公司历史发展展厅正式开馆。这是合肥市第一座以电力历史发展为主的专业性场馆。

4日　ofo共享单车正式宣布进入合肥，率先在新近开通的合肥轨道交通1号线沿线包公园站、大东门站以及主城区一环内的热门商圈、公交站点等地投放共享单车。

▲　全省首个风云三号气象卫星地面接收站在长丰县建成投用。

5日　合肥轨道交通4、5号线及1号线三期工程正式启动建设。

▲　合肥报废汽车综合利用项目在庐江经济开发区开工建设，这也是合肥市资源综合利用产业园区首个启动项目。

▲　全国现场管理星级评价结果公布，在甄选出的55个全国现场管理星级评价“五星级现场”中，合肥市获得此项荣誉的企业有5家，分别是：安徽中烟工业有限责任公司合肥卷烟厂卷接包车间；安徽江淮汽车股份有限公司汽油机一厂，安徽江淮汽车股份有限公司轻型商用车制造公司涂装车间，安徽江淮汽车股份有限公司乘用车三工厂涂装车间；合肥和安机械制造有限公司电器生产线；安徽金星预应力工程技术有限公司金星公司一车间；通威太阳能（合肥）有限公司质量部P1车间FQC检验线。

▲　合肥高新技术产业开发区被国家知识产权局批准为国家知识产权示范园区，为全省首家。

6日　庐江县新四军江北指挥部旧址、肥东县渡江战役总前委旧址等两家景区入选国家发展改革委、国家旅游局等单位发布的《全国红色旅游经典景区名录》。

7日　合肥国际邮件互换局业务全面开办启动仪式在合肥（蜀山）国际电子商务产业园举行。

▲　国家发改委正式批复合肥为第三批国家低碳城市试点。

8日　在第12届中国传媒大会上，《合肥日报》被评为“金长城传媒奖·2016中国十大城市党报”。这是该报第三次获此大奖。

▲　全国首家PPP模式社区共治基金（简称“U基金”）在合肥市包河区滨湖世纪社区正式成立。

9—12日　中国人民政治协商会议合肥市第十三届委员会第五次会议召开，通过市政协十三届五次会议决议。

10日　国家发改委和科技部联合批复合肥综合性国家科学中心建设方案，成为继上海之后第二个获批的城市。

10—13日　合肥市第十五届人民代表大会第六次会议召开，通过关于市人民政府工作报告的决议、关于合肥市2016年国民经济和社会发展计划执行情况及2017年国民经济和社会发展计划的决议、关于合肥市2016年预算执行情况和2017年预算的决议、关于市人大常委会工作报告的决议、关于市中级人民法院工作报告的决议、关于市人民检察院工作报告的决议。

16日　由合肥市市政工程管理处管辖的四里河立交、北二环路，获全国城镇养护示范设施最高奖“扁鹊杯”。

▲　国内规模最大、建成后年产3000万片智能手机陶瓷背板生产基地项目，正式签约入驻合肥市肥西县桃花工业园。

20日　巢湖环湖防洪治理工程被列入国家172个重大水利工程项目之中，是2017年国家开工的15个重大水利工程项目之一。

22日　第十三届全国国际象棋公开赛合肥站开赛，这是合肥首次承办如此规模的全国棋类赛事。

2月

4日　巢湖市中埠镇小联圩村入选第六批全国一村一品示范村镇。

▲　庐阳区三十岗乡东瞿村美丽乡村建设示范点被国家住房和城乡建设部授予“人居环境范例奖”，这是合肥市六度获此大奖。

6日　中国共产党合肥市第十一届纪律检查委员会第二次全体会议在市政务中心召开，审议通过市纪委工作报告和《中国共产党合肥市第十一届纪律检查委员会第二次全体会议决议》。

12日　新能源汽车科技创新（合肥）股权投资合伙企业（有限合伙）作为安徽省唯一入选基金实体，获科技部科技成果转化引导基金1.5亿元参股，成为全省国家级引导基金参股金额最大的一支创投基金。

13日　中国共产党合肥市第十一届委员会第三次全体会议在市政务中心举行，表决决定56名合肥市推荐全省出席党的十九大代表候选人推荐人选。

14日　法国必维国际检验集团、合肥高新技术产业开发区、国家家电质检中心签署三方合作协议，标志着全球顶尖的国际检验认证集团入驻合肥。自此，家电出口产品在合肥可享“一站式”检测认证服务。

▲　合肥检验检疫局举办中国电子检验检疫网上申报系统免费培训，合肥市180多家进出口企业的219名报检人员参加培训。这标志着中国电子检验检疫网上申报系统在合肥正式运行。

15日　安徽大学与合肥市政府携手共建的安徽大学互联网学院开学典礼暨揭牌仪式在安徽大学举行。

▲　全球首款智能共享单车摩拜单车宣布登陆合肥，加上ofo和骑呗，合肥共享单车呈现“三足鼎立”的态势。

16日　全国草莓擂台赛在合肥北城世纪金源大饭店开赛，来自全国各地69个品种的千份草莓样品参赛，这是全国草莓大会举办以来规模最大、样品最多的一次。

17日　由中央宣传部、中央文明办等11个部门联合组织开展的2016年宣传推选学雷锋志愿服务“四个100”先进典型活动进入名单公示阶段。合肥市蜀山区君善公益服务中心志愿者梅绍辉、安徽博物院皖风徽韵志愿团队、中铁四局“关爱农民工”幸福工程、巢湖市卧牛山街道健康西路社区分别入选全国最美志愿者、最佳志愿服务组织、最佳志愿服务项目和最美志愿服务社区，入选数量位居全国省会城市前列。

18日　一列运载100个TEU（标准集装箱），装满货值2800万元的机器人手臂、液晶显示器、服装和机械零配件等货物的列车，从合肥北站物流基地启程，驶往德国汉堡，这是合肥通过新亚欧大陆桥开行的第100列“合新欧”国际铁路货运专列。至此，“合新欧”进出货量跻身全国八强。

19日　合肥首家“垃圾兑换超市”现身长丰县造甲乡，村民用生活垃圾“以物易资”“以物易物”，美化洁净环境同时得到一定量资金补助和生活用品。

▲　全省首个区域能源系统在合肥滨湖新区金融港正式通过验收，这是合肥市“电能替代”重点示范项目之一。

20日　安徽首个VR小镇合肥VR小镇项目完成立项、可研、环评、选址意见书、土地预审等前期工作，正式进入实质实施阶段。项目位于肥东县龙塘高速出口附近，总规划面积约1平方千米。

21日　合肥市被国家发展和改革委员会、住房和城乡建设部列入国家气候适应型城市建设试点。

22日　安徽医科大学第二附属医院正式通过JCI国际认证，成为全省首家通过JCI认证的医院。

23日　市城市管理局在全省首开视频直播执法先河，在2个多小时的直播过程中，超过10万网友收看转发，并积极参与聊天室讨论。

27日　合肥综合性国家科学中心暨量子信息与量子科技创新研究院建设动员大会在合肥召开。中共中央政治局委员、国务院副总理刘延东作出批示。

3月

2日　摩洛哥王室代表团到中国（合肥）工业设计城考察交流，并与中国（合肥）工业设计城、合肥市工业设计协会及国海科技有限公司建立战略合作伙伴关系。

7日　《中国经济生活大调查》数据发布之夜在中央电视台财经频道播出。合肥市入选“2016年度最具幸福感城市”榜单，这是合肥连续第六次获此荣誉。

9日　由市第一人民医院研发的导诊机器人晓曼“上岗”服务，这是全国第一个导诊机器人。

11日　中国（肥东）互联网生态产业园重点项目启动仪式举行，该园是全省首家“互联网+生态”产业园。

14日　国家住房城乡建设部印发《关于将北京等20个城市列为第一批城市设计试点城市的通知》，合肥市成为第一批城市设计试点城市。

15日　庐江县汤池温泉旅游度假区入选省级旅游度假区名单，加上首批省级旅游度假区巢湖半汤温泉养生度假区和肥西紫蓬山风景名胜度假区，合肥市已有3家省级旅游度假区。

▲　合肥市首笔大学生创业创新贷款发放，在合肥自主创业的小陈收到大学生创业创新贷款5万元。

17日　长丰县获“安徽省园林县城”称号。至此，合肥市五县（市）全部获安徽省园林城市（县城）称号。

18日　中国（合肥）工业设计城智库集聚区在合肥蜀山经济开发区正式揭牌。

20日　“一步用车”共享汽车在合肥投入运营，车型为江淮iEV4新能源汽车。

▲　中国（安徽）休闲农业博览园入驻合肥空港经济示范区。

▲　中国社会科学院法学研究所、社会科学文献出版社联合发布2017年《法治蓝皮书》，2016年合肥市政府透明度在全国49个较大的市政府中位居第四。

▲　合肥国际马拉松赛在2016中国马拉松上海年会上被中国田径协会正式授予“金牌赛事”称号。

22日　合肥轨道交通4、5号线初步设计正式获省发改委批复，这标志着轨道交通4、5号线工程正式进入实施阶段。

23日　全市首个地方自筹光伏扶贫电站——巢湖坝镇石塘村集体电站项目正式通过验收。

▲　合肥市运管处正式核发全省第一张网络预约出租车驾驶员从业资格证。

25日　中共中央政治局委员、国务院副总理刘延东在合肥考察中国科学院合肥物质科学研究院和中国科学技术大学先进技术研究院，并主持召开座谈会，听取对召开全国教育大会和深化教育改革发展的意见建议。

▲　合肥综合性国家科学中心大基因中心——费里德·穆拉德诺贝尔奖工作站正式挂牌，标志着全省首个诺贝尔奖得主领衔的科研团队入驻合肥。

29日　中国科学院安徽合肥董铺科学岛被国家旅游局、中国科学院命名为“首批中国十大科技旅游基地”。

▲　合肥市渡江战役纪念馆被中共中央宣传部命名为“全国爱国主义教育示范基地”。

4月

1日　市统计局发布的2016年合肥市人口变动抽样调查数据显示：2016年末，全市常住人口786.9万人，比上年增加7.9万人。

7日　安徽医科大学第一附属医院与中国科学院院士陈孝平合作共建的“陈孝平院士工作站”揭牌，标志全省首个省级医院肝胆胰外科院士工作站正式成立。

8日　由市委宣传部、团市委、市旅游局、市体育局联合主办的“大湖名城　青春毅行”2017环巢湖毅行大会在渡江战役纪念馆南广场鸣枪起步，2万名毅行者参加活动。

10日　省委常委、市委书记宋国权，市委副书记、市长凌云出席在武汉市召开的长江中游城市群省会城市第五届会商会。武汉、长沙、合肥、南昌四市共同签署《长江中游城市群省会城市合作行动计划（2017—2020年）》。

12日　合肥市刘铭传经济文化交流促进会成立大会在市政务中心举行。中国国民党原副主席、中国台商发展促进协会理事长蒋孝严出席并致辞，市政协主席杨思松出席。

13日　合肥海关从邮寄渠道截获有“马来西亚国宝”之称的卡

琪花蒂玛，共7.5千克，在全省尚属首次。

15—16日　合肥代表队在2017年安徽省青少年科技创新大赛上获奖总数和推荐全国赛数量位居全省首位。

17日　国家工业和信息化部批复合肥为“中国制造2025”试点示范城市。

19日　2017年中国青年帆船帆板精英赛暨全国OP帆船锦标赛在巢湖举行。

23日　合肥都市圈城市党政领导第八次会商会议在淮南市寿县召开。省委常委、市委书记宋国权出席会商会议峰会并讲话。

▲　2017环巢湖全国自行车公开赛暨“健康安徽”2017环江淮万人骑行大赛合肥分站赛在巢湖市开赛。

25日　全省首个“侨文化长廊”揭牌仪式在包河区望湖街道沁心湖社区举行。

26日　合肥市在省政府通报的全省千万亩森林增长工程建设2016年度考核和总考核结果中，造林实绩、创建成果、林业经济等三个方面综合考评均位列全省第一。

27日　由国家体育总局航管中心、中国航空运动协会主办的2017中国热气球挑战赛（半汤站）在合肥半汤郁金香高地举行。

29日　合肥市组建全省首家职业指导团“启明星”职业指导团，12人受聘担任职业指导专家。

30日　合肥学院获“全国五一劳动奖状”荣誉称号，是2017年全省教育系统唯一获此荣誉的单位，也是全省两家获奖单位之一。

5月

1日　中央环保督察合肥市协调联络组专题会议在市政务中心召开，就贯彻落实中央环保督察组督察安徽省工作动员会、市委常委会精神进行再动员、再部署、再安排。

▲　肥西三河国家湿地公园、合肥滨湖省级湿地公园、合肥庐阳省级湿地公园、肥东东景省级湿地公园和巢湖被列入第一批安徽省重要湿地名录，其中巢湖被列入中国重要湿地名录。

4日　合肥选手王晓菁在2017年射击世界杯塞浦路斯站（飞碟项目）比赛中，以45中的成绩获女子飞碟多向比赛冠军，并创造了该项目新的世界纪录。

5日　全省首个人工智能演示厅——位于合肥高新技术产业开发区的中国声谷体验中心正式开放。

5—9日　合肥市代表队在2017年安徽省大中学生田径运动会中，以240分获团体总分第一名，并获女子团体总分第一名、男子团体总分第二名。

7日　市政府与北京外国语大学战略合作签约仪式在市政务中心举行。省委常委、市委书记宋国权，北京外国语大学党委书记韩震共同为北外德国中心（合肥）揭牌。

8日　阿塞拜疆、多米尼加、格林纳达、伊朗等12个发展中国家的35名税务统计系统官员组成的代表团到合肥考察“取经”。

9日　合肥市最年轻的街道——包河区万年埠街道挂牌成立。

13日　全国首个类脑智能技术及应用国家工程实验室成立大会暨首届中国（合肥）类脑智能高峰论坛在市政务中心举行。

14日　2017“首创奥莱·奥跑中国”奥林匹克体育中心大众路跑全国系列赛合肥北城站开赛。

▲　2017生态大圩国际半程马拉松暨合肥半程马拉松赛在包河区大圩镇开赛。

17日　第十届中国中部投资贸易博览会在合肥滨湖国际会展中心隆重开幕。中共中央政治局委员、国务院副总理汪洋发表主旨演讲并宣布开幕。

▲　2017中国国际徽商大会在合肥隆重开幕。

20日　中共中央政治局委员、国家副主席李源潮在合肥调研，并主持召开群团改革调研座谈会。

▲　以“爱的长路 由你见证”为主题的肥东“爱情隧道”诗会暨“全球爱情隧道联盟”成立大会在肥东县桥头集镇举行。

22日　全省首个VR抗震减灾演习平台在合肥建成。

24日　合肥巢湖经济开发区与北京大学艺术学院、北京大学文化产业研究院签约，合作打造文化创意产业园。

26日　庐阳区杏林街道社区卫生服务中心联合上级“医联体”三甲医院，设置家庭医生“云诊室”，居民在家里就能与社区卫生服务中心的全科医师、“医联体”三甲医院的专家进行“对接”，实现“远程问诊”。

29日　合肥市肥西县刘义桂家庭、巢湖市姚二祥家庭被评为2017年全国“最美家庭”，至此，全市共有6户家庭被评为全国“最美家庭”。

30日　合肥市17名中小学教师获得正高级职称。这是中小学教师职称制度改革全面推开后，全市首批颁发的中小学教师正高级职称证书。

31日　市民公共文明行为“九要九做到”发布会在市政务中心召开。市民公共文明行为“九要九做到”是：一、要维护公德，做到不损坏公物；二、要遵守秩序，做到不插队抢座；三、要严守交规，做到不乱停抢行；四、要文明出游，做到不乱刻乱画；五、要爱护绿化，做到不乱踩乱摘；六、要注重礼仪，做到不大声喧哗；七、要讲究卫生，做到不乱吐乱扔；八、要管好宠物，做到不散养扰民；九、要移风易俗，做到不大操大办。

6月

1日　全市第一个“钱学森班”授牌仪式在市第五十中学西校举行。

2日　市地税局庐阳分局办税服务厅通过金税三期税收管理系统开出全国首张“两险合并”社保费缴费凭证，标志着合肥市职工生育保险和职工基本医疗保险合并实施试点征缴工作顺利开展。

4日　合肥市重点生态区域推行林长制启动仪式在合肥滨湖国家森林公园举行。省委常委、市委书记宋国权，省林业厅厅长程中才出席并为滨湖国家森林公园林长制项目揭牌。

6日　市运管处向首汽约车颁发“网络预约出租汽车经营许可证”，首汽约车成为全市首家获得合法经营资质的网约车企业。

9日　合肥市大数据产业创新战略联盟成立大会在天鹅湖大酒店召开。

11日　世界中医药大会第三届夏季峰会暨大健康博览会在合肥举行。

16日　2017中国国际现代渔业暨渔业科技博览会在合肥滨湖国际会展中心开幕。

▲　由中国科学技术大学研制的“墨子号”量子科学实验卫星在国际上率先实现千公里级的量子纠缠分发，并在此基础上首次实现空间尺度严格满足“爱因斯坦定域性条件”的量子力学非定域性检验。

▲　安徽广播电视台与市委宣传部联合摄制的纪录片《台湾首任巡抚刘铭传》开机仪式在肥西县刘铭传故居举行。

17日　“中国胸痛中心——省立医院南区”揭牌仪式在合肥举行，这标志着安徽省立医院南区正式成为全省首家通过中国胸痛中心认证的综合性三甲医院。

20日　《合肥通史》首发式在市政务中心举行。

▲　全市派驻纪检机构改革工作动员部署会议在市政务中心召开。

21日　全球最高世代液晶面板生产线京东方合肥第10.5代TFT—LCD生产线项目正在进行设备搬入和调试。

22日　蜀山区南七街道社区卫生服务中心“城市健康生活e站”正式向居民开放，是以“大健康”服务理念构建的全省第一家社区“健康生活e站”。

25日　合肥经济技术开发区在第三届“一带一路”园区建设国际合作峰会上被评为“2017中国产业园区创新力百强”，连续三年入选中国产业园区百强。

▲　荣事达电子电器集团成功跻身第二批国家“双创示范基地”，为全省唯一一家入选企业。

26日　合肥市网络交易监管服务平台上线试运行，是全省首家市级网络交易监管服务平台。

▲　中国最大的二手车平台瓜子二手车直卖网在合肥庐阳经济开发区新办公大楼宣布瓜子二手车全国运营中心正式启用。

28日　全省最大的集成电路产业项目——合肥晶合12英寸晶圆制造基地项目（一期）在合肥综合保税区竣工并试生产。

▲　合肥港吞吐量首破100万标准箱暨口岸联检单位入驻仪式在合肥港国际集装箱码头举行。

29日　江淮大众新能源汽车项目开工仪式在合肥举行，标志着全国首个中外合资的新能源汽车项目、德国大众汽车集团在中国设立的第三家合资公司建设正式实施。

30日　巢湖市“半岛之心”区域化党建共同体在巢湖市黄麓镇成立，是全省首家农村区域党建共同体。

7月

2日　中国科学院合肥物质科学研究院、合肥荣事达电子电器集团有限公司跻身全国第二批“双创”示范基地，加上2016年获批的合肥高新技术产业开发区，合肥市已有三家全国“双创”示范基地。

3日　合肥市公安局巢湖水上分局在天鹅湖举行“无人智能巡逻艇”首巡仪式。

5日　位于中国科学院合肥等离子体物理研究所的国家大科学装置——世界上第一个全超导托卡马克（EAST）东方超环，实现稳定的101.2秒稳态长脉冲高约束等离子体运行，创造了新的世界纪录。

7日　全国首台商事登记全自

助证照一体机在合肥正式启用。

9日　由合肥、武汉、长沙、南昌四省会城市共同建立的全国首个跨地区劳动保障监察网上协查平台正式上线运行。

▲　合肥“中国声谷”创业园小微基地入选第三批国家小型微型企业创业创新示范基地名单，为全市唯一一家入选基地。

11日　“海峡两岸交流基地”授牌仪式在合肥包公园举行。这是合肥市继“刘铭传故居”之后获批的第二家海峡两岸交流基地。

13日　作为合肥综合性国家科学中心的重要平台，合肥离子医学中心自主研发项目结合中科院大科学装置的超导、低温、射频和控制等技术，研发出新型质子治疗设备，患者只需躺在床上，接受射线照射，即可精准“爆破”癌细胞，预计在2020年实现产业化。

▲　当日18时46分，在巢湖西部水天之间出现形如城堡的“海市蜃楼”景象，持续五六分钟。

14日　第六届中国创新创业大赛合肥赛区决赛在合肥经济技术开发区举行。

15日　直径4毫米、高度5毫米的全球最小充电锂电池在合肥投产，主要用于录音笔、助听器等电子设备。

▲　合肥市庐江县、合肥滨投公司在第五届中国（安徽）旅游品牌节上，分别被评为“十大全域旅游目的地品牌”和“十大旅游品牌企业”。

▲　当日10时，市防汛抗旱指挥部办公室调度关闭黄湾闸，同时开启凤凰颈站闸引长江水入西河，再经兆河入巢湖，开始实施引江济巢。

16日　合肥三孝口新华书店以全球首家共享书店的身份正式亮相，读者只需缴纳99元押金就可免费把书从书店带回家。

▲　全国最大新能源汽车分时租赁平台EVCARD登陆合肥。

18日　“合肥市人民政府发布”微信上线。

21日　世界低温生物科技与生命资源库大会在合肥召开。

24日　北航—京东方合肥战略合作协议签约暨北航合肥科学城创新研究平台授牌仪式在市政务中心举行。

▲　《半月谈》杂志以《合肥，何肥？省会排行榜〈搅局者〉何以崛起》为题，分析和报道合肥经济总量在全国省会城市中从中下游跃入“十强”、从往日的默默无闻到新晋国家科学中心城市、从“铁路盲肠”到即将成形的米字形高铁枢纽、从“离发达地区最近的欠发达省会”到长三角城市群“副中心城市”的华丽转身历程。

25日　亚马逊中国发布2017年年中图书排行榜，合肥市再次位居最爱阅读城市的榜首，这是合肥连续两年蝉联该榜单的冠军。

27日　第二十三届全国葡萄学术研讨会暨中国·合肥第十五届“绿色大圩”葡萄文化旅游节在包河区大圩镇开幕。

▲　当日13时32分，合肥最高气温达41.1℃，这是合肥有气象记录以来最热的一天，打破了1959年8月23日41℃的最高气温历史纪录。

28日　2017第16届中国（合肥）龙虾节在合肥罍街开幕，开幕仪式上，合肥市再获“中国淡水龙虾之都”称号。

▲　国家邮政局授予合肥“中国快递示范城市”授牌仪式在市政务中心举行，合肥市成为全国第一个被授牌的快递示范城市。

29日　中央第四环境保护督察组向安徽省委、省政府反馈环保督察意见，其中涉及合肥市的有34个问题或要求。合肥市高度重视，即知即改、立行立改，围绕督察意见中涉及合肥的问题，迅速制定整改方案，务求取得实效。

30日　第32届全国速度轮滑（场地）锦标赛、第16届全国速度轮滑（公路）锦标赛暨世锦赛选拔赛在合肥市滨湖轮滑场开赛。

8月

1日　合肥市建设“中国制造2025”试点示范城市启动大会在市政务中心召开。

2日　市数据资源工作领导小组第一次会议在市政务中心召开。

8日　合肥市青年创业园被省人社厅、省发改委、省经信委、团省委批准为安徽青年创业园，这是全市首个省级青年创业园。

▲　自7月15日实施的“引江济巢”工程，至8月8日9时40分闸门关闭，历时24天，累计自引江水3.78亿立方米，其中2.43亿立方米入巢湖。这是自黄湾闸建闸起首次真正意义上的主汛期“引江济巢”调水。

10日　中国科学院在北京召开新闻发布会，宣布由中国科学技术大学潘建伟教授领衔研制的“墨子号”量子科学实验卫星提前并圆满实现全部三大既定科学目标。

11日　全国首个廉洁家风主题电影院“清风影院”在合肥揭牌上线。

12日　安徽江淮汽车集团股份有限公司以11644件的累计专利申请量位居中国汽车行业榜首，

成为唯一一家专利申请量过万的车企。

14日 合肥市新水质检测中心正式投入运营，是全省唯一一家“国家级城市供水水质监测站”，在安徽省第一家通过计量认证，具备新国标全部检测能力，在全国同等城市处于领先地位。

17日 中国科学院合肥物质科学研究院（科学岛）有118个项目获国家自然科学基金资助，立项数位居全国科研机构第二位。

20日 第三届中国（合肥）青少年文化艺术展演活动暨全国青少年曲艺邀请赛颁奖晚会在合肥大剧院举行。

21日 市数据资源工作动员大会在市政务中心召开，与会领导和专家为市数据资源局、市大数据资产运营有限公司揭牌。

26日 市公安局交警支队铁骑大队宣告成立。

26—28日 中共中央政治局委员、中央党的建设工作领导小组副组长、中央新疆工作协调小组副组长张春贤在安徽合肥等地调研。

27日 合肥无线城市官方版“i—hefei”APP正式上线，可实现全市范围内“i—hefei”无线网“一键登录”的功能。

31日 市第十五届人民代表大会常务委员会第三十五次会议批准合肥市与柬埔寨金边市缔结友好城市关系。

9月

1日 2017（合肥）国际节能与新能源汽车展览会开幕。

▲ 市工商行政管理局在市政务服务中心工商窗口颁发全市首张“五十六证合一”营业执照，标志着合肥市正式启动“多证合一”新登记模式。

3日 安徽省立医院泌尿外科肾移植科主任刘洪涛博士团队与相关科室合作攻关，成功将一名B型血父亲的左肾移植给O型血的儿子，为患者带来了生存的希望。这是全省首次成功开展跨血型肾移植，标志着安徽省肾移植技术步入国内领先水平。

7日 第五届全国品牌故事大赛（合肥赛区）暨首届安徽品牌故事大赛决赛在合肥举行。

11日 全市首张“机关事业单位基本养老保险和职业年金”缴费凭证开出，标志着机关事业单位人员养老告别“免缴费”时代。

13日 “智慧交通、未来已来”合肥公交“乘车码”首发启用仪式在市政务中心举行。

15日 中国安徽名优农产品暨农业产业化交易会（2017·合肥）在合肥滨湖国际会展中心开幕。

17日 合肥市第十五届青少年科技创新市长奖颁奖大会在安徽国际会展中心举行，市长凌云为8名获得青少年科技创新市长奖的学生颁发获奖证书和奖杯。

19日 瑶海区裕丰花市、肥西县三河古镇、庐阳区崔岗艺术村、蜀山区中皖金大地·1912、肥东县长临河古镇、庐阳区城隍庙、包河区罍街二期、合巢经开区三瓜公社南瓜电商村、包河区AS·1980安商创客梦工厂、巢湖市耳街等10个街区当选首届合肥市特色文化街区。

▲ 合肥市公安局情报指挥一体化平台系统启用。

22日 2017中国（合肥）金融外包峰会在市滨湖新区举行。

23日 2017中国槐林渔网文化节暨祭湖仪式在巢湖市槐林镇开幕。

25日 《经济日报》刊发省委常委、市委书记宋国权署名文章《下好创新“先手棋”》。

26日 江水西调工程正式通水，合肥人从此能喝上长江水了。

27日 在最新发布的《法治政府蓝皮书：中国法治政府评估报告（2017）》中，合肥市获全国百座城市第七名，连续两年进入前10名，连续五年稳居前20名，并蝉联全国省会城市第四名、中部32个城市第一名。

28日 合肥市滨湖智慧医院揭牌仪式举行。

▲ 全球最大的全氧燃烧光伏玻璃窑炉在合肥点火，彩虹（合肥）光伏玻璃二期项目发展步入新阶段。

30日 安徽省暨合肥市在蜀山烈士陵园隆重举行烈士纪念日向烈士纪念碑敬献花篮仪式。

10月

7日 全省首个人工智能电梯预警报警系统试点项目在合肥通过预审核，开始在合肥高新开发区59部电梯上率先试运行。

9日 《安徽日报》推出“砥砺奋进的5年·合肥篇”，发表省委常委、市委书记宋国权的专文《对标“五大发展美好安徽”蓝图 走在“坚定不移闯出新路”前列》。

▲ 2017年中国中小城市科学发展指数研究成果发布，合肥市肥西县、肥东县、长丰县上榜全国综合实力百强县市，包河区、蜀山区、瑶海区、庐阳区跻身全国综合实力百强区。

11日 中国科学院量子信息重点实验室联合合肥本源量子计算科技有限公司发布量子计算云平台。这是全球首个上线投用的基于半导体量子芯片的量子计算云平台，平台同时采用了超导量子芯片。

12日 市民购买动车组车票可以自主选座了，还有“接续换乘”的方案可供选择。

16日 一家24小时“无人超市”亮相合肥街头，可以通过专用APP、微信、支付宝付款。

18日 中共十九大开幕，市委、市人大常委会、市政府、市政协负责同志在市政务中心集中收看十九大开幕会直播；全市广大干部群众以饱满的热情收听收看开幕会直播，聚精会神聆听习近平代表第十八届中央委员会向大会所作的报告。

19日 轨道交通2号线顺利通过工程竣工验收。

20日 2017中国·合肥苗木花卉交易大会在中国中部（肥西）花木城开幕。

22日 合肥供电公司投入首个智能机器人进行电力设备巡视。

26日 包河区大圩葡萄通过国家质检总局生态原产地产品保护专家组评审，实现合肥市生态原产地产品保护零的突破，这也是全省首次通过生态原产地保护评审的葡萄类产品。

27日 由市政府主办，市委宣传部、安徽中设国际会展公司承办的第十一届合肥国际文化博览会在合肥滨湖国际会展中心开幕。

28日 首届合肥特色文化街区评选颁奖典礼举行，肥东县长临河古镇、肥西县三河古镇、巢湖市耳街、瑶海区裕丰花市、庐阳区崔岗艺术村、庐阳区城隍庙、蜀山区中皖金大地·1912、包河区罍街二期、包河区AS·1980安商创客梦工厂、合肥巢湖经济开发区三瓜公社南瓜电商村等10个街区获“合肥市特色文化街区”称号。

31日 全国首家街道级马拉松文化博物馆——“中国马拉松文化笔架山博物馆”正式落成。

11月

3日 国家质检总局批准合肥市创建“全国质量强市示范城市”。

7日 学习贯彻党的十九大精神省委宣讲团报告会在市政务中心举行。省委常委、市委书记宋国权作为省委宣讲团成员，为来自市党政机关、驻肥部队、企事业单位和高校师生、理论工作者等1000余人作宣讲报告。

▲ 引江济淮工程引江济巢线开工动员大会在庐江县引江济巢线与庐铜铁路姚庄大桥交叉河渠工程现场举行，标志着引江济巢工程正式进入全面建设阶段。

9日 合肥市的方兴湖隧道、信达灾备与后援基地、安徽名人馆、安徽省城乡规划大厦、香格里拉酒店、合肥南站6项工程获2016—2017年度中国建设工程鲁班奖（国家优质工程），其中，方兴湖隧道是全国最宽的城市湖底隧道。

10日 中央宣讲团党的十九大精神报告会在合肥举行。中央宣讲团成员、国家发展改革委副主任、国家统计局局长宁吉喆作宣讲报告。

13日 在商务部中国会展经济研究会主办的“2017中国城市会展业竞争力指数发布会暨高端论坛”上，合肥入选2017中国省会城市及地级城市最具竞争力会展城市前十强。

14日 合肥市经复查蝉联“全国文明城市”称号；巢湖市首获“全国文明城市”称号。

15日 合肥市入选第一批国家装配式建筑示范城市。

▲ 全国首个（公益）基金会集中区中国瑶海（公益）基金会集中区开始运营。

17日 合肥市入选中央文明委公布的第五届全国未成年人思想道德建设工作先进城市名单。

19日 合肥市13项非遗项目入选第五批省级非物质文化遗产代表性项目名录，至此合肥市省级非遗项目增至28项。

20日 全省第一块新能源汽车专用号牌“皖AD09888”发出。

▲ 长江中游城市群四省会城市商会合作交流会在合肥召开。

▲ “中华颂·长丰杯”第八届全国小戏小品曲艺大展开幕式在长丰县举行。

24—26日 第十一届中国（合肥）国际家用电器暨消费电子博览会在合肥滨湖国际会展中心举办。

▲ 第四届中国（合肥）互联网大会在滨湖国际会展中心开幕。

▲ 2017中国消费电子经销商论坛暨消费电子创新产品发布会在合肥举行。

▲ 2017中国（合肥）工业设计高峰论坛在合肥举行。

▲ H20峰会——合肥市建设“中国制造2025”试点示范城市高峰论坛在合肥举办。

27日 国家科技部批准组建合肥微尺度物质科学国家研究中心。

▲ 全国首家政务机关共享书店——合肥市政务中心读书会共享书店在市政务中心正式开业。

28日 2017亚太地区科技园

发展论坛在合肥举行。

29日　全市首家智慧农贸市场在瑶海区开始运营。

30日　合肥市残联干部王庆九当选11月份“中国好人榜”助人为乐类“中国好人”。至此，全市共有137人当选“中国好人”，当选数量位居全国省会城市第二。

12月

3日　第三届海峡两岸（合肥）健康养老产业合作论坛在巢湖市开幕。海峡两岸关系协会会长陈德铭，中国国民党原副主席、中国台商发展促进协会理事长蒋孝严分别致辞。

5日　合肥工业大学发布情感交互机器人“任思思”和“任想想”。

6日　安徽省首个12英寸晶圆代工企业、合肥市首个百亿级集成电路项目——合肥晶合晶圆制造项目实现量产，标志着合肥距离打造“中国IC之都”的目标又近一步。

▲　全省首座全地埋式污水处理厂——合肥清溪净水厂通过环保验收，实现达标排放，正式通水运营。

7日　2017年第三届海峡两岸半导体产业（合肥）高峰论坛开幕。

8日　2017中国健康质量高峰论坛在合肥举行。

▲　2017中国（合肥）人工智能国际青年峰会开幕。

截至12月初　合肥并网光伏地面电站及分布式电源项目超过1万个，容量1664兆瓦，稳居全国省会城市之首。

13日　市运管处向首汽租赁有限责任公司合肥分公司皖AS7Y03别克商务车发放全市首本网约车运输证。

▲　庐江县放马滩稻渔综合种养示范区通过“全国稻渔综合示范区”创建专家验收，是全市首个创建国家级稻渔综合种养的示范区。

15日　2017中国（合肥）大数据产业发展峰会暨“合肥之夜”IT年会在合肥举办，首度发布《2017年度合肥市大数据白皮书》。

▲　市旅游局、市教育局命名全市第一批18个研学旅行基地，分别是：安徽巢湖昆虫王国生态园、安徽名人馆、安徽青松食品安全科普体验馆、安徽省源泉徽文化民俗博物馆、滨湖国家森林公园、渡江战役纪念馆、蓝山湾木艺小镇、合肥海洋世界、合肥三国遗址公园、李鸿章故居·享堂、刘园·古徽州文化园、庐江名人馆、庐阳三十岗乡生态农业旅游区、万达文化旅游城、燕域田园、冶父山森林公园、中国（合肥）非物质文化遗产园、中国稻米博物馆。

18日　中国科学技术大学常务副校长潘建伟入选英国《自然》杂志公布的2017年全球十大科学人物榜单。

19日　长江中游城市群省会城市工商政务云平台正式启动。

20日　全球首条第10.5代TFT—LCD生产线在合肥京东方举行产品下线暨客户交付仪式，是全球显示产业新的里程碑。

21日　长丰县监察委员会正式揭牌，这是全市首家挂牌成立的县级监察委员会，标志着合肥市深化监察体制改革试点工作拉开大幕。

23日　中国科学技术大学生命科学与医学部揭牌，安徽省立医院作为中国科学技术大学附属第一医院同步揭牌。

24日　中国首个大气环境监测国家工程实验室——大气环境污染监测先进技术与装备国家工程实验室建设启动大会在市政务中心举行。

25日　市政府公布合肥市第一批特色小镇，分别是三瓜公社电商小镇、滨湖金融小镇、崔岗艺术小镇、黄麓建筑科创小镇、蜀山大数据小镇、南艳湖机器人小镇、旗山·中科精密智造小镇。

26日　合肥轨道交通2号线正式开通运营，与1号线形成十字交叉，合肥轨道交通进入“换乘时代”。

▲　安徽安利材料科技股份有限公司获全国制造业单项冠军示范企业称号，安徽合力股份有限公司获全国制造业单项冠军培育企业称号。至此，合肥市共有全国制造业单项冠军企业5家，其中示范企业2家、培育企业3家。

27日　第十一届市委第一轮巡察工作动员部署会议召开。第一轮巡察共派出6个市委巡察组，对12个市直部门、事业单位和国有企业开展巡察。

▲　福布斯中国发布“中国大陆最佳商业城市排行榜”，共有100个城市入选。合肥位列第十八位，居省会城市第九位。

31日　中国科学院合肥物质科学研究院院长匡光力和科大讯飞执行总裁胡郁入选“2017中国科学十大新闻人物”。

2017年12月31日深夜至2018年1月1日凌晨　合肥警方联合多部门开展“零点行动”，在全市范围内严查违规燃放烟花爆竹行为。

（储茂仁）

综　述

2017年，中共合肥市委贯彻习近平新时代中国特色社会主义思想和习总书记视察安徽重要讲话精神，团结带领全市广大党员干部群众，统筹推进“五位一体”总体布局，协调推进“四个全面”战略布局，坚持以新发展理念统领发展全局，坚持稳中求进工作总基调，经济社会发展取得新成效，全面从严治党向纵深发展，社会大局保持和谐稳定，在建设长三角世界级城市群副中心、打造“大湖名城、创新高地”上迈出坚实步伐。

以优异成绩迎接党的十九大胜利召开，做好党的十九大精神学习宣传贯彻工作。召开市委十一届三次全会，完成全市出席党的十九大代表的提名、推荐工作。贯彻习近平总书记“7·26”重要讲话精神，系统总结党的十八大以来全市各项事业发展成就，开展主题宣传，做好安保维稳工作，为党的十九大胜利召开营造了良好环境。十九大期间，组织全市党员干部群众第一时间聆听习近平总书记所作的报告，学习领会大会精神，落实《中共中央关于认真学习宣传贯彻党的十九大精神的决定》及省委《关于全面落实中央〈决定〉精神　扎实推进党的十九大精神学习宣传贯彻工作的意见》，出台《中共合肥市委关于全面落实中央〈决定〉和省委〈意见〉精神　扎实推进党的十九大精神学习宣传贯彻工作的意见》，部署开展“大学习、大宣讲、大培训、大调研、大落实”，在学懂弄通做实上下功夫。贯彻习总书记在瞻仰中共一大会址时的重要讲话精神，开展上好党课、研读党章、参观党史展览、瞻仰革命旧址及烈士陵园、重温入党誓词等系列活动。自觉把《习近平谈治国理政》第一卷、第二卷作为深入学习领会习近平新时代中国特色社会主义思想和党的十九大精神的权威读本，坚持领导干部带头学、带头讲，推动党的十九大精神进企业、进农村、进机关、进校园、进社区，分类分级推进党的十九大精神进教材、进课堂、进头脑。通过加强领导，有序推进，全市迅速兴起学习宣传贯彻党的十九大精神的热潮，推动贯彻工作往实里走、往深里走。

深入贯彻落实省、市党代会精神，就各项目标任务进行统筹部署、狠抓落地见效。以五大发展行动计划为总抓手，以全面从严治党强化政治保证，把省、市党代会精神落到实处。实行统一领导制度，建立协调调度机制，研究出台专项方案，制定完善政策措施，自觉对标“五大发展美好安徽”蓝图，走在“全面建成小康社会”前列，勇立“坚定不移闯出新路”潮头。贯彻党的十八届六中全会精神，强化“四个意识”，认真执行《关于新形势下党内政治生活的若干准则》《中国共产党纪律处分条例》，以规范党内政治生活、加强党内监督为重点，把全面从严治党不断推向深入，全面加强党的建设。

抓实抓好事关全市发展大局的战略性、牵动性工作。对标城市战略定位，及时出台《合肥都市区国际化行动纲要（2016—2020）》《打造内陆开放新高地的实施意见》等文件，加快建设长三角世界级城市群副中心城市、全国性综合交通枢纽和内陆开放新高地。分别成立领导小组，加强领导和统筹协调，就科学中心建设项目、人才等分别出台专项政策，就试点示范工作召开动员大会、出台实施方案，推进各项工作。同时，落实省委、省政府科技创新、先进制造业和基础设施方面的三个“一号工程”（量子科技创新研究院、江淮大众新能源汽车、引江济淮），以及“四个一”创新主平台（合肥综合性国家科学中心、合肥滨湖科学城、合芜蚌自主创新示范区、全面创新改革试验省）建设。坚决打赢脱贫攻坚战，坚持精准扶贫、脱贫，开展“重精准、补短板、促攻坚”专项整改行动和扶贫开发“百日攻坚”行动，推进脱贫攻坚“十大工程”，落实“351”“180”医疗扶贫保障政策，实施“四带一自”（各类园区带动、龙头企业带动、农民合作社带动、经营户带动和贫困群众自主发展产业）产业扶贫等模式，1.6万建档立卡贫困人口脱贫。同时，坚持一手抓补短板，一手抓重大战略任务突破。

组织开展“讲重作”专题教育、专题警示教育。在4月开展“讲重作”（讲政治、重规矩、作表率）专题教育的基础上，从7月到10月，以“陈、杨、周”（陈树隆、杨振超、周春雨）等案为反面教材，在全市党员干部重点是县处级以上党员领导干部中开展“讲重作”专题警示教育。召开专项推进会议，部署安排，扭住“学、查、改”三个关键环节，狠抓警醒、警觉、警戒，确保专题警示教育扎实有效开展。通过这场以案为鉴、检视灵魂、整肃思想、查错纠偏的集中警示教育，全市党员干部经受一次深刻的党性洗礼，增强了“四个意识”，党内政治生活得到加强，党内政治文化更加纯洁，优化了党内政治生态。

坚持稳中求进和高质量发展，经济保持平稳健康发展良好势头。2017年，合肥市生产总值达7213.45亿元，同比增长8.5%；实现规模以上工业增加值同比增长9.4%；实现固定资产投资6351.43亿元，同比增长5%；财政收入1251.15亿元；其中地方财政财政收入655.9亿元，同比分别增长12.3%、67%；社会消费零售总额2758.51亿元，同比增长11.6%。在全国26个省会城市中，从总量看，GDP跃居第9位，固定资产投资居第6位，进出口居第9位，地方财政收入居第10位；从增速看，GDP居第7位，规模以上工业增加值居第8位，地方财政收入居第3位，社会消费品零售总额和城镇居民人均可支配收入均居第4位。

推动经济高质量发展。发展实体经济，完善“1+3+5”产业扶持政策体系，加快打造“基金丛林”，实施“四送一服”双千工程，加强经济运行监测分析和工作调度。全市工业投资同比增长12.6%，战略性新兴产业增加值同比增长16.4%，对全市工业增长贡献率达53.4%、同比提高12个百分点。联宝电子主营收入首超500亿元。发挥国有资本撬动作用，京东方10.5代线、康宁玻璃基板、晶合晶圆等重大项目建成投产，加快建设江淮大众新能源汽车、长鑫存储器晶圆等重大项目。民营经济发展向好，新登记各类市场主体16.3万户。金融机构扎堆合肥，中国农业银行、浙商银行在合肥市设立分行，全省首家民营银行安徽新安银行正式设立，国际金融后台服务基地基本形成。新增上市企业7家，融资43.36亿元。截至年底，全市有境内外上市公司46家。新增5个省级服务业集聚区、4个省级服务业集聚示范园区，合肥商贸物流园区跻身全国首批示范园区。启动建设国家旅游休闲示范区。推进农业现代化，“粮安工程”全面实施，“菜篮子”供给保障有力，全面完成农户承包土地确权颁证工作。

以合肥综合性国家科学中心建设为抓手，实现创新发展新突破。主动对标“国家级”、落实“总框架”，按照“2+8+N+3”施工图，提升标杆，全面对接，对号入座，做好重大项目规划、基础设施建设、资金土地保障等各方面工作，拓展、提升、新建、谋划一批大科学装置和协同创新平台。推进“全创改”、当好“核心区”，努力构建政府创新管理、激发创新活力、要素保障、创新引智、军地共建、融入全球体系等新机制，为综合性国家科学中心建设提供制度保障。集聚“全要素”、打造“增长极”，构建集技术研发、平台支撑、金融创新、成果转化、政策支持、创新文化和知识产权保护等于一体的创新生态系统，突出平板显示、集成电路、新能源、新能源汽车、智能语音、量子信息、装备制造、生物医药等产业，使综合性国家科学中心和产业创新中心建设同频共振、相得益彰。

创新驱动实现重大突破。全年争创量子信息科学国家实验室取得重要进展，量子信息与量子科技创新研究院开工建设，合肥微尺度物质科学国家研究中心作为6个国家研究中心之一获批组建，聚变堆主机关键系统成功落户，离子医学中心、分布式智慧能源等加快建设，科大讯飞跻身首批4家国家新一代人工智能开放创新平台，类脑智能技术及应用国家工程实验室、大气环境污染监测先进技术与装备国家工程实验室获批，先进光源、大气环境立体探测等大科学装置开展预研。规划建设滨湖科学城，安徽创新馆加快展陈设计，大科学装置集聚园区选址初步确定，中科大高新园区启动建设，推进北航科学城、北外中德中心、哈工大机器人研究院等合作项目。中科大先研院、清华公共安全研究院、合工大智能制造研究院、中科院合肥技术创新工程院等协同创新平台加快发展，累计孵化科技型企业逾300家。推进科技成果“三权”改革。新增国家“双创”示范基地2家、各类众创空间15家。全市国家高新技术企业达1666户，比上年净增309户，院士工作站47个，省部级以上重点实验室和工程实验室200个，省级以上工程技术研究中心139个，省级以上工程研究中心62个。

推动全面深化改革。加强对改革工作领导，完善改革协调推进机制，狠抓“三察三单”制度落实。先后召开领导小组会议7次，审议通过改革方案和文件40余份，推动落实改革任务137项，有合肥特色的创新之举超过1/3。突出抓试点、作示范，推进住房租赁试点、城市设计试点、快递示范城市等“国字号”试点改革工作。实施供给侧结构性改革，落实“三去一降一补”任务。“营改增”（营业税改增值税）试点全面推行。推进“放管服”改革。在全省率先启动承担行政职能事业单位改革试点，并通过验收。加快构建“互联网+政务服务”体系，实施公共资源交易管理、社会治理以及农村、教育、文化、医疗卫生、司法等领域的改革，取得了新的成效和经验。

推进城乡建设和协调发展。实施“城市管理提升年行动”，做好城市建设管理，形成“提质、提速、提品、提效”的工作导向。推进大建设，续建、新建大建设工程1520项，完成实际投资476.54亿元。完善城市交通网，上海路等建成使用，推进阜阳北路等3个高架项目和长江西路快速化改造等工程；轨道交通2号线正式开通，3、4、5号线全面开工。启动合肥西站设计工作，启动合宁新高铁前期工作。统筹推动拆迁安置和环境提升工作，老城改造提升和新区建设拓展同步实施。成立市数据资源局，搭建统一的大数据平台，加快智慧城市建设。美丽乡村建设“由点到面”延伸，“三线三边”（铁路沿线、公路沿线、江河沿线及城市周边、省际周边、景区周边）环境综合整治、农村环境综合整治“三大革命”（农村厕所、垃圾、污水）逐步深入。增强县域经济实力，肥东、肥西、长丰三县居全国百强县列并实现位次前移，巢湖市、庐江县跻身全国中小城市投资潜力百强县市。

加快发展社会主义民主政治。坚决维护以习近平同志为核心的党中央权威和集中统一领导，要求各级党组织树牢“四个意识”，市委常委会集中听取市人大常委会、市政府、市政协、市法院、市检察院党组工作汇报，研究工作，部署任务。坚持和完善人民代表大会制度，支持人大及其常委会依法行使职权。坚持科学民主立法，制定《绿色建筑发展条例》等地方性法规，提高立法质量和水平。加强县乡人大工作和建设，在全省率先出台《关于加强乡镇（街道）人大工作和建设的意见》，一系列带有根本性、制度性和长远性的问题得到有效解决。尊重代表主体地位，创新监督方式，发挥人大有效监督的作用。

推进全面依法治市。组织实施“七五”普法，规范执法行为，促进司法公正，法治合肥建设全面深化。坚持和完善中国共产党领导的多党合作和政治协商制度，制定出台《关于加强社会主义协商民主建设的实施意见》《关于加强人民政协协商民主建设的实施意见》。支持政协围绕大局履行职能，发挥协商民主重要渠道和专门机构作用，合肥与上海“双城合作”“合肥之友”等工作取得新进展。开展“市政协委员进社区”活动，巢湖综合治理民主评议“一评四年”圆满收官。

巩固发展爱国统一战线。支持市各民主党派履行职能、加强自身建设，发挥工商联作用，做好新的社会阶层人士和党外知识分子统战工作，举办“同心论坛”，凝聚政治共识，成立全省首家欧美同学会、网络界人士联谊会，组织实施合肥统一战线“五大发展行动聚力工程”，推进网络统战和基层统战工作规范化建设。基层自治组织和民主管理制度得到加强。全面推进群团组织各项改革，发挥工会、共青团、妇联等人民团体的桥梁纽带作用。民族、宗教、外事、对台、侨务等工作取得新成绩。拥护并支持军队改革，落实党管武装制度，推进国防和后备力量建设，推动军民融合深度发展。

加强和改进宣传文化工作。严格落实意识形态责任制，成立市委意识形态工作领导小组，加强阵地建设，牢牢掌握意识形态工作领导权、主导权、话语权。巩固壮大主流舆论，精心组织开展了“习近平总书记视察安徽一周年”“砥砺奋进的五年”等重大主题宣传。“派河春晖”理论宣讲团获全国基层理论宣讲先进集体称号。培育和弘扬社会主义核心价值观，深化精神文明创建工作，截至年底累计138人入选“中国好人榜”，通过第四届全国文明城市复牌检查，成功创建第五届全国文明城市，巢湖市获评全国文明城市（县级市）。加强未成年人思想道德建设，获全国未成年人思想道德建设工作先进城市称号。

实施文化惠民工程，统筹建设

四级公共文化服务设施网络，市中心图书馆、科技馆、美术馆项目立项，县级“两馆一场”提档升级。办好“全民有礼、文化畅享”精品艺术惠民和“大湖之约”艺术名家大讲堂，开展“走向文明”“庐州放歌”等群众性文化活动4000余场次，农村公益电影放映近1.6万场，合肥文博会等品牌文化活动成功举办。推进全民阅读活动，打造城市阅读空间，全国首家“共享书店”落户合肥。大力繁荣哲学社会科学。做好档案工作，《合肥通史》正式出版。坚持以人民为中心的创作导向，成功打造大型民族舞剧《立夏》等精品佳作。实施戏曲振兴工程，推进“戏曲进校园”试点工作。深化文化体制改革，加大文化产业扶持力度，完成国家文化消费试点城市建设，安徽省创意文化产业集聚发展（合肥）基地建设加快推进，提升文化软实力。

加快打造内陆开放新高地。强化与沪宁杭互动发展，深化与长江中游城市群联动发展，推进中德、中俄等国际合作项目。加快构筑大通道，强化高铁、机场、公路、水运设施建设和功能提升，合肥通用机场场址初步确定，庐铜铁路通车运行，商合杭、合安高铁全面建设，推进合宁、合巢马城际铁路建设，京台高速陇西至路口段、集贤路互通等基本完工。提升开放平台，规划建设国际内陆港，“合新欧”国际货运班列实现加密运行，水运港吞吐量突破24万标箱；航空港水果、冰鲜水产品进境指定口岸开检运营，建设食用水生动物口岸，至深圳、洛杉矶的货运航线实现常态化运行；国家跨境电商综试区线上信息综合服务平台一期工程建成，全国首个白色家电跨境离岸集采中心落成；空港保税物流中心（B型）基本建成。加快建设法治化、国际化、便利化的营商环境。开展国家社会信用体系建设示范城市创建，推进通关服务和展示交易及通关服务中心建设，在全省率先试点国际贸易“单一窗口”。创新实行外国人来华工作许可“两证合一”制度。实施外商投资企业备案登记制度。全市全年实现进出口总额249.59亿美元，同比增长33.6%。合肥都市圈一体化发展、与皖北等地结对合作取得新成效。

打造生态文明建设合肥样板。坚持“绿水青山就是金山银山”的理念，加快绿色发展，坚决扛起生态文明建设政治责任。省级巢湖河长制启动运行，出台建设绿色发展美丽巢湖的意见。组建市引江济淮投资公司，引江济淮工程全面开工建设。全面推行河长制，做好全市153个入河排污口排查整改工作，环巢湖35座乡镇污水处理厂通水运行，双桥河、十五里河、派河等重污染河流水质明显改善，纳入国家、省考核的15个地表水断面，有14个达到年度考核要求，开展水生态文明城市试点验收工作。抓好大气污染防治，制定蓝天行动实施方案，开展“十大专项行动”，实现PM10和PM2.5浓度“双下降”，获批国家低碳城市试点和气候适应性城市试点。率先实行林长制，完成植树造林2300公顷、城市绿化1534万平方米，新建森林示范长廊65千米，完成森林抚育约13333公顷；完成精品特色园林项目108个、面积达567万平方米。大蜀山森林公园南湖水环境综合治理工程获“2017中国人居环境范例奖”。出台土壤污染防治实施方案，推进重点企业土壤污染调查与修复工作。推进绿色制造体系建设示范工作，全面开展节水型社会建设，能源供给结构显著优化，节能减排达到省控目标。在《中国生态城市建设发展报告（2017）》中，合肥综合排名处于第21位，健康宜居型城市综合指数排名位居第9位。

保障和改善民生。践行以人民为中心的发展思想，在幼有所育、学有所教、劳有所得、病有所医、老有所养、住有所居、弱有所扶上实现新的更大作为。2017年，

12月19日，省委常委、市委书记宋国权在市联合接访中心接待来访群众。

全市民生支出占全市财政支出的84.9%；城镇新增就业24万人，城镇登记失业率下降至2.86%；常住居民人均可支配收入31950元，同比增长9.7%。开展全民参保行动计划，推进生育保险与职工医保合并试点工作，城乡居民在养老、医疗、救助等方面的保障进一步健全。推进义务教育“三大提升”工程，实施消除义务教育“大班额”计划、城区幼儿园三年提升计划，全市幼儿园普惠率达78%，中等职业学校质量提升工程有序实施，推进高水平大学及国家优质高职建设，中德教育合作示范基地和基金建设方案获批。开展合肥国际马拉松赛等全民健身活动，完善市民健身设施，合肥籍运动员参赛国际、国内赛事创造佳绩。实施健康合肥建设，开展医保管理体制改革试点，国家级区域健康医疗大数据中心项目获批建设。新开工各类保障性住房2.62万套，2014年前开工的政府投资公租房分配提前完成省政府下达目标。严格执行房地产市场调控“十条新政”，探索开展国家住房租赁试点，房地产业平稳健康发展。全力创建国家食品安全示范城市，加强食品药品安全监管工作，做到安全生产警钟长鸣。加强社会治理创新，推进平安合肥建设，强化社会治安防控体系建设，深化重大事项社会稳定风险评估，推进“阳光信访”“责任信访”“法治信访”，有效化解社会矛盾纠纷，确保社会和谐稳定。

推动全面从严治党向纵深发展。坚持把抓好党建作为最大的政绩，扛起管党治党的政治责任，全面加强党的领导和党的建设，推动管党治党走向“严紧硬”。坚持思想建党与制度治党相结合，推进“两学一做”学习教育常态化制度化，开展“讲看齐、见行动”学习讨论和“讲重作”专题教育、专题警示教育，实施“强化组织意识、强化政治功能、强化主体责任”专项行动，解决管党治党中存在的突出问题。

树立大抓基层的鲜明导向。以推进基层党组织标准化建设为抓手，夯实基层党建工作，坚持抓党建促脱贫攻坚，120个软弱涣散基层党组织整顿转化，“两应”（党组织对群众有求必应、群众对党组织一呼百应）基层党组织建设等党建品牌效应进一步放大。严格执行《干部任用条例》，坚持好干部标准，落实“六选六不选”要求，实行“三案一单”精准管理，做到“凡提四必”（讨论决定前，对拟提拔或进一步使用人选的干部档案必审、个人有关事项报告必核、纪检监察机关意见必听、线索具体的信访举报必查，坚决防止“带病提拔”），县（市）区人大政府政协换届工作圆满完成，市人大政府政协换届工作有序推进，加强领导班子和干部队伍建设。开展老干部工作。深化人才发展体制机制改革，出台打造创新之都人才新政20条，启动建设合肥国际人才城，党管人才领导体制和工作运行机制不断健全，获批国家海外人才离岸创新创业基地，引进国家千人计划等高层次人才300余人。

全面加强党的纪律建设。坚持和完善“教育预防在先、明察暗访跟进、严肃查纠有力、通报警示于后”的作风监管“合肥模式”，持之以恒反“四风”改作风，查处违反中央八项规定精神问题190起、229人。坚持纪律审查工作，正确运用“四种形态”特别是抓好第一种形态，健全抓早抓小的工作机制，运用“四种形态”处理3491人次。创新构建整治基层“微腐败”工作格局，推进全面从严治党向基层、向一线延伸。加强巡视整改和巡察工作，完成市、县巡察机构组建。深化纪检体制改革，市一级派驻监督单位由51家增加到83家，实现了对市一级党和国家机关派驻监督的全覆盖。推进监察体制改革试点工作，建立集中统一、权威高效的监察体系。

重大决策

【贯彻党的十九大精神】 11月9日，市委根据《中共中央关于认真学习宣传贯彻党的十九大精神的决定》《中共安徽省委关于全面落实中央〈决定〉精神 扎实推进党的十九大精神学习宣传贯彻工作的意见》，制定出台《关于认真学习宣传贯彻党的十九大精神的意见》。《意见》指出，各级党组织和广大党员要深刻认识学习宣传贯彻党的十九大精神的重大意义，全面准确学习领会党的十九大精神，认真抓好党的十九大精神的学习宣传和贯彻落实。《意见》强调，要通过抓好大学习、集中组织大宣讲、全面实施大培训、深入开展大调研、有效推进大落实，推动党的十九大提出的各项目标任务在合肥落地生根、开花结果。《意见》明确，全市学习宣传贯彻党的十九大精神工作在市委常委会统一领导下开展，市委书记负总责，市委相关负责同志各负其责、统筹推进。各级党委（党组）要进一步强化省会意识，按照在全省“当标杆、当示范、当排头、当榜样”的要求，加强对学习宣传贯彻党的十九大精神的组织领导，推动学习宣传贯彻工作往实里走、往深里走。《意见》是全市做好党的十九大精神学习宣传贯彻工作的指导性文件，为全市各级党组织和广大党员深入学习党的十九大精神提供了基本遵循方针。

【建立健全贯彻习总书记讲话精神长效机制】 6月26日，市委印发《合肥市深入学习贯彻习近平总书记系列重要讲话精神若干规定》。《规定》有七章三十三条。第一章“总则”部分，强调深入学习贯彻习近平总书记系列重要讲话精神应当紧密结合合肥实际，坚持学用结合、学以致用、务求实效；第二章“深入学习领会”部分，强调市委常委坚持以上率下，带头学习，把深入学习贯彻习近平总书记系列重要讲话精神作为必修课；第三章“广泛宣传阐释”部分，强调开展多角度、全方位、立体化的宣传报道，形成强大舆论声势，营造浓厚学习贯彻氛围；第四章“坚决贯彻落实”部分，强调各级党委（党组）应当全面对标习近平总书记系列重要讲话精神，坚决贯彻，切实坚持；第五章“严格督查考核”部分，强调党委办公厅（室）应当把习近平总书记系列重要讲话精神学习贯彻情况作为督查的核心任务，常抓不懈，真督实查；第六章“加强组织领导”部分，强调各级党委（党组）必须高度重视，把学习贯彻习近平总书记系列重要讲话精神摆上首要位置，切实抓好；第七章是“附则”。《规定》的出台，体现了市委高度的政治自觉，必将推动全市各级党组织和党员把习总书记系列重要讲话精神内化于心、外化于行。

【推进“两学一做”学习教育常态化制度化】 市委坚持以尊崇党章、遵守党规为基本要求，以用习总书记系列重要讲话精神武装党员为根本任务，在全市党员中开展“两学一做”学习教育，开展“讲看齐、见行动”学习讨论，取得了显著成效。经市委同意，市委办公厅于5月2日印发《关于推进“两学一做”学习教育常态化制度化的实施方案》和《关于在推进“两学一做”学习教育常态化制度化中开展“讲政治、重规矩、作表率”专题教育的实施方案》。两个《实施方案》从讲政治的高度，部署“两学一做”学习教育常态化制度化工作“讲政治、重规矩、作表率”专题教育，坚持融入日常、抓在经常，发挥党支部教育管理党员的主体作用，把“两学一做”“讲政治、重规矩、作表率”专题教育纳入“三会一课”，作为基本内容，常态长效推进下去。两个《实施方案》同时强调要做到以上率下，抓住“关键少数”，要求领导机关、领导干部做到以身作则、率先垂范。

【实施五大发展行动计划】 1月20日，市委、市政府以2017年1号文件印发《合肥市五大发展行动计划》。《行动计划》以供给侧结构性改革为主线，以创新转型升级发展为导向，努力在创新发展上当好核心城市、在协调发展上当好中心城市、在绿色发展上当好示范城市、在开放发展上当好先行城市、在共享发展上当好标杆城市。《行动计划》加大政策支持力度，明确对扶持产业发展“1+3+5”政策、社会服务“1+4”政策以及其他涉及五大发展相关政策加强整合，聚焦支持五大发展重点领域、重点任务、重点项目，发挥政策引导作用和叠加效应。

【农业供给侧结构性改革】 5月2日，市委、市政府制定出台《关于深入推进农业供给侧结构性改革加快培育农业农村发展新动能的实施意见》。《实施意见》贯彻落实《中共中央、国务院关于深入推进农业供给侧结构性改革，加快培育农业农村发展新动能的若干意见》和《中共安徽省委、安徽省人民政府关于深入推进农业供给侧结构性改革加快培育农业农村发展新动能的实施意见》，对推进全市农业供给侧结构性改革作出部署安排。《实施意见》明确以发展都市现代农业为主题，围绕农业增效、农民增收和农村增绿，全面推进现代农业产业体系、生产体系和经营体系建设，全面推进美丽乡村建设。《实施意见》具体从优化产品产业结构深入推进农业提质增效、壮大新产业新业态拓展农业产业链价值链、推行绿色生产方式促进农业可持续发展、强化科技创新驱动引领现代农业加快发展、补齐农业农村短板夯实农村共享发展基础、加大农村改革力度激活农业农村内生发展动力等方面入手，提出30条富有针对性和操作性的工作措施。

【创新之都人才工作】 6月19日，市委、市政府制定出台《关于建设合肥综合性国家科学中心 打造创新之都人才工作的意见》。《意见》强调从构建具有竞争力的人才集聚政策体系、打造助力人才成就梦想的事业平台、创新激发人才活力的管理使用机制、营造宜居宜业的人才生态环境、强化人才优先发展的保障机制等方面，开创合肥综合性国家科学中心人才工作新局面。《意见》的实施，将会以人才优先发展打造新一轮创新、产业和发展优势。

【打造内陆开放新高地】 8月2日，市委、市政府制定出台《关于打造内陆开放新高地的实施意见》。《实施意见》明确，深化融入开放大战略、培育开放大产业、做强开放大外贸、拓展开放大通道、建设开放大平台、深化开放大合作、提效开放大通关七大工作；并提出深化“放管服”改革，提高行政效能，全面打造国际化都市区等工作措施。

【国资国企改革】 9月30日，市委、市政府贯彻《中共中央、国务院关于深化国有企业改革的指导意见》和《中共安徽省委、安徽省人民政府关于深化国资国企改革的实施意见》，制定出台《关于深化国资国企改革的实施意见》。《实施意见》坚持社会主义市场经济改革方向，坚持以完善国资监管体制改革促进国企改革，坚持增强活力与强化监管相结合，坚持党对国有企业的领导，以管资本为主加强国有资产监管，推动全市国有企业做强做优做大，更好地发挥国有企业在全市城市建设、民生保障、产业引领方面的主力军作用。《实施意见》明确开展国资国企改革工作，研究审议全市国资国企改革的有关政策和市属国有企业的改革方案，协调解决国企改革中遇到的重大问题。

【安全生产领域改革】 12月30日，市委、市政府制定出台《关于推进安全生产领域改革发展的实施意见》。《实施意见》树立安全发展理念，弘扬生命至上、安全第一的思想，以坚决杜绝重特大事故、遏制较大事故、减少一般事故为重点，坚持安全发展、改革创新、依法监管、源头防范、系统治理的原则，突出强化企业安全生产主体责任落实，完善安全生产监管监察体制机制，健全安全生产支撑体系，构建安全风险管控“六项机制”，推进安全风险分级管控和隐患排查治理双重预防机制体系建设，夯实安全生产基础，增强安全保障能力，确保人民群众幸福安康、共享改革发展和社会文明进步成果。

【市直机关党的建设】 1月20日，经市委同意，市委办公厅印发《关于落实全面从严治党要求进一步加强市直机关党的建设的实施意见》。《实施意见》系统部署加强市直机关党建工作，从全面从严加强思想政治建设、全面从严加强干部能力建设、全面从严加强基层组织建设、全面从严加强作风效能建设、全面从严加强反腐倡廉建设、全面从严压实党建责任六个方面提出明确要求。

【合肥都市区国际化行动】 5月2日，经市委、市政府同意，市委办公厅、市政府办公厅印发《合肥都市区国际化行动纲要（2016—2020）》。《纲要》以打造有国际影响力的创新之都和内陆开放高地为目标，以构建有国际竞争力的产业集群为重点，以建设通联国际的综合交通枢纽为先导，以培育具有国际品质的城市环境为保障，具体从建设有国际影响力的创新之都、建设有国际竞争力的现代产业体系、建设通达全球的综合交通通信枢纽、建设接轨国际的内陆开放高地、建设体现国际品质的宜居城市等方面提出一系列富有创新性和含金量的政策措施。

【农村垃圾、污水、厕所专项整治“三大革命”】 7月7日，经市委、市政府同意，市委办公厅、市政府办公厅制定出台《合肥市一体化推进农村垃圾污水厕所专项整治 加快改善农村人居环境实施方案》。《实施方案》深入贯彻习近平总书记关于加强生态文明建设和环境保护的重要指示精神，聚焦一体化推进农村垃圾、污水、厕所专项整治“三大革命”，力求加快改善农村人居环境，深化美丽乡村建设。在开展农村垃圾治理方面，要求统筹推进农村生活垃圾、农业生产废弃物、工业固体废物等垃圾治理，促进垃圾分类和资源化利用，实现农村垃圾全面长效治理；在推进农村生活污水治理方面，要求到2020年，实现全市85个乡镇政府驻地、712个美丽乡村中心村、列入“十三五”农村环境整治任务的建制村，以及重点流域周边、水源地重点地区及环境敏感区的村庄生活污水处理设施全覆盖；在实施农村改厕方面，推进自然村常住农户卫生厕所改造，重点对不能纳入管网集中收集处置系统的自然村常住农户非卫生厕所进行改造，让农村群众用上卫生厕所。为保障三大革命顺利实施，《实施方案》从加强组织领导、加强督查调度、加大多元投入、营造浓厚氛围方面提出了保障措施。

【“四送一服”双千工程活动】 9月1日，经市委、市政府同意，市委办公厅、市政府办公厅印发《合肥市贯彻落实省委省政府“四送一服”双千工程活动方案》，全面开展“四送一服”双千工程活动。集中活动从9月份启动，至年底基本结束，活动面向各类企业开展，重点送新发展理念、送支持政策、送创新项目、送生产要素、服务实体经济。市级成立13个“四送一服”工作组，与省和县（市）区、开发区联动，全覆盖开展宣讲走访，面对面开展要素对接。集中活动结束后，建立常态化对口帮扶机制。

【传统媒体和新兴媒体融合发展】 12月27日，经市委、市政府同意，市委办公厅、市政府办公厅印发《合肥市推动传统媒体和新兴媒体融合发展的实施意见》。《实施意见》把推动传统媒体和新兴媒体融合发展作为宣传思想文化领域深化改革的一项重要任务，构建现代化立体传播体系，巩固宣传思想文化阵地，保障文化安全与意识形态安全。《实施意见》提出，以合肥报业传媒集团、合肥市广播电视台为龙头，以重点项目为抓手，创新工作理念思路，深化媒体内部体制机制改革，拓展传播平台载体，强化人才支撑和政策保障，按照移动媒体优先、采编发流程再造、“中央厨房”突破和全媒体人才培养的总体思路，加快推进报网、台网融合步伐。

【农村土地三权分置】 12月28日，经市委、市政府同意，市委办公厅、市政府办公厅印发《关于完善农村土地所有权承包权经营权分置办法的实施意见》。《实施意见》坚持尊重农民意愿、守住政策底线、循序渐进、因地制宜和市场导向五个基本原则，从抓紧做好集体土地所有权确权登记发证工作、巩固扩大农村土地承包经营权确权登记颁证成果应用、推进农村综合产权交易规范管理、大力培育发展新型农业经营主体、加快农村实用人才队伍建设、构建新型农业社会化服务体系、建立农村土地承包经营权纠纷调解仲裁体系等重点工作着手，确保三权分置工作有序推进。《实施意见》准确把握了落实土地集体所有权、严格保护农户承包权和加快放活土地经营权三项政策内涵，完善“三权”关系，为实施“三权分置”提供了有力支撑。

市委重要会议

1月11日，2016年度市委常委会民主生活会召开，省委书记李锦斌到会指导。省委常委、市委书记宋国权代表市委常委班子作对照检查，深入查摆22个方面的突出问题，深刻剖析问题产生的根源，有针对性地提出整改措施。随后，各位常委紧密联系思想、工作和岗位实际，分别作了对照检查。每位同志发言后，其他同志对其开展批评。会议强调，要深入学习贯彻党的十八届六中全会、习总书记系列重要讲话特别是视察安徽重要讲话精神，坚定不移加强市委常委班子自身建设，一心一意谋发展，聚精会神抓党建，奋力在全省当标杆、当示范、当排头、当榜样，为建设五大发展美好安徽作出新的更大贡献。

2月4日，市委常委会召开会议，传达学习十八届中央纪委七次全会、省纪委十届二次全会精神，讨论研究召开市纪委十一届二次全会有关安排；传达学习省委书记李锦斌在参加省十二届人大七次会议合肥代表团审议时的讲话精神，研究全市深入贯彻落实的思路和举措。会议强调，要树牢“四个意识”，坚决维护以习近平同志为核心的党中央权威，严守党的政治纪律和政治规矩，坚持全面从严治党，严肃党内政治生活，强化党内监督，推进标本兼治，全面加强纪律建设，持之以恒抓好作风建设，保持惩治腐败高压态势，践行忠诚干净担当，加强纪检监察机关自身建设。

2月6日，中国共产党合肥市第十一届纪律检查委员会第二次全体会议召开。会议强调，要贯彻落实十八届中央纪委七次全会和省纪委十届二次全会精神，持之以恒推进党风廉政建设和反腐败斗争，坚决落实各项重点任务。

2月13日，中国共产党合肥市第十一届委员会第三次全体会议召开，会议的主要任务是表决决定全市推荐全省出席党的十九大代表候选人推荐人选。会议强调，各级各部门要始终保持饱满的政治热情、昂扬的精神状态，深入贯彻习总书记系列重要讲话特别是视察安徽重要讲话精神，落实省委省政府对合肥发展提出的新要求。

2月16日，全市农业农村暨脱贫攻坚美丽乡村建设工作会议召开。会议强调，要贯彻习总书记系列重要讲话特别是视察安徽重要讲话精神，贯彻落实中央和省委省政府决策部署，坚持把“三农”工作摆在重中之重的位置。

2月22日，全市组织部部长会议召开。会议强调，要深入贯彻习总书记系列重要讲话特别是视察安徽重要讲话精神，贯彻习总书记在省部级主要领导干部学习贯彻党的十八届六中全会精神专题研讨班上的重要讲话精神，落实全国、全省组织部长会议部署要求。

2月22日，全市统战部部长会议召开。会议强调，要深入学习贯彻习近平总书记统一战线重要思想，按照全国、全省统战部部长会议部署要求，开创全市统战工作新局面。

3月1日至2日，市委中心组理论学习会议暨县处级主要领导干部学习贯彻党的十八届六中全会精神专题培训班举办，会议深入贯彻习总书记系列重要讲话精神和党的十八届六中全会精神。会议强调，要坚持“严”字当头，突出问题导向，联系实际学深悟透，把握精髓要义，进一步增强“四个意识”，坚定不移维护以习近平同志为核心的党中央权威，推进全面从严治党，努力营造风清气正的政治生态，把中央及省委各项决策部署落到实处。

3月20日，市委召开常委扩大会议，传达学习全国“两会”精神，特别是习近平总书记重要讲话精神，按照省委传达全国“两会”精神大会的要求，研究部署全市贯彻落实工作。

3月22日，市委全面深化改革领导小组第十一次会议召开。会议审议《市委全面深化改革领导小组2016年工作总结》及第四季度改革任务总台账、《关于2016年度全面深化改革考核情况的报告》《市委全面深化改革领导小组2017年工作要点》《合肥都市区国际化行动纲要（2016—2020）》，听取各专项小组、市委改革办及县（市）区改革工作的总结报告。会议强调，要深入学习贯彻习总书记系列重要讲话特别是视察安徽重要讲话精神，贯彻落实中央和省委关于改革工作的部署要求，强化正确方向，突出问题导向，用改革创新的办法破解发展难题。

3月31日，合肥市2017年城市建设暨城市管理提升年动员大会召开。会议强调，要贯彻落实习总书记治国理政新理念新思想新战略，提升全市城市建设管理水平，为创造更加美好的城市生活而努力奋斗。

4月19日，市委召开常委扩大会议，贯彻中央和省委、省政府有关精神，听取当年一季度全市经济运行情况汇报，分析当前形势，研究部署下一步工作重点和推进措施。会议强调，要加强经济分析，增强发展信心，加快推进项目建设，做好招商引资工作。各级各部门要结合实际创造性地开展工作，下大力气解决存在的问题和短板，推动全市经济社会发展再提速，确保实现上半年时间、任务“双过半”。

4月27日，合肥市庆祝“五一”国际劳动节暨先进表彰大会召开。会议强调，要用辛勤的劳动和卓越的创造，加快建设长三角世界级城市群副中心，全力打造“大湖名城、创新高地”。

4月28日，市委常委会召开会议，传达学习习近平总书记关于“两学一做”学习教育重要指示和中央、省委有关会议精神，讨论研究关于推进全市“两学一做”学习教育常态化制度化有关工作；传达中央第四环保督察组督察安徽省工作动员会、全省扶贫开发工作“重精准、补短板、促攻坚”专项整改行动动员部署会议、全省关于进一步加强选派帮扶干部工作动员部署会和全省旅游业发展大会精神，研究全市贯彻落实工作。会议强调，要认识推进“两学一做”学习教育常态化制度化的重大意义，认真贯彻落实中央和省委的部署要求，全面抓好“两学一做”学习教育常态化制度化和“讲政治、重规矩、作表率”专题教育，确保取得实实在在的成效。

5月4日，安徽省第一环境保护督察组督察合肥市反馈会召开。省委常委、市委书记宋国权主持反馈会，督察组组长、省政协教科文卫体委员会主任韦伟代表督察组反馈督察意见，市长凌云作表态发言。会议强调，此次督察既是对全市环境保护工作的一次全面把脉问诊，也是对全市生态文明建设和环保工作的推动和促进。要以中央和省里环保督察为契机，全面提升全市环保工作水平，打造生态文明建设的样板。

5月4日，合肥市推进“两学一做”学习教育常态化制度化工作会议召开。会议强调，要认真学习贯彻习近平总书记重要指示和中央、省委有关会议精神，认真开展“讲政治、重规矩、作表率”专题教育，推动“两学一做”学习教育融入日常、抓在经常，促进全市各项事业迈上新台阶。

5月5日，全市招商引资工作大会召开。会议强调，招商引资工作事关合肥发展全局和长远。各相关单位要迅速行动起来，坚定信心，鼓足干劲，奋力拼搏，以上下同欲者胜的强大气势，掀起招商引资新热潮，实现招商引资新突破。

5月19日，市委常委会召开会议，传达学习省委常委扩大会议暨“讲政治、重规矩、作表率”专题警示教育动员会和省委书记李锦斌在督导合肥市环保突出问题整改工作座谈会上的讲话精神，讨论通过《合肥市全面推行和完善河长制工作方案》《合肥市重点生态区域推行林长制工作方案》。会议指出，要认真贯彻中央及中纪委的部署要求，深入贯彻落实省委常委扩大会议暨“讲政治、重规矩、作表率”专题警示教育动员会精神，以陈树隆、杨振超、周春雨案为反面教材，抓住关键少数，做到举一反三，进一步严肃党内政治生活，培育良好政治文化，坚定不移推进党风廉政建设和反腐败斗争，以风清气正的政治生态迎接党的十九大胜利召开。

5月23日，市委中心组理论学习专题辅导报告会暨《庐州讲坛》第107讲举行。中科院院士、中国科学技术大学常务副校长潘建伟，江淮汽车集团股份有限公司总经理项兴初应邀分别作专题报告。会议强调，创新是安徽最为宝贵、最具优势的遗传基因，是合肥发展最鲜明的特色、最强劲的动力、最靓丽的名片。全市上下要以习总书记系列重要讲话特别是视察安徽重要讲话精神为指引，贯彻落实好中央和省委省政府的决策部署，增强“四个意识”，践行新发展理念，把发展优势做得更大更强，以更加优异的成绩迎接党的十九大胜利召开，以实际行动回报习总书记的信任和关怀。

5月31日，市委召开中心组理论学习会。会议以重温习近平总书记视察安徽重要讲话精神为主题，对照省委、省政府《关于深入贯彻落实习近平总书记视察安徽重要讲话　奋力在中部崛起中闯出新路的意见》和市委、市政府《关于深入贯彻落实习近平总书记视察安徽重要讲话　迈出建设长三角世界级城市群副中心更大步伐的实施意见》，通过集中研讨，进一步增强全市领导干部政治自觉、思想自觉和行动自觉。会议强调，要坚定不移践行新发展理念，坚定不移推进全面从严治党，加快建设“大湖名城、创新高地”，奋力开创长三角世界级城市群副中心建设新局面，以更加优异的成绩迎接党的十九大胜利召开，以实际行动回报习近平总书记的信任和关怀。

6月21日，全市扶贫开发领导小组暨美丽乡村建设推进会召开。会议强调，要认真学习贯彻习近平总书记系列重要讲话特别是视察安徽重要讲话精神，把思想和行动统一到中央和省委、省政府部署的要求上来，认识上再提高，落实上更用力，推进上更务实，坚决打赢扶贫开发和美丽乡村建设攻坚战。

6月21日，市委全面深化改革领导小组第十三次会议召开。会议审议《2017年度重点改革任务督察工作计划》《关于进一步深化价格机制改革的实施意见》《合肥市总工会改革方案》《共青团合肥市委改革方案》《合肥市妇联改革方案》《合肥市科协改革方案》《关于加强人民政协协商民主建设的实施意见》。会议强调，要深入学习贯彻中央全面深化改革领导小组第三十四、三十五次会议和省委全面深化改革领导小组第十八次会议精神，亲力亲为抓改革，瞄准问题抓改革，推动各项改革落地见效。各级主要负责同志要以“责无旁贷”的精神抓改革谋划，以“啃硬骨头”的决心抓改革攻坚，以“抓铁有痕”的力度抓改革落实，以改革的新突破开创合肥发展新局面。

6月22日，市委常委会召开会议，传达学习中办国办和省两办关于生态文明建设和环保工作有关文件精神，研究全市贯彻落实工作。会议强调，要牢固树立五大发展理念，增强“四个意识”，坚决把思想认识统一到中央部署和省委、省政府要求上来，坚决扛起生态文明建设的政治责任，建设绿色发展的美丽巢湖，为打造生态文明建设安徽样板作出更大贡献。

6月30日，合肥市庆祝中国共产党成立96周年座谈会召开。会议强调，要紧密团结在以习近平同志为核心的党中央周围，深入学习贯彻习近平总书记系列重要讲话特别是视察安徽重要讲话精神，认真落实中央和省委、省政府各项决策部署，奋力开创合肥经济社会发展和党的建设新局面，以优异成绩迎接党的十九大胜利召开。

7月5日，加快建设绿色发展美丽巢湖工作会议召开。会议强调，要深入贯彻习近平总书记关于生态文明建设和环境保护工作的重要战略思想，加快落实省委省政府对环境保护、巢湖综合治理的部署要求，推进河长制和重点生态区域林长制，全力以赴加快建设绿色发展美丽巢湖，为建设五大发展美好安徽作出更大贡献。

7月13日至14日，全市“讲政治、重规矩、作表率”专题警示教育推进会暨市委中心组理论学习会议召开。会议强调，要学习习近平总书记关于推进“两学一做”学习教育常态化制度化重要指示精神，领会习近平总书记关于党内政治生活、政治文化、政治生态的重要论述，以中央纪委查处的“陈树隆、杨振超、周春雨”案件以及全省查处的省管干部严重违纪违法案件为反面教材，真正把自己摆进去，促进理论学习再深化、思想认识再提高、警示教育再深入，以风清气正、干事创业的新面貌新气象迎接党的十九大胜利召开。

7月26日，全市综合医改和计划生育工作电视电话会议召开。会议强调，要贯彻习近平总书记系列重要讲话特别是视察安徽重要讲话精神，全面贯彻落实全国、全省卫生计生和医改有关会议精神，统一思想，推动全市卫生计生事业再上新台阶。

7月26日，全市经济运行情况分析会暨市委中心组理论学习会议召开。会议强调，要以习近平总书记系列重要讲话精神和治国理政新理念新思想新战略为指导，认真贯彻中央和省委、省政府有关会议精神，把思想认识统一到中央对经济形势的判断上来，把工作举措落实到中央和省委、省政府决策部署上来，牢牢掌握经济工作主动权，全力推动全市经济社会发展再上新台阶，以优异成绩迎接党的十九大胜利召开。

7月30日，市委召开常委会扩大会议，学习中央第四环保督察组督察安徽省情况反馈会精神，部署安排全市贯彻落实工作。会议强调，中央环保督察组反馈的督察意见，对全市进一步做好环境保护工作，努力实现经济发展质量、生态环境质量、人民生活质量同步提升具有重要意义。要把中央环保督察反馈意见整改落实作为深入贯彻习近平总书记系列重要讲话精神的实际行动，提高政治站位，牢固树立“四个意识”，坚决扛起生态文明建设的政治责任，致力建设绿色发展的美丽巢湖。

7月31日，市委全面深化改革领导小组第十四次会议暨专题学习讨论会在市政务中心召开。会议重点围绕电视政论片《将改革进行到底》开展学习讨论，书面听取各专项小组、各县（市）区上半年改革任务进展及下一步工作打算的情况报告，审议《市委全面深化改革领导小组2017年上半年改革工作总结报告》。会议强调，要深入学习领会习近平总书记在中央全面深化改革领导小组第三十六、三十七次会议上的重要讲话精神，落实好中央和省委全面深化改革领导小组相关会议要求，冲破思想观念的束缚，将改革进行到底。

8月1日，市委组织集中收看庆祝中国人民解放军建军90周年大会。同志们一致表示，将深入学习贯彻习近平总书记的重要讲话精神，坚定“四个自信”、树牢“四个意识”，更加紧密地团结在以习近平同志为核心的党中央周围，为实现“两个一百年”奋斗目标、实现中华民族伟大复兴中国梦而努力奋斗。

8月1日，合肥市建设“中国制造2025”试点示范城市启动大会召开。会议强调，要按照党中央、国务院和省委、省政府部署要求，扎实推进“中国制造2025”试点示范城市建设，加快推进制造业转型升级、创新发展，奋力争创国家级示范区，努力在新一轮改革发展中抢占制高点、争当排头兵，为安徽制造强省建设贡献力量。

8月5日，市委常委会召开会议，讨论研究《合肥市关于中办〈专题回访调研报告〉反馈意见整改工作方案》；听取关于合肥市贯彻落实中央第四环保督察组督察安徽反馈意见整改工作的情况汇报。会议强调，要提高思想认识和政治站位，全面深刻领会、坚决贯彻落实习近平总书记关于加强生态环境保护和建设、推进绿色发展的重要讲话精神，正确处理好经济发展与环境保护的关系，把生态环境保护工作摆在更加重要的位置，致力建设绿色发展的美丽巢湖，努力打造天蓝、水清、地绿的美好家园，让子孙后代永享绿水青山，为未来发展留下绿色空间。

8月10日，市委常委会召开会议，传达学习习近平总书记在中央政治局会议上关于上半年经济形势的重要讲话精神，研究全市贯彻落实工作。会议强调，习近平总书记的重要讲话从全局和战略的高度，分析研究当前经济形势，具有很强的思想性、针对性和指导性，为做好工作提供了思想遵循和行动指南。要深入学习贯彻习近平总书记系列重要讲话精神和治国理政新理念新思想新战略，深入学习贯彻习近平总书记视察安徽重要讲话精神，坚定信心，保持定力，创造性开展工作。

8月15日，市委常委会“讲重作”警示教育专题民主生活会召开，省委书记李锦斌到会指导。会议强调，要深入学习贯彻习近平总书记系列重要讲话精神和治国理政新理念新思想新战略，深入贯彻习近平总书记“7·26”重要讲话和视察安徽重要讲话精神，着力建设“过得硬”的领导班子，推动全面从严治党向纵深发展，以更加优异的新业绩、风清气正的新气象迎接党的十九大胜利召开。

8月14日至16日，市委中心组理论学习会议召开。会议强调，要认真学习习近平总书记“7·26”重要讲话精神，坚持以习近平总书记关于党内政治生活、政治文化、政治生态的重要论述为指导，在全市“讲政治、重规矩、作表率”专题教育第一次集中研讨的基础上，深入学习贯彻习近平总书记关于严明党的纪律和规矩的重要论述；引导党员干部更加自觉地以党章党规、党的纪律、国家法律规范言行，自觉践行党在长期实践中形成的优良传统、工作惯例和基本规范，把党的纪律规矩立起来、严起来、执行到位，推动全面从严治党向纵深发展。

8月21日，市数据资源工作动员大会召开。会议强调，要抢抓时代机遇，勇立时代潮头，把合肥建成数据平台设施完善、数据资源集约利用、数据产业蓬勃发展、数据创新能力突出、数据保障体系健全的数据强政惠民兴业典范城市，推动我市数据资源工作实现“全省率先、全国领先”的目标，为建设五大发展美好安徽作出更大贡献。

8月21日，合肥市争创第五届全国文明城市动员大会召开。会议强调，要深入学习贯彻习近平总书记系列重要讲话精神和治国理政新理念新战略，认真落实全国文明城市创建工作经验交流会要求，攻坚克难、补齐短板，打造亮点、提升水平。

8月30日，合肥市打造内陆开放新高地工作大会召开。会议强调，要深入学习贯彻习近平总书记系列重要讲话精神和治国理政新理念新思想新战略，深刻领会、贯彻落实习近平总书记关于开放发展的重要论述和视察安徽重要讲话精神，推动形成高端化的外向型产业集群、高质量的双向开放格局、高水平的对外开放平台和高效率的开放体制机制，全力打造开明开放、接轨国际的全国重要内陆开放新高地，为建设五大发展美好安徽作出更大贡献。

9月1日，市委常委会召开会议，听取关于全市贯彻落实中央第四环保督察组督察安徽反馈意见整改工作进展情况的汇报，对整改工作落实进行再部署、再推进。会议强调，要坚定不移地贯彻落实省委、省政府的部署要求，深刻认识抓好巢湖综合治理的极端重要性、艰巨复杂性和现实紧迫性，以对人民群众、对子孙后代高度负责的态度，共抓大保护、不搞大开发，加快建设绿色发展的美丽巢湖。要坚定不移地严格执行环境保护各项制度，强化工作考核，严肃追责问责，确保生态环境持续改善，创造更加宜居宜业的发展环境。

9月5日，合肥市旅游业发展大会召开。会议强调，要深入学习贯彻习近平总书记系列重要讲话精神和治国理政新理念新思想新战略，认真贯彻落实习近平总书记关于旅游业的重要论述和视察安徽重要讲话精神，以新发展理念引领旅游业改革创新，加快把旅游业培育成为重要支柱产业，推动全市旅游工作再上新台阶。

9月7日，全市信访维稳工作会议召开。会议认真学习贯彻习近平总书记对信访工作的重要指示精神，落实第八次全国信访工作会议和全省信访工作暨“两先”表彰会议部署要求，分析当前信访稳定形势，研究安排有关工作。

9月8日，庆祝第33个教师节座谈会召开。会议强调，要深入学习贯彻习近平总书记系列重要讲话精神和治国理政新理念新思想新战略，认真落实习近平总书记关于教育工作的重要指示精神，坚持把教育摆在优先发展的战略地位，更加重视教育，优先发展教育，提升教育，弘扬尊师重教传统，努力办好人民满意的教育。

9月14日，市委常委会会议暨市委理论学习中心组学习会召开，传达学习《习近平关于社会主义政治建设论述摘编》基本精神、习近平总书记对河北塞罕坝林场建设者感人事迹作出的重要指示精神，研究全市学习贯彻落实意见。会议强调，要把学习贯彻《摘编》作为重要政治任务，提高思想自觉、行动自觉、实践自觉，更加牢固地树立“四个意识”，坚定“四个自信”，更加紧密地团结在以习近平同志为核心的党中央周围，推进全市民主政治建设各项工作，形成民主团结、生动活泼、安定和谐的政治局面。要认真学习贯彻习近平总书记重要指示精神，深刻领会塞罕坝精神，把以习近平同志为核心的党中央关于生态文明建设各项决策部署落实好，保持艰苦创业的奋斗精神，切实转变发展观念，正确处理经济发展和生态环境保护的关系，牢固树立绿色发展新理念，以建设绿色发展美丽巢湖为着力点，强化综合治理，坚决扛起生态文明建设的政治责任。

9月20日，省级巢湖河长制工作领导小组第一次会议召开。会议强调，要深刻认识建立省级巢湖河长制的重大意义，树牢“四个意识”，切实把思想和行动统一到中央和省委、省政府的决策部署上来，推进巢湖综合治理，加快建设绿色发展的美丽巢湖。要着眼长远、立足当前，迅速做好有针对性、基础性的工作，以硬性的规定、浓厚的氛围、有力的行动，确保省级巢湖河长制工作取得实实在在的成效。

9月25日，市委理论学习中心组“讲重作”专题学习研讨会召开。会议深入学习习近平总书记系列重要讲话特别是“7·26”重要讲话精神，认真学习习近平总书记关于党内政治生活、政治文化、政治生态的重要论述，贯彻落实省委书记李锦斌在指导合肥市委常委会“讲重作”警示教育专题民主生活会时的讲话精神，以廖俊波、黄大年等优秀党员先进事迹为标杆，以陈树隆、杨振超、周春雨案件为镜鉴，在“讲重作”专题教育前两次专题研讨基础上，围绕“作表率，我们怎么办”主题，进行集中研讨，引导党员领导干部抓党建严职责、重实干勇担当、拒腐蚀永不沾，切实做到在坚定政治信仰上过得硬、在规范党内政治生活上过得硬、在建设良好政治文化上过得硬、在净化优化政治生态上过得硬、在砥砺政治担当上过得硬，时时处处事事带好头、作表率。

9月30日，市委常委会会议暨市委理论学习中心组学习会议召开，就深入学习贯彻习近平总书记“7·26”重要讲话和关于学哲学用哲学的重要指示精神，重温《实践论》《矛盾论》，进行专题学习。会议强调，要深入学习贯彻习近平总书记“7·26”重要讲话精神，深入把握讲话贯穿的马克思主义立场、观点、方法，树牢“四个意识”，坚定“四个自信”，坚决在思想上政治上行动上同以习近平同志为核心的党中央保持高度一致。要坚持学以致用，自觉把学哲学用哲学的成效体现到加快合肥发展上、落实在破解发展难题上。

10月10日，合肥市妇女第

十二次代表大会召开。会议强调，要深入学习贯彻习近平总书记关于发展妇女事业、做好妇女工作的一系列重要论述和指示精神，贯彻落实中央关于群团改革的决策部署，牢固树立“四个意识”，坚定“四个自信”，坚定不移走中国特色社会主义妇女发展道路，准确把握妇联改革的正确方向，动员全市广大妇女，立足为实现中国梦而奋斗的时代主题，在决胜全面建成小康社会、谱写中国梦合肥篇章的时代洪流中彰显风采。

10月12日，全市“讲政治、重规矩、作表率”专题警示教育总结会议召开。会议强调，要深入学习贯彻习近平总书记系列重要讲话精神和治国理政新理念新思想新战略，深入学习贯彻习近平总书记“7·26”重要讲话和视察安徽重要讲话精神，贯彻落实好全省“讲重作”专题警示教育总结会议精神，巩固扩大专题警示教育成果，推动“两学一做”学习教育常态化制度化，推动全面从严治党向纵深发展。

10月12日，全市征迁暨环境提升工作现场会在长丰县召开。会议强调，要牢固树立以人民为中心的发展思想，顺应人民群众新期待，把握城乡建设新要求，做好征迁和环境提升工作，让“大建设”成果更多惠及人民群众。

10月18日，举世瞩目的中国共产党第十九次全国代表大会在北京隆重开幕。市委、市人大常委会、市政府、市政协集中收看十九大开幕直播，认真聆听习近平代表第十八届中央委员会向党的十九大所作的报告。收看结束后，市领导和机关干部一致表示，学习宣传贯彻十九大精神，要树牢“四个意识”，从讲政治的高度出发，立即行动起来，做好学习宣传贯彻十九大精神的各项工作。要全力抓好贯彻落实，坚持用十九大精神武装头脑、指导实践、推动工作，把十九大报告作出的新部署、新要求转化为谋划发展的正确思路、抓好党建的具体举措、推动工作的强大动力，奋力开创合肥各项工作新局面。

10月30日至31日，市委理论学习中心组学习会暨全市经济形势分析会召开。会议强调，全市上下要深入学习贯彻党的十九大精神，自觉用习近平新时代中国特色社会主义思想武装头脑，坚定不移地贯彻新发展理念，增强责任感和紧迫感，主动作为、奋发有为、善作善为，奋力续写新时代合肥发展的新篇章。

11月1日，市委召开常委会。会议认真学习贯彻党的十九大精神，重温习近平总书记在十八届中央政治局第四十一次集体学习时的重要讲话精神，研究全市生态文明建设工作。会议强调，要认真学习领会，切实把思想和行动统一到十九大精神上来，统一到习近平总书记重要讲话精神上来，坚持人与自然和谐共生，牢固树立和践行绿水青山就是金山银山的理念，坚决推动绿色发展方式和生活方式落地生根，致力打造天更蓝山更绿水更清的美丽环境。

11月9日，市委召开理论学习中心组学习会议，认真学习习近平总书记在瞻仰中共一大会址时的重要讲话精神，学习省委常委会会议精神、省委常委等到金寨县开展革命传统教育，重温入党誓词活动精神和省委《关于学习贯彻习总书记在瞻仰中共一大会址时的重要讲话精神的通知》，研究部署全市贯彻落实工作。会议强调，要认真学习贯彻习近平总书记在瞻仰中共一大会址时的重要讲话精神及省委有关精神，把学习宣传贯彻党的十九大精神引向深入，切实担当起新时代中国共产党人的历史使命。

11月15日，市委召开常委扩大会议，传达学习《中共中央政治局关于加强和维护党中央集中统一领导的若干规定》《中共中央政治局贯彻落实中央八项规定的实施细则》及省委常委会会议精神，研究部署全市贯彻落实工作。会议强调，各级党员领导干部要坚持以上率下，严格执行中央八项规定精神，以作风建设的新成效展现党员干部新形象、实现干事创业新作为。

11月22日，市委常委会召开会议，认真学习《习近平谈治国理政》第二卷，传达省委《关于认真学习〈习近平谈治国理政〉第二卷的通知》，研究部署全市学习宣传贯彻工作。会议强调，要认真学习研读，原原本本学、全面系统学、带着问题学、联系实际学，努力把习近平新时代中国特色社会主义思想贯彻到全市经济社会发展全过程、党的建设各方面。要把《习近平谈治国理政》第二卷作为党的十九大精神宣传、轮训和干部教育培训的必修教材，推动学习宣传贯彻深入。

11月27日至28日，市委理论学习中心组学习会议召开。会议的主要任务是，认真学习贯彻党的十九大精神，贯彻落实省委常委会扩大会议、省委中心组理论学习会议和全省学习宣传贯彻党的十九大精神大会精神，深入研究把党的十九大精神贯彻落实到全市现代化建设实践中的思路和举措。会议强调，推进合肥在新时代展现新气象新作为，必须坚持把新时代党的建设总要求作为根本遵循，坚持问题导向，保持战略定力，从严从实落实管党治党责任，把党的政治建设摆在首要位置，把落实党的建设新部署作为工作重点，推动全面从严治党向纵深发展，毫不动摇把党建设得更加坚强有力，为全市改革发展稳定提供坚强保证。

11月27日，全市领导干部学习贯彻党的十九大精神第一期集中轮训班开班式在市委党校举行。会议强调，要坚定不移贯彻习近平总书记关于学习宣传贯彻党的十九大精神的重要指示，把全市广大党员干部群众的思想统一到党的十九大精神上来，把力量凝聚到党的十九大确定的各项任务上来，把党的十九大精神转化为合肥的生动实践，把党中央提出的战略部署转化为合肥的工作任务。

11月29日，市委理论学习中心组召开学习会议，学习和研讨党的十九大通过的《中国共产党章程（修正案）》。会议强调，党章是党的总章程，是党的根本大法，是全党必须遵循的总规矩。全市各级党组织和广大党员干部要更加自觉地学习党章、遵守党章、贯彻党章、维护党章，在思想上政治上行动上同以习近平同志为核心的党中央保持高度一致，切实树牢“四个意识”，坚定“四个自信”，为实现党的十九大确定的目标任务而矢志奋斗。

11月29日，市委全面深化改革领导小组第十六次会议召开。会议传达学习十九届中央全面深化改革领导小组第一次会议及省委全面深化改革领导小组第二十三次会议精神，听取《关于2017年度全面深化改革考核工作的情况说明》，审议《合肥市盐业体制改革实施方案》《合肥市生态环境保护工作职责规定》和《市委全面深化改革领导小组2017年工作要点改革任务第三季度总台账》。各专项小组组长汇报当年以来各自领域改革推进落实情况、重点改革任务督察开展情况及下一步工作打算。会议强调，要准确把握党的十九大提出的改革任务和举措，牢牢坚持党对改革的集中统一领导，抓住全面深化改革的总目标，牢牢把握以人民为中心的改革价值取向，在抓落实上树立更高标准。

11月29日，市委常委会召开会议，审议通过《关于建设绿色发展美丽巢湖的意见》《坚持审计监督全覆盖健全完善审计工作机制的实施方案》。会议强调，要坚持依法治理巢湖，严格执行《环境保护法》等法律法规，加强监督检查，用最严格的制度保护生态环境，加快建设绿色发展美丽巢湖。

12月10日，市委常委会召开会议，传达学习省委十届六次全会精神，研究全市贯彻落实工作；研究拟提请市委十一届五次全会审议的《市委常委会向全委会的工作报告（讨论稿）》和有关文件。会议强调，要把学习贯彻省委十届六次全会精神与深入学习宣传贯彻党的十九大精神结合起来，把省委全会精神落实到当前正在开展的各项实际工作中。

12月18日至19日，中国共产党合肥市第十一届委员会第五次全体会议召开。全会认真学习贯彻党的十九大及省委十届六次全会精神，听取和讨论宋国权受市委常委会委托作的工作报告，审议通过《中共合肥市委关于深入贯彻落实党的十九大精神　加快打造具有国际影响力的创新之都奋力谱写社会主义现代化建设合肥篇章的决定》《中共合肥市委关于贯彻落实〈中共中央政治局关于加强和维护党中央集中统一领导的若干规定〉及省委部署的意见》《合肥市五大发展行动计划（修订版）》《中共合肥市委关于贯彻落实中央八项规定精神深入推进作风建设三十条规定》和《中国共产党合肥市第十一届委员会第五次全体会议决议》，批准汤传信、孙立强、常先米同志分别辞去市委委员职务。

12月20日，市社情民意座谈会召开。会议强调，要贯彻党的十九大精神，坚持以人民为中心的发展思想，提高认识、改进作风、创新思路、强化落实，切实聚焦精准民生，增进百姓福祉，提升人民群众获得感、幸福感、安全感。

12月22日，市委2017年议军会议召开，会议强调，要深入学习贯彻党的十九大精神，全面贯彻落实习近平强军思想，履行党管武装职责，努力开创新时代党管武装和后备力量建设新局面。

12月27日，市委全面深化改革领导小组第十七次会议召开。会议听取全市群团改革推进情况、十八届三中全会以来合肥市承担的国家级省级重要改革试点落实情况、今年以来牵动性强和事关全局的4项重大改革进展情况等汇报，审议《关于建立衡量政治生态状况指标体系及应对机制的意见（试行）》《关于推动国有文化企业把社会效益放在首位　实现社会效益和经济效益相统一的实施办法》《合肥市推动传统媒体和新兴媒体融合发展的实施意见》《关于进一步深化文化市场综合执法改革的实施方案》《关于加快推进失信被执行人信用监督警示和惩戒机制建设的实施意见》和《关于推进安全生产领域改革发展的实施意见》。会议强调，要深入学习贯彻习近平新时代中国特色社会主义思想和党的十九大精神，有力有序做实改革任务。

12月28日，市委常委会召开

会议，传达学习习近平总书记在中宣部呈报的《弘扬脱贫攻坚精神，推动农村物质文明和精神文明协调发展——寻乌扶贫调研报告》上的重要指示精神。会议强调，要认真学习、深刻领会习近平总书记的重要指示精神，从市委常委做起，从各级领导干部做起，要深入基层、深入群众，更好地完善精准脱贫之策，要通过大兴调查研究之风，坚决破除形式主义、官僚主义，让改革发展稳定各项任务落下去，让惠及百姓的各项工作实起来。

市委重要活动

2月27日，合肥综合性国家科学中心暨量子信息与量子科技创新研究院建设动员大会在合肥召开。省委书记李锦斌指出，合肥综合性国家科学中心获批建设，是全省深入贯彻习总书记系列重要讲话特别是视察安徽重要讲话精神的具体行动，是中央赋予安徽的历史使命，是全省以新发展理念统领发展全局、实施创新发展行动取得的重大进展，标志着安徽在全国创新大格局中占据了重要地位，成为代表国家参与全球科技竞争与合作的重要力量。李锦斌强调，合肥综合性国家科学中心建设在安徽发展史上具有里程碑意义，是一项开创性事业，必须聚焦重点、精准发力。要坚持重大设施建设和交叉前沿研究相结合，把量子信息国家实验室创建作为全省科技创新的“一号工程”，在打造原始创新策源地上求突破。要坚持重点支撑和协同联动相结合，构建高度开放、密切合作的协同创新网络，在打造共性技术研发圈上求突破。要坚持综合性国家科学中心和产业创新中心相结合，统筹推进“三重一创”建设，在打造经济发展源动力上求突破。要坚持科技创新和制度创新相结合，系统推进全面创新改革试验，在打造创新驱动先行区上求突破。建设合肥综合性国家科学中心是一项重大系统工程，要加强组织领导，建立健全全省推进合肥综合性国家科学中心建设领导体制和工作推进机制，协调解决建设运行过程中的重大问题。

3月2日，国家安全监管总局党组书记、局长杨焕宁一行来皖调研安全生产工作。杨焕宁强调，地铁施工难度大、技术要求高，要坚持安全第一，深入开展地铁隐患排查整治，加强安全管理，确保地铁建设、运营各环节安全。要针对施工人员中农民工多、流动性大的情况，加强对员工的安全培训，做到岗前严培训、班前常教育，严防员工由于意识淡薄、技能缺失导致事故发生。在引进外资企业、加快转变经济发展方式的同时，要注重总结推广这些企业先进的安全管理经验，带动更多企业提高安全管理的科学化、规范化水平。

3月9日至10日，福建省委副书记、福州市委书记倪岳峰率福州市考察团来肥考察。省委副书记信长星，省委常委、秘书长唐承沛，省委常委、常务副省长吴存荣分别陪同考察。市领导凌云、汪卫东等陪同考察或出席两市交流座谈会。在肥期间，考察团一行先后考察阳光电源股份有限公司、科大讯飞股份有限公司、中科大先进技术研究院、合肥欣奕华智能机器有限公司、清华大学合肥公共安全研究院、合肥“1331”城市战略规划展示馆、安徽名人馆以及合肥万达文旅城。合肥在科技创新、产业转型、城市建设上迈出的坚实步伐给考察团成员留下深刻印象。

3月25日，国家卫生计生委主任李斌到蜀山区南七街道社区卫生服务中心调研基层卫生工作。李斌强调，家庭医生签约服务重点在基层，要推进家庭医生签约服务，将家庭医生签约服务作为基层提供服务的主要模式，抓实家庭医生签约和履约的工作，让每一位居民都有自己的家庭医生，要让居民有获得感，让家庭医生真正成为广大老百姓的朋友。

3月26日，省委常委、省纪委书记刘惠到肥东县调研农村党风廉政建设工作。刘惠指出，肥东县以制度建设为抓手，积极探索创新，开展农村党风廉政建设加强年活动，措施得力，抓到了点子上。刘惠要求，要站在政治和全局的高度，提高思想认识，将农村党风廉政建设作为重点工作紧抓不放，着力查处群众身边的不正之风和腐败问题，提升人民群众的获得感；要坚持标本兼治，夯实党委的主体责任和纪委的监督责任，建立公开透明的管理监督制度，将权力关在制度的“笼子”里；要加强县级层面巡察，实现“抓早、抓小、抓苗头”，筑牢纪律底线、常敲廉政警钟，做到防患于未然；要加强乡村干部队伍建设，既要培养选拔一批政治素质强、纪律意识好、业务能力过硬的基层干部队伍，也要充分调动干部干事创业的积极性，以农村党风廉政建设的强大合力，营造风清气正的政治生态，护航经济社会发展。

4月12日，中央综治委副主任、中央政法委副秘书长、中央综治办主任陈训秋率队来肥调研。陈训秋指出，合肥市委市政府高度重视“雪亮工程”，结合智慧城市的建设有序推进。下一步，要加强社会资源的融合及参与度，提高市民的知晓度和参与感，从技术上做好提升，确保“雪亮工程”在保安全、保稳定上发挥重要作用。

4月17日、18日，淮北市委书记、市人大常委会主任黄晓武，市长戴启远率淮北市党政代表团来肥考察。考察期间，两市围绕科技创新、产业发展、城市建设等方面工作进行了深入交流。省委常委、市委书记宋国权指出，合肥为淮北取得的良好成绩而高兴，对淮北的发展前景十分看好。希望兄弟城市多联系、多交流，加强合作、携手发展，为造福两市人民、建设五大发展美好安徽作出更大贡献。

5月5日至6日，山东省委副书记、济南市委书记王文涛，济南市委副书记、市长王忠林率济南市党政代表团来肥考察。代表团一行先后来到江淮汽车股份有限公司、联宝（合肥）电子科技有限公司、科大讯飞股份有限公司、合肥鑫晟光电科技有限公司，深入企业生产一线，仔细听取相关情况介绍，认真观摩产品展示，与企业负责人互动交流，称赞我市近年来积极践行新发展理念，实施创新驱动发展战略，聚焦聚力重点领域，加快培育壮大战略性新兴产业，改造提升传统优势产业，引进、培育一批大项目、好项目，增强产业发展实力，表示将推动济南、合肥两地产业合作，实现优势互补。

5月13日，省委书记李锦斌就贯彻中央环保督察要求，落实省级领导包保突出环境问题整改工作制度，深入合肥市进行督导，并就推进巢湖综合治理绿色发展开展调研。李锦斌指出，要聚焦中央及省环保督察反馈的突出环境问题，坚持问题、教育、整改、立规等四项制度，加大整改力度，坚决改彻底改到位。李锦斌强调，要准确把握规律，科学谋划巢湖综合治理的目标思路和重点任务。要适时研究出台巢湖综合治理绿色发展总体规划，形成以总体规划为龙头的“1+N”规划体系，全面实行“河长制”，增加湿地面积。要强化责任创新，努力形成整体作战、齐抓共管的合力。要强化督查创新，把巢湖综合治理绿色发展考核情况作为对领导班子和领导干部综合考核评价的重要依据，严格执行《党政领导干部生态环境损害责任追究办法（试行）》，坚决把巢湖综合治理好，为建设五大发展美好安徽提供有力的环境支撑。省委常委、省委秘书长唐承沛，省委常委、市委书记宋国权，副省长张曙光陪同。省直有关部门领导张韶春、汪莹纯、张天培、方志宏；市领导凌云等陪同。

6月5日，李国英省长来到合肥滨湖国际会展中心2017安徽秸秆综合利用产业博览会展馆，考察秸秆综合利用技术、产业化发展方面的最新成果。李国英强调，要密切跟踪国内外秸秆综合利用前沿技术，加快科技成果应用转化，不断延伸产业链条。要完善利益联结机制，着力形成政府引导、企业主体、农民参与的秸秆综合利用长效机制。要强化利益导向，系统谋划推动，扶持一批掌握核心技术、成长性好、带动力强的企业做大做强。要建立健全还田利用、收储运销、产业增值、政策扶持四大支撑体系，有效促进生态环境改善、农民增收致富和农业可持续发展，加快建设秸秆资源多层级循环利用、环境保护与经济社会发展共赢的现代环保产业。

6月29日，江淮大众新能源汽车暨全省调结构补短板重点项目集中开工动员大会在合肥召开。李锦斌指出，江淮大众新能源汽车项目是全省先进制造业发展的一号工程，是全省参与“一带一路”建设、实施开放发展行动的重大成果，是发展先进制造业、建设制造强省的重大举措，是深化企业开放合作、增强国际竞争力的重大实践。李锦斌强调，要全力启动好重大引领性项目，全面保障江淮大众新能源汽车合作顺利推进。要全力落实好重大支撑性项目，确保责任落实到位，要素保障到位，调度督查到位，全面推动集中开工重点项目落地见效。要全力谋划好重大长远性项目，全面加快调结构补短板增动能步伐。要在项目谋划上再接再厉，在招商引资上出击出招，在优化环境上突围突破，纵深推进“放管服”改革，全面落实支持实体经济各项政策。

7月6日至7日，省委常委、市委书记宋国权率市党政代表团赴阜阳市学习考察，其间召开合肥—阜阳合作共建2017年联席会议。宋国权指出，省委省政府对皖北振兴高度重视，把振兴皖北作为促进安徽崛起的战略性举措，坚定不移加以推进。两市深化合作共建，各项工作取得了显著成效。宋国权强调，要践行新理念，打造升级版，坚定不移地将园区打造成为皖北振兴引领区、改革创新试验区、产城一体先行区、社会管理示范区。要坚持创新发展，全面对接合肥创新资源，全力打造创新创业主战场，成为引领转型升级的主阵地。要坚持协调发展，注重用产城一体的理念来规划和推进产业园区建设。要坚持绿色发展，把握绿色、循环、低碳的发展导向，打造宜居宜业的美好家园。要坚持开放发展，着力招新引优、招大引强、招才引智。要坚持共享发展，提升就业、教育、医疗等公共服务水平。要坚持全面从严治党，努力打造一支政治坚定、能力过硬、作风优良、奋发有为的干部队伍，为两市合作共建事业筑牢坚实保障。市长凌云参加考察、出席会议并讲话。市领导汪卫东，各县（市）区、开发区和市直有关部门主要负责人参加学习考察并出席会议。

8月1日，省委常委、市委书记宋国权，市委副书记、市长凌云，市人大常委会主任熊建辉，市政协主席杨思松，市委副书记汪卫东，与市四大班子负责同志一道，在市政务中心集中收看庆祝中国人民解放军建军90周年大会盛况。大家一致认为，习总书记的重要讲话，提出了推进强军事业、把人民军队建设成为世界一流军队必须牢牢把握的根本要求，具有重大而深远的指导意义。大家一致表示，将贯彻习总书记的重要讲话精神，更加紧密地团结在以习近平同志为核心的党中央周围，强化国防意识，深化双拥共建，深入推进军民融合发展，满腔热忱支持国防和军队建设改革，为强军创造良好条件，提供有力支撑，巩固发展坚如磐石的军政军民关系。

9月21日，省委副书记信长星到全市调研综治维稳工作。信长星强调，要深入领会习近平总书记关于发展是硬道理，稳定也是硬道理的重要指示，提高思想认识，压紧压实责任，完善工作机制，坚决维护社会大局和谐稳定。要强化源头治理，排查化解各类矛盾纠纷，最大限度减少不和谐因素。要强化基层党组织建设，提升基层治理能力，筑牢社会稳定的第一道防线。要推进社会治理系统化、科学化、智能化、法治化，提高预测预警预防各类风险能力，增强社会治理预见性、精准性、高效性，提升群众安全感和满意度。

9月22日，省委常委、市委书记宋国权率队赴六安市学习考察。宋国权表示，六安和合肥是合肥都市圈兄弟城市，推进双方携手发展，既是落实省委、省政府加快皖北地区发展决策部署的生动实践，也是实现区域协调发展、造福两市人民的重要举措。要夯实良好合作基础，在基础设施建设、要素资源配置、优化产业布局、共建生态文明、实施脱贫攻坚等方面加强对接，推动双方在更大范围、更深层次、更高水平的合作发展。

9月26日，国务院副秘书长、国家信访局局长舒晓琴来全市调研信访工作。舒晓琴强调，要畅通和拓宽民意诉求表达渠道，探索完善信访工作密切联系群众的有效载体，在热情服务中创新社会管理，在协调利益中提高信访工作针对性，把矛盾化解在基层，确保社会和谐稳定。要积极探索用群众工作理念和方法做好信访工作的新途径新办法，有效化解信访突出问题。

11月11日，省委书记李锦斌深入全市新站高新区部分企业，宣讲党的十九大精神，调研深化供给侧结构性改革、推进创新驱动发展情况。李锦斌指出，党的十九大精神博大精深，要认真学习领会、把握精神实质。要深刻把握习近平新时代中国特色社会主义思想这个“新思想”的历史地位和丰富内涵，坚定不移把习近平新时代中国特色社会主义思想作为长期坚持的指导思想，全面提升五大发展美好安徽建设的现代化水平，谱写新时代中国特色社会主义的安徽篇章。李锦斌强调，对开发园区和广大企业来讲，落实好党的十九大精神，关键要贯彻新发展理念、建设现代化经济体系。要把提高供给体系质量作为主攻方向，把发展经济着力点放在实体经济上，推进供给侧结构性改革，提升经济综合实力。要布局建设重大新兴产业项目，加快科技成果转化，增强经济创新力和竞争力。要加强与“一带一路”沿线国家和地区战略合作，深化与沪苏浙协同合作，打造内陆开放新高地。李锦斌强调，党的基层组织要以提升组织力为重点，突出政治功能，担负好直接教育、管理、监督党员和组织、宣传、凝聚、服务群众职责。要以坚持党的领导为重点，加强国有企业党的建设，充分发挥企业党组织的领导核心和政治核心作用。要以提高覆盖面为重点，加强和改进非公有制企业党的建设。

11月15日，省长李国英在全市就现代医疗和医药产业发展开展专题调研。李国英强调，要按照十九大报告提出的建设现代化经济体系的部署，把现代医疗和医药产业作为重要的战略性新兴产业加以培育，不断增强医疗服务和医药产业发展能力，让广大人民群众充分享受更多医疗和医药产业创新成果。省领导邓向阳、宋国权、谢广祥，省政府秘书长侯淅珉参加调研。市领导凌云陪同调研。李国英强调，促进医疗和医药产业加快发展，关键要营造良好环境。要科学编制规划，加大政策精准支持力度，尤其要强化金融支持，发挥好产业引导基金、科技成果转化基金的作用。要完善产业体系，注重集约发展，加强产业数据平台、企业孵化器等公共服务设施建设，改善临床试验条件，抓好人才培养和引进，让各类创业主体创新愉快、创业愉快、发展愉快。

11月18日和22日，李国英省长到合肥市调研促进科技成果研发转化工作。省委常委、合肥市委书记宋国权，中科大校长包信和参加相关调研。李国英强调，要着力培育科技成果“种子”，把准科技变革趋势，适应产业发展需求，完善科研项目立项机制，鼓励各类主体加大研发力度，健全科技成果发现、扶持和引入机制。要着力将孵化成果转化为“幼苗”，支持产业园区、高校科研院所、各类企业和全社会加快建设更多促进科技成果转化的孵化器。要着力建立完善科技成果从“种子”到“幼苗”的转化机制，强化成果评估，加强知识产权保护，探索建立完善科研成果入股机制，建立健全全生命周期的融资服务体系。要大力推进加速器建设，为初创期的创新型企业精准配置更加全面的发展要素，推动企业迅速落户园区、做大做强，加快转化为产业、发展成集群。各级各部门要坚持问题导向，聚焦科技成果研发转化的薄弱环节，完善支持政策，深化体制机制改革，努力营造更加良好的创新发展环境。

12 月 6 日，中央政治局委员、上海市委书记李强，市委副书记、市长应勇率领上海市党政代表团来肥考察。考察期间，上海市党政代表团来到中科院合肥物质科学研究院，参观全超导托卡马克、稳态强磁场实验装置，考察最新研究成果和国际合作情况，表示要瞄准世界科技前沿，实现前瞻性基础研究、引领性原创成果重大突破。在科大讯飞公司，代表团了解了人工智能技术最新进展及典型应用情况，希望企业与上海全面深化合作。

市委办公厅工作

【概况】 2017 年，市委办公厅牢固树立“四个意识”，增强“四个自信”，自觉践行“五个坚持”，坚持“当标杆、当示范、当排头、当榜样”，提高“三服务”水平，完成各项工作任务。市委办公厅当年被评为全市深化改革先进单位，信息工作在全省实现“九连冠”，网民留言办理工作连续第八年被人民网评为“全国先进单位”，市委机要局获评“全省党政密码工作先进集体”，离退休工作处被评为全省先进集体。

【增强政治能力】 深入学习宣传贯彻习近平新时代中国特色社会主义思想和党的十九大精神，着力在学懂、弄通、做实上下功夫。提高政治自觉，把迎接十九大、学习十九大、宣传十九大、贯彻十九大这一重大政治任务贯穿于参谋服务的全过程。坚持在全市先学一步、学深一点，组织全体人员第一时间学习领会大会精神，把十九大报告、新修订的《党章》和《习近平谈治国理政》（第一卷、第二卷）作为权威读本，领会党的十九大精神的政治、历史、实践意义，理解习近平新时代中国特色社会主义思想的科学体系、精神实质、实践要求。组织开展“八个一”和“大学习、大宣讲、大培训、大调研、大落实”活动，推动相关部署要求落地落实。

把参政设谋摆在突出位置，服务全市改革发展大局。主动融入全市改革发展大局，早谋划、多调研、当参谋、抓落实，围绕综合性国家科学中心建设、“中国制造2025”试点示范城市建设、城市管理提升、精准脱贫、巢湖综合治理、“讲重作”专题教育和专题警示教育等重点工作，从政策措施制定、文件文稿起草、重要任务分解、重大事项协调、重点工作督查、会议活动保障等方面，全过程参与、全方位服务。

务求实效抓落实，保障中央及省委省政府各项决策部署落地生根、开花结果。做好四大平台建设，提升抓落实的科学化水平。围绕中央及省委、市委决策部署，配合服务中办回访调研组就习总书记视察安徽和在推动长江经济带发展座谈会上的重要讲话精神贯彻落实情况，在肥开展二次回访调研；周密组织迎接中央、省环保督察组来肥督察专项调研，督促有关部门采取有效措施，整改落实油烟、扬尘、噪声等突出污染问题，推动城市管理提升年活动有效开展。细致周到做好省委、省政府领导来肥调研、慰问、出席仪式等服务工作，有力保障了领导活动、展示了合肥形象。

【提升服务水平】 **精益求精做好文稿服务。**改进文风、提高文稿质量，力求从宏观思考问题、指导实践，从微观落细落小、落到实处，提升文稿的思想性、针对性和实效性，更好发挥以文辅政作用。全年组织起草或修改讲话、报告等各类文稿 920 多篇，审核新闻稿件 710 多篇，切实把好政治关、政策关、文字关。

强化信息“主渠道”功能。坚持总汇导向，加强渠道建设；坚持项目导向，加强信息谋划；坚持问题导向，加强涉稳信息研判，增强信息处理能力，突出办公厅“信息总汇”地位，为市委科学决策提供重要依据。全年编报《合肥信息》947 期，中办、省办采用 236 条，信息工作在全省党委系统实现“九连冠”，在全国省会城市中保持前列。

严格规范加强党内法规服务。以“1+4”党内法规制度体系基本框架为遵循，精心搭建我市党内法规制度体系。以质量为核心导向，严格文件审核把关，确保每份文件方向正确、立制科学、程序规范。全年制定出台各类文件229件，各类明码密码电报9件，其中党内规范性文件97件。深化市委法律顾问制度，服务市委依法决策。

突出实效抓好督查督办。紧扣市委重点工作、重要会议决定、领导批示、群众诉求，真督实查抓落实。积极主动开展深化改革、安全生产、生态环保、公租房保障等各类专项督查226次。认真办理网友留言，督办网络舆情，全年办理人民网网友给省委书记留言（涉及合肥）以及给市委书记留言2293条，同比增长12.1%，连续第8年被人民网评为“全国网民留言办理工作先进单位”。

【统筹协调】 **缜密规范会议活动。**坚持早谋划、早准备、多沟通、多配合，加强统筹协调，强化部门联动，力求考虑周全、安排细致、服务到位，保障各项会议活动有序顺畅。坚决贯彻落实中央八项规定，从简从优办理各项政务活动，精简数量、改进创新形式、提高实效。全年承办协办各类会议380次，办理接待、调研、考察、会见等各类活动556次。

文电办理优质顺畅。优化流程，坚持特件特办、急件急办、平件快办，做到即收、即办、即转、即送，安全高效做好文电收转、领导批示转办，确保无一错转、漏转、泄密、积压，当好“枢纽站”。全年传阅中央、省、市重要文件768件（其中密件374件），办理领导批示件935件。

值班应急高效快捷。严格落实24小时值班制度，以“零延误、零遗漏、零错误”为工作标准，做好辅助领导处理突发性事件、协调处置重要政务事项、指导构建全市值班联动体系等方面工作，努力做到信息传达快速灵敏，应急反应迅速有力，协调处置严谨周密，有力维护市委第一窗口对外形象。

机要保密万无一失。强化保密防范意识，严管涉密文件，坚持电报办理零停留，专人专管，确保文电安全。围绕市委中心工作，抓好密码通信基础业务，全年收发密码电报、内部明电等22797份，无一差错，保障中央省市政令安全畅通、密码通信优质高效。不断加强信息化建设，提前完成全市118家电子公文系统应用试点任务，严格规范电子政务内网日常管理维护。

后勤保障坚强有力。严格执行财务预决算，厉行勤俭节约，严格控制“三公经费”，差旅费、因公出国（境）费、公务接待费、会议费等同比有所下降。高度重视新形势下离退休干部工作，落实好离退休干部“两个待遇”。发挥群团优势，组织开展各类文体活动和兴趣小组，推进书香机关创建，丰富职工精神文化生活。

【抓实“两个责任”】 **强化理论武装，推进“两学一做”学习教育常态化制度化。**全年组织领导班子和中心组成员理论学习8次（12天）；开展上好党课、集中研讨、研读党章、瞻仰革命旧址、重温入党誓词等系列活动；以“陈、杨、周”等案为反面教材，精心组织开展“讲重作”专题教育、专题警示教育。推进干部培训和网络在线学习，统筹安排30多人次参加十九大精神轮训和各类集中学习培训班。落实意识形态主体责任，履行好意识形态工作的主体责任和基本职责，把握大方向、掌握主动权。

严守政治规矩，严肃党内政治生活。贯彻民主集中制，制定《市委办公厅厅务会制度（试行）》，对重大决策、重要人事任免、重大项目安排、大额资金使用等事项，提交厅务会集体讨论决定，发挥厅领导班子集体领导作用，促进科学、民主、依法决策。严格落实“三会一课”、民主生活会和组织生活会、民主评议党员、谈心谈话等组织生活制度。2017年，该厅领导班子召开两次班子民主生活会，开展批评与自我批评，增强党内政治生活的政治性、时代性、原则性、战斗性。

深化作风建设，密切联系服务基层群众。结合“四联四定”和在职党员进社区工作，与天鹅湖社区开展结对共建活动，组织党员志愿者开展文明创建志愿服务；做好厅机关脱贫攻坚帮扶任务，班子成员多次赴扶贫联系点长丰县岗集镇青峰岭村开展调研，慰问困难群众，协调解决村基础设施破损修复和光伏电站建设等问题，完成年度脱贫攻坚帮扶任务。《人民日报》刊文介绍了市委办公厅帮扶联系村（长丰青峰岭村）在产业扶贫方面的做法和成效。

树立正确选人用人导向，选优建强干部队伍。坚持好干部标准，落实《干部选拔任用工作条例》及《科级干部选拔任用若干规定》，坚持集体酝酿、民主推荐、组织考察，严格执行干部选拔任用事项报告、干部档案任前审核及考察公示、任前公示等制度，做到“凡提四必”。开展“一报告两评议”工作，班子述职报告中专门报告年度干部选拔任用工作情况，并对干部选拔任用工作进行民主评议。建立健全后备干部库，加大干部培养锻炼、交流轮岗、使用力度，推进干部队伍梯队建设。坚持在一线历练干部，选派干部在基层挂职。同时，服务市委人才高地建设，构建联系服务创新创业高层次人才新平台。

推进党风廉政建设，营造风清气正政治环境。坚决执行、积极配合市纪委派驻纪检组各项工作，制定办公厅“两个责任”清单，明确领导班子的主体责任和派驻纪检组的监督责任。贯彻落实中央及省、市委关于党风廉政建设的相关规定和要求，注重抓长抓细抓常。推进廉政文化建设，开展“用身边事教育身边人”活动，组织党员赴巢湖监狱、义城监狱等党风廉政教育基地参观学习，接受廉政警示教育。坚决贯彻落实中央八项规定精神及省、市有关规定，围绕公务用车、办公用房、公务接待等开展自查，营造风清气正的政务环境。全年办公厅没有发现一起违纪违法问题。

（市委办公厅）

组织工作

【概况】 2017年，全市组织系统紧紧围绕迎接和学习宣传贯彻党的十九大主题主线，认真落实中央和省、市委决策部署，坚持党要管党、全面从严治党，坚持围绕中心、服务大局，坚持聚焦主业、精准施策，推动组织工作提档升级、创新发展。

【“两学一做”学习教育常态化制度化】 坚持融入日常、抓在经常，注重在真学实做上深化拓展，切实用习近平新时代中国特色社会主义思想武装头脑、指导实践、推动工作。

坚持谋在细处。突出关键少数、基层支部、重点任务，结合实际制定《实施方案》，制定“两个清单”，强化分类指导。突出以上率下，制定《市委常委会工作方案》《重点工作安排表》以及《市委理论学习中心组2017年度学习计划》，列出18项工作计划、16个学习专题；突出主体责任，制定《党委（党组）任务清单》，分七大类提出20项重点任务；突出基本单位，制定《党支部计划清单》，分六大类提出18项重点任务，以清单制推动工作有效落实。

坚持学在深处。开展“讲重作”专题教育和专题警示教育，认真落实“三个一”活动和“三个专题”学习研讨，坚持读原著、学原文、悟原理，重温习近平总书记视察安徽重要讲话精神。利用红色资源开展革命传统教育，对照反面典型开展警示教育，组织党员领导干部撰写认识体会。组织召开警示教育专题民主生活会和组织生活会，各级各部门领导班子查摆问题9600余条，班子成员查摆问题6.7万余条，提出相互批评意见1.9万余条。

坚持做在实处。开展“强化组织意识、强化政治功能、强化主体责任”专项行动，查摆解决管党治党中存在的突出问题。继续深化基层党建工作重点任务的落实，以“两学一做”学习教育常态化制度化引领各领域基层党建规范化。开展“双争”活动，推荐宣传一批先进基层党支部和优秀党员，追授陈道玉、王玮龙同志为全市优秀共产党员。坚持围绕中心、服务大局，引导党组织和党员干部在脱贫攻坚、文明创建、美丽乡村建设等中心工作一线发挥作用。

【市人大政府政协换届】 根据省委统一部署，加强党的领导，履行政治责任，从严审核把关，市人大政府政协换届工作圆满成功，新一届领导班子年龄、专业、知识结构进一步优化。

加强党的领导。把坚持党的领导贯穿换届全过程，市委成立换届工作领导小组，并通过召开常委会、领导小组会、书记酝酿会等，研究换届政策，统筹人事安排，把关重大问题。印发《关于推荐提名省十三届人大代表候选人和市人民代表大会换届选举工作的意见》《关于政协合肥市第十四届委员会人事安排工作意见》等指导性文件，3次组织召开换届工作座谈会，及时部署和推进换届工作。市人大、政府、政协党组按照职责分工，认真落实各项任务。组织、纪检监察、统战、宣传等部门以及人大、政协有关工作机构相互配合、紧密协作，合力推动相关工作。市换届办精心研究制定换届工作流程图，明确时间节点和任务分工，确保省、市委的部署要求落地生根、落到实处。

强化人选把关。坚持事业为上、依事择人、人岗相适，紧扣新时代合肥发展的新定位新任务，统筹谋划人事安排工作。统筹全市干部资源，精心研究提出市人大、政协常委人事安排建议方案，有序推进市直单位正职干部转岗到人大政协工作。严把代表委员政治关、廉洁关、形象关，严格遵守中央关于人选资格条件的具体规定。对推荐上报的省、市人大代表、政协委员候选人人选，市换届办会同有关部门先后进行6轮沟通审核，2次会议调度，广泛听取方方面面的意见，听取纪检监察机关意见1100人次，审核人事档案286人次，审核个人事项302人次，开展非公评价313人次。

精心组织选举。精心研究制定市人代会、政协会工作方案，明确工作进度、工作任务和责任主体，实行“挂图作战”。严格按照《宪法》《地方组织法》和政协章程的规定，起草人代会、政协会选举办法。成立由各县（市）区主要负责人担任书记的临时党支部，及时了解情况，加强思想引导，确保市委批准的人事安排格局顺利实现。加强选举指导，在各代表团驻地，不间断播放投票选举动漫片，帮助代表委员熟悉换届选举工作流程。坚持把组织把关与发扬民主紧密结合起来，引导人大代表从差额考察对象中联名提出人选。

严明换届纪律。严格落实“九严禁”纪律要求，明确换届考察“十不准”纪律规定等。坚持正面教育与反面警示相结合，认真落实“四必看”“四必训”要求，组织播放《警钟》等警示教育片，发放《严肃换届纪律文件选编》，印发《严明换届纪律警示卡》。对5000多名领导干部、人大代表和政协委员、参与换届人员进行了换届纪律培训，并签订换届纪律承诺书。畅通“12380”电话、信访、网络和短信“四位一体”的综合举报受理平台，实行24小时值班制度，及时受理相关问题举报。全市没有发生一起违反换届纪律的行为。

【领导班子和干部队伍建设】

贯彻习近平总书记选人用人重要思想，落实省委“六选六不选”用人要求，把政治标准放在首位，坚持事业为上，突出精准科学，建设高素质专业化干部队伍。

实施精准培训。完成上级调学384人次，全年举办各类培训班38个，培训各级干部3870人次，14109人参加在线学习。突出理论武装，分别举办3期学习贯彻党的十九大精神、十八届六中全会精神集中培训班，培训1765人次；制定加强党性教育基地建设实施意见，重点开发渡江战役纪念馆、李克农故居2个基地的培训教案。突出能力提升，举办“五大发展”等各类专题班26期，开展“强专业、提能力”读书征文活动，引导领导干部加强专业知识学习，全面提升专业化能力。开展精品课程评选，评出市级精品课程7个、优秀课程6个。

实施精准培养。实施“年轻干部卓越成长计划”，出台干部挂职锻炼工作暂行规定，从市直单位选派58名年轻干部到基层一线挂职锻炼。严格落实选调生、选聘生并轨有关政策，接收常规选调生、定向招录选调生70名。采取笔试、资格复审、人机对话及量化计分考察等程序，面向全市基层一线和全省公开遴选、选调公务员404名。聚焦影响干部队伍长远建设的突出问题，开展军转干部安置和区划调整后干部队伍建设情况两个专题调研，形成调研报告上报省委。

实施精准调配。研究制定《市管领导班子和领导干部“三案一单”精准管理实施办法（试行）》，加强综合分析研判，增强干部调整配备的前瞻性、精准性。统筹抓好干部日常调整配备，加大干部交流力度，优化干部队伍结构。严格执行乡镇（街道）党政正职任免通气、备案制度，调整市管企业领导人员管理体制，做好市引江济淮投资有限公司和大数据资产运营有限公司组建工作和领导班子配备工作。推进法检干部分级管理，做好合肥知识产权法庭筹建工作。

实施精准管理。完善综合考核双百分制指标体系，对全市130个市管领导班子、1795名市管干部进行分类考核，对108个市直单位开展2016年度“一报告两评议”工作。对88批次1882名干部调整配备工作方案进行预审。出台选人用人工作专项检查办法，对39个单位开展专项检查。对76名市管干部开展经济责任审计，安排25个单位主要领导进行离任经济事项交接。落实“两项规定”，随机抽查205名市管干部个人有关事项报告；坚持“凡提必核”，对638名干部个人有关事项进行重点查核。从严管理干部档案，规范领导干部兼职，加强出国（境）审批工作。

【人才发展体制机制改革】

坚持党管人才原则，落实省人才工作“30条”和科学中心人才“10条”，推进制度创新，优化人才生态，加快人才集聚，推动人才优势转化为创新优势、竞争优势、发展优势。

抓改革激发人才活力。健全党管人才领导体制和工作运行机制，统筹调度政策制定、任务分解和工作落实。围绕加快建设合肥综合性国家科学中心，推进人才发展体制机制改革，研究制定《关于建设合肥综合性国家科学中心打造创新之都人才工作的意见》，从人才集聚机制、事业平台载体、管理使用机制和人才生态环境等方面提出了20条具体措施，计划五年内投入不少于20亿元人才发展专项资金，实施“6311”工程，确保在区域人才竞争中把握先机、赢得主动。合力推动“人才政策20条”落地落实，明确68项任务的具体内容、责任单位和推进要求，并出台25个配套文件，推动相关政策落地落实。制定《合肥市高层次人才分类认定办法》，规范人才分类目录，细化认定办法。完善市领导联系高层次人才制度，20名市领导联系42名高层次人才。

抓工程加快人才集聚。对上争取承接，全年新增国家“千人计划”

专家25名、国家“万人计划”专家32名，6人入选省“百人计划”，14人入选省“特支计划”。成功争取“千人计划”专家联谊会三届一次会员代表大会在合肥召开，全面提升合肥人才工作影响力。对内整合协调，全面实施“双引双培”等重点人才计划，全年新引进47名领军人才、18个高层次人才创业团队，遴选培育45名庐州英才、47个产业创新团队。对下延伸指导，遴选出“江淮硅谷人才集聚计划”“新站睿才计划”等26个人才品牌进行重点培育。截至年底，全市集聚两院院士108人、国家“千人计划”专家274人、“万人计划”专家108人。

抓服务优化人才生态。启动建设合肥国际人才城、国际人才网，打造服务高层次人才线上线下“双平台”。推进人才公寓建设，7个地块32.2公顷人才公寓建设用地成功拍出。举办两期“创新创业领军人才研修班”、培训100人。组织120多名高层次人才进行了体检，分两批安排46名专家赴贵阳等地休假疗养。加强区域人才合作，与武汉、长沙、南昌等长江中游省会城市共同签署人才发展合作框架协议；加强合肥都市圈人才合作，组织部分企业参加都市圈人才招聘会。发挥高层次创新创业人才协会作用，组织90多名海外高层次人才来肥考察，举办“高层次人才创新创业”系列主题沙龙、“科大校友回家行”“海外人才创新创业大赛合肥行”等活动，解读人才、产业政策，交流创新创业感悟，积极宣传推介合肥。

【基层党组织和党员队伍建设】 把抓基层打基础作为固本之策，突出强化政治功能，坚持压紧压实责任，聚焦问题补齐短板，务实创新培育品牌，提升基层党建工作整体水平。

精心组织基层党建述职评议考核。组织开展2016年度县乡党委书记抓基层党建述职评议考核工作，并延伸到基层支部、拓展到各个领域，在市级层面将市直机关工委、市教育局党委、市国资委党委、市委非公工委纳入现场述职评议。形成书记抓党建综合评价意见，将述职评议结果在一定范围内进行通报，并作为领导班子和领导干部年度综合考核重要内容。制定年度基层党建工作“三个清单”，列出35项重点问题、76项具体任务，定期督查调度，推动县乡党委书记认真履行“双六条”职责。

开展基层党组织标准化建设。实行“1＋1＋3”模式，即1个实施方案、1个年度计划和结对指导、督查通报、考核验收等3项制度，按照“一年推广打基础、两年深化出成效、三年全面上台阶”的要求，分年度制定达标计划和推进措施，加强过程控制和目标管理。全市1.7万多个基层党组织全部完成摸底排查并建立管理台账，通过组织召开调度会、汇报会和集中督查调研等方式，推进标准化建设各项任务落实。2017年，全市基层党组织标准化建设达标率64.07%。整顿软弱涣散基层党组织，采取“一村（社区）一策”等方式，119个软弱涣散基层党组织通过整顿实现转化升级。

聚焦脱贫攻坚深化农村基层党建工作。开展“三级联创”活动，实施村党组织带头人“523”工程和农村基层党建保障工程三年行动计划，坚持抓党建促脱贫攻坚，全市获省表彰“五个好”乡镇党委标兵5个、村党组织标兵10个，市通报表彰“五个好”乡镇党委15个、村党组织70个；建立村后备干部队伍数据库，储备后备干部2761名、村均2.1名；开展“十佳大学生村官”评选活动，公开选拔20名大学生村官任村党组织第一书记；村平均运转经费达17.8万元，村“两委”正职、其他干部年均总报酬分别达4.6万元、3.8万元，农村党建基础全面夯实。

推进城市基层党建工作。召开全市城市基层党建工作座谈会，就推进新形势下城市基层党建工作创新作出全面部署。推进社区党建“三有一化”，加强社区党组织书记专职化管理，社区党组织书记年均收入达6.2万元；在复旦大学举办3期城市基层党建工作培训班，培训各级党务干部180多人次；加强经费场所保障，城市社区年均工作经费达71万元、服务群众专项经费达38万元，办公服务场所平均面积达1050平方米；总结推广“两应”基层党组织建设、“聚力”党建等做法，组建“高教基地党建联盟”、街道党建共同体等区域化党建平台。分领域制定加强机关、国有企业、市属高校、中小学校等党建工作的实施意见，着力提升新形势下城市基层党建工作整体效应。

加强非公企业和社会组织党建工作。制定年度重点任务分解表，明确38项重点任务及责任单位、完成时限，逐项推动落实。加强以党组织书记为重点的骨干队伍建设，举办4个市级示范培训班、培训学员240多人，全市举办各类培训班120多期，培训1.2万多人次；开展第二批党建指导员任期考核，评选市级优秀党建指导员63名、选派工作先进单位25个，做好全市第三批1800名党建指导员选派等工作。深化开发园区党建工作，建成党建工作站113个，配备专兼职工作人员270名；成立市社会组织综合党委、市个民协党委，14个省级以上开发区全部建成综合性党建工作网络平台；深化“五抓五送”、非公企业“双强六好”创建和社会组织“双比双争”活动，市本级补助非公企业和社会组织党组织175个，评选命名“双强六好”非公企业党组织20个，“双比双争”先进社会组织党组织15个。

从严规范党员队伍教育管理。 开展党员信息系统信息采集，完成全市1.7万多个党组织、42万多名党员信息的采集、校核、录入工作。研究制定2017年度发展党员工作计划，实行季报制度，加强动态监测，全市发展党员5775名。严格执行“三会一课”等基本制度，规范开展“主题党日”活动，从严加强党员教育管理监督。举办基层一线党代表学习贯彻党的十九大精神专题班，将全市511名省、市党代表分为27个小组，以小组为单位开展调研等活动。推进远程教育工作规范化建设，开展“远程教育专家服务团百日行”活动，新建31个“远教电子商务便民服务站”，加强先锋网络体系建设，推出“话新时期基层党建，迎十九大胜利召开”系列访谈活动。

（市委组织部）

宣传思想文化工作

【概况】 2017年，合肥市宣传思想文化战线以迎接党的十九大、学习宣传贯彻党的十九大精神为主线，把握“两个巩固”根本任务，推动全市宣传文化事业取得新进展、实现新突破，为建设长三角世界级城市群副中心、打造具有国际影响力的创新之都，提供有力思想舆论保证和良好精神文化条件。

【贯彻党的十九大精神】 采取理论宣传、新闻宣传、社会宣传、文艺宣传、网络宣传多种方式联动，高频次、多角度、全方位宣传党的十九大，让广大干部群众感受到扑面而来的新气象。在市属媒体、网站和微信公众号上开设“砥砺奋进的五年”“喜迎十九大”“十九大精神在江淮”“全面践行新思想，谱写合肥新篇章”“十九大精神与我们这一行”“新时代、新气象、新作为——合肥在行动”系列专题专栏，全面展示全市上下喜迎宣传贯彻十九大的生动局面。开展“喜迎十九大”千场文艺活动、书画摄影作品展、戏曲专场演出、“喜迎十九大，我为党旗添光彩”演讲比赛等系列主题活动，营造出喜迎十九大的浓厚氛围。十九大胜利闭幕后，及时起草学习宣传贯彻的实施意见，抓好各级党委（党组）中心组学习，第一时间成立由市领导和部分市直单位负责人组成的市委宣讲团，逐级成立十九大代表、专家、干部、百姓、青年、行业等6类宣讲团，分赴各地开展对象化、分众化、互动化宣讲2800多场，推动十九大精神落地生根。创新组建“新时代”文艺宣传小分队387支，开展“讴歌新时代，宣传十九大”文艺宣传活动2000余场，以群众喜闻乐见的形式宣传十九大精神，经验、做法被中宣部采用、中央媒体报道。

【理论社科工作】 突出抓好习近平新时代中国特色社会主义思想武装工作，贯彻党的十九大、十八届六中全会和习近平总书记视察安徽重要讲话精神，教育引导广大党员干部牢固树立“四个意识”、坚决做到“五个纯粹”。落实《中国共产党党委（党组）理论学习中心组学习规则》和省委有关要求，制定贯彻落实细则，推动各级党委（党组）中心组学习制度化、规范化。开展“新理论·新成就”主题宣讲，办好《合肥日报》理论版，强化引领、聚焦决策、回应关切、创新机制；开设《合肥晚报》理论与实践专版、市交通广播《理论直通车》节目，创新利用都市报和广播电台进行理论大众化宣讲，经验做法入选全省宣传工作创新范例。肥西县“派河春晖”理论宣讲团被评为全国基层理论宣讲先进集体。着眼服务全市发展大局，开展理论社科研究，成功召开市社科联七届二次全委会暨社科界第七届学术年会，有序推进合肥新型智库建设，开展省领导圈定课题研究，省社科重点项目《合肥通史》《合肥通史简明读本》及社科知识普及、合肥新型智库和历史文化3套丛书正式出版。

【新闻宣传】 坚持团结稳定鼓劲、正面宣传为主，组织开展纪念习近平总书记视察安徽一周年、“五大发展行动计划”、城市管理提升年行动、合肥综合性国家科学中心、脱贫攻坚、文明城市创建、环巢湖综合治理、新时代新气象新作为等重大主题宣传，展现合肥市统筹推进“五位一体”总体布局和协调推进“四个全面”战略布局的新创造新成就新经验。借助中部投资贸易博览会、合肥国际文化博览会等重大活动，围绕“科技创新”“新兴产业”“脱贫攻坚”等突出亮点，向中央、省属主流媒体推出《合肥，何肥？》《哈佛八剑客　赤子丹心逐梦最强磁场》等重磅稿件，全年中央主流媒体刊发关于合肥的稿件2300多篇。其中，头版头条稿件34篇、头版稿件94篇、中央电视台新闻联播16次、焦点访谈3次，推动合肥影响力美誉度提升。加强媒体融合发展，制定《合肥市推动传统媒体和新兴媒体融合发展实施意见》，完成市广播电视台高清电视一期项目，以“合肥发布”为龙头的全市政务微博矩阵正式上线，《合肥晚报》“ZAKER合肥”融媒体项目获“中国传媒融合年度创新案例奖”，拓宽主流声音传播渠道。开展“丝路大V中国行”“青春喜迎十九大·共筑网络强国梦”“共舞长江经济带”“全国ZAKER看合肥”等网络主题宣传系列活动，集聚网上正能量。

【弘扬社会主义核心价值观】坚持贯穿结合融入、落细落小落实，制定《把社会主义核心价值观融入法治建设的实施意见》，深化社会主义核心价值观的培育和践行，推动各行各业广泛开展实践活动，引导和推动干部带头、全民行动、自觉践行。加大“讲文明·树新风”公益广告宣传力度，布设核心价值观铁雕3000余处，建成核心价值观主题馆2个、主题公园6个、主题社区11个，开展第二届“我们的核心价值观”歌咏比赛、“中国梦、我的梦”系列主题教育、践行核心价值观演讲比赛等主题活动，在全国率先启动社会主义核心价值观亮灯工程。组织参加全国社会主义核心价值观主题微电影征集活动，获优秀组织奖。举办道德讲堂活动，全年参加市级道德讲堂1万余人次，参加县（市）区级道德讲堂20多万人次。开展安徽省暨合肥市“弘扬雷锋精神，打造好人安徽”主题活动，评选合肥市第三批学雷锋示范点和学雷锋标兵各20个，被评为安徽省岗位学雷锋示范点2个，被评为安徽省岗位学雷锋标兵1人。加强志愿服务站点建设，开展圆梦微心愿、周六志愿行、社区帮客行、志愿服务四季行等志愿服务品牌活动，推进志愿服务制度化、常态化，全市注册志愿者59.2万人，入选全国志愿服务“四个100”4个，入选安徽省志愿服务“月评十佳”14个。

【精神文明创建】制定《合肥市创建全国文明城市常态化管理办法》《合肥市创建全国文明城市工作问责办法（试行）》《合肥市农村文明创建行动纲领（2017～2020年）》等文件。开展城市管理提升年活动、环境整治百日大会战和“三线三边”环境治理等行动，推进农贸市场、老旧小区、城市立面、文明交通整治，文明创建群众满意率逾96%，通过第四届全国文明城市复牌检查，成功创建第五届全国文明城市，巢湖市被评为全国文明城市（县级市），7镇8村被评为全国文明村镇，22个单位被评为全国文明单位，3所学校入选首届全国文明校园。开展移风易俗活动。广泛评选道德模范、身边好人，举办首届“致敬好人、礼遇好人”“百十工程”颁奖典礼，评选市第五届道德模范和提名奖获得者100人，加大对道德模范、身边好人的帮扶礼遇，广泛宣传先进典型事迹，典型示范效应形成声势，入选全国道德模范提名奖1人，新增“中国好人”12名，入选“中国好人榜”138人。命名第五届合肥市爱国主义教育基地44个，开展青少年爱国主义读书教育活动。制定《合肥市未成年人思想道德建设工作测评办法》，开展“做一个有道德的人”“清明祭英烈”“小手牵大手，共建文明城”“社区小帮客”“文明交通小使者”等系列主题实践活动，被评为第五届全国未成年人思想道德建设工作先进城市。

【文艺工作】树立以人民为中心的工作导向，着眼满足人民对美好生活的文化需要，推动文艺工作“十个一工程”。开展“文化有礼，全民畅享”高雅艺术惠民活动，举办“大湖之约”艺术名家大讲堂，承办第十九届中国上海国际艺术节合肥分会场活动、中国（合肥）国际演出交易会暨中国演艺产品国际营销年会、第三届中国（合肥）青少年文化艺术展演活动，组织中华瑰宝经典传承系列展览、庆祝香港回归祖国20周年合肥·香港版画精品联展、第十届中国国际

合肥市居民小区（背街小巷）文明创建工作推进会现场

青年艺术周视觉艺术展（合肥站）。构建以“春之舞”“夏之乐”“秋之艺”“冬之歌”四季基层文艺调演，开展“玉兰杯”戏曲大赛、“大湖飞歌”青歌赛、“文艺下基层巡演”“大学生文化艺术季”、新春音乐会、建军90周年文艺晚会等群众性文化活动4000余场次。制定《合肥市文学艺术精品扶持办法》，推出原创民族舞剧《立夏》、庐剧《梁祝》《江姐》《村长娘子》《情意缘》、电影《大熊猫传奇》《刘春天的春天》《包公传奇之天长案》、歌曲《走进科学岛》《科学的春天》《书香家园》《绿水青山》《丝路放歌》《养人的地方》等文艺作品，电影《圩堡枪声》、动画电影《太空熊猫英雄归来》、原创民族舞剧《立夏》、歌曲《巢湖美》获安徽省第十届精神文明建设“五个一工程”（2014～2017年）优秀作品奖。推进安徽省“戏曲进校园”首批试点市任务，组织送戏进校园1300余场，举办各类戏曲知识讲座1600余场，覆盖全市1026所大中小学、学生21万人次，基本完成每名学生每年至少观看1场戏曲演出的任务目标。制定《合肥市宣传文化领域拔尖人才选拔培养暂行办法》《合肥市宣传文化领域青年英才选拔培养暂行办法》《合肥市宣传文化名家工作室建设实施办法》，举办文化产业人才、媒体融合发展等专题培训班，加强宣传文化人才选拔、引进和培育，积极打造高素质的宣传思想文化队伍。

【文化事业和产业】 修订《合肥市促进文化产业发展政策实施细则》《合肥市文物保护办法》，制定《合肥市深化文化市场综合执法改革实施意见》，建立国有演艺企业社会效益评价考核试点工作联席会议制度。统筹推进四级公共文化服务设施网络建设，市中心图书馆项目立项，县级“两馆一场”达标升级有序推进。出台《合肥市引导城乡居民扩大文化消费试点工作方案》，完成国家文化消费试点城市建设。开展第四届“大湖名城·悦读合肥”全民阅读活动，打造城市阅读空间，连续第4年位居“中国最爱阅读城市”前三。推动文化与科技深度融合发展，形成科大讯飞、华米科技等龙头企业，16家企业入选安徽省民营文化企业100强。强化文化产业基地（园区）带动作用，推进安徽省创意文化产业集聚发展（合肥）基地建设，全年基地实现产值（主营收入）575亿元，实现税收15亿元，完成固定资产投资128亿元。“环巢湖广播电视综合试验网”项目纳入国家“十三五”战略性新兴产业发展规划。举办第十一届合肥国际文化博览会，取得丰硕成果。

安徽省暨合肥市“喜迎党的十九大”千场文艺活动启动仪式现场

【以文艺形式宣传党的十九大精神】 弘扬“红色文艺轻骑兵”精神，统筹全市文化资源，推出系列文化活动，打造多样文艺精品，主动谋划、靠前行动，做好党的十九大精神文艺宣传。在会前，举办“喜迎十九大”安徽省暨合肥市千场文艺活动启动仪式、“欢度国庆节，宣传十九大”安徽省暨合肥市大型交响音乐会等重点活动，开展“讴歌大湖名城新成就，喜迎党的十九大”系列主题活动，举办书画摄影作品展。在会后，组建“新时代”文艺宣传小分队，以“讴歌新时代、宣传十九大”为主题，深入基层、面向群众，推动党的十九大精神进企业、进农村、进机关、进校园、进社区、进军营、进网络。围绕贯彻党的十九大精神，创作出对口快板《纵情高歌十九大》、男女相声《唱支山歌给党听》、庐剧《春华秋也实》《葡萄书记》等讴歌党、讴歌祖国、讴歌人民、讴歌英雄的精品佳作，推动党的十九大精神入耳、入脑、入心。

【“4+2”基层文艺调演】 坚持以满足群众文化需求为创新着力点，深化公共文化供给侧改革，创新探索文化服务方式，逐渐形成“政府主导、多方参与、惠及百姓、贯穿全年、覆盖全市、立体交叉”的基层文艺调演模式，分为“春之舞”“夏之乐”“秋之艺”“冬之歌”4个篇章。同时，开展“玉兰杯”戏曲大赛、“大湖飞歌”青年歌手大赛、“大学生文化艺术季”“农民工文化艺术节”、广场舞大赛、“送戏下乡”等活动。坚持活动设计“顶天立地”，让党放心、让群众满意；活动范围“铺天盖地”，确保城乡群众皆有获得感；活动形式“欢天喜地”，让人民群众乐享文化、爱上文化、创造文化；文艺作品“感天动地”，让文艺作品“感染人、感动人、感化人”。通过运行基层文艺调演模式，搅活全市群众文化活动的“一池春水”，推动形成全民参与、人人关心、精品力作层出不穷的生动局面，既让群众既成为文化发展享受者，更成为文化发展创造者，增强群众文化获得感。

【第十一届合肥国际文化博览会】 10月27日至30日，合肥市举办第十一届合肥国际文化博览会，通过展览、销售、论坛、活动等丰富形式，全面展示合肥市文化体制改革和文化产业发展成果，宣传文化经济政策，开展交流合作，推动文化开放，引领“文化+”新业态发展。“合肥市特色文化街区”集中展示耳街、三瓜公社、1912特色街区、罍街、崔岗艺术村、裕丰花市等。“一带一路”展区邀请来自波兰、埃及等13个国家约30家文化机构和企业参展，展示各国的工艺美术、创意设计、文化旅游等文化精品。“全国书画名家作品展”“全国工艺美术精品展”“非遗展区”集中展示代表全国高端的文化精品和非遗项目。“文化+”主题展区是一大特色，包括“文化+科技”“文化+创意”“文化+旅游”“文化+体育”“文化+金融”等专区。该届文博会参观人数120万人次，现场零售交易额1.8亿元，合同交易额2.5亿元，参观人数、现场零售交易额、合同交易额均创历届新高。

（黄世军）

统战工作

【同心论坛】 2017年，合肥市委统战部举办专题学习会，印发《中共合肥市委统战部关于扎实推进党的十九大精神学习宣传贯彻工作的实施意见》，制定22条贯彻举措，引导统一战线成员弘扬多党合作优良传统，增强“四个意识”，坚定“四个自信”。打造“同心”品牌，全年举办8期同心论坛，先后邀请专家教授、市直部门主要负责同志深入解读五大发展理念。拓展和丰富统战工作“开放日”平台，支持民主党派、无党派人士开展“不忘合作初心、继续携手前进”专题教育，深入开展以“守法诚信，坚定信心”为重点的非公有制经济人士理想信念教育，在新的社会阶层人士中启动开展坚持和发展中国特色社会主义主题教育活动，召开宗教界人士学习贯彻十九大精神座谈会。全市统一战线迅速兴起学习贯彻党的十九大精神高潮，推动习近平新时代中国特色社会主义思想深入人心，强化政治共识，夯实共同的思想政治基础。

【实施“五大发展行动聚力工程”】 发挥统一战线的优势作用，7月，制定出台《合肥统一战线五大发展行动聚力工程实施方案》，全面实施统一战线服务合肥发展12大项目。积极议政建言。引导统一战线成员通过政党协商、专题调研、民主监督等多种途径，为五大发展行动凝聚智慧，组织开展“科学中心建设、巢湖生态城和健康医疗”等3个重点专题的政党协商。开展社会服务。建立市统一战线“同心示范工程”陆还村示范点，引导各民主党派发挥自身优势，开展“博爱·牵手”“黄丝带帮教行动”“英才招聘校园行”“爱心彩虹·牵手未来”“健康扶贫”“致公进社区”“百名专家乡村学堂讲科普”等形式多样的社会服务活动，全年捐款捐物约189万。组织市工商联开展“百企帮百村”活动，与合肥、阜阳、六安、淮南等市142个贫困村结对开展精准扶贫，支持工商联会员企业参与光彩事业、慈善事业和抗洪救灾捐赠，全年企业投入总金额约为8943万元，其中公益帮扶累计金额为1725万元。

【营造多党合作良好氛围】 政党协商。协助制定年度政党协商计划，全年市委召开民主协商会、座谈会、通报会等11次，就政府工作报告、市政府重大事项、重要人事安排等充分听取民主党派、工商联及无党派代表人士的意见和建议。落实市委领导与党外人士交朋友制度，加强市领导与党外人士的联系和沟通。民主党派履职监督。贯彻中央和省委有关部署要求，6月1日，市委常委会专题研究民主党派脱贫攻坚民主监督工作，将脱贫攻坚民主监督纳入政党协商议题高位推进。先后召开启动会、培训会、协商会等，与各民主党派市委加强沟通，明确工作规范。强化责任意识，成立脱贫攻坚民主监督工作协调保障小组，全力支持各民主党派围绕脱贫攻坚做好民主监督工作。民主党派自身建设。市委高度重视民主党派加强组织建设，专题调研经费和活动经费逐年增加。7月18日，召开市各民主党派组织发展工作恳谈会，加强民主党派基层组织建设，规范民主党派组织发展。为加强新一届民主党派班子自身建设，举办民主党派基层组织负责人培训班、民主党派市委委员培训班，100余名民主党派基层骨干接受多党合作传统教育，增强接受中国共产党领导的自觉性和坚定性。

【民族宗教关系】 促进各民族交往交流交融。5月，合肥市委宣传部、市委统战部、市教育局和市民委联合印发《2017年全市民族团结进步宣传教育工作实施方案》，开展民族团结进步宣传月活动暨“唱支山歌给党听”少数民族文艺展演活动，市35中西藏班学生合唱的《天籁之音》受到广泛好评。深入实施“共同发展”提升行动联合攻坚，推动少数民族聚居地区加快脱贫步伐。加强外来少数民族流动人口服务站建设，全年解决90余名少数民族外来人口子女入学。积极引导宗教与社会主义社会相适应。6月，组织《新形势下宗教工作若干问题》专题讲座，指导市各宗教团体开展宗教中国化研讨，开展社会主义核心价值观进寺观教堂活动。为全市宗教界人士开展健康体检服务，做到工作上支持、生活上关爱。依法管理宗教事务，妥善处置多起非法传教和境外宗教渗透活动，全市民族宗教领域保持了和谐稳定的良好局面。

【联系党外人士】 贯彻落实全国新的社会阶层人士统战工作会议精神。3月23日，召开合肥欧美同学会·留学人员联谊会成立，成为全省第一个成立欧美同学会组织的城市，合肥工业大学建筑与艺术学院院长李早当选为会长。为加强对互联网及新媒体的引领作用，引导他们弘扬主旋律，传播正能量。7月出台《关于加强网络统战工作实施意见》，对网络统战工作的框架、模式和机制进行规范。9月29日，在全省率先成立合肥市网络界人士联谊会，肥肥网络科技有限公司（合肥论坛）CEO、安青网总编辑汪海当选为会长。党外知识分子联谊会组织全覆盖。开展党外知识分子工作大调查，11月24日，召开全市党外知识分子统战工作座谈会。截至年底，全市各县（市）区、开发区均成立党外知识分子联谊会。至此，县区新社会阶层人士统战工作联谊会、联络站、服务点相继建立和完善，并向新的领域延伸和拓展。蜀山区创新推动新的社会阶层人士，建立“一片一企一楼”统战联络站（点），庐阳区探索建立艺术界人士统战服务站，庐江县探索建立网络指尖统战。发挥中华职教社的积极作用。为推动合肥特色现代职业教育工作实践，把探索职业教育规律与推动合肥经济发展结合起来，12月9日，召开合肥中华职业教育社第三次社员大会，选举产生合肥中华职业教育社第三届社务委员会，市政协原副主席李晓梅当选为主任。

【促进非公有制经济“两个健康”】 推进非公有制经济健康发展。贯彻落实习近平总书记“3·4”重要讲话精神，做好市领导联系非公有制经济代表人士的联络工作。先后组织500余人次民营企业家参加了中山大学、四川大学、重庆大学、哈尔滨工业大学等高校研修班学习，搭建民营企业家学习交流平台。指导市青年商会加强自身建设，教育引导青年一代做爱国爱企创新转型的带头人。指导市工商联做好换届工作。加强工商联领导班子建设，坚持凡进必评，非公有制经济人士政治安排各项政策得到严格落实。5月8日，合肥市工商联第十四次代表大会胜利闭幕，姚亚妹同志当选为市工商联（总商会）第十四届执行委员会主席（会长）。做好市光彩事业促进会换届工作。6月9日，合肥市光彩事业促进会第四次会员大会暨四届一次理事会召开。会议选举产生市光彩事业促进会第四届理事会领导班子，表彰周文育等20名同志“合肥市光彩事业奖章”和合肥华泰集团等15家单位“合肥市光彩事业突出贡献奖”代表，鼓励和引导非公经济人士自觉承担社会责任，参与慈善事业和社会公益活动。

【海外统战工作】 团结争取海外新移民、新生代侨胞，增进其对中华文化和同根同源的感情认同，先后接待台湾在北京中医大学习的台胞学生安徽参访团，台湾大学生青年夏令营，台湾地区政治受难人互助会后代安徽参访团，澳门优秀社团骨干访问团，澳门青年企业家参访团等5次，计210余人次。协助推进合肥“侨梦苑”暨侨商产业集聚区建设。发挥合肥市港澳籍政协委员的作用，密切港澳有关社团和工商界代表人士的联系，巩固和发展了爱国、爱港、爱澳力量。发挥黄埔同学会、海外联谊会等组织作用，以合肥海外联谊会换届为契机，遴选掌握一批港澳台海外统战工作重点联系对象，建立重点联系的海外代表人士队伍。

【党外代表人士队伍建设】 加大人才培养力度。依托党校、社会主义学院和统战教育基地，全年推荐420余名党外代表人士到各级党校和社会主义学院学习。把党外干部的挂职锻炼纳入全市干部挂职锻炼总盘子，安排7名党外干部到基层一线挂职，提升党外干部的素质能力。做好人大政府政协换届人事安排工作。认真贯彻落实中央关于换届工作的方针政策，正确把握推荐提名的原则和要求，坚持把政治素质放在首位，完善整体结构，减少交叉、扩大覆盖面，严格工作程序，严明时间节点，严肃换届纪律，完成全国和省市人大政府政协换届中党外人士的政治安排工作，全方位把好党外人选的政治关、廉洁关、形象关。加强监督管理。3月，在全省率先出台《党外干部年度履职报告制度》，探索建立履职考核体系，把考核结果作为党外干部实职和政治安排的重要条件和依据，该制度建设获省委统战部实践创新成果奖。制定印发《中共合肥市委统战部关于加强全市基层统战工作规范化建设的意见》，在全市开展爱国统一战线大调研工作，增强各级党委（党组）与党外干部合作共事的意识，市社会主义学院配备党外副院长1名。市体育局、市环保局、市大数据资源局、市工商联先后配备党外正职。

【自身建设】 强化领导责任。召开统一战线领导小组会议，调整市委统战工作领导小组，组长由省委常委、市委书记宋国权亲自担任，印发《市委统一战线工作领导小组工作规则》，明确市委统战工作领导小组成员单位职责，加强市委对统战工作的领导。加大信息宣传力度。制定印发《2017年统战理论政策研究课题计划》，深入一线调研，总结新鲜经验，宣扬先进典型，推动调研成果向统战工作创新发展转化。4篇统战理论课题获省委统战部统战理论创新、实践创新成果获奖。着力围绕中心工作加强信息采编，突出抓好重大突发事件信息的及时报送，全年在市级媒体发布宣传稿200余篇，各类信息被省委统战部采用300余条，中央统战部采用10余条，市委统战部信息宣传工作被省委统战部评为先进单位。

（黄东东）

政法工作

【概况】 2017年，合肥市政法部门贯彻中央和省委政法工作会议精神，全面深化平安合肥、法治合肥和过硬队伍建设，各项工作取得良好成效。党的十九大安保维稳实现“五个严防”“三个不发生”“两个确保”工作目标；涉稳事件起数和参与人数同比分别下降19%和22%；社会治安呈现“四降”态势：八类案件发案、街面“两抢”发案、四类可防性案件、传销警情同比大幅下降；去省和进京上访同比分别下降33.4%、48.8%；群众安全感、政法满意度连续第4年实现“双提升”。

【服务经济发展】 市政法部门用新发展理念引领政法工作，主动作为、履职尽责，为“五大发展”提供强有力的法律服务保障。强化综合治理。发挥党委政法委统揽作用，建立对“五大发展”领域不稳定不确定因素排查预警、风险管控、矛盾化解机制；发挥政法部门职能作用，服务创新驱动战略，切实保障民生民利，促进合肥转型升级发展。强化严格执法。全市法院审结涉环境资源类案件204件，市检察机关开展危害食品药品安全和破坏环境资源犯罪专项立案监督，市公安部门组织开展烟花爆竹违规燃放专项治理。强化服务提升。全市法院拓展诉讼服务中心“合肥经验”，推进信息化3.0和智慧法院建设；市检察院开展警示教育宣传269场次、受教育人数达14065人次；市公安部门推进“互联网+政务服务”工作，推进户政服务中心城区全覆盖；市司法部门组织开展“学雷锋律师服务月”活动，推进基层司法所规范化建设。

【维护社会稳定】 市政法部门坚持源头预防，加强动态管理，强化应急处置，立足问题解决，社会矛盾纠纷预测预警、化解处置能力得到有效提升，省会社会大局保持稳定。在源头防范上，深化风险评估。全市评估重大事项105件，其中准予实施97件，暂缓实施8件，有效保障了重大决策的出台和重大工程项目的实施。在隐患排查上，完善维稳情报信息互联互通机制。搜集各类信息4000余条、研判预警200余条；组织开展涉稳问题集中摸排调研，对摸排出来的8个方面219件矛盾隐患，逐一纳入重大不稳定问题清单管理。在敏感节点上，超前谋划，周密部署，完善预案，强化值守，确保“两节”“两会”“一带一路”高峰论坛等敏感节点社会稳定。在治理进京访上，开展进京访治理“双百攻坚”“百日攻坚行动”，通过强化5大措施和5项机制，进京访批次和人次同比分别下降45.4%、48.8%。

【平安合肥建设】 市政法部门聚焦群众安全感，突出问题导向，坚持创新驱动，强化责任落实，在更高起点、更高水平、更高质量上全面深化平安合肥建设。组织开展严打整治。攻坚大案要案，36起现行命案全破；重拳打击侵财犯罪，盗抢骗破案数同比上升35.07%；严厉打击经济犯罪，建立涉众型经济犯罪案件风险防控和打击处置工作机制；防范打击毒品犯罪，全年打击处理毒品犯罪嫌疑人同比上升14.3%；强力整治突出问题，对47个重点小区实行预警，挂牌整治9个重点地区。探索推进平安建设智能化应用。推进“雪亮工程”建设，全市建成高清探头1.8万个，整合社会视频资源1.6万路，该市在全国“雪亮工程”建设推进会上作连线演示；对照国家“9+X”标准，研究制定“合肥综治信息化平台建设方案”，以各级综治中心为平台，推进综治视联网建设，市、县（区）两级综治视联网已实现全面覆盖、互联互通；推进社会服务管理信息化平台建设，市区352个社区实现全面运行，303个办事项可网上运行，246个办事项下沉社区办理。提升流动人口及特殊人群服务管理水平。全市登记在册的260多万流动人口、36万多间出租房屋实行动态管理，录入公安库7999名严重精神障碍患者得到有效管控，依托企业建立安置帮教基地74个、建成9个县（市）区过渡性安置基地。有效压实综治工作责任。市委、市政府主要负责同志与13个县（市）区党政主要负责同志和64个市综治委成员单位主要负责同志签订目标管理考核责任书；对综治工作突出问题，市综治委组织市人大、市政协开展督查巡视，市综治办坚持明查暗访，推动问题解决；把“四类可防性案件”作为硬指标实施硬考核，全年通报表彰11个乡镇、街道（社区）及其对应的派出所，一票否决2个乡镇（社区）及其对应的派出所，重点管理4个乡镇、街道（社区）及其对应的派出所，取消4个平安乡镇街道称号。

【法治合肥建设】 市政法部门主动地做全面依法治市、建设法治合肥的推动者、实践者。在顶层设计方面，成立工作推进专项小组，出台三个工作规则，建立三个工作体系，成立专门机构，形成整体推进、有序实施、逐步落地的工作格局。在机制完善方面，推动形成党委统一领导，人大、政府、政协各负其责，职能部门各司其职，全社会齐抓共管，人民群众广泛参与的法治建设领导责任机制；年度考核、阶段性评估和专项督查相结合，健全法治宣传考核奖惩机制；推进法治县（市）区、民主法治示范村（社区）创建，完善基层法治创建机制。在法治宣传方面，组织实施“七五”普法规划，组织开展“江淮普法行”活动，成立“法润江淮”普法志愿者支队，组建1107名在册普法志愿者，开展“喜迎十九大　共建法治城”第四届法治文艺演出。在执法监督方面，组织开展为期6个月的涉案财物处置工作专项检查，排查各类案件6490件，清理涉案财物5077件；组织开展集中依法化解涉法涉诉信访积案专项工程，对117件涉法涉诉信访积案进行集中交办，联合协调化解13起“三跨三分离”信访案件。

【社会治理改革】 市政法部门强化责任、问题、攻坚意识，拧紧责任螺丝，提高履责效能，深化社会治理和司法体制改革。全面完成司法体制改革试点，完成员额法官、检察官选任，建立一整套执法办案责任制，办案效率和质量明显提升。改革后，全市法院一线办案力量增加14.3%，诉讼服务中心建设形成“合肥经验”；全市检察院85%的员额内检察官配置到业务一线，审查逮捕时间平均缩短1天、审查起诉时间平均缩短6天。统筹推进社会治理改革，制定《合肥市社会治理创新“十三五”规划》，出台《合肥市全面深化公安改革的实施意见》《关于完善法律援助制度的意见》，涉法涉诉信访、户籍制度、社区矫正、社会养老等领域改革迈出坚实步伐、取得积极成效。

【队伍建设】 市政法部门按照“五个过硬”总要求，推进思想政治、业务能力、纪律作风建设，打造一支信念坚定、执法为民、敢于担当、清正廉洁的新时代政法队伍。推进思想政治建设，深入推进“两学一做”常态化制度化和“讲政治、重规矩、作表率”专题教育，学习贯彻党的十九大精神，开展“面对五对矛盾，我们怎么办”专题研讨。推进业务能力建设，举办政法干部培训班，普遍开展岗位技能培训，推进“两微一端”新媒体建设，提高政法干警业务能力。推进纪律作风建设，市委政法委调研形成《关于党委政法委纪律作风检查督查工作意见》，规范市委政法委员会机关委务会、书记办公会等会议制度；市法院对11家基层法院开展专项司法巡查及廉政谈话；市检察院开展“规范司法行为深化年”活动。推进法学会建设，组织开展第十二届中国法学青年论坛征文工作，组织开展“百名法学家百场报告会”讲座，筹备市法学会三届二次理事会和第三届合肥法治论坛。

（市委政法委）

政研工作

【文稿起草】 2017年，市委政策研究室围绕决策部署，起草《关于深入贯彻落实党的十九大精神　加快打造具有国际影响力的创新之都　奋力谱写社会主义现代化建设合肥篇章的决定》《关于贯彻落实〈中共中央政治局关于加强和维护党中央集中统一领导的若干规定〉及省委部署的意见》《市委全面深化改革领导小组2017年工作要点》《市委党的建设工作领导小组2017年工作要点》等系列事关全局的纲领性文件。牵头制定全市社会治理创新“1+X”文件起草工作分工方案，组织开展《关于坚持以党建为引领进一步创新城乡社会治理加强基层建设的意见》等文件起草工作。认真审核、把关各类改革、党建文件，深度参与《关于开展城市管理提升年的实施意见》等文件修改工作。围绕重要会议，起草市委主要领导在省委常委会、市委常委会、市委理论学习中心组学习会议、全面深化改革领导小组会议、党的建设工作领导小组会议等全市性重要会议上的讲话提纲20多篇。组织起草或参与起草市委领导在中央环保督查会议、全省党建工作座谈会、全省农村环境“三大革命”推进会等重要会议上的汇报材料。围绕重要工作，起草中央、省委巡视组对合肥巡视、回访以及整改落实情况等专题汇报材料以及市委书记、副书记党的十九大精神宣讲提纲等重要文稿。围绕理论运用，组织起草《打造有国际影响力的创新创业人才高地》《全力以赴加快建设绿色发展美丽巢湖》等市委领导署名理论文章。

【调查研究】 组织开展重点调研。立足发展全局，及时研究提出市委常委年度重点调研课题建议，研究制定市级负责同志贯彻落实党的十九大精神大调研课题方案，做好课题征集、组织协调和调研报告起草、调研成果转化工作，高质量完成《基于新发展理念的合肥城市竞争力比较研究》《深化供给侧结构性改革 提高实体经济发展质量和效益》《合肥打造人才高地研究》等调研报告，及时编发《决策参考》，指导全市工作。开展专题调研，围绕打造“大湖名城、创新高地”、建设长三角世界级城市群副中心、科技创新、县域发展、社会治理、生态文明建设、干部队伍建设等相关专题开展调研，形成《合肥市军转干部安置情况调研报告》《区划调整后合肥干部队伍建设情况调研报告》《长丰县由贫困县跃入百强县发展路径探源》《合肥对外开放平台建设情况调研报告》《当前合肥“多规合一”试点存在的问题和建议》《合肥距离商业魅力新一线城市还有多远》《合肥市全创改实践探索及存在问题和建议》等高质量调研报告。其中，多篇报告被省、市委主要领导批示，并被省、市委文件吸收，推动全市相关问题解决；或以《合办通报》等形式印发全市学习运用，为市委决策、部门工作提供有力参考。加强多维联动调研。加强省市联动，深度参与省委政研室在肥调研活动，同步形成相关调研报告。强化全面深化改革和全面从严治党等工作联动调研，健全重大调研成果共享机制，组织开展2015～2016年度全市优秀调研成果评比，并结集印发。加强与市社科联、市政府政研室、市发改委等单位协作，组织或参与重要研究课题和相关专项规划的咨询、研讨、论证工作。加强党委政研系统协作，组织人员赴武汉、长沙、西安、郑州等先发地区学习考察，精心安排接待哈尔滨、宁波、西安、长沙、昆明、太原等20多地党委政研室来肥学习考察。

【市委党建办工作】 在谋划落实方面，根据形势需要和人员变动情况，及时调整市委党的建设工作领导小组成员，进一步构建“大党建”工作格局。及时制定出台市委党的建设工作领导小组2017年工作要点，组织召开市委党的建设工作领导小组会议2次，突出总体工作部署，强化重点任务落实。落实《市委关于贯彻中央、省委部署开创全面从严治党新局面的实施意见》，组织起草《市直有关部门贯彻实施〈实施意见〉重要举措分工方案》，推动意见精神落地生根。按照《地方党委会工作条例》有关规定，组织起草市委向省委抓党建工作情况报告。在协调服务方面，做好全市党建工作总体、党建创新典型以及中央党建工作领导小组领导来肥调研“抓党建促创新”等汇报材料起草工作。组织开展全市党建工作领导小组、党建办的机构设置、人员组成、运行情况摸底，加强系统业务培训，推动全市党建办系统规范化、常态化运作。在党建考核方面，在省委对合肥市综合考核工作中，牵头组织完成党建方面总体汇报、分项汇报与印证材料的编写工作，高标准做好迎检准备工作，为确保合肥市在省辖市领导班子综合考核中位居首位发挥了积极作用。在全市综合考核工作中，做好相应指标设置和赋分工作，抽调专人参与市委综合考核组、考核办工作，牵头做好市直部门对县（市）区党建考核指标设置与直接赋分部分汇总。在党建研究方面，高质量完成省委党建办年度重点管理课题任务，做好课题遴选与报告起草工作，《合肥打造人才高地研究》（《安徽工作》全文刊发）、《探索建立动态衡量政治生态状况指标体系及应对机制研究》两个课题报告分别获评一、二等奖。继续抓好市委党建办年度重点管理课题统筹调度、评选表彰工作，收集整理优秀调研成果9篇，予以通报表彰。总结党的十八大以来全市党的建设领域创新做法，组织编写《合肥市党的建设创新典型案例》，收录各地各领域有创新参考价值、社会评价较好、有较大影响力的党建典型案例28篇。

【市委改革办工作】 抓统筹谋划，及时组织安排传达学习中央、省委历次改革领导小组会议精神，及时组织市委深改组成员、各县（市）区深改组观看学习《将改革进行到底》，并召开专题学习讨论会。按照“承接、提升、创新”的思路，及时编印市委深化改革领导小组2017年改革工作要点。抓任务推进，及时细化分解改革要点，编印改革任务总台账。筹备召开7次市委深改组会议，推动各项改革部署落地见效。建立健全台账日常管理和挂账销号制度，加强量化管理、动态监测。建立完善改革工作定期报告制度，多次向市委深改组和省委改革办报告全市改革进展和督察开展情况，对各专项小组、县（市）区反映的重点问题，做到随时请示上报。抓协调联动，主动加强与省委改革办工作对接，及时备案报审重要改革方案和改革进展，高效完成交办的各项任务。及时向各专项小组、专题组传达市委深改组工作部署和相关要求，协调解决跨组跨领域改革推进中的困难。强化对县（市）区全面深化改革工作的督察督促，进行定期检查、随机抽查、专项督查，及时召开全市改革办主任会议和业务培训会。抓督办督察，抓亲力亲为，谋划建议将“系统推进全面创新改革试验”“打造内陆开放新高地”作为宋国权书记、凌云市长牵头开展的重点督察项目，并进行专题督察调度。在市委深改组会议上，专题安排市委全面深化改革领导小组成员、各县（市）区委主要负责同志汇报亲力亲为抓改革落实情况。抓三察三单，及时研究制定督察工作计划和方案，对市委深改组确定的年度重点督察任务，牵头组织、有序开展实地督察，对县（市）区改革情况开展全面督察。抓考核问效。对督察中发现的问题，及时下发问题清单，要求限期整改并按时反馈。全面完成对9个县（市）区、51家市直单位年度改革考核工作，结果纳入综合考核。抓总结宣传，加强挖掘整理，着力把各项改革成果总结好、巩固好、发展好，先后总结提炼系统全面创新改革试验、创新转型升级、打造人才高地、城市阅读空间建设、巢湖“厕所革命”等改革典型和亮点，《合肥市包河区扎实推进河长制加速实现水清景美》等6篇信息被省委《改革工作简报》和《安徽改革信息》采用，采用量位居全省前列。

【载体建设】 高标准办好《合肥工作》。坚持突出市委工作重点，及时关注、总结基层鲜活经验和创新实践，准确反映全市经济社会发展的新亮点、新情况、新成果，提升党刊编辑质量和水平，按月优质出刊，与全国200多家大中城市开展交流，再次获“全国十佳党刊”称号。高质量编辑出版《中国合肥》。为系统化、多维度、全方位、多视角宣传推介合肥，扩大合肥知名度和影响力，方便海内外朋友更加全面了解合肥古今，更加广泛参与合肥建设发展，在深入调研、座谈的基础上，高效完成《中国合肥2017》编辑出版工作，得到市委领导的充分认可和社会各界的广泛好评。高效率编发《市情手册》《决策参考》。做好《合肥市情手册》年度更新和编辑发行工作；收集整理各类优秀调研成果，及时编发《决策参考》。高强度做好信息编辑报送。及时关注重点工作和亮点典型，全年组织编报各类信息100多篇，被中办、省委办采用6条，被《合肥信息》采用17条、《要情专报》采用4条，信息工作连续多年稳居全市同类考核单位前列。高水平保持网站安全运行。强化保密安全和舆情稳定，修订完善信息发布规范，主要栏目及时更新，“合肥决策咨询网”保持良好运行，各项指标在全国同类网站中保持前列。

（陈先胜）

机关党建

【概况】 2017年，市直机关各级党组织以迎接党的十九大和学习宣传贯彻党的十九大精神为主线，按照市委部署，落实全面从严治党要求，以推进机关党建标准化建设为抓手，以落实机关党建工作责任为保障，从严抓好机关党的建设，为加快打造“大湖名城、创新高地”，奋力开创长三角世界级城市群副中心建设新局面提供坚强的保证。

【理论武装】 坚持把《关于新形势下党内政治生活的若干准则》《中国共产党党内监督工作条例》和习近平总书记系列重要讲话精神作为重点内容，通过多种方式开展学习研讨，不断强化四个意识。结合推进“两学一做”学习教育常态化制度化和开展“讲重作”专题教育、专题警示教育，不断强化理想信念。打造“机关大讲堂”“书记讲党课”“书香机关”等学习品牌，推进机关学习型党组织建设。全年举办机关大讲堂4期、书记上党课760多堂，开展学习测试2次、主题演讲比赛1次，评选家训家规家风故事优秀作品59篇。

【基层党建】 制定市直机关基层党组织标准化建设实施方案、市直机关基层党组织标准化建设考核验收工作规范等相关指导性文件，739个基层党组织开展标准化建设，第一批考核验收达标率达57%。开通“安徽省‘两学一做’学习教育纪实评价系统”，完成4544份任务，上报督导报表12期，基层党组织和党员查摆存在问题1612个，制定整改措施1479个，落实整改事项1206个。采集建立12337名党员电子身份信息，录入全国党员管理信息系统。建立健全基层党组织按期换届提醒督促机制，完成40个基层党组织换届，调整市直机关党组织书记（副书记）28人，培训入党积极分子329名，发展党员90名。

【党风廉政和效能建设】 贯彻中央和省、市委及纪委关于党风廉政建设和反腐败工作部署，运用监督执纪“四种形态”，狠抓“两个责任”落实，筑牢干部拒腐防变的思想道德防线。全年处理违纪党员17名。制定下发《2017年合肥市效能建设工作实施意见》，9个县（市）区和118个市直单位分别成立效能建设工作领导小组和工作机构。加强效能督查，聘请20名效能监督员，对市直效能建设责任单位进行6轮明查暗访，对10个单位存在的23个问题进行反馈，并对整改落实情况进行公开通报。

【四联四定工作】 定期组织党员干部深入基层调查研究、走访慰问、驻村联户、结对帮扶、挂职任职，结对困难群众1974人，帮助解决实际困难9629件，争取发展项目750个，提供帮扶资金3284万元。工委从留存党费中划拨42万元资金专项用于对各单位党组织申报的因病致贫特困群众和结对帮扶的贫困户385人进行慰问。

【群团工作】 贯彻落实中央和省、市委关于加强和改进群团工作的要求，把群团建设纳入机关党建工作总体部署和考核体系。成功举办第五届市直机关运动会，81个代表队、8200余人次参加20个大项、57个小项的比赛。通过开展元旦长跑、登山比赛、篮球比赛、保龄球比赛和送春联、书画摄影展、健康讲座等活动，丰富机关党员干部职工精神文化生活。市直机关志愿服务队伍参加文明劝导、关爱老人、法律援助、政策咨询、科普、助残等志愿服务活动1730人次。

【治党履职】 执行市委办公厅《关于落实全面从严治党要求进一步加强市直机关党的建设的实施意见》，坚持和完善机关党建工作责任体系，压实从严治党责任。完善机关党建工作目标责任制，全面实行基层党组织书记抓党建工作述职评议，对76个直属党组织进行目标责任制考核，对76名基层党组织书记进行抓党建工作述职评议。探索“互联网+”模式，筹备建设“市直机关党建信息化平台”，完成项目申报和专家评审。实行新任专职党务干部谈话制度，全年任职谈话16人。举办市直机关基层党支部书记培训班，给90名基层支部书记集中“充电”“补钙”。在福建古田干部学院举办党务干部培训班，为108名党务干部提升党性修养和履职能力。坚持问题导向，围绕6个课题开展机关党建研究，开展基层党建工作典型案例征选，上报省直工委、市委组织部机关党建典型案例19篇。

（市直机关工委）

保密工作

【概况】 2017年，合肥市保密工作坚持党管保密，聚集重点任务，强化保密“两识”，加强检查监督，推进科技支撑，优化服务保障，年度各项任务，全年未发生失泄密案件。市委保密办（市国家保密局）在2017年度全省市级保密部门综合考核中被评定为“优秀”等次。

【贯彻中央省委重大决策部署】 坚持把贯彻中央和省委关于保密工作的重大决策部署作为年度保密工作的首要任务，市委出台关于加强保密工作的实施意见，重点对党管保密、依法治密、综合防范、创新驱动、队伍建设等目标和任务作出具体部署。3月23日，市委保密委召开2017年第一次（扩大）会议，传达学习中央及省委保密委会议精神，审议通过《中共合肥市委保密委员会2017年工作要点》《中共合肥市委保密委员会工作规则》。3月31日，召开全市保密工作会议，制发年度保密法治宣传培训、保密检查工作计划，并相继召开协作组会议，统筹推进年度各项工作任务顺利展开。12月，首次将领导干部保密工作责任制纳入市委综合考核，推动形成一级抓一级、层层抓落实的良好工作格局。

【网络保密】 突出网络保密管理，加强网络保密检查，推进互联网接入口监测器预警系统建设。3月，市国家保密局制发《关于组织开展机关、单位互联网门户网站等保密检查的通知》，全面展开“清池子”行动，全市检查互联网门户网站354个，政务微博85个，微信公众号148个，互联网办公系统29个，政务邮箱115个，清理违规发布、处理涉密信息2条。在此基础上，组成检查组集中对市委办公厅、庐江县、包河区等8家单位互联网门户网站等进行抽查，未发现违规存储、发布涉密信息行为。5月，市国家保密局、试点网络建设和管理协调小组办公室组成联合检查组，集中对全市终端节点开展现场保密核查，配合省测评中心完成网络终端节点测评工作。全年完成市政务第一、第二办公区互联网接入口前端监测器安装，并与省监测平台实现数据预警共享。

【宣传教育】 谋划“七五”保密普法活动，开展群众性保密法治宣传，加强重点人员教育培训，强化各级各类人员保密意识和保密常识。2月，研究出台《合肥市“七五”保密法治宣传教育实施方案》，对“七五”保密法治宣传教育作出具体部署，明确将保密法律法规纳入全市县以上党委（党组）中心组学习内容和党校、行政学院主体班教学，将保密普法纳入年度业务考核。5月，组织县（市）区保密工作部门20余名专职保密干部业务能力提升培训。6月，开展保密工作先进集体和先进工作者评选活动，肥西县国家保密局、巢湖市国家保密局、庐阳区国家保密局被评为“全省保密系统先进集体”，市国家保密局锁静、包河区委保密办李娟被评为“全省保密系统先进工作者”。8月，根据省委保密委要求，市委中心组及省管干部计40余人赴省保密教育实训中心进行保密专题教育轮训。9月，开展“增强保密意识，确保国家安全”主题宣传，指导瑶海区“保密就在你我身边”社会普法宣传活动。11月，组织全市160余名专兼职保密干部进行党内法规和保密业务知识培训。全年选派12人次参加国防科技工业企事业单位保密干部业务培训、全省保密办主任专题研修班、全省定密及检查业务培训，为肥西县等7家单位进行保密“两识”教育，协调市委组织部等多家单位300余人赴省保密警示教育中心开展警示教育；编发“七五”保密法治宣传资料《保密三大管理实用手册》3500余册，订购“七五”保密法治宣传教育资料1843套，征订《保密工作》杂志1414份，编印《合肥保密工作》4期。

【监督检查】 坚持把加强监督检查作为推进保密工作的重要抓手，在加强保密“三大管理”监督检查的基础上，突出抓好保密工作自查自评、各类专项检查和随机抽查。4月，市委保密委会同市委办公厅、市政府办公厅对贯彻落实中央和省、市委决策部署进行专项督查，梳理存在的问题，制定改进措施。8月迎接省委保密委对我市落实决策部署等情况进行综合检查，针对省保密综合检查组抽查12家单位存在的问题，市委保密办及时下达保密综合检查整改意见书，督促落实整改。5月，市国家保密局联合市教育局、公安局对市教育考试院及四县一市招办试卷保密室进行安全保密检查，接受国家教育部、国家保密局等部门对全市教育考试院试卷保密室保密检查，并对全市试卷保密管理工作给予肯定。组织开展机关、单位自查自评工作，7月中旬至8月初，对市卫计委等14家单位的核心要害部门（部位）、涉密载体管理、网络保密管理、保密制度落实以及自查自评情况进行检查，检查计算机168台、制度清单及台账200余份，现场向受检单位反馈问题，并督促整改落实。10月中旬，配合市国土资源局开展全覆盖排查整治“问题地图”专项行动，对8类地图进行全面排查，并制定“问题地图”失泄密案件查处应急预案；下旬，协助市国安局、市网宣办对市台办、市外办等核心要害单位互联网及计算机开展技术安全检查，确保敏感时期重点涉密单位安全保密万无一失。12月，完成重要军事设施周边环境安全检查“回头看”。

【依法治密】 以推进“互联网+政务服务”工作为契机，抓好保密法律法规贯彻落实，提高保密工作法治化水平。学习贯彻《安徽省定密工作程序规定》，规范定密管理，推动机关、单位定密责任人制度落实，完成年度定密情况统计。5月，组织保密制度清理备案工作，集中清理1984年至2017年制发的保密制度73件，其中保留35件、废止29件、失效8件、修订1件。9月，制定《合肥市国家保密局内部重大行政决策事项合法性审查工作制度》，动态调整市国家保密局权责清单，编制公共服务事项实施清单，做好“互联网+政务服务”工作，实现保密法律法规咨询、保密知识教育培训、泄密举报受理等公共服务事项网上办理。

【服务保障】 发挥保密工作的服务保障职能，及时高效做好市级领导保密技术防范设备维护配备、党政专用通信（红机电话）服务保障工作，为重要涉密会议、活动提供保密技术服务8次，为高中考、公务招录、司法考试等国家统一考试提供服务保障9次，确保年度重要涉密会议、活动及各类统一考试安全保密。加强涉密载体印制、收发、使用、复制、销毁等环节保密管理，定期组织开展废旧文件回收销毁工作，全年回收各类文件资料300余吨。提高涉密资质服务水平，为天力源电子科技、戎科信息等7家军工单位提供保密资格审查指导，配合省认定委完成保密资格审查认定工作。

（方开明、张新宏、曹先锋）

编制管理

【深化“放管服”改革】 **简政放权，降低准入门槛。**2017年，市机构编制委员会办公室做好国务院第三批取消中央指定地方实施行政许可事项的贯彻落实，行政权力市级取消9项、县级取消10项。推进省直部门下放事项的承接和落实工作。按照《全省统一的行政许可事项目录清单》要求，加强县级权责清单统一规范，动态调整市级权责清单。创新修订“三定”，促进清单成果转化。强化法治思维，增强清单制度刚性约束，创新“三定”架构设计，明晰内设机构外部行政权力、内部管理事项、公共服务事项、其他工作事项等职能职责。

创新监管方式，促进公平竞争。细化完善政府权力运行监管细则；全面推开“双随机、一公开”，“一单两库一细则”实现全覆盖。推动综合执法改革，重心下移，基层市场监管所由103个增加到148个，同比增加43%，1650名行政编制按照机关和基层一线执法人员3：7比例配置重新分配，基层一线执法编制占比达72%。

提升服务效能，营造便利环境。坚持公共服务做“加法”、中介服务做“减法”，全面清理规范公共服务和中介服务事项，实现市、县、乡三级公共服务清单和市县两级中介服务清单全覆盖，市级公共服务事项保留1589项，同比增加55%，中介服务事项取消20项、规范（下放）23项、转换13项，保留178项，精简20%。推动“互联网+政务服务”，制定50家市直单位政务服务事项目录清单1186项，推进政务服务事项网上办理，其中办理深度二级以上事项达95%、三级事项达55%。根据国务院审改办要求，会同市政务服务中心积极推进行政许可标准化建设。

【全面推进改革试点工作】贯彻落实市委、市政府改革工作部署要求，加强统筹协调，改革创新，所牵头承担的6项省级以上改革试点任务（国家级试点2项、省级试点4项）全部按时序要求落实到位。

开展国家级承担行政职能事业单位改革试点。坚持以职能清理为基础、以政事分开为核心、以优化机构职能为重点、以严控机构编制为底线，扎实推进试点工作，全市纳入改革试点范围的70个（市级21个、县级49个）事业单位职能和机构调整工作基本到位，试点工作受到中编办验收组和省编办的充分肯定，并通过中编办评估验收。

推进国家级机构编制云平台应用试点。为整理、分类存储各部门机构编制管理档案，建立机构编制管理数据资源库，实现“三定”管理科学化、权责清单网上运行化和机构编制管理信息化，推动组织、编制、财务、人社信息资源共享互通，主动申请并获中央编办批准开展机构编制云平台应用试点，全年完成53家市直机关事业单位“三定”信息的录入工作。

推进事业编制周转池制度建设。编制周转池制度是安徽省编制管理的重大创新，作为试点市，利用编制周转池政策红利，以专业技术人员队伍建设为核心，依托大数据平台，向急需编制的高校、医院投放编制，开创招才引才有编制、培养晋升有岗位、选人用人有自主的编制工作新局面。2017年，全市累计获批周转池编制近4000名，合肥学院获批周转池编制266名，市县11家公立医院获批周转池编制3687名、社会化用人控制额度4590名。通过改革，合肥学院教学系列正高级职称数增加86个，副高级职称数增加79个；市属8家公立医院增加正高级岗位289个、副高岗位734个。合肥学院利用周转池编制全面启动“1251人才计划”，引进德国10名教授、20名工程师、50名硕士、100名博士。

开展机构编制实名制系统业务网上办理试点。为全面提升机构编制管理的规范化、科学化、精细化水平，按照规范管理、动态维护、高效运用原则，出台《合肥市实名制系统业务网上办理试点方案》，加快推进实名制系统业务网上办理试点，全市开通党政专网接口102个，在线办理业务5000余次。

探索合肥市高新区知识产权“三合一”综合执法改革试点。牵头制定《合肥市高新区知识产权“三合一”综合执法改革工作实施方案》，探索建立权界清晰、分工合理、责权一致、运转高效的行政执法体制，加大对知识产权的保护力度，着力解决多头执法、监管缺位、效能不高的问题。

深化经济发达镇行政管理体制改革。为巩固深化经济发达镇行政管理体制改革试点成果，以扩大经济社会管理权限、完善基层政府功能为重点，探索建立简约精干的组织架构、务实高效的用编用人制度，组织开展改革试点督查评估。从建立工作机制、推进简政放权、优化组织结构、创新社会管理、促进经济社会发展等7个方面制定22条考评细则，组成联合专家评估组，对下塘镇和花岗镇改革试点进行评估，在全省率先完成经济发达镇管理体制改革试点评估。

【创新机构编制管理】 突出职能转变，统筹优化组织机构。适应数字经济发展需要，创新数据资源管理体制，构建了“一局（市数据资源局）三辅（市信息中心、市网站管理中心、市大数据资产运营有限公司）、多点支撑（专家咨询委员会、市大数据研究院、战略合作办）”、上下联动（县市区成立数据资源工作机构）的数据资源工作体制机制。积极探索与内陆开放新高地相适应的体制机制，整合相关部门口岸管理职责，强化承担口岸管理机构（市商务局）的统筹协调职能，赋予其统筹协调口岸管理和市“四港、三区、一中心”八大对外开放平台建设工作职责。探索巢湖流域一体化综合治理绿色发展体制，明确巢湖流域环境保护职责分工，加强巢湖流域综合执法队伍建设，构建以省级巢湖总河长制为统领的涉巢治理一体化管理体制机制。强化金融监管体制，将市金融办由直属事业单位调整设置为政府工作部门，承担地方金融改革发展的监管指导和监管问责职能。

提升服务质量，规范事业单位登记管理。制定进一步优化和规范事业单位法人登记管理服务办法，完善服务承诺制、限时办结制、首问责任制等制度。建立微信公众平台，以“互联网+政务服务”为依托，推动登记管理全事项、全流程网上办理。简化办事流程，压缩办事时限，即时办结事项超过90%，98%以上的业务办理“只需跑一次”，限时办结事项比法定时间压缩70%以上。创新事业单位监管方式，制定事业单位法人异常名录管理办法，对有异常情形的事业单位进行记载并定期通报，推动事业单位法人信用体系和联合惩戒制度建设。完成全市417家事业单位和158家机关群团统一社会信用代码转换，完成映射百分比达100%。围绕合肥综合性国家科学中心建设需要，将14家科技创新协同平台纳入“二类事业单位”管理。

加强控编减编，确保实现财政供养人员只减不增目标。坚持“控制总量、盘活存量、优化结构、有减有增”原则，全面贯彻落实国家和省控编减编要求，严控机构设置，严控编制增加，严控新增人员。从严控制，严格审核，把好关口，妥善解决严格控制编制与满足事业发展需要的矛盾，实现了以2012年机构编制为底数，财政供养人员只减不增的目标，全市机构编制总体空编运行。

（市编办）

档案工作

【概况】 2017年，合肥市档案系统在2017年度省政府目标管理绩效考核中取得第一名的好成绩。市档案局机关党支部通过市直机关基层党组织标准化建设验收，在市直机关党组织书记抓党建述职评议考核中获92.85分，市档案局机关党支部被市直机关工委评为2017年度市直机关党建目标责任制考核优秀党组织。

【档案资源体系建设】 明确档案馆收集档案范围，做好档案移交和接收工作，丰富馆藏资源，优化馆藏结构，馆藏量稳居全国省会城市前列。加大重点档案保护力度，开展档案修复、理化消毒工作延长保存寿命，市档案馆修复破损老化档案2万余页，并对23万卷（件）档案进行消毒。征集合肥市2017城市管理提升年、合肥市“三重一创”项目、2017合肥国际马拉松赛等重要档案资料进馆。

【档案安全体系建设】 加强档案馆室建设。市档案馆新馆规划建筑面积2万平方米。肥西县、长丰县、蜀山区、包河区新馆落成投入使用；巢湖市档案馆新馆主体封顶，推进肥东、庐江、瑶海、庐阳等地档案馆新馆建设；积极谋划开发区档案馆建设。市直各单位及基层单位档案室建设和改造有条不紊。

构建人防、物防、技防“三位一体”的档案安全防范体系，重点加强汛期、梅雨季节、高温时段的安全检查，下发《关于开展档案汛期安全检查的通知》等，成立检查组对全市开展专项安全督查工作。赴兰州、福州等地开展重要档案信息异地异质备份工作，提升防灾减灾能力，保障档案实体和信息安全。

【档案信息化建设】 全国示范数字档案馆项目建设启动。市档案局参与的《量子保密通信技术在数字档案馆和馆际互联互通中的应用》通过国家档案局科技项目立项。推进市、县（市）区档案馆资源共享和跨馆查询工作，争取实现互联互通。加快馆藏档案数字化进度，2017年市档案馆档案数字化率达63%，全市10个国家综合档案馆共完成档案数字化加工6365万页，档案备份存储达30720GB。

【档案利用服务】 服务中心工作。市委办公厅、市档案局等联合举办“不忘重托，记录变化”——习近平总书记视察合肥一周年图片展，在阳光大厅展出，并在九个县（市）区进行巡展，观看展览的干部群众达5万多人次。包河区举办“砥砺奋进谋新篇”成就展；庐阳区举办“献礼党的十九大——砥砺奋进的庐阳五年”成果展；肥西县举办“喜迎十九大，共赴新征程”

迎新年美术作品展，都取得了良好效果。

服务经济建设。参与轨道交通2号线档案的检查指导验收工作，主动上门指导服务，保证轨道交通2号线通过国家档案单项验收。参与全市重大建设项目和重点建设工程项目档案指导、验收等相关工作，对郎溪路高架、铜陵北路高架和阜阳北路高架项目进行档案业务指导服务，确保项目档案齐全规范。对外企、非公企业和公共事业单位加强业务指导，为企业发展提供档案支持。

服务民生需要。参与省、市两级承包土地确权登记颁证档案的验收工作。指导全市扶贫档案工作，印发《合肥市精准扶贫文件材料归档范围和档案保管期限表》，规范指导全市精准扶贫档案工作。各级综合档案馆优先安排民生档案的整理编目、数字化和鉴定开放，创新民生档案利用机制，做好破产改制企业、房产、建设、婚姻登记、农业农村、拆迁安置等民生相关档案的服务工作。各级综合档案馆在做好传统调阅服务的基础上，按照省市“互联网+政务服务”有关要求，积极接入安徽省政务服务网上办事大厅合肥分厅，专人负责办理网上服务申请。市档案局在档案调阅大厅设立“党员先锋岗”，档案服务窗口获合肥市第四批“学雷锋活动示范点”称号。

【档案法治】 贯彻实施“一法一条例”。2017年市政府第84次常务会议，听取市档案局关于该市贯彻“一法一条例”情况汇报，对全市近年来档案工作取得的成绩给予充分肯定。市十五届人大常委会第33次会议听取并审议市政府《关于档案法贯彻实施情况的报告》，促进全市档案管理工作取得进步。

完善档案法规体系。转发国家档案局关于印发《数字档案室建设评价办法》的通知、省档案局《关于进一步加强档案行政执法督察工作的通知》，与市发改委联合转发国家档案局、国家发改委《建设项目电子文件归档和电子档案管理暂行办法》的通知，加强全市档案行政执法督查工作。制定档案部门行政权力清单，规范档案行政执法，深化档案行政审批制度改革，并开展部门规范性文件清理工作。

健全档案执法机制。联合各级人大教科文卫工委和政府法制部门，开展档案执法检查工作，及时反馈检查情况、提出整改建议，推动档案法规政策的贯彻落实。市档案局对全市民政系统的12家单位进行专项执法检查、对市属高校合肥幼师等进行专项检查；肥东县档案局联合县四大班子和县法制办，对全县95个单位进行档案执法检查。开展2017年度政府目标考核档案单项考核工作，集中对列入市政府目标考核的75家单位进行考核，各县（市）区也对县、区直单位开展目标考核工作，全面提升全市档案工作规范化管理水平。按照《全国档案“七五”法治宣传教育规划（2016～2020年）》要求，广泛宣传档案法律法规、普及档案知识，营造尊崇法治、依法治档的良好环境。

【档案宣传】 **开展国际档案日纪念活动。**结合6月9日国际档案日和档案宣传月，以纪念《档案法》颁布30周年为契机，开展丰富多彩的活动，多渠道做好档案宣传工作。举办合肥市第二届“宝葫芦杯”兰台风采十佳档案人员评选活动，展现合肥档案人的良好形象。发放宣传册、举办图片展、组织档案征文活动，宣传档案法律法规，县（市）区档案部门深入街道、社区开展档案宣传，效果良好。

利用新媒体加强档案宣传。推出合肥市档案局微信公众号，设置“兰台文化”“兰台拾贝”“走进兰台”三大板块，保持较高密度发布档案信息和研究成果，讲述档案里的故事，弘扬合肥历史文化，扩大档案工作的影响力。

依托国家重点档案项目开展吴山庙起义专题编研工作，编辑出版合肥骄傲系列图书《合肥骄傲——吴山烽火》。与合肥晚报社加强合作，推出“档案观止”专栏，每周一期，全年推出碑文、劳模、红色档案、珍档面世四个专题43期，获得各级领导和广大市民的高度认可。立足馆藏推出《合肥工业的铿锵脚步》综述，为开展合肥工业化专题研究打下基础。

（市档案局）

党史研究

【概况】 2017年，合肥市党史部门和党史工作者，贯彻党的十九大精神和习近平新时代中国特色社会主义思想，特别是习近平总书记关于党史工作的重要指示精神，以“中共合肥历史陈列馆”建设为中心任务，带动各项工作的开展，存史资政育人工作取得了新的成绩。市党史研究室当年被省委党史研究室评为党史宣传教育工作先进单位。

【中共合肥历史陈列馆建设工程】 市委党史研究室牵头实施中共合肥历史陈列馆建设工程，坚持大纲编写、文物征集、布展方案优化与主体工程建设齐头并进，统筹抓好党史重点工程建设管理。提升陈列大纲编写质量。坚持精益求精原则，多次组织人员到省、市图书馆、档案馆和南京第二历史档案馆等地查阅档案，对陈列大纲史实进行考证；召开记者座谈会，对大纲文字与图片进行多轮修改与调整，提升陈列大纲编写质量。征集文物资料。组织人员先后赴南京、杭州、福州、北京等地征集文物资料，采访新四军四支队健在老战士，获得一批音像和口述史资料并制作成专题光盘。文物资料基本满足布展需求。内部陈列方案获市委认可。邀请省市党史、新四军历史研究专家、相关展馆展陈专业人士组成陈列方案评审专家组，对陈列方案进行指导、把关。经过多轮修改，7月，内部布展设计方案获市领导同意。场馆建设和园林绿化基本完工。配合市重点局每周在白龙镇原青龙厂新四军纪念园召开一次现场协调会，及时协调解决工程建设中存在问题，督促建设单位按优质工程要求精心施工。截至年底，场馆土建和绿化基本完成，广场主雕塑制作、安装完毕。

【编写党史基本著作】 启动《中国共产党合肥历史》修编工作。截至年底，第一卷（1921—1949）正在修编，第三卷（1978—2002）编撰工作启动；编写《中共合肥历史大事记》，使存史工作系统化、常态化。同时，指导五县（市）推进党史正本编撰工作。

【开展党史宣传教育活动】 结合基层组织建设，开展党史“六进”活动，深入学校、社区开展宣传宣讲，普及党史知识，宣传革命历史与文化传统，助推经济社会发展。利用“七一”等重要时间节点，组织开展“全市领导干部党史教育日”活动，提高党员干部学习党史国史的积极性主动性。同时统筹全市资源，着眼党史宣传形势，开展一系列党史宣传教育专题活动。如举办“纪念合肥解放68周年”“纪念渡江战役胜利68周年”图片展，“纪念建党96周年——中共合肥历史文物征集成果展”“纪念全面抗战80周年”“纪念新四军建军80周年”“纪念建军90周年”图片展，在党的十九大召开后，在全市开展了《“不忘初心，牢记使命”——中共合肥历史图片巡回展》。《大湖名城谱新篇　创新高地再跨越》《对合肥市革命纪念馆建设的调查与思考》两篇论文分别获2017年度全省党史部门党史优秀成果奖论文类的一等奖和三等奖。

（市党史办）

老干部工作

【概况】 2017年，合肥市委老干部局获“全省老干部工作先进集体”称号，调研、信息工作受到省委老干部局通报表彰。合肥市、肥西县关工委被国家司法部、综治办、中国关工委联合表彰为第三届“关爱明天·普法先行先进单位”。市委老干部局机关党总支被市直机关工委评为2017年度党建目标责任制考核优秀党组织。

【政治待遇】 组织开展迎接十九大和学习贯彻十九大精神系列活动，加强离退休干部政治、思想和党组织建设。1月份，市委、市政府分别在合肥、巢湖举办两场全市老干部系统经济形势和党的建设情况报告会。各地各单位采取举办书画摄影展、文艺演出、座谈会、培训班、专题报告会等多种形式，开展迎接十九大和学习宣传贯彻十九大精神活动。5月份，市委组织部、市委老干部局举办深入学习贯彻党的十八届六中全会精神专题报告会。市委老干部局在全市老干部系统举办以“不忘革命初心，与党同向同行”为主题的书画摄影展，开展“筑梦、圆梦、追梦——喜迎党的十九大”主题征文活动，召开“畅谈十八大，展望十九大”座谈会，举办“‘庆国庆，迎十九大’——‘颂歌献给党’”文艺展演，开展“建言十九大，助力五大发展见行动”调研活动，举办离退休干部网宣员、协作员培训班。十九大召开后，市委组织部、市委老干部局举办全市离退休干部党支部书记暨老干部局（处）长培训班。通过上下联动、形式多样、丰富多彩的主题

活动，引导广大离退休干部畅谈新成就、展望新愿景，铸牢“四个自信”，坚定“四个意识”。

【生活待遇】 春节前夕、“七一”，省、市领导深入医院或老干部家中，看望慰问老红军、曾任市级领导职务的老同志和部分老干部遗孀；春节前夕，为离休干部发放慰问品，为离休干部无工作遗孀发放慰问金；重阳节前夕，开展走访慰问活动。持续开展优质服务年活动，市委老干部局开展登门走访活动，对5个县（市）、8个市直单位的170位离退休老同志进行登门走访，了解真实情况，听取意见建议，并向县（市）和市直单位党组（党委）进行情况反馈，督促工作落实。为驻肥离退休干部申请办理了乘车意外保险。看望慰问省内易地安置离休干部，送上各级党委政府的关心和问候。组织开展10次保健知识讲座和健康巡诊活动。8月、10月先后举办“合肥市老干部系统第一届掼蛋比赛”、合肥地区第30届“重阳杯”门球赛。持续做好特困帮扶工作，市本级为75名离退休干部、19名离休干部无工作遗孀进行特困帮扶，投入帮扶资金74.2万元。下发《关于调整离休干部住房提租补贴计发基数的通知》，提高离休干部特需经费标准和生活长期完全不能自理的护理费标准，调整机关事业单位退休干部养老金，确保离退休干部的生活待遇得到落实。12月份，市委办公厅、市政府办公厅印发《关于进一步加强和改进离退休干部工作的实施意见》。市老干部工作领导小组印发《合肥市老干部工作评价要点》，健全完善新时代老干部工作的制度机制。

【调研、宣传、信息、信访工作】 各级老干部工作部门围绕重点课题深入开展调查研究，全市有6篇调研报告被省委老干部局评为优秀等次，入选《探索与思考》一书，名列省辖市之首。在国家、省、市各大媒体刊登、播出全市老干部工作、关心下一代工作、老年教育工作的文章、图像、图片5800余篇（次），其中在全国性媒体刊登320余篇（次）。坚持“七项工作制度”，持续做好信访工作，加强政策宣讲和解疑释惑，真诚帮助老同志排忧解难，老干部队伍保持和谐稳定。

【发挥阵地作用】 各县（市）区和市直单位积极引导全市广大离退休干部发挥独特作用，积极为党的事业增添正能量。市老干部教育委员会出台《合肥市老年教育发展十三五规划》。合肥老年大学开展教学评比活动，举办“纪念党生日，喜迎十九大”首届校园音乐节、庆祝党的十九大胜利召开摄影展，提升教学管理水平。9月份，合肥老年大学合唱团参加首届安徽省合唱大赛，获金奖。10月份，合肥老年大学形体模特班参加第二届“湘江杯”全国中老年艺术大赛，获金奖、最佳舞台风采奖、最佳编导奖三项大奖。在市委、市政府及有关部门的重视支持下，推进市老年大学新校区和老干部活动分中心建设。市老干部活动中心积极组织开展文体活动，组织代表队参加安徽省第26届老干部象棋围棋赛、全省老干部台球赛，均取得优异成绩。

（市委老干局）

关心下一代工作

【概况】 关工委是在党委政府领导下，以离退休老同志为主体、党政有关部门和群团组织负责人参加的，以关心、教育、培养青少年健康成长为目的的群众性工作组织。2017年，全市各级关工委以迎接党的十九大、学习贯彻党的十九大精神为主线，学习贯彻习近平新时代中国特色社会主义思想和习近平总书记对关心下一代工作的重要指示精神，紧密围绕关心下一代工作的根本宗旨和中心任务，全面扎实推进各项工作，在主题教育、关爱帮扶、社会治理、宣传工作、基层组织建设、队伍建设等方面取得了新进展。

【主题教育活动】 全市各级关工委结合党的十九大胜利召开、纪念建军90周年等重要节庆纪念日，在广大青少年中开展以“放飞中国梦·传承红基因”为主题的十项系列教育活动：围绕学习贯彻十九大精神，广泛开展宣讲活动；举办中华魂之“遵纪守法，从我做起”主题演讲比赛；举办“喜迎十九大·党在我心中”青少年才艺比赛；举办“喜迎十九大·党在我心中”老少共庆文艺演出；举办纪念建军90周年报告会；邀请新四军老战士给青少年讲革命故事；组织“五老”报告团深入基层宣讲党史国史军史；组织青少年参观革命历史纪念馆和励志教育基地；举办第九届“党是阳光我是苗”少幼儿书画展；在李克农故居举办“放飞中国梦·传承红基因”主题教育活动。

联合有关单位举办系列活动：与市文广新局、市文化馆共同举办了“合肥好声音”之“迎端午庆六一·最美童声”比赛；与市文广新局联合举办“‘放飞中国梦·传承红基因’合肥市庆‘六一’少儿文艺专场演出”；与市委老干部局、市老年大学联合举办“庆国庆，迎十九大”文艺展演；与半儒文化联合举办“庆祝十九大·书写中国梦”

少年儿童书画展；与市文明办、市教育局、团市委和市妇联联合开展清明祭英烈活动、学习和争做美德少年活动、童心向党活动和向国旗敬礼活动。

【关爱帮扶工作】 在全市关工系统推进“脱贫攻坚，关工助力”工作。4月份，市关工委在肥东县古城镇召开全市“脱贫攻坚，关工助力”推进暨马铃薯种植培训会，对2017年工作进行了再动员。7月份，市关工委下发《关于做好贫困青少年帮扶工作的通知》，从有限的办公经费中挤出18.9万元帮扶资金，以集中发放和上门慰问的形式，将帮扶资金送到63名贫困青少年（含大学生）手中。9月份，市关工委和老科协在长丰县联合举办农业养殖科技培训班。全年全市13个县（市）区、开发区关工委共筹集发放帮扶资金896.2万元，资助贫困青少年、大学生6126名，其中单笔资助3000元以上人数有714人。

【参与社会治理】 全市各级关工委当年主动配合有关部门，参与社会治理，在普法教育、结对帮教，创建“零犯罪学校”“零犯罪社区”，网吧监督、家庭教育等方面做了大量卓有成效的工作。全市有以“五老”为主体的关爱工作团、法制教育报告团743个，全年作法制教育报告1565场，受教育青少年54.48万人次。市关工委获第三届“全国青少年普法教育先进单位”。12月份，市关工委到义城监狱开展帮教活动，面对面帮教服刑青年，这项活动坚持了13年，累计面对面帮教失足青年100多人。

【基层组织建设】 配齐配强领导班子，长丰县实现基层关工委组织的全覆盖，调整充实基层关工委班子成员56人，瑶海区、庐阳区和蜀山区分别充实加强了领导班子和办公室人员。强化基层关工委组织建设“六延伸”的做法并总结经验。全市建立关工委组织4963个，在2017年省“双十佳”评选中，肥西县上派镇关工委和肥东县关工委常务副主任童宗海分别获“十佳先进集体”和“十佳五老”称号。9月8日，中国关工委主任顾秀莲视察包河区沁心湖社区关工委工作时称赞“好、很好、非常好”，对合肥市关工委基层组织建设的有关做法给予较好评价。

【“五老队伍”建设】 按照扩大规模、优化结构、提升能力、有效服务的要求，加强“五老”队伍建设。截至年底，全市“五老”会员总数达7.1万人。5月份，在庐江县举办“学重要指示，讲革命传统”专题培训班，就习近平总书记关于做好关心下一代工作，特别是在安徽视察时指出的“革命传统教育要从娃娃抓起”的重要指示，对全市200多名“五老”骨干进行集中培训。11月份，在市委党校举办全市关工系统学习宣传贯彻十九大精神培训班，对13个县（市）区、开发区的基层“五老”代表和关工委干部进行培训。

【宣传工作】 全市各级关工委把握宣传主线，围绕工作重点，加强典型引领，弘扬主旋律，传播正能量，关爱事业大宣传格局得到巩固加强。7月份，市委常委、宣传部长钟俊杰对全市关心下一代宣传工作作出专门批示。全年中央新闻单位采用合肥市关工委稿件291篇，其中《中国火炬》15篇；省级新闻单位采用稿件1686篇；市关工网发稿5142篇。市关工委与合肥晚报社联合开办的《关爱之心》专栏全年举办4期，刊发文章近30篇，宣传全市关工委的中心工作和先进典型模范事迹。

（张俊峰）

党校教育

【概况】 2017年，合肥市委党校牢固树立“省内当标兵、省会创一流、全国争先进”的发展目标，坚持“聚焦中心、拉高标杆、提升能力、改革创新、保障发展”，全面加强与长三角地区党校等高对接，各项工作取得较好成绩，在全省市级党校办学质量评估中，被评为全省“示范党校”。

【学习宣传贯彻党的十九大精神】 自11月26日起，市委在市委党校举办6期“全市领导干部学习贯彻党的十九大精神集中轮训班”，实现全市近2500名县处级及乡镇主要负责人全覆盖。省、市领导宋国权、汪卫东、韩冰、汪学致分别作动员和辅导报告。市长凌云为第一期培训班作开班动员报告和总结报告。培训期间，邀请国家发改委城市和小城镇改革发展中心研究员冯奎、中共中央编译局当代马克思主义研究部党建研究处处长朱昔群、中央党校政法部宪法与行政法教研室主任傅思明、国家行政学院教授许耀桐、安徽省委党校党史党建部教授吴梅芳分别作《构建现代化经济体系，实现现代化强国目标》《全面从严治党与新时代党建新思想新模式》《党的十九大精神解读》《中国特色社会主义新时代新思想——学习党的十九大报告精神实质》《学习贯彻十九大党章，坚决维护党章权威》专题辅导报告。

党的十九大召开后，组建市委党校宣讲团，安排23名教研骨干赴中央党校、中国人民大学、省委党校学习培训，优选《深刻领会党的十九大精神》《中国特色社会主义进入新时代》《习近平新时代中国特色社会主义思想》《新时代中国共产党的历史使命》《全面建成现代化强国的阶段安排和战略部署》《坚定不移全面从严治党的重大部署》《贯彻新发展理念，建设现代化经济体系》《学习〈中国共产党章程〉》等8个宣讲专题，赴乡镇（街道）、市直机关等宣讲近300场。同时，组织召开“学习宣传贯彻党的十九大精神理论研讨会”及主题征文活动，积极参加长三角地区党校学习贯彻党的十九大精神理论研讨会，公开发表研究成果近20篇。

【教育培训】 突出补钙壮骨、立根固本，坚持主体班培训为主，继续教育培训、社会联合培训为辅的“一主两翼”培训模式。着力培养“四铁干部”，全年举办主体班26期〔包括：十八届六中全会精神培训班2期、学习贯彻党的十九大精神集中轮训班3期、县干班2期，县处级干部任职培训班1期、青干班2期、科干班3期、“五大发展理念”2批6期、乡镇（街道）党政正职、产业政策、党外干部等专题培训班各1期〕，培训各级各类干部3100余人次，培训调学人员涵盖县（市）区、市直机关县处级领导干部，乡镇（街道）党政正职及各单位业务骨干。与社会联合办班66期，培训6000余人；招收研究生109人，在校研究生有323人。同时，在线培训干部2万余人。党校干部教育培训“主渠道、主阵地”作用得到发挥。

【主体班教学】 坚持“党校姓党”，突出理论教育和党性教育的主业主课地位，紧紧围绕中心、服务大局，密切联系合肥发展实际和打造具有国际影响力的创新之都的新定位等开展教学。全年开设各类教学专题近200个，开展各种工作交流、学员论坛及研讨30余次，赴党风廉政警示教育基地、金寨革命老区、包公园等地开展党性教育20余次，赴企业、社区、农村开展调研20余次，开展手机摄影、篮球比赛等各类文体活动10余次，组织主体班次3000余人次赴复旦等著名高校以及杭州等先发地区开展“异地办学”30余次。同时，围绕教学，征集各类咨政报告、工作案例、对策建议近600份，优选编印《创新与实践》第三、四辑，组织撰写《党性分析》《学习体会》《调研报告》等各类学习成果12册约50余万字。

【教学改革】 贯彻全国党校工作会议精神，突出向学员、教学科研及市委市政府中心工作“三个聚焦”，推动教学改革创新。

教学计划实现模块设计。在主体班开设学习习近平总书记系列重要讲话精神、经典著作及中国特色社会主义理论学习辅导、能力提升及市情研究、党校微课等九个模块，重点针对习近平新时代中国特色社会主义思想及《共产党宣言》《资本论》等经典著作开展学习辅导。

培训内容突出主业主课。突出理论教育课和党性教育主业主课地位。把党章教育列为各主体班次的必修课，把学习贯彻习近平新时代中国特色社会主义思想和党的十九大精神作为教学主要内容和必修课。同时，注重加强对学员的党性教育，各主体班先后开展军训活动、拓展训练、参观红色教育基地、召开民主（组织）生活会、基层调研等多种方式，学员党性得到有效锤炼。

教学管理注重平台建设。实施名师工程和中青年教师培养计划，打通访问学者和教师出国（境）学习交流的通道，组织教研人员开展学习培训，选派中青年骨干教师到市直、县（市）区、乡镇（街道）挂职，参加市委巡察等，组织开展全市党校系统精品课评选、全市干部教育培训精品课程评选，全市党校系统优秀教学比赛、新专题竞试讲、学术名师和教学名家评选等活动，使教学水平提高，精品课程《党性修养永远在路上》获评全省党校系统精品课。

师资队伍突出资源整合。坚持“专兼结合、外聘内培、资源共享”的思路，及时跟进理论热点，建立起长三角乃至全国地区知名专家、学者来肥讲学机制。全年邀请中央党校、清华大学、中国人民大学等高等院校的专家学者来校作专题报告近200场。市委常委累计到党校做报告或讲课18人次，有关部门领导到党校授课111人次。

培训管理坚持规范制度。规范执行《主体班教学计划管理办法》《主体班教学测评制度（试行）》等制度，建立健全教学专题准入、备课、试讲、评审、测评、奖惩、淘汰、更新、督导等多项制度。开展教学测评，通过召开座谈会、现场听课、课后打分等形式，建立起教学督学和学员评估的双重教学质量评估机制。严格贯彻中组部关于加强学员管理的规定，坚持校委带班、教研室包班、组织员跟班的立体化管理模式。

【科学研究】 实施科研精品战略，加强制度建设、建立完善激励机制，推动科研工作取得新进步，在第十一届全省党校系统科研评奖活动中，获二等奖2项、三等奖3项、组织奖1项。

科研工作提质增效。在各类

理论期刊发表论文41篇，获省领导圈定课题立项1项（《我省基层党组织党的组织生活状况的调查研究》）、安徽省哲学社会科学规划项目1项（《安徽省科技创新政策评估及对策研究》）、安徽省社会科学创新发展研究课题攻关研究项目2项（《政治生态视阈下基层党的组织生活标准化建设》和《安徽省健康城市社区促进模式研究》），获合肥市政府重大课题、合肥市领导圈定重大课题等市级课题14项。同时，面向社会发布市领导圈定、“五大发展”等校级课题27个。

推进咨政工作。挖掘学员智力资源，推动教学、科研互动融合，为合肥经济社会发展出谋划策。全年咨政报告被采用11篇，其中6篇获省、市委领导肯定性批示。其中，《关于在城市管理中提升市民素质的建议》和《关于加快新型职业农民培育的建议》获省委常委、市委书记宋国权肯定性批示，《关于创新我市住宅小区共同治理的建议》获市委副书记、市长凌云肯定性批示。

开展学术交流。组织开展“学习贯彻党的十九大精神”理论研讨会及征文评选活动。编印出版《2016年度合肥市委党校科研成果汇编》。组织参加地区党校系统会议、第十届长三角地区党校校长论坛以及省市社科界学术年会、全省党校系统年度重点课题研讨交流会等各类学术会议，提交和入选论文17篇。

科研成果有效转化。注重把科研成果转化为教学专题，全年有11项科研成果转化为教学专题，如：《基层党组织服务能力提升研究》转化为“加强基层党组织标准化建设”教学专题，《“一带一路”视阈下研究人民币国际化若干问题》转化为“人民币国际化的理论与实践”教学专题等。同时，注重加大对精品课程的深度开发，组织县（市）区党校有关精品专题到该校进行集体备课。

（张　弢）

行政教育

【概况】 合肥市行政学院位于巢湖市区，系合肥市政府直属事业单位，主要职能是承担公务员、管理人员的教育培训，从事科研活动，开展决策咨询等。学院系副厅级建制，内设机构14个，现有教职员工54人，其中专兼职教师23人，20人具有副高级职称。

2017年，该院举办主体班19期，培训1270人；计划外班15期，培训1150人；教育13期，培训2754人。着重从软件方面下工夫。科学设置班次，在公务员专题班次设置上实行“2+X”生成机制，取得按需培训的效果；丰富授课方式，开发推广2种新教法；深化合作办学，与十多家高校、单位合作开展异地培训；加强教师管理，实行职称动态管理，并成立初任教师工作站；出台《学科建设指导意见》，建立健全学科体系。

【科研】 该院教研人员当年在公开刊物发表论文27篇，省级课题立项3项，其中全国行政学院科研合作课题2项；结项5项。6篇咨政报告获市领导肯定性批示；并创办《决策咨询送阅件》，向市委市政府常态化报送。利用暑期调休时间，组织全体教师，赴全市各县（市）区和开发区开展市情集中调研。

此外，该院首次由院长率队赴国家行政学院学习考察，首次在国家宪法日举办宪法专题研讨会，与巢湖文化研究会联合举办首次巢湖文化学术研讨会。

（市行政学院）

责任编辑：田　文

综 述

2017年，市人大常委会高举中国特色社会主义伟大旗帜，深入学习贯彻习近平新时代中国特色社会主义思想和党的十九大精神，认真落实市十一次党代会、市委十一届五次全会和市十五届人大六次会议部署，坚持正确政治方向，围绕中心、服务大局，依法履行法定职权，各项工作取得新成效，呈现新局面。

重要会议

【市十五届人民代表大会第六次会议】 1月10日至13日，合肥市第十五届人民代表大会第六次会议召开。第一次全体会议于1月10日召开，大会执行主席有：熊建辉、宋国权、杨思松、汪卫东、钟俊杰、汪学致、钱岩松、韦弋、姜宗健、陈晓波、胡启生、宋家伟、张进、陈栋、陈葆华、阚建华、孔向阳、李兵、刘观宝、王兴梅、王叙平、牛方、方振、叶和章、司盛宽。熊建辉主任主持，市长凌云作市人民政府工作报告。会议审查关于合肥市2016年国民经济和社会发展计划执行情况与2017年国民经济和社会发展计划草案的报告、合肥市2016年预算执行情况与2017年预算草案的报告。第二次全体会议于1月12日召开，大会执行主席有：宋家伟、朱毅、朱诵贤、任德慧、刘辉、刘燕、刘进竹、刘亮文、李江、李茂凯、李国玲、吴娅娟、吴福胜、汪洋、汪晴、张平、张洁、张琴、陈志、郑化尧、胡浩、耿延强、张俊平、许华、王连贵。宋家伟副主任主持，熊建辉主任作合肥市人民代表大会常务委员会工作报告，市中级人民法院院长许建作合肥市中级人民法院工作报告，市人民检察院检察长胡胜友作合肥市人民检察院工作报告。第三次全体会议于1月13日召开，大会执行主席有：汪卫东、宋国权、熊建辉、杨思松、张进、陈栋、陈葆华、阚建华、孔向阳、李兵、刘观宝、袁萍、夏向东、郭苏梅、盛吉琛、蒋烽、释智文、詹欣、操云河、戴中保、戴祖云、路军、徐静平、李学明、宁波。汪卫东副书记主持，宋国权书记作重要讲话。会议通过关于市人民政府工作报告的决议、关于合肥市2016年国民经济和社会发展计划执行情况及2017年国民经济和社会发展计划的决议、关于合肥市2016年预算执行情况和2017年预算的决议、关于市人大常委会工作报告的决议、关于市中级人民法院工作报告的决议、关于市人民检察院工作报告的决议。

【市十五届人大常委会第三十二次会议】 2月28日，合肥市十五届人大常委会第三十二次会议召开。第一次全体会议由熊建辉主任主持，第二次全体会议由陈栋副主任主持。会议听取审议了关于2016年法治政府建设情况的报告，审议通过合肥市人大常委会2017年工作要点，审议关于提请许可对市十五届人大代表林建清依法采取刑事强制措施的议案，通过有关人事任免事项。

【市十五届人大常委会第三十三次会议】 4月28日，合肥市十五届人大常委会第三十三次会议召开。第一次全体会议由熊建辉主任主持，第二次全体会议由陈葆华副主任主持。会议审议《合肥市绿色建筑发展条例（草案）》，听取审议关于《中华人民共和国档案法》贯彻实施情况的报告、《合肥市文物保护办法》立法后评估情况的报告、关于个别代表的代表资格审查情况的报告，以及市政府工作部门部分主要负责人履职情况的报告，并开展满意度测评，通过有关人事任免事项。

【市十五届人大常委会第三十四次会议】 6月20日至21日，合肥市十五届人大常委会第三十四次会议召开。第一次全体会议和第二次全体会议由熊建辉主任主持，第三次全体会议由阚建华副主任主持。会议审议通过《合肥市绿色建筑发展条例》，听取审议《合肥市燃放烟花爆竹管理规定（修改草案）》和《合肥市文物保护办法（修改草案）》的议案说明和审查意见、2016年市级财政决算报告及相应的审查报告、关于调整2017年市级财政预算议案及相应的审查报告、合肥市2016年度市级预算执行和其他财政收支审计的工作报告、关于林业发展情况的报告、关于外事工作情况的报告、关于环境状况和环境保护目标完成情况的报告、市中级人民法院关于知识产权审判工作情况的报告、关于个别代表的代表资格审查情况的报告，通过关于批准合肥市2016年市级财政决算和2017年市级财政预算调整方案的决议、有关人事任免事项。

【市十五届人大常委会第三十五次会议】 8月30日至31日，合肥市十五届人大常委会第三十五次会议召开。第一次全体会议由熊建辉主任主持，第二次全体会议由孔向阳副主任主持。会议审议通过《合肥市燃放烟花爆竹管理规定》和《合肥市文物保护办法》、关于批准合肥市与柬埔寨金边市缔结友好城市关系的决定、《市人大常委会关于完善人大代表联系人民群众制度的实施办法》，听取审议市政府关于2017年上半年国民经济和社会发展计划执行情况及下半年工作意见的报告、市政府关于合肥市2017年上半年财政预算执行情况的报告、市人大常委会执法检查组关于《中华人民共和国食品安全法》执法检查情况的报告以及市政府贯彻实施情况的报告、市人民检察院关于全市检察机关规范司法行为工作情况的报告以及市人大内司工委关于全市检察机关规范司法行为工作情况的调研报告，对全市检察机关规范司法行为工作情况的报告开展满意度测评，通过有关人事任免事项。

【市十五届人大常委会第三十六次会议】 10月27日，合肥市十五届人大常委会第三十六次会议召开。第一次全体会议由熊建辉主任主持，第二次全体会议由李兵副主任主持。会议听取审议市政府关于市十五届人大六次会议议案建议办理情况的报告、市十五届人大六次会议3号议案和83号建议办理情况评估工作的报告并开展满意度测评、关于个别代表的代表资格审查情况的报告，审议通过2017年市本级财政预算第二次调整方案的决议、关于调整部分选举单位市人民代表大会代表名额的议案、《市人大常委会关于加强市级预算审查监督的决定》，通过有关人事任免事项。

【市十五届人大常委会第三十七次会议】 12月5日，合肥市十五届人大常委会第三十七次会议召开。第一次、第二次全体会议由熊建辉主任主持，副主任宋家伟主持第三次全体会议。会议学习贯彻党的十九大精神，听取审议市政府关于2016年度市级预算执行和其他财政收支审计查出问题整改情况的报告、关于召开市十六届人大一次会议有关事项的报告，审议市人大常委会工作报告（草案）。

【市十五届人大常委会第三十八次会议】 12月29日，合肥市十五届人大常委会第三十八次会议召开。第一次全体会议由熊建辉主任主持，第二次全体会议由张进副主任主持。会议听取审议市政府关于2017年政府投资项目计划执行情况和2018年计划草案报告、市政府关于市本级2017年一般公共预算科目及重大项目调整情况

全市乡镇（街道）人大工作座谈会

的报告、关于调整市十六届人大一次会议会期事项的报告、关于市十六届人大代表的代表资格审查情况的报告，审议市十六届人大一次会议各项建议名单、市人大常委会工作报告（草案），通过人事任免事项。

【全市乡镇（街道）人大工作座谈会】 7月27日至28日，全市乡镇（街道）人大工作座谈会召开，熊建辉主任主持第一次会议，并在第二次会议作总结讲话。市委副书记汪卫东出席第二次会议并讲话。市委常委、组织部长钱岩松出席第一次会议。市人大常委会副主任宋家伟、张进、陈栋、陈葆华、阚建华、孔向阳、李兵，秘书长刘观宝出席会议。会议传达全国人大推进县乡人大工作和建设经验交流会精神，传达学习中共合肥市委转发《中共合肥市人大常委会党组关于加强乡镇（街道）人大工作和建设的意见》。

立法工作

合肥市人大高度重视地方立法在完善中国特色社会主义法律体系、引领推动事业发展中的重要作用，秉持“立得住、行得通、真管用”的立法原则，按照市委批准的年度立法计划，加强重点领域立法，为经济社会发展和法治合肥建设提供了有力保障。

【实施立法】 合肥市人大坚持以人民为中心，坚持把人民群众对美好生活的向往作为工作追求，把基层百姓的所急所盼作为立法关注重点。为积极回应人民群众对燃放烟花爆竹造成空气污染、噪音污染的重要关切，常委会主动加强对接，做好立法统筹，在开展立法后评估的基础上，对《合肥市燃放烟花爆竹管理条例》进行修订，明确规定禁止燃放烟花爆竹区域。在市委、市政府的推动下，全市禁燃工作取得明显成效。

此外，合肥市人大坚持广开言路、民主立法。制定《合肥市绿色建筑发展条例》，发挥基层联系点作用，综合运用调研走访、座谈交流、网上征询、专家论证等方式，广泛听取并采纳基层的立法建议，反复进行修改完善，为保护自然环境、促进全市绿色建筑发展起到积极推动作用。

【立法后评估工作】 合肥市人大坚持科学立法、依法立法。按照《合肥市人大常委会立法后评估办法》，对《合肥市文物保护办法》进行立法后评估，对法规质量、实施效果、功能作用以及存在问题等进行调查分析、综合评价，提出修改意见，形成评估报告，为法规的修改提供重要依据，提高了立法精细化水平。修订后的《合肥市文物保护办法》，对特色文化街区、不可移动文物保护和博物馆建设作出规定，为提升全市文化软实力、满足人民群众的文化需要提供了有力的法治保障。

监督工作

合肥市人大综合运用多种监督方式，增强监督刚性和实效，全年听取专项工作报告15项，开展执法检查、集中视察和专题调研 10次，发出审议意见书7份，审查规范性文件128件。

【推动经济发展】 紧扣五大发展行动计划，专题审议工业企业转型升级、民营经济发展、国有资本经营、政府性重大投资项目、东部新中心建设等报告，支持和促进政府适应新常态，创新完善宏观调控，深化重点领域和关键环节改革，推动发展质量效益提高。

【推动脱贫攻坚战】 在连续两年深入调研、审议报告的基础上开展满意度测评，测评结果为“满意”等次，推动全市打赢脱贫攻坚战、决胜全面建成小康目标的实现。

【推动创新驱动战略】 开展科技进步“一法两条例”贯彻实施情况执法检查，专题调研合肥综合性国家科学中心、量子信息与量子科技创新研究院、大科学装置集中区、离子医学中心，提出依托科教优势、优化发展环境、引导产业集聚的意见，推动具有国际影响力的创新之都建设。

【推动环境污染整治攻坚战】 突出落实好新环保法明确的人大监督责任，首次听取审议年度环境状况和环境保护目标完成情况等报告，督促落实中央环保督查整改意见，开展“庐州环保世纪行”活动，推动生态文明建设。

【推动司法体制改革】 开展调查研究，多次召开座谈会，支持司法机关狠抓司法责任制等改革任务落实。听取知识产权审判、规范司法行为专项工作报告，将专项报告满意度测评延伸至“两院”，推动公正司法。

重大事项决定

【完善决策体制建设】 坚持把依法讨论决定重大事项作为贯彻中央和省市委重大决策部署、保证人民当家作主的重要体现，完善讨论决定重大事项和政府投资项目审查监督制度，规范重大决策出台前报告程序和方法，有效促进科学和民主决策。

【决策重大事项】 审查批准国有资本经营预算和政府性基金预算调整方案，规范政府预算调整行为，全面实施现代预算制度。审查批准2016年市级财政决算，完成关于批准2017年市本级一般公共预算执行变更及科目调整的决议，提出优化财政资源配置，统筹安排综合财力，落实积极财政政策，提高资金使用效益的审议意见，推进全口径预算决算审查监督。依法批准合肥市与柬埔寨金边市缔结友好城市，填补合肥市在东南亚地区的友城空白，提升合肥市国际影响力。主任会议听取长鑫12吋存储器晶圆制造基地项目投资等重大事项报告，促进政府性投资更加科学规范、公开透明。

自身建设

合肥市人大立足于推动人民代表大会制度和人大工作与时俱进、更好履行地方国家权力机关职责使命，高度重视自身建设、提高履职本领，推动全市人大工作的整体合力增强。

【政治建设】 把加强政治建设摆在自身建设首位，积极参加市委组织的学习和研讨，先后举行21次党组会、11次党组中心组理论学习会议和专题辅导讲座，学习贯彻习近平新时代中国特色社会主义思想和党的基本理论、基本路线、基本方略。树牢“四个意识”，坚定“四个自信”，做到“五个纯粹”，坚持党的领导、人民当家作主、依法治国有机统一，把维护党中央权威和集中统一领导作为最高政治原则和根本政治规矩来执行，自觉与以习近平同志为核心的党中央保持高度一致。坚持民主集中制，严格按程序、按规则、按集体意志办事，把民主集中制的重大原则落到实处，充分发挥领导班子集体智慧。常委会班子成员带头遵守个人重大事项报告规定，每年如实向组织报告个人重大事项。

【作风建设】 履行党风廉政建设责任制，坚持把纪律挺在前面，把党内监督抓在日常、体现在经常。认真学习贯彻中央八项规定和新修订的实施细则精神及省市委有关规定，驰而不息反“四风”、转作风、树新风，推动常委会及机关全面从严治党向纵深发展。落实党员干部联系服务群众制度，选派党员干部参与肥东县八斗镇南鲁村脱贫攻坚工作。倡导狠抓落实的作风，制定工作要点分解表、重点工作推进表和月度工作安排表，实行挂图作战、对单销号，形成项目化推进、责任化落实的机制。

【机关建设】 坚持“抓落实、提能力、增活力、上水平”，为人大干部开阔视野、丰富素养、提升能力奠定基础。按照“总结提炼、巩固提高、善作善成”的要求，形成各工作机构资料汇编12册、专项工作总结26篇，丰富了人大工作历史资料，促进了人大事业传承发展。培育“风清气正、敬业求精、尚学健体、友爱垂馨”的机关文化，营造了积极向上、团结和谐、履职尽责的良好氛围。把“党员之家”作为加强党组织标准化建设的重要平台，发挥党组织的战斗堡垒作用和党员的先锋模范作用，增强了每位党员的归属感、荣誉感和责任感。倡导优良学风，加强岗位锻炼，锻造了热爱人大工作、熟悉专业知识、胜任本职岗位、努力开拓创新的干部队伍。

人事任免

合肥市人大坚持党管干部与人大依法任免有机统一，严格任前法律知识考试、供职报告、表态发言、颁发任命书、宪法宣誓等程序，提交任免的国家机关工作人员97人次全部通过，确保党组织推荐的人选经过法定程序成为国家机关工作人员，确保省、市委人事安排意图的落实。完成524名新当选的市十六届人大代表的资格审查确认工作。依据《合肥市人大常委会关于市人民政府、市中级人民法院、市人民检察院工作人员任前审查和任后监督的办法》，听取市发改委、市经信委、市教育局、市监察局4个政府工作部门主要负责人履职情况报告，并就遵守宪法和法律法规，依法行政和履行岗位职责，贯彻落实人大及其常委会决议决定，对办理议案建议和审议意见的情况进行现场测评，评定结果均为“满意”等次，强化了任命人员责任、公仆和法治意识，增强了依法行政的责任感和使命感。

任免决定 2月28日，合肥市第十五届人民代表大会常务委员会第三十二次会议决定任命：姚凯为市城乡建设委员会主任，吴松保为市人力资源和社会保障局局长，郑家余为市文化广电新闻出版局（版权局）局长。任命：刘亮文为市人大常委会民族宗教侨务外事工作委员会主任，杨兴为市中级人民法院审判委员会委员、审判员，李昌文为市中级人民法院审判委员会委员、审判员，丁祝青为市中级人民法院审判员，丁本华为市中级人民法院刑事审判第一庭庭长，张恒为市中级人民法院刑事审判第二庭庭长、审判委员会委员、审判员，赵生升为市中级人民法院民事审判第一庭庭长，张利为市中级人民法院民事审判第四庭庭长，胡剑锋为市中级人民法院未成年人案件审判庭庭长、审判委员委员，姚海峰为市中级人民法院审判委员会委员，解作荣为市中级人民法院执行庭副庭长、审判员，俞陶为合肥高新技术产业开发区人民法院审判员，张小娟为合肥高新技术产业开发区人民法院审判员，汪邦良为合肥高新技术产业开发区人民法院审判员，瞿永贤为合肥高新技术产业开发区人民法院审判员，徐佐钧为肥东县人民检察院检察长，童祖权为肥西县人民检察院检察长，章白宇为长丰县人民检察院检察长，许蔚军为庐江县人民检察院检察长，王丙坤为巢湖市人民检察院检察长，杜先祥为瑶海区人民检察院检察长，晏维友为庐阳区人民检察院检察长，万山为蜀山区人民检察院检察长，潘孝峰为包河区人民检察院检察长。决定免去：刘亮文的市人大常委会副秘书长职务，汪晴的市人大常委会城乡建设环境与资源保护工作委员会主任职务，常先米的市城乡建设委员会主任职务，朱正跃的市人力资源和社会保障局局长职务，罗平的市文化广电新闻出版局（版权局）局长职务，胡权明的市中级人民法院刑事审判第一庭庭长、审判委员会委员、审判员职务，曹海清的市中级人民法院刑事审判第二庭庭长、审判委员会委员、审判员职务，丁本华的市中级人民法院民事审判第一庭庭长职务，凌岩的市中级人民法院民事审判第四庭庭长、审判委员会委员、审判员职务，赵生升的市中级人民法院未成年人案件审判庭庭长职务，沐方斌的市中级人民法院刑事审判第一庭副庭长职务，姚海峰的市中级人民法院民事审判第二庭副庭长职务，解作荣的合肥高新技术产业开发区人民法院审判委员会委员、审判员职务，张恒的合肥高新技术产业开发区人民法院审判委员会委员、审判员职务。决定：接受汪晴辞去市第十五届人民代表大会常务委员会委员和财政经济委员会委员职务的请求。

任免决定 4月28日，合肥市第十五届人民代表大会常务委员会第三十三次会议决定任命：宁波为市人民政府副市长。任命：杨柯为市人民检察院检察委员会委员、检察员，李军为市人民检察院检察委员会委员、检察员。免去：江洪的市人民政府副市长职务，吴爱国的市规划局局长职务，王斌的市环保局局长职务，章白宇的市人民检察院检察委员会委员、检察员职务，杜先祥的市人民检察院检察员职务。决定：接受汪洋辞去市第十五届人民代表大会常务委员会委员和法制工作委员会副主任委员职务的请求。

任免决定 6月21日，合肥市第十五届人民代表大会常务委员会第三十四次会议决定任命：王文松为市人民政府副市长，张世军为市林业和园林局局长，闫萍为市规划局局长，丁志松为市环境保护局局长。任命：卫霞为市人民检察院检察员。免去：闫萍的市林业和园林局局长职务，王斌的市环保局局长职务。

任免决定 8月31日，合肥市第十五届人民代表大会常务委员会第三十五次会议决定任命：彭庆恩为市人民政府副市长，朱策为市人民政府秘书长，秦远望为市发展和改革委员会主任。任命：王琤为市人大常委会城乡建设环境与资源保护工作委员会主任，凌海群为市人大常委会法制工作委员会主任，徐基庆为市人大常委会内务司法工作委员会主任，程洛发为市中级人民法院副院长、审判委员会委员、审判员，徐艳阳为市中级人民法院合肥知识产权法庭庭长，黄浩为市中级人民法院合肥知识产权法庭副庭长、审判员，樊坤为市中级人民法院合肥知识产权法庭副庭长、审判员，庞梅为合肥铁路运输法院副院长、审判委员会委员、审判员，李进为市人民检察院检察委员会委员。免去：王琤的市人大常委会研究室主任职务，张平的市人大常委会内务司法工作委员会主任职务，姜明的市人民政府副市长职务，柴修发的市人民政府秘书长职务，朱策的市发展和改革委员会主任职务，佘敦华的市中级人民法院民事审判第一庭副庭长职务，蔡学刚的市中级人民法院审判员职务，刘亚鹏的合肥高新技术产业开发区人民法院民事审判第二庭庭长、审判委员会委员、审判员职务，汪邦良的合肥高新技术产业开发区人民法院审判员职务，李进的合肥城郊地区人民检察院检察长职务。决定：接受张平辞去市第十五届人民代表大会常务委员会委员和法制委员会副主任委员职务的请求。

任免决定 10月27日，合肥市第十五届人民代表大会常务委员会第三十六次会议任命：赵甄为市中级人民法院副院长、审判委员会委员、审判员，徐艳阳为市中级人民法院副院长，李群为合肥高新技术产业开发区人民法院民事审判第二庭庭长、审判委员会委员，尹刚为合肥高新技术产业开发区人民法院审判委员会委员，李强为市人民检察院检察委员会委员、检察员。免去：郭苏梅的市人大常委会人事代表选举工作委员会主任和代表资格审查委员会副主任委员职务，徐艳阳的市中级人民法院执行庭庭长职务，周会明的市人民检察院检察委员会委员、检察员职务。决定：接受郭苏梅辞去市第十五届人民代表大会常务委员会委员及法制委员会委员职务的请求。

任免决定 12月29日，合肥市第十五届人民代表大会常务委员会第三十八次会议决定任命：罗云峰为市人民政府副市长，韩丁为市人民政府副市长。任命：王晓东为市中级人民法院副院长、代理院长，李新枝为合肥高新技术产业开发区人民检察院副检察长、检察委员会委员。免去：孔涛的市人民政府副市长职务，洪星的合肥高新技术产业开发区人民检察院副检察长、检察委员会委员职务。决定：接受许建辞去市中级人民法院院长职务的请求。

代表工作

合肥市人大常委会把代表工作作为坚持和完善人民代表大会制度的重要内容，坚持尊重代表、联系代表、服务代表，不断创新举措、完善机制、拓展平台，充分发挥代表了解民情、反映民意、集中民智的独特作用。

【完善支持和保证代表履职机制】 坚持常委会组成人员联系走访代表、代表接待日和代表主题活动制度，邀请省、市人大代表62人次列席常委会会议、128人次参加执法检查、集中视察、专题调研、征求意见座谈会等活动。充分发挥代表小组活动主平台作用，建设“代表小组示范点”，实现四级代表活动室全覆盖。组织省、市人大代表小组组长41人，赴上海中科大进修学院进行业务培训，切实发挥代表小组组长在代表活动中的骨干表率作用。

【提高代表议案建议办理质量】 实行主任会议成员领衔督办和工作机构对口督办议案建议制度，邀请议案领衔代表参加调研座谈，推动解决关系群众切身利益问题。对市十五届人大六次会议第3号“关于加快公共停车场建设，解决停车难问题的议案”、第83号“关于合肥市路边停车泊位治理的建议”办理开展满意度测评，评定结果均为“优秀”等次，推动了议案建议办理情况由答复满意向结果满意转变，产生了良好社会效果。

【加强对代表的管理和监督】 贯彻中央及省、市委加强人大代表工作的部署，细化履职规范，强化管理监督。健全代表履职档案和评价机制，将代表履职情况作为换届中继续提名推荐的重要依据。组织市人大代表向原选举单位述职，推动并指导县、乡两级人大代表向选民述职，促进代表对人民负责、受人民监督。

（李慧源）

责任编辑：田　文

综 述

2017年，在省委、省政府和市委的坚强领导下，市政府全面贯彻落实党的十八大、十九大和省市党代会精神，深入学习习近平新时代中国特色社会主义思想，以新理念引领新发展，坚持稳中求进工作总基调，大力实施五大发展行动计划，主动作为，砥砺奋进，在建设长三角世界级城市群副中心、“大湖名城、创新高地”的征程上阔步前行。经济实力再上台阶，主要指标稳居全国省会城市前十，对全省经济增长的贡献率进一步提升；科技创新再添动力，综合性国家科学中心、“中国制造2025”试点示范城市建设高位推进，量子科技创新研究院、江淮大众新能源汽车、引江济淮三个全省“一号工程”全面开工；改革开放激发活力，全面创新改革试验纵深推进，内陆开放新高地加快崛起；城市建设管理提质提效，全国文明城市成功蝉联，城市功能进一步完善；全心全意办好民生实事，群众满意度、获得感进一步提升。

市政府常务会议

【第81次常务会议】 2017年2月9日，市政府第81次常务会议听取市审计局关于《贯彻落实完善审计制度若干重大问题框架意见实施意见的工作方案》起草情况汇报、市卫计委关于《合肥市人口与计划生育奖励规定》起草情况汇报、市人社局关于《合肥市享受政府特殊津贴人员选拔管理办法》起草情况汇报、市国资委关于《深化国资国企改革的实施意见》起草情况汇报、市经信委关于《〈合肥市促进民营经济发展条例〉实施细则》起草情况汇报、市民政局关于瑶海区磨店乡、三十头镇撤乡镇设立街道和长丰县杜集乡撤乡设镇审核情况汇报、市城管局关于《合肥市城市管理考核暂行办法》修改情况汇报、市政府法制办关于《合肥市建筑垃圾管理办法》的修改说明、市环保局关于《南淝河、十五里河、派河、双桥河水体达标方案》起草情况汇报、市规划局关于蜀山区、包河区、高新区9个地块控制性详细规划情况汇报。

【第82次常务会议】 2017年2月26日，市政府第82次常务会议集体学习《环境保护法》相关法律规定，听取市政府法制办关于2016年法治政府建设情况汇报、2017年度市政府规章制定计划起草情况汇报和《合肥市行政执法辅助人员管理办法》起草情况汇报、关于《合肥市机动车停车场管理办法（修改草案）》修改情况的说明、市国土局关于包河区部分原升级改造商业项目对外销售情况汇报、市财政局关于全市民生工程工作情况汇报、市安监局关于全市安全生产工作情况汇报、市经信委关于第二批《合肥市两创产品目录》认定情况汇报、市商务局关于第十届中国中部投资贸易博览会合肥市筹备工作方案情况汇报、市体育局关于2017合肥世界铁人三项赛情况汇报。

【第83次常务会议】 2017年3月27日，市政府第83次常务会议听取市总工会关于2017年安徽省劳模先进合肥市推荐评选及合肥市2014～2016年度劳模先进评选表彰工作情况汇报、市食品药品监管局关于2016年食品药品安全工作考核情况汇报、市工商局关于《2017年合肥市打击传销固守防控工作考核办法》起草情况汇报、市民政局关于《加强农村留守儿童关爱保护工作的实施意见》起草情况汇报、市环保局关于《合肥市土壤污染防治实施工作方案》起草情况汇报、市政府政研室关于《2017年市政府为民办实事事项工作方案》起草情况汇报、市财政局关于“1+3+5”产业扶持政策修订情况汇报、市规划局关于瑶海区、包河区、经开区15个地块控制性详细规划情况汇报。

【第84次常务会议】 2017年4月7日，市政府第84次常务会议听取关于全市信访工作情况汇报、市政府法制办关于市政府规范性文件2016年度定期清理情况汇报和关于《合肥市绿色建筑发展条例（草案）》的说明、市科技局关于调整市新能源汽车政策情况汇报、市农委关于《深入推进农业供给侧结构性改革加快培育农业农村发展新动能的实施意见》起草情况汇报和关于全市脱贫攻坚工作情况汇报、市档案局关于《中华人民共和国档案法》贯彻实施情况汇报、市政府督查和目标办关于2016年度目标管理考核情况汇报、市国土局关于13宗划拨土地使用权补办出让和1宗升级改造补缴土地出让金情况汇报、市规划局关于包河区、滨湖新区10个地块控制性详细规划情况汇报，研究安排4月份市政府主要工作安排。

【第85次常务会议】 2017年4月26日，市政府第85次常务会议听取市交通局关于《合肥市公交专用道管理暂行办法》《合肥市公交线路站点设施管理暂行办法》起草情况汇报、市农委关于《加快推进农业产业化发展的实施意见》《合肥市2017年秸秆禁烧和综合利用工作方案》起草情况汇报、市规划局关于包河区、新站高新区、合巢经开区14个地块控制性详细规划情况汇报、市国资委关于市国资领导小组会议5个议题情况汇报、市财政局关于“1+3+5”产业扶持政策修订情况汇报、市招商局关于2016年度全市招商引资工作考核结果、《合肥市大项目招商引资政策导则》《合肥市招商引资考核办法》修订情况汇报、市科技局关于2016年度合肥市科学技术奖励评审情况汇报、市人社局关于《机关事业单位工作人员养老保险制度改革的实施意见》起草情况汇报、市财政局关于进一步规范市直机关津补贴情况汇报、市产投集团关于合肥市12吋DRAM存储器研发项目情况汇报。

【第86次常务会议】 2017年4月27日，市政府第86次常务会议听取市国资委关于《全市国有企业职工家属区“三供一业”分离移交工作实施意见》起草情况汇报、市教育局关于全市中小学幼儿园建设管理情况汇报、市文广新局关于《合肥市引导城乡居民扩大文化消费试点工作方案》起草情况汇报、市农委关于“菜篮子”市长负责制工作情况汇报、市旅游局关于贯彻落实全省旅游业发展大会精神情况汇报、市政府法制办关于全市行政复议和行政应诉工作情况汇报。

【第87次常务会议】 2017年5月17日，市政府第87次常务会议听取市民政局关于《以村民小组或自然村为基本单元的村民自治试点工作方案》起草情况汇报、市水务局关于《合肥市全面推行和完善河长制工作方案》起草情况汇报、市林业园林局关于《合肥市重点生态区域推行林长制工作方案》起草情况汇报、市教育局关于《合肥市“留学合肥”政府奖学金工作方案》和2017年中小学招生政策情况汇报。

【第88次常务会议】 2017年6月2日，市政府第88次常务会议听取市总工会关于《新形势下进一步支持工会工作的意见》起草情况汇报、市安监局关于《合肥市安全生产党政同责一岗双责实施办法》起草情况汇报、市人社局关于《促进建档立卡贫困家庭大学生就业创业工作的实施意见》起草情况汇报、市经信委关于2016年度全市工业发展目标考核情况汇报、市政府政研室关于《深化供给侧结构性改革促进经济平稳健康发展的实施意见》起草情况汇报、市财政局关于2017年市级财政预算调整和2016年市级财政决算情况汇报、市审计局关于2016年度市级预算执行和其他财政收支审计情况汇报、市民政局关于《合肥市最低生活保障实施细则》起草情况汇报、市宗教局关于全市宗教工作情况汇报、市司法局关于《深化律师制度改革实施意见》起草情况汇报、市公安局关于《深化公安执法规范化建设的实施意见》起草情况汇报。

【第89次常务会议】 2017年6月13日，市政府第89次常务会议听取市政府法制办关于《合肥市文物保护办法》《合肥市燃放烟花爆竹管理规定》的修改说明、市环保局关于《合肥市贯彻落实省环境保护督察反馈意见整改方案》起草情况汇报、2016年度全市环境状况和环境保护目标完成情况汇报、市外侨办关于全市外事工作情况汇报、市林园局关于全市林业发展情况汇报。

【第90次常务会议】 2017年6月27日，市政府第90次常务会议听取市农委关于全省美丽乡村建设推进会精神及贯彻落实情况报告、市扶贫办关于《合肥市全面落实脱贫攻坚责任制实施细则（试行）》起草情况汇报、市商务局关于《打造内陆开放新高地的实施意见》起草情况汇报、市粮食局关于《合肥市市级储备粮油管理办法》《进一步加强粮食质量安全监管工作的实施意见》起草情况汇报、市旅游局关于《将旅游业培育成为重要支柱产业的意见》起草情况汇报、市体育局关于《合肥市参赛省级及以上比赛奖励办法》修订情况汇报、市卫计委关于《合肥市深化医药卫生体制综合改革重点工作实施意见》起草和全市计划生育工作情况汇报、市文广新局关于《推进城市阅读空间建设的实施方案》起草情况汇报、市编办关于合肥市市级公共服务清单和行政权力中介服务清单建设情况汇报、市政府办关于《合肥市全面推进政务公开工作实施细则》起草情况汇报。

【第 91 次常务会议】 2017 年 7 月 21 日，市政府第 91 次常务会议听取市安监局关于贯彻落实全国全省安全生产电视电话会议精神情况汇报、市经信委关于《合肥市建设“中国制造 2025”试点示范城市实施方案（2017 ~ 2019 年）》起草情况汇报、市政府法制办关于《进一步贯彻落实〈法治政府建设实施纲要（2015 ~ 2020 年）〉推进法治政府建设的实施意见》起草情况汇报、市发改委关于《合肥市加快推进“互联网 + 政务服务”工作方案》《合肥市地方政府核准的投资项目目录（2016 年本）》起草情况汇报、市财政局关于《合肥市政府性债务管理暂行办法》修订和《扎实推进民生工作的实施意见》起草情况汇报、市妇儿工委关于全市妇女儿童工作情况汇报、市民政局关于提高合肥市城乡居民最低生活保障标准情况汇报、市地税局关于调整合肥市城镇土地使用税等级税额标准情况汇报、市规划局关于蜀山、包河、高新、经开、新站区 21 个地块控制性详细规划情况汇报。

【第 92 次常务会议】 2017 年 8 月 2 日，市政府第 92 次常务会议专题学习《中华人民共和国民法总则》，听取市政府国资委关于市国资领导小组会议 2 个议题情况汇报、市引江济淮公司（筹）关于组建市引江济淮投资有限公司情况汇报、市人社局关于《进一步推进就业脱贫工程实施工作的通知》起草情况汇报、市发改委、市统计局关于《合肥市生态文明建设目标评价考核实施办法》起草情况汇报、市环保局关于《合肥市党政领导干部生态环境损害责任追究实施办法（试行）》《合肥市 2017 年蓝天行动实施方案》起草情况汇报、市工商局关于《合肥市城区农贸市场监督管理工作意见》起草情况汇报、市国土局关于 8 宗划拨土地使用权补办出让和 2 宗规划调整以及 1 宗升级改造补缴土地出让金情况汇报。

【第 93 次常务会议】 2017 年 8 月 3 日，市政府第 93 次常务会议听取《合肥市关于中办〈专题回访调研报告〉反馈意见整改工作方案》起草情况汇报，传达学习李锦斌书记、李国英省长在中央环保督察反馈会上的重要讲话精神，听取关于巢湖流域综合治理和林长制、河长制工作情况汇报和关于合肥市贯彻落实中央第四环保督察组督察安徽反馈意见整改工作情况汇报。

【第 94 次常务会议】 2017 年 8 月 11 日，市政府第 94 次常务会议听取市文明办关于中央文明办复牌检查及创建第五届全国文明城市工作情况汇报、市文广新局关于合肥市第六批市级非物质文化遗产名录情况汇报、市发改委关于 2017 年上半年计划报告情况汇报、市财政局关于 2017 年上半年预算执行报告情况汇报、市外侨办关于合肥市与柬埔寨金边市缔结友好城市关系情况汇报、市食药监局关于《中华人民共和国食品安全法》贯彻实施和《合肥市加强药品零售企业监督管理暂行规定》《合肥市基层食品药品监管机构标准化建设指导意见》起草情况汇报、市人社局关于《合肥市加快人力资源服务业发展的实施意见》起草情况汇报、市公安局关于《合肥市公安机关警务辅助人员管理办法》起草情况汇报、市信访局关于贯彻落实第八次全国信访工作会议精神情况汇报。

【第 95 次常务会议】 2017 年 8 月 15 日，市政府第 95 次常务会议听取市发改委关于《支持建设聚变堆主机关键系统综合研究设施的意见》起草情况汇报。

【第 96 次常务会议】 2017 年 8 月 31 日，市政府第 96 次常务会议听取市文广新局关于《合肥市促进民营文艺表演团体发展扶持办法》起草情况汇报、市政府法制办关于《合肥市人民政府重大行政决策专家论证办法》起草情况和《合肥市居住证管理办法》的修改说明、市民政局关于《贯彻落实〈合肥市居家养老服务条例〉的实施意见》起草情况汇报、市残联关于《合肥市残疾人精准康复服务行动实施方案》起草情况汇报、市人社局关于《推进技能强市的实施意见》起草情况汇报、市教育局关于《合肥市中小学“美丽校园”创建活动实施方案》起草情况汇报、市经信委关于第三批《合肥市两创产品目录》认定情况和《2017 年合肥市工业发展目标考核办法》修订情况汇报、市发改委关于《做好引江济淮工程合肥段征迁工作的通知》起草情况汇报、市财政局关于进一步完善市区财政体制及对巢湖市专项转移支付补助情况汇报、市政府办公厅关于《合肥市贯彻落实省委省政府“四送一服”双千工程活动方案》起草情况汇报。

【第97次常务会议】 2017年9月15日，市政府第97次常务会议听取市经信委关于第十一届家博会筹备工作方案情况汇报、市委宣传部关于第十一届合肥国际文化博览会总体方案情况汇报、市交通局关于《进一步加快合肥市城乡公共交通一体化发展的意见》起草情况汇报、市发改委关于《做好引江济淮工程合肥段征迁工作的通知》起草情况汇报、市林园局关于《环巢湖湿地公园群总体规划（2016—2030）》编制情况汇报、市国土局关于11宗划拨土地使用权补办出让和2宗规划调整补缴土地出让金情况汇报、市规划局关于庐阳区、蜀山区、高新区、新站区18个地块控制性详细规划情况汇报。

【第98次常务会议】 2017年9月26日，市政府第98次常务会议听取市大数据公司（筹）关于组建市大数据资产运营有限公司情况汇报、市城管局关于《深入推进城市执法体制改革改进城市管理工作的实施意见》起草情况汇报。

【第99次常务会议】 2017年9月30日，市政府第99次常务会议听取市城管局关于《深入推进城市执法体制改革改进城市管理工作的实施意见》起草情况汇报、市政府法制办关于“放管服”改革涉及的市政府规章、规范性文件清理情况汇报、市国土局关于5宗拆迁安置房划拨土地使用权补办出让补缴土地出让金情况汇报。

【第100次常务会议】 2017年10月18日，市政府第100次常务会议听取市政府督查目标办关于市十五届人大六次会议议案建议办理情况汇报、市财政局关于2017年市本级财政预算调整议案情况汇报、市发改委关于《合肥市“十三五”现代物流业发展规划》编制情况和《促进全市开发区改革和创新发展的实施意见》起草情况汇报、市工商局关于《合肥市实施“多证合一”改革方案》起草情况汇报、市交通局关于《鼓励和规范互联网租赁自行车发展的实施意见》起草情况汇报、市环保局关于《合肥市城市建成区餐饮业油烟专项清理整治工作方案》起草情况汇报、市政府法制办关于经济发达镇相对集中行政处罚权试点工作情况汇报、市司法局和市政府法制办关于《推行法律顾问制度和公职律师公司律师制度的实施意见》起草情况汇报。

【第101次常务会议】 2017年10月30日，市政府第101次常务会议专题学习《中华人民共和国气象法》《人工影响天气管理条例》《气象灾害防御条例》《气象设施和气象探测环境保护条例》等“一法三条例”，听取市政府办公厅关于《合肥市医保管理体制改革试点工作实施方案》起草情况汇报、市房产局关于《加快推进合肥市住房租赁试点工作的通知》起草情况汇报、市国土局关于《合肥市利用集体建设用地建设租赁住房试点工作实施方案》起草情况汇报、市发改委关于合肥市第一批战略性新兴产业集聚发展基地认定情况汇报、市经信委关于《合肥市盐业体制改革实施方案》起草情况汇报。

【第102次常务会议】 2017年11月21日，市政府第102次常务会议听取市审计局关于《坚持审计监督全覆盖健全完善审计工作机制的实施方案》起草情况汇报、新站高新区关于《北航合肥科学城发展规划（2017～2025）》起草情况汇报、市商务局关于《合肥市肉类蔬菜流通追溯体系管理暂行办法》起草情况汇报、市科技局关于《合肥市新能源汽车绿色出行实施方案（2017～2020年）》起草情况汇报、市规划局关于《合肥市城市学前教育、中小学布局规划》《合肥“两治三改”三年专项行动实施方案》起草和瑶海区、庐阳区、蜀山区、包河区、高新区、经开区、合巢经开区23个地块控制性详细规划情况汇报、市国土局关于10宗划拨土地使用权补办出让和1宗规划调整补缴土地出让金情况汇报、市环湖办关于《建设绿色发展美丽巢湖的意见》起草情况汇报、市房产局关于《合肥市物业专项维修资金管理暂行规定》修订情况汇报、市环保局关于《合肥市水污染防治行动计划实施情况考核规定（试行）》《合肥市生态环境保护工作职责规定（试行）》起草情况汇报。

【第103次常务会议】 2017年12月2日，市政府第103次常务会议听取市审计局关于2016年度市级预算执行和其他财政收支审计查出问题整改情况汇报、市政府法制办关于《合肥市活禽交易管理办法》的说明和《合肥市征收集体所有土地办法》有关情况汇报、市财政局关于2018年市本级预算编制、2018～2020年市本级三年滚动财政规划编制、市本级2017年一般公共预算科目及重大项目调整情况汇报。

【第104次常务会议】 2017年12月7日，市政府第104次常务会议听取市政府办公厅关于《政府工作报告（讨论稿）》、市发改委关于《2017年国民经济和社会发展计划执行情况及2018年计划草案的报告（送审稿）》、市财政局关于《合肥市2017年预算执行情况和2018年预算草案的报告（送审稿）》起草情况汇报、市发改委关于《合肥市五大发展行动计划（修订版）》起草情况汇报、市人社局关于《促进当前和今后一段时期就业创业工作的通知》起草情况汇报、市安监局关于《推进安全生产领域改革发展的实施意见》起草情况汇报、市公安局关于《合肥市城区禁止燃放烟花爆竹管理工作实施方案》起草情况汇报。

【第105次常务会议】 2017年12月15日，市政府第105次常务会议听取市政府法制办关于地方性法规清理情况汇报、市公安局关于《合肥市坚持平安为基推进安全发展实施方案》起草情况汇报、市国土局关于《进一步推进合肥市农村土地整治工作的实施意见》起草情况汇报、市发改委关于《2017年国民经济和社会发展主要预期目标完成情况的说明》起草情况汇报。

【第106次常务会议】 2017年12月21日，市政府第106次常务会议听取市司法局关于全市“七五”普法工作汇报、高新区管委会、市编办、市政府法制办关于《合肥高新区知识产权“三合一”综合执法改革试点工作实施方案》起草情况汇报、市政府法制办关于《合肥市推进依法行政办法（草案）》、废止《合肥市机关事业单位工作人员基本养老保险规定》的说明、市财政局关于2018年元旦、春节“两节”送温暖及慰问活动情况汇报、市卫计委关于《促进健康产业发展的实施意见》起草情况汇报、市发改委关于《合肥市推进与德国交流合作工作方案》《合肥市创优“四最”营商环境实施意见》起草情况汇报、市农委关于《完善农村土地所有权承包权经营权分置办法的实施意见》起草情况汇报、市国土局关于8宗划拨土地使用权补办出让补缴土地出让金情况汇报。

【第107次常务会议】 2017年12月28日，市政府第107次常务会议听取市政府国资委关于《合肥市市属国有企业功能界定与分类方案》起草情况汇报、市民政局关于2017年全市退役士兵安置工作和《改革社会组织管理制度促进社会组织健康有序发展的实施意见》起草情况汇报、市民政局关于《进一步健全特困人员救助供养制度的实施意见》起草情况汇报、市台办关于《鼓励和支持台湾青年来肥创业就业的意见》起草情况汇报、市发改委关于推进“三重一创”建设实施意见和支持“三重一创”建设若干政策起草情况汇报、市数据资源局关于《合肥市信息化项目管理办法》《合肥市政务数据资源共享开放管理暂行办法》起草情况汇报、市国土局和市城乡建委关于《合肥市被征收集体土地上房屋补偿办法》修改情况汇报、市商务局关于《合肥市加油加气站布点规划（2016～2030）》编制情况汇报、市规划局和市城乡建委关于《合肥市海绵城市专项规划》编制情况汇报、市食药监局关于《合肥市推进和鼓励仿制药质量和疗效一致性评价工作实施方案》起草情况汇报、市发改委关于《“健康合肥2030”规划纲要》编制情况汇报。

重要政策文件

【关于印发合肥市土壤污染防治工作实施方案的通知】 3月30日，市政府出台《关于印发合肥市土壤污染防治工作实施方案的通知》，提出到2020年，全市土壤污染趋势得到初步遏制，土壤环境质量总体保持稳定，农用地和建设用地土壤环境安全得到基本保障，土壤环境风险得到基本管控。到2030年，全市土壤环境质量稳中向好，农用地和建设用地土壤环境安全得到有效保障，土壤环境风险得到全面管控。到本世纪中叶，全市土壤环境质量全面改善，生态系统实现良性循环。

【关于加强农村留守儿童关爱保护工作的实施意见】 4月28日，市政府出台《关于加强农村留守儿童关爱保护工作的实施意见》，旨在按照家庭尽责、政府主导、全民关爱、标本兼治的基本原则，加大关爱保护力度，逐步减少儿童留守现象，确保全市农村留守儿童安全、健康、受教育等基本权益得到有效保障。

【关于印发合肥市促进民营经济发展条例实施细则的通知】 4月27日，市政府发布《关于印发合肥市促进民营经济发展条例实施细则的通知》，旨在深入贯彻落实《合肥市促进民营经济发展条例》，促进民营经济持续、健康、快速发展，保护民营经济组织的合法权益。

【关于印发合肥市加快推进农业产业化发展实施意见的通知】 5月2日，市政府出台《合肥市人民政府关于印发合肥市加快推进农业产业化发展实施意见的通知》，提出通过五年努力，农业产业化水平进一步提升，产业链条更加完整，功能更加多样，业态更加丰富，利益联结更加稳定，一二三产业融合发展的现代农业产业体系有序构建，形成“大基地、大龙头、大产业、大园区、大品牌、大融合”系统支撑的农业产业化新格局。农业产业化的主要指标居全省领先，在全国进入先进行列。

【关于印发2017年合肥市扶持产业发展“1+3+5”政策体系的通知】 5月5日，市政府出台《关于印发2017年合肥市扶持产业发展“1+3+5”政策体系的通知》，修订出台《合肥市扶持产业发展政策的若干规定》《合肥市产业投资引导基金管理办法》《合肥市创业投资引导基金管理办法》《合肥市天使投资基金管理办法》《2017年合肥市促进新型工业化发展政策》《2017年合肥市促进自主创新政策》《2017年合肥市促进农业发展政策》《2017年合肥市促进服务业发展政策》《2017年合肥市促进文化产业发展政策》，指出要加快资金兑现、发挥基金实效、加强配套联动、严格绩效考评、强化政策宣传。

【关于印发合肥市加快推进“互联网+”行动实施方案的通知】 5月5日，市政府出台《关于印发合肥市加快推进“互联网+”行动实施方案的通知》，提出到2020年，互联网支撑大众创业、万众创新的作用进一步增强，网络经济与实体经济协同互动的发展格局基本形成，“互联网+”新经济形态发展进入国内先进行列，建成全国重要的智能制造产业基地和有较大影响力的互联网融合创新发展高地。

【关于机关事业单位工作人员养老保险制度改革的实施意见】 5月12日，市政府出台《关于机关事业单位工作人员养老保险制度改革的实施意见》，旨在统筹城乡社会保障体系建设，建立更加公平、可持续的养老保险制度。

【关于在市场体系建设中建立公平竞争审查制度的实施意见】 7月5日，市政府出台《关于在市场体系建设中建立公平竞争审查制度的实施意见》，旨在按照加快建设统一开放、竞争有序市场体系的要求，建立公平竞争审查制度，开展公平竞争审查，确保政府行为符合公平竞争和相关法律法规要求，维护公平竞争秩序，保障各类市场主体平等使用生产要素、公平参与市场竞争、同等受到法律保护，激发市场活力，提高资源配置效率，推动大众创业、万众创新，促进实现创新驱动发展和经济持续健康发展。

【关于印发合肥市政府性债务管理暂行办法的通知】 8月10日，市政府出台《关于印发合肥市政府性债务管理暂行办法的通知》，旨在加强政府性债务管理，规范政府性债务借用还行为，防范和化解政府性债务风险，促进经济健康可持续发展和社会和谐稳定。

【关于扎实推进民生工作的实施意见】 8月17日，市政府出台《关于扎实推进民生工作的实施意见》，提出到2021年，建立更加完善的就业创业、公共教育、医疗卫生、社会保障、文化体育等基本公共服务体系，实现人民生活质量显著改善，社会文明程度普遍提高。

【关于推进技能强市的实施意见】 9月20日，市政府出台《关于推进技能强市的实施意见》，旨在培养打造一支适应社会和产业发展需求的高技能人才队伍，充分发挥技能人才在全市经济社会发展中的重要作用，助推合肥制造业进一步转型升级和提质增效，为合肥建设长三角世界级城市群副中心提供强有力的技能人才支撑。

重点工作

【合肥综合性国家科学中心获批建设】 2017年1月10日，合肥综合性国家科学中心建设方案正式获批，标志着安徽省在全国创新大格局中占据重要地位，成为代表国家参与全球科技竞争与合作的重要力量。为加快建设合肥综合性国家科学中心，合肥市启动了滨湖科学城、大科学装置集中区等规划编制，聚变堆主机关键系统成功落户，科大讯飞智能语音入列国家人工智能四大平台、微尺度物质科学国家研究中心获批组建。合肥综合性国家科学中心的建设，将有助于合肥乃至安徽汇聚世界一流科学家，突破一批重大科学难题和前沿科技瓶颈，为国家科技长远发展和创新型国家建设提供有力支撑。

【“中国制造2025”试点示范城市获批建设】 2017年4月17日，国家工信部正式批复合肥为“中国制造2025”试点示范城市，合肥成为制造业“国家队”12个试点示范城市一员。获批后，合肥市依据上报工信部的创建方案，编制了《合肥市建设“中国制造2025”试点示范城市实施方案（2017～2019年）》。3年试点期内，合肥将立足“中国制造2025”试点示范这个新起点，通过构建“3411”产业体系、搭建基础科学研发平台、实施人才计划、优化政策体系，建成全国性产业创新中心，打造具有国际竞争力和国际影响力的制造强市。

【轨道交通2号线开通运营】 2017年12月26日，合肥市轨道交通2号线正式开通运营，标志着合肥进入轨道交通"换乘时代"。2号线于2013年2月19日正式开工建设，西起南岗站，东至三十埠站，线路全长27.8公里，全部为地下线，全线共设车站24座，设车辆段1座，停车场1座。地铁2号线是一条东西方向的骨干线，联系老城区、高新区、科学城，引导和促进合肥高新区和合肥科学城的发展。2号线的开通运营，与1号线共同构成轨道交通网"十"字型骨干线路，标志着合肥市轨道交通正式跨入"双线运营、多线建设"的新阶段。

重大活动

【国家质检总局来肥调研】 2月10日，国家质检总局党组书记、局长支树平来肥调研。省委常委、统战部部长、副省长刘莉，安徽出入境检验检疫局局长吕小斌，合肥海关关长肖力；市长凌云陪同调研。支树平听取合肥市八大开放平台相关情况，考察安徽（蜀山）跨境电子商务产业园监管区。

【国家发改委来肥调研】 2月14日至15日，国家发改委党组副书记、副主任何立峰来肥调研。省委常委、常务副省长吴存荣，省委常委、市委书记宋国权陪同。国家发改委地区司司长刘苏社等参加调研。省政府副秘书长李必方，省政府督查室主任汪春明，省发改委主任张韶春；市领导凌云、韩冰等分别陪同。何立峰指出，开发区要从实际出发，制定各自主攻产业，走差异化发展之路。勉励合肥市再接再厉，在推动智能语音及人工智能上实现更大的作为。

【市政府赴广东招商】 2月20日～24日，市长凌云赴广东开展考察拜访活动，对接项目，深化合作。在粤期间，凌云先后拜访了华为、万科、中兴通讯、腾讯、美的、格力等企业，深入产品展厅、生产车间，与企业家深入交流，详细了解行业发展状况、企业经营发展现状以及在肥项目推进情况，并就推进相关项目深入合作进行了深入有效的对接与洽谈。凌云一行还赴广东自贸区深圳前海蛇口片区和珠海横琴片区进行了考察，详细了解自贸区在法治建设、行政服务、深港澳合作、金融开放与创新、国际贸易等方面的创新举措。

【中国工程院来肥调研】 3月24日，中国工程院院长周济率"中国制造2025"试点示范城市调研评估组来合肥市调研。市长凌云陪同调研并汇报申报创建"中国制造2025"试点示范工作情况。省经信委主任牛弩韬陪同。调研评估组先后调研合肥鑫晟光电科技有限公司、中科大先进技术研究院、科大讯飞股份有限公司、安徽应流机电股份有限公司，实地了解企业生产经营和研发情况。下午举行的评估会，听取合肥市申报创建"中国制造2025"试点示范工作情况汇报。

【市政府主要领导拜访部分国外驻沪总领馆】 4月24日至25日，市长凌云赴上海拜访德国驻上海总领事馆总领事罗腾、俄罗斯联邦驻上海总领事馆总领事叶夫西科夫，并走访部分上海企业。在沪期间，凌云还实地走访考察了上海纺织集团、上海人民电器集团、康宁（上海）管理有限公司和上海正阳集团，就推进相关项目落地进行深入交流。

【中央第四督察组来肥调研】 5月8日，中央第四环保督察组组长朱之鑫率队来市调研。环保部华东督查中心副主任刘国才等参加调研。副省长张曙光，省委副秘书长、省委督查室主任骆方平，省政府督查室主任汪春明，市长凌云，中国科学院院士、中科大常务副校长潘建伟等陪同调研。

【国务院消防工作第三考核组来肥考核】 5月10日，住房和城乡建设部副部长易军率国务院消防工作第三考核组来皖开展2016年度省级政府消防工作考核。其间，考核组A组对市2016年度消防工作进行了考核。副省长、省公安厅厅长李建中，省政府副秘书长刘定明，省住建厅党组书记张天培；市长凌云陪同考核。考核组听取安徽省2016年度消防工作汇报和合肥市2016年度消防工作汇报，查阅了相关资料，并进行了实地检查。

【国家工商总局来肥调研】 5月16日，国家工商总局副局长王江平率调研组来肥，就合肥市"双创"工作开展调研，并召开调研汇报会。省工商局局长朱斌，市长凌云陪同调研或出席汇报会。王江平肯定合肥市"双创示范"所取得的成效。

【汪洋考察第十届中博会部分展区】 5月17日，中共中央政治局委员、国务院副总理汪洋在参加第十届中博会开幕式前，考察了本届中博会中央展区和中部六省展区。省委书记李锦斌，省长李国英，省委常委、省委秘书长唐承沛，省委常委、合肥市委书记宋国权，副省长张曙光，省政府秘书长侯淅珉，市长凌云陪同考察。每到一家企业展台前，汪洋都对企业执着创新的精神以及取得的创新成果表示祝贺，勉励企业致力扩大新技术新产品的市场占有率，不断增强综合实力和核心竞争力。鼓励科大讯飞在语音识别、人工智能等领域持续加大创新力度，不断巩固扩大领先优势。考察中，汪洋对中部地区着力深化开放型经济体制改革、持续优化发展环境给予充分肯定。

【国家统计局来肥调研】 5月18日，国家发改委副主任兼国家统计局局长宁吉喆来肥调研经济形势和统计工作。省委常委、市委书记宋国权，省政府秘书长侯淅珉、副秘书长李必方，市长凌云，省统计局局长钱晓康，国家统计局安徽调查总队总队长夏荣坡，市领导韩冰等陪同。

【国家粮食局来肥调研】 5月23日，国家发改委党组成员，国家粮食局党组书记、局长张务锋率国家粮食局调研组来肥调研粮食工作。省政府副秘书长刘卫东，省粮食局局长牛向阳，市长凌云陪同调研。张务锋指出，随着经济社会的发展，人们对食品安全的需求越来越高，做好食品安全工作，至关重要。

【市政府主要领导出访欧美】 6月7日至16日，市长凌云率合肥市经贸友好代表团访问美国、德国、荷兰。访问期间，凌云陪同省委书记、省人大常委会主任李锦斌与当地友好省州、跨国企业、高校和科研机构、当地华人华侨高层次人才等进行了深入交流，取得了丰硕成果。凌云访问了康宁公司总部，会见了大陆马牌轮胎公司常务副总裁科勒和德国工商大会主席史伟哲，拜会了下萨克森州议长布泽曼、下萨克森州州长魏尔；出席了合肥学院中德教育合作示范基地高层次人才引进座谈会，见证了合肥学院引进人才的集体签约，并为对德引智项目管理办公室揭牌；代表合肥市政府签署了江淮大众安徽（合肥）项目投资合作框架协议，会见了海伦芬市代市长范德兰，拜访了安普隆公司，与公司首席执行官贝尔特曼深入交流。

【中央文明办来肥调研】 7月19日～20日，中央文明办二局局长吴向东率队来肥调研创建文明城市工作并召开座谈会。省委常委、宣传部部长虞爱华，省委常委、市委书记宋国权，省委宣传部副部长、省新闻出版广电局局长车敦安，市长凌云，市委副书记汪卫东等陪同调研或出席座谈会。调研组一行听取了合肥一年来文明创建工作和党风廉政建设情况汇报，观看了合肥市文明创建专题片。吴向东对合肥市创建文明城市工作取得的新进展和新成效给予充分肯定。此外，调研组还对各城区创建情况进行了暗访。

【市政府赴北京开展招商活动】 11月9日至10日，市长凌云赴北京开展招商考察活动，就深化务实合作、加快推进项目落地与高校、企业进行洽谈交流。凌云参观了清华大学该校公共安全研究院、微纳电子所、纳米科技研究中心，与学校常务副书记、副校长姜胜耀会谈；与北京中科寒武纪科技有限公司、北京思特奇信息技术股份有限公司两家高新技术企业负责人交谈，欢迎创新能力强、市场前景好的高科技企业来肥发展；与中国化工集团总经理杨兴强深入交流，欢迎中国化工集团这样的世界500强企业到合肥布局，设立研发中心。

市政府办公厅工作

【概况】 2017年，市政府办公厅坚持以习近平新时代中国特色社会主义思想为指导，认真贯彻落实党的十八大、十九大和省、市党代会精神，全力服务于“大湖名城、创新高地”“建设长三角世界级城市群副中心”目标定位，顽强拼搏，砥砺奋进，不断开创“三个服务”工作新局面，较好地保障了全市政务工作高效有序运转。

【调查研究】 全年完成各类调研报告35篇，其中，《合肥双创示范基地建设情况调研报告》《武汉南京杭州三个都市圈交通基础设施一体化建设的经验与启示》《推动合肥教育服务业对外开放的对策建议》等7篇得到市领导批示；积极参与全市“四送一服”分组调研；定期编印国家、省重要政策和文件，牵头制定市政府《关于扎实推进供给侧结构性改革促进经济平稳健康发展的实施意见》，撰写《加快建设国家科技创新中心城市——未来五年政府工作的谋划和思考》。继续与安徽大学签订第二轮合作协议，完成“合肥都市圈交通基础设施一体化”“提升城市综合管理水平”“合肥等高对接沪宁杭路径”等3个重大课题及“特色小镇”“风投基金”“硅谷经验”“社会化养老服务”重点课题研究。

【起草文稿】 结合全市产业结构优化升级、城市建设管理提品提质、统筹城乡综合配套改革、“双创”工作开展、法治合肥建设和党的建设等涉及调转促、全创改、放管服、五大发展行动计划、合肥综合性国家科学中心建设、医疗体制改革等领域形成一批重要文稿文件，有力地保障和服务了全市经济快速发展和社会和谐稳定。

【信息服务】 全年编报《政务信息》151期、《政务要情》182期，报《省办信息》243期，完成《信息专报》29期、《信息参阅》13期，获国务院领导批示3次、省领导批示2次、市领导批示32次，为各级领导科学决策提供了参考依据。其中，向国办、省办上报信息1478条，被国办采用5条，省办采用101条，信息采用综合得分在全省16个地市中排名第一。

【统筹协调】 全年承办市政府党组会28次、市政府常务会27次、市政府全体会4次。统筹做好国家部委、中科院、海关总署等领导来肥视察，热情细致接待好海内外考察团来肥学习考察；认真做好省领导来肥开展保障房项目、集成电路、智能语音产业等调研活动及与苏宁控股集团、万达集团签约仪式的服务保障工作；衔接好省领导会见浪潮集团有限公司董事长、台湾联发科技董事长及慰问一线职工活动。积极做好市领导出席引江济巢工程开工动员大会、康宁GPF（汽油颗粒过滤器）项目、合肥云谷金融城等项目签约仪式；认真衔接好市领导出席合肥国际质子重离子放疗论坛、海峡两岸半导体产业（合肥）高峰论坛等多次重要政务活动；统筹谋划领导调研、考察、会见、商务谈判等各项活动的衔接联络，确保服务周到、组织有序、保障到位，严格执行各项规定，切实做到调研活动轻车简从、安全高效。

【督查督办】 坚持把决策督查作为核心，全面督查落实《政府工作报告》确定的各项目标任务，全年开展各类决策督查170多次。积极配合中央办公厅、国务院办公厅、省委第三巡视组、省政府督查组在肥开展工作，认真组织国务院第四次大督查全面自查；深入开展扶贫开发工作“重精准、补短板、促攻坚”专项督查；认真做好省政府2017年目标管理绩效考核69项一级指标、101项具体指标的分解落实；按“五大发展”和工作评价6类分别设置75项指标对县（市）、区、开发区进行考核。积极协调全市政府系统各承办部门，认真办理省、市人大代表建议和政协提案，将办理签收、答复、效果全程纳入考评体系。全年办理人大代表议案、提案和政协提案822件，满意率100%，被评为“省人大代表建议办理先进单位”“2013～2017年度省政协提案办理先进单位”。全年办理回复人民网网友给省、市政府主要领导留言2039件，同比增长60%。其中，办理人民网网友给省长留言（涉及合肥）590件，增长48%，给市长留言1449件，增长65%。被评为“2017年度人民网网民留言办理工作先进单位”。抓好庐江县同大镇连河村对口帮扶和脱贫攻坚工作。

【政务保障】 全年共形成各类公文1211件（其中编号公文840件），接收各类公文9036件，处理各类明电2840件、密码电报215件。坚持24小时值班制度，发扬马上办、立刻办、紧抓快办作风，及时处理省、外地党政机关和其他单位来件，确保来文第一时间处理；不断优化公文流转效能，确保文件信息不漏报、不迟报、不误报。按照档案“八防”标准，投入8万余元更新完善了库房硬件设施，新建改建覆盖6大门类的综合档案室，实现库房、调阅室和办公室“三分开”要求；建立健全设备档案、声像档案和实物档案，大力推进档案数字化管理模式，所有电子档案实现异地备份，全年提供有效查询200人次。

【政务公开】 全年政府信息

陶冲湖畔

公开网共发布信息34.4万多条。其中，主动公开信息32.6万条，占94.6%；发布市政府常务会议信息19条，涉及研究并通过的重要决议100余项；全面公开重大建设项目相关信息，重点领域信息发布近12万条；按照"归口解读"和"谁起草、谁解读"的原则，对104个上级政策和52个本级政策进行了解读，有效回应社会关切，提升政府公信力；认真谋划"互联网+政务服务"工作，制定下发《合肥市加快推进"互联网+政务服务"工作方案》；统筹推进各项工作有序开展，全力加强政务微博微信工作，合肥市人民政府发布自去年8月1日上线试运行以来，共发布信息790条（其中微信389条，微博401条），订阅人数突破15万；建立双微大厅，将27个市直单位和13个县市区政府双微纳入矩阵，开通"我向市长捎句话"意见征集栏目，征集网民意见建议10类260余条，转办180余条，努力将"合肥市人民政府发布"打造成信息快车道、服务群众直通车、政民互动连心桥。

【应急管理】 以贯彻实施《合肥市"十三五"突发事件应急体系建设规划》为主线，以专项应急预案修编为重点，扎实推进应急管理体系建设向纵深发展。印发《合肥市突发事件应急预案编制修订工作计划》，专项预案演练17次；与省行政学院建立战略合作关系，开展应急值守规范化建设研究，探索建立全市应急值守规范；严格落实24小时应急值守制度，十九大、省两会、防汛等重要敏感时期，坚持市、县（市）区政府负责同志带班制度；密切关注公安、信访、维稳及安全部门报送的涉稳涉突信息，通过微博、微信、QQ群等新媒体拓展信息渠道，及时整理反馈，为市领导及时准确决策提供第一手资料。全年接受突发信息1443条，向省政府报告115条，向市领导报告500多条；加强应急保障能力建设，环境污染、群体性事件、反恐维稳等24支专业应急救援队伍及28名应急管理专家组作用发挥明显，全年举办应急管理培训授课17次40课时；开展应急管理知识宣传普及活动19场；十九大维稳安保、中博会、马拉松比赛、省市两会以及高中考等17项大型活动应急保障万无一失。强化机关党建工作，综合服务水平有效提升。

办事处工作

【驻京联络处】 2017年，市政府驻京联络处政务接待合规有序。秉承"遵守规定、控制成本、宾客满意"的原则，彰显服务保障与展示形象两大功能，紧跟中心工作步伐，自觉增强责任意识，充分发挥接待"载体"功能，为领导机关顺利开展工作、扩大对外交流、服务合肥发展做出贡献。全力以赴做好市委、市政府、人大、政协、市直各部门及各开发区在京拜访国家部委、招商联络的服务保障及衔接工作，重点做好中央机关、国家部委、中央企业公务接待服务工作。全年接待服务保障各项活动共270批，招商引资部委联络接待205批，公务接待实现"零"失误。招商联络硕果累累。全年经驻京联络处前期独立接洽、跟踪服务、协调推进并成功签约的投资项目4个，招才引智项目1个，科技创新赛事项目1个，高端展览项目1个，签署战略框架协议的项目2个；与市政府办公厅联合推进并成功签约的投资项目1个；各项目计划总投资40多亿。宣传推介搭建桥梁。牵头对接第三届中央企业熠星创新创意大赛项目对接会，参加北京市政府召开的驻京联络处工作情况通报会暨工作经验交流会，充分利用合肥之友、机关网站、接待平台、微信平台、招商推介等五大平台，聚焦全面深化改革先行先试"合肥版"，全方位宣传合肥新形象。推进北京合肥之友理事会与柬埔寨合肥之友联谊会；强化信息报送，收集整理首都和国家部委的最新信息，抓好采编报送工作，全年编报驻京信息专报12期，常态报送并被市两办采用信息30余条。

【驻沪联络处】 招商服务方面。先后主动拜访、联系并陪同市领导走访洽谈了上海市合作交流委、上海市经信委、复兴集团、中芯国际、上海电气集团、正大集团、复旦大学、联发科技网络交换机芯片公司、联想集团等一大批世界500强、中国500强企业和知名民企及各国驻沪领事馆；积极促成上海电气集团、上海建工集团与市政府战略合作协议进入实施性进展。协助合肥卫生系统来沪考察学习医改工作先进做法和经验及现代医院管理制度、分级诊疗制度落实等情况；联系协调区县政府赴浦东新区金融办考察金融产业发展的做法和政策情况；认真做好每年最后一天市农委系统参加的全省在沪名优特农副产品展销会后勤服务保障工作。积极参与合肥市政协牵头的"推进上海合肥全面战略性合作"课题调研和推进工作，打造了沪皖两地共谋发展、合作共赢的交流洽谈平台。积极协调参与保障好每年举办一次的上海—合肥创新项目对接会及签约大会。接待保障方面。牢固树立接待无小事的观念，不断克服各种实际困难和不足，在增强服务意识和创新服务理念上下工夫、提升政务商务活动保障能力和水平，高质量地完成每一批接待任务和保障了各项重大活动圆满成功。共计接待各类来沪领导、市直各单位、开发区、县区的考察洽谈、培训、拜访、就医、出入国境共计90多批次，从未出现差错，受到来沪领导和接待单位的一致好评。信息服务方面。紧盯上海政策法规、经济发展、社会管理和工作经验等信息，关注上海及长三角周边可持续发展思路经验，编辑专题《上海信息》24期报送市主要领导参阅，编报《上海信息》160余条，发送到市委、市政府及相关市直单位、开发区、县区，其中多篇专题信息被市主要领导批示。维权维稳方面。建立健全工作机制、明确工作职责，及时有效应对和参与处置各类影响稳定的事件。每年6月、12月主动配合合肥人社局医保中心在沪开展为近3千名在合肥退休的沪籍老职工现场报销结算医药费工作，有效解决退休老职工去合肥报销行动不便的实际困难。

（方永忠）

2017年度目标管理考核优秀责任单位

在市委市政府的坚强领导下，全市各级各部门全面贯落实党的十八大、十九大和省市党代会精神，深入学习习近平新时代中特色社会主义思想，以新理念引领新发展，坚持稳中求进工作总基调，大力实施五大发展行动计划，主动作为砥砺奋进，全市经济实力再上台阶，科技创新再添动力，改革开放激发活力，城市建设管理提质提效，群众满意度，获得感进步提升，顺利完成了各项主要目标任务。

为激励先进，市政府决定，对2017年市政府目标管理绩效考核分别排县（市）、区开发区前2位的肥东县政府、长丰县政府，包河区政府、蜀山区政府，高新区管委会，经开区管委会；对市直及省垂直管理责任单位排前30位的市财政局、市发改委、市科技局，市统计局、市司法局、市审计局、市政府法制办、市城乡建委、市公共资源交易管理局、市文广新局、市国土资游局、市经信委、市商务局、市人社局、市民政局、市工商局、市地税局、市公安局、市政府国资委、市物价局、市规划局、市教育局、市供销社、市城管局、市卫计委、市房产局、市环保局、市金融办、市政务服务中心、市交通运输局确定为“2017年度市政府目标管理绩效考核优秀责任单位”。

市政务服务中心

【概况】 2017年，合肥市人民政府政务服务中心（简称“中心”）大力实施“互联网+政务服务”，深入推进政务服务体系建设，政务服务能力、服务水平持续提升。根据国家大数据专业委员会发布的《2017年全国地方政府互联网+政务服务能力调查评估报告》，合肥市名列全国434个市（含地级市、直辖市）第4名；新华网以《把审批窗口“搬进工地” 让企业尝到“甜头”》为题，在首页对中心政务服务工作做了专题报道；中心被省文明委评选为“安徽省第十一届文明单位”。

【“互联网+政务服务”建设】 和市数据资源局、市编办等密切配合，按照“一张网、一个门，群众办事不求人”的总体要求，结合本市工作实际，起草出台了《合肥市人民政府关于印发〈合肥市加快推进“互联网+政务服务”工作方案〉的通知》《合肥市人民政府办公厅关于印发合肥市加快推进“互联网+政务服务”工作任务分解表的通知》等文件，全面推进市“互联网+政务服务”建设。2017年市级可网办事项达到674个，占已上网运行事项的56.78%，其中，全程网办120项，占已上网运行事项的10.11%。

【完善服务体系】 在加强对县（市）区政务服务中心业务指导的同时，对市直部门自建服务大厅予以规范。将市公安局、交通运输局等7部门办事服务大厅纳入全市政务服务管理范畴，共设立12个“市政务服务中心分中心”。出台《市政务服务中心分中心管理办法》，采取听取汇报、座谈交流、调阅文档、实地查看等方式，加强分中心统一管理考核，并将其纳入中心年度业务考评，政务服务全市“一盘棋”的工作新格局基本形成。同时，以五个统一（统一功能定位、统一机构设置、统一名称标识、统一基础设施、统一运行模式）、三个标准化（事项名称、流程、材料标准化，事项办理、服务过程标准化，服务管理机制建设标准化）为目标，编制了《乡镇（街道）为民服务中心建设规范》《村（社区）为民服务全程代理工作站建设规范》《乡镇（街道）为民服务中心、村（社区）为民服务全程代理工作站运行规范》，并在全市颁布实施。在肥东县石塘镇组织召开全市基层为民服务规范化建设现场会暨全市政务服务工作推进会，强力推进基层政务服务平台规范化建设，推动全市政务服务水平整体提升。

【巩固标准化成果】 与市编办共同起草出台《合肥市人民政府办公厅关于印发合肥市行政许可标准化建设提升工作方案的通知》，运用《行政许可标准化指引》原则，充分吸收中心国家服务业标准化示范项目建设成果，制定窗口《受理服务规范》和《办理及时间责任追溯矩阵流程规范》模板，开展全市行政许可标准编制培训及审核，制定、修订政务服务标准768项，优化、简化和固化了政务服务流程。同时，指导全市54个部门按照省级目录清单标准，编制行政权力标准化实施清单692个，公共服务事项标准化实施清单495条，为全省无差别政务服务奠定良好基础。深入清理进驻窗口项目，按照便民利民要求，推动公共服务事项进驻中心，目前已进驻公共服务事项73项。

【领导接听热线电话】 宋国权和凌云等省、市领导12人次接听群众来电67件，成员单位50批350人次接听群众来电720件，为群众解决了一大批问题，增进了政民互动交流，营造了良好的政务环境。利用成员单位专题接听契机，加强工作交流沟通，从11月份开始，对前来接听的12个单位12345工作情况形成书面通报材料，促使其提高办理质量。

【智能语音上线】 将12345融入“互联网+政务服务”平台。借助合肥市人工智能、智能语音信息技术优势，在全国率先推出12345智能语音信息系统，7月28日上线试运行，8月28日正式运行。推出自助语音导航、自助智能服务、自助语音播报、智能语音自动回访、无障碍访问运行的智能客服“晓政”。市民通过电话、网络、微信等，可24小时体验“晓政”提供的主动、精准的人机互动政务服务。试运行以来，群众使用“12345智能语音信息系统”7126次，提出各类诉求21197件（其中投诉2665件）。

【督查督办】 对群众反映强烈的问题和疑难复杂事项，按照《合肥市人民政府热线督办工作实施办法》，共立案督查208件，下发《市政府督办通知》228件，赴现场督查109次，促使成员单位不断转变职能，改进作风，提高效能。同时，认真做好上级交办事项办理工作。全年省长热线转办57件、省政府网站交办网民留言交办117件，对此，均立案进行了督办，克服时间紧、要求高、程序多等困难，做到及时主动受理，逐件落实解决，按期准确回复。

【协调联动】 发挥12345互联互动的平台优势，就群众关心、关注的停水停电停气、道路封闭、公交线路调整、夜间施工报批、学区划分、打击传销等热点问题，形成统一答复口径，使受理人员在第一时间直接进行答复，减少交办转办，尽可能减轻相关部门的办理负担，提高服务效率，降低行政成本。对2404起可能采取过激行为和封门堵路、集体上访等影响社会稳定的问题，在第一时间与应急、公安等部门以及当地政府联系协调，努力将矛盾化解在萌芽状态，将问题解决在基层。充分发挥舆论监督作用，坚持和新闻单位的互动合作，与合肥广播电视台联办“12345政府服务热线”专题节目91期，配合纪检（监察）部门制作《问政·合肥》“政风行风面对面”专题节目3期，对一些部门（单位）和工作人员不作为、乱作为的现象予以曝光。

【分析研判】 发挥12345了解社情民意、倾听群众呼声的桥梁纽带作用，坚持日报告、周分析、月通报、年考核制度，定期分析研判群众诉求，为市委、市政府领导科学决策服务。全年编辑简报83期，收集热点难点和隐患问题1229个、意见和建议97条。推进中小学午餐服务工程、公共自行车服务、简化居住证申办流程、加快普惠性幼儿园建设、提升基层卫生服务能力、增设和扩建预防接种门诊、加强公益性体育设施建设管理、加强市区公共停车场建设、老旧小区环境综合整治等建议被纳入2017年市政府为民办实事事项。

（张世辉）

政府法制

【概况】 2017年，全市依法行政和法治政府建设迈上新台阶，连续多年在省政府依法行政考核中名列第一，在全省首届政府法制十大亮点工作中独占两席；在中国法治政府评估中，取得全国百座大城市第七名的好成绩，连续两年稳居全国前十，蝉联全国省会城市第四、中部32个城市第一，被授予“法治政府建设典范城市”称号，实现了法治政府建设和政府法制工作全省居一流、全国有影响的目标。

【推进依法行政】 出台《关于进一步贯彻落实〈法治政府建设实施纲要（2015～2020年）〉推进合肥法治政府建设的实施意见》，明确法治政府建设的路线图、时间表和任务书，细化法治政府建设重点工作责任分工，确保到2020年基本建成法治政府。制定《合肥市推进依法行政办法》政府规章（全国首部），从制度层面巩固和提升法治政府建设实践中的创新举措，推动市依法行政、法治政府建设工作进入新阶段。召开市推进依法行政工作领导小组会议、全市依法行政工作会议、政府法制系统务虚会，统筹部署全市推进依法行政和建设法治政府工作，确保主要任务和具体举措落实到政府工作的各个方面、各个环节。

【依法行政考核】 坚持修改完善依法行政和法治政府建设考核指标和评分标准，建立群众满意度调查、日常考核、分类考核、现场抽查等考核方式，强化源头考评、动态考评。结合各地各部门实际，区分考核对象，将考核对象分为四类，分别制定不同的考核标准。将自查、复查、日常考核和网上测评相结，合理确定得分比例，增强考核科学性，完成对63家责任单位法治政府建设考核工作。

【依法行政示范创建】 坚持典型引路，启动第三批“合肥市依法行政示范单位”创建活动，确定89家依法行政示范单位培育对象，并完成中期督导工作。组织乡镇（街道）、县（市）区直部门、市直部门开展集中观摩活动，认真总结和及时推广依法行政工作典型经验，充分发挥示范单位的引领带动作用。

【决策机制】 出台重大行政决策事项合法性审查提前介入实施办法、重大行政决策专家论证办法、第三方评估办法等制度，形成“2+14”行政决策制度体系。进一步理顺重大行政决策事项合法性审查流程，将合法性审查嵌入办文流程，以正面清单和负面清单形式双向锁定重大事项范围，增强合法性审查的刚性和执行力，共审查“十三五”系列规划、“1+3+5”政策体系、房屋维修基金调整、餐饮业油烟整治、美丽巢湖建设等重大决策事项210件。全面落实重大行政决策征询意见、听证、风险评估、合法性审查、实施效果评估等制度，委托第三方对集体土地及地上房屋征收、房屋维修基金等政策调整开展风险评估，开展公交票价公开听证，对《合肥市农村产权交易管理办法》开展决策后评估，有效降低行政决策风险。

【法制机构建设】 加大法制机构和法制队伍建设力度，县（市）全部设立政府法制机构，人员均在4人以上；区、开发区法制机构全部挂牌，人员均在3人以上；乡镇（街道）全面明确法制工作分管领导、设立专职法制员，法制机构不健全、法制队伍薄弱的状况得到改善，法治政府建设基础得到进一步夯实。

【依法行政培训】 全年市政府常务会集体学法4次，邀请中国政法大学、国家行政学院专家教授为县（市）区、开发区管委会及市政府部门主要负责人作法治专题报告2场，组织64名县处级领导干部赴中国政法大学开展依法行政专题培训。对12批次174名拟提拔市管干部进行任前法律知识测试，组织全市1.6万名公务员参加法律考试，开展全市法制系统业务培训6期、执法人员专题培训15场次，参训人员3500余人，各级各部门领导干部和执法人员依法行政能力明显提高。

【立法工作】 按时完成居住证管理办法、出租汽车管理办法、推进依法行政办法、机关事业单位工作人员基本养老保险规定等规章的制定、修改、废止工作，积极参与绿色建筑发展条例、文物保护办法、燃放烟花爆竹管理规定等地方性法规的制定和修订工作，充分发挥了良法保障善治、促进发展作用。

【制度机制创新】 推进开门立法，结合基层立法联系点工作，围绕重点问题开展实地调研、座谈会、论证会80余场次。全面推行政府立法草案公开征求意见及反馈制度，通过合肥政府法制网、合肥日报等媒体公开征求法规规章草案意见，对征集到的400余条意见采纳情况进行公开反馈，不断拓展公众参与政府立法的广度和深度。深化政府立法协商工作，进一步拓展立法协商和咨询论证渠道，促进政府立法工作科学化、民主化。建立市政府法制办主导、多方参与的立法后评估模式，通过问卷调查、实地调研、座谈交流、专家论证等方式，完成城市地下管线管理办法、城市集中供热管理办法后评估工作，及时推进政府规章修改完善。

【行政审批改革】 精简行政审批事项，取消、下放行政审批事项220项，保留行政审批项目107项，精简率达70%。建立以窗口为主导的审批机制，96个行政审批事项进驻中心服务大厅，实现窗口“一站式”、跨部门联动审批。加快市县两级公共服务清单建设，在全省首推乡镇（街道）公共服务清单。深入推进“多证合一、一照一码”改革，发布“多证合一”证照整合事项目录，打造法治化营商环境。

【行政执法体制改革】 推进行政执法权向乡镇延伸，以破解乡镇“看得见管不着”的社会管理难题为突破口，在肥西县花岗镇、长丰县下塘镇开展全省首家经济发达镇相对集中行政处罚权试点工作。探索高新区知识产权综合执法，整合版权（著作权）、专利和商标行政处罚职能，由专门机构实施综合执法，提高知识产权执法效能。认真落实《关于深入推进城市执法体制改革改进城市管理工作的实施意见》，通过框定执法范围、完善衔接机制、优化执法力量等方式，理顺城市管理和行政执法体制机制，提升城市管理整体水平。

【行政执法程序】 执行持证上岗和行政执法人员资格管理制度，审核行政执法人员证件6714个，注销行政执法证件267个。规范辅助人员执法行为，在全省率先出台《行政执法辅助人员管理办法》，5754人通过培训考试取得辅助行政执法证，辅助人员首次实现持证上岗。扎实推进重大执法决定法制审核、执法公示、执法全过程记录三项制度试点工作，通过加大法制审核力度、公开执法信息、推行执法全程录像等方式，全面规范行政执法关键环节。大力推行行政处罚案件网上群众公议，市本级开展公议201次，公议案件383件，50%以上案件通过网上公议。深入推进行政执法和刑事司法衔接，规范重点领域罪名移送目录和证据移送标准，全年移送“两法衔接”案件93件。建立市县两级执法案卷评查联动机制，开展专项评查、集中评查、“回头看”和评先评优等活动，评查案卷800余件。

【行政执法监督机制】 拓展合肥法制监督平台应用功能，增设“行政处罚网上运行”子系统，实现对32家重点行政执法部门行政处罚行为全过程监督，全年网上运行行政处罚案件247件。建成规章和规范性文件备案、执法人员资格管理、执法行为监督、复议与诉讼网上办理、行政执法与刑事司法衔接网上运行、行政处罚案件群众公议、规范性文件“三统一”、规范性文件合法性审查、行政处罚网上运行等九大应用板块，“互联网+法制监督”效果进一步显现。

【政府层级监督】 履行政府规章和规范性文件报备程序，报备政府规章7部，市政府规范性文件54件，报备率100%。进一步规范行政执法投诉举报处理工作，出台《关于加强行政执法投诉举报处理工作的通知》，明确受理范围，统一受理途径，规范处理程序，强化“一个号码找政府”的服务功能。

【政务公开】 加大决策、执行、管理、服务、结果公开力度，全年主动公开政务信息325817条，主动公开率94.6%。不断完善政策解读机制，同步向社会公布政策解读179项，引导人民群众准确理解政策，促进政策及时落地生效。在政府信息公开网开设舆情收集和回应专栏，及时公开社会热点事件处理情况，有效回应社会关切。

【法律顾问工作】 推进政府法律顾问全覆盖和公职律师建设工作，全市261名行政机关工作人员申报公职律师，肥东县政府全市首家公职律师办公室挂牌运行。进一步完善采购法律服务工作机制，评估市本级法律服务资源库运行及作用发挥情况，提升资源库法律服务质量。市政府法律顾问全年参与研究处理国土、房产、卫生、国有资产管理等重点领域的重大涉法事务238件次。应邀参加全国首届法治政府建设实践论坛，全面介绍市政府合同管理的典型做法和创新举措。

【文件动态管理】 出台规范性文件制定技术规范，明确规范性文件的基本要求和制发程序，从源头防范出台违法文件。建立公平竞争审查联席会议制度，严格规范性文件的公平竞争审查。市县两级政府及部门网站设置“规范性文件征求意见”专栏，进一步畅通公众参与文件制定渠道。完善规范性文件电子化报审和有效期监控平台，实现规范性文件全过程、闭环式监控，全年共审查各类文件773件。坚持规范性文件定期清理，组织开展“放管服”改革、生态文明建设和环境保护涉及规范性文件专项清理和年度清理，清理各类规范性文件976件，废止市政府规范性文件36件，修改21件。

【行政复议】 全年市政府收到行政复议申请244件，直接纠错率34.5%，综合纠错率40.9%，没有行政复议决定被法院判决撤销、变更、确认违法、责令履行，行政复议纠错功能进一步发挥。建立行政复议基层受理点制度，全市38个行政复议基层受理点挂牌办公，受理行政复议案件13件，提供法律咨询180余件次，有效解决行政复议最后一公里问题。市县两级政府全面建立行政复议委员会制度，优化行政复议资源配置，实行疑难案件集体议决机制，增强复议决定说服力和公信力。积极推进行政复议决定书网上公开，全年共公开行政复议决定书663份，倒逼办案机关依法公正办案。坚持行政复议案件回访工作规范化、常态化，针对房屋征收、信息公开、举报投诉等重点领域案件开展回访23次，促进行政机关及时履行生效裁决。

【纠纷解决机制】 积极应对行政诉讼案件数量大幅增长形势，加强与司法审判机关良性互动，联合市中院印发《行政纠纷诉调对接工作暂行办法》，建立行政纠纷诉调对接机制，全年诉前调解行政诉讼案件20起。充分利用庭审化解行政争议，修改行政机关负责人出庭应诉工作办法，全市行政首长出庭案件678件，应出庭应诉率100%。

（吕 正）

公务员管理

【概况】 2017年，合肥市公务员管理工作坚持围绕中心，服务大局，着眼于为合肥经济社会发展提供人才支撑，以建设高素质公务员队伍为目标，深化干部人事制度改革，推进公务员管理制度创新，加强公务员队伍建设，不断推动全市公务员管理创新发展。

【公务员考录培训】 2017年合肥市计划面向社会考录公务员（含参公人员）737名，其中市直机关208名（含市直政法机关60名），平均考录比例为1：35.4（全省平均考录比例约为1：24.5），坚持公开、公平、公正原则，完善方案，细化流程，严谨操作，强化监督，实际录用公务员721人。全年共举办或承办各类公务员培训19期1366人。其中：6期公务员初任培训、2期市直机关科级领导任职培训、1期遴选公务员培训、1期农业农村干部能力提升培训和1期市直机关青年骨干培训，组织承办或调学参加8期省级示范培训。组织1.6万余名行政机关公务员参加全省行政机关学法用法考试，合格率达到99%。

【公务员交流转任】 完成市直机关2016年度公务员公开遴选（选调），组织实施2017年市直机关公务员公开遴选（选调）工作，共遴选选调403人，其中遴选126名，选调277名（含面向选调生59名）。创新开展能力测评和综合量化考察，着力将政治素质高，道德品行好，业务能力强，群众公认的年轻公务员选拔上来。根据新修订的《合肥市市直机关公务员转任办法》，确定了6项转任原则，历时三个月完成市直机关科级及科级以下公务员第三次依法转任工作，共转任公务员2028人，占市直机关科级及科级以下公务员总数的20.9%。其中跨部门集中转任69人，部门内转任730人，系统内转任1229人。制定《关于做好2017年度全市党政机关内设机构重要岗位干部交流轮岗工作的通知》，完成全市执纪执法、资产资源、财务审计等1319名重要岗位干部交流轮岗工作。

【工资与表彰奖励】 贯彻落实省司法体制改革有关部署，完成全市557名法官、320名检察官的员额工资套改，1854人的工改保留津贴审批。完成市本级机关5101人基本养老金调整、8679人工资调整等工作，审核97家市直单位10140人年度考核结果。强化考核结果使用，对年度考核为“优秀”等次的公务员，推荐产生94名先进典型分2批赴江西井冈山参加健康休养培训，充分发挥考核“指挥棒”和“风向标”作用。严把推荐对象“四关”，完成全国和全省卫生、林业等系统12项先进集体、先进个人候选对象的推荐上报。

【公务员日常管理】 全市依法办理提请市人大任免事项6批29人次，市政府任免事项19批298人次。办理公务员（含参公）登记478人，取消公务员录用8人，调任公务员8人，审核因病而“下”科级公务员3人。结合公务员考录、遴选、转任以及军转安置工作，推进公务员诚信建设。严格规范职位使用审核，审核审批科级职位使用变动302次。围绕年度调研计划，组织开展公务员职务与职级并行、平时考核、培训交流、基层公务员队伍建设等调研工作，编印全市公务员管理优秀调研报告。

【军转干部安置】 全市接收计划分配军转干部232人。其中，团职36人，营以下及专业技术军转干部196人；安置到行政职位206人，安置到事业岗位26人，安置随调家属19人，安置随军家属30人。顺利开展合肥市2016年度接收安置163名计划分配军转干部岗前集中培训。

【自主择业军转干部管理服务】 接收安置自主择业军转干部256人，组织自主择业军转干部参加自主择业军转干部政策培训和就业专场招聘会。及时拨付县（市）区自主择业军转干部医疗保险经费51万元，为市区自主择业军转干部缴纳医疗保险经费420余万元。协助自主择业军转干部创业就业，做好日常管理服务工作。

（谢骏先）

天鹅湖畔

信访工作

【概况】 2017年全市信访形势呈现总量下降、结构向好、秩序良好的基本态势，群众上访各项主要指标实现“四降一升”目标，即来市上访量7897人次，下降17.52%；去省上访量5522人次，下降12.2%；到国家信访局登记上访量1110人次，下降5.69%；进京上访社会面清理354人次，下降49.86%；网上信访4289件，上升86%。信、访、网结构进一步优化，全年没有发生影响首都稳定、影响重大活动举办、影响合肥形象的异常访事件，信访秩序平稳向好。

【推进信访改革】 全年共接收网上信访4289件，同比上升86%，网上信访主渠道作用逐步显现。完成市、县、乡视频接访系统三级连通，一定程度上实现让“数据多跑路、群众少跑腿”。打造便民利民的网上信访服务平台，进一步拓宽、畅通民意诉求表达渠道。建立信访网上投、事项网上办、结果网上评、问题网上督、形势网上判的“一网式”信访综合管理服务机制，实时掌握信访事项运行轨迹，以解决问题的实际成效取信于民。在市、县两级全部实行联合接访，把有权处理信访问题的责任部门集中起来联合接待上访群众，实行“一站式接待、一条龙办理、一揽子解决”，减少群众信访成本，提高工作效率。

【开展重点信访事项化解专项行动】 在全市信访系统开展“喜迎十九大、大干100天”化解信访积案攻坚活动，努力把化解信访积案专项工程落到实处。省委常委、市委书记宋国权在市信访局调研信访工作时指出：“要高度重视信访积案化解工作，要强化改革创新，坚持问题导向和法治思维，主动适应信访工作新常态，进一步畅通渠道、提升能力，切实提高信访工作的主动性和执行力。”市委、市政府领导分别作出批示，提出明确要求，并在有关信访稳定工作会议上进行安排部署。市委、市政府“两办”印发《合肥市化解信访积案专项工程实施意见》，市信访局成立领导小组，抽调精干力量，集中办公、具体负责，实行 “一二三四五”工作法，切实将积案化解工作抓紧抓好、落到实处、取得实效。2017年，全市信访积案化解实现“四个百分百”目标，国家信访局交办信访积案145件，省信访工作联席会议交办信访积案608件，市级排查信访积案113件，县区级排查信访积案306件，均百分百化解。

【坚持领导接访下访】 2017年全年市党政领导开门接访127人次，同比增加91%。通过领导接访，化解了一大批群众关心的热点、难点问题，接访处理事项涉及利益群体30余万人。在开展领导接访工作中，严格落实党政领导干部接访工作要求，不断优化市党政领导接访工作流程和工作环节，创新领导接访下访方式，重点解决好进京上访苗头性、倾向性以及群体性问题，确保上访群众进得来、接得上，现场协调解决，实现了接访更加规范、组织更加有效、督办更加有力、成效更加明显、台账更加完备，逐步走上常态化、制度化和规范化轨道。在全国、全省“两会”、中央环保督察组在皖督察和迎接党的十九大胜利召开期间等重大活动和敏感节点，均坚持每日都有1名市、县党政领导在信访接待场所接访群众，多次受到省信联办书面通报肯定。为提高市党政领导接访的实效性和针对性，2017年首次引入心理咨询师参与领导现场接访，实现市党政领导接访律师、心理咨询师“双参与”接访模式。2017年底，市信联办下发《关于进一步加强各级党政领导干部大接访工作的通知》，将领导接访工作进一步引向深入。

【抓好进京访治理】 2017年先后开展进京访治理“双百”专项攻坚和进京访“百日攻坚行动”，实行“一案一查”，倒逼责任落实。在进京访治理工作中，建立健全了五大工作机制，即：组织领导机制、会议研究机制、信息研判机制、约谈通报机制、劝返接回机制。采取五大工作措施，即：强化源头分类化解、强化包保稳控责任、强化跟踪督查督办、强化依法处置打击、强化追责问责落实，全市进京访形势进一步好转。

【规范基础业务】 以加强信访工作基础业务规范建设为抓手，着力提升“三率”，对信访事项登记不完整、答复格式随意、送达回执未上传、信息录入不全面等问题及时通报，限期整改。2017年12月5日至8日，举办全市信访系统基础业务规范化培训班，全市13个县（市）区、开发区和15个市直部门共28家单位150余人参加集中培训。全年开展重点信访事项督查督办98次，对党政领导接访事项、“四重”信访事项、房地产领域信访事项、去省上访重点问题、农民工欠薪问题、典型案例等重点领域、重点案件开展多轮实地督查。充分发挥信访督查专员作用，开展常态化督查工作。在中央第四环保督察组在皖督察期间，积极配合对1033件涉及环保问题的信访事项进行督查督办。为从源头化解信访问题，以市“两办”发文，建立了土地征用、房屋拆迁、房地产开发、社会保障、环境保护、农业农村及扶贫开发等6个信访突出问题专项工作组。通过各专项工作组参与联合接访的专业化疏导，增强了及时协调处理化解信访问题的针对性与实效性。定期对疑难信访事项组织复核、听证、评议，逐月通报复查复核情况及终结评议备案情况。2017年受理申请复查复核件153件，同比下降19%，年终全部结案，结案率100%；报请省信访事项复核委员会参加信访事项终结评议的案件4件，评议通过4件，通过率100%。2017年，办理市党政主要领导阅批来信289件，其中宋国权书记阅批来信22件，凌云市长阅批来信267件，市主要领导阅批来信数占受理来信的42.1%，有明确批示意见的信件按期办结率100%。市党政分管领导阅批省信访局转送信件198件，分别转交责任单位办理。市党政领导共阅批来信557件，占市本级来信的51%。

【编发各类信访信息】 编发《信访日报》219期896条、《信访专报》53期、《工作简报》8期，月均报送各类信访信息85条，及时反映信访情况和信访动态。市信访局网站与微信公众号推送各类信息148篇。

（孙　可）

机关事务管理

【机关后勤管理】 2017年，市机关事务管理局从基础设施、安全保卫、餐饮服务和会议服务多个方面保障政务综合楼等办公场所顺利运转。制定政务综合楼重点部位监控模改数升级改造方案，实施灯饰亮化工程，清洗玻璃幕墙；完成了政务综合楼、老干部活动中心、第二办公区、民主党派楼维修工程，安装政务中心停车场智能地锁，升级改造地下车库道闸，新建第二办公区非机动车光伏车棚；会同政投公司、物业公司对4号、5号道口平台实施防水改造；配合蜀山区市政管理处对政务中心外环道路实施封闭维修；与政投公司协调做好相关区域绿化整治工作；配合皖新传媒完成图书吧相关配套建设；指导政文外滩物业公司做好原省委、省政府、省政协办公大院的物业管理工作。定期组织消防联动测试，组织工作人员开展消防演练；坚持市特警支队、市保安集团、物业公司、局安保处的信访维稳联动机制。实施“明厨亮灶”工程，积极推进国家食品安全示范城市创建工作，先后完成四个食堂灶具、蒸汽管道、油烟管道等硬件的升级改造；坚持每天食堂卫生巡查，食品留样检测，实现“零事故”的安全目标。认真扎实做好各类会议室的日常维护保养工作，细化会议安排流程，做好各类会议保障，会议安排实现“零差错”。

【公务用车管理】 对车改取消车辆进行拍卖、报废，协助做好车辆固定资产的核销，依规更新市直机关老旧车辆；组织市直单位保留公务车辆喷涂统一标识，设置举报电话，实现全市公务车辆标识化管理，主动接受社会监督；加强公务用车信息管理平台建设，统一公车调度使用，并对车辆行驶情况实时监督；公开招标15家汽车租赁定点服务公司，纳入平台管理，降低市直各单位车辆使用成本；与市车改办、市财政局共同制定下发《合肥市市直单位公务用车租赁服务管理办法（暂行）》，规范公车租赁管理，保证公车租赁服务质量。

【公务接待】 执行中央八项规定及省市有关规定，坚持勤俭节约，实行个性化服务，突出地方特色，展示了合肥形象。邀请知名教授培训公务接待礼仪，开展情景模拟拓展培训；组织工作人员开展接待业务专题研讨，提高接待人员素质；接待车队坚持日常行车安全教育和安全检查，全年无安全责任事

政务大楼消防演练

故；积极加强与各县（市）区和市直各单位的联系与协调，会同相关单位单位，做好各项接待服务工作；与渡江战役纪念馆、安徽名人馆等接待基地建立合作关系，优化参观考察点；对外加强与兄弟城市接待部门的联系，延伸服务范围，搭建起合肥与外地市接待互通平台，实现接待工作“无缝对接”，资源共享，优势互补；完成第十届中博会暨2017徽商大会等重大活动接待保障任务。

【公共机构节能】 组织参加节能降耗竞赛活动，邀请省局专家开展能耗数据会审，加强能耗统计与监测；深入开展节能宣传培训，协助市政府开展节能宣传周和“低碳日”活动；组织开展节约型公共机构示范单位创建活动，指导市水务局积极开展节水型单位创建；积极实施节能改造，重点加强空调、采暖、照明、用水、用气等重点耗能设备的节能技术改造，推行合同能源管理模式，增设政务综合楼新能源汽车充电桩，新建非机动车光伏车棚，更换会议中心、餐饮中心等公共场所节能灯具。在安徽省“十二五”公共机构节能工作考核中，本市名列第一，为推进全省公共机构节能工作起到示范带头作用。

（张　磊）

地方志工作

【概况】 2017年，市地方志办公室（以下简称“市志办”）各项事业实现创新发展。推进思想建设促进作风改进。贯彻落实市委推进“两学一做”学习教育常态化制度化工作会议精神，组织党员干部到廉政教育基地现场接受党性党风党纪教育；开展专题研讨，开好专题民主生活会，制定整改任务书，推进党支部标准化建设；落实“三会一课”制度，出台《合肥市地方志办公室党员活动日制度》和《合肥市地方志办公室工作规则》；在党员干部中开展“讲政治、重规矩、作表率”专题警示教育活动；主要负责人到“四联四定”联系点联系服务群众。全体党员在深化学习、联系群众、扶贫济困中进一步改进作风。推进“十业并举”促进方志事业转型。《合肥城图志》按计划出版，《合肥年鉴（2017）》实现框架设计及内容、形式上有所创新，市志办网站保持稳定运行，《合肥地情活页》《合肥大事记》实现常态出版，《环湖十二镇》如期面世，方志馆建设顺利推进，《香花墩志》《紫蓬山志》等旧志整理启动点校。推进业务培训促进能力提升。“走出去”学习，参加2017年第一期全国地方志工作机构新任负责人培训班和第十八次全国地州区县年鉴研讨会；“请进来”培训，举办1期全市地方志机构年鉴业务培训班，约40人接受培训；入基层指导，先后5次深入县（市）区开展年鉴编纂业务指导，推进县（市）区年鉴全覆盖及精品乡镇志编纂。

【地情网站和信息化建设】 市志办网站是“中国合肥—合肥市人民政府”门户网站的分支和组成部分，设“最新公告”“市级动态”“县（市）区动态”“志鉴数据库”“市情概况”“政策法规”“地情资料”等22个一级栏目，2017年新增“十九大精神学习园地”专栏。全年发布政务信息83条。

【《合肥年鉴》编纂与出版】 2月4日，市政府办公厅下发《关于印发合肥年鉴（2017）编纂大纲的通知》，随后举办全市地方志机构年鉴业务培训，邀请省地方志办公室年鉴专家作《年鉴的改革与创新》专题培训。5月底基本完成《合肥年鉴》初稿征集，全面进入编辑阶段，并按时完成招投标、图片征集和编纂工作；7月份进行一校一审；10月完成编纂和审稿任务，交付印刷厂印刷；12月底完成编纂出版工作。全书约130万字，分卷首彩页、正文、附录和索引四部分，正文设33个类目、237个分目、约 1380个条目，收录图片140幅。5月，《2015合肥年鉴》获第三届全省年鉴编纂出版质量评比综合奖特等奖。

【方志馆建设】 根据中指组出台的《方志馆建设规定》精神，市志办再次向市政府请求增加合肥市方志馆面积。经批准，最新的建设方案是：方志馆与市行政服务中心合建，面积为10000平方米（地上8000平方米、地下2000平方米），由蜀山区做项目前期工作。

【旧志整理与出版】 市志办与安徽博物院签订点校清代李恩绶版《香花墩志》合作协议；该志编纂于清光绪年间，内容包括祠宇、物产、本传、轶事、艺文、楹联等，全书约4万字，列入2018年出版计划。完成由市方志办和肥西县地方志办公室合作整理的清代李恩绶版《紫蓬山志》点校工作；该志编纂于清光绪年间，内容包括建置、山水、殿宇、古迹、人物、缁流、物产、艺文、楹联等，全书约7万字。

【地情资源开发利用】 地情书《环巢湖十二镇》选取环绕巢湖的12个特色乡镇，从建置区划、历史人文、自然地理、经济社会发展、文化教育等多个侧面，图文并茂地进行逐一介绍，由安徽美术出版社出版发行，全书约36万字。启动地方历史文化研究，将《合肥山水》《合肥名胜》《合肥名店》《合肥名品》《合肥金融》《合肥交通》《合肥教育》《合肥开发区》《合肥科研》《合肥工业》《图说新合肥》等地情书编纂列入打造合肥地情系列精品丛书计划。向领导及时报送地情信息；为合肥市龙虾协会申报国家地理标志产品“合肥龙虾”提供权威资料。

【志书编纂与出版】 由市志办组织编纂的安徽省第一部地方图志《合肥城图志》于当年初出版发行，全书收入约1500幅珍贵的历史图照，配以简要文字，客观生动地载录了合肥城建、政治、军事、经济、文化、社会等方面的发展简史和历史名人风采。在第二届全国名镇论坛暨第二批中国名镇志丛书出版座谈会上，庐江县《汤池镇志》被授予第二批中国名镇志丛书证书和奖牌，是安徽省第一部入选中国名镇志丛书的志书。参与《合肥市公安志》《炯炀镇志》《柘皋镇志》和肥东县各乡镇志“人物”篇评议修改工作。

【期刊出版】 双月刊《合肥地情活页》设“新政解读”“文化视界”“钩玄提要”“方域之间”“史料解码”“百业风采”“人物风采”等栏目，全年共编印6期，发表文章38篇，并开始采用彩色印刷。《合肥大事记》是市志办编印的内部双月刊，逐月逐日收集整理刊登合肥市域范围内发生的大事、要事、特事、新事，并配彩色插图；全年共编印6期，收录大事416条。

（陶俊生）

责任编辑：赵永军

概　况

2017年，市政协在市委的坚强领导下，全面学习贯彻党的十八大和十九大精神，深入学习贯彻习近平新时代中国特色社会主义思想，按照市委对政协工作的要求，认真履行职能，推动政协事业创新发展，为合肥建设长三角世界级城市群副中心和打造具有国际影响力的创新之都作出了积极贡献。

重要会议

【十三届五次会议】　市政协十三届五次会议，于2017年1月9日至12日举行。来自全市各条战线的581名委员参加会议。会议听取和审议政协第十三届合肥市委员会常务委员会工作报告和提案工作报告；听取和讨论市政府工作报告；讨论合肥市2016年国民经济和社会发展计划执行情况及2017年计划草案的报告；讨论合肥市2016年预算执行情况和2017年预算草案的报告；讨论市中级人民法院工作报告和市人民检察院工作报告；举行大会发言；通报市政协十三届四次会议以来优秀提案、提案承办优秀单位、优秀个人考核情况；通报市政协委员履职量化考核情况；审议提案审查情况报告；通过市政协十三届五次会议决议。

【常委会议】　市政协全年共召开六次常委会议。

1月12日，市政协召开十三届二十一次常委会议。会议听取大会秘书处关于小组讨论情况综合汇报；审议市政协十三届五次会议决议（草案）；通过市政协十三届五次会议提案审查情况报告。

3月30日，市政协召开十三届二十二次常委会议。全国政协委员、副市长吴春梅应邀到会并传达全国政协十二届五次会议精神。会议书面传达十二届全国人大五次会议精神；通报《政协合肥市委员会2017年工作要点》；听取近年来我市文明创建工作情况的通报；书面通报市政府办公厅关于《市政协常委“精准民生”视察报告》的落实情况。

6月27日，市政协召开十三届二十三次常委会议。市委常委、常务副市长韩冰应邀出席会议并通报本市上半年经济社会发展情况。会议还通报本市都市现代农业发展情况；审议通过有关人事事项。

9月29日，市政协召开十三届二十四次常委会议。会议审议通过有关人事事项；通报本市通用航空产业发展情况；听取《关于推进我市通用航空产业发展的建议（草案）》的汇报；通过《关于推进我市通用航空产业发展的建议》；3位市政协委员作主题发言；新站高新技术产业开发区、肥东县发改委、肥西县发改委负责人作交流发言。

11月3日，市政协召开十三届二十五次常委会议。会议审议通过《关于政协合肥市第十四届委员会人事安排工作意见》；传达学习中共十九大精神。

12月27日，市政协召开十三届二十六次常委会议。会议决定市政协十四届一次会议于2018年1月9日至13日举行。会议审议通过市政协十四届一次会议议程、日程（草案）；协商通过市政协十四届一次会议人事安排；审议通过政协第十三届合肥市委员会常务委员会工作报告和提案工作报告；讨论合肥市人民政府工作报告（征求意见稿）；通报2017年市政协委员履职量化考核情况，通报市政协十三届五次会议以来优秀提案、提案承办优秀单位、提案承办优秀个人考核情况及十三届市政协优秀提案突出贡献奖。

政治协商

市政协常委会积极发挥政协作为协商民主重要渠道和专门机构作用，聚焦全市改革发展重大问题协商议政，推动了协商民主新发展。

【完善协商制度】 按照市政协党组要求，协助市委办公厅起草《关于加强社会主义协商民主建设的实施意见》《关于加强人民政协协商民主建设的实施意见》，协助市政府办公厅起草支持政协履职具体措施。协助市委办公厅、市政府办公厅制定《2017 年度重点民主协商计划安排》，围绕贯彻落实本市五大发展行动计划，确定精准民生、打造环巢湖科技创新走廊、通用航空产业发展、加快海绵城市建设等 7 项重点协商课题，精心谋划方案，明确责任分工，组织委员调研，分别形成建议或建议案，共提出相关建议 80 多条，供市委、市政府及相关部门决策参考。

【搭建协商平台】 以政协全体会议为重点协商平台，组织委员认真学习讨论政府工作报告和其他重要报告，提交大会发言 103 篇。协助市委办公厅做好社情民意座谈会组织工作，协助市政府办公厅做好政协委员资政会组织工作，丰富政协常委会议专题协商、提案办理协商、对口协商、界别协商等常态化协商平台。

【探索基层协商】 出台《“市政协委员进社区”活动实施意见》，首批在 4 个城区的 8 个街道社区进行试点，组织 22 名市政协委员进驻，累计进社区 120 多人次，走访群众 800 多人次，反映民情民意 100 多件，撰写提案 30 多份，送法律、送政策、送健康、送国学、送戏曲进社区 40 多场次、服务群众 5000 多人次，帮助解决一批基层和群众关注的具体问题。组织召开“协商民主在基层”经验交流会，支持各县（市）区结合实际探索创新委员进社区活动模式。

市政协领导围绕文明创建工作开展视察监督

民主监督

市政协常委会始终坚持人民政协的人民性，自觉践行履职为民宗旨，聚焦老百姓关注的热点难点问题，开展民主监督，努力为人民群众多办好事实事。

【监督机制不断完善】 协助市委办公厅起草《关于加强和改进人民政协民主监督工作的实施意见》，贯彻协商式监督的要求，树立精准监督理念，明确了大会发言、政协提案、视察调研、民主评议、特约监督员、反映社情民意等 11 种监督形式。

【开展重点监督】 巢湖综合治理民主评议工作坚持精准发力、持续助推，以工程治理为重点开展视察评议，确保“一评四年”圆满收官。针对文明创建、“河长制”“林长制”实施情况组织专项监督，提出建议，形成共识，推动工作。

【开展经常性监督】 推动提案监督“提得准、办得实、效果好”，审查立案的 589 件提案全部办复，遴选重点提案由市委、市政府、市政协领导及市政协专委会牵头督办，收到了明显成效。深化特约监督员工作，围绕党政重视、群众关心、急需解决的重点问题，安排监督事项，注重监督实效，特约监督员工作走在全国前列。加强民主监督与舆论监督相结合，《政协论坛》《政协之声》特色鲜明、富有成效。

参政议政

市政协常委会坚持找准人民政

协服务大局的结合点和切入点，积极探索，主动作为，自觉投身建设发展实践。

【精准扶贫】 市政协高度重视和关心选派工作，联系帮扶巢湖市烔炀镇凤凰村脱贫攻坚，机关县处级干部开展结对帮扶，支持选派干部创新开展工作，协调扶贫产业发展。筹措资金支持村级经济发展。组织委员企业家到村慰问困难群众，扶贫任务取得阶段性成效。

【民生改善】 围绕群众关心的文体、教育、养老设施建设，解决群众出行难、停车难等民生问题，开展深入调研，进行协商议政。组织民生工程集中视察活动，形成专项视察报告，得到市政府及有关部门积极回应。

【社会建设】 关注教育发展，开展学前教育、职业教育等视察调研。关注医疗卫生体制改革，就分级诊疗、医养结合、社区医疗等，进行议政建言。关注文化建设，开展街区特色文化专题协商。关注生态建设，就土壤修复和治理、生态园林城市建设等，组织委员献计出力。关注社会治理与和谐稳定，主办安全生产漫画展，就智慧社区、平安建设、社会救助等建言献策。

【推进合肥上海合作】 开展合肥上海科技创新合作、学习上海自贸区创新经验课题研究，多次组团赴沪对接交流，邀请上海市政协领导多次带队到本市考察，共同举办两地政协书画联展等交流活动。支持各县（市）区政协与上海对口区政协结对合作，肥东县“合肥上海产业园”获省政府批准挂牌，巢湖市与奉贤区筹划共建产业园区。两次在上海举办创新项目对接会，签约项目79个，投资总额达441.06亿元。

【提升“合肥之友”国际化水平】 深入整合海外“合肥之友”资源，发挥中国公共外交学会平台作用，注重与“一带一路”沿线国家和地区务实合作，服务合肥“双向大开放”。截至2017年底，合肥之友联谊会在境内外28个城市和地区建立46家理事会，境外分支机构发展到13家。合肥之友联谊会被中国公共外交协会评为2017年度公共外交卓越支持伙伴。

团结联谊

市政协常委会坚持把团结和民主贯穿于政协工作始终，广泛凝聚改革发展正能量。

【加强与各民主党派、工商联的联系】 共同确定年度工作计划，安排月度工作重点，开展重大课题调研，拓宽协商议政平台，为各民主党派、工商联在政协平台履职做好服务。各民主党派、工商联和无党派人士作为政协履职的主力军，提交的大会发言、提案和社情民意信息，占总量的一半以上。

【政协系统上下联动】 服务市政协领导走访各县（市）区政协，邀请县（市）区政协领导列席市政协常委会议等重要会议，在重点协商、双城合作、民主评议和推进基层协商民主等工作中，加强与县（市）区政协上下联动、协同配合，取得明显成效。进一步加强与省政协的联系，组织驻肥省政协委员开展活动，扩大与兄弟市政协联系交流。

【加强具有政协特色的联谊】 联合市委统战部举办各界人士中秋国庆茶话会，全市各界人士代表汇聚一堂，凝心聚力共话发展。围绕少数民族流动人口服务与管理、少数民族特色小镇规划建设、宗教场所规划布局实施情况等开展视察调研，组织少数民族界、宗教界委员及代表人士开展“我看合肥新变化”活动。密切与港澳台侨委员的联系，围绕“促进两岸青年创业示范基地建设”开展界别协商。

【拓展团结联谊平台】 坚持正确导向，尊重历史真实，积极开展文史资料征编，编辑出版《合肥掌故》，展现“合肥记忆”。充分发挥市政协书画院平台作用，与外地政协及各县（市）区政协书画院加强交流，开展文化联谊活动，展示“大湖名城”形象。召开市政协老委会六届五次大会，组织老委员开展考察活动，继续为改革发展建言献策。

自身建设

市政协常委会主动适应新形势、新任务对政协工作提出的新要求，不断夯实履职基础，探索履职形式，提升履职实效。

【理论武装】 坚持把学习习近平新时代中国特色社会主义思想作为思想政治建设的重大任务。组织开展党组中心组理论学习，围绕习近平总书记视察安徽重要讲话精神等专题，深入研讨，加深理解。党的十九大召开后，迅速制定出台《市政协深入学习宣传贯彻党的十九大精神实施意见》，组织党员干部进行专题学习，着力在学懂弄通做实上下功夫。认真落实市委“大学习、大宣讲、大培训、大调研、大落实”的部署，市政协领导班子成员带头到基层和扶贫联系点宣讲。组织党员干部参加党校培训、参观党史展览、瞻仰革命旧址及烈士陵园、重温入党誓词，开展国防教育等，通过各种形式的教育培训，引导党员干部牢固树立“四个意识”，切实增强“四个自信”，坚定维护习近平总书记核心地位，坚定维护党中央权威和集中统一领导。

【专题教育】 按照市委部署，扎实推进“两学一做”学习教育常态化制度化和“讲重作”专题教育，精心安排“学、做、改、建、融”和“学、查、改、促”各个环节的工作，抓好专题研讨、党课报告、专题组织生活会、专题民主生活会等关键环节。召开专题民主生活会，以“陈、杨、周”案等为反面教材，坚持“三个联系、三个摆进去、三个写清楚”，谈认识、找问题、挖根源、订措施。通过学习教育，进一步规范了党内政治生活，弘扬了优秀政治文化，形成了风清气正的政治生态。

【党组建设】 制定党组中心组年度学习计划，认真学习习近平新时代中国特色社会主义思想和党的十九大、十九届二中全会、省委十届六次全会、市委十一届五次全会精神。举办主席读书会 5 期，围绕习近平总书记“懂政协、会协商、善议政”重要思想等专题，深入研讨，加深理解。认真执行党组议事规则，坚持集体领导和个人分工相结合，按照“集体领导、民主集中、个别酝酿、会议决定”的原则，召开两级党组会议 29 次，围绕“三重一大”进行决策。

【委员队伍建设】 常委会以服务凝聚委员、以培训提高委员、以平台组织委员、以管理激励委员，努力建设一支有定力、有作为、有担当、有责任的委员队伍。邀请党政领导、专家学者为委员授课，组织 60 名优秀委员到北戴河参加全国政协培训班；精心设计活动载体，组织委员参加各类履职活动 4000 余人次。办好“爱心公社”，开展爱心助学活动。拓展“委员沙龙”，举办“书香政协”主题论坛和文体交流活动。《人民日报》以《让政协委员当主力唱主角》为题，报道了我市政协发挥委员主体作用的工作。加强委员履职量化考核，为换届工作提供参考；开展优秀委员评选活动，激发委员履职热情。

【“一流机关提升年”活动】 修订完善机关各项规章制度，严格落实制度执行，加强机关效能建设，从规范办文办会办事程序等方面，进一步完善政协工作的服务保障机制，不断优化工作流程，推动政协工作制度化、规范化、程序化建设。落实机关“学习日”制度，组织机关干部集中学习研讨，开展“一月一书”和“走进基层、走近委员”活动，建立党员活动日制度，提升政协干部的政治素质和业务能力。组织“政协江淮行（合肥站）”活动，制作履职专题片，推动宣传工作出新出彩。编辑《合肥政协信息》和《委员建言》，及时向省政协和市委报送信息。运用互联网技术建设“智慧政协”，开通微信服务号和订阅号。加大干部培养选拔力度，切实提升干部队伍建设水平。

（刘　薇）

责任编辑：赵永军

综　述

2017年，市委先后召开33次全委会、常委会、中心组理论学习会和专题汇报会，围绕落实全面从严治党要求，集中开展“讲重作”专题警示教育，制定实施关于加强和维护党中央集中统一领导的制度、巡察工作规划、深入推进作风建设“三十条规定”等规范性文件，大力推动市县两级纪委派驻机构、巡察机构和国家监察体制改革试点三项重大改革，向民主党派和无党派人士通报全市党风廉政建设情况，持续加大管党治党力度。在省纪委和市委坚强领导下，全市各级纪检监察机关深入学习贯彻习近平新时代中国特色社会主义思想和党的十九大精神，始终把全面从严治党摆在突出位置，把推进反腐倡廉建设作为极为重要的政治任务来抓，按照年初既定部署和十九大后中央、省市新要求，不断强化“四个意识”，忠实履行职责，取得新的明显成效。

【监督】　坚持抓早抓小，点面结合，上下联动，紧盯重要时间节点，利用“问政合肥”群众参与作风建设媒体监督平台，不断完善“教育预防在先、明察暗访跟进、严肃查纠有力、通报警示于后”的作风监管模式。认真落实《合肥市党员干部“为官不为”问题问责规定（试行）》，查纠相关问题149起，问责243人。严格执行领导班子及其成员作风建设责任清单制度，将落实作风建设各项规定情况纳入述责述廉和巡察监督重要内容，优先处置在巡视巡察、信访举报、执纪审查中发现的“四风”问题线索，从严从快查处顶风违纪行为。全市共查处违反中央八项规定精神问题190起，处理党员干部229人，其中，给予党政纪处分137人。市纪委分4批通报曝光典型问题15起，涉及20人。紧盯群众反映强烈的突出问题，建立问题发现、惩治、防控三项机制，严肃查处民生、扶贫、环保、工程建设、行政权力行使、“村霸”“阳光村务工程”等7个重点领域“微腐败”问题，印发《关于深入推进治理“微腐败”工作的通知》，创新推出“治理微腐败三七工作格局”。全市共查处群众身边的不正之风和腐败问题166起，给予党政纪处分149人，移送司法机关处理10人。开展扶贫领域突出问题专项整治，加大监督执纪问责力度，共查处扶贫领域违纪违法问题72个，给予党政纪处分43人。做好对中央及省环保督察移交问题线索的督查问责工作，共受理移交的问题线索126件，问责208人，给予党政纪处分51人。开展化解信访积案工作，解决了一批群众反映强烈的重复信访问题。创新推进村级“小微权力”阳光服务信息公开平台建设，把涉及民生的数据信息纳入平台，接受群众实时监督。组织开展对贯彻落实房屋征迁安置“三榜公示分级审核”操作规定、严禁基层党员干部违规插手干预和承揽工程项目建设等制度情况的监督检查，严肃查纠发现的问题。

【执纪】　着眼于优化政治生态，加强党性党纪党风教育和廉政文化建设，对130余名新任县级领导干部进行集中廉政谈话，将梳理出的谈话函询情况通报被谈话函询人所在党组织主要负责人，督促接受谈话函询的党员干部在民主生活会上予以说明、诫勉谈话的作出深刻检查，其中接受市纪委谈话函询的市管干部在民主生活会（组织生活会）上作出说明或深刻检查50人。认真学习贯彻省纪委《关于运用监督执纪“四种形态”的参考意见》，统筹把握具体考量因素，用好第一种形态。对反映的一般性问题及时谈话提醒、约谈函询，让本人作出说明；对如实说明并提供证据材料的予以采信，了结后向被函询人反馈澄清，体现党组织对干部的信任。全市按“四种形态”处理3491人次，其中按第一、第二种形态处理2892人次，占处理总数的82.8%。围绕产生党代表、人大代表和政协委员，市人大、政府、政协领导班子换届和党委选拔任用干部，协助党委严把人选政治关、廉洁关。各级纪委共对3306名人选提出把关意见，对拟任的38名市管干部、7名县管干部人选分别提出暂缓或不宜使用意见。制定《监督执纪工作流程操作手册》，构建公安信息、银行信息、综合信息查询、电子数据取证通道，普遍推行案件线索集体排查机制，提升执纪审查工作的效率。全市各级纪检监察机关共接受信访举报3549件次，处置问题线索3198件，立案1906件，给予党政纪处分1770人，其中县处级26人，乡科级191人，移送司法机关处理31人。积极配合中央纪委、省纪委对少数领导干部严重违纪违法案件进行调查处理，严肃查处了市轨道公司原副总经理张思源、合肥行政学院财务处原处长丁岩松、新站高新区建设局原局长孙宁等严重违纪违法案件。编发领导干部违纪违法忏悔录，印发《关于开展用身边事教育身边人工作的通知》，创新推出常态化警示教育工作机制，执纪审查工作的治本功能进一步发挥。

【问责】 健全党风廉政建设“两个责任”清单和主体责任、监督责任全程纪实等制度，加强对各县（市）区、市直各部门落实“两个责任”情况的检查考核，认真开展对纪检监察机关年度工作情况综合考评，不断改进述责述廉工作，市县两级共安排50个单位党组织主要负责人在纪委全会上进行述责述廉，接受纪委委员现场评议，责任压力传导机制进一步完善。坚持失责必问工作导向，持续开展“一案双查”“一案两谈”工作，对管党治党存在突出问题的党组织和相关责任人严肃进行问责。市纪委对发生严重违纪违法问题的市国土局、市轨道公司等单位党组织、纪检组织主要负责人进行了约谈，并对其集中开展教育整治工作提出明确要求；对发生严重违纪违法问题的市直3个单位给予“一票否决”。全市共开展党内问责226例，问责党组织10个，党员领导干部277人，给予党政纪处分87人。

【其他】 着力推进国家监察体制改革试点，创新提出“一个完全对应，两个基本一致”（市县两级纪委监委内设机构职能完全对应，县区纪委内设机构设置及其职能划分基本一致）的改革路径和“七严禁、一所有”（严禁突击提拔干部、严禁擅自调整干部岗位、严禁不服从组织安排、严禁违规发放财物、严禁隐瞒藏匿案件线索和文件材料、严禁使用公款搞迎送活动、严禁违规带走原单位办公设备和其他物品，所有交接工作都要手续完备、存入卷宗，进行留痕管理）的纪律要求，实现了市县两级纪委监委内设机构设置规范统一的“19139架构”（市本级设置19个内设机构，4县1市设置13个、4个城区设置9个内设机构）。深化党的纪律检查体制改革，对83家市一级党和国家机关派驻纪检组，市县两级派驻全覆盖任务全面完成，派驻监督的“前哨”和“探头”作用逐步显现。市县两级巡察机构全部建立。各级巡察机构在配合省委巡视、抓好巡

2月6日中国共产党合肥市第十一届纪律检查委员会第二次全体会议在市政务中心召开

视整改和督查督办工作的同时，完成对104家单位常规巡察和专项巡察。从全市遴选405名业务骨干组建巡察人才库，建立由50名领导干部参与的巡察组长库，巡察工作机制不断完善。

不断提高纪检监察机关自身建设水平，扎实推进“两学一做”学习教育常态化制度化，开展“讲重作”专题警示教育，创新开展以“正确对待名位，让理想在岗位上闪光”为主题的学习讨论活动，教育引导纪检监察干部牢固树立“四个意识”，带头遵守党章党规党纪，坚决维护以习近平同志为核心的党中央权威和集中统一领导。建立完善监督执纪全程监管机制，严格规范行使纪检监察权力行为。认真落实全市纪检监察干部队伍建设2016—2020年行动计划。针对十届省委前两轮巡视和省委巡视组对我市部分县（市）区巡视发现的涉及纪委的有关问题，专门发出通知，要求各级纪委严格进行对照检查整改。严肃处理反映涉及纪检监察干部的问题，全市共受理相关问题线索68件，已初核36件，给予“红脸出汗”谈话和诫免谈话处理11人，开除党籍4人，移送司法机关处理3人。

（刘　冰）

责任编辑：贾南田

渡江战役纪念馆

中国国民党革命委员会合肥市委员会

【概况】 2017年，中国国民党革命委员会合肥市委员会发展新党员38人，其中具有民革特色9人。在组织构架上，突破原有四个老城区的限制，新成立政务支部和高新一支部。目前，市委会设有4个总支、1个基层委、27个基层支部。截至2017年12月，共有党员724人，具有中级以上职称的494人，平均年龄为54.1岁。党员主要分布在教育、文化、科技、医药卫生等界别，新的社会阶层，如社会法制领域、非公有制经济代表人士近年来也是民革重点发展对象。党员中省人大代表1人、省政协委员2人（其中常委1人）、市人大代表6人（其中常委1人）、市政协副主席1人、市政协委员36人（其中常委6人）、县（区）人大代表4人（其中常委1人）、县（区）政协委员42人（其中副主席3人，常委10人）。党员中共有25人次担任党风党纪监督员、特约行政执法监督员、机关效能建设监督员等各类社会特邀、特约监督员职务。

【思想建设】 主题活动巩固政治基础。持续深入开展坚持和发展中国特色社会主义学习实践活动，制定2017年学习实践活动实施方案，以“不忘合作初心，继续携手前进”学习教育活动作为主要载体和内容，以理论学习、专题培训、主题征文等形式，引导全市民革党员增强对中国特色社会主义的道路自信、理论自信、制度自信和文化自信，切实担负起中国特色社会主义事业亲历者、实践者、维护者、捍卫者的政治责任。近百名党员听取民革中央副主席修福金所作民革优良传统巡回报告会。中共十九大召开后，市委会专题部署会议精神的学习宣传和贯彻落实，要求全市民革上下把学习贯彻中共十九大精神作为当前和今后一段时期首要的政治任务，迅速掀起学习宣传贯彻中共十九大精神的热潮，深入学习领会习近平新时代中国特色社会主义思想，切实在学懂弄通做实上下功夫，结合学习贯彻中共十九大精神，不断加强自身建设、严肃党风党纪、提升履职能力。60余名党员听取中共市委统战部举办的中共十九大会议精神解读专题报告。各总支（基层委）和支部纷纷以集体学习、座谈、考察、交流等形式，开展“学习中共十九大”主题活动，自觉将十九大精神贯彻到实际工作中，确保民革工作始终与新时代中国特色社会主义建设同向同行。

传统教育体现民革特色。继续开展“观故居，走多党合作之路”活动，通过民革优良传统教育，增强党员的责任感和使命感。市委会机关、各专委会和基层组织多次组织党员参观冯玉祥故居和张治中故居，并热情接待来肥开展观故居活动的北京、广州、西安等10余个民革组织近200名党员。5月，市委会派理论学习小组部分成员参加民革中央在苏州举办的“柳亚子生平事迹研讨会暨民革前辈纪念场馆联谊会第六次年会”。为推动民革前辈纪念场馆的开发保护，使全社会更深地了解民革前辈对国家做出的丰功伟绩，激励民革党员更好地继承和发扬民革前辈光荣传统，市委会承办民革前辈纪念场馆系列丛书编撰工作，《卫立煌与合肥故居》一书完成初稿。

“五大发展行动”积极参与。根据中共合肥市委统战部《合肥统一战线“五大发展行动聚力工程”实施方案》精神，市委会结合自身情况和工作实际，制定“五大发展聚力工程”工作计划。组织近200

人次党员聆听“同心论坛统一战线五大发展行动聚力工程”“合肥工业经济及共享发展”和“合肥创新和开放发展”三场报告会，各总支（基层委）、支部及时传达学习宣讲会议精神，大力宣传合肥发展成就，切实把思想和行动统一到中共市委的决策部署上来，积极主动地投入到“五大发展行动计划”实践中。

思想宣传营造良好氛围。为拓宽信息宣传渠道，主动适应新媒体宣传大格局，在市委会网站和《合肥民革》内刊并行的基础上，3月31日，市委会率先在全省民革市级组织和合肥市各民主党派中开通运营“民革合肥市委会”微信公众号。截至12月底，已累计发送图文稿件227篇，阅读浏览次数6万余人次，“民革合肥市委会”微信公众号已逐步成为民革信息宣传的主阵地，在全国民主党派市级组织微信公众号影响力排行榜中稳居前列。加强与主流媒体联系，全年在《团结报》《江淮时报》《工商导报》等省级以上主流媒体刊发稿件40余篇，在各类网络媒体也刊发多篇稿件。11月，团结报多媒体阅报屏进驻合肥市民主党派综合办公楼，中共合肥市委常委、统战部部长陈晓波，团结报社总编辑汪业芬等出席揭幕仪式。

【组织建设】 政治交接顺利完成。明确新一届领导班子职责分工，贯彻落实民主集中制，坚持“集体领导，民主集中，个别酝酿，会议决定”，按照议事规则和决策程序办事，重大决策一律经常委会、全委会集体研究决定，注意发挥兼职领导的作用，充分发扬民主，集思广益。主委、副主委、常委及秘书长组成市委会中心学习组，坚持理论学习，提高理论水平。一年来，班子成员参加中共省委统战部、民革省委会、中共市委组织的“民主党派省市级组织负责人轮训”“学习贯彻十九大精神集中轮训”等培训近20人次，进一步深化了政治共识，提升了五种能力。

组织建设得到加强。市委会认真贯彻落实中共市委统战部召开的民主党派组织发展工作座谈会精神，规范组织程序，严格质量标准，稳步做好组织发展工作，吸收政治素质好、参政能力强，对党派工作有正确认识，特别是热心党务工作、有活力、有思想、有责任心、能团结人、敢于创新的代表性人士加入组织。市委会组织市委委员、基层组织负责人以及骨干党员等近40人次参加省委会和中共市委统战部举办的各类培训，提升理论水平和履职能力。

基层活动丰富多彩。各总支（基层委）带领基层支部开展形式多样的活动，保证民革组织政治坚定、组织有力、充满活力。瑶海总支开展“下基层送健康”活动，并在重阳节前看望慰问养老院老人；庐阳总支连续多年开展“统战进社区”活动；蜀山总支开展“探望抗战老兵，缅怀革命先烈”主题教育活动；包河总支与方兴社区开展“共建社区”活动；巢湖基层委开展“观中共一大会址，走多党合作之路”活动、“政协委员进社区”活动等。基层支部基本能按市委会的要求，通过会议、学习、座谈、外出考察等形式，每季度开展一次活动，有的支部以民革党章党史、多党合作知识教育为重点，开展学习参观活动；有的支部以参政议政为重点，组织党员开展调研；有的支部以社会服务工作为重点，积极参与社会公益事业；有的支部以横向交流为重点，加强与各地民革组织的联系；有的支部同兄弟党派支部联谊交友开展活动等。党员们踊跃参加中共市委统战部举办的合肥市首届各民主党派工商联运动会，取得骄人的成绩。市委会十分关心老同志的晚年生活，及时探望慰问病困老党员，春节前夕对75周岁以上老党员进行走访慰问，重阳节组织金秋支部老党员游览柘皋古镇老街。

机关服务能力增强。严格贯彻执行中央八项规定和省市有关文件精神，强化机关管理制度建设，明确岗位责任，规范管理流程，机关办文、办会、办事能力及服务水平显著提高。提拔机关干部1人，遴选、招录公务员2人，充实干部队伍。鼓励年轻干部积极参与大型活动和大型会议的组织工作，锻炼组织协调能力，选调2名人员参加市委党校、市行政学院的培训。机关干部吴琼同志荣获民革中央“组织建设先进个人”称号。

党员工作成绩突出。葛怀玉同志被评为“全国基层卫生技术标兵”；童绪付同志荣获“安徽省优秀群众文化辅导员”称号；曹冬梅同志荣获“全市法治宣传教育先进个人”称号；付磊、方达夫、邵卫星三位同志被评为“合肥市第三届十佳公益律师”；方成钢同志被省司法厅授予“依法诚信规范执业示范岗”；李芹同志荣获“巢湖市三八红旗手”称号等。

【参政议政】 政治协商积极有为。一年来，市委会领导班子成员出席中共合肥市委、市政府召开的各类协商会、座谈会、情况通报会、征求意见会，围绕本市经济社会发展、党风廉政建设、政府工作报告、脱贫攻坚等重大问题充分发表意见和建议，得到中共合肥市委、市政府领导和有关部门的高度重视。在市委会的牵线搭桥和积极推动下，天津大学合肥研究院项目落地。在合肥市政协委员资政会上，谢海涛同志提交口头发言材料《发挥高校院所产学研合作优势 推动环巢湖设计创新》。在合肥市社情民意座谈会上，提交发言材料3篇，其中，蒲海茵同志代表民革作《关于大力发展公共交通 有效缓解交通拥堵的建议》口头发言。

民主监督水平提升。制定《民革合肥市委会开展脱贫攻坚民主监督工作实施方案》，成立由常委、党员专家组成的领导小组，领导小组成员通过多种形式，深入庐江县8个乡镇的12个对口联系村，了解掌握贫困村基本情况、脱贫攻坚的基本做法及工作中存在的困难和问题，向中共市委提出6条科学合理的建议。各级特邀（约）人员认真履行民主监督职能，他们在中共市委、市政府、市纪委、省（市）检察院等部门举行的有关监督、测评活动中廉洁自律，认真、严谨地履行职能，得到主办单位的好评，树立了民革的良好形象。

工作机制不断完善。为进一步加大参政议政工作力度，市委会组建新一届专委会，结合民革中央和省委会专委会设置情况，设置经济、社会与法制、教科文卫、祖国统一、三农等五个专委会，由党员中的专业人士担任主任、副主任，各专委会以参政议政为中心，定期开展活动。制定《民革合肥市委会各专委会、总支调研保障奖励办法》，进一步为专委会和总支（基层委）开展调研做好服务及保障。召开参政议政工作会议，分解、落实年度调研课题。全年各专委会提交调研报告4篇，各总支（基层委）提交调研材料5篇，经市委会采用，报送市委统战部调研报告1篇，转化为集体提案3件。市委会荣获2016年度合肥市民主党派工商联专题调研工作组织奖，调研报告《推进合肥市农产品安全溯源的调查与建议》《关于提高中小学生心理健康水平的调查与建议》分别荣获专题调研成果一等奖和三等奖。由于工作成绩突出，市委会荣获民革中央“2012～2016年度全国参政议政先进集体”称号。

议政建言成果丰硕。在省人大十二届七次会议上，提交建议4条。在省政协十一届五次全会上，提交集体提案2件，大会发言1篇，个人提案4件，谢海涛同志代表省委会作《突出科技创新 发展专用粮食品牌》的口头发言，霍开兵同志撰写的《关于安徽省煤炭钢铁行业去产能过程中应切实保障职工的合法权益》被选作大会书面发言。在市政协十三届五次全会上，市委会提交集体提案5件，党员中的市政协委员36人，提交个人提案50件，提交大会发言稿件3篇，其中涂敏同志代表市委会作《启动农产品“身份证”计划 推进合肥市农产品溯源体系建设》的口头发言，项红同志作《构建“府院联动”破产机制 助力供给侧改革》的口头发言。集体提案《加快合肥工业设计平台建设，推动工业设计和产业融合》被评为市政协优秀提案，集体提案《关于合肥市义务制阶段民办学校发展的建议》被列为市政协主席督办提案。谢海涛同志《关于加快环巢湖小城镇风貌建设的建议》被列为重点督办提案，市委书记作重要批示。蒲海茵同志《关于加强城市交通综合治理，有效缓解城市交通拥堵的建议》被列为市政协主席督办提案。在2017年市政协委员履职量化考核中，11名民革界别委员获得优秀等次。刘钢、黄晓平、蒲海茵、陆勤学、程国友等五名同志提交的提案获市政协十三届五次会议以来优秀提案。市委会集体提案《关于“环湖十二镇建设”的建议》和姜治同志提交的提案《关于创新引智的建议》获十三届市政协优秀提案杰出贡献奖。

社情民意反映积极。全年党员共提交社情民意反映信息293篇，省政协、省委统战部采用2篇，省民革采用20篇，市政协采用2篇。

【社会服务】 完善社会服务工作机制。市委会不断探索社会服务工作新途径，深度整合优势资源，履行社会责任，更好服务社会。市委会荣获民革中央“全国社会服务工作先进集体”称号，党员赵进同志荣获民革中央“全国社会服务工作先进个人”称号。

打造“同心”“博爱”品牌。深入实施“同心示范工程”，包河二支部党员孙运峰同志向合肥市统一战线同心工程示范点肥东县陆还村捐赠10万元，用于该村路灯亮化工程。各基层支部和广大党员积极开展以“博爱·牵手”为主题的扶贫助学、法律援助、助残助老、关爱抗战老兵等公益活动。包河总支与包河区方兴社区结对共建的“中山法律专家工作站”和“博爱社会服务工作站”，定期开展现场法律咨询、健康义诊、教育咨询等公益社会服务活动，服务社区居民。蜀山三支部党员孟蔡自2011年底，连续捐助金寨县槐树湾乡困难群众，2017年继续向10名贫困学生和2户困难家庭捐助7万元。包河四支部党员张崇林向肥西严店乡5名贫困学生捐助1万元。包河滨湖支部党员丁军向肥西6户困难家庭以及肥东2名贫困学生捐助1.4万元。蜀山总支穆饶明、罗慧琼、宋传林三位党员资助舒城县南港镇明德小学两名特困留守儿童。包河一支部党员田立斌、包河二支部党员孙运峰向六安东河口镇贫困学生捐助7000元。蜀山总支自2011年起连续7年看望舒城县抗战老兵王启超。包河三支部为长丰义井乡敬老院孤寡老人义诊。庐阳五支部、蜀山一支部和高新一支部看望安泰儿童康复中心自闭症儿童，并捐赠慰问金9000元。

积极参与脱贫攻坚。7月，合肥市民革企业家联谊会成立。联谊会密切联系会员企业和企业家，发挥联系经济界的独特优势，整合资源，形成合力，积极参与脱贫攻坚等工作，深入肥西、庐江等地实地考察，与当地协商长期精准扶贫措施，对庐江县万山镇长冲村捐资3万元用于旅游产品的开发和其他发展规划；向庐江县金牛镇铺岗村卫生所捐资3万元，用于改善卫生所的环境，更换部分卫生设施；向肥西县严店乡三元村捐助5万元用于精准帮扶，并计划后期将在产业扶贫上，帮助村民真正实现脱贫。

不断深化法律服务。积极参与民革安徽省法律服务中心的法律服务工作，深入社区、企业、行业协会开展普法宣传、法律援助、法律咨询和帮扶服务。“中山法律专家工作站”党员律师为方兴社区宣讲物业法律知识4次。庐阳五支部联合双岗街道，举办2017年国家宪法日普法宣传活动。蜀山政务支部联合合肥市民革企业家联谊会联合举办“依法构建和谐劳动用工关系”专场法律讲座。

【促进祖国和平统一工作】

加强祖统工作基础。市委会全面贯彻中共中央对台大政方针，特别是习近平总书记系列对台重要讲话精神，牢牢把握两岸关系和平发展的主题，认真贯彻祖统工作“三个坚持”的指导思想，发挥民革联系广泛的优势，在党员及所联系的台商、台胞及侨胞中积极广泛宣传两岸和平统一工作的重要性，不断推动祖统工作深入开展。

发挥专委会作用。积极与在肥台胞、台商加强沟通交流，深入在肥近10家台资企业，就其比较关心的问题和难点展开调研走访，为在肥台商投资、工作、学习提供服务。组织党员参观台湾首任巡抚刘铭传故居。同南京市委会祖统专委会缔结友好专委会。携手“合肥市复兴同乡联谊会”在桥头集镇复兴敬老院举行“爱心”雕塑捐赠和重阳节慰问活动。

促进对台交流交往。加强与台湾各阶层尤其是中青年代表人士的联系，市委会参与协办第三届“海峡两岸大学生包装设计WORKSHOP”活动，接待台湾铭传大学、台湾云林科技大学师生并座谈。接待台湾中华生产党主席、台湾月香国际集团董事长卢月香一行，并同台湾中华生产党、合肥市台商协会座谈。主动同合肥市台湾同胞投资企业协会、刘铭传经济文化交流促进会对接，加强交流联系，为在肥台企的发展提供力所能及的服务和帮助。联合市委统战部、市政协、市台办联合举办台情报告会，邀请全国台湾研究会副会长、国台办原副主任王在希作“当前台海形势及发展趋势”专题报告。参加合肥市台商台胞台属2017年中秋联谊会。庐阳总支6名党员赴台湾参观考察，拜会在肥投资台湾企业，看望台湾老兵，与台湾人民面对面交流，深入了解台湾当地政治、经济、旅游、文化现状，增进两岸人民的互信和认同。

（陈晓松）

中国民主同盟合肥市委员会

【概况】 2017年，中国民主同盟合肥市委员会（以下简称“民盟市委”），下辖一个基层委员会，6个总支部，52个基层支部，共有盟员1105人。成员主要分布在教育、文化、科技、卫生、金融、法律等界别。主委奚芝英，副主委李广海、胡平、李雪、项书林、杨东炜。

【思想建设】 民盟市委始终坚持将学习中国特色社会主义理论体系贯穿于自身建设的全过程和履行参政党职能的各项工作之中。通过民盟市委主委会、常委会、全委扩大会议、参政议政骨干和信息员培训班，以及参加盟中央“双百人”培训班，省市统战部和盟省委举办的新任主委、副主委、市委委员培训班和学习十九大专题理论培训班，市统战部举办的“同心论坛”系列讲座，组织民盟市委领导班子成员、基层组织负责人、参政议政骨干和一些盟员深入学习中共十八届三中、四中、五中、六中全会精神、习近平系列重要讲话精神、中共十九大精神和习近平新时代中国特色社会主义思想、学习《合肥市五大发展行动计划》，完成《十九大报告100题》问卷的测试等，着力加强思想建设，为履行参政党职能提供了坚强的思想保证和精神动力。

以深入推进“不忘合作初心、继续携手前进”专题教育活动为抓手，通过组织专题培训、走访调研基层组织、举办画展、演讲征文比赛等多种活动形式，进一步凝聚思想共识，不断巩固多党合作的思想政治基础；通过实施“五大发展行动聚力工程”，在引导盟员服务《合肥市五大发展行动计划》过程中，发扬民盟优良传统，不断加强自身建设，切实提升履职能力和水平。

发挥好宣传阵地的思想引领作用。通过民盟市委网站、《合肥盟讯》、微信群和QQ群等平台宣传重大会议精神，发布统一战线理论、盟史、盟章等资料，传播新理念新思想，弘扬社会主义优秀传统文化等，引导广大盟员发扬民盟优良传统，坚持用新理念新思想引领自身发展，自觉践行社会主义核心价值观，弘扬社会正能量。

【组织建设】 **完善制度。**2017年是换届后基层组织履职的第一年，民盟市委根据盟中央和盟省委的文件精神，制定了《民盟合肥市组织发展细则》《民盟合肥市专委会工作职责》《民盟合肥市基层组织工作职责》《民盟合肥市先进支部及优秀盟员评选办法》，使得组织发展更加规范、健康、有序。

组织发展。2017年全年共发展52位盟员。本科及以上学历49人，其中研究生13人，高学历人员数量进一步提高。教育界30人，医卫界3人，文化界4人，公有制经济4人，新社会阶层8人，政府机关2人，其他1人，中级及以上职称35人。平均年龄37.69岁，年龄结构进一步优化。全市盟员总数达1105人。成立了2017年新盟员总支，召开了2016年新盟员总支总结会，指导完成蜀山区总支调整工作，新成立蜀山区总支经开区支部。

协助完成盟内省市人大代表、政协委员的推荐考察工作。民盟市委与省、市统战部和有关部门协作配合，充分协商，完成省、市人大代表和政协委员推荐人选的考察、公示和材料上报工作。截至2017年底，市盟员共有省级人大代表1人，省级政协常委1人；合肥市人大代表3人（常委1人），合肥市政协委员32人（副主席1人，常委6人）。

【参政议政】 民盟市委围绕合肥市“十三五”规划、合肥市五大发展行动计划和人民群众普遍关心的社会热点问题，深入实际调查研究，积极参加协商会议，认真履职献策，为市委、市政府的决策提供了有力支持。

民盟市委对全市在参政议政工作中取得突出成绩的基层组织和个人进行表彰奖励，庐阳中学综合支部等6个基层盟组织被评为“参政议政先进集体”，陈岩等10人被评为“参政议政先进个人”。担任特约审计员、监督员和人民陪审员的盟员，积极参加受聘单位组织开展的各项监督工作，及时提出各种改进工作方式方法的意见和建议。

专题调研。民盟市委领导多次参加市委、市政府主持召开的各种协商会、座谈会和情况通报会，先后就市“两会”换届人选等重要人事安排、市委市政府重要文件出台、省市政府、政协工作报告修改等问题提出意见和建议。

围绕盟省委、市政协参政议政调研课题方向及市经济发展、民生领域的重点难点问题，民盟市委筛选出5个专题调研课题，并组织调研组先后赴杭州市及庐阳区、市交通局等处开展深入调研，形成《保护合肥城市发展文脉，培育合肥城市特色文化》《弘扬“工匠精神”，加快推进技能强市》《关于缓解合肥城市出行难的若干建议》《关于安徽高中教育存在的问题及改革建议》《加强城市设计，营造最美省会》5份调研报告，其中《加强城市设计，营造最美省会》被选为市政协十四届一次会议口头发言材料。2017年，全市基层组织共上报22篇调研报告，分别转化为市委社情民意座谈会发言材料、市政府资政会以及社情民意。钱开莲提交的论文《完善陪审制度，推进法治建设进程》被民盟中央法治论坛评为优秀论文。

在2017年的市政府资政会上，民盟市委《构建良好的创新创业生态环境，打造环巢湖科技创新走廊》等5篇建议编入《合肥市政协委员资政会发言材料汇编》。在市委社情民意座谈会上，民盟市委《多措并举提升合肥市幼儿园师资力量》等9篇建议编入《合肥市社情民意座谈会发言材料汇编》。

议案提案。在2017年市“两会”上，盟内人大代表共提交9篇议案、民盟市委和盟内政协委员共提交提案83篇。民盟市委集体提案《加强农村公路管护，确保群众出行安全》，梁邦屏《关于提高合肥市社区卫生服务中心服务质量的建议》，强翔《加快合肥高端制造业集群发展，实现合肥市“中国制造2025”试点示范城市目标》被选为市政协十三届五次会议口头发言材料。此外民盟市委《关于加强社区建设的建议》、张发清《关于引导与加强对合肥市公务用车进行社会监督的建议》等提案被市委、市政府领导阅批或者市委、市政府、市政协领导领办、督办；钱开莲《关于重视农村留守儿童心理教育的建议》、完颜旭辉《关于把城市自行车道还给骑车市民鼓励绿色出行的建议》均被省十二届人大评为优秀建议。

在2017年市政协委员履职量化考核中，许红、罗廉娴、周典静、胡平、黄笑蓉、梁邦屏、强翔、瞿福焕8名盟员获优秀等次。民盟市委被评为十三届合肥市政协“优秀集体提案突出贡献奖”。忽伟平荣获“合肥市优秀人大代表”。

社情民意。2017年民盟市委进一步修订文件，完善参政议政工作激励机制。全年共收集社情民意信息286篇，报送155篇，其中，盟中央采用2篇，省政协采用2篇，市政协采用8篇，市委常委、常务副市长韩冰批复1篇，获市直单位反馈2篇。民盟市委荣获市政协社情民意信息工作“优秀工作单位”，梁邦屏荣获“优秀信息撰稿人”，徐洁荣获“优秀信息工作者”。

民盟市委联合市政协办公厅、市司法局制作了一期《政协论坛》节目——“黄丝带在行动”，详细介绍了“黄丝带帮教行动”的由来、特色帮扶措施、重要意义及三年来所取得的工作成效，扩大“黄丝带帮教行动”的品牌效应，呼吁社会更多的力量关注、帮助帮教群体。

【民主监督】 根据盟省委和市委统战部的工作部署，2017年民盟市委对口长丰县开展了脱贫攻坚战民主监督工作。民盟市委成立了领导小组，制定出台《民盟合肥市委关于开展脱贫攻坚民主监督工作的实施方案》，编制工作手册和进村入户调查表。从机关和盟务骨干中精选23名政治素质高、专业能力强的人才力量，组建7个脱贫攻坚民主监督工作组，深入基层、走村串户完成对口14个乡镇45个贫困村近100户贫困户的脱贫攻坚民主监督工作，全面掌握了一线的实际情况，形成总结报告，为打赢脱贫攻坚战积极建言。

【社会服务】 民盟市委坚持品牌打造，不断创新工作思路，充分发挥自身优势，调动广大盟员积极性，组织开展多项社会服务活动。

黄丝带帮教行动。民盟市委组织盟员志愿者赴庐阳、高新、新站举办心理健康系列讲座，赴省女子戒毒所、六安市裕安区、肥东县开展国学讲座，赴市强制戒毒所辅导学员体能训练，赴义城监狱举办诗朗诵慰问演出。庐阳区“五帮一”小组先后在大杨镇司法所、双岗街道司法所开展帮扶活动，民盟巢湖基层委联合蜀山总支在巢湖市亚父街道矫正中心开展“黄丝带家庭微心愿—暖冬帮扶公益行”活动。活动惠及帮教对象近千人，得到帮扶对象的认可和司法系统上下的充分肯定，引发社会对帮教群体的关注，产生了较好的社会影响。

教育烛光行动。民盟市委充分发掘盟内名师资源，打造“教育烛光行动”三大品牌，通过名师“走下去、请进来”共享教学资源，助力教育均衡发展，促进教育公平。继续组织巢湖一中与柘皋中学结对，开展“农村教育烛光行动”，就英语、地理、化学和数学四科的高三复习策略进行经验交流并赠送复习资料。在合肥锦绣中学建立“民盟名师讲师团”教育基地，组织盟内部分优秀教师，积极开展“名师讲师团”活动，在巢湖七中举办《让班级管理：成为学生的需要》的主题讲座。包河综合支部举办的“童萌教育服务站”面向教师、家长、儿童，坚持常态化提供义务辅导讲座，得到广大师生和家长的好评。

同心示范工程。民盟市委主动联系相关企业为肥东县八斗镇陆环村捐赠了价值10万元的血液分析仪，并组织盟内企业家实地考察产业帮扶项目。

民盟爱心角。民盟市委依托“政协委员进社区”活动在望江西路、滨湖世纪等社区设立“民盟爱心角”，将盟员捐赠的小家电、书籍、健身器材等闲置生活用品提供给有需要的困难社区家庭免费领用，倡导节俭、绿色的环保理念。

支援新农村建设。民盟市委领导定期走访帮扶点巢湖市银屏镇吕婆村大司中心村，关心“美好乡村”建设进度，为该村经济发展出谋划策，年底民盟市委还为该村贫困户送上慰问金9000元和米油等慰问品。

“进社区”和“三下乡”活动。巢湖基层委开展“盟员进社区”活动，向驻巢武警七中队捐赠书籍，支援爱巢阅读点和巢湖武警中队文化建设。四十中支部捐助了6名品学兼优、家庭贫困的进城务工人员子弟，并赠送书包、英语字典等学习用品。包河综合支部组织书法家走进巢湖路小学为雨花桥社区居民义务写春联。新盟员总支赴巢湖烔炀月亮湾湿地公园、李克农故居和中庙•姥山岛景区开展“文明旅游”志愿服务活动，发放文明旅游宣传手册，倡导文明出行。

成立民盟合肥市书画艺术院。成员涵盖了书画、非遗、摄影等多方面的艺术家及艺术爱好者，成功举办“不忘合作初心　继续携手前进”主题作品展，得到省市领导的肯定。

（吴　雷）

中国民主建国会合肥市委员会

【概况】 2017年，中国民主建国会合肥市委员会（以下简称“民建市委”）下辖5个基层委员会、1个总支部、1个老年委员会、11个直属支部、8个专门工作委员会。截至年底，会员总数为1003人，平均年龄42.1岁，中级以上职称394人，占会员总数的39.3%；大专以上学历933人，占会员总数的93.0%；女会员366人，占总数的36.5%。会员中，有省政协委员3人，其中省政协常委1人；市人大代表13人，其中市人大副主任1人，市人大常委1人；市政协委员38人，其中，市政协常委9人。共有36人担任党风党纪监督员、特约行政执法监督员、机关效能建设监督员等各类社会特约职务。

2017年，民建市委继承和发扬民建优良传统，努力加强自身建设，围绕市中心工作，服务发展大局，全力实施“五大发展行动聚力工程”，积极履行参政党职能，圆满完成各项工作任务。在民建安徽省委的评比表彰中，荣获全省先进集体称号、荣获2017年度民建全省先进市委会和参政议政工作先进集体一等奖等6项先进，20人获全省优秀会员称号，2人获全省优秀会务工作者称号。

【65周年会庆活动】 2017年是民建市委成立65周年，围绕这一主题，民建市委和各基层支部相继开展了一系列形式多样、内容丰富的纪念活动。10月15日隆重举行民建合肥市级组织成立65周年纪念大会，民建省委，中共市委、市政府领导及兄弟党派、工商联、对口联系单位负责人和全市各基层组织代表300余人出席大会，省政协副主席、民建安徽省委主委李修松，中共合肥市委副书记汪卫东致辞。大会回顾了65年来民建合肥市委走过的光辉历程，总结弘扬优良传统，并举行喜迎十九大文艺汇演，各基层组织选送了形式多样、内容丰富的文艺节目，受到了广泛的肯定。

【思想建设】 民建市委始终把思想政治建设摆在首位，自觉用马克思主义中国化最新成果武装头脑、指导实践、推动工作。通过开展各类学习教育活动，着力加强对会员的思想政治教育，不断提高全体会员的思想政治素养和履职能力。

深入学习贯彻中共十九大精神。通过多种方式，广泛组织会员学习习近平新时代中国特色社会主义思想和十九大精神：召开常委扩大会议专题学习十九大精神，班子成员和基层组织负责人谈学习体会，并发放《党的十九大报告辅导读本》等书籍；组织班子成员参加省委统战部、市委市政府、市委统战部举办的党外人士学习贯彻中共十九大精神专题培训班；重阳节茶话会以学习贯彻十九大精神为主题，邀请老会员谈体会谈感想；组织会员参加“同心论坛”——党的十九大精神专题辅导报告会；在会刊、会网站开设“学习贯彻十九大精神”专栏，对十九大报告要求及重点进行专题宣传，交流学习心得。基层组织也开展形式多样的学习贯彻十九大精神活动，如瑶海区基层委开展“人民生活更美好 践行同心再行动”主题活动，组建10支“同心”服务志愿者队伍，志愿者走进老年家庭，开展“爱老敬老”“帮困扶贫”等志愿服务活动，为空巢老人和困难群体送去关爱，并为社区群众奉献欢庆十九大召开的文艺演出；高新区支部开展“学习十九大精神，高新区支部献爱心送温暖进和一社区”活动，为社区群众开展多项公益服务活动。

积极开展“不忘合作初心，继续携手前进”主题教育活动。组织全市基层组织负责人和骨干会员赴民建创始人之一孙起孟故乡休宁县开展研讨活动，瞻仰孙起孟故居；组织骨干会员参观河北平山县西柏坡纪念馆，缅怀中共老一辈革命家艰苦奋斗的优良传统和作风，学习和弘扬以“两个务必”为核心的西柏坡精神；广泛开展主题征文活动，会员征文17篇被民建省委采用，5篇被民建中央采用，其中，《参观爱国主义教育基地孙起孟故居有感》和《合作初心永不忘 一盏灯亮照我行》获得民建中央优秀作品表彰。此外，各基层组织纷纷组织会员参观巢湖市李克农故居、肥西县刘铭传故居纪念馆、长丰县吴山庙武装起义纪念碑、霍山县革命烈士纪念馆等，接受爱国主义优良传统教育。

注重对外宣传。不断完善“一刊一站”两个宣传载体建设，全年“一刊一站”采发信息290余篇。全年编印《合肥民建》刊物4期，寄送全体会员，赠阅市四大班子领导及市直各部门负责人，与全国省会城市、副省级城市及省内其他地市民建组织交流；优化网站架构，各栏目及时更新报道民建市委和基层组织工作，宣传会员和会员企业。进一步完善信息宣传制度，及时通报各基层组织信息宣传采用情况，加大考核奖励力度，调动信息员积极性，建立强化信息宣传工作的长效机制。

主动邀请新闻媒体采访报道市委会重大活动，省政协“政协江淮行·走进民主党派和工商联”新闻采访团和安徽电视台《新闻联播》“砥砺奋进的五年”报道组宣传报道了民建市委和会员企业；《安徽商报》以“民建合肥市委：城区工业园区应尽早转型 ”对市委的重点课题进行专题报道。2017年民建市委在人民政协网、《团结报》《安徽统一战线》《合肥日报》等市级以上媒体发表新闻160余篇，荣获2017年度民建全省新闻宣传先进单位一等奖，中共市委统战部统战信息宣传工作优秀单位，5人获2017年度民建全省新闻宣传先进个人。

【组织建设】 坚持把加强组织建设作为重要抓手，着力加强对会员的思想政治教育，不断完善基层组织建设，积极开展各项活动，自身建设水平进一步提升。荣获2017年度民建全省先进市委会、全省市级组织管理信息系统工作先进单位。在民建安徽省委的表彰中，包河区基层委、瑶海区基层委、巢湖基层委、蜀山区基层委二支部、庐阳区基层委一支部、经开区总支三支部、高新区支部、政务区支部8个基层组织获全省先进基层组织称号。

深化领导班子建设。为充分发挥领导核心作用，提高班子整体素质，进一步转变工作作风，年初民建市委召开十三届一次常委会暨民主生活会，班子成员开展批评和自我批评，总结经验，找出差距，进一步提高思想理论水平和履职的能力。出台《民建合肥市委班子成员履职规定（试行）》，从参加组织活动、参政议政、帮扶会员等方面，对班子成员的履职作出明确要求。班子成员积极参加省、市统战部举办的学习十九大精神培训，全年参训达30多人次。安排基层组织班子成员、骨干会员参加省市统战系统、民建省委、市委组织的各类政治理论学习培训。将有热情、有能力、有奉献精神的优秀会员安排到会内的领导岗位上锻炼，物色一批年轻有为、热心会务的会员作为后备干部。

基层组织建设规范化。在年度组宣工作会议上，民建市委进一步完善《民建合肥市委员会年度“十佳支部”考核标准》，严格考评程序；召开支部建设经验交流会，通过让“十佳支部”与考评成绩较差的支部开展经验交流，以先进带动后进，促进支部建设水平的提高；赴民建庐阳区委考察基层组织建设，学习他们在组织工作上的好经验好做法；做好省直企业五支部整建制划转工作，成立民建合肥市企业支部；圆满完成老年委员会换届工作。出台《民建市委服务老同志办法》工作制度，从制度上对服务老同志等工作作出要求；摸排寻找失联会员，更新会员信息，编印2017年会员通讯录。

推动组织工作高质量发展。严把会员发展质量关，坚持“企业法人、专家学者、公务员”三类人士优先发展原则，强化发展意识，突出经济界特色，领导班子带头，全会上下齐心协力吸收优秀人才入会。2017年接收省直工委转移会员22人，共发展会员62人，平均年龄40.1岁，经济界人士50人，占比80.6%，其中，企业法人30人，专家学者2人，公务员2人。

加强会员入会教育。2017年组织近3年入会的新会员培训班，邀请省政协副主席、民建省委主委李修松作《如何做一名合格的民建会员》专题讲座，市委会主委张怀科讲授会章会史知识。通过与发展对象谈话、基层组织举办入会积极分子培训班等做法，做好入会前思想教育工作。对已经入会的新会员，加强统战理论、会章会史教育，引导会员增强对会的认同感和自豪感。

丰富组织活动形式。举办第二届会员运动会，全市145名会员组成25支队伍参加乒乓球、羽毛球、拔河三项比赛；组织民建合唱团排练曲目参与合肥民建成立65周年文艺汇演和统战系统合唱联谊；组织老会员开展春季踏青、重阳茶话活动；组织民建界别政协委员视察合肥市文明创建和城市管理工作；组织企业家会员参加2017中国风险投资论坛和2017中国非公有制经济发展论坛；组织书画家会员开展走基层采风活动，赴金寨县果子园乡采风并向村委会及村民赠送书画作品；组织民建代表队参加2017年度“高科杯”市各民主党派、工商联运动会，各基层组织开展了调研交流、走访慰问、知识竞赛、专题培训等形式多样、各具特色的组织活动。

加大对外交流。通过对外交流学习，提高机关工作效能，建设学习型、服务型机关。机关先后赴太原市、郑州市、杭州市等地市民建组织开展会务交流学习。全年，机关接待省政协副主席、民建省委主委李修松，市委常委、常务副市长韩冰，市委常委、统战部长陈晓波等走访调研，接待民建南宁市委、北海市委、郑州市委、沈阳市委、海口市委来肥调研交流。

【参政议政】 围绕市委市政府中心工作，关注经济社会热点、难点问题，深入开展调查研究，认真履行参政议政职能。荣获2017年度民建全省参政议政工作先进集体一等奖、2017年度民建全省反映社情民意工作先进集体一等奖、2017年度民建全省理论研究组织奖、2017年度市政协优秀信息工作单位，优秀集体提案突出贡献奖。

专题调研成果丰富。首次联合对口联系单位市发改委共同开展服务业发展和城市管理水平提升课题调研。充分发挥专家学者、骨干会员的带动效应，进一步完善机关、工委会和基层组织“三个平台”建设，多级联动，形成合力，围绕城市管理、产业转型升级、第三产业发展、环巢湖科技走廊等课题，深入开展调查研究，共形成调研成果19篇，多篇调研成果得到有效转化。在中共合肥市委办公厅、合肥市人民政府办公厅联合通报表彰2015～2016年度全市优秀调研成果中，民建市委《关于推进合肥城区工业园转型发展的建议》调研报告荣获优秀调研成果一等奖，《创新金融服务 支持农村土地流转》调研报告获三等奖。另外，由市政协申报，张怀科主委作为课题组成员参与调研撰稿的《关于进一步提升合肥车辆和装备制造业竞争力的调研报告》荣获一等奖。在2016年度市民主党派工商联专题调研成果和组织工作评比中，民建市委《关于推进合肥市城区工业园转型发展的建议》和《创新金融服务 支持农村土地流转》调研报告荣获2016年度专题调研优秀成果一等奖，《合肥跨境电子商务试验区实践调研报告》获二等奖，民建市委是唯一优秀组织奖获奖单位。

社情民意贴近民生。会员们围绕身边民生热点难点问题，积极反映社情民意，共提交173篇。15篇被省民建采用，10篇被市政协采用，多篇获领导批示和相关部门采纳，其中，《多措并举应对外卖垃圾污染》被副省长张曙光批示，《关于建设合肥市“掌上公交”的建议》等5篇得到市国资委等部门采纳。3人获2017年度民建全省反映社情民意工作先进个人，2人获市政协优秀信息撰稿人和优秀信息工作者。

提案工作不断突破。全年市委及会员提交市人大议案、市政协提案80余篇，其中，《安徽省房地产趋势分析》调研报告被民建中央采用并转化为全国政协提案；《关于加强社区建设的建议》获中共安徽省委常委、合肥市委书记宋国权批示；《关于加快推进合肥市体育产业发展的建议》等5件提案获市政协优秀提案，民建市委获市政协优秀集体提案突出贡献奖，6人获优秀市政协委员。

【社会服务】 坚持“两个服务”的工作理念，不断创新服务方式，为会员和会员企业服务；关注社会，服务社会，做好社会服务工作。同时引导基层组织及会员开展各类爱心公益活动，全年民建市委及各基层组织累计开展各类社会服务活动35次。荣获2017年度民建全省社会服务先进集体称号，1人获全省社会服务先进个人。

着力服务会员和会员企业。坚持走访会员和会员企业，积极提供帮助。全年主要负责人走访会员单位及会员企业20家。邀请省政协副主席、民建省委主委李修松，中共市委常委、统战部长陈晓波等视察会员企业。六一前夕，慰问会员企业小森林幼教集团翠竹苑幼儿园，送去1万元慰问金；夏季高温，慰问会员企业合肥江河汽车零部件有限公司和合肥高科科技股份有限公司的一线生产员工，送去总价值7000余元的防暑降温用品。关心帮助生活困难、高龄患病的会员，坚持日常慰问、春节前主、副主委带队走访慰问。发挥工委会智力优势，服务会员及会员企业。如法律服务工委会为会员企业举办“供给侧改革形势下企业法律风险要点讲解”培训；参政议政工委会就“加强普惠制幼儿园”课题调研了解会员单位情况；妇女工委会举办健康知识讲座。整合资源，协调相关部门及单位为会员企业提供政策支持、财政补贴、融资支持等。

打造民建社会服务品牌。成立民建“同心社区服务站”。适应统战工作进社区的新形势，助力和谐社区建设，在四个主城区全部建立民建“同心社区服务站”。发挥民建经济界特色和人才优势，开展扶危济困、敬老助残、送医送药、公益讲座、文化娱乐等活动，同时收集辖区群众的民情民意，及时准确地向党委政府反映。此举也促进了基层组织建设水平的提升。

实施“同心示范工程”。根据民建省委的部署，继续对口帮扶金寨县果子园乡吴湾村实施乡村旅游建设，首期援建的“民建同心路”项目已竣工；参与合肥市统一战线“同心示范工程”示范点肥东县陆还村脱贫攻坚，通过会员书画作品公益拍卖等方式筹集款物近9万元，修缮村卫生室并添置办公及医疗设备。

连续第四年开展民建“英才招聘校园行”活动，组织近百家企业走进合肥学院举办大型专场招聘会，为求职学子和企业之间搭建双向选择平台，提供就业岗位2000余个，服务数千名应届毕业生；连续第六年组织“让企业家会员走出去”活动，组织百名企业家会员走进肥西县，开展考察交流、捐资助学、交流联谊、徒步健身活动，在促进地方经济建设的同时，企业家会员们扶危济困，捐资15万元帮扶肥西县30名贫困大学新生继续学业。

【民主监督】 认真贯彻落实中央、省、市委的部署，第一时间启动工作，成立由班子成员、部分市政协委员、机关干部组成的开展脱贫攻坚民主监督工作领导小组，制定《民建合肥市委2017年开展脱贫攻坚民主监督工作方案》，组织集体学习省市扶贫工作的相关方针政策，熟悉了解合肥市、肥东县脱贫攻坚工作的基本情况，在做好功课的基础上，由班子成员、部分骨干会员带队，深入对口联系的肥东县14个贫困村，走村入户，采取召开座谈会、发放调查问卷、走访贫困户和普通农户、实地考察村集体产业、查阅相关档案资料等方式，深入调查研究。在摸清实情的基础上，形成情况汇报及建议，在合肥市各民主党派脱贫攻坚民主监督工作协商会上发言。同时，引导企业家会员参与脱贫攻坚，通过扶持生产和提供就业，帮扶贫困村和贫困户脱贫，如企业家会员捐资为栏杆镇石门村建设光伏发电项目，会员企业为肥东县八斗镇陆还村扶贫产业提供技术服务等。

（任　众）

中国民主促进会合肥市委员会

【概况】 中国民主促进会合肥市委员会（以下简称“市委会”）下辖1个基层委员会、6个总支部委员会、49个支部委员会、1个小组。2017年发展新会员35名。截至2017年12月底，共有会员743人，平均年龄53岁。会员中大本以上学历的占89.6%，中高级职称的占82.8%。会员界别分布为：高等教育、普通教育、科学技术、医药卫生、文化艺术、新闻出版、公有制经济、新的社会阶层、司法机关、政府机关、党派机关和团体等。全会共有省人大常委会委员1名，省政协委员2名（其中常委1名）；市人大代表3名（其中市人大常委会副主任1名），市政协委员19名（其中副主席1名，常委7名）；各县（市）区人大代表、政协委员44名（其中区人大常委会副主任1名、委员2名，县（市）、区政协常委8名）。全会共有28人次会员应邀担任各级各类社会特约职务。

市委会现为中国民主促进会合肥市第七届委员会，共有市委委员33人。现任主委安岚，副主委陈葆华、陈杰、韩一民、裴学文、程自堂、杨晓。合肥民进下设五个专门委员会，分别为：参政议工作委员会、妇女工作委员会、社会服务工作委员会、艺术工作委员会、老龄工作委员会。

2017年，民进包河总支荣获民进中央“坚持和发展中国特色社会主义学习实践活动先进集体”荣誉称号。会员王伟被评为“民进全国机关工作先进个人”。

【参政议政】 2017年，市委会积极响应合肥市“五大发展行动计划”，紧扣市委市政府的中心工作，围绕五大发展的实施，充分发挥会内人才荟萃、智力密集、资源丰富、联系广泛的优势，认真履参政党职能，为促进合肥经济社会发展积极建言献策。

议政调研。全年共完成调研报告29篇，承担并圆满完成了省民进“全省党风廉政建设和反腐败工作”“加快构建多层次养老服务体系”“加快普惠型幼儿园建设”“防范和打击电信网络新型违法犯罪”四个重点调研课题。围绕课题，市委会组织会内骨干和专家学者开展调研，如期完成并上报了高质量的调研报告。其中韩宪德撰写的《创新驱动，加快安徽省机器人产业发展》、刘宗祥撰写的《关于加快发展环巢湖健康服务业的建议》、孙秀娟撰写的《关于加强涉农资金监管的建议》被省民进采用作为省政协十一届五次大会书面交流材料。

在市政协十三届五次会议上，市委会共有9篇调研材料被选用。其中会员陈葆华撰写的《关于加强合肥市国际友城工作的建议》、毛晓斌撰写的《关于在合肥市域内率先实施高中阶段义务教育的建议》、刘宗祥撰写的《关于加快发展合肥健康服务业的思考和建议》被列为会议口头发言材料。孙秀娟撰写的《关于加强涉农资金监管的建议》，王昌余撰写的《关于合肥市义务教育阶段集团化办学的思考与建议》，卢萍撰写的《探寻包公文化旅游资源保护与开发利用的新路径》，刘焕安撰写的《林下种养挖潜力，市域经济活水来——发展合肥林下经济的对策与建议》，阚少杰撰写的《重视男幼儿教师培养，从供给侧解决幼儿老师性别比例严重失调的建议》，辛国芳撰写的《关于重视合肥市儿科医师队伍建设工作的建议》被列为书面交流发言。

在2017年市政协“促进两岸青年创业示范基地建设，鼓励台湾青年来肥创业就业”界别协商上，会员韩宪德作题为《关于完善平台建设　促进海峡两岸青年创业就业》的口头发言。

在2017年市政协“推进我市通用航空产业发展”专题协商会上，会员韩宪德作题为《关于促进合肥市通航产业发展的建议》的口头发言。

在2017年合肥市各民主党派工商联专题调研评比中，陈葆华撰写的《关于加强合肥市国际友城工作的建议》被评为二等奖，刘宗祥撰写的《打好“巢湖牌”加快推进合肥体育产业发展》和卢萍撰写的《探寻包公文化资源开发利用新路径》被评为三等奖。

议案、提案。在2017年省、市“两会”期间，市委会人大代表和政协委员立足本职，积极调查研究，撰写议案、提案取得丰硕成果。在市政协十三届五次会议上，市委会及政协委员共提交提案49件，其中集体提案16件，个人提案33件。民进合肥市委被评为合肥市政协十三届五次会议集体提案优秀单位。其中马建敏撰写的提案《关于解决合肥市区内改造好的路段电线杆占道问题的建议》、韩一民撰写的提案《关于恢复古城墙，增加合肥文化旅游景点的建议》和市民进集体提案《关于巢湖综合治理的建议》被评为“优秀提案”。有4件提案获市领导及相关部门批办、督办。其中查日义撰写的《关于加强社区建设的建议》并案处理，被省委常委、市委书记宋国权阅批。孙秀娟撰写的《关于加强涉农资金监管的建议》并案处理，被市委常委、市纪委书记汪学致阅批。韩一民撰写的《关于恢复古城墙，增加合肥文化旅游景点的建议》被市政协文史资料委员会督办。陈葆华《关于加强合肥市国际友城工作的建议》被港澳台侨外事委员会督办。

反映社情民意。2017年市委会稳步推进反映社情民意信息工作，全年共收到社情民意信息36篇，上报省民进、市政协和市委统战部29篇，共计29篇被采用，其中5篇被省政协采用，4篇被市政协采用，28篇被省民进采用，2篇获市领导批示。

在市政协社情民意信息工作会议上，市委会被评为“社情民意信息工作先进单位”，会员韩宪德被评为“优秀信息撰稿人”，会员王伟被评为“优秀信息工作者”。

在2017年民进安徽省委参政议政工作会议上，会员陈葆华撰写的《关于加强安徽省社会救助体系建设的建议》获民进省委参政议政优秀成果一等奖；会员姚进《关于遵循中小学生生长发育规律，为中小学配备可调式桌椅的建议》获民进省委社情民意信息一等奖、会员孙秀娟《安徽省涉农资金监管应予以加强》及刘宗祥《关于逐步实施公交强制安检工作的建议》获民进省委社情民意信息二等奖、韩宪德《关于进一步改善安徽省民办教师的待遇的建议》等21件信息获民进省委社情民意信息三等奖。

在2017年市委社情民意座谈会上，市委会有2篇材料被采用，会员韩宪德撰写的《关于合肥市道路交通拥堵状况的调研和思考》被列为会议口头发言，会员刘焕安撰写的《关于加大对道路设施科学规划与管理，力争有效解决市民出行难、停车难的建议》被列为书面交流发言。

【思想建设】 坚持思想建设核心地位，开展多种形式的政治理论学习和优良传统教育活动，不断提升会员的政治素养和政党意识，巩固多党合作的思想政治基础。紧扣中共十九大的胜利召开主题，继续深入开展坚持和发展中国特色社会主义学习实践活动，充实活动内涵，丰富活动形式和载体，在全会组织开展“不忘合作初心，继续携手前进”专题教育活动、“喜迎十九大，永远跟党走”党章会章系列学习和“我身边的先进”优秀会员事迹宣讲活动；中共十九大胜利召开后，相继举办“践行十九大精神，做合格民进会员”主题征文、学习十九大心得体会征文等系列活动。会员撰写征文、学习体会80多篇，全市各级组织共召开座谈会30余场，先后组织190余名会员参加各类培训，参加统战部系列“同心论坛”会员200余人次。民进包河总支被民进中央评为“坚持和发展中国特色社会主义学习实践活动先进集体”。

坚持用中国特色社会主义理论体系武装全会，继续巩固和发挥“一刊一网”的宣传主阵地作用，引领全会深入开展多党合作宝贵经验和优良传统教育，切实增强履行参政党职能的使命感和责任感。全年共编发《合肥民进》会刊4期，网站编发各类信息134篇、心得体会30余篇，支部稿件86件，在民进中央、民进省委以及各类媒体、杂志上刊发稿件100余篇。在民进全省宣传工作评比中，市委会被评为先进单位，会员王伟被评为“民进全省宣传工作先进个人”。

进一步健全和完善理论研究工作机制，积极探索理论研究骨干举荐机制，实现工作“有制度保障、有人员参与、有计划执行、有效果体现”，稳步推动理论研究工作的深入开展。依托议政调研专委会，加强研究队伍建设，推荐会员刘宗祥担任安徽省统一战线理论研究会理事，发挥理论研究骨干的带头影响作用，发动广大会员深入实践、深入思考，开展参政党理论研究，指导和促进合肥民进的实际工作。

【组织工作】 根据自身组织工作实际，不断加强组织建设，优化组织结构，积极稳妥地发展新会员，做好优秀人才的推荐工作，不断提升组织工作的科学化水平。

组织发展。按照年度发展计划，严格标准，注重质量，有计划有步骤做好组织发展工作。将组织发展与参政议政和后备干部队伍建设的需要相结合，注重吸收履职急需的复合型人才和优秀代表人士，做好审查、培养和考察等工作。全年共发展新会员35人，其中女性会员18名，教育界别21名，政府机关界别4名，医药卫生界别3人，公有制经济界别2人，新阶层界别2名，平均年龄为35.5岁，至2017年底，全市共有会员743人。

队伍建设。做好后备干部、骨干会员和机关干部的培养、使用和举荐工作。2017年共推荐80余人参加民进中央、民进省委和市委统战部组织的各种培训和讲座。联合省委会对55名新会员进行系统化的培训，进一步培养和锻炼青年会员。对工作中表现突出的6个先进基层组织和72名优秀会员进行表彰，并组织“我身边的先进”优秀会员事迹宣讲等活动，发挥典型示范带头作用。探索骨干会员举荐机制，以省市人大、政协换届为契机，将一批德才兼备、热爱组织的会员推荐为人大代表和政协委员。

活动开展。以参政议政、社会服务为主要内容，发挥专业特长和智力优势，全年先后举办会内扑克牌比赛，组织参加统战系统运动会，“三八节”组织女会员参观三瓜公社、“重阳节”组织老会员观看爱国主义教育影片、春节走访慰问老会员等活动，增进会员之间的交流和友谊，激发组织活力，全会的向心力和凝聚力进一步增强。

机关建设。以建设高素质参政党机关为目标，通过多种途径提高机关干部的综合能力和服务能力，机关形成求真务实、讲求效率的良好工作局面。坚持学习交流制度，组织机关干部集中专题学习，提高政治素质和思想理论水平；选派机关干部参加各类培训班，提高机关干部的业务水平。组织机关干部到民进兄弟省市开展机关建设年专题调研，学习先进经验，提高业务能力和会务工作水平；组织参加各类健康有益的文体活动，提高机关的凝聚力和向心力；继续健全机关各项规章制度，狠抓制度落实，不断提高行政效能，保证机关工作规范、有序地进行。2017年，市委会被民进省委评为“机关建设工作先进集体”“作风建设先进单位”，会员王伟被评为“民进全国机关工作先进个人”。

【社会服务】 2017年，市委会稳步推进社会服务工作，多次开展健康义诊、法律咨询、“书香彩虹”“爱心彩虹，牵手未来”帮助双困生活动等传统社会服务活动。参与民进安徽省委定点帮扶萧县、金寨县马石村工作，参与合肥统一战线“同心示范工程”，做好对肥东县八斗镇陆还村的帮扶工作。

各基层组织和会员也开展各具特色的社会服务活动，巢湖基层委走访慰问贫困户和巢湖特教学校，庐阳总支开展助学捐赠活动，市直总支和瑶海总支共同举办科普进校园活动，包河总支举办七夕交友和健康义诊活动，包河六支部开展普法宣传活动；会员胡祥怀为环卫工人做职业病防治知识讲座，会员牛和勇为社区矫正人员做法律知识讲座，会员韩宪德参加市政协爱心公社助学活动，会员赵欣送“两会”知识进校园，各类活动的有力开展共同树立了民进良好的社会形象。

立足民进特色和优势，围绕脱贫攻坚民主监督工作进行了有益探索。在对口肥西县脱贫攻坚民主监督工作中，市委会采用座谈交流、个别走访等形式，围绕脱贫攻坚的重点难点问题和政策落实过程中的薄弱环节进行考察调研，并向党委、政府反馈了调研情况。同时，在具体实践中不断探索行之有效的方法，不断总结创造好的经验，形成有效地理论体系，用于指导今后的民主监督工作更好地开展。加强与新闻媒体的联系，积极向社会宣传，展示民进服务大局、勇于担当的良好形象，展示多党合作制度的魅力和优势，扩大多党合作的社会影响。

（朱　虹）

中国农工民主党合肥市委员会

【概况】 中国农工民主党合肥市委员会（以下简称“市委会”）全年发展新党员36名，其中医卫界19人，占52.7%，新阶层人士7人，占19.4%。截至2017年底，全市共有党员852人，其中，医卫界占57.4%，科教文化界占17.27%，新阶层人士占9.47%。2017年，成立农工党市第四人民医院支部，达到全市公立医院农工党组织全覆盖。

【思想建设】 2017年，在中共合肥市委的领导下，市委会团结和带领广大农工党员全面贯彻落实中共十九大精神，深入贯彻习近平新时代中国特色社会主义思想，深入开展坚持和发展中国特色社会主义学习实践活动，积极实施“五大发展行动聚力工程”，切实履行参政党职能，不断加强自身建设，各项工作取得了新的成绩。

学习宣传贯彻中共十九大精神。把学习宣传贯彻中共十九大精神作为思想政治建设的首要任务，深学弄通，积极践行。召开十一届四次全委会，专题学习中共十九大精神，作出专题部署，制定学习计划，组织广大农工党员把学习宣传贯彻中共十九大精神与加强领导班子建设和学习实践活动结合起来，通过参加省市专题培训班、座谈会等多种形式，赴金寨开展“重温大别山革命历史，学习贯彻十九大精神”专题教育，在农工党全市各级组织和党员中掀起学习贯彻中共十九大精神的热潮。通过学习，进一步树立政治意识、大局意识、核心意识、看齐意识，不断坚定中国特色社会主义道路自信、理念自信、制度自信、文化自信，始终在思想上政治上行动上与以习近平为核心的中共中央保持高度一致，切实担负起中国特色社会主义亲历者、实践者、维护者、捍卫者的政治责任。

开展学习实践活动。紧紧围绕活动的主线和年度主题，学习贯彻中共十八大和习近平总书记系列重要讲话精神，开展农工党史党章教育，弘扬多党合作的优良传统。先后组织近百名党员参加四期市委统战部 “同心论坛”，帮助党员了解市情、社情，进一步提升党员的思想政治素质。开展“不忘合作初心，继续携手前进”专题教育活动，组织支部负责人、支部宣传骨干参观邓演达文献馆、皖南新四军军部旧址；开展专题理论培训工作，组织部分支部负责人和骨干党员参加农工党省委、市委统战部统战理论专题培训班，先后安排主副委分别参加三期省市统战部专题培训班。在农工党中央坚持和发展中国特色社会主义学习实践活动总结表彰中，农工党合肥市委会获“地市级组织先进集体”，农工党合肥市第二人民医院总支获“先进基层组织”，张满中获“先进个人”荣誉称号，这次表彰是对近五年来学习实践活动的一次总结。

日常宣传工作。进一步提升宣传意识，加大对基层组织的宣传和征稿力度，宣传报道市委会及基层组织的各项工作，宣传参政议政成果和农工党员事迹。《合肥农工》出刊二期，全年编辑各类文稿 110 余篇、图片 50 余幅。创刊《农工党简报》，及时报送农工党省委、市委统战部。召开宣传信息工作会议，研究布署年度宣传信息工作，评选胡晓玉、沙沙、庄庆华、齐静、韦礼红等 5 名同志为年度优秀宣传信息员。对市委会网站栏目重新整合，完善网站功能。积极征订《前进论坛》，参加农工党省委统战理论和党史研究工作。

【组织建设】 坚持标准，严格程序，保持特色，吸收一批政治素质好、代表性强的同志加入农工党组织。加强领导班子建设，贯彻民主集中制原则，不断完善领导班子议事和决策规则、领导班子成员述职和民主评议制度。贯彻农工党省委十一届一次常委会精神，积极做好省市人大、政协相关人选的推荐工作，提前谋划，主动与相关单位、县区中共党委、统战部联系沟通，争取更多的农工党员得到政治安排。截至 2017 年底，合肥市农工党员中，省政协委员 4 名，省人大代表 3 名，市政协委员 23 名（其中副主席 2 名、常委 8 名），市人大代表 4 人（其中常委 1 名），区人大代表 6 名（其中常委 3 名），区政协委员 31 名(其中副主席 1 名、常委 7 名）。

基层组织活力进一步增强，基层组织工作不断规范。不完全统计，全年有巢湖基层委、市中心血站支部、综合支部、蜀山区支部、民营医院支部召开支部工作会议，有巢湖基层委、包河区支部、瑶海区支部、民营医院支部、蜀山区支部、市妇幼保健所支部、安拖支部、市三院支部、市中心血站支部、公共卫生支部组织开展中共十九大精神专题学习、农工党史和革命传统教育、参观考察和联谊交流等活动。组织 120 余名农工党员参加首届“高科杯”全市民主党派、工商联运动会，获乒乓球团体冠军、羽毛球团队第三名，多名农工党员获个人单项冠亚军，展现了农工党组织较强的凝聚力和良好的精神面貌。按照年度优秀基层组织评选标准，授予巢湖基层委、蜀山区支部、机关支部、中心血站支部、文艺支部“2016 年度优秀支部”。巢湖基层委、文艺支部获得农工党全国先进基层组织。组织推荐 6 个基层组织负责人参加市统战部第三期培训班，组织推荐部分基层组织负责人参加农工党全省第四期基层组织负责人培训班。继续做好各类特约人员的推荐工作。

机关建设不断加强。市委会机关成立常委会下综合办公室，根据全年的工作要点，制定月工作计划，细化、落实各项工作任务。认真做好市委会各类会议、活动的服务和各类后勤保障。认真落实中央八项规定和省市委有关要求。注重机关效能建设和能力建设，选送机关同志参加各类培训。组织开展老委会活动，两次共组织近 200 名老党员分别赴郁金香高地、庐江汤池踏青参观、欢度重阳。春节慰问党员 60 余人。组织书画院开展写生交流。

【参政议政】 围绕改革发展稳定大局，积极履行参政议政、民主监督、参加中国共产党领导的政治协商职能。在政治协商中务求实效，按照中共合肥市委的协商计划和统战部的组织安排，积极参加各类民主协商会、议政会、情况通报会和专题座谈会，听取情况通报，就全市经济形势、精准脱贫、党风廉政和反腐败工作、政府工作报告和人事协商等重要内容，提出意见和建议。担任各级人大代表、政协委员的党员通过参与各类视察、检查、人大议案、政协提案等方式认真依法履职，担任各类特约人员的党员积极参与行风政风评议。

专题调研。创新机制，把加强调研作为协商议政、建言参政的重要基础，作为农工党员深入社会、履职奉献的重要途径。专题调研立足于界别特色和自身优势，围绕党委政府中心工作和人民群众迫切需要解决的重大问题，精心选题，深入开展专题调研。聚焦医养结合养老、小区物业自治和管理标准化建设、支持社会资本进入血液透析领域、中医药科技创新、工业控制和网络安全产业发展以及服务类招投标评审等方面展开调研，形成一批高质量的调研报告，其中“关于推进我市住宅小区物业管理标准化、专业化和规范化建设的调查与思考”“医养结合，走好健康养老的最后一公里”“医养结合机构的标准化建设思考”和“关于合肥市麻风病防治工作的几点建议”为四篇重点调研报告，报市委统战部年度专题调研评选。在2016年度全市民主党派、工商联专题调研成果和组织工作表彰会中，农工党市委会提交的《关于在合肥市推进安宁疗护的建议与思考》获得一等奖，《关于在合肥市“全面两孩政策”落实情况的调查与思考》获三等奖，农工党市委会获调研组织奖。

议案提案。在人大、政协平台上充分发挥作用，组织农工党各级人大代表、政协委员和广大农工党员积极撰写议案、提案和社情民意信息，全年向市政协十三届五次会议提交提案42件，报送社情民意信息60多篇，其中“关于土壤修复亟待规范的建议”列入市政协专委会督办提案，社情民意信息中有5篇被市政协《委员建言》采用，有3篇被《合肥政协信息》采用，有2篇被省政协采用，有2篇得到市直部门的反馈，社情民意信息的数量和质量在30多家报送单位中位列第三，农工党市委会被评为市政协“优秀信息工作单位”，机关王娟被评为“优秀信息工作者”。在议案、提案工作考核中，戴夫主委向省人大提交的“关于尽快出台医患纠纷处理条例的建议”、市二院总支王秀丽向省人大提交的“关于对二胎政策放开后相关问题的调研和处置的建议”被评为优秀建议。林莉、卞华玉、毛欣然、李桂平获得“十三届市政协优秀提案突出贡献奖”，市委会获“十三届市政协优秀集体提案突出贡献奖”，王玉琴、毛欣然、刘尚全、李玲在2017年度市政协委员考核中获优秀等次。围绕医疗教育养老等民生问题，组织党员参加市政协的相关调研，向市社情民意座谈会提交8篇发言材料，“关于进一步推进家庭医生签约服务的建议”、“关于提升合肥特色街区建设水平的建议”作为口头发言在会上交流。参加“当家塘真当家”《政协论坛》的拍摄。

民主监督。对口巢湖市开展脱贫攻坚民主监督。组织全体常委及部分骨干党员定点联系、逐一走访16个贫困村，坚持问题导向，深入调查研究。分别与驻村扶贫队长、村第一书记、镇扶贫队员和村书记、村长座谈，翻阅相关档案资料，了解村基本情况和贫困户基本情况，了解产业扶贫、教育扶贫、健康扶贫和金融扶贫情况，了解脱贫攻坚工作存在的困难和问题等。走访18家贫困户，详细了解家庭成员、吃穿住、致贫原因、收入等情况，询问对政策的知晓情况，力所能及地宣传、解答群众关于扶贫政策的疑问等。察看6个村卫生室，了解村卫生室的建设、村医的待遇、家庭医生的签约等情况。在中共合肥市委脱贫攻坚民主监督专题协商会上，戴夫主委专题报告市农工党监督工作。

【社会服务】 坚持“尽力而为、量力而行”工作原则，围绕“健康合肥”建设，承接农工党中央“环境与健康宣传周” 和“国际科学与和平周”活动，实施市委统战部“同心示范工程”，继续开展送医送药、文化下乡、科技法律咨询和助残扶贫活动。组织党员到市“同心工程”示范点——肥东县陆还村，走访慰问10名老人，与村委会座谈，商讨在村卫生室、人员培训方面提供支持，向村72户贫困户赠给家庭药箱，价值2万多元。组织市一院总支、市二院总支、市妇幼保健院支部、法律支部、机关支部部分医疗专家、律师，联合市委统战部机关党支部到芜湖路街道友谊社区，开展义诊、法律咨询。戴夫主委、市一院总支副主委刘尚全多次赴定远县中汤村，协助农工党省委就精准扶贫工作进行调研，就帮扶定远县中汤村乡镇卫生院提供方案，为村卫生室建立规章制度、援助远程诊疗设备。戴夫主委参加农工党省委调研组赴迪庆藏族自治州，开展脱贫攻坚民主监督工作对接与调研活动，考察迪庆州尼西乡医疗卫生和教育情况。在戴夫主委的组织协调下，市第一人民集团医院与迪庆州医院结对，支持云南迪庆州10名医务人员来市滨湖医院进修，组织抽调科室医生、护士的骨干力量与学员对接、传帮带。经多方协商，来市第一人民医院培训进修的迪庆州学员攻读研究生学历，符合条件的可直接取得相应的学位。农工党市委会、市二院总支联合赴巢湖市烔炀镇凤凰村委会义诊送药，组织一辆流动医院车，为

40余名老人免费做心电图、B超、血糖、血脂、生化、肝肾功能等项目体检，发放21类价值2000多元的药品。各基层组织也积极开展社会服务活动，不完全统计，有包河区支部、艺术支部、蜀山区支部、市妇幼保健院支部、市中心血站支部、巢湖基层委、机关支部、民营医院支部、文艺支部等分赴社区街道、学校、养老院等，开展义诊咨询、健康知识讲座、捐书送戏、公益慈善等活动，受到社会好评。

（王　娟）

中国致公党合肥市委员会

【概况】 2017年，中国致公党合肥市委员会（以下简称“市委会”）下设1个基层委员会、4个总支部委员会、2个直属支部委员会。全市各级组织共有22个。全年发展党员22名，外地转入党员2名。截至2017年底，全市党员288人，其中本科以上学历241人，占党员总数83.7%；有侨海关系227人，占党员总数78.8%；高级职称84人，占党员总数29.1%；女党员128人，占党员总数44.4%。省级人大代表1人、市级人大代表5人；全国政协委员1人、省级政协委员2人、市级政协委员13人，市级以上“两会”人员占党员总数7.6%。2位党员被任命为政府部门正职，1位党员被提拔为副处级领导职务。

2017年，市委会被市委统战部评为合肥市统战系统宣传工作“优秀单位”；被致公党中央授予“中国致公党坚持和发展中国特色社会主义学习实践活动先进集体”荣誉称号。

【自身建设】 思想建设。中共十九大召开后，市委会将认真学习贯彻习近平新时代中国特色社会主义思想和中共十九大精神作为首要政治任务，召开主委会议、全委扩大会议进行专题学习；市委会领导班子成员分别参加安徽省委统战部、中共合肥市委、合肥市委统战部组织的十九大精神专题培训班；市委会为全市党员举办“学习贯彻十九大精神新春培训会”；市委会机关组织全体干部收看中共十九大开幕式；7个市属组织召集党员专题学习中共十九大报告；市委会还组织70位党员参加合肥市委统战部举办的“同心论坛”讲座。通过学习，进一步加深了对习近平新时代中国特色社会主义思想和中共十九大精神的理解。为加强宣传教育，市委会利用手机报、网站，将国家大政方针、省市有关政策、市委会及基层组织的重要活动、党员风采等信息向全体党员进行宣传。2017年市委会编发手机报114期、网站发文114篇，在致公中央、安徽省政协、省委统战部、致公省委会、市政协、市委统战部、《工商导报》《安徽日报》《安徽致公》《江淮时报》《合肥日报》《政协经纬》等各大网站、媒体登载文章104篇；宣传稿件被致公省委会采用数量，在全省各市委会中排名第一。撰写理论研究文章11篇。推动对习近平新时代中国特色社会主义思想和中共十九大精神的学习宣传，促使党员们增强“四个意识”，坚定“四个自信”。

组织建设。 市委会将2017年定为制度建设年。市委会审议通过了《致公党合肥市委会机关工作规则》《致公党合肥市委会参政议政工作办法》《致公党合肥市委会参政议政成果奖励办法》《致公党合肥市委专门委员会通则》，涵盖市委会机关岗位职责、机关会议、工作纪律、公文处理、档案管理、机关学习、财务管理等全部机关工作，真正做到机关工作全覆盖、无遗漏。各项规章制度制定后，组织全体机关工作人员认真学习，切实做到按制度管理，按制度运行，按制度执行。按照省委会建设“五型”机关（学习型、和谐型、效能型、服务型、创新型）的要求，机关以严、细、实的精神做好各项工作，做到岗位职责明确，切实做到“我的岗位我负责，我的工作请放心”。机关工作作风得到提升。

市委会参照省委会有关文件制定《致公党合肥市委领导班子成员、委员、市属组织主委及专委会主任年度履职报告制度》，要求各市属组织主要负责人进行年度履职，并建立履职档案，将履职情况作为评先评优及向有关方面推荐的重要参考。

【参政议政】 2017年市委会完成10项课题调研。调研成果转化为提案议案72件，其中4篇调研成果选送合肥市政协十四届一次会议大会发言，2篇成果选送市社情民意座谈会发言，2篇成果选送市资政会发言，3篇成果提交市委统战部参加2017年度优秀调研成果评选，3篇成果被列为致公党省委会重点协商课题。调研成果《关于实施赶超战略、加快战略性新兴产业的建议》《关于整治合肥市餐饮业油烟的建议》受到安徽省委常委、合肥市委书记宋国权重要批示。调研成果《修改农民专业合作社法的建议》受到副省长方春明的批示。撰写社情民意信息126篇，省委会采用24篇，其中《加强乡村教师队伍建设，加快推进城乡教育一体化发展》《精准扶贫应注重宣传中华民族传统美德“孝道”》两篇被致公中央采用。积极参加致公党长三角区域合作发展论坛，并作《安徽商事制度改革　推动简政放权落地生根》发言。

【对外联络】　加强对外联络工作，主动对接省委会外联委，衔接落实两岸四地青少年夏令营活动等事宜；进一步加强与省台办、教育厅、市外专局等部门对接，对在肥归国留学人员及台籍人士情况进行调研摸底；与在肥台盟盟员进行联系，建立沟通联络机制。

开展课题调研。发挥侨海优势，积极开展“海峡两岸青年创业基地”“海外高层次人才离岸创业”“中德合作基地建设”“侨梦苑建设”“留学生创业园建设”等课题调研，为引进海外高层次人才助力合肥国家级综合性科学中心建设、提升合肥都市区国际化水平献计出力。

【社会服务】　扎实开展脱贫攻坚民主监督。市委会成立以主委任组长、副主委任副组长、市委委员为成员的脱贫攻坚民主监督工作领导小组，全面领导推进市委会脱贫攻坚民主监督工作；成立由市委委员任组长、各市属基层组织为成员单位的14个工作组，对口负责省委会各调研督查组在合肥市的工作，50余人次协助省委会发放调查问卷8000余份，收回7100份，涵盖四县一市72个乡镇1060户贫困家庭。撰写高质量的调研报告提交中共合肥市委、致公党安徽省委会。通过组织专业培训、编印工作手册等工作为党员参加脱贫攻坚民主监督工作做好知识储备，发挥民主监督作用。

持续开展社会服务工作。2017年累计开展社会服务55次、提供社会服务228人次。7个市属组织290人次开展公益捐赠活动10次，捐赠数额24.4万元、捐赠实物价值6.9万元，累计529人次接受公益捐赠。特别是在市委会的积极推动下，合肥市南门小学和天堂寨同心小学开展结对共建，为“同心示范工程”提供有力支撑。此外，市委会还分别赴肥东陆环村、金寨前畈村、寿县谭套村进行慰问。各市属组织通过送医下乡、开设公益课、与社区、社居委等结对共建帮扶、举办国学讲座等多种形式，积极开展“四个一”活动。

（花小惠）

九三学社合肥市委员会

【概况】　2017年，市九三学社（以下简称“社市委”）共发展新社员38人，其中，高级职称11人，女社员9人，平均年龄39.2岁。市九三学社下设瑶海、庐阳、蜀山、包河、巢湖5个基层委员会（27个支社）、1个机关直属小组。社员总数596人，平均年龄51岁，高级职称302人，占社员总人数的50.7%；女社员220人，占36.9%。社员中担任九三学社中央委员1人，九三学社省委委员2人（常委1人），省人大代表1人，省政协委员2人（常委1人），市人大代表4人（常委1人），市政协委员31人（常委8人），县区人大代表8人（副主任1人、常委1人），县区政协委员49人（副主席3人、常委10人）。

市九三学社被九三学社中央评为“‘九三学社坚持和发展中国特色社会主义学习实践活动’全国先进集体”“2013～2017年度参政议政工作先进集体”。被省九三学社评为“先进市级组织”“宣传工作先进集体”“参政议政工作先进集体”“信息工作先进集体”“社会服务工作先进集体”。被市政协评为“集体提案优秀单位”“优秀信息工作单位”。被市委统战部评为“全市统战信息工作先进单位”。

【自身建设】　把学习贯彻中共十九大精神作为首要政治任务，深入学习习近平新时代中国特色社会主义思想。社市委要求认真收看开、闭幕式，及时上报学习成果和心得体会，社各基层组织、专委会积极响应，掀起学习中共十九大精神的热潮。社市委举办学习中共十九大精神报告会；组织社员参加“同心论坛”——党的十九大精神报告会；社市委主委何庆瑞参加“全省领导干部学习贯彻党的十九大精神第四期集中轮训班”学习；社市委调研员刘进竹参加“全市领导干部学习党的十九大精神集中轮训班第一期”学习。

继续做好“不忘合作初心、继续携手前进”专题教育活动，不断增强社员的政治责任感和使命感。社市委先后召开会议学习习近平总书记系列重要讲话精神，学习社中央十三届五中全会和十一次全国代表大会等会议精神以及新修订的《九三学社章程》。举办“不忘合作初心，继续携手前进”社章社史、统战理论知识竞赛，组织社员参加“同心论坛”——不忘合作初心、继续携手前进专题讲座。组织社员180余名参加社省委庆祝九三学社成立72周年报告会，聆听陆朝阳《量子物理：从中国古代神话到未来信息技术》科普报告。组织社员170多人次参加　“同心论坛”——统一战线五大发展行动聚力工程报告会。组织参政议政骨干参观全国九三学社爱国主义教育基地及社史教育基地——梁希纪念馆。

加强社员培训工作，不断提高社员思想政治素质和履职能力。社市委举办基层骨干社员培训班，邀请安徽审计学院副教授池峰作参政议政培训。各基层委及支社也分别举办参政议政培训。何庆瑞主委参加中央社会主义学院第三十七期民主党派干部进修班学习。组织社员150多人次，分别参加市委统战部第三期民主党派基层组织负责人理论培训班，社省委新社员培训班、基层组织负责人培训班，省、市民主党派组织负责人轮训班，省委统战部民主党派市级组织负责人培训班，“十三五”第五期县处级干部进修班等学习。

【民主协商】 支持社员以多种形式参与民主协商，提出科学合理的意见建议。市政协委员资政会上，何庆瑞主委作《关于合肥市众创空间发展面临的问题及建议》口头发言，程玉霞副主委作《完善金融扶持政策，化解科技型企业融资难题》口头发言。社市委《建设环巢湖科创走廊　打造人才创业新高地》等5篇作为书面发言。在社情民意座谈会上，社市委的《合肥市智慧交通大数据应用所面临的问题与建议》等3篇作为书面发言。社员韦翔宇代表安徽省参加社中央校园餐食管理课题调研座谈会，为2017年双周协商座谈会提供意见。

【议案提案】 社各级人大代表、政协委员认真履职，提交建议案、提案100多件。在市政协十三届五次会议上提交提案45件，其中，集体提案5件。社员夏冬波代表社市委作题为《打造特色文化街区　提升合肥城市形象》的发言。社市委的《合肥市再生资源产业发展的现状、问题与建议》等2篇作为大会书面发言。社市委《关于在合肥市大力发展0～3岁婴幼儿社会化托育服务的建议》等多件提案被媒体报道。

在对十三届四次会议提交的提案的评选中，社集体提案《关于从“农”字内涵中推进现代农业示范区发展的建议》、王向阳的《关于加快建设“健康合肥”的建议》、许桂宝的《关于加强引导合肥市高技术服务业集聚发展的建议》提案被评为“优秀提案”。

【参政议政】 为加强参政议政工作，社市委新成立参政议政工作委员会，并对科技经济、教育医卫等专委会进行调整。调研工作方面，社市委先后就“通过大数据创新应用提升城市交通管理能力研究”等十多个课题，赴北京、苏州、宣城等地调研。在社省委2016年参政议政课题成果表彰中，刘泽《进一步规范管理，促进农民专业合作社健康发展》等2篇获一等奖，《关于工业用地转换用途前必须进行污染危险评估的建议》等3篇获二等奖，《关于建立基本医保一站式同步结算系统的建议》等13篇获三等奖，另有3篇获优秀奖表彰。在市民主党派工商联专题调研通报表彰会上，夏冬波执笔的《打造特色文化街区　提升合肥城市魅力》获二等奖，《合肥市再生资源产业发展的现状、问题与建议》等2篇获三等奖。社情民意方面，共收集信息200多篇，上报社省委信息181篇，采用152篇，其中：全国政协采用6篇，中央统战部《零讯》采用2篇，九三学社中央采用7篇，省委办公厅及统战部采用1篇，省政协采用18篇。报市政协信息约百篇，被《委员建言》采用11篇，《合肥政协信息》采用17篇，省政协采用4篇，省市领导批示3篇，市直单位反馈5篇。

【民主监督】 根据中共合肥市委统战部要求，社市委出台《九三学社合肥市委脱贫攻坚民主监督工作实施方案》，成立专项工作领导小组。7～8月，深入12个贫困村切实开展民主监督工作，形成信息《改进安徽省脱贫攻坚考核工作》被全国政协、省政协采用，专报副省长方春明。参加合肥市各民主党派开展脱贫攻坚民主监督工作培训会、九三学社全省脱贫攻坚民主监督培训班，并参加社省委赴亳州开展的脱贫攻坚民主监督调研活动。参加合肥市各民主党派脱贫攻坚民主监督工作协商会并交流发言。

【社会服务】 根据社会需要，发挥自身优势，积极开展社会公益活动。“讲科普”活动走进校园。举办合肥市2017年度“百名专家乡村学堂讲科普”启动仪式暨研讨会议。“讲科普”活动走进合肥市11所中小学，为1700多名学生送去科普知识。助力脱贫攻坚。赴庐江县盛桥镇开展捐资助学、慰问重病贫困户、“讲科普”、义诊送温暖等系列扶贫活动。“两站”工作服务社区。包河区基层委社会服务工作站开展活动6次，专家工作站开展活动8次。基层组织热心公益。分别开展“科普宣传进校园”“文明创城”入户宣讲、资助炯炀中学和槐林中学11名学生、专题讲座、“关爱老年人关节健康在行动”义诊及捐赠、滨湖欣园社区义诊等活动。主动服务关心社员。走访慰问我社年老及生病、生活困难社员，并向其中12人发放“合肥瑶海幸福公益慈善基金会”慰问金。妇委会开展公益讲座为女社员提供心理健康指导服务。

【机关建设】 社市委顺利通过九三学社中央机关建设工作检查组检查并作为安徽省代表在全国经验交流会上进行交流发言。机关工作人员先后参加九三学社第三期省级以下机关专职干部培训班、档案工作培训、网络安全培训、会计人员培训、面试考官培训、全国机关建设交叉检查工作培训班等，超额完成安徽干部教育在线网络学院课程学习。

（范媛媛）

合肥市工商业联合会（市总商会）

【概况】 2017年，合肥市工商业联合会（以下简称“工商联”）深入学习贯彻党的十八大以来各次全会精神、十九大精神和习近平总书记系列重要讲话精神，以“四个全面”战略布局为统领，发挥工商联统战性、经济性、民间性基本特征，围绕中心，服务大局，履职尽责，推动全市非公有制经济领域“两个健康”发展。先后获得“全国工商联民营企业调查点2016～2017年度先进单位”“安徽省工商联宣传信息工作优秀组织奖”“合肥市2016年度民主党派工商联专题调研工作组织奖”“市政协十三届五次会议集体提案优秀单位”“全市统战系统宣传信息工作优秀单位”等荣誉。截至2017年底，市工商联会员数30100家，直属商会协会103家，友好商会47家。

【思想建设】 **深入贯彻学习重要讲话精神。**发挥“机关大讲堂”“商会大讲堂”等理论学习阵地作用，认真组织学习贯彻习近平总书记系列重要讲话精神特别是视察安徽重要讲话精神，深入学习党的十八大以来各次全会精神和十九大精神，贯彻中央、省、市出台的各项方针政策，吃透精神把握内涵，明确方向坚定信心。召开宣传贯彻十九大精神暨市政协工商联界别委员座谈会，树立新时代发展理念。

扎实开展系列教育活动。持续开展“两学一做”“讲看齐、见行动”和以“守法诚信、坚定信心”为重点的非公有制经济人士理想信念教育实践活动。组织企业家创新创业事迹报告会，以身边人身边事影响和鼓舞广大非公经济人士坚定创新发展信心。党组书记夏向东深入河南商会等商协会党支部开展“书记讲党课”活动，70余名企业家聆听了党史和党章知识教育。组织参观“新四军第四师纪念馆”等活动，接受革命传统和爱国主义教育。在《合肥民商》和工商联网站开设理想信念教育、民企法律服务等专栏，对23家非公企业典型事例进行系列报道。11家会员企业荣获“安徽省第五届优秀中国特色社会主义事业建设者”称号。

合肥市工商联合会（总商会）第十四次代表大会会场

创新开展企业家培训。积极探索“培训+”企业家研修模式，突出研修班培训向创新实践、红色教育、社会公益、创二代培养等方向延伸。先后组织500余人次民营企业家参加中山大学、四川大学、重庆大学、哈尔滨工业大学等高校研修班学习，组织32名青年企业家党员赴瑞金开展“重温革命精神•坚定理想信念”培训班，组织参加哈工大优秀企业家高级研修班的学员赴漠河慰问边防哨所官兵。邀请国家发改委、工信部专家举办“未来经济发展趋势，现代企业转型升级破局之道”高峰论坛。

创新宣传方式提振民企发展信心。牢牢把握非公经济领域思想宣传主阵地，传递政策信息，营造良好舆论氛围。全年对外发表信息170余条。联合合肥电视台、合肥日报、合肥广播电台、工商导报等完成“砥砺奋进的五年”专题报道。改版升级《合肥民商》，新增非公党建、前沿观察等全新版块，编发封面人物12位、人物专访18篇、主题策划5篇。

【参政议政】 鼓励建言献策，提升参政议政水平。紧紧围绕市委、市政府中心工作，发挥工商联界别政协委员优势。在市政协十三届五次会议上，工商联界别共提交42件提案，6件提案获得“优秀提案”表彰。市工商联报送的《关于优化环境，降低成本，提振信心，推动民营制造业转型升级的建议》受到凌云市长阅批，并获评为“集体提案优秀单位”。韦洋等5位政协委员被评为“优秀等次政协委员”。

2017年合肥市工商联会员发展统计表

注册类型＼行业门类	小计	农、林、牧、渔业	采矿业	制造业	电力、热力、燃气及水生产和供应业	建筑业	交通运输、仓储和邮政业	信息传输、软件和信息技术服务业	批发和零售业	住宿和餐饮业	金融业	房地产业	租赁和商务服务业	科学研究和技术服务业	水利、环境和公共设施管理业	居民服务、修理和其他服务业	教育	卫生和社会工作	文化、体育和娱乐业
私营独资企业	4609	313	89	609	79	295	267	235	958	602	89	167	122	56	112	357	24	43	192
私营合伙企业	439	2	21	72	23	13	12	12	72	38	14	27	29	11	23	21	13	18	18
私营有限责任公司	5298	395	34	510	48	353	257	202	1265	1028	108	197	304	116	66	235	49	56	75
私营股份有限公司	1920	32	5	276	7	119	29	65	1006	59	15	147	8	3	0	91	1	22	35
港澳台合资企业	1	0	0	1	0	0	0	0	0	0	0	0	0	0	0	0	0	0	0
港澳台合作企业	4	0	0	2	0	2	0	0	0	0	0	0	0	0	0	0	0	0	0
港澳台独资企业	7	0	0	2	0	0	0	0	1	0	0	0	0	0	0	2	0	2	0
港澳台股份有限公司	4	0	0	0	0	1	0	0	0	0	0	0	0	0	0	0	0	3	0
中外合资企业	1	0	0	0	0	1	0	0	0	0	0	0	0	0	0	0	0	0	0
中外合作企业	1	0	1	0	0	0	0	0	0	0	0	0	0	0	0	0	0	0	0
外资企业	5	0	0	0	0	2	0	0	0	0	0	0	0	0	0	0	0	2	1
外商股份有限公司	0	0	0	0	0	0	0	0	0	0	0	0	0	0	0	0	0	0	0
国有企业	0	0	0	0	0	0	0	0	0	0	0	0	0	0	0	0	0	0	0
集体企业	263	8	3	55	2	13	19	11	82	15	3	26	12	3	2	5	1	1	2
股份合作企业	57	5	0	1	0	0	0	0	0	3	48	0	0	0	0	0	0	0	0
联营企业	6	0	0	0	0	4	0	2	0	0	0	0	0	0	0	0	0	0	0
其他有限责任公司	4172	233	0	817	114	324	386	179	1078	285	103	156	121	25	114	175	21	9	32
其他股份有限公司	135	4	6	0	8	0	89	3	0	5	4	8	3	2	0	2	1	0	0
其他企业	59	3	4	0	3	0	6	4	9	8	0	0	7	4	3	3	2	2	1
企业会员小计	16981	995	163	2345	284	1127	1065	713	4471	2043	384	728	606	220	320	891	112	158	356

团体会员小计	283	乡镇商会	80	街道商会	42	私营企业协会	0	个体劳动者协会	0	乡镇企业协会	0
		行业商会	82	异地商会	55	市场商会	7	园区商会	7	其他	10
个人会员小计	13533	个体工商户	12872	原工商业者	15	非公企业主要出资人和经营者	485	在内地投资的港澳工商界人士	21	有关单位代表	15
		工商联干部		90		有工作联系的人士					
会员数总计	30797	县及县以下会员数	17319	企业会员资产总额（万元）	0	从业人员（人）	0	个体工商户资产总额（万元）	0	从业人员（人）	0

2017年，市工商联先后向市政府资政会议、市委社情民意座谈会、市政协大会报送《依托大美巢湖优化生态环境，弘扬特色文化》《加快高等职业教育发展，为创新走廊建设提供专业技术人才支撑》《加快社区养老“助餐点”建设，创出新时代“老有所养”合肥新样板》《关于促进普惠性幼儿园健康发展的建议》等7篇发言材料。

开展调查研究，当好政府参谋助手。先后接待并参与全国政协常委、经济委员会主任周伯华一行“构建‘亲’‘清’新型政商关系 促进民营经济发展”专题调研，全国工商联副主席、中国光彩会副会长谢经荣一行“万企帮万村”精准扶贫行动专题调研，省委统战部副部长、省工商联党组书记、第一副主席缪学刚“亲”“清”政商关系调研座谈会。受市政府委托开展《安徽省人民政府关于降成本减轻实体经济企业负担的实施意见》（皖政〔2016〕54号）文件贯彻落实情况第三方评估。调研报告《深耕厚植，因势利导，以有序发展和有效覆盖演绎好商会组织的“统战角色”》《提拔信心、精准发力，促进民营制造业转型升级》《关于合肥市大众创业、万众创新的调查报告》分别荣获“2016年度合肥市民主党派工商联专题调研”二等奖，调研报告《重视破解“三门问题”推动合肥民间投资领域改革发展》《关于合肥“大众创业、万众创新”的调查报告》分别荣获“合肥市优秀调研成果（2015～2016）”二、三等奖。

【经贸服务】 **国际交流广泛。**组织16家会员企业赴英国德比市考察，参加“合肥·德比招商推介会”，与德比市近百家企业洽谈合作，并考察劳斯莱斯航空产业园和庞巴迪等企业；组织企业家随同全国友协代表团出访柬埔寨金边市和波罗勉市，实地考察西哈努克港经济特区，参加华泰集团捐建的崩普拉中学剪彩仪式；先后接待澳大利亚国际商会公共关系部、国际部代表团，英国德比市、英国驻沪总领事馆访问团，蒙古国科布多省代表团，韩国瑞山市代表团，柬埔寨合肥之友联谊会代表团等来肥考察，并与柬埔寨合肥之友联谊会签订合肥市和金边市战略合作意向；与英国驻沪总领事馆联合举办“卓越女性、魅力春天”女性领导力分享会。通过扩大国际交往，增强民营企业“走出去”的信心和激情，服务民营企业抢抓“一带一路”战略机遇，拓展国际投资渠道。

友好商会联系紧密。举办长江中游城市群（合肥）四省会城市商会合作交流会，签订《商会合作合肥宣言》。先后组织企业家赴新疆生产建设兵团五家渠市、武汉市工商联考察交流，先后接待新疆阿拉尔市、山东省滨州市、广东省惠东县、广西省南宁市、上海浦东新区等9地工商联来肥考察，并与新疆阿拉尔市、青海省海西州、滨州市工商联缔结为友好商会。通过互访互联，增强各地工商联的协作配合。

经贸交往务实。先后组织60家会员企业参加第十届中部投资贸易博览会暨2017中国国际徽商大会、十一届中国（合肥）国际家用电器暨消费电子博览会等经贸交流活动。在北京市举办“合肥市服装服饰网上批发协会成立大会暨合肥市电子商务招商推介会”，近500家在京从事服装网批行业的民营企业签约落户合肥京商商城。协助总投资30亿元的安徽省石材商会国际环保石材产业园招商项目落户肥西县。先后邀请深圳路路通等十余家企业来肥考察，全面完成市工商联年度招商引资任务。

鼓励创优争先，激发发展活力。积极推荐非公企业参加安徽省“百强民企”排序，组织合肥国轩高科动力能源有限公司和合肥赛为智能有限公司两家科技型企业积极申报全国全省科技技术奖、科技创新活动评比，扎实推进非公企业职称评审工作，累计申报评审材料510人。

【和谐劳动关系】 注重发挥市民营经济法律服务团作用，着力推进“法律三进”工作。召开民营经济法律服务工作座谈会，深入探讨发挥民营经济法律服务团优势，教育引导民营企业诚信守法经营。组织法律服务团走进太湖商会，帮助商会企业把脉会诊、提供法律咨询、防范法律风险，引导商协会和民营企业学法、守法、用法，构建和谐劳动关系，依法维护企业权益。先后举办劳动法、物业法、环保法、刑事法律风险防控、一带一路投资热点国家法律、中银法治论坛·合肥站等6场法律培训班，500余人次参加法律培训活动。积极发挥协调劳动关系三方机制作用，推动民营企业提升集体协商质量，预防和化解劳动关系矛盾，构建和谐劳动关系，促进社会和谐稳定。

【精准扶贫】 市工商联印发《2017年“百企帮百村”精准扶贫行动实施方案》，广泛发动民营企业积极投身“百企帮百村”精准扶贫行动，以全面奔小康的使命感，勇担重任，回报社会。合肥华泰集团、安徽省文一集团、合肥百货大楼股份有限公司、安徽国购集团、安徽斌锋控股集团、安徽国信建设集团、安徽护铠商贸有限公司捐献250万元分别在肥西、肥东、长丰、庐江、巢湖成立教育救助、大病医疗救助专项基金共8支。合肥市五金商会、建筑设备租赁商会、白马服装城商会等商会和部分会员企业对接合肥112个贫困村，以捐款捐物、产业导入、科技扶贫等方式开展结对帮扶。市工商联主席姚亚妹先后带领会员企业赴阜南县、颍上县对口开展“千企帮千村”精准扶贫活动。截至2017年底，全市有248家民营企业参与“百企帮百村”精准扶贫行动，投入资金8628万元，帮扶贫困人口18063人。

【组织建设】 完成换届工作。5月7日至8日，合肥市工商业联合会第十四次代表大会在丰大国际酒店召开，参会代表共410名。会议审议通过市工商联第十三届执委会工作报告，选举产生由286人组成的第十四届执行委员会。姚亚妹同志当选为市工商联（总商会）第十四届执行委员会主席（会长），夏向东同志当选为市工商联常务副主席。第十四届市工商联（总商会）有副主席（副会长）各38名，秘书长1名。省委常委、市委书记宋国权发来贺信。省、市领导缪学刚、杨思松、汪卫东、钱岩松、陈晓波、陈葆华、孔向阳、王民生、奚芝英等应邀出席会议。

加强工商联队伍建设。指导基层工商联参加全国、全省“五好”县级工商联评比，8个县（市）区工商联被认定为全国“五好”县级工商联，庐江县工商联被认定为省级“五好”县级工商联。重视乡镇（街道）商会的组建和管理，实现乡镇（街道）商会全覆盖。加强非公党建和机关党建工作，印发《关于成立合肥市工商联推进基层党组织标准化建设领导小组的通知》和《合肥市工商联推进基层党组织标准化建设实施方案》，指导合肥市宿松商会成立党支部。定期走访调研合肥光华学校、合肥东方节能科技股份有限公司、合肥美的荣事达洗衣设备制造有限公司等三家党建工作联系点，帮助企业解决发展难题、推进企业规范党建。

加强工商联机关建设。认真贯彻中央八项规定精神和党风廉政建设的规定，完善机关管理各项制度，扎实推进廉政风险防控。配合市委巡察组完成巡察市工商联工作。结合“两学一做”学习教育常态化制度化，认真开展专题教育和警示教育，定期召开机关党组民主生活会和党风廉政建设工作推进会，坚持民主集中制，强调领导班子带头做榜样，加强《准则》《条例》精神学习，严格组织生活制度，严肃党内政治生活。完善主席（会长）会议制度和县（市）区、开发区工商联联席会议制度。认真开展市直单位与城乡基层“四联四定”工作，定期走访慰问蜀山新产业园区仰桥社区、巢湖花塘村困难党员和贫困群众。

（杨贤成）

责任编辑：赵永军

合肥市总工会

【学习宣传贯彻党的十九大精神】 2017年，市总工会以迎接十九大、学习宣传十九大为主线，开展“中国梦·劳动美·合肥篇章——喜迎党的十九大”主题教育活动，团结引领广大职工群众听党话、跟党走。广泛宣传十八大以来党和国家各项事业发展取得的辉煌成就，举办“‘劳模精神、劳动精神、工匠精神’网络传播”微感言和“随手拍”摄影、美术书法展、《砥砺奋进的五年》主题宣传、演讲比赛、主题报告会等活动，深入基层，用职工喜闻乐见的方式，做好坚定信心、凝聚共识、鼓舞人心的工作。通过党组理论学习中心组、党员干部大会、学习班、报告会等多种形式，及时学习宣传十九大精神。第一时间组织各级工会干部集中收看十九大开幕会，聆听习近平总书记报告。认真落实市委学习宣传贯彻工作《意见》，研究制定工会系统学习宣传贯彻工作方案，扎实推进学习宣传贯彻各项任务落实。与市委组织部联合举办工会领导干部理论拓展培训班专题学习十九大精神，组织机关青年干部“唱响主旋律、喜庆十九大”诵读比赛，着力在学懂弄通做实上下功夫。运用广播电视、报刊、网站等传统媒体和微信公众号、支付宝生活号等新媒体宣传十九大精神，宣传习近平新时代中国特色社会主义思想，宣传工人阶级和工会工作，推动十九大精神进企业、进车间、进班组。

【改革创新】 紧紧围绕工会改革工作主线，推动工会改革创新向纵深发展，在建机制、强功能、增实效上下功夫，持之以恒加强基层工会、网上工会建设。

市总工会改革成效显著。积极起草市总工会改革方案，7月28日，市委办印发改革方案，市总工会及时部署落实，将7个方面24条改革措施分解为44项任务，进一步压实责任。重新修订市总工会机关和事业单位主要职责、内设机构和人员编制规定，报市编委会审核和市委常委会议通过后及时调整落实到位。9月18日至20日，召开市工会第十六次代表大会，基层一线代表占81.1%。大会选举产生市总工会新一届领导机构，基层一线市总工会委员占46.2%，常委会组成人员中增加兼职副主席4名、挂职副主席1名，班子中专职成员和兼挂职成员各占50%，常委会组成人员中基层一线人员比例提高到24%。制定《合肥市总工会机关领导干部“1+10”联系基层服务职工制度》《合肥市工会代表大会代表、合肥市总工会委员会委员提案办理办法（试行）》。

县级工会和产业工会改革顺利推进。县（市）区总工会按照省、市改革办的要求，限期完成改革方案的制定。积极推进产业工会改革，调整优化驻会产业工会组织和工作隶属关系，4个驻会产业完成换届工作，选举产生新一届产业工会委员会领导机构。

建会入会集中行动成果丰硕。召开全市基层工会组织建设暨信息化工作推进会，部署建会入会工作。2017年，已建工会组织1.4万家，其中，基层工会1.3万家，涵盖各类法人单位3.1万家。职工信息化平台采集录入工会组织1.1万家，涵盖各类法人单位1.7万家，其中基层工会0.9万家，采集录入工会会员120.86万名。

网上工会建设全面推进。全面上线运行职工信息化服务平台，全年网上共办理职工入会523件、困难职工1213件、金秋助学606件、劳动模范295件等服务事项，共计2654件。首次在全市开展职工技术创新奖网上申报工作，共申报1269件，比上届增加463件。改版升级“合肥工会”微信公众号，在全国率先设计开发电子会员服务卡（支付宝平台），实现会员身份认证、会员独享优惠、职工网上入会、会员在线办事、幸运抽奖等功能，精准服务会员。

【建功立业】 围绕经济发展大局，团结带领广大职工群众投身发展勇当先锋，充分发挥工人阶级主力军作用。

大力弘扬劳模精神。组织开展合肥市2014—2016年度先进单位、先进集体、劳动模范（先进工作者）评选表彰，五一前夕，市委、市政府召开大会，表彰先进单位80个、先进集体100个、劳动模范（先进工作者）100名。积极做好省级劳模先进评选推荐工作，推荐选树7个省先进集体和53名省劳动模范。会同市档案局征集合肥市自建国以来全国劳模和知名劳模档案资料，挑选40名全国劳模先进事迹举办“合肥市全国劳模风采图片展”，完成《大湖名城 劳模之光》一书的编印工作，共收录50名各级劳模的先进事迹。

职工劳动竞赛蓬勃开展。成功举办合肥市第二届劳动和技能竞赛，3个标段地铁建设重点工程、12个重点行业、10个重点区域，共举办85个大项、105个小项劳动和技能竞赛参赛职工30余万人。通过劳动竞赛，涌现出优秀组织单位21个、“合肥市工人先锋号”4个、“合肥市职工技术标兵”47人、“合肥市金牌职工”366人，表彰“合肥市五一劳动奖状”7个、“合肥市五一劳动奖章”64人。

技术创新成果不断涌现。创建4个省级劳模创新工作室和7个市劳模（工匠）创新工作室。2017年，全市开展技术攻关、技术协作3760项，推广新技术、新工艺、新材料547项，技术开发、技术转让、技术咨询、技术服务累计2315项。举办合肥市第一届职工创意及应用设计大赛，共征集参赛项目89个，进入决赛项目29个。

【维权帮扶】 坚持维护职工合法权益，努力促进和谐劳动关系，不断提升职工群众获得感、满足感。

着力加强维权工作。深入开展职工法律安全宣传活动，组织成立合肥市工会普法宣讲团，举办普法讲座20余场，送法进企业、送法进社区（园区）、工地活动120余次，开展普法放电影活动50场次。工会劳动争议调解中心接待职工来访咨询约1000人次，立案调解101例，帮助职工追回经济损失195万元。合肥市劳动争议仲裁委员会工会派出庭参与仲裁案件18起，案值135万元。

主动构建和谐劳动关系。大力推行区域（行业）性职代会制度建设，签订集体合同1.03万份，覆盖企业2.88万家，已建会企业集体协商建制率达到90%，已签订集体合同报审率和备案率均达到96%以上。大力开展“安康杯”竞赛活动，全市共有4510家单位，46.7万名职工，2.8万个班组参赛。

大力开展“四季送”活动。“两节”期间共发放送温暖款物1095.4万元，慰问困难职工22.69万户；“金秋助学”资助困难职工、困难农民工、困难劳模子女1748人，发放资助款299万元。举办专场和周日招聘会40场，促进就业3216人。免费开展家政服务等多门类技能培训，共培训、鉴定2500多人。开展小额贷款贴息31人次，贴息金额22.8万元。

深入实施分类帮扶工作。积极做好劳动模范服务管理工作，为劳模免费办理公交卡充值669人，计13.38万元。组织劳模疗休养102人，开通812张困难劳模爱心卡。扎实做好农民工服务工作，评选表彰“合肥市第三届最美农民工”10名，送电影到工地为农民工免费放映电影38场。为全市符合条件的困难农民工发放困难（特困）职工帮扶证，免费培训农民工824人。持续推进“爱心母婴室”建设，验收新建爱心母婴室18家，并给予资金补助。创建省级户外劳动者“幸福驿站”7家，省级幸福家园4家。

（崔 莉 卢 琦）

中国共产主义青年团合肥市委员会

【概况】 2017年，中国共产主义青年团合肥市委员会（以下简称“团市委”）在市委和团省委的坚强领导下，以习近平新时代中国特色社会主义思想为指导，以迎接和学习宣传贯彻党的十九大为主线，坚持围绕中心、服务大局，聚焦改革攻坚、从严治团，切实保持和增强政治性、先进性、群众性，着力解决“机关化、行政化、贵族化、娱乐化”特别是脱离青年的突出问题，推动合肥共青团改革和工作取得新进展。省、市领导多次对市青少年和共青团工作发表讲话、作出批示，多次出席共青团的工作活动。团市委3项工作写入市政府工作报告；团中央书记处书记徐晓、徐丰分别来肥调研并对工作给予肯定。

【推进共青团改革】 出台改革方案。全面吃透上级改革精神，积极谋划、深入调研，先后召开3次党组会、8次专题讨论会，广泛听取青少年领域专家、团干部、团员青年和各单位意见建议，进行20轮次的大小修改，最终形成《共青团合肥市委改革方案》（以下简称《方案》）。《方案》于7月份经市委常委会审议通过，由市委办公厅印发。围绕改革方案精神，研究制定任务清单、分解工作任务、明确工作目标和责任主体，倒排时间，定期调度。

落实改革举措。优化机关职能和机构。会同市编办完成了机关编制职能“三定”方案修订，加强青少年网络新媒体、基层团建、机关党建、青年发展、志愿服务工作职能，宣传部加挂网络工作部牌子，组织部与机关党总支合署办公，合并2个部室成立青年发展部，单设青年志愿者工作部。健全完善团干部直接联系青年和下沉基层制度。常态化开展“1+100”团干部直接联系青年、“4+1”到基层报到等工作，全市331名团干部入驻“1+100”系统，直接联系青年36576人，“1＋100”系统手机端绑定率100%。广泛开展强“三性”去“四化”大调研大讨论、“走进青年、转变作风、改进工作”基层集中走访等工作，机关干部直接走访基层团组织110余家、团员青年1500余人次，开展面对面交流、座谈、宣讲等活动50余场。着力夯实基层基础。巩固乡镇（街道）团组织格局创新、实体化“大团委”建设和城乡区域化团建基础，推进基层团组织标准化建设。依托基层党建阵地，整合资金加强“青年之家”综合服务平台建设。加快推进市青少年活动中心项目建设。连续4年每年支持基层60万元“以奖代补”专项资金，用于基层团组织改革创新。

统筹推进改革。同步推进青联、学联、少先队、高校和中学共青团改革。与教育主管部门建立常态化的团教沟通协调机制，“一心双环”团组织格局逐步形成。市学联第六次代表大会时，主席团席位增加6席，委员会席位增加10席，基层学生代表比例达到31.16%。市青联换届时，增设青年社会组织和技能人才界别，制定试行《合肥市青联组织规则》，建立起委员履职规范及履职评价、委员直接联系青年等制度。召开改革精神宣讲会、改革工作推进会，加强改革督促指导，统筹推进改革任务在基层落地落实。各县（市）区均按时出台共青团改革方案。

【青少年思想政治工作】 主题活动引领。开展“青春喜迎十九大·不忘初心跟党走”主题宣讲交流、主题团日、“向上向善好青年”分享团走基层活动540余场，直接覆盖青少年4.6万余人。印发《共青团合肥市委关于认真学习宣传贯彻党的十九大精神的通知》，组织全市共青团系统十九大精神宣讲团进企业、村居、学校等单位开展“十九大精神走进庐州青年”宣讲活动14场。成功举办“放飞新时代青春梦”专场文艺汇演。举办纪念建团95周年暨五四运动98周年大会、“喜迎十九大——我向习爷爷说句心里话”省暨合肥市庆“六一”主题队日、“青春筑梦激扬合肥”第三届合肥市大中专院校辩论赛等系列活动。举办5期合肥青年读书会，1600多名青年参与。优秀典型示范引领。开展第六届“合肥青年五四奖章”、第三届合肥市现代农业“创客之星”、“两红两优”等评选。命名81个集体为2016年度合肥市青年文明号集体。推荐1个青年集体荣获“全国青年文明号”、1个团委荣获“全国五四红旗团委”、1名团干荣获“全国优秀共青团干部”、2人荣获第20届“安徽青年五四奖章”。

【拓展服务职能】 **服务青年创新创业。**举办2017中国（合肥）人工智能国际青年峰会，为国内外热爱和致力于人工智能研究开发的专家学者和青年提供了一个思想交流的平台，推动Y—CITY全球青年创新平台正式落户合肥。峰会受到人民网、凤凰网、网易等20余家媒体报道，网络直播实时在线观看达43万余人次。举办中国——马来西亚青年企业家“一带一路”经贸交流暨长三角青年创新创业论坛、海峡两岸青年创新创业创优研讨会。与省、市行政学院就青年双创工作开展教学、科研、咨询三项合作。连续2年联合中央电视台财经频道举办《创业英雄汇》海选合肥站活动，17个项目登上央视舞台，累计意向融资9016万元，最大单项意向融资达3900万元。举办合肥市第三届创客节、第二届“小创客 大梦想”线上线下活动，承办第七届安徽青年创新创业大赛暨第四届“创青春”中国青年创新创业大赛（安徽赛区）。举办“隆重纪念习总书记视察安徽一周年——合肥青年创新创业展”，在中国安徽（合肥）农业产业化交易会、中国（合肥）国际文化博览会等重大展会上打造3300余平方米的青年创客展区。举办12期SYB（创办你的企业）培训班，已累计培训学员2221人，近千人成功创办小型企业。

助力脱贫攻坚。积极支持驻村扶贫工作队开展工作，选派1名优秀年轻干部到村任第一书记，选派1名班子成员驻村开展联系帮扶，组织机关科级以上干部到村结对帮扶贫困家庭，为24名贫困学生筹集4万余元爱心助学款，联系专家赴帮扶村提供技术指导。组织各级团组织广泛开展送学、送岗、送医、送技、送关爱“五送”活动，累计整合投入资金633.6万元，覆盖人数达12421人。成立市青少年发展基金会，深入实施希望工程等助学项目，累计接受社会各界捐赠款物超过7670万元，资助贫困学生8万余人次。举办共青团服务青年就业季暨百场青年公益招聘会、青春助力脱贫攻坚专场招聘会，为3500余名青年提供就业岗位。

推进志愿服务。实施青春助力城市管理提升“十大行动”。举办“大湖名城·千名志愿者培训季”系列培训，免费培训千名志愿者；推广使用“志愿中国”注册系统和“志愿汇”APP，截至2017年底，已注册志愿者50.9万名，458个组织入驻，累计发布活动1931个；招募5105名志愿者服务环巢湖自行车赛、合肥国际马拉松赛等大型赛会。深入开展春运“暖冬行动”、关爱农民工子女、助残“阳光行动”、暑期“三下乡”等志愿服务活动。全市390余个团组织，3万余名志愿者参与抗雪除冰志愿服务行动。共青团市委荣获“2017年中国青年志愿服务春运暖冬行动优秀志愿服务团队”。

【提升团的吸引力和凝聚力】 **抓好“网上共青团”建设。**组织上网。市县乡三级团组织建立微信、QQ群460个，初步实现基础数据库和信息化工作平台的互联互通。根据行业领域、兴趣爱好建立网上青年组织95个，组建8支线上专家服务联盟。服务上网。加强“青年之声”互动社交平台建设，把青春毅行、青年集体婚礼等直接面向青年的各类服务、活动在平台发布。依托线上专家团队，开展线上法律维权、心理咨询等服务。活动上网。依托“青年之声”、微信公众号等进行活动宣传推广和发布，在环巢湖毅行、2017青春骑行等活动中，开放线上报名端口，活动名额瞬间被抢报一空。开设专题页面，设置微博话题，将活动从策划到举办的各个环节晒在网上，供网友评判与选择，鼓励青年分享活动感受。青春毅行、全民阅读等活动中，6万多人线下参与，活动网页、微信线上点击、转发量超过870万次。开展网上舆论引导。累计3.5万人参与共青团重点网络宣传和舆论斗争。发布“喜迎十九大”“砥砺奋进的五年”等系列话题微博微信192条，浏览量12.46万次。策划生产网络文化产品19部，总点击量187万次。

深化青少年权益工作创新。推动市12355青少年服务台提档升级，组织开展“12355——普法校园行”“轻松备考——12355与你同行”等活动40余场、家长课堂8期，开展女童保护防性侵讲座57场，举办3期社会观护工作论坛。配合公检法部门开展合适成年人案件29起、涉案未成年人社会调查22起。联合市民政局等部门出台《关于加强青少年事务社会工作专业人才队伍建设的实施意见》，争取人社部门支持，把社区社会服务人才培训纳入政府购买服务，培训青少年事务社会工作者160人。召开全市预青未保大会，深化“共青团与人大代表、政协委员面对面”活动。

【加强自身建设】 **贯彻落实省团代会精神。**12月15日，省第十四次团代会闭幕后，第一时间召开全体机关干部会议，传达学习会议精神，重点传达学习省委书记李锦斌同志在开幕会上的重要讲话和孔涛同志所作的工作报告精神，研究部署共青团系统学习宣传贯彻落实的具体举措。团省委《关于认真学习宣传贯彻省第十四次团代会精神的通知》印发后，通过理论学习中心组、办公例会、机关学习等多种方式组织机关干部开展了深入学习研讨，并结合开展党的十九大精神宣讲，及时将省团代会精神传达到基层团组织、团员青年。

大力推进从严治团。深化“两学一做”教育实践、“讲看齐、见行动”学习讨论，扎实开展“讲政治、重规矩、作表率”专题教育和“学习总书记讲话　做合格共青团员”主题教育实践活动。加强团干部教育和培训，开设5期流动团校，培训500多名基层团干部。举办全市共青团系统“两学一做”学习教育专题培训、十九大精神主题读书班，覆盖各级团干部300余人。完善效能建设考评制度，借助阿里钉钉办公软件，提升工作效能。严格团员发展和教育管理，认定县级团员先锋岗（队）61个，市级团员先锋岗（队）12个，创建省级团员先锋岗（队）2个。新建非公企业团组织305家。

（吴　非）

合肥市妇女联合会

【概况】 2017年，合肥市妇女联合会（以下简称“市妇联”）召开合肥市妇女第十二次代表大会，省委常委、市委书记宋国权亲自到会并作重要讲话；召开高规格的合肥市第五次妇女儿童工作会议，市长凌云出席会议并讲话，亲自调度解决两纲实施中的重难点问题；市妇女儿童活动新建项目立项获批；先后获“安徽省第十一届文明单位”、合肥市十佳好人选树先进单位，连续5年获全省妇联系统目标管理考核先进集体称号。中共中央政治局委员、国家副主席李源潮及全国妇联书记处书记杨柳对合肥市妇女工作取得的成绩给予肯定。中国妇女报、安徽日报分别专版刊登《“创新之城”合肥的五年妇女儿童工作“样本”》《涵养一座城市的“家庭文化”》《激活基层妇联组织的“神经末梢”》，宣传合肥市各级妇联组织在深化改革、家庭文化、妇女发展等方面的创新做法和特色亮点。

【深化妇联组织改革】 重构基层妇联形态。推进乡镇（街道）妇联组织区域化建设，选好配强乡镇（街道）妇联主席和专职妇联干部，深化村妇代会改妇联和社区妇联扩容工作，全省乡镇（街道）妇联组织区域化建设和村（社区）“会改联”工作推进会在合肥市召开。拓展妇联组织格局。突破行业条块分割限制，多领域建立妇联组织，进一步填补组织覆盖盲区，真正实现上面千条线、下面一张网、身边一个家。截至2017年底，全市已建立各类妇女组织和“妇女之家”1920个。壮大基层工作力量。以兼职副主席、执委等方式吸纳一批优秀妇女群众到基层妇联组织中，镇村两级妇联配备专兼职副主席1824名，执委增加到20246人，形成妇女工作妇女群众做的生动局面。加快网上妇联建设。全市形成以网站、微信为主的新媒体矩阵，打造“3+N”女性e家，各级妇联执委、妇女代表、妇联干部按照“区域联建、行业组建、兴趣统建”方式建立各类服务交流群，线上联系妇女群众达5万人。

通过试点带动、多点发力，合肥妇联改革实现三增加：增设机关党组织机构；增加3个行政编制数；增加一个正科领导职数。实现三转变：组织形态转强，区域内妇联组织实现“双化模式”“一网多联”；工作作风转优，落实常、执委联系妇女群众制度，常、执委领办项目制度；工作方式转活，建立“一网两微N群”，形成全覆盖网媒矩阵，零距离妇联在线。实现三个100%：100%完成村（居）“会改联”和社区妇联扩容工作；100%完成乡镇（街道）区域化改革；100%实现妇联干部队伍专兼挂。

【创新实施“六大工程”】 **赋予“女性素质提升工程”新内涵。**加强思想引领。深入学习贯彻习近平新时代中国特色社会主义思想和党的十九大精神，切实把对妇女群众的思想政治引领贯穿于妇联工作全过程，牢牢掌握妇女群众、妇女组织意识形态工作的主导权、话语权，引导广大妇女群众矢志不移听党话、跟党走。着力提升能力。以新时代合肥“五美女性”为标准，开展网络课堂、专家课堂、典型课堂进行点单式培训，举办全市科级女干部、村居女正职培训班四批次1320人，帮助她们提升素质、陶冶情趣、释放压力、增强本领、了解妇联、支持妇联。开展妇联干部、新媒体网宣、网评员培训，切实提高驾驭新媒体的能力，灵活利用和发挥好新媒体的作用。培树妇女典型。开展大型“三八”纪念活动，通过“礼赞巾帼、修身齐家、奋进召唤”三个篇章，展示新时代合肥女性昂扬风貌和独特魅力，激励和感召全市广大妇女携手聚力、筑梦前行。大力表彰宣传各级各行业“三八”红旗手、巾帼建功、五美女性等先进集体和个人，集中授牌颁奖，通过荧屏、报刊、微信、电波全方位宣传优秀女性事迹。印制《砥砺奋进 筑梦五载》画册，将合肥女性奋斗历程中每个闪亮瞬间定格成永恒。

点燃“巾帼就业创业工程”新引擎。项目带动大发展。实施省妇女创业扶持资金项目31个，累计项目资金198万元，首次采取第三方进行绩效评估，资金使用更加科学、项目实施更加规范、实现效益更加明显，带动县区级实施项目45个，配套资金达600万元。在家政服务、电子商务、农业种植等8个不同行业建立“徽姑娘”创业就业示范基地，“徽姑娘创业联合会”经验被不断复制，不断推广。赛事搭建大舞台。举办盛大的“竞技 精雕 绽放”家政服务职业技能展示大赛，来自13个县（市）区，19支代表队，300多名超级能手，通过创意插花、刀工拼盘、床铺整理、衣物熨烫等项目竞技比武、激烈角逐，引导转变择业观念，促进家政服务规范发展。开展“合肥都市圈餐饮行业技能大赛”“合肥市旅游饭店主题服务技能大赛”，展示行业巾帼文明风采、树巾帼岗位形象。培训实现大提升。通过巾帼电子商务培训，一批微商“小主”华丽诞生；通过女企业家创新训练营，下好创新“先手棋”；通过女致富带头人培训，“领头雁”带动力持续增强；通过女大学生就业指导进高校，助力“雏鹰”展翅；通过开展送服务、送技能到贫困村、贫困家庭，召开女性专场招聘会，千名妇女实现就业，精准扶贫攻坚。

畅通“维权帮扶援助工程”新路径。推动两纲大落实。建立目标责任牵动、监督考核促动、示范工作带动的两纲落实机制。召开两纲监测评估会、培训会，对两纲监测评估工作开展情况进行分析研究，整理两纲数据400余项，明晰部门职责，明确目标要求、规定完成时限。积极推动女性参政议政，着力提高人大代表、政协委员的女性比例比上届实现增长。实施普法大行动。举行安徽省暨合肥市“建设法治中国·巾帼在行动”启动仪式，省委常委、政法委书记姚玉舟为“七五”普法巾帼志愿宣讲团授旗160余名维权志愿者，开展现场咨询服务。全市开设普法大讲堂264场次，举办各类法治文化活动144场次，发放维权宣传品5万份，万名群众参与网上普法和维权知识竞赛等活动，引导妇女群众自觉守法、遇事找法、解决问题靠法。构建维权大格局。发挥法规政策性别平等评估机制作用，推动将因遭受家庭暴力、虐待、遗弃及离婚纠纷等案件法律援助纳入合肥民生工程。深化全市维权工作联席会议作用，法院建立“家事法庭”，检察院建立“未成年人法治教育基地”，民政部门建立“合肥市反家庭暴力庇护所”，全市县、乡、村（居）建立妇女法律维权站912个。2017年，市妇联办理妇女群众来电来访349件，向特殊困难妇女提供法律援助26件。

唱响“文明家庭创建工程”主旋律。突出群众评、群众议，通过自家说、邻里讲、居民推、网络赞等方式，“最美家庭”寻创常态推进，贯穿全年。涌现出全国最美家庭2户、省最美家庭22户、市最美家庭20户。合肥“最美家庭”故事被今日头条广推，引发12万人关注。在《合肥晚报》开设每周一期的“家庭家教家风”专版，全方位记载了合肥家庭文化建设的每一个精彩瞬间。编印《家风家训童谣》《合肥市最美家庭集锦》。制作“树清廉家风　创最美家庭”公益廉政漫画。创意制作的《童心向党一路歌》公益宣传片，通过“地、时、空”全景式模式，将孩子们赞美家乡表演和合肥地标美景融为一体，再现了“大湖名城　创新高地”的精彩蝶变。坚持立德树人，继续办好《庐州家长课堂》，围绕线上节目和线下服务，组织好教师、好园长、好妈妈分赴基层广泛开展家庭教育讲座、读书会分享会，提供个案指导等多元化家庭教育服务。全市建立15个社区家庭教育指导站，全年举办系列公益讲座120期，“家长好好学习、孩子天天向上”的口号深植人心。举办首届绿色草原家庭节，近万人集聚在一碧千里的巢湖岸边，开展大型公益义卖，争当环保卫士，在全市掀起“低碳节能万家行动”的绿色风暴。举办第五届家庭运动会，千余户家庭成员同台竞技，游戏中享受快乐，运动中体味亲情。举办“大湖名城　悦动合肥”第二届宝贝读诗展演，县区联动、线上线下并行，吸引数万儿童参与，用天籁之音引领家庭朗读新热潮。围绕全国城市文明创建，相继举办七彩文明万人徒步行、四争四讲助力城市提升等一系列出新出彩、规模空前的活动，将美德精神、文明行动潜移默化传入居民生活，引入百姓家中，共同创造更加文明的城市气质。

提升“妇女儿童关爱工程”新热度。厚植关爱。节日期间，省领导信长星、宋国权，省妇联主席黄红等看望慰问全国三八红旗手、优秀基层老妇干、儿童代表；市四大班子领导及市妇儿工委单位看望慰问一批单亲、贫困、留守等人员，累计捐助1200人，资金达200余万元。继续实施两癌救助、水印计划、金秋助学、春蕾计划等项目，为贫困妇女儿童送健康、送知识、送关爱。女企业家持续开展圆梦助学、民企帮村活动，投入资金约100万元。温情暖心。举办2017合肥女子马拉松粉蓝丝带公益跑活动，呼吁全社会关注女性健康、关注家庭和谐。合肥百大集团持续为百名女性捐赠价值10万元的义乳，充分展示巾帼大爱、玫瑰之情。开展“筑梦成长　让爱飞翔”，组织留守儿童参观科技馆、博物馆、现代工厂、大学校园等地，增长知识，感悟温暖。开展“合力监护　相伴成长”专项行动督促与检查，查阅资料、实地查验、入户走访，保障留守儿童权利，大力营造重视关心困境群体的社会环境。

增进“组织建设强固工程”新活力。拓展组织建设。按照“纵向强基、横向去白”要求及“行业+趣源”模式，织密织牢妇联组织网络，在中直、省直、驻肥单位、“两新”组织、商务楼宇，建立142个妇联组织，在上市企业客来福公司、社会组织永承律师事务所、静安养亲院等领域形成15个特色“妇女之家”。提升机关形象。始终高举旗帜，把严守政治纪律和政治规矩作为第一标准，认真实施基层党组织标准化建设，持续推进“两学一做”学习教育制度化常态化，深入开展“讲重作”专题教育活动。规范完善机关效能考核及各项工作制度，落实基层调研、联系妇女群众制度，接受派驻纪检组的监督指导，实现行动奔着问题去，功夫下在短板上，成效落在惠民中。提高干部作风。坚持打基础、谋长远，积极培育“忠诚团结、崇德修身、敬业尽责、建功圆梦”的机关文化，激励妇联干部始终保持不忘初心、方得始终的政治情怀，始终保持时不我待、只争朝夕的履职自觉，始终保持善始善终、善作善成的责任担当，始终保持奋发有为、昂扬向上的工作激情，始终保持戮力同心、砥砺前行的精神风貌，在妇联系统形成了比学赶超、风正心齐、气顺劲足的生动局面。

（王晓梅）

合肥市科学技术协会

【概况】 2017年，合肥市科学技术协会(以下简称“市科协”)荣获中国科协2017年全国科普日活动优秀组织单位称号、“2011－2016年全市实施妇女儿童发展纲要先进集体”称号；市科技馆荣获中国自然博物馆协会“2017年中国自然科学博物馆协会优秀集体”称号。

【合力推动《纲要》实施】 认真落实《合肥市全民科学素质行动计划纲要实施方案（2016—2020年）》。调整充实纲要领导小组，完善全民科学素质建设工作机制。全市纲要成员单位充分履行相关职责，发挥各自优势，密切配合，形成合力， 共同推动纲要工作任务落实。

【构建大科普工作格局】 注重线上传播与线下活动相结合，充分发挥“互联网＋科普”的影响力，利用微信公众号、网络直播等形式，线上开展“寻找辟谣达人——科学破除愚昧”科普闯关游戏、“玩转微时代—科普中国在合肥”等活动，线下开展流动科普展品基层巡展、科普大讲堂、走进国家级双创示范基地——“荣事达智能家居全价值链双创中心”科普游等活动。围绕不同主题，创新开展各具特色的科普大讲堂活动，打造“科普大讲堂”活动品牌，实现“点对点”的精准科普。

【科普为民惠民行动】 大力实施“基层科普行动计划”。2017年评选表彰15个“科普惠农”先进单位；评选表彰10个“社区科普益民计划”先进单位。对市科普示范单位进行动态管理，采取2年一认定、一次认定示范期5年的方式，重新对全市科普示范单位进行认定。共有129家单位被重新评审认定为合肥市2017—2021年度科普示范单位。组织参加在长丰县吴山镇举行的合肥市2017年“三下乡”活动启动仪式，积极开展文化科技卫生“三下乡”活动。

中科大先研院

【开展青少年系列科普活动】 举办合肥市第三十二届青少年科技创新大赛、合肥市第九届青少年机器人竞赛、合肥市第十五届青少年科技创新市长奖评选活动等。2017年首次创新增设合肥市青少年科技创新市长奖提名奖，市委副书记、市长凌云出席第十五届青少年科技创新市长奖颁奖大会并为获奖学生颁奖，新华网、人民网、凤凰网、合肥日报等多家媒体参与活动报道或转载活动消息。在全国第三十二届青少年科技创新大赛上，合肥市获得一等奖3个、二等奖4个、三等奖3个，同时还获得“中国科协主席奖”等专项奖6个（合肥市乃至安徽省高中生首次获中国科协主席奖）；在第十七届中国青少年机器人竞赛上，合肥市选手获得一等奖11个、二等奖4个、三等奖3个，3支冠军队将代表中国队参加2018年在美国举办的VEX机器人世锦赛。

【参加全国科普日】 承办2017年全国科普日安徽省暨合肥市主场活动，省市有关领导出席。突出“互联网＋科普”和大科普的新理念，充分利用现代信息技术手段，打造主题性、全民性、群众性科普活动。全年市科协共组织开展13项主场重点科普活动，各县（市）区、开发区组织开展53项丰富多彩的科普活动，涵盖“生态文明、防灾减灾、土壤污染防治、食品安全”等内容。合肥市科协、蜀山区科协、庐阳区科协、肥西县科协、长丰县科协同时被中国科协评为“2017年全国科普日活动优秀组织单位”。

【首个“全国科技工作者日”纪念活动】 围绕“精忠报国、敢为人先、拼搏奉献”主题，以宣传、表彰、讲座等形式，庆祝5月30日首个“全国科技工作者日”。邀请中国科协副主席、中国科学院院士、中国科学技术大学常务副校长潘建伟莅临庐州讲坛第107讲暨市委中心组理论学习专题报告会，为全市领导干部作《量子飞跃：神话传说到哲学到信息科技》专题报告。积极加强科技工作者宣传，选树一批弘扬科学精神、提倡科学态度、讲究科学方法的先进典型，在合肥日报、合肥电视台、合肥在线等6家市级主流媒体开设“优秀科技工作者风采录——合肥市科协”专栏，集中宣传合肥市一批优秀科技工作者代表。2017年，合肥日报等市级主流媒体专题宣传科技工作者人数60多人次。

【科普中国落地应用】 积极推动科普中国在合肥落地应用，2017年全市建设科普中国e站48个。与市电视台联办《合肥科普影视厅》电视栏目，与广播电台联办《合肥科普》广播栏目，定期转播科普中国有关内容。全国科普日期间，市科协启动“玩转微时代——科普中国在合肥”系列活动，全市多个“科普中国e站”共安排25场科普教育活动，以科学秀、科学实验等多种互动形式走进社区、校园和乡村。

【打造“海智”计划升级版】 2017年6月举办“中国科协海外人才创新创业大赛合肥行”活动。32个海外双创赛获奖项目、40位海外人才来肥进行路演对接洽谈。落实《省五大发展行动计划》重点工程建设任务，11月获批成为“国家海外人才离岸创新创业基地”城市，开启海智计划升级版。

【学会学术交流】 承办第23届全国葡萄学术研讨会会、“中美恶性肿瘤整合治疗论坛”“2017中国护理科研高峰论坛”“国际商务数据论坛及产学研用闭门交流会”“新生代教育规划设计学术报告会”等高规格水平学术交流活动，组织参加“中国农学会成立100周年大会”“健康中国国际工程科技发展战略高端论坛暨第五届学术年会”等国家、区域交流活动。

【实施创新驱动助力工程】 组织省奶业协会、市有害生物防制协会等与白帝新希望乳业公司、瑞友环境科技公司开展对接活动6场（次），签订“社区有害生物绿色防控管理（PMP）工程”等项目合作协议。科学家企业家协会拍摄《多功能大循环农业》系列科普纪录片，已完成“小秸秆，大产业”等4集拍摄制作，5～6集正在筹划，多方位诠释展示多功能大循环农业的科学原理及实践流程，在省、市多家电视台播放，并赴湖南、山东等地交流。据不完全统计，全年组织14个学会50余名科技工作者为13家企业提供各类科技服务，建立工作服务站10个，申请专利29项，通过项目实施为企业新增利润1100余万元，为110户贫困户提供帮扶服务。

【承接政府职能转移】 截至2017年底，共有11个学会被评为3A以上等级，获政府优先购买服务资格。护理学会“芙蓉街道老年人口腔卫生服务”项目获合肥市社会组织发展基金会立项资助。心理咨询师协会承接司法、民政等部门的“社区司法矫正”“残障儿童心理辅导”等服务项目。中医学会受托承担完成全市中医类别国家医师资格考试，410名科技人员参加。营养学会承接“七里塘社区营养学院项目”入选新站高新区流动人口社会融合项目。

【科技成果转化“金桥工程”】 完成2016年度“金桥工程”项目验收工作和合肥地区2017年度“金桥工程”项目组织申报工作。共组织申报“量子保密通信在电力业务中的研究与应用”等“金桥工程”项目56项，其中高新技术项目所占比重较大，项目的质量和数量也较以往有所提高。组织开展了2015—2016年度合肥地区“金桥工程”优秀项目评选活动。肥东县科协“牛奶品质调控及奶牛健康养殖关键技术”等24个项目获优秀项目奖。

【承办“企业创新方法培训”活动】 助力合肥实施创新驱动发展战略，服务企业科技创新，有效提升企业自主创新能力，先后在肥西县、新站区和经开区举办三期六场“企业创新方法培训”活动，参加培训人员800余人次。

【合肥科技馆】 全年展厅接待游客逾72.8万人次。共实施基于展品的教育活动“展无止境”1092场，科普剧、科学实验秀等剧场演出321场，探索角科学活动564场，“科普微讲堂”26场，拍摄展品信息化视频93部。推出“奇幻化学、端午相约”“速度与激情”“致敬大家”等多元化的科普活动共425场。全年推送微信公众号内容214次、387篇。创建合肥科技馆头条号，推送原创科普内容20余篇，累计阅读量20万余次。积极策划开馆十五周年纪念活动，编印《我们的十五年——合肥市科技馆15周年优秀征文摄影集》，时任合肥市委副书记汪卫东参加开馆纪念活动，并为征文摄影集揭刊。

合肥科技馆新馆建设项目正式获批立项，新馆选址高新区王咀湖畔，占地面积约70亩，总建筑面积约5万平方米。已顺利取得《项目土地红线图》《建设项目选址意见书》，完成《建设项目规划设计条件》的编制，组织召开新馆项目专家论证会以及新馆建筑设计推介会，项目前期工作有序推进。

【《生物学杂志》】 始终关注生命科学发展前沿，关注社会热点，积极提升学术质量和社会影响力，办刊水平不断提高，努力打造成为核心期刊。紧跟数字出版潮流，2017年第三期首次尝试在文章前放置二维码，作者把该文章的内容简介、实验过程等介绍视频植入二维码，实现期刊内容增值服务。

（周海波）

合肥市社会科学界联合会

【服务党委中心组理论学习】 2017年，合肥市社会科学界联合会（中共合肥市委讲师团、合肥市社会科学院）（以下简称“市社科联”）代拟市委中心组2017年度学习计划，明确学习内容和学习要求。全年，服务市委中心组理论学习24次。主动做好协调服务工作，为市委中心组成员配送自学书籍160余册，编印《中心组学习材料》21期。积极转化学习成果，市委理论学习中心组成员在《人民日报》《经济日报》《安徽日报》《合肥日报》等中央、省市级党报党刊发表诸多理论学习成果和学习体会文章。认真落实中心组学习报告制度，按时向省委宣传部和省委讲师团报告市委中心组学习情况。

指导好全市县以上党委（党组）理论学习中心组学习。全年共征集宣讲专题54个，并印发至基层，为全市县处级以上党委（党组）中心组学习提供菜单式服务。

【理论社科研究】 **组织社科理论界深入学习贯彻党的十九大精神。**将党的十九大精神学习、宣传、贯彻作为重中之重，先后召开合肥市社科理论界学习贯彻党的十九大精神座谈会、合肥市社科类社会组织代表学习宣传贯彻党的十九大精神培训班，组织全市社科理论界专家学者围绕党的十九大精神进行深入学习、充分探讨。

举办市社科界第七届学术年会。成功召开市社科联七届二次全委会暨市社科界第七届学术年会。省委常委、市委书记宋国权出席开幕式并讲话。学术年会主题为“‘五大发展行动’与建设长三角世界级城市群副中心”，共收到论文114篇。来自上海和中央、省属在肥高校、科研机构、学术团体等200余名专家学者出席开幕式并参加学术研讨活动。

编撰出版研究丛书。出版发行《合肥通史》。《合肥通史》是合肥市“十二五”文化建设重大工程，也是省社科规划重点委托项目。历时六年的《合肥通史》（六卷七册，320余万字）于2017年6月

2017年度安徽省“三项课题”研究成果合肥市社科联获奖情况

等次	成果名称	作者
一等奖	合肥建设国际化城市问题研究	杨俊龙主编
	安徽制造业服务化发展的现状与对策研究	吴妍妍
	合肥通史简明读本	夏元荣
	国家监察体制改革视阈下的微观权力腐败的治理	郑　林
	合肥与南京、杭州经济社会发展比较研究	谷瑾琼
二等奖	推进合肥新型智库联盟建设研究	程铁军
	合肥建设智慧城市面临的问题及其对策	吴华明
	合肥综合保税区产业发展研究	柳　伟
三等奖	繁荣发展合肥市哲学社会科学对策研究	合肥市社科联课题组
	加强与改进基层理论宣讲工作对策研究	丁忠甫
	合肥哲学社会科学的公民认知调研报告	合肥市社科联课题组
优秀奖	县域新型智库能力体系构建探索	合肥市社科联课题组
	轨道交通导向下的多维TOD发展策略思考	常文军　赵　静等
	肥东县生态文明建设的重点领域研究	张敬兰
	合肥市战略性新兴产业发展现状与对策分析	张红军
	合肥市科技创新绩效评估与提升路径研究	汪晓梦　邹宝德等
	合肥打造创新之都背景下的招才引智问题研究	尹　洁
	合肥淮军圩堡的故事	张建春等
优秀组织奖	合肥市社科联	

安徽人文讲坛 2017 年全年场次安排

场 次	讲座日期	选　　题	讲席教授
第 127 讲	1 月 8 日	从严治党，从心开始，从行实践	张　彪
第 128 讲	2 月 12 日	量子通信与大众生活	袁岚峰
第 129 讲	3 月 12 日	合肥都市圈一体化解读	牛和湘
第 130 讲	4 月 9 日	一带一路解析	宋　宏
第 131 讲	5 月 14 日	甲骨文不是神秘的“天书”	江世龙
第 132 讲	6 月 11 日	姜夔的合肥情缘	李　睿
第 133 讲	7 月 9 日	坚定文化自信，繁荣社会科学	马　雷
第 134 讲	8 月 13 日	皖籍开国上将李克农	卓爱平
第 135 讲	9 月 10 日	二十四节气的创立和传承	陈广忠
第 136 讲	10 月 8 日	东至周氏家风家训探幽	谢忠惠
第 137 讲	11 月 12 日	特色小镇：理想的城乡乐园	徐振宇
第 138 讲	12 月 10 日	数据 • 价值 • 发现	程建华

正式出版发行，同时出版《合肥通史简明读本》。组织编纂出版系列丛书。出版合肥智库丛书《今日合肥》《巢湖水生态环境保护与可持续发展研究》。《合肥建设国际化城市问题研究》《合肥市五大发展行动计划解读》进行多次审读修改，并进入出版环节。合肥历史文化丛书之《二十四史中的合肥》《〈清史稿〉中的合肥》即将完稿。

组织开展课题研究。创新开展省领导圈定课题研究。省委常委、市委书记宋国权圈定《2017 年度省领导圈定合肥社科课题》，通过公开招标，5 个立项课题将于 2018 年 3 月份结项。组织开展《合肥与周边城市居民幸福指数比较研究》和《合肥与周边城市五大发展指数比较研究》等专题研究。开展社科联年度课题研究。2017 年度 13 个立项课题已完成结项评审。全省“三项课题”研究成果丰硕。共获得 19 个奖项，其中一等奖 3 项、二等奖 3 项、三等奖 5 项、优秀奖以及优秀组织奖 7 项，位列全省第一。

【理论政策宣讲】 推动理论宣讲常态化、多层次发展。向基层各级党委（党组）中心组和机关干部学习提供宣讲选题，指导和组织市级理论宣讲专家深入机关、社区、学校等基层一线，开展对象化、分众化、互动化理论宣讲。各县（市）区共开展基层宣讲 5000 余场，受众近百万人次。指导有条件的县（市）区成立百姓宣讲团等基层宣讲组织。其中，肥西县“派河春晖”理论宣讲团荣获全国基层理论宣讲先进集体，是 2017 年我省唯一获此殊荣的单位。

根据省委讲师团统一部署，组织开展两期“送理论进基层”示范宣讲活动。认真编写主题宣讲提纲，推荐宣讲员参加宣讲备课会。第八期“送理论进基层”以“新理论 • 新成就”为主题，第九期“送理论进基层”以“学习宣传贯彻党的十九大精神”为主题，在全市各县（市）区组织广泛开展宣讲，实现基层宣讲全覆盖。

【社科普及】 承办安徽省第十三届社会科学知识普及活动月开幕式。省委常委、宣传部部长虞爱华出席并作讲话。开幕式上，表彰全省社科普及工作先进单位，向省内社科普及工作者代表赠送《合肥通史》。活动月期间，组织多场社科宣传普及和展演展示、安徽人文讲坛专场报告等活动。

充分发挥理论阵地作用。编辑出版《合肥日报》理论版 25 期，刊登稿件 100 余篇。改版《阅读精选》，共编辑出版 6 期、11—20 期合订本。认真做好省委讲师团“学习安徽”APP 的稿件推荐和信息报送工作，被采用稿件 180 余篇。持续办好合肥社会科学网。

深入推进社科普及工作。共举办 12 场“安徽人文讲坛”，受众 5000 人次。举办 21 场社科知识下基层示范讲座，受众 5000 余人次。编写“合肥市社会科学知识普及丛书”第七辑《合肥淮军圩堡的故事》，在题材上填补以往科普内容的空白。

【社科队伍建设】 **加强机关作风建设。**出台《社科联支部学习制度》。按照“规范化、标准化、制度化、流程化”要求，认真落实《社科联内部管理制度》，机关工作，机关干部的思想作风、工作效能和业务水平有了明显进步。

引导社科类学会提升办会水平。对所属社会组织开展年审，督促有关学会按照要求成立党组织。加强管理与服务，批准成立合肥市民俗学会。开展学会工作调研，先后走访老新闻工作者协会、巢文化研究会、庐江民俗研究会、巢湖文化研究会等。

加强与国内社科界的学术文化交流。推进新型智库建设，加强与全国城市社科院智库联盟、全国“一带一路”沿线城市智库联盟密切合作和学术交流，为合肥发展借智引智、建言献策。2017年荣获“全国社科组织先进单位”“全国城市社科院先进单位”荣誉称号，3人获得“全国先进社科工作者”荣誉称号。

（韩明伦）

合肥市文学艺术界联合会

【系列主题活动】 2017年，举办中华瑰宝经典传承系列展览。为贯彻落实中共中央办公厅、国务院办公厅《关于实施中华优秀传统文化传承发展工程的意见》提出的“让中华优秀传统文化真正活起来传下去”的要求，市文学艺术界联合会（以下简称“市文联”）策划组织“中华瑰宝经典传承书画系列作品展”。共推出“传灯”——中国历代名家书画精品展、“金陵大家”——亚明中国画精品展、“版画精粹”——新徽派版画名家作品展和“金石掇英”——合肥中青年篆刻艺术作品展等4个展览。举办隆重纪念习近平总书记视察安徽一周年——习近平总书记“用典”书法作品展。在总书记视察安徽一周年之际，策划举办主题书法作品展览。庆祝香港回归合肥·香港版画精品联展。本次展览邀请香港版画家与合肥版画家共同展示两地版画作品80件，分为流金岁月、香江流韵、大湖溢彩三个板块，展示香港和合肥版画的创作实力和面貌。开展文艺调研活动。为贯彻落实习近平总书记在文艺座谈会上的重要讲话精神，推进文联改革工作，深入肥东、肥西、巢湖、蜀山区等基层文联开展调研活动，与各文艺家协会创作骨干进行交流，听取基层文联好经验好做法以及存在的问题。举办庆祝党的十九大胜利召开——美术、书法、摄影等系列展。组织全市的文艺创作骨干进行集中采风、创作，讴歌合肥市建设与发展的新风貌，展示老一辈革命家的奋斗精神，举办庆祝党的十九大胜利召开——美术、书法、摄影系列展；市电影艺术家协会开展庆祝十九大召开，百场电影进社区的文艺惠民活动。为进一步宣传十九大精神，组成文艺家小分队，赴基层开展专题宣传活动。摄影家协会举办庆祝十九大展示合肥新形象摄影作品巡展，作品进综合体，进社区、进基层单位、进街道。各县（市）区文联也纷纷成立文艺下基层队伍，轻装上阵，结合自己的优势开展文艺宣讲。举办建军九十周年诗歌大会。征集优秀作品，开展吟诵活动。

【培育“大湖名城、创新高地”文化品牌】 坚持“国家眼光、合肥表达”，组织“大湖之约”——艺术名家大讲堂活动。全年共举办12场高水准的艺术讲座，内容涉及诸多艺术门类，艺术名家作客合肥大剧院与观众近距离畅谈艺术与人生。各协会推出形式多样的作品展览活动。市摄影家协会推出合肥公安专题摄影大赛暨系列影展活动启动等形式多样的展览活动；市音舞家协会组队参加安徽省小荷风采展演，获优秀组织奖等奖项；市美术家协会环湖小品展征集作品200幅，展览110幅，会员入国家美术家协会会员6名，主办和协办各类展览27场。亚明艺术馆、久留米美术馆和合肥市书画院依托已有的名城之韵和对外交流文艺品牌开展高质量的文艺活动。亚明艺术馆和合肥·久留米友好美术馆共举办展览和学术活动50余场，实现节假日无休息免费向市民开放；文研所召开“合肥市首届小说改稿版”，邀请《清明》《安徽文学》《青春》杂志编辑，对合肥市30余位小说作者进行现场面对面辅导，创作作品已在《青春》等刊出。《未来》杂志推出改稿版专辑，共出刊六期，刊载文学作品两百余篇共计50多万字；市书画院主办的《新安画派论坛》坚持正确的办刊宗旨，推出大量体现地域文化底蕴的、有着一定学术价值的书画理论作品。新徽派钢笔画作品展得到美术界的肯定和好评。各县（市）区文联主办的文艺刊物，如肥东文联的《分水岭》《翰墨》、肥西文联的《派河》、长丰文联的《楚风》、巢湖文联的《新巢湖》、庐江文联的《庐江文艺》和蜀山区文联的《今日蜀山》等，都提升了城市艺术生活水准。

【文化惠民和文艺下基层活动】 各县（市）区文联、各文艺家协会和文联各相关单位积极策划“深入基层、扎根人民”相关活动。举办“百名书法家义务为民写春联”“书画进校园”“民间工艺绝活进社区”“戏剧进校园”“走向文明”五十场文艺演出进社区等惠民活动。结合七一和“四联四定”等活动，市书画院和市美协、市书协开展书画进社区慰问活动，现场创作精品佳作送给困难党员和“五好”家庭，收到群众的好评。文艺小分队下基层的文化惠民活动，培养基层的艺术骨干。

【对外文艺交流活动】 积极策划推出“中国梦·湖山情”写·景——优秀美术家徽乡、巢畔写景创作学术邀请展，特邀中国美协副主席吴长江、李翔作品参展，邀请著名画家来肥以油画、国画、水彩等多种形式，对合肥的人文自然及皖南代表性古村落进行实地采风写生，完成作品110余件，在久留米馆举办首展后，赴岭南、深圳、济南和北京81美术馆举办巡展，展示合肥新形象。推出“徜徉绿洲——合肥·久留米友好美术馆建馆25周年馆藏作品展”，对展览作品集结出版，日本久留米市来访团别府幸好议长一行专程来肥致贺。市音舞家协会与市音舞家协会吉他专委会邀请捷克大师来合肥举办“捷克大师音乐会”。组织开展“砥砺奋进的五年——《合肥之美》中国散文名家看合肥”大型文学笔会，邀请全国著名散文名家和合肥市散文作者一起采风，创作50余篇，部分作品已经在《人民日报》《人民日报·海外版》等报刊发表，引起较大反响。组织文联艺术家赴韩国原州、日本久留米和英国德比市进行文艺交流活动，加强与友好城市的友谊，宣传展示合肥新形象。与新疆建设兵团美协、书协和石河子画院举办徽风大漠情·喜迎十九大“一带一路”合肥—石河子书画作品交流展及采风活动并出版作品集，多角度展示徽文化与新疆文化。

【优化文艺创作展览展示条件】 合肥美术馆建设已被纳入“十三五”公益性项目规划，2017年10月已完成立项工作；市书画院新院址选址工作和亚明艺术馆外墙面改造、画库建设都在正常推进之中。庐江县、蜀山区等新建文化设施已投入使用。

（陶　媛）

合肥市归国华侨联合会

【概况】 2017年，合肥市侨联、巢湖市侨联、蜀山区侨联、包河区侨联、庐阳区侨联、包河区沁心湖社区侨联被省侨联授予“2017年度全省侨联系统先进工作奖”。

【组织建设】 2017年是侨联系统改革的突破之年，市侨联始终坚持党的领导，保持正确的政治方向，以党的创新理论指导工作，牢固树立“四个意识”、坚定“四个自信”，把广大归侨侨眷和海外侨胞团结在党的周围。在广泛征求合肥市侨界群众、基层侨联和有关涉侨部门意见的基础上，结合《中国侨联改革方案》和《安徽省侨联改革方案》要求，牵头制定《合肥市侨联改革方案》，并提交市全面深化改革领导小组会议审议通过。市级《改革方案》出台后，召开全市侨联系统改革推进会，同步推动县级侨联改革工作。至2017年底，各县（市）区侨联改革方案悉数出台，全市侨联组织网络更加严密，基层侨联“五有”取得新突破，其中肥东县侨联、肥西县侨联各增加一位专职副主席职数，组织基础进一步夯实，组织活力蓬勃激发。

【引资引智服务经济发展】 制定《合肥市侨联贯彻落实〈合肥统一战线“五大发展行动聚力工程”实施方案〉实施计划》，就加强统战工作和聚力服务“五大发展行动计划”积极谋划，努力为合肥发展贡献侨联独特作用。

全年市侨联共接待海外人士300余人，海外高层次人才硕士、博士近40多人，多人次受到市委主要领导会见。先后承办中国侨联“2017海外侨领中国国情研修班”和中国侨联海外委员“一带一路”高级研修班、“海外侨胞故乡行”考察团在肥实地教学任务，组织侨商侨领和海外高层次人才参观安徽名人馆、科大讯飞、量子通信、中科大先研院，代表团受到省委常委、市委书记宋国权的亲切接见；承办中国科大海外杰出校友“巢湖侨创峰会”，组织县（市）区、开发区侨联并邀请全市人才、科技、招商等部门近60人参加项目开幕式和对接会，与来自海外的高层次人才进行了洽谈对接，协调安排海外嘉宾参观位于高新区的中国科学技术大学先进技术研究院以及赴庐阳区和巢湖市的考察对接工作；积极响应人才高地建设和综合性国家科学中心建设，整合中科大校友企业家联合会、国家级众创空间——IE果园等为代表的创新创业平台，与庐阳区政府联合建立中国科大美国硅谷校友会安徽创新创业基地。积极参加第十届中博会暨2017中国国际徽商大会——“追梦中华·圆梦安徽”海外侨商与高层次人才项目对接会，邀请市商务局、招商局和部分县（市）区、开发区招商部门以及相关企业共30余人参加现场洽谈，向来宾宣传合肥市人才投资政策并发放资料，组织侨商侨领参观肥西县三河古镇、蜀山区电商园，洽谈取得较好的效果，高新区、新站区及商务局组织的部分企业与9个客商项目进行后续洽谈对接。接待马来西亚中华总商会代表团、意大利－中国贸易发展促进会“一带一路”经贸考察团、秘鲁古冈州会馆访问团等侨商侨领和海外高层次人才。接待意大利意中广角发展联合会会长杨正昭，湖北省人大民宗侨外委副主任谢余卡，结合委员活动日和侨务接待，深入侨资侨属企业了解情况。

【海外联谊】 市侨联按照“两个并重、两个拓展”的工作方针，加大“请进来、走出去”力度，创新联谊方式和方法，大力整合与扩充侨务资源，不断使潜在的侨务资源成为现实有效的侨务资源，以“网上侨联”为抓手，充分运用网络和新媒体打造具有自身特色的工作平台，积极利用市新闻媒体、网站、政务短信平台和省市侨联系统ＱＱ群、微信群，保持与海内外侨界高层次人才的密切联系，宣传合肥实施五大发展行动计划、建设合肥综合性国家科学中心、滨湖科学城、巢湖生态城建设以及文明创建、城市精细化管理成果等。

坚持通过开展“委员活动日”主题活动促进参政议政、联络联谊，与省侨联共同组织开展三河“学侨史”主题活动，组织参加省侨联新站“侨界义务植树·建设美好家园”活动，举办长丰委员活动日主题活动；基层侨联利用端午、中秋、重阳等传统节日，积极开展联欢会、座谈会、游园会及其他互动联谊活动。

深化“两个拓展”工作方针，积极走出去，与海内外侨联组织及社团进行交流互动，参加省侨联代表团访问德国法兰克福，推介合肥，与当地侨团侨领开展深入交流，密切与海外侨胞之间的友谊和联络，促进他们对全市经济社会发展状况的更深了解。根据省侨联“践行十九大精神，推动侨联工作改革发展”分片活动部署，牵头淮北、亳州、宿州、阜阳、六安五市侨联秘书长组成省侨联第一考察组前往浙江、福建两省考察。

【弘扬中华文化】 市侨联认真贯彻中国侨联、省侨联文化宣传工作会议精神，弘扬主题主线，强化政治引领，既重视讲好“侨”特色和本地特色的人文历史、传统文化老故事，更注重讲好创新转型升级、实现跨跃式发展，建设“大湖名城，创新高地”的新故事，充分展现合肥魅力，吸引侨资侨智自觉汇聚于合肥。

借助“中国华侨国际文化交流基地”这一国家级文化品牌，以文化引侨力，以文化促发展，积极打造侨特色的城市名片，肥东县被中国侨联确认为安徽省第三批“中国华侨国际文化交流基地”，市侨联积极通过微信、ＱＱ群、网站等平台宣传推介，结合先期在侨界的调查，全面改版上线市侨联网站，安排侨商侨领、海外高层次人才、侨联委员实地参观，让他们感受中华文化、徽文化、廉政文化的魅力，增加他们对中华文华根与魂的认同，发掘三河古镇“三侨”人文资源，继续做好申报工作。积极承办中国侨联“亲情中华”品牌系列活动和喜迎十九大等大型主题活动，通过弘扬主旋律、展示“五大发展美好安徽”建设和合肥实施“五大发展行动计划”取得的显著成绩。承接“亲情中华·欢聚中国科大”大型文艺演出活动，组织在肥部分归侨侨眷、侨商，回皖过春节的侨胞，侨联工作者，侨联委员及社会各界人士近300人观看演出，推荐4位回国创业的高层次人才在前排就座，受到了参会领导的亲切接见。组织第三届世界华侨华人摄影展征稿工作，组织全市中小学生参加第十八届“华人学生作文大赛”，参赛学生共荣获中侨联大赛组委会颁发一、二、三等奖99个，市侨联、瑶海区侨联、巢湖市侨联荣获组织奖。与省侨联共同举办“安徽省侨界喜迎党的十九大文艺演出”活动，组织全市侨联干部、侨胞代表、在肥侨商和归侨侨眷代表参加其中的“侨界大合唱”节目排练演出，让侨联干部和侨界群众参与活动，切身感受活动氛围，参加侨界喜迎十九大书画摄影展，庐阳区、包河区积极动员归侨侨眷参加并选送参展书画作品，蜀山区、庐阳区、长丰县组织参观并上报信息。指导巢湖市侨联承办“亲情中华·美好安徽”夏令营，邀请加拿大、日本、泰国、意大利、西班牙、阿联酋等国家和地区的华裔青少年学生，通过营地活动、文化学习交流等让来自海外的年轻一代感受中华文化、徽文化和巢湖风情，并通过他们向海外宣传、推介合肥，成功举办亲情中华首届留学生足球邀请赛。为搭建宣传弘扬徽文化、廉政文化，展示合肥精神文明建设成果的重要平台，指导包河区侨联在沁心湖社区建成全省首家“侨文化长廊”，设置中国侨联篇、皖级人物篇、社区侨联活动篇、华侨侨眷人物篇、华侨侨眷风采篇五个板块展示活动区域，对于反映侨属侨眷文化生活，提高他们对社区的认同感与归属感，让更多的居民了解侨联，拉近归侨、侨属侨眷之间的距离，增强他们对中华文化的认同感起到了积极作用。

【开展为侨服务构建和谐侨界】 发挥好桥梁纽带作用，协调汇聚有用资源，宣传侨资侨属企业的发展成果，为侨资侨属企业发展做好服务，开展法律援助服务工作，保护归侨侨眷和侨资侨属企业合法权益，组织全市侨联工作人员带侨资侨属企业参加“知识经济、知识创新、知识产权”为主题的普法讲座。依法开展法律援助服务工作，线下线上推送宣传普及涉侨法律法规，保护归侨侨眷和侨资侨属企业合法权益，市侨联以依法维权为抓手，安排专人负责维权工作，探索维权方式和手段，加强事前维权，全年处理拆迁、地权争议、财产纠纷等多起涉侨纠纷。参加市政协华侨权益保护调研活动，参加环巢湖生态建设调研和市人才公寓建设情况调研。

响应国家精准扶贫号召，利用节日时机看望慰问困难归侨侨眷，市侨联坚持“五必访”，即归侨侨眷家中有事必访，归侨侨眷患病住院必访，归侨侨眷遇到困难必访，海外亲友回肥必访，困难归侨侨眷逢节必访。在了解他们实际困难的过程中，解决归侨侨眷的疾苦，化解矛盾，增进感情，传递党和政府的关怀，宣传合肥发展新成绩，为构建和谐侨界作出贡献。与澳大利亚华人企业家、慈善家魏基成先生联络，为长丰县、庐江县500多位孤寡老人和小部分孤残儿童发放冬衣，传递海外华人的一片爱心。长丰县侨副主席、安徽绿保源生态养殖有限公司董事长袁士雄热心慈善，向县属杨庙、义井、吴山三家敬老院捐赠了价值1.5万元的爱心土鸡蛋，包河区侨联为沁心湖社区提供一批助听器。巢湖市侨联举办第四届“金牛爱心教育基金”发放仪式，向全市72名贫困学生发放助学金10万元，完成了“刘光斗先生奖学金”和“陈静寰女士奖学金”发放工作。

（吴俊亭）

合肥市残疾人联合会

【概况】 2017年，市残疾人联合会（以下简称“市残联”）围绕全市工作大局，深入推进残疾人小康进程，实施残疾人精准康复服务。荣获省儿童康复治疗师技能大赛、辅具服务技能大赛二、三等奖。

【残疾人辅助性就业】 印发残联系统为民办实事残疾人辅助性就业工作方案，明确资助条件、范围、申报程序、认定流程和机构职责，实行“挂图作战”，建成23家残疾人辅助性就业机构、417名符合条件的残疾人顺利就业。

【民生工程】 实施贫困残疾人康复、政府购买托养服务民生工程项目，均超额完成省下达任务，其中，抢救性康复2172名残疾儿童、药费补助10205名贫困精神残疾人。政府购买托养服务近1900人。

【精准康复】 出台《残疾人精准康复行动实施方案》和《残疾人基本康复服务目录》，划分5大类31个小项，确定服务内容和补贴标准，有效扩大残疾人基本康复服务、家庭无障碍服务覆盖面。开展“助听”“助行”“助视”“助明”行动，配发各类辅具近千件。规范40家康复机构定点项目服务流程和服务内容。举办残疾人家长培训班7期、户外教学4次。

【教育就业】 贯彻残疾人就业创业行动计划，实现各类残疾人就业4500人。建成运行残疾人就业基地45个，推动170家盲人按摩机构标识、品牌、形象三统一。资助残疾学生和贫困残疾人子女入学1.02万人。落实脱贫攻坚行动计划，实施建档立卡3.45万贫困残疾人衣食无忧，义务教育、基本医疗和住房安全保障到位。

【信访维权】 共接待残疾人来访 473人次，接听电话2594次，办理网上信访事项29件。扩大残疾人意外伤害保险试点范围，7个区25725名残疾人参保，每人每年40元财政全额兜底。办理市本级（含三大开发区、外地）公交IC卡2155份，发放燃油补贴2593人。改造农村残疾人危房248户、家庭无障碍351户。

【宣传文化】 组织市级以上媒体开展专题采访活动，发稿1500余篇。市广播电视台《手语新闻》《共有这片蓝天》分别播出52期，《合肥晚报·温馨残联（专版）》刊发24期，完成残疾人事业好新闻评选、“阳光助残　逐梦小康”征文评选。舞蹈《绣》在全国汇演中获舞蹈类三等奖；4人在省飞镖、象棋锦标赛获得好成绩，2人在全国锦标赛获奖；盲人刘丹丹获省第四届“读书达人”称号，王庆九获“中国好人”称号。

【基层组织建设】 印发残联换届工作方案，9个县（市）区按期完成换届工作。动态更新15.05万持证残疾人、1800个社区基本信息，精准掌握9个大项43个小项的状况和需求。核发残疾人证9233本，复核残疾等级520人次。磨店综合服务设施初具规模，市残疾人职业技能培训中心大楼投入运营、市残疾人康复中心大楼正式落成。

（吴晓岚）

合肥市贸易促进委员会

【承办服务展会】 合肥入选2017中国省会城市及地级城市最具竞争力会展城市前10强。全年举办展会192场，其中全国性展览会15场，规模2万平方米以上的展会26场，展览总面积达196.6万平方米，超年初既定目标任务2.1个百分点。

承办中博会合肥展区。牵头负责第十届中部投资贸易博览会合肥展区的设计、布展和参展工作，为国内外客商提供交流对接平台，得到国务院、省市领导的肯定。

培育壮大优质展会。引导创新招展方式，做大展会规模，做强自主品牌，开拓新兴展会，进一步培育坚果炒货展、新能源汽车展、安徽国际充电站（桩）技术设备展览会、绿色建筑材料展等一批优质展会。

服务协调重点展会。发挥机构职能，配合做好全国园博会、全国先进制造业大会等大型展会的申报工作。

【管理推介会展】 规范会展市场管理。拟订合肥会展管理办法，从会展业服务全市经济发展大局的层面制订规划，明确组织架构，加强会展管理协调，理清会展相关方职责，完善会展考核、登记、信用等制度，加强统筹协调服务，加大政策支持力度；修订会展政策扶持条款和实施细则，在保留原有政策条款基础上，增加对国际性会议、国际认证、境外组展的资金扶持，创新补贴政策；编制合肥市会展指南和宣传PPT，改变合肥没有会展正式宣传资料的历史。

加强会展推介宣传。紧抓合肥市博览局正式启动契机，首开合肥市会展业赴先发地区会展名城宣传推介的先河，分别在广州和厦门策划举办两场合肥会展业专题推介会，宣传合肥会展发展成就、比较优势和良好环境，搭建与先发城市会展主管机构、协会和会展企业交流平台，强化在资源共享、企业合作、品牌互动、人才交流等方面的合作，拓展合肥会展业发展的空间；与南京、广州、上海、惠州、厦门等地会展业界同行开展交流，在促进会展要素流动、推动企业合作组展办展等方面开展合作。

【建设货运航线】 服务保障现有货航运营。密切联系中外运空运、顺丰航空公司，做好现有货运航线的补贴预算工作，服务保障“合肥—洛杉矶”“合肥—深圳”国际、国内货运航线运营。“合肥—洛杉矶”航线全年执飞91个航班182个架次，“合肥—深圳”航线共执飞233个航班466架次。

完善政策推动开通新航线。参照外地货航运输经验，根据合肥市情，进一步细化航线、机型、班次等条款，提高政策针对性和实效性。全方位接触中国邮政、上海天行健、深圳外运捷、港中旅等航空货运公司，稳步推进新的货运航线开通。2017年开通2条国际货运包机航线，港中旅4月份执飞运行1班“合肥—法兰克福”货运包机；深圳天行健执飞运行3班“合肥—美洲”货运包机。

【服务会员企业】 组织境外经贸交流活动。提出“企业主体、抱团出海、搭台唱戏”，为企业交流信息、广交朋友、寻求商机、开展合作搭建平台。先后组织安徽通宇电子等6家企业随市代表团赴俄罗斯乌法市参加工业论坛系列活动，组织14家合肥企业参加第82届希腊萨洛尼卡国际博览会。

加强与境外商协会的交流合作。赴上海拜访中国欧盟商会、俄罗斯联邦工商会、香港贸易发展局等境外商协会，主动对接澳大利亚国际商会、台湾贸易中心、哈萨克斯坦驻华大使来访，合力打造合作交流平台，推动合肥市企业与“一带一路”国家地区经贸活动和友好往来。

组织参加第121届、122届广交会。会同市商务局组织企业参加广交会，全市参展企业388家，一批技术领先、设计新颖、环保低碳、高附加值和自由品牌产品取得良好的参展效果。

此外，举办阿联酋、沙特国际贸易展推介会，借助2017年徽商走进“一带一路”沿线国家投资说明会、白俄罗斯布列斯特州商务论坛、“长江中游城市群省会城市第五届会商会暨城市合作活动周”等活动，开展经贸交流，挖掘潜在商机，助力企业开展务实合作。

（张　磊）

合肥中华职业教育社

【概况】 2017年，合肥中华职业教育社（以下简称“市中华职教社”）发展个人社员23名，现有个人社员181名，社员中各级人大代表、政协委员20人；发展团体社员7个，现有团体社员40个，主要为中高等职业院校和关心支持职业教育事业的民营企业。

市中华职教社县级组织——肥西县中华职业教育社现有个人社员45名，团体社员4个。

【换届工作】 12月9日，市中华职教社召开第三次社员大会。省委常委、市委书记宋国权作出重要批示。省中华职教社主任朱维芳、市委常委、统战部长陈晓波出席大会并讲话。大会选举产生第三届社务委员会。市政协副主席、市中华职教社主任李晓梅当选为第三届社务委员会主任，李殊、洪家友、李嘉华、周晓隆、唐文水、张勇、张明伦、吴伟、周勇、陈孝云等10人当选为副主任，李嘉华兼任秘书长。刘涛、裴罕、袁萍、张其旺、刘甫圣、赵恩忠、马云峰、张增昭、吴琼、张桂兰、蔡劲勇、韩宪德、刘新强、常征等14人当选为社务委员。

【调研建言】 确定“促进合肥市家政服务业健康发展”的调研课题。10月10日～13日，由市政协副主席、社主任李晓梅带队赴上海、重庆两地调研家政服务业，分别与上海市中华职业教育社、上海市开放大学公共管理学院，重庆市中华职业教育社、重庆市巴渝大嫂培训学校、重庆城市管理职业学院座谈研讨，并实地考察相关单位的家政服务业基地，完成课题的前期调研工作。肥西县中华职业教育社完成《关于加快合肥市职业教育国际化的建议》《关于加快肥西县公办幼儿园发展的建议》《集中力量办好职教中心》3篇调研报告。

【温暖工程】 依托肥西县中华职业教育社继续推进温暖工程培训项目。肥西县中华职业教育社与肥西县人社局合作，开展技能提升培训3700人次；与安徽省肥西花岗职业高级中学合作培训退役军人156人；与紫蓬山管委会合作实施精准扶贫培训121人。肥西县中华职业教育社筹集78000元资助特困职高学生，向铭传乡9个特困户送温暖4500元。

【学习交流】 5月23日，市中华职教社召开二届一次主任（扩大）会议，传达学习习近平总书记致中华职业教育社成立100周年贺信精神以及俞正声主席重要讲话精神。

社主任李晓梅、副主任兼秘书长谭福翰应邀出席芜湖市中华职业教育社第三次社员大会；李晓梅、谭福翰、刘甫圣、章进等4位同志赴京观摩全国职业教育博览会暨中华职业教育社百年历史图片展；谭福翰、章进参加在唐山市举办的2017职业教育与城市发展高层对话会。市中华职教社向中华职业教育社总社报送工作稿件3篇，向市委统战部报送工作信息5篇。

【社员工作】 团体社员安徽新华发展集团荣获腾讯网评选的“2017年度影响力教育品牌”“2017年度特色职业教育品牌”“2017年度品牌实力民办高校”三项荣誉；安徽机电技师学院荣获合肥市技工院校工匠精神教育系列比赛优秀组织单位奖；安徽绿海商务职业学院荣获第五届“优优汇联杯”电子商务实战技能大赛全国总决赛高职组二等奖；合肥市经贸旅游学校荣获第十三届全国中等职业学校“文明风采”竞赛合肥市赛一等奖18个，二等奖31个，三等奖34个；合肥赛维智能有限公司两款新产品“赛为智能轨道交通综合监控系统管理软件V1.0”和“赛鹰200T系留旋翼型无人机”达到国内先进水平，通过省级新产品鉴定。合肥国轩高科动力能源有限公司荣获新站高新区“科技创新突出贡献奖”“工业突出贡献企业”和“税收十强”三项荣誉。

（章　进）

合肥市红十字会

【概况】 2017年，市红十字会围绕党委政府中心工作，发挥人道领域助手作用，参与社会管理和公共服务，加强基层组织建设，开展“三救三献”核心工作，在保护群众生命和健康，改善最易受损群体状况，助力精准扶贫，促进经济社会协调发展方面取得新的成效，荣获“2017年度全省红十字会工作先进集体”及“2017年度‘三献’工作先进集体”称号。

【机构组织建设】 5月召开市红十字会第七届理事会第三次常务理事（扩大）会，学习新修订实施的《中华人民共和国红十字会法》；实施《合肥市红十字会2017年度综合考核方案》。理顺5个县（市）红十字会管理体制，积极推进乡镇、园区、学校基层组织建设，已建成基层组织422个。

【“三救”工作】 提升备灾救灾能力。3月组织志愿者参加“巢湖水域应急处置综合演练”。5月在天鹅湖水域成功举办“安徽省暨合肥市红十字会水域救援演练”。11月举办县级红十字会赈济救援队业务培训班，来自肥东、肥西60名队员参加培训。广泛开展救护培训。积极开展应急救护“五进”活动，全年共举办86场次应急救护培训活动，培训救护员2072人，普及13573人次。为2017环巢湖毅行大会500名志愿者以及团市委主办的“大湖名城千名志愿者培训季”1000名志愿者举办应急救护培训。协调完成总会生命健康安全教育体验项目第二期布展设计。做好人道救助服务。开展红十字博爱送温暖活动，市红十字会本级筹集款物30多万元，争取上级红会慰问物资10万元，为5000余人提供人道帮助。做好“博爱庐州”贫困中小学生救助项目，共救助460名中小学生，总金额114万元。做好总会小天使基金救助项目审核申报和服务工作，全年共有53名14周岁以下白血病患儿得到3—5万元的资助，总金额169万元。2017年由总会基金会资助15万元的肥东县包公镇竹塘村博爱卫生站建成。

【“三献”工作】 推动无偿献血。4月青春志、中国梦“我为祖国献热血”公益微电影分享会举行，合肥市首部无偿献血公益微电影上线。11月成功举办由省、市红会承办，多部门联合主办的“省暨合肥市2017年无偿献血月启动仪式”，现场献血量19900毫升。宣传推动捐献。春分日在大蜀山文化陵园，承办省暨合肥市遗体（角膜）器官捐献缅怀纪念活动，省电视台、新浪网等媒体现场直播，10余万人收看收听。3月与省红十字会、合肥市文明办共同开展万人角膜捐献志愿宣传活动。助力大爱事业。2017年全市实现造血干细胞捐献3例，累计捐献37例，“荣获2016年度全省造血干细胞捐献工作先进单位”；实现遗体捐献24例，器官捐献7例，眼角膜捐赠26例。

【宣传与志愿服务】 广泛宣传新修订红会法。印发实施方案，推出电视专题节目和报纸专版宣传；扎实学习原文，组织知识竞赛。10月举行红十字运动研究中心合肥研究基地成立揭牌仪式及新版红会法讲座。11月参加由总会报刊社、中红基金会等主办的“红十字会软实力建设”研讨会并作交流发言。全年刊发新闻信息200多条（篇）。积极开展各类志愿服务。2017年度组织开展各类红十字志愿服务活动65场次，参加服务的志愿者2323人次，累计服务时间20817小时，受益人数达31187人次。5月组织合肥学院红十字会成功申报总会2017年红十字青少年社会实践项目，为安徽省唯一入选。6～10月组织多支大学生志愿者队伍以及志愿者社团开展暑期益行计划志愿服务活动。

（庐　红）

责任编辑：王尚先

公 安

【概况】 2017年，合肥市公安局深入践行习近平总书记“对党忠诚、服务人民、执法公正、纪律严明”的总要求，牢牢把握党的十九大安全保卫维护稳定这一工作主线，以紧紧围绕提升人民群众安全感和满意度为目标，树立新思路，聚焦新发展，展现新状态，拉高标杆，忠诚履职，较好地为合肥市政治经济社会各项事业的健康发展创造了安全稳定的社会治安环境。

公安改革创新富有成效。以合肥市委办公厅、市政府办公厅名义下发全面深化公安改革工作实施意见，创新采取“4+N”推进模式，扎实推动情报指挥一体、合成作战、视频侦查、执法管理“四大平台”等各项改革任务落地生根、开花结果，激发了生机活力，提高了警务效能。

公安业务全面进步。全面维护社会稳定，确保全市政治社会持续安定团结；严密社会治安防控，依托警情大数据研判，巡控区域划分及警力投放更加科学，视频巡查与进攻盘查无缝对接；严厉打击各类刑事犯罪，32起命案全破，抓获一大批犯罪嫌疑人，缉捕一批在逃犯；整治治安热点问题，成功摘除“电信网络诈骗犯罪重点地区”的“帽子”；查处交通违法上升45.3%，交通秩序大整治强劲有力；241批次警卫任务万无一失；399场大型活动安全保卫任务圆满完成。注重便民利民，户籍制度改革工作进展顺利，“便民服务e网通”推广应用，新车驾驶管理中心投入使用，身份证、驾驶证等多种证照实现异地办理，外籍高层级人士出入境服务优化升级。

公安队伍形象全面提升。注重把党建工作触角延伸到每个党员民警、延伸到每个工作岗位，推进党建与业务深度融合，实现党建工作全覆盖。正风肃纪不放松，反腐惩恶不手软，深入开展党的群众路线教育实践活动、“三严三实”专题教育、“两学一做”等学习教育，队伍素质明显提升、作风形象明显改观。2017年，合肥市公安机关评选出“两星一兵”6200余人次，挂牌先进基层所队97个，223个公安集体和1323人次民警受各级党委政府表彰。

群众安全感和满意度实现双提升。围绕“群众需求”推动更高水平的平安建设，群众安全感和满意度分别达96.06%、94.13%，上升2.44、2.83个百分点，位次均提升2位。

【党的十九大安全保卫】 2017年，市公安局把党的十九大安保维稳作为首要政治任务，紧紧瞄准严防特大道路交通事故、重特大火灾事故、爆炸泄漏污染事故、群死群伤等重大治安灾害事故、重大恶性刑事案件的“五个严防”高线，确保全市不发生重特大群死群伤火灾、不发生违法使用枪支致人伤亡案件的“两个确保”基线，不发生特大道路交通事故、重特大火灾事故、群死群伤的“三个不发生”底线，深入贯彻省委、市委“保安全、护稳定、三不出、两确保”的工作要求，锻造安全链条，筑牢铜墙铁壁，确保党的十九大安保维稳这一首要任务万无一失。

精心组织领导。成立专门组织架构体系，由市委常委、政法委书记、局长姜明亲自挂帅、统筹指挥，从政治和全局的高度研究谋划、部署推进党的十九大安保维稳工作。逐级签订安保责任状，渐次提高勤务等级，先后采取“5+6”运作模式、十九大安保决战暨国庆期间社会面整治模式及9个攻坚行动模式，分阶段重点开展安保攻坚。特别是进入安保决战阶段后，全体民警暂停休假放假，凝心聚力，连续奋战，全力以赴落实各项安保维稳措施。同时，加强战时援抚表彰工作，看望慰问民警、辅警32人，积极做好牺牲民警王玮龙善后工作，并对69名同志进行战时记功、17个单位和117名个人进行战时表扬，营造全警动员、全力以赴做好党的十九大安保维稳工作的浓厚氛围。

落实安保措施。坚持高标准、严要求，以“守护平安——百日攻坚”行动为载体，紧盯行动目标，点面结合、打防并举。强化车站、地铁、人员密集场所等部位管控，投入实战单位一半以上的警力开展巡控，部署机关警力对口支援基层，发动58万人次的群防群治力量，实行全天候实战化勤务，牢牢守住关键部位。全力攻坚大要案，严打侵财犯罪、涉枪涉爆犯罪，滚动开展治安突出问题摸排，并适时采取各类专项行动，刑事发案同比下降20%，黄赌警情同比下降15.59%。开展地毯式排查、大力度整治、广覆盖宣传，严防安全事故，交通事故、火灾事故数同比分别下降7.4%、35.82%，以合肥的平安支撑安徽全省及首都的稳定。

【深化公安改革】 2017年，市公安局以公安部、安徽省公安厅提出的基础信息化建设、警务实战化建设、执法规范化建设、队伍正规化建设“四项建设”等有关部署要求和市公安局自身警务改革为中心任务，深入开展“7+26”个攻坚课题和重点项目及44个“微改革、微创新”项目，严格落实“四察四单”（四察：每月评察、季度巡察、半年督察、年底考察。四单：问题清单、措施清单、责任清单、效果清单）制度，夯实公安改革和重点工作推进责任，确保改革工作取得实效。

提升基层勤务运转效能。按照“做专警种、做强基层、做实基础”的总体思路，体系化、结构化推进基层警务机制改革，做强最小作战单元，压实基层工作责任。深入推进建立以主办侦查员制度为核心的刑事办案责任，突出侦查员在刑事执法中的主体地位，与主审法官、主诉检察官制度相对应相衔接，根据个人申请、民主推荐和集中审议，按照相应推荐和评议程序，已确定全市一级、二级、三级主办侦查员的推荐名单。在市区路面执勤大队建立10支“铁骑”中队，有效开展动态查纠突出交通违法行为、快速处置交通事故等9项工作。按照“循序推进、逐年加密”的原则，完成首批46个综合警务站的规划（已建成9个），实现社会治安复杂区域的治安管控能力提升，延伸便民服务触角，提高路面见警率和快速反应能力。

提升案（事）件处置效能。投入2200余万元，对原指挥调度中心软硬件进行全面升级改造，建成情报指挥大厅、情报研判中心和联勤指挥中心，搭建全媒体智慧110平台和情报指挥一体化平台。以情报、指挥、勤务一体为主线，以大数据、云计算、物联网和人工智能4项技术为支撑，以融合、共享、前置、合成、统一、服务6个满足为基调，着力打造“情指联动、情勤对接、情行一体”的主动勤务模式，实现智能化接警、精准化处警、可视化调度、科学化勤务。同步建成10个二级指挥（情报指挥）中心、45个派出所勤务指挥室，改变原有三级指挥调度模式，实行“一级接警、分级处置、情指联动”，指挥调度更加高效便捷，勤务安排更加科学合理，警力得到无增长改善，警务效能得到大幅提升。

提升大数据服务实战效能。开展“五大一创”（资源大整合、功能大优化、技能大培训、全警大应用、效能大提升，创新技战法）活动，不断优化完善业务系统，推动信息资源全面整合共享，建立6大类数据分析模型、110余种关系类型及20种人员标签，融合汇聚501类3100余亿条数据。顺利通过公安部信息技侦建设一级达标，率先在全省建成一套跨互联网、网安网和公安网的互联网管理综合应用系统。高标准、快节奏推进“雪亮工程”建设，完成全市一批高清探头勘察选点和系统功能需求分析及设计。以天网平台筑巢，吸纳国内视频科技企业和研发团队力量，搭建视频联合实验室，围绕公安实战需求，陆续完成多项视频智能化应用研发并投入使用，全面提升市公安机关视频实战应用水平。

提升警务实战保障效能。把握“服务中心工作、服务实战需求、服务基层一线”的总要求，各类警务资源重点保障市公安局中心工作和重大项目，优先保障公安实战和基层一线，确保公用经费70%以上用于一线实战。推动执法执勤车辆增编，AC311直升机、水警执法巡逻船相继交付使用，完成3240台执法记录仪、300辆两轮电动巡逻车及1760台移动警务终端三期配发，建成合肥市政务应急指挥调度数字通信专网。搭建并规范公安装备联动共享平台应用，建立“平时分散、战时集中”的调配共享制度，进一步盘活警用装备资源，推动装备系列化进程，实现警用装备应用最大化。按照因地制宜、一所一策的方针，着力解决基层所队用房问题，市区 20 个所队用房项目建成、在建或报批。加快技侦工作站建设，推动技侦手段向基层延伸，进一步提高技侦手段服务实战水平。

提升利民便民服务效能。全面梳理直接面向社会公众提供的行政服务管理事项，突出需求导向，优化服务流程，逐项编制办事指南，全部链接到合肥警务网“安徽公安便民服务 e 网通（合肥）”平台。优先试点开展省内户口一站式无证迁移工作。调整完善合肥市落户政策，进一步拓宽落户通道，建立疑难复杂户口问题会商制度，积极解决无户口人员落户问题。2017 年，全年办理迁入户口 22.58 万人，同比上升 25.3%；户籍人口城镇化率为 47.6%，同比上升 2.4 个百分点；清理应销未销户口近 5 万个，解决无户口人员 1.3 万余人的户籍办理问题；居民身份证异地受理全市通办，先后办理身份证 73.28 万张，其中异地办证 18.2 万张。投资 2.2 亿元建成新车驾管中心，设置机动车号牌现场制牌点，试点启用新能源汽车专用号牌，持续将业务向汽车 4S 店、二手车交易市场等处延伸，与邮政部门合成警邮服务中心，长期执行节假日日常化服务工作制度与延时服务工作制度，推行人工智能服务与自助选号等其他多种自助服务，积极应用“互联网 +”方便群众快捷办事。在全省首推轻微道路交通事故微信平台处理模式，建立快速、高效的交通事故快撤快处机制。在全市 4 处境外人员密集处，建成境外人员服务站，全面推行社区外管业务标准化建设。开通 96311 智能语音咨询系统和自助签注一体机，落实外国高层次人才与投资者的出入境及居留便利措施，大幅优化服务体系。

【刑事犯罪侦查】 2017 年，市公安局主动把握动态化条件下社会治安规律特点，以警情作为社会治安状况的“晴雨表”，坚持以打开路，增强预判能力，强化侦查支撑，实施精准打击，不断增强打击刑事犯罪工作的预见性和主动性。

重拳打击刑事犯罪。落实现行命案侦破机制。深化现行命案“一长双责”制和同步上案、合成作战工作机制，主动立线、立案侦查，全年现行命案发 32 起，破 32 起，命案破案率 100%；紧盯涉黑涉恶重点领域和突出问题，推进打黑除恶“铁犁”专项整治行动，从黑恶势力关联度高的警情、案件中获取涉黑线索，深挖扩线、打早打小，集中追捕涉黑涉恶在逃人员；全年侦破一大批刑事案件，重大刑事案件发案率大幅度下降。健全打击犯罪合成作战机制，推进打击“盗抢骗”专项行动等，盗抢骗破案数同比上升 35.07%，打击处理数同比上升 9.41%。

严厉打击经济犯罪。建立涉众型经济犯罪案件风险防控和打击处置工作机制，明确打击处置涉众型经济犯罪的基本原则及各警种部门分工，遏制涉众型经济犯罪蔓延，有效防控金融风险。发挥警种优势、深化部门协作、整合社会力量，开展楼宇信息摸排采集和涉众型经济犯罪嫌疑窝点清理工作，加强“楼宇经济”管控，摸排采集楼宇公司等相关信息。严厉打击突出经济犯罪，成功破获一批重大经济案件。开展打击经济犯罪“云端 2017”专项行动，参与专案打击、集群战役 31 次。围绕经侦追逃专项行动及境外追逃“猎狐行动”，抓获经侦境内网上在逃人员 213 名、境外在逃人员 5 名，战果为历年之最。强力推进“无传销城市”建设，开展打击传销固网行动，有效防止传销回潮，全市传销警情同比下降 59%。

防范打击毒品犯罪。完善全市禁毒委员会成员单位的工作考评办法，组织市禁毒委员会成员单位组成检查组开展督导检查，扩大工作覆盖面，层层传导压力，有效推动各级政府依法履行禁毒职责。认真落实“天目—17”铲毒行动，查处非法种植毒品原植物违法犯罪嫌疑人 207 名。建立涉毒案件综合处置和协调配合机制，先后侦破“2·22”“5·15”等公安部毒品目标案件，2017 年打击处理毒品犯罪嫌疑人 343 名，同比增长 14.3%，缴获各类毒品 44 千克。推动建立社区戒毒社区康复办公室，复制推广通过购买服务，引进社会力量，参与社区戒毒社区康复新模式，全力开展戒毒康复脱失人员清零行动，对 109 个一类高风险吸毒人员坚决落实严管措施，全市未发生由吸毒人员引发的极端案（事）件。将毒品预防教育纳入地方课程教材，全面实现教学计划、大纲、师资、课时、教材“五落实”。开展禁毒宣传“2017 春风行动”、青少年毒品预防教育“6·27”工程攻坚战等活动，禁毒宣传氛围浓厚。

强力整治治安突出问题。每周调度黄赌警情前 10 名的派出所，综合应用交叉暗访、异地用警等方式，开展明察暗访活动 220 余次，交办督办 110 余起，查处问题场所 64 处，挂牌黄赌重点区域场所 22 处，挂牌整治黄赌重点区域 11 处；办理黄赌案件 2044 起，同比上升 823 起，升幅达 67.40%；打击处理黄赌违法犯罪人员 7105 名，同比上升 2589 人，升幅达 57.33%；全市黄赌警情同比下降 10.78%。建立精准研判、综治挂牌、实地调研、“点对点”夜查、“进攻性”清查5项工作机制，联合综合治理部门对可防性案件高发的35个小区进行挂牌整治，全市可防性案件发案同比下降22.49%。围绕扒窃突出地区及盗窃三车（自行车、电动车、摩托车）犯罪销赃重点地区，分别采取武装巡逻与便衣反扒联勤联动、视频牵引研判指挥行动一体运作等针对性打击整治措施，全年扒窃警情、盗窃三车警情同比分别下降19.35%、17.94%。

【公安行政管理】 2017年，市公安局全面落实安徽省、合肥市《关于加强社会治安防控体系建设的实施意见》，守住“关键点”、控住“重点线”、织密“巡控网”、拓展“覆盖面”，不断完善立体化、信息化社会治安防控体系建设。

夯实公安基层基础工作。在城区派出所推进“三队一室”警务模式，细化岗位职责，规范勤务运作，提高基层派出所维护稳定和打防管控能力。以开展标准地址、实有人口、实有房屋、实有单位的“一标三实”采集会战为切入点，坚持全面覆盖与突出重点相结合，明确全市可防性案件高发、高危人员聚集区域等7大重点区域。针对性开展治安重点人等高危人员和重点房屋单位信息的进攻性采集，全市实有人口、实有房屋、实有单位分别添加100.91万条、21.69万间、2.04万家。基础面数据更加丰富完善。深入推进“一村一警”工作，以工作日志为抓手，督促民警下村开展工作，入户走访群众8.8万余户，发放警民联系卡9.8万余张、宣传材料14.3万余份，农村地区见警率提高，人民日报记者就合肥市“一村一警”工作进行专题调研。围绕保安改制后公安监管新定位，建立健全公安与保安联防联勤机制，组织成立全市保安义务巡逻督察队和保安义务应急处理突击队，协助公安机关开展“社区夜巡督察”“重大时间节点重点部位协防”“应急处置”等工作，发挥治安防控辅助作用。

加强巡逻防控体系建设。持续推动综合警务站和街面岡警点建设，在省行政中心、高铁南站、淮河路步行街等重点要害部位，建成综合警务站15个，落实全市重点部位公安、武警常态联勤巡逻机制，完善多部门、跨地区协作联动的应急指挥处置体系，构建以高速公路、国（省）道、进出城主干道为重点的卡点堵控网，打造“1分钟、3分钟、5分钟处置圈”。2017年巡控抓获刑事作案人员1005名，抢劫、抢夺发案同比下降40.68%。建立水陆齐抓共管的巢湖水域治安防控体系，启用全国首艘警用无人智能巡逻艇，在天鹅湖开展24小时巡航，实现天鹅湖水域零溺亡。明确地铁运营企业安全防范主体责任，建立健全轨道交通警务运行模式。强化警务航空力量建设，全市巡逻防控体系更加多维、立体。

强化重点行业场所管理。研发合肥市出租房流动人口信息采集系统，有效解决火车站、医院、大型商业综合体周边出租房采集难题。强化同邮政、国家安全等部门协同，督促寄递企业落实实名收寄、开包验机、过X光机安检“三个100%”制度，发现违法犯罪线索200余条，支撑破获“1•8”“6•11”非法邮寄枪支案、“9•20”涉爆专案等重大案件。对接市运管处，推进客运站实名制购票，完成系统硬件建设并纳入治安管控平台，购票乘车人信息实时推送与公安机关信息系统对接比对，汽车站管控实效显著提升。在1460辆公交车上装配“易燃挥发物监测告警装置”，可靠实现对汽油、酒精、香蕉水、松香水等易燃品分子的准确探测及响应。统筹将经营面积10000平方米以上商场、5000平方米以上超市纳入监管重点，进一步规范自发性商业促销活动的报备和监管工作。与合肥市教育局会商研究“平安校园”创建、“护学岗”建设，推进校园安全防范达标建设，开展常态护学、动态护学，全市未发生影响恶劣的校园安全事件。

强化网络安全保卫工作。完成7个城区分局网络安全工作站建设，探索“互联网+社区”警务模式，构建全面覆盖、多层监控的网上社区巡查网，摸排管控网络社区2.2万个（同比上升11倍），发现处置违法有害信息1.26万余条，预警处置涉稳事件1500余起，维护网络秩序，净化网络空间。

合肥市网络与信息安全信息通报中心职能作用和影响力凸显，外部协作、内部联动的等级保护工作体系日趋完善，全年定级备案单位1712家，排查确定网络安全重点保卫目标763个，开展网络安全执法9526次，发现整改安全漏洞和隐患13301个，编发合肥市网络与信息安全文件和预警通知167份（次），处置网络安全案（事）件553起，及时监测预警并有效防止“永恒之蓝”勒索病毒在合肥市的大规模传播。

2017年，市公安局破获网络安全主侦“7+8”类刑事案件194起，指导破获涉网犯罪案件950起，梳理网络招嫖、网络吸（贩）毒、买卖公民信息、涉枪涉爆、网络诈骗等有价值的涉网犯罪案件线索800余条，配合其他警种部门办理刑事案件 3039 起，协同相关警种抓获各类违法犯罪嫌疑人 3474 名，其中破获公安部督办案件 17 起，占全省 40%，总数同比上升 467%。牵头打击整治黑客攻击破坏和网络侵犯公民个人信息犯罪两个专项行动，查获非法获取的各种公民个人信息 6 亿余条，专项行动战果占全省总量的三分之一，成绩位于全省首位。与北京奇安信科技有限公司（360 企业安全集团）共建全国第一家涉网违法犯罪研究中心，共同打造一流的涉网违法犯罪研究型智库，进一步提升合肥网络安全治理体系的建设能力和水平。

强化道路交通安全管理。以城市管理提升年为契机，深入开展交通秩序大整治，利用专项行动与常态化整治相结合，依托缉查布控系统应用，严查酒驾、醉驾、毒驾的“三驾”和套牌、假牌的“两牌”等重点交通违法行为。当年全市适用一般程序道路交通事故同比下降 27.7%。推进道路安全隐患排查治理，6 处省挂牌、42 处市挂牌督办安全隐患均及时治理。强化重点车辆源头管控治理，开展拉网式排查，严把车辆“入口关”“上路关”“过境关”。深化农村道路交通安全管理，推进乡镇交管站及安全员、行政村劝导站和协管员的“两站”“两员”建设，实现国（省）道沿线“交通安全村”100% 建设。梳理全市 32 处交通堵点，会同市规划局组织专业技术力量和专家团队，从规划、设计、建设和管理等不同层面，制定交通组织优化实施方案，加强指挥疏导，有效提高通行效率。推动社会共建新增停车泊位 8700 余个，试点“文明停车劝导员”工作，有效缓解老城区停车难的问题。积极建设新媒体宣传平台，以“大曝光”“大预警”“大警示”“大矩阵”等措施为杠杆，提高交通管理工作软实力。在全市 148 个路口新建 592 处电子警察，启动高铁南站、肥东县城电子违停自动抓拍系统，开展视频流量检测、交通信号自适应控制等项目的研究和试点应用，交通管理智能化水平实现提高。

强化危险爆炸物品管理。持续推进以“清查收缴、破案打击、重点整治、源头管控、通道查缉”为重点的缉枪治爆专项行动，全力开展危爆物品管理隐患排查整治，收缴枪支 166 支，子弹 1.7 万余发，雷管 4104 发，仿真枪 405 支，管制刀具 669 把；新列管易制爆单位 374 家，增幅达 10 倍，游离于监管之外的单位大为减少；涉枪涉刀警情同比下降 2244 起，降幅达 55.38%。易制爆危险化学品和物流寄递专项整治行动在省公安厅“三个不发生”（不发生恐暴事件、不发生在全国有重大影响的大规模群体性事件、不发生重大公共安全事件。）单项考核全省第一。严格执行散装汽油实名购买、实情登记、实时上报的“三实”管理措施，查处非法储存散装汽油案件 7 起。推动市政府开展全市烟花爆竹限放治理工作，实现禁放宣传全覆盖，以“四个一律”（违规燃放烟花爆竹警情一律查实、一律带回派出所询问查证、一律依法顶格处理、一律查清烟花爆竹来源。）工作措施为抓手，查处违规燃放烟花爆竹行为 1672 起，较上年增长 25 倍。

强化大型活动安全保卫工作。建立以各级政府为主体的大型活动安全保卫责任体系，完善不同类别大型活动风险评估机制，严把安全许可、安全容量、安全检查、秩序维护“四道关”。制定并印发《合肥市公安局商业文艺演出类大型活动安全监管暂行规定》，从组织筹备、安全风险评估、场地规模控制、安全保卫力量配备等方面，对文艺演出活动的举办作出进一步规范。充分运用电信热力图、无人机等先进技术，逐步实现警力部署由人海战术向科学用警的转变，圆满完成第十届中国中部投资贸易博览会、2017 合肥国际马拉松赛等 399 场大型活动安全保卫任务。

强化出入境管理与服务。批准出国（境）申请 51.32 万人次，同比上升 17.73%。其中批准公民出国 19.43 万人次、赴港澳 28.57 万人次、到台湾 33201 人次，分别比上年同期增长 16.71%、24.59%，到台湾比上年同期减少 17.27%。境外人员办理各类签证证件 4412 人次，比上年同期增长 30.3%。其中，外国人各类签证证件 4292 人次，同比增长 34.2%；台湾同胞 120 人次，同比上升 22.45%。临时入境境外人员 91300 人次，同比上升 14.1%。其中华侨及港澳同胞 8129 人次，同比上升 1.6%；台湾同胞 23662 人次，同比增长 38.95%。临时入境外国人 59509 人次，同比上升 8.2%。常住境外人员 4413 人，其中常住外国人员 4141 人，台胞 272 人。

全市办理“三非”案件（非法入境、非法居留、非法就业）122 起，核查疑似双重户籍人员 104 对，排除 80 对；倒查在港澳地区违法违规人员 14 人，指导分（县）局妥善处置各类涉外案（事）件 11 起，妥善处理外国人死亡事件 1 起。

（章鑫睿）

消　防

【概况】 2017年，合肥市消防支队全面贯彻党的十九大精神，拔高定位、拉升标杆，永不懈怠、永不满足，加强队伍建设，加强消防监督，巩固基层基础，提升战斗能力，以全年火灾形势和部队管理的高度稳定，全面打赢十九大消防安全保卫攻坚战。圆满参与承办中部地区九省市跨区域地震救援实战拉动演练。搜救犬中队在全国第四届搜救犬比武中荣获冠军。支队在全省消防部队实战化训练比武竞赛中荣获冠军。部队涌现出全国特级优秀人民警察陈三喜等英雄模范，受到习近平总书记等党和国家领导人亲切接见。

【消防监督工作】 2017年，全市共发生火灾1013起，共造成死亡4人，受伤1人，财产损失861.68万元。火灾起数同比下降57.93%，财产损失同比下降56.39%。

落实消防安全责任。以《消防安全责任制实施办法》宣传贯彻、消防工作“国考”“省考”、重大火灾隐患挂牌督办为抓手，积极推动政府、行业部门、社会单位落实消防工作责任，召开全市高层建筑消防安全综合治理会议；联合安监、民政、卫生、教育等部门对养老机构、医院、学校进行集中检查，加强信息沟通、协作。

加强消防监督执法。全年累计排查各类场所15.9万家，排查隐患18.6万处，责令“三停”（停止施工、停止使用、停产停业）305家，临时查封432处，拘留105人，罚款1361.4万元。开展系列消防检查行动。以冬春火灾防控、夏季消防检查、十九大消防安保为主线，分别开展高层建筑消防治理、群租房整治、工业园区排查整治等七个专项行动，特别是十九大期间，检查单位、查封、三停、拘留分别为上年同期的的6.2倍、1.6倍、1.7倍、24倍，社会消防安全水平空前提高。

创新消防治理。加快推进“智慧消防”建设，协调市发改委、财政局、数据资源局，立项并批复2728万元用于一期建设。联合中国电子科技集团公司第三十八研究所，对80家支队列管的消防安全重点单位安装“物联网”远程监控系统。继续实施建设工程消防质量终身负责和消防安全不良行为公布制度，强化消防安全源头治理。

【消防社会服务】 **提升消防行政许可服务。**改造支队行政服务窗口，推行“容缺预审”等审批制度，最大限度保证公平与效率兼顾，最大限度方便人民群众。

深入开展消防宣传。举行全市中小学消防安全有奖知识竞赛；推进“百万家庭学消防”活动；与市轨道交通公司共建消防主题专列；与市公交公司共建消防主题公交车。开展“关注消防，平安你我”119主题宣传月，扎实推进“全民消防我代言”公益行动，邀请社会名人为消防代言；全年发放消防公益宣传品400万份，印制换装液化气消防提示、电动车火灾提示等宣传海报30余万份；合肥消防在线微信、微博公众号关注人数超20万，总阅读量达700余万。

做好消防服务质量回访。发放调查问卷、进行电话回访，收集采纳群众建言献策和监督批评，提高消防监督的群众满意度，打造合肥消防好口碑。

【灭火和抢险救援】 全年共接警10629起，抢救、疏散被困人员3354人，抢救财产价值2267万元。

成功处置永发塑胶仓库、临泉路安徽大市场商铺火灾和舒城县液化天然气槽罐车泄漏事故，成功应对解决蜀山区“803”劫持人质事件。

建立支队“每月一练”实战演练平台；巩固冬训考核、消防运动会、操法比赛、业务对抗赛“四大练兵平台”，以考促练、全覆盖考核；探索建立“数字化预案”，“全

开展救援演习

息”解析大型综合体内部构造，加强针对性训练；加强微型消防站联勤联训，微型站联动处置火灾能力极大增强。

基本完成基于“北斗”系统的灭火救援新模式构建，车载图传及单兵图传全部上线运行，在支队指挥中心即可实现立体地图和救援全过程可视化调度。

壮大政府专职消防队伍。成立政府专职消防员管理办公室，完善专职队员管理办法，完成3批共169人的政府专职消防员招收，把会指挥、懂管理的士官骨干任命在合同制中队管理岗位上，积极开展政府专职队员比武竞赛，加强业务训练，整顿纪律作风。

【消防基础建设】 全年共争取消防经费4.12亿元，其中支队本级2.34亿元，装备建设经费1.42亿元。经费和装备保障水平实现新飞跃。

推进“十站”新建工程。截至2017年底，共投入建设资金3000余万元，万年埠消防站、陶冲湖消防站已投入使用；漕冲消防站、肥西特勤消防站、特勤三中队消防站、特勤二中队消防站、巢湖特勤消防站、新战勤保障大队暨支队室内体能训练馆等项目在2018年陆续竣工。瑶海龙岗消防站、新站三十头消防站新建手续正在办理。

【火灾扑救】 2017年1月2日18时47分，新站区颍河路与当涂路交口，合肥永发塑胶公司一仓库着火。起火部位为5号厂房二楼东侧仓库，地上六层，建筑面积13758平方米。该仓库二、五、六层内堆放货物较多，三层东段、四层西段内堆放货物较多，两个楼梯间均堆放大量货物，火势蔓延快、内攻困难。同时，着火仓库北侧3号厂房，建筑面积4500平方米，内存有大量可燃物品。

支队首先调派新海中队、特勤二中队6车到场。指挥部命令水罐车停靠在5号仓库西侧正门供水，出一支干线水带到仓库入口处，高喷车停靠起火仓库南侧从外部射水，成立两个内攻小组，从5号仓库东南楼梯间进入二楼内攻。支队全勤指挥部及增援力量到场后，命令特勤二中队、新海、瑶海等中队进行内攻，加强东南侧内攻主阵地力量，天水中队在5号仓库北侧的仓库内设水枪布防。由于火势发展迅速，现场调整力量，部署1辆高喷车在仓库西侧，火场的西面、西北侧设置水枪、水炮阵地。南侧部署三辆高喷车正面出水。继续利用仓库东南侧楼梯间内攻，近战灭火。西南侧部署一辆大功率水罐车供水，出车载炮控火。后方形成东西两段供水，保持火场供水不间断。期间，调派消防机器人深入仓库一楼纵深灭火。支队攻坚梯队在东南侧楼梯间内和西侧楼梯间内，由上至下强攻灭火，并在北面已垮塌的区域进行强攻破拆。至次日16时，火场整体温度明显下降，指挥部调整力量部署，安排四个攻坚组继续深入到各个楼层清理残火。18时，内部火点清理完毕，2辆高喷车在火场南侧出水继续冷却降温，留3辆水罐车进行监护，其余力量返回。

此次火灾历20小时基本扑灭，火灾扑救共投入16个中队及战勤保障大队，消防车36辆、官兵231人、消防机器人2台。过火面积约6000平方米，未造成人员伤亡。

（徐 宪）

检 察

【概况】 2017年，合肥市检察机关紧紧围绕合肥经济社会发展大局，坚持以“全省领先、全国争先”为目标，依法全面履行检察职责，锲而不舍推进司法改革，坚持不懈打造过硬队伍，各项工作保持了平稳健康向上发展的良好态势。

全年共受理、办理各类案件53408件，其中：受理审查逮捕案件4423件6485人，依法批准和决定逮捕4141人；受理审查起诉案件8631件12455人，依法提起公诉9569人；立案侦查职务犯罪案件166件203人，审查办理刑事、民事行政申诉案件580件，主要办案数据稳居全省首位。逮捕诉讼化、公益诉讼、智慧检务建设、案件繁简分流等多项工作在全国、全省检察机关相关会议上作经验介绍，刑事抗诉、警示教育基地建设、环巢湖生态保护检察监督等工作经验被《检察日报》推介报道。全市两级检察院有28个集体、66名个人受到省级以上表彰，涌现出以“全国模范检察官”“群众最喜爱的检察官”周会明为代表的一批全国、全省检察系统先进典型。在2017年的全省检察业务考评中，合肥检察再次名列榜首。

【常规工作】 把人民满意作为检察工作的根本标准，着力加强执法办案、提升工作质效、服务发展大局，努力增强人民群众的获得感、幸福感、安全感。

服务合肥转型升级发展。 围绕市委决策部署，强化态势分析，找准工作切入点和着力点。针对经济犯罪新情况，加大对金融诈骗、网络传销等涉众型经济犯罪打击力度，起诉集资诈骗、非法吸收公众存款等金融领域犯罪141人，起诉合同诈骗、强迫交易等扰乱市场秩序犯罪672人，金融秩序得到维护。加大知识产权司法保护力度，起诉假冒注册商标、侵犯商业秘密等犯罪126人，有力保障创新驱动。开通行贿犯罪档案网上查询服务，受理行贿犯罪档案查询76306次，有效促进市场监管和社会诚信建设。

维护国家安全社会稳定。依法严惩各类刑事犯罪，批准或决定逮捕4141人，提起公诉9569人。其中，起诉故意杀人、抢劫等严重暴力犯罪285人，起诉盗窃、诈骗、抢夺等多发性侵财犯罪2843人。积极参与社会治理，会同有关部门开展“打黑除恶”、传销、网络诈骗等治安突出问题专项整治，强化未成年人刑事司法保护。依法妥善化解社会矛盾，对轻微犯罪依法从宽处理，不批捕1189人、不起诉652人。组织开展集中清理涉检信访积案专项行动，积极推行律师参与化解和代理涉法涉诉信访案件，全市检察机关共受理来信来访1110件，依法妥善办理各类申诉案件580件。

保障人民群众切身利益。主动回应社会关切，依法严惩危害民生刑事犯罪，深入开展破坏环境资源犯罪和危害食品药品安全犯罪专项立案监督，依法起诉破坏环境资源、危害食品药品安全犯罪55人，切实保障生态安全和食品药品安全。环巢湖生态保护检察监督工作被《检察日报》头版头条予以报道。认真做好集中整治扶贫领域职务犯罪专项工作，查办扶贫领域职务犯罪17人。突出打击利用电信网络侵害群众切身利益案件，起诉电信网络诈骗犯罪406人。强化困难群众、弱势群体司法保护，为刑事被害人及其近亲属提供司法救助80.5万元，彰显司法人文关怀。

始终保持惩治腐败高压态势。保持转隶之前队伍思想不乱、办案力度不减，2017年度查办各类职务犯罪案件166件203人，其中贪污贿赂案件134件156人，渎职侵权案件32件47人，立案人数均居全省首位。狠抓大要案，查办20万元以上大案116件，查办处级以上干部要案17人。聚焦人民关注的领域行业，注重专案带动、专项引领，查处医疗卫生系统案件22件31人、广播电视系统案件31件31人、教育系统案件6件7人、供水系统案件6件6人，形成强大震慑力。坚持标本兼治、惩防并举，在工程建设、教育、扶贫等领域开展专项预防21次，开展预防调查23次。积极开展环巢湖生态保护修复工程和合肥轨道交通工程项目专项预防，服务重点工程廉洁推进。加强职务犯罪预防宣传力度，扎实开展预防“六进”活动（进机关、进乡村、进社区、进学校、进企业、进单位），举办检察长廉政教育课堂43次，联合市邮政公司推进“预防职务犯罪邮路”建设，不断扩大预防宣传覆盖面；充分利用新建成的警示教育基地等，开展警示教育和宣传485场次。全市7个预防项目入选全省检察机关“精品预防项目”。

促进严格执法公正司法。持续加强刑事诉讼监督，监督立案111件、撤案123件；纠正漏捕118人，纠正漏诉440人。积极构建以抗诉为中心的刑事审判监督格局，加强抗诉案件指导、加大提起抗诉力度，提出抗诉25件。持续加强刑事执行监督，纠正监管违法活动21件，纠正减刑、假释、暂予监外执行案件不当66件，监督收监执行63人。探索以公开听证方式做好羁押必要性审查工作，提出羁押必要性审查建议并得到采纳的257件。持续加强民事行政检察监督，受理各类民事、行政监督案件678件。对认为确有错误的生效裁判提出抗诉12件，提请省检察院抗诉27件，提出再审检察建议24件。对裁判正确的申诉案件，耐心释法说理，成功息诉和解48件，维护审判权威。对社会反响强烈的执行问题提出检察建议108件，诉讼秩序得到维护。向行政机关提出行政违法行为监督检察建议190件，促进依法行政。

【重点工作】 把转型升级作为检察工作的重要方向，坚定改

市检察院抗赢六起虚假诉讼监督案件，案件当事人送给办案人员锦旗，称赞检察机关“履职尽责，维护正义”

革决心和发展信心，积极谋划应对和探索创新，不断夯实发展基础、挖掘发展潜力、厚植发展优势，推动检察工作更好地适应新形势新要求。

推进检察体制改革，构建新机制。推进人员分类管理，全市两级检察院首批274名员额内检察官全部配备到办案岗位，入额院领导带头办案，一线办案力量得到增强。精心组织、严格把关，顺利完成第二批33名检察官入额遴选工作。全面落实司法责任制，严格执行办案职权清单，推行干警执法档案制度，推动形成权责明晰、制约有力、运行高效的新机制。改革后案件审批环节明显减少，办案整体效率明显提升，审查逮捕时间平均缩短1天，审查起诉时间平均缩短6天，员额内检察官办案主体地位开始凸显，入额领导干部办案渐成常态。

推进改革试点创新，顺应新趋势。开展提起公益诉讼试点改革，加强与行政机关、法院的协调沟通，争取理解、支持和配合，向人民法院提起公益诉讼14件。有8件案件法院已开庭审理，并作出支持检察机关诉求的调解或判决。试点经验受到《检察日报》专版推介，南京、杭州、成都等地检察机关前来考察学习。继续探索开展对公安派出所刑事侦查活动监督试点，设立驻所检察室，促进基层规范执法。在全国率先开展逮捕诉讼化改革试点，提升逮捕工作公信力，工作经验被最高人民检察院推广。

加强检察队伍建设，迎接新挑战。开展“规范司法行为深化年”活动，强化检察权流程控制和各环节监督，建立案件质量常态化评查机制，坚决纠正干警执法办案中存在的不规范问题，建设一支规范执法的队伍。以执法办案一线检察官为重点，加大队伍素能培养，联合国内知名高校，举办检察业务培训班6期，培训全市干警400余人次。广泛开展岗位练兵、业务竞赛、精品案件评选等活动，着力培养专家型、专门型和重点骨干人才，建设一支能打硬仗的队伍。

深化检务公开工作，树立新形象。全面运行案件信息公开系统，推进公开内容实质化，全市两级检察院公开法律文书5529份，发布重要案件信息2581条。加大执法办案公开力度，积极开展羁押必要性公开审查、拟不起诉案件公开审查、不起诉决定公开宣布等工作。加强检察新闻宣传工作，充分利用官方微博、微信、新闻客户端等新媒体平台，传递检察声音、加强检民互动、树立检察形象。

狠抓基层基础固本工程，谋求新发展。实施科技强检战略，全面启动电子检务工程，推进“智慧检务”建设，智能语音应用系统、远程提审系统、办案辅助系统等得到推广应用，检察工作科技含量进一步提升。全省“智慧检务”建设工作现场会在合肥召开，科技强检工作经验得到推介。落实院领导联系基层检察院、业务部门对口联系等制度，加强对基层检察院建设帮扶指导，开展“抓特色、创品牌、育典型”活动，协调推进基层检察院全面发展，集聚发展合力。

（赵　征　王晓召）

审　判

【执法办案】 2017年，合肥法院以“努力让人民群众在每一个司法案件中感受到公平正义”为目标，坚持公正司法、服务大局、服务人民，忠实履行宪法和法律赋予的职责，各项工作取得新进展。全市共44个集体和49名个人受到省级以上表彰。全市涌现出“全国模范法官”杜卫根、安徽省“十大法治人物”胡权明等一批先进典型。

市中级人民法院（以下简称“市中院”）新收诉讼执行案件14414件，同比增长28.32%，审执结案13976件，结案率85.95%，法定审限内结案率98.34%。减刑假释案件新收7452件，100%结案，共计收案21866件，审执结案21437件。员额法官人均结案191.4件，一审案件服判息诉率61.81%，陪审率5.38%，民事案件调撤率22.81%。

全市法院新收诉讼执行案件138441件（含减刑假释共新收145983件），上升16.61%，审执结案141303件，结案率89.55%，法定审限内结案率99.58%。员额法官人均结案251.3件，一审案件服判息诉率86.17%，上诉案件改发率16.5%，陪审率94.58%，民事案件调撤率40.5%。

依法惩治犯罪保障人权，服务“平安合肥”建设。坚持惩治犯罪与保障人权相统一，贯彻罪刑法定、证据裁判、疑罪从无等原则，依法保障被告人的各项诉讼权利，确保无罪的人不受刑事追究。全市审结各类刑事案件7534件，一审判处五年以上有期徒刑、无期徒刑至死刑461人。依法严惩严重危害社会治安犯罪，审结芜湖路万达广场割喉杀人案、“血头”王春祥故意杀人案等暴力犯罪案件103件168人。关注经济和金融安全，严厉打击集资诈骗、非法吸收公众存款、网络电信诈骗、传销等涉众型经济犯罪案件，审理56人特大网络诈骗、缪永忠集资诈骗等案件92件。积极参与禁毒斗争，审结毒品犯罪案件197件271人。保持反腐败高压态势，依法审理安徽省卫生和计划生育委员会原医政处副处长阮浩、合肥市林业和园林局副局长洪爱军等贪污、受贿、渎职职务犯罪案件136件172人，切实加大对群众身边腐败犯罪的惩治力度。

贯彻新发展理念不动摇，提升“幸福合肥”品质。全市共审结各类民事商事案件91526件，同比上升18.05%，结案标的额291亿元。稳妥审理涉及教育、医疗、住房、劳动争议、交通事故、人身损害等关系群众切身利益的案件16135件，审结农村土地承包经营权流转等案件267件。努力推进生态宜居之城建设，成功审理并调解首例由检察机关提起的民事公益诉讼案。加大产权保护力度，支持创新创业，积极营造公开、透明、可预期的营商环境。审结买卖、运输、租赁、加工承揽、民间借贷、房地产买卖等合同案件30762件，促进市场健康发展。注重防范金融风险，审结金融借款、证券、期货、保险、票据等金融纠纷案件5804件。依法支持供给侧结构性改革，运用司法手段处置“僵尸”企业，审结大东方药业、瑞华电子等重组兼并、破产改制、股东权纠纷案件364件。依法慎用查封、扣押、冻结等强制措施，最大限度降低对企业正常生产经营的不利影响。助推创新驱动发展，依法审结知识产权案件1719件。优化开放型经济发展环境，审结涉外、涉港澳台案件603件。

加强行政审判工作，助力打造“法治合肥”。坚持监督与支持并重，促进提升依法行政水平。全市新收案件2357件，同比增长28.1%，结案2361件，结案率增长30.8%。审结的一审案件中，驳回起诉、驳回诉讼请求、确认行政行为合法有效的1045件；确认行政行为违法或无效、撤销行政行为、判决行政机关履行法定职责、变更行政行为的218件。依法监督和支持行政机关发挥职能，稳妥处理城乡规划、土地征用、房屋拆迁等案件，以公正审判促进法治政府建设，全年受理各类非诉执行案件493件。发挥国家赔偿救济功能，依法作出13.8万余元国家赔偿的决定。实行行政首长出庭应诉制度，开展重大案件庭审观摩，县级以上人民政府行政首长副职以上出庭率达100%。联合市法制办推进行政纠纷诉前化解制度，注重实质性化解行政争议。延伸审判职能，深入机关宣讲法律，市中院发出司法建议3份，促进行政机关依法规范履职。

【司法为民】 始终把群众利益放在首要位置，面对群众向往公平正义和美好生活的司法需求，积极回应关切，做到群众的司法需求延伸到哪里，司法保障和服务就跟进到哪里，努力让群众有更多获得感。

强化立案信访和审判监督，切实保障群众诉权。全面落实立案登记制，坚持有案必立、有诉必理，市中院当场登记立案率超过95%。积极开展司法救助，市中院办理法律援助案件425件，为困难群众减缓免交诉讼费54万余元，依法办理司法救助案件25件共89万元。加强信访工作，市中院妥善办结省高级人民法院等单位转交办信件175件，积极回应群众关切。发挥审判监督作用，市中院新收各类再审、抗诉、申诉案件262件，对抗诉审查案件，充分听取当事人的抗诉意见，保障当事人合法权益。

基本解决“执行难”，及时兑现胜诉权益。全市法院执结执行实施案件38840件，同比增长28.49%，实际执行率53.91%。市中院共受理执行实施类案件1244件，执结617件，结案率49.5%，实际执行率43.44%，执结标的额29.5亿元。市中院依法保障当事人和案外人的执行救济权，实施执行救济5人次，发放救济款17.6万元。创新惩戒机制，严厉打击规避、抗拒执行行为，将“老赖”纳入黑名单，全市发布失信被执行人23780人次，采取拘留措施183人，追究刑事责任9人，罚款32万元，限制出境16人次，限制高消费4656人，媒体曝光7852人。创新执行方式，积极推进网络司法拍卖，搭建司法拍卖微信公众平台，共发布网络司法拍卖1476件，成交金额3.87亿元，为当事人节省佣金1273万元。

始终树立司法服务新观念，满足多元司法需求。推出二维码诉讼服务，群众使用手机就能获取诉讼服务引导信息。完善便民设施，提升服务品位，为立案群众提供周到服务。诉讼服务“合肥经验”荣获全省第二届十大法治事件。健全繁简分流机制，实现简案快审、繁案精审，减轻群众诉累。积极参与社会综合治理，组织干警参加“江淮普法行”“国家宪法日”等普法活动，增强公众法律意识。

【深化司法体制改革】 按照统一部署，聚焦司法责任制改革，抓住人员分类管理、司法责任制、司法人员职业保障、人财物省级统一管理四个关键方面，狠抓工作落实，推进各项工作开展，取得预期成效。

司法体制改革任务基本完成。完成司法人员分类管理，完成第三批入额工作，全市共遴选入额法官69名，其中市中院6名；完成选任法官助理256名，其中市中院43名。严格落实司法责任制，开展“院庭长示范庭公开月”活动，全面推进院长、庭长办案进入常态化，审结案件占全院40.9%。坚持“让审理者裁判、由裁判者负责”，推行专业法官会议制度，市中院建立35个办案团队，院长、庭长不再签发未参与审理的裁判文书，确保法官依法独立行使审判权。完善权责明晰、监督有序的审判权运行机制，合理界定审判权与审判管理权，确保“放权不放任，有权不任性”。健全法官职业保障机制和省以下地方法院人财物省级统一管理，完成法官工资制度改革和两批112名法官单独职务套改工作，全市试点法院人财物纳入省级统管。

推进以审判为中心的刑事诉讼制度改革。逐步做实做深庭前会议、非法证据排除、法庭调查“三项规程”，完善庭前会议、非法证据排除制度，推进庭前准备程序实质化。强化庭审中心意识，确保诉讼证据出示在法庭、案件事实查明在法庭、控辩意见发表在法庭、裁判结果形成在法庭，发挥庭审在查明事实、证据认定、保护诉权、公正裁判中的决定性作用，进一步规范法官自由裁量权。开展关键证人、侦查人员尤其是重大敏感案件中证人、侦查人员出庭工作，掌握庭审主动权。

推进综合配套改革。按照安徽省高级人民法院统一部署要求，指导庐江县法院、蜀山区法院开展内设机构改革试点工作。推进人民陪审员制度改革，全市94.58%的一审普通程序案件有陪审员参审。加强案件质量评估，完善审判质效评查、改判和发回重审案件评析制度，逐步提升审判质效，维护司法公正。健全完善诉调对接工作，邀请人大代表、政协委员、律师参与调解，各基层法院积极推动交通事故、医患纠纷、保险理赔等矛盾的诉调对接，构建多元化纠纷解决平台，积极化解矛盾纠纷。高新区法院的家事审判模式，得到最高人民法院充分肯定。

成立知识产权法庭。正式挂牌成立合肥知识产权法庭，打破案件管辖行政区划限制，优化审判结构和职能，集中管辖全省范围内有关专利、技术秘密等七类知识产权民事和行政案件，实现知识产权审判专门化、队伍专业化，为激励创新、营造良好投资环境，建设综合性国家科学中心提供强有力的司法保障。

【创新工作机制】　立足执法办案核心需求，紧紧围绕司法公正主线，大力推进审判机制创新，让法官增效减负，让审判权运行更加透明。

“智慧法院”助推办案提质增效。推进法院信息化建设，与科大讯飞等公司签署战略合作框架协议，推动“智慧法院”向“智能法院”迈进。全面推进法院专网和审判辅助系统建设，为办案提供智能、高效、便捷服务。着力推动“庭审语音系统”“电子卷宗应用系统”等智慧审判模式建设，为庭审记录、结案归档等提供大数据支撑，进一步提升办案效率。升级审委会会议软件，实现类案和法规推送、意见表决、签署文书等功能。开发的减刑假释办案系统在全国推进会上作汇报演示，并获计算机软件著作权证书，吸引全国多家单位前来考察学习。

深化管理促进司法公平公正。强化日常管理，坚持通报催办制度，对超过一定期限的调整审限案件进行跟踪督办。建立基础数据核查机制，对全市921件案件信息进行抽查并督促整改，全面提升案件信息质量。召开刑事、民事、行政等主题业务座谈会，加强对基层法院业务指导，统一裁判尺度。创新评查方式，采用合议制评议方式交叉评查，共评查抗诉、发改、审理周期过长、申诉信访、重大敏感等五类案件252件，评选出精品案件、精品庭审、精品文书70件。成立破产管理人评审委员会，确定39家中介机构入选名册，提升司法公信力。

“阳光司法”助力审判权公开透明。大力推动司法公开工作，努力构建开放、动态、透明、便民的阳光司法机制。完善司法公开四大平台建设，全年直播庭审1681次，公开裁判文书10.9万份，有效提升工作透明度。开展“双千、三百”（“双千”即千名人大代表、政协委员旁听庭审、千场庭审网络直播；“三百”即百场新闻发布会、百场“法院开放日”、“百名代表委员看法院”)活动，市中院举办“法院开放日”12次，邀请人大代表、政协委员、银行职员、学生等680余人走进法院，观摩庭审。充分发挥新媒体优势，加强与公众的沟通交流和公开力度，市中院发布微博60条，微信64条。全市法院召开新闻发布会40余次，在各级媒体发稿2300余篇，第一时间发布权威司法信息。主动接受代表委员和社会各界监督，市中院办理政协委员提案11件。

（张　敏）

附：

合肥知识产权司法保护十大案例

1. 广州骇特商务咨询有限公司与安徽省远路信息科技有限公司著作权纠纷案

案情简介：广州骇特商务咨询有限公司（以下简称“广州骇特公司”）是涉案9幅导览图的著作权人。安徽省远路信息科技有限公司（以下简称“安徽远路公司”）是小鹿智游APP软件的著作权人，该软件采用物联网和移动互联网技术，通过在风景点布设蓝牙定位传感器，达到与游客手机APP的自动触发和位置匹配，实现对景点的自助解说，同时提供周边吃、住、行等电子商务服务。2016年6月，广州骇特公司发现安徽远路公司未经许可，在其运营的“小鹿智游手机导游APP”软件中使用了广州骇特公司享有著作权的导览图，遂向安徽省合肥市中级人民法院提起诉讼，请求判决安徽远路公司删除小鹿智游APP中的九处景点导览图并赔偿其损失和合理支出费用。广州骇特公司还向第三方软件平台发出申请对小鹿智游APP软件配合下架的函件，上述平台分别对小鹿智游APP作下架处理。安徽远路公司提起反诉，认为广州骇特公司构成权利滥用，侵害了安徽远路公司软件平台的正常运营，且即使其使用了广州骇特公司享有版权的九张景点导览图，广州骇特公司也仅有权要求删除该九张导览图，而无权要求停摆整个运营平台及要求下架整个小鹿智游APP，请求判令广州骇特公司撤回要求下架小鹿智游APP的申请函并赔偿损失。

裁判结果：合肥市中级人民法院认定，广州骇特公司是九幅导览图的著作权人，安徽远路公司未经许可，在其开发的小鹿智游APP中使用涉案导览图，并将软件置于互联网供他人下载使用，构成侵权。关于赔偿金额，考虑安徽远路公司对广州骇特公司的损害程度，适量考虑广州骇特公司的维权支出，酌定赔偿额为80000元。

2. 花花公子企业国际有限公司与合肥市包河区旭昊服装商店、上海宝兔投资管理有限公司侵害商标权纠纷案

案情简介：花花公子企业国际有限公司（以下简称“花花公子公司”）在中国大陆注册了“PLAYBOY”系列商标，核定使用的商品为第24类“纺织织物”和第25类“服装”等商品，其系列商标包括：“🐰”“PLAYBOY”“PLAYBOY 花花公子”“🐰PLAYBOY ICON”，其中“PLAYBOY”商标被国家工商行政管理总局商标局列入全国重点商标保护名录。2014年花花公子公司发现上海宝兔投资管理有限公司（以下简称上海宝兔公司）有使用、销售、许诺销售涉案注册商标商品的行为，遂向上海宝兔公司发出《警告函》，要求上海宝兔公司立即停止侵权。2015年1月8日，安徽省太和县市场监督管理局查处经上海宝兔公司授权经营的侵权产品。2015年1月28日，合肥市包河区市场监督管理局查处合肥市包河区旭昊服装商店（以下简称合肥旭昊商店）销售的涉嫌假冒的花花公子公司商品系上海宝兔公司授权经营。花花公子公司对侵权销售行为进行了公证后，起诉要求上海宝兔公司、合肥旭昊商店立即停止侵犯注册商标专用权的行为，赔偿其经济损失及制止侵权的合理费用。

裁判结果：合肥市中级人民法院经审理认为，花花公子公司作为涉案注册商标专用权人，有权禁止未经许可的任何人在与其商标注册相同或类似商品上使用与其商标相同或近似的商标。上海宝兔公司所举证据不足以证明其获得涉案商标的使用权，上海宝兔公司亦无权授权合肥旭昊商店销售使用花花公子公司注册商标的商品，合肥旭昊商店虽然证明了其从上海宝兔公司处获得授权，但未证明其对上海宝兔公司使用商标的合法性尽到审慎的审查义务，故二者均侵犯了花花公子公司的注册商标专用权，应承担停止侵权、赔偿损失的民事责任。关于赔偿数额，因合肥旭昊商店的侵权行为表现为在安徽省合肥市开设门店销售被控侵权商品，考虑其经营的持续时间、主观过错程度等因素、花花公子公司为制止侵权而支付的合理支出，酌定其赔偿花花公子公司经济损失及为制止侵权的合理费用共计5万元。上海宝兔公司所举证据不足以证明其有权使用涉案商标，其侵权行为包括向合肥旭昊商店授权使用花花公子公司商标标识，以及在其他商场授权经销商使用花花公子公司的商标标识，侵权范围广，且在花花公子公司向其发出警告函的情况下，仍然继续侵权，主观恶意明显。法院根据其侵权性质、情节以及花花公子公司制止侵权的合理开支等因素，酌定上海宝兔公司向花花公子公司赔偿经济损失及制止侵权的合理费用共计50万元。一审宣判后，上海宝兔公司不服，提起上诉，安徽省高级人民法院二审驳回上诉，维持原判。上海宝兔公司的再审申请亦被最高人民法院裁定驳回。

3. 中粮集团有限公司与合肥经济技术开发区万德福超市侵犯商标权等系列纠纷案

案情简介：中粮集团有限公司（以下简称“中粮公司”）系“长城牌”商标注册权人，且将该商标显著部分“长城”文字和长城图形注册为系列商标，核定使用商品包括葡萄酒、鸡尾酒等。经中粮公司

长期使用、推广，其第70855号组合商标被国家工商行政管理总局认定为驰名商标。涉案第70855号、第3244775号、第4883352号、第8136217号、第3235580号、第7859364号注册商标核定使用的商品均为第33类，包括葡萄酒、鸡尾酒、白兰地、白酒等，商标均在有效期内。上述商标经过中粮公司长期使用及宣传，在相关市场上享有较高知名度。

2016年5月18日，中粮公司发现合肥经济技术开发区万德福超市（以下简称“合肥万德福超市”）销售的标注为中粮集团长城葡萄酿酒有限公司出品的“CHANGCHENG长城干红葡萄酒5年精品窖藏解百纳”产品并非中粮公司授权生产和销售。该产品瓶身正帖上方中部的长城图形与中粮公司第3235580号注册商标均为酒杯形状的简化长城图形，两者高度近似。瓶身正帖使用的汉语拼音“CHANGCHENG”与中粮公司第7859364号“CHANGCHENG”注册商标完全相同。瓶身正帖和背帖中标注的“长城干红葡萄酒”字样中，其中汉字“长城”具有区别商品来源的作用，与中粮公司第4883352号“长城”注册商标相同。正帖中下部显著位置使用的长城图案与中粮公司第8136217号“长城图案”注册商标相同，且与第80755号商标近似。正帖左下角使用的繁体字“中国长城”中的“长城”两字与中粮公司第3244775号注册商标近似。中粮公司认为合肥万德福超市的销售行为侵犯了其前述注册商标专用权，遂提起诉讼，请求判令合肥万德福超市停止侵权、赔偿损失。合肥万德福超市辩称，其不知其销售的被控侵权产品侵犯了中粮公司的注册商标专用权，主观上无侵权故意，且被控侵权产品有合法来源，并提交了一张送货单作为证据。

裁判结果：合肥市中级人民法院审理认为，根据法律规定，商标注册人的商标专用权受法律保护，未经商标注册人许可，在同一种商品上使用与其注册商标相同的商标，或者在同一种商品上使用与其注册商标近似的商标，容易导致混淆，均属于侵犯注册商标权的行为。根据法律规定，合肥万德福超市销售该产品的行为构成对中粮公司注册商标专用权的侵犯，合肥万德福超市所举证据记载的商品未与被控侵权产品形成对应关系，无法证明其销售的被控侵权产品有合法来源，应承担停止侵权、赔偿损失的民事责任。因中粮公司未能举证证明其因侵权行为所遭受的经济损失，或者合肥万德福超市因侵权行为所获得的利益及商标许可使用费的情况，故法院综合涉案商标的知名度、中粮公司为制止侵权行为而支付的合理开支及合肥万德福超市的经营规模、地理位置、侵权情节等因素，酌定判决合肥万德福超市赔偿中粮公司相应的经济损失。

4. 李林峰、合肥好视野电子科技有限公司与宁波锐源电子科技有限公司侵害实用新型专利权纠纷案

案情简介：李林峰是一名中学生，系专利号ZL2012 20602287.1“儿童护眼架”的实用新型专利权人。2013年4月18日，李林峰与合肥好视野电子科技有限公司（以下简称“合肥好视野公司”）就该专利产品签订为期十年的专利独占实施许可合同。2015年7月30日，李林峰与合肥好视野公司发现宁波锐源电子科技有限公司（以下简称“宁波锐源公司”）在淘宝网等网站销售侵权商品，遂起诉要求宁波锐源公司停止生产销售侵犯其专利产品的行为、销毁库存及模具、设备，赔偿李林峰、合肥好视野公司经济损失及各项开支并赔礼道歉。宁波锐源公司认可网上购买的经公证的产品系其公司生产，但认为其产品没有侵权。

裁判结果：合肥市中级人民法院经审理认为，李林峰、合肥好视野公司合法拥有该专利权。经对比，被诉侵权技术方案与李林峰的授权专利技术的技术特征存在以下相同点：均是儿童护眼架，包括托架、中心支杆和底座。被诉侵权技术特征与李林峰、合肥好视野公司技术特征存在两处不同，即托架与支杆的连接方式不同、支杆与底座的连接方式不同。关于托架与支杆的连接方式，虽两种产品连接方式不同，但都是为了实现“调节底座高度”这一功能。关于支杆与底座的连接方式，虽然两种连接方式有所不同，但都是为了实现“中心支杆与底座连接并定位”，以达到护眼架处于使用和非使用两种状态这一功能。

本案争议焦点即该两处不同的特征能否构成等同。在托架与支杆的连接方式上，双方的产品均采用的是栓状的圆柱体这样一个基本的手段。虽然宁波锐源公司的产品在中心支杆上采用的卡位结构与李林峰专利权利要求记载的螺栓结构不相同，但在技术特征所采用的手段基本相同、与专利权所要实现的效果基本相同，都是为实现将托架上下调节的功能，且卡扣方案是不需要本领域技术人员创造性的劳动就能联想到的。在中心支杆与底座连接方式上，双方的产品均采用的是夹臂上通孔与穿轴孔连接，通过这个孔施加一个压力给限位装置以改变限位装置的位置，达到中心支

杆旋转这一基本手段。虽然宁波锐源公司的产品轴向移动与李林峰专利权产品要求记载的径向移动不相同，但产品的技术特征所采用的手段和实现的效果基本相同，而通孔位置的改变亦不需要本领域技术人员的创造性劳动就能够联想到。故宁波锐源公司的产品与涉案专利技术相异的两个特征构成对涉案专利权的等同，宁波锐源公司的产品技术、产品特征落入李林峰专利权的保护范围，构成对李林峰专利权的侵犯。综上，判决宁波锐源公司立即停止侵权，并赔偿李林峰、合肥好视野公司70000元。

5. 浙江众大包装设备有限公司诉余一中确认不侵害专利权纠纷案

案情简介：专利号为ZL201110320586.6（名称为“一种压紧机构及具有该压紧机构的纸币封装装置”）的发明专利，专利号为ZL201210352715.4（名称为“纸币塑封包装机及其包装方法”）的发明专利，由原专利权人余谈阵、北京银海世纪科技有限公司（以下简称“北京银海世纪公司”），于2014年5月转让给浙江众大包装设备有限公司（以下简称“浙江众大公司”）。自2014年5月起，余一中多次发律师函给浙江众大公司，称上述两发明专利归北京银海世纪公司独有，浙江众大公司生产专利产品侵犯了北京银海世纪公司的专利权。自2014年8月起，余一中陆续向浙江众大公司的客户发送律师函，称浙江众大公司生产的纸币塑封包装机牵涉专利纠纷，警示各银行若采购该产品可能涉及专利权纠纷之法律风险。因余一中多次发函称浙江众大公司侵犯其专利权，浙江众大公司遂向安徽省合肥市中级人民法院提起诉讼，请求确认其不侵犯余一中专利权。

余一中认为，涉案专利由北京银海世纪公司和余谈阵共有，余谈阵无权擅自处分涉案专利，浙江众大公司实施涉案专利的行为不具有合法性，浙江众大公司受让涉案专利的行为存在主观过错。浙江众大公司侵害其专利权，其已在合理期限内向北京知识产权法院就涉案专利提起了侵权之诉，浙江众大公司起诉属滥用诉权。

就本案案由问题，法院已向浙江众大公司释明，确认不侵害专利权诉讼，是原告请求法院对其行为是否侵害被告的专利权作出判断，该诉的成立以被告拥有合法有效的专利权为前提，但在本案中，浙江众大公司未举证证明余一中拥有何种专利权。

裁判结果：合肥市中级人民法院审理认为，浙江众大公司请求确认不侵害余一中的专利权或知识产权，该诉成立的前提条件在于余一中实际拥有等待确认的、是否被侵害的专利权等知识产权，余一中自称或自以为拥有、但实际不拥有的，均不能作为确认的对象。本案中，两涉案专利系由案外人负超受托开发，并经申请获得专利授权，后转移至浙江众大公司名下。余一中已经就涉案专利的权属问题提起诉讼，但是在余一中未取回涉案专利权之前，余一中名下并无专利权或对相关发明享有任何权利。相反，涉案专利权目前归属于浙江众大公司，因此浙江众大公司的确认请求不符合确认不侵害知识产权诉讼欲处理的案件类型，也缺乏普通民事诉讼应当具备的当事人之间的实质性意见分歧。综上，合肥市中级人民法院裁定驳回浙江众大公司的起诉。

6. 合肥丰乐种业股份有限公司与舒城蓝草香米业有限公司、孙正友侵害植物新品种权纠纷案

案情简介：江苏丰源种业有限公司与江苏丘陵地区镇江农业科学研究所（以下简称“镇江农科所”）系“镇糯19号”品种的品种权人，其授权合肥丰乐种业股份有限公司（以下简称“合肥丰乐种业公司”）在全国适宜区域范围内独占使用“镇稻18号”“镇糯19号”新品种权利，授权期间自2014年12月31日起至2019年12月31日止。2016年3月27日，合肥丰乐种业公司发现舒城蓝草香米业有限公司（以下简称“舒城蓝草香公司”）以“镇糯19”的名义销售种子，孙正友系舒城蓝草香公司的法定代表人。丰乐公司提起诉讼，请求判令舒城蓝草香公司、孙正友停止侵权并对库存尚未销售的侵权种子进行灭活性处理，赔偿经济损失等并公开道歉。舒城蓝草香公司庭审时认可其销售的种子为“镇糯19号”，但认为其收购该种子系为了验证出米率，并未以种粮名义对外出售。

裁判结果：合肥市中级人民法院审理认为，合肥丰乐种业公司享有“镇糯19号”水稻品种的独占实施许可权，有权以自己的名义对侵权行为提起诉讼。合肥丰乐种业公司提供的证据及法院调取的证据证明，舒城蓝草香公司销售涉案种子时出具的收条中明确载明了品种名称为“镇糯19号”，且种子包装上标注的信息均为种子的信息，故舒城蓝草香公司辩称其购买种子仅用于验质需要，并未以种子名义对外销售的抗辩理由，不能成立。舒城蓝草香公司作为粮食加工、购销企业，未经合肥丰乐种业公司许可，擅自收购“镇糯19号”水稻

种子并对外销售，构成侵权，应承担停止侵权、赔偿损失的民事责任。根据植物新品种保护条例的规定，品种权被授予后，在自初步审查合格公告之日起至被授予品种权之日止的期间，对未经申请许可为商业目的生产或者销售该授权品种的繁殖材料的单位和个人，品种权人享有追偿的权利。涉案侵权行为发生在“镇糯19号”品种权初审合格公告、且在农业部植物新品种保护办公室已作出授予品种权决定之后，故丰乐公司有权对涉案的侵权行为进行追诉，并对舒城蓝草香公司未经许可的销售行为进行追偿。综上，判决舒城蓝草香公司停止侵权、赔偿丰乐公司经济损失并对库存侵权种子进行灭活性处理。

7. 傅敏诉中国文联出版社不正当竞争纠纷案

案情简介：傅敏将傅雷、傅聪父子早年的往来家信整理编选成《傅雷家书》，1981年8月由北京三联书店出版发行。多年来，由于不断发掘整理、丰富内容，《傅雷家书》不仅成为我国著名的品牌畅销书，并由刚出版时的一本小书逐步形成如今拥有十余种品种的《傅雷家书》系列。后傅敏发现中国文联出版社未经其同意擅自删改选编《傅雷家书》，增加与家信无关的傅雷其他作品，并以《傅雷家书》相同的书名进行出版发行。傅敏认为中国文联出版社构成不正当竞争，请求判令中国文联出版社停止侵权，不得使用《傅雷家书》书名，召回并销毁擅自出版发行的《傅雷家书》，并赔偿经济损失、公告道歉。

中国文联出版社辩称：其审查了作品来源，尽到了审查义务。其出版的图书均是傅雷的作品，没有侵权。文联版本的《傅雷家书》在内容上与傅敏版的《傅雷家书》有显著不同，有一半以上是新增加的内容，其版本有独创性。两种版本的《傅雷家书》都是汇编性作品，在分类选编等各方面不一样，都是享有汇编权的独立作品。其没有侵犯傅敏名称权等，不构成不正当竞争。

裁判结果：合肥市高新技术产业开发区人民法院审理认为，傅敏版《傅雷家书》是我国文学艺术翻译家傅雷及夫人写给其孩子傅聪、傅敏的家信选编，文联版《傅雷家书》书信及文章选取的全部是傅雷所作，两部作品均具有独创性，是享有汇编权的独立作品。但傅敏版《傅雷家书》经过傅敏长达近三十余年的宣传推广，在实体书店以及电子商务平台上获得了极高的关注度和赞誉，实体图书多次出版并上榜畅销书榜，为相关公众广为知悉。中国文联出版社未经傅敏同意擅自使用与其相同的书名进行出版发行，其行为误导了读者，属于不正当竞争，应当依法承担相应的侵权责任。综上，判决被告立即停止不正当竞争行为，不得在涉案图书上使用《傅雷家书》书名并不再印刷发行，同时赔偿傅敏经济损失。

8. 安徽燕之坊食品有限公司与上海柘宇农副产品有限公司、刘晓波、张发利、杨庆、上海上轩农农产品有限公司不正当竞争纠纷案

案情简介：安徽燕之坊食品有限公司（以下简称“安徽燕之坊公司”）是“燕之坊”商标的注册人，该商标在国内农副产品市场上有较高的知名度，2012年4月被国家工商行政管理总局商标局认定为驰名商标。

杨庆、刘晓波、张发利均为安徽燕之坊公司的工作人员，并签订有保密协议，曾代表安徽燕之坊公司分别与上海卜蜂莲花超市有限公司（以下简称“易初莲花超市”）、乐购上海股份有限公司（以下简称“乐购上海公司”）、上海易买得超市有限公司（以下简称“上海易买得公司”）签订购销合同等。2015年6月18日，安徽燕之坊公司发现合肥市合安路的易初莲花超市内有涉嫌假冒其公司的莲子在销售，相关信息显示供货商为上海上轩农产品有限公司（以下简称“上海上轩农公司”），经查该商品供应商实为上海柘宇农副产品有限公司（以下简称“上海柘宇公司”）。安徽燕之坊公司认为上海柘宇公司、刘晓波、张发利、杨庆、上海上轩农公司侵犯了其合法权利，遂提起诉讼，请求判决上海柘宇公司、刘晓波、张发利、杨庆、上海上轩农公司立即停止侵害其商业秘密的不正当竞争行为，赔礼道歉，并赔偿经济损失。

裁判结果：合肥市中级人民法院经审理认为，安徽燕之坊公司的客户名单符合不为公众所知悉这一要件、客户信息具有实用性，且安徽燕之坊公司已经采取了合理的保密措施，故安徽燕之坊公司主张的客户名单等经营信息构成商业秘密。刘晓波、杨庆、张发利先后任职于安徽燕之坊公司，掌握安徽燕之坊公司的商业秘密，在侵权行为中各有分工，构成共同侵权。张发利从安徽燕之坊公司离职后就职于上海柘宇公司，杨庆取得上海柘宇公司的部分股权，刘晓波与杨庆系夫妻关系，与易初莲花超市等客户建立交易关系的主体为上海柘宇公司，故上海柘宇公司与刘晓波、杨庆、张发利亦构成共同侵权。安徽燕之坊公司未能举证证明上

海上轩农公司实施了侵权行为，故不支持其对上海上轩农公司的诉讼请求。上海柘宇公司将其供货的莲子产品生产企业标注为安徽燕之坊公司进行销售，易导致消费者对产品来源产生混淆误认，侵害了安徽燕之坊公司的企业名称权。虽该批货标注的供货商为上海上轩农公司，但实际供货人为上海柘宇公司，故安徽燕之坊公司主张上海上轩农公司侵害其企业名称权，不能成立。综上，判决刘晓波、张发利、杨庆、上海柘宇公司立即停止侵害安徽燕之坊公司商业秘密的侵权行为，并赔偿经济损失及制止侵权的合理费用合计120万元；上海柘宇公司立即停止侵害安徽燕之坊公司企业名称权的不正当竞争行为，并赔偿经济损失及制止侵权的合理费用合计2万元。

9. 吴军销售假冒注册商标的商品罪案

案情简介：第4581865号钩图形、第3921767号“adidas及图形”、第175152号“NEW BALANCE”、第175153号“NB”均为经中华人民共和国国家工商行政管理总局商标局核准注册的商标，且在注册商标有效期内。自2013年4月开始，被告人吴军通过电商平台供货商，购买假冒第4581865号钩图形、第3921767号“adidas及图形”、第175152号“NEW BALANCE”、第175153号“NB”注册商标的运动鞋，通过微信和QQ向他人销售。其中，向汪某某、刘某某（均另案处理）等9人销售假冒注册商标的运动鞋，销售金额共计325626元。

2014年8月19日，公安机关在合肥市站塘路附近将正在交易的吴军现场抓获，并从其住处和仓库依法扣押假冒耐克钩图形商标的运动鞋669双、假冒“adidas”运动鞋431双、假冒“NEW BALANCE”运动鞋1664双，货值金额共计360650元。

裁判结果：合肥市高新技术产业开发区人民法院审理认为，被告人吴军销售明知是假冒注册商标的商品，销售金额325626元，数额巨大，尚未销售的货值金额360650元。其行为已构成销售假冒注册商标的商品罪，依法应当追究刑事责任。被告人吴军能够如实供述自己的罪行，庭审中自愿认罪，本可以对其从轻处罚，但被告人吴军案发以后未交出违法所得，缺乏正确的悔过表现，不宜对其适用缓刑。判决：一、被告人吴军犯销售假冒注册商标的商品罪，判处有期徒刑四年，并处罚金三十万元；二、被告人吴军销售明知是假冒注册商标的商品犯罪所得325626元予以追缴。一审宣判后，吴军不服，提起上诉，合肥市中级人民法院二审裁定驳回上诉，维持原判。

10. 徐林、李玉福销售假冒注册商标的商品罪案

案情简介：特百惠（中国）公司的第1052032号“Tupperware”、第157509号“TUPPERWARE”、第6974718号“特百惠”商标均系国家工商行政管理总局商标局核准注册的商标，并在注册有效期内。被告人徐林、李玉福原系特百惠（中国）公司的分销商。2012年11月，两人以徐林的身份信息在淘宝网注册成立“特百惠店铺”网店（店铺号117683），从特百惠（中国）公司进货在网店销售。2015年6月，徐林和李玉福不再从特百惠（中国）公司进货，开始在网上联系低价购进假冒“Tupperware”注册商标的水杯和包装盒，包装后通过网店对外进行销售牟利。至2016年8月15日期间，徐林、李玉福通过经营的淘宝网店“特百惠店铺”，共计对外销售标有特百惠“Tupperware”注册商标的塑料水杯210.83万余元。经计算，销售假冒“Tupperware”注册商标的水杯190.83万余元。经查实，被告人徐林与李玉福合作经营，利润五五分成，二人均参与发货、客服。

裁判结果：合肥市高新技术产业开发区人民法院认为，被告人徐林、李玉福销售明知是假冒注册商标的商品，销售金额190.83万余元，数额巨大，其行为均构成销售假冒注册商标的商品罪，依法应当追究刑事责任。被告人徐林、李玉福在共同犯罪中互有分工，不宜区分主犯、从犯。被告人徐林、李玉福归案后能够如实供述自己的罪行，庭审时自愿认罪，依法可以对其二人从轻处罚。被告人徐林并非主动投案，其行为不构成自首。本案中，被告人的实际销售金额已达190.83万余元，尚未销售的货值金额25万余元，被告人的销售金额和未销售货值金额均达到同一法定刑幅度的，在处罚较重的法定刑或者同一法定刑幅度内酌情从重处罚，故本案未销售的部分应为酌情从重处罚的情节。

综上，依照法律规定，判决被告人徐林犯销售假冒注册商标的商品罪，判处有期徒刑五年十个月，并处罚金一百万元；被告人李玉福犯销售假冒注册商标的商品罪，判处有期徒刑五年十个月，并处罚金一百万元；被告人徐林、李玉福销售假冒注册商标商品的犯罪所得190.83万余元予以追缴；并将相关财物予以没收或上缴国库。

（陈保合）

司法行政

【概况】2017年，合肥市司法局以开展“迎接党的十九大 服务大局做贡献”活动为主线，深入贯彻党的十九大精神，稳步推进司法行政改革，各项工作取得显著成效。市司法局被人力资源和社会保障部、司法部授予“全国司法行政系统先进集体”，并在市管领导班子和领导干部综合考核中被评定为“好”，还先后获得全省司法行政工作综合考核第一名、全省国家司法考试工作成绩突出的集体、全省司法行政系统信息工作先进单位、全市优秀综治成员单位、市政府目标考核优秀责任单位、全市依法行政工作先进单位、全市民生工程实施先进单位、全市政务公开先进集体、全市政务信息工作先进集体、全市对外宣传工作突出贡献单位、全市网站管理先进单位、全市诚信体系建设先进单位等荣誉。

【法治宣传】凌云市长主持普法领导小组会议，推进责任落实，市政府常务会听取“七五”普法工作汇报。市委办公厅、市政府办公厅联合印发普法责任制工作意见，明确55家重点责任单位及主要任务，并将法治宣传工作纳入市委市政府考核。组织5个督查组对全市普法责任制落实情况进行督查，督查结果在全市通报。在全省首创普法讲师团“法律六进”（通过开展普及法律的活动，使法律进机关、进乡村、进社区、进学校、进企业、进单位）“点讲”与“巡讲”宣讲模式，开展讲座百余场。中国普法网报道合肥市“12•4”国家宪法日系列宣传活动。开展喜迎十九大、大学生普法、江淮普法行、法治动漫展播等法治文化活动。举办第四届法治文艺调演，上万名群众观看，省司法厅和市四大班子领导莅临总决赛并颁奖。开展全国、省、市民主法治示范村三联创。推进全市司法行政系统“谁执法谁普法”责任制落实。

【特殊人群管理与服务】贯彻“治本安全观”，开展监狱安全治理深化年活动，市义城监狱实现18年9个月无罪犯脱逃。开展罪犯绿植认养、文化脱盲、法治讲座和心理辅导活动。开展戒毒所专项教育整治，扎实推进“3451”戒毒模式（“3451”戒毒模式是安徽省独创的新型戒毒模式，分为三分管理、四期戒治、五大中心和一个延伸），实现连续16年3个月无戒毒人员逃跑、无非正常死亡、无重大所内案件、无重大安全生产事故、无重大公共卫生事件、无毒品流入的“六无”目标。戒毒人员“四期”（生理脱毒期、身心康复期、常规矫治期、回归适应期）教育和个别教育全员覆盖。开展社区矫正专项活动。推进信息化电子监管系统应用，实现“手机定位+一体化电子腕带”监管模式，开展专项执法督查。实施监所民警到县市区延伸社区矫正监管，成效明显。在全省率先实现社会组织参与社区矫正全覆盖基础上，开展心理监测、工作评估、未成年犯、醉驾类等专业化项目化推进。远程帮教会见申请561次、会见285次，完成服刑人员信息核查，安置帮教信息录入全国系统，开展“黄丝带帮教行动”60余次、帮扶9000多人次。

【法律服务】开展矛盾纠纷大排查大调解系列活动。推进行业性专业性人民调解工作，“警民联调”组织实现全覆盖，合肥市医患纠纷人民调解委员会成功调解131件、达成协议金额近千万元。市委市政府出台法律援助实施意见，召开法律援助工作会议。建立法律援助联席会议制度，全年受理案件1.35万件、超额完成20%。出台法律援助绩效评价办法，全面实施。在全省率先在开发区设立法律援助工作站、率先建立法律援助与社区矫正对接机制。

公检法法援工作站全部建立，实现律师值班常态化。引导律师服务重点工程和重要经济活动。安排律师陪同市领导接访、参与涉法涉诉接访。深化律师各类服务活动，选拔2名律师参加“1+1”中国法律援助志愿行动。完成律师协会和协会党委换届，创新设立律师协会纪委，成立执业维权和投诉查处双中心。首发合肥律师社会责任报告，被司法部微博头条和多家省市媒体转载。与安徽大学共建合肥律师学院。引导律师参政议政，目前，担任全国政协委员1名、省市县人大代表、政协委员46名。

狠抓公证质量评审，在2017年度全省公证卷宗质量检查中，合肥市平均分95.98分、全市7家机构全优、3家受检卷宗优秀率100%，位居全省第一。探索开展互联网+公证业务。

开展为期两年的合肥“公证公益行”活动，发放慰问金5万多元。开展司法鉴定规范化推进年活动。推动国家、省级资质认定，提前超额完成省司法厅目标任务。参加司法部81项能力验证，通过率96%，居全省前列。在全省率先开发使用司法鉴定投诉处理和信息共享平台，引入律师参与投诉处理。完成司法鉴定协会换届选举。强化诚信体系建设，实施“双随机、一公开”（即在监管过程中随机抽取检查对象，随机选派执法检查人员，抽查情况及查处结果及时向社会公开）监管，落实“互联网+政务服务”要求。完成2017年国家司法考试，6401名考生参考，再创历史新高。完成司法行政系统案例库年度编报任务。

【司法行政改革】 调整市司法局深化司法行政改革工作领导小组，制定任务清单，召开推进会，23项改革任务稳步推进，承担省司法厅6项改革试点工作取得成效。市委办公厅、市政府办公厅联合出台律师改革意见，建立联席会议制度。市委办公厅、市政府办公厅联合印发法律顾问制度和公职律师公司律师制度实施意见，创新建立事业单位、村居法律顾问制度，全国领先。圆满完成律师专业水平评价试点。在全省率先完成合作制公证机构试点，设立庐州公证处。公证参与法院司法辅助试点在瑶海区落地生花。公证“最多跑一次”试点改革在巢湖市实施，广受群众欢迎。村（社区）微信群实现全覆盖，解答咨询万余人次，开展法治推介4200余条。与市中级人民法院联合印发刑事案件律师辩护全覆盖试点工作的实施方案，积极实施。

【司法行政基础建设】 6000多平方米合肥市级公共法律服务中心（含法律援助中心、人民调解中心、法治宣传教育中心），纳入市多元化矛盾纠纷化解中心建设。总造价490万元的市司法局指挥中心正式启动建设，打造全省样板工程。推进司法所“外树形象、内强素质”规范提升工程，125家司法所建成107家，完成年度任务143%，长丰县、巢湖市被省司法厅确定“全省示范推进单位”。队伍履职能力进一步提升，全系统40多个集体、120多名个人受县级以上表彰。实施社区矫正中心达标提升，将省司法厅考核情况通报县（市）区委政府，召开两次现场会推进，包河区社矫中心1000平方米新址建成，瑶海区社矫中心新址建成并投入使用，其他中心全面改造升级、完善功能。投资500万元监狱文化项目、投资1200多万元戒毒所“精品所”提升工程启动实施。投资30多万元，实施两个市级法治文化示范基地建设提升工程。建成司法行政业务超融合系统，结合“互联网+政务服务”，推进公共法律服务信息化平台一期应用，实现业务系统与市大数据平台共享交换，27项政务服务事项清单纳入市级平台运行。

【《新市民学法用法读本》出版】 《新市民学法用法读本》是由合肥市司法局、市普法办会同市城管局、市人力资源和社会保障局、市教育局等17家部门共同编写的全省首本新市民普法教材，2014年由中国法制出版社出版发行。该书分为权利义务篇、安居乐业篇、市民生活篇、子女教育篇、就业服务篇、奋斗创业篇、土地流转篇、社会保障篇、法律服务篇等九个篇章。每个章节都突出“法律与生活”，并采用关键词、相关链接、办事程序、便民通道、漫画图解、案例评析等形式展现出来，可读性、针对性和实用性强。该书结合与《读本》配套的普法挂图及法制讲座光盘，形成一整套“有声音、有图像、形象直观、简明易懂”的系列普法教材，免费发放到广大新市民手中，帮助他们更好、更快地融入城市生活，成为建设法治合肥的“正能量”。

2017年，合肥市司法局、市普法办在总结《新市民学法用法读本》成功经验的基础上，联合市中级法院、市检察院、市公安局、市人力资源和社会保障局等34家单位，精心选取100个新市民身边的典型案例，通过精心梳理，并配以案情解析、小贴士和案外延伸等内容，编纂成《新市民学法用法读本（二）——以案释法100问》，进一步引导广大新市民遵法、学法、守法、用法，全面贯彻落实党的十八届四中全会提出的国家机关“谁执法谁普法”的普法责任制，建立法官、检察官、行政执法人员、律师等以案释法制度的要求。该书受到时任司法部部长张军批示肯定，司法部函商纳入“12348中国法网”案例库。

（夏　韵）

市司法局召开纪念庆祝建党96周年党课报告暨表彰大会

仲 裁

【概况】 2017年，合肥仲裁委员会围绕市委市政府中心工作，以“完善仲裁制度，提高仲裁公信力”为目标，提高仲裁案件办理质量，着实推进“仲裁案件受理多样化、纠纷处理多元化”（以下简称“两化”）试点工作，仲裁廉政建设工作进一步深入，仲裁队伍建设加强。截至2017年12月31日，共受理案件874件，涉案标的36.7亿元，仲裁收费1908万元，分别同比增长5%、80%、17%。结案993件，调撤597件，调撤率达61%，结案数上升40%。各分会办结调解确认案件1211件。合肥仲裁委公信力得到提升。

【围绕仲裁公信力提质增效】

科学组庭，慎重出裁。在往年经验的基础上，2017年合肥仲裁委员会结合出现的新情况，完善相关流程，凸显仲裁的专家断案等优势。坚持科学组庭。继续实行集体讨论审批制度，做到三个坚决：仲裁程序不熟悉的坚决不选，有可能影响案件公正的坚决不选，不能保证办案时间的坚决不选。更加注重专家断案，对涉及专业性强的案件，优先选择相关专业仲裁员作为首席或者独任。如对建设工程、期货股权、保险等专业性较强案件，选择具有相应专业知识的专家来担任仲裁员。坚持慎重出裁。严格落实办案秘书初核和部长、副秘书长、秘书长三级审批制度。对发现的问题，及时提出上报，必要时以秘书处名义提请论证研讨。

防控虚假仲裁。针对如何防控虚假仲裁，组织大学教授、法院法官、资深律师等就仲裁各个环节把控展开研讨。如对于申请书面审理，并已达成调解协议的案件，不是简单地根据双方事先达成的调解协议出具调解书，仲裁庭对案件的基本事实要求当事人提供证据证实，在查清案件事实基础上，依据双方达成的调解协议制作调解书。2017年，成功防范8起极可能虚假仲裁案件。

多管齐下，狠抓时效。2017年，把案件监督重点集中在积案清理和按期结案率的提升上，实施多种措施，多管齐下，进一步提高案件时效。对案件积压较多的办案秘书，秘书长亲自主持督查积压案件推进期限，办案秘书自己对每个案件情况进行说明，秘书处对每个环节设置办理期限，并确定责任人定期督促案件进程。办案秘书每个月办案情况与每月绩效紧密关联。对案件延迟办理的仲裁员，分管副秘书长以电话或约谈的方式和交流督促。仲裁员办案质量和效率与仲裁员报酬挂钩。

【推进“两化”试点工作】 2017年，长丰分会充分利用县社会矛盾调解中心工作和工作渠道，深入各个重点乡镇司法所和相关部门、单位及纠纷当事人，宣传讲解实行仲裁“两化”工作解决社会矛盾纠纷的优势，扩大社会对仲裁工作的了解，以及对仲裁“两化”工作的知晓度，为推进仲裁“两化”工作奠定基础。仅长丰分会和蜀山分会全年共确认案件1211件。巢湖分会受理仲裁调解确认案件实现零突破，达51件。

2017年4月25日，在全省率先成立知识产权仲裁中心，并受理7件知识产权的侵权效力确认案件，在双方放弃举证期、答辩期书面审理约定基础上，合肥市仲裁委员会在受理后5个工作日，即作出裁决书。知识产权局、当事人对该委仲裁效率给予充分肯定。同时注重加强仲裁与保险业、银行业、证券业的联系和对接，把仲裁触角延伸到金融管理、保险服务、知识产权、融资担保、涉外合同等众多领域。

（合肥仲裁委员会）

责任编辑：王惠莹

合肥警备区

【概述】 2017年，警备区党委坚决贯彻习主席改革强军战略部署，认真落实省军区党委、中共合肥市委的指示要求，以迎接十九大胜利召开、学习宣传贯彻十九大精神为主线，忠诚核心立纲铸魂，聚力改革乘势而进，转变职能创新发展，从严正风纯净生态，夯实基础确保稳定，部队适应新体制、经受新考验、实现新发展，总体呈现稳中有进、进中有喜的良好局面。

坚定维护核心，思想政治建设有新加强。紧跟习主席思想步伐，突出“7.26”“8.1”重要讲话和党的十九大精神的学习宣传贯彻，制定《深入学习贯彻习主席系列重要讲话精神措施》《学习贯彻党的十九大精神具体措施》等规定，严密组织党委中心组带机关理论学习，12次召开警备区常委会专题研讨，师团领导带头写体会、作辅导、搞研讨，持续兴起学习热潮。统筹推进“两学一做”学习教育常态化制度化，扎实开展维护核心、听从指挥主题教育，组织“严守政治纪律和政治规矩”“学哲学、用哲学”等专题教育，“四个意识”牢固树立。积极打好意识形态领域斗争主动仗，坚决彻底肃清郭徐流毒影响，常委带队逐单位进行督导检查，确保到边到底、不留隐患。

践行改革强军，转型建设推进有新气象。针对官兵“活思想”，递进组织4个波次专题教育，广泛开展“双向交底”，汇聚拥护支持改革意志，全体退役官兵愉快服从组织安排。团以上干部带头研究改革后的新情况，运用“转职能、专主业”成果提升工作质效，警备区、人武部编制调整圆满完成，两个干休所改革有力推进。坚持每月对战备值班、安全管理、信息报送等量化打分、拉榜排序，每周集中研究工作、统一安排计划，促进各级聚焦重点、狠抓落实。坚持把解决棘手问题作为检验改革成效的“试金石”，困扰警备区多年的老营区土地收储难题有效解决，92个有偿服务项目全部关停或移交政府管理，列入计划的退休干部100%移交地方，制约发展的矛盾问题得到有力破解。

聚焦主责主业，动员备战水平有新提升。在日常战备上，以应急情况处置想定作业为抓手，搞好应急指挥能力“补课”。在军事训练上，区分层次落实首长机关、专武干部、民兵营连长、水上抢险骨干、专业保障分队等训练，完成年度民兵训练任务。在动员准备上，肥西县、庐江县高标准完成实兵综合演练部队过境保障任务，指导巢湖市人武部探索“力量编组精干化、教育训练常态化、组织指挥信息化、遂行任务多样化、综合保障制度化”的应急分队建设新路子。在兵员征集上，紧盯“五率”做工作，精准宣传发动，定期通报排名，规范征兵程序，狠抓廉洁纪律，完成兵员征集任务，包河区征兵“五率”在警备区排名第一，庐阳区中澳学院兵源预储班建设结出硕果。

发挥特色优势，军民融合发展有新突破。各级支持军改更加有力，协调市委召开支持军改会议，研究启动30名随军家属对口调动，5名符合条件的正团职转业干部全部安排实职，瑶海区为随军未就业家属安排公益性岗位。军民融合发展更加深入，协调火箭军研究院与合肥市初步达成战略合作协议，陆军炮兵防空兵学院5个军转民产业有力推进，合肥市初步形成电子信息、公共安全、智能制造、高端装备“四大军民融合产业基地”，《国防报》头版头条予以报道。全民国防教育更加活跃，纳入国民教育和干部培训内容，邀请金一南等专家作国防报告，师团领导带头宣讲国防形势，长丰县建成“中共合肥北乡支部纪念馆”红色教育基地，蜀山区在部分中小学开设国防教育课。军政军民关系更加团结，主动参与扶贫攻坚任务，联合举办纪念建军90周年文艺晚会，落实32名军人子女教育优待，巢湖市一次性选聘19名优秀退役士兵担任村官。

贯彻从严从紧，党委班子建设有新加强。履行“两个责任”，年初制定《加强新体制下警备区党委班子作风建设意见》，确保初始即严、一严到底。贯彻民主集中制，发挥集体智慧，面对干部调整使用、全面停止有偿服务、审计问题整改等复杂敏感问题，始终坚持党性原则，发扬民主，发挥集体智慧，确保决策质量。开展“拥护支持改革、从严正风肃纪”集中教育整顿，学好用好军委纪委“两个问题清单”和省军区“两个负面清单”，从严落实“禁酒令”，对自查的6个方面16个问题、生活费决算审计指出的12个方面问题、军委审计组延伸审计民兵训练费中发现的问题，举一反三、立行立改，对变通开支的违规违纪问题严肃问责。

坚持基层至上，部队发展根基有新巩固。落实挂钩帮建机制，常委分工帮带相对薄弱的团级单位，警备区首长先后4次集中下部队，面对面帮带班子、帮助理路、帮解难题。针对干部转业后基层力量薄弱的现状，在纳编定岗时优先把人武部主官配好，把新提升的干部全部分配到市县人武部任职，安排机关干部驻部蹲点。下力推进基层设施建设，肥东县国防动员教育训练中心完成主体工程建设。突出抓好“安全创佳绩、喜迎十九大”系列活动，3次进行安全隐患排查，2次组织枪弹专项清查整治，严格涉密资料管理，常态落实查铺查哨、安全巡查、明察暗访、入库检查等制度。部队先后3次接受军委国防动员部安全管理和明查暗访大检查，均未发现明显问题。

【聚焦备战打仗】 坚决贯彻习主席改革强军战略部署，牢固树立战斗力标准，始终聚焦备战打仗职能，突出实战化训练，突出急难险重任务锤炼，部队训练基础更加扎实，应急应战能力明显提升。坚持摆上高位。党委始终把练兵备战摆在中心位置，坚持围绕中心开展工作。定期召开党委会、办公会、业务会专题议战议训，结合重大演训活动，专题分析战备训练工作，审定训练方案，研究部署任务，为抓好战备训练提供坚强组织保障。坚持率先垂范。主官带头授课辅导，带头参训参考。在首长机关训练中，班子带头参训，全员参训，坚持与官兵坐在一起学，站在一起练。专武干部、民兵干部、民兵分队集训时，各级党委领导亲自备课示教，提高教学质量。坚持一线帮抓。党委坚持一线指导帮带，及时研究解决训练中的矛盾困难。党委常委按照分工，分别挂钩帮带1—2个团单位战备训练工作，参加训练动员，组织训练检查与考核。人武部严格落实主官全程驻训、干部组训任教、训练形势分析等制度，从严治训管训，确保训练质效。

【日常战备】 按照“平战一体、高度戒备、随时能战”战备值班体系要求，严密组织值班人员业务培训，狠抓日常值班检查纠治。先后接受军委、战区、省军区战备值班临机抽查60余次，均第一时间到位、快速准确应答。围绕维稳处突、抗洪抢险、森林防火、抗震救援等任务，修订完善9个专项应急预案，10项典型应急行动指挥流程，确保指挥规范。定期组织应急情况处置演练，从严落实战备制度规定，提升应急力量常态备勤能力，确保“一声令下、迅即行动”。

【试点建设】 根据省军区部署要求，围绕抓好民兵应急分队“建、用、训、管、保”规范，指导巢湖市人武部研究探索“力量编组精干化、教育训练常态化、组织指挥信息化、遂行任务多样化、综合保障制度化”的建设路子，确保民兵应急分队编实、训实、用实。在编组方式上，以“工作性质相通、行政管理相融、装备器材相对应”的单位为重点，签订单位及队员《支持国防责任书》和《参加应急分队志愿书》。在教育训练上，采取小集中短时间的方法，按照周、月、季、年的区分，常态落实各类教育训练内容。在组织指挥上，开发“指挥、教育、管理”功能于一体的信息化平台，实现网上实时指挥、远程教育和集中点名。在功能整合上，把应急维稳、抗洪抢险、森林防火、抗震救援等任务融为一体，实现一专多能、一队多用。在综合保障上，军地联合出台《关于进一步加强民兵应急分队建设的意见》，制定《民兵应急连应急应战装备器材配备标准》，建立每人每月500元的岗位津贴等保障措施。

【实战训练】 突出单个预编人员返岗复训，先后分3批28人赴作战部队完成实战化演训任务。突出军兵种支援保障分队实地演训，组织肥东县、瑶海区人武部分别对接海军机场和空军雷达站，完成230人的军兵种支援保障联训联演任务。突出干部骨干指挥训练，完成专武干部和民兵营连长集训任务。突出一队多能训练，围绕抢险救灾、应急处突等任务，完成全市41人的水上抢险分队骨干和3355人的民兵分队训练任务，民兵分队应急应战能力得到有效提升。突出支援保障。按照“练指挥、练协同、练保障”要求，联合交通、民政、卫生等部门，组织民兵安全警戒、车辆维修、医疗卫生等分队，完成作战部队1080人、104台车辆过境保障任务，检验了机动保障能力。突出新大纲试训论证。依据新修订的《民兵军事训练大纲试训》，指导肥东县、包河区人武部展开对口保障海军民兵专业训练大纲（陆上勤务册）、民兵参加防空袭作战行动训练大纲试训论证，形成了“五个一”的试训论证成果。

【抢险骨干集训】 根据省军区防汛工作指示和警备区年度训练安排，6月5日至11日，警备区组织了为期7天的民兵水上抢险分队骨干集训。集训着眼政治之年、改革之年对社会安全稳定的特殊要求，立足防大汛、抢大险、救大灾，以“夯实业务基础、强化专业技能、提升应急能力”为目标，按照紧贴任务、提升能力、确保安全的要求，采取“学、训、演、考”方式，突出基本理论、专业技能、编队行进和打捞搜救等课目学训。市、县两级共参训41人，出动冲锋舟10艘，考核合格率达100%。通过训练夯实了民兵抢险骨干专业基础，提高了遂行应急任务能力素质。

【军民融合发展】 为深入贯彻习主席军民融合战略，警备区会同市发改委，抢抓机遇，开拓思路，主动作为，加快形成合肥特色军民融合发展新格局。找准优势。发挥合肥科技资源丰富、创新能力强的优势，按照机械制造与高端装备、空天海洋前沿技术、新一代信息技术、高性能特种材料、智能装备与安保维稳、新能源与化工、后勤保障7大类，梳理汇总74家合肥特色企业，形成军民融合企业和产品技术推荐目录。主动对接。11月13日至15日，警备区会同市发改委、包河区发改局，赴火箭军研究院走访，双方围绕人才共育、项目合作、技术交流、平台共建等内容，按照创建科技创新园、成立砺箭研究院合肥分院、搭建军民融合信息平台、设立军民融合服务中心、组织军民融合高层论谈、引入军民融合产业基金“六个一”构想，初步达成战略合作协议。加强规划。组织国动委各办，邀请中科大知名专家，总结过去军民融合工作，谋划未来三年工作，共同做好合肥市“十三五”军民融合发展规划编制工作。

【国防动员潜力调查】 采取“行业统计为主、专项调查为辅”“归口调查统计、逐级审核汇总”的方式方法，区分综合、人民武装、经济、人民防空、交通战备、信息、政治动员8类潜力，分别调查统计数量、质量、分布等指标，组织市县两级国动委完成7类48项6万余条国防动员潜力数据核查工作，全面掌握国防动员潜力资源现状，为平时国防动员准备筹划、战时国防动员指挥决策提供基本依据。

【专武干部集训】 1月上旬，警备区组织全市132名专武干部在教导队进行为期7天的集训。集训以《民兵军事训练与考核大纲》、省军区《2017年训练预备期军事训练工作指示》为依据，以抓基层打基础、抓队伍强素质为目标，紧紧围绕省军区系统“5+2”新职能，采取“学、训、研、考”方式，科学设置国防动员、民兵整组、兵员征集、组织指挥和基层规范化建设等5类25个学训课目。通过集训，参训人员业务素质、军事技能进一步提高，军人意识、纪律观念得进一步增强，安全管理、制度落实全程有力有序。

【征兵工作】 围绕高标准完成“五率”指标任务，扎实抓好征兵工作各项任务落实。通过召开征兵工作会议、征兵准备工作部署会、推进会等形式，认真研究对策、部署任务，并全面开展兵员潜力调查摸底，扎实抓好兵役登记和网上报名工作；运用电视播出公益广告、报纸网络开设征兵专栏、开设微信公众号等多种手段，进一步延伸宣传触角，浓厚征兵宣传氛围；建立每周通报“五率”任务完成情况制度，先后多次派工作组对各单位征兵工作开展情况进行专项检查，有效督导征兵工作落实。通过上下努力，圆满完成兵员征集任务，大学生征集比例达70.1%。

【人武部第一书记述职会议】 3月23日，市委主要领导、分管领导、国动委“八办”主任以及县（市）区人武部党委第一书记、国动委主任、人武部军政主官等50余人，在警备区召开人武部党委第一书记述职大会。会上，省委常委、市委书记、警备区党委第一书记宋国权作重要讲话，警备区司令员朱毅总结部署全市武装工作，通报改革有关情况，4名人武部党委第一书记作大会述职，会议由市委常委、警备区政委姜宗健主持。会议聚焦支持改革主题，认真传达学习军委改革会议精神和习主席关于改革强军的重要论述，强化推进国防和军队改革是军地共同事业的政治担当。会议要求市县两级全力支持国防和军队改革，在转业安置、家属就业、子女入学、全面停止有偿服务等方面，拿出有力举措为部队排忧解难。会议强调，要紧紧抓住国防动员体系重塑、开局开新的历史机遇，当好党管武装“第一责任人”，适应形势、找准优势，凝神聚力、开拓创新，切实干出与合肥市经济同步发展、地位相称的实绩。

【市委议军会议】 12月22日上午，省委常委、市委书记、警备区党委第一书记宋国权主持召开中共合肥市委2017年议军会议。会上，宋国权同志作重要讲话，市委常委、警备区政委姜宗健就提交市委议军会审议的几个问题作说明，警备区司令员朱毅作工作报告。会议指出，2017年全市各级党委、政府和军事机关发扬优良传统，积极开拓创新，党管武装和后备力量建设取得了新的成绩，警备区全体官兵和广大民兵预备役人员在深化国防和军队改革、推进练兵备战的同时，扎实推进军民融合深度发展，踊跃投身经济社会建设，为加快合肥经济社会发展作出了重要贡献。会议强调，2018年是深化军队和后备力量建设调整改革之年，各级要以强军思想为指导强化党管武装，以应急应战为核心深化备战打仗，以动员准备为重点聚力主责主业，以军民融合为牵引推动创新发展，努力推动全面建设再上新台阶。会议明确，严格人事和编制制度，坚持公开公平公正的原则，分四年安置120名在编随军家属，2017年先落实30名随军家属对口调动。

【建军90周年暨国防教育日宣传活动】 联合市委宣传部、市国防教育办公室、教育局、民政局、文广新局、工会、团市委、妇联共同组织开展庆祝建军90周年暨第17个全民国防教育日宣传活动。组织协调社会各界开展祭奠革命先烈、举办歌咏比赛、读书演讲和红色影片展映等形式多样、丰富多彩的主题教育活动，向社会开放部队军史馆（展览馆），深化爱国主义教育和革命传统教育。军地联合策划编排“强军梦 鱼水情”——庆祝中国人民解放军建军90周年文艺演出活动及图片展。

【扶贫助学】 把打赢扶贫攻坚战作为推进“两学一做”学习教育的实践检验，专题召开扶贫工作会议，军政主官亲自动员部署工作，分管领导多次到扶贫点现场办公。党的十九大胜利召开之后，及时安排帮扶干部进村宣讲十九大精神，第一时间把党的方针政策传达到群众心中。根据扶贫点不同发展状况，组织协调地方扶贫、土地、规划等部门对团单位扶贫计划、项目进行修订论证，加以统筹规划、精准施策，形成了一村一品、各具特色的脱贫格局。出资为巢湖市夏阁镇元通村建设光伏脱贫项目、兴建便民服务大厅，一次性资助30名大学新生入学。

（政治工作处）

武警合肥支队

【概述】 2017年，合肥支队紧紧围绕迎接保卫学习贯彻党的十九大这条工作主线，以看齐追随引领方向，以中心任务牵引建设，以正风肃纪革弊鼎新，以赓续传统强固基础，以崇尚荣誉推动发展，基层基础进一步牢固，部队建设持续向上向好。

思想政治建设。始终聚焦十九大这个最严政治大考、紧盯向习主席看齐追随这个最高政治要求，严格落实“教育日”制度，探索运用“1+2+1”组教模式，扎实开展“三项大的教育”，持续用习近平新时代中国特色社会主义思想武装官兵头脑，进一步强化“四个意识”、增强“四个自信”、坚定“三个维护”，官兵“为合肥支队荣誉而战、为合肥支队增光添彩”的理念更加牢固。强力推进营区政治环境和网上荣誉室建设，建立“流动图书馆”，为基层配发新书8000余册，隆重举办“最美军嫂”表彰晚会，微电影《冲锋吧，突击手》在武警部队获奖，“送文化、送法律、送心理服务到基层”等系列活动受到总队卢政委点名表扬，副参谋长杨意先被总队评为“以队为家、敬业奉献”先进典型。全年共在中央级媒体刊稿127篇，支队被总队表彰为“新闻报道先进单位”，2人被总部评为“新闻报道先进个人”。

完成中心任务。始终把执勤作为主业和“饭碗”端稳抓牢。持续加强“五防一体化”建设，以“攻碉堡”的精神，争取经费600余万元，深入贯彻“两淮会议”精神。严格落实全要素联合值班，常态开展查勤讲评，扎实开展执勤隐患大排查和警卫勤务专项治理整顿活动，排查解决各类问题隐患76处，执勤正规化水平进一步提升。支队完善技防体系的经验做法被《人民武警报》头版头条刊登。落实“一二三四”抓训要求，开展“魔鬼周”极限训练，严密组织5类9个批次比武集训，部队遂行任务能力提升明显。支队夺得总队反恐分队巅峰对决第二名和年度军事训练考核总评第四名，2人被评为“总队优秀军事教练员”。新训工作实现了“全程保安全”的目标，在总队组织的验收考核中，夺得全总队第一名的好成绩。全年累计用兵1.8万余人次，成功处置各类突发事件116起，圆满完成各类临时性勤务139起，实现连续32年执勤无事故。1个中队被总队评为执勤标兵中队，7个中队被总队评为正规化执勤优秀单位，司令部被总队表彰为先进司令机关。

基层基础建设。认真贯彻武警党委1号文件精神，开展大练基本功活动，组织《纲要》培训，开办政工夜校，基层党支部“三个能力”不断增强，干部队伍能力素质持续提升。在总队四会政治教员比武中，获得团体第四，4名同志进入十佳。在总队“三个十佳”评比中，2名同志分别被评为“十佳优秀基层主官”和“十佳爱兵模范”。始终坚持重心向下，广泛开展“三帮一提高”和精准帮建活动，全年党委常委累计蹲点300余天，帮助基层解决各类问题30余个，基层建设基础更加牢固，1个大队、7个中队被总队评为基层建设先进单位，1个5年以上未进先进的单位跨入先进行列，1个大队被总部推荐为全军政法工作先进单位。紧紧扭住六类重点问题，组织4个波次安全隐患排查，及时消除了各类隐患苗头，支队安全工作受到总部安全管理检查组高度肯定，2个中队受到总部通报表扬。

后勤综合保障。坚持以保任务、保基层、保建设、保改革为方向，以迎接军委专项审计等大项活动为牵引，深入开展5个领域内经费使用自查自纠，修订完善《支队经费管理规定》《物资采购实施细则》，科学编制年度经费预算，跟进督导机关二期工程和5个中队新营房建设进度，结合落实“两淮会议”精神，对2个大队部和11个基层中队进行了营房改造。加强后勤战备体系建设，规范“一组五队”人员编携配装，开展“一专多能、一兵多用”业务培训，组织5类13批专业兵训练考核，后勤应急保障能力不断增强。坚持经费投入向基层倾斜、向任务倾斜，组织召开后勤工作现场会，投入100余万元用于改善基层基础设施、完善机关工作和生活条件，为圆满完成整编任务提供了坚强的服务保障。后勤部被总队表彰为先进后勤机关。

党委班子建设。全面落实从严治党要求，组织51次党委中心组学习，学习理论文章110余篇，自上而下开展民主生活会，从严落实组织生活制度，部队党的建设得到根本性加强。彻底肃清流毒影响，在选人用人、财经管理、整治“微腐败”上畅通民主渠道，严格执纪问责。公开透明处理敏感事项，全年提拔晋升干部、选晋士官、发展党员、立功等敏感事项得到官兵普遍认可。积极推进“四心”工程，开展“四助”活动，为3名官兵子女协调解决就近入园入学，走访慰问43名生活困难的党员干部，协调解决5起家庭涉法问题，党委机关的公信力、满意度提升明显。

【重大安保勤务】 1月14日至21日，安徽省人大十二届七次会议、安徽省政协十一届五次会议在合肥召开，根据省公安厅统一部署，报经总队批准，合肥支队抽调官兵，圆满完成会议安全保卫和机动备勤任务。

3月24日至25日，中共中央政治局委员、国务院副总理刘延东来安徽视察调研，根据省公安厅统一部署，报经总队批准，合肥支队抽调官兵，圆满完成首长一行在肥期间临时住地警卫任务。

5月2日至4日，全国人大副委员长王晨来安徽视察调研，根据省公安厅统一部署，报经总队批准，合肥支队抽调官兵，圆满完成首长一行在肥期间临时住地警卫任务。

5月15日至17日，中共中央政治局委员、国务院副总理汪洋来安徽视察调研，根据省公安厅统一部署，报经总队批准，合肥支队抽调官兵，圆满完成首长一行在肥期间临时住地警卫任务。

6月17日至19日，中国共产党安徽省代表会议在合肥召开，此次会议是我省推选“十九大”代表的一次重要会议，为确保会议顺利召开，根据省公安厅统一部署，报经总队批准，合肥支队抽调官兵，圆满完成中国共产党安徽省代表大会安全保卫和机动备勤任务。

8月26日至28日，中共中央政治局委员、中央党建工作领导小组副组长张春贤来安徽视察调研，根据省公安厅统一部署，报经总队批准，合肥支队抽调官兵，圆满完成首长一行在肥期间临时住地警卫任务。

9月7日至9日，全国人大常委会副委员长顾秀莲来安徽视察调研，根据省公安厅统一部署，报经总队批准，合肥支队抽调官兵，圆满完成首长一行在肥期间临时住地警卫任务。

9月24日至25日，全国人大常委会原副委员长陈至立来安徽视察调研，根据省公安厅统一部署，报经总队批准，合肥支队抽调官兵，圆满完成首长一行在肥期间临时住地警卫任务。

12月6日至7日，中共中央政治局委员、上海市委书记李强率上海市党政代表团来安徽考察，根据省公安厅统一部署，报经总队批准，合肥支队抽调官兵，圆满完成首长一行在肥期间临时住地警卫任务。

【城市武装巡逻】 全年，支队采取乘车、徒步相结合方式，协助合肥市公安局担负安徽省行政中心、高铁南站、中心城区和重点路段、重要目标武装巡逻任务。全年累计用兵1.8万余人次，成功处置各类突发事件116起，有效维护了合肥市社会面大局稳定。

【精准扶贫】 10月10日，合肥支队到定点扶贫单位长丰县陶楼镇石集村开展扶贫工作。期间，向7名结对资助的贫困学生分别发放1000元助学金并赠送学习用品，向村图书馆捐赠价值1万余元的图书资料，组织20名家庭生活困难老人及老党员进行免费体检并赠送药品和生活物资。

人防 民防

【概况】 2017年，合肥市人防系统获得“2017年度全省人防工作目标管理先进单位”“2017年度省人防年鉴编写优秀单位”。

【重要活动和会议】 2017年春节前夕，市人防办领导班子走访慰问合肥警备区、合肥消防支队、预备役高炮团和武警合肥支队等共建部队，深入庐江县定点帮扶村慰问村内老党员、五保户和困难户，看望站塘社区困难老党员，以及人防离休老干部，为他们送上新春祝福。

3月8日，市人防办（民防局）新任主任（局长）王强和党组书记靳民斌、副主任（副局长）章晓虎到合肥警备区汇报人防民防工作，合肥警备区司令员朱毅，市委常委、政委姜宗健等人参加会见并进行工作座谈。

3月22日，市人防办在庐江县举行全市人防办主任（民防局局长）会议暨人防“准军事化”集训，总结2016年全市人防民防工作，部署2017年工作任务。

3月30日，市人防办召开党风廉政建设工作会议，贯彻落实党的十八届中央纪委七次全会、十届省纪委二次全会及2017年全省人防系统党风廉政建设会议精神，安排部署市人防办党风廉政建设和反腐败工作任务。

4月12日，市人防办组织召开基层党组织标准化建设动员会议，传达学习市委基层党组织标准化建设动员暨培训会议及有关文件精神，启动基层党组织标准化建设创建工作。

5月9日，市人防办王强主任带队与合肥经开区工委副书记、副主任桑林兵等一行5人赴新疆乌鲁木齐等市进行招商考察。

7月12日，市人防办召开“七一”优秀党员、优秀党务工作者表彰暨党史教育报告会。

8月24日，市人防办联合市教育局共同举办“2017年人防民防教师培训班”，来自全市人防、教育系统160余人参加培训。

9月18日上午9时18分，为纪念“9.18”事变86周年，合肥市政府开展全市防空警报试鸣活动。同时，在肥东县中盐红四方集团，开展代号为“合盾—2017”中盐红四方集团重要经济目标防护综合演练。

10月31日，市人防办组织举办为期两天的全市人防系统依法行政培训班，提高行政执法人员的综合素质和法治理念。

11月7日，市人防办举办人防工程防护设备和防化设备施工安装技术培训，推动全市人防工程建设质量水平再上新台阶。

11月16日，市人防办副主任、机关党委书记汪国平带领机关党委、办驻村扶贫干部与庐江县柯坦镇分水村“两委”班子部分成员，座谈学习贯彻十九大报告精神，推进脱贫攻坚工作。

12月20日至22日，全国人防新时代人民防空创新发展研讨交流暨2018年工作要点筹划对接活动在郑州举行。安徽省人防办领导和合肥市人防办主要负责人参加会议。

【工程建设】 **人防工程审批建设。**市人防办依法依规开展人防工程行政审批建设，认真落实人防工程“结建”审批政策，制定《效能建设工作实施意见》，施行领导班子成员窗口值班制，细化、规范工业项目审查流程，全市人防工程审批建设面积保持较快速度增长。严格把好人防工程建设质量关，强化人防工程建设质量监督管理，主动为人防工程建设和轨道交通兼顾设防提供技术服务，组织开展全市人防监理企业培训。深化人防工程建设市场化改革，严格执行市场准入制度，强化事中事后监管，制定人防工程施工图设计及审查质量管理相关规范性文件，加强对防护（防化）设备生产安装的合同备案、公开招标和信用体系管理等，建立规范有序、公开公平的人防工程建设市场。

人防工程维护管理。探索人防工程维护管理新举措，庐江县人防办率先在全市对符合使用条件的人防工程统一发放《人防工程平时使用证》，巢湖市人防办设立人防工程建设、维护管理专项资金，用于提升人防工程建管水平。落实人防工程维护属地管理责任，庐阳区编制《人防工程动态管理图》，开展人防工程维护保养服务外包试点。全面抓好人防工程安全隐患排查和治理工作，全年拆除报废8个早期人防工程，治理隐患面积1.38万平方米。

人防重点工程（项目）建设。全市人防系统认真落实人防“十三五”发展规划，扎实推进疏散地域（基地）建设。完成少荃湖市级疏散地域（基地）优化初步设计方案工作并报市发改委审批，推进肥东县和庐阳区市级疏散地域（基地）核心区项目选址工作。庐江县福泉山人防疏散地域（基地）已建成，肥西县在城市绿地公园推进疏散地域建设，合巢经开区建成一处小型人口疏散基地，滨湖人防公园项目已按计划开工建设。

【指挥通信建设】 全市人防应急指挥平台建设进一步加快。市级人防应急指挥平台完成高清数字化升级改造并通过验收，全市各县（市）区、开发区除巢湖经开区外，已全部完成人防指挥平台建设，省、市、县人防应急指挥平台基本实现上下三级联通，集成视频会议、卫星、短波、超短波、微波等多种人防应急指挥通信系统，人防指挥通信和应急保障能力得到有效提升。全市人防战备数据工程已完成初步方案设计，正按计划有序推进。认真做好人防警报通信建设，加强警报器管理员培训，认真落实固定警报器2016～2018三年建设任务，建设新增电声警报器，更新老旧警报器，完成高新区、新站区新型多媒体警报器建设，城区和县（市）警报音响覆盖面进一步扩大，并进一步向重点乡（镇）延伸。

【军事斗争准备】 **强化组织领导。**根据全市指挥部成员单位的人员变动情况，及时更新调整市人民防空指挥部成员编组，加强对人防应急指挥的组织领导。专门成立人民防空训练领导小组，成立人防指挥通信训练考核领导小组，加强人民防空训练演练，做好检查指导和考核评估工作，有效推进人防军事斗争准备工作开展。

抓好实战化训练演练。按照2017年全市人民防空训练工作的指示要求，市人防办组织2次全市人防民防系统“准军事化”集训。省人防与市人防、市人防与全市各县（市）区人防系统每月定期开展人防应急指挥通信联合训练，一方面检验指挥通信设备，确保处于良好战备状态；另一方面，加强业务训练，提高操作水平。市人防办还积极参加全省人防机动指挥通信跨区综合训练，全程参与合肥市水上突发事件处置综合演练，参加全国人防战略问题理论集训暨京津冀人防指挥协同演练，完成“皖盾淮南—2017A”全省人防机动指挥通信系统分片轮转演练任务和省天然气长输管道安全事故应急演练等活动。

落实重要经济目标防护。全面深化合肥燃气集团试点经验成果，开展重要经济目标防护理论研讨暨论文征集活动，完成国家人防办来合肥调研重要经济目标分类分级防护工作。巢湖市加强重点大型企业人防专业队建设，提高企业防护能力。肥东县结合全市“9·18”防空警报试鸣开展代号为“合盾—2017”的中盐红四方集团重要经济目标防护综合演练活动，演练治安管控、医疗救护、消防、防化洗消、通信、水电气抢险抢修等科目，参演人员200名，动用车辆40余台，器材200件套，无人机5架，为全市探索加强科学防护措施、提高重要经济目标在敌空袭和恐怖袭击行动中的生存能力提供了经验。

加强专业队伍和志愿者队伍建设。全市各县（市）区、开发区认真落实市人防办要求，依托群团组织、学校、协会以及街道社区等组建各类民防志愿者队伍。全市人防专业队近两千人，综合应急专业救援队伍数百人，包河区人防办试点建设人防新型信息防护专业队伍。

【民防宣传教育】 全年市人防办在《合肥晚报》刊发24期“人防专版”，在《合肥电台》播发“人防之声”252期，门户网站发布工作动态信息247条，及时向社会宣传报道人防民防重要工作，广泛普及防空防灾知识。在“3·1”国际民防日、“5·12”防灾减灾日和“9·18”防空警报试鸣日开展人防主题宣传活动。举办“新视角新印象——合肥市人防民防摄影大赛”，开展民防知识微信有奖竞答活动，合肥电视台连续播放《居安思危 备战人防》系列专题片。高新区在环东社区举行“人防民防特色文化墙”揭牌仪式，蜀山区奥林花园社区将机器人智能系统引入民防活动，瑶海区启动“民防进企业”仪式等活动，不断增强群众国防观念和人防意识。合肥人防民防工作取得长足进步，知名度在全国有一定的影响，北京、广东、山西、湖南、山东和省内多个城市人防部门到合肥市学习考察。

【融合发展】 全面推进基层人防民防规范化建设，制定《合肥市民防进街道（乡镇）、进社区建设标准》，瑶海区召开全区应急避难场所建设现场观摩会。市人防办举办全市基层人防民防骨干培训，学习传达全省人民防空会议精神，组织观摩杨庙镇和白大塘社区“示范点”建设，进行经验交流。积极推进人防民防“进校园”工作，市人防办组织全市160余名人防教师培训。巢湖市为进一步提高中小学教师人防教学质量，专门组织人防民防教师培训。扎实抓好社区人防民防“示范点”建设，2017年全市开展人防民防“示范点”建设34个，进学校7个。升级改造七桂塘人防纳凉点并免费对市民开放休闲纳凉，移交城隍庙古玩城人防工程支持庐阳区经济建设。

【队伍建设】 全面加强人防民防队伍建设。严格落实理论学习制度。坚持周三政治学习日和中心组学习制度，深入学习贯彻党的十九大精神，推进“两学一做”学习教育常态化制度化，扎实开展“讲重作”专题教育，围绕发展抓党建、抓好党建促发展，为人防事业发展提供了坚强组织保证。强化思想政治教育。组织党员赴井冈山接受红色教育培训，邀请专家上党史教育课，走进合肥市预防职务犯罪基地接受警示教育，引导党员干部牢固树立“四个意识”，坚定理想信念，坚决维护以习近平同志为核心的党中央权威和集中统一领导。推进基层党组织标准化建设。紧贴单位实际，规范机关和事业单位党支部机构设置，选准配强党支部委员，举办基层党组织标准化建设培训，设立党员活动室，积极推进基层党组织标准化建设。深入推进党风廉政建设。召开党风廉政建设工作会议，学习传达上级党风廉政工作会议精神，部署年度重点工作，签订党风廉政建设责任书和承诺书，强化主体责任和“一岗双责”，积极配合市纪委派驻纪检组抓好纪检监察工作。持续深化作风建设。精简合并会议，严格落实各项规章制度。按照标准要求，建成庐江县柯坦镇和分水村2个市党代表进驻工作室，召开党代表访民情座谈会，定期走访接待党员群众。扎实开展“四联四定”工作，定期到联系社区、包联村和贫困户走访慰问，加大对扶贫项目建设的支持。

责任编辑：王尚先

工商行政管理

【概况】 2017年，合肥市工商局推进商事登记制度改革，加强事中事后监管，助力市场主体做大做强，保护消费者合法权益，营造公平有序市场环境。全年新登记各类市场主体16.28万户，同比增长33.6%。

【企业登记管理】 推进“先照后证”“多证合一”改革。5月以来，对削减的企业登记前置审批事项进行整合，实行动态调整。全市仅保留“28+4”项设立登记前置审批事项和31项变更登记、注销登记前置审批事项。9月1日起全面实施“56证合一”登记，结合全市实际推进更大范围的证照整合，12月1日起正式实施合肥市“71证合一”。截至年底，全市核发“多证合一、一照一码”营业执照6万余张。降低注册登记门槛、下放登记权限。11月制定合肥市市场主体住所（经营场所）登记负面清单，落实“申报承诺+清单管理制”模式，做到自主申报、自行承诺、自担责任。截至年底有2万余户企业通过市场主体住所（经营场所）登记承诺办理了设立和地址变更；下放内资企业登记权限，从12月1日起，注册资本（金）3000万元（含3000万元）以下的内资企业可在辖区就近登记。截至年底，有15万余户存量企业和1.57万户新设企业实现就近办理业务。全程电子化登记实现新跨越。1月实现网上受理；4月份企业全程电子化服务平台上线运行，实现网上认证；7月份全国首台全自助证照一体机在建行滨湖新区支行正式启用，实现就近出照。全年受理网上名称预核准73815件，设立登记申请33607件。受理全程电子化业务545件。名称网上申报率占到受理总量的95%左右。完善市场主体退出机制。3月1日起实施企业简易注销登记，截至年底有1100余户企业办理了简易注销登记。

【事中事后监管】 “双随机一公开”实现监管全覆盖。建立“一单两库一细则”，明确随机抽查事项清单。指导并督促全市34家市直单位建立“一单两库”，对企业年报定向和不定向抽查实施情况进行督查。完成全市395户房地产及中介企业的“双随机”抽查，对其中173户未公示年报信息、未公示即时信息等进行处理并公示。抓异常名录管理，清“僵尸”企业。全年有6.07万户次企业被载入经营异常名录。对7月31日前的20857户企业，列入异常名录核查名单。完成2016年度“僵尸企业”清理工作，全市依法吊销长期停业未经营企业6221户，其中市本级吊销4974户企业。对2017年“僵尸企业”清理工作进行部署，指导基层核查企业2万余户，实施分类处理。建立市场主体网格化协同监管平台。会同科大讯飞，研发合肥市市场主体网格化协同监管平台，开展试点，组织培训，完成监管区域的网格划分和网格化图册印制。11月完成网格化监管平台“查处无证无照”模块的试点及“处罚公示”“三告知协同监管”模块的研发工作。

【市场监督管理】 成品油监管促进安全。开展“黑加油站（点）”专项整治，全市摸底清查非法加油站（点）323户，取缔323户，查处无照无证经营成品油案件4起。8月，牵头协调市安监、公安、交通、商务、质监等部门，开展打击非法经营、运输、储存成品油违法行为集中整治专项行动，全市出动执法人员13502人次，多部门联合执法463次，查获非法经营成品油案件18起，查扣成品油约61.1吨，罚没52.2万元。菜市场创建保障民生。出台合肥市城区菜市场监督管理工作意见，明确责任机制，统一标准要求，加强宣传引导，落实整改督查，做好城区菜市场监督管理工作，城区菜市场通过第四届全国文明城市复牌和第五届全国文明城市创建迎检，得到相关领导和部门的高度肯定。推进城区菜市场建设管理提档升级工作。创新模式加强网络市场监管。8月，与合肥蜀山经济开发区共同创建了全省首个省级“网络监管与服务示范园区”，加大行政指导，力促实现新兴电子商务与传统产业的深度融合。全年查办网络市场案件占全省网监系统的70%左右。自主研发“合肥市网络交易监管服务系统”，构建网络经济监管大数据库及数据应用服务。截至年底，全市网络经济主体81534户，其中企业网站46036户，销售额约285.15亿元，销售商品约37875.85万件。开展流通领域商品质量抽检。组织抽检家用电器、通讯器材、服装鞋帽、建筑材料、成品油、农资等商品2292批次，合格率79%。根据抽检数据，进行质量分析，发布消费警示，对经检测判定为商品不合格的，依法采取下架、退市、行政处罚等行政措施；根据省工商局部署，针对投诉举报较集中的商品和领域开展专项整治。

【消费维权】 建机制筑维权之路。健全和完善12315投诉举报受理、调处工作机制，加强硬件建设，提升人员素质，受理各类投诉、举报和咨询127393起，同比净增29511起，增幅达30.15%，均依法依规处理。针对涉及房地产企业的大规模群访群诉事件，创新多元型解决调解机制，引入行政约谈制度，全年受理相关投诉614起，接访消费者3000余人次，为消费者挽回经济损失2亿多元；办理房地产开发公司侵害消费者权益案件10起，罚没款440余万元。拓延伸施“五进”之策。加强全市12315“五进”规范化建设，延伸维权触角，培育76户“五进”示范企业，通过快速维权机制处理消费者投诉3419起，为消费者挽回经济损失约640万元。联合长沙、武汉、南昌三市工商部门开通“长江政务云”消费维权信息化平台，为消费者异地维权提供有效支撑。牵头开展“放心消费”创建工作，建立市消费者权益保护工作联席会议制度。

【商标广告管理】 实施商标品牌战略。3月1日，工商总局商标局合肥商标受理窗口在市政府行政服务中心启动运行，截至年底，窗口受理商标注册972件，接待现场咨询和电话咨询逾8000人次。全年完成新增专业商标品牌基地2件，累计达13件，位居全省首位，品牌基地汇聚驰名商标19件、著名商标59件，当年营业收入达1363亿元；新申请注册商标47492件，同比增长64%；新增有效注册商标21161件，有效商标注册量累计95099件，同比增长27.2%，商标总量占全省商标注册量的31.5%；商标质权登记16件，贷款总额2570万元。全市商标申请量、有效商标注册总量、驰（著）名商标拥有量均位居全省首位。12月28日，合肥市工商局获批为国家工商总局商标局商标权质权登记受理点。严厉打击商标侵权行为。开展“云剑联盟”、保护“美菱”商标字号等专项行动，立案查处制售假冒伪劣商品案件583起，罚没款374万元，移送司法机关案件5起。其中，查处商标侵权案件345起，涉案金额166万元。多领域开展广告专项整治。开展食品、药品、医疗、医疗器械、保健食品、房地产以及互联网金融广告的专项整治，以及对含有“特供”“专供”内容，使用或变相使用国家机关、国家机关工作人员的名义或形象等具有不良影响的广告的专项整治。根据市场巡查、投诉举报、广告监测等途径，及时查处虚假违法广告

合肥市工商局行政服务中心工商登记注册窗口工作

行为。2017 年监测媒体发布广告 35853 条，监测互联网广告 25420 条。查办各类广告违法案件 200 起，罚没款 561.83 万元。其中合肥仁爱医院利用互联网发布虚假违法广告案、安徽省长天资产管理有限公司利用自设网站及微信公众号发布的虚假违法广告案入选工商总局2017年虚假违法广告典型案例。推动广告产业发展。开展广告普查，摸清家底，截至年底，底全市有广告经营单位 8252 户，广告从业人员 78829 人，广告经营额 122.69 亿元，纳税 7.68 亿元。落实《合肥广告业产业"十三五"发展规划》，推进广告业产业升级，支持广告企业提升企业资质，截至年底，全市国家级一级广告企业 11 个，二级广告企业 8 个，三级广告企业 1 个。全市当年有 5 家广告公司创作的 9 件作品获中国广告最高奖项"长城奖"优秀作品；8 家公司创作的 15 件作品获公益广告"黄河奖"优秀作品。

【合同监督管理】 一是开展合同格式条款整治。对公用事业类、旅游类及其他类合同格式条款进行集中整治，约谈企业 262 次，下发行政建议书 42 份，责令整改通知书 25 份，纠正涉嫌违法违规格式条款 65 条，查处利用格式条款侵害消费者权益案件 17 件。办理动产抵押登记 329 件，担保主债权金额 142 亿元。强化拍卖监管，备案拍卖活动 1703 场，成交金额 18.2 亿元；二是做好 2015-2016 年度"守合同重信用"企业公示工作。指导、推荐 355 户企业获得省级"守重"企业公示，对评审合格的 300 家市级"守重"企业颁发证书、予以公示。三是制定推行合同示范文本。开展《安徽省电信业服务协议》、《安徽省农村土地承包经营权流转合同》等示范文本的宣传推广工作。与市房产局共同制定《合肥市住房租赁合同》示范文本，并做好推广使用工作。四是实施合同帮农助农。走访涉农企业 70 多家，指导签约合同 1775 份，签约金额 1 亿多元；做好涉农企业动产抵押登记，办理涉农动产抵押 29 件，担保主债权金额 9490 万元。

【公平竞争执法】 抓节点净化消费市场。针对"元旦春节""五一端午""六一""中秋国庆"等重要时段，开展节日市场打假专项行动。2017 年查获烟酒食品、服装鞋帽、家用电器、电子产品、日化用品、汽车配件、床上用品、建筑材料、电线电缆、钢材等 10 个大类 440 余种问题商品，立案查处制假售假案件 1142 起。抓重点开展竞争执法。在重点领域、重点行业、重点市场开展公用企业限制竞争和垄断行为的专项执法、商业贿赂专项治理、直销企业专项清理。全年查办案值 5—10 万元案件 160 余起，10 万元以上案件 70 余起，罚没款 1074 万元。

【打击传销】 以"联动固网"系列行动为抓手，落实"皖剑—2017"行动方案。全市取缔传销窝点 3000 余处，教育驱散传销人员 10863 人次；工商机关行政处罚一般传销人员和出租屋业主 1940 起，罚没款 560 万元；公安机关处理传销案件 55 起，破案 27 起，刑拘 54 人，基层法院审理一审组织领导传销罪案件 20 件，判决 67 人。全市 12345 市长热线涉传投诉当年同比下降 85.5%；国家工商总局涉传投诉仅 5 件，同比下降 72%，规模性、聚集性的传销活动在全市不复存在，打击传销进入全面清零固守阶段。10 月中旬，省工商局、省公安厅、省综治办、省文明办组成的联合考核组，对全市打传工作进行预验收，认定全市初步达到"无传销城市"创建标准。

（市工商局办公室）

安全生产监督管理

【概况】 2017 年，合肥市推进落实改革发展任务，开展安全生产"执法年"活动，构建安全风险分级管控和隐患排查治理双重预防机制；全面部署全市安全生产工作，先后召开市委常委会议 2 次、市政府常务会议 4 次专题研究安全生产工作，市政府主要领导每季度召开一次全市安全生产工作会议，分析形势，部署各阶段重点工作。市委、市政府办公厅联合出台《合肥市安全生产党政同责一岗双责实施办法》，明晰各级党委、政府的安全生产职责。深化监察体制改革，消除监管盲区和空白。全市安全生产形势保持稳定向好的发展态势，实现事故总量、死亡人数下降的目标，有效地遏制了较大及以上事故。全市全年发生各类生产安全事故 507 起，同比下降 16.1%；死亡 385 人，同比下降 2.5%。发生较大生产安全事故 4 起，死亡 14 人。未发生重大及以上生产安全事故。其中：道路运输事故 411 起，死亡 295 人；工贸事故 47 起，死亡 41 人；建设施工事故 38 起，死亡 38 人；铁路交通事故 6 起，死亡 5 人；非煤矿山事故 2 起，死亡 3 人；其他行业领域事故 3 起，死亡 3 人。

【铸安行动】 开展"百日除患"铸安专项行动。全市排查整治重大隐患 318 项，打击严重违法行为 322 起，关闭取缔企业 151 家，停产整顿143家，吊销、暂扣证照42家，并将重大事故隐患和严重违法违规行为分四批次在相关主流媒体上进行集中曝光，把13家企业纳入安全生产失信联合惩戒对象。

【专项整治】 在非煤矿山领域，制定下发《非煤矿山安全生产专项整治工作方案》，加大采空区治理力度，累计治理采空区22万平方米。强化日常监管，矿山企业全员佩戴“岗位明白卡”上岗，相继开展地下矿山提升系统、冬季、汛期等专项检查，整治隐患1526项。在危险化学品领域，启动为期三年的危险化学品综合治理工作，全面摸排危险化学品安全风险，健全危险化学品安全监管体制机制，强化行业主管部门安全管理责任。开展化工和危险化学品事故警示教育活动，加大化工园区（集中区）监管力度，突出涉及“两重点、一重大”危化企业监管，提升安全管理水平。在烟花爆竹领域，全面关闭禁放区域内烟花爆竹常年店和零售经营点。保持高压态势，严厉查处烟花爆竹非法经营187起，收缴非法烟花爆竹制品8000余件，集中销毁近4万箱。聘请专家参与烟花爆竹批发企业安全生产检查，对肥东虹韵商贸有限公司和巢湖虹盛公司违规购进超规格品种行为罚款13万元。在道路交通领域，开展“道路运输平安年”活动，查处酒驾5126起、醉驾1883起、涉牌涉证10.16万起、“三车”交通违法行为5.1万起。同时，加大对长途客车、卧铺客车、旅游客车、“营转非”大客车、微型面包车的检查力度，及时发现、查处违法运输行为。在消防安全领域，以冬春火灾防控、“守护平安”、夏季消防检查、工业园区整治、电气火灾综合治理等专项行动为抓手，摸排2567家工业园区企业、8145栋高层建筑、621家足浴汗蒸场所、158家养老机构、42个城市综合体、33家粮食系统场所、79家高层酒店，并对家庭式商铺、“三合一”场所、沿街小门面等开展“拉网式”排查，累计排查隐患18.6万项，责令“三停”305家，临时查封432处，拘留105人，罚款1361.4万元。在职业健康领域，267家企业开展职业危害现状评价，867家企业进行职业危害检测，307家企业进行“三同时”评价及验收。1255家企业上报职业健康基本工作评估情况，29家企业被评为市级“职业健康工作示范单位”。

【隐患排查】 3月在全市集中开展第14个“事故隐患排查月”活动。阶段性部署全市安全生产大检查大督查大整治、焊接与热切割作业、大型城市综合体等专项检查三次。全年排查上报各类隐患13.56万项，及时整改率98.37%。其中重大隐患119项，由属地政府挂牌整治111项，市安委会挂牌督办8项，7处通过专家验收销案。

【安全生产执法】 部署开展安全生产“执法年”活动，编制年度安全生产执法计划，列明检查企业名录，采取联合执法、“四不两直”暗访暗查和“双随机”抽查等方式，开展执法检查，对开展情况实行“月通报、季调度、年终考核”。突出市县两级安全监管执法队伍建设，抽调精兵强将充实一线执法力量，并在开发区实施委托执法。组织执法装备使用技能竞赛，推进移动执法终端的使用，执法终端使用率位居全省首位。全市安监系统当年累计执法检查263次、罚款674万元，事故处罚191次、罚款1621万元，执法频次增加，执法成效明显。

【事故查处】 在落实事故分级调查的同时，对典型事故实行提级调查，对县区组织调查的事故进行挂牌督办，确保调查效率和质量。全市当年查处各类事故91起（其中由市安委办挂牌督办的事故85起），对116家责任单位和140名责任人员罚款1470.2万元，追究23人刑事责任，以严厉的责任追究倒逼企业主体责任落实。

【安全基础建设】 市安委会制定下发《关于落实企业全员安全生产责任制实施方案》，通过推进全员安全生产责任制建设，切实提高企业安全生产管理水平。推进企业安全标准化建设，率先实行标准化评审由政府买单。全市有1399家规上企业（其中一级2家，二级188家，三级923家）、286家小微企业达标，达标企业数位居全省首位。发挥安全文化的引领作用，创建安全社区33个、安全文化示范企业71家。组织修订《合肥市生产安全事故应急预案》和《合肥市危险化学品事故应急预案》，成立合肥市危险化学品应急救援队，组织开展市级危险化学品事故应急演练，规范危化企业生产安全事故应急处置流程，提高政府和企业应急处置能力和实战水平。

【宣传教育培训】 创新宣传方式，在合肥电视台新闻频道开设“安全合肥”专栏，每周一期，全方位宣传安全生产工作。通过政务微博、微信平台，图文并茂向“微友”宣传安全生产政策、常识。开展“安全生产月”和“安全生产江淮行”活动，全市累计在生产经营单位及人员密集场所张贴悬挂安全生产宣传标语13.8万幅，开展重点行业领域对口宣讲警示教育活动200余场、应急演练活动2600余场，组织观看安全警示教育片460余场约12万人次，提升全社会安全生产意识。

（市安监局综合监督处）

质量技术监督

【概况】 2017年，合肥市质量技术监督局以推进供给侧结构性改革为主线，组织开展全市质量品牌升级示范推进年活动，开展“增品种、提品质、创品牌”专项活动，推荐30家企业的30个产品新申报安徽名牌产品，为108家企业的112个安徽名牌产品进行到期复审，截至年底，全市拥有中国质量奖提名奖4家（次）、安徽省政府质量奖6个、合肥市政府质量奖10个、安徽名牌产品248个、合肥名牌产品147个、国家地理标志保护产品3个。征集并确定“智汇合肥 质胜未来”为合肥市“质量精神”，开展市民质量满意度测评，举办第五届中国（合肥地区）品牌故事大赛。对县（市）区、开发区开展质量工作考核。国家质检总局批准合肥市为“全国质量强市示范城市”创建城市。肥西县、蜀山区、庐阳区获全省质量强县（区）示范县（区）称号。

该局当年获全国质监系统质量统计分析工作先进典型单位称号、2017年度社会信用体系建设工作目标管理绩效考核优秀单位称号。

【标准化工作】 鼓励、支持企业参与国际、国家和行业标准制定，抢占标准话语权。2017年度全市标准化项目获奖补资金达1911万元。推进全国物流标准化试点城市创建工作。探索将标准化工作向科研单位、高等院校延伸。创建国家绿色水稻生产标准化示范区。新创建标准化良好行为企业22家。截至年底，全市主导或参与制订国际标准3项、国家标准958项、行业标准1507项、省地方标准1738项、市地方标准144项。全市创（在）建农业标准化示范区国家级10个、省级12个、市级92个，创（在）建国家级服务业标准化示范单位2家，服务业标准化试点单位国家级11家、省级35家、市级25家。有效期内标准化良好行为企业60家。在肥国际标准化机构分技术委员会2个，有4个标准化技术委员会与5个国际标准化技术机构（含技术委员会、分技术委员会）建立对口关系，全国专业标准化技术委员会11个，全国专业标准化分技术委员会45个，省级专业标准化技术委员会26个。

2017合肥市标准化管理人员工作会议

【计量管理和服务】 加强能源计量工作，对全市综合能耗5000吨标准煤以上的50家重点用能企业开展监督检查。加强对水、电、气、热“民用四表”等民生计量的监督管理。开展公共停车计时收费系统及充电桩计量监督检查。推进诚信计量示范单位创建活动。落实国家财政部、发改委关于停征计量器具强制检定收费的文件精神，为企业强制检定计量器具258257台件，为企业减轻负担1000多万元。

【检验检测能力建设】 国家家用电器产品质量监督检验中心运行情况良好，与法国必维（BV）和瑞士通标标准技术服务有限公司（SGS）签约互认，通过国家电工委员会颁布的CBTL国际互认实验室资质的现场评审，为合肥TCL、惠而浦、合肥海尔等企业提供技术服务，与美亚光电、科大国盾量子通信、合肥京东方光电科技等企业建立长期合作关系。国家家用电器产品质量监督检验中心二期（合肥检验检测公共服务平台）工程建设有序推进。中国科学技术大学先进技术研究院、合肥市食品药品检验中心等一批设备先进的检验检测实验室建设完成。建设包河检验检测服务业集聚区，推动检验检测产业集聚发展。国内检验检测第一家上市企业华测检测认证集团股份有限公司在合肥建立实验室，涌现出安徽中青检验检测有限公司、安徽国科检测科技有限公司等一批当地民营第三方检验检测机构。

【监管保障】 牵头落实奥凯问题电缆流入建设工程清查整改工作。开展电线电缆等重点消费品质量安全专项整治和重点产品质量提升行动。突出电线电缆、家用电器、食品相关产品等重点消费品，制定2017年全市产品质量抽查目录并组织实施。编写2016年全市产品质量分析报告。生产领域工业产品质量监督抽查综合合格率达97.7%。加强消费品、食品相关产品等重点产品的风险监控。对实验室实施分类监管。加强机动车安检机构监督检查。承接耐火材料、建筑钢管脚手架构件、建筑防水卷材、汽车制动液、人造板、化肥等6类工业产品生产许可证委托发证任务。强化事中事后监管。推进电梯安全信息化监管系统建设，其中应急救援系统开始运行，全市有5万余台电梯纳入该监管系统，应急救援电话96366发挥作用。推行智能钢瓶使用，全市有近3万只智能钢瓶投入使用。组织开展电梯、油气管道、燃煤锅炉三大战役，以及特种设备"百日除患铸安行动"。在万达文旅城开展大型游乐设施游客高空滞留应急演练，在合肥地铁一号线开展电梯应急演练。举办两期全市特种设备安全监察员和两期基层监管所所长监管实务培训班，全市持证监管人员数量达800多人。加强执法工作，开展"质监利剑"专项行动。

【规范法治】 制定《行政应诉和行政应议案件办理程序规定（试行）》等制度，加强廉政风险防控，规范权力运行。推进简政放权、放管结合、优化服务。完善权力、责任、公共服务事项、中介服务、涉企收费清单。推进行政处罚群众公议、"两法衔接"、规范性文件合法性审查等工作。推进"互联网+政务服务"工作。组织开展全国"质量月""3·15"国际消费者权益日、中国旅游日、世界标准日、世界计量日、世界认可日等群众性质量活动。

（窦卫东）

食品药品监督管理

【概况】 2017年，合肥市全面推进国家食品安全示范城市和省食品药品安全城市"两城"同创，强化实施食品安全"党政同责""四有两责"，开展基层食品药品监管机构标准化建设，提升全市食品药品安全保障水平，安全形势稳定向好，未发生重大食品药品安全事件，人民群众饮食用药安全得到了有力保障。调查显示：全市群众对2017年食品安全总体满意度达72.3%、国家食品安全示范城市创建知晓率达79%、支持率达99.9%，其中，群众对食品安全满意度较2016年上升6.48个百分点。获"国家食品安全示范城市"称号。

市食药监局当年被合肥市推进依法行政工作领导小组评为2015—2016年度全市依法行政工作先进单位。

【食品药品安全工作】 市委市政府将创城工作列入2017年全市重点工作任务，由市长亲自担任创城领导小组组长，46个市直单位为领导小组成员单位，从监管体系、监管责任落实、监管制度、食品安全社会共治、监管重点难点问题监管等全方面推进，推动食品安全整体水平提升。落实食品安全"党政同责"，夯实食品安全责任体系；启动"基层标准化所建设"工作，健全基层监管体系，落实基层监管"四有两责"要求；实施"农产品食品安全民生工程"，启动"创建放心肉、放心菜超市"等重点项目，并将"推进中小学生午餐服务工程"、"加强新建小区周边菜市场建设"等纳入"2017年市政府为民办实事事项"。对照国（省）标，细化措施。及时修订印发全市2017版创城方案和评价标准，配套出台了工作职责、经费保障、宣传教育等3项工作文件，对创城工作进行"总安排"，明确"总任务"，确立"总清单"。加强调度，狠抓落实。实施任务清单和项目台账管理，坚持一月一报表、两月一督导、一季一调度，狠抓"责任、任务和督查"三项落实。印发两批创城重点任务清单，逐项压实责任；提请市政府召开3次创城领导小组工作调度会以及全市食品药品监管基层标准化所建设现场会，研究解决创城工作重点难点问题。当年实现创建指标周期过半，任务过半的预期目标。

【基层食品药品监管机构标准化建设】 市食药监局把基层标准化所创建工作，作为强化县（市）区政府对食品安全负总责的手段，作为夯实基层监管工作基础的首要措施。市政府常务会议研究通过，并以市政府文件印发《合肥市基层食品药品监管机构标准化建设指导意见》，在巢湖市召开现场会，突出高标准（体现在办（食安办）所（监管所）同建、监管人员3名/每万人口比例，监管所办公场所面积320平方米以上、执法装备按国家推荐标准配备，以及软硬件同步建设等标准），截至年底，

146个基层标准化所完成标准化建设123个，占84%。按照“一乡一所”设置，全市新增42个基层监管所，增加基层一线执法人员和执法辅助人员443人。织牢基层食药监三级网格，建立二级监管网格139人（乡镇街道）、一级网格（村居）2843人，配备“四员”3477人，实行人员工作补助政策（不少于200元/月）。

【食品药品质量安全监管】 加强日常监管。全市有各类持证食品药品生产经营单位59316家，全市食药监管系统依法履行监管职责，对监管对象实施全覆盖检查，对注射剂、疫苗、麻醉药品和精神药品、植入类医疗器械等高风险品种生产经营企业，以及中央厨房、学校和幼儿园食堂等重点场所加大飞行检查力度。开展专项整治。以问题为导向，开展20余次全市性专项整治和专项检查。包括农村食品安全治理、大桶水及饮料专项整治、粮食安全联合大检查、假劣调味品专项执法检查、进口食品专项检查、冷冻肉品专项检查、高速公路食品经营单位专项检查、养老机构食堂专项检查、中药饮片和中药制剂专项检查、特殊药品经营流向跟踪检查、医疗美容机构专项整治、公立医疗机构药品采购“两票制”检查第二类疫苗配送单位和预防接种单位专项监督检查、无菌和植入类医疗器械专项检查等。突出重点领域的监管。在食品安全方面重点加强学校食堂安全监管，落实市政府召开的两次学校食品安全专题工作会议精神，市食安办、市综治办等7部门联合印发《关于进一步加强学校校园及周边食品安全工作的实施意见》，组成三个督查组对各县区进行督查，向县区政府反馈督查意见。全面实施午餐工程，城区开展午餐服务工程的中小学校达288所，占93.2%。推进明厨亮灶建设，截至年底，全市90%以上学校食堂完成明厨亮灶建设。该局和市教育局联合依法建设方案，幼儿园食堂明厨亮灶建设全面启动。开展春节和秋季学校食堂专项监督检查，检查学校食堂和周边食品店、餐饮单位8000多家，立案25件，关停13家。在药品安全方面重点加强药品零售企业、个体诊所药品质量监管，对城乡结合部和农村地区的541家药店和144家诊所进行检查，立案查处2家，撤销GSP证书9张，通报社保部门暂停1家药店的医保资格。严厉查处违法行为。全市立案查处一般程序食品药品案件1357件，向公安机关移送涉刑案件32件，下达处罚决定书罚没款数2357.63万元。开展三次食品药品网剑行动，发现123起食品经营问题商家的线索，移交或立案调查。启动仿制药一致性评价工作。经2017年12月28日市第107次政府常务会议审议，市政府印发《合肥市推进和鼓励仿制药质量和疗效一致性评价的实施意见》，该局积极推进企业申报工作。

【智慧监管】 全面实施风险分级监管，列入分级范围的57730家食品、药品、医疗器械生产经营企业和医疗机构药房，年底前全部完成首次分级。同时按照风险评定标准，实行分级监管，对高风险企业实行高频次检查，有效防范食品药品安全风险。推进“四化建设”，全市食品药品监督管理局行政执法系统全面投入使用，市局、市稽查支队每名人员的移动执法终端全部配发到位，执法人员轮训全部完成。该局在全省率先使用省食品药品监督管理局OA办公新系统，引领规范化、网格化和痕迹化建设。加强检验检测能力建设，列入中央投资项目的合肥市食品药品检验中心实验楼于6月底建成并完成搬迁，9月底，全部完成仪器设备重新安装检验及认证评审，开展检验工作。列入2017年食品安全民生工程建设的17家乡镇所快检室和10家农贸市场快检室全部建成并投入使用。

【风险应急管理】 全市当年处置33起食品药品安全突发事件，全部按照规定迅速进行处置。修订《合肥市食品安全舆情处置管理办法》，实时开展舆情监测，发布舆情监测周报53期，转办舆情监测信息预警单146份，回复省食品药品监督管理局舆情监测信息核查情况70份。接收投诉举报咨询4329件，均按时办理。完成食品、药械、食用农产品抽检6869批次，并依规公布抽检信息。

【依法行政】 开展食品药品行政审批制度改革，实施行政许可“审批查”分离，把审批权力关在制度的笼子里。该局办理各类行政审批、备案、形式审查项目的行政许可，均在法定时间内提前办结。行政处罚决定书和行政复议决定书全部在政府信息公开网公开，在全省食品药品监管系统中为首例，办理的行政处罚案件全部进行群众公议。对各县（市）区食品药品监督管理局开展行政执法监督检查，着重对各县（市）区食品药品监督管理局涉及行政复议的案件办理情况开展专项监督检查。

【食品药品法律法规及科普知识宣传】 成立由市委宣传部分管领导任组长，市财政、食药监分管领导任副组长，31家成员单位的食品药品安全宣传教育工作领导小组，加强宣传工作领导。组织开展“双安双创”成果展、“食品安全宣传周”“安全用药月”等主题宣传活动。在全市设立食药科普知识宣传站42个，广告牌331个；在社区、学校、企业开展食品药品安全讲堂、培训和主题宣传活动1250场；在85条线路近900台公交车上发布公益广告；在市政主要设施、建筑工地、医疗机构、图书馆、公园和旅游景点等各类公共场所以及居民小区、食品药品生产经营企业，利用海报、LED等刊播公益广告、宣传标语等；利用微信、微博等新媒体推送食药法律法规和知识150次以上；在电台、电视台、报纸等刊播公益广告和宣传短片；在全市范围内散发宣传资料70万份，推进食品药品安全社会共治工作。

（市食品药品监督管理局）

物价管理

【概况】 2017年，合肥市物价系统坚持依法行政，抓调控、惠民生、降成本、推改革、促公平、重监管，强化价格调控目标责任，完善调控载体，价格运行持续稳定。分解落实年度价格调控任务，发挥价格调控联席会议职能作用，推进价格调控齐抓共管工作局面。坚持市、县（区）两级联动，抓好粮食、蔬菜等农副产品的“保供稳价”工作。完善惠民“菜篮子”工作机制，全市200多个门店参与惠民“菜篮子”活动，全年累计开展59天，总销售量约5700万斤，让利总额约4070万元，兑现奖补资金约900万元。尤其在突降暴雪之际，紧急启动惠民“菜篮子”，在稳价惠民的同时，得到央视、人民日报、安徽日报等媒体的广泛正面报道，受到市委、市政府的肯定。加强价格监测预警，完善工业生产资料、主要农副产品、药品价格等监测报告制度29项、监测品种800余个，农村价格监测网监测品种44个，全年采集监测数据12万余条，发布价格快报、分析报告等130余篇，通过门户网站等多渠道实时发布“价比三家”信息。构建包括蔬果、粮油等100多个品种的“周谷堆农产品批发价格指数”体系，引导消费预期，稳定市场价格。市物价局再次被表彰为“全国价格监测工作先进单位”。

全市当年居民消费价格指数（CPI）累计上涨1.4%，高于全省0.2个百分点，低于全国36个大中城市平均涨幅0.4个百分点，完成CPI涨幅3%左右的预期目标。

【清费减负】 坚持以“降成本”为抓手，助力实体经济发展。贯彻落实清费减负政策。从4月1日起，取消行政性收费6项，停征9项，取消2项政府性基金，扩大残疾人就业保障金免征范围；7月1日起，降低9项行政事业性收费标准。完善目录清单管理。第三次动态调整市级涉企收费清单，收费项目压缩至57项，市级涉企收费项目累计减少42%，预计年减轻企业负担5亿元；发布《实行政府定价管理的涉企经营性服务收费目录》，规范经营性服务收费行为；拟定《市级实行政府定价管理的行政权力中介服务收费清单》，清理规范行政权力中介服务收费。开展涉企收费自查自纠。组织开展市直59个部门和事业单位涉企收费自查自纠，及时叫停教育设施配套资金和社区服务配套资金2项违规收费；清理规范81家市属行业协会商会涉企经营服务性收费。完善基建项目收费管理。完善不动产权属登记收费管理措施，取消环境监测服务费、白蚁防治费、房屋转让手续费等项目，当年减轻企业负担近2亿元；下调水土保持补偿费征收标准，当年减轻企业负担600万元。明确瑶海老工业区整体搬迁改造价格支持政策，预计执行期可减少政策性规费逾5亿元，支持区域经济转型发展。审核减免105件基建项目各类政府性收费3.5亿余元。提升收费网上办理水平，动态调整收费项目，规范收费行为，全年办理基建项目收费2024件25.7亿元。降低企业用能成本。下调非居民天然气价格0.10元/立方米，当年减轻企业成本负担超5000万元；下调车用天然气销售价格0.14元/立方米，当年减少交通运输企业成本支出超3300万元。降低一般工商业及其他用电价格0.0135元/kwh，当年减轻企业负担8370万元；落实农业生产用电价格优惠政策，当年减轻企业负担超50万元；协调彩虹蓝光科技有限公司用电价格，当年减轻企业用电负担265万元；协调办理11个大型商业零售企业门店暂缓执行峰谷分时电价，当年减少电费支出2568万元。

【服务民生】 坚持“以人民为中心”工作理念，落实完善价格政策。调整交通运输价格政策。明确441条客运班线春运票价，对其中230条线路实行市场调节价，稳定出行高峰客运市场价格；统一新桥机场、火车站等重要交通枢纽停车收费标准，明确高铁南站停车场24小时停车最高价格，优化停车环境，化解停车收费矛盾。落实完善住房价格政策。把握房价“环比不上涨”调控目标，严格落实市政府“十条措施”，严守备案均价与2016年10月相比不上涨和首次备案价格不得突破区域最高价两条红线，开发新建商品住房明码标价地图，提升备案价格数据分析水平。全年累计办理商品住宅明码标价备案项目299批次，备案建筑面积771.2万平方米，套数68551套，备案均价15186元/平方米，较好地完成了备案均价环比不上涨的目标。依法制定凤翔家园和合肥探机厂集资建房价格。完善前期物业服务收费招投标环节监管，规范住宅小区物业服务收费。健全救助保障机制。完善困难群体社会救助和保障标准与物价上涨挂钩联动机制，当居民消费价格持续较大幅度上涨时，及时启动联动机制，向特困群众发放价格临时补贴，降低物价上涨对其生活水平影响。优化就医价格环境。规范非公立医疗机构医疗服务价格行为，完成全市33家二级以上非公立医疗机构初步建档工作，建立非公立医疗机构医疗服务价格信息社会公示制度，定期公布56个医疗服务项目市场平均价格，组织展开“非公医疗机构培训会”，确保价格政策落实到位，保障患者合法权益。

【价格改革】 报请出台《中共合肥市委　合肥市人民政府关于进一步深化价格机制改革的实施意见》，推出35条价格改革措施。明确并发挥在能源、交通运输、水利、环保、农业、林业、市政工程等基础设施领域，以及医疗、养老、教育、文化等公共服务领域 PPP 模式项目中全新价格管理职能，提升公共产品和公共服务供给能力、供给效率，推动价格工作转型发展。制定《合肥市推进农业水价综合改革实施方案》，试点推进农业综合水价改革，服务农业“供给侧”改革。启动公交综合票价体系改革，优化公共交通出行环境，助力公交都市建设。公布《合肥市基层医疗卫生机构医疗服务项目价格目录》，核定家庭医生签约服务收费标准，制定合肥市市属医院100个按病种收付费标准，推进医改纵深发展。启动民办教育收费管理市场化改革，试点放开民办教育收费；完善新建住宅小区供配电设施建设管理，放开市场和价格，完善市场决定价格机制。推进老旧小区居民用电户表改造，完成投资3447.56万元，整改户表数3555户，实现抄表到户率、居民阶梯电价覆盖率超99%。

【营造公平】 牵头贯彻落实公平竞争审查制度。建立机制。7月份，提请印发《合肥市人民政府关于在市场体系建设中建立公平竞争审查制度的实施意见》，同步完善30个市政府所属部门组成的公平竞争审查工作联席会议制度。9月份，组织召开联席会议第一次全体会议，全面部署落实公平竞争审查制度相关工作。强化督导。加强对上报告，在定期上报制度落实情况基础上，结合国家公平竞争审查部际联席会议对全省专项督察，提请市领导向国家督察组进行专题汇报，合肥市公平竞争审查制度落实情况受到国家督察组充分肯定。加强对县（市）区和市直部门的工作指导，及时了解掌握各地、各部门公平竞争审查工作开展情况，推进全市公平竞争审查制度有序落实。注重落实。建立“政策制定过程中公平竞争审查和合法性审查衔接机制”，凡未实施公平竞争审查的涉及市场主体经济活动的政策措施，一律不予合法性审查、登记，一律不得提交政府审议。

【价格监管】 围绕落实涉企收费清单，对全市36个市直部门及关联的29个协会、学会和28个下属单位和部分中介机构的收费行为开展专项检查，重点整治“红顶中介”、行业协会、电子政务平台、商业银行等领域违规收费行为，基本实现涉企收费检查全覆盖。依法查处整改自立项目收费、对明令取消的收费项目继续收费、违规收取保证金或逾期未按规定清退保证金、行业协会强制或变相违规收费、利用电子政务平台转嫁费用等行为。围绕规范房地产市场价格行为，组织开展价格秩序整顿，推进落实商品房销售“明码标价”管理制度。针对群众反映强烈的“价外加价”、收取信息服务费、捆绑车位、倒号卖号等乱象，开展部分热点在售楼盘价格行为检查，依法查处收取“购房资格金”“服务费”和未按规定明码标价等违法违规行为，维护房地产市场价格秩序。围绕维护良好价格环境，对全市考点附近100余所宾馆、酒店进行价格巡查，规范高考、中考期间的宾馆住宿价格行为，制止哄抬价格等行为。开展电力价格专项检查，优化经济发展环境。全年查处商品房销售、宾馆住宿、银行刷卡手续费、物业收费、汽车销售4S店等价格投诉举报85件，网络价格举报126起。开展房地产、医疗、教育、电子商务等检查、督导、协调68次，下达行政处罚决定书10份，罚款227.94万元，责令退还多收价款359.66万元。健全价格诚信单位进入和退出机制，规范7家商贸企业的明码标价和价格促销行为，指导41家单位建立完善明码标价、收费公示和错价赔偿制度。围绕畅通价格诉求渠道，推进12358全国价格举报平台等有效运行，全年受理办理价格诉求7665件，按期反馈率、办结率均为100%。被表彰为“2017年全国12358价格监管平台业务工作基层先进单位”。

【依法治价】 制定《重大行政执法决定和重大行政决策事项法

制审核制度》《行政应诉案件办理规程》等制度，巩固依法行政和法治政府建设制度基础。强化法规和规范性文件管理，报请废止《合肥市价格监督检查条例》，定期清理64份规范性文件，及时公布41份有效规范性文件目录。组织16名行政执法资格到期、变更或岗位变动人员资格认证考试，确保执法人员持证执法。高质量完成1件省政协、14件市政协提案和2件市人大建议办理工作，落实政府制定价格人大政协监督制度。依法办理行政复议案件9起，行政诉讼案件4起。落实"谁执法、谁普法"责任制，全面开启法治宣传教育第七个五年规划。

【价格服务】 推进"放管服"改革。编制公布"公共服务事项""中介服务事项"清单，确定23项公共服务"服务清单"和"服务指南"，及时动态调整"权责清单"和"公共服务清单"。修订《合肥市物价局窗口服务指南》，拓展政务服务"十公开"内容，规范办理事项、操作流程，提升价格服务水平。完善"商品住房明码标价备案"和"基本建设项目收费"等信息化管理平台，提升"互联网+政务服务"效能。完善成本监审、价格认定工作。编制监审工作手册，完善第三方参与价格成本监审（调查）委托业务约定。组织各类成本监审累计14亿余元，核减非成本费用约2.5亿元，核减率17.5%，有效压缩成本水分。完成5所民办幼儿园保育成本调查、3所公办高校教育培养成本监审等工作。推进价格认定信息化建设，依法加强价格认定行为规范，建立6类专家库、11类询价员库。市本级全年办理涉案价格认定319件，认定金额520万元；价格认定复核2件。服务三农取得新进展。开展全市种、养殖业农业生产用电价格政策执行情况调查督查，公布2017年涉农价格与收费目录，贯彻小麦、稻谷最低收购价格政策，开展粮食收购市场联合执法检查，维护良好涉农价格环境，促进农业发展。开展"农本调查质量提升年"活动，落实年度20项农产品调查任务，完成2016年度5个饲养业、6个蔬菜品种的成本收益分析报告以及农户种植意向等3个专项调查、5个特色农产品种植成本与收益调查等，引导农产品市场预期。市物价局被国家发展改革委表彰为"2015—2017年度全国农产品成本调查工作优秀集体"。价格宣传、调研再上台阶。制定《微信、微博公众平台管理制度》，开通"双微"新媒体平台，稳固价格工作宣传阵地和服务平台。开展价格调研，形成调研成果30篇，部分成果转化为工作实践。

（市物价局综合法规处）

审 计

【概况】 2017年，合肥市审计局审计和延伸审计1164个单位，查出违规金额55.87亿元，损失浪费金额218万元，管理不规范金额275.03亿元。审计政府投资建设项目完成投资额211.57亿元，核减投资额12.69亿元。促进增收节支、挽回或避免损失1.07亿元。提交审计报告和信息3917篇（次），提出审计建议1002条，移送纪检监察、检察机关和有关部门处理30件，移送处理5人。

该局当年先后被省精神文明委表彰为第十一届安徽省文明单位；被省审计厅表彰为"审计理念创新年"活动先进集体、第七届全省审计机关精神文明单位、2016年度全省审计信息工作考评先进单位；被市委表彰为2016年度市管领导班子考核"好"等次；被市政府表彰为2016年度目标管理考核优秀责任单位、全市政务公开工作先进单位等称号。

【财政审计】 开展市本级决算草案审计。完成对市财政局、市地方税务局等2个部门组织实施2016年度市级预算执行和其他财政收支情况开展审计；完成对高新技术产业开发区、经济技术开发区、新站高新技术产业开发区、合肥巢湖经济开发区等4个市属开发区2016年度预算执行和其他财政收支情况开展审计；完成对市房产局、市规划局、市旅游局、市文广新局、市卫计委、市巢湖老干局等6个部门2016年度预算执行和其他财政收支情况开展审计。6月20日，市十五届人大常委会听取并审议《关于合肥市2016年度市级预算执行和其他财政收支审计的报告》，对《报告》给予高度评价，认为审计工作扎实、到位、真查、真审，敢于碰硬，敢讲真话、实话，审计举措创新，能够结合合肥经济社会发展全面反映问题，抓住重点，成效显著。通过审计，促进相关部门制定和完善规章制度和落实措施，从一定程度上遏制违纪违规行为的发生，发挥审计监督的免疫系统功能。审计工作报告及审计发现问题整改情况报告在《合肥日报》、市政府信息公开网等新闻媒体上全文公告，社会各界反响良好。此外，利用数字化审计方式和联网审计技术，对获取的2017年总预算会计、财务集中管理平台等数据库电子数据进行跟踪审计，完成对2017年前三季度市本级92个预算部门及所属二级单位预算执行情况，并突出对重点领域、重点部门、重点资金和重点环节的实时监督，特别是对支出进度缓慢的公益性项目进行逐项实地核查分析，效果良好。推动预算执行审计由“事后型审计”向“事中型审计”转变，成效显著，受到市政府主要领导的肯定。

【政府投资审计】 及时开展重大工程造价、竣工决算、投资绩效和全过程跟踪审计，促进项目落地生效，助力经济增长。组织开展轨道交通3号线、4号线、5号线、环巢湖生态文明示范区建设、合肥离子医学中心、506项目、中科院量子信息与量子科技创新院项目、北航合肥科学城创新研究院等13个项目跟踪审计。完成中国科技大学先进技术研究院、合肥综合保税区、南淝河大桥、滨湖中心项目中的670个单项工程价款结算审计及中盐合肥化工基地一期建设等14个财务竣工决算审计。统筹国家审计、内部审计和社会审计资源，推进政府性投资建设项目审计全覆盖。

【政策跟踪审计】 对精准扶贫精准脱贫、“放管服”改革政策、系统推进全面创新改革、传统产业改造提升工程、推动产业集聚发展基地建设、义务教育事业均衡发展、文化产业和服务业重大项目加快推进、落实“三去一降一补”五大任务政策措施等十项政策开展跟踪审计。同时，将宏观政策措施落实情况作为预算执行、经济责任、政府投资、专项审计调查等审计项目的重要内容，紧扣政策落实、资金保障、项目落地、简政放权、风险防范等主要方面，揭示政策措施执行中存在影响经济发展的重大问题，注重加强对审计发现问题的综合分析，提出合理建议，及时向市委、市政府报告，同时督促相关部门加强整改落实。全年以信息专报等形式向市委、市政府报送并被市委市政府综合快报、政务信息等采用148篇次，市领导批示62次，为市委、市政府宏观决策当好参谋助手。

【经济责任审计】 完成对市房产局、市规划局、市旅游局、市文广新局、市委老干部局、市信访局、市民委（宗教事务局）、市残联、市招商局、市经信委以及兴泰控股集团、百大集团等12家单位领导干部任期经济责任履行情况审计。对26个单位实行离任交接，授权县（市）区审计局开展对14个单位（11个乡镇、3个学校）23名领导干部的经济责任审计。指导市直单位对其下属的二级机构37名主要负责人开展内管干部经济责任审计，监督指导全市各县区对841名村居负责人开展经济责任审计，有效促进领导干部守法守纪守规尽责。

【金融和企业审计】 密切关注国有企业贯彻执行国家和省、市重大决策部署、产业优化升级、研发投入和自主创新、重大经济决策、财务收支的真实合法效益和负债情况，对百大集团、合肥兴泰金融控股有限公司进行审计。同时，结合财政预算执行、经济责任审计和专项审计调查等，注重延伸审计调查，推进国有企业审计全覆盖，促进党和国家方针政策、重大决策部署在国有企业贯彻执行。

【专项审计和审计调查】 完成对合肥市2016年灾后应急抢险资金、2016年农村公路建设工程资金管理使用情况、2015到2016年污水处理运行费管理使用等情况、合肥市2015—2016年小型水利工程改造提升项目、合肥市2016年市民“菜篮子”工程、合肥市2016年文化产业发展状况、合肥市2016年工伤保险基金管理使用情况、合肥市2016年学前教育发展专项资金、合肥市住房公积金2016年资产负债和财务收支审计专项审计调查等9项目标任务，审计报告揭示了文化政策措施落实、工程建设、产业布局等方面的问题，得到市人大、市政府的肯定，认为专项审计调查能抓住重点，成效显著。此外，完成市政府和省审计厅临时交办的审计事项和项目7个，分别是市政府交办的中国（合肥）国际演出交易会开幕式舞剧《立夏》生产经费审计、第十届中国中部投资贸易博览会暨2017中国国际徽商大会经费审计、国际新能源与节能汽车展览会经费审计、第十一届中国（合肥）国际家用电器暨消费电子博览会经费收支审计，《合肥通史》编纂项目经费使用管理情况审计、合肥仲裁委员会财务收支审计，省审计厅交办的市属公立医院债务甄别审计。

【内部审计】 制定《全市内审工作“全面提升年”主题活动实施方案》，明确全年内审重点工作任务，并推进全市内审“全面提升年”活动。加快全市内审人才队伍建设，建立有248位内审人员组成的内部审计机构人才库，先后组织特约审计人员和内审人员近20人次参与到审计项目中，推动内审人才资源科学、充分、有效利用。联合市总工会开展全市内审“重点攻关年”考核评优活动，授予合肥市建设投资控股（集团）有限公司法律审计部等19个单位“内部审计先进集体”荣誉称号；表彰内部审计能手、内部审计标兵，内部审计领军人物等。推动内审项目质量再上新台阶，严格依法审计，规范内审行为，提高内审质量，发挥优秀内审项目的典型示范作用。通过广泛动员，鼓励各内审单位积极申报内审项目，参与项目评比。在严格按照项目评分标准进行测评的基础上，评选出《合肥热电集团工程成本控制全过程管理专项审计》等3个审计项目为合肥市优秀内部审计项目，同时推荐《国网合肥供电公司集体企业预算执行审计》等2个项目参加省级内审项目评选，分别获省级“优秀内审项目”称号。

【审计学会】 制定研究计划，开展审计科研课题研究，参与省审计学会和内审协会重点科研课题研究并中标完成多项课题的研究撰写。课题研究更加突出实用性、实践性、创新性、有效性，注重与审计项目和自身工作职责相结合。将省厅确定的重点课题作为研究课题，同时确定4—5个重点课题一并研究。举办审计论坛，围绕一个主题，交流经验，共同提升。同时，围绕解决审计实践中的热点、难点、重点问题，以专项审计调查、民生工程审计、企业金融审计、财政绩效审计、计算机审计、经济责任审计、投资审计、审计文字宣传8个攻关小组为依托，开展专题攻关，强化攻关成果运用。促进审计科研成果的转化利用，对全市优秀论文分类提炼新的观点、好的做法、好的思路、好的方法，将科研论文分类后在OA管理系统中公开，将获奖论文编印成册，人手一份，让全市审计人员共享学习借鉴，真正发挥理论指导和服务实践的作用。

（韩　芊）

统　计

【概况】 2017年，合肥市统计局深化统计管理体制改革，提高统计数据真实性，履行信息、咨询、监督智能，着力统计基层基础建设，推进重大国情国力调查，拓展统计服务形式，提高统计服务能力，高质量完成农业、工业、建筑业、服务业、投资、能源、人口、就业、科技、文化、基本单位等定报工作，完成第三次全国农业普查和老年人医疗服务现状等10余项专项调查，筹备第四次全国经济普查工作，探索并开展生态文明建设年度评价工作。该局当年组建第四次全国经济普查筹备领导小组及办公室，编制普查经费预算。

此外，该局当年被国务院第三次全国农业普查领导小组授予“第三次全国农业普查先进集体”、被省统计局省人社厅联合授予“全省统计系统先进集体”称号。

【第三次全国农业普查】 完成对全市92.6万户农户、8959个农业生产单位、113个乡及乡级机构和1466个村及村级机构的普查登记、数据处理和验收上报工作，数据质量得到国务院、省政府农普事后质量抽查组的充分肯定。

【专项调查】 组织全市400余名调查员和调查指导员，佩带统一的人口变动情况抽样调查证件，手持电子终端设备PDA，进入抽中的240个调查小区近3万户居民家中开展人口变动情况抽样调查工作。与市旅游局联合开展旅游及相关产业消费结构调查，完成1600份个人调查问卷、74份单位问卷的审核、录入和上报工作。组织开展老年人医疗服务现状调查，该次调查40位60岁及以上老年人，其中农村户口和城市户口各20人。组织开展月度劳动力、“三新”统计、非公人才资源状况及企业创新、工业成本费用、企业用工、会展业、信息化和电子商务、电子商务交易平台、城市综合体、交通能源消费、信息系统建设基本情况等多项调查。

【统计服务】 修改完善10余种统计资料指标设置，改版“数据合肥”移动客户端，建立省内、省会和长三角城市主要指标快报制度。编印《2017合肥统计年鉴》《2016合肥市国民经济统计资料提要》《2017合肥市情手册》《合肥统计月报》《横向经济运行动态》《合肥工业综合月报》《合肥能源消耗监测月报》《合肥市金融月报》《合肥市自主创新和文化产业季度监测》《现代服务业季报》《省内（省会、长三角）城市主要经济指标快报》《送阅材料》《重点耗能企业能耗专报》《统计预警》；发布《合肥市2016年国民经济和社会发展统计公报》《合肥市2016年度人力资源和社会保障事业发展统计公报》《2016年合肥市人口变动抽样调查主要数据公报》；编印市十六届人大一次会议参阅材料《砥砺奋进迈入新时代，逐梦前行开启新征程》和《喜迎十九大统计资料汇编》等，受到各界一致好评。

【调研分析】 全年撰写各类统计信息300余篇，分析资料198篇，7篇获市领导批示，《合肥与南京、杭州对比分析调研报告》获市委、市政府优秀调研成果三等奖。为申报中国制造2025试点示范城市，健康合肥2030规划、智慧城市评价、信用城市、中央环保督查等重点工作任务提供统计数据支撑。

【考核评价】 协助市政府做好全市经济运行月度通报、季度考核和年度目标管理绩效考核；出台《2017年统计工作目标管理绩效考核细则》，对各县（市）区、开发区贯彻落实深改文件、统计基层基础、统计法制宣传及执法检查、统计数据质量情况进行综合打分（倒扣分），结果计入县区年度目标管理绩效考核总分；完善全市服务业统计体系和考核评价体系，开展市直各部门年度服务业统计工作考核，结果计入市直部门年度目标管理绩效考核总分；建立《合肥市生态文明建设目标评价考核实施办法》，并首次开展生态文明建设年度评价工作，运用功效系数法对涉及14个部门的48项指标进行测算，准确、客观、公正评价各地2016年度生态文明建设进展总体情况，推动全市生态文明建设。

【统计法制及信息化保障】 利用12.4国家宪法日和12.8统计法颁布纪念日，通过举办大型广场法治宣传、法治宣传志愿者进社区以及举办座谈会等形式，多渠道、全方位开展《统计法实施条例》《统计违纪违法责任人处分处理建议办法》等普法宣传，推动统计法律法规进课堂，将统计法治主题课程纳入"县干班""科干班"以及"骨干公务员培训"等培训班。根据《合肥市统计局关于开展2017年统计执法检查工作的通知》和《合肥市统计基层基础资料档案化管理工作制度（试行）》要求，加大执法检查和巡查力度，全年检查和巡查132家调查单位，立案查处3家，对其中2家给予经济处罚，罚款计7000元；根据《统计上严重失信企业信息公示暂行办法》规定，对上年度执法检查中查处的2家严重违法企业通过合肥市统计公众网等网络平台进行公示，做到查处一起、曝光一起、警示一片，提高政府统计公信力。规范统计网站建设，优化信息系统及网络环境，保障联网直报平台有效运行；完成市到县专线4兆到6兆的提速；完成视频会议终端设备安装调试工作并投入使用；全面推进政务服务事项梳理、政务信息系统整合、政务信息资源共享和公共服务事项网上办理，使"互联网+政务服务"更加利企便民。

【统计基层基础】 按月通报联网直报企业和投资项目数据质量情况；推进基层基础资料档案化检查，每月组织各专业联合检查，做到县区全覆盖，并将检查结果进行通报；加强统计基层业务培训，培训人数逾2000人次。

【改革创新】 提请市委深改组审议并出台《合肥市深化统计管理体制改革提高统计数据真实性实施意见》，推动统计执法监督局、地方经济社会调查队挂牌成立，有效落实《实施意见》。加快名录库维护改革工作，推进名录库维护常态化、基层化，实现应统尽统，全年新增入库法人单位6.28万家，累计在库法人单位数达21.5万家。开展固定资产投资统计改革试点工作。

（汪为民）

民生调查

【概况】 2017年，国家统计局合肥调查队（以下简称"合肥调查队"）落实中央《关于深化统计管理体制改革提高统计数据真实性的意见》精神，夯实基层基础，创新体制机制，主动作为，服务决策，有效发挥"数库""智库"职能。高质量完成居民收支、居民消费者价格、工业生产者价格、房地产价格、采购经理、农作物遥感面积、规模以下工业、畜禽监测、固定资产投资价格、规模以下服务业和限额以下商业、新设立小微企业跟踪调查等常规调查工作，以及万头猪场（厂）联网直报、农民工监测、农民工市民化进程等监测调查工作，开展国有企业反腐倡廉民意调查、文明城市创建和"三线三边"实地测评、公交满意度、民生工程满意度、地税纳税人满意度、食品安全满意度、城市管理测评等专项调查项目。全年向市委市政府上报各类信息409篇、分析116篇，其中7篇次分析获省市领导直接批示。另有19篇各类信息被《中国信息报》刊载，《合肥市新建住宅市场购买决策及影响因素分析》获安徽调查队系统课题评比二等奖。在2017年度安徽调查队系统各专业工作考核和综合考核中，国家统计局合肥调查队保持领先地位，实现"十连冠"。

【城乡一体化住户调查】 合肥调查队严格执行调查方案，在全市范围内抽选样本1390户，以日记账和问卷方式收集城乡居民家庭人口、就业、社会保障、住房、耐用消费品、收入、支出等生活状况调查资料。完善调查员工作责任、数据反馈、数据评估、督导员轮班、县（市）区数据初审、调查员访户制度等，推进住户调查工作的制度化、规范化和常态化；做好基层培训，全年主办以规范基层基础工作流程、统计法规、调查方法、技巧及操作程序等为主要内容的培训40余次；通过调查员现场审核、区级数据初审、市级督导员数据联审、数据录入审核、报表汇总审核、队领导终审，层层严控数据质量；建立样本更新监测报告机制，开展样本变动情况核实与分析，对需要进行替换的样本进行实地走访，确保人口结构、收入情况、消费水平大致相同，杜绝随意换户，并开展空宅专项核查，提高样本的完整性；按时完成每季度分省和分市县数据的录入、审核、上报，并收集财政、税收、社会消费品零售额、GDP 等数据作为评估依据；完善大额数据监测，规范统一数据评估办法，把握分省数据与分市县数据、收支数据与地区生产总值、劳动工资、收入与消费数据等相关指标的协调性；在安徽调查总队数据反馈后，及时向市目标办和有关部门提供数据信息，做好居民人均可支配收入的发布和解读。

【流通和消费价格调查】 合肥调查队在合肥市区范围内，按照定点、定人、定时直接调查的“三定一直”原则由采价员手持电子采价器，在农贸市场、超市、大型商场、服务网点等 274 个价格调查点对 1023 个消费、零售及低收入规格品，直接采集实际成交价格。做好规格品轮换选取工作，从规格品设置、数据补录和指数试算三环节保障新年度 CPI 数据质量；针对规格品缺失或失去代表性的情况开展规格品的替换与估算工作；结合日常数据审核记录情况，开展采价督查，全面核查甄别所有网点规格品的代表性和价格真实性，选取新年度规格品、采价点。同时广泛调研，撰写的《合肥乡村旅游扶贫调研报告》被市委办公厅全文刊发，并完成《十八大期间合肥物价运行分析报告》。与市物价局合作，就“从惠民菜篮子工程抓价格调控”开展课题研究并最终成文。6 次接受合肥电视台财经频道采访，及时分析解读月度、季度、半年度合肥 CPI 运行特点，以满足市民对 CPI 数据的关注。

【工业生产者价格调查】 合肥调查队做好工业生产者价格联网直报工作，完成全市 456 个企业 658 个出厂产品、455 个企业 773 个购进产品价格月度监测工作，客观反映全市工业生产者出厂价格和购进价格变动趋势及幅度。开展基层培训，印制培训资料，指导企业按调查方案要求填报月度价格；加强企业信息管理，定期核实完善调查企业名录库，保证名录库的完整性和时效性；实时调整县区间搬迁企业名录，按月做好调整台账；建立动态企业预警管理机制，对经营不善或生产产品种类不稳定的企业重点关注及时调整；针对各县区的工业主导产业和特色产业，梳理上报企业名单，抽选同类型或相关产业上下游企业进行走访，了解生产经营情况，听取企业对所属行业市场及产品价格变动因素的分析，核查企业原始资料及台账，针对上报中存在的问题，对上报人进行一对一培训，并现场确定整改方案。全年走访 5 个县（市）区 30 家企业。

【房地产价格调查】 合肥调查队依照房地产价格调查制度规定，每月对新建住宅的网签备案数据进行逐条整理，采集 10 余个二手住宅调查样本点价格；综合每月前三周或中上旬网签备案数据，结合上月网签情况，每月选择市区销售套数前十名中的 5 处楼盘和 3 家房地产中介进行走访，调研房地产企业对价格及市场走势预判、相关政策出台前后房市变化等活情况；实时观测房市变化，设计《合肥市楼盘档案台账表》，记录住宅用地的容积率、楼面地价、开盘价格、占地面积等信息，追踪首次开盘到每次加推的价格变动，对照政策出台、银行贷款利率及比例变化等房价变化特征，为研判房地产价格走势提供依据；结合合肥市物价局住宅价格备案系统、合肥家园网、合肥房地产交易网等专业网络渠道，以及国家统计局和中国测绘科学研究院建立的房价信息系统等，做好新建商品房网签数据评估；通过开展中介公司重点调查，结合市国土局产权交易中心存量房过户数据等，做好二手房数据评估。

2017 年合肥调查工作会议

【采购经理调查】 合肥调查队受市政府委托，为反映合肥市制造业经济运行变化态势，开展以合肥市237家制造业企业为样本的制造业采购经理指数（PMI）编制、调查、分析工作。每月及时报送合肥制造业PMI专报，做好数据解读，反映全市制造业运行状况以及六大支柱产业和重点行业的指标变化情况，为地方党政领导进行经济管理与决策和企业生产经营提供重要的参考依据。并在编制过程中不断完善相关方法，试编季节因子，提高PMI指数计算的科学性；优化调查样本结构，提高调查样本的代表性，取得良好工作效果。

【规模以下工业调查】 合肥调查队组织县（市）区对年营业收入2000万元以下的工业企业和个体经营工业单位实施以市为总体的抽样调查。2017年调查413个企业和97个整群抽样村的全部个体经营工业单位。做好规模以下工业联网直报工作，加强上报前的预审和网报期的实时监控，重点审核营业收入、用电量等指标的匹配程度，及时反馈更正存在的问题；联合县（市）区统计部门定期进行非目录企业的核查和增补；完善报表审核台账、企业走访台账、数据核查台账、报表上报台账、统计人员信息台账等基础台账，确保调查有记录，上报有依据。

【规模以下服务业调查】 合肥调查队对664个年末从业人员50人以下且年营业收入1000万元以下的服务业样本法人单位（包括：交通运输、仓储和邮政业，信息传输、软件和信息技术服务业，租赁和商务服务业，科学研究和技术服务业，水利、环境和公共设施管理业，教育，卫生和社会工作，物业管理、房地产中介服务、自由房地产经营活动和其他房地产业）及年末从业人员50人以下且年营业收入500万元以下的服务业样本法人单位（包括：居民服务、修理和其他服务业，文化、体育和娱乐业）实施以省为总体的规模以下服务业抽样调查。做好规下服务业全市12个县（市）区664户样本的日常维护和业务培训，提升有效样本率和数据源头质量；通过层层把关的数据联审模式，提高数据质量；采取调研与回访相结合方式，重点对营业额占比较高、市政府大力扶持的行业样本进行跟踪调研，剖析企业发展难点，提供政策建议；围绕企业或机构的行业证照与主要业务活动是否相符、企业是否依然存续，各项业务是否依然正常运转等开展核查。

【限额以下商业调查】 合肥调查队依照以全国为总体的限额以下批发零售住宿餐饮行业抽样与问卷调查方案，针对合肥市住宿餐饮行业全年营业额低于200万元、零售行业全年销售额低于500万元、批发行业全年销售额低于2000万元的商业企业，选取56个样本企业，按季度完成限额以下商业问卷调查。从“普法宣传、样本维护、业务培训、数据采集、审核评估、统计服务”六个环节发力，夯实限下商业调查基础，获得总队商服处的肯定，多次在全省工作会议上介绍限下商业审核模式等成功经验。

【农民工监测调查】 按照国家统计局农民工监测调查方案要求，合肥调查队对合肥城区的7个调查点、72户农民工家庭进行监测调查，通过收集农民工相关信息，反映农民工数量、流向、结构、就业、收支、生活、社会保障及创业等情况。召开农民工辅助调查员培训会，通过系统学习调查方案，讲解调查问卷，模拟现场调查提高调查能力；加强与住户收支等相关数据的联动审核，对报表表内、表间、指标间的关联性及汇总数据同比、环比是否合理等进行审核评估；健全调查样本单位和调查员名录、回访记录、主要指标同比等台账；制定《农民工监测调查工作责任制》，加强调查数据采集、审核、上报全过程的质量控制；制定《调查督察和陪访制度》，加大对农民工调查员访户工作的督察力度。对农村家庭成员及相关问题进行专题调查，结合走访相关职能部门，撰写《合肥市外出务工人员异地就医和费用报销情况调研报告》《合肥市农民工节后就业情况调研报告》《合肥市农民工欠薪情况调研报告》等相关报告。

【农民工市民化进程动态监测】 合肥调查队通过随机抽样和调查员手持电子终端（PDA）入户访问调查，定期收集农民工在输入地的就业生活相关信息，反映农民工就业创业、劳动保障权益落实、城镇基本公共社会服务均等化、城镇落户以及社会融合等情况，监测在新型城镇化建设中农民工现状、变化及与输入地城镇居民的一致性，为制定农民工政策、加强和改善农民工服务工作提供可靠依据。2017年合肥市农民工市民化进程监测调查涉及20个调查小区，累计抽样住宅数795户，实际完成摸底调查655户，问卷调查300户。调查员在访问调查结束后通过PDA直接将原始调查数据上传国家统计局数据处理平台。合肥调查队成立四个数据质量核查小组，采取队领导督导、所有专业人员参与数据质量核查和分组分片包干的形式，对各调查点工作进展情况进行时时监测、实时监控，对所有调查户进行

100%电话回访核查。

【新设立小微企业和个体户跟踪调查】 合肥调查队开展新设立小微企业和个体户跟踪调查，调查样本623个，其中经营单位214个、停业单位97个、筹建单位18个、关闭单位48个、破产单位1个、搬迁单位52个、失联单位193个。从宣传、维护、培训、采集、审核、评估等方面夯实新设立小微跟踪调查基础工作，在2017年全省十四个地市评比中获第一名。

【专项调查】 合肥调查队围绕服务发展和民生，发挥调查优势，接受合肥市政府和有关单位的委托，完成合肥市“三线三边”环境综合治理、城市管理测评、文明城市测评、公交满意度、民生工程满意度、地税纳税人满意度、食品安全满意度等调查工作；完成安徽调查总队布置的全国党风廉政调查、企业审批时间调查、安徽省城镇建设管理提升行动第三方评估调查、安徽省阅读调查等多项调查任务。

【法治工作建设】 合肥调查队成立依法治统普法教育工作领导小组，领导组下设办公室，负责日常普法工作，并制定《国家统计局合肥调查队统计法治宣传教育第七个五年规划》《2017年合肥调查队法治工作要点》《合肥调查队2017年统计统计法治宣传月活动实施方案》等相关文件。利用媒体、网络、编印资料、集中学习、专家讲堂等多渠道开展统计法治培训宣传，提升依法统计公信力。同时依托调查业务培训对调查对象做好宣传。全年培训调查对象600余人次。同时利用9·20统计宣传开放日和12·4宪法日，联合高新区、包河区政府，通过发放资料、媒体采访、现场咨询答疑等方式开展集中宣传。抽调10名同志组成统计执法人才库，8名同志参加执法证考试取得执法资格，建立一支年轻专业的执法检查队伍。全年发放《统计法律事务告知书》300多家、发放催报通知单5家，并对3家企业进行执法检查。对于地方政府委托的专项调查项目，严格履行报批手续，全年报批地方调查项目6个。

（沈弋淙）

合肥海关

【概况】 2017年，合肥海关合肥现场监管进出口货物总值692.67亿元，货运量116.19万吨，征税入库47.33亿元，审核报关单17.56万份，加工贸易备案金额54.89亿美元，同比分别增长70.8%、33.2%、34.6%、30.7%、62.7%。

合肥市当年累计实现进出口总值1689.1亿元人民币，同比增长36.9%。其中，进口702.5亿元人民币，出口986.6亿元人民币，同比分别增长75.6%、18.4%。

【服务打造内陆开放新高地】 成立合肥海关统筹推进打造内陆开放新高地工作领导小组，深入16地市50余家重点企业开展调研走访，对标上海自贸区及合肥科创中心建设，形成《打造内陆开放新高地的对策建议》《破解横向差距、找准目标对策，推进安徽打造内陆开放新高地》等多份调研分析报告，为领导决策提供参考。制定《合肥海关支持安徽省打造内陆开放新高地实施方案》，聚焦自由贸易试验区创建、支持全省重点项目建设、支持新兴贸易业态发展、净化进出口贸易环境等8项重点工作，找准海关在全省打造内陆开放新高地中的职责定位，把工作目标转化为实际工作举措，并把举措细化为清单。

主动配合安徽自贸试验区申建，全面梳理、对比全国已获批的11个自贸试验区的实施方案和有关政策，结合安徽实际，对《中国（安徽）自由贸易试验区总体方案（征求意见稿）》提出完善意见；针对全省海关特殊监管区域建设中

合肥国际邮件互换局兼交换站

存在的问题，牵头组织两次专题调研，形成《安徽省海关特殊监管区域运行建设情况及建议》专题调研报告，助推海关特殊监管区域健康发展。

推进对外开放大平台、大通道建设。在实现全省海关机构全覆盖的基础上，助力全省新增一批对外开放大平台、大通道。支持合肥空港经济示范区发展，推动合肥空港保税物流中心和机场国际快件监管中心建设。在支持开放通道建设方面，落实“一带一路”倡议，推进安徽省口岸建设。支持加大加密直航航班和开展货运包机业务，保障合肥至欧洲货运航线以及合肥至东南亚国家9条国际航线；支持中欧出口班列做大做强增开进口回程班列；支持国际邮件互换局兼交换站开办进口业务，实现国际邮件进出口同步运营，全年监管进出境邮递物品801.6万件，印刷品288万件。

超进度完成“压缩货物通关时间三分之一”目标。压缩货物通关时间三分之一是中央的重大决策部署，是对2017年海关系统监管通关工作的硬性要求。全年合肥海关进口通关时间11.25小时，较海关总署目标快5.5小时；出口通关时间1.01小时，较海关总署目标快0.19小时。进口、出口通关时间均完成“压缩货物通关时间三分之一”的目标。

统筹推进“海关ERP联网监管”，提升监管效能。合肥海关借鉴大数据等新技术，根据“透明便利”的原则，在全国海关率先提出开展“海关ERP联网监管”，对企业精准“画像”，构建关企共建共享的通关便利新格局。通过企业向海关开放ERP系统并实时互联，实现精准、全程、智能监管，海关给予企业更多的通关便利。

落实贸易便利化举措，降低物流成本。全面推进海关职、权、责的法定化，对合肥关区220个行政执法内部核批事项进行调整，简化压缩20项核批项目，依法取消2项行政审批，严格落实行政许可和行政处罚等信用信息“双公示”；向社会公开合肥海关权责清单，明确总关层级10类72项权力和责任事项，编制186份权力运行流程图，做到权责对应，公开透明。结合关区实际，围绕制约口岸通关效率的问题症结，制定《“去繁就简”工作改进措施》，从简化通关流程、聚合业务核批、增强信息沟通、加强技术开发等4个方面提出11项具体措施。全面取消海关行政收费，积极落实在一类水运口岸对查验没有问题的外贸企业免除吊装、移位、仓储等费用优惠政策，减轻企业负担，全年免除相关费用约48万元，受益企业771家。推进《海关实施统一社会信用代码制度改革总体方案》落实，加大海关AEO认证企业培育和认证力度。推进外贸领域诚信体系建设。

【强化监管】 加强安徽两大空港及其它进出境渠道的安全管控工作，抽调关警员充实一线现场，加大查控力度，查获化整为零走私进境各类枪支20余支，全力以赴确保口岸安全和“平安安徽”建设。落实海关监管场所安全管理要求，推进监管场所规范化管理，关区固体废物监管作业场所和查验场所全部实现与总署监控指挥中心视频联网。全年计实施口岸查验5053票，进口查验率6.9%，出口查验率1.6%，查获率13.6%。加大非贸领域行邮和旅检业务管控力度，严格执行“选查分离”和“查处分离”，推进“双随机”工作。关区“随机布控查验占比”和“预定式布控查验占比”分别为99.1%和82.9%，均高于海关总署规定标准。以风险分析为先导，推进知识产权保护“龙腾”行动。全年查发涉嫌侵权情事9起，查发数量为历史最高。

【打击走私】 开展“国门利剑2017”联合专项行动，针对重点货物物品和渠道，推动建立“打、防、管、控”反走私立体防控打击体系，做到精准打私。全年侦办走私犯罪案件数创缉私局建局以来历史新高，首次查发成品油、生猪、旧医疗器械类案件，自2006年以

表1 2017年合肥海关合肥现场业务统计表

指标	绝对数	比上年增长(%)
进出口货运量	116.19万吨	33.2
其中：进口	85.58万吨	36.5
出口	30.61万吨	24.8
进出口贸易总值	692.67亿元	70.8
其中：进口	375.33亿元	122.0
出口	317.33亿元	34.3
税收	47.33亿元	34.6
关税入库	4.09亿元	47.5
进口环节税入库	43.24亿元	33.5
集装箱量	9.95万箱次	48.2
进出口报关单量	17.56万份	30.7
其中：进口	7.47万份	25.4
出口	10.09万份	34.8
验放进出境人员	48.11万人次	3.9

来再次查发毒品案件。落实海关总署打击“洋垃圾”走私电视电话会议精神，通过风险分析，查获固体废物案件3起，抓获犯罪嫌疑人2名。全年行政立案114起，案值2.91亿元，涉税1588万元，刑事立案11起，补税入库1332万元，同比分别增长46.2%、28.1%、46.8%、37.5%、22.8倍。

【统计预警】 按照“海关数据开放管理办法”，向公众开放进出口数据。每月在合肥海关门户网站定期公布综合统计资料和分析，利用《海关统计》（电子和纸面），推进统计数据向地方政府开放。同时提供海关统计监测预警水平，紧跟发展新理念和经济新常态，贴近安徽外贸产业新特色，围绕国家战略、重点产业、重点商品、主要贸易方式和市场等方面，向地方党委、政府各级领导提供高质量统计监测预警报告，按月编报安徽外贸出口先导指数专报，客观反映外贸景气程度和效益状况，发挥海关统计辅助决策作用。

（合肥海关办公室）

检验检疫

【概 况】 2017年，合肥检验检疫局检验检疫出入境货物12689批、货值14.30亿美元，其中出境货物8499批、货值4.09亿美元，入境货物4190批、货值10.20亿美元。检出不合格货物240批、货值2076.1万美元，其中出境不合格56批、货值760.0万美元，入境不合格184批、货值1316.1万美元。出口危包使用鉴定和性能检验1889批，其中不合格19批，不合格检出率1.01%。不合格原因主要是UN标记不合格、运输标签不合格。入境集装箱检疫2464批次、9817箱，木质包装检疫查验1806批，出境木质包装检疫监管72批。查验出境邮件869万件，进境邮件35万件，业务量在全国邮检口岸中位列前十位。签发各类原产地证56862份，签证金额26.08亿美元，其中优惠原产地证43270份，签证金额19.95亿美元，同比分别增长8.10%和5.23%，可为企业减免关税约1亿美元。

【开展质量提升行动】 开展质量提升行动，围绕质量月活动主题“提升供给质量，建设质量强国”，举办新版质量管理体系标准培训，开展“三同”产品和消费品进社区等活动，营造良好的宣传氛围。加强企业信用管理，加大企业监管力度，辖区检验检疫信用管理AA级企业12家，占全省AA级企业的38%。推进中国质量安全示范企业创建工作，有8家企业获“中国进出口质量安全示范企业”资质。

【保障进出口食品安全】 作为市食品安全委员会成员单位，多措并举保障进出口食品安全。开展监督抽检和风险监测，加强风险信息交流；采用多项合格评定方式，规范进口食品检验监管程序；开展“清源”行动，对进口食品实施“清源工程”，执法与普法并举，配置执法记录仪、规范一线检验检疫执法行为。开展普法宣传，举办“进口食品安全社区行”、进口不合格食品监督销毁现场会、重点企业上门订制培训等活动，宣传进口食品安全法律法规。全年对300余批次进出口食品开展监督抽检与风险监测，产品涉及乳制品、坚果炒货、化妆品、速冻蔬菜、水产品、蜂蜜、茶叶等9类近20种产品，检出不合格进口食品62批次，其中监督销毁和退运26批次，其他不合格36批次。

【开展目录外商品监督抽查工作】 梳理并建立详细的进出口商品监管对象名录库，根据名录库进行目录外商品抽查，抽查目录外商品33批147件产品，抽查检验不合格批次7批。

【服务地方外贸发展】 以服务“优进优出”战略为目标，深化“放管服”改革，促进贸易便利化。推广中国电子检验检疫网上申报和无纸化系统，辖区近2千家企业直接受惠，无纸化覆盖率逾99%，全年为企业节约申报费用约500多万元。推行国际贸易“单一窗口”和审单放行，12月份单一窗口报检占总报检批次74.19%，超出安徽省政府原计划指标59.19个百分点。实施审单放行模式，口岸通关效率大大提高。推进“沪皖”直通放行工作，计直通放行48批次，货值约3000万美元。简化3C免办办理流程，实现全程电子化。全年办理3C免办业务32家，办理3C免办证明223份。主动服务京东方10.5代线、康宁玻璃、汇成光电、晶合12吋晶圆等重大项目设备进口。

【助力中欧班列扩量增效】 全程参与合肥北站货运中心检验检疫设施和信息化建设。4月，完成检疫处理场、查验区和监控系统的改造建设，保障合肥中欧班列常态化运行。7月8日，保障当年度首趟中欧返程班列从德国杜伊斯堡起运，经由二连浩特入境，最终运抵合肥货运北站，计运载40个集装箱，货值约1700万元。7月10日，中欧班列检验检疫监管系统正式上线，实现检验检疫和铁路部门的电子数据交换与共享，打造数字化的“中欧班列”。全年中欧班列出境发运66班次，运载集装箱3105个，货值约30626万美元。其中合肥—汉堡48班次，合肥—阿拉木图18班次。主要商品为叉车、冰箱、家电、液晶显示屏、电子类产品、机械设备、塑料玩具等轻纺产品。检验检疫中欧返程班列4班次，运载集装箱170个，货值6538万元。

【推进“同线同标同质”工程】 加大“三同”工程推进力度，扩大“三同”工程的影响力。5月，承办安徽省首次“同线同标同质、共享国际品质”集中宣传推介活动，来自全省20家“三同”优秀企业及其“明星产品”参展。启动“三同”帮扶工作，成立帮扶工作组，制定“一厂一策”帮扶计划，通过专题座谈、问卷调查、调研走访等形式，了解帮扶企业需求，服务企业开拓内销新市场。该局辖区内“三同”企业8家，占辖区内获HACCP企业数的50%，占出口食品备案企业总数22%。截至年底，“三同”企业内销34.25亿元，外销为5452万美元。

【创新原产地签证模式】 推出网上备案、无纸化申报、快速审签等多项便利化措施，实施“一地备案、全省通签”，提高签证便利化水平。首创原产地“预签”模式，全年辖区原产地预签证企业增至12家，预签证书21720份，占签证总量的38.13%，为企业节约办理时间4万多小时，节约费用400余万元。原产地签证“增十”企业达170家，“清零”企业达422家。

【支持跨境电子商务综合试验区建设】 争取到地方政府600万专项资金建设综合实验区“单一窗口”公共服务平台。指导地方政府建设跨境电商监管场所，包括X光机分拣线，24小时远程视频监控，检验检疫查验作业及办公场所的建设，完成保税备货模式跨境电商业务测试。截至年底，合肥跨境电商备案企业12家，备案商品975种；检验检疫跨境出口商品约47409批次，出区入境1批次，直邮进境27批次，保税进境1批次。进境商品总计10965元（人民币），出境商品913.5万元（人民币）。

【助推合肥水运港建设】 合肥水运港通过安徽省政府二类口岸验收，各项检验检疫设施建设完工。6月28日，举行吞吐量首破100万标箱暨口岸联检单位入驻仪式，该局派员正式入驻水运港。9月27日，与合肥海关开展首次联合查验。截至12月，合肥港进口32800标箱，同比增长29.63%；出口28793标箱，同比增长10.45%；内外贸计264129标箱，同比增长31.29%。

【助力辖区羽绒出口企业通过RDS认证】 7月，安徽亚华羽绒有限公司通过RDS（人道负责任羽绒标准）认证，成为继安徽阿波罗羽绒有限公司后合肥地区第2家通过该认证的羽绒出口企业。该局向企业宣贯最新羽绒羽毛国家标准，帮助企业研究RDS认证要求，改进企业质量管理体系，完善产品追溯体系，督促企业建立常态化卫生防疫管控体系，指导企业通过RDS认证，打破欧美贸易壁垒，提升了企业的国际市场竞争力。

【助力观赏鱼首次出口非洲和大洋洲】 安徽红嘉农业科技有限公司培育的观赏鱼当年经合肥检验检疫局查验合格，分别于10月20日和10月23日出口南非和澳大利亚，标志着安徽地区观赏鱼首次进入非洲和大洋洲市场。合肥地区全年出境观赏鱼8批、58330尾、5万余美元。

【助力生态原产地产品保护实现零突破】 助力包河区大圩葡萄顺利通过质检总局生态原产地产品保护专家组的评审，实现辖区生态原产地产品保护零的突破，这也是安徽首次通过生态原产地保护评审的葡萄类产品。

【加强关检合作】 打造更加高效的合肥口岸智能通关模式，服务地方外向型经济发展。5月12日，与合肥海关联合签署《合肥海关现场处 合肥检验检疫局落实“三互”要求合作协议》，建立健全双方的

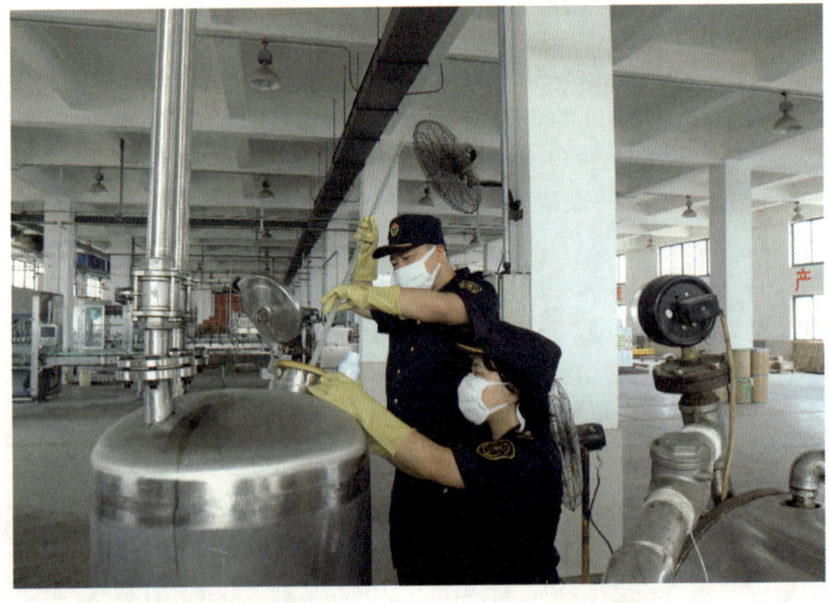

2017年7月27日，合肥检验检疫局工作人员在反应釜里抽取危险化学品样品。

联系配合机制。开展全方位执法合作，2月7日，在合肥国际邮件互换局查验场挂牌成立全省首个“关检三互监管中心”。推进邮检口岸动植检规范化建设，对接“单一窗口”平台，研发配套查询管理系统，配备系列检测仪器，价值480万的CT机获总局批复采购。建立“检疫官、X光机、检疫犬”三位一体的查验模式，对X光机实行“一机双屏双控”，查验由“串联”变“并联”，实现“1+1＞2”效果，通关效率提高了50%。

【深化空检海放模式应用】对入境的60批次、重量1009吨的进口婴幼儿乳制品开展空检海放，其中空运20批次、海运40批次，为企业节省海运产品自主检测费用约20万元，海运产品通关时间从原先平均20天减少到目前的3天左右。空检海放模式产生了明显的成效。

【坚守国门安全底线】完成国家质检总局下发的进口食品化妆品75个样品、1737个项次抽检、出口食品化妆品122个样品、947个项目抽检和省局下发的43个样品的监督抽检工作；检出4个批次出口美国鮰鱼产品含有禁用药成分，全部按规定不准出境。在进口粮食后续监管中截获检疫性有害生物3种；在进境集装箱中截获一般性有害生物12种次。

【加强国门安全宣传】4月14日，联合机场办等部门召开国门生物安全工作新闻发布会，向全省媒体通报安徽口岸国门生物安全形势、科学把关成效以及工作部署。5月23日，组织开展“进境邮寄物检疫‘开放日’”活动，邀请辖区内企业员工到合肥跨境电子商务园参观进境邮包现场检疫查验，并在徽韵国检、质检科普信息平台等平台广泛宣传。

【首次截获检疫性杂草硬雀麦】1月，在对一批450吨大麦进行后续监管过程中截获检疫性杂草硬雀麦，这是安徽口岸首次截获。硬雀麦隶属禾本科雀麦属，是国际上备受关注的田间恶性杂草，为《中华人民共和国进境植物检疫性有害生物名录》公布的植物检疫性有害生物，其主要危害小麦、大麦、燕麦等禾谷类作物。

【首次截获检疫性杂草南方三棘果】2月，从一批进境的大麦中截获检疫性杂草南方三棘果，系合肥口岸首次截获。南方三棘果隶属蓼科亦模属，原产南非，是一种恶性杂草，也是中国禁止进境的检疫性有害生物。其生长速度快，繁殖能力强，可造成农作物严重减产。

【首次截获长头谷盗和小粪蝇】4月，在对进境的装载水洗白鸭绒的集装箱进行检疫查验时，发现活体疑似有害生物，经鉴定为长头谷盗和小粪蝇两种有害生物，均为首次截获。长头谷盗为仓储害虫，喜食谷物、豆类等农产品，对稻米、玉米、小麦、高粱、大豆等粮食储备安全存在严重危害，是世界性卫生害虫。小粪蝇可传播线虫、病原菌，也可寄生于人类的肠道中，导致蝇蛆病发生，危害人类健康。

【合肥国际邮件互换局进出口业务正式开通】1月7日，合肥国际邮件互换局进口业务正式开通，标志着以后往来海外的邮件可完全实现当地通关。开通首日，截获3批含有禁止进境物的邮包，包括动物源性饲料猫粮1批6罐1.15千克、美国黄豆1批4包4.1千克、鱼肠1批15.25千克。全年检疫监管进境邮寄物35万件，截获禁止邮寄进境物454批次、1567公斤，检出有害生物43批次。

【首次截获濒危物种龟甲牡丹】1月，在对一批标注为玩具的进境邮件检疫查验时，截获濒危物种龟甲牡丹，系安徽口岸首次截获。龟甲牡丹属珍稀濒危物种，是《濒危野生动植物国际贸易公约》明文保护的濒危植物，被称为“植物中的大熊猫”，主要分布在美国德克萨斯和墨西哥，属国家明令禁止进出口的物品。

（合肥检验检疫局办公室）

国有资产管理

【概况】2017年，合肥市国资委委属企业实现营业收入315.9亿元，实现经常性收益32.07亿元，上交税费总额35.93亿元，上交税费大幅增长，社会贡献显著。截至年底，全市委属企业资产总额6176.69亿元、净资产2147.97亿元，分别较上年增长13.9%、14.9%。整体运营状况良好。当年改革市属国有企业领导干部管理体制，完善市属国企“交叉任职、双向进入”的领导体制；完善责任和权力清单，优化工作流程。

【推动城市大建设】加强民生保障和服务能力。市供水集团首次同时全面开建七水厂二期等三座水厂，水质显著提高，出厂水浊度指标由<0.3NTU降至<0.2NTU。燃气集团立足北城LNG应急调峰气源项目等四大重点工程建设，多方筹集气源，有效应对当年冬天“气荒”。热电集团新增供热面积30.08万平方米，管网总长突破500公里，连续第七年“看天供暖”。市公交集团推进公交场站、智能公交、绿色公交等建设，市内主城区主干公交线路微信扫码乘车实现全覆盖，新

增新能源汽车640辆，绿色公交车占比超额完成公交都市60%的创建指标。轨道交通1号线平稳运行，2号线正式开通，推进3号线建设，4、5号线及1号线三期工程开工建设。公益公用类企业服务水平和群众满意度提升。人民群众的幸福感和获得感显著增强。大建设有序开展。市建投集团通过筹措资金、参与PPP项目建设等方式累计筹措拨付资金近400亿元，支持200余个大建设项目有序推进，明巢高速公路、庐江县基础设施建设PPP项目、棚改二期等重点项目建设保障有力；成立合肥市引江济淮投资有限公司，合肥段工程建设逐步启动。创新创业金融保障能力凸显。兴泰控股开创保障金建设“市区联动”新模式，通过创新“政保银担”四位一体募集机制，全年为政策性担保机构和中小微企业提供各类流动性资金支持突破23亿元；产投集团所属中小担保公司全年服务中小微企业539户，担保额40.9亿元；市科农行利用“成长贷”“创新贷”“入园贷”等产品，发放小微贷款户数2489户，总金额达137.58亿元。

【增强产业发展引领能力】 通过创新国有资本运营模式，推进产业转型升级，引领重点产业发展，成功助推合肥获批“中国制造2025”试点示范城市。推进国有资本向战略性新兴产业集聚。加强与战略投资者合作，推进重大产业项目建设，助推全市打造中国“IC之都”。晶合12吋晶圆一期成功量产，实现“中国芯合肥造”，京东方10.5代线正式投产，彩虹8.5代玻璃基板项目完成定向增发，双子项目签订战略合作协议，506项目设备采购基本完成，组建合肥市大数据资产运营有限公司，抢占未来数字产业发展制高点。推进国有资本向技术创新和研发平台集聚。坚持创新驱动发展，加大技术研发投入，参与重大创新研发平台建设，有效服务我市打造“创新之都”。开工建设丰乐种业国家企业技术中心、国风塑业高性能材料研发与应用等高水平企业研发中心，投资建设中国科学技术大学先进技术研究院、智慧能源集成创新中心、离子医学中心、跨境电商双创示范基地等一批高端协同创新平台和共性技术研发平台。推动国有资本向创新创业领域集聚。壮大产业、创业引导基金规模，发挥引导基金杠杆放大效应，设立安徽省集成电路产业基金等子基金28支，撬动社会资金402亿元，投资中小科技企业194家。推动国有资本有序退出。通过清算关闭、股权转让、资产处置等方式，推动国有资本从不具备竞争优势的行业退出，全年清算关闭退出各类企业38个，有效盘活存量资产。

【深化国资国企改革】 制定出台全市深化国资国企改革的实施意见以及进一步加强和改进国有企业党的建设、市属企业负责人履职待遇、薪酬管理、经营业绩目标考核、“三供一业”分离移交、功能界定与分类等“1+6”改革文件，明确国有企业改革的原则、目标和重点任务，对加强和改进国有企业党的建设作出部署安排，明晰国有企业的功能定位和投资发展方向，对履职待遇、薪酬管理等方面进行规范，为下一步全市国有企业改革提供根本标准。混合所有制经济全面发展，百大集团收购增资民营连锁台客隆超市，持股68.75%，丰乐种业收购湖北楚丰协成51%股权，谋划并组织推进兴泰租赁赴香港上市及科农行、保安集团、浩悦环境等上市工作，市建投集团完成出资19亿元参与金太阳公司和彩虹股份定向增发。推进改革专项工作，完成科农行市场化选聘行长工作，国有企业“三供一业”分离移交、解决企业办社会问题取得积极进展，供水、供电、供气维修改造签约率、开工率均大幅超额完成目标任务，物业分离移交工作有序推进。

【提升国资监管能力】 下发《关于规范办理企业产权登记管理工作有关事项的通知》，规范企业产权登记工作。推行全面预算管理，加强预算控制，提升企业精细化管理水平。加强经济运行分析，及时引导企业应对发展和市场形势变化。制定经济责任审计五年轮审规划，开展审计工作，完成创和公司和交投公司负责人经济责任审计，对审计中发现的问题及时督促企业进行整改。根据工作需要调整国资委内设职能机构，将原市财务总监办更名成立市国有资产稽察监督中心，设立群众工作处，强化集中监督、专项或定期稽查监督。

（市国资委办公室）

公共资源交易监督和管理

【概况】 2017年，合肥市公共资源交易改革在交易规模、平台建设、交易监管以及机构设置等方面取得积极进展，市场环境明显改善，主体活力明显增强。全市当年公共资源交易成交金额3204.43亿元（含县区），同比增长19.5%。其中：安徽合肥公共资源交易中心完成项目9543个，成交金额3044.28亿元，同比分别增长5%、24%，节约/增值金额1099.38亿元；完成全市大建设项目1176个，成交金额1585.9亿元。省级政府采购项目实现全面进场；省级水利、交通、国土、省管铁路、省属骨干企业项目进场；全年完成省级项目2392个，合同金额499.97亿元，同比增长54%。中央直属企业、非国有投资、外地项目等进场交易总额268.03亿元，同比增长211%。

【平台功能建设】 夯实科技支撑。建成省、市、县三级统一共用的电子服务平台、电子交易平台和电子监管平台，各类项目均实现全流程网招，网招率达93%（全省平均为75%）；探索公共资源交易大数据分析和应用，引导投标人合理报价，预警市场异常行为，得到国家发改委的认可；全国首个“公共资源交易热线”正在积极试运行，接受市场各方主体的咨询投诉和意见建议。区域共享“徽采商城”。商城入驻实体供应商1700多家、电商12家，上架产品40多万件，服务采购单位2758家，累计完成订单68144笔，交易金额7.6亿元。商城与芜湖、滁州等十二个地市签署合作协议，成为区域合作发展的典范。改进服务标准。以获批全国首个国家级公共资源交易服务标准化示范单位为契机，坚持“以标准体系指导业务工作和以实际操作持续改进标准体系”的原则，全面规范业务管理和操作流程，实现由“制度管理”向“标准管理”的转型升级，构建公共资源交易工作的全新管理模式。

【优化项目交易服务】 强化标前业务管理。建立全市公共资源交易例会制度和业务会议制度，每周集中调度全市项目交易，集中解决项目招标前期问题；优化建设工程项目报名流程，前置招标文件下载环节，降低投标成本。加强重点工程保障。多举措保障项目交易，由该局机关牵头，统筹交易中心、交易集团，联合成立重点项目招标服务工作组，确保各交易环节限期办结；与市轨道公司、重点局等重点项目建设单位定期对接，共同研究重点工程投标资质设置、评审办法等。统一项目交易范本。发布各类公共资源交易项目招标文件示范文本22个，初步形成“合肥模式”特色范本体系。

【交易服务领域工作】 农村产权交易方面，以省农交所为主体，建有庐江、长丰、肥西、肥东、巢湖5个市域内分所，拓展建好的天长、霍山、凤台3个县级分所，初步形成区域性农村综合产权交易市场。全年成交各类项目257宗，成交额近5亿元。文化产权交易方面，与湖北华中文交所达成“中艺购”艺术品直购平台建设协议，吸引省出版集团、安徽日报报业集团等文化行业大型国企的项目进场交易。技术产权交易方面，成功入库合肥市科技创新服务平台，顺利申报安徽省技术转移服务机构，成功取得安徽省技术经纪人资质。版权登记方面，实现版权全流程网上登记及艺术品网上展示交易，完成版权登记10011宗，同比增长164%。

【监管体制建设】 完善制度体系。以国家统一平台建设方案为指导，以《合肥公共资源交易管理条例》为基础，初步建立涵盖市场监管、服务、操作、执法等四个方面的法规制度体系。截至年底，修订、清理规范性文件100多件，制定出台《合肥市公共资源交易项目交易方式管理规定》《关于加快推进市县公共资源交易信用联动管理的通知》《合肥市公共资源交易活动特邀社会监督员管理暂行办法》《安徽合肥公共资源交易招标代理机构评价办法（试行）》《“徽采商城”供应商管理办法》等，形成公共资源交易市场联防联控、精细化监管的新格局。创新监管机制。率先在全国探索建立特色监管模式，在原“五分离”基础上增加“反馈”环节，确立涉诉事项“受理、调查、会审、决策、执行、反馈”六分离的闭环执法工作机制。全年召开涉诉事项集体决策会议23次，集中研究决策事项354件，行政复议与行政诉讼案件胜诉率达100%；统一市县执法标准，市、县两级网站同步发布企业不良信用信息，实现监管信息共享共用。加大执法力度。当年受理投诉举报448件，约谈违约主体100余次，处理违法违规企业142家；对17家企业予以行政处罚，罚款金额1903万元；3家预选承包商被“一票否决”，清除出库；对具有违规行为的422名评标专家进行扣分处理，其中51名专家被通报批评，并录入省级专家考评系统。

【机构建设与管理】 推进代理业务剥离。巢湖、庐江平台剥离代理工作完成，肥西、长丰在进行中，肥东尚未完成，计划年内全部完成。建立目标考核体系。牵头建立全市统一的公共资源交易考核评价体系。

（市公共资源交易监督管理局）

责任编辑：田 文

财　政

【概述】　2017年，全市财政系统圆满完成年初确定的各项目标任务。顺利通过中央文明委复查，继续保留“全国文明单位”荣誉称号，并先后荣获全国财政法治宣传教育先进集体、第十一届安徽省文明单位、目标管理考核优秀责任单位、提案承办优秀单位、政务公开工作先进单位等46个奖项。合肥市被国务院评为财政管理工作先进典型市。

2017年，全市财政收入1251.15亿元，增长12.3%。其中：地方收入655.9亿元，增长6.68%，扣除营改增预算级次调整因素影响，同口径增长12.75%。全市税收收入1102.75亿元，占财政收入的88.14%。全市财政支出964.13亿元，增长12.13%。

【优化调控多措并行】　全面落实“营改增”等结构性减税和普遍性降费政策。自2016年5月全面推开营改增试点，至2017年底全市累计减税114.8亿元，其中建筑、房地产、金融、生活服务四大试点行业减税40.4亿元，总体税负下降14.69%。充分发挥融资担保、续贷过桥等财政金融工具的撬动作用，有效缓解中小企业融资难题。及时提请市政府修订出台2017年“1+3+5”产业扶持政策体系，形成产业投资基金、创业投资基金和天使投资基金构成的新框架，建立联合审核、绩效评价、政策联动、风险防控新机制，全年安排兑现产业扶持政策资金31.26亿元。争取中央财政奖励资金9亿元，撬动社会资本数百亿元，完成“小微企业创业创新基地城市示范”目标任务。投入22亿元支持合肥综合性国家科学中心建设，落实3.58亿元推进中国科学技术大学先进技术研究院等协同创新平台建设。制定出台《合肥市市级财政科技项目和资金管理办法》《合肥市支持协同创新平台发展专项资金管理办法》，建立适应科技创新规律、科学高效、监管有力的科技项目和资金管理机制。

【民生保障持续给力】　全市民生支出818.4亿元，增长16%，占全市财政支出的84.9%，较上年提高2.8个百分点，有力保障了教育、医疗、就业、社保、文化、体育等公共事业的发展。及时足额拨付各类扶贫资金14.69亿元，建立全市财政支持脱贫攻坚清单，对全市财政扶贫资金及项目实施动态管理，按季开展重点督查，提高扶贫资金使用绩效。民生工程建设投入110亿元，实施“31+9”项省市民生工程，其中：65亿元政策补助类资金全部发放到位；投入工程类项目资金43亿元，累计完工项目4.3万个，完工率100%，惠及760万人。统筹安排生态文明建设经费108.76亿元，主要用于环巢湖综合治理、黄标车提前淘汰、秸秆禁烧和综合利用、重点土壤污染治理等生态建设以及环保能力建设。拓宽资金筹集渠道，拨付大建设资金216.8亿元，保障市政道路、城市高架桥等基础设施建设；统筹可用财力150亿元，支持轨道交通项目建设。对县（市）区转移支付513.14亿元，其中：中央和省级转移支付151.88亿元，市级转移支付361.26亿元，支持县（市）区均衡发展和乡村振兴。

【财政改革】　完善市对县（市）区财政体制。在全面调研四个城区和三个开发区的财政体制运行情况的基础上，提请市政府出台《关于进一步完善市区（开发区）财政体制的通知》，调整市对区财政体制和转移支付制度，完善市与区收入分配机制，将新增财力向区级倾斜。强化预决算约束机制。建成运行财政支出政策库，健全支出政策跟踪落实评估机制，提高2018年预算编制和三年滚动财政规划的科学性和有效性。深化预决算信息公开，首次公开债务情况、单项100万元以上的专项设备购置类项目和信息化项目及部门预算绩效目标编制情况等。持续开展政府综合财务报告试编的同时，探索试编部门财务报告，实现市本级和县（市）区、市直各单位全覆盖。扩大政府采购预采购范围，各环节实行“2521”限时办结。扩大授权支付范围，完善国库集中支付动态监控管理，稳步推进市本级295家预算单位全部纳入财务集中平台管理，凝聚监管合力。开展县区国库支付电子化管理改革，保障财政资金安全、高效运行。提高资金使用绩效。执行全过程预算绩效管理，50万元以上的重大专项资金编制绩效目标并纳入公开评审，组织开展部门预算绩效管理考核，对2017年编制绩效目标的835个项目和84个财政重点评价项目开展绩效运行监控，对2016年31个重点支出项目进行第三方绩效评价。健全与部门预算安排、转移支付分配、国库资金调度相挂钩的存量资金清理收回机制，督促各县（市）区、各市直部门开展存量资金自查和清理，提高资金使用效益。优化资源配置方式。政府购买服务项目全部纳入预算管理，全市安排政府购买服务资金15.32亿元，购买服务项目633个，分别比上年增加4.7%和22%。规范实施PPP项目物有所值评价和财政可承受能力论证，有序推进财政部PPP示范项目建设。

【规范运行债务管理】 提请市政府出台《政府性债务风险应急处置预案》，落实国家关于债务管理的最新要求，修订完善《合肥市政府性债务管理暂行办法》，将债务管理纳入政府目标考核范围，严格执行限额管理。全面摸底全市债务情况，开展全市政府举债融资行为清理整改、置换债券资金使用情况核查和2016年度新增债券绩效评价，综合运用债务率、还本付息率、逾期债务率等指标对债务风险进行动态监控。合肥市债务管理工作获省委主要领导批示肯定，并作为典型经验在全省推广。

（李　静　杜海涛）

国家税务

【概况】 合肥市国家税务局（以下简称“市国税局”）在2017年再度蝉联全省国税系统绩效考评第一名，获得“四连冠”；系统内3家单位荣获“全国文明单位”称号，12家单位被评为第十一届“安徽省文明单位”，1个办税服务厅被授予“全国青年文明号”称号，1家单位获评“安徽省法治税务基地”。

【税收收入】 市国税局面对宏观经济增速放缓和结构性减税力度加大的双重压力组织收入“四个坚决”，全年国税收入突破600亿元，连续3年跨越百亿元大关，达到687.41亿元，同比增长26%，增收141.82亿元。其中，贡献市级财政收入650.16亿元，贡献率首次实现“过半”，达到51.9%，同比提高5.8个百分点，居全市各征收单位首位。

【税收优惠】 全年依法办理各项政策性减免税188.74亿元，同比增长8%，惠及全市“小微”“双创”“三农”等各类市场群体。支持外向型经济发展，全年共计办理出口退（免）税123.56亿元，增长54.14%，占全省总量的55.92%，在中西部省会城市率先突破百亿元大关，规模居全国省会城市第五位。

【税收法治】 实施行政许可、行政处罚“七天双公示”制度，出台重大决策合法性审查程序规定，试行重点执法事项法制审核，全年审理重大税务案件87件，落实税收征管、出口退税、税务稽查等工作规范，编印岗位操作手册，开展税收执法大督察，发现整改6大类53项问题，进一步规范执法行为。定期发布欠税公告，加大评估稽查力度，开展医药、废旧物资等行业专项整治，防范打击虚开发票和出口骗税，查获“精益药业”“望湖粮购”“7·04”“7·20”等特大涉税违法犯罪案件，共计抓捕犯罪分子34名，保持打击涉税违法犯罪的高压态势。

【纳税服务】 推动税收简政放权，精简保留7项税务行政审批事项，取消非行政许可审批事项。推进“多证合一”工商共享信息运用，简化登记资料，优化登记流程，清理事前审批项目，完成社会信用代码存量户转换，使市场主体进出更加便捷。持续开展“便民办税春风行动”，广泛征询纳税人需求，启用未达起征点小规模纳税人普通发票代开平台，升级市局自助办税中心，公布“最多跑一次”事项清单，完善简单易办事项窗口功能，推行大企业办税个性化服务。持续完善网上办税功能，全市超过90%的纳税人通过网上申报和代开发票，上线全国首台人工智能自助办税终端，推行发票“网上申请、快递上门”，推广“微信”缴纳车辆购置税，探索网上办理出口退税电子退（调）库业务，实现纳税人多走“网路”，少走“马路”。推行“税银互动”守信激励措施，将“纳税信用”转化为“融资资本”，全年通过“税融通”“出口退税质押贷款”等业务，共计帮助近400户纳税人获得银行贷款11亿元。在2017年度全国纳税人满意度调查中，市国税局跻身全国省会城市第10名，较上年提升1个位次。

【税收征管】 按照“四个转变”要求，开展集中研讨和集中办公，促进转变税收征管方式，提高税收征管效能。加强业务基础建设，落实省局税收业务岗责体系1.1版，拟定市局重点业务事项工作指引15个，全面推行实名办税，评定纳税信用等级，发布纳税“黑名单”。制定《金税三期管理系统运维管理办法》，成立全市数据质量管理团队和数据应用团队，深挖金税三期管理系统数据潜力。组建大企业和国际税务管理处，扎实做好千户集团企业信息采集，深化非居民税收风险管理，建立“走出去”企业基本信息档案。优化出口企业分类管理和无纸化管理，加强出口退税函调管理，强化出口退税预警分析，评估核查出口供货预警企业，建立出口骗税协防机制。积极推行增值税发票升级版，300余户纳税人成功上线电子发票，落实省局增值税后续管理工作指引，承接省局增值税风险应对任务，累计查补税款6403.65万元。深化增值税发票实时风险防控，整合金税三期核心征管、发票电子底账等系统数据，开发应用实时风险监控系统，全年推送风险应对任务24批次共计1628户，推送风险准确率达93.7%。研发运行企业所得税后续管理平台，提示纳税人应享未享优惠项目，推送申报疑点信息，筛选后续管理户源，全年4000余户企业调增应纳税所得额6056万元，补缴税款958万元。

【征管体制改革】 召开国地税合作联席会议，落实国地税征管合作规范，明确18项重点工作任务，逐项制定工作清单，细化具体措施，入选首批“全国百佳国税地税合作市级示范区”。推进服务融合共通，立足“进一家门、办两家事”，互设办税窗口36个，“一厅通办”国地税七大类181项业务，试点推行“一窗一人”办税新模式，运行全市首家共建办税服务厅，启用24小时联合自助办税服务区，合作开展培训30余次，惠及企业6000余户。实施执法整合共治，协同开展发票风险应对，移交线索支持地税部门查补税款近1300万元，联合稽查企业63户，查补税款1600余万元，全年代征地方税费2200余万元，联合委托邮政部门代开发票代征税费，设立邮政代开代征点13个，代征国税2274万元、地税352万元。推行信息聚合共享，定期交换税务登记和个体户“双定”信息，全年联合办理各类登记11.73万户，评定纳税信用等级7.92万户，建立联合收入预测机制，共同采集财务报表33.72万份。

（张劲松）

地方税务

【概况】 2017年，合肥市地方税务局（以下简称“市地税局”）围绕“前列前茅、第一方阵”工作目标，推进“放管服”改革，倾力服务“五大发展”，市局信息工作实现省局考核“六连冠”，在市委、市政府综合考核中连续十年跻身先进单位行列。市地税局被评为“全国税收执法大督察工作先进集体”。局机关顺利通过复审确认为“第五届全国文明单位”。

【组织收入】 全年累计组织收入655.28亿元，同比增长0.5%，剔除“营改增”因素，同口径增长21.2%，其中：税收收入400.15亿元，同比仅下降8.1%，剔除“营改增”因素，同比增长23.6%；入库社保基金218.42亿元，同比增收37.14亿元，增长20.5%；其他基金费收入36.71亿元，同比增收1.25亿元，增长3.5%。

加大收入调控力度，跟进税源变化，分时段、分区域、分级次做好统筹谋划，完成省局、市政府年度税收预期目标。并改进收入预测方式，启用预测直报系统，提高预测精准度。健全联动机制，按月召开财税联席会，交流经济形势，关注收入进度；定期组织收入形势分析，动态管理系统预期收入。

完善欠税管理制度，推进欠税风险预警，实行欠税约谈、公告和指标考核，全年清理欠税12.25亿元，其中陈欠4.17亿元。大力规范票证管理，对全市车船税办理业务进行检查，完成4.77万份完税凭证比对，补缴税款及滞纳金13.39万元。开展疑似虚增营业税排查，对879条疑似信息逐条进行检测，未发现虚增营业税现象。注重票款安全，开展全市票款交叉检查，下发整改通知，规范票款管理。

参与社保费预算编制，开展社保费收入征收、监控、考评，全年征缴率达98%。推进机关事业单位养老保险征收工作，全市缴费登记

2082户，入库“一费一金”4.59亿元。实施职工生育保险和职工基本医疗保险合并征缴试点，开出全国首张合并缴费凭证，央视新闻栏目专题报道。优化缴费服务，成功运用安徽地税移动办税APP缴纳灵活就业人员社保费。

【服务发展】 充分利用媒体传播“政策好声音”，召开新闻发布会，展示十八大以来落实各项税费优惠政策、支持地方经济发展所做的成绩；在《新安晚报》开辟专栏，以“案例+政策+解读”的形式，图文并茂宣传服务五大发展相关税费政策。综合运用门户网站、微博微信、合肥税务等自有载体，加大对国务院1+4+6系列减税政策的宣传；创建“地方税费优惠政策检索库”，实现网络版、手机版同步更新、一键查询，提升政策知晓度，减少政策在途时间。

坚持“取”“予”结合，简化工作流程，减少资料报送，压缩审核时间，提高落实效率。全年税收优惠减免107.01亿元，同比增加25.98亿元，增长32.0%。建言献策，出台非住房转让环节个税核定征收政策，促进商业地产“去库存”；推动市政府调整土地使用税等级税额标准，年降低实体经济负担5亿元。服务合肥综合性国家科学中心建设，采取先享受再备案办法，累计为科技创新人才送出个税缓缴、免征“税收红包”逾10亿元。

全年完成重点调研课题22项，上报省局、市委、市政府各类调研报告、调研信息、《送阅材料》55篇，共获省领导批示1次、总局领导批示2次、省局领导批示13次、市领导批示16次、4篇调研实现成果转化，市委2次召开协调会专题研究调研信息反映的问题。

【征管改革】 深化“转方式”后续管理。在市区，以“两统一、两规范”为抓手，加强“转方式”后续管理，推动“管户制”向“管事制”彻底转变。在四县一市，长丰、肥西已实现“转方式”，其他正因地制宜有序推进，重点将农村分散征管资源适度向城区专业化管理服务集中。转方式后，地税机关不再插手应由纳税人自行办理的事项，不得人为地给纳税人设置“门槛”，也不得随意进户实施纳税检查。对纳税人发起的事项，地税机关实施以专业化、信息化为特点的分级分类管理，区别不同风险等级实施高风险稽查、中风险评估、低风险约谈、无风险不打扰。着力打造“综合办税平台”。升级改造现有办税大厅服务功能，推进所有税务人员和所有业务进大厅，建立“窗口受理、内部流转、窗口出件、限时办结”工作模式，变“纳税人跑”为“信息跑”“地税干部跑”，将原“开票大厅”“申报大厅”变成全要素、多功能的“办事大厅”，实现“服务在平台上优化、管理在平台上升级、信息在平台上集成、执法在平台上公开、风险在平台上防控”。时任省委常委、副省长吴存荣对平台建设给予充分肯定，《中国税务报》头版头条专题报道。推进风险管理实体化运作。组建市地税局风控办，对全市风险实行“扎口”管理。明确风险管理应对机制，对相关工作流程、约谈方向和查询渠道等进行具体指引。探索“分层选案”，创新风险评估任务发起方式。全年承接、发起风险任务3572起，已完成100%；评估面从0.17%增长到1.69%，命中率从49.30%增长到94.64%；评估成果14.25亿，成效率从1.76%增长到3.64%。承接总局、省局推送案源340户，查补税款1.39亿元。夯实征管基础工作。开展“业务管理提升年”活动，落实税收征管、纳税服务、税务稽查、国地税合作等“四个规范”。上线实名办税系统，实现征管档案及涉税申请等纸质资料图片化采集、电子化存储、无纸化流转。结合智慧城市建设，升级合肥市综合治税平台，实现部门信息共享共用。推进综合治税，

市地税局机关党员和入党积极分子到李克农故居参观学习

在全省率先委托邮政公司代开增值税普通发票、代征税款，代征开票与金三系统实时联网征收入库，先税后票。

【纳税服务】 实施纳税人满意度提升行动计划，推出6大类26项便民办税举措，逐一按“销号法”跟踪问效。提升12366热线服务质量，在总局4季度热线运行监测中排名第4。建成全省最大的滨湖要素大市场办税服务中心，极大方便纳税人就近办税。开发导税和咨询服务实体机器人，已有4台正式“上岗”。推出“自助办税”“掌上缴费”、网银和支付宝缴税等新举措，实现12万元以上个税移动APP申报缴纳。优化退库流程，全年办理退税2.54亿元。开展国地税合作，落实51个合作事项，重点明确18项工作任务，打造国地税合作样板。开办国地税相互委托代征业务，地税代征增值税6.77亿元，国税代征地方税费1825万元；联合委托邮政代开发票代征税费，实现先税后票；共建4个联合自助办税服务区，为纳税人提供7×24小时自助办税服务；协同办理注销登记，联合印发《协同办理注销税务登记规程（试行）》，提高协同注销质效；协同开展以票管税，建立发票违法信息共享机制，国税向地税首批移交发票违法线索涉及金额2.66亿元、涉税989.41万元，已查补地方税费650万元。在全省率先开通网上纳税人学堂，真正实现24小时办学，累计点击率超2万人次。实现《合肥税务》纸质化与电子版同时上线。精心策划选题，制作播放税收宣传片，其中动漫类作品《说文解“税”》，荣获国家税务总局公益广告大赛优秀奖，这也是安徽省唯一获奖作品。以“提升·创响”为主题，开展“便民办税春风行动”，狠抓5类20项50条便民措施落地。推进减负增效，对权力事项实行清单管理，非许可类行政审批事项全面取消。统一办税流程，对3类14种涉税事项实行“免填单”。推行同城通办，完成同城通办“双扩围”，8类124项业务实现同城通办，6类53项业务实现全省通办。实现自助办税，在全市布局自助办税终端设备42台，已办理业务3.38万笔。缩短退税时限，全省首退电子退库业务，已办理电子退库71笔，退库金额332.64万元。

【创新引领】 开展“互联网+”行动。开展对近10万纳税人的现场应用培训，提前实现“12366电子税务局”单点登录、一网通办、单轨运行，网上申报率保持在99%以上。相继开发或运用大数据管理平台、邮储委托代征系统、安徽地税掌上办税、智能办公平台等多个互联网+项目，为税收管理现代化添平台。加强数据共享，向省局“大数据平台”提交合肥市共享数据600余万条。通过数据清洗，整合数据应用，全年清理数据5万余条。强化数据分析，通过数据融合、数据关联、数据挖掘，寻找对应关系，服务地税业务，如推送 2016年度企业所得税税前列支工会经费、但未缴纳的疑点纳税人764户，涉及费额535.27万元。研究业务“痛点”，上报“入库税费分析”和“国地企税年报清册”两个大数据应用被全省推广。与房产、国土、工商等部门信息共享，实现网络互连互通、信息共享共治。全年共办理市区存量房交易实时查询4.67万次，股权转让信息1.58万笔，接收工商传递数据6.98万条。加强与国土部门联系，第一时间取得土地交易信息，从源头掌控契税税源。探索外籍人员个人所得税管理新途径。与科大讯飞公司合作，筹建“人工智能+智慧税务”联合实验室，深化在智能纳服平台建设、智能办公等领域的研究。

【优化税收环境】 推行“双随机、一公开”稽查模式，完成省局下达的7680户任务。贯彻进户执法要求，遵守涉企检查备案规定。建立重大执法决定法制审核制度、税收执法公示制度和税收执法全过程记录制度，全方位规范税收执法权力的行使。制定中介服务清单，编制公共服务指南，保证各项业务在制度的轨道上运行。规范政务信息公开，明确公开内容、更新时限，强化责任落实。开展执法大督察、专项督察，执法监督，注重成果运用，市局被评为“全国税收执法大督察工作先进集体”。组建公职律师和法律顾问两个团队，强化法律专业队伍的培育和使用。开展税务行政处罚双公开，依法依规对66户纳税人的税收违法行为处罚情况，在信用征集系统和市政府信息公开网进行公示，进一步彰显税法的严肃性、公信力。与国税、公安联合制订《涉税案件信息合作工作规范》，建立互动平台，实现信息双向查询，打造国、地税与公安协作新格局。充分发挥稽查职能，推行“阳光稽查”，稽查序列立案检查131户、督导自查222户，累计入库税费收入2.72亿元。持续开展打击发票违法犯罪活动，对256户企业开展检查，查处非法发票823份，入库税款740.73万元，滞纳金68.36万元，罚款35.81万元，转变执法理念，建立容错纠错机制，对10类可以给予行政处罚的轻微违法行为，实行“首违不罚”。运用纳税信用评价结果，17户“黑名单”直接降为D级，214户B级以上纳税人通过“税融通”贷款6.37亿元。

【税种管理】 抓好企业所得税年度汇算清缴，做好客户端软件升级，依托大数据平台，加强信息比对、深化统计分析，3.66万户企业汇缴补税36.23亿元。开展汇算鉴证购买服务工作，对40户企业所得税申报质量进行评估，鉴证后应补企业所得税680万元，应予调增应纳税所得额2700万元。对个人所得税明细申报管理，上线个人所得税质效管理平台，全年考核期内，共组织19.76万户扣缴单位进行明细申报，明细申报率达99.81%，准确率达100%。开展土地增值税清算服务购买工作，征收土地增值税37.22亿元。加强车船税管理，打击违法犯罪行为，入库车船税5.05亿元，同比增长27%。优化房地产交易税收服务和管理，逐步建立税收管理规范、内控机制健全、涉税信息共享、部门协同、建立风险防范有效的长效机制，全市办理存量住房涉税交易6.27万笔，累计组织税费24.31亿元。做好环保税宣传和开征准备，建立财政、地税、环保协作机制，完成744户环保税纳税人档案资料交接。做好耕契税收入季度分析，统计上报重点城市契税收入情况。规范开具和使用两税完税情况证明，严格“先税后证”管理制度。与房产部门沟通协调，实现存量房网签信息共享。关注金三系统契税欠税情况，加大清欠力度。及时开展契税立法重点、难点问题调研，形成建议报告。全年组织两税收入105.43亿元，同比增收38.24亿元，增长56.91%。

（王云志）

合肥金融

【概况】 2017年全市金融发展实现五大突破：即全年金融业增加值突破500亿元，达到551.3亿元，占GDP比重7.6%；全年新增社会融资规模突破2500亿元，达2868.7亿元，占全省40.8%；全年直接融资突破3000亿元，增幅47.9%；全年保费收入突破300亿元，增幅47.2%；全年新增新型政银担放款突破100亿元。

【完善地方金融体系】 开展金融招商，引入普华永道在肥设立分所，推动德勤合肥办事处升级，继续加强与恒丰银行等机构紧密联系；全省首家民营银行安徽新安银行、首家科技融资担保机构、首批三家科技保险机构及浙商银行合肥分行等开业；推动合肥科农行加快设立省内异地分支（蚌埠、六安），支持农行机构改革设立合肥分行。指导庐阳区成功争创全省首个金融服务业集聚区、绿色保险示范区，已入驻各类新型金融机构88家；成功申报全省首个金融小镇（包河）；扩大中国（合肥）金融服务外包峰会品牌效应，推动滨湖国际金融后台服务基地迈向更高层次，吸引农行国际结算单证中心等功能性总部、软通动力等金融科技企业落户，截至2017年底已集聚23家金融机构总部或综合基地，总投资超过250亿元。推动兴泰金融控股、正奇金融集团等本土金融控股平台整合上下游金融资源，年服务融资均超百亿；央地合作设立的建信信托启动新一轮增资，年纳税额突破8亿元。加快普惠金融建设，破解小微、“三农”融资难题，全市已建成社区、小微、科技、文化等专业支行近150家；完成农村金融综合改革十大体系建设任务；持续推进农村两权抵押贷款试点，县域（长丰县）信用体系建设获评2017年中国“盘古奖”。

【畅通融资渠道】 克服限贷限购影响，扩大信贷有效投放。鼓励驻肥金融机构向上争取信贷资源，借助合肥市住房租赁试点优势，开启与徽商银行等3家金融机构合

全省首家民营银行安徽新安银行开业仪式颁发金融许可证

作，未来五年意向在肥投放2000亿元；建行、民生等机构探索出台“云税贷”“云抵押”等特色金融产品，全市小微企业“三个不低于”目标持续实现；组织开展电商、外贸、文化等专题行业银企对接，落实“四送一服”，通过搭平台、送服务等方式为200多家企业协调融资10亿元；引导驻肥金融机构加大对轨道交通建设、引江济淮等重要领域、重大项目支持，全年新增企业中长期贷款725.6亿元，同比多增358.5亿元，占全部新增贷款（1337.04亿元）54.3%。加强对企业直接融资全过程进行服务引导，全年实现直接融资3463.82亿元，占全省58.77%，规模超过同期本外币贷款总量两倍，“去杠杆”成效显著；产投、兴泰等国有企业先后发行3.5亿、1亿美元境外债券，融资成本进一步下降；华泰、国祯环保、富煌等民营企业已连续多年发债，继续设立市“大湖名城”中小企业创新发展基金，已累计投放贷款22亿元，有效缓解民营、小微企业融资难题。推动市政府启动与安徽保监局全面合作，印发实施合作任务清单，引导全市保险业为全市创新发展、大建设等提供保障，连续12个月全市保费收入增速居全国第一，全年保费收入达314.19亿元；已累计为182家高技企业投保科技保险，保险金额1824亿元，兑现补贴资金354.82万元，协调合众人寿在长丰县投资健康谷项目，指导庐江县做好全省农业保险试点工作。

【资本集聚】 全年新增7家境内上市公司，占全省近八成，新增数位居全国省会城市第6位。当年末，全市共有境内外上市公司46家，其中境内上市44家，位居全国省会城市第7位，总市值4500亿元。改版升级市级直接融资后备企业信息服务平台，入库企业已达千余家，289家企业完成直接融资在线备案；指导县（市）区、开发区开展“金融+资本”对接活动，会同知名会计所、律所赴沪深举办资本市场培训活动，邀请沪深交易所等机构专家来肥调研指导。全市新增报会待审4家、报局辅导备案12家、新三板挂牌17家、省股交中心挂牌63家，全市尚有过会待审企业1家、在会待审8家、在局辅导备案21家、新三板挂牌企业104家位列全国省会城市第11位、省股交中心挂牌企业283家。

第十届中博会期间，举办2017中国合肥“资本+创新”对接峰会，为包括国家集成电路基金、洪泰基金、国科控股等在内的150余家股权投资机构和全市200家科创企业（平台、基地）搭建交流合作共享平台。会上，市政府与沪深交易所、全国股转系统全面启动战略合作；设立发布合肥高新兴泰产业投资基金和安徽省集成电路产业投资基金等2支高含金量基金；集中推介企业（项目）200余个，总融资需求60多亿元。以政府投资引导基金体系带动全市股权投资发展和集聚，牵头、参与设立子基金27支，总规模达近500亿元，投资项目108个，带动集成电路、智能制造、平板显示等产业在肥从无到有、从小到大、从大到强，助力“中国IC之都”、国家级智能语音产业基地建设。

【金融改革创新】 整合优化金融招商、资本市场建设及财政金融产品等金融扶持政策条款，更好地适应企业需要。先后受理企业上市（挂牌）奖励申请15家，兑现奖补资金1350万元；受理基金及基金管理机构奖励17家，兑现奖补资金612.8万元；受理金融机构奖励14家，兑现奖补资金1955.26万元。全年投入近6亿元充实融资担保机构国有资本金，提升市县一体政策性融资担保体系实力；推进特色新型政银担合作，通过共担风险提升银行机构服务小企业主动性，年内支持2638家中小企业104.7亿元；推动全国首家融资担保行业保障金公司资金规模上升至9亿元，为全市担保机构、小微企业提供各类流动性支持23.3亿元。着力发挥财政资金引导效应，通过“融资+”创新增信，推动金融资本与财政资金、税务、担保、保险跨业合作，全市已有近20种财政金融产品，仅大湖名城、税融通等各类产品、服务模式，已累计为1万多家/次中小微企业提供支持资金近400亿元。通过“融资—”去除不必要的中间环节，打造规模7亿元的市县两级续贷过桥资金，累计为5000余家中小微企业提供超低成本周转贷款249亿元，有效破解转贷难题。

【地方金融管理】 主动为融资短暂困难、产业前景较好的企业牵线搭桥，年内先后指导有关县区协调解决飞建化工、神龙汽车、华美机电等企业融资问题。落实行政职能事业单位改革，启动设立合肥市地方金融监管局（合肥市金融工作办公室）；配合银监部门，推动全市银行业不良贷款率保持1%以下，低于全国全省平均水平；把好地方金融企业准入关、风控关，年内依法撤销2家企业融资担保业务经营资格、2家企业小额贷款试点经营资格，全市正常经营的22家融资性担保机构（含两家分支机构）合计在保户数13643户，在保余额447.9亿元；全市

66家正常经营的小额贷款公司贷款余额141.2亿元，全年累计发放贷款231.1亿元。会同人行等部门有效防范房地产领域金融风险，全年流向房地产贷款同比少增712.8亿元。开展国家、省部署防控金融风险专项工作，全面完成37家互联网金融机构现场检查工作，进入整改落实阶段；开展交易场所清理整顿“回头看”，对260家各类交易场所全面排查，落实安徽文交中心和鑫汇商品交易中心整改工作；推进防范非法集资宣传月、全市涉非风险专项排查（共排查10389家企业）、涉非广告资讯信息排查（共排查3149条）等工作，完善市县两级非法集资监测预警体系，出台市县两级非法集资举报奖励政策并在全省率先兑现首笔奖励。

（市金融办）

货币信贷运行

【概况】 中国人民银行合肥中心支行持续改善金融服务，金融运行呈现“存贷款增速回落、存贷结构持续优化、金融体系总体稳健”的态势，金融服务实体经济的能力和效率进一步提升。2017年，合肥市社会融资规模新增2868.7亿元，同比下降2.7%，同比少增80.2亿元。

【各项存款】 各项存款增速下滑，非金融企业和政府存款同比少增较多。当年12月末，合肥市本外币各项存款余额14235.4亿元，同比增长5.6%，同比回落14.8个百分点，低于全省平均6.1个百分点；较年初增加755.7亿元，同比少增1530.3亿元。人民币各项存款余额13881.7亿元，同比增长5.6%；较年初增加730.8亿元，同比少增1452.3亿元。2017年存款变动主要特点：非金融企业存款同比少增较多。非金融企业存款较年初增加430.2亿元，同比少增662.1亿元，其中活期存款、定期及其他存款分别同比少增369.7亿元、292.5亿元；广义政府存款同比少增较多。广义政府存款较年初增加232.8亿元，同比少增678.4亿元，主要是因为机关团体存款同比少增604.1亿元；住户存款2017年增加202.4亿元，同比少增84亿元；非银行业金融机构存款减少108亿元，同比多减104.4亿元。

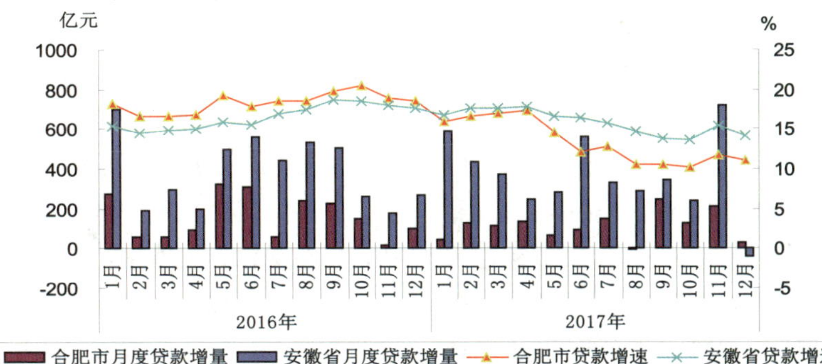

【各项贷款】 贷款增速回落，住户中长期消费贷款同比少增较多。当年12月末，合肥市本外币各项贷款余额13401.2亿元，同比增长11.1%，增速同比回落7.5个百分点，低于全省平均3.2个百分点；较年初增加1337亿元，同比少增556亿元，主要是住户中长期消费贷款同比少增。人民币各项贷款余额12865.5亿元，同比增长11.4%；较年初增加1314.9亿元，同比少增599.2亿元。

【贷款结构】 短期贷款增速回升。12月末，合肥市短期贷款余额2369.1亿元，同比增长9.7%，增速同比回升3.5个百分点；中长期贷款余额9975.8亿元，同比增长14.2%，增速同比下降7.1个百分点。住户贷款同比少增较多。2017年住户贷款增加622.3亿元，同比少增504.4亿元，主要是住户中长期消费贷款同比少增675.8亿元。非金融企业及机关团体贷款全年增加667.5亿元，同比少增90.1亿元，其中票据融资减少238.5亿元，同比少增372.2亿元；中长期贷款增加749.2亿元，同比多增358.5亿元。股份制银行贷款同比少增较多。2017年工农中建交五大国有商业银行合计增加363.6亿元，同比少增155.0亿元；国家开发银行和政策性银行合计增加311.5亿元，同比少增64.8亿元；股份制银行合计增加273.3亿元，同比少增277.6亿元；法人金融机构合计增加197.4亿元，同比少增36.4亿元。贷款保持快速增长。12月末，全市县域人民币各项贷款余额1614.7亿元，同比增长20.8%；较年初增加278.5亿元，同比多增20.9亿元。

（殷俊明）

合肥银行业

【概况】 2017年，全市银行业资产余额2.60万亿元，较年初增加1643.71亿元，增幅6.75%；其中，各项贷款余额1.37万亿元，较年初增加1258.07亿元，增幅10.13%。全市银行业负债余额2.50万亿元，较年初增加1543.87亿元，增幅6.59%；其中，各项存款余额1.38万亿元，较年初增加540.25亿元，增幅5.78%。全市银行业实现利润257.85亿元，同比增加25.54亿元，增长10.99%，占全省银行业利润比重40.49%。不良贷款余额118.42亿元，较年初减少12.86亿元，不良贷款比率0.87%，较年初降低0.04个百分点，低于全省银行业平均水平0.70个百分点。

合肥银行业金融机构包括3家政策性银行安徽省分行，5家国有商业银行安徽省分行，11家股份制商业银行合肥分行，徽商银行、3家城市商业银行合肥分行，新安银行，省联社，6家农村商业银行，1家邮政储蓄银行安徽省分行，4家金融资产管理公司合肥办事处（安徽省分公司），4家外资银行合肥分行，1家信托公司，1家企业集团财务公司，1家汽车金融公司，1家金融租赁公司，1家消费金融公司，5家村镇银行。其中，法人机构合计18家。

全市银行业金融机构共有支行合计1034家，包括社区支行106家、小微支行11家；自助银行和ATM网点合计1864个；金融服务室926家、助农取款点460个。从区域分布看，市区支行637个，县域及以下支行397个。区域性服务中心13家，包括工商银行总行电子银行中心（合肥）、农业银行总行国际结算单证中心合肥分中心、上海浦东发展银行合肥综合中心等。

至当年末，合肥地区共有5类5家非银行金融机构，分别是国元信托公司、安徽省能源集团财务公司、徽银金融租赁公司、瑞福德汽车金融公司和华融消费金融公司。在肥非银机构主要围绕合肥地区发展战略规划，发挥信托、租赁等专业功能。国元信托发挥信托制度优势，以市场化方式筹集社会资金，投入省重点区域，持续支持地方建设和实体经济发展。徽银金融租赁公司进一步立足实体、贴近实物、融入实业，帮助拓宽中小微企业融资渠道，投放合计金额为66.44亿元。瑞福德汽车金融公司创新发展，适当加大二手车和其他品牌车系的金融支持力度，本地零售贷款2.18亿元，比年初增长19.26%。华融消费金融公司践行普惠金融理念，补足中低收入者消费信贷服务短板，坚持“立足安徽、依托华融、服务小微、辐射全国”的市场定位，全年累计发放贷款61.66亿元，累计客户总户数为844636个。

【银行业监管】 安徽银监局推动合肥地区银行业全口径监管和服务机制有效运行，改进金融服务，深化银行业改革创新，强化金融风险防控，进一步提高合肥银行业运行效率和服务实体经济能力。

服务区域发展。引导银行业落实合肥市重大发展战略和发展规划，把握合肥新的历史性发展机遇和发展空间，在信贷投放、产品创新、机构设置等方面优先支持合肥地区。12月末，合肥市各项贷款余额1.37万亿元，占全省各项贷款比重38.89%，较年初增加1258.07亿元，增幅10.13%。

服务重点领域。研究出台《银行业发展科技金融支持安徽自主创新的指导意见》，推进“365”科技金融服务模式创新，支持合肥综合性国家科学中心建设，发挥银行业债权人委员会机制作用。

支持薄弱环节。推动大中型银行普惠金融事业部落地实施，完善服务“三农”长效机制，落实小微企业金融服务政策，深化“银税互动”工作，提升信贷审批效率，实现银税合作县域全覆盖。截至12月末，合肥地区小微企业贷款余额2842.08亿元，占全省小微企业贷款余额比重24.13%；较年初新增小微企业贷款500.28亿元，占全省新增小微企业贷款比重24.62%；涉农贷款余额1677.08亿元，占全省涉农贷款比重15.13%。

【完善金融体系建设】 2017年11月3日，安徽银监局正式批复同意安徽省首家民营银行——安徽新安银行股份有限公司开业；浙商银行于10月23日入驻合肥。截至年末，5类5家非银行业金融机构落地合肥，种类齐全程度位于全国省会城市领先行列。在肥全国性股份制银行分支机构已达11家。村镇银行实现合肥地区四县一市全覆盖，行政村基础金融服务覆盖率达100%。多层次、广覆盖的金融服务体系基本形成。

推进法人机构改革。研究出台《加强农商行股东股权管理指导意见》《农村商业银行保稳健促服务强监管指导意见》，督促法人机构完善公司治理体系，部分农商行法人治理结构问题初步解决。推进省联社改革试点研究论证，审慎支持符合条件的农商行跨区域发展。督促省联社要强化农商行股权管理和内部控制，截至当年末，辖内已有14家农商行获批发行二级资本债，总额合计65.3亿元，4家农商行拟上新三板获得银监会备案同意；2家农商行拟上主板获得银监会备案同意。合肥科技农村商业银行加入紫金山·鑫合金融家俱乐部，与全国百余家中小银行携手发展；被银行业理财登记托管中心评为“全国银行业理财信息登记工作优秀农村金融机构”。

【创新发展案例】 案例1：创新产品，扶持三农小微。2017年徽商银行合肥分行26家徽农支行立足乡镇，主动对接“三农”“小微”，通过走访调研深入了解当地小微企业、三农贷款需求，创新开展产业“链条式”贷款，推出以巢湖市槐林镇渔网产业链为信贷对象的“渔网贷”，惠及小微企业52户，金额4396万元。因地制宜推广“徽农信用卡”，解决了长丰地区草莓种植大户贷款额度小、经营周期短等资金需求，惠及农户233户，金额2383万元。

案例2：推广政银担，助力小微发展。2017年农行合肥分行依托政府增信机制，推进四大合作平台落地实施。对接各级农委、农经办等涉农主管部门，利用“金担通”、政府风险补偿基金、保证保险、房地产抵押、公职人员担保等方式，拓展新的目标客户。合肥分行县域支行累放“农担通”小微企业贷款9笔5450万元；发放“金担通”小微企业贷款4笔1600万元。

案例3：优化服务，惠农惠民。“金农惠民宝业务”是巢湖农商行为推进普惠金融，改善巢湖市农村（社区）金融空白区域，由当地村委提供或推荐场地、商户（村级便民服务中心、沿街商铺、超市及其它居民居住相对集中区域），由巢湖农商行提供助农金融终端等机具设备（以下简称助农终端）设立惠农金融服务室，为农村居民提供小额存取款、代缴费、信息咨询等基本金融服务的新型支农便农服务模式。截至12月末，巢湖农商行共计在乡镇偏远农村地区设立惠农金融服务室35个。借助金农惠民宝机具累计办理各类惠农业务13221笔，金额达5658.88万元。

（中国银行业监督管理委员会安徽监管局）

合肥保险业

【概况】 2017年合肥市保险业实现保费收入314.19亿元，同比增长47.33%，产业规模居安徽省第一，占全省保费收入的28.38%。截至当年底，全市共有保险市场主体65家，其中法人机构1家，省级机构64家；外资保险公司8家，农险、信用险、责任险专业公司各1家，养老专业公司4家，健康险专业公司2家。保险从业人员约6.9万人。

合肥市保险企业立足地方经济社会发展需求，推出多个特色保险项目：国元农险继推出苗木、桑蚕、生猪价格指数保险后，新开发小龙虾特色养殖保险；太平洋财险开发“科创E保”组合产品，提供专属于科技型企业的保障；中国大地保险推出建筑工程质量责任保险，试点一年来共承保25个项目，累计提供1.2亿元保额的风险保障。人保财险协同合肥市交警部门推出直升机免费救援服务；平安财险公司引进视频技术，推出“可视化”“一站式”的车险报案理赔模式。

合肥市政府授予中国人民财产保险股份有限公司合肥市分公司、中国人寿保险股份有限公司合肥市分公司、中国太平洋财产保险股份有限公司合肥中心支公司、中国平安财产保险股份有限公司合肥中心支公司、中国人寿财产保险股份有限公司合肥市中心支公司、国元农业保险股份有限公司合肥中心支公司、中国平安人寿保险股份有限公司安徽分公司、阳光人寿保险股份有限公司合肥中心支公司、中国太平洋人寿保险股份有限公司合肥中心支公司、新华人寿保险股份有限公司安徽分公司10家保险公司2016年度“优质服务奖”。

【保险市场监管】 在中国保监会的统一部署下，安徽保监局立于从严监管的基调，整治市场乱象，切实守住风险底线，针对商业车险、农业保险、大病保险、非法集资等重点领域开展专项检查，系统开展互联网保险风险专项整治、防范和处置非法集资和保险反欺诈工作，会同省公安厅联合开展“安宁2017”反欺诈专项行动，破获中国保监会和公安部联合督办的欧亚国际诈骗案等重点案件。全年共对合肥市辖区的20家保险机构、8家专业中介机构和3家兼业代理机构开展了现场检查，对查实的违法违规行为进行行政处罚。

5月15日，合肥市保险行业协会配合安徽省公安厅、合肥市公安局在杏花公园开展“合肥市保险业打击预防经济犯罪”宣传活动。6月22日，合肥市经侦支队与合肥市保险行业协会联合成立省内首家“反保险欺诈工作站”，与合肥市公安经侦支队共同印发“防范保险欺诈温馨提示函”，增强保险消费者的防范保险犯罪的法律意识。11月26日，合肥市保险行业协会应合肥市公安局邀请参加“警民一家亲”大型户外宣传活动，现场发放各类反保险欺诈宣传材料。合肥市保险行业协会组织会员单位开展车险互查31次、人身保险业务经营规范性互查2次。

【保护保险消费者利益】 **妥善处理保险消费投诉。**安徽保监局受理合肥市辖区保险消费投诉717件，帮助消费者维护经济利益953.04万元。合肥市保险行业协会共受理投诉23件，帮助消费者维护经济利益141.48万元。合肥市保险行业协会下设的合肥市保险消费者维权联络站与合肥市消保委联合制定《告交通事故伤者保险理赔提示书》，提升保险消费者消费维权能力。

提升理赔服务水平。开展高速驻点联合查勘定损服务。合肥市保险行业于每个重大节假日期间，组织部分财险公司联合合肥市交警支队开展合肥市财产保险公司高速驻点联合查勘定损服务工作，全年联合查勘服务活动共处理案件484件，服务群众500余次。做好快速理赔服务。合肥市区西、南、北三个快速理赔中心共受理事故案件152138件，涉及车辆约304276辆，约占市内交通事故量的75%，为"畅通合肥"做出重要贡献。

【服务地方发展】 合肥市保险业累计提供风险保障超过10万亿元，同比增长30.69%；累计赔付支出85.33亿元，同比增长17.37%；上缴税收约10亿元。开展助推脱贫攻坚工作。中国人寿安徽省分公司为合肥市区及长丰、肥西、庐江、巢湖、肥东县的5.55万建档立卡贫困户提供意外伤害保险保障11.65亿元。国元农险在肥东、肥西、长丰等县开展光伏扶贫项目保险，为294户贫困户提供光伏设备财产保险保障，并通过贷款保证保险协助143名特困户获得光伏设备贷款153万元。建设多层次医疗保障体系。大病保险全市覆盖，当年，商业保险机构承保合肥大病保险652.03万人次，赔付5.05万人次，赔付金额1.63亿元。大病患者实际报销比例平均提高13%。合肥市是全省商业保险机构经办城乡居民基本医疗保险业务试点地区之一，试点以来医疗结案周期普遍缩短，异地结算区域扩大，报补服务更加便利，不合理医疗费用得到有效管控。参与健康脱贫工程，保险机构推进"基本医保+大病保险+民政救助+贫困人口兜底补充"一站式承接服务、一站式报销结算，全年为全市59.51万人次建档立卡贫困人口报补医药费用5.61亿元，为5.48万人次贫困人口报销补充医疗费用3475.78万元，协办民政救助赔付1.12万人次，赔付金额1017.74万元。

（中国保险监督管理委员会安徽监管局）

合肥证券期货业

【概况】 中国证券监督管理委员会安徽监管局（以下简称"安徽证监局"）是中国证监会的派出机构，其前身为安徽省证券管理办公室，成立于1995年。1998年，根据党中央、国务院关于建立全国集中统一的证券监管体制的要求，划归中国证监会垂直领导，改名为"中国证监会合肥证券监管特派员办事处"，并于1999年7月1日正式挂牌。2004年3月1日，根据中央编办复字〔2004〕11号文件批复，正式更名为"中国证券监督管理委员会安徽监管局"。

2017年，安徽证监局落实全国证券期货监管工作会议、证券期货系统年中监管工作座谈会工作安排，稳中求进工作总基调和依法全面从严监管理念，履行辖区监管职责，防范化解市场各类风险隐患，严厉打击违法违规行为，维护投资者合法权益，服务实体经济，辖区资本市场监管与发展取得良好成效。

【公众公司监管】 对上市公司监管。强化依法全面从严监管，维护市场良好秩序。统筹运用督促自查、现场检查、警示通报、推广典范案例等方式，对市场主体规范运作的督导力度，督导市场主体完善公司治理，加强内控体系建设。引导公司结合行业特点和自身实际，建立以投资者需求为导向的信息披露体系，充实信息披露内容，提高披露信息的有用性和可读性。加强资本运作全过程监管。加大上市公司内幕信息监管力度，防范内幕交易。督导上市公司建立健全内控体系，完善内部管理制度，提高规范运作水平。对挂牌公司监管。强化日常监管，防范市场风险。功能监管与公司监管相结合，优化监管模式。全面排查与定期排查相结合，摸排公司风险。非现场监管与现场监管相结合，开展核查工作。通过开展挂牌公司"监管第一课"培训，提升企业守法合规意识及规范发展认识。优化与市场主体的日常沟通机制。建立与股转公司的监管协作机制。共同加强挂牌公司及相关市场主体的监管。对债券发行人监管。支持企业利用资本市场做大做强，鼓励企业股债联动融资，扩大直接融资规模，优化融资结构，拓宽融资渠道。协调省发改委、深交所在合肥举办PPP项目资产证券化座谈会，开展专题培训，引导省内企业在沪深交易所发行公司债券、资产支持证券融资。

【证券期货经营机构监管】 组织辖区证券期货公司结合自身实际，自选主题，排查风险隐患。及时跟踪评估机构风险监管指标变动情况，分析研判机构可能存在的风险隐患，指导各机构采取措施做好风险防范工作。主动保持监管的审慎性，推进风险处置工作。针对重点监管事项，通过约请机构经营管理主要负责人、合规总监、首席风险官等高管人员现场谈话，明确监管意见，提出监管要求，引导辖区机构回归本源，发挥本土证券期货公司的区域优势，对资产管理和投资银行业务的人才引进和资源投入，同时在投融资两端为实体经济发展提供助力。开展私募基金信息统计和风险监测及私募基金现场检查，制定私募基金行业突发事件应急处置预案，提高私募基金规范运作水平，防范违规募集和非法集资风险。结合企业首发上市（挂牌）、再融资、并购重组、年报审计等工作，延伸检查保荐、审计、评估、律所等中介机构的执业质量，督导其归位尽责，遵守执业规定，严厉惩处执业不规范、不尽责行为。

【保护投资者合法权益】 推进证券期货纠纷多元化解机制建设，加强投资者诉求处理。指导安徽省证券期货业协会建设中证中小投资者服务中心安徽调解站，与安徽省高级人民法院、中证中小投资者服务中心共同签署《证券期货纠纷诉调对接工作合作备忘录》，形成以安徽省证券期货纠纷调解中心为平台，投服中心专业调解为补充，与人民法院广泛对接协作的证券期货纠纷化解体系。督导市场主体落实投保责任。制定《证券期货投资者适当性管理办法》（以下简称《办法》）实施准备工作检查方案，指导行业协会举办安徽辖区证券期货投资者适当性管理培训会，督促市场主体围绕落实《办法》开展内部学习培训，营造落实《办法》的良好氛围。开展投资者保护现场检查，探索开展上市公司投资者关系管理现场检查，强化上市公司执行会计准则和财务信息披露日常监管，保障投资者收益权、知情权、表决权和求偿权等合法权益。开展投资者教育工作。完成3家省级投教基地评审命名授牌工作，制定《安徽辖区省级证券期货投资者教育基地监督管理暂行规程》，强化后续监管指导，组织行业协会协调辖区投教基地实地调研学习国家级投教基地，推动辖区投教基地学习借鉴好的经验做法，将辖区投教基地打造为投资者保护宣传教育的综合平台。联合深交所举办“安徽地区投资者服务周”、督导市场主体开展“理性投资、依法维权”“投资者保护·明规则、识风险”“防控债务风险，做理性投资人”主题投资者保护宣传活动，通过安徽省3·15消费维权新闻发布会介绍辖区投资者保护有关情况，提升投资者教育宣传的深度和广度。

（中国证券监督管理委员会安徽监管局）

责任编辑：鲍　甄

工业与信息产业

综 述

【工业生产】 2017年，合肥市2561户规模以上工业企业实现增加值同比增长9.4%；工业产销率97.7%，同比提升0.4个百分点；工业企业用电量150.4亿千瓦时，同比增长10.9%，其中制造业用电量同比增长11.9%；累计完成工业投资2356.5亿元，其中技改投资1372.1亿元，同比分别增长12.6%、8.6%。

【工业分类比较】 4月17日，国家工信部正式批复合肥成为“中国制造2025”试点示范城市，跻身“中国制造2025”的“12+6”（12个试点示范城市，4个试点示范城市群）区域布局。12月15日，国家工信部批复合肥“消费品工业‘三品’战略示范城市”。全部工业对全市GDP贡献达46.3%，同比提升3.8个百分点。

2017年，全市产值超亿元企业1137户，同比增加40户，亿元企业实现增加值同比增长12%，对工业增长贡献达116.1%。联宝电子、京东方、合力、阳光电源等企业产值同比分别增长31.4%、32.8%、39%、36.1%。其中，联宝电子主营业务收入突破500亿元，成为合肥首家规模超500亿元的单体企业，连续第三年蝉联安徽第一大进出口企业；涌现出一批行业领军企业，以及长期专注行业细分市场的“单项冠军”“隐形冠军”，全市有两批次5家企业入选工信部“制造业单项冠军示范（培育）企业”，占全省入选总数的56%，万朗磁塑、安信通用阀片、巨一自动化、博一流体等一批企业，在国际国内市场占有率提升，成为行业“隐形冠军”。

全市全年完成工业投资2356.5亿元，同比增长12.6%，对全社会固定资产投资增长贡献率达87.8%，增幅高于全社会固投7.6个百分点。其中亿元以上项目投资超全市工业投资的50%，技改投资占全市工业投资的58.2%。一批重大项目实现落地建设，京东方10.5代线、康宁液晶玻璃基板、晶合12吋晶圆等项目部分竣工投产；江淮大众新能源汽车、长鑫12吋存储晶圆等项目快速推进；全力落实大陆马牌轮胎四期、长安汽车二期、通威年产2.3GW晶体硅太阳能电池等项目开工前期工作。

全市六大主导产业增加值占全市工业64%，同比提高0.8个百分点；增加值同比增长11.6%，对全市工业增长贡献率为78.1%。高新技术产业、战略性新兴产业占工业比重分别达56.1%和32.8%，同比分别增长12.7%和16.4%。以高端、智能、绿色、精品、服务型制造为重点的“五大制造”蓬勃发展，年内有12类90个企业（项目、产品），入选国家各类先进制造试点示范等。家电“四大件”产量突破7000万台（套）。工业机器人、新能源汽车、太阳能电池等高端工业品均保持30%以上增长，液晶显示屏、笔记本电脑、太阳能电池等产品，分别占全国行业总产量的8.5%、5.2%、8.0%。

全市智能制造生产模式全面推行，通过国家“两化融合”贯标企业数占全国的4.4%，2项目入选国家制造业与互联网融合示范、2企业入选国家两化融合管理体系贯标示范；累计建成41家智能工厂、320个数字化车间，其中4个智能工厂、17个数字化车间获省级认定；涌现出万力轮胎、客来福家居、奥瑞数控等一批行业智能制造解决方案领军企业。市经信委牵头编制的《智能工厂和数字车间建设实施指南》（DB34/T 3052—2017）于2017年12月成功获批省级地方标准，成为全国首家智能制造地标。连续第三年组织第三方企业信息化服务机构，为600余家企业免费提供智能化改造顶层设计和诊断服务。

全市拥有市级以上技术中心492家、工业设计中心266家，其中国家级分别为39家、5家，总数分列全国省会城市第1位、第2位；拥有数字化精密铸造、高安全动力电池、肿瘤精准治疗产品等3家省级制造业创新中心，服务机器人、智能家居等2家省级制造业创新培育中心，分别占全省总数37.5%和66.7%。全年492家市级以上企业技术中心开发新产品3648个，新产品销售收入占全市规上产品销售收入的四分之一；新增国际QC小组1个，国家级QC小组7个、国家级星级现场2个；新增省质量奖23个、省级QC小组66个、安徽精品30个。

全市规上工业能源消费总量778.48万吨标准煤，同比下降2.23%；单位工业增加值能耗同比下降10.6%，超额完成工业能耗下降目标。完成全社会能源双控“一票否决”目标。完成工业企业能耗在线监测平台、城市楼宇能耗在线监测平台一期工程建设，首批62家重点用能单位纳入监测范围。5家企业的63种产品成功入选国家级绿色设计产品名单，占全国入选产品总数的25.6%。阳光电源、京东方、安利股份、美菱股份等4户企业成功获批国家级“绿色工厂”，5户企业成为省级“绿色工厂”。组织实施25个市级年度重点节能技改（工业节水）项目，实现节能量3.47万吨标准煤、节水量79.94万立方米。

全市对接中央、省政策热点及省政府制造强省等“4个10条”，按照错位扶持、协同发力、共同支持的政策思路，突出全市重点工作，坚持向智能化改造、绿色发展、企业技术创新、小微企业融资等方面持续发力。先后组织5批次市级工业政策资金申报工作，兑现资金8.78亿元，受惠企业853户（次）。同时争取省主管部门支持，为全市476个企业（项目）争取到3.94亿元年度“制造强省”建设资金，项目数和奖补资金占全省的18.4%和19.1%，较2016年分别提升4个和6.8个百分点。推进企业经营管理“百千万”培训，实施《合肥市优秀企业家培养计划》《合肥市中小微企业“百千万”培训工程》等，全年累计培训各类企业经营管理人才8260人次。

全市全年减轻企业各类负担92.8亿元，同比增长37%。动态调整涉企收费清单，全市涉企收费项目总数调整为58项；全年营改增行业直接减税24.54亿元，原增值税行业和“3+7”行业新增加进项

2017年县（市）区、开发区工业增速完成情况表

单位：%

县域	年度预期目标	全年完成情况			
	增加值增幅	增加值占比	增长	± 目标增幅	贡献率
全市	9.5左右	—	9.4	—	—
开发区	—	53.4	11.9	—	75.7
经开区	9.5	26.9	10.6	1.1	27.3
高新区	9.9	17.3	11.4	1.5	33.7
新站区	16.0	8.7	16.6	0.6	13.5
巢湖开发区	17.0	0.5	17.0	0.0	1.2
县域	—	37.7		—	27.2
肥东县	10.0	10.4	6.7	-3.3	3.6
肥西县	10.0	11.6	11.1	1.1	12.6
长丰县	11.0	9.1	11.0	0.0	8.7
庐江县	10.0	2.3	-4.3	-14.3	-1.1
巢湖市	10.0	4.3	10.0	0.0	3.4
城区	—	8.9	-2.1	—	-2.9
瑶海区	—	0.5	-7.9	—	-0.5
庐阳区	—	1.8	-17.4	—	-4.1
蜀山区	—	1.8	-2.6	—	-1.3
包河区	—	4.8	5.9	—	3.0

抵扣46.44亿元；降低一般工商业及其他用电价格0.0135元/kwh，当年减轻企业负担8370万元，市非居民用天然气销售价格下调0.10元/立方米，当年减轻企业燃气成本支出约5000万元。下调车用天然气销售价格0.14元/立方米，当年减轻交通运输企业燃气成本支出逾3300万元。

全市县（市）区、开发区工业发展呈现分化明显，其中，四大开发区工业增加值平均增速为11.9%，高于全市2.5个百分点；五县（市）工业增加值平均增速为8.7%，低于全市0.7个百分点；四城区中除包河区外，其余均负增长，对全市形成负拉动。

主导产业

【概况】 2017年，全市通过重研发、填空白、推智能、抓升级，以强链、补链、延链为发展路径，培育传统优势产业新增长点，推进传统产业向高端、智能、绿色、精品、服务型制造转型升级。六大主导产业实现增加值占全市工业64%，同比提高0.8个百分点；实现增加值同比增长11.6%，高于全市工业2.2个百分点，增长贡献率为78.1%。

【家电产业】 合肥是全国三大家电产业基地之首。家电产业是合肥市首个突破千亿规模的产业，形成了相当规模的产业集群。2009年，合肥市被中国轻工业联合会、中国家用电器协会授予“中国家电产业基地”称号，并通过2015年复评。2017年，家电制造业实现增加值同比增长6.4%，实现家电四大件产量7142万台（套），同比增长13.8%，其中彩电934.9万台，空调1407.1万台（套），洗衣机1871万台，冰箱2929万台同比分别增长61.3%、22%、2%、8%。其中，电冰箱、洗衣机产量分别占全国1/3、1/4。

产业集中度。家电当地平均配套率达70%，核心配套率达75%。六家大型集团企业（美菱、惠而浦、海尔、美的、格力、TCL）总产值占全行业逾90%，产业集中度提升。

品牌聚集度。拥有4个国际品牌（海尔、格力、三洋、惠而浦），12个国家级名牌（美菱、荣事达、海尔、美的、长虹、格力、TCL、万和、欧力、尊贵、晶弘、帝度），是全国家电企业知名品牌最为集中地区。

产品结构。合肥家电产品覆盖白色和黑色系列家电，主要有电冰箱、洗衣机、空调器、彩电等大家电产品和抽油烟机、热水器、微波炉、吸尘器、太阳能产品等小家电以及电冰箱压缩机、空调压缩机、洗衣机电机、平板显示器等配套产品。

研发实力。以中国科学技术大学、合肥工业大学和中国科学院合肥物质科学研究院等众多科研院所为依托，全市家电企业当年拥有国家级企业技术中心2个、省级企业技术中心12个、市级企业技术中心10个。家电企业从事研发及相关人员约占企业职工总数的20%，研发投入约占销售收入的4%。

【汽车及零部件】 汽车是全市制造业传统优势产业，也是全市第四个“千亿产业”，在全市经济总量中占有举足轻重的地位，形成以载货车（轻型、中型和重型）、客车、商务车、微型车、轿车为主导产品的系列化发展格局，具有中国最全的商用车产品型谱，具有较强的市场竞争力和良好的出口前景。2017年，全市汽车及零部件产业实现增加值同比下降5.6%，实现汽车产量53.8万辆，同比下降29.9%；其中生产轿车15.8万辆，生产客车2.1万辆，同比分别下降22.7%、15.6%。重点企业江汽集团、合肥长安完成产值同比分别下降12.4%和15.5%。

企业规模。全市汽车上下游企业近300家，规上企业190户，占全部规上工业企业7.4%。整车企业14家，可生产30多个系列400余种车型，当年产能达120万辆。汽车整车生产企业有安徽江淮汽车股份公司（含安凯汽车股份公司）、合肥长安汽车有限公司、安徽星凯龙车辆制造公司、安徽广通汽车制造股份公司等。作为汽车生产的龙头企业，安徽江淮汽车股份公司(以下简称“江汽股份”）、安凯汽车股份公司（以下简称“安凯股份”）均为上市公司。

产业集聚。形成以江淮汽车城、桃花工业园、包河工业园、岗集汽车配件园、长安汽车工业园为主体的环城汽车零部件产业带，其中桃花工业园、包河工业园、岗集汽车配件园为省级“新型工业化产业示范基地”，产业集群发展态势初步形成，并且实现了产业集群与工业园区的良性互动。

【装备制造业】 装备制造业是全市工业经济的重要支柱产业，也是全市第二个突破千亿的产业。在重大技术装备领域，自主化水平显著提高，国际竞争力提升。此外，一些新兴产业装备异军突起，部分产品技术水平和市场占有率跃居国内前列，在全省乃至全国都有较大的影响。2017年，全市装备制造业实现增加值同比增长15.1%，增速比上半年和前三季度分别提升

2.3个和1.2个百分点；实现叉车产量8.1万台，挖掘机产量7878台，同比分别增长36.8%、98.9%。重点企业合力股份完成产值同比增长39%。

企业规模。全行业拥有一批优势企业集团，如安徽叉车、日立建机、应流集团、合肥锻压、天威合变等大型企业，以及华东工程、水泥研究院等成套装备研发和生产企业。在工程机械、锻压机械、仪器仪表、自动化装备等领域形成较好产业基础，同时在自动化装备、电子信息装备和航空设备等新领域行业也形成新的经济增长点。

产业集聚。随着装备制造业的迅速发展，装备制造业的骨干企业都向开发区和工业园区聚集，全市的大部分区（县）都将装备制造业作为发展区（县）工业的重点，形成以经济技术开发区、高新技术产业开发区、瑶海工业园和庐阳工业园等为主的聚集区。在这些聚集区内建设了一批以龙头企业核心产品为依托的特色工业园。

产业链。合肥市装备制造业形成门类齐全、规模较大、具有一定技术水平的产业体系，尤其在水泥成套装备、化工装备、环保装备、饮料罐装、自动化装备等行业领域，培育或引进了合肥水泥研究院、华东工程公司、盛运环保、国帧环保、中辰机械、巨一自动化等一批集系统设计、系统集成、工程总承包和全程服务为一体的总承包公司和工程公司，初步形成以工程带动相关装备制造业加快发展的良好格局。

【食品及农副产品加工业】食品及农副产品加工业是全市重点打造的六大千亿产业之一，形成农产品初加工、食品制造、饮料制造及烟草加工业四大门类齐全的农产品加工大行业，主要产品为粮油、畜禽、乳制品、饲料、纺织、坚果炒货、卷烟、软饮料等，在农产品加工产业结构中，食品工业比重上升，方便食品、休闲食品、营养保健品等发展迅速，产品附加值提高。2017年，食品及农副产品加工业实现增加值同比增长4.3%。华泰集团、合肥统一完成产值同比分别增长0.5%和18.6%。

产品结构。主导产品以原始的米面加工、粮油为主，初级、粗放、低档产品多，精加工比重小，附加值不高，同时，骨干龙头企业偏少、品牌影响力小、中高端产品不足，合肥中烟等龙头企业一旦行业调控，直接影响产业增长。作为全国最大炒货生产基地，全市炒货类产品中附加值较高的高档坚果产品仅占2%左右。

企业规模。全市拥有华泰食品、丰大、丰乐、太古可口可乐、华润、真心食品等规模较大的龙头企业；有丰乐种业、丰大面条和食用油、白帝牛奶、仙晶和金润大米、洽洽炒货、燕之坊食品等省级、国家级名牌产品；有“伊利”“联合利华”“统一”“正大”“华润”等多家国内国际知名品牌。

战略性新兴产业

【概况】 2017年，合肥市创新产业发展模式，坚持“龙头企业—大项目—产业链—产业集群—产业基地”的发展思路，走好“引进、培育、示范、应用”四步棋，推动新兴产业集聚集群发展，平板显示及电子信息、智能语音及人工智能、光伏及新能源、集成电路等新兴产业在全国确立了优势地位。

【平板显示及电子信息】 合肥平板显示及电子信息产业近年来发展势头良好，产业核心技术竞争力提升，京东方、联宝等龙头企业汇聚合肥，按照“屏—芯—声—端”发展路径，实现“从沙子到整机”整体布局，部分产品技术水平和市场占有率跃居国内前列，在全省乃至全国都有较大的影响。

产业规模。在联宝电子、京东方光电、鑫晟光电等重点企业带动下，平板显示及电子信息产业呈现快速发展态势，实现增加值同比增长28.5%，高于全市工业19.1个百分点。重点产品方面，液晶显示屏产量2.5亿片，同比增长8.8%；笔记本电脑产量1782万台，同比增长19.4%。重点企业方面，联宝电子、京东方光电、鑫晟光电等企业增速分别为31.4%、32.8%和18.6%，特别是联宝电子全年主营业务收入突破500亿元，成为全市首个主营业务收入实现超500亿元的单体企业。

产业集聚。全市平板显示及电子信息产业汇聚以京东方、彩虹、康宁等为龙头的新型显示及关联产业从业企业超100家，完成投资超1500亿元，在建在谈及谋划项目总投资超2000亿元，建立以显示面板为核心，上游延伸至显示玻璃、触摸屏、背光源、导光板、光学膜、表面贴装，下游到液晶电视、平板电脑、笔记本电脑等较为齐全的平板显示及电子信息产业链。

重点项目。世界第一条10.5代线正式投产，引领全球电视面板业快速进入8K时代；合肥彩虹8.5代液晶玻璃基板后端生产线实现量产；康宁玻璃两条10.5代液晶玻璃基板生产线成功点火；国内最大的宽幅偏光片生产基地合肥三利谱项目实现达产进入规上；惠科年产3000万台液晶整机已建成量产；

晶合12寸晶圆制造基地成功实现量产；欣奕华OLED蒸镀项目启动试生产，京东方OLED打印平台项目基建工作完成。

载体平台。新站高新区聚集23家显示产业国家级高新技术企业，建成彩虹平板显示玻璃工艺技术国家工程实验室、京东方TFT—LCD国家地方联合工程研究中心、乐凯高性能光学薄膜国家企业技术中心、OLED打印技术平台、北航合肥创新研究院、北大蓝光宽禁带半导体协同创新中心等一批创新主体和平台，拥有国家、省级创新平台计36家，年度发明专利授权113件，一大批自主研发设备、首创产线、首发产品填补国内空白。

【智能语音及人工智能】 在部省高规格合作机制的引领下，合肥市坚持规划引领、政策扶持、强化应用，打造合肥国际语音产业高地和“百亿企业、千亿园区”，语音产业发展呈现出高成长、高融合的良好态势。全市当年智能语音产业实现产值同比增长42%。2017年12月，国家工信部安排合肥市依托合肥高新区以智能语音为特色的“国家新型工业化产业示范基地（全国仅三个产业基地入选）”，先行探索开展先进制造业集群培育试点，为建设世界级先进制造业集群积累经验。

载体平台。智能语音产业园项目（近期规划面积1平方公里、远期规划面积3～5平方公里）建设进度加快，孵化园研发中心楼、讯飞A3楼完工，投资7亿元建设的研发群楼和投资1亿元建设的孵化园接近建成。2017年，中国声谷产业基地引进及孵化、培育创业团队30个，入园企业170家。

龙头企业。科大讯飞公司在语音方面保持国际核心技术的领先地位，并由语音技术切入人工智能产业，发展感知智能和认知智能。2017年6月《麻省理工科技商业评论》揭晓全球最具创新能力的50家公司中，科大讯飞排名全球第六，位居中国企业第一。2017年，科大讯飞获批建设首批四家国家新一代人工智能开放创新平台之一——智能语音国家人工智能开放创新平台，以及认知智能领域第一个国家级重点实验室——认知智能国家重点实验室。科大讯飞当年围绕人工智能开放服务平台建立起日益健全的人工智能产业生态，成为亚太地区最大的智能语音及人工智能上市公司。

示范应用。语音技术在上海、深圳、广州等数十个省市的智慧城市项目中得到应用，市公安局语音声纹库和警务云平台项目获批公安部重点实验室，成为国内第一个市级声纹数据库；教育云平台示范二期项目和中小学教育评价体系全面覆盖全市123所高中。车载语音综合平台在江淮汽车5个系列20个车型上搭载使用，并广泛在自主汽车品牌和丰田、奔驰等国际品牌推广。家电语音识别模块在TCL、康佳、长虹、创维、海信、海尔等厂商近200个型号中预装，用户数超过1000万。

新站区彩虹（合肥）液晶玻璃公司生产车间

产业创新。类脑智能国家实验室和国家级语音实验室加快建设，合肥高新区、省信产投等搭建5个智能语音及人工智能产业孵化器和10余个EDA、软件研发类公共服务平台，为中小创新创业企业提供一站式公共服务。讯飞人工智能平台当年拥有46万创业团队，中国声谷“粒子咖啡”获批国家级孵化器。科大讯飞常识推理技术获国际著名常识推理比赛的第一名；基于深度学习的全新知识图谱自动构建技术，首次参加并获由美国国家标准技术研究院（NIST）举办的国际知识图谱构建大赛第一名。

【光伏及新能源】 合肥市当年光伏及新能源产业实现增加值同比增长7.5%，产业规模居全国第4位，光伏电站装机规模居全国省会城市第1位。

产业规模。先后引进晶澳、海润、三星SDI等投资近百亿元项目，围绕重点项目，开展产业链招商，聚集一大批重要配套项目，提升光伏本地配套能力，全市当年集聚各类光伏企业近百户，其中规上光伏企业26户，形成玻璃基板—电池片—组件—逆变器—储能电池—发电工程等较为完整的光伏产业链。

创新能力。建成1个国家级企业技术中心、1个工程研究中心、1个省级重点实验室、11个市级以上企业技术中心。全市重点光伏企业当年有发明专利451项，阳光电源率先在全球范围内将全系列逆变器效率提升至逾99%，率先发布1500V集中和组串式逆变器。晶澳太阳能P型高效电池与组件处于行业领先水平，组件功率比当年行业水平高5～10W，相应系统端发电量提升2～3%。

推广应用。实施分布式光伏屋顶、光伏建筑一体化、光伏照明、光伏电站等六大工程，推进光伏“进园入企”和市级党政机关办公楼和学校光伏应用试点，向全市公共机构建筑推广。截至年底，全市累计拥有并网各类光伏电站逾1.3万个、装机规模1.7GW。2017年迎峰度夏期间，全市并至公网光伏电站最大发电出力达70.3万千瓦，占夏季最大用电负荷的10.4%，有效缓解了全社会用电高峰期电网压力，反映出全市通过光伏推广应用，实现了能源结构的显著优化。

【集成电路】 合肥市抢抓国家推进集成电路产业战略机遇，通过全链条布局、全要素配置、全方位支持，在产业链核心环节和价值链高端环节聚焦发力，发展与主导产业相融合、有巨大市场需求的驱动芯片、功率芯片、存储芯片等，努力打造具有国际知名度和国内影响力的“IC之都”。合肥成为全国集成电路产业发展最快、成效最显著的城市之一。

产业规模。年复合增长率居全国前列，规模居全国第6位。截至年底，全市集成电路企业增至129家，初步形成从设计（102家）、晶圆制造（3家）、封装测试（8家）到材料和设备（16家）较为完整的产业链，长鑫12吋DRAM存储器（506项目）、晶合12吋芯片制造、中科安南微电子砷化镓射频芯片生产线、国晶微电子先进集成电路测试等4个项目，被纳入《“十三五”国家集成电路重大生产力布局规划》。2017年全市集成电路产业主要指标增长逾30%。

企业规模。合肥集成电路设计类企业约占全国设计企业总数一成，杰发科技国内车载系统芯片市场占有率超过70%；台湾第二大集成电路设计企业群联电子，国内知名设计企业君正科技、兆易创新等一批设计企业先后落户合肥。年产能48万片12吋驱动芯片的晶合晶圆一期成功量产，填补了国内空白、提高了驱动芯片的国产化率，实现了“中国芯、合肥造”。芯碁微电子光刻机项目填补了国内高端集成电路装备领域空白，福尼克斯（光罩）、丰山三佳（引线框架）、易芯（硅片）、华进（封装技术）、大华（封装设备）等一批核心配套企业落户，产业整体配套能力显著提升。

产业生态。人才方面，中科大、合工大国家微电子学院加快建设，在肥高校每年培育微电子相关专业学生8000多人。通过重大项目和重点企业，在全球范围内引进一批产业精英人才。仅联发科技、506项目和晶合项目就引进高端产业人才逾3000人。资本要素方面，相继设立总规模不低于250亿元的合肥芯屏产业投资基金、总规模200亿元的集成电路产业并购基金等，参与国家集成电路大基金二期组建，加大对设计、模组等环节的投资。对新落户软件和集成电路产业项目建设，给予研发投入20%、固定资产投资12%补助。公共服务方面，加快集成电路设计验证分析公共服务平台（ICC）建设，建成国家级创新平台6个、省级平台22个。合肥集成电路产业园挂牌运营，公共服务平台开始组建。完善国际学校、医院、高管公寓等配套设施，欧美日韩、台湾等航班相继开通。

（于　静　彭雨森）

中国（合肥）工业设计城

【概况】 中国（合肥）工业设计城座落于合肥市蜀山区。截至2017年底，引进来自德国、澳大利亚及上海、深圳、广州、杭州等地著名设计机构102家，拥有创新服务型机构计140家，提供500多个工作岗位，推动毕业生就业且城内有7家企业被评为市级工业设计中心（企业），完成《合肥市工业设计产业五年发展规划》编制工作；签订战略合作协议38项，入驻企业运营情况良好，产业集聚效应明显，初步完成27项重点设计研发成果的落地转化工作，部分成果成为实实在在的工业化项目；实现27项产品成果转化，拉动企业新增产值约68亿元。

有12家企业获86项包括德国红点、IF、美国IDEA（工业设计优秀奖）的国际工业设计大奖和国内工业设计类大奖，成为全国获奖最多的工业设计产业园区之一，为安徽省、合肥市的工业经济增长和产业转型升级做出突出贡献。

全年广邀海内外著名专家、学者、行业精英来参观、指导、授课近150人次；有83家工业设计机构到访交流。到访考察团来自全球各地。先后有摩洛哥王室考察团、韩国设计振兴院、俄罗斯高级公务员研修班、西班牙Dhemen设计事务所等9家海外考察团到访设计城洽谈，并部分签订战略合作协议或落户该设计城。

当年获省级现代服务业集聚

区、省级创意文化产业集聚发展合肥基地、省级现代服务业集聚示范园区、安徽青年创业园、市级科技孵化器、市级小微企业创新创业示范基地、蜀山区科技孵化器等称号。

【促进产业交流与项目对接】 成为工业企业与工业设计企业之间的重要桥梁。为入驻企业对接合力、江淮、惠而浦、中铁文创等项目，先后促成鼎典创造体集团与宝龙环保、上善设计与中国铁路文创、方块设计与中辰轻功、佳简几何与乐金健康等项目合作。全年完成税收610.39万元，完成24项重点设计研发成果的落地转化工作，形成销售收入达60多亿元。

【平台搭建】 搭建国家级中小企业服务平台、教育培训平台、工业设计交易平台、品牌传播平台、3D打印和模具制作服务平台、产业发展基金和成果转化服务平台等

以该设计城为平台载体，有效开展协会的组织及业务体系化推进，把设计城建设与协会建设融入一体化发展。3月18日，中国智库与产业发展研讨会在中国(合肥)工业设计城召开。“国家级智库聚集区”正式签约并揭牌。5月，中国设计红星奖安徽站在该设计城落地。11月18日上海合肥双城对接会上，见证该设计城、中国（上海）工业设计院及上海木马工业产品设计有限公司，完成三方战略合作项目的成功签约，三方将联合建立“合肥工业设计创新服务平台”。

【工业设计教育培训】 携手合肥工业设计协会，连续举办12次工业设计大讲堂，并采用“大讲堂走进江淮”“大讲堂走进荣事达”“大讲堂走进合力”“大讲堂走进惠而浦”的“走进企业”新模式，促进学习、交流、授课与产业的对接。

在第七期工业设计大讲堂中，中工经信投资发展有限公司主导大讲堂品牌形象升级工作，工业设计大讲堂正式升级为国匠工典·工业设计大讲堂，由此有了全新的国匠工典logo，其logo品牌动画更是在2017年12月获GDC17设计竞赛动画类提名奖。（GDC这一设计竞赛活动是华人地区影响最大、水平最高、且最具权威和公正性的设计盛典）。该次品牌升级提升了国匠工典·工业设计大讲堂的品牌形象与知名度，通过这个载体，为工业设计企业与制造业企业搭建了良好的交流平台，也为设计从业者和爱好者提供了学习平台。

【宣传及活动】 承办2017中国（合肥）工业设计高峰论坛、H20峰会——合肥市建设中国制造2025试点示范城市高峰论坛，邀请国家部委、省市领导及国内外著名设计大师和知名专家参会，会展效益显著。2017年底举办“合肥市十佳工业设计奖”、合肥创新·设计引领2018高层峰会，成效明显。

（蜀山区志办）

大数据

【概况】 2017年，合肥市委、市政府贯彻中央对信息化和数据资源工作的决策部署，对全市信息化和数据资源工作进行改革创新，成立高规格的数据资源工作领导小组，并决定组建数据资源局，统筹全市信息化、电子政务、智慧城市、大数据、“互联网+”等工作职能，加快推进政务、民生、产业领域各类数据资源的深度开发利用与开放共享，显著提升政府治理和公共服务能力，打造新型智慧城市，抓住数字时代机遇，抢占未来数字经济制高点，支撑合肥市实现新一轮跨越发展。

8月21日，合肥市数据资源局正式挂牌成立。自成立以来，合肥市数据资源局紧密围绕“半年补足短板、一年整体提升、两年全面引领”的工作目标，科学谋划、整体部署、重点突出、积极作为，完成了数据资源工作既定目标任务，实现良好开局。全市数据资源工作基本完成补短板任务，初步消除数据孤岛，实现政务数据资源的整合，“互联网+政务服务”、电子政务、智慧城市建设等重点业务取得阶段性进展。

按照第一次数据资源工作领导小组会议确定的架构体系，快速在全市范围内构建“一核（市数据资源局）三辅（市信息中心、市政府网站管理中心、市大数据资产运营有限公司），多点支撑（专家咨询委员会、市大数据研究院、战略合作办、县区开发区数据资源工作机构）”的数据资源工作体系，有效搭建横向联动、纵向支撑的工作格局，实现全市数据资源和信息化工作的高起点开局，高效率运转，高水平推进。

市数据资源局发挥工作核心作用，统筹全市信息化、电子政务、智慧城市、大数据、“互联网+”等工作职能，促进数据资源开发利用与开放共享，打造新型智慧城市，发展数字经济。组建市政府网站管理中心和市大数据资源运营有限公司，与市信息中心协同发挥有效辅助作用。其中，市信息中心作为技术保障单位，为服务全市数据资源工作提供技术支撑。市政府网站管理中心负责全市政府网站建设管理工作，发挥政府网站管理主抓手作用。市大数据资产运营有限公

司作为核心数据资产运营主体，负责全市数据资产平台运营、政府重大示范性应用工程建设以及大数据生态体系培育，2017年11月公司完成工商登记注册，全面启动平台建设和投资运营工作，打牢数据资源工作体系基座，强化多点支撑的作用。设立专家咨询委，发挥智库辅政作用，全方位提供数据资源工作智力支持。遵循“百花齐放，各取所长”原则与战略合作伙伴开展实质性对接，与华为、科大讯飞、新华三、浪潮等企业在智慧应用、数字产业、信息安全防护等领域合作深入开展。各县（市）区、开发区成立相应工作机构，为全市数据资源工作深入推进提供组织保障，形成县区联动的良好工作局面。经开区、高新区、蜀山区、庐阳区、包河区、肥东县、巢湖市成立数据资源工作机构。

【大数据】 瞄准现阶段智慧城市建设的痛点、难点、堵点，坚持“补足短板，打牢基础”，推动一系列基础平台建设任务落实。

城市大数据平台完成建设。首批部门数据接入工作全部完成，梳理出构成人口库所需基础数据145项数据需求，其中108项接入数据；梳理出构成法人库基础数据102项，其中43项接入数据；梳理出构成房屋库基础数据40项，其中33项接入数据；梳理出服务事项所需电子证照目录181类，接入数据50类。

推进市级“互联网+政务服务”平台建设。完成市级政务服务运行管理系统、政务服务门户、市级事项库各办件信息库搭建，实现与省级平台对接，确保省市之间政务服务事项实时下发和全过程办件信息的实时上报。无缝对接社会服务管理信息化平台、各级政务服务中心信息管理系统，推进政务服务线上线下有机融合，实现政务服务的统一申请、统一受理、集中办理、统一反馈和全流程监督。通过开展集中培训、宣贯工作方法，组建专业团队、实现精准支撑，组织集中录入、提高报审效率等方法，加快政务服务事项的认领和清单编制工作，先后完成51家市直单位和9个县（市）区对口单位事项认领和实施清单确认，集中开展实施清单完善、政务服务事项办理深度提升工作。截至年底，在市直的1186项事项中，三、四级占比58.94%；在县（市）区的3591项事项中，三、四级占比67.53%。

开展社会综合服务平台建设。秉承便民、高效、打造服务型政府理念，聚焦与人民群众生活息息相关的应用服务领域，按照“能接入必须接入”的原则，融合市直部门、国有企事业单位自建APP和受众面广的社会建设APP，努力打造便民服务“贴心小棉袄”。社会综合服务平台APP试运行版本正式在苹果应用市场和17家安卓应用市场上线，汇集医疗卫生、文化教育、交通出行、生活服务、政务服务等5个领域、180余项服务。

政府门户网站完成新版门户网站PC端、手机改版上线工作。浏览量稳定在日均2万人次，是改版前的5倍。在2017年全国政府网站绩效评估中，合肥市政府网站在全国省会城市排名中位列第十名。为进一步压实主体责任，全省首家开展政府网站月度考核工作，全市政府网站平均合格率提高。在省政府办公厅组织的季度抽查中，连续3个季度合格率100%。

政府OA办公系统加快升级。通过部署落实政府信息处理系统、文电处理系统、考核评估系统、会议管理系统，加快打通政府内部信息孤岛，实现政务事项快速便捷准确执行落实。

【电子政务】 对全市电子政务情况进行摸底，编制《合肥市2017年电子政务重点工作任务》，以市政府办公厅的名义印发，确定4大类69项任务。结合2016年全省电子政务绩效考核指标体系，印发了《合肥市电子政务绩效考核办法》《2017年全市电子政务工作绩效考评细则》，顺利组织完成省里对市政府的电子政务工作绩效考评和对市直部门、各县市区的电子政务工作考评。

【智慧城市】 结合城市定位和产业特色，加快创新融合发展，谋划数字经济发展重点领域，编制数据产业扶持政策，加快数据创新平台引进，引导服务业企业加快数据应用开发，强化传统企业“数据+”融合，探索发展数字经济“合肥模式”。

强化规划标准引领。编制“创一流”三年行动计划。紧密围绕将合肥打造成为全国领先的新型智慧城市的目标，编制出台《合肥市新型智慧城市建设“创一流”三年行动计划（2018—2020年）》（送审稿）。制定大数据企业认定办法。创新出台《合肥市大数据企业认定管理办法（暂行）》，在全国范围内率先采用数据收入认定、数据技术应用与数据研发投入三项结合的方式进行大数据企业认定，引导各类企业推进数据融合发展，2017年认定大数据企业115家。强化产业政策扶持。拟定《2018年合肥市扶持产业发展“1+3+5”政策体系》的修订意见。

深化战略合作。全面完成首批全部合作协议签署。完成首批18户智慧城市战略合作伙伴的协议签署，建立稳定的合作关系。推动专家咨询智库落地见效。8位知名专家学者组成的专家咨询委充分发挥专家智囊作用，为合肥数据资源工作与智慧城市建设进行专题指导。发挥产业联盟协会功效。在战略伙伴和专家咨询委的基础上，深挖产业联盟协会的合作潜能，引导安徽省大数据产业联盟和合肥市大数据产业创新战略联盟成为合肥市发展数字经济、加快智慧城市建设的左膀右臂。

加速产业融合发展。推进协同创新平台建设。推动合肥大数据研究院的筹建工作，谋划布局城市先进计算中心，强化与类脑工程实验室、中国声谷等创新平台沟通协作。联合中国城市科学研究会，积极争取ISO智慧城市国际标准测试试点城市，创造性开展合肥智慧城市标准化工作。加快数据核心产业集聚。推动智慧城市战略合作伙伴落地合肥，重点瞄准人工智能、智能制造、智慧医疗等重点产业方向，与腾讯、阿里、百度、华为等一批行业领军企业沟通互访，配合县区、开发区广泛开展招商引资工作。积极谋划传统产业“数据+”升级，开展大数据企业摸排工作，加强应用指导和市场桥接：调研江淮、合力、联宝、国轩高科等一批制造企业，整理传统企业“数据+”需求，研究制定“鼓励传统企业运用大数据技术转型升级”政策措施。

营造产业发展氛围。承办2017中国（合肥）智慧城市院士峰会，15位两院院士、46名专家、学者畅谈合肥市新型智慧城市发展，并发布《中国（合肥）智慧城市院士倡议书》，与会院士肯定并主动宣传合肥市智慧城市建设。参与协办2017合肥网络安全大会。大数据峰会年末完美收官。指导举办2017中国（合肥）大数据产业发展峰会暨“合肥之夜”IT年会，汇聚政府、高校、科研机构、大数据重点企业、传统龙头企业等，以开放创新的姿态，构建大数据产业生态圈。会上，数据帮、“两优两创”等活动赢得全社会强力反响和一致好评。

强化信息化项目统筹。按照“顶层设计、数据共享、集约化统建”原则，对2017年信息化项目进行优化整合。从硬件、应用和资源整合三方面对2018年新开工备选项目进行整体安排，重点扶持交通、公安、教育、卫生4朵行业云发展，其余确有需要的由政务云统一提供硬件资源；根据智慧城市整体规划，鼓励各业务单位开展行业应用建设；强调数据互通，具备共享条件不愿共享的项目，原则上一律不予批准建设。在此基础上，编制《2018年市级政府投资公益性信息化项目暨三年滚动投资计划》。

（市数据资源局）

中国合肥电信分公司

【概况】2017年，中国合肥电信分公司践行集团转型升级3.0战略，聚焦业务、机制、能力三大突破，完成收入目标，实现份额提升，转型升级取得良好开局；实现市场地位上升，运营取得显著成效，企业活力有效激发，支撑水平显著增强；系统推进铸强堡垒、素质提升、制度规范、凝心聚力、固本保障“五大工程”；打牢基础、补齐短板、强化落实，有力地促进了生产经营。公司获2017年“全国实施用户满意工程用户满意企业”称号

【市场经营】聚焦份额，市场地位上升。完成全年收入进度102.3%，同比增长7.3%。全年实现宽带同比增长12.9%。价值经营成效显著，企业运营趋于稳健。流量、翼支付、iTV形成规模，行业影响力扩大。聚焦4G发展，培养流量需求，抢夺异网卡槽。规模推广翼支付红包，拓展翼支付联盟商家，维系用户、拉新促销凸显视频差异优势，提升宽带加装率；细分行业市场，定制应用树立标杆。新兴业务快速发展，产业链日益完善。建立产品规范，强化客户体验，突出服务差异化，规模迅速扩大。挖掘商机，做大项目，抢源头创大单，拓展物联网用户。抢占重点项目，拓展业务收入。聚焦细分行业，挖掘行业需求。深耕重点市场，抢夺份额，用户规模快速增长，收入完成超过时序进度，实现市场格局的突破。公众市场发展和维系并重，分时点开展多波次活动，做实“三加三升”，宽带净增份额、iTV家庭用户渗透率提升值全省第一。做实智慧运营，推进培训和点对点帮扶，组织智能组网、单转融、标升高等针对性劳动竞赛，门店、装维触点转化率全省排名前列。政企市场全年成功签约“智慧高新”“信用合肥”等战略制高点项目。聚焦商客市场空间抢夺，加强低份额专业市场的反抢，收入同比转负为正。此外，分公司在渠道运营方面，深耕细作，扩大线上线下协同规模，增强互联网化销售能力。扩覆盖，拓触点，提形象，有效网点提升22.8%；集约化、标准化、定制化，单店产能提升88.5%，代理商支撑满意率达90%。针对智慧营销，分公司利用大数据分析，为用户精准画像，策划营销活动。通过智慧营销工具，商机直达一线触

点，方便管控触点转化率，提升销售成功率。快速找用户：根据用户产品使用情况，找到销售的目标。精确卖产品：结合用户画像标签，精准提供营销话术。实现了门店触点转化率30%，单店产能同比提升87.4% 。

【智慧服务】 按日管控触点服务，通过三大注智手段，有效降低投诉率。多场景预警和服务，提升客户感知，打造尊享服务提升年。加强服务运营监控，开展端到感知端运营监控：对关键客户指标，按日派单，按月分析和通报，通过分域分级进行服务运营管控。提升主要触点服务效率，营业厅排队等候时长达标率提升21.9PP；业务受理时长达标率提升9.8PP，宽带当日安装率提升24.3PP；宽带当日故障当日修复率提升7.9PP。注入智慧服务手段。一键体检：通过掌万数据分析，针对场景，为客户推荐本地活动优惠，并做优化提醒，提高用户粘性。一键诊断：从五类关键人员入手，通过具体场景，做好咨询投诉用户诊断，提升投诉预处理率。一键预判：在营业厅做好服务前置，对过户、改套餐、拆机、停机等九大复杂业务进行规则预判，提前做好进厅用户的提醒服务，降低用户等待时长和营业受理难度。提升差异化服务水平。对于专业市场主动服务，公司自主开发“满意度测评管理系统”，开展专项市场测评，根据测评结果做好短板分析、流程优化，提升客户满意度。2017年校园客户满意率达98.45%；政企客户满意率达90.63%。星级客户尊享服务：重点服务场景“主动服务、智慧预警”，利用互联网手段开展主动关怀，星级客户人工关怀满意率100%，收入保有率98.3%。

【网络建设】 公司提高网络建设能力，支撑水平显著增强；夯实两大基础网络，提升运营支撑能力。精雕细琢无线网，抓执行、重创新，短时间内建成一张高品质网络。城区、农村、规模小区、重点场所全覆盖，质量业界领先。新增开通近千个基站，建成合肥地区规模最大、质量最优的物联网，助力物联应用推广。铸就高效全光网。FTTH端口利用率56.7%，较年初提升3PP。完成小区光网攻坚，攻坚成功率83%。探索智慧运维，助力企业发展。承接集团“慧”纠错试点，利用资源大数据，自动稽核，智能派单，资源数据准确性逾99%，大幅提升一线工作效率。聚焦政企支撑，显现运维价值。开展新兴业务技能培训，同比增长200%。合肥成为集团范围内首批8个新兴ICT支撑能力AA级达标的分公司。100%完成省公司下达41家重要省管清单级客户机房整治。全年无一例省管客户重大障碍发生。维护产品收入同比增长32%，完成量居全省第一。

【企业文化建设】 全面推进文化文明建设，坚持业绩导向，倡导和弘扬“亮剑”精神，组织开展“两优一先”、十佳青年等先进典型选树表彰活动，营造开拓进取、争先进位的企业氛围。深化文明单位创建，保持全国文明单位和省文明单位荣誉称号。开展青年文明号创建和志愿服务服务活动，以党建带团建积极发挥团员青年作用。以“分享成长故事，传承十佳精神”为主题举办首届“成长论坛”引领更多青年向上向善、健康成长，帮助青年建业成才。

创新关爱员工举措，加强基础管理，抓好工会小组长队伍建设，长丰庄墓等九个城市、农村营业部获省电信公司“最美幸福小家”“幸福小家示范点”“员工满意小食堂”称号。推进岗位创新，参加省电信公司7项现场大赛获团体2个一等奖、3个二等奖、3个三等奖。

（刘　芳）

合肥联通

【概况】 2017年，中国联合网络通信有限公司合肥市分公司（简称“合肥联通”）启动混和所有制改革，深化体制机制改革，推进互联化运营转型创新，积极进取，大胆实践，公司总体呈现V型反转、效益改善、质量趋好的态势，实现利润同比增长57.5%；资产收益率ROA改善2.2pp；市场毛利率达71.8%，同比提升3.3pp。

【社会责任，文化兴企】 合肥联通持续打造文化兴企“软实力”，筑牢兴企根魂。积极履行社会责任，参与电信普惠服务和开展精准扶贫，落实提速降费工作，推出惠民新举措，并完成中博会、徽商大会、国际马拉松赛等重要通信保障工作，连续第三届获“省文明单位”称号。

【经营转型，增收提速】 推进互联网营销和商业模式转型，用户获取能力、价值运营能力、差异化竞争能力增强。一是电商运营催生发展新引擎。以腾讯王卡为代表的2I2C系列产品商业模式的创新、集中运营的高质高效对业绩提升、效益改善产生了重要贡献。二是创新业务成为发展新动能。云计算和IDC业务、物联网、ICT业务收入同比分别增长28%、290%、122.1%。公司“互联网+展厅”入选安徽省信息消费体验中心。三是结构调整带来发展新变化。聚焦新增用户4G化，推进产品向“流量+内容+融合”转变，推进终端向松耦合薄补贴转变。固网方面梳理营销体系，强化专业渠道集中支撑、存量客户专业运营，鼓励CPN区域光改，提升宽带质量。四是价值经营提升发展新质量。开展流量经营、价值经营，存量收入保有率、用户保有率分别同比提升10.6pp、2.1pp。

【绿色运营，降本增效】 着力推进移动网、宽带网、IT网、营销网、创新网、人力网等“六张网”降本增效。一是营销成本更加灵活，一线成本细着算、省着花的意识在增强。二是网建运维成本严格控制，转变维护模式，推广技术节能，实施网络精简、业务整合与老旧设备下电，增强材料管控能力，全年节约维护成本约2200余万元。三是网络质量提升，注重建设与市场同步，完成重要移动网络、核心网络的建设、扩容和升级，全光网络覆盖进一步延伸。围绕客户口碑组织场景测试优化，网络感知得到提高。四是客户服务不断改进，助手公众号、手厅为用户带来线上自服务平台的新体验。开展“零容忍和浅表性”问题整治，对申升诉问题实施“一票否决”制。五是倒三角支撑初步建立。成立了综合服务支撑中心这个传动枢纽，督促职能部门做出第一批公开承诺，中台能力显著增强。

【混改落地，激发活力】 中国联通集团公司混合所有制改革落地。立足于“混”，引入14家战略投资者，实现股权多元化，深化重点领域业务合作，共同构建“创新、活力、联动、共赢”的产业生态圈；着眼于“改”，瘦身健体精简机构取得明显成效。合肥联通职能部门数减少16%，职能部门人数减少43%，中层管理人员数量下降34%，管理人员实行市场化、契约化管理。同时，合肥联通推进以激发基层员工活力为目的的全生产场景划小改革，实施内部“双创”，这也是公司发展历程上各方面调整最为深刻的一次改革。配套改革，公司建立以市场化为核心的人力资源机制，健全全面激励体系，提升员工获得感，51%的一线人员待遇得到提高，基层员工信心增强、能力提升、干劲更足。下一步，公司将按照高质量发展的要求，深入落实聚焦创新合作战略，培育强健互联网新基因、探索完善公司混改新治理、全力加快互联网化新运营、着力增强创新发展新动能、积极构建外联内通新生态，奋力开创新时代中国联通发展新局面。

（丁　然）

合肥移动

【概况】 2017年，中国移动通信集团安徽有限公司合肥分公司（以下简称“合肥移动”）科学实施网络规划，加大网络建设投资，完成投资8.2亿元，打造精品优质网络。截至年底，合肥移动建成4G网络宏基站7000多处、室分基站4000多处，4G网络实现全市城乡的全覆盖，同时推广3D—MIMO、载波聚合等新技术，加快VoLTE网络扩容，确保高速下载及高清语音应用。合肥移动采用先进技术，推进“光纤到户”工程，高速光纤宽带网络覆盖超过300万户家庭，基本实现城镇全覆盖。

【应急保障】 合肥移动重点加强“六化”通信保障队伍建设，提高突发事件处置能力。2017年完成重大会议及重大活动应急通信保障101次，累计出动保障人员近1500人次、应急保障车辆127辆次，完成合肥市十五届人大六次会议、省两会、中高考、防汛抢险、中国共产党合肥市第十一次代表大会等重要通信保障任务，展现了一流的应急通信保障能力。

【业务与服务】 在业务发展方面，4G实现规模发展，全年4G活跃用户净增71万户。同时响应国家提速降费号召，光宽带发展迅速，全年宽带用户净增23万户，市场份额快速提升。在客户服务方面，坚持“客户为根、服务为本”，提升服务质量，有效保护消费者权益。落实提速降费要求，推出“流量‘不清零’”、流量不限量等多种举措，满足广大用户对流量的使用需求；并提前取消国内漫游费，大幅降低用户资费支出，2015年至2017年底上网流量单价下降逾60%。加大客户补贴力度，优化产品设计，降低通信资费，完善营销服务网络，促进基本通信服务普及。重视维护客户权益，开展“净网行动”、垃圾短信治理、打击“伪基站”等专项行动，落实手机实名制登记，营造绿色网络环境。客户整体满意度处于行业领先水平。

【信息化建设】 合肥移动结合地域经济特点，围绕政府、交通、教育、医院、大型企业、酒店等重点行业信息化需求，采用云计算、物联网、互联网+等新技术，推动移动执法、移动政务、网上问政、平安城市、数字校园、数字教育、位置服务等一大批重点项目实施。合肥移动打造的政府应急指挥平台、公安天网项、城市生命线等一批重点信息化项目，有效助力了高效型、服务型政府建设。

【社会责任】 合肥移动以实际行动履行企业的社会责任，2002年至2017年累计上缴中央和地方税收超过71亿元，给社会直接和间接创造的就业机会近万个。合肥移动还先后获“全国通信行业用户满意企业”、第四届全国文明单位、安徽省第九、十届文明单位、安徽省第十届诚信单位、“合肥企业五十强”等多项称号。

（方　跃）

无线电管理

【概况】 2017年，安徽省无线电管理委员会办公室合肥管理处（以下简称“合肥无线电管理处”），优化设台审批程序，办理新设无线通信网13个，指配频率23个，新增无线电台4046个，个人业余电台35个，新发换发电台执照共计8988个。截至年底，全市有公众移动通信基站、广播电视发射台、集群通信、数传通信、航空电台、地球卫星站、微波站、超短波电台等各类无线电台站3万多个。

【无线电频谱使用评估活动】 合肥无线电管理处在全市开展广播电视频段无线电频谱使用评估活动，与市文广新局联合下发专项活动通知，成立领导小组。经各单位自查上报、现场核查、数据比对环节，出动技术人员56人次，检查测试各类台站78个，其中模拟电视台站26个，调频广播台站33个，地面数字电视台站4个，乡镇小调频发射设备10个，抽测民航台站5个，对合肥市广播电视台站实现了开路测试、人机见面全覆盖。

【打击“黑广播”违法行为】 合肥无线电管理处联合公安、广电部门对违规占用无线电频率、播放涉性虚假药品广告的“黑广播”进行坚决打击。全年在省经济和信息化委员会的组织下，成功打掉“黑广播”67个，特别是十九大前夕快速查处十余起“黑广播”，确保党的十九大期间广播电视节目的安全播出，未监测到“黑广播”播出，实现“清零”目标。9月，联合公安、广电等部门在市政务广场组织开展非法设台集中销毁启动仪式。省经济和信息化委员会党组成员、副主任王厚亮出席启动仪式并讲话，市政府副秘书长刘永龙受王文松副市长委托出席活动。启动仪式现场发放《条例》和宣贯材料500多份。《中国无线电》《人民邮电报》《合肥日报》《人民日报数字安徽》、合肥新闻联播等重要媒体对活动进行了宣传报道。

【保障民航和公众移动通信畅通】 合肥无线电管理处专门协调一个小型监测站架设在骆岗机场，用于对航空无线电业务用频进行全天候监测。先后成功排查各类民航干扰9起，下发整改通知函2份，约谈生产和使用干扰设备的相关单位1家，有效保障了民航通讯安全。严格依照《中华人民共和国无线电管理条例》，联合相关部门，依法拆除和关闭手机信号屏蔽器50个，其中对肥西、庐江两处教育印刷厂违规设置手机信号屏蔽器行为进行现场检查，约谈单位责任人，下发限期整改通知书，督促整改。此外，依法对合肥玖信公司与合肥名车汇公司擅自设置、使用无线电台（站）的违法行为作出行政处罚，没收相关设备。

【无线电通信安全保障】 合肥无线电管理处成功保障2017年4月蜀山国际马拉松赛和11月合肥国际马拉松比赛的无线电安全，为马拉松比赛视频转播和遥控指挥等业务使用的无线电用频做好保障性监测，指配临时使用频率20多组；同时加强无线电监测和干扰排查，确保现场组委会所用各类频率不受干扰。10月，合肥无线电管理处参加“江淮利剑2017”反恐怖演练暨迎接十九大忠诚保平安”誓师动员，完成演练任务。根据市公务员局、市人事考试院、市教育考试院的要求，做好各类考试安全通讯保障，打击防范各类利用无线电通信进行考试作弊行为，维护考试公平。2017年对合肥市高考、中考、研究生考试、建造师考试、国家司法考试、注册会计考试等20多个重要考试进行无线电安全保障，出动车辆80次，人员280人次，设备320套。9月24日至25日，在一级建造师考试中查处3起利用无线电作弊案件；10月16日，在执业药师资格考试中查处1起利用无线电作弊案件。

【无线电检测和监测】 合肥无线电管理处建成功能先进全市覆盖的无线电监测网，拥有各类无线电监测固定站、小型站11个，移动监测车3辆，压制车1辆，升空平台监测系统1套，搬移站1套。全年开展监测计14575小时，排查不明信号23个，高质量完成每月无线电频谱监测统计报告任务。在2017年全省监测月报质量报告中，有11个月被评为“较好”等次，居全省首位。按照每年3%公众移动通信基站检测任务要求，派出2个测试小组，检测基站189个，其中电信基站63个，移动基站93个，联通基站33个。

（安徽省无线电管理委员会办公室合肥管理处）

责任编辑：田　文

综　述

【概况】 2017年，合肥市全面贯彻落实中央、省、市关于“三农”工作系列方针政策，以“五大发展理念”为统领，以全面实施乡村振兴战略为总抓手，深入推进农业供给侧结构性改革，大力发展都市现代农业，全面开展美丽乡村建设和农村环境“三大革命”，深化农村综合性改革，粮食总产、菜篮子产品综合保障能力、农村居民人均可支配收入分别跃升全国省会城市第五、第六、第八位。市“三农”工作获国家、省、市各类表彰和荣誉称号11项，市农业委员会被评为全省农委系统先进集体。

【新兴产业加速发展】 农产品电子商务加速发展，邮乐农品、景徽菜篮子丰农产品电子商务平台后劲增强。全市有农产品电子商务企业80家，销售额70亿元；其中邮乐农品销售订单297万单，销售额32亿元。

休闲农业持续发展，“环城、环湖、依山、戏水”四大休闲农业集聚区加速成形，休闲农业旅游人数3000万人次，营业收入30亿元。举办休闲农业节庆28个，推介休闲农业点1000多个，支持休闲农业项目资金1280万元，重点扶持十大休闲农业节庆和六大休闲农业精品村建设，休闲农业公众号注册“粉丝”突破超过10万人。

【现代园区建设】 全年扶持10个省、市级现代农业示范区基础设施建设，分别建成部级、省级、市级现代农业示范区1个、8个和34个。

【特色种养业扶贫】 在全市95126户建档立卡贫困户中推进特色种养业扶贫。累计实施特色种养业扶贫达标村88个，完成省下达任务的124%；特色种养业扶贫达标15802户，完成省下达任务的260%，各县（市）均已完成；项目到户覆盖率95.93%，其中自种自养比例28.57%；户均财政投入3900.64元，均超额完成省下达指标任务。

【农业产业化】 市农产品加工产值位居全省前列，增速为2.3%。产业集群初具规模。全市粮油、畜禽、乳制品、水产品、饲料、蔬菜水果、林产品、纺织等8个产业实现产加销一体化。

全市已创建1个国家级、7个省级、24个市级现代农业园区，农产品加工示范区7个（其中国家级3个、省级4个）。

企业实力不断壮大。市级以上产业化龙头企业764家，其中国家级7家、省级96个。市级以上示范产业化联合体96家，其中省级示范产业化联合体38个。形成以市级为基础、省级为骨干、国家级为引领的三级农业产业化龙头企业集群。

转型升级步伐加快。中国农业科学院合肥食品科学与营养创新研究院、省部级重点实验室等一批农业科技创新平台陆续建设。有农业类高新技术企业43家，农业类工程技术研究中心34个，省级以上农业重点实验室6个，国家农业科技园区3个，省级农业科技园区6个。

管理水平逐步提升。燕之坊、江淮园艺等一批龙头企业通过优化股权结构和法人结构，正在实现家族式企业向现代企业制度的转型。上市农业企业5家，在全国和区域性股权交易市场挂牌企业51家。

扶持政策落实到位。全年兑现市级以上示范产业化联合体牵头企业贷款贴息800万元、省级产业化发展项目资金384万元。利用财政资金与担保机构、金融机构合作，设立融资担保基金、融资风险补偿基金等财政金融产品，有效解决中小农企、合作社、家庭农场缺乏抵押物的融资难题，撬动金融资本3亿多元，放大倍数6倍以上。

【农产品质量安全】 全市农产品质量安全水平稳定向好。市、县、乡镇三级共抽检蔬菜、瓜果和食用菌样品134209个，平均合格率99.42%。县、乡镇农产品质量安全检测样品126766个，合格率99.53%。组织开展市级农产品监督抽查3次，抽检样品203个，合格率100%。农业部、省农委对合肥市产地蔬菜、瓜果、食用菌例行抽检合格率98.96%。“三品一标”认证产品、“标准化园区”等专项抽检合格率均为100%。

农产品品牌建设取得新发展。全市新增“三品一标”74个（其中无公害农产品38个、绿色食品32个、有机农产品3个、农产品地理标志1个），累计认证“三品一标”920个（其中无公害农产品489个、绿色食品303个、有机农产品114个、地理标志农产品14个）。“三品一标”生产基地认定面积280万亩（注：15亩=1公顷，下同），认证覆盖率55%。推动长丰县20万亩全国绿色食品原料（小麦）基地创建工作。长丰草莓连续三年被评为“消费者最喜爱的百强中国农产品区域公用品牌”和全国“一村一品十大知名品牌”，品牌价值34.48亿元。

【农技推广】 坚持“自主创新，加速转化，提升产业，支撑发展”的指导方针，着力强化农业科技创新、转化应用和人才培养“三个关键环节”，健全完善农业科技创新、农业科技推广、农业人才培养“三大体系”和农业科技运行、成果快速转化、科技服务、技术培训“四大机制”，为全市农业农村经济发展提供强有力的科技和人才支撑。

增强农业科技自主创新能力，支撑引领现代农业发展。全年共取得授权品种和申请品种权77个，占全省的70.6%。建设现代农业科技创新平台。截至年末，全市已获批准建立3个农业类国家重点实验室，成立2个农业产业技术创新战略联盟，组建8个农业类院士工作站，有农业类高新技术企业30家、农业类工程技术研究中心34个。推进现代农业产业技术体系建设，拥有入选省级现代农业产业技术体系首席专家（副专家）19名、岗位专家174名、驻合肥的省产业技术研发中心14个、省功能研究室50个、省综合试验站17个。建立农业科技协同创新联盟，拥有各级涉农产业技术创新战略联盟28个，为产学研用结合开辟了新途径。

提升农业技术推广能力，促进农业科技成果转化与应用。进一步完善以“包村联户”为主要形式的农技推广机制。各县（市）农技指导员入户指导9130次，满意度达95%以上。完善“一个产业、一位首席专家、一个示范基地、一套技术模式、一支服务团队”的农技推广机制。推进“百名农业科技人员进百村”技术扶贫工作，全市112个重点贫困村农技推广帮扶工作实现全覆盖，共进村帮扶3000多次。开展三下乡活动和农业科技咨询服务活动。全市累计指导各类在地作物田管420万亩次，指导生猪生产106万头次，家禽生产2350万只次，渔业生产28万亩次；指导服务新型职业农民、家庭农场、专业合作社、规模种养大户1.32万人次；开展各类培训、现场会28场次，培训农户3.5万人次，发放技术明白纸、政策明白纸等21.9万份。

开展农民培训，造就新型农业农村人才队伍。全年培训新型职业农民2007人，完成目标任务的100.3%。加强农村实用人才暨职业农民（创业创新）实训示范基地建设。授予安徽江淮园艺种业股份有限公司等20家单位“农村实用人才暨职业农民（创业创新）实训示范基地”称号，引导农业科技向实训基地聚焦，激发农民创业创新活力。

（吴延华）

种植业

【概况】 2017年，全市粮食种植面积763.58万亩，比2016年增长1.5%；粮食总产量310.37万吨，同比增长1.7%，比前5年平均水平多6.85万吨。

实施优质粮、专用粮、品牌粮生产基地建设，完成专用品牌小麦22万亩生产任务，其中庐江县2万亩、长丰县20万亩；完成专用品牌水稻20万亩生产任务，其中巢湖市5万亩、肥东县5万亩、庐江县10万亩。建立167个粮食绿色增产模式攻关示范片，其中省级22个、市级145个。

蔬菜生产稳步提升。建成62个设施蔬菜瓜果标准园，设施蔬菜瓜果面积达50万亩，新增设施农业面积2万亩。连栋温控大棚面积发展到200万平方米。蔬菜瓜果种植面积发展到183.1万亩，较上年增加5.57万亩；蔬菜瓜果产量301.8万吨，较上年增加15.7万吨。

【蔬菜供应合作共建】 继续与寿县、定远县等9个县（市）开展供应合肥蔬菜基地合作共建，共建面积1.1万亩，安排合作共建奖补资金785万元。全年供应合肥市场蔬菜50万吨，带动周边农户供给合肥市场蔬菜120万吨。

【农业生产环境】 全面推广测土配方施肥技术，通过测、配、产、供、施一体化服务和推广大配方，推进配方肥落地和减量施肥技术到位，测土配方施肥面积达900万亩。

加快培育组织规范化、服务规模化、技术标准化的专业化服务组织，创新统防统治服务模式，新增绿色防控面积50万亩，推广紫云英种植面积3.35万亩，推进生态循环农业创新应用示范点30个。化肥、农药使用量分别下降7.5%、6.1%。

【农机化发展】 实施农机化提升工程，全年落实农机购置补贴资金6524万元。新增各类机具3526台套，受益农户1899户。建成全程农事服务中心7个。农机总动力达470万千瓦，同比增长3.5%。主要农作物综合机械化水平达78%。新增农机合作社50个，农机化服务经营总收入53亿元。

搭建应用平台。全市安排财政资金900万元，建设7个综合性全程农事服务中心，打通为农服务"最后一公里"。

健全技术体系。开展农机农艺关键技术集成工作，促进生物、工程、信息、环境技术集成化，推动适度规模经营。加强先进适用机具、新装备推广应用，提升设施农业机械化水平。

优化装备结构。组织关键技术攻关，推广应用大型动力机械、设施耕种收机械、多功能一体化复式作业机械、高效植保机械、高效施肥机械、秸秆综合利用机械。

创建示范基地。通过政策激励，推进秸秆还田、土地深翻、水稻机械化栽插（种植）、油菜机械化生产、高效植保等"互联网+农机"示范作业项目，建立一批"互联网+农机"示范基地，实现"互联网+"精准作业服务。

发展农机电商。培育农机电子商务市场主体，建设农机"020"（即Online To Offline：线上到线下）电商公共服务平台，推进新型农业经营主体对接农机电商平台。

（吴延华）

畜牧业

【概况】 2017年，合肥市按照"保供给、保安全、保生态"的总体要求，发展生态健康养殖，转变畜牧水产业发展方式，走出一条生产发展、资源节约、环境友好、优质安全的畜牧业可持续发展新路子。全市肉、蛋、奶总产量78.32万吨，其中肉类产量47.4万吨，禽蛋产量20.03万吨，奶类产量10.89万吨。出栏生猪277万头、家禽1.5亿只。

【畜禽养殖】 标准化示范场创建。组织精干力量成立畜禽养殖标准化示范场创建工作技术指导小组，对参与创建的示范场进行技术指导，总结交流创建经验，促进创建活动扎实有效开展。创建1个部级、3个省级畜禽标准化示范场。养殖模式不断创新，深入开展"畜牧科技进万家"活动，推广"猪—沼—果""猪—沼—粮""发酵床养猪""林下养鸡"等养殖技术模式。

污染防治和废弃物综合利用。严格执行养殖区域划分规定，进一步加强畜禽污染治理工作。全市划定82个禁养区、927个需关闭或搬迁的禁养区内养殖场（小区）。至年底，全部完成禁养区内畜禽养殖场（小区）关闭或搬迁，完成率100%，地方投入补偿资金3.3亿元。

【畜产品监管】 围绕"促发展、保安全"工作目标，坚持专项整治与日常监管同举并重，开展"动物卫生监督档案规范年活动""动物检疫证明和畜禽标志专项整治行动"、生猪定点屠宰"扫雷行动"和"农资打假"等一系列专项整治，不断提高畜产品质量安全水平。

以养殖环节安全为目标，开展"瘦肉精"专项整治行动和抽样监测，对全市年出栏50头以上的生猪规模养殖场进行全面清查和整治，快检未发现阳性样品。以产地合格准出为关键，开展为期2个月的"严格检疫、规范出证"专项行动，进一步规范产地检疫出证工作，落实"一岗双责"，切实做到现场检疫、合格出证、不合格无害化处理，保障畜产品质量安全。产地检疫生猪152.6万头、牛7074头、羊7325只、家禽3820万只、产品6524吨。全市未发生一例畜产品质量安全事故。

【动物疫病防控】 组织开展口蹄疫、禽流感、布病等病种监测和流行病学调查，参照检测结果及时对无免疫抗体或整体抗体水平较低的畜禽群体进行加强免疫和重点监控，进一步提高全市重大动物疫病免疫工作效果。开展家禽H7N9和小反刍兽疫抗体监测，累计检测小反刍兽疫样品1515份，及时落实家禽H7N9剔除计划，开展小反刍兽疫状况评估并报送报告。开展猪瘟等动物疫病监测抽样工作。

全面落实重大动物疫病强制免疫。指定931名村级防疫员划片包干、责任到人。对全市所有存栏畜禽实施集中免疫，对自免的规模养殖场加强防疫监督。巩固和完善政企、技企和官方兽医监管联系制度，对全市5100多个规模养殖场（户）确定1592个政企、技企联系人，实行定点帮扶，确保防控措施在村、场、户得到落实。共领发高致病性禽流感疫苗5711万毫升、口蹄疫疫苗590.35万毫升、小反刍兽疫疫苗33.45万头份。防控工作实现“无死角、无空白、无隐患”。全市畜禽群体免疫密度达90%以上，免疫抗体合格率保持在85%以上；高致病性猪蓝耳病免疫抗体合格率97.3%，超过国家规定标准27.3个百分点。全年未发生一起重大动物疫情。

加强协调防疫工作经费落实，市县两级均将疫苗经费、基层动物防疫工作补助经费、监测和流行病学调查经费等列入同级财政预算。全年共落实疫苗经费1253万元，基层动物防疫工作补助经费93.1万元，动物疫病监测和流行病学调查经费100万元，动物卫生监督经费96万元，病死动物无害化处理经费249万元。全市各县（市、区）均落实了农村老兽医工龄补助经费，并按时发放到位，共补助1580人。

（李峻竹、俞倩洁）

水产业

【概况】 2017年，合肥市渔业坚持生态环境优先，深入推进体制机制创新，加快供给侧结构调整。全年水产品产量稳定在24万吨，渔业产值168.4亿元，渔业经济持续领跑全省。

【渔业生产】 现代渔业发展提档增速。养殖模式有创新，推广稻渔综合种养、池塘循环流水等模式。全市稻渔综合种养面积12万多亩，亩均增收2000—3000元；全市建成循环流水养殖池35座，产量150千克/平方米。养殖结构进一步优化，继续推进河蟹、小龙虾等传统优势养殖品种发展，引进澳洲小龙虾、银鳕鱼等名优品种本土化养殖。全市“名特优”水产品产量所占比重超过50%。养殖标准化程度得到提升，推进渔业标准化基地创建，新增申报部级水产养殖标准化示范场12家，市级以上水产健康养殖示范场超过200家，其中部级示范场70余家，全市健康养殖示范面积比例达65%。

渔业新兴业态蓬勃发展。休闲渔业快速发展。发挥和利用城区近郊、环巢湖等“周末生活圈”区位优势和渔业资源，打造集旅游、观光、垂钓、文化体验为一体的休闲渔业示范基地。全市新增全国精品休闲渔业示范基地2个、全国休闲渔业示范基地2个。全市规模休闲渔业基地发展到350余个，年接待游客超过100万人次。观赏鱼产业方兴未艾。全市规模观赏鱼养殖基地7个，水族馆130个，年销售各类观赏鱼600余万条，其中出口欧盟市场10万余条。节庆经济彰显活力。成功举办第十六届中国（合肥）龙虾节。龙虾产业经济总量达55亿元。先后成功举办“第五届黄陂湖河蟹节”“巢湖渔火节”等节庆活动，不断丰富市民文化生活。

【渔业资源保护】 增殖放流。在巢湖、董铺—大房郢水库、黄陂湖等重点水源保护地和渔业资源保护区，开展渔业增殖放流，着力保护全市水域生态环境。全市共组织增殖放流活动7次，累计放流鱼苗2000万尾。

继续实施禁渔制度。科学保护和合理利用巢湖渔业资源，连续32年实施巢湖禁渔期制度。自2月1日至7月31日，对巢湖主体水域、滩涂及各通湖的河流河口水域实施禁渔令。封湖禁渔期间，除银鱼、虾类在规定的时间内特许可进行捕捞外，其他捕捞生产活动一律禁止，所有渔船实现“大船归港、小船上岸、渔网入库、动力机械与渔船分离”，切实做到“湖中无渔网、岸边无渔船、市场无湖鱼”。

加强禁用渔具管理。加大对重点渔业水域巡查力度，严厉打击“电、毒、炸”等非法捕捞行为，全面清理“迷魂阵”、地笼等禁用渔具，保护环巢湖流域渔业资源。全年共清理各类违禁渔具45件（套）。

【渔业安全生产】 安全生产保障能力不断增强。组织实施渔船安全“百日除患铸安”专项行动，全面开展渔业安全生产隐患大排查，登船检查510艘次，排查隐患数21个，限期整改渔船16艘，报废处理渔船5艘。层层落实渔业安全生产责任制。通过广播电视宣传、发放“明白纸”、张贴标语和悬挂横幅等形式，加强渔业安全生产法律法规宣传，提高渔民安全生产意识。建立健全灾害天气预警信息库。成功举办巢湖水域渔业船舶水上突发事件应急演练。全市未发生一起重大渔业安全生产事故。

【龙虾节】 2017年“龙行天下 红动合肥”第十六届中国（合肥）龙虾节于7月28日19时在合肥市包河区罍街广场开幕。省内外专家学者、新闻媒体及广大市民群众欢聚一堂，共同品鉴龙虾美食带来的热度。开幕式上，“合肥虾宝”雕塑正式揭牌落户罍街，中国渔业协会会长赵兴武向合肥市颁发“中国淡水龙虾之都”牌匾。

自2002年起，合肥市按照“政府搭台、市场运作、群众参与”的办节思路，成功举办了16届中国（合肥）龙虾节。一年一度的龙虾节，不仅为合肥增添了一张靓丽的名片，也为合肥打开了一个开放的窗口，成为旅游推介、文化交流与经贸合作的重要平台。“合肥龙虾”的知名度逐步提升，小龙虾逐渐成为了合肥餐饮标识产品，“吃龙虾、喝啤酒、交朋友”的餐饮文化已深入人心。中国（合肥）龙虾节先后获“国家级示范性渔业文化节庆”“中国节庆50强”“中国十大人气节庆”“合肥市十大品牌展会”等荣誉称号。在龙虾节的强劲带动下，合肥人把小龙虾做出了大文章，形成了集苗种繁育、生态养殖、加工出口、餐饮消费、节庆文化于一体的产业链条，成为合肥农业中最具特色、影响最广、一二三产业深度融合发展的典范，龙虾经济总产值超过55亿元。

（李　琪）

脱贫攻坚

【概况】　2017年，合肥市脱贫攻坚工作夯实基础，补齐短板，全面推进。全市上下深入学习贯彻习近平总书记关于扶贫开发的重要战略思想，认真贯彻落实中央、省脱贫攻坚的决策部署，深入开展“重精准、补短板、促攻坚”专项整改行动，全面细致开展脱贫攻坚大排查活动，全力以赴推进各项工作开展。经省第三方评估及省扶贫办、国务院扶贫办审核复核，2017年全市实际脱贫人口16090人，较好地完成省下达的脱贫任务，未脱贫人口减少到2575人。

【责任落实】　市委、市政府深刻认识脱贫攻坚工作的重要性、紧迫性和艰巨性，将脱贫攻坚作为最大的政治责任、最大的民生工程和统筹县域经济社会发展的全局工作推进落实。省委常委、市委书记宋国权逢会必讲脱贫攻坚工作，并要求围绕“打赢脱贫攻坚翻身仗，力争进入第一方阵”的目标，在认识上要再提高、再升温；工作上要再强化、再硬化；措施上要再深入、再聚焦；责任上要再落实、再从严。市长凌云部署安排扶贫开发“百日攻坚行动”。调整充实脱贫攻坚工作领导小组，市委书记、市长双任领导小组组长，增加市委副书记分管脱贫攻坚工作。将脱贫攻坚涉及的24项工作任务分解落实到分管市领导，明确到具体单位。

纵向上，市县镇村逐级签订脱贫攻坚责任书，层层压实脱贫任务。横向上，市直部门按照责任分工，明确牵头单位，压实部门任务，纳入目标管理考核体系。市委办公厅、市政府办公厅印发《合肥市全面落实脱贫攻坚责任制实施细则》，明确市县镇村和部门主体责任。市委、市政府分管领导每年走访贫困户不少于100户，县、乡党委、政府主要负责人每年走访贫困户分别不少于200户、300户。制定责任追究办法，对工作推进不力、责任落实不到位的部门和责任人予以追究责任。市委、市政府主要领导率先垂范，多次带队深入偏僻贫困村和贫困户家中，调研了解脱贫攻坚真实情况。全市市级以上领导走访贫困户、调研贫困村169次。

【政策落实】　市委、市政府先后制定出台脱贫攻坚政策文件14份。其中2017年市委、市政府及两办出台文件7份，市扶贫开发领导小组出台文件22份，部门制定政策文件28份，印发领导小组会议纪要13份，构建了涵盖面广、系统完善、推进有序、保障有力的“1+20+X”四梁八柱政策体系。

严格按照“地方财政收入增量的10%、涉农项目资金的40%、清理回收可统筹使用的50%”要求，加大扶贫资金投入。2017年全市安排扶贫资金14.69亿元，其中专项资金10.58亿元，盘活存量及整合涉农资金4.11亿元，均为历史新高。市本级安排专项资金6.04亿元，增幅10.03%；清理收回盘活存量资金安排1.05亿元，占比51.2%。

围绕“十大工程”建设，建立调度推进机制，逐月逐项狠抓落实，强力推进扶贫政策落地生根。

实施产业扶贫工程，确保“有能力”的“扶起来”。坚持把产业扶贫作为脱贫攻坚的第一举措、激发内生动力的根源，实行“一村一策、一户一法”。全市112个贫困村全部建有扶贫产业园或扶贫车间，实现贫困村扶贫产业园全覆盖，贫困户户均产业扶贫项目1.5个。其中88个村、15802户达到省特色种养业扶贫标准，分别完成全年任务的124%、260%。

实施光伏扶贫工程，实现贫困村和“三无”贫困户全覆盖。建成“三无”贫困户家庭光伏电站2500户，全市贫困户户用电站达8700个，112个贫困村全部建设村集体光伏电站。贫困户年增收2500元以上，村集体年增收6万元以上。

实施健康脱贫工程，确保“有患病”的“看得起”。建立完善“四保障一兜底一补充”医疗保险扶贫政策体系。支出贫困人口兜底保障资金1956.46万元，7.97万人次获得兜底保障；支出医疗救助资金

4565.6万元，12.3万人享受医疗救助。贫困人口慢性病门诊报销比例98%，贫困人口综合医保住院补偿比94.76%，在全省16个市中位列第一。

实施教育扶贫工程，确保“需上学”的“有所教”。实现建档立卡贫困家庭子女从上幼儿园到大学毕业全程资助，全市发放各学段建档立卡家庭经济困难学生资助资金5302万元，资助学生63124人次。实现全市建档立卡贫困家庭义务教育适龄子女零辍学。

实施金融扶贫工程，确保“缺资金”的“帮一把”。出台《关于进一步推进扶贫小额信贷工作的实施意见》，加快扶贫小额信贷发放，全市发放小额信贷6.09亿元，惠及贫困户2.02万户，完成年度任务的177.6%。

开展就业脱贫工程，鼓起“钱袋子”。开发公益岗位，农村贫困劳动者就业帮扶率达到100%；帮扶就业人数4016人，帮扶已就业贫困劳动者稳定就业率90%以上。制定实施贫困家庭大学生就业创业扶持政策，鼓励贫困家庭学生就业创业。

实施社保脱贫工程，筑牢“兜底网”。适应经济社会发展水平，逐年提高低保五保补助标准，对无能力、重度贫困户加大财政兜底保障力度。全市低保标准从3260元提高到4320元，增长32.5%，全省最高；五保标准从3266元提高到6448元，增长近一倍，近七成贫困家庭受益。为贫困人口代缴参加农村合作医疗保险费用3725.86万元。

实施基础设施建设工程，夯实“大框架”。完成贫困户危房改造5783户，完成年度任务的113.4%。完成安全饮水工程2.38万户，提前一年实现所有贫困村通自来水，所有贫困户用上安全水。

实施光纤进村工程，112个贫困村全部实现光纤进村入户。完成农村道路畅通工程5490.5千米。在全省率先实现广播电视户户通。

【机制建设】 加强机构建设，市扶贫办挂牌调整到市政府办公厅，由市政府副秘书长兼扶贫办主任，配副主任2名，落实编制15名。各县（市）也进一步加强机构队伍建设，镇、村两级设置扶贫专干，进一步提升政策研究、牵头抓总、协调推进、督查落实作用。建立市县镇三级扶贫工作微信群，搭建脱贫攻坚工作交流平台。

加强调度推进，对脱贫攻坚重要政策、重点工程、重大项目进行调度推进。市委、市政府、市扶贫开发工作领导小组召开30多次扶贫开发工作会议，听取脱贫攻坚工作汇报，研究脱贫攻坚重点工作，协调解决重大问题。实施脱贫攻坚“百日攻坚”行动，对查摆出来的重点问题、短板不足，集中时间、集中人员、集中力量攻坚，有力有序有效推进工作开展。

加强督查通报，建立脱贫攻坚督查通报制度，由市委组织部、市农委、市教育局、市卫计委、市金融办五个部门牵头，市委办公厅、市政府办公厅、市纪委、市督查办等部门参与，分别包保一个县（市），对脱贫攻坚工作开展、责任落实进行全面督查，督查结果定期通报，发现问题限期整改。市直相关单位也组建专项督查组，负责部门工作督查，并实行市县同责。

加强制度建设，制定“日报告、周督查、旬调度、月总结”工作制度，按月确定工作计划，责任分解落实到人，做到重点工作一日一报，日常工作一周一报。建立市领导联系、市直单位包保、驻村工作队帮扶等联系帮扶制度，压实帮扶责任。高度重视扶贫信访化解工作，把矛盾化解在萌芽状态。切实加强扶贫领域执纪问责，市纪委成立7个专项督查组，对扶贫领域违规违纪问题开展“地毯式”扫描。加强扶贫资金、项目的审计监管。

【精准扶贫】 把精准识别扶贫对象作为精准扶贫的前提和基础，切实做好全国扶贫开发信息系统业务管理子系统建档立卡贫困人口数据清洗工作，完成数据清洗95932条，动态调整12265户、22217人，贫困户精准识别、精准退出“两率”全面提升。修改信息系统疑似信息1.47万条，数据质量明显提升。

认真开展脱贫攻坚大排查活动，共排查发现问题109705个，整改率达100%。

强化市、县、乡镇党政领导班子、“单位包村、干部包户”责任。新增112名县处级领导干部联系帮扶112个已出列贫困村，实现每村组建一支由县处级干部、帮扶工作队长、帮扶队员3人组成的扶贫工作队。对有扶贫任务的359个非贫困村，各安排1名县（市）直单位或乡镇领导班子成员负责扶贫工作，安排596名联系帮扶干部，实现有扶贫任务的地方帮扶干部全覆盖。

编制合肥市“十三五”脱贫攻坚规划，重点落实“4个五”：1、注重“五个”结合，将脱贫攻坚与全面建成小康社会相结合，与打造“大湖名城创新高地”相结合，与美丽乡村建设相结合，与深化农村改革相结合，与县域经济发展相结合，打出一套脱贫攻坚“组合拳”。2、实施“五子”工作法，定好靶子（精准识别贫困人口），结好对子（结

美丽庐江

对帮扶），找好路子（为每户贫困户提供帮扶措施2项以上），造好册子（规范档案资料），建好班子（帮扶建设好支部）。3、发展“五特”产业，因地制宜，扬长避短，重点支持发展种养业、乡村旅游、电商、光伏、资产收益等特色产业。构建产业发展“五种模式”，推行园区带动、龙头企业带动、农民合作社带动、经营大户带动和贫困群众自主发展产业的“四带一自”模式，实现贫困户持续稳定增收。

【社会扶贫】 把社会扶贫作为专项扶贫、行业扶贫的有力补充，着力构建“三位一体”的大扶贫格局，鼓励党政机关、事业单位、民主党派、企业家和社会各界名人积极参与扶贫。

着力推进定点帮扶。建立省市领导干部“1+3”脱贫攻坚联系帮扶制度，20名省市领导干部每人联系一个乡镇、帮扶一个贫困村，结对2户贫困户。广泛开展“双包双到”定点帮扶工作，306个单位结对包村，26820名帮扶人包户，实现贫困户联系帮扶全覆盖。

着力开展区域帮扶。合肥8个县（市、区）结对阜阳、六安等8个国家级贫困县，每县支持资金1000万元以上，并在产业、就业、人才、服务等方面全方位合作，推进区域协调发展。

着力实施“百企帮百村”“青春助力”“巾帼助力”“爱心助残”等社会扶贫工程。全市248家民营企业结对帮扶142个贫困村，帮扶贫困群众20745人。全市建立8项扶贫资金。建立25个农村残疾人扶贫基地。组织开展贫困青年就业招聘会43场。实施“皖嫂”家政服务基地、女子专业合作社、“徽姑娘”农家乐等一批适合女性脱贫致富的项目183个。

着力打造“10·17”扶贫日公益品牌。2017年“扶贫日”活动中，全市认领扶贫项目368个，认领认捐金额1.9亿元。

（刘　磊）

美丽乡村建设

【概况】 2017年，合肥市围绕“生态宜居村庄美、兴业富民生活美、文明和谐乡风美”建设目标，坚持政府主导、农民主体，规划引领、示范带动，因地制宜、分类指导，深入推进美丽乡村建设和农村环境“三大革命”，着力打造宜居宜业宜游的农民幸福生活美好家园。美丽乡村建设和农村环境“三大革命”成果正惠及全市，乡村绿水青山、田园风光、特色农产品受到广大市民热捧，城乡居民的获得感和幸福感不断提升。

【农村基础设施建设】 乡镇政府驻地建成区整治建设全面开展。全市2016年度开展的34个乡镇政府驻地建成区整治建设已全部完成；2017年度开展的29个乡镇政府驻地建成区整治建设加紧进行。

中心村建设分层分类有序推进。全市已建成省、市级中心村278个，2016年度开展的67个省、市级中心村全面建成，2017年度开展的33个省级中心村、37个市级中心村陆续开工建设。

自然村人居环境不断提升。全面清理房前屋后、路边、池塘、村口等处垃圾杂物，引导自然村环卫作业市场化，不断提升人居环境水平。

【农村环境“三大革命”】 农村厕所改造实现“方便高效”。在推进“厕所革命”中探索“六主六辅”做法，即改厕方式以改建为主，新建为辅；改厕选址以院内为主，院外为辅；厕屋建设以农户自建为主，政府补助为辅；便器选择以政府采购为主，农户个性选择为辅；质量监管以专业管控为主，多方参与为辅；日常管护以农户自管为主，社会管护为辅。此做法得到省委副书记信长星充分肯定。全市共开工建设30086户，其中已验收28826户。

农村垃圾治理实现“全面长

效”。率先全面完成非正规垃圾堆放点整治任务，全市13个非正规垃圾堆放点已全部完成整治。全市县域垃圾无害化处理率全部超过65%，其中巢湖市达到100%。

农村污水治理实现“全面高效”。2017年度的7个建设任务已完成并投入运营，全市有60个乡镇建设了污水处理厂或设施并正常运行。

（吴延华）

水 务

【概况】 2017年，合肥市抓住国家加大水利投入的机遇，积极践行可持续发展治水思路，坚持城乡统筹、民生优先、改革创新、依法治水、人与自然和谐相处的原则，加快水利基础设施建设，民生水利建设成效显著，水资源管控更加严格，水利改革全面推进，河长制工作全面推行，水利投资再创新高，全年完成水利建设投资31.6亿元。水政监察和专项执法力度进一步加大。现场制止违法行为103次，及时查处并制止10起水事案件。

【省级以上水利基建项目】 全年完成省以上水利基建投资7.75亿元，占省水利厅下达目标任务6.88亿元的113%。

农村饮水安全巩固提升。解决16.8万农村居民饮水安全问题，完成投资8400万元。

小型水利工程改造提升工程。全市完成小型水利工程改造提升投资63427万元。完成清淤扩挖塘坝24719口，清淤农村沟渠454条，更新改造小型泵站12754千瓦，改造中小型灌区8处19万亩，改造末级渠系32.2万亩，新建加固小型水闸49座。全市新增供水能力6569万立方米，新增、恢复、改善灌溉面积91万亩，新增、改善除涝面积22万亩。

全面完成第六批小型农田水利重点县（长丰县、庐江县）和项目县（肥东县、包河区）2016年项目建设任务。开工建设2017年农田水利建设资金项目（长丰县、庐江县、肥东县、巢湖市）。

2017年省下达合肥市高效节水灌溉项目长丰县200亩、庐江县300亩，投资247万元，于11月末完成建设任务。

在2016—2017年度全省小型水利工程改造提升绩效评价考核中，合肥市名列全省第一；在全省农田水利基本建设第二十二届“江淮杯”竞赛评比活动中，肥西县、肥东县、长丰县分获一、二、三等奖，合肥市获“优秀组织奖”。

中小河流治理工程。沛河、柯坦河（虎洞水库段）、罗昌河（胜利联圩段）、柘皋河（秦桥段、金平河段）治理工程全部完工。开工建设巢湖市柘皋河治理工程（夏阁段）、庐江县兆河治理工程（神墩河段）。

大中型水库移民后期扶持。完成2017年度大中型水库直补移民人口更新工作，完成年度直补资金发放，实际发放64515人。全市完成后期扶持项目176个，投资4974万元。

灾后水利水毁修复与薄弱环节建设治理。灾后水利水毁修复工程4909处，除三年滚动实施的提标扩面工程外，其他省级、市级项目建设任务均已全部完成。薄弱环节建设治理主要支流治理项目（裕溪河治理工程）开工建设，中小河流治理7个项目完成建设任务及目标，重点区域排涝建设项目（巢湖市义城圩义城站）完成年度投资任务，67座病险小水库全部完工。

泵站更新改造工程。肥东县撮镇泵站更新改造工程批复总投资7348万元，巢湖市义城圩义城站批复总投资5416万元，均已完成全部投资。

水土保持。合肥市水土保持规划已完成，并通过市政府批复；完成省水利厅下达的2017年水土保持生态建设任务水土流失治理面积16平方千米，重点预防保护面积30平方千米，治理成效显著；完成建设项目水土保持方案审批12个，验收项目10个，监督检查12次。

【市级水利基建项目】 列入环巢湖国家开发银行二期贷款的5个市直水利项目主体工程已完工。三期工程正在加快推进前期工作。四期工程中的3项市直水利项目已完成前期工作，十五里河紫云路以下至河口河道湿地工程已移交市重点工程管理局实施，兆河综合治理工程、十五里河河口闸站枢纽工程已开工建设。

派河中下游河道综合治理一期左岸堤防工程和巢湖沿岸水环境治理及生态修复工程完成单位工程验收。巢湖环湖防洪治理工程是在现有防洪工程的基础上，通过堤防加固、崩岸治理、防浪林台建设等工程措施，提高巢湖环湖地区的防洪能力，总投资18.56亿元，6月30日开工，至12月末完成投资3.15亿元。

【水利改革】 市水务部门深入开展水行政审批制度改革，简化行政审批程序，进一步提高行政审批效率，精简行政审批事项。及时完善和调整权力清单、责任清单和收费清单。积极办理行政监督事项，

肥东县刘桥坝闸除险加固工程项目，2016年10月开工建设，2017年主体工程完工

畅通群众监督渠道。严格执行审批制度，实行窗口前后台办理流程登记制度。建立健全审批资料的收发登记、完善项目审批台账管理。

编制《合肥市水资源配置规划》，统筹协调生活、生产、生态用水。合肥滨湖新区水资源论证通过水利部批准。编制《基于生态流量保障的水量调度方案》，促进南淝河、十五里河的生态流量调度工作。编制完成《淠河灌区水量分配方案》，为水权转换打下基础。

完善水利投入稳定增长机制。在继续争取中央及省、市、县财政支持的基础上，积极协调落实市、县级水利配套资金，确保及时足额到位。鼓励民间资本投资水利建设，构建多元化水利投资格局。围绕灾后水利建设总体规划，申请到三年行动计划总投资约19亿元。围绕环巢湖地区水环境治理与生态修复，2012年起积极争取国家开发银行支持，一、二、三期工程总投资约400亿元，利用国家开发银行贷款300亿元，工程仍在持续建设中。建立小型水利工程管理体制和良性运行机制。积极落实小型水利工程建后管护市级专项资金。合肥市、县两级财政共设立管护资金6645万元；其中市本级财政配套管护资金2300万元；各县（市）设立县级农田水利维护养护资金共计4345万元。从各类涉水项目资金中提取1%用于水利工程管护经费393万元。

实行农田水利基本建设责任制，出台体制改革、年度实施办法、工程管护办法、奖补办法等系列文件。截至年末，全市已发展各类小型水利工程管护组织1309个，管理人员6696人，管理面积343万亩，累计发放“两证一书”（工程所有权证、使用权证和管护责任书）14.39万份。

成立市农业水价综合改革领导小组，制定《合肥市推进农业水价综合改革实施方案》，选定庐江县郭河镇作为试点，先行进行农业水价综合改革，设计面积5.3万亩，概算投资5900万元，成立管护专业合作社，完成有关招标等前期工作，工程进入施工阶段。

全面开展节水型企业创建工作，争取市财政资金200万元，招标选定三家中介机构为57家单位提供节水型单位创建服务。开展生态补水机制研究。对南淝河生态补水、十五里河生态补水、市区西南部生态补水机制进行分析研究，提出建立和完善主城区重要河流补水机制方案。

编制完成《合肥市水利风景区建设发展规划（2016—2025年）》，并征求部门意见。8月31日，肥西县三河水利风景区被评为第十七批国家级水利风景区。

【防汛抗旱】 入汛后，合肥地区降雨偏少，梅雨期平均降雨量仅88.6毫米，较多年平均梅雨量偏少6成。7月中旬到8月上旬，受持续高温少雨天气影响，合肥市部分地区出现一定程度的旱情，至7月28日，全市受旱面积达到峰值180万亩。

市防汛抗旱指挥部（以下简称“市防指”）立足于早、立足于快，抢抓工作部署，综合采取“蓄、引、提、调”等手段，力保农业灌溉和城乡居民用水安全。市防指于7月19日、24日先后印发《关于加强灌溉和抗旱保供水工作的通知》和《关于切实做好防旱抗旱工作的通知》，对防旱和抗旱工作提出明确要求。随着旱情持续发展，7月28日16时，市防指宣布启动《合肥市抗旱预案》Ⅳ级响应，全力打响抗旱“保卫战”。

引淠史杭外水。7月20日，舒庐干渠和瓦东干渠率先从淠史杭灌区引水；7月21日，潜南干渠引水；7月24日，滁河干渠引水。四大干渠从淠史杭引水总流量90立方米/秒。7月28日，市防指与淠史杭总局会商，协调进一步加大滁河干渠引水流量，保障董铺•大房郢水库城市供水和肥东县用水需求。

翻引长江水。省驷马山二、三级站从7月11日起，陆续开机提水向巢湖、肥东灌区供水，提水流量22立方米／秒。肥东县7月18日开启黄疃站，提驷马山水入袁河西水库；7月22日开启老黄一站，27日开启大史二站、柏庄三站，引长江水翻过江淮分水岭。

提引巢湖、瓦埠湖水。肥东县撮镇电灌站于7月8日提前开机，提水流量15立方米／秒；刘营三站于7月10日开机，将巢湖水引至滁河灌区，实现“引巢济滁”。长丰县自7月24日实施“西水东调”，开启庄墓站提瓦埠湖水，输送至瓦东干渠尾部灌区朱巷、左店等乡镇，日供水量94万立方米。巢湖、庐江、肥西等沿湖提水灌区也陆续开机，保证灌溉用水。

调蓄水库等内水。为确保易旱地区人畜饮水安全，各地采取高水高用、提引外水、留足底水等有效措施，充分利用水库塘坝做好蓄水保水，在确保人畜饮水安全的前提下，尽力抗旱浇灌。

为抢抓长江高水位的有利时机，应对持续高温天气，保障巢湖周边农村饮水和抗旱供水需求，改善巢湖水质，合肥市及时提出“引江济巢”实施方案，报省防指批准同意，于7月15日10时调度开启凤凰颈站闸，同时关闭黄湾闸，将长江水经西河、兆河引入巢湖，实施黄湾闸建闸以来首次真正意义上的主汛期“引江济巢”。至8月8日9时40分闸门关闭停止引水，共历时24天，累计自引江水3.78亿立方米，其中2.43亿立方米入巢湖。保证了巢湖水位稳定在8.7米左右，西河、兆河等内河水位维持在9.2米左右，保障了沿湖、沿河地区灌溉和农村安全饮水需求。至8月8日，市中南部地区普降中到大雨，在抗旱浇灌和降雨共同作用下，旱情基本解除。

【水环境治理】 水资源管理。编制完成《合肥市水资源承载能力评价报告》《合肥市水中长期供求规划》等专项规划。印发《合肥市人民政府关于下达“十三五”实行最严格水资源管理主要控制指标的通知》和《合肥市“十三五”水资源消耗总量和强度“双控”行动方案》。组织实施2016年全市最严格水资源管理制度考核，市水务局等十部门联合集中会审，对水功能区水质达标率的考核结合“河长制”和“减排”考核结果统筹考虑打分，由市政府通报考核结果。市级水资源监控系统通过验收，完成42个取水监控点建设，建立了国家、省、市三级在线监控体系。

饮用水水源地保护。以3月22日“世界水日”和5月15—21日“城市节水宣传周”为契机，宣传水环境保护、节约用水相关法律法规、防洪法律法规、水资源保护法律法规等一系列政策法规，提高居民节约用水、绿色环保的生活意识，进一步营造忧水、惜水、爱水、护水的浓厚氛围。对水源地达标状况进行评估，编制完成合肥市重要饮用水源地安全保障达标实施方案，董铺・大房郢水库实现了达标要求。市水务局、市环保局牵头，于5月份和11月份先后召开水源保护联席会议，解决董铺・大房郢水库和滁河干渠周边存在的问题。

入河排污口调查摸底及整改。印发《合肥市入河排污口专项检查行动工作方案》，全市开展多轮入河排污口普查，查明入河排污153个。根据核查结果，及时制定入河排污口整治实施方案。加强入河排污口规范化监管，结合前期调查摸底情况，规范设置审批手续，完成登记建档和立牌工作，完成全市入河排污口的审批工作。对规模以上入河排污口监测全覆盖，规模以下入河排污口监测覆盖率达30%以上。

水功能区水质监测。逐月通报水功能区水质变化情况，督促不达标水功能区实施整改。完成省级划定的31个水功能区的确界立碑工作。对南淝河开展健康评估。全市重要水功能区达标率为60.7%，高于年度目标。

用水效率控制。继续推进节水型社会建设，启动县域节水型社会达标建设工作，制定《合肥市县域节水型社会达标建设工作方案》，选定长丰县、蜀山区为节水型社会达标建设示范县区，编制完成县域节水型社会达标建设工作方案。开展节水载体建设，启动皖能合肥电厂和金源热电公司的省级节水型企业建设工作。确定建设57家市级节水载体，完善节水管理制度，健全用水计量体系，改造用水设施，开展水平衡测试，全部通过验收。市水务局、市城乡建设委员会、市房地产管理局联合印发《关于开展节水型居民小区建设工作的通知》，编制了《合肥市节水型居民小区建设工作方案》，启动新一轮节水型居民小区建设。

落实用水定额管理，将是否符合行业用水定额作为建设项目水资源论证和取水许可延续的依据，不符合定额标准的不予审批取水、暂缓延续取水许可。下达取水计划时，要求用水户在用水定额范围内核定取水计划。印发《关于公布市级重点用水户监管名录的通知》，加强重点用水户监管。按照规定实行一户一档，日常管理资料均齐全，自备水取水户均安装计量设施，安装率100%。全年用水总量30.67亿立方米，低于年度控制总量。

水生态文明城市试点建设。 以环巢湖环境治理与生态修复为核心，按照“一湖、两库、六河、多区”的总体布局，实施最严格水资源管理制度，优化水资源配置，加强节水型社会建设，严格水资源保护和水污染防治，推进水生态系统保护与修复。列入试点考核的23项指标全部完成，部分指标超额完成，其中用水总量、万元工业增加值用水量、万元GDP用水量、农田灌溉水利用系数、水功能区水质达标率作为最严格水资源管理制度考核指标，按年度完成。9月7日，顺利通过水利部组织的专家评估，评定为优秀等级。

【河长制】 河长制工作体系初步建立，市、县、乡、村四级工作方案全面出台，各县（市）区、开发区全部建成四级河长体系，全市设立各级河长4400余名。市、县、乡三级均已出台河长会议制度、信息共享制度、信息报送制度、工作督察制度、考核问责和激励制度、验收制度等六项制度。逐级设置河长公示牌，健全河湖概况、河长信息、管护目标、监督电话等内容，确保信息完整，市、县、乡、村四级设置河长公示牌5570块。加快一河一策实施方案编制工作，市级16条河湖一河一策形成初稿，所有县区均已出台初步方案。召开市级河长专题会、调度会等20余次，市级河长累计巡河37人次，县、乡两级河长累计巡河14000余次，督察河湖管理保护情况，督察下一级河长履职尽责情况。

（管小庆、张顺志、辛　亮）

引江济淮

【概况】 引江济淮工程是以城乡供水和发展江淮航运为主，结合灌溉补水和改善巢湖及淮河水生态环境的重大水利工程，是全国172项重大水利工程之一，也是安徽省基础设施建设“一号工程”。

供水范围涉及安徽、河南两省14市55县（市、区），总面积7.06万平方千米。工程目标是：到2030年，引江水量34.27亿立方米，入淮水量20.06亿立方米；2040年引江水量扩大到43亿立方米。整个工程由引江济巢、江淮沟通、江水北送三部分组成，输水线路总长723千米。其中，新开河渠88.7千米，利用现有河湖311.6千米，疏浚扩挖215.6千米，压力管道107.1千米。依托输水线路，建设长江至淮河Ⅲ级以上航道，其中江淮沟通段为Ⅱ级航道。

引江济淮工程安徽段初步设计批复概算总投资875.37亿元，其中水利分摊投资557.55亿元，航运分摊投资317.82亿元。工程永久征收土地82231亩，临时征用土地154981亩，搬迁人口72316人，拆迁各类房屋274万平方米。

工程涉及合肥市庐江县、肥西县、长丰县、巢湖市、蜀山区、包河区、合肥高新技术产业开发区、合肥经济技术开发区等8个县（市）区和开发区；引江济巢和江淮沟通2个工程输水干线关键段均位于合肥市境内；江淮沟通8大枢纽中，除枞阳引江枢纽、东淝河闸枢纽不在合肥，其他6个枢纽——庐江节制枢纽、白山节制枢纽、凤凰颈引江枢纽、兆河节制枢纽、派河口泵站枢纽、蜀山泵站枢纽均坐落于合肥。

【工程进展】 2015年3月11日，国务院批准项目建议书；3月25日，国家发展和改革委员会正式下发立项批复文件。

2016年12月，国家发改委批准项目可行性研究报告；12月29日正式开工建设，工程施工总工期72个月。

2017年9月，国家水利部、交通运输部批准项目初步设计。

（聂焰球）

江水西调

【概况】 根据国家重点流域水污染防治“十二五”规划和合肥都市圈发展需求，针对洪涝灾害、水质污染、岸线崩塌、河道淤积、水系萎缩、湿地消失、生态退化等突出问题，围绕“控制增量、削减存量、扩大容量”的总体策略和“治理西北、保护西南、防治东北、连通东南、修复环湖”的分区策略，按照“污染源头减排、入湖河流减负、水系湿地净化、河道补水自净、湖泊引流扩容”的治理重点和“分区、分河、分类、分步”的治理路径，针对南淝河上游水库蓄水截流和下游基流匮乏等状况，通过江水西调补充南淝河干、支流生态基流，同时实施输水明渠水质保护，以扩大河道自净和环境容量，配合污染源治理，为南淝河水质改善和国控断面水质达标创造条件。

合肥市未来发展目标为区域性特大城市，现有的供水方式不仅水量难以满足，也给淠河灌区发展带来巨大压力，必须实现多源并举，确保安全。在继续维持淠河灌区补给和建设龙河口引水工程的同时，开辟驷马山引江工程是确保合肥市城市应急供水安全的主要措施，也是近期缓解引江济淮工程建成前缺水压力的可行方案。工程建成后，在启动城市应急供水情况下（淠史杭灌区出现水源紧张，上游水库基本无水可供），可通过新建补水泵站将长江水以 15 立方米 / 秒抽引至南淝河泄洪闸，进入董铺水库，形成保障城市供水安全应急通道。

【工程进展】 江水西调生态补水工程为环巢湖生态保护与修复工程二期项目——滁河干渠水环境整治及生态修复工程的续建工程。滁河干渠水环境整治及生态修复工程自东向西渠道和泵站设计规模为 15 立方米 / 秒，主要建设内容为滁河干渠渠道整治自袁河西防洪闸至双墩节制闸渠道拓宽 59 千米；新建双墩、众兴、管湾 3 座提水泵站；拆除重建 7 座节制闸；众兴、双墩节制闸与新建提水泵站合建；改建渡槽 2 个；滑坡治理、改建闸涵等；新建防汛道路 26.246 千米、隔离栅及防护林等。

工程于2014年11月开工建设，2017年秋主体工程建设基本完工，已实现提引长江水。2017 年抗旱期间三级站累计提水 600 台时，水量 400 万立方米，发挥了抗旱效益。

续建工程建设范围为滁河干渠双墩节制闸至南淝河泄洪闸 29 千米，黄疃一级站出水渠上段 3.96 千米（黄疃一级站至北张水库双坝）护坡、渗漏及险段治理；主要入渠道水库河道治理、水环境改善及生态修复等，计划 2018 年开工建设。

（管小庆）

责任编辑：储茂仁

滁河干渠管湾泵站

商贸服务业 旅游

综述

【概况】 2017年，合肥市推进商贸流通体系建设，扩大消费规模，发展新兴产业，全市商贸流通产业呈现出稳中有进、提质增效的发展态势。全年实现社会消费品零售总额2728.51亿元，比上年增长11.6%。保持对侵犯知识产权和制售假冒伪劣商品行为打击的高压态势，在全省“双打”绩效考核中位居第一名。有序开展国家物流标准化试点，试点企业物流标准体系初步建立。多措并举促进电子商务发展；持续推进国家服务外包示范城市建设；推动全市会展产业呈现稳中有进发展态势。

第十届中国中部投资贸易博览会和2017中国国际徽商大会于5月17—19日在合肥举办。

【消费市场运行】 市商务局制定全市商务领域扩大消费行动实施方案，多方位、多层次开展促消费行动。调动各县（市）区、开发区商务部门和重点商贸企业，做好应急保供、运行监测等各项基础性工作，组织开展产销对接、“双百”“五进”和“消费促进月”活动，不断刺激消费需求。以“四送一服”双千工程为抓手，送政策、送服务上门，帮助企业解决经营中出现的问题。

2017年社会消费品零售总额增速居全国省会城市第四位。推进农村电子商务全覆盖，全市网络销售实现大幅增长，限额以上实物商品网上零售额115.30亿元，同比增长41.0%。餐饮消费持续快速发展，全年餐饮业收入295.89亿元，同比增长17.8%，高于上年增幅2.2个百分点，高于商品零售增幅6.9个百分点。

限额以上商贸单位规模扩大，全年新增262家，年末总数为2166家；实现限额以上零售额1880.75亿元，占全市总量的68.9%，比上年提升2.6个百分点。

四县一市消费增长较快，共实现社会消费品零售总额479.81亿元，同比增长13.9%，高于全市平均增速2.3个百分点，占全市总量的17.6%，比上年提升0.4个百分点。

【市场秩序建设】 市商务局履行市“双打”（打击侵犯知识产权和制售假冒伪劣商品）办公室职责，制定实施《合肥市关于新形势下加强打击侵犯知识产权和制售假冒伪劣商品工作实施方案》，保持对侵犯知识产权和制售假冒伪劣商品行为打击的高压态势，着力净化市场环境，在全省“双打”绩效考核中名列第一。

开展肉菜流通追溯体系试点城市建设，做好第一阶段肉菜流通追溯系统的运行和维护，对肉菜追溯试点企业开展全面普查，制定《合肥市肉类蔬菜流通追溯体系试点管理暂行办法》。

开展商务信用体系建设，按照市信用体系建设工作总体要求，健全工作机制，明确责任分工，推进商务领域信用信息归集共享和应用。组织开展商务领域省级诚信示范企业认定活动。

规范特种行业发展，对全市典当、拍卖企业进行年检，在全市典当业、融资租赁业、现货交易市场、电子商务等领域开展非法集资专项排查，举办“合肥市典当行业风险防控培训会”，在扶持产业发展“1+3+5”政策体系中设立“中小微企业典当风险补偿基金”。

【市场体系建设】 有序开展国家物流标准化试点，出台工作方案及配套办法，严格按照规范程序进行试点项目评选和中期绩效评价，加强对项目建设过程的督导。截至年底，24家试点企业标准托盘租赁量达30万个，比试点前翻一番，带动社会投资近7亿元，试点企业物流标准体系初步建立，试点建设取得阶段性成效。

探索发展“互联网+家政服务业”，指定专人和有关组织负责“互联网+家政服务业”促进工作。市商务局牵头起草《加快发展“互联网+家政服务业”的实施意见》，研究制订“互联网+家政服务业”促进政策。

根据全市“双创”工作要求，指导各县（市）区、开发区和企业开展商贸企业集聚区创建，打造特色鲜明、结构合理、管理统一、辐射带动作用较强、综合效益良好的区域性商业集群，建成砂之船奥特莱斯、华润万象城、万达茂等48个商贸企业集聚区，超额完成“双创”工作目标。

培育具有示范和带动作用的特色商业街区，建成合肥新站高新技术产业开发区武里山天街等6个市级特色街，推荐蜀山区清溪小镇、庐江县中心城步行街、合肥高新技术产业开发区蜀南庭苑商业街、庐阳区七桂塘商业街等4个街区申报省级特色商业街。截至年末，累计建成1条国家级商业特色街（庐阳区淮河路步行街）、13条省级商业特色街、25条市级商业特色街。

实施城区菜市场建设改造计划，新建改造示范菜市场13个，新建标准化菜市场2个，对50个标准化菜市场进行巩固完善，超额完成年度任务。

进一步加强农产品流通体系建设，全年新建县乡农贸市场16个、农产品批发市场1个；争取省级流通业专项资金，支持四县一市县乡农贸市场项目10个，支持瑶海区、合肥巢湖经济开发区、肥东县农产品冷链物流设施项目4个。

【电子商务】 多措并举促进电子商务发展。合肥荣电实业股份有限公司被批准为国家电子商务示范企业，中国（肥东）互联网生态产业园、创富工坊“互联网+园”被批准为安徽省电子商务示范园区，合肥恩讯信息科技有限公司、安徽高梵电子商务有限公司、合肥三瓜公社电子商务有限公司等7家企业被批准为安徽省电子商务示范企业。

招商引资成果丰硕，瓜子二手车直卖网入驻庐阳区，京东安徽电商产业园项目在长丰县开工建设，唯品会（中国）有限公司在合肥空港经济示范区投资建设唯品会安徽物流园。

农村电商实现全面覆盖，四县一市均建成县级电子商务公共服务中心、电商物流配送中心。建设乡村电子商务服务站点1657个，覆盖1104个行政村，覆盖率100%。实现农村产品网络销售14.98亿元，增长42.5%。“三瓜公社”以“互联网+三农”为实施路径，打造网络经济和美丽乡村融合发展的新样板，被评为安徽省首批省级特色小镇。肥东县龙塘村获阿里研究院“中国淘宝村”认证，成为合肥市首个“淘宝村”。

实施电商扶贫工程，京东·合肥电商扶贫特色馆上线运营，四县一市均建成县级农村电子商务线下体验中心，112个贫困村均建立村级电子商务服务站点，73个乡镇均组建电商扶贫专业指导队伍。各县（市）针对扶贫对象开展电商扶贫培训累计3386人次。

推进中国（合肥）跨境电子商务综合试验区建设，理顺管理体制，完善机构设置，试验区管理办公室成立。全年实现跨境电商进出口额1.12亿美元，比上年增长267.9%。合肥国际邮件互换局全年进出口包裹783.8万件，安徽省自营进口商品直销中心15家实体门店累计实现销售额1.3亿元。进境商品保税展示体验中心开业运营。全国首个白色家电跨境离岸集采中心——大龙网跨境电商（合肥）全球离岸集采中心落成。阿里巴巴一达通、唯品会、敦煌网、大龙网、深圳启明星、东方机械网等70多家跨境电商企业入驻试验区。

【服务外包】 推进国家服

2017中国（合肥）金融外包峰会

百大易购跨境直销中心

务外包示范城市建设，编印《2017年服务外包政策选编》《合肥服务外包指南》，举办全市服务外包专题培训班和业务培训会、合肥高新技术产业开发区政策及业务宣讲会等，宣传服务外包产业发展成果、发展环境。

市商务局会同包河区举办“2017中国（合肥）金融服务外包峰会”，同期专题举办2017合肥市服务外包产业推介会，国内外80多家金融企业代表、业内专家等300余人参会，签约金融类项目6个，总投资额77亿元。

推进服务外包平台建设，合肥高新技术产业开发区、合肥经济技术开发区、蜀山经济开发区等6个区域被评为省级服务外包示范区。国际研发服务外包创新平台运行良好，筹建“基于高端研发设计服务的众包平台（众威网）”和“面向区域的知识产权交易平台”。

合肥金融港一期投入使用，已入驻互联网金融、服务外包、软件开发、电子商务、设计创意等近200家企业。云谷金融城正在建设。

建立数据通报制度，按季度对全市各区域服务外包数据进行通报。截至年末，全市共有服务外包企业482家，从业人员18.4万人；全年服务外包接包合同签约金额32.39亿美元，比上年增长17.9%；接包合同执行金额18.51亿美元，增长36.8%；其中：离岸合同签约金额9.98亿美元，增长49.4%；离岸执行金额3.2亿美元，增长49.5%，在全国31个中国服务外包示范城市中增速排名第四位。

【会展经济】 按照“走出去”与“请进来”、统筹监管与市场竞争的思路，全市会展产业呈现稳中有进发展态势。分别在广州和厦门策划举办两场合肥会展业专题推介会，搭建与先发城市会展主管机构、协会和会展企业交流的平台，加强在资源共享、企业合作、品牌互动、人才交流等方面的合作，拓展合肥会展业发展空间。

制定合肥会展管理办法和发展规划，明确组织架构，加强会展管理协调，理清会展相关方职责，完善会展考核、登记、信用等制度。修订会展政策扶持条款和实施细则，编制合肥市会展指南和宣传PPT，加大政策支持和宣传力度。培育坚果炒货展、新能源汽车展、安徽国际充电站（桩）技术设备展览会、绿色建筑材料展等一批优质展会，做好全国园博会、全国先进制造业大会等大型展会的申报工作。

在商务部中国会展经济研究会主办的“2017中国城市会展业竞争力指数发布会暨高端论坛”上，合肥入选中国省会城市及地级城市最具竞争力会展城市前十强。全年举办展会192场，展览总面积196.6万平方米，其中：全国性展览会15场，规模2万平方米以上的展会26场。成功举办9万平方米的中国安徽名优农产品暨农业产业化交易会、8.3万平方米的2017年绿色家装材料博览交易会、6.3万平方米的2017年安徽五一汽车展和第十届中国中部投资贸易博览会等大型展会。

【第十届中博会】 第十届中国中部投资贸易博览会（简称“中博会”）和2017中国国际徽商大会于5月17—19日在合肥举办。大会以“创新发展新理念　‘一带一路’新机遇”为主题，举办了国家级经济开发区工作片会、中部6省投资环境推介暨项目对接会等31场活动，参观群众近10万人次，参会来宾超过13000人，其中来自60多个国家和地区的重要客商4200多人，是近年来在合肥市举办的规模最大、层次最高、活动最多的综合性经贸盛会。

大会集中签约项目222个，投资总额3409亿元，协议引资3360亿元。根据安徽省大会组委会统一安排和要求，合肥市作为举办地和东道主，负责协助整体筹备以及组委会下设客商接待部、综合保障部牵头工作。市委、市政府成立筹备工作领导小组，省委常委、市委书记宋国权担任第一组长，市长凌云任组长，办公室设在市商务局，各相关单位协同配合，共同推进各项筹备工作的开展和重点工程实施。

大会举办期间，全市共推介重大项目 52 个，总投资额 2599.38 亿元，其中：县（市）区、开发区项目 29 个，总投资 1708.78 亿元；战略性基地项目 23 个，总投资 890.6 亿元。

组织开展“合肥‘资本 + 创新’对接峰会”，省内外 200 多家金融投资机构、市内 70 多家科技创新型企业、平台，以及上市公司、新三板企业、市和县（区）科技金融管理部门共 600 多人参加峰会。

精心做好合肥展区展览展示，以“建设长三角世界级城市群副中心”“打造综合性国家科学中心”为统揽，以“创新发展，当好核心城市”“协调发展，当好中心城市”“绿色发展，当好示范城市”“开放发展，当好先行城市”“共享发展，当好标杆城市”五大板块为主体架构进行集中展示。展示了科大讯飞、中国电子科技集团三十八所、十六所等 19 家机构和企业的高端产品，涉及智能语音、国防安全、家用电器、平板显示、电子信息、生物医药等重点产业，太赫兹安检仪、斯特林制冷机、4 兆瓦燃气轮机、江淮瑞风 S7 汽车、惠而浦光芒 Touch 洗衣机、智能钢琴、小米手环、赛鹰无人机、京东方 4K 超高清电视、联宝超薄笔记本等产品，集中展示了“合肥制造”和“合肥创造”的最新成果。

（刘航航）

粮油流通

【概况】 2017 年，市粮食系统认真贯彻《关于进一步推进全市粮食产业创新转型升级的意见》，以提升粮食流通现代化水平为目标，以粮食供给侧结构性改革为主线，以完善粮食收储体系为重点，加快推进粮食行业转型升级，进一步增强粮食安全保障能力。市粮食局获 2017 年度全省粮食安全责任制考核第一名，被省粮食局评为粮食收购工作先进单位、国有粮食购销企业综合经济效益先进单位、粮食产业化工作先进单位。市粮食局调控处被市委、市政府授予“合肥市 2014—2016 年度先进集体”称号。

【粮食收购】 市粮食部门先后于 5 月 31 日、9 月 28 日启动小麦、中晚稻最低收购价执行预案，并鼓励引导多元市场主体入市收购，实现托市收购和市场收购双轮驱动。

合理布局收购库点，共落实托市收购库点 79 个（其中夏粮 24 个、秋粮 55 个），满足农民就近售粮需求。

采取张贴布告、发放宣传手册方式，全面宣传国家粮食政策、售粮程序标准等，让广大种粮农民享受充分的知晓权。

加强检查监督，落实相关规定要求，维护市场秩序，没有出现卖粮难、打白条的现象。全年收购粮食 132 万吨，其中国有粮食企业收购粮食 68 万吨（夏粮 13 万吨、秋粮 55 万吨），完成市下达的年度粮食收购目标任务。

【仓储建设】 组织实施合肥粮食物流园“北粮南运”物流节点建设，3 万吨浅圆仓项目建成并投入使用。完成中央投资的 2.8 万吨粮食仓储项目建设，使全市地方国有粮食企业有效仓容达 250 万吨。推进粮食烘干设施建设，新建 23 个烘干中心，新增 0.7 万吨日烘干能力，全市总日烘干能力达 5 万吨。推进 60 兆瓦粮库“仓顶阳光工程”建设，完成 15 兆瓦年度建设任务。组织实施“智慧皖粮”信息化三期工程建设。

2017 年 9 月 26 日，合肥市粮食局代表队在全省粮食行业消防安全演练竞赛中以总分 255 分的成绩获团体并列第一名。

【粮食产业】 推进放心粮油和主食厨房“两项工程”建设，新认定放心粮油经营网点67个、主食厨房网点29个。进一步培育优质粮油，肥东县、巢湖市被批准为全国放心粮油供应网络建设示范县，肥东县被批准为“中国好粮油”行动示范县。坚持项目带动发展，招商中粮国际与庐江双福粮油合作，签订30万吨面粉生产项目，龙头企业实力得到壮大。全市实现粮油加工业产值502亿元，全市国有粮食购销企业实现盈利3559万元。

（市粮食局办公室）

供销合作

【概况】 截至2017年末，全市供销合作社联合社（以下简称“市供销社”）系统累计建成基层社84个，实现县域乡镇全覆盖；农村综合服务社累计1679个，行业协会累计44个，各类农民专业合作社累计达339家。巢湖市烔炀供销合作社、肥西县官亭供销合作社被评为2016年度全国供销社系统基层社标杆社，长丰县绿野蔬菜瓜果专业合作社联合社、长丰县罗塘乡盛世植保专业合作社、巢湖市华盛种植养殖专业合作社被评为2016年度全国供销社系统农民示范专业社。合肥市农村合作经济组织联合会成立，已吸纳全市各类农村合作经济组织会员583个，从法律咨询、业务培训、技术指导、融合交流等方面积极发挥服务功能，助推农村新型经营主体加快发展。

全市供销社系统根据区域特色布局，开展“新农村现代流通服务网络工程”“市级农村新型流通服务体系”示范项目建设，加快构建覆盖县、镇、村三级农村新型流通服务网络。全年新建省级“新网工程”项目4个，新建市级农村新型流通服务体系建设项目14个。

【涉农帮扶】 市供销社与合肥兴泰集团、中国邮政储蓄银行合肥分行合作的 “惠农贷”项目自实施以来，共核批89笔，发放贷款4160万元。惠及种植业、养殖业、加工服务业等多家涉农企业和农民专业合作社，为农民创业和涉农企业发展提供了有力扶助。

为促进农民与市场、生产与消费的双向对接，全市供销社系统积极搭建农特产品展示展销平台，陆续创办“合肥供销农产品展示中心”“庐州生活”“长丰草莓电商”“天猫特产中国—巢湖馆”“庐江九草春”“安徽白云春毫微信商城”等多个线上平台和线下体验店，为农产品进城、日用品下乡开辟了新渠道。2017年全系统实现线上销售额1.65亿元。

【社有企业生产经营】 全市供销社系统以市场为导向，引导生产型企业产能、技术、产品的提档升级；引导服务流通型企业做好网点建设，探索服务方式和经营模式创新；拓展业务新领域，力推“中国外运合肥供销物流园”等优质项目建设，促进社有企业加快转型升级，不断增强为农服务实力。

全市供销社系统参控股企业全年实现销售总额25.38亿元，较上年同期增长11.32%；实现利润1.55亿元，同比增长7.64%；社会贡献总额2.04亿元；实现资产总额19.65亿元，经济发展呈现出稳中有升的良好态势。

【再生资源回收】 市供销社认真履行再生资源回收市场管理职责，牵头推进全市再生资源回收体系建设，确立“规划先行、政策支撑、立体联动、目标考核、追踪问效”的工作思路。全年新建规范性回收站点165个、示范性回收亭27个、分拣中心17个，累计建成规范性回收站点385个、分拣中心84个。

全市供销社系统全年再生资源购进总额26.69亿元，销售额28.45亿元。其中，废旧金属类购进17.17亿元，销售18.27亿元；废旧非金属类购进9.52亿元，销

合肥市供销社系统所属企业和专业合作社组团参加2017合肥农产品产销对接会。

售10.18亿元。

（刁永丽）

盐 业

【概况】 2017年是国家盐业管理体制改革实施的第一年，全市盐业实现营业收入26406万元，是年度目标任务的1.68倍；实现利润总额524万元，是年度目标任务的104.8倍；净资产收益率2.8%，国有资本保值增值率102.88%。

【食盐专营】 安徽省合肥市盐业有限公司（合肥市盐务管理局）（以下简称“市盐业公司”或“市盐务局”）在保障普通食盐市场供应的同时，针对商超、流通渠道在销售环节采取配售制，在原有小包装食盐品种基础上，增加中盐润华公司生产的雪花盐和天山湖盐、青海格尔木公司的“察尔汗”牌小包装盐、上海莫顿公司的莫顿系列盐，丰富了市场食盐品种，给消费者更多选择。

开展“元旦惠民”“进商超、进餐饮、进社区”三进活动。公司领导班子成员、中层干部分成五个组对全市27家连锁商超进行巡店、促销；组织开展进餐饮食堂、进社区促销活动，均取得了良好的社会效果。2017年销售食盐57054吨，销售小包装食盐38461吨。

【盐政执法】 2017年1月1日起，国家盐业体制改革方案实施。为稳定盐业市场、安定民心，市盐务局将日常宣传、“活动日”宣传和专题宣传有机结合，收到良好宣传效果。通过张贴政府通告、发放宣传手册等方式，把国家盐业法规和盐改政策及时发布到全市食盐零售市场和批发市场，让经营者和消费者真正了解国家盐业体制改革的意义和目的，为盐业体制改革过渡期间的市场监管创造良好氛围。利用“3·15”“5·15”主题宣传日和“6·19”食品安全周，采取设置展台、发放宣传材料等方式，普及碘缺乏病防治和食盐安全知识，传授辨别真假食盐的经验和方法。邀请有关新闻媒体参加盐改政策宣传和盐业市场治理活动，提高盐政执法的影响力和公信力。

市盐务局联合全市各级盐政部门通过开展各类专项整治行动，加大对重点区域、重点环节和重点市场的整治力度，加强食盐安全监管。组织开展“两节”食盐市场、春季盐业市场、“五一”期间市场专项整治、中高考期间餐饮用盐专项整治和食盐市场专项治理等6次较大规模的盐业市场专项整治行动，收到良好效果。

全年共出动检查人员5299人次、车辆1581台次，行程148247千米，发放宣传材料30706份，检查各类用盐户31170户，立案查处盐业违法案件449起，查获各类私、劣盐238.9吨，有效打击了涉盐违法行为，净化了盐业市场环境，确保了全市人民群众食盐安全。

（高 路）

烟草专卖

【概况】 2017年，全市销售卷烟27.65万箱，实现税利30.84亿元。市烟草专卖局（公司）获“烟草行业商业标准化示范企业”称号、全国精益管理项目发表赛一等奖和三等奖、全省烟草商业系统“精益十佳”项目称号、第十一届“安徽省文明单位”称号。

【市场监管】 市烟草专卖局（公司）以严控市场、净化市场为目标，集中力量打团破网，始终保持卷烟打假打私和市场监管的高压态势。全年查处案件2412起，查获违法卷烟9.06万条，申报国标网络案件2起、省标网络案件7起，涉案人员被拘留14人、逮捕13人、判刑28人，对涉烟违法犯罪企图形成强大的震慑作用。

开展专项整治行动。相继开展重要节日专项行动、“回流烟”清理、“天价烟”整治及寄递环节“清网”行动等，有效维护了市场秩序。

严查涉烟网络案件。建立全市稽查支队统一指挥模式，构建专群打击体系，深挖互联网涉烟案件线索，紧抓“人流、物流、资金流”等关键节点，加强与公安、邮政多部门合作，提高案件查办效果。

加强专卖日常监管。严厉打击大户“二次批发、左右价格、扰乱市场”违法违规行为，治理辖区内一户多证、虚拟证、空壳证等问题，整治串码烟销售，纳入市场净化率考核，建立卷烟非法流通预警机制，加强卷烟非法收购监管。

【企业管理】 **精益管理。**市烟草专卖局（公司）以降本增效、项目带动、体系换版、人才建设和精益文化五项工作为重点，开展全面精益管理再上新水平活动，坚持问题导向，查找管理短板，修订考核细则，开展体系换版，推进项目研究。全市系统呈现出“精益思想遍地开花、精益项目处处带动、精益成效持续显现、精益文化逐步深植”的良好势头。

创新驱动。围绕“创新驱动”成长支撑，探寻创新方法、找准创新着力点。突出问题导向，查找经营管理短板及发展瓶颈，加强营销创新、专卖监管创新、物流技术创新、内部管理创新，注重模式优化、流程再造、技术应用、管理完善。营造“公司搭台、员工参与”的创新氛围，全年立项省烟草专卖局（公司）重点创新项目3个、市局（公司）计划项目8个、自主项目12个，精益改善项目22个，注册QC小组58个。加强项目管理，开展阶段评审，提高研究质量。坚持培训与激励相结合，组织精益工具及方法培训3次，培养精益黑带2名，相继开展创新示范标兵、创新优秀团队评选等活动，激发员工参与创新的热情。

标准化所（队）创建。努力做到“形象标识、办公设施、执法装备、生活保障”四个统一，推进所（队）文化建设，增添基层队伍活力。

（千　操）

燃油销售

【概况】　中国石油天然气股份有限公司安徽合肥销售分公司（以下简称“中石油合肥分公司”）托管安徽合肥中油顺达利石油有限公司、合肥长江石油有限责任公司广德路油气合建站两家控股公司，有并表加油站100座，其中在营运加油站87座，分布在合肥市区和四县一市。2017年，中石油合肥分公司实现销售总量近60万吨，市场占有率35%。劳武加油站、巢湖第二加油站、宝安加油站获省国税局授予的“安徽省国税系统纳税信用A级纳税人”称号；合肥分公司被市城管局授予“2017年度合肥市关爱环卫工人爱心企业”称号；繁华西路加油站、美菱大道加油站、新大加油站、金环加油站、中庙加油站获市安全生产协会授予的安全管理标准化“示范班组”称号。

中国石油化工集团公司安徽合肥石油分公司（以下简称“中石化合肥分公司”）在合肥市区及四县一市有加油（气）站144座、易捷便利店141座，所辖肥西油库、巢湖油库年吞吐量360万吨，担负合肥、六安等地成品油供应任务。2017年，中石化合肥分公司销售成品油近110万吨，与上年基本持平。

【营销措施】　中石油合肥分公司突出市场导向、精细营销，深化三级营销体系。策划实施“油+卡+非+润”（油品+加油卡+非油商品+润滑油）主题营销。片区开展连线连片，共享客户资源。加油站充分放权，量身定制精准营销。以灵活多变的营销策略，有效应对激烈的市场竞争。2017年万吨站比上年增加3座。全流程诊断优化和加油站日常业务“血液式”融合。通过诊断，全年对19座加油站进行优化改造，梳理出影响客户服务的13大类157条问题，逐一销项解决。积极开发政府及机构用户，成功中标“合肥市市直单位2018—2020年公务车辆定点加油项目”，成为指定供应商。构建“人·车·生活”生态圈，有75%以上的加油站通过市场和客户细分完成目标定位，围绕主流客户需求完成服务功能设置。加强与电信、银行、保险等行业的深度合作，拓展增值服务，发挥不同品牌的协同效应，实现“客户、合作伙伴和公司”三方共赢。

中石化合肥分公司继续推动网点建设，合理布局，更好为市民服务。在2017年“三夏”和“三秋”期间，合理调度资源，在加油站开辟绿色通道，保障农机随到随加；设立惠农加油站，农机加油给予优惠；增派小油罐车直接送油到田间地头，确保农业用油。开展错峰加油活动，错开高峰加油享受价格优惠。开展“约惠双休日”活动，双休日在指定加油机加油享受价格优惠。开展“办卡自助加油送豪礼”活动，开展加油卡充值上门服务业务，并通过主流媒体加强宣传。打造银环加油站、花园大道加油站、潜口路加油站和新桥机场加油站4个综合服务平台，与中铁快运、民生银行、中国电信、中国移动、徽商银行等企业合作，实现发展共赢。

【企业管理】　中石油合肥分公司坚持依法合规，严守质量、计量、安全“三条红线”。加强对加油站“三违”行为（违章指挥、违章操作、违反劳动纪律）、安全隐患、施工安全及油品数量质量的管理。组织加油站开展危害因素辨识和风险评估，修订加油站突发事件现场处置预案。落实值班制度和安全责任，与治安及应急管理部门协同配合，加强散装汽油销售管控，开展防恐应急预案演练。推进HSE标准化（健康、安全、环境三位一体的管理体系标准）油站建设，累计有48座站点完成HSE标准化加油站验收。针对承重罐操作井油气浓度风险，按片区配备五台可燃气体检测仪。2017年全年未发生安全环保事故，保持稳定、安全、健康、和谐的发展局面。加强油品各环节质量监控和检测，确保销售的每一滴油品质量合格，品质过硬。加强计量管理，定期进行设备的校验和检测，确保销售的每一笔油品不缺斤少两，计量准确。严格落实安全环保生产责任制，定期开展库站隐患排查和治理，加大安全技改投入和实施力度，确保加油（气）站本质安全（基本安全），为顾客提供安全的消费环境。

中石化合肥分公司深入落实安全生产责任，完善制度流程，提高服务意识，创新培训模式，增强预警能力，加强现场管理，提高执行力，注重应急处置实效，加大检查与隐患治理力度，规范油品抽检，严控损耗。开展油品升级置换，践行企业“每一滴油都是承诺”，顺利完成油品升级。开展安全检查，加强承包商、承运商管理，开展风险排查，制订防范措施。持续对油库和加油站进行环境风险评估，制订相关预防措施。高度重视环保工作，在国家、省、市环保部门拉网式、不定期检查中，没发生一起检查不合格事故。2017年全年实现安全“零事故”和环境“零污染”。

【客户服务】 **中石油合肥分公司**开展共享公益活动，加强对环卫工人休息驿站日常管理，完善服务功能，以企业暖心点滴之举，为城市文明进步做出贡献。响应国家“厕所革命”号召，设立并开放“共享厕所”，为客户提供便利。持续全面推进“95504”中国石油加油卡客服专线维护工作，进一步畅通顾客业务咨询、投诉举报的信息渠道，加强与顾客的沟通和联系，广泛接受社会各界的监督。在加油站点设立电子显示屏、电子广告位等，及时公开加油站业务办理、油品促销等信息，推进办事公开。与安监、计量、工商等部门共同组织开展“安全生产月”“计量日”等公益宣传活动，与安徽新闻综合频道等电台合作，积极参与“政风行风面对面”等活动，增强和公众百姓的沟通交流。加强对“12345”政府服务直通车的管理和维护，安排专人每天进行系统巡视和维护，对每一起投诉和建议及时给予反馈，定期汇总处理答复情况。通过发放调查问卷、组织上门调研、召开客户座谈会等形式，多方征询意见和建议，努力改进并提升服务质量。每季度开展第三方“神秘顾客”（第三方专业服务质量检测单位）检查工作，加强服务监督，提升加油站现场服务水平。

中石化合肥分公司加强与顾客的沟通和联系，广泛接受社会各界监督，邀请客户参观油库和加油站，建立客户投诉处理沟通长效机制，及时解答客户疑问，及时反馈意见。加强服务监督，切实提高加油站现场管理水平，打造“让顾客满意”加油站，实现“一树、三加强、三提升”目标。把油品的数量和质量管理当作企业管理的重中之重，在政府机关每年例行抽检的基础上，每月对加油站进行抽检，每季度对所有加油站油品进行检验，确保油品数质量100%合格。聘请行风监督员对工作建言献策，广征意见，及时改进工作方法，提高服务质量。

（胡晓丹、丁贞荣）

旅 游

【概况】 2017年，合肥市首次跻身中国旅游城市排行榜20强，全年接待国内外游客1.1亿人次，比上年增长20.23%；实现旅游总收入1490.68亿元，同比增长26.38%。连续第三年在中央电视台宣传合肥城市形象。举办第三届合肥国际旅游商品博览会、第九届合肥年货展暨旅游迎春购物节等大型活动，累计入场230万人次，营业额4.5亿元。加强合肥都市圈旅游合作，发布了十大精品线路，签署了《合作框架协议》。

【全市旅游业发展大会】 9月5日，合肥市首次全市旅游业发展大会召开，省委常委、市委书记宋国权，省旅游发展委员会主任万以学出席会议并讲话，市长凌云主持会议，市四大班子主要领导出席会议。大会提出把合肥建设成为“国内国际重要的休闲旅游目的地、长三角旅游中心城市”的总体目标。

【发展战略和组织领导】 市委、市政府出台《关于将旅游业培育成为重要支柱产业的意见》，提出全市旅游业发展“1133”发展战略，即到2020年，建成1个核心区——环巢湖国家旅游休闲区；100个旅游景区；3个国家AAAAA级旅游景区；3个国家级旅游度假区。

成立促进旅游发展改革领导小组，市长凌云任领导小组组长，常务副市长、分管副市长任副组长，多个部门主要负责人为成员，统筹协调全市旅游改革发展工作。

【环巢湖国家旅游休闲区建设】 将环巢湖国家旅游休闲区建设与美丽合肥建设深度融合，推动生态、养生、研学等旅游新业态创建。

推动肥西三河、巢湖半岛等国家级湿地公园试点创建，举办浪漫花海、森林生态节等特色休闲活动，推进巢湖市、庐江县创建国家全域旅游示范区。

长临河古街、刘铭传故居成功创建为国家AAAA级景区，柘皋镇、丰乐镇、烔炀镇创建成为省级特色景观旅游名镇。

由市体育局和市旅游发展委员会联合主办的2017合肥国际马拉松赛参赛人数达3万人，影响力进一步增强。环巢湖体育旅游“四季歌”品牌逐步唱响。全年举办马拉松赛、半程马拉松赛、路跑、骑行、水上项目等赛事活动30多场次，有效带动了全民健身和旅游业发展。

巢湖半汤旅游度假区创建成为全省首个国家级旅游度假区。汤池、紫蓬山创建成为省级旅游度假区，并申报创建国家级旅游度假区。中铁佰和佰乐等项目建设加快推进。

【半汤国家级旅游度假区】 经过两年创建努力，巢湖半汤旅游度假区于12月29日被批准为国家级旅游度假区，是全省第一个。创建期间投入10亿元，实施旅游项目100余项，打造了三瓜公社、温泉疗养等特色项目，改造提升了机动车主干道、游客中心、停车场、旅游厕所、标识标牌等配套设施。

【研学旅游】 挖掘特色资源，组建专家评审团队，在全省率先开展市级研学旅行基地认定工作，首批评选认定18家。合肥科学岛入选首批中国十大科技旅游基地榜单，合肥荣事达工业旅游基地被评为国家工业旅游示范基地，分别开创全省先例。安徽名人馆被批准为全国首批中小学生研学实践基地。

【中庙·姥山岛AAAAA级景区创建】 成立中庙·姥山岛AAAAA级景区创建领导小组，市长凌云任领导小组组长。编制景区总体规划，确定昭忠祠、文峰塔改造等140项具体任务，推动30个特色项目，预计总投资21.6亿元。

【乡村旅游扶贫】 全面完成省旅游发展委员会下达的7个重点扶贫村脱贫攻坚任务，下达旅游扶贫资金60万元，7个重点村全部配套建设了游客服务中心、停车场、标识标牌、旅游厕所等设施，指导各村编写导游词，培训讲解员，提高旅游管理和服务水平。

【旅游市场运行与监管】 市旅游发展委员会加大综合执法力度，倡导文明旅游，推行“诚信菜单”。

推动全市旅游业提升服务质量，开展“安徽酒店星徽奖”创建活动，在导游大赛、厨艺大赛等全国、全省评比活动中获多项荣誉；特别是在全省饭店技能大赛中，合肥市囊括全部六个奖项第一名。

加强旅游安全生产监管，合肥市连续七年被评为全省旅游安全生产先进单位。

畅通旅游投诉渠道，全年共受理旅游投诉199起，其中责任投诉50起，为游客挽回经济损失36.1万元，结案率100%，游客满意度大幅提升。

（李建波）

责任编辑：储茂仁

安徽巢湖经开区一角

综 述

2017年，合肥市交通运输行业以“打造交通运输升级版，当好合肥发展先行官”为主线，以争创“安徽标杆、全国先进”为目标，以提高发展质量和效益为中心，奋力拼搏，戮力攻坚，交通运输各项工作全面推进、亮点纷呈，为完成“十三五”规划目标任务打下了坚实基础。

【基础设施建设】 合肥交通运输部门完成交通建设投资129亿元、同比增长86%。其中，国省干线公路完成建设投资40亿元，完工里程140.1公里，合六路、合淮路、合安路收费站相继建成；农村道路畅通工程完成投资80亿元，开工6581公里、完工5490.5公里，开工率、完工率分别占年度计划的100%、110%，实现省定民生工程“三年任务两年完成”目标；水路完成建设投资5.23亿元，丰乐河航道升级改造工程（大潭湾—三河口门段）全面完工，裕溪船闸、巢湖船闸扩容改造及派河港区一期工程稳步推进；高速公路完成建设投资4.05亿元，梁园互通立交建成通车，北沿江高速已交工验收，集贤路互通立交即将建成，滁淮高速等项目有序推进，合宁、合芜、合安高速扩容工程和南淝河路互通立交开工建设。

【运输保障】 突出示范企业引领作用，不断深化货运行业转型升级。市维天运通、慧通互联、迅捷物流三家企业于2017年3月1日成功入选部无车承运试点企业名单，安徽省公路干支衔接甩挂运输试点项目于3月份通过省厅验收，7月份获得国家专项补助资金773万元。加快推进交通运输行业社会信用体系建设，出台《关于印发合肥市交通运输行业2017年信用体系建设重点工作方案的通知》，开展全市道路运输行业经营主体信用承诺工作，发布合肥市2017年度严重违法失信超限超载货物运输黑名单，全年向合肥市公共信用信息共享服务平台上传交通运输行业行政审批许可2048起、行政处罚4903起，交通企业信用等级考核结果577条，交通运输类企业安全标准化信息14条，出租车行业管理信息192条，出租车公司服务质量考核信息16条。

【行业管理】 全市行业系统内推行“安全监管闭环管理”工作措施，先后出台四部规范性文件，打造交通运输安全内业管理规范化、制度化、标准化。严格落实安全红线意识和底线思维。从事前、事中、事后三个层面，在客运、货运、源头治超三大行业内，规范安全监管要求，每项工作要求和措施均实施闭环管理，做到事事有人管，时时有人管，确保安全工作落到实处。

贯彻落实“国家联合治超新政”“省治超条例”要求，全面规范路警联合执法工作机制。8月1日在全省范围内率先启动“治超非现场处罚”试点工作，实现了超限车辆从数据采集到处罚文书制作全流程系统化。积极开展合肥、六安区域联合治超专项行动和高速公路治超专项行动，突出重点路段治理。全年累计查处超限超载车辆3803台次（其中查处总重超过75吨或超过规定标准100%的货运车辆97台次），卸载货物5.3万吨；查处货运源头单位14户，非法改装车辆202台次，吊销车辆道路运输证45本，责令企业停业整顿8户。公安部门对超限超载车辆驾驶员驾驶证计分373本扣1664分，针对暴力抗法等情况行政拘留4人；强化培训过程动态监管，从严治理违规行为，取缔不符合要求的驾培分训场地45处，查扣违规教练车辆92台，纠正各类违规行为1093台次。强化质量信誉考核结果应用，暂停2家考核不合格驾校招生资格。行业服务质量显著提升。

【平安交通】 共组织督查、检查各类企事业单位2297家次、排查整改隐患1852个。发布各类安全预警预报信息158条，组织开展反恐、防汛、危化品泄漏等各类应急演练30次，处置水上突发事件86起，救助46次，救助船舶47艘，人员95人，协助处置危化品车辆泄漏事故应急救援一起，全年未发生安全生产责任事故。市交通运输局被市政府评为“2017年度全市安全生产优秀单位”，被省交通运输厅评为“2017年度全省交通运输系统安全生产优秀单位”。

全年累计完成公路客运量0.83亿人次、旅客周转量67.80亿人公里。市区全年公交营运里程达22316.1万公里，累计完成客运量5.74亿人次，日均客运量157.3万人次。完成水路旅客运输量28万人次，旅客周转量156万人公里，货运量5159万吨，货运周转量1840642万吨公里。合肥火车站发送旅客4096.71万人，合肥货运中心全年发送货物386.22万吨。完成港口货物吞吐量5600万吨，集装箱24万标箱。东航安徽分公司全年旅客运输量达340.88万人次，货邮运输量2.40万吨。其中，合肥地区始发航班旅客运输量90.90万人次，货邮运输量0.90万吨。

公路建设与管理

【国省干线建设】 2017年，合肥市公路局共实施公路建设项目11个，其中，续建项目7个、新建项目4个，共计完成建安费投资70317万元。包括合铜路二期（庐城至枞阳段），全长31.5千米，一级公路，设计时速80千米/小时，路基宽24.5米，路面宽21米，沥青混凝土路面；庐江花泥路，全长23.93千米，二级公路，设计时速60千米/小时，路基宽15米，路面宽12米，沥青混凝土路面；盛桥连接线（S316巢庐路新兆河大桥至盛桥），全长5.12千米，设计速度80km/h，路基宽24.5米，路面宽21米，沥青混凝土路面；环巢湖大道连接线（庐城至环巢湖大道），全长34.1千米，二级公路，设计时速60千米/小时，一般路段双向两车道，路基宽度15—18米；戴桥、白山镇规划街道段双向四车道，路基宽度20米，沥青混凝土路面；环巢湖大道连接线（三河至环巢湖大道），全长14.3千米，参照二级公路标准建设。路基宽24.5米，路面宽20.5—21米，起点和终点衔接段设计速度为40千米/小时，中间段设计速度为50千米/小时，沥青混凝土路面；望江西路（将军岭路至新桥大道），全长7.6千米，市政主干道，设计时速60km/h；绕城高速集贤路互通立交，匝道全长约7km，互通内绕城高速主线双向八车道，路基宽度42米，设计速度120km/时；匝道为单向二车道，路基宽度10.5米，设计时速40km/时；G329合相路一期（石塘路至塘林），一期工程长3.8千米，城市主干道，设计速度60km/h，沥青混凝土路面，机动车道为双向八车道，道路宽度55m；G206合（肥）淮（南）路（吴山至南岗段）一期工程，全长约26.5千米，设计速度80km/时。目前实施的一期工程为吴山段，长3.042千米，其中K0—K0+900近期按20米市政断面实施，K0+900—K3+041.94近期按18米断面实施；环巢湖道路南淝河大桥东1.6千米一级公路标准建设，路基宽19米，路面宽17米，沥青混凝土路面；绕城高速南淝河路（重庆路）互通立交，长约5km，互通内绕城高速主线双向八车道，路基宽度42米，设计速度

环巢湖大道一段

120千米/小时；匝道为单向二车道，路基宽度10.5米，设计速度40千米/小时。

【国省干线公路养护】 截至2017年12月，合肥公路局实际管养普通干线公路共32条，公路里程1488km，实际管养里程1191千米（国道441km，省道182km）。其中：5条国道，总里程566km（含重复里程25.2km），城管路段99.6km，行业管养441km。经营性公路106km，分局管养公路335km；一级路280km，二级路161km。7条省道，总里程326km（含重复里程106km），城管路段36km。实际养护里程182km，一级路51km，二级路131km。20条重要县道，664km（含重复里程16km），城管路段80km，实际养护里程568km；一级路88km，二级路253km，三级路187km、四级路40km。

全市管养公路桥梁247座/22075延米，其中特大桥3座/4413延米，大桥27座/10957延米、中桥81座/4101延米、小桥136座/2604延米。

合肥市公路局与清华大学合肥公共安全研究院联合推行桥梁安全运行健康诊断系统。在S601南淝河大桥、派河大桥、G206汤口路桥进行安装，将实时监测和数据采集、分析有机结合在一起，实现对桥梁结构变化的及时感知和分析、预警。

【国省干线路政管理】 按照城市出入口道路环境整治工作扎实推进。市公路局承担城市管理提升年行动五项重点整治任务之一的“城市道路交通和出入口环境整治整治”，全市路政共巡查公路里程50.66万公里，下达责令改正通知书378份。共清理拆除路边简易棚屋搭建26处，拔除违法埋设各类线杆274根，清理拆除违法广告牌（含条幅）1993块（条），清理路边种植农作物82处约3680平方米，清理占路摆摊设点521处、晒粮152处，清除路障1374处。开展涉路监管巡检6次，巡检发现问题765个。要求整改问题326个，整改到位326个。全年办结涉路违法案件27件，办结涉路行政许可案件51件。

【公路治超】 按照省厅路警联合治超行动方案的要求，各超限检测站积极向地方政府汇报，制定交警、运政、路政联合行动方案，共精检车辆7054辆，处罚1288辆，卸载各类货物17840.15吨，其中查处车货总重超过75吨或超过规定装载标准100%的货运车辆13台次，阻碍执法、干扰正常工作的治安拘留2人。

【“四好农村路”建设】 为深入贯彻落实党中央、国务院对“三农”工作部署和习近平总书记对农村公路的重要指示精神，加快推进农村公路提质增效、科学发展，全面促进城乡公路交通一体化，到2020年实现“建好、管好、护好、运营好”农村公路的总目标，合肥市印发《关于推进“四好农村路”建设的实施意见》。当年，省交通运输厅和省财政厅联合命名肥西县为安徽省2017年安徽省“四好农村路”示范县。

【农村公路建设】 全面“提标扩面”实施农村道路畅通工程建设，2017年开工6581公里，建成5490.5公里（三级及其以上公路210.9公里），完成投资80.1亿元，创合肥市农村公路建设和投资规模历史新高。同时，2016和2017年完成省级农村道路畅通工程5046公里，实现省定民生工程“三年任务两年完成”目标。

【农村公路养护】 继续进行养护体制的深化改革，进一步贯彻落实日常养护机构独立办公场所、专职路管员、养护管理考核制度和养护个人承包制的“养护四落实”，并对四县一市七区2016年度农村公路养护绩效实施评价，并根据绩效评价和审计结果，通过财政追缴市补养护资金327.5万元，督促各养管单位重视农村公路养护管理工作。2017年，累计投入日常养护资金5100多万元，养护里程17450公里，其中县道1740公里、乡村道15700公里。全年修整路肩3206公里，割除路肩草28000多公里，修补路面坑槽2.06万平方米，挖补弹簧0.54万平方米，路面灌缝8.13万米，清理边沟669公里，疏通涵洞267道，更换标志标牌633套，增设、补设警示柱和道口桩8478根。实施养护工程512.11公里，总投资养护资金10355.14万元。其中，养护大修26.22公里、4029.3万元；中修127.19公里、4287.15万元；村村通水泥路维修工程100公里、949.89万元；新增安保工程258.7公里、1088.8万元。并完成生命 安全防护工程两批共计298.17公里，建成“安全五小工程”2652处，总投资1190万元。2017年合肥市农村公路局荣获合肥市2014～2016年度先进单位和2015～2016年度全省交通运输行业文明单位称号。

【农村公路路政管理】 市、县两级对农村公路开展监督检查1100余次，巡查里程累计2.6万公里，查处超限案件2078件，卸载超限货物34410.64吨，罚款1197.85万元，查处涉路违法行为120起，办理行政许可3件；

合肥市2017年农村公路里程到达数明细表

单位：公里

县市区名称	行政等级	合计	技术等级					路面类型			
			一级	二级	三级	四级	等外	沥青砼	水泥	沥青碎石	未铺装
合肥市	总计	18962.58	94.91	764.15	2540.56	15474.74	88.22	2386.35	14455.52	199.93	1920.81
	重要县道	631.97	71.08	306.67	208.05	46.18		420.35	185.28	26.35	
	县道	1712.36	15.39	358.58	1010.13	328.26		923.79	703.91	72.42	12.26
	乡道	3336.66	8.44	77.80	715.46	2534.96		649.09	2566.58	46.05	74.95
	村道	13226.79		21.10	594.92	12522.55	88.22	393.12	10946.35	53.72	1833.60
	专用公路	54.80			12.00	42.80			53.40	1.40	
肥东县	合计	3959.19		182.65	271.54	3463.01	42.00	373.20	2968.26		617.74
	重要县道	131.27		91.35		39.93		81.35	49.93		
	县道	343.05		91.30	158.90	92.85		164.75	168.30		10.00
	乡道	850.07			106.90	743.17		127.10	682.29		40.68
	村道	2634.80			5.74	2587.06	42.00		2067.74		567.06
肥西县	合计	3551.44	9.28	45.76	453.70	2996.86	37.00	371.20	2132.69		1047.55
	重要县道	126.10	8.85	34.43	82.83			93.38	32.73		
	县道	221.75	9.28	11.33	153.41	47.73		34.38	187.37		
	乡道	734.13			186.03	548.10		223.87	489.70		20.56
	村道	2469.46			31.43	2401.03	37.00	19.58	1422.89		1026.99
长丰县	合计	3074.06	22.46	176.35	346.04	2529.22		323.95	2722.24	7.23	20.65
	重要县道	168.11	22.46	118.48	20.93	6.25		96.71	71.41		
	县道	263.52		54.27	162.39	46.86		79.26	184.27		
	乡道	523.08		3.60	155.70	363.78		132.54	384.70	5.83	
	村道	2081.95			7.02	2074.93		15.44	2045.86		20.65
	专用公路	37.40				37.40			36.00	1.40	
庐江县	合计	4704.14	4.00	208.86	872.64	3618.64		650.73	3962.02	91.39	
	重要县道	107.39		3.10	104.29			77.90	3.14	26.35	
	县道	458.25	4.00	154.76	226.04	73.45		386.07	36.64	35.54	
	乡道	461.72		51.00	119.61	291.11		74.36	376.06	11.30	
	村道	3659.38			410.70	3248.68		112.40	3528.78	18.20	
	专用公路	17.40			12.00	5.40			17.40		
巢湖市	合计	2317.54	8.44	121.42	390.65	1757.26		476.26	1791.81	49.47	
	重要县道	81.78	39.77	42.01				53.71	28.08		
	县道	291.68		39.21	212.92	39.56		243.92	47.76		
	乡道	429.96	8.44	19.10	103.30	299.12		38.83	369.27	21.86	
	村道	1514.12		21.10	74.43	1418.59		139.81	1346.70	27.61	
瑶海区（含新站区）	合计	183.92		1.06	45.44	136.25	1.18		112.99	25.74	45.19
	县道	23.96		1.06	5.95	16.95			6.51	15.20	2.26
	乡道	24.86			10.06	14.80			14.05	7.05	3.76
	村道	135.10			29.43	104.49	1.18		92.44	3.49	39.18
庐阳区	合计	349.15	2.11	21.10	28.21	289.68	8.04	20.93	184.85	8.58	134.78
	重要县道	17.315		17.315				17.315			
	县道	23.28	2.11	3.79	6.76	10.62		3.62	12.90	6.76	
	乡道	36.06				36.06			26.10		9.95
	村道	272.49			21.45	243.00	8.04		145.85	1.81	124.83
蜀山区	合计	224.60			16.00	208.60		40.71	134.80		49.09
	县道	16.00			16.00			7.20	8.80		
	乡道	80.22				80.22			80.22		
	村道	128.38				128.38		33.51	45.78		49.09
包河区	合计	386.45		6.97	49.81	329.67		93.04	275.89	17.53	
	县道	36.07		2.87	32.96	0.24			21.15	14.91	
	乡道	119.57		4.10	2.13	113.34		20.66	98.91		
	村道	230.81			14.72	216.09		72.38	155.82	2.61	
高新区	合计	46.70			8.70	38.00			40.90		5.80
	县道	8.70			8.70				8.70		
	乡道	23.90				23.90			23.90		
	村道	14.10				14.10			8.30		5.80
经开区	合计	165.40			57.83	107.57		36.33	129.07		
	县道	26.10			26.10			4.60	21.50		
	乡道	53.10			31.73	21.37		31.73	21.37		
	村道	86.20				86.20			86.20		

出动宣传车辆110台次，设置咨询台5个，开展咨询活动5次，散发、张贴宣传材料4400多份，悬挂宣传条幅60多条。开展1次全市农村公路行政执法骨干人员集中培训活动，培训执法人员60余人。

【高速公路建设】 合肥市域高速公路总里程455.12公里，路网格局大致呈“一环六射”形态，共有11个路段、25个出入口、9个服务区和7个枢纽。

续建工程：滁淮高速长丰段25公里,2015年12月份动工、计划2018年完工。合宁、芜合、合安高速公路扩容改建工程，其中合宁高速扩容工程已于2016年10月份动工建设；芜合、合安高速公路扩容工程与2017年4月份开工建设。

前期工作项目：德上高速合肥—枞阳段、岳武高速东延工程(交通部PPP项目的发起人试点项目)，明光—巢湖高速公路。合六叶高速扩容改建工程。

庐江县盘山公路

公路运输与管理

【公路客运】 2017年完成公路客运量0.83亿人次、旅客周转量67.80亿人公里。“公交都市”建设稳步推进，公交线路达到235条，专用道达到147公里，合肥市区及肥西、庐江实现公交乡镇全覆盖。开展旅游客运记分考核、城市公交服务质量考核，全面落实班线客运实名制售票，客运行业服务水平持续提升。

【公路货运】 全年完成公路货运量3.37亿吨、货运周转量335.10亿吨公里。严控危货车辆准入，有序推进无车承运、甩挂运输试点，运力结构有效改善，货运行业服务效率大幅提高。

货运源头治超工作成效显著，全年查处违法超限超载及擅自改装车辆2259台，吊销14台车的道路运输证，吊销3名货运车辆驾驶员从业资格证。

【出租汽车管理】 出租汽车行业改革工作稳步向前，《合肥市出租汽车管理办法》经市政府常委会审议通过，进一步完善后将正式实施。以服务质量为核心，不断加大出租汽车市场监管力度，全年累计各类违规违章经营行为1058起，吊销出租汽车驾驶员从业资格证9本，销毁假牌出租车82台。全行业涌现见义勇为、拾金不昧等各类好人好事8700余起，相关财物折合成人民币达1400余万元。网约车许可工作严格执行“一人、一车、一平台”规定，严把“驾驶人、车辆、平台”资质关，督促各平台企业及时清理不合规车辆及人员，保障行业规范有序发展。全年累计发放网约车驾驶员从业资格证5102本，许可网约车平台企业9家，核发车辆运输证40本。

【机动车维修（检测）管理】 维修行业严把市场准入关，全年许可一类维修企业8家，二类维修企业10家。严格落实《道路运输车辆综合性能要求和检验方法》，督促全市13家综合性能检测机构完成升级改造。透明服务和绿色维修试点工作有力有序，骨干维修企业不断壮大，行业整体服务水平明显进步。

【驾驶员培训管理】 全市新增机动车驾驶员培训学校9所，累计培训学员22.5万人。强化培训过程动态监管，从严治理违规行为，取缔不符合要求的驾培分训场地45处，查扣违规教练车辆92台，纠正各类违规行为1093台次。强化质量信誉考核结果应用，暂停2家考核不合格驾校招生资格。行业服务质量显著提升。

【打击非法客运】 坚持“标本兼治、部门联动，区域协作、打管并举”的工作思路，持续开展非法客运专项整治，重点加强火车站、汽车站、大型商场、步行街等重点区域非法客运打击力度，2017年全年累计查处非法客运案件2446起，报废拆解非法客运滞留车辆635台。

内河航运与管理

【概况】 2017年，完成港口货物吞吐量5600万吨，集装箱24万标箱，完成水运建设投资5.2亿元。全市航道总里程706公里，其中通航里程472公里，四级以上高等级航道里程176公里；规划港口岸线总长46.1公里，已利用岸线11公里，码头70座、泊位134个（其中千吨级泊位55个）。全市拥有水路运输（服务）企业69家，在册营运船舶1659艘、199万净载重吨，拥有港口码头经营企业33家，其中港口危险品企业6家。

【港口航道工程建设】 出版发布《江淮航运中心战略研究》。完成丰乐河（大潭湾—入湖口段）航道维护疏浚工作。开工建设丰乐河（三河口门—中庙段）维护疏浚工程、店埠河冷板项目配套码头一期工程、庐江电厂码头项目、肥东建材物流园中港码头。完成南淝河（上海路桥—双圩段）航道维护疏浚、中庙搜救分中心前期工作；引江济淮工程通过初步设计审批；完成裕溪闸一线船闸扩容改造工程可行性研究报告。

【内河航运】 完成水路旅客运输量28万人次，旅客周转量156万人公里，货运量5159万吨，货运周转量1840642万吨公里，春运期间合肥市水上旅客出行共计113086人次。完成船型标准化延续工作，全年共受理老旧运输船舶拆申请233艘、加装生活污水处理装置申请45艘，发放政府补贴2622万余元。

【港口航道管理】 开展水上防污染工作，初步建立船舶污染物接收、转运、处置联单制度；推进无证码头专项整治，拆除辖区无证码头35座，取缔非法浮吊19台。打造“智慧海事”VTS指挥中心、巢湖湖区航标遥控遥测信息化工程投入使用；推进“互联网+政务服务”，通过网上办结行政审批或行政确认事项100余例，实现项目办结状态网络查询；开展船舶电子注册（签证）及进出港报告制管理，共注册船舶1446艘次，船舶进出港报告53134艘次。

【船舶船员检验管理】 截至2017年底，合肥市注册内河船员12383人，持证船员6787人，备案内河船员服务机构9家，内河船员培训机构2家。完成船舶检验发证1986艘次，营运检验船舶2127艘次；完成《内河船舶吨位证书》提请、发放业务76件；完成船舶登记1871件次；完成有效船员违法记分356例，共计1402分，位居全省首列。结合内河航运市场秩序专项治理行动，继续开展船舶配员专项整治，检查船舶8459艘次，内河船员25698人次，发现船舶配员问题330个，并依法进行处罚。

【水上交通安全】 开展“第14个隐患排查月”活动，对辖区内危险品运输企业、客运企业、港口企业、渡口、码头等开展隐患排查，全年整改问题和隐患355个，实施行政处罚580例，责令停产停业企业3家；撤销5道渡口，至2017年底，全市渡口在册26道。完成《合肥市港口危险货物事故应急预案》并在大兴集危险品码头进行实地演练。全年共发布海事预警及响应信息121次，12395接警171起，开展应急救助43起。

【其他】 合肥市地方海事（港航管理）局荣获第十一届省级文明单位称号；局属安徽省南淝河水上交通安全检查站荣获“2015—2016年度全省交通运输行业文明示范窗口”荣誉称号；合肥市水上交通12395值班室荣获安徽省“巾帼文明岗”荣誉称号。

合肥市水上交通指挥中心监控大厅

铁路建设与运营

【合肥火车站旅客运输】 上海铁路局合肥站是安徽省省会车站，地处淮南线、合九线、宁西线、合宁、合武客运专线、京福客运专线的交汇点。合肥站始建于1935年，合肥新客站于1997年建成使用，后经改造，于2010年春运投入使用。合肥站是全国铁路重要交通枢纽站，已形成合肥1小时到南京、2小时到武汉、3小时到上海、4小时到北京的快速交通网络格局。合肥直属站管辖合肥客站、合肥南站、肥东、巢北、全椒、黄庵、合肥北城、合肥西、南分路、长安集、金寨、独山、天堂寨、墩义堂、长临河、巢湖东、无为站和罗岗线路所等18个站（线路所），在岗职工1053人，连续安全生产3880天，实现第十个安全年奋斗目标。2017年，合肥站共完成运输收入43.8978亿元，同比增长9.6%；旅客发送4096.71万人，同比增长9.4%。

【合肥货运中心货运产品发展】 在传统货运基础上，2017年，合肥货运中心进一步推动货运产品更新换代。以石油、煤炭、钢铁、非矿等为代表的黑货产品不断巩固，月均增加500车300万元；以集装箱、家电等为代表的白货产品市场培育卓有成效，家电、铁塔架等批量货物快运，月均增加840车280万元；“点到点”班列、海铁联运、中亚中欧班列呈大幅增长态势，中欧、中亚班列全年累计开行56列，发送货物3.75万吨3380万元，同比增加432万元；商品车、水泥熟料、水泥轨枕等特色运输月均增加800车600万元。合肥货运中心与宁波港协作的铁海联运专列每月开行8列，累计发运货物7.94万吨；以第三方物流总包模式承揽的安徽宏源铁塔有限公司输电线路铁塔运输项目，延伸发运到安康东、拉萨西、金城江等10余个到站，全年累计发运2.52万吨。2017年9月28日，在上海举行的上海多式联运发展国际论坛中，合肥货运中心作为唯一一家铁路运输单位被授予“上海市交通运输行业协会多式联运分会长三角多式联运产学研用基地”。

【合肥车务段运营情况】 合肥车务段是上海铁路局的基层运营单位，段址位于安徽省合肥市火车站东配楼，全年正线运营里程806公里，管辖48个车站、3个线路所。其中淮南线运营里程195.3公里、管辖20站、2个线路所；合九线运营里程272.4公里、安庆支线41.2公里、管辖23站；宁西线运营里程122公里、管辖5站、1个线路所。

围绕生产经营总体目标，针对全国两会、“一带一路”“香港回归20周年”、厦门金砖会议、十九大等重大活动客运安全工作要求，推进客运“网格化”管理，较好地完成以上重点时段运输组织工作。同时紧紧抓住新图调整契机，加强客运营销，拓展客运市场，实现了运输收入高位增长。全年完成运输收入93843.53万元，占年度预算计划的92.4%，较年度预算计划欠7756.47万元；较上年同期增

合肥货运中心2017年度主要指标完成情况

项目	计量单位	预期值（%）	实绩	完成	上年完成	比上年增减（±%）
运输总收入	万元	61500	65388.59	106.32	60097.05	+8.80
货运收入	万元	56400	59129.96	104.84	54988.90	+7.53
装车数	车	83950	92108	109.71	79523	+15.82
卸车数	车	365720	379901	103.87	367559	+3.35
发送吨	万吨	350	386.22	110.34	333	+15.98

合肥车务段2017年主要指标完成情况表

项目	计量单位	预期值	实绩	完成（%）	比上年（±%）
运输总收入	万元	101562.0	93843.53	92.4	6.6
旅客发送	万人	1150.0	1077.92	93.7	8.0
挂钩货运收入	万元	56412	59120.42	104.8	9.5
中时	小时	3.7	3.0		
停时	小时	21.2	19.7		
运用车	辆	3200	3168		

2017年合肥地区专用铁路、铁路专用线一览表

	序号	名称	线路长度（公里）		机车（台）	备注
			建筑长度	营运长度		
合肥市	1	合肥市地方铁路投资建设有限公司运输经营部专用线（合南线）	18.05	16.608		
	2	安徽中亿物资储运有限公司专用线	0.379	0.379		☆
	3	合肥ABB变压器有限公司专用线	1.323	0.691		☆
	4	安徽军工物流有限公司专用线	0.589	0.589		
	5	安徽省机械化粮库专用线	1.559	0.874		☆
	6	合肥市庐阳区国有资产经营有限公司（原农药厂专用线）	2.977	2.52		
	7	合肥市盐业有限责任公司专用线	0.448	0.448		
	8	05-529部安徽物资供应站专用线（395军专线）	0.44	0.44		
	9	安徽省徽商金属物流有限公司专用线	4.611	3.41		
	10	皖能合肥发电有限公司专用铁路	5.5	5.5		
	11	天威保变（合肥）变压器有限公司专用线	1.65	1.65		
	12	中粮粮油安徽国家粮食储备库专用线（原中谷）	3.58	3.58		
	13	安徽合肥城东国家粮食储备库专用线	1.26	0.86		
	14	合肥金润米业有限公司专用线（弘嘉物流）	1.136	1.136		
	15	安徽安能热电有限责任公司专用线	2.145	1.114		
	16	安徽氯碱化工集团有限责任公司专用铁路（锦邦化工）	2.399	2.399	2	☆
	17	马钢（合肥）钢铁有限责任公司专用铁路	40.66	4.042	6	☆
	18	合肥恒通铁路有限责任公司专用铁路	12.6	10.678		
	19	中国航空油料总公司安徽公司（机场线）	6.64	5.705		☆
	20	合肥市粮食局第三仓库	1.506	0.713		☆
	21	安徽省路桥公司材料供应站	0.255	0.255		☆
	22	合肥市煤气总公司制气厂	4.263	1.99		☆
	23	省联运公司铁、公水、分公司（联专线）	0.52	0.52		☆
	24	市燃料公司张洼路煤厂	0.611	0.611		☆
	25	中百专用线	0.186	0.186		☆
肥东县	26	安徽省合肥联合发电有限公司专用铁路	10	3.5		
	27	安徽省物资储备局三五二处专用线	1.05	1.05		
	28	73828部队（军专线）	3.2	3.2		
	29	合肥四方磷复肥有限责任公司专用线	1.6	1.6		
	30	安徽肥东国家粮食储备库专用线	1.8	1.8		
	31	合肥市地方铁路投资建设有限公司合肥化工企业搬迁工程专用铁路（合肥循环园专用铁路）	21	9		
	32	双白矿铁路专用线	1.46	1.46		☆
肥西县	33	安徽肥西国家粮食储备库专用线	1.5	1.5		
长丰县	34	安徽省六安市地方海事局直属海事处双墩集办事处专用线	1.858	1.858		☆
	35	安徽六安双墩国家粮食储备库专用线	0.072	0.072		☆
	36	安徽省石油公司六安分公司双墩石油中转站	1.71	1.71		☆
	37	中央储备粮合肥直属库（原长丰粮库）（2011年因原单位改制线路暂停使用）	1.064	1.064		☆
巢湖市	38	安徽皖维高新材料股份有限公司专用线	6.544	6.544		
	39	安徽省巢湖铸造厂有限责任公司专用线	0.573	0.573		
	40	中央储备粮巢湖直属库专用线	0.939	0.939		
	41	安徽巢东水泥股份有限公司专用铁路（东亚）	1.701	1.701		
	42	中国石油化工股份有限公司安徽巢湖石油分公司专用线	1.3	1.3		
	43	7410工厂（军专线）	1.24	1.24		
	44	华能巢湖发电有限责任公司专用铁路	10.414	10.414		
	45	巢湖辉能贸易有限公司专用线	0.386	0.386		☆
备注	1	停运的铁路专用线（18条）	66.851	24.915	8	☆
	2	现在营运的铁路专用线（27条）	117.847	92.894	0	
	3	现既有专用铁路、铁路专用线（1+2）（45条）	184.698	117.809	8	

注：“☆”为已停运的铁路专用线

加5811.06万元，增长6.6%。

【合肥工务段运营情况】 合肥工务段是上海铁路局直管运营基层单位，段址在安徽省合肥市长江东路戴安桥路32号。主要担负淮南线、水蚌线、宁西线、合九线、安庆线、沪蓉线（合宁线、合武线、合肥南环线）、合蚌客专、合福高铁、宁安客专、阜六线等线路、道岔、桥梁、道口等工务设备的养护维修和管理。北与蚌埠、阜阳工务段接轨，东南与南京桥工段接轨，南与芜湖工务段接轨，西南与南昌局九江工务段接轨，西与武汉局麻城工务段接轨。

合肥工务段坚持“一手抓安全基础，一手抓现实安全”，以高铁安全、旅客安全和劳动安全为核心，突出安全重点和关键，着力构建安全风险管理和安全隐患排查治理双重预防机制，先后开展道口、劳动安全等9项专项整治活动，追踪3544件日安全信息，整治销号270个高铁外部环境隐患问题，累计发现新机制问题7297件，预防各类事故发生，顺利实现安全年。

【地方铁路运输】 合肥地区专用铁路、铁路专用线45条，线路全长184.7公里，其中营运的铁路专用线27条，长度为117.8公里；停运的铁路专用线18条，长度为66.9公里（详情见专用线一览表）。2017年全市专用线企业在健全完善安全生产管理制度的基础上，深入开展“事故隐患排查月月”“安全生产月”“百日除患铸安”“应急预案演练”和“安全生产大检查”等专项活动，层层签订安全责任状，认真落实规章制度和安全责任追究制度，重视提高员工的岗位技能，强化十九大期间的环保和安全意识，保证了运输生产安全无事故。全年完成货运量1224万吨，同比增加128万吨，增长11.7%。其中合肥市区专用线运量为494万吨，肥东县专用线运量为345万吨，肥西县专用线运量为30万吨，巢湖市专用线运量为355万吨。

【地方铁路建设规划】 合肥热电铁路专用线工程施工进展情况：完成与国铁正线接轨、轨道衡铺轨和轨道衡值班室基础浇筑，完成货场电1线、电2线铺轨任务，电3线还有43米长度未铺轨（主因是地段征地工作未完成），整体工程预计2018年11月底完成。庐江龙桥铁路专用线项目已于2017年3月底竣工，等待上海铁路局正式验收，处于验收与移交阶段；合肥循环园专用铁路为保证货场环境达到国家环保要求，于2017年11月正式与中铁四局签署《循环园专用铁路货场环保治理工程设计合同》，重点保证货场机械卸车和无尘转运系统的环保，彻底解决粉尘污染问题，已经过设计方案讨论和专家的评审，并形成会议纪要，工程预算4500万元，预计2018年12月投入运转。合肥市产业投资控股（集团）有限公司以合肥市地方铁路投资建设有限公司骨干人员为班底于2017年11月组建成立合肥国际内陆港发展有限公司。

粮食专列

航空运输与管理

【合肥机场运输】 合肥新桥国际机场是国内4E级枢纽干线机场，位于肥西县高刘镇，2013年5月30日正式启用。2017年，合肥新桥国际机场争取华东地区航班时刻预协调集中办公会在合肥召开，通过与各航空公司的充分沟通，合肥机场冬春季航班运力较上年增长19.7%。抢抓“一带一路”战略发展机遇，合肥机场开通或恢复韩国、泰国及台湾、澳门定期航线，开通越南岘港、印尼巴厘岛、泰国清迈等多条东南亚不定期旅游航线，深度挖掘航线潜力，着力打造合肥至北京、广州、深圳等客源密集度较高的城市航空快线；加大引进运力，与西部航签署基地运营战略合作协议，与东航、南航、国航、深航等达成阶梯式协同发展的合作意向，引入龙江、西藏、多彩贵州、成都等多家航空公司加盟。

2017年，合肥机场共安全保障运输起降7.56万架次，连续保持29年航空安全无事故，连续实现第58个空防安全年。年旅客吞吐量连续实现800万、900万人次新突破，增幅高出全国民航同期8个百分点，共完成旅客吞吐量914.71万人次，货邮吞吐量6.36万吨，同比分别增长23.7%和9.4%。

【航空安全保障】 机场集团坚持科学发展统领安全工作全局，牢固树立持续安全和“真情服务”工作理念，深化安全管理体系(SMS)建设，强化安全管理长效机制，坚持“对安全隐患零容忍”，飞行区安全管理良好，全年未发生责任区内鸟击航空器事故征候，合肥机场鸟击数据同比下降37.5%，推进“三基”工作，班组建设成效初显，合肥机场安检站“示范示教班组”建设工作获民航局和华东地区管理局高度肯定，并在华东地区通报推广，合肥机场客运配载、廊桥维护班组分别获得中国民航工会授予的全国民航示范和优秀班组称号。

【基础设施建设】 机场基础设施建设项目完成投资约1.9亿元。完成国际快件监管中心建设等工程项目。2017年11月，合肥机场HUD特殊批准I类进近精密飞行程序正式获得民航局方批准。此外，合肥机场二期货运站扩建项目已获民航华东局批准立项，远机位项目的土地预审及选址审批加快推进。

【客货运输】 中国东方航空股份有限公司安徽分公司（以下简称“东航安徽分公司”）总部位于上海，是中国东方航空股份有限公司成立的第一家分公司，现有员工1400余人。2017年，东航安徽分公司共执管A320（空客320）飞机18架，在合肥、重庆、上海三地分别投放10架、5架和3架运力，平均飞机在册日利用率9.7小时，正班载运率77.1%，正班客座率80.7%，共安全飞行6.27万小时/2.90万架次（含非生产时间和架次）。累计完成运输飞行时间6.26万小时，总周转量4.29亿吨公里，旅客运输量340.88万人次，货邮运输量2.40万吨。

【航线】 东航安徽分公司共执飞航线75条（其中合肥出港的航线共29条），国内航线63条，国际航线12条。国内航线（包括港澳地区航线和两岸定期航班）有：合肥—台北、合肥—北京、合肥—西安、合肥—西宁、合肥—银川、合肥—中卫、合肥—兰州、合肥—上海、合肥—厦门、合肥—青岛、合肥—成都、合肥—重庆、合肥—昆明、合肥—广州、合肥—张掖、合肥—桂林、合肥—三亚、合肥—海口、合肥—包头、合肥—北海、合肥—大连、合肥—敦煌、合肥—鄂尔多斯、合肥—满洲里、合肥—南宁、合肥—太原、合肥—温州、合肥—烟台、合肥—珠海、上海—三亚、上海—广州、上海—深圳、上海—汕头、上海—贵阳、上海—桂林、上海—武汉、上海—珠海、上海—遵义、上海—成都、上海—重庆、上海—长春、上海—大连、上海—哈尔滨、上海—沈阳、上海—延吉、上海—天津、上海—济南、上海—呼和浩特、上海—福州、上海—厦门、上海—张家口、上海—大同、上海—临沂、上海—营口、上海—南昌、上海—烟台、上海—西安、上海—兰州、上海—香港、上海—澳门、重庆—昆明、重庆—太原、重庆—北京；国际航线有：上海—金边、上海—胡志明、上海—冲绳、上海—釜山、上海—暹粒、上海—清迈、上海—务安、上海—福冈、上海—济州、合肥—曼谷、合肥—名古屋、延吉—大阪。

【安全生产】 东航安徽分公司始终把安全工作放在首位，坚持“安全第一、预防为主、综合治理、持续改进”的工作方针，全面落实安全生产责任，持续加强安全体系建设，通过强化系统管控，完善安全管理制度，落实“十字”方针要求，增强安全保障能力，确保了分公司良好的安全生产态势。2017

东航安徽分公司顺利实现安全飞行33周年

年7月20日晚23点25分，伴随着从上海浦东飞往合肥的MU5467航班平稳降落在合肥新桥国际机场。东航安徽分公司顺利实现安全飞行33周年，继续保持平稳的安全形势。

【服务保障】 东航安徽分公司继续加大管控力度，持续提升服务质量，优化旅客服务体验，着力打造无缝服务体系。2017年共启动快速过站156次，优化定检方案减少取消航班200余班，圆满完成2017年春运、“两会”及党的十九大期间运输服务保障工作。

【营销管理】 东航安徽分公司深化拓展市场，坚持运力向双核集中，加大并巩固合肥、重庆运力投放，机队规模增至18架，驻合肥、重庆运力分别达到10架和5架。坚持市场导向优化航线网络，结合换季提高关键市场航班频次，改造调整受高铁冲击航线，及早部署抢抓旺季收益。从运力调配、收益提升、销售组织等方面多管齐下，全力抢抓旺季收益，实现2017年春运累计加班160架次，东航安徽地区始发航班1154班次，同比增幅15.6%，客运始发收入合计8744.66万元，同比增幅13.18%；合肥始发航班925班，同比增幅13.36%，客运始发收入7695.69万元，同比增幅13.11%，座公里收入0.4751元，同比增幅2.6%。坚持早启动、早预测、早铺垫的旺季工作思路，紧盯休闲消费新热点进行暑运布局，开通合肥至太原、包头、满洲里、大连、兰州、敦煌、鄂尔多斯、张掖等多条航线，累计加班包机约680架次，暑运航班量创历史新高。

【合肥空港经济示范区建设】 园区内已开工新建或改造道路30条、总长约69公里。启动区骨架初步形成，网格状支路网正逐步完善。空港南路与机场高速互通立交工程建成通车。依托新桥机场供水泵站建成启动区30公里主供水管网。高刘污水处理厂及配套管网完成并投入运营，完成长岗污水厂一期建设。首条公交线路621专线正式开通运营。合肥空港保税物流中心（B型）正式建成，并通过验收。合肥空港进境食用水生动物指定口岸通过国家质检总局考核验收。空港经济示范区长鑫12吋存储器晶圆制造基地研发项目开工建设。

城市公共交通

【概况】 2017年，合肥市坚持城市公共交通的公益性定位和民生定位，不断加大政策和资金支持力度，城市公共交通得到快速发展，公交得到快速发展。截至年底，市区公交车辆数5864台（折合7560.4标台），运营线路235条，营运线路总长3796.3公里，线网总长1574公里，全年公交营运里程达22316.1万公里。累计完成客运量5.74亿人次，日均客运量157.3万人次。全市共有公交保养场8个，首末站201个，停靠站4698个，各类停车场地面积共计114.8万平方米（其中：停保场总面积62.8万平方米，首末站总面积52.0万平方米）。中心城区站点500米半径覆盖面积420平方公里，覆盖率为98.13%，合肥城市轨道交通线网累计客运总量4272万人次，其中1号线客运量4162万人次，2号线12月26日开通至12月31日累计客运量110万人次，运行图兑现率大于100%，正点率99.89%。

【新能源公交车推广应用】 合肥市重视新能源公交车推广应用工作，市交通、财政、科技等部门分工协作，在车型选择上加强源头管理，严格车辆购置计划审查。2017年共购置公交车辆800台，其中12米双开门LNG车150台，用于设有路中公交岛式站台的公交专用道使用；9米CNG车10台，用于公交驾驶员培训使用；纯电动车640台，占总购车数的80%。出租车更换纯电动车500台，有计划的逐步更换纯电动车，满足国家新

安徽省委常委、合肥市委书记宋国权使用手机微信二维码乘坐166路公交车

能源车推广应用要求。

【共享单车管理】 截至2017年底，全市共有共享单车企业5家，分别为摩拜、OFO、哈罗、享骑（电）和小黄蜂，共享（电）单车总量约70万辆。为加强对共享单车的管理，出台《合肥市鼓励和规范互联网租赁自行车发展的实施意见》，同时，联合城市管理局、公安交警支队制定《关于进一步加强共享（电）单车管理的通知》，对共享单车企业准入条件、线下服务能力等提出具体要求。

【公共交通行业管理】 先后出台《合肥市人民政府办公厅关于印发合肥市公交专用道管理暂行办法的通知》《合肥市人民政府办公厅关于印发合肥市公交线路站点设施管理暂行办法的通知》《进一步加快合肥市城乡公共交通一体化发展意见》，使公共交通的发展进一步走向正规化、制度法，法制化。

【公交场站建设】 积极推进公交场站建设。完成高新停保场施工及监理招投标，2017年12月27日正式开工建设；完成肥东停保场项目用地划拨决定书申报、初步设计概算的申报、评审以及单体设计等前期工作；完成滨湖南停保场初步规划选址、土地、资金等事项的协调工作；完成第二批充电桩施工及监理招标，同时开展了第三批充电桩建设初步选址工作；完成橡树湾公交站、天长路公交站、新桥产业园站、官亭站、杏花公园站等10座站点的建设投用，站点总面积近49万平方米，同时开展了金隅大成郡站、云谷路站等站点的选址及方案设计工作，小庙站、庐阳停保场异地重建临时过渡站已完成招标；完成地铁2号线接驳公交站建设工作。

【智能公交建设】 公交智能化进入新时代。2017年年度发卡总计102万张，其中住建部标准的卡53万张，金融标准的CPU卡发卡48万笔，日均刷卡笔数100万笔。截止到2017年底，CPU卡230万张，PBOC卡310万张。继“合肥通”刷卡乘车与NFC手机刷卡乘车后，合肥正式进入二维码扫码乘车时代。“合肥通”微信乘车码初步在166路、11路公交车实现，并在2017年12月开始着手更换合肥公交约4000台左右的车载机具，实现刷卡、刷码集成一体的车载POS机。合肥通APP新功能上线，实现合肥通自有码乘车。

【农村客运管理】 督促城乡客运企业建立健全并严格落实各项规章制度，加强对城乡客运从业人员的从业资格管理，提高从业人员综合素质，引导运输企业对驾驶员实行以“统一招聘、培训、考试，统一调度使用，统一考核、奖惩，统一工资发放”为特征的员工化管理。完善城乡客运行业标准和规范体系，普遍推行《安徽省农村客运服务规范》，加强公众出行信息服务和农村客运市场运营监管，提升城乡客运服务水平。

【支线公交运营】 合肥经开区、新站高新区和高新区加强支线公交运营管理，2017年共开通支线公交线路21条，营运车辆430台，营运线路长度354.35公里，全年营运里程1587.2万公里，客运量2980.73万人次。

【城乡一体化建设】 按照《合肥市城乡公交一体化发展指导意》的要求，积极推进城乡一体化建设，开通寿县新桥国际产业园至合肥小庙镇全市第一条市际公交线路，同步开通官亭至客运西站、长岗至高刘、长临河至中庙、长临河至黄麓等公交线路，方便城乡居民出行，促进农村地区经济社会发展。完成小庙公交枢纽临时场站选址和建设，以及永久枢纽站建设单位招标；基本完成官亭公交枢纽项目主体工程，圆满完成市政府2017年度重点工作中安排的城乡公交一体化建设任务。

【公交专用道建设】 按照《合肥市人民政府协公厅关于印发合肥市公交专用道管理暂行办法的通知》要求，组织相关单位对蒙城北路、阜阳北路、临泉路、马鞍山路—包河大道、铜陵路、紫云路、望江西路、金寨路、习友路、龙川路、裕溪路第一、二批11条公交专用道进行现场勘察，对道路标线施划、标牌安装、交口渠化及公交站点设施建设存在的问题进行梳理，优化设计方案，督促各设计院按合同约定移交第三批公交专用道设计成果、加快推进第四批公交专用道项目前期工作。加快推进公交专用道“分时专用”改造方案设计。

撰　稿：仇　垲　杨滨滨
严从林　李　进　李　露
王　骞　张晓芬（市交通运输局）
万志军　（市公路管理局）
石泽霖、唐　莉　（市交通运输管理处）
刘　俊　（市地方海事局）
吴　枫　（市农村公路管理局）
李以平　（公交集团有限公司）
杨亚军　（上海铁路局合肥火车站）
毕金富　（上海铁路局合肥货运中心）
张阳华　（上海铁路局合肥车务段）
戴茂征　（上海铁路局合肥工务段）
吕　蕾　（市地方铁路协会）

许　静　（东航安徽分公司）
管大龙　（安徽省民航机场集团公司）
王圣森　（经开区空港办）

邮　政

【概况】 2017年，合肥市邮政业申诉率大幅下降，服务质量明显提升，全行业量收齐升，实现安全、稳定、健康发展。全年快递业务量累计完成3.91亿件，占全省比重45.3%，在全国省会城市排名由第9位上升到第7位，在全国城市排名由第26位上升到第20位。7月28日，“中国快递示范城”授牌仪式在合肥市政府隆重举行，合肥成为全国首批快递示范城市之一。

【园区建设】 合肥环状快递产业园深度融入合肥工业立市战略和内陆开放新高地的定位，35个省级快递分拨中心集聚东西南北四大园区，建设总投资达105亿元，总面积125万平米。中国（合肥）快递后台服务基地基本建成，2017年顺丰、德邦、UPS等呼叫中心及后台处理坐席数超过8000个。合肥国际邮件互换局进出口业务全面开通，累计处理出口包裹突破1000万件，高峰处理量达6万件，大幅提高国际邮件的通关速度，有效降低了国际寄递成本。合肥空港国际快件处理中心即将建成使用。

【申诉服务】 合肥邮政管理局高度重视申诉工作，通过精确统计、大数据分析、动态监测、及时预警、媒体公示、约谈企业、开展培训等加大整改提升水平，大幅提升消费者对申诉处理的满意度。2017年快递业务平均百万件快件有效申诉降至4.05件，低于全国有效申诉率31.16%，低于全省有效申诉率14.53%，全年累计处理有效申诉18747件，为用户挽回经济损失58.68万元。消费者用邮满意度持续提升，对邮政管理部门处理满意率100%。

【行业发展】 国家邮政局和地方政府对合肥市快递业发展给予高度关注，助力快递业发展的利好消息频出。7月底，合肥在全国首批8个“中国快递示范城市”中率先挂牌。合肥市财政给予快递业3000万元以上资金扶持，用于支持行业基础设施建设、总部建设等。2017年，合肥邮政管理局争取市财政对寄递企业安检机配备补贴实现全覆盖，补贴金额达350万元。

【行业监管】 合肥邮政管理局加大执法检查力度，引导企业健全内部安全管理制度、完善安全设施配备、加强安全生产培训管理，切实落实三项制度。加快推进邮政业安全监管中心三期建设，提升安全监管信息化水平。2017年全行业共配备X光安检机200余台，企业多次主动举报线索，全年寄递渠道查处涉枪案件4起、贩卖盗版出版物案件1起、贩卖毒品案件2起，缴获枪支15把、非法书籍50万余册、冰毒8千克、非法生产的化工品40吨（含危化品）、二氧化碳爆破装置（雷管）100余支，抓获犯罪嫌疑人40余人。

寄递行业稳定性管控成效显著。2017年初，合肥圆通、申通等个别网点出现承包商“跑路”等问题苗头。合肥邮政管理局及时采取大数据分析，早发现、早应对、早处理，通过强化日常监管、约谈、通报、媒体沟通等多种手段，有效强化行业稳定性控制，成功避免寄递网络系统性风险，获得了地方政府肯定。

【绿色智能邮政】 合肥绿色邮政发展情况获国家邮政局领导肯定。申通快递合肥分拨中心、安徽顺丰等大力推广绿色、特色包装，践行绿色发展理念。合肥邮区中心局配备省内首个“小黄人”包裹智能分拣系统，全市寄递企业自动分拣设备累计达12套。

【产业转型升级】 合肥作为内陆开放的新高地、全国最大的家电制造基地，快递与电子商务、制造业、农业融合联动发展形势喜人。合肥中通易坤仓储、百世新华云仓、京东云仓、顺丰冷链等创新服务，开展仓配一体化、供应链、冷链等定制化、个性化寄递服务。邮政普遍服务水平稳步提升，遍布村头巷尾的2327个农村邮政快递服务网点，为工业品下乡、农产品进城搭起了便捷桥梁。邮政、顺丰等企业助力大圩葡萄、长丰草莓、巢湖银鱼等特色农产品更快更好地由“田间到舌尖”。

责任编辑：王尚先

城乡建设

【概况】 2017年，全市续建、新建大建设工程1520项，竣工611项，在建909项，完成实际投资476.54亿元，同比增长13.18%，创大建设历年新高。城市综合承载力显著提升，城区建成污水处理厂4座、新增污水处理能力55万吨/日，全省首个地埋花园式清溪净水厂通水达标排放，蜀峰湾南湖黑臭水体治理项目荣获住建部“人居环境范例奖”，实施建筑领域蓝天行动，生态环境持续改善；轨道2号线通车，3号线25座车站主体结构封顶，4、5号线和1号线三期工程全面开工建设，2、3、4号延长线启动设计工作；坚持城乡融合，安排大建设支持资金30亿元，推进基础设施、公共服务向乡镇、农村均衡配置，推进农村环境治理“三大革命”，改造农村危房5783户、农村厕所2.89万户，超额完成年度目标任务；抢抓机遇，敢破难题，建筑业累计实现总产值4000亿元，位列全国省会城市第9名，出台《合肥市绿色建筑发展条例》，合肥南站等6项工程荣获鲁班奖，建筑业支柱产业地位更加突出；始终把满足人民群众对美好生活的期待，加快支路网建设和小街巷改造，打造精品道路和特色街区，实施城市夜景亮化，提升市政排水设施管养水平，群众满意度、获得感不断增强。

【铁路建设】 合肥市全方位参与长江经济带综合立体交通走廊建设，落实合肥铁路枢纽总图方案，推进商合杭、合安高铁建设，加快新合肥西站、合肥至新沂、巢湖至马鞍山城际铁路、合肥至南京高铁、合新欧班列货场等项目前期工作，启动合肥都市圈“四网融合”综合交通体系研究。

【公路、航运建设】 推进合肥市国省干线公路建设，全年公路项目开工29项，建成使用环巢湖道路盛桥连接线、栏滨路、环巢湖道路庐城连接线二期、环巢湖道路三河连接线、S103合铜路二期、庐江花泥路、南淝河大桥东、合六路收费站、合安路收费站；望江西路、G206合淮路（吴山—南岗段）一期、合水路、水九路、G329合相路一期、集贤路互通立交等工程建设进展顺利。推进引江济淮、派河国际物流园建设，加快骆岗航空运动城、合肥通航新城前期工作，提升合肥水运能力，打造内陆航运新中心。

【城市路网】 加快推进合肥市铜陵路高架北延、裕溪路高架东延、阜阳路高架北延、长江西路快速化改造等重点路桥建设。裕溪路高架东延影香亭路至桥头集路当年底前主线桥通车；阜阳路高架北延东方大道至魏武路当年底前放行通车；长江西路快速化改造工程创新大道节点、长宁大道节点放行通车；上海路全线贯通。

【公共停车场建设】 合肥市按照市公共停车场规划及建设计划，通过选址新建、结合轨道交通P+R、精品道路建设、特色街区改造、地块整体开发配建等方式，推进公共停车场建设。全市完工34处、3643个泊位，在建49处、8458个泊位。

【县（市）区发展】 2015～2017年，市级投资支持县（市）、开发区发展项目共67项，竣工25项，在建32项，累计完成实物量投资约40.69亿元。通过市级资金引导，县区基础设施建设水平提升，各县区与主城实现对接互联，一批重大项目落地建成，促进县域社会经济发展。

【精品城市建设】 出台城市立面和亮化环境整治实施方案、合肥市城市公共空间规划设计导则、合肥市沿街建筑城市立面整治导则，建立路长负责制，推进精品城市重点项目建设。完成芜湖西路、皖河支路、金寨路（稻香楼段）、黄山路示范段等精品道路建设，完成城隍庙二期、逍遥十八巷、李府巷等一批特色街巷改造，大蜀山半边街、半汤老街、火车站片区环境综合提升初见成效，推进文忠路、肥西路、锦绣大道、宿松路、芙蓉路、始信路等建筑立面整治工程。

【夜景亮化】 围绕提升城市形象和品质要求，完成胜利路、南艳湖等亮化提升工程，推进北一环、匡河、包河大道高架、长江西路、金寨路高架、南淝河城区段桥梁、包公园、天鹅湖和中央绿轴、黑池坝景区、五里墩立交桥周边楼体等一批亮化工程建设。

【窨井盖整治】 出台《合肥市城镇宽边防沉降检查井盖技术规定》，对西一环、东二环“病害”井盖实施提升整治，取得良好效果。全年排查病害窨井5842座，提升整治窨井1776座。

【污水处理厂建设】 坚持高起点规划、高标准建设，污水处理能力和标准进一步提高，全年新增污水处理能力35万吨/日。建成小仓房二期、蔡田铺二期、十五里河三期污水厂，推进清溪、胡大郢、于湾等污水处理厂建设，完成小仓房一期、蔡田铺一期、十五里河一期提标改造工作。按照巢湖流域水环境治理需求，削减入湖河流氮磷等主要污染物负荷，市区王小郢、朱砖井、陶冲等7座污水处理厂出水达到省环保厅《巢湖流域城镇污水处理厂和工业行业主要水污染物排放限值》要求。全年完成蜀峰湾南湖、许小河、河东水库、王建沟等14个黑臭水体治理，其中蜀峰湾南湖项目荣获中国人居环境范例奖。

【排水防涝】 坚持问题导向，强化源头治理，推进排水防涝三年行动计划，推进下穿立交排水改造、城市内涝治理二期工程建设，推进徐涵、范拐、南淝河防洪完善工程（二期）、双河排涝泵站改造等前期工作，市区排水防涝能力进一步提升。

【海绵城市】 合肥市海绵城市专项规划上报省住建厅待批，结合大建设项目实施，同步建设调蓄设施、黑臭水体整治等海绵城市工程。上海路、裕溪路高架东延等重大路桥项目按照海绵城市设计理念，引入海绵城市技术，推进望湖城安置房等海绵小区改造试点工作。

【人居环境】 坚持以城带乡、城乡融合，安排大建设资金30亿元，推进资源要素、基础设施和公共服务向县域和乡镇延伸。加快农村危房改造，全年完成5783户改造任务，超额完成省厅下达的5100户年度计划；加强危房改造技术指导，实行“一户一档”，强化工程质量和竣工验收管理，确保改造后的住房符合建设及安全标准。改善优化农村人居环境，加快乡镇村污水处理厂（设施）建设，完成25个乡镇污水处理厂前期工作，开工建设34个中心村污水处理设施，建成9个，确保到2020年实现全市85个乡镇和712个美丽乡村中心村污水处理设施全覆盖。推行“六主六辅”建管模式，推进农村改厕工作，累计完成2.89万户农村卫生厕所建设改造。

【公用设施保障】 合肥市按照“适度超前、保障有力”要求，加强水、气、热和地下综合管廊等城市公用设施建设。地下管线普查与信息系统建设项目通过验收，社会机构可利用系统查询地下管线信息，全市地下管线事故率明显下降，形成独具特色的“合肥经验”。开展城市生命线工程安全运行监测系统建设，实时掌握城市主要地下管线安全运行动态。推进新能源汽车充电桩设施建设，加大充电设施选点力度，协调供电公司开辟供电报装审批绿色通道，该创新全省首创、全国领先，科学选择出租车充电站点，按电动出租车三年更换计划要求分步实施。综合管廊建设全面提速，全市三个综合管廊项目开工建设，累计开挖沟槽约45.8公里，形成廊体约26.5公里，累计完成工程投资约20.1亿元。

（李家富）

轨道交通

【概况】 2017年，合肥市第三轮建设规划方案通过省发改委、省住建厅初审和国家环评；市城乡建设委员会相继完成3号线土建工程和4、5号线车站主体土建工程施工图设计，并组织设计单位做好现场服务；主动与相关辖区政府、市直部门、产权单位对接，合力解决征地拆迁、涉铁涉电、管线迁改、渣土清运等重难点事宜；完成市轨道工程批复用地70公顷、新增建设用地上报60.7公顷，完成房屋拆迁近20万平方米。组织媒体集中采访40余次，策划开展“高温下轨道建设”“安全文明乘车‘随手拍’”、2号线开通运营等主题宣传活动，刊发各类新闻稿件500余篇，与市外宣办、市网宣办等部门联动，稳妥做好“问题电缆”、扬尘降噪等舆情应对与引导。

【项目建设】 2号线开通试运营，引领合肥迈入地铁“换乘”新时代。为完成“年内开通运营”目标，在项目办直接组织下，各参建单位攻坚克难、顽强拼搏，克服渣土禁运、混凝土供应紧缺、持续高温和强降雨等困难，实现轨通、电通、综合联调、试运行等里程碑节点，并通过试运营基本条件评审。12月26日上午10时，轨道交通2号线开通运营，标志着合肥市轨道交通由“单线”运营转为“双线”运营，引领合肥轨道迈入“换乘”新时代。

轨道建设指标再创历史新高。市轨道交通4、5号线及1号线三期工程开工建设，另有2、3号线跨年度续建，建设总里程达151.1公里（含2号线），概算总投资1076亿元，年度实际完成投资110.56亿元，在建项目数量、工程体量、线网建设里程、年度完成投资额均创合肥轨道历史新高。截至到当年底，轨道交通3号线工程有29座车站结构封顶，区间工程掘进过半，机电、系统设备安装等招标工作有序跟进，累计完成产值44.42亿元；轨道交通4、5号线工程于5月同步开工建设，4号线主体围护结构完成70.4%，有14座车站进入主体结构施工，5号线主体围护结构完成85.7%，有21座车站进入主体结构施工，贵阳路站至成都路站区间左线有一台盾构机始发作业，两项工程合计完成产值15.3亿元；轨道交通1号线三期工程于当年底开工建设，处于开展绿化移植、管线迁改阶段。

资源综合利用。广告资源方面，共收取广告经营权费8114万元，结合项目建设进展，推进2号线广告资源经营前期准备，完成3号线广告资源规划和初步设计。视讯资源方面，完成1号线PIS节目上线及2号线PIS调试，规范开展民用无线通信、商业宽带等设施建设及对外租赁工作。商业资源方面，科学谋划资源招商及经营管理方案，完成1号线站内自助售贩机、银行ATM机等商业资源开发投用。地块开发方面，新交通大厦项目实现主体结构封顶；完成珠江路车辆段上盖物业项目建安工程招标，并组织施工单位进场。

轨道交通2号线开通仪式

【项目运营】 以打造“公共服务新标杆”为目标追求，秉持“融汇城市记忆、连通美好生活”企业使命，牢记“下道工序就是用户，面对服务对象都是窗口”工作理念，结合“五心”服务内强本领、外塑形象，提升运营管理水平。提升客运组织能力，针对节假日、大型活动、恶劣天气等大客流状况，采取增开备用车辆、缩短行车间隔、延长运营时间等手段，最大限度满足客流运输需求；通过树立典型榜样、站长接待日、寻找最美乘客等活动，提升车站服务质量。全年轨道交通线网累计运营里程1401.33万公里，年度实际开行93016列次，线网客运总量4272万人次，最高日客流量57万人次，1号线日均11.4万人次，2号线日均18.3万人次，运行图兑现率为100%，正点率99.89%，车辆、供电、信号等系统指标均优于国家标准，线路运营保持“零事故”。

【项目保障】 抓好资金保障，共获得各类资金85.77亿元，其中项目资本金58.81亿元，PPP项目融资25.98亿元，新交通大厦项目融资0.98亿元，全年完成资金拨付96.1亿元；4、5号线及1号线三期共计获得450亿元贷款授信额度；在财务管理上将公司年度预算与标段预算相挂钩，双向调控，落实项目资金“双保险”；在企业投资方面，完成对省综合交通院的增资事项，投资总额达1500万元，股权占比提升至15%。严格落实“质量零缺陷、安全零容忍”要求，结合“奥凯电缆”排查、安全生产月、百日铸安除患等专项行动，推进安全标准化建设，构建轨道交通安全质量管理长效机制，共检查发现各类质量安全隐患2.38万个，下发巡查单6037份，累计处罚违约金219.4万元。专门设立地铁保护办公室，制定《轨道交通1、2号线安全保护区设置方案》，签订《施工安全协议书》并编制地铁保护专项方案。科学制定招标方案，其中4、5号线土建工程采用大标段招标，标段划分由2站2区间扩大为5站5区间；加强统筹规划和协同运作，1号线三期工程按照工程总承包模式招标，并首次采用系统设备专业技术标虚拟折价方法，引导投标人择优选用拟投入的系统设备，确保1号线系统设备设施互联互通。共完成各类招标130项，招标预算总价258.6亿元，中标金额191.5亿元；签订各类合同226份，合同金额167.75亿元，通过工程变更145项，变更金额合计-9019万元。

（徐云霞）

城乡规划

【规划编制】 2017年，合肥市规划局开展新一轮城市总体规划修编前期工作，完成现行总规实施评估报告初步成果。牵头完成量子信息与量子科技创新研究院规划方案编制和中科大高新园区校区规划设计方案修改整合工作，开展大科学装置集中区选址，配合完成北航合肥科学城规划编制，为合肥综合性国家科学中心建设做好规划服务工作。编制完成合肥市城市生态网络规划和空间规划初稿，初步划定城市开发边界。推进“多规合一”，完成“四规合一”数据标准规范编制和“四规合一”系统设计，初步搭建信息联动平台。完成环巢湖科技创新走廊总体发展规划编制，协助完成巢湖流域水环境一、二、三级保护区范围划定和巢湖风景名胜区总体规划编制。完成合肥市城市学前教育和中小学布局、城市供电、海绵城市、环卫设施和重点工程弃土消纳场选址等专项规划编制，开展公共停车场规划整合、水利风景区建设发展等规划编制。完成111个控制性详细规划并上报市政府审批。

【城市设计】 合肥市被住建部列入全国首批城市设计试点市后，市规划局主动开展城市设计相关技术和政策研究，制定合肥市城市设计试点市工作方案，编制合肥市城市公共空间规划设计和沿街建筑城市立面整治导则。8月，市政府与省住建厅签订《共同推进城市设计全国试点与双修合作协议》，共同推进城市设计试点市建设。高新区王咀湖片区、经开区中德智慧产业园核心区城市设计列入省级示范项目。启动巢湖半岛、骆岗机场片区、老城区城市设计编制，完成高铁南站片区城市设计、原省委省政府办公区保护利用规划概念方案、长江中路道路节点改造和立面品质提升方案。推动东部新中心、王咀湖、高铁南站、空港新城等片区城市设计落地实施。建立合肥市区历史建筑和工业遗产数据库，编制历史建筑保护图则。

【规划管理】 市规委会发挥决策平台作用，完善规委会议事规则，组织召开主任会9次，审议117个建设项目和26个专题项目。严格项目审批，全年办理项目选址122个，出具规划设计条件262个，审批规划方案499个，发放建设用地规划许可证279个，总用地面积3100多万平方米，发放建设工程规划许可证1812个，总建筑面积2700多万平方米。完成权责清单动态调整，梳理公共服务和中介服务事项8项并在局网站公布，接受社会监督。推进“互联网+政务服务”，开展政务服务事项清单编审试点，在网站建立合肥规划政务服务旗舰店链接，方便群众网上办事。减少审批环节，取消建设工程规划许可证正副本制度。启动《合肥市控制性详细规划通则》修订工作。推进公共停车场建设，合肥市城区公共停车场规划整合形成初步成果，基本完成《合肥市鼓励公共停车场建设办法》修订。制定2017年合肥市区公共停车场建设计划，推动公共停车场建设，多次协调南一环曙光停车场、姜坎停车场、石台路停车场、怀宁路停车场等项目建设涉及土地事宜，同步调度轨道P+R停车场进度。

【慢行系统工程】 为改善居民出行条件，倡导绿色出行理念，通过营造慢行设施与环境，形成与居民通勤出行相适应、与公共交通设施无缝衔接、与公共开放空间连续贯通的慢行系统。市规划局制定合肥市慢行系统完善工程实施方案和2017年慢行系统建设计划，编制慢行系统隔离设计导则。全市范

站北文化广场

围内62条道路慢行系统完善工程全部开工建设，完成庐江路、红星路等5条先期示范道路建设和一环路（阜阳北路—四里河路、四里河路—淠河路）部分路段慢行系统改造工程。

【规划督查】 定期编发督查月报，督察建设项目487个。实施规划技术经济指标校核、规划巡查技术、日照分析第三方复核等5个政府购买服务项目。做好违法建设认定工作，完成住建部2017年第一期卫星遥感督察613处变化图斑实地核查。配合住建部驻安徽规划督察组两次对巢湖风景名胜区执行《风景名胜区条例》有关情况督察。牵头开展市“两治三改”工作，出台合肥市“两治三改”三年专项行动实施方案，细化分解工作任务。组织召开全市“两治三改”工作动员会，签订责任书，联合市城管、国土、房产和土地储备中心等四部门成立督导组，完成年度工作任务。

【城乡统筹】 统筹县（市）域空间利用和管控，督促各县市开展空间规划编制，做好“三线”划定。四县一市空间规划通过专家评议并进行公示，履行相关报批程序。督促全国重点镇规划修编及环湖十二镇总体规划建设，开展县（市）域乡村建设规划编制工作，完善中心村布点规划。印发《关于进一步做好美丽乡村建设规划公开公示的通知》，加强美丽乡村建设规划公众参与，提高规划可操作性，推进美丽乡村规划建设。29个乡镇政府驻地建成区整治规划及33个省级美丽乡村中心村、37个市级美丽乡村中心村建设规划通过专家评审。三河历史文化名镇保护发展规划获安徽省人民政府批复同意。完成肥东县瑶岗村、肥西县启明—新光—鸽子笼、小井庄村3个历史文化名村保护发展规划成果。

（张　杨）

重点工程建设

【概况】 2017年，合肥市重点工程建设管理局（以下简称“市重点局”）按照城市建设管理“提质、提速、提品、提效”总体要求，学习先发地区先进经验，克服高温、雨雪、环保督查、原材料价格等影响，推进各类项目建设，完成全年目标任务。共承担各类在建工程项目173项，概算投资约535亿元。其中房建面积549万平方米，道路长度161.5公里，水环境治理项目30项，全年累计完成投资约99.93亿元。安徽省城乡规划建设大厦、安徽名人馆、方兴湖隧道3个项目荣获“鲁班奖”。方兴大道下穿京台高速和中科大先研院2个项目荣获“黄山杯”奖。合肥市老城区雨水污染控制工程、张生圩排涝泵站改扩建工程、繁华大道东延、合淮路改建4个项目获得“庐州杯”奖。

【市政路桥】 市重点局共承担市政路桥项目61项，概算投资232.8亿元，总长161.5公里，建成17个项目。建成和平路东段、大众路、涡阳路等道路，完善东部瑶海片区的路网。合肥火车站站前广场综合改造工程竣工，实现铁路、地铁、公交等交通“一站式”换乘。全长12.8公里的上海路建成通车，打通东部城区至滨湖的又一条快速通道；绕城高速改扩建项目克服交通等困难，于当年底前通车，结合附近主干道北京路、庐州大道的建成，改善了高铁南站片区的交通状况；建成嘉陵江路、嵩山路、长沙路、洞庭湖路、贵阳路、锦绣大道、江苏路、浙江路等多条道路，促进滨湖新区路网更趋完善。

【水环境治理】 推进污水处理厂建设，改善城市生态环境。十五里河污水处理厂三期工程、小仓房污水处理厂一期提标改造工程建成并转入商业运营，全市污水处理能力得到提升；十五里河水质达标应急工程、许小河、关镇河生态补水工程按期完成，增强河道生态基流，为城区消除黑臭水体，打造“活水合肥”添砖加瓦；清溪净水厂配套管网工程克服诸多制约因素，按期完成建设，为保障合肥清溪净水厂实现达标排放、改善南淝河河道水质做出贡献。开工建设方兴大道下穿十五里河项目、十五里河下游湿地项目、经开区污水处理厂一、二期提标改造等项目。

【公益性房建】 全年共完成公益性房建项目31项，包括中国农行客服中心、合肥六中新建宿舍楼、合肥二中学生宿舍食堂综合楼和音乐教学楼工程、合肥九中体育综合楼、合肥工业学校图书馆—科技楼、合肥市职业教育实训基地、合肥市幼儿师范学校体育馆、培训中心和幼儿园、合肥市第二人民医院广德路院区二期、合肥市儿童医院综合楼、合肥血液集中化检测中心、合肥市食品药品检验中心、合肥国家基本气象观测站、合肥市预防职务犯罪警示教育基地、安徽革命烈士事迹陈列馆布展工程、合肥市车管中心和驾驶人考试中心等。滨湖顺园项目总建筑面积108万平方米，安置居民9900多户。蜀山三期和四期、兰州路公租房、竹园廉租房于当年底前建成，基本建成滨湖桂园、菊园等项目。

【在建工程】 加快合肥新四中、合肥职业技术学院合肥校区、黄麓师范学校改扩建项目建设，确保按期投入使用；推进第三十五中学教学楼艺体中心和宿舍食堂综合楼等学校类项目和合肥市第三人民医院急诊医技综合楼、合肥市第一人民医院门急诊住院综合楼等医院类项目建设。

【重要场馆】 推进安徽创新馆、省科技馆、省美术馆、省百戏城、合肥市工人文化宫建设等一批重大科技文化场馆建设；开展合工大智能制造研究院、滨湖国际会展中心二期、市中心图书馆、市青少年活动中心等项目前期工作。

【新技术应用】 加强新技术应用，实行精细化管理，支持大建设参建企业科研工作，提升工艺水平，推广“四新”技术，重大项目推行BIM技术，实现工程建设项目全生命周期数据共享和信息管理。推进电梯、防水等关键设备的定点采购，建立与生产企业直接联动机制，全方位管控工程质量。加强正面引导，增强“精品工程”示范效应，推动优秀管理团队、优秀管理人员评选，增强正向激励效应。

【重点工程】 **长江西路与沿线道路立交工程** 工程规划为城市快速路，现状道路东西走向，结合轨道交通2号线同步实施，同步进行长江西路（方兴大道—西高架落地点）快速化改造。包含方兴大道、长宁大道、创新大道、枫林路四个节点改造，另外新建山湖路人行天桥。

郎溪路二、三标工程（包河大道立交—巢湖南路） 工程全长3.9公里，项目包括主线高架桥、上下匝道桥，包河大道立交D、G匝道桥，北京路立交BA、BB、BC匝道桥，南淝河立交A、B、C、D、E匝道桥等工程。作为连接郎溪路一标与四标的重点工程，二、三标项目是畅通二环的重要节点，是构成未来新东二环交通枢纽的重要组成部分。

上海路（裕溪路—锦绣大道）工程 工程北起裕溪路，南至锦绣大道跨线桥南侧落地处，全长10.5公里，道路等级为城市主干道。本次实施分为新建段与改建段，其中，新建段（裕溪路—哈尔滨路、黄河路—锦绣大道）长6.7公里，改建段（哈尔滨路—黄河路）长3.8公里。

合肥绕城高速改建工程 工程道路全长2.666公里，双向8车道。改建工程包括高速公路上跨徽州大道庐州大道分离立交桥拆除，合肥绕城高速公路改造。小西冲枢纽互通立交A、C匝道部分改建，徽州大道，上跨绕城高速公路分离立交桥重建，绕城高速公路上跨庐州大道部分立交桥重建。

量子信息与量子科技创新研究院工程 中科院量子信息与量子科技创新研究院是合肥综合性国家科学中心的核心项目，属省政府投资项目，列入2017年安徽省重点项目投资计划。工程位于合肥市高新区望江路、石莲南路、燕子河路河高压走廊围合范围内。规划总用地面积50公顷，包含科研办公和生活配套两个功能区，其中科研办公区规划用地面积37.3公顷，生活配套区规划用地12.7公顷。

黄麓师范学校改建工程 黄麓师范学校由著名爱国将领张治中于1933年捐资创办，校内多处建筑建于上世纪三、四十年代。作为合肥市重点局重点公益性项目，合肥市对黄麓师范四栋历史性建筑进行修缮，并对校园进行改扩建。

方兴大道（南淝河路—龙兴大道）下穿十五里河隧道工程 工程新建一座长780米的下穿湿地隧道，南淝河路分离式立交一座，立交型式为方兴大道主道下穿南淝河路，南淝河路主道上跨方兴大道，形成十字交叉快速路，地面转向交通与方兴大道通过平行匝道沟通。

合肥新四中工程 工程位于滨湖新区天津路与洞庭湖路交汇西北角，主要由教学楼、图书馆、综合服务楼（食堂）、艺术楼、体育馆、实验楼、宿舍、看台、大门、运动场、地下停车库及体育运动场地组成，占地面积 12.7 公顷。

安徽省美术馆工程 工程位于滨湖新区岷江路以南，环湖北路以北，占地约 5 公顷，由主馆和艺术 MALL 组成，其中主馆地上五层，地下一层；艺术 MALL 地上局部两层，地下一层。

农行客服中心及分行办公楼工程 工程位于滨湖新区徽州大道与云谷路交口西南角，占地 13.5 公顷，主要建设客服中心、单证中心、员工餐厅、文体中心和培训中心。

（刘燕燕）

国土资源管理

【概况】 2017 年，合肥市国土资源局以合肥“当标杆、当示范、当排头、当榜样”为统揽，积极“争第一、争示范、争试点”，做好保障发展、保护资源、节约集约、维护权益等各项工作，为合肥市建设长三角世界级城市群副中心、打造“大湖名城、创新高地”提供坚强保障。

【资源保护】 推进土地整治和高标准农田建设，连续 19 年实现耕地占补平衡。合肥市土地利用总体规划调整完善成果方案经市领导审定，规划调整完善后，规划目标市域内耕地保有量为 55.64 万公顷（增加 8600 公顷）、基本农田保护面积 464.05 万公顷（下降 4927 公顷）、建设用地总规模 23.1 万公顷（增加 12840 公顷）。同时，对 536 个拟定但未落实具体选址的重大项目，列入重点建设项目用地规划表，为发展留足空间，既促进“多规合一”，又为“十三五”规划建设重点项目预留用地空间。实施完成各类土地整治项目 337 个、2.07 万公顷，预计新增耕地 2 万公顷。截至到当年底，经省国土厅确认新增耕地 1866.7 公顷，完成省下达任务的 112%，比上年完成比例高出 11.99%。建成高标准农田 6000 公顷，提前两年完成“十三五”期间的 12000 公顷高标准农田建设任务。坚持“绿水青山就是金山银山”理念，以项目为抓手，加快实施环巢湖矿山地质环境治理示范工程，涉及矿山 52 座、11.37 平方公里。全面完成“三线三边”矿山生态环境治理项目。

【节约集约】 市国土资源局开展批而未供清理“百日攻坚”，清理完成全市批而未供土地不低于总量 35%（1673 公顷），完成 1827 公顷（完成率 109%）。启动违法用地清理“专项行动”，将土地例行督察、卫片执法检查、省委十届第二轮巡视等发现的违法违规用地问题，统筹纳入全市“专项整治行动”。推进低效用地“再开发利用”，出台全市低效用地再开发利用规划编制工作方案，指导全市各地编制完成本地规划。全市地均产出强度由 1.23 亿元 / 平方公里提高到 2.84 亿元 / 平方公里，增长 130.9%；单位生产总值建设用地使用面积由 1317 亩 / 亿元下降到 528.7 亩 / 亿元，下降率 59.9%，超额完成省下达目标任务。

【土地供给】 全市全年供应各类建设用地 4001 公顷，土地出让金入库 1121.77 亿元（市本级 921.55 亿元），划拨价款 13.34 亿元（市本级 4.8 亿元）。其中工业用地 579.04 公顷，基础设施用地 1872.3 公顷（同比增长 9%），均为无偿划拨，社会事业用地 678.57 公顷。另有划拨补办出让 100 公顷、收缴土地出让金 27.72 亿元，规划调整补缴土地出让金 27.75 亿元。全年全市共成交经营性用地 122 宗、771.12 公顷，面积同比增长 5.12%（其中，市本级 75 宗、478.9 公顷，面积同比增长 13.3%）。特别是供应科研用地 14 宗、100.7 公顷（占经营性用地面积 13%），是上年科研用地量的 3.5 倍，为量子信息与量子科技创新研究院、哈工大智能机器人、合肥工大智能研究院等一批高科技创新项目提供要素保障。供应居住用地（含商住用地）73 宗、497.28 公顷，均价 959.45 万元 / 亩（同比下降 28.34%），实现“房价环比不上涨”目标。

【保障发展】 全年共争取年度计划达到 2913.33 公顷，比上年高出 251.8 公顷；争取省级预留用地计划 403.67 公顷，比上年多出 100.6 公顷，为 2013 年开展预留用地计划争取工作以来之最。全年共上报各类用地 1036 个、4120 公顷，获批项目 859 个、3693.33 公顷，上报和获批总量均居全省第一。保障量子科技创新研究院、江淮大众新能源汽车、引江济淮三个全省“一号工程”开工建设，保障综合性国家科学中心、“中国制造 2025”试点示范城市建设需要。

【权益保护】 全市全年累计颁发不动产权证书证明 72.72 万本，相较于上年（从 2016 年 4 月 8 日颁发首本证起算，共计 48.99 万本），月均发证量同比增长 11.4%。市本级全年累计办理抵押登记业务 18.79 万件，累计抵押金额 1802.69 亿元，比上年增加438.9亿元。实行领导班子分片督查包保地质灾害防治机制，组织14个工作组、71人，对全市71处隐患点全面排查包保，连续14年未发生因地质灾害造成的群死群伤事件。法治和维权意识增强，全年共受理各类信访件345件，在信访案件数量相较于上年增加98宗的情况下，做到信访件按期结案率98%，年终结案率100%。

【试点创新】 作为“双试点”单位，国家国土资源部办公厅、住房城乡建设部办公厅批准合肥市《利用集体建设用地建设租赁住房试点工作实施方案》。市政府印发《关于开展合肥市低效建设用地再开发利用专项规划编制工作的通知》。扩大国有土地有偿使用范围，探索对国有土地上拆迁安置房按出让方式供地。

（陈　亮）

土地储备

【概况】 2017年，市土地储备中心共收储土地73宗、669公顷，年土地收储面积在万亩左右，保持入库土地量的平稳，符合国家对库存土地控制要求和用地需要。加大对储备土地资金投入，全年支付各项成本性支出133亿元，较上年增加4亿元，土地储备资金计划执行率达到95.5%。市土地储备中心共成交经营性用地87宗、633公顷，面积较上年增加93公顷，同比增长17%。全年成交总价672.62亿元。

【服务民生】 利用土地储备平台实施城中村和危旧小区改造，形成较为系统的城中村和危旧小区搬迁改造运行模式，改善群众居住条件。新启动城中村和危旧小区搬迁改造项目9个，累计实施项目144个；新增房屋搬迁面积82.35万平方米，累计完成房屋搬迁1479.33万平方米；新开工安置房151.45万平方米，是上年的3倍；新交付使用安置房105.9万平方米，是上年的2倍多。建成和在建安置房总面积达到875.17万平方米，7.98万户、23.91万人的居住和生活条件得到改善。

【区域性改造】 市土地储备中心按照统一规划、统一配套、统一安置、统一征迁的原则，推动区域性改造开发，获得最大的社会综合效应。瑶海区东部新中心一期改造项目经市政府批准实施并启动拆迁，总占地面积95.72公顷；包河区淝河片区按照成熟一批申报一批原则，分批打捆会勘和签报，拆除房屋115万平方米。通过提前规划、预拨资金、提前建设等措施，将安置点建设提到拆迁之前，缩短群众拆迁过渡期，淝河片区、东部新中心等多个新启动改造项目采用先建后拆模式；庐阳区利用原建材一厂收储地块建设天和御苑集中安置小区，为白水坝、自行车二厂等项目提供安置房源，解决安置房面积4.9万平方米。根据城市规划要求，优先保障安居工程项目用地需要，全年供应9宗人才公寓用地32.53公顷；与各区（开发区）共同推进8宗21公顷住房租赁项目用地的收储上市工作。

【货币化安置】 市土地储备中心牵头调研并出台货币化安置补偿实施方案，选择合适项目开展货币化安置试点工作，破解因改造项目面积小无法实物安置的难题，让群众得实惠。完成“群力巷”改造并进行拍卖，项目货币化安置率达56%，121户居民获得10116万元补偿款。推进瑶海区大通路44号、安拖东村、大三角等多个项目货币化安置补偿，其中大通路44号改造项目226户居民全部选择货币化安置，安置率达100%。

【保障城市建设】 全年用于市政、民生及公益事业的储备土地达49公顷，其中安置房建设及配套用地约28.67公顷，市政道路和绿化约9.33公顷，教育、医疗等约11公顷。注重城市生态建设，出台储备土地动态巡查制度、储备土地扬尘污染防治等规定，保证收储土地得到管护；探索建立储备土地污染防治工作机制，推进污染土壤修复治理工作；红四方地块是合肥市首例由政府主导的土壤污染治理项目，涉及土地面积40公顷，场地调查与风险评估报告以及初步修复方案报专家评审，马合钢地块225.13公顷，针对地面情况、土壤和地下水环境复杂情况开展污染场地调查。积极推动创新驱动发展战略，利用土地收储助力合肥综合性国家科学中心建设，供应教育科研用地15宗、113公顷，为量子信息与量子科技创新研究院、合肥工大智能研究院等高科技创新项目提供科技城市要素保障。

【亮点工作】 国土资源部多次到合肥实地调研土地储备工作，对 “一个龙头进水、一个龙头出水”土地大储备模式、与城市基础设施建设完全分离的债务风险管控措施、利用土地收储平台开展城中村危旧小区改造等给予肯定，在修订《土地储备管理办法》《关于加强土地储备与融资管理的通知》等政策性文件时吸收合肥市提出的建设性意见。合肥市土地储备工作在全国土地储备工作会议上做典型发言，土地储备“合肥模式”受到国土资源部认可。

【政策创新】 针对存量用地补偿标准低、收购难等问题，经市政府批准“适当提高工业用地收储补偿标准”，激发了企业申请土地收储积极性，入库工业用地宗数和面积都有较大幅度提升，先后完成对荣事达、国风、惠而浦、国晶电子等企业用地的收储，解决企业异地重建、技术改造和产业升级等实际问题，加大土地盘活力度，优化存量资源配置，为合肥市经济快速发展做出贡献。全年完成企业土地收储8宗、25公顷，涉及收储成本7.49亿元，加紧收储总成本约70亿元的市产投工业用地打包项目。

（市土地储备中心办公室）

城市管理

【概况】 2017年，市城市管理局围绕“提质、提速、提品、提效”主线，开展城市管理提升年行动，深入推进城管执法体制改革，全面提升城市管理水平。

【城管执法体制改革】 出台《中共合肥市委合肥市人民政府关于深入推进城市执法体制改革改进城市管理工作的实施意见》，理顺市、区、街道层级管理关系，明晰城市综合管理职责和范围，科学界定执法和管理边界。变革执法体制，县区城市管理机构整合为城市管理委员会，挂城市管理执法局牌子，做实做强大城管体制，提高体制有效承载力；依法赋予开发区执法主体地位，全面推行区、县（市）一级执法；在滨湖新区和火车站地区试点综合管理执法的“大综管”模式；集中行使行政处罚权，按照“成熟一个，划转一个”的原则，做到“划转一个，管好一个”。狠抓队伍建设，以“强基础、转作风、树形象”专题行动为载体，塑造城市管理崭新形象，完成执法人员全员轮训、持证上岗、统一换装。城管部门与市建委、市环保、市交警、市规划、市国土、市房产、市工商、市文广和交警等城管委成员单位开展联合执法，合力推进扬尘治理，严查非法营运、车窗抛物、渣土车超载超速等交通违法行为，及时拆除新增违法建设，依法查处非法出版物和无证照经营场所，开展餐饮油烟综合治理。

【城市管理提升年行动】 根据市委、市政府安排，认真履行城市管理提升年办公室职责，牵头起草城市管理提升年行动的实施意见。精心做好五个专项行动统筹部署，协调服务工作。认真做好市领导督查、调研、督办提升年行动的服务保障，推动日督查、周调度、旬观摩、月通报工作机制落实，定期召开部门联席会议，印发专报48期，组织60余名县处级干部赴杭州学习培训，推出城市管理提升年图片摄影展。结合部门职责，牵头组织实施百座公厕建设、闲置土地综合治理、店招和户外广告品位提升、摊点设置、车辆停放治理等专项行动。

【城市管理】 完善考核办法，坚持问题导向，开展专项信息采集，全年数字城管共立案各类城市管理问题123.9万件，日均3393余件，结案率达到99.9%。全市全年共取缔流动摊点、占道经营、乱堆放、乱晾晒等11000余处，下发机动车违停告知书21万份，疏堵结合，对全市110处合法摊群点严格管理，提档升级，深入推进“两治三改”，全年共拆除违法建设13.3万平方米。拆除违规户外广告90处、楼顶字450余处。完成迎接中博会23条重点路段立面提升，开展金寨路等主要道路立面“四清”，新制店招标牌14500余平方米，清洗粉饰墙体约46600平方米，全面清理各类“牛皮癣”，累计粉刷出新约31万平方米。查处违规运输车1216辆，无限期停工30处，罚款78万余元，问责6人。投入使用新型环保渣土运输车3370辆，车辆超载、沿途抛洒、扬尘污染等问题得到有效治理。全市清扫保洁和垃圾运输市场化率超90%，共有各类环卫车辆1770台，建成区范围内机械化清扫率达92%，水洗作业覆盖全市大部分区域；推广新型作业模式，以庐阳区为试点，开展深度保洁，实现同城同标。全市农村道路保洁率达100%，农村生活垃圾收运市场化率达85%，完成陈年垃圾清理工作，共计122548.04吨；试点农村生活垃圾分类工作，实现城乡环卫一体化。夯实城市管理硬件支撑，全年新建公厕21座，改造64座；建成日转运能力1000吨的大型垃圾中转站、日处理能力2000吨的垃圾焚烧发电厂、200吨的餐厨垃圾处理厂；启动投资23.5亿元的龙泉山生态修复项目。践行绿色发展理念，建立餐厨垃圾收运管理体系，全市餐饮单位签约1200余家，日均收运190吨；试点垃圾分类，共33个小区，1所学校，17000余户居民参与，回收厨余垃圾约600吨，再生资源约168吨；对全市419处闲置空地进行复绿覆盖、综合利用；开展餐饮油烟清理整治，关闭违规餐饮点1861家。弘扬行业文化精神，在文明创建、铲雪除冰等工作中，弘扬吃苦耐劳、顽强拼搏、甘于奉献的行业精神，赢得社会各界广泛点赞；城管系统在各类媒体发布稿件3000多篇，其中国家级媒体20多篇，人民日报、中央电视台先后七次报道合肥城市管理工作；行业内涌现出一大批道德模范和中国好人。

【创新城市治理模式】 全面落实市容环境卫生责任区制度，签约数42417户，签约率100%。“文明合肥”微信公众号、手机应用APP“合肥市民通”上线运行，完善12319市民热线、微信举报、城管议事会、城管执法案件群众公议、城管执法视频直播等举措。搭建人大代表、政协委员和服务对象参与的城市管理平台。治城和育人相结合，整治“车窗抛物”“文明行车、文明行走”成效显著。坚持标准先行，以深度清洁为引领，建立环卫作业、渣土运输、环卫设施设备管理等行业规范；统筹城市业态、建筑形态、历史文态、自然生态，制定完善城市容貌标准、户外广告和店招标牌设置技术规范、户外广告设置详规。建设城市管理信用体系，重点在市容环境卫生责任区制度、行政执法、户外广告设置、渣土运输、环卫保洁作业、行政许可等方面推进信用信息工作，试点门前三包责任制红黑榜，对接合肥市大信用体系建设，建设全市城市管理领域信用信息平台。

（李大勇）

110kv变电所

供　电

【概况】 2017年，合肥市供电公司累计完成售电量273.74亿千瓦时，同比增长11.28%。综合线损率5.4%，同比下降0.45个百分点。电网最大负荷677.8万千瓦，较上年增长16.8%，再创历史新高。完成固定资产投资26.05亿元，其中电网投资24.22亿元；110千伏及以上变电容量开工370.6万千伏安、投产263.6万千伏安，110千伏及以上输电线路开工1082.57公里、投产336.6公里。

【安全生产】 全面加强风险管控和质量监督，确保人身、电网、设备安全。按期完成100项本质安全任务。强化现场安全管控，全年各级人员到岗到位2.8万余人次、同比增加13.6%，督查现场2580个、同比增加28.9%。完善风险预警机制，发布风险预警12次。吸取系统内安全事故教训，明确“六必须，六不准”作业现场安全红线，严格落实“登杆作业许可制”“开关柜作业许可制”等措施。强化外包安全管理，建立“黑名单”“负面清单”等安全管理能力评价长效机制，清理不合格外包队伍45支。开展安全生产问题清单梳理和配网设备“两排查一整治”专项行动。探索检修试验新技术，省内率先开展移动变电站负荷转带和GIS设备非全停交流耐压试验。加强重要用户安全管理，督促整改重大缺陷281条。应对极端高温和雨雪天气灾害，完成党的十九大召开期间的特级保电及其他162项重大保电任务。荣获国网公司安全生产先进集体。

【电网建设】 深度融入合肥市多规合一与能源综合规划，构建贴近市场的规划新机制。完成17个省级及以上园区规划的编制审批及战略合作协议签订工作。优化调整项目储备，完成大中型电网新建项目储备26项，配网项目储备833项。开展廊道及设施资源平台建设，全面更新合肥市区电网基础数据。促请市政府多次召开专题协调会推进重点工程建设。固化各区政府对接机制，累计开展各类对接25次，解决问题103项。推动政府落实“托底保障”政策，累计解决超概算资金5000余万元。推进±1100千伏昌吉—古泉特高压直流线路属地建设和2017～2018年度10项重点工程。提前投产500千伏肥北输变电、220千伏文都—庐江线路等工程，缓解夏季用电紧张局面。按期完成173项城配网工程、836个中心村电网改造工程，荣获国家电网公司“两年攻坚战”先进集体称号。

【客户服务】 强化主动服务意识，完善以客户为中心的服务体系。全面优化业扩流程，推广“互联网+营销服务”。新增4个配网抢修驻点，组建供电服务指挥中心和“滨湖运维班”，完善网格化运维服务体系建设，推进营配调末端业务融合。履行央企社会责任，完成50.85万农户“表后线”整治，保障5所学校、5个棚户区改造项目按期送电。主动服务精准扶贫，全面完成6500余户光伏扶贫任务，累计并网容量28.5兆瓦。积极服务园区客户，保障江淮大众新能源汽车、京东方最高世代线等重点项目提前投产。推广居民智能缴费206.64万户。实现2.37万户“多表合一”远程集抄，同比增加144.20%。建成肥西工业园和长丰吴山两个“全能型”供电所，获国家电网公司“五星级供电所”荣誉称号。建成运营充（换）电站120座，充换电量突破2000万千瓦时，同比增长23.01%。

【改革创新】 关注微电网、多能互补、分布式发电交易等市场动态，开展主动配电网等技术研究。加快“三供一业”移交分离，累计接入2.6万余户，完成率92.3%。完成21个职工家属区“两供一业”分离框架协议签订。推进集体企业改革改制，完善平台企业法人治理结构，完成瘦身健体改革发展方案编制，优化单项工程成本核算管控机制、开展工程项目管理。推进市县一体化建设，补齐管理短板36项。探索市县业务集约融合，提前摸排专业管理现状，编制落地实施方案。引导大客户参与电力直接交易，交易电量74.1亿千瓦时，降低客户用电成本4.19亿元。成功举办青年创新发展讲坛、科技周等活动。创新工作取得新突破，相继荣获全国企业管理现代化创新成果二等奖，安徽省政府科技进步二等奖，国网公司管理创新推广成果二等奖、示范成果三等奖。

（市供电公司）

燃 气

【概况】 2017年，合肥燃气集团有限公司（以下简称“市燃气集团”）全年实现天然气供应6.9亿立方米，比上年增长10.14%；主营业务收入19.38亿元，比上年增长8.44%。新发展居民用户13万户，工商、公建用户714户，新建管网514公里。成为全国首家“五星级”燃气服务认证企业，荣获“全国企业文化优秀成果奖”，成为唯一获此殊荣的合肥市属企业，蝉联“全国文明单位”称号，连续三届获评此项荣誉，并再次获得全国“安康杯”竞赛优胜单位称号。全国劳模吴雄飞当选为市总工会第十六届委员会兼职副主席，在合肥工人运动史和工会组织建设历史上均属首次。

【燃气保障】 市燃气集团采取多项措施保障全市用气平稳。全方位多渠道联系上游中石油、中石化等气源企业，争取更多的气源指标；全年采购LNG应急气源3.6万吨，采购范围西至陕西，北至内蒙古，东至浙江，南至广东、海南，其中12月18日抵达燃气集团西气门站、川气门站、北城门站的LNG槽车累计58车，卸气1070吨，创下全国城市燃气单日到站车数与卸气量历史之最；全年通过上海石油天然气交易中心网上竞价采购高价气累计696万立方米，用于补充供气缺口；根据市委市政府“保民生、保重点、保安全”指示精神，研究制定错峰避峰措施等方案，鼓励工商用户、居民采暖用户尽量使用替代能源。加快重点工程建设，完善输配系统，北城LNG应急调峰气源项目于春节前实现投产，建设环城天然气高压管线项目15.4公里，累计总长164.8公里；建设环巢湖天然气高压管线项目合庐段管线8.3公里，实现通气运行；合肥都市圈项目合六线完成省发改委项目核准，累计完成9公里的管线建设任务。超前谋划各类保供举措，解决远期难题，协调各方加快定合复线建设，西部LNG应急调峰储配站项目，完成项目建议书编制，各项前期工作有序推进。

【开拓燃气市场】 坚持以管网为先导的开放发展理念，完成方兴大道等65个项目，完成为彩虹光伏二期窑炉供气的奎河路复线（涂山路—九顶山路）等22个项目，完成岗集等5处高中压调压站的中压引出工程建设工作。坚持以用户为中心的共享发展理念，完成禹州天玺等5个项目、彩虹光伏二期窑炉等129个工业项目、保利购物中心等301个商业项目、安利股份等10个“煤改气”项目、中科大等78个学校项目。坚持以综合为主体的协调发展理念，燃气器具全年销售收入达到2421万元，其中，安然品牌达到931万元，专门成立清洁能源推广中心，旨在研究清洁能源利用，延伸产业链，推动燃气集团向综合型清洁能源供应企业转型。

【燃气安全】 推进铸铁管网改造，全年共完成中压铸铁管网改造约13.5公里，低压铸铁管网改造101.67公里，涉及项目100个，用户35915户。强化应急预案演练，先后组织开展演练达72次，参演人员1756人次，加强对LNG泄漏事故等进行演练。落实安全风险管控，市燃气集团组织开展《安徽省城镇燃气经营企业安全风险点查找手册》编制工作，编制安全风险点清单，并在此基础上开展安全风险点排查，累计查找出585个风险点，并逐条落实管控措施。

【优质服务】 市燃气集团全年共受理12345政府服务热线电话直办429起，受理12345政府服务直通车网上转办单341起，按期反馈率100%，受到市长热线办肯定与好评。蓝焰热线共计受理用户来电60万户次，工单回访率100%。受理用户投诉12起，经判定有效投诉2起，同比下降60%，实现对用户投诉有效管控。通过董事长信箱、意见簿、电话、网单、锦旗与牌匾、感谢信与表扬信等形式，收到表扬共计2912次，较上年增长260%，用户对燃气集团服务的满意度保持较高水平。

（市燃气集团）

供　水

【概况】 2017年，合肥供水集团有限公司（以下简称“市供水集团”）蝉联全国文明单位，先后荣获第十一届“安徽省文明单位”“安徽省第二批公共机构能源资源计量示范单位”“十大书香企业”“内部审计先进单位”“十佳好人选树先进单位”“合肥市诚信企业”等荣誉称号，多名职工获得“安徽省最美家庭”“合肥市劳动模范”“合肥市第三批岗位学雷锋标兵”。截至到当年底，市供水集团资产总额75.59亿元，员工1860人，用户183.2万户（居民用户176万，工商户7.2万），直径75毫米以上供水管网6746公里，日供水能力190万立方米，供水服务面积560平方公里；全年完成供水量5.4亿立方米，同比增长8.2%，售水量4.25亿立方米，同比增长7.34%；7月27日，日供水量179.5万立方米，创历史新高。

【供水保障】 市供水集团启动三水厂迁建、七水厂二期、巢湖三水厂以及磨墩水库至七水厂供水工程，总投资28.36亿元。实现第一次三座水厂同时开工建设，第一次使用深度处理和污泥干化系统，第一次按照“大建设”模式进行工程建设和资金管理，同时启动龙河口引水工程。完成市政管道工程投资9076万元，共计进行117项市政供水管道施工。推进上海路、铜陵路高架、郎溪路高架以及阜阳路高架等重点管线迁改工程。配合轨道交通停水作业75次，实施23个站点的轨道管道迁改，总投资约4000万元。

【安全生产】 全年生产形势平稳，未发生安全生产责任事故和责任性停水事件。明确目标签订安全责任书，按照谁主管谁负责的要求，依据岗位不同，编制安全生产责任书；从集团班子到一线员工，层层签订，明确安全主体责任，安全生产目标和奖惩制度，做到层层有压力，人人有指标，为全年安全责任总体目标的实现提供保障。严格监督落实奖惩，组织实施六项机制、百日除患、工程施工、电器火灾等专项安全检查140余次，排查隐患729项，下达63份隐患整改通知单。实现隐患排查治理和分级管控，持续进行隐患排查，对风险点进行分级评定，实现排查、建账、治理、验证、销账全过程管控体系和信息化系统，实现从根本上防范安全事故发生，构建安全生产长效机制。创建市级安全文化示范企业，全年开展32次实战演练、8次桌面推演和6次安全月主题活动，被市安委办评为合肥市安全生产月活动优秀组织单位。完成市级安全文化示范企业创建，5个班组被评为安全管理示范班组。巢湖水业集团通过省级安全文化建设示范企业验收。

【管网运行】 全年管网压力合格率99.9%，出厂水压力合格率99.7%。调度中心根据用水需求和管网压力变化，对每个时点用户水量、管网压力进行分段分析，峰谷变化结合和阶段气温变化调整，主动预测调度，实现高峰上得去、低谷下得来。按照“收、支、平”三种状态，加强与水厂的对接，发挥清水库调节作用，在夏季高峰供水期间，起到关键作用。低压区处置效果明显，管网公司、各供水所攻坚克难，结合主管网布局和道路建设，通过处理断头管、新建联通管和调整区域阀门等措施，在用水量增长情况下，解决了部分区域水压低问题。结合管网压力峰谷变化，对二次供水进行技术改进和设施改造，发挥水箱储水调节功能。实施高峰出水、低谷补水新工艺，避免全市二次供水泵房在高峰时补水，对管网产生的影响，实现“由害变利”的巨大转变。新技术全面推广实施，所产生效能超过一座日供水10万立方米水厂的产能。提升二次供水管理水平，推进二次供水泵房远程防恐监控系统的建设，在“护卫健康2号行动”中，受到省卫计委的肯定，被随机抽检的36个泵房各项指标全部合格。牵头完成建设部委托的《二次供水工程技术规程》修订工作。供水监察措施有力，查处涉嫌盗用、转供城市供水案件40起，损坏供水设施案件12起，追缴水费损失107.66万元，暂扣取水工具49件，督促办理取水证73张，核定总水量8.79万立方米，收缴水费31.64万元。

【水质提标】 高峰供水平稳，各水厂全力以赴、攻坚克难，通过不断调试改进，在保证安全生产和水质优良前提下，实现高峰期间超负荷生产，年最高日供水量为179.5万立方米，为夏季高峰供水作出贡献。完成新水检中心的建设搬迁工作，并通过国家资质评审认定。主动联系市环保局，实现董铺水库及大房郢水库原水在线监测数据共享；全年完成样品检测14.3万次，出具检测报告7000余份，检测准确率、报告及时率均为100%。实现水质新提标，供水集团在出厂水浊度<0.3NTU基础上，将指标提升至<0.2NTU（国标标准浊度指标为<1.0NTU），通过提升技能，改进工艺，使出厂水全部达到新标准，迈入合肥供水水质新里程。

【优质服务】 各供水所全年接收和处置工单9.67万个，用户满意率达99.64%。共抢修漏点1653处，维修漏点606处。在全市数字城管工作评比中取得9次第一、3次第二的优异成绩。坚持执行及时评价制度、来电和工单处置分析通报制度、紧急工单特殊工单督办制度，热线接听率和工单处置及时率有效提升。全年共受理电话78万次（呼入60万次，呼出18万次），发挥出服务与监督作用。全年共新发展用户16.16万户，在对外服务方面，梳理流程节点，简化业务流程，通过升级改造“一站式”报装信息平台，实现业务集中办理，资料集中提交，信息集中传递，工程集中协调，为用户减少60%的跑办次数、40%资料内容；在内部管理方面，开展“红黄绿灯”管控机制，实现接水报装全过程考核与控制。加强对供水管网及其配套设施的运行管理，增强内部日常巡检；打造“半小时服务圈”，确保供水管网运行安全高效。主动对接506项目、京东方、量子院、智能院等重点招商引资项目，根据需求建设配套管网。拓宽服务渠道，“微信营业厅”上线运行，足不出户办理业务；开发完成网上电子开票系统，实现网上交费、开票统一办理，避免用户跑办；巢湖水业集团、肥西自来水公司新增交费渠道，开通微信和支付宝交费业务。

（张晓璇）

热电

【概况】 2017年，合肥热电集团有限公司（以下简称“市热电集团”）积极践行“知心冷暖 共守蓝天”的核心理念，打造“冷暖小管家”服务精品品牌，达到“用户满意、领导放心、职工肯定”。截至到当年底，注册资本11.17亿元、总资产43.39亿元，在岗职工1396人；拥有六个自营热电厂，各类燃煤锅炉19台，锅炉容量1915吨/小时；各类发电机组14台套，装机容量174兆瓦；各类管网长度511公里，资产总额43.39亿元，服务工商业378家，居民11.5万户，供热面积2450万平方米。全年营业收入12.27亿元，销售蒸汽351万吨，发电5亿度，发电标煤耗256.24克/千瓦时，综合热损15.45%；新增供热面积60.70万平方米；建成铁路线专用3.15公里；建成投运新能热电，新增锅炉容量150吨/小时；新建市政供热管网27.18公里。市热电集团先后荣获“安徽十大信用单位”“2014～2016年度合肥市先进单位”“合肥市第十一届诚信企业”等称号，连续第五年国资委安全考核优秀单位。“冷暖小管家”各子品牌分别荣获“全国三八红旗集体”、安徽省“学雷锋示范岗”“安徽省青年文明号”“合肥市三八红旗集体”等。

【“621”发展战略】 市热电集团实施“621”发展战略：“6”即推动现有六个热源厂升级改造，提高供热保障水平；“2”即引进并利用皖能合肥发电公司、合肥联合发电公司两个外部热源，提高热源供应能力；“1”即加大新能源业务开发力度，提升新能源业务比重。

【安全生产】 贯彻落实“党政同责、一岗双责”，改变“既管业务，又管安全”现状，实行“管业务、管安全”分离，明确集团班子成员为单独分管安全工作；整合安全、保卫职能，成立安全保卫部，履行生产、行政安全管理职责。

以落实“百日除患铸安”专项行动要求为核心，建立“六项机制”，按照“四不两直”原则，开展专项整治活动。全年共组织开展54次专项检查，查出一般安全隐患190项，保证隐患整改率100%。编制《集团历年典型安全生产事故案例汇编》及配套应急预案，强化实战演练，提升突发事件应急处置能力。围绕“全面落实企业安全生产主体责任”主题，启动安全生产标准化工作制定热源、工程、管网及综合类企业安全标准化体系文件，草拟《合肥热电集团有限公司安全生产ABCD分类分级管理考核制度》和《安全员业务垂直管理办法》。建立以人为本、安全发展为指导，制度建设、教育培训为基础，安全检查、专项督查为措施，隐患排查、治理为抓手，目标考核、安全评价为监督的安全管理体系。

【供热服务】 市热电集团始终把用户满意作为企业经营的核心职责，一方面以用户需求为出发点，实行看天供暖（冷），坚持早计划、早准备、早启动，关注天气变化情况，提前做好煤炭储备，针对合肥市受强冷空气影响，连续三天最低气温在5℃以下的情况，于11月18日零时供暖，比《合肥市城市集中供热管理办法》规定的“12月5日”提前17天；另一方面提出用“心”服务，提高服务满意度，共为居民用户提供各类供热服务170542户次，开展大型广场咨询活动2次，进小区服务活动76次，志愿服务25次，在“张标专工服务队”和“小鲍流动营业厅”基础上，延伸服务内涵，打造“冷暖小管家”服务精品品牌。

【节能环保】 坚持绿色发展理念，以强化企业环境主体责任为核心，严格环保质量控制，确保达标排放。修订、完善《集团环境保护技术监督管理办法》《集团环保管理考核办法》，坚持日常监督与专项检查相结合，全年累计环保检查45余次，下发整改意见35项以上；结合中央环保督查意见对集团热源环保工作进行梳理，建立环保问题负面清单，推动问题整改；在省环保厅组织的《2016年度企业环境信用评价》中，获得“环保诚信企业”称号。全年减排二氧化碳60.3万吨，二氧化硫4051吨，氮氧化物3830吨，粉尘2356吨。另外，天源、东方共处置污泥9.4万余吨。巧用“加减乘除”实现节能减排，“加”拓展新能源综合应用范围，投资约9.3亿元，采用地源热泵、污水源热泵、冰（水）蓄能等多能互补供应形式，打造滨湖新区核心区区域新能源项目，探索城市垃圾焚烧发电和农村秸秆发电等生物质能源利用技术，助力合肥打造国际化创新之都；“减”通过对皖能合肥发电公司、合肥联合发电公司机组热电联产改造，对金源热电进行扩建等方式，并通过管网连通，发挥大机组产能规模，有序取代众诚、安能等热电厂，减少大气污染物排放；“乘”借助《合肥市绿色建筑发展条例》发布契机，将推广普及市政冷暖联供纳入绿色建筑发展整体规划，打造绿色低碳城市；“除”通过技术升级、产业合作、新能源综合利用等方式，优化城市能源供给结构，发挥集中供热节能环保综合优势。

【“9+1”工程建设】 根据市热电集团发展战略和定位，结合集团现状，决策新建、续建“9+1”重点工程项目，总投资约24亿元。热电集团节能环保升级改造项目（安能、东方、众诚、天源锅炉烟气超低排放技改项目和金源分公司节能环保升级改造项目），总投资3.795亿元；合肥新能热电联产项目一期B标段工程，总投资4.8亿元；东部新中心供热管网工程，总投资2.99亿元；合肥热电集团有限公司铁路专用线工程，总投资2.2亿元；滨湖新区核心区区域能源项目，总投资93038.28万元；涉及轨道、市政道路建设迁改工程，总投资5000万元；安能、天源、众诚热源间互连互通、管网升级改造工程等，总投资5800万元；高铁西站商务区供冷供热工程，总投资12516万元，与高铁西站规划同步建设；市热电集团东方热电污泥干化处置项目环境深度治理工程，总投资800万元。

（王丽丽）

责任编辑：陶俊生

建筑业

【建筑业主要指标】 2017年，全市建筑业完成总产值4093.76亿元，同比增长5.99%，是全省同期总数的53.1%，实现增加值突破740亿元，占全市GDP的9.62%（市统计局提供），实现入库税收71.76亿元，占全市税收总数的11%，在全国26个省会城市中位居第9名。面对经济发展新常态，全市建筑业依旧保持增长势头，建筑业在市经济发展中支柱产业地位得到巩固。

【建筑产业集聚度】 截至到2017年底，全市建筑业总产值超50亿元的有17家企业，其中6家产值突破100亿元。17家企业完成产值数占全市总数近40%；完成建筑业总产值超1亿元的有428家企业（占全市企业总数11.7%），完成建筑业总产值占全市总数比例高达89.5%。全市特级、一级资质企业343家（占总数的9.35%），完成建筑业产值占全市建筑业总产值的比重达到85.46%；全市建筑业产业集聚度明显提高（详见附表）。

【企业核心竞争力】 2017年发布的2016年度中国建筑业竞争力200强企业中，合肥市中国中铁四局集团有限公司（第10位）、安徽建工集团有限公司（第20位）、安徽省外经建设（集团）有限公司（第58位）、安徽水利开发股份有限公司（第99位）、中煤第三建设（集团）有限责任公司（第107位）、安徽华力建设集团有限公司（第122位）、合肥建工集团有限公司（第144位）、中建四局第六建筑工程有限公司（第149位）、安徽湖滨建设集团有限公司（第161位）、安徽三建工程有限公司（第169位）；同时，安徽水安建设集团股份有限公司（第10位）、安徽省公路桥梁工程有限公司（第30位）、安徽金煌建设集团有限公司（第39位）、中国能源建设集团安徽电力建设第二工程有限公司（第47位）、中国能源建设集团安徽电力建设第一工程有限公司（第68位）、安徽省交通航务工程有限公司（第78位）、安徽省交通建设股份有限公司（第103位）、中铁四局集团建筑工程

序号	企 业 名 称	产值（亿元）
1	中铁四局集团有限公司	153.2878
2	中煤矿山建设集团有限公司	136.4155
3	合肥建工集团有限公司	130.0876
4	中建四局第六建筑工程有限公司	124.5120
5	安徽华力建设集团有限公司	120.5741
6	中铁四局集团第四工程有限公司	106.6740
7	安徽三建工程有限公司	98.6029
8	中铁四局集团第一工程有限公司	89.5090
9	安徽金煌建设集团有限公司	87.2147
10	安徽水安建设集团股份有限公司	80.7548
11	中铁十局集团第三建设有限公司	73.0857
12	中国能源建设集团安徽电力建设第一工程有限公司	60.8065
13	安徽省文一建筑安装有限公司	58.4262
14	安徽省公路桥梁工程有限公司	58.0126
15	中国能源建设集团安徽电力建设第二工程有限公司	54.6113
16	阳光电源股份有限公司	50.7528
17	安徽四建控股集团有限公司	50.3581

有限公司（第107位）、安徽开源路桥有限责任公司（第112位）、安徽国信建设集团有限公司（第124位）、安徽省路港工程有限责任公司（第143位）、安徽四建控股集团有限公司（第160位）、安徽省路桥工程集团有限责任公司（第163位）等13家企业成功上榜2016年度中国建筑业成长性200强企业名单。合肥市建筑业企业核心竞争力持续增强。

【企业资质专业结构】 全市新增5家特级企业，新增36家总承包、专业承包一级企业。截至当年底，全市建筑业企业达3670家，比2016年增加929家。其中，特级企业16家（21项）、占全省特级企业66.67%，总承包一级企业169家，专业承包一级企业174家。一级及以上企业占总数9.35%。全市共有监理企业95家，其中，综合资质4家、占全省甲级总数的66.67%，甲级监理企业46家、占全省甲级总数的52.8%。

【“走出去”发展战略】 鼓励和支持企业以多种形式“走出去”发展，走出合肥，走出安徽，走出国门，抢抓国家支持“一带一路”发展、长三角一体化发展和合肥副中心建设等战略机遇，引导帮扶企业“走出去”发展。支持企业拓展境外市场，争取国外工程承包和国家援外工程项目。加强“驻外办事处”建设，发挥其协调沟通和桥梁纽带作用，为市企业在外发展提供服务便利。加强与长江中游三城市建筑行业之间的发展合作，在武汉、南昌、长沙三市筹建联络办。全年全市建筑业省外完成产值1104.12亿元，占同期总数的26.97%，建筑业外向度进一步提升。

【县域建筑业发展】 发挥县域在市建筑业发展中的重要作用，定期召开四县一市建筑业发展工作例会。与13个县（市）区、开发区建设主管部门对接建筑业奖励政策，精选帮扶，指导建筑业企业资质升级和“走出去”发展，提高一级资质企业数量，如扶持合肥轩安建筑工程有限公司等企业快速成长为总承包一级企业。促进市县建筑业共同发展，全年县域建筑业企业完成施工产值在全市总产值中的占比达18%以上。

【信用体系建设】 推动信用管理平台升级改造，按照“数据一个库、管理一条线、监管一张网”基本思路，认真落实信用示范城市创建工作。将建设领域信用体系建设任务进行分解，做到任务落实到人，责任落实到人。按照“差别化监管”原则，公开披露企业及个人信用信息。通过合肥建设网共新录入、发布建设工程项目信息383条，建设工程企业信息772条，各类不良和良好信用信息168条。对市轨道工程30个在建标段、14家施工单位进行信用考评。与市信用城市建设工作创建组办公室、市招管局等部门实行联动惩戒，加大信用惩戒力度。如鹏达建设集团有限公司等18家企业、方申柱等18人被列入市建筑市场失信者“黑名单”。增强建筑市场“诚信激励”和“失信惩戒”信用意识，形成“一处失信，处处受限”信用氛围。

【混凝土行业监管】 印发《关于做好混凝土搅拌站远程视频监管平台相关设备配置工作的通知》，提出深化综合整治措施，在搅拌站大门入口、搅拌楼出口、料场、场地等适当位置安装高清长视距摄像头，强化日常监管。印发《关于做好全市预拌混凝土专业分包合同备案工作的通知》，推行混凝土供应合同备案制度。印发《关于加强合肥市预拌混凝土搅拌站扬尘治理监管工作的通知》《关于开展2017年全市混凝土企业考核工作的通知》，加强对全市85家混凝土企业、95个搅拌站监管考核，采取各县（市）区建设主管部门互查方式评定“优秀”39个站，占41.1%，其余56个站为“合格”。

建筑节能

【可再生能源建筑应用和绿色建筑】 2017年，合肥市新增节能建筑面积1746.76万平方米，建筑节能设计标准执行率100%，施工执行率100%。通过建筑节能和绿色建筑规划方案专项审查新增绿色建筑项目330个，总建筑面积4030.3万平方米；新增可再生能源应用项目323个，总建筑面积4148万平方米。获绿色建筑设计标识项目48个，总建筑面积632.92万平方米；累计获绿色建筑标识项目120个，总建筑面积2072.02万平方米。获得省级绿色建筑示范项目7个，示范面积68.1万平方米，累计获省级绿色建筑示范项目49个，占全省43%。

【政策法规】 《合肥市绿色建筑发展条例》经安徽省人第十二届人民代表大会常务委员会第三十九次会议批准，自2017年10月1日起施行，成为全国市级城市第一部绿色建筑发展条例。出版发行《合肥市建筑工程施工图审查常见问题释疑》（2017版），组织编制安徽省地方标准《合肥市居住/公共建筑节能设计标准》，于2017年1与1日起在全省率先执行65%建筑节能设计标准。牵头开展安徽省地方标准《绿色建筑施工质量验收技术规程》编制工作。

【装配式建筑技术标准体系】 发布执行安徽省《装配整体式混凝土结构工程施工及验收规程》《装配式建筑混凝土预制构件制作与验收规程》和《内浇外挂装配整体式混凝土结构技术规程》。

住宅与房地产管理

【概况】 2017年，合肥市房地产管理局强调控、推租赁、抓保障、促发展，加快建立多主体供给、多渠道保障、租购并举的住房制度，落实中央、省、市房地产市场调控决策部署，“稳市场、控房价”，全市商品住宅销售均价为10574元/平方米，实现“环比不增长”调控目标，房地产市场平稳发展；结合住房租赁全国试点建设，开展调查研究，打造便民高效租赁平台，推动成立国有房屋租赁公司；规范房地产开发企业经营行为，加强项目现场查看、实施动态监管，开展商品房项目销售现场日常巡查和跟踪督查，对违法违规行为加大查处力度；继续优化窗口办理事项流程，全面开展“互联网+政务服务”，实行“阳光审批”，提升窗口服务质量；推进新型物业管理体制机制，加强行业信用体系建设，加快老旧小区物业管理全覆盖；推进公共租赁住房分配与后期管理工作，扩大保障覆盖面；秉持绿色发展理念，发展装配式建筑，荣获国家装配式建筑示范城市称号；以创建文明城市为目标，坚持政府主导、单位和居民共同参与，加快推进老旧小区环境综合整治；围绕法治政府和服务型政府建设，以《法治政府建设实施纲要(2015～2020年)》为指导，健全完善依法行政体系，化解社会矛盾；出台《合肥市物业专项维修资金管理暂行规定》，作为示范模板标杆，位列当年全市十大立法项目之首；完善房产信息云服务平台，促进信息化水平再上新台阶。

全市新建商品房销售合同备案面积1145.78万平方米，同比下降50.16%。其中，商品住宅749.80万平方米，同比下降56.86%（限购区商品住宅309.76万平方米，同比下降63.30%）。全市二手住宅销售422.67万平方米，同比下降51%（其中限购区232.57万平方米，同比下降62%）；全年全市商品房销售均价9927元/平方米，同比上升8.59%；商品住宅销售均价10574元/平方米，同比上升15.85%。其中限购区商品住宅实际销售价格12416元/平方米，同比上升9.85%。全市二手房销售价格10612元/平方米，同比上升24%；全年商品房批准预售面积1508.53万平方米，其中商品住宅1076.15万平方米，同比分别下降31.35%和33.84%。

【住房保障】 以市政府办公厅名义分解、下达2017年省政府与市政府签订的保障性住房目标任务，与县、区、开发区政府层层签订目标责任书，分解任务、量化指标，实行政府绩效目标管理，结果纳入年度目标任务考核和民生工程绩效考核之中。省下达合肥市新开工棚户区改造安置住房目标任务26193套，基本建成9000套（城市棚户区改造安置房5000套、公共租赁住房4000套），全市开工棚户区改造安置住房28826套，占年度目标任务的110.05%；全市新增分配11071套，占年度目标任务的118.77%；全年共基本建成保障性住房16462套，占年度目标任务的182.91%；多方协调市重点局、建投公司及项目属地政府，对接供电、供水和燃气公司，现场解决实际问题，推进廉租住房和市级投资公租房建设进度。调整市区2017年度保障性住房准入条件，将申请家庭年人均收入线由原来的25591元/年、2133元/月，提高到27881元/年、2323元/月，将符合条件的进城落户农民、进城务工农民、外来务工人员、新就业职工及支农支医支教人员纳入住房保障范围；做好国务院第三次大督查指出问题的整改工作，提前完成621套竣工备案一年以上未分配公租房整改任务，10763套公租房全部分配到位；6月28日开展市区第一轮1000户户籍家庭摇号配租工作，11月29日进行市区第二轮1800户户籍家庭摇号配租工作，推进新就业大学毕业生和外来务工人员分配入住工作；支持合肥市住房租赁国家试点城市建设发展需要，将3692套公共租赁住房划转为租赁住房，面向社会出租。市本级公租房实物配租户籍家庭小区16个，在保家庭12258户，须参加年审9537户，当年审核7008户，发腾退通知（初审）418户。进行公租房申请家庭审核公示，其中本市户籍家庭7批共计2487户，外来务工和新就业大学生26批5853户，无房家庭14批580户；市区中等偏下收入住房困难家庭2735户纳入保障，其中发放租赁补贴2155户，共发放262万元，保障新就业无房职工和外来务工人员1506人，全年公租房租金收缴3010.67万元，收缴率99.4%以上。完成山湖苑四期、京华世家二三期、滨湖竹园、蜀山产业园四期等小区3015套腾空房源的选房配租工作；签订后期管理委托协议，明确双方责任、

塘西河公园

义务、委托价款，建立健全考核机制，考核结果与委托经费挂钩，按照考核结果计算、拨付现场管理费和物业补贴费，定期开展入户回访，重点加强安全生产、租金收缴、转租、长期空置公租房、腾退公租房、空置房源、现场档案检查和管理工作。结合工作实际制订《经济适用住房上市交易申请指南》，完善工作流程，压缩审批时限。经济房上市共28户，其中同和民康9户，滨湖惠园14户，丁香家园5户，共收取土地收益金437万元。依据《合肥市本级廉租住房维修维护经费使用暂行办法》，严格执行维修申报及结算程序，合理使用维修经费，廉租房超期维修费用发生总额为279.33万元，接管直管公房2017年大中修工作；全市盘活市本级财政投资建设的公租房3692套，分别用于租赁试点房源和拆迁项目安置临时过渡用房。

【房地产市场调控】 加强市场监测，实行房地产市场数据“日报送、周分析、月汇总”制度，每天对全市住房备案价格实时调度，确保以天为时段的备案均价不超过10584元/平方米，配合合肥调查队做好“城房指数”调查工作，确保环比不上涨；坚持月分析制度，每月参加市财政局财税联席会，为市领导决策提供基础数据。坚决落实限购政策，严格政策界限，坚决防止钻空子、搞变通，针对开发企业规避限购、限价政策，限制了企业整栋、多套转让及抵押商品住房行为，严格限购查询、购房资格认定，与人社、税务、公安部门建立社保、纳税和户籍核查联动机制；集体研究特殊群体、特别情形的购房申请；对房屋被征收户的限购政策作出规定；针对户籍制度改革，对挂靠家庭户购房明确界限；实施限购政策14个月来，办理户籍家庭商品房限购查询3.1万户、存量房限购查询近8600户。加强部门联动调控，与物价、合肥调查队建立联席会议制度，定期会商商品住房明码标价备案、销售合同网签数量和价格、城房指数等问题；与国土资源、规划等部门共同开展增加居住用地、管控土地出让价格、增加中小户型商品住房供应，和相关部门开展出让土地项目清理；与人民银行、金融办等部门就限贷政策执行、维护首套房利率稳定进行协调，维护群众利益，防范金融风险。加强县（市）调控工作指导，多次召开房地产调控工作布置会，指导县（市）开展网签备案和统计上报工作；向县市发出风险提示函5份，对房价涨幅较大、群众投诉较多、舆论反映强烈的县（市）约谈7次；分别走访巢湖、庐江、肥东等县（市），进行现场指导；统计分析县（市）热点区域房价；更加注重地方政府调控责任和权力统一，在土地、金融、财税等方面赋予地方政府一定的政策空间，力促县（市）房地产市场平稳健康发展。慎重做好舆论引导，针对合肥房价“腰斩”、信贷利率上调、团购低价房、文一申请破产、调控政策松绑等负面舆情，积极回应社会关切，网上公开回复，全年办理领导信箱、网友留言等2000余件。

【房地产市场交易管理】 制定出台《关于进一步规范房地产开发项目车位（库）销售管理工作的通知》，出台车位销售相关规定。设立阜南路和要素大市场两处存量房网签窗口，全面推行存量房交易网签工作，主动与地税、不动产登记部门沟通联系，召开存量房交易网签与纳税工作协调会，完善系统对接功能，实现存量房交易、登记和税收征缴信息互联互通，实时共享；研究制定存量房交易合同网签工作方案，细化工作流程，提高服务水平；纳入存量房网签系统经纪机构约340余家，市本级存量房网签30100余份、315万平方米，其中通过窗口办理约6300份、91万平方米。推动房地产信息化平台建设，建成全市房产信息资源共享库。制定各部门岗位职责，更新业务流程，精简办事环节，为适应不动产登记职能划转后的工作职能转变，按照市编办核定的“三定方案”，全面梳理和制定各部门工作职责和部门负责人岗位职责，更新办理流程、受理标准、收件要求，制定服务指南；加强与相关部门沟通，特别是限购查询工作中，主动与公安、社保、不动产登记等部门联系协调，堵塞工作漏洞、方便群众办事。

【房地产备案与测绘管理】 商品房合同备案、变更和楼盘表发布等业务大幅上升，在办理恒大广场、华府骏苑、合肥汽配城等项目业务时，主动配合当地政府和企业解决问题，确保处置工作合法合规；总结出现的新问题，探索解决开发企业未向业主售出的车位出售、出租以及市场化营运问题，为企业盘活资产提供政策支持；全年共完成楼盘表发布1026幢、楼盘表变更79幢、合同备案审核81344户、退房及买受人变更1997户，商品房限购查询3.1万户，预查封设立和注销967件。抓好《房产测量规范》和《合肥市房屋建筑面积计算补充规定》等有关政策法规的落实，通过现场看、对比查、反复学，准确熟练地用于工作实际；对房产测绘中新出现的面积计算问题进行归集和整理，多次召集测绘单位的技术骨干对新增条款进行研究、讨论，召开座谈会征求意见，完成《补充规定》修订并报送市法规办；全年共受理房产测绘申报2400件，建筑面积2542.61万平方米，完成测绘业务3531件，建筑面积4102.56万平方米。

【建筑产业化】 全市装配式建筑面积累计达650万平方米以上，投入使用经开区出口加工区公租房、新站平板显示基地公租房、中科大人才公寓和专家楼、花园大道公租房和滨河小区回迁房等；推进滨湖桂园安置房、蜀山产业园三期四期、兰州路公租房、湖畔新城安置房、滨湖润园安置房和万锦花园（龙川路装配式商品房项目）等项目。计划开工装配式建筑164万平方米，实际开工项目6个，分别为滨湖沁园安置房（96万平方米）、中央公馆（万科装配式商品房项目、11.4万平方米）、庐阳DT产业园（34万平方米）、新站区磨店家园一期（45.3万平方米）、经开区锦绣蔡岗棚户区改造（18.4万平方米）和习友路棚户区改造项目（15.8万平方米），总建筑面积220.6万平方米，占当年新建建筑面积的比例达到5.3%，占全年目标任务的134.51%。落实市政府《关于加快推进建筑产业化发展的实施意见》文件精神，在保障性安居工程、拆迁安置房等政府投资项目中率先采用装配式建筑技术，在经营性土地出让计划中安排装配式建筑项目建设用地，在土地出让合同中明确规定：人才公寓施工和建设必须使用装配式建筑技术。市住宅产业化工作领导小组办公室印发《合肥市装配式建筑实施方案及实施计划》《合肥市建筑产业化千亿产业发展规划（2015～2020）》，明确市装配式建筑发展目标、重点任务、支持政策和保障措施。发布国家标准四部、安徽省地方标准十一部、合肥市技术导则三部；编制《内浇外挂装配整体式混凝土结构技术规程》《装配式住宅装修技术规程》两部安徽省地方标准，其中，省标《装配式住宅装修技术规程》（编号为DB34/T 5070—2017）于10月1日颁布实施，省标《内浇外挂装配整体式混凝土结构技术规程》通过评审会审查。在引进装配式建筑龙头企业同时，引导大型房地产开发、建筑施工等企业向装配式建筑方向转型和升级，鼓励以大型房地产开发、建筑施工、预制构件生产企业为龙头建立产业联盟，整合产业链资源，实现上下游企业优势互补、合作共赢；通过引导和带动，安徽建工集团建设了装配式预制构件工厂，中海地产、万科地产与相关产业化企业签订战略合作协议，以装配式技术进行商品房建设。

根据国家住建部建筑节能与科技司《关于组织申报2017年装配式建筑示范城市和产业基地的通知》文件精神，合肥作为“国家住宅产业现代化综合试点城市”，并且在装配式建筑方面起到示范引领的城市，组织申报了国家装配式建筑示范城市。11月，住建部认定合肥市和合肥经济技术开发区为第一批装配式建筑示范城市，富煌钢构、鸿路钢构、安徽建工集团等5家企业被认定为第一批装配式建筑产业基地。根据省住建厅《关于开展2016年绿色建筑及建筑产业现代化以奖代补专项资金支持项目绩效评价自评工作的通知》要求，组织开展以奖代补专项资金支持项目绩效评价自评工作，先后对安徽省建筑产业化综合试点城市（合肥市）和中建国际—安徽海龙建筑工业有限公司等11个示范基地开展绩效评价自评，配合省财政厅和省住建厅对安徽建工集团有限公司进行绩效评价；为市获省建筑产业现代化示范基地以奖代补资金的13个项目，及时拨付示范基地补助资金780万元，专项用于支持建筑产业现代化示范基地建设。根据市房产局、市财政局印发的《合肥市建筑产业化省级奖补资金使用办法》，组织开展建筑产业化省级奖补资金的申报、评审工作；经过企业申报、专家评审、查看现场、查阅资料、网上公示等程序，最终确定合肥市建筑产业化省级奖补资金的奖补对象为合肥市滨湖新区建设投资有限公司、合肥海恒投资控股集团公司、安徽建筑大学等 16 家单位，使用范围包括项目建设、课题研究、科技奖、发明专利、实用新型专利、工法等 6 个类别，共计 87 个奖补项目，总计奖补金额为 401.0495 万元。

【老旧小区环境整治】 县（市）共有 8 个老旧小区列入省民生工程，总建筑面积 39.16 万平方米，预估资金 0.51 亿元。市本级计划整治 192 个小区，总建筑面积 358.03 万平方米，预估资金 7.16 亿元，按照 6：4 比例承担，市级承担 4.30 亿元，区（开发区）承担 2.86 亿元，其中 5000 平方米以下的 111 个，由区、开发区自行组织实施，5000 平方米以上的 81 个由市组织实施。制定 2017 ～ 2019 年老旧小区环境综合整治工作方案，按照《合肥市老旧小区环境综合整治工作实施意见》，实施老旧小区整治范围、整治内容和整治工作流程；完成 417 个老旧小区环境综合整治任务，总建筑面积 696 万平方米，预估投入资金 13.92 亿元（不含供暖改造资金）。根据安徽省人民政府专题会议纪要《研究在肥中直省直单位老大院和省属企业职工家属区整治改造工作》（第 134 号）和安徽省城镇规划建设管理联席会议办公室《关于进一步做好老旧小区情况调查摸底的通知》要求，组织各区政府和开发区管委会对所在辖区内的中直省直老旧小区情况进行全面调查摸底，对在市区范围内的中直省直单位老大院进行确认核对，经各区政府梳理、审核、确认上报，有中直省直 173 个老旧小区未整治，按照“两治三改”要求，三年完成 173 个老旧小区环境综合整治任务，总建筑面积 356.09 万平方米，预估总投资 10.68 亿元。

【行政执法】 全面实现规范性文件报审报备工作电子化，通过平台审查报备《关于进一步规范房地产开发项目车位（库）销售管理工作的通知》《合肥市物业专项维修资金管理暂行规定》等规范性文件，并统一通过政府信息公开目录系统向社会公布；结合不动产登记职能划转，对实施的 42 个规范性文件，逐项进行清理，及时废止“放管服”工作中清理出来的文件，提出对《关于进一步加强房屋登记工作若干意见》等 6 个规范性文件予以作废建议。制定《重大行政决策合法性审查制度》，把房地产和住房保障年度计划、棚户区改造计划的制定和实施，房地产市场经营行为规范、市场秩序整顿、房地产宏观调控政策执行和细化，物业管理模式确定、组织或举办涉及公共安全重大活动全部纳入；印发《关于公布市房产局重大行政执法决定法制审核目录清单的通知》，将重大行政执法决定法制审核目录清单在政务网站予以公布，纳入局属各单位年度目标考核；对在重大事项决策过程中应评估而未评估或组织实施评估流于形式，防范化解工作不落实、不到位，引发不稳定问题或群体性事件，给社会稳定造成严重影响的，依照《合肥市维护社会稳定工作若干规定》和《市房地产管理局重大事项社会稳定风险评估实施方案》进行责任追究。推行行政执法公示制度、执法全过程记录制度和重大执法决定法制审核制度，规范执法行为，实行全过程记录制度，尤其对“双随机一公开”随机抽查结果开展通报制度，行政处罚事项规范归档制度，做到行政执法全过程留痕迹；建立重大行政决策目录管理，制定《重大行政决策合法性审查制度》。运用网上监督平台提高依法行政工作效率，加强行政执法人员网上信息审查、执法证申领和注销工作；严格规范性文件网上审查和备案制度；利用监督平台申报行政处罚群众公议，全年 4 项行政处罚案件中 1 件开展执法部门现场公议、3 件开展行政处罚网上公议。全面开展执法人员清理工作，参加行政执法资格认证的考试人员均须通过市编办和法制办资格审核；对执法资格到期人员执法证全部注销，杜绝聘用人员、合同工从事行政执法工作；利用开展行政执法案卷评查活动，组织对行政执法辅助人员进行现场培训，印发培训教材供行政执法辅助人员在工作中对照学习，推进行政执法与刑事司法衔接工作，研究探索涉及房地产行业管理的执法衔接。全年 212 人参加执法资格认证培训、系统行政执法辅助人员培训、法律法规培训，印发《2017 年度合肥市房地产系统行政执法培训材料汇编》。

【信访维稳】 2017 年共办理人大建议和政协提案 43 件，其中省人大建议 5 件，省政协提案 1 件，市人大建议（议案）10 件，市政协提案 27 件，涉及物业管理类 21 件、商品房市场管理 7 件、老旧小区整治 6 件、租赁管理 4 件、住房保障 2 件、其他 3 件，全部按时办结，在市政协组织的政协提案办理考核中被评为优秀办理单位。建立健全群众投诉举报登记制度，畅通房产热线、信访网上受理、领导信箱，共接听 12345 市长热线 4086 次，办理 12345 政府服务直通车 5276 件；办理市信访局转办件 31 件；信访复核 2 件，中安在线 13 件、群众来信 5 件，办结率 98.5%，每件都严格按照信访回访制度落实。协助辖区蜀山区人民法院关于大溪地项目庭审调查、蜀山区公安局刘明于案件调查，落实国开公馆、宝利丰广场等6个相关楼盘的司法裁决。严格做到信息公开及时准确，抓好行政许可和行政处罚信息“七天双公示”工作，要求责任处室在下达决定书的同时，同步进行“七天双公示”信息公开，全年办理行政处罚4件，行政诉讼案件18件，行政复议4件。指定专人负责商品房销售备案的查解封工作，开通绿色通道，全年共履行法院判决、裁定解除查封商品房备案967件。落实《市房产局通过法定途径处理信访投诉请求分类清单》梳理分类信访事项，梳理分类清单中的法律法规政策依据，掌握具体条款内容，理解把握好分类处理途径，增强依法办理群众诉求的能力；通过网站、电子显示屏、制作宣传册（单）等多种渠道和方式进行宣传，在来访接待场所设立有关分类处理途径标识，引导来访群众通过法定途径解决自身诉求，引导粤诚置业与业主通过司法途径解决延期交房纠纷、博澳丽苑项目业主交房后无法办证问题、东方广场项目被债权人申请司法限制与施工单位存在工程款纠纷等30多个问题通过法律途径解决，坚持确保行政首长出庭率100%。

【房屋维修资金管理】 加大维修资金政策宣传力度和人员培训，2017年通过《新安晚报》《合肥晚报》、合肥电视台等新闻媒体对《合肥市物业专项维修资金管理暂行规定》修订工作跟进报道，先后达40多次；开展业务培训工作，包括新的维修资金管理系统使用、优化维修资金使用流程及网上备案等，通过送教上门培训、委托相关培训机构代培及分区分片自培等方式，共计培训407人次；做好群众来电来访等咨询和解答工作，全年共计接听解答业务咨询电话3877个，接待群众来访近1700人次。开展物业专项维修资金管理修订工作，对维修资金交存标准条款进行修订和完善，将维修资金交存标准修改为由业主按所拥有物业的建筑面积计算交存，新的《合肥市物业专项维修资金管理暂行规定》于11月21日经市政府第102次常务会议讨论通过，并于12月1日印发执行。根据国家建设部、财政部《住宅专项维修资金管理办法》《安徽省物业专项维修资金管理暂行办法》《合肥市物业专项维修资金管理暂行规定》精神，《合肥市市区物业专项维修资金增值收益分配办法（试行）》于当年印发执行。按照“立足管理、突出服务”的建设目标，对物业专项维修资金管理系统进行全新设计，建立市、区、街道、社区、物业管理区域一体化的维修资金信息化管理工作平台，通过市数据资源局、市财政局组织的专家验收，于12月1日上线运行。全年归集维修资金14.88亿元，累计归集维修资金126.15亿元，累计增值收益12.2亿元；共计办理二手房交易维修资金过户业务1743笔，涉及维修资金2022.81万元，建筑面积达19.78万平方米；共建立和修改电子楼盘表1315幢，核对51个小区的《业主分户清册》108109户，邮寄维修资金对账单6万份；受理维修资金申报、支用项目78个，惠及4918户业主，建筑面积49.46万平方米，项目预算达499.30万元。

【房屋租赁】 推动住房租赁试点建设，先后起草《合肥市住房租赁试点工作实施方案》《关于加快推进合肥市住房租赁试点工作的通知》，打造合肥市住房租赁交易服务监管平台，协调推进住房租赁用地供应，推动各区成立国有房屋租赁公司，培育社会租赁企业，制定房屋租赁合同示范文本，组织学习培训；试点政策先后召开数十次协调会，征求市国土、规划、教育、医疗、社保等部门意见，与国资、建投、金融机构等单位对接，组织工作人员赴广州、佛山等城市进行学习考察，邀请杭州有关专家开展经验交流，分析研究住房租赁试点城市实施方案；试点文件从培育市场租赁主体、多渠道筹集租赁房源、构建住房租赁服务和监管体系、鼓励住房租赁消费等方面提出政策措施，在义务教育、财政奖补等多个方面取得突破和创新；试点政策中将租赁住房建设用地供应纳入年度土地供应计划，年度租赁住房用地供应面积（含配建）占新建商品住房用地供应面积约15%。与市国土、规划、土储等部门和各区（开发区）建立协调联络机制，协调推进住房租赁用地上市供应，合肥市首宗租赁住房建设用地于11月23日挂网拍卖，面积为4.6公顷，可建住房约10万平方米。打造便民高效租赁平台，协调市发改委、财政局、数据资源局、公管局等部门完成项目可行性报告和方案编制、论证，完成项目立项和资金安排以及招投标工作，参与研发和测试，平台于12月20日上线运行。为建立以国有租赁企业为引领、社会租赁企业为基础的住房租赁服务市场，形成多元化的市场供应主体，协调各区（开发区）组建国有房屋租赁公司，开展政策性和市场化的房屋租赁工作；合肥市建设投资控股（集团）有限公司投资成立市级合肥市房屋租赁有限公司，主城区、开发区分别成立区级国有房屋租赁公司。协调市财政局、市国资委，将瑶海区都市科技公租房、新站区北岗公租房、包河区兰州路公租房和蜀山产业园四期部分公租房共3692套，划转委托市国有房屋租赁公司运营，转为社会租赁房源。在组建国有房屋租赁公司的同时，引进和培育社会租赁企业，万科泊寓、龙湖地产、世联红璞等国内知名企业进驻合肥并开展住房租赁业务，培育了悦客艾家、孟邻等本地专业住房租赁公司，鼓励链家、中皖辉达等大型房地产经纪机构加大住房租赁业务开展力度，经营规模超过1000间的住房租赁企业超过10家。制定合同示范文本，会同市工商局共同制定《合肥市房屋租赁合同》（示范文本），示范文本对房屋权属情况、居住要求、租赁期限、押金、房屋的交付返还、房屋维护及维修等双方权利和义务等方面作出约定，特别强调了租赁合同登记备案的主体和方式。

【房屋中介管理】 全面落实国家、省、市有关政策措施，严格执行住建部等七部门《关于加强房地产中介管理促进行业健康发展的意见》，开展中介市场行为治理，严肃查处房地产经纪机构违法违规行为。开展中介市场行为专项整治，先后开展两轮中介机构专项督查，共抽查50余家房地产中介公司，下发4份整改通知书，责令2家门店停业整顿，移交市城管局进行行政处罚1例。配合国家发改委和住建部对市房地产中介机构门店、商品房销售价格行为进行联合检查，共抽查5家房地产中介机构；配合省厅开展“双随机，一公开”检查，抽查1家房地产评估机构；完成省住建厅投诉转办函5件。加强内部管理，明确工作流程，落实经纪从业人员工作责任，规范房屋交易居间服务行为。当年底共有343家中介机构申请领取了网签密钥，完成房地产经纪机构和房地产经纪人存量房网签初始申请、续期和注销约2000件；存量房网签系统成交42718套，建筑面积418万平方米，成交总金额460亿元。按照“信用合肥”建设发展要求，加强经纪行业信用建设，讨论通过《合肥市房地产经纪行业信用考评暂行办法》和《合肥市房地产经纪机构和经纪人员红黑名单暂行办法》两个规范性文件，报送市法制办备案审查。

【物业政策管理】 2017年3月9日，召开全市物业管理工作大会，各级物业管理部门负责人及管理人员、市区内街道（乡镇）分管物业负责人和全市一级、二级和部分三级物业服务企业负责人约500人参加会议，会议对2016年全市物业管理工作进行全面系统总结和讲评，对普遍存在的问题进行剖析，对2017年全市物业管理工作进行部署。继续完善“两级政府、三级管理、四级网络”的物业管理新体制，形成市局综合协调、各区政府属地负责、街道办事处具体实施、社居委密切配合的工作格局；推进区县级政府建立由街道（乡镇）召集的包括物管、司法、城管、公安、环保、工商等部门参加的物业管理联席会议制度，牵头协调解决住宅小区中跨部门、跨领域问题；加大矛盾纠纷调查处理力度，按照“基础调处、一线调处、及时调处”原则，指导各县、区现场调查处理物业管理矛盾纠纷。全面施行《合肥市物业服务企业和项目经理信用信息管理暂行办法》，推进物业服务企业信用体系档案的建立，要求各区加大检查督查力度，完善不良信息采集手段，给予18家企业涉及24个小区的不良信息记录，约束物业企业日常经营行为，推进物业服务企业信用体系档案的建立。落实完成环境综合整治小区后期物业管理工作，通过考核奖补的方式督促和鼓励区政府通过多种途径落实整治后管理责任，会同各区（开发区）物业管理部门，按照《关于印发〈合肥市2017年度老旧小区环境综合整治后期物业管理奖补资金使用管理办法〉》，采取街道申报、各区考核、综合复核的程序，对年度老旧小区整治后期物业管理进行考核，整治后实施物业管理的老旧小区共300个，物业覆盖率达92%。做好《安徽省物业管理条例》宣传及贯彻落实工作，集中对全市物业管理行政人员和物业企业进行《安徽省物业管理条例》辅导授课活动，同时组织对街道、社居委物业管理业务培训，提升业务水平和工作能力；印发《安徽省物业管理条例》宣传册2万本，通过报纸、广播等宣传媒体进行宣传。根据市政府管行业必管安全的要求，拟定住宅小区安全生产工作方案，制定年度安全生产工作要点，与各区住建局签订《物业管理工作安全生产目标责任书》；结合行业管理特点，对住宅小区安全生产工作情况进行全面督查，特别是进入汛期以来，下发《关于做好物业小区防汛准备工作的通知》，要求各级物业主管部门和物业企业重点抓好防洪值班，落实应急预案，建立快速反应机制，妥善处置险情。

【烟花爆竹禁放】 根据《合肥市燃放烟花爆竹管理规定》和合肥市限制燃放烟花爆竹工作会议要求，全面配合物业管理小区烟花爆竹禁放工作，制定《市房产局关于开展物业管理小区烟花爆竹禁放工作实施方案》。分别召开各区物业管理部门禁放工作会议和全市物业管理小区禁放工作动员大会，部署物业管理小区烟花爆竹禁放工作，指导各区（开发区）物业管理部门做好各物业管理区域内的禁放宣传、违规燃放劝阻和举报工作。开展工作督查，全面开展禁止燃放烟花爆竹宣传，在小区各出入口、车库出入口、通告栏、单元门、电梯内张贴禁放公告，发放致广大市民的一封信。加强日常工作巡查，积极采取有效措施，提前消除违规燃放隐患，与各区物业管理部门签订责任书，将各区物业管理部门配合开展禁放工作纳入年终考核。对于物业服务企业未履行劝阻、举报工作的要约谈企业负责人、项目负责人，并上报公安部门依据《合肥市燃放烟花爆竹管理规定》进行处罚，住宅小区禁放工作取得明显成效。

【文明创建】 为做好文明创建复牌迎检工作，多次召开各区物业主管部门参加的专题物业小区创建推进部署会，并下发《关于进一步做好物业小区文明创建工作的通知》。5月16日，组织各区物业管理部门在庐阳区金域蓝湾小区召开现场会，专题就物业小区公益广告宣传工作进行部署。会同市文明办在市政务中心小会堂组织召开全市住宅小区文明创建工作部署动员大会，约500人参加。印制《住宅小区文明创建指南》5000份，制作公益广告宣传图片（展板）3000个。共检查小区265个，发现指出问题665处，下达整改通知书166份。要求各区物业管理部门会同街道全面开展物业小区文明创建督查，实施督查检查全覆盖。在正常督查的基础上，组织各区之间互相对照评比检查，鼓励各区开展委托第三方全面测评检查。同时，加大对创建工作的指导协调力度，指导各区物业管理部门扎实开展文明创建攻坚月活动，专门建立8个物业小区文明创建工作微信群（市本级1个，7个区各1个），检查情况随时拍照、随时通报，各区也通过微信群每天报告工作进展，反馈整改情况，交流工作成果。坚持严格奖惩问责，对检查中发现的出现问题的物业小区和物业服务企业，对其进行约谈警告，通报批评。对思想不重视、约谈后仍不整改的物业服务企业，根据《合肥市物业服务企业和项目经理信用信息管理暂行办法》规定，纳入企业诚信档案。

【房地产开发监管】 加强销售现场日常巡查，继续开展商品房项目销售现场日常巡查和跟踪督查，对安徽安通汽贸有限公司“缘梦大厦”等商品房项目累计巡查督察401次。强化现场信息公示，要求销售现场增设“商品房外立面材质公示牌”，各开发企业参照参考样式图例制作外立面材质公示牌，向购房人公示相关楼栋的立面材质标准。加大依法查处力度，约谈开发企业53家，约谈企业负责人127人次，跟踪督查所有被约谈企业的整改情况，责令44家房地产开发企业限期整改；对浙江佳源安徽房地产开发有限公司等10家开发企业予以行政处罚立案调查，对浙江佳源安徽房地产开发有限公司等4家企业的违法违规行为作出行政处罚，向蜀山区政府及公安部门及时移送“原溪贝乐城”涉嫌违法犯罪问题材料；暂停5家企业商品房预售资金拨付；协调处理因“天玥中心”“安粮城市广场”“东祥府”“宝利丰广场”“原溪贝乐城”等项目问题引发的群体性上访事件24起。处理各类市场监管类信访投诉3423件，其中协调处理1505件12345热线投诉；办理省、市书面督办转办件138件；受理群众来访、来电信访事项1780次。全年共开设监管账户526个，取消监管账户483个，监管项目483个，拨付重点监管资金145亿元、一般资金248亿元。参加市建设主管部门召开的建设领域农民工工资会议；组织召开23家房地产开发企业农民工工资专题会议；积极参与辖区政府组织的各项农民工工资处置协调会，督促企业在申请监管资金时，将农民工工资转入农民工工资专用账户。对违规操作的监管银行进行约谈、下发《整改通知书》、信用扣分处理，共约谈监管银行8家，对5家监管银行进行信用扣分，对1家监管银行下发整改通知。多形式、多层次开展法规政策咨询培训，全年咨询培训900余人次；开展监

整治后的蜀山湖公园

督检查，全年开展专盘督查15次、违规约谈40余人次；指导县（市）区物业主管部门实施“痕迹”监督管理工作，推进企业信用管理制度。

加强开发行业管理，提升开发行业管理水平，审核安徽辰龙地产发展有限公司等332家企业资质换证、统计报表及项目手册的审核工作，对于未建立相关制度的企业，下发限期整改通知书4份，并约谈合肥富华置业有限公司等4家企业负责人；严格执行“两书”发放制度，共计发放“两书”114197套。开展房地产开发企业诚信考评，对安徽宝利丰投资发展有限公司、合肥求实瑞发房地产开发有限公司等7家房地产开发企业开展信用考评。规范商品房买卖合同格式条款审查登记，严格按照《关于进一步保持房地产市场平稳健康发展的意见》规定，在对商品住宅配套规划建设的产权车位（库）进行《商品房买卖合同》格式条款备案时，要求申报企业必须提供车位《项目竣工验收备案表》，未经竣工验收的车位，一律不予以合同备案，累计办理合同格式条款审核登记380件。研发房地产开发项目管理系统，加强动态监管，便于实时准确掌握项目进展情况，实现数据共享和综合分析。落实房地产开发项目建设条件意见书制度，主动与国土部门联系，就如何贯彻落实文件精神，提出可操作性意见。

【房产基础工作】 市政务中心房产局审批窗口落实国家和省市行政审批各项改革，推进“互联网+政务服务”，牵头做好社会信用体系建设，完成各项工作任务，全年累计受理各类审批服务事项4615件，其中承诺件1862件，即办件2635件，转报件118件。商品房预售面积1042.79万平方米，其中住宅面积683.65万平方米（6.23万套）。接受市行政服务中心和局转各类咨询、信访回复近3000件，开展并联审批40次，查看项目现场400余家次，延时服务、上门服务、预约服务近百余次。严格规范审批服务，坚持商品房预售许可并联审批制度，加强对高价楼盘预售许可节奏管控，协助局相关处室实现价格控制目标；把好商品房预售许可工程形象进度关，严格执行预售许可完成地上一层施工的要求；协助做好拆迁安置项目申请预售许可工作，为3个安置项目办理了商品房预售许可证；按照省住建厅的要求，二级房地产开发企业资质不再委托各市审批，由省住建厅直接审批后，做好二级房地产开发企业资质初审转报工作，并加强对暂定级和三、四级房地产开发企业资质审批；按照市政府文件，房地产经纪机构及分支机构备案和房地产估价分支机构备案两项政务服务事项纳入“多证合一”，与市工商局联系和沟通，统一纳入工商“多证合一”。牵头做好社会信用体系建设，按照“七天双公示”的相关要求，每周五将商品房预售许可和房地产开发企业资质审批信息上传至“信用合肥”网站公示；按照市社会信用体系建设联席会议办公室要求，每月定期报送社会信用体系建设方面的信息和房地产开发企业信用考评案例；做好社会信用体系建设年终考评工作，按照年终考评要求，对照考评细则，逐条梳理，整理考评材料，装订成册，按时报送。强化服务意识，对企业各类办件采取手续齐全立即办、资料不全指导办、急需项目加快办、特殊项目跟踪办、重大项目督促办；严格落实一次性告知制、首问责任制和AB岗制度；主动解决企业遇到的困难，联系协调市规划、国土等部门，多次召开并联审批会，就企业经营过程中遇到的困难与问题多方征求意见，提出解决方案，为企业排忧解难；推进上门服务、预约服务、走访企业，听取企业意见，了解企业需求，现场宣讲政策。全面公开窗口办事内容、程序和流程，参加市行政服务中心组织的《行政审批事项标准化规范》制定工作，主动联系兄弟单位窗口开展并联审批，开辟绿色通道。推进行政审批网络化建设，通过权力运行平台实现审批业务的全部网上审批，商品房预售许可、房地产企业资质核准、房地产经纪机构备案、白蚁防治等业务在网上申报，实现信息公开透明。

【房屋安全鉴定】 全年受理委托共计完成安全鉴定项目97个，涉及房屋256幢，建筑面积91.20万平方米；鉴定内容覆盖老旧住房使用安全及改造、“三供一业”分离移交、回迁安置小区历史遗留问题办证、申请支取公积金或专项维修基金修缮房屋、中小学幼儿园校舍安全、突发事件与信访应急等；工作任务完成量同比增长15.2%，平均每周鉴定达5幢房屋。推动危旧房改造，按照市领导对《关于蜀山区推动危旧房改造有关情况的报告》批示精神，召开专题会议进行研究和部署，赴蜀山区住建局进行工作调研，了解难点和存在问题，听取治理改造意见，上报《关于市老楼危楼排查改造有关问题的报告》；多次召开四个城区住建局负责人会议，对各区危旧房排查结果、危房总量和拟实施年度计划进行摸底，多方面听取意见和建议；《合肥市城市危旧房改造工作试行方案（草案）》于11月16日上报市政府。按要求开展并完成新机构登记和各类账户开设工作，编制上报2018

滨湖新区一角

年度部门预算；根据《关于分流调整部分局属单位工作人员的通知》和市编办核定局中心的职责，内设安全鉴定、危改监管、技术检测、信息档案、综合行政等五个科室，细化分工，落实职责。职能作用得到发挥，对年度已经鉴定属D级危房的省地方海事局铜陵路22号第1、6、16幢住房、庐阳区双岗街道阜阳路228号3号宿舍楼、瑶海区铜陵路街道合浦南村20、21幢宿舍楼等下达《危险房屋通知书》，推动治理改造；在局网站的政府信息公开栏目公布四批鉴定结果行政确认；组织举办四县一市鉴定机构技术人员参加的《民用建筑可靠性鉴定标准》（GB 50292－2015）、《危险房屋鉴定标准》（JGJ 125－2016）培训宣贯会。

【白蚁防治】 合肥市白蚁所共接收房屋白蚁预防工程3237项，建筑面积3264.7227万平方米（完成目标的326%）；竣工项目2674个，建筑面积2597.42万平方米（完成目标的289%）。加强与开发企业和建设单位的沟通和协作，做好合肥市区新建房屋白蚁预防工程工作，全年外出作业3490次（其中有近1000次是在非正常工作时间完成），未发生一例安全事故和服务对象投诉事件。施工严格按照《城市房屋白蚁防治管理规定》和《房屋白蚁预防技术规程》（JGJ/T245—2011）要求进行，对有问题的预防工程做到当场更正，确保施工质量。按照合肥市政府办公厅《合肥市社会服务管理信息化平台整合工作实施方案》要求，将“白蚁防治申请”（白蚁危害治理申请）和“新建房屋白蚁预防服务”两项业务加入社会服务管理信息化平台，做到专人专项负责。推进“合肥地区白蚁种类及其生态学研究”课题研究工作，开展“合肥地区白蚁种类及其生态学研究”课题白蚁标本后续解剖、鉴定等工作。以包公园为试点，实施开展基于“互联网+”区域白蚁控制智能化技术集成与创新研究。通过在包公园四周及绿化地内安装远程实时型白蚁监控装置并开展综合治理措施，建立完整的白蚁屏障，控制项目区域内的白蚁分布密度，最大程度降低白蚁对包公园的危害风险，逐步实现区域化管理白蚁危害。传统灭治和监测接到求助电话400余次，上门灭治282例，传统灭治采用喷粉法和美国艾氏白蚁饵剂系统，安装监控装置536套，检查维护监测控制装置17377套，补充1123套，更换饵料2331组。在全国率先出台政策，自4月1日起取消白蚁防治行政事业性收费，继续由合肥市白蚁防治研究所提供公益性技术服务。市政府第90次政府常务会议审议通过的《合肥市市级公共服务清单目录》明确，合肥地区白蚁防治具有房屋白蚁灭治服务、房屋白蚁预防服务、白蚁蚁情调查与监测服务、白蚁危害专业科技知识宣传4项公共服务，确定白蚁防治公益属性。

（苏　奎　杨晓飞）

住房公积金管理

【概况】 2017年，合肥市住房公积金管理中心围绕“住房保障”目标，资金管理科学规范，各项工作走在全省住房公积金行业发展前列。全年归集住房公积金总额116.21亿元，同比增8.04%，截至到当年底，累计归集住房公积金805.55亿元，住房公积金归集余额279.01亿元。全年新增住房公积金缴存单位2041个，新增住房公积金开户职工52198人；累计住房公积金开户单位14688家，开户职工131.3万人。全年提取住房公积金总额83.59亿元。全年发放个人住房公积金贷款31.61亿元，累计发放个人住房公积金贷款496.87亿元。获得安徽省第十一届文明单位、省建设系统党员先锋岗，第十一次获省级“住房公积金管理先进单位”、机关党委获得市级“优秀党组织”等荣誉称号。

【公积金制度】 提升制度影响力和政策知晓度，主动到开发园区、人力资源公司开设大讲堂、设立小课堂、发放宣传手册、开展业务培训等，保证宣传不断，业绩不断；把开发企业作为重点宣传对象，要求开发企业不得拒绝缴存人选择住房公积金贷款购房权利，最大限度满足职工购房融资需求。利用合肥市住房公积金公众号、网站、微信、APP等新媒体，定期宣传住房公积金的最新政策；通过与市质监、工商、社保、房产等单位联系，对单位进行调查摸底，及时更新社保、工商等部门提供的信息数据，进行精准化对比筛查，为工作提供准确数据支持；加强对新开户单位缴存基数申报管理，设计并使用“关于确认住房公积金登记缴存基数公示”“住房公积金登记缴存基数确认书”固定模版，促使单位对职工基数申报知晓度，对减少职工离职劳资纠纷、保障职工权益起到积极作用；建立并实施违规失信企业“黑名单”办法，对外发布违规失信企业名单，并对违规失信企业冻结账户，并上报市征信平台，对违规失信企业起到震慑作用。

【业务管理】 在全系统开展“完美服务、从心开始”活动，创新工作思路，转变思想观念，完善制度措施，促进住房公积金业务流程再优化，营造出以“诚心”换“舒心”，以“尽心”换“宽心”，以“耐心”换“顺心”，以“细心”换“放心”，以“贴心”换“安心”的服务环境。实现让群众只入“一个门”、只到“一个窗”、只要“跑一次”就能办成业务，做到让数据多跑路、群众少跑路，以“看得见、用得上、有实效”的完美服务打造住房公积金优质品牌。围绕业务服务重点对内部管理、业务流程、互联网建设等方面进行梳理，共创新优化完善20余条服务项目。以Q3版本系统上线为契机，促进服务水平上台阶。充分发挥G系统和综合服务平台引领作用，推进和建成以客户为中心，涵盖所有业务板块的住房公积金智能化系统，实现内部资源整合和信息共享；探索“互联网+”在住房公积金管理工作中的优化和集成作用，完善服务渠道，让缴存人“多走网路、少走马路”，提升行政管理和业务办理便捷性、安全性。提升贷款管理，以业务系统版本升级为契机，提升贷款管理工作效率，在业务系统版本升级过程中，完善决策系统报表及贷款数据，确保报表内容真实、全面反映业务发生情况，利用信息化手段提升对贷款受理时限和担保费监督管理效率，使贷款信息数据更加准确。对受托银行贷款业务考核从指标、部门、标准及职责义务上重新合理划分，确保住房公积金贷款服务管理适应新流程，保障贷款业务、健康发展。加强对银行、担保机构督促检查，并对存在的问题提出整改意见。规范文件审查，以规范文件合法性审查为抓手，结合“放管服”改革。规范重大决策的合法性，先后出台《关于开展重大行政执法决定法制审核工作的通知》《关于重大行政决策合法性审查制度的通知》《关于进一步加强行政机关内部重大行政决策合法性审查工作有关事项的意见》，使重大行政事项集体决策制度有保障，确保重大行政决策科学、规范，防范决策风险。

【风险防控】 开展“双随机一公开”检查，随机抽取单位进行住房公积金缴存情况检查，并向存在问题单位发送住房公积金催建催缴通知书，责令限期进行整改，公开抽查结果和查处情况。开展实时稽核，防范违规行为，针对骗提套取住房公积金的现象，开展业务实时稽核，加强对提取、贷款审核监管力度，对违规行为采取电话通知、寄送告知函、当面约谈、依法冻结住房公积金账户等多种形式，加大对职工法律法规的宣传教育，遏制各种违规行为。依法开展行政工作，先后对部分处室及兴泰担保公司开展专项内审工作，实地查验相关资料，出具书面报告，要求及时整改。加强政策调控，把握“房子是用来住的，不是用来炒的”定位，按照市政府房地产市场调控政策要求，根据《关于进一步为促进市房地产市场平稳健康发展的若干意见》文件规定，从严控制住房公积金贷款政策。强化资金管理，合理配置融资结构，防范融资风险，强化资金调度，在防范流动性风险的同时，提高资金的使用效率。在控制银行授信融资风险的同时，探索存量贷款“公转商”融资方式，制定《融资计划及风险控制办法》，加强对融资风险的控制。强化贷款风险防控，强化日常监控，严格落实银行、担保公司考核办法，督促受托银行、担保公司加强对逾期贷款的跟踪和催收工作，遏制不良贷款产生。截至到当年底，贷款逾期率为0.2‰，未发生任何坏账损失。做好信息安全保障工作，规避资金风险，对网站、重要信息系统开展安全检查。

（李微薇）

责任编辑：陶俊生

综　述

【概况】 2017年，合肥市环保局以改善环境质量为核心，以中央环境保护督察反馈意见整改为重点，精准推进水、大气、土壤污染防治，深化环保领域改革，推动绿色发展，提升监管水平，生态环境保护取得成效，生态环境质量趋好，环境安全状况保持稳定。

水环境方面，巢湖湖区水质为V类，呈轻度富营养化状态，富营养状态指数为56.1，其中东半湖Ⅳ类，西半湖V类，均为轻度富营养化状态，全湖水体营养状态同比无明显变化。全市纳入国家及省考核的15个断面水质，14个达到年度考核要求，其中优良（达到或优于III类）比例为60%。巢湖蓝藻水华程度以“零星性水华”为主，藻密度、水华发生频次及面积状况同比明显好转，全湖藻类密度同比下降30.0%，水华次数同比减少28次。城市集中式饮用水源水质保持达标。南淝河、十五里河、派河等重污染河流为劣V类，十五里河氨氮、总磷浓度同比分别下降37%和34%；派河氨氮、总磷浓度同比分别下降17%和2%。双桥河平均水质由劣V类好转至Ⅳ类。

大气环境方面，合肥市空气质量优良天数222天，优良率61.2%，其中优、良好、轻度污染、中度污染、重度污染天数分别为47、175、113、22、6天，同比优良率减少7.9个百分点，重度污染天气减少1天。可吸入颗粒物（PM10）、细颗粒物（PM2.5）年均浓度分别为80微克/立方米和56微克/立方米，同比下降3.6%和1.8%，为全省唯一双下降城市，首次获全省年度考核“优秀”等次。二氧化硫、二氧化氮、臭氧年均浓度分别为12微克/立方米、52微克/立方米、101微克/立方米，一氧化碳年均浓度为0.9毫克/立方米，其中二氧化氮、臭氧浓度同比分别上升13%和11%。

声环境方面，合肥市声环境质量总体较好，全市区域环境噪声等效声级为54.0分贝，道路交通噪声等效声级68.2分贝，符合标准值要求；功能区噪声均符合相应功能区标准要求，同比基本持平。

【中央环境保护督察问题整改】 省第一环保督察组对合肥市开展环境保护督察，中央第四环保督察组对安徽省开展环境保护督察，并下沉合肥市进行督察。市委、市政府召开会议研究部署，成立市政府主要领导担任组长的协调保障小组，发挥新闻媒体作用，及时公布举报热线，督察期间转办的1129件信访件全部办结，共责令整改762家企业，立案处罚273家企业、罚款金额318.495万元。意见反馈后，市委、市政府第一时间研究部署整改工作，主要负责同志专程赴环保部汇报沟通，制定下发《贯彻落实中央第四环境保护督察组督察反馈意见整改实施方案》，向36个责任单位下达整改任务书。从省巢管局、市环保局等11家单位抽调骨干力量集中办公。把突出环境问题整改纳入市政府目标管理绩效考核范围，采取定期调度、专项督查、明查暗访、整改复查等方式，层层传导工作压力以推进整改。各地、各部门按照“基本+”的方式，列出整改“时间表”和“路线图”，精细化推进整改任务落实。截至到当年底，涉及合肥市的55项整改任务，完成41项（当年底应完成40项）。

【水污染防治】 出台《关于建设绿色发展美丽巢湖的意见》，系统谋划6个方面19项主要任务，巢湖水质总体稳定，蓝藻密度总体呈现下降趋势。攻坚重污染河流治理，建立健全四级河长制体系，组织实施南淝河、十五里河、派河、双桥河等重污染河流达标方案，完成重点项目32项、在建24项，双桥河解除区域限批，十五里河、派河主要污染物浓度显著下降。围绕断面水质达标，完善调度、考核、预警机制，推进工业、城镇、农业农村、饮用水水源地污染治理，出台水污染防治行动计划考核规定，全市16个省级及以上工业聚集区建成污水集中处理设施15个，完成十五里河三期、小仓房一期等提标改造，清溪净水厂通水运行，新增污水管网400余公里，禁养区内927家规模畜禽养殖场全部搬迁或关闭。一体化推进农村垃圾污水厕所专项整治“三大革命”，完成100个建制村环境综合整治任务。整治完成蜀峰湾南湖、许小河等城区4个黑臭水体。董铺水库、大房郢水库城市饮用水水源地水质稳定达标，完成6个县级及以上集中式饮用水水源地规范化建设。

【大气污染防治】 制定2017年蓝天行动方案，开展工业污染源全面达标及升级改造等十大专项行动，共实施大气治理项目816个，完成挥发性有机物治理项目54个，基本完成黄标车淘汰任务，全面供应符合国Ⅴ标准的车用柴油、汽油，实行全域全年全面秸秆禁烧，全面启动餐饮油烟整治，采用GPS、视频监控等技术手段监管施工工地、道路、渣土运输，累计推广新型环保渣土车3370辆。修订《合肥市燃放烟花爆竹管理规定》，持续加强秋冬季大气污染应急管控，秋冬季空气质量进一步提升。

【土壤污染防治】 出台实施《合肥市土壤污染防治工作实施方案》，完成土壤污染治理和修复规划编制工作，推进中盐红四方、马合钢等场地调查与修复试点项目。与33家重点企业签订土壤污染防治责任书，公布300家土壤环境重点监管企业名单，完成重点行业企业空间位置遥感定位和农用地点位置核实。深化危险废物规范化管理督查，严密防范和严厉打击非法转移、处置和倾倒行为，开展电子废物等再生利用行业清理整顿。

【环境监管执法】 依法从严从重打击环境违法行为，各级环保部门共实施环境行政行为案件数1403件（立案处罚836件），处罚金额3002万元，同比分别上升217%和46%；适用新《环境保护法》及四个配套办法查处环境违法案件400件（其中实施查封、扣押案件186件，实施限产、停产案件201件，移送行政拘留12起，移送涉嫌环境污染犯罪案件1件），同比上升210%，数量位列全省第二。贯彻落实《工业污染源全面达标排放计划》，采取加大超标排放整治力度、加大环境监管执法频次、在线监控运行监管等措施，推动工业污染源达标排放。出台《合肥市生态环境监测网络建设实施方案（2016～2020年）》，提升环境监测能力。修订《合肥市重污染天气应急预案》，成功举办无脚本、全实战的辐射事故应急演练。开展放射源安全保障专项执法行动，收贮废旧放射源20枚。全市环境安全保持稳定，没有发生突发环境事件。

【绿色发展】 合肥市实施绿色发展行动计划，会同市发改委、市林园局成立绿色发展专项小组

包河公园

办公室，统筹推进绿色发展行动计划。制定实施《合肥市绿色发展行动计划实施方案》及4个施工方案，形成“行动计划—年度实施方案—施工方案”推进体系。落实市实施“五大发展行动计划”工作推进机制，加强与省绿色发展行动计划领导小组办公室和市级成员单位协调联络，加强重点事项落实情况的监督检查，开展绿色发展情况考核评估。

（孔　健）

节能减排

【概况】 2017年，全市全社会能源消费总量（等价值）2216.60万吨标准煤，同比增长2.82%，低于省控目标和GDP增幅0.12和5.68个百分点；单位GDP能耗0.3229吨标准煤/万元，同比下降5.22%，超省控目标1.56个百分点。全市第一产业能耗52.01万吨标准煤，增粘3.7%，增幅较上年回落4.7个百分点，占全社会能耗2.35%，同比提高0.02个百分点；第二产业能耗为1041.28万吨标准煤，由2016年度下降4.2%转变为增长0.8%，低于第二产业增加值增速7.8个百分点，占全社会能耗47.0%，同比下降0.9个百分点；第三产业能耗766.02万吨标准煤，同比增长5.3%，增幅较上年回落4.7个百分点，比增加值增速低3.6个百分点，占全社会能耗34.6%，同比提高0.8个百分点。居民生活能耗为357.26万吨标准煤，同比增长3.5%，较2016年回落3.5个百分点，占全社会能耗11.3%，同比提高0.1个百分点。全市工业能耗893.80万吨标准煤，同比增加7.77万吨标准煤，增长0.9%，低于全社会能耗增幅1.9个百分点；占全市总能耗的40.3%，同比下降0.8个百分点；单位工业增加值能耗0.3576吨标煤/万元。同比下降7.79%，降幅高于单位GDP能耗2.57个百分点。

【节能技术】 编制并发布《合肥市推荐应用节能环保产品、技术第八批导向目录》，向全社会推广安徽环瑞三层共挤技术自限温伴热带（低温LSR；中温SSR）、摩克动力无水冷却液、舜禹水务管网叠压变频成套设备（SY—DY/Z系列）等32款节能环保产品；向建材行业、将压缩空气作为动力源的制造型企业以及热水生产和供应行业分别推荐国瑞集成轻钢装配式房屋机喷快建墙技术、科迈捷智慧空压站以及合肥顺昌智能化太阳能热水系统等三项目节能环保技术。组织全市企业申报安徽省工业领域节能环保产业“五个一百”推介目录，合肥市欧鹏巴赫新能源的锂离子动力电池总成、合意环保的新型铁合金冶炼矿热炉烟气处理系统、金月节能的高效节能加热块等43款节能环保产品，以及新富地能源的浅层地热能源系统、国轩高科的报废锂离子电池资源回收技术、元琛环保的脱硝除尘一体化协同治理超净排放过滤材料关键技术等29项节能环保先进技术成功入选。

【节能项目】 动员全市家电、装备、电子、食品等行业的龙头企业申报2017年绿色制造系统集成项目，国晶微电子、侬安康食品、宏源铁塔及恒泰动力等4个企业项目成功获得国家工信部支持（全省获支持项目6个，全国142个）。市皖维高新的聚酯装置导热油系统节能减排改造项目、徽商汽车的年拆解报废汽车5万辆（一期）项目、博一流体的年产1000台绿色产品BDF系列军民两用液压阀项目等24个项目成功入选省节能环保“五个一百”重点项目，总投资超过24亿元。组织实施市级重点节能技改、工业节水项目，共有31个节能技改项目和8个工业节水项目列入市级项目库，至当年底共完成技改项目22个、节水项目3个，实现节能量34656.5吨标准煤、节水量79.94万立方米。

【用能管理】 通过政府购买服务方式为全市32户重点用能企业提供能源审计服务，审计报告全部通过省发改委审核；启动能源管理体系二期建设工作，拟为全市50户重点用能单位提供能源管理体系咨询与认证服务，至当年底完成第三方机构招标工作；推进重点用能单位在线监测系统建设，完成一期62户重点用能单位能耗在线监测，并计划启动二期项目招标。

【节能考核】 根据《合肥市人民政府关于印发“十三五”节能减排综合性工作方案的通知》，市节能办对13个县（市）区、开发区及14个市直部门2017年度节能目标责任落实情况进行评价考核，肥西县、包河区、新站区、经开区、肥东县、巢湖市、长丰县、庐阳区等人民政府和开发区管委会，以及市经信委、市发改委、市农委、市城乡建委、市统计局、市科技局、市财政局、市交通运输局、市质监局、市商务局、市教育局、市卫计委、市旅游局、市文广新局等为优秀等级；合巢经开区管委会和蜀山区、瑶海区、高新区、庐江县等5个县（区）人民政府为良好等级。

（市经信委节能处）

林业园林

【概况】 2017年，合肥市林业和园林局（以下简称“市林园局”）坚持生态优先，绿色发展，立足新时代对林园工作的新要求，拉高标杆，主动作为，以问题为导向，以目标为牵引，推进“林长制”工作，开展“城市管理提升年”园林绿化专项整治和林业增绿增效、发展绿色富民产业、全面深化林业园林改革等工作。全市完成植树造林4260公顷，其中新造林2300公顷，占省下达计划155%；完成年度城镇园林绿化提升面积1532.4万平方米，占目标任务的159.6%，其中新增894.7万平方米，提升637.7万平方米。大蜀山森林公园南湖水环境综合治理工程荣获住建部“2017中国人居环境范例奖”。截至当年底，全市森林覆盖率达27.4%、森林蓄积量742万立方米，城市建成区绿地率40.3%、绿化覆盖率46%、人均公园绿地面积13平方米。

【林长制】 3月28日，在省暨合肥市党政军领导与干部群众义务植树中，省委书记指出，要探索实行“林长制”，建立省、市、县、乡四级林长制体系，落实以党政领导负责制为核心的责任制，确保一山一坡、一园一林都有专员专管、责任到人，构建起责任明确、协调有序、监管严格、保护有力的园林管理保护责任体系，做到见缝插绿、应绿尽绿，实现青山常在、绿水常清、永续利用。6月4日，在滨湖国家森林公园举行“林长制”项目揭牌启动仪式，在全国全省率先全面启动林长制工作，通过高位推动、上下联动、项目促动，建立林业园林保护发展新机制，自上而下形成领导亲自调度、相关单位参与的工作局面。印发《合肥市林长制工作实施方案》，编发《合肥市重点生态区域林长制工作手册》，印发林长制工作技术导则、考核管理办法与细则。编排重点生态区域林长制项目199个，其中市级林长制项目23个，落实各级林长3021个，设立公示牌290个，初步建立市、县、乡、村四级林长制体系，林业园林保护发展责任主体更加明确、资源管护更加有力、森林利用更加高效。

【城镇园林绿化建设】 以“增量提质”为主线，按照“提质、提速、提效、提品”要求，推进城市管理提升年“城市道路绿化和园林环境专项整治”，打造宜居宜业宜游的城市生态环境。修改完善《合肥市绿地系统规划》；对标生态园林城市创建指标，高标准编制完成《合肥市生态园林城市创建指标要素调查工作成果》，全面评估市园林绿化现状。对标沪宁杭，拉高园林建设标杆，打造精品特色园林项目。推进“城市道路绿化和园林环境整治”项目建设，完成项目108个，投资8.1亿元，完成面积567.13万平方米。完成精品示范工程建设项目24个、为民办实事复合功能项目22个。推进城市增花添彩，开展2017年“美丽合肥、多彩花境”道路花境竞赛，全年共建设花境486处，12.5万平方米，评选出优秀花境60处；国庆摆花380万盆。加快推进植物园扩建二期、大蜀山野生动物园水环境综合整治、环城公园绿道完善及景观提升二期等重点项目建设。巢湖市、肥西县和肥东县成功创建国家园林城市（县城）。第十一届郑州国际园林博览会合肥园高标准开馆，推进第十二届南宁国际园林博览会合肥园设计建设，启动申办十三届中国（合肥）国际园林博览会。

【林业增绿增效】 围绕巩固千万亩森林增长工程建设成果，全市完成人工造林2300公顷，其中长防林工程933公顷。完成“三线”绿化158.8公里，“三边”绿化新造林944公顷。加强城市出入口道路、快速通道、沿河渠等重点长廊建设，力求新建森林长廊同周围景观有机融合，新建派河大道、合水路、栏滨路、新桥大道等一批森林示范长廊共65公里，高规格建设栏滨路森林长廊，长约33公里、宽幅达30米。开展森林抚育和退化林修复工作，提升森林质量，完成森林抚育12733公顷，退化林修复867公顷。结合美丽乡村建设、林业精准扶贫、“三项创建”等工作，推进“五个一”绿化工程，提升乡村绿化水平，完成四旁植树720余万株。做好全民义务植树工作，共完成义务植树139万余株。共创建省级森林城镇4个，创建省级森林村庄36个。完成2017年省市党政军领导义务植树活动，拓展义务植树内容和形式，通过采取认建认养、养护管理、绿化提升、志愿护绿等多种渠道参加义务植树活动356万人次。

【绿化管养】 落实城市管理提升年要求，全面提升园林管理信息化、科学化、精细化水平，提升绿化管养品质。加强工程立项、规划设计、招投标、施工监理等全过程监管。做好中博会、文明城市创建期间重点道路、节点、街区绿化管养。创新工作机制，强化分级监管，落实区级监管月度考核通报机制，推行园林绿化大标段招标管养模式等新举措。创新监督方式，建立全市绿化管养微信曝光群，鼓励以“随手拍”形式上传管养问题图片，做到立行立改。高标准开展2017年创建城市道路绿化精细管养十佳示范路工作，通过开展以绿带净化、喷淋除尘、绿化补植和小老树更换等为主要内容的绿化管养集中整治专项行动，针对城市出入口道路环境不美、绿化养管水平不高等问题进行专项督查，提高绿化观感质量。全市共补植乔灌木5.6万株，绿篱地被85万平方米，整形修剪乔灌木99.6万株，绿篱地被1560万平方米。

【森林资源管护】 完善林业资源基础数据统计，开展全市林地变更调查，完成2014年林地一张图修编纠错和2015、2016年林地经营数据更新。开展“两防”工作，通过加强监测预警、开展专项行动，扎实做好松材线虫、美国白蛾等林业有害生物防控，共完成美国白蛾防治92733公顷，超额完成省重指部年度防治任务。贯彻国家和省市森林防火工作会议精神，狠抓森林防火负责制落实，认真做好春节、清明节、夏季高温干旱天气等重点时段森林防火工作，全市没有发生森林火灾。

【林业转型发展】 推进集体林权制度配套改革，与市财政局对接，完善市政策性森林保险工作，联合印发《关于开展森林保险试点工作的通知》，在实现全市重点公益林保险全覆盖的基础上，将商品林保险纳入政策性补助范围。继续深化国有林场改革。狠抓“五个环节”推进国有林场改革，全面完成5个国有林场改革。推进薄壳山核桃等木本油料以及无花果、蓝莓等特色经济林示范基地建设。林下种植养殖呈现出更好的发展态势，林下经济经营面积达8420公顷，收入约1.3亿元。成功举办2017中国·合肥苗木花卉交易大会，交易总额达23亿元。

【依法行政】 建立绿化行业社会信用体系。响应国务院和住建部要求，及时调整和优化管理模式，推动企业管理由资质管理向信用管理转变。会同市公管局，拟定《合肥市园林绿化企业信用评价办法》。同市人社局、市发改委、市城乡建委等部门联合出台《合肥市建设领域拖欠农民工工资联合惩戒办法》，加大对拖欠农民工工资违法失信行为的惩处力度，全面维护农民工劳动报酬权益。推进依法治绿工作，加强林地征占用审核审批，做好重点工程、民生工程和基础设施建设等项目使用林地保障，重点保障合安高铁、龙川路、西安路等基础设施建设项目。印发《合肥市林业和园林局重大事项合法性审查（暂行）办法》，建立市林园局重大执法决定法制审核目录清单。编制行政权力公共服务清单和中介服务清单；做好市政府规范性文件定期清理工作，其中市政府规章共3项，建议保留1项，修改2项；市政府规范性文件13项，建议保留11项，废止2项；本部门规范性文件3项，保留2项，废止1项。完成园林绿化变更许可58项，开展绿化工程联合竣工验收46项，完成总绿地面积核验共计90余万平方米。

紫蓬山风光

【古树名木资源保护】 完成全省第三次古树名木普查分级鉴定工作，对全市新增的150余株古树名木逐级进行鉴定。组织省古树名木保护专家赴县（市）区、开发区进行现场会诊70余次，救治古树名木120余株。

【湿地资源保护】 规划建设环巢湖11块湿地，总面积1万公顷。围绕巢湖生态文明先行示范区建设，高标准编制《环巢湖湿地公园群规划》并通过专家评审。加快推进半岛、管湾、三河、董铺等国家级湿地公园试点建设。加大湿地资源保护利用，组织开展国家级、省级湿地公园建设试点申报工作，巢湖柘皋河、槐林、肥东龙栖地通过省级湿地公园建设试点审批；12月底，合肥巢湖湖滨通过国家级湿地公园建设试点审批。

【城乡绿化宣传】 全年共在《人民日报》《中国绿色时报》《中国花卉报》《安徽日报》《合肥日报》等中央、省、市级媒体发表各类林业园林宣传稿件和信息320多篇，其中省级以上媒体发布各类信息160篇；在安徽林业信息网“林业要闻”等专栏发表信息290条，居全省第一。先后组织开展3·12植树节、国际爱鸟日、世界湿地日、世界森林日等专题宣传活动。利用新媒体合肥园林公众号进行宣传，发布各类林园信息240期，开展6次网络直播宣传。聚焦热点和重点，发布“春季赏花”“秋季赏桂”等林园旅游地图，开展踏青、“林长制”“杨絮治理”、花境建设、“抗旱保绿”、秋季赏桂、苗交会、公园游园、道路绿化等专项宣传活动。

【林业扶贫】 市林园局贯彻国家、省、市关于脱贫攻坚的战略部署，重点任务是112个市级重点贫困村造林脱贫行动。全年下发付市级林业扶贫资金880万元，其中奖补成片造林项目340万元、经果林项目420万元、森林村庄项目120万元。采取“龙头企业（农民合作社）+基地+贫困户”、“家庭农场（专业大户）+贫困户”等形式，帮助贫困户生产、销售各类农副产品，助力贫困户尽快脱贫。引进企业大户32家，合同建设面积1167公顷，合同投资额达22.3亿元。打造特色产业村，采用“大户+农户”模式，发挥种植大户带动作用。全市发展特色种养业扶贫面积3625公顷，带动全市48个贫困村、1587户贫困户从事林业产业。对口帮扶巢湖市庙岗乡方集村，在基础设施建设、发展特色林产业、村庄绿化等项目上先后争取支持资金60万元。全村83户贫困户181人实现脱贫。

【环境保护】 履行部门整改责任，推进中央环保督察关于湿地保护、蜀山森林公园污水排放问题整改，按照整改时限和要求整改到位。根据大气污染防治要求，严肃查处露天焚烧园林废弃物及其他产生烟粉尘物质的行为，开展道路绿化喷淋除尘专项行动。加强对公园节能减排及环保设施建设，确保公园水体环境治理达标。

【政策保障】 以市政府办公厅名义印发《关于实施林业增绿增效行动的意见》《合肥市重点生态区域推行林长制工作方案》，印发《城市道路绿化和园林环境整治实施方案》，修改完善《合肥市绿地系统规划》，编制《环巢湖湿地公园群总体规划》，编制完成《合肥市生态园林城市创建指标要素调查工作成果》。印发《关于开展森林保险试点工作的通知》，将商品林保险扩大纳入政策性补助范围，印发实施《国有林场改革方案》，完善林业产业扶贫、森林村庄创建、造林项目奖补政策。印发《加强绿化变更审批与监管规定》《合肥市林业和园林局重大事项合法性审查办法》，建立市林园局重大执法决定法制审核目录清单。拟定《合肥市园林绿化企业信用评价办法》和《合肥市城市道路绿化导则》。

【财政投入】 全年市级财政安排造林绿化资金1.5亿元。全市落实林长制重点项目199个，计划总投资78亿元。其中市级编排23个项目，列入2018～2020年大建设项目，投资28亿元；县（市）区级项目投资50亿元。全年全市投入城镇绿化资金20.5亿元，管养奖补资金1080万元，环湖大道绿线范围内绿化奖补资金3610.5万元。在湿地保护修复方面，实施湿地生态修复工程26个，修复湿地面积2533公顷，投资13.11亿元。加大国家级湿地公园试点建设力度，三河湿地公园总投资约1.5亿元；半岛湿地公园建设完成花塘河湿地一期项目建设，投入资金3500万，二期项目进入设计阶段，拟投资2560万。共争取中央、省财政湿地专项补助经费1465万元。

【抗旱保绿】 2017年7月中下旬，合肥市持续出现40℃以上高温，地表温度70℃以上，给建成区648条道路绿化，203个公园（游园），1.7万公顷的各类绿地造成影响。市林园局按照市委、市政府负责同志关于抗旱保绿工作要求，印发全力抗旱保绿紧急通知，要求各区科学制定工作预案，重点加强新建园林绿化项目抗旱，错时错峰，科学浇水。实行分组划片技术指导开展专项巡查，发出《抗旱保绿倡议书》，动员社会力量。各城区、开发区（新区）园林部门坚持领导带班，划片包干、责任到人，人员倒班，歇人不歇机。共出动浇水车2767台次，水泵2672台次，投入人力约16000人次，共计浇水约37万吨，确保全市植物正常生长。

（卢梦云）

巢湖治理

【巢湖综合治理工程】 2017年累计完成投资169.1亿元，其中完成一期工程16个项目，实际投资76.0亿元；二期工程97个项目，完成89个项目，累计完成投资77.7亿元，占实际需要投资（79.4亿元）97.9%；三期工程44个项目，完成西河上段疏浚工程、派河藻水分离港工程2个项目，开工建设巢湖西岸初期雨水处置工程等39个项目，开展初设编制3个项目，累计完成投资13.2亿元；四期工程35个项目，完成南湖水环境综合治理工程并获得2017年建设部人居环境奖，开工建设兆河综合治理配套工程等5个项目，其余项目开展初设编制，累计完成投资2.2亿元；五期工程包括白石天河、派河等10个流域，总投资194.9亿元，其中申请贷款152亿元，启动初步设计编制工作；六期工程包括兆河、双桥河等7个流域，总治理面积1762平方公里，总投资136.2亿元，基本编制完成可研报告。市发改委、市环湖办、省巢湖管理局按照“流域规划、系统思考”的小流域（面）治理理念，采取全流域研究、全方位治理、全过程控制和全方面衔接的流域治理模式，将河长制工作要求落到实处，做到治理一个小流域，清洁一个小流域；通过三期工程中十五里河（城市型河道）和沙河（农村型河道）流域治理项目的试点探索，形成《巢湖综合治理适用技术试点示范及储备》，初步构建流域治理技术框架和标准体系。

【顶层设计】 坚持“科学治水、精准施策、绿色发展”的治理理念，立足区域经济社会发展特点，制订实施《关于加快建设绿色发展美丽巢湖的工作方案》，受到省委李锦斌书记高度肯定并作出批示：“起步快，举措实，二十条很好，坚持顶层设计，注重科学研判，实施有力有序，力推绿色发展”。《中共合肥市委合肥市人民政府关于建设绿色发展美丽巢湖的意见》于12月7日印发，主要是贯彻落实习近平总书记在推动长江经济带发展座谈会讲话精神，体现省委省政府对巢湖综合治理工作和建设绿色发展美丽巢湖的新部署、新要求，科学分析并汲取国内外湖泊治理经验教训，运用法治思维和创新精神，注重解决巢湖综合治理的实际问题，提出加强和改进意见和措施。

【控源截污技术创新】 针对不同污染源，探索分类治理，在控源截污方面归集创新点源收集处理、面源污染防治和内源污染消减等技术。在点源收集处理技术方面，创新采用DBO模式建设的35个环巢湖乡镇污水处理设施项目，运用尾水湿地系统水质净化技术，污水处理厂尾水经过湿地处理后，主要水质指标达到《地表水环境质量标准》中准IV类水标准；在面源污染防治技术方面，京台高速处初期雨水调蓄工程应用的初期雨水调蓄及就地处理技术，减少了塘西河转输管直接排放十五里河的频次，提高进入巢湖的河道水质；在内源污染消减技术方面，针对巢湖富营养化研发的底泥洗脱原位处理技术，将底泥除磷后，重新放回原位，总磷去除率达到90%以上，削减了污染存量，达到修复生态目的。

【污染治理技术创新】 按照全流域治理的思路，谋划水污染治理，创新集成清洁小流域建设、河道治理、湿地构建等技术。在清洁小流域建设方面，通过集纳国内外治湖经验，吸取相关领域院士、学者意见建议，重点谋划了十五里河等小流域治理，开展试点探索，形成流域治理技术路线、治理技术和标准体系；在河道治理技术方面，试点逍遥津公园、匡河的EMBR污水处理技术，相当于将微型污水处理厂搬进河道，形成能循环且具备自我修复功能的自净化水生态系统；在湿地构建技术方面，在巢湖岸边引进种植高生物量植物（美国杂交柳），通过定期对地上生物质轮伐收获，能实现污染物从环境中彻底转移，并通过资源化利用取得经济效益。

【组建巢湖智库】 针对巢湖综合治理复杂性、系统性、连续性、长期性等特点，搭建高水平巢湖智库。主要是组成设计联合体，由省水利院牵头，联合国内15家甲级设计单位组成“设计联合体”，同时以中科院南京地湖所等20家国内相关科研院所为技术支撑单位，开展巢湖治理工程设计研究；成立巢湖综合治理专家咨询委员会；组建巢湖研究院。

【督察考核】 印发《关于开展2016年度环巢湖生态示范区建设考核工作的通知》，市环湖办会同市环巢湖项目专项纪检监察工作组、市发改委、市审计局、巢湖城投公司，分赴承担建设任务的各县（市）区、开发区和市直相关单位开展督察，对一期工程审计情况，二期工程投资完成、跟踪审计回复和第三方巡查整改完成情况，三期工程项目初步设计批复、开工和资金投放情况，四期工程项目初步设计合同签约和资金投放等情况进行量化考核。

【队伍建设】 根据市深化生态文明体制改革任务，加强市、县市区两级建设队伍力量，完善环巢湖生态示范区项目建设考核机制，向市政府报送《关于要求解决巢湖综合治理有关情况的请示》并获得市政府主要负责同志批示，内容主要是以现有的合肥市环巢湖建设发展有限公司为基础，组建“合肥市巢湖综合治理有限公司”（与巢湖城市建设投资有限公司合署办公），主要承担跨行政区域的流域治理和适用技术试点示范的工程建设任务；各县（市）区比照市里做法，组建巢湖综合治理公司承担本行政区域内的流域治理建设任务；将巢湖综合治理工程调度纳入市级“一二三调度体系”，并将巢湖综合治理工程年度任务完成情况纳入市政府对各县（市）区和市直有关部门目标与管理绩效考核。

（市环湖办）

责任编辑：陶俊生

教育

【概况】 2017年，国家主要媒体刊发合肥教育发展经验136篇，省级媒体刊发500余篇，全国20余个教育代表团取经合肥教育改革与发展。合肥市荣获“第五届全国未成年人思想道德建设工作先进城市”称号，市教育局荣获“第十一届安徽省文明单位”称号，合肥市屯溪路小学荣获“全国文明校园”称号。截至2017年底，全市各级各类学校2004所，其中：普通高等院校54所、中等职业学校54所、普通高中108所、初中245所、小学542所、幼儿园994所、特教学校6所、国防学校1所。各类学校在校学生187.3万人，教职工12.7万人，其中专任教师9.9万人。

【基础教育】 **学前教育普及普惠发展。**修订《合肥市促进学前教育发展市级以奖代补资金管理办法》。大力举办公办性质幼儿园，引导区级教育主管部门通过政府购买服务模式，委托国有企事业单位所办幼儿园举办公办性质幼儿园；鼓励公办幼儿园办分园，实行集团化发展。制定《合肥市第三期学前教育行动计划实施方案（2017—2020年）》《合肥市城区2017—2020年学前教育提升计划》，明确提出到2020年，公办幼儿园在园幼儿比例达到50%，在园幼儿普惠率达到85%，努力构建广覆盖、保基本、有质量的学前教育公共服务体系。加强幼儿看护点和无证幼儿园管理，全面摸排无证园情况，规范无证园命名。强化幼儿园教师队伍管理，实施幼儿园保教人员公示制。编印配发《幼儿园工作实用手册》，提高幼儿园管理能力。推动学前教育教师培训，2017年完成国培399人次、省培39人次、市级培训5949人次、区级培训10372人次。

义务教育优质均衡发展。持续推进义务教育“三大提升”工程。评估认定首批40所“合肥市新优质学校”，并确定为“合肥市特色学校”；组织第二批35所新优质学校中期评估和第三批45所新优质学校创建，提升义务教育优质均衡发展水平。起草《合肥市统筹推进县域内城乡义务教育一体化改革发展的实施意见》。编制合肥市消除大班额专项规划，全面启动消除大班额工作。深入推进城乡教育结对合作，结对帮扶学校达422所。落实义务教育学校管理标准，制定《合肥市义务教育学校管理标准示范校评估标准》，认定59所“合肥市义务教育学校管理标准示范校”。

高中教育特色多样发展。认真落实《高中阶段教育普及攻坚计划（2017—2020年）》。印发《关于进一步推动普通高中学校三年发展规划编制工作的通知》，指导普通高中学校根据历史传统和发展定位，制定符合学校实际、彰显学校特色的发展规划。积极应对新课程和新高考改革，印发《合肥市推进普通高中学校课程建设三年行动方案》。

【职业与成人教育】 **职业教育质量显著提升。**编制《合肥市“十三五”职业教育发展规划》，全面实施职业教育质量提升工程，首次发布合肥市中等职业教育质量年度报告。加快中等职业学校现代学徒制和学分制改革试点，遴选10所职业学校、18所学校的44个专业、19所学校的45个实训基地、12所学校的31个名师坊、9所学校的11个学徒制试点入选省级示范项目库。深化产教融合校企合作，出台《合肥市职业院校实习实训基地认定和管理办法》，探索建立校企"联合招生、合作培养、定向就业"的技术技能人才培养体制机制。科大讯飞、京东方等企业与职业院校建立校企合作关系。加强对18家挂牌企业的管理与政策支持，积极搭建创新育人新平台，提高人才培养质量。组建职业教育"双师型"高技能人才库，选派优秀技能大师进入职业院校兼职任教。加强国际交流与合作。出台《合肥市职业院校师生出国（境）研修交流管理办法》，组织第一批职业院校专业课21名教师成功赴德国执行高端研修。以合肥职业技术学院、合肥经贸旅游学校为主体，开展中德合作培养汽车专业（电动汽车维修方向）"五年一贯制"中德电动汽车维修高技能人才联合培养试点。

成人教育典型示范发展。成功承办2017年全民终身学习活动周全国总开幕式。印发《关于进一步推进社区教育发展的实施意见》，"合肥终身学习网"在线实名注册学习用户超过100万人。遴选市级社区教育示范街道15个、市级社区教育示范乡镇成人文化技术学校3个、优秀社区学习团队50个、特色社区学习团队20个。组织巢湖市申报全国第五批国家级农村职业与成人教育示范县，蜀山区等9个街道申报国家级社区教育示范街道。合肥市终身教育网络平台和庐阳区立新食用菌技术公益培训坊被评为全国终身学习品牌项目，包河区柏义兵被评为"全国百姓学习之星"。

【高等教育】 高等院校内涵发展。成立市教育局高等教育处。加快中德教育合作示范基地建设，支持合肥学院地方应用型高水平大学建设和"双元制"高等教育改革。将原合肥建设管理学校十五里河校区整体移交合肥职业技术学院，支持其地方技能型高水平大学建设。继续支持合肥幼儿师范高等专科学校建设地方技能型高水平大学和全国优质专科院校。

【民办教育】 民办教育规范发展。开展全市民办教育年检工作，对民办学校进行动态管理。印发《关于在全市开展2017年规范民办学校招生行为专项工作的通知》，全面规范民办教育办学行为。印发《2017年促进民办教育发展专项资金的实施方案》，下发3600万民办教育发展专项资金，惠及77所民办学校，并对受奖补资金学校进行审计，最大化发挥奖补资金效益。

【教育改革】 **深化"供给侧"改革。**充分发挥教育服务社会的作用，继续深入推进中小学生午餐服务工程，城乡服务提供率达98.6%和53.2%。扎实推进中小学体育设施对外开放工程，299所学校体育场地实现对社会开放。经开区、高新区所有公办中小学校体育场地实现对外开放，庐阳区所有公办小学体育场地实现对外开放。

落实"放管服"改革。积极探索"管办评"分离改革，委托第三方对教育"十二五"规划落实情况进行评价。全面规范行政决策行为，政府采购和合同管理以及"三重一大"事项合法性审查。严格落实规范性文件"三统一"要求，实现了部门重大事项合法性审查全覆盖。清理、公布市教育局28项公共服务清单和4项行政权力中介服务清单，15所市属学校完成268项公共服务清单建设工作。严格落实事中事后监管"双随机、一公开"工作要求，初步建立市本级"一单两库"。率先落实行政服务窗口局领导坐班制度，扎实推进"互联网+政务服务"。

【队伍建设】 **加强师德师风建设。**组织"讲看齐崇师道，做四有好教师"主题教育活动，评选"庐州最美教师"，举办师德巡回报告会，编印《仰望星空——合肥好老师》。举办庆祝第33个教师节系列活动。建立师德师风工作月报、

凌云市长调研教育工作

典型通报、激励约束、督促检查等制度，始终保持治理有偿补课高压态势，制定在职教师有偿补课专项治理活动方案，集中开展整治有偿补课专项行动，组织30余次明察暗访，依法依规对17名教师进行处理。

提升教师专业能力。全面改进教师培训，安排市本级教师培训经费3605万元，引入25家高等院校或专业机构，围绕教师、校长、教研员和教育行政干部，组织基础性培训、提高性培训、高级研修等培训累计66815人次。突出名师名校长引领效应，50个市级“名师工作室”、11个“名校园长工作室”和4个“特级教师工作站”，累计带动各县（市）区级名师工作室近200个，成员所在学校近400所。落实《合肥市〈乡村教师支持计划（2015－2020年）〉实施办法》，改进送培送教形式，开展“菜单式”培训，覆盖城乡学校165所，全年送教108场。

完善教师管理制度。开展教师资格面试13000人，认定高中教师资格2470人，招收新任教师2991人。完成新一轮中小学岗位设置调整，重新核定全市公办中小学岗位。完成新一轮教师编制重新核算的测算工作。开展第二批中小学正高级教师和首批中等职业学校正高级讲师专业技术评审推荐工作。继续落实县域内校长、教师交流轮岗制度，义务教育阶段学校校长和教师分别交流246人和3613人，占应交流人数的16.7%和18.6%。

【素质教育】 开展主题为“成长路上，与你相伴”心理健康教育活动，组织以“高考家长心态调整”“人际交往技巧培养”为主题的家长沙龙。开展第三批113所学校心理辅导室认定和第二批52所学校“回头看”工作，组织各类危机干预、行为疗法等专题培训近400人次。命名第三批中小学生校外素质教育基地，市未成年人心理健康辅导中心管理不断完善，长丰县青少年活动中心和庐阳区青少年活动中心顺利申报国家资金项目，各类校外素质教育基地和活动中心为中小学生提供了完善而丰富的德育工作场所和内容。大力推进“戏曲进校园”，命名50个优秀学生戏曲社团和10个传承基地，组织送戏进校园演出1000余场，惠及大中小学生30余万。扎实做好校园篮球和足球工作，60所中小学校成为全国校园篮球特色学校，庐阳区继包河区之后成为我市第二个全国校园足球试点区，新增22所全国青少年校园足球特色学校。认真组织中小学文化艺术节、读书节、普通话大赛、中华经典诵读等活动。扎实推进研学旅行工作，拥有18个市级、5个省级和1个国家级研学旅行基地。中小学电脑制作、机器人、青少年信息学竞赛等继续收获佳绩，在全国的影响力不断扩大。

【教育信息化】 以教育云平台为“云”，以智慧校园网为“网”，以智慧课堂等应用为“端”，初步构建“云网端”信息化生态体系，促进信息化与课堂教学的深度融合。稳步推进教育云平台二期建设，深入推进一期常态化应用。加快推进智慧校园建设，合肥一中、六中、八中已在推进和应用过程中形成智慧学院、初步呈现各具特色的建设成果。继续开展智慧课堂建设，12所市属普通高中实现全覆盖，1192位教师实现常态化智慧课堂授课。实施中小学教师信息技术能力提升工程，参与测评教师28000余人，组织第五届全市中小学教师信息技术教学应用大练兵活动。

【教育民生工程】 全年各级应到位资金75116.46万元，实际拨付资金75116.46万元，资金拨付率100%。全市义务教育级段学生免除学杂费春季70.19万人，秋季71.79万人，公用经费补助超序时进度拨付，市（县）区公用经费全部配套到位。2017年发放普通高中建档立卡等免学费资金732.33万元，资助学生9936人次；发放普通高中国家助学金5304.5万元，资助学生51989人次；发放中等职业学校国家助学金2134万元，资助学生21340人次；发放中等职业学校国家免学费12197.94万元，资助学生89119人次。发放中等职业学校市级免学费资金872.885万元，资助学生6241人次。

【校园及学生安全】 调整充实市教育局校园安全委员会力量，严格落实各级校园安全主体责任，巩固和提升学校“三防”水平。广泛开展道路交通、意外伤害、食品卫生等10个方面内容安全教育。重点开展防震减灾演练、防空应急疏散演练活动。突出做好防溺水、消防、校车等校园安全重点领域工作。开展教育系统事故隐患排查月、全市校园安全大排查、“百日除患铸安”专项行动以及实验室危化品综合治理等一系列隐患排查治理活动。全面落实校园安全防范“六项机制”，制定《合肥市幼儿园安全监管办法》，进一步完善校园安全工作长效机制。高质量完成研考、高考、自考、中考、成人高考、非学历考试等六大类23次组考任务，服务考生78万人次。

【依法行政】 认真贯彻落实教育系统“七五”普法规划，组建“七五”普法联络员队伍，规范全市中小学兼职法治副校长选聘和管理工作。8位教师参加长三角地区法治教育优秀课程资源评选并全部获奖。出台《关于全市教育系统推行法律顾问制度的实施意见》，推动全市实现中小学法律顾问服务全覆盖。全市中小学完成制定章程468件，基本形成“一校一章程”格局，结集《合肥市中小学章程选编》。进一步加强校务公开工作，积极推进学校民主管理。

【反腐倡廉和政风行风建设】

巩固党风廉政建设。组织局机关党员干部和市属学校负责人到省女子监狱进行反腐倡廉警示教育、参观市预防职务犯罪警示教育基地，对交流轮岗及新入职干部进行集体谈话，警示党员干部坚守廉洁从政、廉洁从教。制定《市委巡查组反馈问题整改实施方案》，坚持问题导向，制定问题清单，全面整改4个方面15类问题35项任务。开展“酒桌办公”专项整治督查和教育扶贫攻坚项目落实情况专项督查，牵头开展师德师风整治工作专项督查、“小金库”治理工作“回头看”专项督查，坚决遏制发生在教职工和学生身边的腐败问题。启动市属学校巡察，压实市属学校从严治党和反腐倡廉主体责任。

加大政风行风建设。认真落实全面从严治党“两个责任”，坚持贴近教育系统党风廉政建设和反腐败工作实际，强化监督，严格执纪，为促进教育公平提供纪律保障。在元旦春节、五一端午、国庆中秋等重要时间节点，提前预警提醒，向全市教育系统发出通知，重申严防“四风”问题反弹的“六条禁令”，对机关学校贯彻落实中央“八项规定”精神、纠正“四风”情况开展自查自纠和暗访督查，预防“四风”问题，推进教育系统和学校作风常态化建设。

【精准帮扶】 大力促进合肥都市圈结对合作，合肥十中成功托管颍上二中。顺利完成省定全面改薄任务。市教育局作为市五大扶贫督查组的牵头单位，较好完成了对肥西县扶贫督查任务。推动教育扶贫八大专项行动，成立五个教育扶贫领导小组，落实行业扶贫专项督查，做好国家、省等不同层级的第三方评估检查。全面落实资助政策，把城乡贫困家庭子女、孤儿、烈士子女、残疾学生、务工人员子女等统一纳入高中阶段民生工程救助体系，中职学校学生实施全免学费，将城市户口学生全部纳入免学费范围，逐步建立自学前教育至高等教育的学生自助体系全覆盖。

（史东伟）

部分高校与科研机构

合肥是全国重要科教基地，国家综合性科学中心，拥有中国科学技术大学、合肥工业大学、安徽大学等一批国内外知名大学，拥有国家同步辐射实验室、合肥微尺度物质科学国家研究中心（筹）、磁约束核聚变国家实验室（筹）（等离子体所EAST核聚变实验装置）等3家国家实验室，拥有9家中央驻肥科研机构、600余家省级以上科研机构，拥有合肥学院、合肥职业技术学院、合肥幼师高等专科学校等3家市属高等专科学校。

【中国科学技术大学】 中国科学技术大学是中国科学院所属的一所以前沿科学和高新技术为主、兼有特色管理和人文学科的综合性全国重点大学。1958年9月创建于北京，首任校长由郭沫若兼任。她的创办被称为“我国教育史和科学史上的一项重大事件”。建校后，中国科学院实施“全院办校，所系结合”的办学方针，学校紧紧围绕国家急需的新兴科技领域设置系科专业，创造性地把理科与工科即前沿科学与高新技术相结合，注重基础课教学，高起点、宽口径培养新兴、边缘、交叉学科的尖端科技人才，汇集了严济慈、华罗庚、钱学森、赵忠尧、郭永怀、赵九章、贝时璋等一批国内最有声望的科学家，建校第二年即被列为全国重点大学。1970年初，学校迁至安徽省合肥市，开始第二次创业。1978年以后，

中科大校园一角

学校锐意改革、大胆创新，在全国率先提出并实施了一系列具有创新精神和前瞻意识的教育改革措施，创办少年班、首建研究生院、建设国家大科学工程、面向世界开放办学等等，使学校得以恢复并迅速发展。学校是国家首批实施“985 工程”和“211 工程”的大学之一，也是唯一参与国家知识创新工程的大学。长期以来，学校始终坚持“全院办校、所系结合”的办学方针，弘扬“红专并进，理实交融”的校风，形成了不断开拓创新的优良传统，以及教学与科研相结合、理论与实践相结合的鲜明特色，培养了一大批德才兼备的高层次优秀人才。学校面向世界科学前沿领域和国家重大需求，凝练科学目标，开展科学研究，努力提高学术研究水平和科研创新能力与科研竞争力，取得了一批具有世界领先水平的原创性科技成果。目前，全校上下正深化改革，锐意创新，力争把学校建设成为具有科研机构深度融合，创新人才和创新成果不断涌现，具有中国特色的世界一流大学，为实现“创寰宇学府，育天下英才”的宏伟目标而努力奋斗。

师资队伍 中国科学技术大学拥有一支高素质的师资队伍。截至 2017 年 12 月共有教学与科研人员 2047 人，其中教授 651 人（含相当专业技术职务人员），副教授 748 人（含相当专业技术职务人员）；中国科学院和中国工程院院士 49 人，发展中国家科学院院士 17 人，国家“万人计划”领军人才 30 人，青年拔尖人才 13 人，国家杰出青年科学基金获得者 110 人，优秀青年科学基金获得者 91 人，教育部长江学者（含青年）48 人，国家“千人计划”（长期和短期项目）46 人，“青年千人计划”124 人，国家级教学名师 7 人，中国科学院“百人计划”122 人。同时，一批国内外著名学者受聘担任名誉（客座）教授、“大师讲席”教授。其中，两院院士、万人计划、千人计划、国家杰青、长江学者、百人计划、教学名师等高层次人才不重复统计共有 389 人，占固定教师总数的 31.5%；“四青人才”（青千、青拔、优青和长青）不重复统计 200 人，占高层次人才的 51%。

平台建设 中国科学技术大学现有 20 个学院（含 5 个科教融合共建学院）、30 个系，设有研究生院，以及苏州研究院、上海研究院、中国科大先进技术研究院。有数学、物理学、力学、天文学、生物科学、化学共 6 个国家理科基础科学研究和教学人才培养基地和 1 个国家生命科学与技术人才培养基地，8 个一级学科国家重点学科，4 个二级学科国家重点学科，2 个国家重点培育学科，18 个安徽省一级学科重点学科。建有国家同步辐射实验室、合肥微尺度物质科学国家实验室（筹）、稳态强磁场科学中心、火灾科学国家重点实验室、核探测与核电子学国家重点实验室、语音及语言信息处理国家工程实验室、国家高性能计算中心（合肥）、安徽蒙城地球物理国家野外科学观测研究站等 14 个国家级科研机构和 50 个院省部级重点科研机构。

科学研究 中国科学技术大学致力于科学前沿探索和高新技术创新，同时注重发展特色管理和人文领域。学校一贯坚持科教结合，推动学科交叉，培养科技创新人才，拓展知识与前沿科技领域，为提升我国的科技竞争力、建设创新型国家做贡献。同时，推动科技成果的转移转化，服务区域经济的发展。“十一五”以来，科研项目获批经费达 60 亿元，先后牵头承担 973、重大科学研究计划、国家科技重大专项等重大项目 87 项。近年来在量子信息、单分子科学、高温超导、纳米科学、地球环境、生命与健康等前沿领域取得了一批具有世界水平的科研成果。相关成果先后入选由两院院士评选的年度“世界科技进展”1 次、“中国十大科技进展”14 次、美国（欧洲）物理学会评选的“国际物理学重大进展”6 次。量子信息、铁基超导成为国家“十一五”科技成就展基础研究代表成果。近十年，学校共发表 SCI 论文 28785 篇、被引 334996 次，授权发明专利 1073 件、实用新型 354 件，获国家级科技奖励 17 项、省部级科技奖励 102 项。

（汪银生）

【合肥工业大学】 合肥工业大学是国家教育部直属全国重点大学，教育部、工信部和安徽省政府共建高校。学校创建于 1945 年，1960 年被中共中央批准为全国重点大学。学校 2005 年进入国家“211 工程”重点建设高校行列，2009 年被列入国家“985 工程”优势学科创新平台建设高校计划，2017 年进入国家“双一流”建设高校行列。学校在安徽省省会合肥市设有屯溪路校区、翡翠湖校区、六安路校区和合肥工业大学智能制造技术研究院，在安徽省宣城市设有合肥工业大学宣城校区。学校先后荣获第九、第十和第十一届“安徽省文明单位”、第一届教育系统文明单位、安徽省“花园式单位”、第四届全国文明单位，2017 年学校荣获首届全国高校文明校园称号。

师资队伍 学校现有教职工 3800 人，专任教师 2287 人，其中

合肥工业大学

学技术奖，并荣获首届全国创新争先奖。

对外交流 学校建有高等学校学科创新引智计划4项，先后与美国俄亥俄州立大学、克拉克大学、加拿大滑铁卢大学、英国诺丁汉大学等50多所世界知名大学建立友好合作关系。与多所国（境）外大学举办中外合作办学和交换学习项目，2017年有来自50多个国家的200多名留学生在校就读，同时学校每学期选派优秀学生赴国（境）外访问学习。

（年永琪）

中国工程院院士1人、国家“千人计划”入选者8人、教育部“长江学者”特聘与讲座教授12人、国家杰出青年科学基金获得者7人、中组部“万人计划”教学名师1人、国家级教学名师2人、长江青年学者2人、国家优秀青年科学基金获得者10人、“万人计划”青年拔尖人才项目入选者2人、国家“百千万人才工程”入选者10人、教育部“新世纪优秀人才支持计划”入选者27人。

人才培养 在校全日制本科生3.2万余人、硕士和博士研究生1.3万余人。学校拥有全国大学生“小平科技创新团队”2个，学生荣获包括“挑战杯”与“创青春”全国大学生创新创业大赛金奖在内的多个国内外重要奖项。学校桥牌队多次代表中国青年队参加国际比赛并取得优异的成绩；大学生艺术团多次参加“五月的鲜花”全国大学生文艺汇演。学校入选“国家级大学生创新创业训练计划学校”、教育部“卓越工程师培养计划”首批试点高校、教育部首批大学生网络文化工作室、“全国高校实践育人创新创业基地”、全国首批高校共青团“第二课堂成绩单”试点单位、全国首批“深化创新创业教育改革示范高校”。

平台建设 学校现有4个国家级实验教学示范中心、1个国家级虚拟仿真实验教学中心、3个国家级工程实践教育中心。学校现有3个国家重点学科、1个国家重点（培育）学科、12个博士学位授权一级学科、1个博士学位授权二级学科；33个硕士学位授权一级学科、11种专业学位授予权。学校现有国家重点实验室（培育）1个、国家国际科技合作基地1个、国家工程实验室1个、教育部重点实验室2个、国家地方联合工程研究中心3个、国家地方联合工程实验室1个、教育部工程研究中心5个、省部级重点科研基地49个。

科学研究 学校在国家自然科学基金创新研究群体项目、国家重点研发计划项目、重大仪器专项等项目上不断取得突破，研究成果应用于大型飞机、卫星和大型水面舰船等国家重点工程和国防项目。学校服务地方经济发展和科技成果转移转化规模位居全国高校前列。获得多项国家科学技术奖和省部级科

【安徽大学】 安徽大学是国家“双一流”建设高校、“211工程”重点建设高校，是安徽省人民政府与教育部共建高校，安徽省属重点综合性大学。学校有4个校区和1个大学科技园，校园面积达3200余亩，建筑面积125万平方米，仪器设备总值8.18亿元，馆藏纸质图书350余万册

师资队伍 2017年，学校有教职工2600余人，其中专任教师1687人，副高以上专业技术职务者900余人；国家杰出青年基金获得者1名，“长江学者”特聘教授1名，“青年长江学者”1名，国家“千人计划”特聘教授2名，国家级教学名师1名、省级教学名师24名，入选“国家百千万人才工程”4名，中宣部文化名家暨“四个一批”人才1名，教育部新世纪优秀人才支持计划12名，“皖江学者”特聘教授13名，安徽省“百人计划”5名，安徽省“外专百人计划”5名，享受国务院和安徽省政府特殊津贴的专家139名。

人才培养 学校落实与中科院系统人才“双聘”工作，制定“优秀人才计划”，推动承接研究

系列、工程系列高级职称自主评审工作，获批教育部高校教师考核评价改革示范校，青年长江、国家优青、国家“万人计划”、中宣部文化名家暨“四个一批”人才实现突破。围绕培养高素质互联网应用专门人才，合肥市政府和安徽大学于2016年4月签署共建“安徽大学互联网学院”战略协议，在2016级本科在校生中选拔招收两个专业125名学生，于2017年秋季纳入国家招生计划，招收十个专业500名学生。2017年2月15日由合肥市政府与安徽大学共建的“安徽大学互联网学院”正式揭牌。

平台建设 2017年学校有13个博士后科研流动站，15个博士学位授权一级学科、1个博士学位授权二级学科、32个硕士学位授权一级学科、2个硕士学位授权二级学科、28个专业硕士学位授权类别。学校设有26个院（系、部）、95个本科专业、汉语言文字学和计算机应用技术2个国家级重点学科、25个省级重点学科、2个国家地方联合工程实验室（研究中心）、1个教育部人文社科重点研究基地、2个教育部重点实验室、1个教育部工程研究中心和1个获得国家CMA计量认证的现代实验技术中心、1个国家级“2011协同创新中心”分中心；有一批省级高校人文社科重点研究基地、重点实验室、工程技术研究中心、科技创新公共服务平台、技术创新中心，4个国家级和9个省级实验教学示范中心。

科学研究 学校成立由40位两院院士、著名学者组成的发展战略咨询委员会。围绕“双一流”建设目标，大力推进平台建设，已建成运行物质科学与信息技术研究院，正积极筹建徽学与中国传统文化、创新发展战略、绿色产业创新三大研究院。积极探索“233N”本科人才培养模式改革思路。实现与省委宣传部共建新闻传播学院。3个专业通过工程教育专业认证。获批招收“高水平运动队”。获得全国大学生手球锦标赛甲组冠军，实现国家级体育竞赛项目金牌突破。获评教育部“深化创新创业教育改革示范高校”。获批地方特色高水平大学奖补和5个省一流学科奖补项目。获批省部级以上项目282项，其中国家级重大、重点项目7项。

安徽大学新区东门

制定促进科研成果转移转化实施办法，试点以光电感测创新团队科技成果入股、合资成立科技股份有限公司。主动参与安徽先进制造业“一号工程”江淮大众新能源汽车合作项目。承担省重点智库年度课题8项，入选大学智库指数排名前50名高校。

（吴伟升）

【合肥学院】 合肥学院前身是创办于1980年的合肥联合大学。创始校长杨承宗是伊莱娜·约里奥—居里夫人的博士生、著名的科学家、教育家，中国放射化学的奠基人。建校伊始，提出“适当收费、不包分配、按社会需求设置专业、后勤社会化”办学模式，学校被誉为中国高等教育改革的“小岗村”。2002年3月，经教育部批准，原合肥联合大学和合肥教育学院、合肥师范学校合并组建合肥学院。学校占地面积1391亩，建筑面积54.71万平方米，教学仪器设备总值3.19亿元。学校现有14个教学系和4个教学单位，全日制在校生约17000人。

师资队伍 2017年，学校有专任教师919人，其中高级职称335人。常年在校外籍教师20多人，4人获得中国政府“友谊奖”，11人获得“黄山友谊奖”。通过柔性引进，聚集了包括国家杰出青年科学基金获得者、“千人计划”“百人计划”、中国科学院院士、皖江学者等一批领军人才。通过实施“1251”人才计划，引进一批高质量、高层次的德籍人才，一批高端的科技创新团队正在形成。

人才培养 学校有55个本科专业，国家特色专业5个、“卓越工程师教育培养计划”专业4个、国家本科专业综合改革试点专业1

合肥学院

个、教育部批准的对外合作办学专业3个、国家大学生校外实践教学基地3个。学校是“中德教育合作示范基地”，首批“服务国家特殊需求人才培养项目”——培养硕士专业学位研究生63所试点学校之一，首批承担“卓越工程师教育培养计划”61所学校之一，全国应用型本科高校专门委员会副主席单位，长三角地区应用型本科高校联盟主席单位，安徽省应用型本科高校联盟常任主席单位，安徽省地方应用型高水平大学建设单位，中国政府奖学金留学生委托培养学校，全国100所“十三五”产教融合发展工程单位之一、国家新工科教育与研究成员单位，中德经济顾问委员会成员单位，全球中小企业联盟战略合作伙伴。学校按照“专业设置对接行业产业发展需要，人才培养目标对接产业人才需求，专业培养目标对接岗位能力要求”的原则，以需求为导向，科学确立应用型人才培养目标，推进产教融合。

平台建设 学校注重高水平研发平台建设工作，已建两个院士专家工作站；获批安徽省第七批博士后科研工作站、安徽省环境污染防治与生态修复协同创新中心、城市固废处理与资源化利用安徽省工程技术研究中心等11个省级平台；为对接区域战略新兴产业、支柱产业和服务地方经济发展，学校建有校级研发平台，重点开展轨道交通施工安全控制技术、“互联网+”与智能信息处理、现代电子控制与检测、食品研发与质量控制、现代服务业等方面的研究工作。

科学研究 学校承担国家水专项项目和安徽省重大科技专项项目；获得国家自然科学基金、国家社会科学基金、省部级基金、安徽省重大专科技专项等研究项目的数量逐年增加。2014年学校获国家教学成果一等奖，校党委书记蔡敬民获得习近平总书记等中央领导人的亲切接见。2015年获第四届全国教育改革创新特别奖。2016年联合德国大陆集团、德国应用科学大学设计“双元制”高等教育专业，探索产教融合新模式。近年来，获得省部级科技成果奖13项，出版学术著50余部，连续两年获得安徽省专利百强榜。

对外交流 1985年安徽省和德国下萨克森州签订共建合肥联合大学协议，学校成为德方在中国重点援建的两所示范性应用型高校之一。学校同德、韩、日、美、意、西、奥、英、俄等国及台湾地区62所大学建立了合作关系。有3个教育部批准的中外合作办学专业，10个中外合作培养专业，共有3700多名学生赴国外留学，1400余名德国、韩国、俄罗斯学生来校学习、实习。2016年，学校成为中德经济顾问委员会唯一高校成员单位。“中国安徽—德国中心”和“中国合肥—韩国中心”为安徽省政府、企业对外合作提供服务。2016年8月30日，学校在德国施特拉尔松德市建立了第一所孔子学院。默克尔总理应邀为孔院揭牌，被誉为“孔子学院发展史上的里程碑”。承办了7届“汉语桥”德国中学生夏令营活动、9届韩国语演讲大赛、2届“合肥学院杯”汉语演讲比赛。

（江　山）

【合肥职业技术学院】 合肥职业技术学院是经省政府批准、教育部备案的具有高等学历教育招生资格的公办全日制普通高等职业院校。成立于2002年，是合肥市唯一一所市属综合性高职院校，是安徽省首批地方技能型高水平大学建设单位，国家创新发展行动计划优质专科高等职业院校建设单位。中央电视台教育频道《少年工匠》栏目对学校进行专题报道。学校获得第三届中国质量奖提名奖。学校三届六次教代会工代会审议通过了《合肥职业技术学院校院二级管理办法》，校院二级管理正式实施。根据学校发展规划和专业发展需求，对原有的二级学校进行拆并整合，筹建建筑工程学校、护理学校、医学校、交通工程学校、机电工程学校。学校全日制高职在校生10281人，其他各类学历教育在校生1835人。

师资队伍 学校有教职工539名，专任教师379人，教授23人，副高以上职称教师132人，校内外兼职教师175人；校内实验实训室174个，校外实习实训基地135个。2017年学校共新进工作人员72人，其中引进高层次人才14人；64人晋升职称，58人获得“双师型”教师资格；428人次参加了国培、省培等各类培训；6批次15名骨干教师分别赴德国、南非、澳大利亚、以色列和日本访学交流；1名教师获批合肥市第八批专业拔尖人才，1名教师入选合肥市第一批专业和学术带头人后备人选，1名教师成功入选教育部专家库。

人才培养 学校以三年制高等职业教育为主，同时开设广播电视大学教育和初中起点五年制高职教育。现有医学、财经、汽车等七大类38个招生专业，中央财政支持的“高等职业学校提升专业服务产业发展能力”项目建设专业2个，省级精品专业、特色专业、试点专业6个，省级示范实验实训中心4个，省级校企合作教育实践基地3个。合肥校区将围绕合肥市支柱产业、战略新兴产业，规划建设机电、信息、建筑、生物、环境、艺术等六大专业群，打造一批在全国有较大影响的特色品牌专业；巢湖校区结合巢湖市区域发展定位，以发展学校传统优势医学相关类专业为目标，保留经贸旅游、人文等专业，打造健康产业人才培养基地。2017年学校先后举办“浙江大学—合肥职业技术学院领导干部培训班”“党务干部培训班”和“中青年干部培训班”，培训干部计120余人次。创新人才培养模式。学校采用“121”人才培养模式，专业课程实施“教学做”一体化，开展现代学徒制试点。全面深化“七位一体”的教育教学改革，深化分段人才培养试点，推进双证书制度，开展职前职后一体化培训。

科学研究 2017年学校师生在省级以上各类竞赛中屡创佳绩，捷报频传，累计获奖123项，其中，全国特等奖1项、一等奖5项，实现了国赛奖项上的历史性突破。2017年，学校承办了安徽省物联网技术应用赛项、中东部地区高职院校物联网邀请赛和“外研社杯”全国英语写作大赛安徽省赛区复赛等赛项，学校获2017年安徽省职业院校技能大赛“优秀组织奖”、第三届大学生“中华老字号”创意创新创业大赛中荣获“创业先锋学校”称号以及第三届全国“互联网+”大学生创新创业大赛优秀组织奖。

对外交流 2017年学校与美国杰克逊维尔大学合作办学项目继续招生，目前已有在校生64人；与韩国新星大学合作办学获教育厅批准，与德国、台湾等已启动教师进修计划。学校正致力打造德国“双元制”模式机电工程学校。深化产教融合，学校与现代职业教育集团内11家企业开展深度合作，与安徽好之旅国际旅行共建混合所有制“好之旅旅游学校”，与陶行知教育基金会合作开办了“陶行知国际护理学校”，与北京新大陆公司共建混合所有制“新大陆物联网学校”，与合肥百姓缘连锁大药房成立“百姓缘人才储备班”并建立“校中厂”——实体药房，与合肥青松食品有限公司成立“青松食品班”并成功申报安徽省首批省级示范基地。金寨路校区“大学生创新创业孵化基地”成功获批安徽省首批创业学校，科硕园区被认定为2017年合肥市级小型微型企业创业示范基地。

（慈龙保）

合肥职业技术学院

【合肥幼师高等专科学校】

学校始建于1980年11月15日，前身为合肥幼儿师范学校，1992年获省教育厅批准成为“安徽省幼儿师资培训中心”，2011年获教育部批准升格成为安徽省第一所独立设置的幼儿师范高等专科学校。学校位于合肥市磨店高教基地，占地427亩。现有全日制在校生5315名。学校开设了学前教育、早期教育、特殊教育、音乐教育、美术教育、舞蹈教育、艺术教育、艺术设计、英语教育、小学（全科）教育、图书档案管理、对外汉语等12个专业；其中，7个国家级骨干专业，3个省级特色专业。安徽省高校学前教育专业教学指导委员会、安徽省学前教育专业（专科）联盟、安徽省陈鹤琴教育思想研究会、安徽省儿童文艺家协会幼儿文学委员会等研究机构秘书处均设在学校。2015年学校成功立项“安徽省地方技能型高水平大学”建设项目，2016年学校获批“国家优质专科高等职业院校”建设单位，被教育部誉为“为基础教育培养合格师资方向明确成绩显著”的师范学校，享有“江淮幼教一枝花”“安徽幼教的黄埔军校”等美誉。

科学研究 2017年度学校共举办鹤琴讲坛20场，共立项建设27个教科研项目，教师教科研工作积极性大大提高，项目竞争日趋激烈；首次开通微信公众平台，探索组织多种形式发布课题申报信息，并首次引进项目申报系统，采取网上申报、专家盲评的方式，进一步规范教科研项目管理；开展第二届教学成果奖评选工作，共评选出一等奖2项、二等奖4项、三等奖4项；2017年度学校与河海大学合作，成立陈友庆教授工作室，组建儿童眼动研究团队。

对外交流 学校坚持开放办学，先后与美国、韩国、新加坡、台湾等境外8所高校签订协议，开展合作办学、教师培训、学生就业、访学等项目。学校主动服务社会，积极承担安徽省教育援疆项目，支持革命老区金寨职业学校学前教育专业建设。坚持产学研结合理念，主动探索与地方政府“公建公办”连锁幼儿园的深度合作模式，引领幼教行业发展。首届中韩班25名学生顺利赴韩学习，46名毕业生通过新加坡就业面试；首次承办“2017海峡两岸（安徽）青年徽文化交流周之台湾青年学生志工夏令营活动”，台湾敏惠医专39名师生前来参加学前教育专业研讨及徽文化体验活动，取得良好效果；新开拓美国林肯学院、韩国济州汉拿大学为合作院校；聘请美国客座教授开展学术讲座；邀请白俄罗斯国家歌舞团来校开展文化艺术交流活动，深化与一带一路国家交流合作。

合肥幼教集团 12月29日上午，合肥幼教集团揭牌仪式在市政务中心二楼8号会议室隆重举行。省委常委、市委书记宋国权，市委副书记、市长凌云出席揭牌仪式并为合肥幼教集团揭牌。自2015年与包河区政府合作的第一所幼儿园包河欣星幼儿园开园以来，合肥幼专开拓了“政府出钱委托高校来办园”的新模式。相继与新站高新区、经开区、高新区等合作，合肥幼专与政府协同办园已达11所，解决了近4000名幼儿“入好园”问题。学校在办园过程中坚持以人为本，认真落实儿童优先理念，落实师德为先要求，把教师队伍和管理队伍建设放在首位，开创省内“教授当园长”之先河，聘请研究生幼儿教师，委派高校教师到各幼儿园挂任副园长，聘请知名教育专家授业，将学前教育最前沿的“养分”输入进来。学校挑选优秀学生组成卓越幼儿教师人才培养班——鹤琴班，主要为幼教集团培养优秀人才。

（孔德洁）

合肥幼儿师范高等专科学校

科技与创新

【概况】 近年来，合肥市先后获批国家创新型试点城市、国家系统推进全面创新改革试验区域、国家自主创新示范区、综合性国家科学中心、中国制造2025试点示范城市等，成为集五大“国字号”创新品牌于一身的唯一城市。2017年合肥的创新战略地位提高到前所未有的高度，综合性国家科学中心获批建设，悟空、墨子等重大创新成果写入十九大报告，“哈佛八剑客”追梦科学岛的事迹在全国产生重要影响。全社会研发投入占GDP比重达3.1%。21个项目列入国家重点研发计划，获得国拨资金8.4亿元。技术合同交易额144亿元、增长19.93%。每万人发明专利拥有量21.6件，增长4.56件。新增国家高新技术企业309户，创历年新高，总数达1666户。全市高新技术产业增加值增长12.8%。引进

2017 年 4 月，市知识产权仲裁中心成立

和建设协同创新平台总数达13个。孵化器和众创空间突破百个（111个），中科院合肥物质科学研究院和荣事达获批全国“双创”示范基地。在全国新推广新能源汽车3万辆，累计达8万辆，约占全国4.7%。

【量子信息与量子科技创新研究院】 量子信息技术是当今国际前沿科学，包括量子通信、量子计算、量子精密测量3个子领域。建设量子信息与量子科技创新研究院，就是要服务国家信息安全保障、计算能力提高等重大需求，着力突破推动以量子信息为主导的第二次量子革命的前沿科学问题和核心关键技术，抢占量子科技国际竞争和未来发展的制高点，成为具有重要国际影响的大型综合性开放式科研基地。量子信息与量子科技创新研究院建设主体为中科大，主要建设内容包括：量子力学基本问题研究、量子信息前沿基础研究、量子信息应用技术研究和核心器件研发等。项目选址高新区，总投资约70亿元。

【知识产权保护】 2017年，合肥市坚持优化知识产权保护环境，依法提高知识产权保护效能。合肥知识产权法庭正式挂牌成立运行，标志着知识产权司法保护进入了一个新的历史阶段。合肥市知识产权仲裁中心正式成立，为当事人解决知识产权纠纷提供了一条司法、行政之外新的有效途径，已有6起案件办理仲裁确认手续。合肥高新区知识产权“三合一”综合执法试点顺利推进，试点方案经市政府常务会研究通过。组织申报面向集成电路及信息网络产业的“中国（合肥）知识产权保护中心”，已上报国家知识产权局待批。联合商务、工商、公安等多部门开展知识产权“双打”专项行动。全年共计立案各类行政执法案件182起，其中专利侵权纠纷案件23件、假冒专利案件116件、电商领域案件9件、展会执法案件34起。全年共开展8次专利行政执法专项检查，出动执法人员60余人次，检查商家40户，登记专利产品600余件。发挥维权援助中心作用，全年通过12330共接咨询举报投诉近350余次，转接知识产权维权援助案件45件，较2016年增长28.6%，均能为当事人提供有效服务和专项援助。

（葛　晗）

国家实验室

【国家同步辐射实验室】 国家同步辐射实验室是国家计委1983年4月批准建立的我国第一个国家级实验室。实验室主要任务是围绕国家重大研究计划和战略需求，向国内外用户提供稳定运行的国际一流大科学实验装置；积极发展同步辐射及测量新技术、新方法，推动我国先进光源关键技术的发展；汇聚与培养一流科学研究与技术发展人才。

实验室建有我国第一台专用同步辐射光源——合肥光源（HLS），是我国物理学、化学、材料科学、信息科学、生命科学、医学、能源与环境等领域的顶级交叉学科的一个重要研究平台。合肥光源的建设获得国家科技进步一等奖和中国科学院科技进步特等奖。合肥光源历经HLS—I和HLS—II两个阶段。HLS—II于2016年正式投入运行以来，运行开放达到国际同类装置的先进水平，推动和支撑我国在量子功能材料、能源与环境、物质与生命等领域前沿基础研究及应用研究，取得大批重要成果。

《合肥综合性国家科学中心实施方案（2017—2020年）》中明确提出合肥先进光源及先进光源集群规划建设，实验室作为合肥综合性国家科学中心建设的核心层，开展世界领先的中低能区具有衍射极限及全空间相干特色的第四代同步辐射光源预研及建设。目前，实验室正在建设先进的红外自由电子激光光源和太赫兹自由电子激光光源；在安徽省、合肥市及中国科学院的支持下，已经启动合肥先进光源的预研建设，力争“十四五”国家建设立项。

（余　琴）

【合肥微尺度物质科学国家研究中心（筹）】 合肥微尺度物质科学国家实验室是科技部2003年11月批准筹建的五个国家实验室之一，2017年更名为合肥微尺度物质科学国家研究中心。实验室“建设计划任务书”于2004年11月通过了科技部组织的海内外专家的论证。

合肥微尺度物质科学国家实验室是在长期坚持学科交叉与融合的基础上，通过对相关重点实验室资源的优化整合，逐步形成的一个以多学科综合为特点、以国家重大战略需求和交叉前沿领域为导向的新型实验室，其学科领域涉及物理、化学、材料、生物和信息，实现了五大一级学科之间大跨度的整合。

实验室现设有7个研究部和1个公共技术部。凝聚了一支以具备多学科背景的杰出人才为学科带头人、以优秀青年人才为主体的研究队伍和一支高水平的技术支撑队伍。110余位研究人员中，包括9位院士、12名“长江学者”特聘教授、32位国家杰出青年获得者、51位“百人计划”入选者、7个国家自然科学基金委创新研究群体和6个教育部创新团队。公共技术部是实验室的技术支持体系，为多学科交叉提供支撑，为加强技术体系的共建、共享，鼓励技术人员开展实验技术与实验方法的创新和先进仪器设备的研制提供了条件，为取得更多原创性科研成果提供必要的技术保障。公共技术部现有理化分析实验室、生物技术实验室、低温强磁场实验室和正在筹建的微纳加工实验室。公共技术部的建立，实现了装备资源的合理配置和使用，大型公共仪器设备统一规划、集中购置和管理，并对国内外开放。

（宋　策）

【等离子体所及EAST核聚变实验装置（磁约束核聚变国家实验室（筹））】 中国科学院等离子体物理研究所（简称“等离子体所”）成立于1978年9月，主要从事高温等离子体物理和受控热核聚变及其相关高技术研究，以探索、开发、解决人类无限而清洁的新能源为最终目的。多年来，等离子体所承担了国家发改委、科技部、国家基金委和中科院多项重大科研项目，先后建造了中小型托卡马克装置HT—6B和HT—6M，我国首个超导托卡马克HT—7以及世界上第一个非圆截面全超导偏滤器托卡马克EAST。

EAST（实验“Experimental”、先进“Advanced”、超导“Superconducting”、托卡马克“Tokamak”）可对受控核聚变相关的前沿物理问题开展探索性实验研究，为未来稳态、安全、高效的先进商业聚变堆提供物理和工程技术基础。EAST项目于1998年立项，2000年正式获批开工建设，2005年底完成装置总装。研制过程中等离子体所解决了一系列关键技术难题，自主发展了68项关键技术，形成了多个重大创新点，如大型超导磁体、超高真空、偏滤器、超导导体生产等，填补相关国内空白并具有广泛的应用前景，一些独创的技术得到了国际同行的赞赏和借鉴。2006年EAST工程调试一次成功，等离子体放电实验也一次成功。2007年3月，EAST项目通过国家验收。EAST的成功建设和运行赢得了国内外专家的高度赞誉，“是世界聚变工程的非凡业绩，是世界聚变能开发的杰出成就和重要里程碑！”

2012年，EAST获得超过400秒的两千万度高参数偏滤器等离子体和稳定重复超过30秒的高约束等离子体放电，创造了当时两项托卡马克运行的世界记录。2014年，EAST辅助加热系统功率从10MV提升到26MV，装置内部重要部件性能进一步优化，发展了全方位的等离子体诊断系统，多项设计是国内乃至世界范围内的首创。2015年2月，国家大科学工程EAST辅助加热系统项目通过国家验收。“EAST已成为国际磁约束聚变装置中最前沿的，以及未来五年世界上最有能力实现400秒长脉冲高性能等离子体研究的聚变实验装置。”2016年1月，EAST物理实验实现了电子温度超过5千万度、持续时间达102秒的超高温长脉冲等离子体放电。2017年7月，EAST物理实验实现了稳定的101.2秒稳态长脉冲高约束等离子体运行，创造了新的世界纪录。

EAST项目的成功使等离子体所成为ITER（国际热核聚变实验堆）计划中国工作组最重要的单位之一。由欧盟、美、日、俄、中、韩、印七方共同承担的ITER计划是当今世界最大的多边国际科技合作项目之一。等离子体所承担了导体、校正场线圈、超导馈线、电源、诊断等采购包，占中国承担ITER采购包任务的近73%，研制进度位于ITER七方前列，与此同时，积极参与CFETR（中国聚变工程实验堆）预研。

依托EAST项目，等离子体所

科研项目及其创新团队于2006年和2013年两度荣获国家科学技术进步奖一等奖，多次荣获国家、省部级奖项。培养和凝聚了一批聚变领域优秀工程技术、科研和管理人才，1位科学家当选院士，多人入选国家杰出青年基金、百人计划、千人计划、万人计划领军人才和拔尖人才等人才专项或担任973、863项目首席科学家。与欧、美、日、俄、澳等近三十个国家和地区建立关系，形成全方位、深层次的国际交流与合作。

（叶华龙）

防震减灾

【概况】 2017年，合肥市地震局被安徽省地震局评为“2017年度全省市级防震减灾工作综合考核先进单位”，庐阳区科技局、长丰县科技局被评为“2017年度全省县级防震减灾工作综合考核先进单位”，包河区科技局、瑶海区科技局被评为“2017年度全省县级防震减灾工作综合考核优秀单位”。12月份，合肥市被中国地震局评为“2017年度全国地市级防震减灾工作综合考核先进单位”，庐阳区被评为“2017年度全国县级防震减灾工作综合考核先进单位”。省政府开展的2016年度市级政府防震减灾目标管理绩效考核结果2017度揭晓，合肥市再次荣获一类市第一名。

【组织领导机制】 市长凌云对5月18日肥东2.1级地震应对工作作出明确指示，督查震情跟踪应对工作落实情况。4月13日，市政府副市长、市防震减灾工作领导小组副组长吴春梅主持召开2017年度市防震减灾工作领导小组会议，研究部署年度防震减灾重点工作。各地先后召开防震减灾领导组会议，巢湖、庐阳、瑶海等县（市）区人大常委会相继开展《合肥市防震减灾条例》执法调研，有力推动落实年度防震减灾工作目标任务。

【合肥地震活断层探测项目】 2017年度，市地震局与项目承担单位安徽省地震工程研究院加强协调对接，项目组完成了项目各子专题报告的修改及专题内容的衔接、各专题间的数据匹配及数据库录入等工作，完成了主报告撰写和专家预审，项目主报告及相关于11月8日在中国地震局震防司主持下通过专家评审，完成了总验收，并完善项目图件、数据库、各子专题报告和项目总报告等。

2017年庐江县地震应急综合演练

【地震监测会商和震情应对】 2017年，合肥市辖区共发生M0.5级以上地震10次，最大地震为2017年5月18日20点59分合肥市肥东县ML2.1级地震，震源深度6千米。地震系统制订印发年度震情跟踪工作方案和《中国共产党第十九次全国代表大会和国庆期间地震安全保障服务工作实施方案》。妥善应对处置5月18日肥东众兴乡2.1级地震震情，根据省、市政府主要领导和市政府分管领导的批示指示精神，安排人员对震中区有无震损情况进行现场核查报告。进一步改革完善震情会商制度，加强地震趋势会商研判，做好年中、年度地震趋势会商工作，《2018年度地震趋势会商报告》获省地震局评比二等奖。加强震情应急值守，强化地震宏观异常现象核实及跟踪处置工作，2017年共收到异常报告2次，现场核实排查2次。完成地震监测台网智能化升级改造，建设全市地震速报信息系统，可有效监测我市及周边ML1.5级以上地震震情。举办2017年度全市防震减灾助理员培训班，提高基层助理员防震减灾业务能力和水平。对全市地震宏观观测网点情况进行梳理核实，录入“安徽省市县防震减灾信息管理系统”，实现宏观观测信息网上动态化管理。建立“合肥市地震科技监测信息数据库”，将全市地震监测台网和群测群防网点信息登记入库。

【地震应急体系建设】 合肥市地震局履行市防震减灾工作领导小组办公室职责，坚持以“六有”为标准，继续完善军地协作、部门联动、资源共享、快速反应的地震应急救援系统。指导有关县（市）区和重点部门完成9个单位的预案修编工作，及时调整地震应急预案，增强预案的可操作性。组织指导学校、社区、机关等广泛开展地震应急疏散演练。加强应急值守，强化应急准备，快速、有效、妥善应对处置我市及周边震情。6月份，参加全省地震应急区域协作演练，组织开展市及各县（市）区地震应急专业救援队伍应急技能培训，提高地震应急救援能力。经市政府批准，合肥市地震应急物资储备库于7月28日挂牌。10月中旬，市地震应急通信技术系统（硬件部分）建设完成项目验收。积极推进地震应急避难场所标准化建设，《合肥市地震应急避难场所建设规划》编制完成，完成了对全市15个Ⅲ类标准地震应急避难场所的验收工作。经市地震局推荐申报，省地震局、省应急办、省民政局等多部门联合评定合肥市职业技术学院地震应急避难场所、卧牛山公园地震应急避难场所、巢湖市第四中学应急避难场所为省Ⅰ类标准地震应急避难场所。

【依法行政和行政审批】 贯彻防震减灾法律法规和国务院“放管服”改革要求，依法加强建设工程抗震设防要求事中事后监管。2017年办理抗震设防要求核定87项，办理抗震设防竣工验收计154项，重点加强对学校、医院、大型商场等人员密集场所建设工程的抗震设防监管，严把建设工程抗震设防及竣工验收关口，提高城乡建筑抗震能力。

【农村民居建设抗震设防指导服务】 9月份，合肥市地震局联合市城乡建委、市美好乡村建设办公室组织创建第三批“合肥市农村民居地震安全示范村（点）”，10月26—27日，合肥市地震局、市城乡建委在长丰县联合举办全市第二期农村建筑工匠抗震设防业务培训班。市县地震部门积极贯彻全省“农村科普推进年”的总体要求，结合“5·12”、“7·28”、文化科技卫生“三下乡”等活动，广泛开展多种形式的科普宣传活动。

【防震减灾科普宣传演练】 2017年5月份是合肥市第二个“防震减灾宣传演练月”，5月12日是全国第九个“防灾减灾日”，市地震局贯彻落实省、市防震减灾领导小组会议精神，按照《合肥市防震减灾条例》要求，围绕“减轻社区灾害风险、提升基层减灾能力”主题，会同市教育局、市政府应急办等相关部门组织开展一系列形式新颖、内容丰富、群众广泛参与的宣传演练活动。主要包括：

同步组织开展示范性演练和群众性演练。5月9日，举办合肥市暨庐江县第2个防震减灾演练月启动仪式，开展庐江县及庐城镇地震应急指挥演练、学校地震应急疏散及救援演练、社区居民地震应急疏散救援及医疗救护演练，4000余名学生及小区居民参与演练活动。重点加强社区地震应急演练。5月份，指导肥西县上派镇北张社区等97个地震安全示范社区开展地震避险演练。6月14日—16日，市

2017年度合肥市ML0.5级以上地震目录

（注：ML为近震震级）

序号	日期	时间	经度/° E	纬度/° N	震级	震中
1	20170202	20:11:12	117.33	31.61	0.7	安徽肥西县
2	20170202	20:16:33	117.31	31.60	1	安徽肥西县
3	20170215	15:43:12	117.57	32.10	1.9	安徽肥东县
4	20170430	20:33:14	117.28	31.00	0.5	安徽庐江县
5	20170518	20:59:44	117.4	32.03	2.1	安徽肥东县
6	20170523	17:50:03	117.37	32.02	1.3	安徽肥东县
7	20170627	16:52:02	117.33	31.89	0.5	安徽合肥市
8	20170803	23:20:03	117.12	32.44	1	安徽长丰县
9	20170804	22:16:28	117.13	32.45	1	安徽长丰县
10	20170923	00:38:14	117.41	31.44	0.7	安徽庐江县

地震局作为皖中西部地震应急协作区牵头单位，组织安庆、六安、淮南、阜阳、宿松等6市县参加在黄山市举办的全省地震应急救援培训暨高层旅游酒店演练。6月19—22日，市地震局参加由公安部组织、在合肥举办的中部地区跨区域地震救援实战拉动演练。

开展防震减灾科普宣传“六进”主题宣传活动。4月25—26日，市地震局、教育局联合举办全市首期市属学校校园防震减灾辅导员培训班，截至5月底，各县（市）区、开发区先后完成本辖区校园防震减灾辅导员培训，完成对全市校园防震减灾辅导员队伍的首轮全员培训。5月6日，省地震局、市地震局、庐阳区科技局联合在庐阳区三十岗乡举办安徽省、合肥市防震减灾宣传周（演练月）启动仪式暨纪念汶川地震九周年“防震减灾、你我同行”健步行（健康跑）活动。举办合肥市首届“十佳地震人”先进模范评选表彰活动。5月11日，合肥市委宣传部、地震局联合举办合肥市首届“十佳地震人”表彰颁奖仪式及“合肥·防震减灾”优秀摄影作品、地震监测、应急设备巡展活动。

借助新媒体宣传防震减灾，扩大防震减灾“互联网+”宣传效应。加强“合肥防震减灾”微信公众号建设，提高微信发布的信息质量和专业水准。5月6—12日，市地震局利用微信平台，开展了“防震减灾科普知识微竞赛”。7月28日，市地震局联合网易安徽举办“纪念唐山大地震41周年暨身边的防震减灾工作直播”活动。8月底，市地震局开通“今日头条”公众号。10月份，组织开展第三届“合肥·防震减灾”主题摄影大赛。

依托防震减灾宣传教育基地推出贴近群众需求的宣教服务。合肥市各类防震减灾科普教育场馆全面开放满负荷工作，充分发挥“阵地效应”，接待参观民众。防震减灾宣传演练月期间，习友路小学建设的“模拟地震演习”实验室、蜀山区产业园建设的我省首个VR抗震减灾演习平台相继对公众开放。

举办防震减灾科普大讲堂。4月18日，通过《庐阳讲坛》宣讲地震科普、法规知识和基层防震减灾工作，拉开全市“防震减灾科普大讲堂”序幕。2017年，全市共组织开展防震减灾科普宣传主题活动120次，举办各类防震减灾科普讲座1100场，组织全市百万中小学在校生开展了地震应急演练活动，组织机关企事业单位、社区开展地震应急演练107场次，印制适合不同群体阅读的宣传册近10万份，开发制作创意宣传品近8万份。

【防震减灾示范创建】 2017年，合肥市地震局联合科协、教育、民政、建委、农委等部门，指导各地新创建合肥市防震减灾科普示范学校20所、安徽省防震减灾示范学校7所、国家防震减灾示范学校6所，合肥市地震安全示范社区15个、安徽省地震安全示范社区6个、国家地震安全示范社区6个，合肥市防震减灾示范乡镇（街道）10个，合肥市地震安全农居示范村（点）5个。截至2017年底，合肥市已创建市防震减灾科普示范学校132所、省示范学校78所、国家示范学校6所，市地震安全示范社区113个、省地震安全示范社区58个、国家地震安全示范社区37个，合肥市防震减灾示范乡镇（街道）25个，合肥市地震安全农居示范村（点）15个。市防震减灾科普教育基地3个。

2017年度获评国家地震安全示范社区的单位（6个）：蜀山区井岗镇十里庙社区、瑶海区三里街街道临淮路社区临淮·锦绣嘉苑小区、长丰县双凤经济开发区共和城社区、庐阳区林店街道官塘社区、肥西县上派镇古埂社区、新站区七里塘社区新华社居委。2017年度获评国家防震减灾示范学校的单位（6所）：合肥市宁溪小学、合肥市西园新村小学、合肥市华府骏苑小学、合肥市一六八玫瑰园学校、合肥市香樟雅苑小学、合肥市南门小学。

（汪霞光）

气　象

【概况】 2017年，合肥市气象现代化综合评估得分95.79，位列全省第一，自2014年省政府开展气象现代化第三方评估以来，连续四年保持全省第一，在全省率先完成基本实现气象现代化的目标。在省政府气象防灾减灾考核中，我市继续保持第一名。合肥市气象局荣获“安徽省第十一届文明单位”荣誉称号。人工增雨改善空气质量工作被评为全省气象创新工作。

【监测与预报】 完成22个高速公路加密气象监测点的勘察选址和风廓线雷达、微波辐射计、激光雷达、毫米波雷达、雾滴谱仪等新型地基遥感大型气象探测设备的布点工作，全域多功能气象灾害立体监测网初具雏形。截至2017年底，全市已建成各类气象观测站263台（套），包括：各类自动气象站、土壤水分自动观测站、GPS/MET水汽观测站、大气电场仪、闪电定位仪、移动气象台、巢湖水面综合观测平台等，气象监测站点平均间距达到6千米，全市所有乡镇（街道）区域自动站覆盖率达100%。全市各国家级观测站设备运行稳定，气象数据传输及时率达到99.8%以上，区域气象观测站平均数据可用率达到98%以上，全年地面、辐射、酸雨等各项业务错情率0.0‰，全国酸雨观测质量考核为“优秀”。

编制完成《合肥市应急预案操作手册》《合肥市灾害性天气跟踪及叫应服务流程》；完成城市内涝、雷电灾害风险普查及城市预警平台升级改造，实现城市内涝风险预警业务化；投入110余万元建成大城市气象服务系统，初步形成精细化、网格化、数字化的预报预测产品体系。天气预报时效达10—15天，短时临近预报时间分辨率精确到1—3小时。24小时晴雨预报和综合时效晴雨预报准确率分别为88.8%和87.3%，灾害性天气预警准确率达90%以上，强对流预警时间提前量超过30分钟。

【防灾减灾】 市编办正式批复成立合肥市突发事件预警信息发布中心，与合肥市气象台一个机构两块牌子，承担市级突发事件预警信息发布系统的运行、维护、管理和信息发布等职责。各县（市）也都建立起相应组织机构、工作制度、处置流程，并在全市5个试点乡镇完成突发公共事件预警信息发布系统安装，实现突发事件预警信息发布向乡镇的延伸，在全省提前形成城乡全网格气象防灾减灾体系。长丰建成人工影响天气标准化县。全市6个乡镇被中国气象局认定为气象灾害防御标准化乡镇。全年启动气象灾害应急响应9次，发布预警信号79次。市气象台发布公众、决策类气象服务材料352期，免费发布气象预报预警手机短信543条，累计覆盖气象灾害防御责任人51万人次，成功实施9次人工增雨抗旱作业，增水0.3亿立方米。

【气象服务】 圆满完成市“两会”、春运、节假日、中高考、引江济巢等气象保障任务。全国首创的体育气象台品牌更加闪亮，成功保障全国速度轮滑锦标赛、国际马拉松赛、全国自行车公开赛、中国热气球挑战赛等十多项重大体育赛事。市气象局与环保局联合在华东地区率先组织开展飞机人工增雨改善空气质量试验，抓住一切有利时机在全市实施增雨作业，累计飞行15架次，同时在地面开展作业作为补充，被安徽省气象局评为全省创新工作。紧抓农事节点适时开展田间调查与评估，制作发布各类农业气象服务信息110期。“互联网+气象”深入推进，依托“惠农气象”等手机客户端开展的脱贫攻坚农业气象保障行动和农村科技信息帮扶行动持续实施，为全市种养殖大户建立的“点对点”直通服务用户数达6400多人。政府购买气象服务持续实施并向基层延伸。出台《合肥市政府购买公共气象服务项目专项资金绩效评价暂行办法》，建立政府购买气象服务实施项目的绩效评价指标及评分标准，形成了从项目申报、招标、实施、监管到评价的一整套规范实施流程。

【科普宣传】 利用合肥气象科普馆、肥东县马湖乡两个国家级科普基地，开展日常科普教育活动。在3·23世界气象日、5月全国科技周、5·12防灾减灾日、9月全国科普日等重要时间节点，举办形式多样的气象科普宣传活动，合肥气象科普馆全年共接待观众1万余人。全年开展气象科普主题宣传活动20余次，新设社区宣传专栏8块，发放科普期刊读本约1.6万册，宣传单页2.2万份。举办合肥市首届“家乡的云”青少年摄影大赛，大赛共收到1300余幅参赛作品，选送12幅获奖作品参加中国气象学会组织的青少年摄影大赛，有6件作品获奖。组织全市中小学生参加省气象局承办的第四届“宝贝报天气全国选拔赛（安徽分会场）”科普海选活动，9名选手获得“优秀气象小达人”称号并入围全国决赛，3名选手在全国大赛中被授予“2017年度气象小达人”称号。由市气象台制作的科普作品《气象

3月23日，市气象局举办科普开放周活动

姑娘说气象》在全省气象科普直播视频大赛中，荣获二等奖。气象局职工杨鹤蝉联2017年全国气象科普讲解大赛第一名，并荣获全国科普讲解大赛三等奖。在长丰县建成目前全市功能最全、面积最大的县级气象科普馆——长丰县气象科学探索中心，总面积800平方米。合肥气象科普馆被认定为全市第二批“合肥市全民终身学习体验点”。

【主要气候事件】 2017年，合肥市年平均气温17.0℃，较常年偏高1.0℃，冬、春、夏三季气温偏高，秋季气温接近常年略偏低。年降水量1056毫米，接近常年略偏少，冬、秋两季降水偏多，春、夏两季降水偏少；6月30日入梅，入梅偏晚，7月12日出梅，接近常年，梅雨期偏短，梅雨量偏少，梅雨强度偏弱。全市年日照时数1785小时，较常年平均值偏少90个小时。

盛夏高温破历史记录。盛夏期间，我市出现持续高温天气，最高气温破历史纪录，其中高温初日为5月29日，平均高温日数为23.5天，较常年平均值偏多10天。出梅后，先后出现的3段大范围持续性晴热高温天气，分别是7月14－31日、8月4－7日以及22－24日，高温过程总体呈现持续时间长，高温范围广，高温极端性强等特征。7月23—27日合肥本站连续5天超40℃；27日最高气温合肥41.1℃，肥东40.2℃，肥西40.8℃，长丰40.1℃，均突破历史记录。

秋季连阴雨为历史同期最强。秋季共出现3段连阴雨过程，分别为8月31日－9月11日、9月20日－10月5日、10月11－18日，呈现降水异常偏多、持续时间长、北部降水强度大、日照时数偏少，气温偏低的特征。从历年9－10月连阴雨的覆盖范围、持续日数、强度等级、累计降水量及寡照程度综合来看，2017年我市连阴雨为历史同期最强。8月31日－10月18日全市平均降水量270毫米，较常年同期偏多1.3倍，为历史同期第三多；最长连续降水日数普遍超过6天，其中肥西和庐江连续降水日数达13天；平均日照时数128小时，较常年同期偏少5成，为历史同期最少。

春夏季强对流天气时有发生。5月14日我市出现雷雨大风、冰雹等强对流天气，全市风力普遍6—8级，最大巢湖航标站10级（27.7米／秒）；长丰吴山、岗集一带及市区出现冰雹（直径0.5—2厘米）；7月14日我市出现雷雨大风、冰雹等强对流天气，并伴有雷暴和8级以上大风，最大合肥瑶海磨店26.7米／秒（10级），肥东出现直径8毫米冰雹；8月18－20日我市大部出现阵雨或雷阵雨天气，合肥市出现10级阵风（27.4米／秒）。

雾和霾日数减少明显。2017年全市平均大雾日数为10天，较常年偏少7.1天；全市平均霾日数44.5天，较2016年偏少33天。雾和霾多发生在冬、秋季，其中1月、3月及8－9月雾日数相对较多；1－2月及10－12月霾影响范围广、持续时间长。

（唐晓东、吴大慧、柏　颖）

责任编辑：贾南田

文化事业

【公共文化服务体系建设】 2017年，合肥市文化广播电视新闻出版系统坚定文化自信，坚持改革创新，大力推进文化强市建设。

重大公共文化工程有力推进。 合肥市中心图书馆完成立项和方案设计。出台《合肥市城市阅读空间建设实施方案》。公共文化服务网络不断健全。推进县（市）区“两馆一场”达标升级，已建成10个乡镇（社区）综合文化服务中心、18个省级农民文化乐园、100个市级农民文化乐园。公共文化服务数字化建设纵深推进。文化民生工程普惠民众。全市公共文化场馆开放、农村文化建设专项补助两项民生工程投入资金3145.4万元。免费开放160个公共文化场馆，公共文化场馆接待人数再创新高。完成“送戏进万村”演出1407场，农家书屋出版物补充更新13万多册，农村公益电影放映1.8万场，新增3749户城镇低保户免费收看有线电视。

文化活动彰显特色。 “书香合肥”影响力不断扩大。“大湖名城•悦读合肥”全民阅读活动成为合肥市特色文化品牌，第四届全民阅读组委会规格升高，合肥深圳全民阅读双城合作务实推进，合肥再次荣登亚马逊中国最爱阅读城市榜首。群众性文化活动好戏连台。新春文化庙会、全民文化活动季、合肥文化大讲堂等文化活动有声有色。文化文明广场活动推出了“紫凤女子乐坊”专场、新丝韵葫芦丝艺术团专场、影视金曲交响音乐会、庆国庆葫芦丝交响音乐会等多场演出，观众一片叫好。文化合作实现新突破。文化部内地对港澳文化交流重点项目《赖少其艺术作品与历史文献大展》在香港成功举办。圆满举办第十九届上海国际艺术节合肥分会场、第十届中国国际青年艺术周视觉艺术展（合肥站）、第三届中国（合肥）青少年文化艺术展演、第八届“中华颂”全国小戏小品曲艺大展、“圈动国学风、放飞中国梦”首届全国经典诵读展演等全国性、国际化文化活动。

文艺精品创作加大力度。 主题音乐会精彩亮相。2017年12月30日晚，在合肥大剧院成功举办“新时代•新征程•新篇章”2018年新年音乐会，推出《走进科学岛》《书香家园》《养人的地方》等12首原创歌曲。文艺精品竞相绽放。原创民族舞剧《立夏》获安徽省“五个一工程”奖，并先后进京进沪公演，深受观众好评。庐剧《情意缘》进京演出获得首都观众青睐。歌剧《鱼水情深》剧本荣获第31届田汉戏剧奖二等奖。巢湖民歌《绿浪滚滚迎面来》作为安徽唯一代表作品，参加中央电视台第二季《中国民歌大会》。制定《合肥市支持戏曲发展的意见》。

【文化产业】 修订出台《2017年合肥市促进文化产业发展政策》及其实施细则，安排1.5亿元产业政策资金，聚焦文化产业的融合发展、创新发展和集聚发展，重点支持文化创意基地（园区）、街区、小镇、楼宇、服务平台建设和全国性文化艺术活动、文化娱乐行业转型升级。全市文化产业增加值380亿元，增长15%，占GDP5.3%。国家数字出版基地实现总产值170亿元，安徽省创意文化产业集聚发展合肥基地完成产值575亿元、税收16.5亿元、固定资产投资128亿元。全市城市影院实现票房收入5.6亿元，占全省35%。大力推进引导城乡居民扩大文化消费试点，直接拉动效果达到4.3倍，间接拉动文化

“讴歌新时代、宣传十九大”——文化庙会进社区文艺专场

消费近20倍。积极推进中共中央宣传部、文化部国有演艺企业社会效益评价考核试点工作。

【文化市场管理】 深化“放管服”改革，服务效能不断提升，完成了动态调整市级权责清单，构建了全口径中介服务、公共服务清单。制定《关于进一步深化文化市场综合执法改革的实施方案》。深入开展“护苗”“清源”等专项行动，“扫黄打非”成效显著，合肥市“扫黄打非”领导小组办公室被评为全国先进集体，3家单位入选全国基层示范点。文化领域安全生产平稳可控，全市广播电视安全播出大检查受到安徽省广播电视局表彰，软件正版化工作再上新台阶。

依法加强加大文化市场综合执法，全年共出动执法人员9252人次，市文化市场综合执法支队立案查处行政案件98件，移送司法部门案件1件，收缴非法出版物8万余册（份），“翔天净网”监管平台拦截、屏蔽非法网站、网上有害信息2万余次（条）。市文化市场综合执法支队办理的“合肥某公司以假唱手段欺骗观众”案件入选“2016—2017年度全国文化市场十大案件”，被文化部通报表扬。网吧等文化娱乐场所文明创建成绩一直位居全市前列，为全国文明城市复牌作出积极贡献。

（吴 熹）

合肥市图书馆

【概况】 2017年2月，合肥市图书馆承办的“大湖名城 悦读合肥——夕阳红公益培训活动”荣获“书香安徽阅读季”活动组委会授予的“2016年安徽省十佳阅读推广活动”称号；6月，该馆被评为“第十一届安徽省文明单位”；8月，该馆获中共安徽省委教育工作委员会、省教育厅、省文化厅、省新闻出版广电局、共青团安徽省委授予“安徽省第一届校园读书创作活动特别贡献奖”；10月，该馆被中国图书馆学会授予“全民阅读示范基地”称号。

2017年10月根据清博的指数统计：合肥市图书馆公众号粉丝数，在全国公共图书馆WCI指数月度排行榜上排名第7。2017年合肥市图书馆被媒体报道200余次，其中“口袋图书馆”与“悦·书房”运营取得良好社会效果，被《人民日报》《安徽日报》《湖北日报》等中央及省市级媒体相继报道，获得社会各界关注。

【“第六次全国县级以上公共图书馆评估定级”工作】 “第六次全国县级以上公共图书馆评估定级”工作自2017年3月开始。由于此次评估工作无论是评估标准，还是材料报送的系统平台都做了全面调整，合肥市图书馆特别选派骨干人员参加全国及省内举办的“第六次评估”工作培训会，同时成立评估领导小组和材料筹备组，对照本次评估细则和系统平台操作，开展了大量而细致的工作，同时组织开展合肥市四县一市公共图书馆的“评估培训会”。历经半年多的努力，圆满完成本次评估定级工作，评估专家对合肥市图书馆4年来的工作成绩和迎检材料的准备给予高度肯定。

【城市阅读空间建设工作】 城市阅读空间“悦·书房”是合肥市图书馆与政府、企业三方合作，面向全民服务的创新阅读阵地，这在省内乃至全国开创先例。2017年，“悦·书房”再建三个分馆：华博伊赛特分馆（首个商业综合体内的阅读空间）、罍街分馆（文化商业街专建）、林间书屋分馆（与蜀山区文化旅游局合作共建）。

城市阅读空间项目受到合肥市委市政府的高度肯定和重视，并在全市得到推广，市区共建，两级财政投入，计划三年内建成100座有人值守的城市阅读空间。合肥市图书馆于2017年初配合合肥市文化广电新闻出版局，在合肥各个区开展城市阅读空间项目的前期选址调研工作，并制定初步的实施方案和项目预算，积极与财政等部门沟通，实行城市阅读空间图书的预采购，并进行城市阅读空间配送维护和仓储空间的招标。到2017年末，该馆已将图书加工13万册，陆续配送到位。与此同时，该馆为城市阅读空间提供多项规范文本，为网络架构建设、系统平台搭建、图书调拨配送提供技术支持。2017年，共有23家城市阅读空间建成，面向市民开放。

【创新服务模式】 多年来，合肥市图书馆注重现代科技在图书馆的应用，2017年利用互联网和物联网平台创新服务模式，在全国范围内最早提出快递到家、信用借阅服务的设想。6月首先推出快递到家服务，读者可通过移动终端在网上进行选书、借书、快递送书到家。之后，与芝麻信用合作进行图书信用借阅，面对广大市民推广免押金信用借阅服务，读者不用办证，不用到馆里来，直接在网上就可以借阅。

合肥市图书馆与杭州图书馆第一批开展“信用借阅”服务，并在杭州参加公共图书馆信用论坛，共同签署信用服务宣言，加入到首批开展信用借阅服务的图书馆行列中。

至2017年底，“快递到家”共投递图书包裹2121个，借阅图书7373册（次）；“信用借阅”新增信用借阅读者10421人，共借阅图书18059册（次）。此外，还推出“合图微电台”“你选书我买单”等“悦读+”服务，打造线上线下结合的借阅平台，为广大市民提供多元化的借阅服务手段，使合肥市民的阅读生活更加多样，更加便利。

【特色资源建设】 立足该馆特色馆藏及文献资源数字化建设现状，突出合肥地方特色文化资源，一是制作专题资源库：1950—2010年《合肥·记忆老照片》数字化加工，截至2017年12月底，已完成1万张《合肥·记忆老照片》的数字化加工；二是完成2.5万版《合肥晚报》（1961—1980年）数字化及篇名识别加工；三是完成2015年度图书馆公开课、地方文献数字化、网事典藏、政府公开信息项目的实施和验收及相关平台部署；四是完成2016年度网事典藏、政府公开信息、地方报纸数字化项目的实施和验收。

【合肥市中心图书馆立项建设】 随着城市现代化发展，为了更好地满足合肥市民的精神文化需求，经过多年来争取和推进，2017年初，“合肥市中心图书馆”被合肥市政府批准立项建设，选址在政务文化新区翡翠路与祁门路交口东北角（天鹅湖畔西南角，地铁3号线和4号线的交汇处）；总投资8亿多元，建筑面积约5.5万平方米，其中地上建筑面积约4.2万平方米，地下约1.3万平方米；整个建设项目包括图书馆、超级书库、城市展示馆三个功能区，广场、景观、车库等相关附属设施。

建成后的合肥市中心图书馆成为综合型、开放性、多功能、国内一流、世界先进的现代化城市文化综合体，是市政务文化新区环天鹅湖重要的标志性建筑。

（胡忠华）

省级非物质文化遗产

【庐州蛋雕制作技艺】 蛋雕是在各种禽鸟的蛋壳上进行雕刻的一种民间工艺。据记载，这项民间工艺源于我国古老的蛋俗文化。春秋时期齐国政治家、思想家管仲在当时就曾提倡过：“雕卵然后沦之”（见《管子·侈靡》），意即：把蛋品雕画上图案，然后煮食。

远在明清时期，民间在喜庆婚娶、祝福庆寿、喜得贵子时，为图吉祥如意，就有了赠送红鸡蛋的习俗。当时在合肥一带更是流行此风，而且用量可观。于是就有人摆摊设铺，专卖红色鸡蛋，称其为“彩蛋”。后来，人们又在彩蛋上画些花鸟、鱼虫、脸谱等图案，以图生意兴隆。经过多年演变，彩蛋工艺逐步提高。如今，人们将鸡蛋钻孔掏空，在蛋壳表面雕刻精美图案，终于形成了具有传承和保护价值的民间手工技艺项目——蛋雕制作技艺。

【庐州核雕】 核雕是在各类果核上进行雕刻的技艺。我国自古以来就有文献记载。明末魏学伊所著《核舟记》可谓世人皆知。乾隆年间，核雕艺人陈祖章所雕“核舟”作为镇馆之宝，仍珍藏在台北故宫博物院。庐州地区自古有雕刻核雕用于“辟邪”的民俗，清末民初核雕艺人又创造出全国独有的“剔雕”技艺以及山核桃镂空技艺，使得庐州核雕已经从简单的民风民俗上升为雕刻艺术。

庐州核雕中的“剔雕”是一种能够直接表达中国传统书画的独特雕刻技艺，在全国核雕界具有唯一性。它利用“象牙果核”黑褐色的内果皮与白色胚乳来体现传统文化中的黑、白关系，形成构图。庐州核雕中的镂空技艺是在表面纹路狂野，内部结构复杂的山核桃上进行雕刻的，它将山核桃表面结构与内部结构多层利用，最多能够雕刻出4层的复杂构图。剔雕技艺与山核桃镂空技艺是庐州核雕艺人智慧的结晶，每一件作品都具有唯一性，具备较强的历史研究价值。

一直以来庐州核雕主要以家族传承的形态存在。受其制作周期长、雕刻困难等因素影响，解放前庐州核雕技艺一度濒临绝迹，后经传承人李绩及父亲李照云、外祖父许从德等人的传承与保护，山核桃镂空技艺和“剔雕”技艺才得以完整的保留。

【庐州土陶】 合肥古称庐州，古庐州之所以能产陶，是因为这里周边一带特有的天然原生态土陶矿泥适合生产陶器。这种陶土制陶不但可以减少釉的碎裂性，同时还能保证陶瓷制品的光泽和颜色。这里的土陶制品密度小，透气性好且不浸不漏，特别适合用纯手工传统制作方法烧制的陶器。

合肥“庐州土陶”以本地泥土为主要原材料，须经过原材料精选、晾晒、水浸、配料、踩泥、翻泥、洗泥、造型设计、盘筑成型、修坯、堆花、刻花、镂空、晾干、利坯、施釉、烧结等多道工序。

在传统手工土陶制作中，一件完美的土陶工艺品，光是选泥及制坯就需要9道工序，再经过选晾坯、打磨、刻花、上釉及至出窑检验完工，需20多道工序。

【马派皮影戏】 马派皮影戏是一种以皮制或纸制的彩色影偶形象、伴随着音乐和唱腔进行表演的戏剧形式。粗犷豪放的淮河流域文化为马派皮影提供了得天独厚的地理条件和人文环境。马派皮影戏在唱腔和形象上都打上显著的北方戏剧的特征。皮影戏形成的时代久远，至今已有一千多年的历史。马家皮影的历史可追溯到清末民初，当时由皖北老艺人马信昌承创，并以家族传承的方式继承发展，至今已有130多年的历史。

新中国建立后，马派皮影在党和政府的关怀扶持下重获新生。马派皮影戏传承人马飞，安徽宿州人，1965年出生。其11岁起从事皮影表演，至今已从艺40年。他继承马家皮影的传统技艺和经典剧目，不仅能够自己制作各种皮影人物造像，而且还能担当几十个皮影经典剧目的操纵表演和演唱。

马派皮影戏的唱词有雅俗兼具的特点，既有幽默平实的对话，又包括优美深长的骈句，生动而富有感染力。表演者可以同时操纵十来个影人儿，表演翻滚、弹跳、打斗等，纷而不乱，堪称一绝。

马派皮影戏源远流长，文化底蕴深厚，具有艺术感化功能与作用。皮影戏具有民间传统文化表现形式或文化空间的杰出价值，在非物质文化遗产中具有典型意义，在人类社会学、文学艺术等方面具有重要价值。它将造型艺术、传统表演艺术融为一体，具有强盛的艺术生命力和博大的艺术包容性。

【牛门洪拳】 中华武学博大精深，中国武术源远流长、门派纷繁。“牛门洪拳”是其万花丛中的一枝奇葩，距今已有100多年的历史。“牛门洪拳”的创始人是安徽省肥东县（旧称合肥东乡）长临河牛官堡村人（现长临镇星二村），牛官堡村地处巢湖北滨，是个交通便捷，风景秀美的村庄。清末，牛官堡村先后出现两位德艺双馨的武林高手。一位是牛翰章，一位是牛洪川，两位大师晚年返乡设馆授徒，最后形成了今天的“牛门洪拳”。

牛翰章自幼从家父习武（其父是清代武举），后又外出拜师，返乡时已练就“铁布衫”“金钟罩”之功。他先是从军报国，其后闯荡江湖，威震南北镖局，德高望重，故乡人都尊称他“牛三教师”。他综合百家之长，自创大洪拳、小洪拳、十路谭腿、青龙手等拳法套路，并在小郢牛、中份牛村形成一个支流。

牛洪川是牛翰章之侄，自幼拜在牛翰章门下，后随慧云大师云游江湖，拜师学艺，练就浑身解数与上乘功夫——轻功。他有踏雪无痕、过水无纹，屋上行走如履平地之功。一生劫富济贫，扶危救困，名扬大江南北，清末有“江淮大侠”之美誉。洪川年近天命因时势之由返乡，他在牛三教师所教拳术的基础上，结合自己几十年的学武心得，独创了“大、小洪拳”（小手）“四门拳”“水浒拳”“八极拳”等拳术套路，“八卦游龙剑”“六趟刀”“杆子棍”“齐眉棍”“板凳花”“春秋大刀”等兵械套路，由其在庙前牛村形成一个支流。

后来，经先祖师牛善璧、牛善平和先师牛进康、牛和炳、牛进常、牛进瑞、牛进一等两代人的努力，他们互相切磋、增有补无，合二为一，形成了今天的“牛门洪拳”。

“牛官堡”素有武术之乡美誉，在那国弱民贫、烽烟四起、民不聊生的旧社会，确实起到了练武强身、抵御外侮、振兴民族精神的作用。

【树雕画】 巢湖市的“树雕画”以树皮、树心、树根为原材料，以独特的民间手工传统技艺制作，成为江淮地区独具特色、在省内外具有广泛影响的一个民间传统美术品种。

巢湖市居安徽中部，临近长江，环抱巢湖，是较典型的山水环抱、物产丰裕的农耕文化的聚集地。巢湖历史悠久，古称“居巢”“南巢”，文字记载的历史有3000余年。自古以来，这里民风敦厚，易于传统技艺的滋生和繁衍。这种人文地理环境，为“树雕画”这一传统美术在民间的生存和传播提供了丰厚的土壤和充足的养分。

传承人尹修平自幼跟随父辈学习美术技巧，秉承前辈民间工艺师们的艺德。成年后，在从事油漆工作之余，潜心研究树雕画的制作工艺，建立工厂和生产流水线，将原有的树雕画艺术提升到一个崭新的境界。尹修平在上世纪末就曾获过多项国家级荣誉，其树雕画作品在省内外装饰画界已自成一家，独成一派。

其作品融雕刻、绘画、书法、喷涂于一体，以山水为题材，兼有少量的花鸟动物。作品既超越油画的立体质感、版画的疏密简淡，又兼备国画的气韵灵动，不同于一般装饰画的刻板单一。其画面风格古朴典雅、雄浑清逸，令人百看不厌，属工艺美术中的独门奇技。

树雕画具有观赏、装饰、收藏价值和较高的工艺美术价值、经济价值和审美价值，是楼堂馆所、家庭常用的装饰品，也可作为旅游馈赠礼品。

【韩氏阴阳双合拳】 相传阴阳双合拳为元末明初著名武术家杨艺所创，他少时习武，精通少林武当各家功夫。至晚年他结合内外家功夫之长，巧妙结合中医经络学与脏腑的连带表里关系，运用肢体运动的牵拉拽引敲击振穴的手法，疏通阴阳八脉十二经络气机，实现脏腑阴阳的表里合一，达到人体阴阳平衡，提高免疫能力，防治百病。其拳既有少林派的刚猛舒展，又有武当内家的绵柔。整趟拳术始终蕴含阴阳动静的辩证统一，故谓阴阳双合拳。由于该拳养生技击价值很高，故祖师创拳后，立下门规，是谓单传。

至13代时，阴阳双合拳传于尚吉杰。尚吉杰为九华山护院武师，法号宗德。14代时阴阳双合拳传于余化龙，余化龙是著名武术家，早年为爱国将领卫立煌军营的武术教头。新中国成立后为安徽省首批武术名家，晚年执教于合肥市武术队。为安徽培养了很多优秀的武术人才。

余化龙将阴阳双合拳传于韩荣春，为15代传人。韩荣春出生于1950年12月28日，合肥人，安徽省十佳拳师，多次获得国际武术比赛金奖。1990年代创办肥西南北少林文武学校，任校长兼总教练。培养学生近万人。为企事业单位、部队、体育院校输送人才不计其数。在安徽省乃至全国武术界均有一定的影响力。

【有巢氏的传说】 巢湖流域文化历史悠久，有和县猿人、银山智人、凌家滩文化遗址，是有巢氏的故乡。今合肥市巢湖流域远古时期即属于有巢氏氏族生活区，建有古巢国，夏商时称南巢，周时称巢（伯）国，战国后期称居巢县（邑），后建为巢县、巢州、巢湖市。在漫长的岁月里，“有巢氏的传说”吸纳了民间文化的营养，代代相传，走进千家万户，反映出江淮人文历史和百姓生活感受，在群众中具有广泛的影响和传承的基础。

“有巢氏的传说”自古以来就在巢湖、合肥周边、江淮地区乃至全国各地的民间广为流传，在世界许多国家也有流传。其来源于历史，主要由巢湖人代代口头传承下来。在千百年传承过程中，口头传说与史书记载相互补充。《太平御览》《庄子·盗跖》《韩非子·五蠹》《博物志·杂说上》等均有记载。

“有巢氏的传说”具有民间文学广泛性、传承性、故事性、象征性等特征。传说中不仅描述了“有巢氏”这位英雄人物勇敢、聪慧的一面，同时也刻画出他善良、博爱的一面。该传说靠口口相传，并因时间和地点的不同，形成了大同小异的多个记录版本。

“有巢氏的传说”具有珍贵的民间文学价值，其植根于中华民族文化传统和文化历史之中，成为汉民族一张代表性“名片”；传说寓含着民族的精神和信仰，具有人类学、民族学、民俗学研究的价值取向，长期受到国内外学界的关注。

“有巢氏的传说”是人类文明发源于长江中下游巢湖流域的一个重要明证。宣传“有巢氏的传说”，有利于推动地方社会、经济、文化的发展，也有利于世界对中华民族传统文化价值的认同和赞赏。

【张氏大洪拳】 张氏大洪拳是集内外家与一体的一个拳术门派，具体为何人所创已无从考证。当年赵匡胤打关东闯关西，以三十六路拳，三百六十六手定天下，分三十六路为关东架，三百六十六手为关西架。故张氏大洪拳是以关东架和关西架为母拳。张氏大洪拳内容丰富、风格独特，演练时扎实稳慢，发力配合呼吸，以气催力。步型主要有丁弓步、丁云步、弓步三种，步法以蛙行步为主，腿多铲、缠，手型多为鸡爪掌，手法要求：出拳以肩出为主，阳爪多出于腰，阴爪多出于肩，善于撸袖出爪。因而此拳宜于防身健身。

自光绪六年张氏大洪拳第一代宗师张福顺（1856～1933）传授此拳，至今已有一百余年的历史。合肥张氏大洪拳是由张传正（1916～2001）拳师传入市内，现为合肥市最有影响的门派之一。1980年，为了弘扬中华武术，为国献宝，张传正老拳师积极响应党和国家的号召，参加了安徽省武术历史资料挖掘整理工作，并主动将师传精习多年的大洪拳献给了省、市武术挖掘整理组。在此次挖整中，合肥市发掘的较完备的拳系仅三家，其中以张师传授的大洪拳最为全面系统。经过一百多年的传承与发展，张氏大洪拳已成为江淮武林中的一朵奇葩。2005 年 7 月经合肥市体育局批复，成立了合肥市武术协会洪门分会。

【庐阳梅花针灸】 又称“梅花派”“周氏梅花针灸学派”，源于周楣声教授家传“梅花派”针灸，门人弟子遍布世界各地，具有近 300 年的历史，迄今已传承 9 代。“梅花派”因第四代传承人周树冬（1862 ～ 1915），素好梅花而得名，“……我今新谱梅花诀，梅花沁心能去疾。年年寂寞在深山，不以无人花不发……光绪壬寅春王月天长沂湖，周丙荣树冬撰”（周树冬《金针梅花诗钞 • 诗序》）

庐阳梅花针灸在灸具灸法、针法、时间针灸学、脉学、刺血、埋线、火针等方面独具特色，针灸著作影响深远。《金针梅花诗钞》被称为“继《针灸大成》后又一部重视针刺方法，并有所创见的针灸学专著”，《灸绳》是全国多家中医药大学研究生必读著作。

地处江淮的合肥是一座历史悠久的古城，自秦朝置县以来，这座城市已有两千多年的历史。合肥居安徽中部，是安徽省“华佗医学”和“新安医学”两大中医药文化汇聚之地，学术氛围浓厚，为庐阳梅花针灸的发展和传播提供丰沃的土壤和充足的养分。

2005 年“梅花派”改名为“梅花针灸学派”；2010 年成立梅花针灸学派学术研究团队；2013 年成立蔡圣朝名医工作室；至今已创新灸具 70 余项，申请专利 60 余件，形成了梅花针灸学派特色的“梅花二十四灸”。

梅花针灸学派是全国著名的中医针灸流派，在中医“治未病”和临床内科、外科、妇科、儿科等各科积累了丰富的针灸治疗经验，具有中医“简便廉验”的特点。

（王进雨）

文物保护

【文物保护和考古工作】 经安徽省文物局批准，2017 年 10—12 月，合肥市文物管理处实施大孔祠堂保养维护工程，对屋面、墙体进行整修，加固木柱榫头，消除了安全隐患；唐氏住宅修缮工程项目纳入合肥市公益性建设项目，2017 年 10 月中旬获市发展和改革委员会立项，2018 年实施修缮工程；开展第八批省级文物保护单位，第六批市级文物保护单位申报工作；联合市工商局开展合肥市文物流通市场专项整治行动；召开全市文物保护员工作会，做好文物保护员管理培训工作，及时处理危及文物安全的突发事件；整理汇总 2016 年文物安全工作材料，通过了省政府和国务院安全考核；对全市古建筑及近现代建筑进行全方位“回头看”消防隐患检查整治工作；配合省文物考古研究所完成了大雁墩遗址考古发掘工作；配合引江济淮工程，制定城西桥迁移异地保护实施方案；到巢湖市李家大院、肥东县六家畈古民居和肥西县董氏宗祠巡查文物保护工程施工工地，提出合理化意见；卫立煌故居展陈施工设计一体化工程于年初完成投标，7 月初开始施工，年底完成。完成六家畈古民居、龟山塔、鲁彦周故居修缮工程。完成刘铭传纪念馆土建工程和刘铭传故居大小岛及南门桥复建工程。

【修订《合肥市文物保护办法》】 开展《合肥市文物保护办法》修订工作，历经数十次上会讨论、征求意见、反复修改，2017 年9 月底《合肥市文物保护办法（修改草案）》通过省人大常委会审核，2018 年 1 月 1 日颁布实施。

文物保护经费随财政收入增长而增加。《办法》规定，市、县（市）区政府要将文物保护事业纳入本级国民经济和社会发展规划，文物保护所需经费列入本级财政预算予以保障，并随着财政收入的增长而增加。并且设立文物保护委员会，研究、协调、解决文物保护工作中的重大问题，选择具有历史、艺术、科学价值的不可移动文物，公布为市、县级文物保护单位。除了要建设综合性国有博物馆、发展各类专题性博物馆和社区博物馆，还要扶持非国有博物馆的发展，在用地、馆舍建设及运行、文保、学术研究方面给予支持。

不得拆除全国重点文保单位。《办法》对类似古民居、古建筑等不可移动文物的保护作出多项规定。明确指出，全国重点文保单位不得拆除。不得擅自拆除、改建、迁移不可移动文物。如有特殊情况确需迁移异地保护或者拆除的，建设单位应当在迁移前就制定保护方案，落实复建地址、期限和经费，并按照国家有关规定报批。不可移动文物的修缮、保养、迁移，应当遵守不改变文物原状的原则，设计、施工方案应当按照国家有关规定报批。

个人未经批准不得收购文物。任何单位、个人在生产、建设中发现文物，不得藏匿、损毁、哄抢、私分，应当立即停工并保护好现场，同时向当地文物行政主管部门或者公安机关报告，文物行政主管部门或者公安机关应当在24小时以内前往处理，文物行政主管部门应当在五个工作日内提出处理意见。

流散文物的征集、收购由文物行政主管部门按照规定统一管理。任何单位和个人未经批准不得进行文物收购业务。不得私自买卖文物，不得将国家禁止出境的文物馈赠给外国组织、外国人或者其他境外人员。

【可移动文物管理与鉴定征集】 配合李氏住宅安防工程项目实施库房安防设备的调试与验收；完成文物库房净化设备的招标和采购工作；完成馆藏青铜器修复项目的招投标工作，修复工作随即展开；整理中国文物志文物资料，汇编可移动文物普查图录；联合省鉴定站举办文物鉴定培训班，来自全省的60余名文博工作人员参加培训；与北京文物总店联系建立文物征集渠道；参加西泠印社2017年春拍，拍得藏品填补馆藏文物的空白；联合省鉴定站、徽博文物修复公司实施安徽省出土玉器标准器微痕拍摄与研究项目。

【卫立煌故居“修旧如旧”】 卫立煌故居地处南淝河岸边的河口村民组，建于上世纪30年代初，鼎盛时规模很大，包括前厅、后厅和阁楼、厢房等。1960年一场大火，烧毁了故居大部分房屋，只剩下约60平方米的前厅。从合肥市巢湖南路岔进一条水泥小道，就进入卫乡村的地界，卫乡村有三处民国建筑：卫立煌故居、宋氏旧居和吴氏炮楼。

卫立煌故居共有三进，最后面是一座三层的西式小楼，传说小楼曾一度被作为防守用的炮楼使用。在故居的后院中，还保留着一口百年青石老井，此井曾养育卫乡村几代村民，至今水质甘甜。

修缮后的卫立煌故居，民国时期的各种图案和雕刻被精心保护，原先的房间布局得到完好的呈现，正厅、偏房、洋楼一应俱全。卫立煌故居陈列这位抗战名将用过的烟斗、胸章、书信、照片等物，向世人展示这位传奇将领波澜壮阔的一生。

【非国有博物馆】 2017年6月，安徽省文物局同意“安徽红色文化博物馆”“庐州民间木艺博物馆”设立备案确认。合肥市博物馆达到30家，其中，国有博物馆14家，非国有博物馆16家（新增3家）。

安徽红色文化博物馆，位于合肥市繁华大道与吉林路交口联东U谷合肥滨湖国际企业港一期37号楼，展厅面积2180平方米，主题展品有：毛主席塑像、像章、宣传画、安徽抗战史料、安徽历史民俗展品、渡江战役支前票证、知青宣传画、生活劳动用品、本地英雄模范类展品、老电影唱片机、国防武器及模型等。

庐州民间木艺博物馆，位于合肥市繁华大道工投立恒广场C—14，展厅面积600平方米，主要展示明清以来民间木雕艺术，主要有木器杂件、神像佛像、雕刻花板、建筑构件和民用木器等。

（路文举）

附：部分文物保护单位简介

【李鸿章故居纪念馆】 2017年3月31日下午，由安徽省文化厅、省新闻出版广播电视局、省教育厅、省科技厅、省经济和信息化委员会、省商务厅联合主办的第四届安徽省动漫大赛颁奖仪式在安徽大剧院举行。本次大赛分社会组和院校组两个组别，设置了影视动画类、应用动漫类、漫画插画类、动漫衍生品类、动漫短片类、游戏类等奖项。李鸿章故居陈列馆凭借文创产品“淮系萌军”系列书签，获社会组动漫衍生品类铜奖。

“淮系萌军”系列文创产品的开发是以李鸿章、淮系集团等史实和故事为依托，融入特色元素，打造一组幼萌造型淮军卡通形象，特色鲜明、个性突出，深受游客喜爱。此次获奖不仅拓宽了该馆文创产品的开发思路，也为今后以动漫形象为基础，衍生出更多系列化创意产品提供了无限可能。

11月11日，“2017安徽旅游诚信品质榜”暨“安徽旅游诚信日”发布活动在合肥举行。李鸿章故居陈列馆位列A级旅游景区名单，荣登2017安徽旅游诚信品质榜。

2017年9月底，李鸿章享堂系列展暨《孤独与梦想——李鸿章荣哀录》《李氏家族的家乡遗迹》和《合肥十大名门望族家风家训》试开放。此次新展特色鲜明、精彩纷呈：一是展陈内容更加丰富，《李鸿章荣哀录》以翔实的图文资料讲述李鸿章人生的最后岁月；《家乡遗迹》对李氏家族的家庙、旧宅、享堂以及家乡建设遗迹进行全面细致的介绍，展出大量古庐州的图片，极具地方特色和历史厚重感。新增包拯包氏家族在内的10个合肥名门望族的家风家训，充分反映合肥地区的风土人文和精神情怀。二是打破传统展览静态的展示方式，采用声光电设备，循环播放李鸿章纪录片、李鸿章家族影像资料和历代名流挽联，强化视觉、听觉层面的感染力，努力为游客提供更为生动直观的观赏体验。三是增加了丰富的实物展品，包括光绪皇帝亲赐御制碑文、吴汝纶撰写的神道碑文、《李氏宗谱》、李鸿章出生年册等。实物展品种类繁多，涉及范围广泛，充分体现新展的质量和水平。

（帅艳华）

【渡江战役纪念馆】 在纪念中国人民解放军建军90周年之际，由合肥市文化广电新闻出版局主办，渡江战役纪念馆承办的开国少将张秀龙勋章捐赠仪式，2017 年 6 月 25 日在渡江战役纪念馆序厅隆重举行。参加仪式的有五十余名来自全国各地的红色后代们。

张秀龙（1914—2015），湖北沔阳（今仙桃）人，1930 年参加中国工农红军。同年加入中国共产党，曾任浙江省军区司令员、湖北省军区司令员、武汉军区副司令员等职。中共十二大代表，第五届全国人大代表、第六届全国人大常委。1955 年被授予少将军衔，曾获二级八一勋章、二级独立自由勋章、一级解放勋章。1988 年 7 月被授予中国人民解放军一级红星功勋荣誉章。2015 年 10 月 21 日 18 点 09 分，张秀龙在广州军区武汉总医院因病离世，是红二方面军最后一位离世的长征中任过团职以上职务的老红军，终年 101 岁。

仪式上，张秀龙将军的儿子张进沪表示，将军生前一直教导他们：党、国家和人民已经给了他很高的荣誉，但这一切并不属于他个人，应属于党和人民，属于为新中国诞生和建设的无数英雄儿女。这次，他将父亲的二级八一勋章、二级独立自由勋章、一级解放勋章等 7 件革命文物慷慨捐赠出来，真正体现了老一辈无产阶级革命家的后代们的高尚品格和博爱。这些勋章不但见证了张秀龙将军的戎马一生，更见证了中国人民解放军的辉煌历程。

渡江战役纪念馆开馆以来受到了社会各界的关爱，开馆初期就有很多将军及其后代、渡江老兵、烈士后代前来捐赠文物。张秀龙将军是 1955 年授衔的将军里，唯一一位亲手将文物捐赠给纪念馆的人，早在纪念馆开馆前，他就将一支延安时期一直跟随自己的左轮手枪，淮海战役时缴获的一支比利时双管猎枪尤偿捐献给纪念馆。这些文物是纪念馆开展研究所需的重要学术资源。该馆计划在第六展厅开辟特展区域，将这些文物以更好的形式呈现给观众。

（张秋红）

合肥市广播电视台（文广集团）

【新闻宣传】 2017 年，合肥市广播电视台紧紧围绕党的十九大宣传报道，加强新闻策划，营造学习贯彻十九大精神的浓厚氛围。十九大召开前，结合合肥改革新动力、发展新动能、民生新成就，精心组织“砥砺奋进的五年”“向总书记报喜”“五大发展合肥进行时”等专题报道，传递党的声音，讲好合肥故事，其中“向总书记报喜”受到安徽省广播电视局点名表扬。党的十九大召开后，依托新闻频道、综合广播两大主频道（率）和《合肥新闻联播》《合肥新闻》两档主栏目，全媒联动共同发声，集中力量对十九大进行浓墨重彩的报道，推出《喜庆十九大》《十九大精神在江淮》《十九大精神与我们这一行》《学报告　看合肥》等专栏，仅广播电视发稿就超过 1500 篇；《理论直通车》等栏目对党的十九大精神和习近平新时代中国特色社会主义思想进行广泛宣讲和深入解读，为合肥市迅速掀起学习宣传贯彻十九大精神的高潮提供强有力的舆论支持。

推进改革创新。对标中央电视台《新闻联播》，启动《合肥新闻联播》质量提升工程；以“新合肥闻天下”为定位，启动新闻频道改版工作，市政府已同意从 2018 年起，补助新闻频道改版经费 1000 万元。

拓宽外宣渠道。全年在中央电视台发稿 85 篇，其中《新闻联播》发稿 18 篇，同比上年增长 80%，实现了全省地市电视台在中央电视台发稿“四连冠”；在中央人民广播电台发稿 201 篇，跻身全国城市电台“十强”。在巩固中央媒体、安徽省台发稿渠道的同时，加大与协作体的合作，举办“大湖风光好——中国城市广播联盟百名主播看合肥”活动，逐步形成以中央电视台、安徽电视台为纵向，以协作体为横向的稳定外宣供稿体系。

加快融合发展。初步搭建“1（台官方账号）+N（各子账号）”的全台微信矩阵，广播电视新闻实现全媒互动；手机直播、H5 技术广泛运用到新闻报道中，“中国中部投资贸易博览会”“大湖飞歌”2017 合肥青年歌手大奖赛等手机直播，点击率屡屡创新。此外，“合肥发布”微博自 7 月移交给合肥市广播电视台运营后，粉丝量增加到 48 万，在安徽省政务微博排名榜上提升至第 3 位。

【文化演艺】 市演艺股份公司全年演出 538 场，其中公益性演出 339 场，“戏曲进校园”“走向文明”“庐州放歌”等演出活动，极大地丰富了群众的文化生活。打造文艺精品。创排合肥首部民族舞剧《立夏》，庐剧《春华秋也实》《梁山伯与祝英台》，舞台剧《曲中情》等优秀作品，其中《立夏》《三嫂告状》入选国家艺术基金资助项目，《立夏》还成功在北京、上海、合肥三地巡演，党的十九大后晋京献礼引起轰动。做强文化品牌，坚持高品位、高品质、高品格，继续举办“绿都之春新春音乐会”“网络春晚”“大湖飞歌”2017合肥青年歌手大奖赛、合肥电视主持人大赛和普通话大赛等经典活动，吸引上万名文艺爱好者和热心市民参与，经过多年的坚持和积累，这些活动逐步成为合肥市重要的文化品牌。

先后承办“2017中国（合肥）演出交易会”“玉兰杯戏曲大赛”“八一建军晚会”等多项重大活动。党的十九大召开后，创作了快板书《纵情高歌十九大》、相声《唱支山歌给党听》等文艺作品，积极参与市委宣传部组织的“新时代”文艺宣传小分队，推动党的十九大精神进田头、上炕头、入心头。

【技术升级】 圆满完成高清电视项目建设，建成高清演播室5个，购置高清摄像机136台、4K摄像机3台。10月8日，新闻、财经、生活、教育法制、故事休闲5个频道正式启动高标清同播，极大地提高了节目质量，提升了观众的收看体验。稳步推进广播电视发射塔项目。积极开展前期筹备工作，组织人员赴广州塔学习考察，与中广电广播电影电视设计研究院合作，初步选取设计方案、项目选址，并撰写《筹建情况的报告》提交给市委。2017年度，台（集团）获国家广播电视节目科技创新奖高新技术研究与开发奖三等奖1项；安徽省广播影视科技创新奖4项；安徽省广播电视节目技术质量奖15项；安徽省广播电视节目技术质量奖综合奖2项。

合肥有线电视宽带网络公司坚持创新驱动，大力开发适应市场需求的、满足广播电视技术领域需要的产品和服务。全年投入开展研发项目10个，研发费用归集1300万元，其中《基于综合数据分析的HFC网络智能服务平台》《校园直达——智慧教育云平台系统》分别获得2017年度安徽省广播电视局科技创新一等奖、二等奖，另有2项新技术获得发明专利，该公司2017年再次被认定为国家级高新技术企业。

【有线电视】 光缆建设。全年光缆敷设项目共计642个，派工建设段长共计486公里，合计纤芯长度4.2万公里；终审归档光缆干线项目270个，段长共计312公里，合计纤芯长度1950公里；目前全网光缆段长8300公里、54万纤芯公里。管道工程建设。全年管道建设立项169个项目，目前竣工83个，竣工管道段长81公里、管孔段长290公里，截至2017年底，全市共建有市政管道1400管程公里。小区配套建设。全年新建小区（建筑）系统工程共计立项129个项目，合计户数近11万；光节点立项566个，验收开通新建小区103个，覆盖户数约10万，开通双向户数近14万。

【广播电视经营】 按照“生产经营有机统一、节目广告融合并进”的经营思路，在坚持中发展，在发展中创新，全年合并营业收入49884万元，完成预算110%，基本实现年初的既定各项目标任务。在具体的措施上：强化责任落实。与各经营主体签订目标责任书，经营主体工作经费和负责人绩效与任务完成情况挂钩，逐月考核、逐月兑现，对任务完成较差的进行重点督查和约谈，激发了经营动力。创新经营手段。大力推动节目联办、活动合办，与蜀山区政府共建频道，与市民政局、市体育局等几十个部门联办栏目，撬动政府资金，实现社会效益和经济效益的统一。大力推广地面活动，打通线上线下资源，带动经营创收，全年举办各类地面

附：

2016年度合肥广播电视作品类获省级以上奖名单

序号	作品名称	奖项名称	获奖等级	主创人员
1	《安徽江淮牵手德国大众》	短消息（广播）	安徽新闻奖一等奖、安徽广播新闻奖一等奖	洪　卫、鲁　捷、吴蔚群
2	《风雨中的感动》	社教专题（广播）	安徽新闻奖一等奖、安徽广播新闻奖一等奖	洪　卫、吴蔚群、倪　讴 刘安东、郝　倩、韦志平
3	《我是你的眼睛——合肥的哥胡光忠义捐眼角膜》	社教专题（广播）	安徽新闻奖二等奖、安徽广播新闻奖一等奖	纪大伟、刘　敏

续表

序号	作品名称	奖项名称	获奖等级	主创人员
4	《7000多万元"新安通",何以成为一个摆设》	连续(系列、组合)报道 (广播)	安徽新闻奖三等奖、安徽广播新闻奖二等奖	张 伟、吴 松、陆 军
5	《开往春天的地铁》	现场直播 (广播)	安徽新闻奖三等奖、安徽广播新闻奖二等奖	梅 琳、王峥峥、张文婷、梁 霄 纪大伟、陶诗意
6	《种了挖,挖了种,如此种树为哪般》	长消息 (广播)	安徽广播新闻奖二等奖	褚 蔓、吴 松、陆 军
7	《丰碑在人心——追记优秀共产党员潘理俊》	纪录片 (电视)	安徽新闻奖二等奖、安徽电视新闻奖一等奖	黄大明、丁 勇、袁 磊、江 炜 卢 杰、张国繁
8	《循环农业的深化 小秸秆 大产业》	社教专题 (电视)	安徽新闻奖三等奖、安徽电视新闻奖二等奖	吴旭东、田 海、左 军、殷晓蕾 于 乐、吴培奇
9	《攻心记》	系列片 (电视)	安徽新闻奖三等奖、安徽电视新闻奖二等奖	吴节正、朱江辉、朱 江、张 慧 张叶菡、聂大地
10	《我省实施首例人工生物角膜移植手术》	短消息 (电视)	安徽电视新闻奖三等奖	何 沁、邢 旻、刘 杰、储 刚 孙一蕾
11	《旧书店·新起点》	长消息 (电视)	安徽电视新闻奖三等奖	李 黎、郭 政、冯 杰、方 蕾 陈飞飞
12	《"狗蛋"寻亲记》	连续 (系列、组合)报道 (电视)	安徽电视新闻奖三等奖	聂大地、张 菁、赵成林 吴林娜、朱海峰、聂丽琳
13	《被顶替的安置权》	新闻专题 (电视)	安徽电视新闻奖三等奖	朱宗乐、王 郑、王丰田 赵会权、吴 昊
14	《战地歌声多么嘹亮》	社教专题 (电视)	安徽电视新闻奖三等奖	杨礼平、魏 维、江 炜、潘 峰 华菁菁、陶广全
15	《家有好婆婆》	社教专题 (电视)	安徽电视新闻奖三等奖	李 黎、郭 政、朱昱名、刘晴君 朱莹莹、葛鑫雨
16	《这样的改变可以有》	言论	安徽新闻奖二等奖、安徽广播电视报刊新闻奖一等奖	吴湘东
17	《封三文娱·看点》	版面设计	安徽新闻奖三等奖、安徽广播电视报刊新闻奖一等奖	管夏轩
18	《这两个曲艺后生了不得》	通讯	安徽广播电视报刊新闻奖二等奖	刘晓蕾
19	《柘皋古镇叹早茶,重拾千年古早味》	通讯	安徽广播电视报刊新闻奖三等奖	丁万婷
20	《难遇好保姆,怎么办?》	通讯	安徽广播电视报刊新闻奖三等奖	张 文
21	《学习习近平用典艺术 感受传统文化魅力》	栏目	安徽新闻奖新闻名专栏、安徽广播新闻奖名牌栏目	王晓东、吴 松、吴莹莹
22	《881听电影》	栏目	安徽广播文艺奖名牌栏目	余 婧、彭 莉
23	《信仰的光芒》	原创歌曲	安徽广播文艺奖一等奖	洪 卫、舒 楠
24	《奔跑 永不止步》(三条)	广告	安徽电视文艺奖一等奖	李 玮、孙 倩、侯玲丽、马少文
25	《亲爱的路人》	音乐节目	安徽广播文艺奖二等奖	董 昊、彭 莉、袁 菁
26	《动物与人》	综艺节目	安徽广播文艺奖二等奖	集体创作
27	《大湖飞歌——2016合肥青年歌手大赛》总决赛暨颁奖典礼	综艺节目	安徽电视文艺奖二等奖	李 军、朱 杰、阮 艺、王安平 杨志强、宗元元、冯 敢、黄爱红
28	《24节气宣传》	公益广告	安徽广播文艺奖三等奖	王峥峥、苏传庆
29	《小记者之歌》	音乐节目	安徽电视文艺奖三等奖	苗 祺、崔 昕、林 昆、许 婧
30	《故事 ·人生》之榜样的力量	公益广告系列	安徽电视文艺奖三等奖	冯 杰、刘晴君、李 黎、郭 政

2016年度合肥广播电视技术类获省级以上奖名单

序号	项目名称	奖项名称及等级	主创人员
1	合肥广电融合媒体生产发布智慧云平台	国家广播影视科技创新奖三等奖	刘晓曦、沈　江、葛骏浩、赵　年 范传棕、郭　伟、黄振华、李光杰 王　睿、陶　俊
2	合肥广电融合媒体生产发布智慧云平台	安徽省广播影视科技创新奖一等奖	刘晓曦、沈　江、葛骏浩、赵　年 范传棕、郭　伟、黄振华、李光杰 王　睿、陶　俊
3	基于综合数据分析的HFC网络智能服务平台	安徽省广播影视科技创新奖一等奖	付　晓、张　军、张　敏、裴金奎 易　波、赵行林、刘永爱、张春晖 于　晗、方梦园
4	地面数字电视同步覆盖网的技术研究与实施	安徽省广播影视科技创新奖二等奖	胡　平、蒋家泉、刘晓曦、宫为保 王鹤林、张本营、胡亿里、黄宏生
5	校园直达——智慧教育云平台系统	安徽省广播影视科技创新奖二等奖	程　衔、查宇振、孔　科、朱　林 殷立晨、周　立、马　涛、王　军
6	《风雨中的感动》	安徽省广播节目技术质量奖（金鹿奖）录制技术奖　语言类一等奖	倪　讴、洪　卫、刘晓曦
7	《声音的工匠》——访1986年版中央电视台《西游记》孙悟空配音演员李世宏	安徽省广播节目技术质量奖（金鹿奖）录制技术奖　语言类二等奖	李　璇、胡　波、仰　亮
8	《学习习近平用典艺术 感受传统文化魅力——公生明 廉生威》	安徽省广播节目技术质量奖（金鹿奖）录制技术奖　广告类二等奖	王晓东、吴　松
9	《废旧电池篇》	安徽省广播节目技术质量奖（金鹿奖）录制技术奖　广告类三等奖	彭　莉
10	徽商广播频率季节宣——《梧桐摇落一色秋》	安徽省广播节目技术质量奖（金鹿奖）录制技术奖　片花类一等奖	张　寅、许　杰、王亚楠
11	《信仰的光芒》	安徽省广播节目技术质量奖（金鹿奖）录制技术奖　音乐类三等奖	洪　卫、樊勇兵、顾健欣
12	合肥广播电视台	安徽省广播节目技术质量奖（金鹿奖）播出技术奖　二等奖	陈　程、刘晓曦、樊勇兵、王　磊 侯树明、洪宇峰、李雪梅、孙宏婷 曾昭东、曾令虎
13	合肥广播电视台	安徽省广播节目技术质量奖（金鹿奖）综合奖	陈　飚、刘晓曦、陈　程、樊勇兵 鲁东辉、王　磊、赵军民、夏为民 朱小伟、孙晓方
14	合肥新闻联播	安徽省电视节目技术质量奖（金帆奖）新闻类二等奖	黄振华、尹丽丽、郭　伟、管景智
15	早安合肥	安徽省电视节目技术质量奖（金帆奖）新闻类二等奖	何有伦、郭　伟、尹丽丽、张运成
16	《身边的美食家之味道》	安徽省电视节目技术质量奖（金帆奖）专题类一等奖	陶　林、钟　文、徐永峰、张　鑫
17	《小秸秆大文章》	安徽省电视节目技术质量奖（金帆奖）专题类三等奖	赵　年、王　勇、吴旭东、何有伦
18	合肥市庆祝中华人民共和国成立67周年暨纪念红军长征胜利80周年音乐会——永远的征程	安徽省电视节目技术质量奖（金帆奖）综合文体类二等奖	陶　林、石　磊、钟　文、徐永峰 胡志远、刘奇峰、池吉祥、徐雪涛
19	绿都之春——2017新春音乐会	安徽省电视节目技术质量奖（金帆奖）综合文体类三等奖	陶　林、钟　文、石　磊、崇忠元 徐永峰、朱元勋、武海军、张　曦
20	《领跑蜀山——2017合肥蜀山国际半程马拉松赛》形象推广片头	安徽省电视节目技术质量奖（金帆奖）视频图形奖片头类一等奖	徐永峰、孙　鹏、董　芊、卢　杰
21	《合肥欢迎你》招商形象宣传片	安徽省电视节目技术质量奖（金帆奖）视频图形奖短片类一等奖	徐永峰、胡志远、张　扬、卢　杰
22	合肥市广播电视台	安徽省电视节目技术质量奖（金帆奖）播出技术奖二等奖	刘晓曦、郑　胜、李张军、康振华 周泽斌、赵鸿飞、高　扬、黄振华
23	合肥市广播电视台	安徽省电视节目技术质量奖（金帆奖）综合奖	陈　飚、刘晓曦、左　军、刘　涛 沈　江、钟　文、陈思俊、黄宏生 黄振华、黄　嵩

活动300多场，其中“2017合肥蜀山半程马拉松赛”“万人拼国旗 挑战吉尼斯”等参与人数多、社会影响大、经济效益好，“万人拼国旗 挑战吉尼斯”活动被中央电视台财经频道、中文国际频道和新闻频道报道。探索多元经营。按照“做强广电主业、优化产业投资”的发展思路，加大对参股公司的投后管理，重点支持合肥有线电视宽带网络公司、广播电视轨道传媒公司等与主业相关有发展潜力的企业，支持安徽广播电视数字传媒有限公司增资扩股，开发下一代广播电视无线网，推进媒体融合、创新业务形态，推进广播电视升级转型。

（黄　亮）

合肥报业传媒集团

【概况】 2017年，合肥报业传媒集团（以下简称“集团”）采编、经营、管理等各项工作总体运行平稳。在发展环境复杂和媒体格局调整等多重背景下，坚持把发展作为第一要务，群策群力、攻坚克难。集团及所属各媒体坚守党性原则，各媒体没有出现一次严重政治导向错误或重大政治安全事故。

集团被评为“2017传媒中国融合创新十大报业传媒集团”；《合肥日报》被授予“2017传媒中国融合创新十大品牌影响力地市党报”“2016传媒中国十大品牌影响力地市党报”“金长城传媒奖2016中国十大城市党报”等称号；《合肥晚报》入选“2017全国晚报二十强”，获得“2017传媒中国融合创新十大品牌影响力城市晚报”称号；集团ZAKER合肥项目，被中国报业协会授予2016中国报业融合发展实战案例优秀奖，并荣获“2017中国移动互联网与传媒融合风云榜中国传媒融合年度创新案例”。

【把握舆论导向】 集团牢牢把握正确的舆论导向，营造主流舆论、服务中心工作，通过重大主题策划，推出一系列有特色的报道，在全社会引导形成积极健康、昂扬向上的主流舆论。日常工作中，坚持放大正面声音，加强和改进舆论监督。所属媒体全年均有多篇稿件获得省委宣传部、市委宣传部《新闻阅评》表扬。

集团认真落实新闻稿件“三审制”，在党的十九大召开前，对各媒体的采编流程进行重新梳理与修订。集团领导还亲自带队，多次对各媒体值班在岗情况、三审制度落实情况等进行突击检查。

集团定期召开采编例会，加强对采编工作和相关活动的统筹协调。严格规范新闻从业人员网上发布微信、微博等行为，并要求对网络账号进行再统计，加强监管。

集团各媒体认真执行重大选题刊播报备制度，并通过有奖纠错、热线电话、网络举报等形式，欢迎广大读者和社会各界的监督。

【新闻宣传报道】 集团扎实做好新闻宣传，围绕党的十九大宣传、城市管理提升年、创建文明城市、“两会”报道等重大主题，推出一系列专题、专刊、策划与报道，圆满完成上级主管部门布置的各项重大主题宣传报道。

党的十九大宣传报道是2017年全年宣传重点，除了规定动作外，各媒体还自主策划一系列有亮点、有温度、有新意的新媒体作品，创新形式，反映全市各行各业学习贯彻十九大精神的感悟体会和心愿心声。

各媒体策划推出有影响、有深度的系列报道上百组。其中，《合肥晚报》聚焦长江路精品改造工程，记者夜探长江路的稿件被省委常委、市委书记宋国权在微信工作群中转发；《江淮晨报》《庐州梅雨尚未至 江淮防汛已绸缪》独家新闻策划，受到市委宣传部领导多次表扬。

各媒体严格按照市委宣传部和其他相关部门要求的刊发频次，刊载讲文明树新风、城市管理提升年、悦读合肥等内容的系列公益广告达500多个版。

在2017年合肥创建第五届全国文明城市过程中，集团除全力做好新闻宣传外，还克服时间短、任务重、要求高等困难，调派精干力量完成相关材料报送工作，为文明创建作出贡献。

集团注重对广告经营的监管，杜绝虚假违法广告的刊登；新闻报道在内容价值导向上坚守品质品味，不以“三俗”博取眼球；对从业人员加强管理，全年没有出现有偿新闻和虚假新闻。

【塑造媒体品牌】 集团积极推进观念创新、内容创新、传播手段创新，努力塑造媒体品牌，提升无形资产。通过近几年的发展，集团已基本形成了由报纸、网站、官方微博、微信、APP客户端、手机报等组成的融媒体矩阵。

合肥日报微信公众号发挥党报责任、权威的优势，弘扬正能量、增强服务互动。合肥晚报、江淮晨报官方微博、微信长期处于省内纸媒前两名，粉丝总量分别约100万、130万，并陆续推出了社区合肥、我在合肥、看江淮等分类公众号，打造新媒体集群。2017年上半年，合肥晚报推出安徽图片网、徽图客户端，目前存储图片量近8万张。

合肥在线官方微博、微信粉丝总量突破120万，“合肥365”APP目前订阅用户5万人，“新闻早知道——送电子阅报栏进社区”项目2017年成功全部部署完毕、进展顺利，合肥在线与全国一百多家城市新闻网站结成联盟，每月对外推送宣传合肥的稿件近2000条，有力地宣传了合肥城市形象。

集团进一步整合媒体力量，策划组织了中国（合肥）龙虾节、环巢湖自行车公开赛、巢湖渔火音乐节、合肥特色文化街区评选等众多节庆、赛事、活动，多角度、全方位展示合肥城市形象，吸引国内大量主流媒体跟踪报道，取得社会效益与经济效益双丰收。其中，由市委宣传部、报业集团等单位联合承办的中国（合肥）龙虾节被农业部评为“2017年度国家级示范性渔业文化节庆”。

附：

2016年度合肥报业传媒集团获安徽新闻奖作品表

安徽新闻奖（报刊类·新闻作品）获奖作品目录

序　号	选送单位	作品标题	获奖等级	作　者	编　辑
1	江淮晨报	《这千钧一举 诠释医者仁心！医生定格震撼瞬间感动合肥》	一等奖	王　靓、李福凯	季东平、邵　伟
2	合肥晚报 巢湖晨刊	《“内股外租”实现土地经营增值》	一等奖	黄庆松、向枫林	苏龙鹏
3	合肥晚报	《“美丽大脚”焦磊：身边的战友比我更辛苦》	一等奖	杨赛君	朱　晨
4	合肥日报	《肥西小井庄“改革第三代”书新篇章》	二等奖	梁昌军、周　军	李　健
5	合肥晚报	《司法考试安徽报名者首次出现台胞》	二等奖	集　体	曹　军
6	合肥日报	《四剂“良药”治“痛点”》	二等奖	邓学志、方　娟	王爱玉
7	江淮晨报	《二类疫苗库存告急！五联疫苗一“种”难求》	二等奖	集　体	汪　维
8	合肥晚报	《一份水痘疫苗为何两个有效期》	二等奖	乐天茵子	赵海燕
9	合肥日报	《合肥在全省率先试点“放心班”工程》	三等奖	任　琨、束　芳	汪亚伟
10	合肥日报	《立起“标尺”　划定“红线”——合肥新站高新区省内率先制定党员管理“新坐标”》	三等奖	许超众、汪　竞、王心诚	徐经胜、汪亚伟
11	江淮晨报	《推着奶奶游北京》	三等奖	张梦怡	王　琰
12	合肥晚报	《有工厂向董铺水库边偷排污水？》	三等奖	武丽敏、郑　静	范恒照
13	合肥晚报	《200年“达尔文之惑”有望解开》	三等奖	夏　禹、徐颖奇	叶朝晖、汪　雷
14	今日生活报	《古镇之痛》	三等奖	集　体	石　莉、潘琳瓅

安徽新闻奖（报刊类·报纸版面）获奖作品目录

序号	选送单位	刊发版面	刊发时间	获奖等级	责任编辑
1	合肥晚报	1版	2016年7月4日	一等奖	王　赞、赵海燕
2	合肥日报	4-5连版	2016年12月26日	二等奖	吴　涛、黄　毅、孙　伟
3	江淮晨报	A04-05版	2016年7月7日	三等奖	季东平、邵　伟、朱佩佩

安徽新闻奖（新闻论文）获奖作品目录

序号	选送单位	作品标题	发表媒体、刊号、时间	获奖等级	作　者
1	合肥晚报	《从澎湃新闻看纸媒数字化转型路径》	《新闻研究导刊》 CN50-1205/G2 2016 年 3 月	一等奖	徐颖奇

安徽新闻奖（副刊类）获奖作品目录

序号	单　位	作品标题	体　裁	获奖等级	作　者	编　辑
1	合肥晚报	《这一“笔”，写的是匠也是心》	特　写	二等奖	刘　睿	刘　睿
2	合肥日报	《莎士比亚的诱惑》	文艺评论	二等奖	许春樵	俞媛媛
3	合肥晚报	《进退有度》	杂　文	三等奖	王　晖	刘　睿

安徽新闻奖（网络新闻）获奖作品目录

序号	单　位	标　题	获奖等级	作　者	编　辑
1	合肥在线	《我愿为他买单》	一等奖	边冠峰、石　莉、严朝霞、钱苇泊、张　艳	
2	合肥在线	《7 月 3 日：三河古镇的防洪不眠夜》	三等奖	韦　韬	边冠峰　石　莉

安徽新闻奖（新闻摄影）获奖作品目录

序号	选送单位	作品标题	获奖等级	作　者	编　辑
1	江淮晨报	《千钧一举 医者仁心》	一等奖	李福凯	陈彦文
2	合肥日报	《“桑拿天”里的“动车医院”》	二等奖	张大岗	王爱玉
3	合肥日报	《追梦 20 年！合肥开启“地铁时代”》	二等奖	张大岗、郭如琦	李亚朝
4	江淮晨报	《苦难中的“隔代亲”》	二等奖	李福凯	张晓曼
5	合肥晚报	《洪水中，解救刚满月的小宝宝》	三等奖	刘　伟	郑成功
6	合肥日报	《军民力保巢湖大堤》	三等奖	何希斌	苏龙鹏

（厉笑然）

责任编辑：王惠莹

卫 生

【概况】 2017年合肥市医药卫生事业工作取得明显成效，市卫生和计划生育委员会（以下简称“市卫计委”）在2017年度全省卫生工作目标考核中获优秀等次；国家级区域健康医疗大数据中心项目成功落户合肥；全省首家市级智慧医院在滨湖医院揭牌运营；首次完成省级下放副高级职称评审工作，得到省人社厅充分肯定；深化医药卫生体制改革向纵深推进，医改“合肥样版”初步形成，合肥市被省政府列为医保管理体制改革试点市；公共卫生和重大疾病防控工作扎实开展，被国家卫计委评为2016～2017年度H7N9防控工作先进单位；基层卫生服务能力明显提升，县域内医疗能力建设达标率100%，成功创建6个全国百强社区卫生服务中心（占全省的60%）、10个国家级群众满意乡镇卫生院、1个全国优秀家庭医生团队。成功创建1个国家级妇幼健康优质服务示范县。5个市属医院成功创建为国家级中医药工作示范单位。城乡居民新农合参合率达105.43%。（注：农村合作医疗与城镇居民医保并轨运行，参合人数包含非农业人口。）

【医疗服务体系建设】 编制并印发《合肥市“十三五”卫生计生事业发展规划》《合肥市医疗卫生服务体系规划（2016—2020年）》《合肥市十三五医疗机构设置规划》。按照省医疗卫生服务体系规划，合肥市为创新类城市，是全省区域医疗中心，构建以基层医疗卫生服务中心为网底、二三级医院和专业公共卫生机构为主体的医疗卫生服务体系，增强本市医疗卫生综合服务能力，继续加强医疗服务体系建设。

综合医院医疗服务体系建设。遵循“布局合理、保障可及”的总体要求，按照“老城区严控增量，调整现量，优化质量；新城区合理布局，优质配置，逐步到位”的原则，根据区域医疗服务需求，继续建设市一院门急诊住院综合楼、市二院新区内科病房大楼（已完工）、市三院急诊医技综合楼等项目，启动市三院新区、市八院门急诊综合楼项目，及多个市属医院维修改造项目谋划建设合肥市空港医院、市一院经开区分院等项目。

专科医疗服务体系建设。保留和发展现有的专科医院体系，加强精神类等公共卫生类专科医院建设，同时发展高新优质特色专科医院建设，放宽专科医疗机构设置许可条件，推进社会办医。继续建设省国际妇女儿童医学中心、市儿童医院综合楼（已完工）等项目，启动市儿童医院住院楼、市妇幼保健院和市口腔医院滨湖分院、市骨科医院门急诊综合楼项目、市精神病医院康复住院楼，谋划建设市离子医学肿瘤康复中心、市中医院、市属新站老年护理院骨科和口腔专科医院等项目。

基层医疗服务体系建设。按照乡镇、街道行政区划，每个乡镇办好1所乡镇卫生院，每个街道办好1所社区卫生服务中心，每个行政村设置1个村卫生室。城市医院、社区卫生服务机构、县级医院、乡镇卫生院、村卫生室层次清晰、结构合理、功能到位，利于发挥整体效能，构建城市15分钟、农村30分钟的全市基层医疗卫生服务网，保障全市人民的基本医疗。

老年医疗护理服务体系建设。合理布局老年康复护理医疗机构，推进医疗卫生与养老服务相结合，依托公立综合医院建设示范型医养结合老年护理院，鼓励社会力量举办医养结合老年护理院。市一院老年护理院完成初步设计招标，完成规划方案设计，进入规划设计审查阶段，同时进行初步设计方案文本编制。市二院老年护理院完成初步设计招标，经市政府同意变更立项，正在进行规划方案设计编制工作。市属新站老年护理院骨科和口腔专科医院即将启动。

公共卫生服务体系建设。健全全市疾病预防控制体系、妇幼保健服务体系、计划生育服务体系、120急救体系、采供血服务体系，市公共卫生管理中心完成项目选址、规划设计条件、用地规划许可证和规划设计方案审批，正在进行初步设计审批，同时进行基坑设计、招标，计划2018年2月初开工建设，建成后市级公共卫生服务能力将全面提升。

【综合医改】 根据省委、省政府统一部署，合肥市坚持“问题导向、补齐短板、突出工作用力方向、体现省会城市特点”原则，大力推进“三医”联动改革，按照“一委一办一中心”和“六统一”路径，积极开展医改（医保）管理体制改革试点。市委、市政府主要领导和分管领导分别就医改重点工作进行专题调研、专门推动、专程督查，积极推进医保管理体制改革、家庭医生签约服务、卫生基础设施建设、公立医院债务化解、健康医疗大数据中心建设等重点工作。市委、市政府联合印发《合肥市深化医药卫生体制综合改革重点工作实施意见》，明确了具有合肥特色的改革路径。从市、县两个层面先后举办7场综合医改培训会，累计培训县区党政分管领导、相关部门及各级各类医疗机构负责人近千人次，将医改政策纳入党校、行政学院课程，先后8次在省、市媒体发布合肥医改工作系列报道。

分级诊疗制度加快建立。城市医联体建设规范创新。全面推行“1+1”和“1+1+1”模式，全市56家社区卫生服务中心分别与16家省、市级医院签订医联体协议，城市医联体制度实现全覆盖。在庐阳区开展创新城市医联体试点，省、市三级医院10名高年资护士和51名副高以上专家到社区工作，撬动优质医疗资源下沉，建立医、护、技、药“捆绑式”服务体系，推动社区卫生服务转型升级，为患者提供个性化优质服务。县域医共体建设扎实推进。建立“总额管理、结余利用、合理超支分担”的新农合激励机制，加快影像心电会诊、消毒供应、检验等县域中心建设。专科联盟建设初显成效。市四院、市保健院分别牵头组建“安徽省第一精神卫生专科联盟”和“安徽省妇幼保健医疗联合体”，纵向盘活现有医疗资源，形成补位发展。家庭医生签约服务取得突破。建立120元的签约服务费分担机制，其中由医保统筹基金承担50元，基本公共卫生资金承担40元，财政专项资金承担10元，个人支付20元。按照常住人口1.5‰的比例核定配齐基层卫生队伍。发挥医保政策杠杆作用，免除签约人群27种特殊病门诊起付线和住院起付线，家庭病床纳入住院统筹报销。开展“一免三优先”惠民措施，家庭医生团队签约收入直接奖励给团队成员。

现代医院管理制度初步建立。科学补偿机制有效建立。全面取消药品、耗材加成，理顺财政补助机制，累计调整医疗服务价格3120项，重新核定了公立医院的补偿基数，建立了市级公立医院长期债务化解机制。人事薪酬制度改革持续深化。全面建立公立医院编制周转池制度，落实公立医院自主用人权，改革医院绩效工资制度，综合考虑岗位工作量、服务质量、行为规范、技术能力、医德医风和患者满意度等因素，重点向临床一线关键岗位、业务骨干倾斜，进一步拉开差距，有效调动医务人员工作积极性。公立医院精细化管理全面推进。在全省率先出台了公立医院财务和预算管理“五项制度”实施细则，强化公立医院预算编制、审批、执行、调整、决算、分析和考核实施全过程监管。通过政府购买服务方式，聘请第三方机构对医院年度财务报告进行独立审计，有效增强预算管理科学性和约束性。

全民医保制度改革稳步推进。10月，合肥市根据省统一部署，按照“一委一办一中心”路径，开展医改（医保）管理体制改革。市委、市政府高度重视医保管理体制改革工作，省委常委、市委书记宋国权多次作出指示、批示。市委副书记、市长凌云主持专题会议，研究制订改革方案，作出具体部署。12月，市编办批复成立市医改（医保）办（市医改监督稽查局）筹备处，核定行政编制12名，政府购买服务岗位数3名，下设4个内设机构。按照“编随事走、人随编走”原则，从市人社局、卫计委、民政局、物价局等相关市直部门遴选抽调工作人员11名，正式合署办公。支付方式改革全面实施。全面实行“临床路径+按病种付费”管理，仅市级按病种付费的病种数达104个，对按病种付费的病种，费用按定额核算，不同病种净报销比例为45%～80%。大病保险制度全面覆盖，大病保险二次补偿分段报销比例提高到45%～85%。基本医保全部通过政府购买服务方式，委托商业保险机构经办，提高医保经办管理服务效率和质量。

药品供应保障制度基本落实。 药品采购“两票制”全面落实，药品耗材网上采购（安徽省医药集中采购平台）进一步规范。药品耗材集中带量采购全面实行，组建了包含全市19家二级以上公立医院的药品带量采购联合体，参加了皖中片区高值医用耗材带量联合采购，通过单品种竞价、打包集中谈判等方式开展药品、高值医用耗材集中带量采购，药品总体让利15%，骨科植入类和血管介入类高值耗材平均价格降低11.6%。严格控制静脉输液使用，全面开展处方点评，落实抗菌药物临床应用管理责任制。完成村卫生室“处方集”试点，村医“三素一汤”现象得到明显改善。对价格高，用量大，辅助性、营养性药品建立重点药品监控目录，医疗机构每月上报目录内的药品采购金额、比例，超常预警、约谈。

综合监管制度初步建立。 组建49个市级医疗质控中心，建立健全医疗技术应用质量评估和医疗服务质量控制评价体系。出台《关于加强医疗服务综合监管工作的通知》，建立不良记分清单，推动监管力量协同，监管结果联动、挂钩。建立以公益性为导向的公立医院绩效评价机制，落实对县级政府“双纳入”制度。将市属医院医改指标完成情况纳入市委综合考核与院长评先评优挂钩，纳入公立医院综合绩效补助制度考核与财政补助挂钩。监督执法力度进一步强化，探索建立综合监管六项制度，采取“双随机”“飞行检查”等方式，对全市2306家医疗机构开展日常监督检查，监管覆盖率100%。

【卫生应急】 合肥市卫生应急工作以“一案三制”建设为重点，以应急体系建设为抓手，以应急能力建设为主线，不断完善“统一领导、综合协调、分类管理、分级负责、属地为主”的应急管理体制，圆满完成了各项工作任务。在2016～2017人感染H7N9禽流感防控工作中，合肥市卫计委受到国家卫计委通报表扬；在2016年全省卫生应急技能竞赛传染病防控项目中获得团体一等奖，2017年又获得团体二等奖及个人一等奖、二等和三等奖各2名的好成绩；选拔的2名选手代表安徽省参加全国卫生应急技能大赛，获得团体三等奖和个人三等奖等多项荣誉。在全省卫生应急工作会议上，合肥市就加强卫生应急能力建设作了典型发言。

【疾病预防控制】 以市政府办公厅名义印发《合肥市遏制与防治艾滋病“十三五”行动计划》《“十三五”合肥市结核病防治规划》《合肥市关于进一步加强疫苗流通和预防接种管理工作的实施意见》等一系列规划、意见。政府主导、部门协作、全社会共同参与重大疾病防治工作的机制不断健全，预防为主、防治结合的防治格局逐步形成。

【医政管理】 **多措并举保障医疗质量和安全。** 开展落实医疗质量安全核心制度专项督查。举办医院感染管理新规范、新知识培训班。组织开展感染控制、血液透析、药事管理等重点环节医疗质量控制专项督查。严格落实《抗菌药物临床应用管理办法》，综合医院Ⅰ类切口手术患者预防使用抗菌药物比例26.51%，同比下降11.17个百分点；门诊患者抗菌药物处方比例12.80%，同比下降1.11个百分点。市属各专科医院抗菌药物专项整治工作亦取得积极进展。按照《医疗质量控制中心管理办法》和省卫计委的要求，在21个市级医疗质控中心的基础上，新成立28个市级质控中心。至2017年底，全市已有 49个市级医疗质控中心，比省里还多2个，基本涵盖各临床学科。各质控中心和挂靠单位按照市卫计委的统一要求，建立健全质控组织、确定质量控制指标体系，开展质控专题培训，组织开展质控活动，质控工作基本进入常态运行。各有关医院参与质控的状况明显改善，质控工作逐步走上了科学化、规范化的轨道。通过建立各专科医疗质控中心，进一步增强各专科医疗质控的针对性和科学性，提高了全市医院的医疗质量。市滨湖医院、二院、保健院在全省2017年第二轮医疗质量督查中分别位列综合医院第二、第三和专科医院第五的好成绩。

积极落实改善医疗服务行动计划。 从推进预约诊疗服务、开展优质护理服务等方面入手，深入推进改善医疗服务行动计划，为群众营造了良好的就医环境。以规范临床诊疗行为为抓手，加强临床路径管理，推动合理用药、合理检查、合理收费、降低医疗成本。开展儿科医疗服务专项督查，确保患儿在流感高峰期能得到及时诊疗。市属医院试点午间非急诊绿色通道，全年午间门诊接诊11万人次，门诊预约率超过23%，同比增长3.5%。加强对出院病人随访，将随访与预约复诊相结合，实行专人电话随访。一些医疗机构还通过微信群、QQ群等互联网载体，对出院患者提供出院后护理延伸服务。继续推进“优质护理服务示范工程”，加强对护士执业管理，进一步提升护理质量，保障患者安全。开展优质护理服务，护理人力及结构得到充实、优化，为护理服务项目和护理规范的落实奠定了基础。

切实加强血液管理和其他相关工作。遵循“开源节流”的原则，加强临床用血安全管理，推进临床合理用血，保障临床用血安全。市属医院多次接受省卫计委临床合理用血安全检查，受到高度肯定。进一步加强无偿献血宣传，蜀山、新站、肥西超额完成无偿献血任务，荣获全市无偿献血先进县区称号。全市无偿献血率22‰，在国家召开的无偿献血表彰会上，再次荣获全国无偿献血先进城市荣誉。

做好农村贫困人口大病专项救治及对口帮扶工作。建立救治台账和诊疗方案，利用村医、计生专干及时了解救治对象病情和救治需求，包干到户，责任到人，逐一消账，保障每一个救治对象医疗得到及时有效救治。积极参与对口帮扶工作。组织市一院对口支援金安区医院，市妇幼保健院帮扶颍上县保健院，市级医疗卫生机构积极与寿县、霍邱县开展医疗人才培训交流工作；做好援疆、援藏医疗卫生工作。

加强与长三角城市群、合肥都市圈医疗卫生合作。开展医师资格考试工作，组织2563人参加了实践技能考试，1846人参加综合笔试，试卷雷同率为0，考务工作连续两年名列全省第一。认真开展“严肃行业纪律·预防职务犯罪”专项活动，在全省率先开展二级公立医疗机构满意度测评工作。在省满意度调查中，市一院、市三院医疗服务满意率为94%，市二院为93%，在全省地市级医疗机构中位居前列，受到省卫计委通报表彰。市骨科医院、庐江县中医院、肥东县中医院满意度在90%以上。规范处理医疗投诉，积极做好医疗纠纷调处置。全年共接待患者家属、医疗机构委托尸检12起；市医鉴办受理医疗事故鉴定11例；预防接种异常反应鉴定1例；职业病鉴定2例；计生手术并发症鉴定7例；计生病残儿鉴定40例。做好医疗纠纷接待和政策解释工作。组织实施儿科医师和县域骨干医师培训民生工程及卫生支农项目，开展“三下乡”活动。

【基层卫生工作】 2017年，全市共有乡镇卫生院103所（中心卫生院35所），村卫生室1130所（一体化1111所）；社区卫生服务机构144所（包括城区、巢湖市），其中社区卫生服务中心58所，社区卫生服务站86所。全市乡镇卫生院共有卫生专业技术人员4451人，其中执业医师（含助理）1827人，全科医师444人，注册护士1101人，公共卫生医师480人，医技人员546人；城市社区卫生服务机构共有卫生专业技术人员3106人，其中执业医师（含助理）1134人，全科医师646人，注册护士1142人，公共卫生医师156人，医技人员307人；村卫生室共有人员3068人，其中执业医师275人、执业助理医师675人、乡村医师执业资格1626人。全市基层医疗卫生机构总收入21.0亿元，其中医疗业务收入10.2亿元、各级财政补助10.2亿元；门急诊人次1378.2万，双向转诊转出86827人次、转入28436人次，床位数4639张，入院人数为103737人，出院人数为89358人。社区卫生服务机构出诊34147人次，残疾人管理18928人，康复服务88932人次，精神病康复22894人次，肢体功能康复30108人次；乡镇卫生院一类以上手术11929人次，分娩4740人次。2017大病保险补偿29880人次，患者医疗总费用118255.81万元，合作医疗补偿9642.82万元、大病保险补偿13816.46万元，基金实际补偿比为2.1%、个人自付为37.9%。

【妇幼保健服务】 加大力度，提升妇幼健康服务能力。坚持“一手抓供给、一手抓安全”，全力维护妇女儿童健康权益。各级卫生计生部门努力扩增服务资源，扩增产科病床，积极招贤纳才，加强队伍建设。在全省率先实行产科床位公示制度，每日动态更新，引导产妇合理选择助产机构，缓解三级医疗机构产科人满为患、一床难求的供需矛盾。组织开展妇幼健康知识与技能竞赛，锻炼妇幼健康队伍，提高技术服务水平。加强培训，提升基层人员执业水平和能力。加强咨询指导，在全省首批推广使用《母子健康手册》，指导孕产妇在孕期增强自我保健能力。

聚焦重点人群，强化母婴安全保障措施。出台《合肥市高危孕产妇管理办法》，对孕产妇进行妊娠风险评估，按照风险程度分别以“绿、黄、橙、红”四种颜色进行标识，对不同风险级别的孕产妇实行分级分类管理，在不同等级的医院接受孕期保健服务和住院分娩。建立合肥市危重孕产妇、新生儿救治中心，建立多学科合作机制，确保急救绿色通道畅通，保障危重孕产妇和新生儿生命安全。

推进妇幼民生工程，提高服务质量。实施“妇女儿童健康水平提升工程”民生工程项目，与民政等相关部门积极协调，建立完善“一站式”婚检服务模式，提高年轻男女主动婚检的依从性。全年免费婚前医学检查保健91735人，婚检率95.84%，疾病检出率10.46%。全年为农村孕产妇发放住院分娩补助41682人，发放农补资金1250.46

万元。

深化妇幼保健服务，落实各项惠民政策。农村适龄妇女两癌检查项目不断扩展，全年完成宫颈癌初筛检查40740人，确诊不同程度宫颈不典型增生84例，查出宫颈癌患者7例；乳腺癌初筛检查42299人，确诊乳腺不典型增生1例，乳腺癌11例。患病妇女得到早诊早治，项目的开展取得了良好的效果。为孕产妇提供预防艾滋病、梅毒、乙肝母婴传播综合防治服务。全市14万名孕产妇接受艾滋病病毒、梅毒、乙肝检测，艾滋病母婴传播阻断干预达100%，乙肝免疫球蛋白接种率99.98%，梅毒母婴传播阻断干预达84.17%。开展新生儿听力筛查服务，所有助产机构均能开展该项服务，筛查率达96.53%，筛查出不同程度听力障碍267例。儿童先天性心脏病筛查全面铺开，全年完成先心病筛查35378人，可疑阳性人数5092人，初筛阳性率14.39%，确诊先心病1044人，先心病检出率29.50‰，对危害儿童健康的心脏病做到早发现、早诊断、早治疗，保护儿童身心健康。开展妇幼基本公共卫生服务项目，免费提供基本的孕产妇保健和儿童保健服务。孕产妇系统管理率、7岁以下儿童保健覆盖率和3岁以下儿童系统管理率分别为91.64%、93.67%和89.71%，稳定在较高水平，妇幼保健服务的公平性和可及性进一步提高。

【综合监督】 2017年全市有卫生监督机构10个，卫生监督人员编制183人。学校卫生监督获得国家卫生计生监督中心“2017年度卫生计生执法监督微课优秀作品卓越团队奖”。2篇卫生计生监督执法微课被省所推荐参加全国微课大赛，其中《学校卫生标准适用问题探讨》获国家卫生计生一等奖。在健康报、安徽日报等纸媒及安徽电视台等新闻媒体发布各类卫生监督执法新闻报道77篇，市所所网站共发布各类信息、公告1284篇。新浪网、新华网等网络媒体转载122篇次；合肥卫生监督微信公众号发布监督执法工作动态、科普文章等40篇；编印《卫生监督信息》12期，刊发信息331篇，寄发有关领导及全国兄弟单位共计1420份。拍摄单位形象宣传类微课1篇，办案经验与技巧类微课6篇。

预防性卫生监督。完成设计审查建设项目46个，其中医疗机构建设项目43个，公共场所2个，生活饮用水1个。完成竣工验收建设项目6个，其中医疗机构建设项目4个，公共场所2个。

卫生许可与处罚。全市共办理各类卫生行政许可（包括发证、复核及校验、延续、变更、注销等）3304件；共行政处罚案件489件，与2016年同期的270相比大幅度增加；组织网上群众公议行政处罚案件2次，公议案件3件；现场公议2次，公议7个案件。拟处罚意见均得到公议团支持；审核食品安全企业标准425个，通过备案281个，不通过144个。

投诉举报处理。全年受理群众投诉举报1089件，均及时办结。另外还接受电话、网络咨询38件。受理数较去年1032件上升5.5%。主要为医疗机构、公共场所。

医疗机构传染病防控工作监督。组织开展打击非法行医、打击非法医疗美容、查处违法违规应用人类辅助生殖技术专项行动，开展禽流感疫情防控、医疗废物、消毒产品、《传染病防治法》等法律法规落实情况专项监督检查等，全年共出动卫生监督员10000余人次，车辆2600余台次，监督检查各类医疗机构3145户次，行政处罚案件228件，其中罚款194万余元，没收违法所得18万余元，吊销《医疗机构执业许可证》或诊疗科目3户。其中全年全市非法行医取缔627户次，没收药品、器械2400余公斤，罚没金额98万余元，移送公安机关9人。对516家医疗机构开展传染病防治分类监督综合评价试点工作。推进“放心碗”工程和宣传活动。

【中医药管理】 全市中医药工作紧抓《中医药法》颁布实施的有利契机，围绕全市医疗卫生工作的重点，以提升基层服务能力为载体，借助医改动力，推动各项发展措施落实，取得可喜进步。瑶海区通过“全国基层中医药工作先进单位”评审，包河区通过“全国基层中医药工作先进单位”复审，滨湖医院通过国家“综合医院中医药工作示范单位”评审。

积极落实中医药改革发展政策。中医药工作纳入年度目标任务，市里卫生与健康目标管理38项考核指标，中医药工作占有4项；中医药工作发展纳入全市医疗卫生体系全面深化改革总体大盘，“同部署、同要求、同考核”，市委办公厅、市政府办公厅《关于印发〈合肥市深化医药卫生体制综合改革重点工作实施意见〉的通知》、市政府办公厅《关于印发合肥市2017年深化医药卫生体制综合改革重点工作任务的通知》将中医药发展纳入改革任务。并把中医药纳入家庭医生签约服务重要内容，推动中医药服务进家庭。市政府把筹备“合肥市中医院”列入工作计划，市本级投入中医专项经费120万元。

推进基层中医药服务能力提升。市成立合肥市基层中医药服务能力提升工程领导小组，联合印发《合肥市基层中医药服务能力提升工程“十三五”行动计划实施方案》，全市共投入1136.8万元（其中县区配套约150万元），建设88个基层中医馆，占乡镇卫生院（社区卫生服务中心）总数的68%。全市社区卫生服务中心总数48个，能提供中医药服务的有46个，占比96%；乡镇卫生院总数93个，其中能够提供中医药服务的有78个，占比84%；社区卫生服务站总数122个，其中能够提供中医药服务的有110个，占比90%；村卫生室总数1078个，其中能够提供中医药服务的有659个，占比61%。

着力提高队伍素质。委托省中医药大学，举办基层中医适宜技术培训班，强化基层中医医师适宜技术理论、实践培训，全市基层医疗机构有40人参加培训；开展中医类别全科医生转岗培训，共培训15人；开展中医健康服务项目培训。各县充分发挥县中医院适宜技术培训基地的作用，分批次对乡镇卫生院和村卫生室进行中医药适宜技术等培训，全年共培训12批次，累计培训人员约420人次。

切实增强综合能力。各县（市）区全面开展符合实际且各有特色的医联体建设工作。四县县级中医院均与省中医院签订医联体协议。通过邀请上级医院专家团巡讲、大型义诊、教学查房等形式，对中医院及基层医院进行帮扶，各基层医疗机构安排技术骨干，到医联体上级医院有针对性的进行免费进修或短期轮训，促进了县级中医院及基层医院对于疑难杂症、急危重症的诊疗处置技术和不断提高，更加提升了基层首诊的承载力，同时中医药特色更为凸显。2017年，中医医联体专家共开展义诊、健康教育、培训带教活动42次，累计培训医护人员358人次，省中医院专家通过技术指导、培养，有效提升了基层中医药服务能力。

【项目建设】 完成基本建设项目3个：市二院新区二期工程内科病房大楼、市精神病医院全封闭无障碍式空中连廊、市儿童医院医技综合楼。推进建设项目2个：市一院门急诊住院综合楼、市三院急诊医技综合楼。市政府批准建设项目有：已立项项目9个（市公共卫生管理中心、市一院老年护理院、市二院老年护理院、市三院新区、市精神病医院康复住院楼、市儿童医院住院楼、市妇幼保健院和口腔医院滨湖分院、市八院门急诊综合楼、市骨科医院门急诊综合楼）、基本批准建设项目5个（市属新站老年护理院、骨科和口腔专科医院、市中医院、市新港医院、市空港医院、市离子医学肿瘤康复中心）。《合肥市2018年市级政府投资公益性项目暨三年滚动投资计划》共批准34个卫生基建项目列入计划，总建筑面积约122.9万平方米，总投资约106.07亿元。其中：尾款支付项目5个，总建筑面积10.4万平方米，总投资4.96亿元；续建项目2个，总建筑面积11.4万平方米，总投资7.71亿元；新开工备选项目27个（含维修改造项目），总建筑面积约101.1万平方米，总投资约93.4亿元。

（赵晓瑾）

体 育

【概况】 2017年，合肥市被安徽省体育局确定为“创建体育强市示范市”，巢湖市、庐阳区被确定为“创建体育强县（市、区）示范县（市、区）”。

【重要文件】 《合肥市人民政府办公厅关于加快发展健身休闲产业的实施意见》。为贯彻落实《国务院办公厅关于加快发展健身休闲产业的指导意见》和《安徽省人民政府办公厅关于加快发展健身休闲产业的指导意见》，推动市级健身休闲产业发展，市体育局牵头成立“市实施意见”编写小组开展拟草、编制工作。经市政府批准，2017年12月22日，市政府办公厅正式印发《合肥市人民政府办公厅关于加快发展健身休闲产业的实施意见》。文件分为前言和总体要求、工作措施三个部分，全文共二十一条。

《合肥市参赛省级及以上体育比赛奖励办法》。为及早明确省十四运会奖励政策，针对《合肥市参赛省级及以上体育比赛奖励暂行办法》超过有效期的情况，市体育局竞技体育处牵头对此进行修订完善，修订过程中坚持结合实际、征求多方意见建议，将相关内容进行了归整、合并、删减，对奖励名录进行了调整，既保持了政策的连续性，又符合新时期相关政策和要求。2017年6月27日，市政府第90次常务会议审议通过了《合肥市参赛省级及以上体育比赛奖励办法》，6月29日市政府办公厅正式印发。

【2017合肥国际马拉松赛】 “徽商银行杯”2017合肥国际马拉松赛暨全国马拉松锦标赛（合肥站）由中国田径协会、安徽省体育局、合肥市人民政府共同主办，合肥市体育局、合肥市旅游局、包河区人民政府、安徽省田径协会承办，比赛设全程、半程、6公里“迷你马拉松”和2.5公里“亲子跑”四个项目，于11月12日上午鸣枪开

赛，历时6个半小时。共有来自韩国、加拿大、巴基斯坦、德国、新加坡、罗马尼亚、荷兰、阿根廷、马来西亚、美国、肯尼亚、埃塞俄比亚、巴林等15个国家和港澳台地区，以及31个省市、自治区的28000选手报名参赛。全国马拉松锦标赛有来自7个省市、自治区代表队的15名选手参赛。

本次比赛男子全程冠军成绩为2小时12分，女子全程冠军的成绩为2小时36分20秒。在全国马拉松年会上，合肥国际马拉松赛被评为2017年度全国马拉松“金牌赛事”。

【全国速度轮滑锦标赛】2017年7月30日～8月1日，第32届全国速度轮滑（场地）锦标赛、第16届全国速度轮滑（公路）锦标赛在滨湖新区轮滑场举行。本届全国速度轮滑锦标赛由国家体育总局社会体育指导中心、安徽省体育局、合肥市人民政府、中国轮滑协会共同主办，合肥市体育局、包河区人民政府共同承办，包河区教育体育局、合肥市轮滑协会、合肥印象滨湖旅游投资发展有限公司协办。场地赛设成年和青年组、高校组、少年组等11个组别，公路赛设成年、青年、少年甲组、少年乙组等6个组别，共有来自全国的51支代表队，400多名运动员参加比赛。

作为国内最高水平轮滑赛事以及轮滑世锦赛选拔赛，除了各地的业余轮滑高手外，包括为中国队在轮滑世锦赛上夺得首枚金牌的郭丹等诸多国字号顶尖选手也齐聚合肥。为了减少高温天气对比赛的影响，组委会将比赛都安排在早晨和晚间进行，并安排了充足的志愿者、医疗保障人员，以及急救设备和车辆，确保运动员参赛安全。

【环巢湖“水陆空”赛事】2017年中国青年帆船帆板精英赛暨全国OP帆船锦标赛由国家体育总局水上运动管理中心主办，安徽省水上运动管理中心、合肥市体育局、包河区人民政府承办，赛事于2017年4月17日～23日在包河区岸上草原围堰外举行。精英赛设9个级别、锦标赛设12个级别，共有来自29个省市、澳门特别行政区及行业俱乐部的300多名运动员报名参赛，本次比赛也是2017年世界青年OP锦标赛的选拔赛和2018年青奥会的资格赛。

2017环巢湖全国自行车公开赛由中国自行车运动协会主办，合肥市体育局、合肥市旅游局、巢湖市人民政府、合肥报业传媒集团承办，比赛注入了安徽体育赛事的元素，将“健康安徽”2017环江淮万人骑行大赛——合肥分站赛（最重要的一站）植入2017环巢湖全国自行车公开赛之中共同举办，比赛于2017年4月23日在巢湖市体育中心鸣枪开赛，赛程82公里，共有来自全国各地的800多名选手报名参赛。

7月30日，选手正在第32届全国速度轮滑（场地）锦标赛少年男子丙组5000米积分淘汰赛中展开激烈角逐。

2017中国热气球挑战赛（半汤站）由国家体育总局航空运动管理中心、中国航空运动协会热气球委员会主办，合肥巢湖经济开发区管委会、合肥市体育局承办，于2017年4月26～28日在合巢经开区郁金香高地举行。本次活动共有30支热气球，活动期间既有专业竞赛又有飞行表演，既有互动体验又有科普宣传，集赛事观赏、休闲娱乐于一体。

【中日韩三国围棋名人混双赛】中国·合肥第五届“庐阳·志邦杯”中日韩三国围棋名人混双赛于2017年11月1日开幕，参加本届赛事活动的职业选手共有八对，堪称史上“最豪华”阵容：中国队四对组合，分别是唐韦星九段、於之莹六段，常昊九段、张璇八段，古力九段、李赫五段，范蕴若六段、芮乃伟九段；日本派出了小林觉九段、吉原由香里六段，山下敬吾九段、桑原阳子六段两个组合；李昌镐九段、吴侑珍五段，赵汉乘九段、崔精七段则代表韩国出战。最终韩国选手赵汉乘/崔精组合摘得冠军。

【参赛第十三届全国运动会】34名合肥健儿入选安徽省代表团，参加了第十三届全国运动会决赛阶段16个大项比赛，共夺取1枚金牌、6 枚银牌、1 枚铜牌，共 22 人次进入前八名。合肥籍运动员参赛人数、参加项目数、获得奖牌数、夺取名次数均创本市运动员参加全运会历史新高，为安徽代表团实现“全面超越”目标做出了重要贡献。这其中既有久经沙场的体坛老将朱莉珍、沈萍（女子手球）、焦云龙（击剑）、吴亚男（皮划艇），又有初露锋芒的新人新秀陶亚男（田径女子 4×100 米青少年组金牌）、佘辰瑶（田径女子撑杆跳青少年组银牌）、王晓菁（飞碟混合团体银牌）、朱盼盼（田径），充分彰显本市竞争实力明显提升，人才队伍全面加强。

【全民健身活动】 成功组织 118 项大型赛事和 49 项市级体育赛事，举办全民健身活动 341 次，参加活动总人数 91.3 万人次。成功举办元旦越野赛暨迎新年健身走、青春毅行、纽崔莱健康跑等品牌性、传统性活动；大力发展足球、篮球、乒乓球、羽毛球、自行车等群众喜闻乐见体育项目，举办足球联赛、青少年球王选拔赛、党政机关乒乓球比赛、安利杯羽毛球公开赛等；积极组织开展 “体育进社区”“体育下乡”等活动。注重加强青少年、农村、妇女、职工、老年人等人群体育，满足人们不同年龄不同职业人群参与健身活动的需求。支持各县（市）区、开发区打造全民健身品牌，继续安排 1000 万元城区体育事业补助经费，指导、引导各地全民健身活动由“一县（市）一区一品”向“一县（市）一区多品”推进。

【竞技体育】 完成运动员注册确认、重新注册和新注册 3476 人，输送 71 名优秀后备人才到省体校、省项目中心，完成骨龄测试 500 余人，组织运动员文化测试 300 余人。根据《运动员技术等级办法》，全年审批国家二级运动员 402 人。支持做好国家攀岩、滑板、小轮车、冲浪四个奥运项目跨界跨项选材工作，本市 12 人入选试训。

2017 年，合肥籍运动员共有 43 人次在全国及以上比赛中获得前三名成绩，其中王晓菁在 2017 年射击世界杯塞浦路斯站（飞碟项目）比赛中以 45 中创造新的世界纪录并夺取冠军，在 2017 年亚洲射击锦标赛获得混双飞碟冠军；吴晓微获得第九届亚洲青年武术锦标赛暨 2017 年全国青年武术散打锦标赛女子 56kg 级冠军；闫琬凝获得 2017 年全国 U17 射击锦标赛中女子甲组 10 米气手枪冠军；黄言辉获得 2017 年全国男子拳击锦标赛冠军；朱超获得亚洲青年拳击锦标赛冠军。

【青少年体育】 2017 年新命名 6 所市级青少年体育俱乐部；与市教育局共同命名 8 所市级体育传统项目学校；省体育局、教育厅新批准命名市级 3 所省级体育传统项目学校、2 所省级体育传统学校，3 所省级青少年体育俱乐部；合肥市锦城小学通过国家体育总局射击运动管理中心审核，荣获全国射箭重点学校称号，为本市首家获得该项称号单位。

【社团组织】 新成立网球、剑道、手球、击剑、健身健美、中国式摔跤、空手道、拳击、射击 9 个市级体育单项协会，市级单项运动协会总数达到 52 个，新发展会员 3000 余人。各协会力量得到有效释放，除开展日常培训之外，还结合自身实际主（承）办全国心意拳邀请赛、全国射箭精英邀请赛、第四届王者荣耀全国高校联赛（安徽赛区）、市首届柔力球大赛、市首届健身气功站点联赛、跆拳道邀请赛等形式多样、内容丰富的赛事活动。

【公共体育场地设施】 2017 年共建成 100 个全民健身苑、6 个笼式多功能健身场、7 个乡镇全民健身广场、20 个街道（社区）体育俱乐部。其中全民健身苑和笼式多动能健身场重新纳入市级民生工程，笼式多功能健身场在往年器材配备数量的基础上新增配备 5 件足球训练器材，使其功能更加多样化。

以 10 分钟健身圈为目标，体育公园和体育特色小镇建设的投入加大，大圩马拉松小镇入选省首批体育小镇共建名单，启动了环城、杏花、逍遥津三个公园升级改造成体育公园的相关工作。瑶海全民健身中心基本竣工，市球类健身馆、南艳湖全民健身中心相继开工建设。

【体育场地抽样调查】 根据国家体育总局全国体育场地专项调查试点工作部署，2017 年 9 月～10 月，合肥市抽样调查肥东县、肥西县、长丰县、庐江县、巢湖市、庐阳区、蜀山区、包河区、合巢经开区的的 32 个乡镇、街道，941 个单位，2548 个场地（其中：规模体育场馆 110 个，室内体育场地 193 个，室外体育场地 2232 个，户外运动体育场 13 个），调查场地面积 318.07 万平方米。从数据分析的结果来看，市级抽样调查的乡镇、街道、工业园管委会体育场地同比全国第六次体育场地普查新增场地 380 个、新增场地面积 56.12 万平方米。

【健身气功管理方式改革试点】 作为全省加快创建健身气功管理方式改革试点城市，蜀山区、瑶海区、长丰县、巢湖市、肥东县、高新区相继成立县级协会。由国家健身气功协会牵头筹办的安徽省健身气功服务中心总部已落户合肥经开区。合肥市健身气功市级服务中心已投入使用。首次将健身气功二级社会体育指导员培训在全市培训工作中分离出来，共培训70余名健身气功二级社会体育指导员，189名健身气功三级社会体育指导员专项培训。全市健身气功站点由2016年底的80个增长到2017年底的118个，习练功法人数由2016年底的8000余人增加到了9700余人。

【省级体医融合和慢病健康干预试点】 省级体医融合和慢病健康干预试点工作在庐阳区启动，举办体医融合慢病干预培训班，将医学检测指标纳入体质测定、健康干预、运动防护及效果评价，贯穿整个试点工作的始终，并已正式进入慢病人群干预实施阶段。

【高水平体育后备人才基地创建】 合肥体育运动学校、市业余体校获得2017～2020年国家高水平后备人才基地命名，合肥成为全省唯一有2所学校获批国家高水平后备人才基地的城市。市田径游泳学校获评省高水平后备人才基地。在2017年省级单项后备人才基地考核中，田径游泳学校获得“优秀”等次，市业余体校等4所学校获得“良好”等次。

【阳光体育大会】 市体育局、市教育局共同主办的2017年市级青少年“未来之星”阳光体育大会3月27日在合肥一中启动。共设比赛项目16个大项，包括：足球、篮球、田径、羽毛球、乒乓球、手球、武术套路、排球、击剑等，比赛历时8个月时间；各县市区开发区积极组织开展了本级阳光体育大会、综合性运动会，各级各类学校积极举办了田径运动会、体育节（周）、专项体育竞赛等，广泛吸引学生积极参与阳光体育运动。中小学生参与2017年度阳光体育运动超过10万人次。

【社会体育指导员】 全年市级培训、认证779名二级社会体育指导员，各县（市）区、开发区共培训、认证2211名三级社会体育指导员。成功举办合肥市社会体育指导员风采展示大赛。完成国家级、省级优秀社会体育指导员推荐申报工作，组队参加安徽省社会体育指导员素质大赛并取得优异成绩。制定出台《合肥市二级社会体育指导员培训基地建设标准》，指导各县（市）区、开发区建设三级社会体育指导员培训基地，至2017年底建成一级培训基地1个、二级培训基地3个、三级培训基地5个。

【国民体质监测】 县区级国民体质监测站实现县（市）区100%全覆盖。组织为期三个月共计13期的国民体质监测进社区、进农村、进企业、进高校、进机关的监测活动，共计测试人员近5000余人，推进国民体质监测体系覆盖全民健身各个领域。开展四期以上的全民健身科学大讲堂活动，知名教授分别进行健身气功大讲堂的现场授课，加大对健身气功的宣传。

【体育彩票】 2017年，合肥市体彩总销量15.9亿元，排名全省第一；同比增长1.7亿元，其中年销量千万元以上网点8个、500万以上网点56个、百万以上网点448个，再创历史新高。

【校园足球】 会同市教育局大力推进校园足球普及，庐阳区继包河区之后成为第二个被教育部命名的“全国青少年校园足球试点县（区）”，2017年新增22所“全国青少年校园足球特色学校”，全市“全国青少年校园足球特色学校”达到172所，市级校园联赛注册人数超过3000人，足球人口超过10万人。2017年组织小学、初中、高中校园足球联赛和2017年“寻找足球小达人”第二季暨合肥市青少年足球争霸赛，进一步激发校园足球活力。与长沙、武汉、南昌签署城市足球交流协议，为进一步推动市级足球发展搭建了良好平台。2017年度青少年校园足球比赛，分7个组别，共145支队伍，2516名足球运动员参加，历时近3个月，历经587场比赛。10月～12月，县（市）区组织辖区的联赛，竞赛次数3335场，参与人数9629人。

在安徽省足球传统项目比赛中，合肥市包揽高中、初中、小学三个组别的全部冠军，高中组更是囊括全省前五名。安徽省青少年足球锦标赛，双获男子甲乙组冠军，女子甲乙组分获第二、第三名。在安徽省教育厅、省体育局举办的高中校园足球比赛上，由合肥一中组队合肥市男子足球队荣获第一名，十三中获得女子足球第二名。

【校园篮球】 按照《教育部办公厅关于做好2017年青少年校园篮球特色学校遴选工作的通知》（教体艺厅函〔2017〕26号）要求，积极组织开展“全国青少年校园篮球特色学校”申报工作，60所中小学通过认定并获命名成为第一批全国青少年校园篮球特色学校。各特色学校积极深入推进校园篮球教学改革，切实发挥示范引领作用，带动学校进一步强化体育课和课外锻炼，切实提高学生体质健康水平。

【对外交流】 合肥小学足球队出访日本久留米市，手球队出访韩国大田市，推动友好城市间体育活动交往。合肥市足球运动协会与英国德比郡足球俱乐部签订合作协议，并与英国德比郡足球俱乐部、法国欧塞尔足球俱乐部开展交流活动。

（石　峰）

责任编辑：赵永军

人口与计划生育

【概况】 2017年，合肥市认真贯彻落实《中共中央国务院关于实施全面两孩政策改革完善计划生育服务管理的决定》《安徽省委省政府关于实施全面两孩政策改革完善计划生育服务管理的意见》精神，不断改革完善计划生育服务管理，抓紧抓实新时代计划生育工作，促进人口长期均衡发展。2017年统计年度（2016年10月至2017年9月）全市共出生115127人，人口出生率15.66‰，比上年增长2.35个千分点，其中：二孩出生62756人，比上年增长59.40%，基本符合全面两孩政策预期；出生人口总性别比110.53，呈逐年下降趋势，完成目标任务。

【计生保障措施】 **加强组织领导。**坚持“基本国策”不动摇。市委、市政府专题听取计生工作汇报，研究计生工作。省委常委、市委书记宋国权出席全省计生工作电视电话会议。在出席全市计生工作电视电话会议时，省委常委、市委书记宋国权对2017年全市计生工作提出要求；市长凌云主持会议，常务副市长韩冰作工作报告。出台《合肥市人民政府关于加强全市计划生育工作的通知》，统一思想，明确任务，建立领导干部包保县区工作制度和月调度制度，进一步明确相关领导和部门的工作责任。召开3次计划生育形势分析会和工作调度会，直接调度、推进26个乡镇街道的计生工作，进一步表明市委、市政府一以贯之抓计生工作的决心和态度。

落实目标责任制。市政府办公厅印发《关于做好2017年计划生育目标管理责任制考核工作的通知》，确立奖惩机制，明确追责、问责情形，及时兑现2016年度目标责任制奖惩。坚持在市政府年度目标管理综合考评中，将计划生育工作作为一项重要评价指标，计生工作成果直接影响各县（市）区和市直部门年度综合考核结果。市政府坚持每年与各县(市)区、开发区、相关综治部门签订计划生育目标管理责任书，实行严格的目标奖惩，有效增强各级、各部门抓好计生工作的责任意识。统计年度内有4个乡镇（街道）被列入全市重点帮助（预警）单位。各县（市）区、开发区采取“末位淘汰”、逆向责任追究、“黄牌”警告等方式，对后进乡村实行计划生育“一票否决”制。

加强队伍建设。市委、市政府高度重视卫生计生机构改革，市级及县区卫生计生机构合并及定岗定员工作已全面完成，妇幼保健和计生技术服务机构整合工作也已到位。通过卫生计生机构整合，全市计生队伍得到稳定和加强，基层工作网络进一步健全。全市1800多个村居共配有计生专干3200多人、网格责任人（信息员）约3500人。召开合肥市计生协会第四次会员代表大会，选举市委常委、常务副市长韩冰担任计生协会会长，同时选出常务副会长、副会长、秘书长、常务理事等。全市计生协会组织在覆盖所有村（居）的基础上，进一步拓展到流动人口集中的市场和企业，成为开展日常计划生育服务管理的重要补充力量，计生协会全面建设更加规范。国家卫计委副主任王培安在调研合肥市包河区常青街道计生协会工作时，给予高度评价。各县（市）区十分重视对计生干部的培养使用，乡镇（街道）计生办主任在乡镇（街道）连续任职4年，且任职期间没有“一票否决”情形、年度考核在称职以上等次的，享受副科级待遇。村（居）计生专干待遇逐年提高，肥东、肥西、长丰三县的计生专干享受村级正职待遇，其他县（市）区均享受村级副职待遇。全市农村地区计生专干月均工资2000元以上；城区月均工资3000元以上，充分调动了基层计生专干的积极性。

【计生奖励帮扶】 加大财政投入力度，利导体系更加完善，“三项制度”提标扩面。全市共有特扶对象6551人（新增660人），其中一般特扶对象4635人，并发症特扶1916人，发放扶助资金3147.87万元（其中市级资金217.7万元）；奖扶对象35239人（新增3578人），发放扶助资金3908万元（其中市级资金423万元）；奖扶扩面11569人，县（市）区级发放资金1189.5万元。

扩大一次性奖励范围。市政府出台《关于印发人口与计划生育奖励规定的通知》，扩大退休一次性奖励范围，对2007年11月至2011年3月期间达到法定退休年龄的城市无单位居民补发2000元退休一次性奖励。

奖励政策提标扩面。印发《关于统一合肥市计划生育特殊家庭扶助金标准的通知》，实行全市独生子女三级以上残疾、死亡家庭的特别扶助金标准城乡同标，各地扶助金标准在国家、省、市基础上翻番，由每人每年3660元、4500元分别增至每人每年7320元、9000元；全市奖扶扩面至55周岁。

设立特扶专项资金。设立市级计划生育特殊困难家庭关怀扶助专项资金，纳入财政预算，主要用于再生育扶助、计生特殊困难家庭慰问、紧急慰藉等，已发放254.5万元。

落实奖励优惠政策。全年为1899名育龄妇女兑现节育奖励共101.2万元，为225816人兑现独保费共6583.8万元，8156人领取退休一次性奖励2282.5万元。

开设就医绿色通道。按照《合肥市关于开设计划生育特殊家庭就医绿色通道的通知》精神，对特扶对象进行免费体检和家庭（乡村）医生签约等服务，全年发放“合肥市计划生育家庭爱心卡”4635人。

发放老年护理补贴。执行《合肥市计划生育特殊困难家庭老年护理补贴制度实施办法》，对60周岁以上计生特殊家庭人员开展老年人能力评估，确定全市2605名老人按照重、中、轻三级失能标准，给每人每月分别发放500元、400元、300元的老年护理补贴，共发放1278.4万元。

联系帮扶计生特殊家庭。贯彻落实《转发国家卫计委办公厅关于建立和完善计划生育特殊家庭联系人制度的通知》精神，各县（市）区通过登门走访、电话联络、网络沟通等形式，全面掌握计生特殊家庭生存状况及需求，及时解决计生特殊家庭的困难和问题，实现计生特殊家庭联系帮扶全覆盖。

【流动人口计生服务管理】

国家级流动人口双试点创建。以全市82家省级城市生活e站为平台，开展以健康关爱促进流动人口家庭发展为目的“新生活成长计划”。合肥市被国家卫计委先后确定为“全国流动人口卫生计生基本公共服务均等化试点市”“提高家庭发展能力、促进流动社会融合试点单位”“流动人口健康教育促进重点联系市”。8个社区项目被评为全国2017年流动人口社会融合示范社区，5个社会融合实践案例被选为全国流动人口社会融合实践案例。

流动人口健康教育促进创建。出台《合肥市流动人口健康教育促进创建活动实施方案》，成立市级流动人口健康教育促进行动巡讲专家组，在部分城市生活e站开展市级流动人口健康素养巡讲活动。实施流动人口健康教育和促进行动计划，开展流动人口健康促进进学校、进企业活动，评选流动人口健康家庭。有2家企业、2所学校、14个家庭分别被评为全国第一批流动人口健康教育促进示范企业、学校、家庭。蜀山区五里墩街道创建“青秀之家”健康屋为流动人口健康服务的做法，被选为全国2017年流动人口健康促进典型案例。

流动人口关爱关怀及农村留守儿童健康关爱。举行“均等服务、健康同行”全市流动人口关爱关怀启动仪式，在全市开展留守儿童清理摸底调查并进行系统录入。市卫计委会同省卫计委承办全国农村留守儿童健康关爱工作推进会。

提升流动人口家庭发展能力。为加强生活e站间活动交流和借鉴，每月对e站月初计划、月底执行情况进行汇总交流，并将生活e站活动开展情况纳入街道目标责任制考核内容。包河区常青街道油坊岗社区、合肥新站高新技术产业开发区七里塘社区等8个城市生活e站申报为省级示范e站。

流动人口管理区域协作。为做好流出人口卫生计生服务管理，选择重点区域开展双向协作，先后在合肥籍人口相对集中的北京丰台区、上海宝山区、杭州西湖区、扬州市、无锡市建立5个流动人口卫生计生区域协作工作站，其中驻杭州站已升级为安徽省驻杭区域协作工作站点，为当地合肥籍流入人口提供政策宣传、生殖保健、证件办理、便民维权、避孕节育和就业指导等服务，实现流动人口户籍地和现居住地之间的良性互动和协调发展。

（赵晓瑾）

民族和宗教

【概况】 合肥市属少数民族散杂居地区，是安徽省民族工作重点市。至2017年，全市有52个少数民族成份，少数民族人口4.8万人，占全市总人口的0.6%；市区少数民族流动人口2万余人。有1个民族乡，12个民族村，2个民族社区，12所民族中小学。有回民墓地3处。有1个少数民族企业促进会，43家少数民族企业（其中，全国少数民族特需用品定点生产企业2家、省级少数民族企业13家），有41个少数民族农民专业合作社。承担教育援藏、援疆任务，市第三十五中学有18个西藏班，616名在校生；合肥幼儿师范高等专科学校有3个新疆班，140名在校生。

合肥市有佛教、道教、伊斯兰教、天主教、基督教五大宗教。市区较大宗教活动场所有明教寺、开福寺、合肥清真寺、合肥天主教堂、合肥市基督教堂等。省佛教协会、省道教协会、省伊斯兰教协会、省基督教“两会”（安徽省基督教三自爱国运动委员会、安徽省基督教协会）和省天主教爱国会，以及省神学院、省天主教主教府都坐落在合肥。经合法登记的宗教活动场所668处，信教群众约30万人，认定备案的宗教教职人员368人。

市委、市政府高度重视民族宗教工作。省委常委、市委书记宋国权联系帮扶肥东县牌坊回族满族乡，多次到民族乡村视察调研。全省宗教工作会议后，宋国权对合肥市宗教工作作出重要批示。市委副书记、市长凌云率有关部门到明教寺视察并检查指导安全工作。市委常委、统战部长陈晓波，副市长吴春梅多次到民族乡村和宗教活动场所调研指导，协调解决民族宗教领域的重点难点问题。

2月23日，2017年度全市民族宗教暨民委委员单位工作会议召开，传达学习中央民族工作会议、全国城市民族工作会议、全国宗教工作会议精神，特别是习近平总书记关于民族宗教的重要讲话精神，通报民委委员单位帮扶民族乡村情况，分析总结民族宗教工作形势，部署安排工作任务，推进全国、全省有关民族宗教会议精神的落实。

先后召开县（市）区民族宗教干部专题会议和全市宗教工作会议，学习贯彻中央民族工作会议、全国和全省宗教工作会议精神，传达省委常委、市委书记宋国权对合肥市宗教工作的批示精神，全面部署贯彻落实举措。举办两次专题培训班，系统解读全国、全省宗教工作会议精神。结合宗教团体学习会、少数民族经济社会发展座谈会，指导民族宗教界深入宣传学习全国宗教工作会议和中央民族工作会议、全国城市民族工作精神，切实把会议精神融入到民族宗教工作实践。中央及省统战工作领导小组调研检查组对合肥市贯彻落实有关民族宗教工作重大决策部署取得的成效给予充分肯定。

【推进民族乡村经济社会事业全面发展】 按照市委、市政府和省民委有关把民族工作纳入“十三五”相关规划的要求，市民委编制完成《合肥市“十三五”少数民族和民族聚居地区经济社会发展规划》，经专家论证评审后正式印发执行。充分利用各级财政少数民族发展资金和全市民委委员单位项目资金的扶持，全面推进民族乡村经济社会事业加速发展。

充分发挥各类资金引领带动作用。“因素分配、切块下达”省、市少数民族发展资金552万元，重点扶持少数民族聚居的乡村。配合市财政局对2016年、2017年省市少数民族发展资金落实情况开展督查。2016年市少数民族发展资金项目经市财政绩效考评获得优秀等次。配合省财政评审中心对2016年度省少数民族企业生产补助经费（含少数民族补助费）项目进行绩效考评。

积极开展民族乡村脱贫攻坚行动。25家民委委员单位帮扶少数民族项目128个，帮扶资金20690万元。扎实开展“五教同力助困脱贫”活动，深入民族乡村调研摸底，拟订帮扶计划，落实资金39万元，扶持贫困户18户。充分挖掘民族乡村内在动力，加速发展少数民族经济组织，帮助民品定点企业申请贴息补助。复审确定18家少数民族企业为全省民族企业。

加强少数民族美丽乡村和特色村镇建设。肥东县牌坊民族村被国家民委命名为“中国少数民族特色村寨”。中国民族画报社专题报道了肥东县牌坊回族满族乡的发展成果。全市民族村（居）民年人均可支配收入达19777元，连续第七年超出全市平均水平。

【城市民族工作】 市民委落实全国城市民族工作会议精神，在不断探索的基础上推进城市民族工作制度化、规范化和精细化，城市民族工作取得新成效。

少数民族流动人口服务管理进一步加强。召开2017年全市少数民族流动人口代表迎新年座谈会。

下拨10万元用于少数民族流动人口服务站建设，指导服务站做好外来流动人口的服务管理工作。承办市政协“加强少数民族流动人口服务管理”对口协商会。指导巢湖市举办少数民族务工人员公务语言技能培训班，加强外来务工少数民族服务管理工作。加强少数民族流动人口流出地与流入地共管机制建设，与青海省海东市、甘肃省临夏州等地签订两地共管合作协议。

解决少数民族群众生产生活问题。拨付清真餐饮企业房租补助资金50万元，帮扶清真餐饮企业解决经营困难问题。南岗回民公墓改造提升工程进入日常维护管理阶段。认真贯彻落实《中国公民民族成份登记管理办法》，为近百名群众提供民族成份更改政策咨询服务。会同教育部门为409名少数民族考生办理政策性加分。帮助外来少数民族流动人口子女解决入学问题90多起。

城市社区民族工作成效进一步凸显。指导各市辖区继续推进民族团结示范社区创建工作，下拨创建活动补助经费24万元，帮助8个社区创建示范社区。蜀山区笔架山街道获全国民族团结进步示范单位称号，肥西县长镇回族社区被评为全省民族团结进步教育基地。指导市辖区试点社区加强网格化信息平台建设，设立少数民族流动人员联络点，开设少数民族服务窗口，积极构建社区民族工作“一站式”服务。指导庐阳区成立少数民族服务站，开办外来少数民族流动人口夜校，加强政策法规宣传教育，提供法律咨询、语言服务，开展就业技能培训和指导，取得良好效果。已创建为全省民族团结进步社区的参观示范点，迎来省内外多次参观考察。

【民族团结进步创建活动】市民委会同市委宣传部、市委统战部制定印发《2017年全市民族团结进步宣传教育工作实施方案》，围绕“两个共同”（共同团结奋斗，共同繁荣发展）主题，突出“人文化、大众化、实体化”，广泛开展民族团结进步宣传教育活动。

市民委与庐阳区政府联合举办合肥市2017年“唱支山歌给党听”少数民族文艺展演。指导巢湖市民族宗教和外事侨务局开展“黄山天山根连根，民族团结一家亲”活动，推动维吾尔族员工和其他民族兄弟姐妹和谐相处、努力工作。

开展民族团结进步宣传月活动。在全省宣传月启动仪式上，“民族一家亲”爱心企业家代表向联合攻坚行动帮扶的34个民族村贫困学生代表捐助了扶贫助学金，省、市领导向外来少数民族务工经商人员代表赠送了《美好安徽》等画册和读物。宣传月期间，通过文艺展演、文体活动、扶贫济困、法律援助、爱心捐赠等形式，将宣传月活动与广大群众面对面无缝对接，积极宣传党和国家的民族政策、法律法规以及中央民族工作会议、全国城市民族工作会议精神，使各族群众更好实现交往交流交融。

【宗教事务】市宗教局认真贯彻落实全国宗教工作会议精神，推动教职人员队伍认定备案工作常态化、宗教活动场所管理规范化和宗教团体建设制度化，高度重视宗教领域安全工作。

推动宗教教职人员认定备案工作常态化。完善教职人员台账，及时更新宗教工作基础数据库，印发教职人员备案花名册。继续开展“百名教职人员培优工程”活动。

加强宗教活动场所规范化管理。下拨维修资金50万元，对全市11处宗教活动场所进行维修。继续加强宗教活动场所财务监督管理，举办第二届宗教界财务专题培训班，进一步增强宗教界财务管理意识，提高宗教活动场所财务人员的业务能力。继续开展以“规范”为主题的“和谐寺观教堂”创建活动。实施全市性宗教团体重大事项备案制度，加强了对宗教教职人员和宗教活动的规范管理。

指导宗教团体加强自身建设。制定《全市性宗教团体负责人年终述职实施办法》，实施《全市性宗教团体重大事项备案制度》，促进宗教团体的规范化、制度化建设。继续推进民族宗教领域民主政治改革，每季度召开全市性宗教团体负责人学习座谈会，并在县（市）区普及落实，促进各宗教之间信息交流、共同学习，加强了对宗教界的服务管理。实施宗教团体建设清单销号制，进一步健全县（市）区宗教团体。

高度重视加强宗教领域安全工作。将平时与重要时间节点相结合，指导各县（市）区宗教部门和全市性宗教团体做好宗教活动场所安全工作。开展夏季防火、防汛、防突发自然灾害等隐患排查，确保宗教活动场所安全。春节期间，市委、市政府领导多次深入宗教活动场所现场检查指导。市长凌云赴明教寺视察指导安全工作。除夕夜，市民委、庐阳区、合肥高新技术产业开发区主要负责人分别在明教寺、开福寺现场值守，公安、消防、街道等联合派出巡查小组，不间断实施巡查，保证了重要宗教活动场所的安全。加强宗教领域安全生产风险分级管控和隐患排查双重预防体系建设，制定《合肥市构建“六项机制”强化安全生产风险管控实施方案》，在全市宗教领域开展安全风险查找、研判、预警、防范、处置、责任等“六项机制”建设，全面排查编制民族宗教领域风险点清单，把风险管控在隐患前，把隐患消灭在事故前。宗教活动场所全年未发生一起安全事故。

【引导宗教与社会主义相适应】 市民族宗教工作领导小组印发《关于进一步开展社会主义核心价值观进寺观教堂活动的通知》，市宗教局联合市文明办在全市宗教界组织开展“社会主义核心价值观进寺观教堂”活动，在肥西县西庐寺召开全市“社会主义核心价值观进寺观教堂活动”现场会。活动中，以“四进四有”（国旗国歌、宣传标识、法治教育和道德典范进活动场所，活动场所有主题活动、有专题讲稿、有规章制度、有社会服务）为标准，引领宗教界培育和践行社会主义核心价值观。

指导宗教活动场所在显著位置悬挂社会主义核心价值观宣传标语，设置宣传栏和善行义举榜等，重大节日及开展宗教活动时升国旗，奏国歌。利用宗教活动、讲经讲道时机，开展法治宣讲、先进典型报告等活动。年底召开“社会主义核心价值观进寺观教堂活动”经验交流会，评选产生31个示范场所，向其颁发铜牌。

市宗教局联合市政协举办第二届“大湖墨韵　五教同光”书画展，推进“五教同力·助困脱贫”宗教慈善行动，从助残、助医、助学、助灾和助业五个方面，开展宗教慈善行动，全年宗教慈善捐款60多万元。指导全市性宗教团体积极开展讲经讲道、神学思想建设、宗教中国化、民主办教等活动。

（方　方）

就业创业

【概况】 2017年，合肥市就业创业工作稳中有进，就业形势稳定，各项指标继续保持高位增长，城镇新增就业23.97万人，完成省下达年度目标任务的275.5%；城镇登记失业率为2.86%，失业人员再就业3.37万人；就业困难人员帮扶就业8100人，公益性岗位就业9867人。

【就业脱贫】 市人力资源和社会保障局（以下简称“市人社局”）成立就业脱贫工程领导小组，在全省率先出台就业脱贫工程文件《合肥市就业脱贫工程实施方案》，制定实施建立“一库五模块”制度、加强劳务对接转移就业、开展就业扶贫专场招聘会、鼓励企业吸纳贫困劳动者自主创业脱贫、推动就业扶贫驿站建设、降低创业担保贷款门槛、鼓励各类基层就业、资助贫困人口参加城乡居民养老保险、加强贫困劳动者权益维护等16条具体措施。实现就业后脱贫4016人，贫困劳动者就业帮扶率100%，稳定就业率保持90%以上，全市已组建扶贫基地205家，建成就业扶贫驿站27个。

送岗进村入户。组织全市各级公共就业服务机构和规模大、信誉好的人力资源服务企业及时收集企业招工信息，筛选出适合贫困劳动者的就业岗位，通过村居宣传栏、进村入户、手机短信等形式将岗位信息送至贫困户手中。深入开展“送岗进村”“送岗入户”等就业扶贫直通车活动，帮助贫困劳动者就近就地就业或季节性打工。对小型化、专业化的公益性就业扶贫专场招聘按入场摊位补贴；对年度内吸纳10个以上贫困劳动者、签订3年以上劳动合同且连续缴纳6个月以上社会保险费的企业，给予一次性5万元奖补，鼓励企业吸纳贫困劳动者就业。

辅助性公益岗位兜底。在全市鼓励乡镇大力开发孤寡老人和留守儿童看护、社会治安协管、乡村道路维护、地质灾害监测、护林绿化、乡村保洁等辅助性公益岗位，按照“救急救难”原则，优先安排大龄、残疾、家庭特别困难的贫困劳动者，确保有就业能力和就业愿望的贫困劳动者自登记之日起3个月内实现就业，全市各类辅助性岗位安置就业1245人。

培训就业技能。针对缺乏就业技能的贫困劳动者，特别是大龄就业困难者，因地制宜，根据农业产业结构和培训对象实际情况，组织技工院校或职业培训机构定向开展家政服务、养老护理、保洁保绿保安、厨师烹任等短期技能培训。培训期间，给予贫困劳动者每人每天20元生活费补助；培训后，根据到企业就业人数给予1000元／人的一次性奖励。全年开展技能脱贫培训2825人，完成省定目标任务的353%。

【贫困家庭大学毕业生就业帮扶】 **专门政策保障。**出台《关于促进建档立卡贫困家庭大学生就业创业实施意见》，制定“摸清工作底数、搭建就业平台、扶持创新创业、提升就业能力、兜底保障就业、建立包联制度、给予生活补贴”等11条意见。

进村入户摸底。组织百余名工作人员进村入户、挨家挨户、走访调查，面对面核实确认，形成涵盖全市2017届全部贫困家庭大学毕业生的帮扶工作信息库。

专项行动促进。在全市开展“启明星”校园就业指导、人社局长进校园、线上线下专项招聘、毕业生专项就业服务和实施基层就业促进工程、就业暖心工程、就业创业能力提升工程等“4+3”专项行动，个性化、立体式帮扶贫困家庭毕业生就业创业。

领导结对帮扶。市人社局领导班子成员每人联系帮扶一个县（市），结对帮扶1—2个贫困家庭高校毕业生，全市建档立卡的648名2017届贫困家庭大学应届毕业生中，有568名实现就业，另外80名选择读研、考学、参军等，圆满完成“一个不漏、一个不少”的就业帮扶任务。10月18日党的十九大开幕式当天，中央人民广播电台“中国之声”栏目报道了合肥市帮扶贫困大学生就业的经验做法。

【创业带动就业】 深化“放管服”改革，形成以创业带动就业的工作体系，全市各类创业孵化基地累计有59家，累计孵化各类创业组织（实体）1.5万个，带动就业约12.6万人；孵化成功企业6290家，带动就业9.16万人，开展企业培训1.7万人次。

【就业创业一站式服务】 成立全省首家市级就业创业一站式服务中心，按照“政策性引导、市场化运作、多模式建设”的工作思路，采取“社会力量自建、人社部门提供政策和培训服务”“社会购买服务”“政府主导+第三方机构支持”等多种模式，明确认定为市级一站式服务示范机构的，给予50万元一次性奖励。全市建成运营就业创业一站式服务中心24家，为城乡劳动者和企业提供“从起点到终点”“便捷、即时、精准、高效”的一站式就业创业服务。这一创新做法受到省人社厅通报表扬。

【人力资源市场建设】 建设“中国国际人才市场合肥市场”“合肥市就业创业一站式服务中心”“徐大姐职业指导大师工作室”，通过创新服务平台、拓展服务功能、丰富服务形式等举措，积极推进“合肥人力资源服务产业集聚区”“合肥市人力资源产业创业园”“中国·安徽人才市场大学生就业市场”建设。全年共举办现场招聘会310场，9900家招聘单位提供岗位近40万个；开展公益性就业指导服务活动22场、高峰论坛8场，服务企业1.6万多家，服务各类劳动者8.8万人次。

第五届全国大中城市联合招聘高校毕业生秋季巡回招聘会（合肥站）

人力资源服务业发展。出台《合肥市关于加快人力资源服务业发展的实施意见》，人力资源服务业活力进一步释放，全市人力资源服务机构超过500家，年营业收入136.38亿元，占全省60%以上，较2012年末增长30倍。

就业创业一站式服务中心建设。将就业创业服务平台向基层和社区前移，鼓励多种模式建设就业创业一站式服务中心。全市共建成就业创业一站式服务中心24家，形成一网多点的工作格局，为广大群众和企业提供“及时、方便、快捷、高校”的一站式就业创业服务。

人力资源服务协作交流。创新开展“四送一服”用工对接新模式，组织25家有实力、信誉好的人力资源服务机构赴工业园区对接，为企业提供招聘、派遣等全方位服务，组织13场招工用工专场供需对接会，服务企业1176家，签署人力资源合作意向750份，帮助企业解决用工3191人。组织全市50家信用等级A级以上机构参加全省人力资源服务机构高级管理人员培训班。

人力资源服务机构诚信建设。以人力资源服务机构诚信等级评定为重点，在全市范围内开展人力资源服务机构诚信主题活动。全市共有50家人力资源服务机构被评为安徽省信用等级A级以上机构（占全省56%），其中最高等级AAA级15家（占全省75%）。

【各类群体就业】 开展“高校毕业生就业服务月”“高校毕业生网络联盟招聘周”“4+3”专项

行动、“精准服务平台”精准对接、“高校招聘直通车”进校园等活动，促进高校毕业生多渠道就业。10月29日，举办“第五届全国大中城市联合招聘高校毕业生秋季巡回招聘会（合肥站）”，省内外350家企业参会，8000余名毕业生进场求职，约4500人达成初步就业意向。

开展“春风行动”“民营企业招聘周”“退役士兵就业招聘周”“就业援助月”、就业创业“四进四扶”“人事代理服务月”等活动，多渠道多手段促进各类群体实现就业。“春风行动”期间，举办专场招聘活动195场，为近万家企业、约19万名求职人员提供免费就业服务。“就业援助月”活动期间，累计帮助3458名各类就业困难人员实现就业。至年底，共接收毕业生档案1.4万余份，个体参保人员近5万人，托管档案22.5万份，挂靠集体户2.05万人。全市共完成农村劳动力转移就业7.58万人。

【服务企业用工】 编制并发布《合肥市2017年度重点单位人才需求目录》白皮书，建立企业用工监测制度，定期发布供求分析报告。通过开通“高校招聘直通车”“流动招工大篷车”、登门入企送服务等形式，为企业招揽各类人才。通过“高校招聘直通车”组织91家重点企业赴省内外8所高校招才纳贤，通过“流动招工大篷车”开展活动16场，服务全市各类用工企业1273家。

【区域交流与合作】 加强与合肥都市圈、合芜蚌自主创新试验区、长江中游城市群四省会城市、长三角联盟城市内其他地区之间的人力资源交流与合作，区域性一体化人力资源交流平台逐步完善。首次承办第五届全国高校毕业生（秋季）跨区域巡回招聘“合肥站”活动和第六届中国长三角十佳HR经理人评选活动。第六届中国长三角十佳HR经理人评选活动历时近8个月，31个城市联盟的68名选手参赛，合肥市有3名选手获“十佳HR经理人”称号。

（季　荣）

人事人才

【概况】 合肥市持续推进高层次人才建设，人才规模不断扩大，2017年新增享受国务院、省政府津贴专家共57人，省学术技术带头人及后备人选89人，省战略性新兴产业技术领军人才45人，市学术技术带头人及后备人选60人，省级博士后科研工作站14家。

【事业单位管理】 **公开招聘和人才引进。**上半年市直事业单位公开招聘工作人员286人，涉及24家主管部门、50家事业单位。黄麓师范学校等6所市属职业学校公开招聘152名教师。市人社局审核各县（市）区、开发区事业单位公开招聘方案及公告38项，招聘岗位2455个。支持合肥学院引进48名海内外高层次、紧缺人才，引进5名正高级工程师。指导合肥职业技术学院、合肥幼儿师范高等专科学校引进高层次人才13名。

调整完善市直事业单位岗位设置。开展全市教育类事业单位岗位设置重新核定和调整工作，申报4300多人。办理事业单位工作人员岗位变更手续，审核调整岗位2000多个；办理事业单位工作人员调动16人。办理市直事业单位使用管理七级、八级岗位预沟通备案表47人，事业单位工勤人员转岗15人；向省人社厅推荐4名正高级专家申报专业技能二级岗位。

事业单位工资福利工作。开展市直单位1.9万人绩效工资总量审核、年度考核晋级、岗位变动等各项工资变动工作，完成全市事业单位9.3万人工资年报统计、每月市直全额拨款事业单位1万人工资统发审核等工作。落实工资制度改革进一步规范和完善事业单位津贴补贴发放工作。

委托第三方会计师事务所对市直8家公立医院2016年度津贴补贴发放情况进行审计，摸清收入来源，为落实公立医院院长年薪制、合理确定公立医院薪酬水平做好准备。拟订《关于推进我市市属公立医院薪酬制度改革的实施办法》和《合肥市市属公立医院薪酬制度改革实施细则》。

【人事考试和职称评审】 **人事考试。**全年组织各类人事考试91项，参加考生236549人，考试科次559197科，比上年增长18.6%。其中市直机关公开遴选和公开选调公务员（工作人员）、考试录用公务员（含选调生）、市直事业单位公开招聘工作人员等政策性考试8项，考生60506人，考试科次107617科，同比增长36.8%；一级建造师、二级建造师、勘察设计、执业药师等专业技术人员资格考试32项，考生122223人，考试科次332533科，同比增长24.2%；承接委托考试51项，命题科目244科，考生53820人，考试科次119047科，同比增长21%。

职称评审。全年受理各类职称申报材料14189份，同比增长17%。其中：中小学（幼儿园）教师职称资格评审材料4342份，同比增长147%；工程、农业等专业系列社会化评审材料1175份，同比增长40%；非国有经济组织建设工程专业技术职务任职资格评审材料8672份，同比减少10%。12440人取得相应专业技术职称任职资格，其中取得高级专业技术职务任职资格2522人。办理及发放资格考试合格证书约2.4万份。

【高层次人才工作】 **完善人才政策体系。**先后出台《合肥市学术技术带头人及后备人选选拔管理办法》《合肥市享受政府特殊津贴人选选拔管理办法》和《合肥市高层次人才分类认定办法（试行）》，人才政策体系得到进一步完善，人才改革发展得到制度保障。

实施重点人才项目。选拔市级学术和技术带头人20名、后备人选40名，评选推荐45名安徽省战略性新兴产业技术领军人才，评选14家企业为第八批省级博士后科研工作站。

加强人才服务保障。完成专家补贴发放和休假疗养工作。公开招投标确定安徽易联众信息公司承建高层次人才分类认定管理系统，启动高层次人才分类认定，11月份开通线上申报系统，确定在中国科学技术大学等42家单位进行试点。

开展人才培训交流。6—7月，根据安徽省千人赴港培训计划安排，组织两期培训班共77人赴香港金融管理学院进行学习交流。

【外国专家工作】 **人才引进。**围绕综合性国家科学中心建设，以实施各类重点引智项目、引才计划为抓手，引进高端紧缺人才。14名外国专家入选省第五批“外专百人计划”，累计56人，占全省70%。11名在合肥工作的外国高端人才获第14届省“黄山友谊奖”，占全省七成。设立外国专家“合肥友谊奖”，完善外国专家表彰奖励机制，开展第二届“合肥友谊奖”评选工作，有来自美国、日本、韩国、瑞士、德国、法国、加拿大等10个国家的10名候选人通过评选。

项目实施。围绕战略性新兴产业发展布局，编制年度项目计划，全年实施引进国外技术、管理专家项目49项，包括1个高端外国专家项目、4个重点外国专家项目和2个重点外国专家项目备选项目。其中电子信息项目占25%，机械制造项目占23%，化工、材料、环保项目占7%，农业项目占25%，医药、医疗卫生、教育、交通等“民生引智”项目占20%。农业类重点支持高科技、高附加值型的现代农业项目，突出引智扶贫，助力乡村振兴。

保障措施。围绕国家和省“放管服”改革部署，推进实施外国人来华工作许可制度。建成中国国际人才市场合肥分市场，设置“外国人才来华工作许可证业务办理”、实施外国人来华“两证合一”许可新制度，办理许可服务窗口延伸到各县（市）区、开发区，共设15个受理窗口。至年底，243家用人单位完成新系统注册；办理外国人来华工作许可通知233份；新办理外国人工作许可证609件。

围绕“引进来”“走出去”合作共建交流平台。市人社局联合市人才协会举办“2017科大校友回家行”活动；联合省人力资源青年创业园、安徽人才资源研究院举办“一带一路企业品牌国际化打造主题研讨会”等系列讲座。利用国家和省“外国专家江淮行”“中美工程技术研讨会”“海外名师大讲堂”等平台，邀请包括诺贝尔奖获得者在内的高层次国际人才到合肥交流指导。组织企事业单位参加第十五届中国国际人才交流大会和第十届中国留学人员南京国际交流与合作大会，招揽人才，对接项目。

围绕服务外籍人才、用人单位和社会公众，优化人才生态环境。年初，慰问留学回国创新创业人才。3月份，邀请省、市领导及来自17个国家的60余名外国友人共植“友谊林”。5月份，中国国际人才市场合肥市场正式运行，为外籍人才提供一站式服务，为用人单位提供人才信息和培训讲座。市“人才新政20条”出台后，针对外籍人才子女教育需求组织专题调研，深入县区企业开展“四送一服”。与市第三十八中学合作开展“外国专家进校园”活动，助力科教发展。

【高校毕业生“三支一扶”】 基层人才队伍得到进一步充实，人才结构得到进一步优化，全年招募“三支一扶”（到农村基层支农、支教、支医和扶贫）高校毕业生91人，累计招募“三支一扶”高校毕业生400多人。提高“三支一扶”高校毕业生待遇，参照乡镇事业单位同等人员转正定级后工资标准，确定生活补助为每人每年63160元。做好“三支一扶” 高校毕业生考核安置工作，期满考核合格人员全部安置在乡镇事业单位，推荐5名“三支一扶” 高校毕业生为省级优秀人选，期满安置率100%，全年累计投入财政资金600多万元。

【技能人才队伍建设】 **高技能人才培育。**市政府印发《关于推进技能强市的实施意见》。全市新增技师和高级技师1331人，完成省定目标任务的105%；新增高级工2.16万人，完成省定目标任务的110%。全市共建成国家级技能大师工作室2家、省级16家、市级28家。举办职业技能竞赛，参赛工种20个，承办单位13家。推荐2名高技能人才分别入选第六批省学术和技术带头人和第十一批省学术和技术带头人后备人选名单。组织参加“技能中国行2017——走进安徽”“全国双创合肥分会场活动”、全省技能大比武、第四十五届世界技能大赛安徽省选拔赛、全省第一届农村电子商务竞赛、“安徽建工杯”全省农民工职业技能竞赛等活动。

技工院校建设。新增2所院校招生，新技工系统培养（招生）19178人，完成目标任务的153.42%；发放补助资金1049.6万元。全年发放国家助学金、国家免学费、市级免学费资助资金合计6124.88万元，惠及在校生42525人次。2007—2016年度资助资金核算、2017年资助绩效评价、2015—2017年全省资助核查市级普查等多项检查顺利开展。加强技工院校电子注册和信息管理系统运行。组织参加多渠道多层次师资培训、市中职师生技能竞赛、省技工院校羽毛球联赛、文艺展演等活动。开展招生先进单位、先进个人和学生资助先进个人评选。开展2017年度中职奖学金评选工作，7所院校的540名学生获奖。市级财政拨付370万元专项用于技工院校建设。2所院校获省级技工教育专项资金支持。省政府批准建设安徽合肥技师学院，校园规划已获通过。

【职业创业培训和技能鉴定】

职业培训。全年共组织12300人次开展职业指导培训，是年初计划的1.2倍，宣传普及就业和社会保险等政策。组织2825人参加技能脱贫培训，是目标任务的3.53倍，支付补贴资金481.17万元。企业新录用人员参加岗前技能培训48809人，是目标任务的1.39倍，支付补贴资金3832.7万元。将企业职工岗位技能提升培训中的中级工、高级工培训下放到县区。取消定点培训机构认定。组织有意愿的失业人员开展育婴员、母婴护理员等专业技能或专项能力鉴定，全年共有1612人通过鉴定考核，取得国家职业资格证书或专项能力证书，是年初计划的1.6倍。举办“新型城镇化与特色小镇建设”等7个省级高级研修班。对36家市级继续教育基地开展随机督查，督促基地加强管理。合肥广播电视大学等4家单位获省级专业技术人员继续教育基地称号。

设立社会服务人才培训基地50家、社会服务人才见习实训基地43家，购买社会服务基层岗位300个，培训社会服务人才9731人，评选优秀社会服务人才94名、优秀社会服务工作单位9家。出台《政府购买服务项目监督评估实施细则（试行）》，明确项目监督评估工作的流程以及评估结果的应用，对社会服务人才队伍建设进行全程监督和综合评估，建立覆盖全过程的指标评价体系。

创业培训。全市创业培训工作于2月下旬全面启动，按照培训的技术标准和上级管理要求，进一步丰富完善教学监管流程和管理制度，全面实施创业培训互联网远程实时监管，保证了培训工作规范有序推进。全年组织开展创业培训660个班次，培训合格2万余人次，是目标计划的2倍。

职业技能鉴定。国家职业资格目录清单发布后，市职业技能鉴定部门争取政策支持，落实相应的补考、转考政策，全年共组织职业技能鉴定9.34万人，是目标任务的1.88倍。在鉴定工作中，进一步加大考场监控力度，做到考务制度无漏洞，监控设备全方位，共组织6900余人参加统考。对全市鉴定机构开展鉴定质量督导，建立考生签到制度、质量督导实时反馈制度、巡考随机抽查制度，做到发现问题及时跟踪、及时反馈、及时处理，有效保证鉴定质量，杜绝违规行为。

（季　荣）

社会保险

【概况】 2017年，全市社会保险参保单位70972家，各项保险累计参保800.36万人次，较上年增加 82.66万人次。其中企业职工基本养老保险参保174.86万人，是目标任务的1.03倍；失业保险参保141.36万人，是目标任务的1.07倍；城镇职工医疗保险参保183.41万人，是目标任务的1.11倍；工伤保险参保151.27万人，是目标任务的1.07倍；生育保险参保149.45万人，是目标任务的1.20倍。

实施全民参保行动计划，推进社保扩面，全市新增参保单位12289家，新增参保人员32.25万人，完成入户调查52.2万人，完成率100%，建立涵盖全市人口的数据动态共享机制。

推进金融社保卡发放和应用，全年发放金融社保卡543.1万张，开通电子凭证、自助查询、待遇领取等92项功能，开通率达90%。全年“12333”服务热线人工服务14.7万人次，自助服务13.23万人次。推出“网上参保自助打印服务”，在全市部署272台社保自助服务打印一体机，惠及5万多家参保单位、600多万参保人员。

探索医保在线支付，利用腾讯支付功能和用户体系，尝试医保用户通过微信绑定社保卡，在指定的医院（安徽省立医院、安徽医科大学第一附属医院两家试点医院）、药店等场所一键完成医保及自费金额的在线混合支付。

落实降费减负政策，全年为企业减征基本养老保险费 4.6 亿元，减征失业保险费 2.93 亿元，为 59 家小微企业减征社会保险费 1100 万元。

【企业养老保险】 按时足额发放各项养老保险待遇，切实保障企业退休人员基本生活。市本级审批退休 11245 人，核减在职、退休死亡 4790 人，企业离退休人员 244393 人，享受生活补助的遗属 6293 人，发放基本养老保险待遇 5.88 亿元，发放各类补助 6.72 亿元，发放率达 100%。

按时执行军转干部、1953 年以前参军战士、参战参试等涉军群体生活困难补助提标，做好工会生活困难补助、企业退休人员计划生育一次性奖励、企办学校退休教师待遇差额的发放和补发；对新退休人员重新计算养老金，及时补发差额。开展退休人员社会化管理服务。认证 23.65 万人，认证率 99.03%。上传合肥市居住在苏浙沪地区退休人员和遗属共 3692 人信息。

继续做好全市基金统收统支，及时拨付各县（市）发放基金 28 亿元；上解省级统筹调剂金 7.3 亿元，累计上解 35.36 亿元。全市基金运行安全平稳，累计结余 321 亿元，定期存款 194.7 亿元，委托全国社保基金理事会运营投资 70 亿元，基金支撑能力不断增强。

至年末，全市备案实行企业年金制的企业 63 家，涉及 1 万余人，基金运行状况平稳。为 2121 名国企职教幼教退休教师发放事业与企业退休金待遇差额，全年共发放 2148 万元。

7 月，组织实施企业退休人员养老金调整，人均增资 137.17 元。

【机关事业单位养老保险】 947 家参保机关事业单位共缴纳养老保险费 47025 万元，发放养老金 111213 万元。原试点系统 47259 名参保人员转入新系统。

5 月 12 日，市政府印发《关于机关事业单位工作人员养老保险制度的实施意见》。全市参保单位信息数据采集工作基本完成，共 2162 家机关事业单位、158947 名（其中在职 103099 名、退休 58656 名）参保人员信息在经办系统启用，实现在职人员缴费和退休人员养老金发放，参保率 92.48%，超过省定目标。

7 月，组织实施机关事业单位退休人员养老金调整，人均增资 183.25 元。

【城乡居民养老保险】 城乡居民养老保险缴费 184.92 万人，是省定目标的 1.08 倍；领取待遇 89.67 万人，发放养老金 12.11 亿元，发放率 100%。

组织开展城乡居民养老保险宣传月活动，举办“话说城乡居保”12333 宣传日、“喜迎端午、共话居保”“我与居保这五年”图片征文大赛等主题活动。

开展“互联网 + 城乡居保”建设，从业务“一窗受理”、自助服务，到网络终端、移动终端服务，基本完成“一网一号一窗一线”的“四个一”公共服务体系建设，实现网站可查、微信可送、自助窗口可打、热线可询的“四可”模式，其中服务窗口可自助打印参保情况为全省首创。推动“四不出村”，全部实现参保登记和权益查询不出村，逐步解决缴费、领取待遇不出村，中国农业银行在市区建立 8 个示范点，争取在一至两年内实现“四不出村”全覆盖。

【被征地农民养老保障】 被征地农民养老保障实现应保尽保，养老金按月足额发放。截至年末，全市新增被征地养老保障 1.78 万人，累计 55.7 万人，已有 16.1 万人领取养老保障金。自 7 月起，合肥市区待遇标准由每人每月 551 元调整到 579 元。

【医疗保险】 **城镇职工医保。**截至年末，市本级参保 149.11 万人，同比增长 10.3%。2017 年 1—12 月，市本级城镇职工医保基金（含个人账户）总收入 54.45 亿元，支出 36.65 亿元，当期结余 17.80 亿元，历年滚存结余 106.81 亿元。

城镇居民医保。2016—2017 参保年度（即 2016 年 10 月至 2017 年 9 月），市本级普通参保居民 167.08 万人。2017 年 1—12 月，居民医保基金收入 10.01 亿元，支出 8.65 亿元，结余 1.36 亿元，历年滚存结余 12.07 亿元。

协议管理。全面实行医疗保险协议管理，率先启动住院定点第三方评估。修订定点医药机构服务协议，明确违约责任。在全省率先引入住院医疗机构准入第三方机构评估机制，受理住院定点申请 11 家，经评估符合标准的 5 家医疗机构已签订协议并实现联网结算。截至年末，市本级实行协议管理定点医药机构共 1768 家，其中医疗机构 675 家、药店 1093 家。

基金监控。综合分析历史数据，制订下达 2017 年度医保基金预算方案，全面监控各医疗机构基金使用情况。依托系统数据，开展 2016 年度多项决算，按政策予以补亏，收回结余基金。

审核稽核。1 月份起，正式启用医保智能审核软件，全年共筛选协议医药机构疑似违规费用 3205

万元，确认核减费用 2097 万元。加强日常巡查和稽核检查，实地检查医院 225 家次、药店 44 家次，对违反协议行为的 8 家定点医药机构追回不合理医药费用 389.9 万元，并给予相应处罚。

异地就医联网结算。 全年受理门诊特殊病鉴定发卡申报 10302 人次，审定符合条件的 9843 人次。受理职工参保人员异地就医个人报销 6596 人次，基金支出 9672.3 万元。6 月 1 日正式接入国家异地就医结算系统。市本级异地就医住院直接结算 737 例，医疗总费用 1709.03 万元，报销 1137.66 万元。

落实政策。 全年有 3058 人享受大病保险待遇，大病保险报销 3911.91 万元。自 4 月 1 日起，参保居民的住院（含异地住院）报销比例统一上调 5 个百分点。落实生育保险、医疗保险合并试点工作，全年拨付生育基金 4.11 亿元。开展商业保险机构经办医保业务试点，中国人寿保险安徽分公司经办职工大病保险业务、中国平安保险安徽分公司整体经办居民医保业务整体运行平稳。落实医养结合政策，城镇职工医保全年结算医养结合 3343 人次，基金累计支付 761 万元；居民医保 2016—2017 结算年度结算医养结合 112 人次，基金累计支付 87.82 万元。落实家庭医生签约服务，有 57 家医疗机构开展家庭医生签约服务，参保人员签约 33.9 万人。医保基金全年累计支付配套金额 758.2 万元。

【失业保险】 截至年末，全市有 53638 人领取失业保险金，支付失业保险金 38353.04 万元、生活补助金 139.54 万元，代缴基本医疗保险费 9256.05 万元，支付生育补助金 164.71 万元、丧葬抚恤补助 148.10 万元、求职补贴 2353.28 万元、就业补贴 61.93 万元、职业指导培训补贴 398.2 万元、创业补贴 149.63 万元、技能提升补贴 98.78 万元、创业成功补贴 1.5 万元。全市失业保险基金收入 83134.12 万元，基金支出 78201.03 万元，基金累计滚存结余 407120.90 万元。

元旦、春节期间，对家庭困难的失业人员开展“送温暖”活动，按 1000 元 / 人标准发放一次性生活补助金，共补助 779 人，补助金额 77.9 万元。

全年办理失业保险金申领手续 34453 人次，办理失业人员失业保险关系异地转出手续 2031 人次，办理失业人员失业保险关系异地转入手续 1809 人次。

落实失业保险基金支付企业稳岗补贴和支持企业参保职工技能提升补贴政策，向 3313 家企业发放稳岗补贴 2.53 亿元，向 903 名企业职工发放职业技能提升培训补贴 98.78 万元。

落实提高失业保险待遇相关政策，调整后的失业保险金标准为每人每月 1368 元，较调整前增加 228 元。领取失业保险金的女性失业人员生育补助费提高至 5 个月生育当月失业保险金标准，12 月 1 日以后生育的，补助费标准为 6840 元，较调整前增加 3648 元。生活补助金调整后标准为每人每月 957.60 元，较调整前增加 159.60 元。

【工伤保险】 截至年末，工伤保险基金收入 4.87 亿元，支出 2.87 亿元。医疗待遇支出 0.91 亿元，住院治疗 2902 人次，门诊治疗 11137 人次；伤残待遇支出 1.19 亿元，享受待遇 8296 人次；工亡待遇支出 0.76 亿元，工亡人数 101 人，享受供养亲属抚恤金 1057 人。

全市工伤认定案件 7730 起，办理劳动能力鉴定 6427 起，其中：工伤各项鉴定 5048 人次，因病鉴定 379 人次。全市建筑业按项目参加工伤保险单位 739 家，征缴保险费 9669 万元。新开工项目参保率

合肥市滨湖医院

连续5年达100%。

完善《协议医疗机构和康复医院巡查方案》及协议条款，采取定期检查和抽查方式对43家协议医疗机构进行巡查，发现问题要求及时整改。对全市6家工伤保险辅助器具协议机构开展年审，加强对辅助器具配置机构服务行为的规范和管理，维护工伤职工的权益。

【生育保险】 截至年末，生育保险基金支出6.34亿元，办理生育备案32339人，其中二孩生育备案13347人。自5月1日启动合并试点后，灵活就业人员生育备案820人。流产及宫外孕津贴受理4185人次；男职工待遇受理2657人次；异地报销受理5118人次；住院联网结算30119人次，门诊联网结算238968人次；异地手工核算报销5118人次。

自5月1日起，合肥市在全国12个试点城市中率先启动生育保险医疗保险合并试点工作。全市享受生育保险待遇人员增加23万人，增幅18%，解决了生育保险基金收不抵支问题。生育保险顺利实现市级统筹，提升了统筹层次。在不加重单位和个人负担的情况下，扩大了生育保险待遇的享受范围，社会反响良好。

（季　荣）

劳动关系

【概况】 市政府成立由分管副市长任主任，市人力资源和社会保障局（以下简称“市人社局”）、市总工会和企业联合会、市工商联组成的市协调劳动关系三方委员会，制定《合肥市协调劳动关系三方委员会工作制度》。指导各县（市）区、开发区建立相应的协调劳动关系三方委员会。根据实际需要推动工业园区、乡镇（街道）和产业系统建立三方机制，发挥三方委员会共同研究解决有关劳动关系重大问题的重要作用。

经省人力资源和社会保障厅批准，合肥高新技术产业开发区成为全省首批三个省市共建和谐劳动关系综合试验区建设试点开发区之一。为确保试点工作有力有序推进，市协调劳动关系三方委员会加强指导协调，开发区结合产业特点和工作实际，制定具体的实施方案并逐级实施，构建和谐劳动关系体制建立完善，劳动用工更加规范，职工工资合理增长，劳动条件不断改善，职工安全健康得到切实保障，试点工作取得初步成效。

2017年，合肥市各级劳动仲裁院共受理劳动人事争议案件9860件，办结9786件，结案率96.1%；其中调解结案6215件，调解率63.5%。全市各级劳动监察机构通过日常巡查、专项执法检查、举报投诉专查等执法活动，共受理举报投诉案件2241起，参与处理突发事件17起，责令148家用人单位限期改正违法行为，共为10730名劳动者追讨工资6936.13万元（其中涉及建设领域农民工6404人，追讨金额5314.50万元）；清退风险押金5.71万元，涉及劳动者11041人；责令用人单位签订劳动合同21849份；督促23家用人单位办理社会保险登记，涉及劳动者37001人，督促100家用人单位缴纳社会保险费83.49万元，涉及劳动者210人；对3家用人单位依法做出行政处罚，罚款金额共2.3万元。向公安机关移送涉嫌拒不支付劳动报酬犯罪案件23件，公安机关立案14件，一审法院审结5件。全市农民工工资保障金账户余额13亿元。

【劳动用工管理】 市人社局广泛宣传劳动用工法律法规，指导用人单位结合实际制定完善规章制度。全面实施劳动合同制度，加强对企业实行劳动合同制度的监督、指导和服务，规范劳动合同的订立、履行、变更、解除、终止等行为，提高劳动合同签订率和履行质量，提高劳动用工网上备案效率。全年累计新签订劳动合同40.5万人，劳动合同签订率98.4%，其中农民工劳动合同签订率97.4%。

加强劳动派遣用工管理，依法开展劳动派遣行政许可，建立台账资料，对561家劳务派遣单位年度经营报告进行审查，开展劳务派遣专项执法检查。依托协调劳动关系三方机制组织开展集体协商“春季要约”活动，推动各类企业普遍建立集体协商机制，推进工资集体协商，扩大集体合同的覆盖面、增强实效性，已建会企业集体合同覆盖率达92.4%。

【国有企业负责人薪酬制度改革】 根据省委、省政府关于深化国有企业负责人薪酬制度改革有关文件精神，市人社局推动国有企业负责人薪酬制度改革，指导县（市）区和市直有关部门制定所属国有企业负责人薪酬制度改革实施方案，制定《市属企业负责人基本年薪基数认定暂行办法》等配套管理办法，初步建立符合市属国有企业负责人特点的薪酬制度。

【劳务派遣】 市人社局进一步优化工作流程，提高工作效率，方便企业办事。全年有557家单位取得劳务派遣经营许可，已备案外地取得许可的分公司28家。开展劳务派遣用工企业业务能力提升培训，培训人员100人，发放宣传材料 200 余份。加强劳动派遣用工管理，依法开展劳动派遣行政许可，全年新增劳务派遣单位 315 家，累计 892 家。

【劳动人事争议仲裁】 市人社局制定合肥市劳动人事争议仲裁院标准化建设实施方案，重点推动合肥市和庐阳区劳动人事争议仲裁院建设省级示范仲裁院，指导各县区全面推进仲裁院标准化建设，基本形成机构设置科学、办案区域布局合理、工作制度完善、基础保障有力、专业化水平显著提升的劳动人事争议调解仲裁工作格局，体现高效、便捷、公正的仲裁特色，建成信息化仲裁院和数字化仲裁庭。

印发《关于进一步加强劳动人事争议调解仲裁完善多元处理机制的实施意见》，推动形成劳动人事争议协商解决机制逐步完善，调解基础性作用充分发挥，仲裁制度优势显著增强，司法保障作用进一步加强，协商、调解、仲裁、诉讼相互协调、有序衔接的劳动人事争议多元处理格局。经人力资源和社会保障部批准，合肥市庐阳区三孝口街道劳动争议调解中心、包河区淝河镇劳动争议调解中心被确定为全国乡镇（街道）劳动争议调解综合示范单位。10 月 30 日，人力资源和社会保障部专题调研组到合肥进行实地专访，高度评价了合肥市基层调解组织建设工作。

【人力市场秩序清理整顿】 市人社局联合市工商行政管理局等有关部门，在全市范围内组织开展清理整顿人力市场秩序统一行动。采取属地管辖、市区联动方式，共出动执法检查人员 125 人次，对工商企业密集区、流动人口集散区、职业中介机构聚集地和自发形成的人力资源教育场所等重点区域进行拉网式检查、排查，共检查人力资源服务机构及用人单位 84 家次，对 16 家街头和商务楼里的非法职业中介机构予以现场取缔。全省首创召开清理整顿人力资源市场秩序专项行动互联网招聘行业座谈会。市劳动保障监察支队被评为全国清理整顿人力资源市场秩序先进单位。

【农民工工资清欠】 全市人力资源和社会保障部门组织开展农民工工资支付情况专项检查、保障农民工工资支付攻坚行动、解决拖欠农民工工资问题专项督查、解决拖欠农民工工资问题“清欠倒计时”百日行动等一系列专项行动，发挥统筹协调作用，推动全市各级、各部门解决拖欠农民工工资问题。召开 3 次部署协调会议，组织 12 个督查组开展督查检查 30 余批次，在解决拖欠农民工工资问题专项督查中，对 5323 个项目、1.2 万个单体进行自查和检查，涉及农民工 30.5 万人。

完善“两网化”（网格化、网络化）管理和“四级维权窗口”工资支付监控网络，出台农民工工资支付保障金、工资专户等系列制度，形成“源头预防、过程监管、违法惩戒、政策保底”等较为完善的治欠保支制度机制网络。市政府办公厅印发《关于全面治理拖欠农民工工资问题的实施意见》，将解决企业拖欠工资问题部门联席会议成员单位由 13 个扩充至 24 个，基本覆盖从事建设项目的部门和行业。相继出台《合肥市欠薪应急周转金使用管理暂行办法》《合肥市用人单位劳动保障诚信红黑名单公布暂行办法》《合肥市建设领域拖欠农民工工资联合惩戒办法》等规范性文件，有效补齐治理欠薪制度规范方面存在的短板，其中《合肥市用人单位劳动保障诚信红黑名单公布暂行办法》比人力资源和社会保障部《拖欠农民工工资“黑名单”管理暂行办法》提前 1 个月印发。

建立人社与公检法系统“两法衔接工作联席会议”制度，联合市中级人民法院、市人民检察院、市公安局、市政府法制办公室等部门印发《关于做好涉嫌拒不支付劳动报酬犯罪案件查处衔接工作的实施意见》，加大对拒不支付劳动报酬罪的打击力度。制定实施《关于在行政执法中实行“双告知”制度的通知》，明确了在开展行政执法过程中，对用人单位存在的违反劳动保障法律、法规或规章的行为，送达《劳动保障监察限期整改指令书》时，同时送达《劳动保障信用风险告知书》，告知用人单位如不履行劳动保障行政部门作出的行政处理（处罚）决定，存在因严重失信被列入劳动保障诚信“黑名单”的风险。

6 月 29 日，由长江中游城市群的武汉、长沙、合肥、南昌四省会城市人社部门共同建立的全国首个跨地区劳动保障监察网上协查平台正式上线运行，利用“互联网 + 人社”的方式，在全国率先实现跨区域欠薪案件在调查取证、文书下达、处罚执行等关键环节的网上协查互动，节约办案成本，缩短办案时效，降低农民工依法维权成本，保障农民工正当权益。

（季　荣）

民　政

【概况】 2017 年，市民政部门承担 11 大项共 14 小项民生工程，占全市民生工程总量的 27.5%，累计发放各类民生工程资金12亿元，资金发放率100%。从7月起，市区城乡低保标准由户月人均551元提高到579元，年增幅5%；四县一市农村低保标准由户月人均300元提高至360元，年增幅20%。全面建立低收入老年人养老服务补贴制度并形成市属城区、四县一市城关镇、农村地区三种类型的分级分类保障机制。社会服务体系日臻完善。突出抓好农村留守儿童关爱保护工程，创新实施殡葬便民服务进社区措施。推进地名普查成果转化，一批成果相继出版发行。全市优待义务兵家庭6472户，发放优待金9978万元，发放退役士兵自主就业一次性经济补助13834.6万元，发放一次性自谋职业金补助727.5万元。

【社会救助】 救助主体呈现多元化。建立社会救助协调机制，成员单位由12家增加到26家。建立申请救助家庭经济状况核对机制，整合民政、公安、工商、国税、地税、公积金等十余项居民家庭经济信息资源，实现“有助必核”。建立“一门受理，协同办理”机制，全市155个乡镇（街道）设立社会救助服务窗口。引导社会力量参与社会救助，包河区实施全国首个PPP模式的社会救助项目——“乐助常青”；肥西县在全市率先开展委托第三方机构入户核查农村低保试点；庐阳区四里河街道打造“V爱·救急”品牌。

救助内容提标扩面。健全低保标准动态调整机制。2017年7月起，市区低保标准调整为户月人均579元，四县一市农村低保标准调整为户月人均360元，分别比2013年标准提高了41%和162%。从2010年起，市区农村低保与城市低保并轨，实行统一标准。五次修订医疗救助政策，救助对象和救助病种不断扩大，在全省率先实行在定点医疗机构发生的住院费用，经基本医保、大病保险补偿后，不分基本医疗保险目录内外，均作为报销基数。代缴建档立卡贫困人口个人应负担的全部参合资金。各县（市）区均出台重特大疾病医疗救助政策，最高封顶线8万元。从2005年实施医疗救助制度，当年救助4.7万人次，支出救助金148.12万元。2017年医疗救助50.62万人次，支出救助金25887万元。13年间，救助人次增长10倍，救助金增长175倍。自2012年起，每年安排550万元临时救助资金。“救急难”试点扎实推进，各县（市）区、开发区均已建立县区、街镇、村居主动发现救助三级网络。庐阳区、包河区被确定为国家级“救急难”综合试点区。

救助政策不断完善。市政府相继出台《关于贯彻落实〈社会救助暂行办法〉的实施意见》《关于进一步健全临时救助制度的通知》《合肥市最低生活保障实施细则》等规范性文件。市民政局相继出台《合肥市城乡居民最低生活保障操作规程》《低保经办人员和村（居）民委员会干部近亲属享受低保待遇备案制度》等文件；联合市财政局出台《合肥市城乡低保资金管理办法》等文件，加大对各类社会救助资金的监督和管理。

救助管理规范有序。全面实行低保民主评议听证、近亲属备案和长期公示制度。实施低保信息双公开制度，低保信息在村（居）长期公示与网上同步公开。建立“全市保障市场供应稳定物价工作联席会议”制度，涉及市区补贴对象3万多人，补贴金额1740万元。引进第三方中介机构对全市低保、医疗救助等民生工程进行绩效评估。

【救灾救济】 防灾减灾宣传。“5·12”防灾减灾日当天，在庐阳区杏花公园组织大型咨询宣传活动，普及防灾减灾知识，提高居民自救互救技能。31个社区参与创建综合减灾示范社区活动，其中12个社区被评为全国综合减灾示范社区，占全省的四分之一，创建质量位居全省前列。

引导社会力量参与救灾。出台《支持引导社会力量参与救灾工作办法》，建立以社区为单元的服务平台，培育、发展专业应急救援类社会组织和减灾救灾志愿者队伍，摸清底数，制订社会力量参与救灾工作队伍清单。

防汛应急准备。通过政府公开招标采购价值169万元的帐篷、棉被等物资。为省民政厅代储232.9万元的棉被、空调被、棉大衣以及救灾床等物品。加快救灾物资储备库标准化建设。通过政府招标采购400组货架和200个仓储托盘，使物资储备更加科学合理化。汛期来临前，组织对县（市）区灾害隐患点进行排查和重点防控，同时要求各县（市）区做好应急值守、加强必要的物资储备和商家协议代储等工作。重新设置专门的应急值班室，配备必要的值班用品，加强值班力量，确保汛期应急值守稳妥有效。

受灾群众冬春救助。全市下拨2016—2017年度冬春救助资金共1492万元，建立《冬春困难群众花名册》，下拨棉被853件，救助5.49万人。启动2017—2018年度冬春救助工作，9月份完成需求摸底和造册工作。

【社会福利】 推进养老服务设施建设。市委、市政府出台《关于进一步加快发展养老服务业的意见》等文件，市民政局出台《合肥市城乡养老服务体系建设实施办法》《合肥市政府购买居家养老服务实施意见》等配套文件40余个，基本构建了养老服务业政策体系。全国省会市首部居家养老服务条例——《合肥市居家养老服务条例》正式颁布实施。截至年末，全市共有养老床位50392张，每千名老年人拥有床位43.07张。市民政局、市规划局等五部门联合出台《合肥市新建住宅小区居家养老服务用房和设施的建设、移交与管理办法》，进一步推进新建住宅小区养老服务设施配建。458个城市社区全部建有居家养老服务中心（站）、老少活动家园、日托站、托老所等各类社区养老服务设施，覆盖率达100%。全市391个城市社区、281个农村社区拥有社区养老服务设施，覆盖率71.87%。建成居家养老服务中心（站）360个、老少活动家园500个、社区养老食堂48个。

农村五保供养水平进一步提升。建立五保供养标准动态调整机制。五保供养标准从2011年不低于1800元/人年提高到2017年不低于6448元。出台《关于解决我市五保户医疗问题的实施意见》，在全省率先基本解决五保看病就医问题。下拨农村五保供养服务机构运行维护省级奖补资金440.7万元。五保对象长期医疗护理保障制度实现全市五保对象、城镇“三无人员”两个全覆盖。开展养老院服务质量建设专项行动，基本完成前3个阶段的行动任务。建成5个“特护区”，开工建设9个。

建立覆盖城乡的高龄津贴、养老服务补贴制度。自2016年起，城乡高龄津贴发放标准统一提升到每人每年600元；2017年全市190966名高龄老人领取高龄津贴共11457.96万元。全面建立低收入老年人养老服务补贴制度，并形成市属城区、四县一市城关镇、农村地区三种类型的分级分类保障机制。

发展社区居家养老服务。2013年启动市区政府购买居家养老服务，每人每月600元。2016年启动实施县（市）城关镇政府购买居家养老服务，每人每月100元。通过公开招标方式确定监理承接机构实施第三方监理，实施社区养老服务设施运营情况第三方评估。出台《合肥市购买社区基本公共养老服务实施方案》，安排资金1736万元，为496个社区购买社区基本公共养老服务。推进“互联网+”社区居家养老服务发展，投资200万元建设包河区信息平台，引导社会力量建设6家居家养老服务信息呼叫平台，服务可以覆盖全市城乡。

医养融合发展逐步推进。引导支持养老机构与周边医疗卫生机构开展协议合作，为入住老年人提供多种形式的医疗保健服务。庐阳区所有获得许可的养老机构均与市第一人民医院签订“医养联合式”共建协议，包河区振亚老年公寓与市滨湖医院签约成立医疗联合体。全市48个农村敬老院试点设立医疗服务专护区，下拨市级支持资金500万元。由中铁四局联合安徽医科大学第一附属医院、台湾双连安养中心投资建设的佰和佰乐健康养老产业园等一批社会资本兴建的医养结合项目开工建设。全面加强老年人健康管理工作，为老年人每年提供一次全面健康体检。

孤残人员救助。2017年，全市救助孤儿1582名，其中机构供养儿童371人；救助社会散居孤儿1211人（含事实无人抚养儿童826人），发放孤儿基本生活费共955.68万元。发放重度残疾人护理补贴资金2432.53万元，保障重度残疾人护理对象68795人；发放困难残疾人生活补贴资金2263.23万元，保障困难残疾人生活对象54543人。继续加强生活无着流浪乞讨人员救助工作。出台《合肥市人民政府加强农村留守儿童关爱保护工作的实施意见》，对全市1742个村（居）的农村留守儿童情况进行第一次全面摸排。2016年底，全市共有农村留守儿童20923人。开展农村留守儿童“合力监护、相伴成长”专项行动。

【行政区划】 全面开展第二次地名普查工作，在省级验收中，合肥市以99.2的平均分名列全省第一。依法给“朗香书苑”等475个建筑物和居民住宅区命名。完成15个“千年古镇”和6个“千年古村落”报批工作。

出版印刷《中华人民共和国政区大典》（合肥卷）。推动平安边界创建活动，完成6条市级界线、18条市内县级界线的联检工作任务。建立市、县两级国家地名和区划数据库管理系统。按时完成《中华人民共和国标准地名词典》词条释义编纂工作。启动本地地名图录典志的编纂工作，出版《记忆乡愁——肥西县地名揽胜》《肥东地名掌故》《巢湖传说》和《长丰行政区划图》等地名工作成果。

【社区建设】 **社区治理体制改革。**初步提出“建平台、强街道、活社区、补短板”的改革内容，先理顺、后调整的“两步走”改革路径和区直管社区的“大社区”模式的改革方向。6月6日，省委常委、省政法委书记姚玉舟在合肥市考察调研，对社区治理成效充分肯定。印发《关于以村民小组或自然村为基本单元的村民自治试点工作方案》，肥东县、巢湖市成为省级试点单位。继续推进496个社区政府购买“老少活动家园”服务。启动建设一批综合性社区中心、邻里中心。包河区33个“两级中心”建设全面启动。各县（市）区建成枢纽型社会组织共484家，实现全市城市社区全覆盖。

社区服务能力提升。2013年以来，共建成87个农村标准化示范社区和69个城市达标社区，投入资金近6000万元。城区社区服务用房面积平均达775平方米。2012—2014年，在全市范围内建设500个老少活动家园，为青少年和老年人提供文体康乐等各类服务。从2015年起通过政府购买服务的方式引入专业机构进行运营，市级每年补助近1000万元。牵头建成合肥市社会服务管理信息化平台，共受理为民服务事项15.32万件，办结12.8万件，办结率83.5%；证明项13.03万件。其中：民政服务事项共受理12.59万件，办结10.14万件。

基层民主自治。依法推进全市第九届村民委员会和社区居委会第三次统一换届选举工作，完成1328个村和405个社区的选举任务，直选率、参选率、投票率等指标位居全省前列。推进观察员制度、定岗选举、一票选举等试点改革，加快基层民主政治建设进程。

深化村务公开民主管理，规范公开内容和程序，全部实行按季公开，实现“五有”（墙上有制度、会议有记录、议事有地点、公开有专栏、资料有档案）。

持续推进社区协商。包河区望湖社区等14个单位被评为全省第一批城乡社区协商示范点，庐阳区高河梗社区等23个单位申报全省第二批城乡社区协商示范点。

启动村民自治试点。市委办公厅、市政府办公厅印发《关于以村民小组或自然村为基本单元的村民自治试点工作方案》，确定肥东县、巢湖市为省级试点单位，在城市社区同步开展以居民小区为基本单元的居民自治试点，成立村民理事会81个，产生理事会成员1704名。

【社会组织管理与服务】 **培育社区社会组织。**合肥市社会组织联合会已发展会员160家。设立合肥市社会组织发展基金会，举办三届社会公益项目征集和实施活动。2017年度全市社会组织发展基金会公益项目资助190余万元。自2014年起，累计兑现社会组织政策性奖补资金3213万元，惠及社会组织819家。出台《合肥市行业协会管理办法》《关于培育发展社区社会组织的指导意见》《关于社区枢纽型社会组织规范化建设的意见》等20余份规范性文件，确保全市社会组织健康有序发展。

建成县、区级孵化园15个，街道、社区级孵化园18个，建筑面积超过10000平方米，已入驻和孵化社会组织425家。建成枢纽型社会组织共484家，基本实现全市城市社区全覆盖，兑现奖补资金2420万元。评选出第二届“全市百强社区社会组织联合会”100家，兑现奖补资金100万元。

社会组织监督管理。全面实行网上年检。开展社会组织等级评估，对获得3A、4A、5A级的社会组织分别给予2万元、4万元、8万元的奖补。首次对社会组织采取第三方财务审计。严把“入口关”，新登记成立的社会组织同步组建党组织，建立起社会组织党建常态机制。全市市、县两级社会组织赋码换证数据4431条。启动2017年度百强社会组织联合会评选活动。开展慈善组织登记认定及信息公开工作。

【优抚安置与“双拥”工作】

退役士兵安置。继续采取“老人老办法、新人新制度”和“公开安置，阳光操作”方式，接收2016年秋冬季退役士兵。11月份，民政部、省民政厅协调落实央属、省属国企岗位计划77个。12月份，协调落实市属国企岗位计划63个。

“双拥”工作。通过设置“双拥”公益广告、媒体宣传、制作“双拥”专题片等方式，多渠道、多维度、多方式，宣传国防和“双拥”创建，圆满完成“双拥”创建各项工作，受到省“双拥”考核组好评。

春节期间，全市慰问驻合肥部队，发送慰问金506万元；采购具有合肥特色的慰问品送给坚守岗位的合肥舰、巢湖舰官兵。组织专人及时将价值15.5万元的物资运送至海南，为合肥舰参加军演和出访活动提供保障。“八一”建军节期间，各级党委政府广泛开展走访驻合肥部队官兵活动。市民政局联合陆军炮兵防空兵学院举办“红烛杯”教师节专场文艺汇演进军营活动。

将义务兵家庭优待金和退役士兵自主就业（自谋职业）一次性经济补助纳入当地财政预算，在“八一”建军节前打卡发放给对象。按2016年度居民人均消费性支出100%确定优待标准，其中合肥市区义务兵优待金标准为18238元，位居全省前列。全市共优待义务兵家庭6472户，发放优待金9978万元。发放退役士兵自主就业一次性经济补助13834.6万元，发放一次性自谋职业金补助727.5万元。持续开展为义务兵家庭挂光荣牌、春节送年画和春联活动；向服役期间立功受奖的义务兵家庭增发优待金。

9月30日，开展省暨合肥市烈士纪念日向烈士纪念碑敬献花篮活动；各县（市）开展纪念活动。

【社会事务管理】 殡葬服务。 殡葬基本公共服务惠民工程惠及33120户，实际减免费用3849万元。连续10年实现平安清明、平安冬至工作目标。推行绿色殡葬，举办20次骨灰江葬活动，推广树葬、花葬、草坪葬等节地葬法，创新举办“合肥市清明集体共祭活动”。组织实施殡葬便民服务进社区活动，社区工作人员登门开展殡葬政策宣传，提供文明殡葬服务。社区上门服务率达95%以上。

婚姻登记。 推行婚姻登记机关免费婚姻家庭辅导工作，将服务向婚前教育延伸，首推“新婚课堂”。有3个区的婚姻登记机关被民政部评定为“全国3A级婚姻登记机关”，1个区的婚姻登记机关被评定为“全国4A级婚姻登记机关”。

收养登记。 2014年，合肥市被民政部确定为“全国第二批收养评估试点单位”，开展收养评估试点工作。2015年制订出台《合肥市收养子女家庭评估实施办法》。2017年4月1日起，全市不再收取收养登记费用。

（袁　荔）

民生工程

【概况】 2017年，合肥市40项民生工程（其中省定31项、市级9项）累计投入资金119亿元，政策惠及面超过760万人。按照“巩固、完善、规范、提高”的基本思路，全市累计投入民生事业发展支出818.42亿元，占财政支出的84.89%。民生工程已成为群众广泛参与和拥护的民心工程，成为建设幸福合肥的有力抓手。

【实施成效】 促进教育均衡发展。 为70.73万名城乡义务教育阶段学生免除学杂费并免费提供教科书，补助学校公用经费54287.89万元。对54123名中职和普通高中学生发放国家助学金26644.5万元，免除10.53万名中职和普通高中学生学费13803.16万元。拨付10525万元用于维修改造农村义务教育阶段学校校舍48.89万平方米。免费开放美术馆3个、博物馆9个、公共图书馆8个、文化馆10个、文化站130个，同时免费向群众提供与场馆职能相适应的基本文化服务项目。

扩大就业和再就业。 对农民、进城务工人员、未就业毕业生、企业新录用人员等进行培训，提高其就业能力和层次。开发公益岗位13324个，开发高校毕业生就业见习岗位3369个；技能脱贫培训2825人，企业新录用人员培训4.88万人，新技工系统培训1.79万人，退役士兵培训1025人，新型农民培训2000人。

2017年合肥市40项民生工程简表

序号	名　称	序号	名　称
	省级民生工程31项		
1	义务教育经费保障机制	2	农村居民最低生活保障
3	高校、中职和普通高中家庭经济困难学生资助	4	城乡医疗救助
5	公共卫生服务及妇幼健康、计生特扶	6	社会养老服务体系建设
7	城乡困难群体法律援助	8	贫困残疾人康复
9	公共文化场馆开放	10	政策性农业保险
11	农村文化建设专项补助	12	农产品食品安全工程
13	特困人员供养及生活无着人员救助	14	秸秆综合利用提升工程
15	就业扶持工程	16	城市老旧小区整治
17	技工大省技能培训工程	18	棚户区改造
19	残疾人生活和护理补贴	20	农村道路畅通工程
21	城乡居民基本养老保险	22	农村危房改造
23	城乡居民基本医疗保险	24	美丽乡村建设工程
25	健康脱贫兜底“351”及建档立卡贫困患者慢性病费用补充医疗保障“180”工程	26	农村饮水安全巩固提升工程
27	医疗卫生人才能力提升工程	28	小型水利工程改造提升
29	城乡居民大病保险	30	水利薄弱环节治理三年行动
31	提升农村基层党建与服务经费保障		
	市级民生工程9项		
1	惠民“菜篮子”工程	2	农村留守儿童关爱保护
3	政府购买居家养老服务	4	残疾人托养工程
5	重性精神病患者医疗救助	6	殡葬基本公共服务惠民工程
7	新生儿遗传代谢疾病筛查	8	五保对象长期医疗护理保障制度
9	群众体育设施建设		

提高居民健康水平。新型农村合作医疗保险（简称“新农合”）参保406.97万人，参保率105.43%，累计补偿689.36万人次，大病保险累计补偿5.66万人次。城镇居民基本医疗保险参保率100%，累计补偿114.39万人次，大病保险累计补偿12385人次。“180”慢性病补充医保（即建档立卡贫困人口慢性病患者1个年度内门诊医药费用经“四保障一兜底”综合医保补偿后，剩余合规费用补充医保再报销80%），实现“一站式”结算，累计保障13.24万人次，基金支出1167.86万元。健康脱贫兜底“351”保障79696人次，累计发放1956.46万元。免费为10.74万名常驻人口新生儿进行了遗传代谢疾病筛查，筛查率达99.69%。

兜紧社会保障底线。实现城乡居民养老保险制度全覆盖，保障301万人。农村五保集中和分散供养标准分别达863元/月、646元/月。累计为3.78万名农村五保供养对象发放补助资金3.23亿元。为18.4万人发放低保金7.59亿元。全市共投入资金1772.4万元，帮助社会办养老机构新增床位1335张。

推进保障住房建设。新开工棚户区保障房28826套，基本建成8392套。城市老旧小区整治共改造8个小区，建筑面积39.16万平方米，涉及4440户居民。完成5783户农村住房困难群众危房改造。

完善农业农村基础设施。解决9.84万名农村居民饮水不安全问题。完成小型水库除险加固67座，更新改造小型泵站12766千瓦，加固新建小型水闸57座，整治河沟551条，扩挖塘坝24691口，改造末级渠系32.5万亩（注：15亩=1公顷，下同）。完成5个秸秆固化成型燃料生产点及配套的500台户用生物质气化炉建设。完成农村道路畅通工程1399.63千米。建成蔬菜农残快检系统48套、畜牧快检系统19套、水产品快检系统17套、乡镇所快检室17家、农贸市场快检室10家。建成100个全民健身苑、6个笼式多功能体育场。政策性农业保险累计投保农作物636.41万亩，投保牲畜10.76万余头。

【实施措施】 统筹谋划。立足于早抓快动，尽早发挥惠民实效，市政府第82次常务会审议通过2017年新增和优化调整项目。3月底，各级各部门迅速将各项年度目标任务层层分解落实。5月份，常务副市长韩冰、副市长孔涛先后到一线，重点调度工程类项目点，督导县（市）区推进实施。市民生工作领导小组办公室（简称“市民生办”）紧抓黄金时间节点，多次召开民生工程推进会，上下联动，进一步确保工程建设进度。

资金保障。年初出台2017年民生工程资金筹措办法，对全市民生工程资金保障工作逐项分解、细化。通过进一步优化支出结构，压缩一般性支出等办法，有效落实资金筹措渠道，确保6月30日前市、县两级配套资金全部足额落实到位。同时，更加注重发挥财政资金引导作用，鼓励支持社会资金投向民生领域，切实发挥民生资金的最大效益。

抓核心环节。市民生办印发《关于合肥市民生工程信息全程网站公示的通知》，进一步明确公示责任主体，做到“两统一”：统一模板对外公示，统一时间对外更新，并要求公示到具体受益对象、补助金额和乡镇所在地。畅通舆情反馈机制，市县各级成员单位累计收集舆情42件，处置率100%。坚持民生工程民定民享，畅通政府与群众间沟通联系桥梁，自2012年起，连续开展市级民生工程项目社会公开征集，通过政府公开信、媒体公告、入户调查等多种方式，收集民生项目意见建议累计超过84万条。

绩效管理。坚持问题导向，进一步完善部门及第三方评价方式。4月份，市政府出台《合肥市2017年度民生工程综合绩效管理考评办法》，对考核指标和分值进行了适当调整，更加注重项目绩效，侧重于省、市有关单位对各地监督检查。6月份，市民生办出台《关于开展2017年民生工程绩效评价的通知》，要求各级各部门按照标准化和个性化指标相结合方式，科学合理设置评价指标体系，并组织市直相关责任单位开展2017年民生工程中期绩效评价。通过客观评价，发现在项目管理、资金管理、后期管护等方面问题，各级各部门认真梳理提出解决问题的方式和途径，逐一下发整改意见，并督促整改到位。为加强化绩效指标体系的运用，市民生办将各项目绩效评价指标编制成册，印发至全市各级部门，为民生工程实施提供抓手。

后期管护。按照《安徽省民生工程建后管养购买服务指导目录》，市出台试点项目建后管养实施办法，并开展建后管养政府购买服务试点。肥东县公开招投标委托企业开展道路后期管护。庐江县探索通过鼓励企业、社会组织、个人竞争参与公益性水利工程的管护方式，形成政府、社会、群众三方共同参与有机结合的后期管护新机制。肥西县全面推进农村敬老院“专护区”管护建设，积极打造医养融合新模式。庐阳区将政府购买服务作为民生工程建后管养的重要方式，筛选出社会养老服务体系建设、公共文化场馆开放等60个民生项目点统一纳入建后管养政府购买服务，并统一设置永久性固定民生工程标识牌。合肥高新技术产业开发区将零散分布、长期闲置的项目点集中整合，选择专业化社会组织进行管护，并委托第三方中介机构开展绩效评价，加强管护跟踪问效。

政策宣传。市民生办首次与安徽新闻综合广播合作，开展民生工程宣传。4月29日起，“百姓话民生——微故事”在“新闻早高峰”节目开播，为期半年，每天播出1期。6月份起，在“政风行风热线”节目中开设专栏“民生之声”，每月1期，每期25分钟，为期半年。专栏以“关注民情、倾听民声、实现民愿”为宗旨，由市民生办及相关职能部门负责人担任节目嘉宾，就民生工程重点项目，向听众宣讲市民生政策、成就等，同时接听听众热线，现场解答提问。市民政局、市卫生和计划生育委员会等单位完成多期节目制作，群众反响良好。

（叶　露）

居民生活

【概况】　2017年，合肥市在保持经济平稳运行的基础上，着力实施惠民政策，加大民生保障力度，居民收入增速较快。加强价格监管，物价水平总体平稳，城市居民消费价格涨幅温和，工业生产者购销价格维持上行，住宅销售价格止涨回跌。

【居民收入】　据国家统计局合肥调查队抽样调查数据显示，2017年，合肥市常住居民人均可支配收入31950元，分别高于全国、全省平均水平5976元、10087元；比上年增长9.7%，增速较全国、全省平均水平分别快0.7和0.4个百分点。

城乡比较。城乡居民收入总量和增速均高于全国、全省平均水平，城乡居民收入差距小于全国、全省。2017年，合肥城镇常住居民人均可支配收入37972元，分别超过全国、全省平均收入1576元、6331元；同比增长9.0%，分别高于全国、全省0.7和0.5个百分点。农村常住居民人均可支配收入18594元，比全国、全省平均收入分别高5162元、5836元；同比增长9.0%，分别比全国、全省快0.4和0.1个百分点。合肥市城乡居民收入倍差2.04，较全国、全省分别小0.67和0.44。

城镇居民收入构成。四大项收入全面增长，工资性收入是主要来源，对可支配收入的拉动力最强，转移净收入增幅最高。比重方面，合肥城镇居民人均工资性收入24148元，占可支配收入的63.6%；转移净收入5813元，经营净收入4637元，分别占可支配收入的15.3%和12.2%；财产净收入3373元，占比最少，为8.9%。贡献度方面，工资性收入、转移净收入、经营净收入和财产净收入依次拉动可支配收入增长5.0、2.0、1.1和0.9个百分点。增速方面，转移净收入、财产净收入增长较快，同比增长13.6%、10.4%；经营净收入、工资性收入增长平稳，同比增长8.6%和7.8%。加大对社会弱势群体的转移支付力度，提高城乡居民养老金标准和最低生活保障标准，为转移净收入进一步增长提供了助力。随着理财观念的增强和房地产市场升温，居民通过房屋租赁等投资方式增值财产收入。加大对民营经济的扶持力度，落实多项扶持下岗失业人员、高校毕业生自主创业的政策，创业环境进一步改善，是经营收入增长的主要动力。实施就业优先和积极就业政策，提升就业质量、提高最低工资标准等政策，拉动了工资收入稳步增长。

农村居民收入构成。四项收入稳步提高。其中，工资性收入占据主导地位。随着合肥城镇化进程加快，农民进城务工收入占比显著增加，各级政府高度重视农民工就业问题，切实加强农民工就业技能培训，促进农村劳动力向技能化、市场化发展，为农民增收奠定了基础。抽样调查资料显示：2017年，合肥市农村居民人均工资性收入7167元，同比增长7.3%，占可支配收入的38.5%。经营净收入有力支撑农民增收。新型农业、农产品加工业和农村旅游产业等特色经济不断成熟壮大，逐渐成为农村家庭增收的重要渠道。合肥市农村居民人均经营净收入6298元，同比增长8.2%，占可支配收入的33.9%。随着农村社会保障体系逐步完善，惠农补贴的发放和专项扶贫资金的落实，直接推动转移收入增长。合肥市农村居民人均转移净收入4678元，同比增长12.7%，占可支配收入的25.2%。财产净收入成为增收亮点，农村土地承包经营权流转的进一步加快，促进了农民财产净收入的增长。合肥农村居民人均财产净收入451元，同比增长10.9%，占可支配收入的2.4%。

【居民消费】　2017年，合肥市常住居民人均消费性支出19693元，同比增长8.0%。其中，城镇居民人均消费性支出23311

元，增长6.9%；农村居民人均生活消费支出11667元，增长8.6%。

消费类别。城镇居民生活用品及服务支出增幅最大，为14.5%；农村居民教育文化娱乐支出增长最快，为15.3%。在城镇居民消费支出中，教育文化娱乐消费增长13.6%、居住增长10.0%，交通通信增长9.4%、医疗保健增长3.7%、食品烟酒增长2.7%、衣着增长1.0%；在农村居民生活消费中，交通通信支出增长14.9%、居住增长10.3%、医疗保健增长8.5%、食品烟酒增长8.1%、生活用品及服务增长持平，衣着降低6.7%。

消费结构渐趋合理。城镇居民恩格尔系数为31.7%，较2016年同期下降1.3个百分点；农村居民恩格尔系数为36.1%，较2016年同期下降0.2个百分点。

居住条件改善。年末城镇和农村居民人均住房建筑面积分别为35.9和41.9平方米，分别较2016年同期增加0.1和2.0平方米。

【流通和消费价格水平】 2017年，合肥市居民消费价格同比上涨1.4%，涨幅较全国平均水平低0.2个百分点，较全省平均水平高0.2个百分点。从八大类商品及服务项目价格运行情况看，全年呈现“七涨一跌”态势，其中衣着、居住、生活用品及服务、交通和通信、教育文化和娱乐、医疗保健、其他用品和服务类分别上涨2.8%、2.9%、1.4%、0.6%、4.0%、2.4%、2.0%，食品烟酒下降1.0%。

商品零售价格同比上涨2.3%。16个大类商品价格“13涨3跌”。其中建筑材料及五金电料涨幅居首位，价格同比上升7.3%；其次是燃料类，上涨4.9%。下跌的3类商品中，跌幅最大的是纺织品，同比下跌2.3%。

【住宅销售价格水平】 从月度同比来看，2017年合肥市新建商品住宅销售价格前三季度涨幅呈缩小态势，第四季度止升回跌小幅下降，二手住宅8月份止升回跌；12月份新建商品住宅和二手住宅价格同比分别下跌0.2%和0.8%。从月度环比看，新建商品住宅和二手住宅销售价格全年总体稳定，没有明显价格波动，最大涨跌幅不超过0.8个百分点。

2017年合肥市住宅销售价格变动情况表

月份	新建商品住宅（%）		二手住宅（%）	
	环比	同比	环比	同比
1	-0.1	44.0	-0.1	46.8
2	-0.2	21.7	-0.8	36.5
3	0.1	34.5	0.0	24.9
4	-0.1	27.3	-0.2	16.7
5	0.0	6.9	0.0	6.3
6	0.1	15.4	-0.4	7.6
7	0.3	11.0	0.5	4.7
8	-0.1	5.8	0.4	2.8
9	-0.1	1.0	0.0	-0.1
10	0.0	-0.6	-0.2	-2.0
11	0.1	-0.3	0.0	-1.4
12	0.0	-0.2	0.2	-0.8

【生产者价格水平】 2017年，合肥市工业生产者出厂价格同比上涨2.0%，涨幅比上年扩大3.2个百分点。在轻重工业分类中，轻工业品同比下跌1.7%，重工业品同比上涨4.2%。在生产生活资料分类中，生产资料类价格同比上涨3.7%，生活资料类下跌0.9%。34个工业行业出厂价格“25涨2平7跌”。其中，价格涨幅较大的是有色金属矿采选业、黑色金属矿采选业和有色金属冶炼和压延加工业，同比分别上涨28.6%、23.8%和14.5%；价格降幅较大的是石油加工炼焦和核燃料加工业、纺织业和化学纤维制造业，同比分别下降12.2%、8.3%和6%。购进价格同比上涨9.7%，涨幅比上年扩大12.1个百分点。九大类原材料价格呈现“全线上涨”态势。其中，价格涨幅较大的是建筑材料及非金属类、燃料动力类和黑色金属材料类，同比分别上涨27.0%、18.1%和12.8%。比较来看，合肥市出厂价格同比涨幅较全国、全省平均水平分别低4.3和6.0个百分点，购进价格同比涨幅较全国、全省分别高3.4和1.6个百分点。

（沈弋淙）

责任编辑：储茂仁

【综述】 2017年，合肥市持续推进商事制度改革，通过“先照后证”改革、“多证合一”登记制度改革、简易注销、简化市场主体住所（经营场所）登记手续等改革举措，努力提升企业注册便利化程度，不断改善企业营商环境，各类市场主体快速增长，规模不断壮大，产业结构持续优化，投资创业热情高涨。

截至2017年底，合肥市私营企业实有户数287024户，占企业实有户数的93.3%，占实有市场主体总户数的41.3%，较2016年新增私营企业70707户、增长32.69%；私营企业注册资本额17427.4亿元，占企业注册资本额的71.7%，占实有市场主体资本总额的70.2%。全市外资企业共2119户，占实有市场主体总数0.3%，较2016年新增314户、增长29.2%；外资注册资本106亿元，占市场主体总资本2.8%，较2016年外资新增注册资本15.6亿美元、增速145.5%。全市个体工商户383036户，占市场主体总数55.1%，较2016年增长87660户、增长48.7%；个体工商户注册资本427.8亿元，占市场主体总注册资本1.7%，较2016年新增个体工商户注册资本117.9亿元、增长39.3%。全市农民专业合作社4718个，占市主体总数的0.7%，较2016年增加594户、增长14%；农民专业合作社注册资本104.5亿，占市场主体总资本0.4%，较2016年新增注册资本15.7亿元、增速同比回落0.3%。

【发展特点】 **民营经济实力有所壮大，活力迸发。**2017年受到政策红利的持续释放的影响，民间投资资本活跃，民营工业逐步回升，呈现低开高走的态势。截至2017年9月底，全市共有规上民营工业企业2258户，同比增加82户；实现增加值1183.51亿元，增长8.9%。泰和光电、常青股份、志邦股份在A股主板成功上市，欧普康视、中环环保在A股创业板成功上市。进入全国民企500强的民营企业有安徽文一集团、安徽国购投资集团、安徽中鼎集团。38家规上非公企业入围全省民企100强，涉及房地产、金融投资、工程建设、贸易出口、再生能源等多个行业领域。安徽省文一集团、安徽国购投资集团、合肥华泰集团、安徽华力建设集团等企业分别位列省民营企业纳税百强、营收百强排序前10强。华安进出口公司获进出口百强第8名，阳光电源、安利材料科技股份有限公司获进出口百强20强企业称号。华泰集团、鸿路钢构、世纪精信、阳光电源、安利材料、美亚光电、宝业建工安徽公司等七家企业获得2017年“全省民营工业企业50强”，分别获得50万元奖励。

民营资本投资方向、民营经济结构趋向合理。第三产业占比增大，第二产业增长最快。2017年，从新增市场主体总户数来看，各产业分布为：第一产业新增5970户，占比3.7%；第二产业新增13896户，占比8.5%；第三产业新增142898户，占比87.8%。从注册资本来看，各产业分布为，第一产业注册资本为119.2亿元，占比2.0%；第二产业注册资本为1117.4亿元，占比19.3%；第三产业注册资本为4565.5亿元，占比78.7%。2017年合肥市三大产业整体格局与往年基本相同，第三产业占比虽有所下降，但仍是主导产业；三大产业均为正增长，其中第二产业增长最快，同比增长44.6%，占比提升至8.5%。主导行业集中度凸显，企业资金主要流向第三产业。2017年，新登记市场主体的热门行业前五名分别是批发和零售业（42.5%）、

未名生物医药产业园

住宿和餐饮业（14.5%）、租赁和商务服务业（11%）、居民服务、修理和其他服务业（7.5%）、建筑业（5.7%），总共占到全年新登记市场主体的81.2%。与2016年相比，热门行业前五名没有发生变化，但占比高出了11.1个百分比，行业集中度更加凸显。从2017年新增企业资本总额行业分布来看，新登记企业资金流向前五名分别为租赁和商务服务业（27%）、批发和零售业（16.3%）、建筑业（15.3%）、科学研究和技术服务业（10.5%）、金融业（7.2%），共占新增企业资本总额的76.3%，除建筑业以外，其他均为第三产业。行业发展速度有变，房地产业增速降幅最大。新增户数同比增长从高到低前五名是：住宿和餐饮业（49.7%）、文化、体育和娱乐业（49.1%）、建筑业（47.4%）、农、林、牧、渔业（44.1%）、卫生和社会工作（40.4%）。较2016年快速发展行业的前五名（分别为房地产业、教育、住宿和餐饮业、采矿业、卫生和社会工作）发生了变化，受到楼市降温等因素影响，2017年房地产业、教育、采矿业为负增长，其中房地产业降幅最大。同时，较2016年同比前五名均为110%以上的大幅度增长有所不同，2017年市场主体行业增长幅度都保持在50%以内。

民营经济发展环境有待进一步提升。在制度性交易成本方面。“简政放权”放而不顺，造成管理混乱，部分商业门店多头管理现象较多；奖补政策透明度不够，普惠性不够；中介服务需进一步规范；办事窗口服务效能仍有提升空间。在降低企业人工成本方面。社保负仍然偏高，社保缴费基数逐年增加，冲抵了社保费率下调的利好；引进高科技人才奖补政策门槛设置过高，政策受惠面过窄。在降低企业税负方面。行政事业收费部分减负无实际利好，减了小头、收了多头；部分税收优惠对企业的吸引力度不大；金税三期实施以后，系统对减免税款的计算并不强制监控，政府只能做宣传推广，实际效果不易控制。在降低企业财务成本方面。融资难、贵。银行借贷利率逐级上浮达30%－40%，金融部门对于借贷的追责存在不能一视同仁现象；银行对政银担门槛设置的条件多，如房产证明、20%的保证金等。4：3：2：1中银行的20%需要提供反担保，降低了对实体经济的支持力度，尤其是影响了制造业；财政利息补贴政策作用有限，对于优质小微企业，给予上一年新发生的流动资金贷款利息有50%的贴息，但对于跨年度的已有贷款则不予补贴。在降低企业用能用地成本方面。用能成本居高不下，节能改造成本偏高，政策扶持不足；在推动企业节能技改方面进展缓慢。受企业规模限制，企业对于推广节能装备、技术主动性不强。

【扶持政策】 2017年，合肥市先后出台《合肥市2017年政府向社会力量购买服务工作方案》《加快都市现代农业发展意见》《合肥市促进民营经济发展条例实施细则》《2017年合肥市扶持产业发展“1+3+5”政策体系》《合肥市加快推进“互联网+”行动实施方案》《合肥市加快推进农业产业化发展实施意见》《合肥市扶持产业发展“1+3+5”政策体系联合审核导则》《合肥市人民政府关于深化供给侧结构性改革促进经济平稳健康发展的实施意见》《2017年合肥市扶持产业发展“1+3+5”政策体系实施细则》《合肥市人民政府办公厅关于进一步降低实体经济企业成本的通知》《合肥市人民政府办公厅关于调整市区城镇土地使用税等级税额标准的通知》《合肥市人民政府关于推进技能强市的实施意见》《合肥市实施“多证合一”改革方案的通知》等政策措施。

（杨贤成）

部分企业简介

【鸿路钢构】 安徽鸿路钢结构（集团）股份有限公司坐落于合肥市双凤开发区，成立于2002年，2011年深交所上市（股票代码：002541），拥有合肥、武汉、金寨、重庆、涡阳等大型装配式钢结构建筑及智能停车设备研发制造基地，面积达200多万平方米，形成钢结构产能240多万吨、各类板材产能2000万平方米，是目前中国最大的钢结构企业集团之一。

公司具备房屋建筑施工总承包一级资质、钢结构专项安装一级、钢结构制造特级资质，国家商务部对外承包工程经营资格证。先后获得国家住宅产业化基地、国家认定企业技术中心、中国驰名商标、国家高新技术企业、钢结构制造企业检测综合特级、安徽省行业技术中心、安徽省建筑产业化基地、安徽省两化融合企业等荣誉。拥有近300项专利，发明专利数十项，主编或参编国家/地方行业标准数十项。具备强大的技术研发和装备制造能力。且“一体化装配式高层钢结构住宅成套技术”“高端智能车库存取技术”“装配式低层住宅集成技术”等三大技术体系，处于国内领先地位。公司自成立以来积极创新升级，在夯实传统钢结构业务基础上延伸产业链，聚焦高层绿色装配式建筑、高端智慧立体车库、定制化洋房制造。

（尹心瑜）

【阳光电源】 阳光电源公司创始于1997年，是一家专注于太阳能、风能、储能、电动汽车等新能源电源设备研发、生产、销售和服务的国家重点高新技术产业。公司总部位于合肥市高新区，主要产品有光伏逆变器、风能变流器、储能系统、新能源汽车驱动系统、水面光伏浮体、智慧能源运维服务等，并致力于提供全球一流的光伏电站解决方案。2017年公司实现营业收入88.86亿元，同比增长48.01%。公司先后荣获国家重点新产品、中国驰名商标、中国新能源企业30强、全球新能源企业500强、国家级“守合同重信用”企业、安徽“最佳雇主”等荣誉，是国家级博士后科研工作站设站企业、国家高技术产业化示范基地、国家认定企业技术中心、《福布斯》“中国最具发展潜力企业”等，综合实力跻身全球新能源发电行业第一方阵。

公司研发人员占到公司总人数的35%以上，以硕士和博士为主，核心人员均有10年以上的研发经验。公司与浙江大学、合肥工业大学等国内多家知名高校建立长期合作，时刻保持着对业内前沿技术的敏锐触觉，同时重视自身研发团队的新鲜血液补给；先后承担20余项国家重大科技计划项目，主持起草多项国家标准，现有研发与实验场所固定面积约2万平方米，拥有国内逆变器厂家独有的4000千瓦光伏实验电站，以及业内测试能力最强的10米法电波暗室，研发创新能力处于行业领先地位。公司共申请专利1400余项，已获授权800余项。

公司核心产品光伏逆变器先后通过UL、TÜV、CE、Enel—GUIDA、AS4777、CEC、CSA、VDE等多项国际权威认证与测试，已批量销往德国、意大利、澳大利亚、美国、日本、印度等50多个国家，参与北京奥运鸟巢、上海世博会、“送电到乡”工程、光伏领跑者计划、光伏扶贫工程等国家重点项目。截至2017年底，公司在全球市场已累计实现逆变设备装机6000万千瓦，相当于每年生产清洁绿色电力780亿度，减排二氧化碳6240万吨以上。

公司大力推动清洁电力创新发展。2017年5月23日，公司牵头成立智慧能源创新平台，作为合肥综合性国家科学中心首批七大平台之一，由合肥市政府与阳光电源共同创建，旨在建设全球一流的国家级智慧能源研究机构，吸聚高端人才和项目，构建智慧能源生态圈，引领国家智慧能源体系及标准建立。依托卓越的清洁电力技术及解决方案创新能力、成功的微电网应用经验，5月5日，公司的“合肥高新区基于分布式绿色能源灵活交易的能源互联网示范项目”位列国家发改委、国家能源局《关于新能源微电网示范项目名单的通知》28个新能源微电网示范项目之一；7月5日，公司的“合肥高新区新能源微电网”位列国家能源局《国家能源局关于公布首批“互联网+”智慧能源（能源互联网）示范项目的通知》之一。

公司作为光伏扶贫的首倡者和引领者，自2013年以来，光伏扶贫项目遍及安徽、广东、辽宁、河南、四川、湖北、新疆等十多个省市地区，精准帮扶超100000贫困户、1200个贫困村，总规模达到750000千瓦，并实现项目实施过程中的劳务需求本地化以及项目建设完成投产后的运维人员本地化，拓展当地居民收入来源，提供就业岗位。公司承担了安徽省金寨县、山东省曹县、河南省社旗县等多地近1.8万户贫困户、2000多个贫困村共计620000千瓦光伏扶贫电站的运维任务，为贫困户每年3000元的发电收益保驾护航。

2017年，阳光电源对品牌战略进行全面升级，确立“让人人享用清洁电力”的使命，“以清洁电力转换为核心的系统提供商”的业务定位，“求真务实、锐意进取”的个性形象定位，以及“成为清洁电力转换技术全球领跑者”的企业愿景。

（梁丽莉）

【中衡股份】 中衡保险公估股份有限公司（简称中衡股份，股票代码832138）2008年成立，是集保险销售、保险公估、价格评估、司法鉴定、保险理赔咨询为一体的综合保险服务集团平台，是拥有保险销售资质许可证和经营公估业务许可证的金融机构，拥有国家发改委核发的全国甲级价格评估资质，是国内第一家走上青藏高原的保险公估公司，在全国包括西藏、新疆等31个省份设立了省级分公司。公司定位解决“保险理赔难”，下辖5家全资子公司（中衡保险代理有限公司、安徽中衡司法鉴定中心、安徽中衡房地产土地评估有限公司、中衡保险理赔评估咨询公司、邦衡投资合伙有限公司），58家分公司，推动设立“易赔”门店200多家。成立以来，接受各类业务委托近百万起，为保险公司、广大被保险人、诉讼当事人、司法部门等提供了理赔及执法的采信依据。为维护保险事故当事人合法权益发挥积极作用。中衡股份积极完善产业链，在国内率先设立专业专注保险理赔司法鉴定中心，获得保险公司、人民法院、公安交警等司法部门的信任，为保险反欺诈、保险维权、化解保险理赔纠纷作出积极贡献。2017年，公司迁入国家级合肥高新技术开发区，总部职场面积扩增至3000平方米，总部后台专业服务人员150多人。

公司自主研发核心业务系统、办公系统、电商系统，通过自主研发的APP及微信客户端，打通了线上电商团队和线下实体服务，有效解决了中小保险公司服务网络及服务能力的不足，并借助移动互联网，让老百姓在指间滑动中解决理赔难的问题。

在深入探索解决保险行业“理赔难”痛点的基础上，公司抓住保险科技发展机遇，推动设立保险理赔科技平台，通过引进融合和自主研发的方式，整合保险理赔行业的区块链、大数据分析、图像识别等核心科技，构建保险理赔科技平台，从优化保险理赔流程、提高保险理赔效率、降低保险理赔成本三个维度入手，提高老百姓保险理赔体验，为保险公司提供强大理赔技术服务。

2017年3月，中衡股份董事长杜佐岭荣膺全省“光彩之星”称号，并作为全省“光彩之星”代表受到省长李国英亲切会见。

（杨贤成）

【华信科技】 安徽华信电动科技股份有限公司（股票代码：870774）成立于2007年，是一家以坚持电动环卫车智能化为发展方向，并集成电动环卫车远程监控管理系统、电机控制系统、无人驾驶等关键技术的研发、生产和销售的国家级高新技术企业。公司产品已销往全国二十多个省、自治区，并出口新加坡、印度、智利、格鲁吉亚等十余个国家和地区。华信科技本着“低碳、节能、环保、智能”的理念，以科技创新引领环卫行业。公司在继承传统汽车制造工艺的同时，紧贴前沿科技，以当今“物联网”理念为指导，通过融入先进的计算机应用与通信技术，在“智慧环卫车辆”制造方面取得了骄人业绩，提升环卫人员作业效率的同时，也增强了车辆及人员作业安全性，成为电动环卫领域最具影响力的企业。公司自主研发的产品已涵盖电动环卫行业的清运、清洗、保洁、清扫、巡逻等系列，共计50余款车型，适用于各种环卫作业模式。公司现有各类专兼职高职称技术人员10余人，技术人员占比达到30%以上。截至2017年底，公司拥有近200项专利技术，28项发明专利进入实质审查，每年完成新车型研发10余款，创新技术20多项，数量位居行业前列，并与合肥工业大学、中国科学技术大学建立产学研合作研究关系，组建电动环卫车辆工程技术研究中心，主持制定电动环卫车地方标准——《电动环卫车技术要求》（DB34/T2386—2015）。公司先后获得国家级高新技术企业，省级企业技术中心、安徽省“专精特新”中小企业、合肥市知识产权示范企业、合肥市两化融合示范企业、合肥市劳动保障诚信示范单位、合肥市名牌产品、守合同重信用单位、合肥市五一劳动奖、青年文明号等荣誉。董事长杨善春先生先后获得安徽省第二批特支计划创业人才、合肥市第七批专业技术拔尖人才、合肥市第五批优秀中国特色社会主义事业建设者、首届“合肥市青年创业奖”，合肥市“青年岗位能手”等荣誉称号。

（杨贤成）

【华威药业】 合肥华威药业有限责任公司成立于1996年，位于合肥市高新技术开发区科学大道61号，是一家集药品研发、生产、销售于一体的国家高新技术企业。2009年荣获“全国就业与社会保障先进民营企业”“全国企事业知识产权试点单位”，2010年被评为“安徽省创型试点企业”。公司创始人、董事长李贵华毕业于中国药科大学，硕士研究生、正高级制药工程师，先后荣获“全国优秀创业女性”“安徽省优秀女企业家”“安徽省首届优秀中国特色社会主义事业建设者”“安徽省劳模”等荣誉称号。

华威药业以制药为主业，包括研制、开发、生产和经营多种剂型的中西成药、外用药等。先后研制开发了治疗妇科疾病的20余种新产品，5项获国家发明专利。自主研发国家三类中药新药克痒舒洗液系列产品获国家发明专利，国家中药行政保护期8年。经国家有关部门鉴定：填补了国内空白，研究水平居国内先进。先后获得合肥市科技进步奖、安徽省科技进步二等奖、中华全国科技进步奖、安徽省高新技术产品、安徽省自主创新产品，商标被授予“安徽省著名商标”。

公司拥有“安徽省妇科药物制剂工程技术研究中心”和“博士后科研工作站”，与安徽中医药大学合作成立研究开发基地，在研发新药、工艺创新、二次开发等方面都取得了显著成就。公司已和中国医学科学院联合开发国家二类新药2个，用于早、中期风湿性关节炎、类风湿性关节炎和冠心病、心绞痛的治疗。与台湾中医大学合作开发三力宝、益固康、胶原软骨素葡萄糖胺、牛樟芝复方精华液、牛樟芝口腔保护液、红蚁小精灵等系列产品。作为持续发展的高新技术企业，公司引入最优的“CEO+COO“管理模式，有效推动HR和企业管理的变革。关爱员工，务实进取，以创新提高竞争能力，以高度决定视野，眼界决定未来，引领企业走向卓越。

（杨贤成）

【富煌集团】 安徽富煌建设有限责任公司（以下简称“富煌集团”），初创于1987年，前身是一间仅有10余名工人的集体作坊。经过30年发展，现已形成了钢结构、美学整木定制、水产品精深加工三大优质实体板块以及富煌君达高科、富煌科技、富煌工程科技三大高科技板块的产业布局，在电控设备、金融投资、建筑设计、地产开发、生态旅游等领域适度跨行业协同发展的大型民营企业。

公司下辖安徽富煌钢构股份有限公司、安徽富煌三珍食品集团有限公司、安徽富煌科技股份有限公司、安徽富煌电控设备有限公司、巢湖市汇商小额贷款股份有限公司等十多家分、子公司，并参股巢湖扬子村镇银行。

富煌集团旗下现有一家A股上市公司（安徽富煌钢构股份有限公司，股票代码：002743）、一家新三板企业（安徽富煌科技股份有限公司，证券代码：833185），一家国家农业产业化龙头企业（安徽富煌三珍食品集团有限公司）、一个国家级企业技术中心（安徽富煌钢构股份有限公司技术中心）、两个“中国驰名商标”（“富煌”、“巢三珍”），五家公司获批为国家高新技术企业（安徽富煌钢构股份有限公司、安徽富煌科技股份有限公司、安徽富煌三珍食品集团有限公司、合肥富煌君达高科信息技术有限公司、安徽富煌电控设备有限公司）。

（杨贤成）

【国购集团】 安徽国购集团成立于1993年，经过二十多年发展，现已成为以健康医疗、智能制造、产业地产、现代农业四大产业板块为主体，拥有40多家子公司的综合性、国际化企业集团。2017年，集团位列中国房地产开发企业74强、中国民营企业243强，企业联合信用评级AA。

在健康医疗产业方面，集团致力于以精准医疗、康复为核心，打造医养结合为特色的多层次、多维度的大健康产业；将医疗服务机构的小综合大专科、心血管、骨科康复等特色专科确定为发展方向。在智能制造产业方面，集团涵盖服务机器人、工业机器人等新兴高新技术产业，机器人研发生产技术已领先全国，并已形成研、产、销为一体的完整产业链。在产业地产方面，集团涉及住宅地产、商业广场、现代服务业集聚区、产业园等业态，特别是现代服务业集聚区规模较大，具有产业链、服务链自主延伸的功能。在现代农业方面，2016年，集团控股上市公司复合肥企业司尔特（代码：002538），涉足现代农业领域。在继续稳健发展上述产业的同时，集团通过加速实施资本化运作、资产化管理、专业化经营、国际化布局，进一步加快并深化产业转型升级。

（杨贤成）

【品冠投资集团】 安徽品冠投资集团有限公司是一家专业化实体经济投资机构，根据产品多元化、区域多元化、股权多元化的多元化发展战略，分别在合肥、广东、四川等地投资建设智能家居、新能源、新材料三大产业领域，现拥有“品冠”“荣事达”“健洗宝”“乐库”四大国内著名品牌，总资产26亿元，员工6000余人。品冠集团旗下新能源产品包括太阳能、空气能、地源热泵等；智能家居产品包括智能卫浴、智能家电、智能晾晒设备等；新材料产品包括集成吊顶、纳米陶瓷等，产品品种近2000项，先后获得各项国家专利1000余项，2200个销售网络覆盖全国市场，产品远销欧美、中东等32个国家和地区，年销售额逾50亿元。作为社会价值资源整合平台，品冠集团将凭借多年来雄厚的资本实力、科技创新能力与品牌强度，以全球化视野、开放性思维、创新型精神，向更加辉煌的明天昂首迈进！

（杨贤成）

【中兴继远】 安徽中兴继远信息技术股份有限公司成立于2001年。公司主要致力于城市电网自动化与信息化业务，是国内的配用电网智能化综合解决方案提供商。公司是国家火炬计划重点高新技术企业、安徽省创新型企业、安徽省优秀软件企业、安徽省“两化融合”示范企业、安徽省最具投资价值成长型企业、合肥市最具成长性中小企业等。公司获得安徽省青年文明号、合肥市纳税百强企业、合肥市劳动保障诚信示范单位、合肥市“守合同重信用”企业等荣誉。

公司拥有省级企业技术中心和省内唯一的配电自动化工程技术研究中心。公司的技术和产品拥有包括软件著作权、发明专利、实用新型专利在内的多项自主知识产权。公司的科研成果多次获得国家及省部级认定、奖励和专项支持，包括：安徽省科学技术奖一等奖、合肥市科学技术奖一等奖、合肥市职工技术创新奖特等奖等奖励，国家重点新产品、安徽省重点新产品、安徽省高新技术产品、安徽省自主创新产品、安徽省优秀软件产品等认定，发改委“新增中央投资重点产业振兴和技术改造专项项目计划”、信息产业部“节能降耗电子信息技术、产品和应用方案推荐目录”、全国电子信息办“信息技术应用倍增计划”等支持。公司通过了ISO9001质量管理体系、ISO14001环境管理体系和OHSAS18001职业健康安全管理体系认证。

（杨贤成）

【中环集团】 中环控股集团是一家涉足地产开发、商业运营、酒店管理、物流平台、绿色建筑、文化传播等六大产业的控股集团公司，总资产超百亿元。集团董事局主席余竹云。

2004年以来，中环控股集团在产品形态上，实现了从住宅产品到城市综合体的升级；在管理模式上，实现了向集团化跨区域管控的成功转型。十三年间，中环控股集团先后开发了“中环·国际大厦”“中环·东方名景”“中环·凯悦”“中环·紫荆公馆”“中环·云邸”“中环购物中心”、上海“中环·国际广场”、“北城中环城”“中环·湖滨公馆”“中环·云公馆”“中环CBD”“中环·庐阳府”“临泉中环城”、中环智慧物流园（合肥、武汉、长沙），绿色建筑住宅产业化示范基地（衢州）等项目。

中环控股集团十分注重企业品牌建设，以“责任中环、品质地产、超越未来”作为矢志不渝的产品理念。中环控股集团于2005年顺利通过ISO9001：2000质量认证，致力于通过专业化的质量管理体系打造优质精品工程。同时，中环控股集团秉持“创新改变生活，品质造就未来”的现代人居开发理念，不断创新服务，为客户创造价值。通过提升物业服务品质、构建社区文化平台、全方位配套商业服务设施，致力于打造和谐美好城市生活。

（杨贤成）

责任编辑：贾南田

合肥创新创业园

招商引资

【概况】 2017年全市共引进大项目119个，涉及总投资1242亿元，其中引进工业大项目47个，现代服务业大项目61个，农业产业化大项目11个。晶合晶圆、长鑫存储器、江淮大众纯电动车等大项目，推动市战略性新兴产业集聚发展。普华永道、惠而浦智能物流园、三十岗音乐小镇、中信银行呼叫中心、红星美凯龙特色街区等现代服务业项目，提升了城市功能品质。国家电动客车技术中心、京东方打印OLED技术平台、甲骨文创新基地等高新技术服务业项目，助推了市创新高地建设。

【扩大招商】 省、市领导带队赴先发地区开展20多次招商活动，专题调度重点项目，加快项目签约落地。依托“合肥之友”、科大校友会、半导体行业协会、各类商会等，举办“上海～合肥创新合作对接会”、科大校友合肥行、海峡两岸半导体产业高峰论坛等招商推介活动。完善“1+3+5”产业扶持政策体系，修订《大项目招商引资政策导则》，鼓励“招大引强、强链补链”，鼓励存量企业提档升级；对重大项目“一事一议”，为22个重大项目提供政策支持。

【县干招商】 第三批县干招商成员和第五批驻外招商办事处取得成效，共摸排千余条客商和项目信息，经过引荐、跟踪和服务，推动合肥北航科学城、北大未名生物经济研究院、长安汽车生产基地、合肥京东方医院、北京外国语大学（合肥）校区、东湖高新合肥科创中心等优质项目落地。各县（市）区选派精干人员，按区域产业发展定位和招商重点区域，组建产业或区域招商小组，并联系对接行业咨询公司和知名人士，依托社会力量开展委托招商。

（柏双鹏）

对外交往

【大型涉外活动】 2017年，合肥市外事任务办公室共接待国外党政、使领馆、企业及高校等各类团组96批720余人次，接待华侨华人、港澳同胞团体30批587人。组织参加外交部举办的安徽全球推介活动，完成第十届中部投资贸易博览会、2017年中国国际徽商大会、中俄“长江—伏尔加河”地方合作理事会、中俄“长江—伏尔加河”青年论坛等接待保障任务。加强与德国、俄罗斯、日本等国驻上海总领事馆联系交流。特别是“2017亚太地区科技园发展论坛”在合肥成功举办，活动由合肥市政府与联合国亚太经社会联合举办，来自俄罗斯、印度、韩国、塔吉克斯坦等21个国家的亚太经社会成员国地方政府、科技园、学术机构以及国内成都、武汉、南昌、上海等市代表参会，促进中外科技园之间交流，受到外交部国经司参会代表的高度肯定。

【友好城市】 合肥市在“一带一路”沿线国家和友城空白地区拓展友城，扩大国际朋友圈，新增两个国际友好合作关系城市，分别是德国施特拉尔松德市和白俄罗斯布列斯特市。至2017年底，共有国际友城11个，友好合作关系城市13个。推进与俄罗斯伏尔加沿岸城市友好交往，与英国德比市继续保持密切交往，深化与日韩传统友城交流。关于合肥市与柬埔寨金边市缔结友好城市关系结好请示上报全国友协。启动“留学合肥”政府奖学金，首批共48名留学生获得奖学金。

【因公出国（境）】 紧扣市委、市政府中心工作，坚持以任务为导向，加强因公出国工作的整体规划，编排年度因公出访计划。按照“有事才去，因事定人，完事即回”原则，严格执行中央八项实施细则和省市有关规定，对出访任务必要性、所报材料真实性、出访国家与出访任务关联性、出访人员合理性、出访路线可行性等严格把关，坚决杜绝一般考察、重复考察，杜绝照顾性出访。全市因公出国（境）团组218批608人次，除周边及港澳地区外，党政干部88批157人次，其中市领导出访团组10批52人次，含周边2批12人次。

【侨务（港澳）工作】 聚焦内陆开放新高地建设，推进国际产能和经贸等多领域对外合作。推进“侨梦苑”建设，先后举办海外博士和青年侨商走进安徽（合肥）侨梦苑、徽商大会侨梦苑对接会、科创委员和海外博士走进安徽（合肥）侨梦苑、“创响中国”安徽省创新创业大赛海外项目对接会等活动，组团赴美国、日本进行安徽（合肥）侨梦苑专场推介会和人才招聘会。加强引智工作，主动服务海外高层次人才，在华侨身份界定、回国定居、签证和家属子女就业上学和住房等具体问题给予绿色通道服务。认真落实《归侨侨眷权益保护法》等法规文件，帮助侨务对象解决实际困难和问题，维护华人华侨、归侨侨眷和港澳同胞的合法权益。共接受华侨华人、归侨眷属、港澳同胞及其眷属电话和现场咨询241次，受理并办结华侨回国定居申请18份。以推介APEC商务旅行卡为重点，积极服务企业走出去。全市共18家企业申办APEC商务旅行卡，申办98卡次，已发卡14张，其余正在外交部审核办理中；共办理邀请函661批次，1243人次。推荐龙讯半导体有限公司、安徽维盟新能源科技有限公司2家企业入选国务院侨办第五批重点华侨华人创业团队。与港澳互动交流频繁，组织参加香港特区政府第二届“一带一路”高峰论坛暨“安徽企业海外投资专题学习”，与香港投资推广署面对面交流。先后接待香港特区政府高级公务员代表团、香港青年代表团、香港智慧青年代表团和澳门特区政府高级公务员研修班等来市交流学习，展示合肥市创新创业氛围。

【涉外服务管理】 针对当前外事工作面临的新情况和新问题，坚持管理和服务并重，加强在肥外国人管理服务与境外非政府组织在肥管理工作。认真做好预防性领事保护和宣传工作，编印《中国公民海外领事保护指南》以及《中国领事保护和协助指南系列宣传册》，在合肥新桥机场、市出入境管理局以及基层社区进行针对性宣传。积极开展“海外领事保护进社区”活动，合肥市三孝口街道杏花社区被授予“安徽省海外领事保护基层联络处”称号。发挥外事工作优势，做好对外宣传工作。结合团组出访，走出去开展市情介绍，提升合肥市知名度。

（陈　浩）

合肥·久留米友好美术馆建馆25周年

对台交流

【概况】 2017年，市委台湾工作办公室围绕市委、市政府中心工作，精心打造合经贸合作平台、推进合台重点交流项目、开展合台重大交流活动，不断创新工作方式，完善服务机制，推动合台交流合作向纵深发展，为建设“大湖名城、创新高地”作出贡献。

【优惠政策】 加强海峡两岸青年创业基地建设，鼓励台湾青年来肥创业就业，调研在肥台商、台胞、台企在营商中的实际困难，借鉴兄弟城市经验做法，先后两次征求22家市直单位以及县（市）区、开发区意见建议，出台《合肥市鼓励和支持台湾青年来肥创业就业若干政策》，鼓励和支持广大台湾青年来肥创业、就业、实习、培训，解决在肥台胞就医、就学、定居等问题。经市委常委会、市政府常务会议审议通过后并下发。

【经贸合作】 认真贯彻落实国台办《关于促进两岸经济文化交流合作的若干措施》，重点打造海峡两岸健康养老产业合作论坛、海峡两岸半导体产业高峰论坛，发挥台商协会、台联会、刘铭传经济文化交流促进会等平台作用，协同配合各县（市）区、开发区开展招商引资活动，经贸合作硕果累累，一批重点台资企业来肥投资，为合肥市打造“海峡两岸长江经济带半导体产业集群”提供了支撑。合台健康养老产业迈入实质性合作阶段。

【交流交往】 发挥合肥与台湾人缘相亲、地缘相近、文缘相承的资源优势，坚持打好“铭传牌”“包公牌”“亲情牌”。合肥包公园被国台办批准为“海峡两岸交流基地”，与刘铭传故居一并成为全国同时拥有2个交流基地的省会城市之一。加强台企的宣传工作，与有关媒体合作录制12集记录片“走进台企、走近台商”系列节目，专题报道在肥台商创业历程；邀请多家台湾媒体来肥采风，宣传推介合肥市经济社会发展成就。

【权益保障】 宣传《中华人民共和国台湾同胞投资保护法》及其实施细则、《安徽省保护和促进台湾同胞投资条例》等政策法规，重视台湾同胞投资保护工作，依法维护台商、台胞、台属合法权益，为他们投资创业和居住生活创造良好环境。开展以“进台企、送政策、解难题、促发展”为主题的“结对帮扶台企”活动，先后走访110家重点台资企业，赠送《合肥市台商服务手则》千余本，为企业发展提供服务支持。坚持把维护台商权益工作向基层延伸，推动建立县级台商权益保障工作联席会议制度，通过形成市、县（市）区、开发区与市直单位的联动机制，拓宽台资企业与政府间沟通渠道。

（黄书兵）

对外贸易

【概况】 2017年，全市进出口呈现高速增长态势。全市（含省属企业）实现进出口总额249.59亿美元、增长33.6%，其中出口145.66亿美元、增长15.3%；进口103.93亿美元、增长71.8%。增长率超出预期，市（含省属企业）进出口增速创五年来最高，增幅较全国、全省分别高22.2、12.8个百分点，扭转上年负增长趋势。首位度稳步提高，市（含省属企业）进出口总额占全省比重达46.5%，外贸依存度为24.1%，分别较上年提高4.4、4.2个百分点；在全国省会城市中，合肥市进出口、出口总额位居第9位，进出口增长率位居第8位，出口增长率位居第10。外贸主体进一步壮大，启动实施外贸主体培育壮大工程，全年有进出口实绩企业达到2200家，新增进出口实绩企业482家；全省进出口前20强骨干企业中，合肥市共有13家；全市（含省属企业）进出口超亿美元企业39家，较上年增加10家，外贸企业户均进出口1040万美元，增长20.6%。国际市场进一步拓展，在巩固美国、欧盟、日本等传统市场的同时，实现对巴西、俄罗斯、印度、土耳其等“金砖国家”和 “一带一路”沿线国家出口上的快速增长，增长率分别达到58.2%、41.2%、51.7%、37%。出口结构进一步升级，高附加值、高技术含量的机电产品出口达到100.41亿美元，增长17.9%，占全市出口总量的68.9%，较上年提高1.5个百分点；高新技术产品出口达到57.78亿美元，增长21.9%，占全市出口总量的39.7%，较2016年提高2.2个百分点。

【重点企业】 重点企业表现亮眼，在海外市场需求回暖、产品竞争力提升等有利因素作用下，安凯汽车、阳光电源、京东方光电、联宝电子等重点企业开拓国际市场成效显著，出口金额大幅增长，累计出口分别增长643.8%、96.9%、40.7%、35.1%；出口排名前十的市属企业实现出口66.3亿美元，占到市属企业出口总额的54%。市加快发展新型显示、集成电路、电子信息等战略性新兴产业，京东方10.5代线、晶合晶圆、康宁玻璃基板、长鑫存储器晶圆等外向型大项目全年设备进口23.65亿美元，占到市属企业进口总额的20.4%；进口排名前十的市属企业实现进口50.6亿美元，占到市属企业进口总额的64.1%。

（刘航航）

合肥出口加工区

【概况】 合肥出口加工区于2010年7月5日经国务院批准成立，位于合肥经济技术开发区，规划面积1.42平方公里。2012年通过国家九部委的联合验收。2017年，经安徽省机构编制委员会办公室批复，合肥出口加工区管理局由合肥经济技术开发区管委会内设副处级机构调整为管委会直属机构，正处级建制。

【经济运行】 2017年合肥出口加工区完成规模以上工业产值564.3亿元，同比增长31.1%；完成进出口总额46.05亿美元，同比增长29.03%，进出口总额占全省、全市比重分别为8.6%和18.4%，连续四年稳居全国出口加工区第6位、中西部第2位。

【产业发展】 合肥出口加工区引进联宝科技、崧贸科技、胜利电子、海晨物流、新宁供应链等18家企业，推动电子信息等加工贸易产业集聚发展。其中作为联想集团全球最大PC生产研发基地，成为合肥市最大工业企业和安徽省最大外贸进出口企业，在提升产品附加值、丰富产品类型等方面取得成绩，生产笔记本整机及套件近2000万台套，全年营业收入达527亿元，成为合肥市首家营业收入突破500亿元企业。

【新型业态】 2017年，安徽省官方唯一指定的进口商品展示直销中心在合肥出口加工区建成运营后，依托徽购佳选、百大易购两大跨境商品直销平台，发展线下实体门店15家，经营总面积约8000平方米，实现销售额1.16亿元，完成一线进口额220万美元，成功举办2017首届安徽省进口商品供需对接会，吸引省内外近百家采购商及进口商代表参会。跨境电商线下综合园区建设初具规模，江苏舜天集团及深圳启明星、百大易购等10余家跨境电商及关联企业陆续落户，经营商品涉及母婴喂养洗护、个人保健品、化妆品、高端家居用品等品类。

（高宜兵）

合肥综合保税区

【对外开放】 2017年合肥综合保税区实现进出口贸易值累计7.24亿美元，同比增长1947.95%；进出口货运量29095.79吨，同比增长约581.77%；完成税收4.13亿元，同比增长461.43%；受理报关单29034份，同比增长175.67%。已有注册企业25家，项目总投资达200亿元以上，完成固定资产投资约38.8亿元。晶合和新汇成的竣工量产标志着全市集成电路产业实现全产业链贯通。华厦大数据产业园、徽商银行数据中心开工建设，推进进口商品展示中心、二期仓库项目。

【“合新欧”班列运行】 2017年进出货量位居全国前列，品牌影响力和美誉度逐年提升。当年“合新欧”班列总计发运69列，货值41.28亿元。其中中亚班列18列、中欧班列47列、中欧回程班列4列，形成多通道、多线路、多口岸运行的发展格局，实现满洲里、二连浩特、阿拉山口三大口岸全面贯通。

【扩大经贸规模】 发挥综合保税区、“合新欧”两大开放平台窗口作用，京东方、惠科、晶合等一批重点外贸企业快速成长，进出口总额、进口增长率实现大幅增长。液晶面板、家用电器出口量激增，外贸规模持续快速放大，利用外资总量和质量提高，外企结构加速从传统产业向高新技术产业转型升级。

（合肥综合保税区办公室）

合肥都市圈

【概况】 合肥都市圈成为安徽省经济最发达、开放性最高的区域，包括合肥、淮南、六安、滁州、芜湖、马鞍山、桐城七市，总面积5.74万平方公里，常住总人口2700.5万人，分别占全省的41.18%和43.17%。2017年，合肥都市圈实现地区生产总值16228亿元，财政收入2716.9亿元，全社会固定资产投资16443.3亿元，社会消费品零售总额6037.8亿元，进出口总额391亿美元，占全省比重分别为58.97%、55.9%、56.34%、53.94%、72.9%。合肥都市圈在全省经济社会发展格局中的战略地位逐步提高，带动作用明显增强，成为安徽加速崛起的重要引擎。

【发展规划编制】 按照国家和省委、省政府对都市圈发展的定位要求，联合编制合肥都市圈中长期发展规划及工业、环保、农业、交通基础设施、基本公共服务、合淮合六产业走廊等专项规划。合肥都市圈中长期发展规划经省政府批准后由合肥市等7个城市政府联合印发实施。

【基础设施建设】 航空方面，投入运营服务都市圈城市的合肥新桥国际机场，加快建设都市圈及周边县区通往机场的快速连接线工程；合肥新桥国际机场年旅客吞吐量突破900万人次，初步确定合肥通用机场场址。公路方面，全面升级联通淮南、六安、桐城、定远等地区的快速公路网；推进德上高速、合宁高速扩容工程、滁新高速（滁州至淮南段）、岳武高速东延

2017年4月，合肥都市圈城市党政领导第八次会商会议召开。

线（桐城至合肥段）、沿淮高速和合肥至霍邱等高速公路。铁路方面，加快建设庐铜铁路；完成合肥至新桥机场至六安、巢湖至马鞍山城际铁路规划可研编制；开展合肥至池州至黄山城际铁路前期工作；谋划合肥至芜湖至宣城至宁国城际铁路项目；合肥至南京高铁、合肥至新沂高铁纳入国家《中长期铁路网规划》。水利方面，实施长江、淮河和巢湖防洪工程，提升水利综合保障能力；加快建设环巢湖生态环境治理水利项目，开工建设巢湖环湖防洪治理工程；引江济淮工程进入全面建设阶段；推进杭埠河、丰乐河等中小河流治理；启动窑河—高塘湖复航工程环境评估工作。公交方面，开通运行由合肥市蜀山区开往淮南市寿县的首条市际公交线路。

【产业融合】 初步形成以合肥为中心、以交通干道为轴线的放射状城镇体系和产业基地，“走廊效应”显现。工业方面，合肥在淮南、舒城、寿县、定远等地合作兴建一批标准化厂房，各市合作新增在建工业项目约20个，涉及汽车、装备、新材料等产业，总投资近70亿元；六安市星瑞齿轮、江淮永达等一大批齿轮加工企业成为江汽、合力公司重要的零部件配套商，定远盐化基地成为合肥市化工产业转移的重要承接地，舒城杭埠电子产业园打造合肥电子信息产业配套基地。农业方面，合肥市与淮南市寿县，六安市金寨县、舒城县、霍山县、霍邱县，滁州市定远县以及桐城市签订蔬菜基地合作共建项目52个，建设蔬菜基地733公顷，累计近1万公顷。都市圈内各市间开展“农超对接”和“农市对接”活动，推进农业龙头企业与游乐农品、景徽菜篮子等电商平台对接，发展农产品电子商务。旅游方面，都市圈内成立旅游营销联盟，召开都市圈旅游会商会年会，探索整合圈内优质资源，在南京市、上海市分别开展2017“美丽安徽行”合肥都市圈推介会，重点推介都市圈旅游精品线路，加强与南京都市圈等市场间合作，互推共赢。商贸方面，加快建设合肥综合保税区，安徽（蜀山）跨境电子商务产业园通关运行，推进淮南电子商务产业园建设，安徽省首个进境食用水生动物指定口岸通过验收。园区共建方面，加快寿县—蜀山园区建设，推进合肥—淮南、包河—舒城、包河—桐城、高新—霍邱、肥东—定远、肥西—明光等园区共建工作。桐城依托江淮汽车、滁州扬子汽车等重点企业，推进合肥都市圈汽车及零部件产业集聚发展，建设合滁桐汽车产业合作共建示范园；滁州打造博西（滁州）家电产业园；合肥高新区与霍邱县签订《合肥高新区霍邱现代产业园合作共建协议》。

【环境整治】 都市圈内围绕大气污染防治、水环境保护和中央环保督查整治工作等方面开展合作。推进巢湖生态文明先行示范区建设，实施环巢湖生态保护修复工程，巢湖流域全面执行《巢湖流域城镇污水处理厂和工业行业主要水污染物排放标准限值》。合肥与芜湖开展跨界地区水质保护，建设水质自动监测站。与六安建立生态补偿机制，加强对大别山水库群、巢湖以及淠河总干渠、大房郢水库等集中式饮用水水源地水质保护。实施蓝天行动计划，都市圈内成员市同步开展十大专项行动，共同开展大气污染防治联防联控。共同防治机动车尾气污染，合肥市先行先试机动车尾气遥感监测。开展联合执法和交叉执法，推进区域内城市秸秆联合禁烧。

【区域合作】 人才交流方面，建立人才交流培训机制，开展干部交流锻炼等活动。合肥高新区、桐城双新开发区分别选派优秀干部到霍邱县、包河经开区挂职。桐城市选派10名优秀年轻干部到合肥市包河区挂职锻炼。成功举办“2017年合肥都市圈人才招聘会（淮南）”，共组织100余家企事业单位参会，共提供各类岗位2914个，现场签约或达成就业意向500余人。联合定远县、霍邱县、淮南市、寿县组织开展招聘活动5场，服务企业近百家，提供岗位5100多个，1189名劳动者和毕业生在圈内城市实现转移就业。科技合作方面，签署合肥都市圈城市科技合作框架协议，都市圈内成员间交流达十余次，就创新政策制定和执行、科技孵化器建设、政企合作、产业结合和区域协同等工作进行探讨。科大讯飞与滁州市扬子安防在金融安防、民用安防、安防领域大数据、智慧安防产品的研发和运营等方面开展全面合作，打造滁州市智慧安防。安徽八公山豆制品、安徽蓝讯电子、寿县临淮畜牧等数十家企业，与合肥工业大学、合肥师范学院、安徽农业大学等院校签订产学研合作协议，为企业发展提供技术支撑。公共服务方面，成立都市圈疾控预防控制协作组织，加强疾病预防控制合作。寿县医疗卫生系统人员安排10名医务人员到合肥市学习进修，合肥市急救中心到霍邱县120急救指挥调度中心开展医疗急救工作指导和培训工作，合肥市四院对六安和淮南等地区开展精神卫生防治督导技术支持。对外宣传方面，举办“辉煌丹青·第四届合肥都市圈美术作品联展”“合肥路建”杯合肥都市圈交通新闻大赛，提升知名度与影响力。利用合肥日报、合肥电视台、合肥在线、合肥发布网、微博、微信全媒体矩阵等平台，精心开发新媒体产品，为建设合肥都市圈营造良好的外部舆论氛围。

【工作机制】 举办第八次都市圈城市党政领导会商会议，签署交通、工业、农业、科技、商贸、旅游和环境保护等八个方面的合作专题框架协议。建立跨区域重大合作事项和项目库，梳理重大合作项目209个，计划总投资7389亿元，涉及产业、交通基础设施、综合水利、生态环保、科技创新和公共服务等方面，以合作专题和项目为抓手，推动都市圈建设工作。建立定期通报制度，明确各市、各合作专题牵头部门的工作任务，对签约合作专题进行调度、督促落实。建立民间交流机制，组织商会企业家在都市圈内考察对接，实现招商项目在都市圈内资源共享。

（许　伟）

责任编辑：徐仙春

开发区

合肥高新技术产业开发区

【概况】 2017年，合肥高新技术产业开发区（以下简称“合肥高新区”）实现规上工业总产值2044亿元，成为安徽省第二家两千亿园区：实现地区生产总值665.8亿元，规上工业增加值376.7亿元，固定资产投资509.2亿元，公共财政收入31.7亿元，地方财政收入17.1亿元，社会消费品零售总额120亿元，进出口总额28.5亿美元，同比分别增长10.5%、11.4%、18.1%、8.8%、1.6%、12.2%、18.2%。

【招商引资】 合肥高新区完成招商引资总量302.2亿元，同比增长13.9%，其中外商直接投资5亿美元，工业招商引资210.1亿元。全年新签约项目129个，协议总投资425亿元，同比增长均逾50%，涉及人工智能与智能语音、集成电路、软件、大数据、信息安全、生物医药、智能制造、机器人、新能源、基金、现代服务业等产业。全年新引进10亿元以上工业大项目4个，其中20亿元以上工业大项目2个，新引进服务业大项目2个。美国福尼克斯光罩、意大利马瑞利动力系统零部件、新华三研究院、腾讯众创空间、广州生物院、东方国信、欧凯纳斯基因试剂盒、中科离子装备等重大项目签约落户。组织机器人创新生态圈活动暨机器人项目集中签约仪式、合肥网络安全大会等各类展会十余次。

【产业发展】 合肥高新区推进丰创光罩、马瑞利、新华三研究院等签约启动和长安二期、晶澳扩产、通威晶硅电池等重大项目建设。产业结构明显优化，全年实现战略性新兴产业实现产值791亿元、同比增长18.2%，其中，电子信息产业实现产值301.5亿元，同比增长25.5%；二三产比重72.2：27.8，三次产业结构得到优化。龙头企业加速崛起，科大讯飞公司智能语音入列国家人工智能四大平台，“中国声谷”影响力和知名度家喻户晓；阳光电源公司成为合肥市首家国家级“绿色工厂”，逆变器出货量全球第一；华米科技公司智能可穿戴手环出货量全球第一；容知日新公司入选国家智能制造试点示范。新产业谋划取得实效，国家区域健康医疗大数据中心和产业园获批，“三重一创”新获批省重大新兴专项3项，市战新基地1项。

合肥高新区当年新增各类市场主体7012家，其中企业5012家，同比分别增长38%、36%，拥有各类市场主体逾2.5万家。“五上”企业总数达669家，其中规上工业企业221家，资质以上建筑业企业59家，限上商业企业106家，限上服务业企业（国家平台）236家，资质以上房地产业企业47家。全区产值超亿元企业数达120家。

【科技创新】 合肥高新区加快推进“世界一流高科技园区”建设，连续第四年进入全国高新区前十位，稳居第一方阵。当年新认定国家高新技术企业403家，总数达806家，占全省19%；新增上市公司1家、新三板挂牌企业4家，总数分别达19家和49家，均占全市一半；新增“科技小巨人”企业61家，总数达467家；省级以上技术（工程）研究中心达到169个；全社会研发投入占GDP比重达6.9%；全年专利申请13496件，专利授权4492件，拥有有效发明专利6324件，每万人有效发明专利拥有量313件，均居全省首位和全国高新区前列。

加快推进合肥综合性国家科学中心重点创新平台建设。全年对18个重点创新平台进行调度。省“一号工程”量子信息与量子科技创新研究院正式开工；合肥先进光源预研项目通过中科院论证并正式启动；加快推进合肥离子医学中心建设，质子重离子医院一期项目主体工程开工建设，自主研发质子治疗系统项目进入桩基施工阶段；天地一体化信息网络重大工程关键技术攻关项目全面展开，合肥信息港大数据平台具备基本业务接入能力。加快推进中国科大高新园区、合肥先进光源、类脑国家工程实验室等平台前期工作，中科院科技产业创新平台、中科院中领环保研究院等20余家新型产业研究平台接连落地，世界首台光量子计算机、量子号星地量子隐态传输入选2017中国十大科技成就。

双创生态优化。建成互联网+创业创新服务平台——“合创汇”，以线上线下O2O模式打造“合创券”“政策通”“房源汇”“金融超市”“双创活动”等五个线上子平台，以及“1+4+N”线下品牌活动体系，其中，“合创券”发放4494万元，惠中小微企业861家次，165家科技服务机构入驻合创券平台，全市推广合创券模式；举办“合创汇”品牌活动15期，深度服务500余位创业者，促成15个项目获融资2.8亿元，带动全区开展各类双创活动300余场。引进腾讯等5家国际、国内优秀众创空间，培育华米硬客公园等6家本土众创空间；新增苏河汇、云创+、亿智众创空间等3家国家级众创空间，以及中科院创新院、中国声谷等2家国家级孵化器。截至年底，累计建成众创空间38家，其中国家级12家，占全省21%；孵化器19家，其中国家级9家，占全省36%。全区累计孵化场地总面积逾300万平方米，各类孵化平台入驻企业3200余家。

增强科技金融支撑。安徽省首家民营银行——新安银行正式开业；新成立推进企业上市工作办公室，助力200家后备企业上市挂牌；新设立财政参控股基金10支，累计达23支，总规模超530亿元，投资企业195家，其中27家企业上市挂牌；在区活跃各类基金150余支，规模突破1600亿元，集聚度全省最高。设立安徽省首支政府出资的种子基金，形成以天使基金、双创孵化引导基金，省青年创业引导资金、创新贷、政保贷、创业担保贷、订单贷为代表的金融产品体系，覆盖企业发展全生命周期，各类金融产品帮助194家企业融资6.82亿元。

【人才服务】 合肥高新区当年实施人才新政。出台《支持争创“世界一流高科技园区”若干政策》、“2+2”人才政策等，制定分重点、差异化、多层次的人才激励措施，发放各级人才资金近1.8亿，覆盖园区企业1500余家；设立人才基金，对处于种子期、初创期的高层次人才创新创业企业给予政策性股权融资支持，支持高层次人才项目15个，投资总额9400万元；组建区创新创业高层次人才协会，为高层次人才搭建联谊交流平台，先后承办“海外人才创新创业大赛合肥行”“新能源产业发展与环境改善”论坛等主题活动，加大人才合作交流。

启动建设“合肥国际人才城”，打造“一个展示窗口，服务、交流、创业三大平台”，提供4000平方米左右的人才服务功能区，形成集高端人才服务、创业项目孵化、人才成果展示、资源共享交流于一体，融通政府、企业、社会组织、专业人才的综合性人才服务功能区，为人才集聚和开放共享提供“一站式”服务。

完善人才配套设施。新建人才公寓550套，面积2.5万平方米，累计建成人才公寓5866套，面积31万平方米，在全市率先启动建设高层次人才公寓；在安医大一附院高新院区专门设置国际医疗部，谋划建设中加国际学校二期，为国际化人才提供差异化优质服务。

全年引进、培养市级以上高层次人才127人，其中千人计划2人、省百人计划6人、省特支计划12人、省战新产业领军人才17人、省学术和技术带头人11人、省留学人员创业扶持计划人才4人、合肥市领军人才19人、庐州英才19人、市专业技术拔尖人才17人、庐州产业创新团队20个。截至年底，全区拥有市级以上高层次人才424人，其中国家“千人计划”25人，“万人计划”10人，省、市“百人计划”129人，人才对经济发展

合肥高新区鸟瞰

的贡献率达 45%。

【规划与建设】 完成城市空间发展研究及王咀湖城市核心区、柏堰湖国际社区城市设计、建成区等片区研究，开展慢行系统、竖向设计、建筑风貌等专项规划研究；推进集成电路产业园规划、人工智能产业园规划等方案设计。全年办理各类规划审批 1567 件。

加强项目建设。全年续建、新建项目 99 项，总投资 215.64 亿元。实际完成投资 29.05 亿元，同比增长 30.2%。其中市级财政资金完成 5.82 亿元、区级财政资金完成 15.02 亿元、自筹资金完成 8.21 亿元。

强化基础设施建设。道路方面，全区通车道路 22 条（段），总长约 25 公里；在建道路 9 条，总长 16.3 公里；启动长江西路沿线立交建设。供电方面，配合合肥供电公司推进 220 千伏肥常线、振翰线提升改造；建成投用示范区 3 座 10 千伏开闭所；完成全区影响项目建设的架空电力杆线排查工作，完成电力杆线迁改的计划编制。给排水方面，建成投用七水厂二期项目（20 万吨 / 日）；完成 6 条道路的供水管道建设；新建市政供水管网约 13 公里、雨水管网 39.08 公里、污水管网 16.40 公里，新建市政消火栓 191 个。燃气、热力方面，完成 3 条道路的燃气管道建设，新建市政天然气管网约 12.5 公里；建成投用新能热电厂一期 A 标段（供气能力为 150T/H）并实现稳定供气；建成外部一期热力管网工程约 26 公里，投资约 1.955 亿元。

狠抓质量安全管理，全年开展安全隐患排查 492 人次，发出监督通知 394 份、监督意见 968 余条，隐患整改率逾 97%，全区所有重大危险源均处受控状态；开展安全生产月、汛期施工安全等专项治理活动 13 次，全年建设领域安全生产形势平稳，未发生较大安全生产事故。落实农民工相关工作，出台《合肥高新区建设领域农民工维权维稳管理暂行办法》，完善四级维权管理网络体系，开展工程款及农民工工资支付专项检查活动，全年处理拖欠农民工工资投诉 98 起，涉及农民工 1579 人，涉及金额 2861 万元。

创建示范工地奖项，在建工程结构验收前安全达标率 100%，园区惠而浦研发楼项目获国家级“施工安全生产标准化建设工地”6 个项目获省级“质量安全标准化工地”，9 个项目获市级“质量安全标准化工地”，12 个项目获市级“平安工地”；4 个项目获省级“黄山杯”质量奖，9 个项目获市级“琥珀杯”（房建）质量奖，6 个项目获市级“庐州杯”质量奖。

【绿化与环保】 新成立区绿化办，构建高品质森林生态网络，当年实施绿化大会战项目 34 个，绿化面积 128.42 万平方米，投资约 7600 万元，重点完成王咀湖公园、柏堰湖公园二期，望江西路绿线提升、天柱路改造提升、闲置土地草花及道路绿化和园林环境整治等工程。栽植乔木约 1.8 万株，灌木 2.1 万株，色块约 21 万平方米，草花地被约 20 万平方米；完成望江西路等省市绿化精品工程 2 项。完成园区 50 个花境建设和国庆摆花工作，黄山路游园花境获全市国庆摆花二等奖，望江西路花境获优秀奖。当年绿化率达 56.24%，绿地面积约 25 平方公里，成为全国开发区绿化覆盖率最高的园区之一。

强化环保工作，编制《合肥高新区十三五生态园区发展规划》和《合肥高新区节能环保产业规划（2015—2020）》，推进国家生态工业示范园区建设。加强水环境污染整治，完成浮山路水渠、大蜀山分干渠、蜀峰湾南湖等 3 个黑臭水体专项整治项目，蜀峰湾南湖获 2017 年中国人居环境奖；在全市率先消除市考断面劣五类，三条市级考核断面化学需氧量、氨氮、总磷等考核指标平均改善幅度达 46%，其中斑鸠堰河、岳小河提前达到合肥市 2020 年阶段性目标考核要求。抓好大气污染防治，推进园区重点挥发性有机物整治项目当年 PM10 浓度、PM2.5 浓度较 2014 年累计改善 30%，其中 PM10 指标率先在全市国控考核站点中达到国家二类环境空气功能区标准；园区重点企业污染排放达标率、清洁生产审核率均达 100%，大陆轮胎等重点企业成为行业“零排放”的标杆性绿色工厂。开展土壤污染防治和土壤环境现状调查，编制《高新区土壤污染防治工作方案》，与 6 家土壤污染防治重点行业企业签订《土壤污染防治责任书》。

壮大节能环保产业。做优环保产业发展平台——“合肥环保产业园”，打造全省节能环保产业核心区和示范区，当年已入园企业 70 家，产值突破 50 亿元，同比增长逾 42%。做靓“环保管家”服务。推动成立的合肥环境技术服务联盟已集合国内外 48 家环保技术服务单位和 10 家表面处理工业园，为企业提供环境咨询、环境监测、环境治理等政府延伸服务。创新院地合作模式，依托环巢湖地区水环境综合治理实验室和白色家电 VOC 治理实验室，推进“中国环境科学研究院合肥科技创新中心”建设，搭建节能环保产业研发平台和成果转化平台，构建市场导向的绿色技术创新体系。

【社会事业】 投入资金约2.4亿元实施“19+7+1”项省、市、区民生工程，连续第8年获市“民生工程实施表现突出单位”称号。投入各类保障资金约3400万元，保障农村低保、五保供养、孤儿等821人，贫困精神残疾人、残疾儿童、困难残疾人、重度残疾人等1511人，城乡医疗救助补助直接救助744人，义务教育保障11378人；实施企业新录用人员、退役士兵等技能培训6000余人，开发困难人员公益性岗位、高校毕业生就业实习岗位203个；城镇居民基本医疗保险参保人数15500人，城乡居民基本养老保险参保人数3.3万人，基本养老金惠及7100人；新增棚户区改造2082套，建成2个食品安全快检室，6个全民健身苑和1个笼式多功能健身场。

推进就业和劳动维权。全年新增就业5.6万人，城镇登记失业率控制在4%以内；发放各类就业资金2070万元，提供创业担保贷款1400万元；开展各类职业技能培训班256期，培训人数12850人。加强劳动保障监察“两网化”体系建设，构建“区—中心—企业”三级劳动人事争议调解体系，获批全市唯一一家省级和谐劳动关系综合试验区试点，当年园区企业主动参保人数逾17万人，同比增长13%；2185家企业社保稽核16.1万人，同比核定企业数上涨13%，人数上涨29%；受理劳动争议案件同比下降10%。

文教卫体协调发展。“名校战略”全面推进，出台“名师、名班主任、名校长工程实施办法”等配套制度15项，探索推行教师“无校籍管理”和“区管校聘”制度，实行新进教师“导师制”培养；建成开办4所中小学校和6所公办幼儿园，确定科大讯飞等50个单位为中小学生高科技教育实践基地；加快推进合肥加拿大国际学校二期工程、创新实验中学建设。医疗资源加快集聚，安医一附院高新院区建成投用，推进安徽国际妇女儿童医学中心、合肥离子医学中心、中科院合肥肿瘤医院建设，全市面积最大的长宁社区卫生服务中心建成投入使用，蜀南庭苑社区卫生服务中心获“全国优质服务示范社区卫生服务中心”。健全公共文化服务体系，新建兴园社区服务中心“修远小驿”、长宁社区服务中心“南山书院”两处城市阅读空间；举办第八届文化体育艺术节35项文化体育活动贯穿全年；该区社会事业局获国家体育总局颁发的“2013—2016年度全国群众体育先进单位”。

优化社会治理，完善养老体系。截至年底，该区建成4个社区食堂、3个居家养老服务中心、8个居家养老服务站，为405名老年人提供居家养老服务；开展信访排查、矛盾化解工作，网上信访全面开展，信访形势总体平稳；完成第五届全国文明城市复牌迎检，建成蜀南庭苑志愿服务广场等志愿服务站近百个，实现志愿服务载体多样化、内容接地气、活动常开展；推进“平安高新”，强化安全隐患排查整治，安全生产形势总体平稳，食品药品重大安全事件“零发生”，社会整体和谐稳定。

（合肥高新区发展研究中心）

合肥经济技术开发区

【概况】 2017年，合肥经济技术开发区经济总体实现地区生产总值1221亿元，同比增长9.5%。全年实现产值超亿元工业企业151户，新增21户，同比增长16%，其中超10亿元工业企业42户；产值超50亿元工业企业14户；产值超百亿元企业4户。14家企业跻身合肥企业50强之列，14家企业入选合肥制造业企业30强之列。

经开区当年加快转型升级，优化产业机构，形成包括以海尔、美的、美菱、长虹、晶弘为代表的智能家电，以江淮、蔚来汽车、江淮大众、佳通、纳威司达为代表的汽车及新能源汽车，以合力叉车、合锻智能、日立建机、哈工大机器人为代表的高端装备制造，以联合利华、可口可乐、统一、华泰为代表的快速消费品，以联宝、睿力、宝龙达为代表的电子信息及集成电路，以天麦生物、尼普洛医疗为代表的生物医药及高端医疗器械，以中建国际、长沙远大、宇辉建材为代表的绿色节能建筑，以清华公共安全院为代表的公共安全，以智侒信信息、新华社安徽数据服务为代表的人工智能及大数据，以中能建安徽电力设计院、省电力二公司、大唐电力、机械工业第一设计院为代表的现代服务业等十大产业。

【对外开放】 经开区当年实现进出口总额77.7亿美元，占全市进出口总额的31%，占全省进出口总额的14%。全年进出口总额逾千万美元企业37家，逾1亿美元企业12家，联宝电子及关联企业当年实现进出口总额45亿美元。合肥出口加工区实现进出口总额46.05亿美元，连续第四年居全国出口加工区第6位、中西部第2位。推进安徽省进口商品直销中心项目建设。依托徽购佳选、百大易购两大跨境商品直销平台，发展线下实体门店13家，经营总面积约8000

平方米，当年实现销售额1.16亿元，完成一线进口额220万美元。成功举办2017首届安徽省进口商品供需对接会，吸引省内外近百家采购商及进口商代表参会。加工区跨境电商线下综合园区建设初具规模，跨境电商监管作业区基础设施和系统建设全部完成，江苏舜天集团及深圳启明星、百大易购等10余家跨境电商及关联企业陆续落户加工区，经营商品涉及母婴喂养洗护、个人保健品、化妆品、高端家居用品等品类。推进合肥出口加工区升级综合保税区，并做好升级综保区后的城市配套规划，增强产业集聚力。

【招商引资】 经开区实现内外资招商引资总量累计286亿元，同比增加15.1%。其中，工业引资总量223亿元，外商直接投资5.02亿美元。新签约江淮大众新能源汽车、长鑫12吋存储器晶圆、易事特、汇通汽车零部件产业园、海尔滚筒洗衣机、中建国际基础设施总部等项目计62个，总投资约559亿元，同比增长140%，集成电路、新能源汽车、智能家电、现代服务业等产业表现突出。引进10亿元以上大项目14个，20亿元以上项目4个，100亿元以上项目2个。

当年重点参与中国集成电路产业领袖峰会、两岸半导体峰会、中博会、徽商大会、上海合肥创新要素对接会、侨创峰会等大型招商活动，通过企业和行业的专业展会，加强与目标客户的交流，取得良好效果，储备了一批优质项目。此外，经开区招商部门还赴德国、日本、新加坡、马来西亚、泰国和台湾等国家和地区，以及北京、上海、深圳、广州、天津、杭州等城市开展招商推介活动，邀请各类客商和中介机构到该区考察和参观，推介、宣传合肥市及经开区的招商引资项目和投资环境。

合肥机场2017年完善航空港功能设施，建成D类、E类两个专用货机坪和国际快件监管中心。空港进境指定口岸设施齐全，进境水果、冰鲜水产品指定口岸建成验收运行，全年实现进口水果约300吨。安徽首批智利三文鱼进境开检。空港进境食用水生动物获批运行，药品口岸启动申报。空港保税物流中心（B型）通过合肥海关等四部门验收。

【科技创新】 合肥经开区有国家级高新技术企业143户，全区企业共设立各类研发机构211家，其中国家级研发机构16家，省级研发机构75家。发明专利申请及授权量持续上升，全区发明专利申请量14175件，同比增长60.88%；发明专利授权量1770件，同比增长10.53%，全区获“2016年度合肥市知识产权工作先进单位”称号。同时，合肥经开区入选首批“安徽省知识产权示范园区”，成为《安徽省知识产权示范园区认定工作方案（试行）》实施后全省首批19家知识产权示范园区之一。

【城市管理】 **强化“三位一体”监管。**组织对城市出入口道路、重要道路、道路护栏、垃圾收集设施实施常态化水洗作业。对区管公厕进行检修并制定提升改造方案。组织无主垃圾、卫生死角专项清理行动，清理约3.96万立方米。收取生活垃圾处理费51.1万元，超目标任务70个百分点。开展车窗抛物专项整治行动，办理案件51批，处罚435件，奖励1311件。强化渣土运输管理，不定期检查渣土运输公司，召开9次安全教育会议，审批单车运输证6600张，查处渣土车闯红灯违规行为55次，拉黑车辆74辆，罚款16.52万元。创新生活垃圾收运“记分制”管理，查处了一批违法违规的垃圾收集车辆，做法被中央人民广播电台报道并获得中国环卫协会银奖。组织开展混凝土断板维修行动、人行道砖更新行动、沥青路面预养护行动、无障碍设施清障行动等专项整治7次，开展集中养护行动2次。开展防汛隐患整改行动，清疏排水管网约355公里，处理各类窨井设施病害350余处。组织开展春季绿化提升活动、净化绿带专项行动、黄土裸露整治行动、抗旱保苗行动和秋冬季绿化补植活动。组织妨碍交通标识绿化修剪专项行动，规范影响供电安全的绿化修剪流程，整治一批涉及交通安全、供电安全的绿化隐患问题。组织参加“美丽合肥、多彩花境”竞赛活动，其中环湖路桥“怡然”获“合肥市优秀花境”称号；完成繁华大道与金寨路交口等5处大型绿雕和花境建设任务。

推进各类专项工作。开展城管提升年工作，推进铁路沿线和城市出入口道路环境整治，从环境卫生、清扫保洁、绿化养护、市政养护、户外广告、流动摊点等6个方面着手，开展专项督查检查。推进摊点整治，围绕18条重点路段、7条重点管控路段和出入口道路，梳理出30处流动摊点频发地开展定岗整治。强化界定摊群点规范管理，取缔界定的临时摊群点8处。开展闲置空地整治，通过建设围挡、清理乱搭盖乱垦殖、复绿、综合利用等办法整治空地42块。开展书报亭和早餐车整治，规范经营书报亭8个，取缔早餐车32辆。开展立面“四清”，对全区56条有商业网点的路段进行整治，拆除不符合标准的楼顶字、店招店牌、户外广告，集中拆除违规道路指示牌121块。组织“扁鹊杯”、精品道路申报工作，始信路（繁华—锦绣段）获合肥市“扁鹊杯”称号。全面落实防汛各项工作，修编全区防汛应急预案，完成防汛无脚本演练，完成泵站的检修，对下穿桥施划积水警戒线，落实24小时值班制和定岗责任制，成功应对三次强降雨。完成2017年义务植树任务。数字城管全年立案73318件，结案率100%。落实34项市政应急和文明创建处置任务。组织重大会议保障、重要接待保障等专项执勤任务100余次。

立案查处各类违法、违规行为446件，开展群众公议12件，组织重大案件集体审议6次、重大案件听证会1次。受理、办结各类举报投诉1040件、网上信访件3件。常态化整治车辆乱停放，开具违停告知书4026份，上传违章处罚系统3449件。强化违法建设查处，拆除280处，面积4.61万平方米。

【安全监管】 创新开展第三方安全检查，构建“第三方检查隐患、企业落实整改、社区委跟踪督促、安监行政执法”四位一体的监管机制，实现隐患排查整治的闭环管理；全年排查隐患9650条，其中现场隐患5281条，整改3335条，现场隐患整改率约63%。建立较大消防隐患移交告知机制，实现联动治理，移交告知较大消防隐患103处，完成整改90处；开展小微企业安全生产规范化建设，促进企业本质安全，全年完成20个园区、149家企业达标创建。强化重点监管，开展“百日除患铸安”等13项专项行动；成立烟花爆竹打非联合执法队，取缔烟花爆竹非法销售32家，收缴烟花185个，鞭炮138盘。加大行政监察执法，依法检查企业153家，下达整改通知书148份，行政执法问责企业33家；行政处罚11家，罚款44.5万元，其中非事故类处罚8家，罚款17.5万元；依法对三起事故调查，追究事故单位和相关责任人责任；制定《安全生产黑名单管理暂行办法》和《安全生产举报奖励办法》，接各类举报投诉18起，办结率100%。广泛开展宣传教育，每月举办安全生产专题教育培训；制作经开区《守护生命》安全生产警示教育专题片，召开全区8.8警示教育大会；组织开展全国“第十六个”安全生产月活动；会同区总工会开展“安康杯”安全生产知识竞赛活动；编印安全生产知识一封信和宣传单等。

【征地拆迁】 开发建立拆迁安置工作管理平台，做到科学、规范管理；保障项目用地，年度清障项目64个、10440.9044亩，拆除房屋1780户、建筑面积35.44万平方米；三个棚户区改造取得突破性进展，习友、蔡岗棚户区基本完成房屋征收，莲花棚户区完成94.6%，累计拆除房屋1133户、25.21万平米；房屋安置工作平稳有序，全年安置住房3075套，28.6368万平方米；推进拆迁安置遗留问题清理。

【市场监管】 截至年底，全区有市场主体34149户，其中企业18722户，个体15427户，2017年新登记各类经济主体9049户，核省、市名称12512件。实施商标品牌战略。指导企业提高产品市场竞争力，新认定“安徽省著名商标”7件（全省有50件），新认定2个安徽省级专业商标品牌基地。有10户企业获省级“守合同重信用企业”认定、13户企业获市级“守合同重信用企业”认定。新认定合肥市文明示范农贸市场1个，合肥市文明集贸市场2个。创建食品安全城市。全年办理发放食品经营许可证1322户，新办药房12家。区级监督抽检944组，建成2个食品药品监管所检验室和3个农贸市场食品快速检测室，88家餐饮服务单位获全市餐饮“A级单位”称号，数字居全市之首。成立投诉举报中心，5月，整合四大投诉平台成立举报中心，全年接各类投诉2842件（市长热线730件，来信来函413件，12315消保热线、12331食安热线、12365质监热线共1699件），行政处罚案件445件，罚款238万余元。严厉打击传销违法犯罪活动。开展专项整治行动6次，捣毁窝点402个，教育遣散传销人员1310名，采取“三停”199起，办理行政处罚案件333件，罚没款140.05万元；移送刑事案件2起，刑拘5人。

【规划编制】 开展规划编制23项；办理规划用地44宗，约311万平方米；办理规划工程许可证274个，约237万平方米。开展空港核心区城市设计、农博园规划、高刘新市镇规划、南北区交通规划及南区亮化规划等编制工作。申请农转用指标近145.27公顷，征地约205.27公顷；全年供地48宗，总供地面积约277.13公顷，较2016年增加约53.33公顷；土地增减挂指标约33.33公顷。完成省投、天智航、清华启迪科技园、中化三建等重点项目用地上市供应；编制出台《合肥经济技术开发区低效闲置用地清理处置实施办法（试行）》、《民营园片区低效用地升级改造试点办法（建议稿）》等政策性文件。完成环保部对水环境各项检查工作，按期严格完成环保督察水污染问题整改；落实完成市环湖办、市最严格水资源办公室的各项考核检查工作；编制完成区河长制工作实施方案、考核方案，河长会议制、督查制、信息报送制等制度的编制工作；谋划未来三年生态环境治理项目42项，计划投资60亿。获批为第一批国家级装配式建筑示范城市，住宅产业化展示中心建成并对外开放。住宅产业化复建点约160万平方米项目全面开工建设，占合肥市产业化项目的60%；商品房住宅产业化试点，人才公寓成功挂拍，按照装配式全装修标准年内开工建设。

【社会事业】 推进学校特色化办学，促进学校内涵发展。莲花小学书法教育、习友小学足球教育、芙蓉小学三生教育和翡翠学校家校合作等跻身全国特色化办学行列。新增3所市级素质教育示范校和2所优秀示范校，4所市级一类园和2所区级一类园。2017年中考成绩快速提升，增速居全市之首，168玫瑰园学校中考成绩再居全市前列。举办区级校园足球联赛、第五届中小学生运动会、第八届艺术节、第三届科技节等活动，促进学生全面发展。学生在体艺、科技、信息等方面获国家省市级奖项1700多人次。

制定《区属中小学校级后备干部队伍建设管理办法（试行）》，公开选聘21名校级后备干部。出台《经开区首届名班主任、名校长、名师培养对象评选方案》，遴选60名培养对象。成功举办第二届全国生长教育论坛、“京沪基础教育快线论坛”，加大与各地教育专家的交流学习。制定教师年度培训计划，实施“精准式”培训和分类指导，全年组织教师培训近40次，参加培训教师2357人次。

（合肥经济技术开发区管理委员会办公室）

合肥新站高新技术产业开发区

【概况】 2017年，合肥新站高新技术产业开发区（原合肥新站综合开发试验区）实现GDP311.4亿元，同比增长11.0%，增速居全市第一。规上工业增加值、战略性新兴产业产值实现同比分别增长16.6%、14.8%。完成固定资产投资416.8亿元，同比增长24.1%，增速位列全市第一，其中，工业投资265.5亿元，技改投资118.9亿元，同比分别增长29.4%、10.7%。完成进出口总额52.7亿美元，其中出口18.2亿美元，进口34.5亿美元，同比分别增长122.4%、33.9%、240.9%，实现进出口总额及进口增速均居全市第一。实现社会消费品零售总额51.3亿元，同比增长11.3%。财政收入完成15.6亿元，其中地方财政收入10.0亿元，同比分别增长14.4%、5.9%。招商引资到位资金345亿元，其中，工业招商引资298亿元，外商直接投资1.72亿美元。实现城镇常住居民人均可支配收入32982元，农村常住居民人均可支配收入18302元，同比分别增长8.6%、8.9%。在全省开发区当年综合考核中名列前五，居省级开发区首位。

【招商引资】 完成重大项目签约工作。集成电路方面，芯片封测“双子”项目、华芯大硅片等签约落户，从上游设计、关键材料到核心生产、下游封测的产业轮廓初步形成。平板显示方面，引进京东方整机二期、惠科手机等优质项目；与清溢光电签约，建设8.5代及以下高精度掩膜版生产基地；成功签约总投资20亿元的硅基OLED微型显示器项目。新材料领域，引进北京有研粉末合肥新材料产业基地项目；与美国康宁再度牵手，建设GPF（汽油颗粒过滤器）项目。高端装备制造领域，落实凯世通、通彩二期项目，引进康东船用发动机项目。现代服务业招商加速推进，瑞丰酒店、上海百联奥特莱斯、宝湾国际物流港等项目入驻，区域整体综合配套能力明显提升。

【主导产业】 重点企业运营良好，产业链日臻完善。康宁10.5代线、京东方10.5代线正式投产，彩虹（合肥）光伏玻璃二期实现点火，推进晶合晶圆、新汇成等项目实现量产，国轩三期、欣奕华二期、德电等项目。全年，新型显示、集成电路、高端装备制造、新能源及新能源汽车产业贡献占经济总量的60%以上。该区连续第二年位列省战新集聚发展基地首位，新型显示产业基地年度考评蝉联第一，产业发展质量领跑全省。

【重点项目】 “大新专”项目累计完成投资441.6亿元，超序时进度10.2个百分点。其中，开工项目数28个，开工率达121.7%，竣工项目20个，竣工率111.1%。项目投资额、开工率名列开发区榜首。央企合作工作4项指标完成率全市领先。推进北航科学城项目建设；通航产业研究院入驻智工投慧产业园。

【创新能力】 推进创新载体建设，少荃湖科技园、工投智慧产业园、信息创意园、未来科技馆等项目均启动并取得阶段性成果。“双创”平台发展壮大，新鼎明、长百、博儒、启创累计入孵企业137家，孵化面积4.8万平方米，其中，新鼎明创新创业基地获省级孵化器认定、国家级孵化器备案。全年培育科技小巨人企业7家，新认定国家高新技术企业22家，新增市级工程技术研发中心3家。专利申请2305件，增幅57.2%，专利授权447件，增幅10.1%。

加大人才引育力度，实施“新站睿才”，新引进省、市人才项目专家28人次，数量位居全市第二。打造新站人才品牌，开展了第二届“显示之都”产业创新团队评审工作，兑现各类高层次人才奖励2000万元。提升人才服务水平，成功举办高层次人才新春座谈会、免费体检、外出考察等活动，完成科大校友回家行、国家千人合肥行等系列活动。

【规划布局】 完成磨店乡总体规划和区总体规划用地布局修编工作。完成少荃湖片区单元规划及城市设计、新站区城市基本公共服务设施专项规划和科创大厦等16个控制性详规编制工作。

【土地管理】 全年落实用地计划指标近362.6公顷，供应土地约309.13公顷，收储土地约306.04公顷，收储资金33.97亿元。完善土地利用总体规划，调整后建设用地规模增加至约1万公顷，保障了项目落地空间。

【拆迁安置】 完成北航科学城、综合管廊、经营性用地、轨道交通及重点路网建设等121个重点项目的拆迁工作，拆除面积57.05万平方米。完成兴华苑B区等四个小区的回迁安置，安置房屋4653套、面积43万平方米。

【基础设施建设】 全年在建市政道路工程总里程约97公里，项目数、里程长度、投资额度为历年之最。市级投资大建设项目快速推进，东方大道、魏武路、大众路等6条主干道路建成通车。区内主次干道建设全面铺开，龙子湖路等11条“断头路”启动建设，灵石路、大泽路等9条老旧道路实施改造，新蚌埠路精品工程按序时完成。综合管廊高质量推进，通过住建部和财政部的联合考核。累计完成31公里的高低压杆线迁移，敷设供水、燃气管网97公里；建设39.5公里供电线路和4台基建变，惠及12家驻区企业。

【城市管理】 以全国文明城市创建、“百日行动”、城市管理提升年行动为契机，全面提升文明城市建设水平。加大联合执法力度，大力开展道路交通整治，拖移违停车辆8200余辆，新增停车位2万余个。完成北二环、文忠路等主干道路立面整治，规范工地围挡1.5万平方米。拆除违法建设1.7万平方米。亮化景观精品频现，建设主题花镜1.3万平方米，在全市名列前茅。实施新海公园、瑶海公园、生态公园升级改造工程，城市品位得到提升。

【安全监管】 严格按照化工集中区规划布局产业项目，把好安全生产准入关。开展安全生产“铸安”行动，对40家危化生产、经营、使用企业排查隐患902处，挂牌督办3处重大生产安全事故隐患。开展火灾隐患、突出交通违法行为、质量监管、食品药品安全监管等各类专项整治，完成年度目标任务。当年辖区内无重特大伤亡事故，获市级安全生产月优秀组织奖。

【生态建设】 **生态绿化工程成效显著。**全年实施生态工程及绿化项目6个，总面积达737万平方米，新增绿化面积145万平方米。二十埠河生态廊道、铁路公园、学林公园、少荃湖湿地公园、相山公园等按序时推进，累计完成绿化面积约45万平方米。实施四级“林长制”，新增成片造林20公顷。

水环境治理发力。全面推行河长制，开展河湖管理保护突出问题治理，滁河干渠水功能达标，水质考核指标较去年大幅改善。投资2.1亿元，实施坝东水库和陶冲湖支流生态修复工程，黑臭水体治理项目实现竣工。启动环巢湖治理三期工程，完成建设总量的80%。于湾污水处理厂项目开工建设。强化京东方、彩虹等重点企业监管，开展节水型单位创建工作。

开展大气污染防治。推进挥发性有机物（VOCs）整治工作，综合实施废气治理设施升级改造，8家企业完成整改任务。强化大气污染

2017年2月，合肥地铁2号线“蓝精灵”在新站区出厂

巡查整治，严格扬尘防治措施，严抓渣土运输监管，成立联合督查小组，检查在建工地90余处，累计发现问题80余个，停工整顿13起。全年安排417.43万元，专项用于秸秆禁烧和综合利用工作。全区PM10和PM2.5同比分别下降4%、31%，空气质量优于全市平均水平。

突出环境问题整改有力。严格落实中央环保督察整改工作，从严查处各类环境违法行为，44件督察组转办件全部按期办结。中央环保督察反馈意见后，该区迅速制定问题整改措施任务清单，对21条共性问题进行任务分解，建立每周整改工作动态更新报送制度，加快整改工作落实。

【民生与社会事业】 当年民生类投入33.21亿元，占财政总支出比重达89%，较上年增长14.45%。全年实施“18+7”项民生工程，投入资金2.02亿元，资金拨付率100%，全面完成各项年度目标任务，其中15个项目提前完成年度任务。推进保障房建设，开工建设棚户区改造住房3144套，建设体量居全市第一。

文教卫体协调发展。坚持“外引内提”，新站寿春中学、一六八新店花园学校正式招生，台湾康桥国际学校签约落地，引进合肥技师学院、合肥工贸高级技工学校，新创建“合肥市优秀素质教育示范校”2所、“合肥市平安校园”4所。推进卫生重点项目建设，七里塘社区卫生服务中心与省第二人民医院、磨店和三十头卫生院与安医大四附院建立医疗联合体。流动人口健康服务、计生协工作获国家卫计委和中国计生协肯定，医养结合模式走在全省前列。汇聚高端医疗资源，安医大四附院开诊在即，京东方数字化全科医院建设有序推进。完成9个全民健身苑和1个笼式多功能健身场建设。加快高教基地建设，全面打造校企合作品牌。成功入选合肥市“戏曲进校园”三个示范点之一。

推进社会治理。专项整治进京非访，化解重点信访事项，按时化解报结积案。涉稳事件、八类案件发案低于全市平均水平，全国、省、市两会、党的十九大期间社会治安稳定，当年全区信访维稳形势总体保持平稳。精神文明建设取得新成效，该区获合肥市第三届未成年人思想道德建设工作成绩突出单位称号；皖江小区等6个小区获合肥市“示范小区”称号，淮合花园获评合肥市第三届“十大文明幸福小区”。

（合肥新站高新区管委会办公室）

合肥巢湖经济开发区

【概 况】 2017年，合肥巢湖经济开发区实现地区生产总值25.4亿元，规上工业增加值14.5亿元，同比分别增长10%、17.5%；固定资产投资140亿元，其中工业投资42.5亿元，同比分别增长18.6%、44.6%；战略性新兴产业产值10亿元，社会消费品零售总额20.2亿元，同比分别增长36.9%、8%；进出口总额1.1亿美元，同比持平；财政收入完成6.46亿元，其中地方收入3.77亿元，同比分别增长19.3%、7.7%。

【招商引资】 党工委班子成员带队赴外招商69批次，拜访企业和合作单位110多家，推动项目洽谈，成效明显。华熙集团生物科技智能产业园项目（总投资120亿元）、长天智能制造研发生产中心项目（总投资10.5亿元）、青松食品年产4万吨主食与精致蔬菜产业化项目（总投资3.2亿元）等11个项目成功签约。全年完成招商引资总量187.6亿元，实际利用外资1.34亿美元，同比分别增长3.4%、7.2%。

【重点项目建设】 新能源动力电池生产基地项目、年产6.6万吨营养主餐制造等一批大项目相继签约；合肥综合性国家科学中心——大基因中心、生物经济示范区（一期）抗体药基地等项目加速建设，生物环保产业园项目实现产业化；1MW级燃气轮机完成整机性能试验，4MW级燃气轮机完成整机集成装配，并开展整机台架性能试验；奇瑞新能源汽车于2017年

合肥综合性国家科学中心大基因中心于5月初揭幕

8月份正式批量生产，当年产量近4000台；成功引进东风精铸总部经济项目，完成总部人员231人调配、工商注册登记、税务迁移登记等工作，2017年实现税收近千万元；气凝胶产业基地、新材料产业园、营养健康食品产业园（含农科院、澳新食品、巢粮五谷项目）、高端装备智能制造产业基地（含智能制造研发生产中心、石墨烯、电子材料生产）、三瓜公社特色小镇、临水创客空间等6个大项目相继开工建设或投产运营。

【服务企业发展】 实现平台突破，培育产业发展。争取安徽北大未名大基因中心纳入合肥综合性国家科学中心，半汤温泉养生度假区被批准为国家级旅游度假区，获批合肥市首批战略性新兴产业集聚发展基地，三瓜公社电商小镇获安徽省首批特色文化小镇并成功获批市级特色商业街区，新奥燃气通过国家两化融合贯标体系认证，2家企业新批准为省级工程研究中心，1家企业评为全省制造业与互联网融合发展试点企业，3家企业成功在省股权交易中心挂牌上市。鼓励科技进步，加快创新步伐。累计申请专利1100件，其中发明专利330件、授权专利336件；新批国家高新技术企业3家，累计拥有国家高新技术企业11家，占规上企业总数26%；新增市级以上企业技术中心、工程技术中心、工业设计中心、知识产权示范企业等14家。强化政策扶持，开展“四送一服”。修订出台2017年促进新型工业化、自主创新、服务业和安全发展、人才五个政策并及时出台配套实施细则，兑现2016年区级产业政策资金1580.6万元，全年争取市级以上涉企发展政策资金突破1亿元；开展“四送一服”和企业走访活动，组织召开7次政策宣贯会，受训人员超千人，在全省“四送一服”双千工程集中活动考评结果通报中，在问题解决重实效和政策制定落实等方面受到省、市政府肯定；国有平台公司新增融资4.42亿，对区内17家企业进行股权投资和融资支持，启动发行企业债工作；国、地税共建联合办税服务厅9月1日投入运行。开展“企业困难集中解决月”等服务企业活动。征集企业发展存在的问题和对开发区党工委、管委会工作的意见建议，并由各委负责人包保负责，深入企业调研，44家企业提出的74个得到落实解决。此外，维尔服饰、巢湖嘉谊等长达10多年的土地问题以及东风精铸固废处理、莱瑟森项目审批等问题得以妥善解决。

【大建设】 推进重点项目建设。包括合巢芜高速拓宽工程、环巢湖治理工程、国家级旅游度假区建设、北大未名生物医药项目、燃气轮机建设项目、巢湖学院扩建、安置小区建设等，加快招商项目对接服务落地，加快基础设施、人才公寓、房地产项目建设。规范项目管理。实行“招标、建设、管理”分开模式，出台《区财政投资建设项目考核细则》，落实项目责任人、划定时间表，加大督查力度。调整项目计划。取消落地性差、经济社会效益差的年初大建设计划项目，节约财政支出；暂缓无建设用地指标的部分项目，避免违法建设。狠抓调度考核。大建设调度会每月召开一次，重点项目一周一调度；加强对财政投资项目的考核和督查，起到加快项目推进、提升建设品质、节省建设资金的作用。

全年在环巢湖生态示范区、综合交通、环境综合整治、保障性安居、水电等配套公用事业、文教体卫、景区和园林绿化、PPP项目等12个工程项目板块开工97个，完成投资25.01亿元。

（合肥巢湖经济开发区管委会办公室）

合肥政务文化新区

【概况】 2017年，合肥政务文化新区累计完成固定资产投资71.86亿元，同比增长2.2%；累计完成招商引资54.89亿元，其中外资7000万美元。

【基础设施建设】 实施夜景亮化工程，总投资4400万元，新增各类灯具2万余套，敷设管线22.3万米，天鹅湖、匡河等景观照明工程在2018年元旦实现主体部分亮灯。加快建设总建筑面积3.3万平方米的东部主题公园地下车库。建设慢行系统一期项目，围绕天鹅湖万达广场周边次干道非机动车道增设、新增部分小品及自行车架，总长度4.6公里，中标价308.67万元。建设潜山路新增1座人行天桥项目，方案经市规划局、市建委批准，招标确定设计单位。打通建设政务区断头路畅通微循环的居郢路、万佛湖路、东至南路，完成道路设计工作。推进建设代建项目，完成占地近2.11公顷，总建筑面积6.78万平方米的拆迁安置小区（和芳园）施工招标工作。完成总建筑面积1.7万平方米祁门路24班幼儿园（含地下车库）项目施工招标工作。

【土地收储整合】 推动老工业企业土地征收工作，完成中石化安徽合肥石油分公司零星土地征收工作。此外，会同市土地储备中心与神剑科技公司协商，加快万佛湖路红线范围内土地征收工作。

【景观环境提升】 开展裸露空地长效化整治，完成省立医院东侧、821厂生活区、为民服务用房、市总工会西侧等14个地块垃圾清运、复绿及围墙封闭。实施街头绿地绿化提升41处，栽植乔灌木、草坪、花卉1万余平方米。在匡河约3.1万平方米水域面积采用生物耦合膜反应技术开展水质提升试验。

【项目服务】 开展入区项目服务工作，通过召开项目建设月调度会了解项目建设情况，帮助协调解决问题，督促项目建设进度，召开项目调度会5次，帮助协调解决渣土运输、供电、土地验收、国税稽查等问题。妥善调处天珑广场交房信访问题。督促置地广场、华润中心、天珑广场按实调增项目投资72.78亿元。

【城市管理工作】 全面落实公共水域安全管理，天鹅湖设置23个固定值守点，执法队员全天候死看硬守，干部职工排班督查考核，当年暑期未发生溺亡事件，救助轻生、落水群众20余人。狠抓违停治理，采取“城管+交警”和“贴单+拖移”措施，招标拖车服务公司拖车服务，拖移违停车辆1万余辆。平稳做好城市管理工作，城市管理等社会事务于8月1日整体移交蜀山区管理。

（市政务文化新区建设指挥部办公室）

生态塘西河

滨湖新区

【概况】 截至2017年底，滨湖新区累计完成固定资产投资2526亿元，实现房建工程项目开工面积4112万平方米，竣工并投入使用面积2911万平方米，区域建成面积近45平方公里，路网围合面积达42平方公里，常住人口逾40万人。

【重点项目建设】 推进各项民生事业。开展综合交通规划设计，完成城市色彩规划及城市家具设计编制及29个街坊的控制性详细规划，配合市规划局开展沿湖岸线城市设计。把民生工程放在首位，2017年12月安徽省体量最大、一次性安置人口最多的安置小区——滨湖顺园回迁，约2万名居民分配到新房。同时推进滨湖沁园、滨湖润园安置房建设，正式开建金融办公服务区三期（中科大国际金融研究院）项目和新四中等学校，开展多所幼儿园建设的前期准备工作。做好省美术馆、科技馆、百戏城等省重大文化艺术项目代建工作。完善新区路网及基础设施建设。完成上海路（锦绣大道—方兴大道）、锦绣大道（包河大道—上海路）、庐山路（杭州路—云谷路）等11条道路约15.5公里道路建设。完成徽州大道、包河大道、锦绣大道等约7公里慢行系统建设。加快新区供配电、供热及其它市政基础设施建设，推进滨湖核心区区域能源项目建设。

【生态环境建设】 开展中央环保督察组督察反馈问题整改工作。2017年8月以来，滨湖新区落实整改督察组反馈的问题。截至年底，9项个性问题全部整改完成。新区确保做到环境保护和城市建设的和谐发展。有序开展城市管理提升年行动，加强新区道路提升改造和景观整治。水环境建设成效显著。滨湖新区再生水厂、塘西河生态补水工程、塘西河监控调度系统、塘西河初期雨水治理科技示范工程完成运营任务，北涝圩污水处理厂完成设备维修工作，并恢复生产。完成北涝圩综合治理和塘西河示范段水质提升。此外，有序推进塘西河初期雨水二期、十五里河下游补水等水环境治理项目。推进绿化工作。启动建设绿化项目10个，其中自建项目4个。绿化项目（资金自筹部分）总投资约1.03亿元，新增绿化面积约17.8万平方米，提升绿化面积20万平方米。此外，完成锦绣大道、紫云路绿道建设总长约7公里，总投资约3000万元。

【产业发展】 滨湖新区全年招商引资项目投资额实际到位资金168.68亿元；有13个招商引资项目落地，主要是昆山新城、葛洲坝地产、上海东郡、无锡嘉睿、上海招商地产、保利地产等。

此外，推动产业转型，由土地招商吸引外来资本进行区域建设为主，向产业培育、产业平台运营方向转变。重点跟进中兴智慧科技生态园、安码科技滨湖零一研究院、东华大数据产业园、瑞特曼口腔医院等项目。

（裴　蕾）

阜阳合肥现代产业园区

【概况】 2017年，阜阳合肥现代产业园区实现地区生产总值16亿元，同比增长23%；完成固定资产投资44.8亿元，同比增长40%，其中工业投资10.3亿元；完成工业总产值19亿元，其中规上工业增加值4亿元；实现财政收入3.6亿元，实现税收收入3.4亿元；实现进出口总额1100万美元。

此外，谋划探索实行全员聘任（用）制、绩效工资制，规范薪酬待遇，招聘工作人员，确保工作有序开展；实行城市管理重新事权划分，成立环保与城市管理局；与有关部门探讨建立乡镇干部交流机制。

【产业规划提升】 提升产业规划：紧扣汽车产业园规划，完善产业链，开工建设常青机械、万事达专用车、金诚汽车等配套项目；落实军民融合产业园的构想，加大与国防科工委、军工集团等的对接；推动中科大先研院、同济大学在园区设立联合创新中心，合肥工业大学建设智能制造研究院，发展人工智能产业园、智慧社区项目；与安徽高速集团合作建设阜合园·东南一号创工场项目，项目包括社区中心、文创园、双创大厦、创意工坊、人才公寓、配套青年居住区等；落实园区领导包联服务企业制度，采取“一人一企一策”，妥善解决项目建设、运营中问题。

【建设规划标准提级】 调整园区总体规划，将原25平方公里规划西拓，增加5平方公里（交由阜阳市统筹考虑），待报省政府审批；牵头与阜阳经开区、颍州区共同编制《阜阳南部金三角总体发展规划》，并上报市政府；计划打造总长度约8公里的芦桥沟生态景观廊道，陆域面积约3平方公里，总投资约8亿元，将之建设为园区重要的生态廊道、新经济承载重点。

此外，项目建设结合景观园林，通过土地利用的合理整合，打造创新创意平台和展示园区形象的窗口，为园区“生态、生产、生活”三线并展奠定格局；拓展区西湖大道、天鹅湖路项目进入施工准备，合肥大道西延等项目完成方案设计。

【招商引资】 突出开放发展，优化招商引资。重机制，搭建招商合作平台。举办2次由两市领导参加的项目对接、签约活动。阜阳市委成立合作共建招商协调小组，办公室设在园区。园区全面融入合肥市招商工作，安排班子成员与合肥三大开发区专门对接。园区在合肥的招商中心正式启用；明方向，夯实招商工作基础。推进符合园区及阜阳发展、带动性强的项目，如安利新材料项目、农机智造产业园项目等，努力形成投产一批、建设一批、储备一批、谋划一批的良好产业发展格局；抓项目，招商引资有所成效。园区围绕载货汽车产业园、军民融合产业园、电子信息与新材料产业园规划，主动外出招商，与多个意向项目达成合作共识。2017年，园区新开工项目27个，新投产项目23个，同比分别增加50%、35.3%。

此外，成立招商中心，服务全员招商工作。实际利用外资7165万美元；新签约项目41个，招商引资到位资金35.56亿元，同比增长20.64%，其中亿元以上省外投资项目到位资金23亿元。

【征迁安置】 重点启动合肥大道和汽车产业园内征迁的攻坚“阵地战”和“拔钉子”行动。征用工业用地约60.53公顷，流转土地34.4公顷，合计94.93公顷。完成征地166.67公顷，拆迁房屋762户，拆迁面积18.41万平方米，西湖大道项目勘测完毕。此外，进行714户安置房分配工作。

【社会治理】 在园区层面，按照省级医疗、市级优质教育等配套要求，安医附属阜阳医院正式开诊，北城小学加快建设。以社会工作介入社区治理，加快群众综合素质提升。在群众安置点福和社区，启动睦邻中心建设，全面对标打造全省社会工作和社会治理示范社区、全省首批智慧社区。在镇村层面，按照“五大专项行动”要求，全面推行水网、路网、林网及“人往”相融合，为阜阳农村社会治理和乡村振兴探索新经验。加大对扶贫工作的指导，设立扶贫专项资金1200万，2017年脱贫318户、825人，一个贫困村实现出列。实施福和社区、郭王村、大朱村村室改造工程，构建面向园区群众生产生活的便捷服务体系。袁集镇沿街立面改造、文化站、农贸市场建设等同步进行。

（阜合现代产业园区管委会办公室）

责任编辑：田　文

肥东县

【概况】 肥东县位于合肥市东部，江淮分水岭南侧。县境南濒巢湖，东邻巢湖市、滁州市和全椒县，西连合肥市区和长丰县，北界定远县。全县面积2206平方公里，其中长江流域1712平方公里，淮河流域504平方公里。全县辖12个镇、6个乡、3个开发园区、134个村委会、201个社区、6921个村民小组、4082个自然村。2017年末全县常住人口88.8万人，比2016年增加0.8万人。2017年末户籍人口106.8万人，比2016年增加0.8万人，其中城镇户籍人口16.7万人，增加1.7万人。全年人口出生率17.9‰，比2016年上升3.7个千分点；死亡率9.7‰，上升3.9个千分点；人口自然增长率8.2‰，下降1个千分点。

2017年生产总值（GDP）596.1亿元，按可比价格计算，比2016年增长8.1%。其中，第一产业增加值65.4亿元，增长4.4%；第二产业增加值389.6亿元，增长8.0%；第三产业增加值141.2亿元，增长10.2%。三次产业结构由2016年的12.2：65.0：22.8调整为10.9：65.4：23.7，其中三产占GDP比重比2016年上升0.9个百分点。按常住人口计算，人均GDP为67155.6元，比2016年增加6732.6元。主要经济指标增速位居全省县域前列，综合实力保持在全省县域第一方阵，连续荣获“全国科学发展百强县市”“中国最具投资潜力中小城市百强县市”，位次分别由77位、61位上升到74位、59位。

新企业新产业新业态快速发展。全年新登记各类市场主体9454户，比2016年增长12.2%。全县国家高新技术企业达52户，比上年净增4户，全年规模以上高新技术产业实现增加值增长6.0%；规模以上服务业企业达144户，增加12户，实现营业收入50.5亿元，增长35.3%；战略性新兴产业实现工业产值增长7.1%。网络零售市场规模不断扩大，实现网上商品零售额4.2亿元，增长51.3%。全年实现税收收入49.0亿元，占全部财政收入的86.7%。

全县各类生产安全事故和死亡人数同比分别下降24.4%和22.4%，未发生较大及以上生产安

2017年肥东县生产总值及增长速度

指　　标	绝对数（亿元）	比上年增长%
生产总值	596.1	8.1
其中：第一产业	65.4	4.4
第二产业	389.6	8.0
第三产业	141.2	10.2
其中：农林牧渔业	67.1	4.6
工业	334.1	7.7
建筑业	55.5	10.0
批发和零售业	23.4	6.9
交通运输、仓储和邮政业	16.1	16.2
住宿和餐饮业	9.2	10.2
金融业	18.9	10.9
房地产业	28.8	1.4
营利性服务业	12.6	8.4
非营利性服务业	30.5	17.6

12月，肥东县医院新院区落成交付

全事故。

肥东县荣获“国家园林县城”“全省双拥模范县”称号。《肥东年鉴（2016）》被评为“全国县（区）级综合年鉴特等年鉴”。长临河镇被评为“全国创建无邪教示范乡镇”。牌坊社区成功创建“全国综合减灾示范社区”。马湖乡被命名为“全国气象科普教育基地”。

【财政】 肥东县2017年财政收入56.6亿元，增长18.9%。其中地方财政收入35.7亿元，增长12.6%。财政支出72.4亿元，增长26.8%。其中，民生支出56.8亿元，增长44.9%，占全部支出的78.5%。从重点支出项目看，节能环保支出增长2.9倍，医疗卫生与计划生育支出增长41.6%，城乡社区服务支出增长95.7%，教育支出增长19.3%。

【金融】 2017年，全县金融机构本外币各项存款余额474亿元，比2016年末增加63.4亿元，增长15.5%。其中，住户存款267亿元，增长14.6%；非金融企业存款105.4亿元，增长12.6%；广义政府存款101.1亿元，增长22.8%；非银行业金融机构存款0.5亿元，减少70.6%。年末金融机构本外币各项贷款余额344.4亿元，比2016年末增加56.3亿元，增长19.5%。其中，住户贷款214.3亿元，增长31.1%；非金融企业及机关团体贷款130.1亿元，增长4.4%。

【工业】 2017年，肥东县规模以上工业企业372户，新增9户。其中，产值超10亿元企业21户。全年规模以上工业增加值比上年增长6.7%。其中国有控股企业

2017年末全县金融机构存贷款余额及增长速度

单位：亿元

	12月末	比上月末增减（%）	比年初增减（%）
金融机构各项存款余额	474.0	-24.1	63.4
其中：境内存款	473.9	-24.1	63.4
住户存款	267.0	3.5	34.1
非金融企业存款	105.4	-8.4	11.8
广义政府存款	101.1	-18.8	18.8
非银行业金融机构存款	0.5	-0.5	-1.2
金融机构各项贷款余额	344.4	4.1	56.3
其中：境内贷款	344.4	4.1	56.3
其中：住户贷款	214.3	3.3	50.8
短期贷款	40.0	0.6	17.2
中长期贷款	174.3	2.7	33.7
非金融企业及机关团体贷款	130.1	0.7	5.4

2017年肥东县五大主导产业增加值增速

	可比价工业增加值速度（%）
规上工业	6.7
其中：国有控股企业	11.4
其中：股份制企业	4.2
其中：大中型企业	5.1
其中：战略性新兴产业	7.1
其中：五大主导产业合计	2.2
其中：化工行业	7.7
家电行业	1.1
建材行业	1.0
机械制造行业	3.8
食品及农副产品加工行业	-2.1

增长3.4%，股份制企业增长4.2%。规模以上工业中，30个工业大类行业有21个增加值保持增长。全县工业五大主导行业以食品加工、化工、家电、机械制造、建材等传统产业为主，增加值占全部规上工业企业比重达80.9%。

出台《2017年肥东县促进新型工业化发展政策》等专项工业扶持政策。组织凯利电子等6户企业成功申报进入合肥市“专精特新”企业，真心食品等2户企业申报进入合肥市食品生产加工示范企业，组织春华起重、乐库职能停车2户企业申报进入合肥市两创产品目录。

中原内配集团安徽有限责任公司、合肥美菱有色金属制品有限公司等8家工业企业被新评为2017年度合肥市企业技术中心。全县建成获得批复的企业技术中心53家，其中国家、省、市级企业技术中心分别是1家、15家和37家；安徽合矿环境股份有限公司等5家工业设计中心新评为市级工业设计中心，建成获得批复的工业设计中心22家，其中省、市级工业设计中心分别是2家和20家。

全县列入2017年“中国制造2025”亿元以上重点项目投资计划49个项目均已按计划开工建设。编制《肥东县建设“中国制造2025”试点示范城市行动计划》，并下发到各乡镇、开发园区和县直有关部门组织实施。开展“智能工厂”和“数字化车间”认定申报工作。全县获得数字化车间认定12家。开展“两化融合”示范企业认定申报工作。全县获得省级两化融合企业1家，市级10家。根据《肥东县加快推进公共场所无线局域网建设实施方案的通知》要求，完成五大公共场所无线局域网建设一期任务，实现县城主城区所有重要公共场所无线局域网全覆盖。

【农业】 2017年，肥东县农林牧渔业总产值118.6亿元，按可比价格计算，同比增长4.6%。全县农作物总播种面积为19.7万公顷，比上年增长1.7%。其中，粮食作物11.9万公顷，增长2.2%；棉花0.6万公顷，下降1.5%；蔬菜2.5万公顷，增长4.0%；瓜果0.5万公顷，增长4.1%；油料4.2万公顷，下降0.5%。同年，全县粮食总产量73.0万吨，比上年增长1.9%。其中，稻谷产量54.4万吨，增长1.1%；小麦产量11.5万吨，增长6.0%。油料产量12.2万吨，下降0.1%。棉花产量0.6万吨，下降4.5%。蔬菜产量58.7万吨，增长7.4%。瓜果产量13.4万吨，增长4.4%。

实施千亿斤增粮、“双千工程”、农业面源污染治理等项目，建立专用品牌水稻绿色生产区10万亩；建立省市级粮食绿色增产模式攻关示范单元40个，示范面积1.1万亩。新建水稻标准化育秧工厂23座，总数达62座。建成全程农事服务中心9个、水稻生产社会化服务组织10个，服务面积达4万亩。拥有各类植保机防队128个，机防队员达1800人，扶持壮大病虫害专业化防治组织26个，开展专业化防治达40亩次。创建省级蔬菜标准园2个、市级设施蔬菜标准园9个，连栋温控大棚基地12个。示范园区强力推进。新增市级现代农业示范区2个，总数9个，其中省级1个。

基本完成农村土地承包经营权确权登记颁证工作。确认家庭承包耕地面积171.56万亩，建立登记簿22.06万户，发放证书22.06万户（本）。指导组建土地股份合作组织。按照入社自愿、退社自由、利益共享、风险共担的原则，新成立土地股份合作社2家，总数达7家，农户以10783亩土地经营权入股用于发展农业适度规模经营，提

2017年全县规模以上工业企业主要产品产量及增长速度

指标名称	计量单位	当月累计	累计增长%
钢材	吨	1008605	3.01
冷轧薄宽钢带	吨	836268	-14.6
合成洗涤剂	吨	69000	7.8
起重机	吨	326895	5.0
农用氮、磷、钾化学原料（折纯）	吨	348544	1.2
饲料	吨	1033461	0.1
液压元件	件	45310	6.3
滚动轴承	万套	387	5.5
冷冻水产品	吨	56595	13.2
化学农药原药（折有效成分100%）	吨	2023	49.6
铸铁片	吨	68686	10.2
铸钢片	吨	186749	5.8
水泥	吨	3263212	-4.6
商品混凝土	立方米	3736046.5	24.6
梭织服装	万件	119.27	-2.8
针织服装	万件	13.2	-59.9
变压器	千伏安	1925158	-27.2
小麦粉	吨	45322	13.5

高劳动生产率和土地产出率，实现土地经营收益最大化。加强耕地质量监测与保护。建立国家级耕地质量监测点1个、省市级耕地质量监测点6个、长期固定施肥调查点30个。承担农业部农产品产地环境质量（重金属）国控点监测任务，采集农作物、土壤样品82个。遴选配方肥销售网点294家、配方肥示范标准店3个和配肥站1个。完善工商资本租赁农地监管和风险防范机制。依托县公共资源交易平台增设肥东县农村产权交易中心，免费为农民提供土地评估、价格咨询、合同签订等服务。规范农村产权交易行为。完善规范500亩以上规模土地流转档案112份，计12.45万亩，收到风险保障金1173.85万元，占应收数的30.2%。新增土地流转面积3.97万亩，总面积达68.23万亩，增长6.2%。深化农村集体产权制度改革。扩大农村集体资产股份制改革试点范围。将试点范围扩大到40个村（社区）实施，全部完成注册登记和证书印发工作。扎实开展“三变”改革试点。选择成功完成农村集体产权制度改革的“合肥市建华股份合作社”作为该县“三变”改革试点单位，进一步整合现有资源、资产、资金，与承接单位“安徽景徽农产品营销农民专业合作社联合社”合作，将土地经营权股、房屋股、基础设施股、商标品牌股、资金股五类股权，涉及集体建设用地、流转土地、社居委窗口大厅、品牌节庆、扶贫到户企用贷款资金、美丽乡村产业发展扶持资金等六类资源、资产、资金入股“安徽景徽”，实行“保底收益+分红”的方式提高社员分红收益。试点推广“劝耕贷”模式。配合邮储银行肥东支行在张集、梁园、包公3个乡镇整乡（镇）推进“劝耕贷”，开展业务培训7场次，培训新型经营主体业主960余人，累计为67家新型农业经营主体担保融资1645万元。出台《肥东县整县推进建立家庭农场基础台账试点工作实施方案》，先后举办家庭农场主培训班7场次，培训家庭农场465家，遴选辅导员近80人，整县推进家庭农场基础台账建立工作。

全县新增合作社66家、家庭农场88家，总数分别达929家、600家；新增市级农业产业化龙头企业17家，市级以上龙头企业达156家，其中省级17家，三板上市农业企业1家，挂牌农业企业16家，农业产业化吸纳从业人员3.5万人，带动县内外40万农户、户均增收4000元。全县新增市级示范产业化联合体6家，总数达21家，全县38家农民专业合作社、122家家庭农场、4.3万户农户共同参与，种植面积3.9万亩，牲畜饲养量2.4万头，销售收入21.3亿元，加工产值20.2亿元，户均增收2200元。实施品牌战略，全县省级以上农业产业化名牌产品、著名商标达31个，其中中国名牌农产品、中华“老字号”各1个，中国驰名商标4个。以培育名特优产品为重点，引导农民集中连片种植，不断推进农业品牌建设，全县新增“三品”认证农产品15个，总数达120个。获评市级以上“一村一品”示范村总数达120个。其中，省级以上5个。开展特色农产品标准化生产示范，建设基地4家，示范总面积达1800多亩，辐射带动500多户农户发展瓜菜产业，辐射带动面积达4000多亩。

2017年末农业机械总动力73.6万千瓦，比2016年增长3.6%。农用拖拉机3.9万台，下降0.2%。全县实现机耕作业面积17.4万公顷，占农作物播种面积的比重为89.8%，比2016年提高1.5个百分点。化肥施用量（折纯）50548吨，下降7.0%，农村用电量33910万千瓦时，增加7.1%。

建设美丽乡村。2016年度7个乡镇驻地建成区整治和5个市级中心村建设全部建设完成，并顺利通过省级验收。开展农村垃圾污水厕所“三大革命”专项整治，建成并投入使用污水处理设施12个。开展农产品质量抽检。全县抽检蔬菜样品12457个，合格率99.71%。2017年，发放棉花目标价格补贴资金约535.8万元，补贴面积4.12万亩；发放农业支持保护补贴1.45亿元，补贴面积164.1万亩；使用中央财政农机补贴资金1658.304

2017年肥东县主要农产品产量及增长速度

产品名称	绝对数（万吨）	比上年增长%
粮食	73	1.9
油料	12.2	-0.1
其中：油菜籽	9.1	-1.4
棉花	0.6	-4.5
蔬菜	58.7	7.4
瓜果	13.4	4.4
肉类	10.7	0.3
其中：猪牛羊肉	7.6	-0.2
牛奶	7.7	4.5
蛋类	5.0	1.6

万元，补贴各类机具706台（套），受益农户（组织）496户，拉动农民（组织）投资6939.7754万元。

【畜牧水产】 2017年，肥东县生猪存栏量43.7万头，比2016年略增，出栏量90.3万头，比2016年下降0.1%。肉类总产量10.7万吨，增长0.3%，其中猪牛羊肉产量7.6万吨，下降0.2%。禽蛋产量5.0万吨，增长1.6%。牛奶产量7.7万吨，增长4.5%。2017年，全县拥有国家级农业龙头企业合资子公司6家，省市级农业化产业化龙头企业20多家。全县建成各类规模养猪场和养猪大户369个，其中建成万头以上规模猪场12家，万头奶牛场1个，建成种畜禽场13家。全县规模养殖比重达80%以上。出台《肥东县禁养区畜禽养殖场（户）关闭拆除工作实施方案》。12月，全部完成禁养区拆迁关闭任务。

【林业】 2017年，肥东县新增人工造林面积7300亩。全县森林面积50.67万亩，活立木总蓄积量212.15万立方米，森林覆盖率29.5%。完成渠道绿化60公里，村庄绿化80个，水库、塘坝绿化100个。完成封山育林0.6万亩、退化林修复1万亩、一般森林抚育2.25万亩；完成义务植树137万株。

全县林业总产值4亿元。经果林等产业逐渐壮大。全县经果林面积达3万余亩，经果林规模进一步扩大，品种更加丰富。李府贡枣是该县选育并经省林木良种委员会认证发布的优质经济林品种。欧洲大樱桃种植面积在华东地区居首。

按照《行政许可法》的要求办理各类林业行政许可和审批项目，全年完成各类行政审批1500余件。完成全县林地变更调查近50万亩森林资源的外业调查工作。集体林权制度改革基本完成。成立林业专业合作组织10家，经营面积约1万亩。林下经济面积约2000亩，收入约1000万元。推进林权抵押贷款，贷款额近2亿元。

在重点生态区域全面推行林长制。确定“一水、一城、两场、三园、七廊、十山”等30个重点生态区域县级林长制项目，按照属地管理、分级负责的原则，建立县、乡、村三级林长体系。

【水务】 积极推进重点水利工程建设，高标准实施水利民生工程，全面完成水利水毁工程修复，2017年度固定资产投资累计3.2亿元。全力组织抗旱工作，全县累计灌溉供水2亿立方米。同年，获全省农田水利建设2016～2017年度“江淮杯”二等奖。

【城乡建设】 2017年，肥东县建筑业增加值55.5亿元。房屋建筑施工面积1133.6万平方米，比2016年下降3.3%。房屋竣工面积355.2万平方米，下降21.3%。年末建筑业从业人员5.7万人，比上年下降6.6%。

加快城市建设，改善宜居环境。全年确定大建设项目209项，概算总投资约449.1亿元。维修破损路面7600平方米；修复人行道板砖及侧石约5000平方米。投资806万元，建成县城区路灯1020柱，景观灯473柱；建成乡镇路灯105柱。投资660万元，完成包公大道、撮镇路、和平文化广场、青春菜市场等13座公厕升级改造任务。

完成《肥东县绿地系统规划》专家评审；完成《绿线规划》等6个专项规划编制工作。实施虎山路公园、店埠河游园提升改造工程等19个重点绿化工程建设项目，新增绿化面积41.28万平方米，提升绿化面积157.18万平方米，总投资5748.4万元。县城区绿化养管面积达330.7万平方米、行道树约4万棵。

强化服务和管理，保障供水供气。出厂水综合合格率达到99.8%。完成全县供水一体化建设，实现众兴、古城、包公、石塘、陈集、八斗、响导、杨店等乡镇的供水覆盖。实现“天然气镇镇通”。完成县域13个乡镇和3个工业园区的天然气配套建设，建成燃气地下管道788多公里。县内居民天然气签约用户18万户，实际通气点火111949户，年用气量达1.2亿多立方。

2017年全县房地产开发和销售主要指标完成情况及增长速度

指　标	单位	1-12月	同比增长（%）
一、房地产开发投资	万元	925867	49.3
二、本年购置土地面积	万平方米	72.2	34.7
三、商品房面积			
1、施工面积	万平方米	520.8	6.5
其中：新开工	万平方米	140.7	-34.3
2、房屋竣工面积	万平方米	145.1	51.1
3、商品房销售面积	万平方米	94.9	-49
其中：住宅	万平方米	80.5	-53.2
4、商品房待售面积	万平方米	6.6	-5.7
其中：住宅	万平方米	3.7	85
5、房屋销售额	万元	939275	-35.5
其中：住宅	万元	822151	-38.5

快速推进肥东建筑业发展。全年审批发放施工许可证108本，总建筑面积387万平方米，总造价50.17元；市政公用工程施工许可证11本，总造价9.37亿元。大力扶持建筑企业发展。制定《扶持建筑业发展政策》及相配套的《实施意见》，优化建筑业发展环境，在加快建筑行业转型升级上求突破。同年，全县拥有建筑业企业202家，其中壹级施工总承包资质21家。全年完成建筑业产值210亿元，完成建筑业增加值48亿元。

完成6289户农村改厕工作，累计投入改厕资金1509万元。继续推进危旧房改造工程，确保困难群体居住安全。完工并拨付危房改造资金1256户，完成合肥市下达任务数的157%，累计拨付危房改造资金2996.2万元。其中建档立卡贫困户危房改造662户，拨付危房改造资金2126.9万元。

【固定资产投资】 2017年，肥东县固定资产投资607.7亿元，按可比口径计算，增长13.2%。其中，基础设施投资147.1亿元，增长41.3%；工业技术改造投资174.7亿元，增长18.4%；民间投资581.3亿元，增幅1.6%。

【国内贸易】 2017年，肥东县社会消费品零售总额113.7亿元，比上年增长16%。按经营地统计，城镇消费品零售额99.6亿元，增长15.7%；乡村消费品零售额14.1亿元，增长16.4%。按消费形态统计，商品零售额99.3亿元，增长14.1%；餐饮收入14.4亿元，增长29.2%。年末全县限额以上批发零售和住宿餐饮企业（单位）143户，比2016年增加47户。全年累计零售额超亿元企业（单位）3户，增加1户。限额以上企业商品零售额中，汽车类增长2.6%，粮油、食品类增长11.2%，烟酒类增长28.1%，日用品类增长6.3%，家用电器及音响器材类增长59.3%，石油及制品类增长22.2%，家具类下降38.9%，体育、娱乐用品类下降32.2%，化妆品类下降38.1%。

电子商务进农村全覆盖成为新的惠农民生工程，建成298个覆盖全县所有村（居）的电子商务服务站，1个县级电商物流配送中心及7个乡镇物流配送中心，1个县级电商公共服务中心，完成5000人次电商培训，新增150个电商经营主体。中国（肥东）互联网生态产业园获“2016～2017年度安徽省电子商务示范园区”、合肥荣电实业股份有限公司获“商务部2017～2018年度电子商务示范企业”称号。

【对外经济】 2017年，肥东县进出口总额19718万美元，比2016年增长42.2%。其中，出口18254万美元，增长43.3%；进口1464万美元，增长30.7%。

全县到位内资351亿元，比2016年增长9.7%，其中省外资金285亿元，增长15.8%，工业引资160亿元，增长17.6%。全年新备案外商投资项目4个，实现合同外资2036万美元，比2016年增长781.4%。实际利用外商直接投资12585万美元，增长47.1%，其中工业投资732万美元。全年外派劳务人员1.3万人，劳务收入超15亿元。年增加农民人均收入1500多元。

【交通运输】 2017年，肥东县交通运输、仓储和邮政业增加值16.1亿元，比2016年增长16.2%。旅客运输量994万人，下降19%；货物运输量4700万吨，增长8%。全年港口货物吞吐量1200万吨，增长35%。年末民用汽车拥有量92312辆，比2016年增长6.2%，其中私人汽车80195辆，增长8%。民用轿车拥有量64087辆，增长7.5%，其中私人轿车58164辆，增长6.9%。

公路建设完成G329合相路一期（石塘路—塘林）3.831公里路基、桥涵等施工；完成S260新合蚌路全长17公里土地指标申报等前期准备工作；6.2公里包公文化园道路，一期1.1公里孝肃路完成交竣工验收，二期岘山至小包段2.34公里和三期包公镇至小包段2.76公里主体工程完工；完成店中路景观提升工程；完成梁园出入口互通区绕城高速公路主线1.1公里、匝道2.1公里、收费站、收费站管理区建设；完成陇西至路口段9.44公里应急工程。完成村级畅通工程混凝土路面约500公里，完成路面基层850公里。危桥改造21座，完工6座。

【国土资源】 2017年，肥东县耕地保有量182.53万亩、基本农田保护面积157.20万亩目标顺利实现。全面完成全域永久基本农田划定工作，成果已通过验收。组织20个批次城镇建设用地和5个单独选址项目规划调整修编；预审用地项目22个，审查面积6858亩；备案设施农用地51宗，总面积852亩。切实保障现代农业和县域经济社会发展。

组卷上报27个批次及10个单独选址项目建设用地，总面积10680亩。其中获批13个批次和9个单独选址，总面积6568亩。供应建设用地85宗，面积351.88公顷。其中，出让土地58宗，面积139.49公顷，土地成交价款692930.83万元；划拨用地27宗，面积212.39公顷。

编制完成肥东县“十三五”土

地整治规划。完成验收确认下达批新增耕地2272亩县级土地开发复垦整理项目，连续20年实现耕地“占补平衡”。

【邮电】 电信业务总量7.83亿元。2017年末本地固定电话用户1.6万户，比2016年减少0.5万户。移动电话用户93.2万户，增加7.2万户。基础电信运营企业计算机互联网接入用户19.4万户，增加3.6万户。

【旅游】 2017年，肥东县旅游接待人数580万人次，比2016年增长33%，旅游综合收入29亿元，增长35%。全县星级以上农家乐点35个，A级及以上旅游景点（区）7处。

长临古街成功创评4A景区，被省旅发委、省文明办、省发改委、省工商局、省质监局评为“2017年安徽旅游诚信品质A级旅游景区”，同时该镇入选省住建厅、省旅发委第四批省级特色景观旅游名镇名村示范单位名录，爱情隧道诗会暨联盟成立大会和“搜货计”分获全省旅游创意营销一等奖、三等奖，渡江战役总前委旧址纪念馆获评全市平安景区，奥瑞旗度假山庄被省农委授予全省休闲农业和乡村旅游示范点称号。桥头集镇蓝山湾木艺小镇被市教育局、市旅发委授予合肥市第一批研学旅行基地。

【人民生活】 2017年肥东县居民人均可支配收入24253元，同比增加2126元，增长9.6%。其中，城镇居民人均可支配收入为31868元，同比增加2578元，增长8.8%；农村居民人均可支配收入19410元，同比增加1597元，增长9.0%。

【人力资源和社会保障】 2017年肥东县参加城镇职工养老、医疗、失业、工伤人数分别为4.26万人、6.7万人、2.71万人和3.94万人，全年为6592名失业人员发放了不同期限的失业保险金。城乡居民养老保险参保人数59.74万人。参加新型农村合作医疗的农业人口85.4万人，参合率为100%。全县城镇实名制新增就业4554人，下岗失业人员再就业1031人，转移农村劳动力13895人。年末城镇登记失业率为3%，比2016年下降0.8个百分点。

组织14期549名贫困劳动者参加技能脱贫培训。推进机关事业单位养老保险制度改革，全县机关事业单位参保率达97%，机关事业单位退休人员全部实行社会化发放。全年累计2.43万人社会化发放养老金，发放养老金近4.97亿元。全年发放社保卡64.3万张，完成“全民参保计划”入户调查和系统审批87429人，达目标任务的100%。

累计办理劳动合同登记备案19062人，涉及615家用人单位。累计立案受理仲裁案件388起，涉及劳动者当事人460人，结案388起，其中，调解243起，撤回仲裁申请22起，裁决123起。

【民政】 2017年，肥东县有3298人享受城市居民最低生活保障，27899人享受农村居民最低生活保障，农村五保供养8408人。全年民政部门直接救助68616人次，其中医疗救助12459人次，资助参加基本医疗保险56157人次（含建档立卡扶贫对象）。年末拥有各类收养性社会福利机构19个（县社会福利院与18个乡镇敬老院），床位3940张（其中县社会福利院80张），收养各类人员2197（其中福利院48人）人。城镇建立各种社区服务中心（站）16个，其中乡镇级社区服务中心16个。慈善组织募集各类善款善物181.6万元。

修订完善《肥东县农村居民最低生活保障实施细则》，对没有劳动能力或暂时无法通过扶贫开发脱贫的困难家庭，全部按程序纳入农村低保范围，实行“兜底保障”。全县在册农村低保对象14911户、27899人，累计发放农村低保资金360833人次、9685.6万元；年末城市低保现在册2746户、3298人，累计发放城市资金2333.7万元。

全县有农村五保对象8408人，全年累计发放五保对象供养资金7470.9万元，发放经评估生活不能自理的失能半失能特困人员1188人178.8万元。全县拥有乡镇敬老院三星级7所、二星级5所、一星级6所，实现乡镇星级敬老院全覆盖。

筹集医疗救助资金3204.1万元，累计实施城乡医疗救助67135人次、2979万元。

发放冬春自然灾害生活补助资金540万元，打卡12642户。发放送温暖资金160万元，慰问3220户。全年临时救助1761人次，发放临时救助资金313.65万元。其中救助低保对象389人次，特困人员184人次，其他困难人员1188人次，救助水平达1781元/人次，救助水平增长率较去年同期增长8.3%。

稳妥做好双拥优抚安置工作。全年为7513名优抚对象发放专款4743.7607万元；全县优待现役军人家庭897户，优待其他重点优抚对象459户472人，发放优待金1420.1606万元；全年接收退役士兵453人，发放退伍安置金1800万元，待安置期间生活费1.9万元；开展退伍军人就业培训220人。

进一步加强基层政权建设。制定《关于加强城乡社区协商的实施意见》，指导店埠镇进一步深化社区协商示范工作，12个城镇社区实现协商示范创建工作全覆盖。制定《肥东县开展以村民小组或自然村为基本单元的村民自治自治试点工作方案》，在全县各乡镇（园区）选定的20个村（社区）中，有57000多村民参与村民自治试点工作，产生85个村民理事会和1272名村民理事会成员。有近95%的村民理事会设立理事室、建立工作制度，转入常态化工作阶段。店埠镇一心社区被列为省级开展以村民小组或自然村为基本单元的村民自治试点工作单位。

加强农村留守儿童和孤儿的关爱。通过政府购买服务的方式，为全县配备331名村（社区）儿童保护专干和22名乡镇（园区）儿童保护督导员。实施“合力监护、相伴成长”专项行动，94名父或母无监护能力的农村留守儿童全部重新确定受委托监护人，223位无户籍农村留守儿童全部解决户籍问题。为319名孤儿发放基本生活费301.106万元，春节、“六·一”为每名孤儿发放慰问费2000元，发放孤儿慰问费63.3万元。

【教育】 2017年肥东县有各类中等职业院校5所，其中普通中专5所。普通高中16所，普通初中、一贯制学校32所，小学68所。普通中小学专任教师8434人。中等职业教育在校生15319人，普通高中在校生28956人，普通初中在校生33746人，小学在校生51995人，幼儿园在园幼儿25906人，特殊教育学校在校生172人。初中学龄人口毛入学率100%，小学学龄儿童毛入学率100%，学前教育毛入园率93.6%。

【科学技术】 2017年实现专利申请1678件，比2016年增加675件，其中专利授权97件。全县有企业研发中心72户，新认定高新技术企业13户。

【文化】 肥东县拥有文化馆1个，公共图书馆1个（分馆20个），博物馆5个（含民营博物馆），乡镇综合文化站20个。全国重点文物保护单位1处，省级重点文物保护单位7处。国家级非物质文化遗产名录2项，省级名录3项。有各级档案馆1个，馆藏档案资料46万卷（件、册），库馆总建筑面积1500平方米。

县庐剧小剧场建成开放；新建两个24小时自助图书馆。八斗镇、店埠镇镇西社区综合文化服务中心建成。县文化馆开展“三免服务”，免费培训声乐、戏曲、舞蹈、器乐等项目，集中打造一片文化惠民乐民新天地。县图书馆成功举办“七彩的暑假”“青少年科普知识竞赛”“书香肥东”系列活动，吸引读者4万多人。开展农家书屋数字化试点工程，更新出版物3.3万册次。组织开展“情暖敬老院”演出216场、送戏进校园52场、送书3000册，送电影下乡3600场。全民艺术普及全面推广。组织开展全民文化月、基层文艺调演、第三届“金桂奖”民营院团展演、文化文明广场演出、“喜迎十九大”系列演出活动500余场。连续四年开展的全民文化月活动，成为人们家喻户晓的文化品牌。

文物保护扎实推进。渡江战役总前委旧址修缮工程获国家文物局立项。完成六家畈古民居群剩余工程吴育仁宅、吴谦贞宅修缮工程，成为全省集中成片的较具影响力的典型江淮古民居建筑群落。博物馆事业持续发展。中国收藏博物馆长临河展示窗口、安徽票证博物馆、吴家花园赏石博物馆正式开馆。非遗传承保护整体提升。《牛门洪拳》列入省级非遗名录。长临河学区中心校、汇智文化艺术学校、牛门洪拳协会入选市首批非遗教育传习基地，刘长芬、牛和厚入选第四批市级非遗项目代表性传承人。

【卫生】 2017年，有医疗卫生机构438个，其中医院7个、基层医疗卫生机构420个、专业公共卫生机构5个，其他卫生机构6个。基层医疗卫生机构中，卫生院29个，社区卫生服务中心（站）12个，村卫生室312个；专业公共卫生机构中，疾病预防控制中心1个，专科疾病防治院（所、站）2个，妇幼保健院（所、站）1个，卫生监督所（中心）1个。全县卫生技术人员4142人，其中执业（助理）医师1689人，注册护士1093人。医疗卫生机构床位0.23万张。全年医疗卫生机构共诊疗3203744人次。

【环境保护】 2017年，全县有省、市、县级环境监测站2个。全县空气质量平均优良天数比例为77%，比2016年上升1个百

2017年全县各类教育发展情况

指　　标	招生数（人）	在校生数（人）	毕业生数（人）
中等职业教育	5944	15319	4551
普通中学	21292	62702	22488
其中：普通高中	9747	28956	10891
其中：普通初中	11545	33746	11597
小学	7850	51995	9403
学前教育	9226	25906	6959
特殊教育	18	172	

肥东县镇、乡、开发园区、村委会、社居委及村民小组、自然村基本情况统计表

序号	乡镇名称	村委会名称	个数	社居委名称	个数	村民小组数	自然村数
1	店埠镇		0	龙西、半店、杨坝、一心、建设、马厂安乐、昂集、杨王、合浦、群力、大安、赵岗、桑元、陂塘、中心、双桥、唐杨、镇西、镇北、排头、花园、对河、定光、光大、青春、镇南、西山驿、花滩民族、塘林回族满族(2016年批新城、古河、东纺、和平)	34	497	375
2	撮镇镇	李六	1	龙塘、振兴、先锋、瑶岗、大郭、长乐、唐安、建华、撮东、撮西、马桥、新安、华光、赵光、旭光、河滨、大费	17	423	238
3	梁园镇	蒋岗、新合、永丰、联盟、张圩、双枣、南管、俞庙、漕河、刘巷、黄祠、邓岗、付店、鲁岗、新向阳	15	梁园、路口、民主、梅桥、护城、管湾、柯岗、镇东、老庄、新河、东武、西疃	12	610	372
4	八斗镇	大谢、南鲁、盛岗、上张、胜丰、宁岗、南钟、卫星、薛户、大邵、邵桥、薛计、小汤、陆还、万宋、赵东岗	16	富旺、花张、王城、大张、八斗、小普、五星、塅谈、军王、胡祠、九店	11	702	319
5	白龙镇	宁庙、广场、快乐、洪桥、后陈、团结、高圩、卢店、三家、徐庄圩	10	同心、镇南、双庙、费集、肖凤、白龙、长王、孙岗、清水、王塘、板桥、向东、明教、青龙厂、镇北、三河	16	649	402
6	古城镇	新立、张斗、友谊、范店、黎明、大袁、刘庄、东庄、岗李、鸡鸣、西庄、湾陈、郑元、	13	古城、杨塘、广兴、塘庄、刘兴、陈兴、岱山、郭阳、江淮、松王、左路、黄山、牛胡	13	576	277
7	石塘镇	施集、东明、城北、新桥、四合、大庄、联建	7	石塘、富光、龙城、王铁、马集、阚东、红光、塘西、同合、火龙、新联、新展	12	291	280
8	包公镇		0	高亮、赤杨、竹塘、小包、王集、文集、阚集、板桥、青春、岘山、柏龄、大张、新生、大许、胜联、盘石、杨宋、净住、大孟	19	411	203
9	桥头集镇	城山、国光、仙垱、小韩、竹塘、桐山、龙泉、桥安、梅山、马龙山	10	复兴、桥青、三站、浉光、大韩、桥头集、山王集、龙光	8	232	214
10	长临河镇	虹光、白马、施口、全胜、迎霞、东光、青阳、东红、姚埠、罗洪、宝塔、洪葛、茶山	13	湖滨、星二、长临、星光、四顶、永胜、罗店	7	309	176
11	元疃镇	汪郢、杨祠、马皇、塘西、义和、曙光、明星	7	三合、路集、元疃	3	262	235
12	陈集镇		0	前后张、吴集、陈集、肖圩、大魏、稻香民族、竹滩、山头、秦湖	9	235	89
13	回族满族乡	张岗、兴庙、三王、曙光、尖庙、民新民族、兴一民族	7	新丰、草庙、高塘、赵坊民族、牌坊民族、许井	6	320	201
14	响导乡	蒋祠、龚集、宋盛、竹林	4	响导、赵集、南王、黄湖、许集、马王、红石、唐井	8	253	125
15	杨店乡	许岗、岗岭、麻朱、路塘、红堂、大夏、向阳、姚岗、刘兴集、黄栗民族	10	杨店、跃进、大李、胜利	4	283	190
16	众兴乡	永安、联合、霞光、众兴、大高、谢岗、范岗	7	华光、花灯	2	187	123
17	张集乡	新华、合义、胡巷、薛集、刘桥、民兵、河湾、赵山、新联合	9	黄疃、张集、袁李、薛桥	4	275	113
18	马湖乡	兴桥、金赵、创业、沙河、塘东	5	王沟、马湖、三官、大王、小陶	5	227	106
19	肥东经济开发区			燎原、墩塘、北瑶岗、三十埠、陈大郢	5	66	17
20	合肥循环经济示范园			义和、龙集、刘集、太平、仙临、红光	6	113	27
21	合肥东城新市镇						
合 计			134		201	6921	4082

分点；全县PM10年均浓度为80微克／立方米。全县能源消耗总量为243.73万吨标准煤，同比增长6.28万吨标准煤，增速为2.46%。单位GDP能耗为0.4239吨标准煤／万元，同比下降5.0%。全社会用电量达到207381万千瓦时，同比增长12.9%。

开展大气污染防治。实施燃煤电厂超低排放和节能改造，完成合肥联合发电2#机组和中盐红四方3台燃煤锅炉脱硫脱硝验收，完成禁燃区内218家高污染燃料锅炉淘汰工作。开展挥发性有机污染物整治。12家餐饮单位安装油烟净化装置，完成34家加油站油气回收复检。

开展水污染防治。全县测土配方施肥推广覆盖率达到100%以上，化肥利用率达到37%以上，高效、低毒、低残留化学农药普及率达90%以上。开展饮用水水源地环境保护工作。制定《肥东县饮用水水源保护区水质达标专项整治工作方案》。拆除禁养区内养殖场100家，完成众兴水库一级保护区32处围库养鱼的清理和二级保护区51家养殖场的关闭拆除工作。实施巢湖流域内污水处理厂提标改造工作。同年，在全市率先制定《分流制排水系统雨污混接调查和整治工作方案》，完成雨污混接调查项目招标。

开展违规建设项目和“小散乱污”企业清理整治。印发《关于深入开展环保违法违规建设项目清理整改工作的通知》《肥东县“小散乱污”企业污染问题清理整治实施方案》，清理违规建设项目545家、“小散乱污”企业197家。

出台《扎实推进绿色发展强力打造生态文明建设肥东特色实施方案》。全面实施沿河排污口整治和河道清淤等水环境治理工程。制定《肥东县土壤污染防治工作实施方案》。与合肥星宇化学有限责任公司签订土壤污染防治目标责任书。加强固体废物处置，完成2017年度112家危险废物网上申报，监督工业企业安全转移危险废物2196.37吨；加强辐射安全管理，开展辐射安全检查。

【肥东经开区】 2017年，肥东经开区138家规模以上工业企业完成产值461亿元，同比增长8%；完成固定资产投资155亿元（不含东区投资），其中工业投资115亿元，同比增长15%、12%；完成省外到位资金100亿元，同比增长18%；完成批零商品销售额6.2亿元，同比增长22%；完成税收9.2亿元。

招商引资引进项目11个，涉及机械、电子、智能制造等工业项目和数据服务中心、服务外包等服务业项目。项目建设，提速增效。全区纳入全县大新专项目41个，总投资675.9亿元，年度计划投资45.5亿元，完成投资46.8亿元。

【合肥循环经济示范园】 2017年园区完成固定资产投资109亿元，其中工业投资96亿元；现有规上企业31家，其中新增规上企业4家，实现规模以上工业总产值165.9亿元，其中战略性新兴产业产值15.3亿元；实现招商引资到位资金59.1亿元，其中省外到位资金56.1亿元；完成税收9.20亿元，其中再生资源税6.93亿元，实体企业税收2.27亿元。

有19个招商项目通过县级招商引资联席预审，意向投资额83.71亿元。全年新签约项目13个，协议总投资124.38亿元。

全力保障企业用地。实现安徽超航、智能产业园、金阳环保铝模板、航天智慧城等项目征地1790亩，拆迁房屋146123平方米，有力保障项目建设用地需要。盘活存量资源。坚持土地集约、节约利用原则，以腾笼换鸟、招引项目租赁闲置厂房、收储闲置土地、开展“僵尸企业”复苏等方式，着力盘活存量资源。在原有20家租赁入园项目的基础上，又引进5家企业租赁入园，累计利用闲置厂房14万平方米，收储土地46.83亩，钢之杰、新起点等租赁入园项目跻身“规上”工业企业行列。积极引导企业加大科技创新投入，通过开展“两化融合”、产学研结合，安徽丰乐农化的“农药制剂加工、包装数字化车间”被列为2017年合肥市“数字化车间”，安徽华星智能停车设备有限公司的“基于物联网无人值守智能车库控制系统”被认定为安徽省信息消费创新产品。

【安徽合肥商贸物流开发区】 2017年开发区完成税收4.5亿元；完成工业总产值282.69亿元；完成固定资产投资85.06亿元，利用外商直接投资1000万美元。全区邮政快递企业业务累计完成2.56亿件，业务收入累计完成17.75亿元。荣获“全国优秀物流园区”“中国物流特色小镇”“安徽省优秀物流园区”、首届国际科创园区博览会“优秀科创园区奖”和“优秀组织奖”等称号；被中国物流学会列为产学研基地，被省政府发展研究中心确定为调研联系点单位和智库研究基地。安徽合肥商贸物流开发区加挂“合肥上海产业园”牌子。

（李曙光）

肥西县

【概况】 肥西县地处安徽中部、合肥西南、巢湖之滨，1948

年12月建县。现辖8镇4乡4园区，面积1695平方公里，人口82.43万人。2017年实现地区生产总值686.45亿元、增长8.2%；规上工业增加值253.55亿元、增长11.1%；固定资产投资669.96亿元、增长14.8%；财政收入80.92亿元、增长7.2%，其中地方财政收入46.68亿元、增长10.8%；社会消费品零售总额110.12亿元、增长14.5%；城镇常住居民人均可支配收入33797元、增长8.9%；农村常住居民人均可支配收入19769元、增长9.0%。县域经济与县域基本竞争力跃居全国百强第64位。

【工业】 工业经济稳中向好，2017年净增规上工业企业32家、总数达462家，规模以上工业产值1336.18亿元，完成增加值253.55亿元。按可比价格计算，比2016年增长11.1%，亿元企业实现增加值222亿元，占全县规上工业经济总量87.5%。其中，轻工业实现增加值66.02亿元，增长19.8%，重工业实现增加值187.53亿元，增长8.1%，轻、重工业增加值比例为26.0：74.0。战略性新兴产业完成产值457.80亿元，同比增长24.4%。两化融合深入推进，培育省级以上两化融合管理贯标试点企业5家，获批省级智能工厂、数字化车间3家。桃花工业园获批市战略性新兴产业集聚发展基地。土地利用效率不断提升，29个项目成功实现嫁接、重组，盘活闲置厂房5.6万平方米。

全县30个工业行业大类中，有17个行业实现增长，13个行业有不同程度的下降。汽车制造业、电气机械及器材制造业、计算机通信和其他电子设备制造业、通用设备制造业、橡胶和塑料制品业、金属制品业、非金属矿物制品业、化学原料和化学制品制造业等八大行业完成产值1174.49亿元，实现增加值219.64亿元，比上年增长12.0%，占全部规上工业增加值的86.6%。

【现代服务业】 服务业发展提速提质，名邦广场、万派广场等城市综合体平稳运行，紫蓬山获批省级服务业集聚区，规上服务业企业、限上商贸企业总数实现“双过百”。电子商务蓬勃发展，新增电商主体104家，电子商务进农村实现全覆盖，2017年全县电商零售额达16.8亿元。房地产市场平稳有序，商品房销售面积166万平方米。文化生态旅游深度融合，全省首个国家生态公园官亭林海正式开园，三河国家级水利风景区成功获批，铭传故里创建国家4A级旅游景区通过验收，大国徽匠评选、青年集体婚礼、蒿子粑粑节、农根文化节等活动影响力逐步扩大。

2017年1～12月全县主要经济指标

指标名称	单位	绝对数	比上年同期增长（%）
规上工业企业数	个	462	-
规上工业产值	万元	13361789	8.3
规上工业增加值	万元	2535505	11.1
社会消费品零售总额	万元	1101192	14.5
固定资产投资	万元	6699616	14.8
其中：工业投资	万元	2994945	13.1
财政收入	万元	809244	7.2
其中：地方财政收入	万元	466847	10.8
财政支出	万元	696243	8.3
税收收入占财政收入比重	%	90.4	-3.8
月末金融机构人民币存款	万元	5701051	15.8
其中：住户存款	万元	2738186	14.0
月末金融机构人民币贷款	万元	3463438	20.5
实际利用省外资金（预计）	亿元	321.6	10.9
实际利用外商直接投资	万美元	20024	5.4
全社会用电量	万千瓦时	337282	11.1
其中：工业用电量	万千瓦时	213683	8.4
居民人均可支配收入	元	25427	9.7
其中：城镇常住居民人均可支配收入	元	33797	8.9
农村常住居民人均可支配收入	元	19769	9.0

2017年规模以上工业中八大行业增加值及增长速度

单位：亿元

指　标	绝对数	占规模以上工业增加值比重%	比上年增长%
八大行业合计	219.64	86.6	12.0
计算机、通信和其他电子设备制造业	55.06	21.7	-12.9
电气机械和器材制造业	50.00	19.7	82.7
汽车制造业	35.58	14.0	-3.4
通用设备制造业	26.46	10.4	0.8
化学原料和化学制品制造业	14.97	5.9	38.6
橡胶和塑料制品业	14.86	5.9	14.0
金属制品业	12.46	4.9	13.2
非金属矿物制品业	10.25	4.1	2.8

【现代农业】 都市农业加快推进，2017年新增农民专业合作社74个、家庭农场167个，创建农业部健康水产养殖示范基地6个、市级农业标准化示范基地3处、市级现代农业示范区1个。新增“三品一标”认证基地8处、产品19个。建设高标准基本农田7.9万亩，深入推进粮食高产创建，粮食安全责任制有效落实。成功举办2017中国（合肥）苗交会，规模水平创历史新高，实现总交易额23.9亿元。

【招商引资】 坚定不移实施大开放战略，加快“引进来”“走出去”，出台招商引资重大项目优惠政策，积极组织企业参加中博会、家博会等品牌展会，汇璟陶瓷材料产业园、中亚智汇软件科技园等50个亿元以上项目签约落地。2017年，新增进出口实绩企业18家，安利科技股份赴俄罗斯、越南投资建厂，实现肥西企业境外投资零的突破。全县累计到位省外资金330亿元，到位境外资金2亿美元。健全“六个一批”“四位一体”项目推进机制，实行重点项目精准调度、动态管理，全力推动项目早开工、早投产、早见效，亿帆总部、海龙建材等76个项目开工建设，江汽高端轻卡、联想平板等50个项目正式投产。64个省“大新专”项目实现投资179亿元，95个市“大新专”项目实现投资286亿元，均超额完成年度目标任务。优化项目建设环境，健全重大项目审批代办制、领办制，强化项目建设全程跟踪服务，项目推进效率进一步提升。扎实推进“四送一服”双千工程，“一对一”助推企业发展。修订完善“1+3+5”产业扶持政策，累计兑现奖补资金2.52亿元。组织专场招聘活动21场，达成就业意愿0.8万人。全力保障土地供应，获批用地指标8337亩。

【城乡建设】 坚持城乡协调发展，2017年，267个大建设项目完成投资205亿元。交通建设持续发力，合安高速四改八、合肥货运外绕线、合安高铁全线开工，创新大道、三河路、铭传路等下穿铁路桥及蓬莱路、集贤路跨派河桥启动建设，派河大道、玉兰大道、蓬莱路等延伸工程加快施工，六舒三连接线、青龙路、檀香路等建成通车。引江济淮前期工作有序推进，先行工程顺利开建。1035公里农村道路畅通工程即将全面完工，成功创建全省“四好农村路”示范县。山南、官亭片区公交已开通试运行，县域公交实现乡镇全覆盖。市政工程加快建设，云庐线迁改工程顺利完成，四合变建设有序推进。六舒三连接线、金寨南路、深圳路供水主管网竣工验收。城市地下综合管廊一期项目年内开工、年内建成，建设速度全市领先。征迁安置全力推进，完成房屋征收390万平方米，居全市之首、为历年之最。在建安置点32个、面积655.9万平方米，年内竣工安置点18个、面积约221万平方米，提供安置房近1.7万套。

【生态环保】 全面实施派河25项水质达标、提升工程，潭冲河、卞小河截污及河道清淤全面完成。大力实施建成区雨污管网修复和乡镇污水管网延伸工程，快速推进紫蓬等乡镇污水处理厂升级改造，派河流域水质明显改善。大力推进丰乐河综合治理，三河、丰乐、花岗、山南、柿树岗5个乡镇沿线近万名群众搬离河岸。严格执行规模畜禽养殖“两区”划定，关闭禁养区养殖企业681家。建立三级“河长制”，25条主支河流实现全覆盖。统筹推进环巢湖生态示范区建设，二期项目全面完成，三期项目快速推进，全年完成投资11.6亿元。打响蓝天保卫战，开展扬尘、餐饮油烟等专项整治，秸秆禁烧保持“零火点”，新型环保渣土运输车使用率100%，空气质量优良率达87.2%、居全市第一。加强环保执法，依法查处环境违法企业37家，完成环保“三同时”验收项目285个。建立重点生态区域林长制，保护面积27.6万亩。大力开展林业增绿增效行动，完成植树造林1万亩、森林抚育2.3万亩，新增森林长廊96.2公里。建成开放仙霞路游园、云谷路游园等一批精品景观，新增城区绿化面积135.4万平方米，成功创建国家园林县城。山南、花岗荣膺省森林城镇，丰乐河湾成功创建省级生态村，严店苏小等10个村（社区）获省森林村庄称号。

【改革创新】 创新能力显著增强，2017年新认定国家级高新技术企业39家、总数达141家，

全县固定资产投资完成情况

2017年1～12月　　单位：亿元

	绝对数	同比增幅
固定资产投资完成额	669.96	14.80%
按产业分：		
第一产业	11.87	-7.30%
第二产业	299.49	13.10%
其中：工业	299.49	13.10%
其中：技改投资	211.07	16.60%
第三产业	358.6	17.10%

实现产值1073亿元。品牌战略成效显著，新认定省著名商标9件，新获评省名牌产品4个，丰乐酱干成功获批国家地理标志保护产品。全县发明专利授权量连续六年居全省第一，万人拥有量达19件、超全省平均水平一倍以上。泰禾光电荣获安徽省专利金奖。全年受理专利申请8551件，其中发明专利4146件，比2016年增长66.2%；授权专利3590件，其中发明专利600件，增长6.0%。全县拥有高新技术企业141户，实现产值949亿元，比上年增长6.4%。实体经济成本进一步下降，累计减免各类税费6.3亿元。

加快推进“多证合一”，新增各类市场主体9645户、增长56%。深入开展小微企业“双创示范”，新建众创空间1个、科技企业孵化器2个，新增创业基地7个。创新金融服务，“劝耕贷”试点全面启动，政银担、政保贷、过桥贷、税融通4项业务发放贷款14.42亿元，年末全县金融机构贷款余额超350亿元。泰禾光电A股在上交所成功上市，新增新三板挂牌企业5家、省股权托管交易中心挂牌企业7家。成立县天使投资合伙公司，首批1000万元天使投资即将投出。启动城市执法体制改革，县城管委挂牌成立。出台安置房规划建设和使用、杆管线新（迁）建、临时用地管理3个暂行办法，完善政府投资建设项目工程变更管理规定，大建设工作机制更加完善。开展农村集体产权交易制度改革，实行产权交易统一招投标，土地流转收益明显增长。国有企业职工家属区“三供一业”分离移交工作稳步推进。启动全民参保计划，机关事业单位养老保险制度年度改革任务顺利完成。坚持开放办学，合肥四十二中华南城分校开学招生，西园小学翡翠分校成功签约，农兴中学与合肥七中合作开设共建班，责任督学挂牌督导创新县通过国家级评估。深化医疗卫生体制改革，县医院、县中医院与省立医院、安医附院等省级医疗机构建立医联体，公立医院编制周转池制度稳步推进，医保管理体制改革启动实施。

【社会民生】 高质量实施37项民生工程，投入资金15.83亿元。不断提高社会保障水平，城乡低保标准分别上调18%和20%，分别达6552元/年、4320元/年；农村分散五保标准上调79%，达6448元/年。完善就业服务体系，新增城镇就业1.1万人，实现创业带动就业5.4万人。健全岗位落实、自谋职业、技能培训和就业服务“四位一体”的退役士兵安置机制，双拥工作深入开展。坚持教育优先发展，提前一年完成“全面改薄”工作任务，上派中心校北校区建成投入使用，桃花工业园中学、新高中建设加快推进。加大名师名校长培育力度，高考本科达线率64.8%、超全省平均水平21.6个百分点，教育质量进一步提升。全面提升卫生计生工作水平，县医院柏堰分院投入使用，家庭医生签约服务有序推进。建立“3+12”计划生育家庭奖励扶助肥西模式，惠及全县18.03万人。积极发展文化体育事业，县文化馆、图书馆升级改造顺利完成，150个村级综合文化服务中心建成使用，全市首个县级公益性共享社区书吧运营开放。首届全民健身运动会等群众性体育活动蓬勃开展。赴台举办海峡两岸“铭传情”民间剪纸艺术交流活动，对台合作交流深入推进。维护社会大局稳定，成功创建国家级无邪教示范县、省级平安渔业示范县，再获全市无传销县称号。启动“雪亮工程”建设，可视化巡更系统在全省推广。积极开展信访积案专项清理，坚决打击非访行为，信访维稳形势总体向好。全面推进

三河镇风光

肥西县乡镇、园区村（社区）委员会情况一览表

序号	乡镇名称		村（社区）委员会情况
1	高店乡	村民委员会（8个）	仪城　高升　团塘　长镇　岗圩　双丰　邵庙　新河
		社区居委会（5个）	长镇回族社区　高店社区　五四社区　平河社区　长东社区
2	官亭镇	村民委员会（21个）	官亭　高庄　团结　张祠　夏祠　童大井　河北　余店　黄店　五里　八十墩　姚岗　老庙　王集　郭桥　芦塘　楼郢　缪大庄　金华　金星　朱桥
		社区居委会（10个）	江夏店社区　马店社区　金桥社区　丰祥回民社区　焦婆社区　金郢社区　官亭社区　半店社区　新民社区　王祠社区
3	铭传乡	村民委员会（13个）	聚星　杨店　新光　白龙　农林　高塘　建设　墩塘　鸽子笼　青峰　三河　汤祠　楼塘
		社区居委会（5个）	聚星社区　井王社区　南分路社区　桂树社区　启明社区
4	紫蓬镇	村民委员会（5个）	泗洲　兴庄　罗坝　烧脉　新农
		社区居委会（6个）	燎原社区　农兴社区　永久社区　长刘社区　白衣社区　农兴街道社区
5	山南镇	村民委员会（19个）	小井庄　兴庄　西岗　夏寨　荷冲　馆北　馆东　李桥　上圩　光明　林业　华山　三合　金圩　长庄　洪桥　新圩　龙嘴　炉墩
		社区居委会（8个）	陡岗社区　金牛社区　六合社区　沈店社区　城河社区　吕楼社区　板墙社区　山南街道社区
6	柿树岗乡	村民委员会（16个）	黄花　龙潭　代塘　丁岗　柿树岗　赵店　中洋　周楼　长郢　宗洼　联圩　李嘴　廖渡　袁店　杨桥　马堰
		社区居委会（6个）	新街社区　防虎社区　界河社区　合农社区　李塘社区　双龙社区
7	花岗镇	村民委员会（15个）	粉坊　叶岗　杨湾　大黄　红堰　跨河　英塘　陈岗　慈山　蔡冲　胜利　大众　正新　群光　童岗
		社区居委会（15个）	董岗社区　孙集社区　四合社区　芮店社区　天堰社区　花西社区　李祠社区　张店社区　花岗社区　七十埠社区　善岗社区　建新社区　八里社区　陶店社区　河丰社区
8	丰乐镇	村民委员会（17个）	桥中　桥西　路塘　赵桥　桥东　安河　铁佛　大圩　新华　肖家桥　三里　方桥　安淮　民主　曹祠　新丰　蒋岗
		社区居委会（6个）	新仓社区　丰乐社区　程店社区　双枣社区　从姚社区　河湾社区
9	三河镇	村民委员会（12个）	西湖　任倪　联合　太华　桥庵　临丰　湖光　滨光　五合　河口　永和　九联
		社区居委会（14个）	茶棚社区　杨婆社区　滨湖社区　跨河社区　滨锋社区　木兰社区　西街社区　二龙街社区　北街社区　中街社区　南街社区　东街社区　建设社区　龙安社区
10	严店乡	村民委员会（8个）	三元　东南　油坊　管祠　三联　跨湖　大丰　莲花
		社区居委会（7个）	刘河社区　严店社区　西郑岗社区　苏小社区　劳光社区　罗祝社区　新建社区
11	上派镇	村民委员会（9个）	三岗　方岗　前进　彭圩　灯塔　佛寺　金岗　大墙　鲍冲
		社区居委会（17个）	新华社区　青年社区　紫蓬社区　卫星社区　南郢社区　派河社区　古埂社区　爱和社区　四十埠社区　馆驿社区　肥光社区　绿锦社区　芮祠社区　中派社区　北张社区　谢塘社区　五十埠社区
12	桃花镇	村民委员会（5个）	翡翠社区　染坊社区　繁华新园社区　柏堰社区　顺和家园社区
13	紫蓬山管委会	村民委员会（6个）	李陵　陀龙　山口　双井　凤凰　张老圩
		社区居委会（5个）	堰湾社区　紫蓬社区　周公山社区　梁岗社区　甲塘社区
14	桃花工业园	村民委员会（3个）	乐平　韩圩　沿河
		社区居委会（8个）	顺美社区　桃花社区　大柳塘社区　二十埠社区　凉亭社区　中心社区　周坝社区　西安社区
15	柏堰科技园	社区居委会（3个）	柏堰雅苑社区　香樟花园社区　锦绣怡园社区
16	新港工业园	社区居委会（4个）	庭湖社区　青龙社区　田埠社区　巢湖社区
合计	16	276	截至2016年6月10日，全县共276个村（社区），其中村民委员会153个；农村社区居委会88个；城镇社区居委会35个。

“七五”普法，成功创建全国青少年普法教育示范区。深化安全生产“铸安”行动，突出企业安全生产标准化建设，严厉打击非法经营成品油行为，安全生产责任制有效落实。全面推进全国食品安全示范城市创建，切实加强食品药品安全监管，校园“明厨亮灶”工程实现全覆盖。严厉打击侵犯知识产权和制售假冒伪劣产品行为，城乡市场秩序公平规范。巩固提升脱贫攻坚成果，整合资金3.3亿元大力实施产业、健康、教育、金融、就业等九大脱贫工程，率先在全省将特困供养人员、孤儿、城乡低保对象纳入“351”医疗保障兜底，防范返贫机制进一步健全。不断深化与阜南县结对帮扶工作。民族宗教、防震减灾、人防应急、广播电视、地方志、统计、价格、科普、气象、档案、保密等工作取得新成绩，工会、共青团、妇女儿童、红十字会、老年人、残疾人和关心下一代等事业实现新进步。

【文明创建】 文明创建深入开展，金鸣街、人民东路、金寨南路立面改造顺利完成。建成公共停车场7处，启动建设方岗、金星和园、三河北路等5个农贸市场。丰乐镇荣获第五届全国文明村镇称号，县国税局荣获全国文明单位称号，南郢家园等7个小区荣获全市文明示范小区称号、获批数量五县市第一。美丽乡村建设扎实推进，高店、铭传、丰乐、柿树岗4个乡镇政府驻地建成区环境整治项目竣工验收，铭传聚星等11个省市级中心村建设初见成效，获评省美丽乡村建设先进县。官亭王集等3个国家级土地整治示范项目通过复验，高店团塘等5个市级项目竣工验收。加快农田水利基本建设步伐，勇夺省江淮杯金奖。扎实开展农村环境“三大革命”，清理农村陈年垃圾9200吨，农村生活垃圾“户分类、村收集、乡转运、县处理”模式实现全覆盖，完成旱厕改造4558座，9处中心村小型污水处理设施建设快速推进。三河镇获批全国第二批特色小镇。2017年肥西县积极开展“中国梦”和社会主义核心价值观主题宣传活动，获评“中国好人”1名、“安徽好人”2名、“合肥好人”10名，评选“肥西身边好人”20名，荣获安徽省未成年人思想道德建设工作先进县称号。

（方鹏程）

长丰县

【概述】 长丰县地处安徽省中部、江淮丘陵北缘，东望滁州，南融合肥，西临六安，北联淮南，负“江淮要冲、吴王故里”之盛名，享“贡鹅之乡、草莓之都”之美誉。县域面积1841平方公里，建县于1965年，取“长治久安，人寿年丰”之意而得名。现辖14个乡镇、1个省级开发区。2017年，跻身全国综合实力百强县第87位，投资潜力百强县第76位，创新创业百强县第70位。

区位优越、交通便捷。是省会辐射皖北的“桥头堡”，合淮同城化的“承接地”。县域南部一区三镇为合肥北部组团，486平方公里处于合肥北二环、北三环之间，阜阳路高架、蒙城北路、淮南北路、新蚌埠路等十条城市快速通道直通市中心。淮南铁路纵贯县境，与京沪、宁西、京九等铁路相通，京福高铁、商合杭高铁在县域设有2个客运站，全国唯一。

历史悠久、人文厚重。春秋时为蔡地，吴、楚相争，兵战不已；三国时吴魏交兵，是曹操屯兵之地；东晋淝水之战的络涧前哨战，发生在境内的东北部；五代十国期间，吴王杨行密建立吴国割据称雄；清末，淮军将领聂士成抗敌“八国联军”。辛亥革命风起云涌，吴旸谷、倪映典、吴忠信、范鸿仙、龚镇洲成为一代先驱。新民主主义革命时期，共产党员崔筱斋成立合肥

2017年全县生产总值及增速

单位：亿元

指　标	绝对数	比上年增长%
生产总值	446.69	8.2
其中：第一产业	60.59	4.5
第二产业	282.57	10.5
第三产业	103.53	4.3
其中：农林牧渔业	61.52	4.6
工业	253.82	10.6
建筑业	29.02	9.5
批发和零售业	12.52	3.1
交通运输、仓储和邮政业	19.23	3.3
住宿和餐饮业	5.04	7.4
金融业	18.28	13.6
房地产业	15.59	-20.3
营利性服务业	11.88	20.7
非营利性服务业	19.79	10.0

长丰县村、社区名单
（截至 2017 年 12 月）

乡 镇	村（居）名	村（居）名	村（居）名	村（居）名
水湖镇	南孔村	李岗村	俞岗村	周巷村
	李杨村	伍岗社区	蒋赵村	谢户村
	庙岗社区	颜湖社区	兴隆村	拐王村
	小岗村	大周村	张祠社区	孔圩村
	阮巷社区	丰峡村	裴户村	长岗村
	费岗村	金瓦村	周圩村	李拐村
	翰林居	富华居	钱岗社区	水湖居
	锦湖居	岗城社区	李集居	兴湖居
罗塘乡	徐庙社区	邵集村	夹道社区	庄岗村
	杨郢村	尹集村	禹庙村	双合社区
	张岗村	梅元村	朱桥村	壁城村
	拐集村	鲁周村	黄岗村	花塘村
	戴庙村	罗塘社区	岳岗村	邵桥村
	叶集村	上拐村	联合村	樊祠村
	双门村			
左店乡	淮光村	梁埝村	高闫村	左店社区
	戴集村	韩庄村	凤凰村	永丰社区
	梁曹村	陆桥社区	创新社区	
杜集乡	高祠村	陈岗村	新星村	新街社区
	振兴村	迎新村	沛兴村	杜集社区
	团结村	胜利村	刘兴村	邱集村
	大李村	东黄村	何岗村	义合村
	隆兴社区	庙后村		
庄墓镇	杨湾村	李庄村	薛桥村	金桥村
	侯集社区	刘浅社区	枣林社区	庄王社区
	张圩村	徐岗村	庄墓社区	
义井乡	杨店村	曹岗村	甄祠村	车王村
	义井社区	向东村	大郢村	黄巷村
	曹店村	甄湾村	杜岗村	塘面村
	红桥村	龙王村	涂拐社区	蔡岗村
	迎水村	徐巷社区	楼丰村	
岗集镇	松棵村	四十埠村	青峰岭村	双庙村
	斗镇村	张庙社区	大窑村	桃山村
	新元村	安冲村	牛寨村	龙岗社区
	新庄社区	黄浦社区	井沿社区	南洪社区
	前丰社区	三十埠社区	金岗社区	卧龙山社区
	岗集居			

长丰县村、社区名单

乡 镇	村（居）名	村（居）名	村（居）名	村（居）名
吴山镇	官府社区	东岗社区	岗楼村	井岗社区
	薛店村	牌碑社区	四墩村	百花居
	桥冲村	王楼村	胜岗村	五十埠社区
	高岗村	楼南村	车左村	涂郢社区
	楼西村	梨园村		
陶楼镇	观美社区	古城社区	陶楼社区	石集社区
	高塘社区	新丰社区	陈圩社区	沙井村
	大桥村	陈祠村	杭岗社区	陶西社区
双墩镇	富水村	汪岗村	罗南社区	湖滨社区
	兴岭村	海宝村	罗北社区	梁庄村
	河东村	新集村	双墩居	南苑村
	尚岗村	马庙村	大官塘村	吴店社区
	金坝村	花园居	富民村	旧镇村
	白大塘居	北苑村	华丰村	濠河社区
	康乐社区	滁河社区	泉河社区	双丰社区
下塘镇	幸福社区	韩岗社区	牌坊村	李岗村
	钱集社区	青州居	南集村	顾圩村
	古楼社区	南圩居	北店村	陶新村
	明华社区	埠南社区	小井村	埠里社区
	万岗社区	金店居	上杨村	陶湖社区
	赵店社区	西葛社区	安费塘村	朝晖社区
杨庙镇	大元村	双塘村	马郢社区	庙南社区
	颜岗村	大路村	四树社区	庙北社区
	大程村	枣林村	云丰村	孔岗村
	豸铺村	谷大郢村	十井社区	陶店村
	宋楼村			
造甲乡	造甲社区	双河村	马塘村	缪岗村
	凤楼社区	宋岗社区	六方村	双丰社区
	凤群社区	陈刘村	联合村	宗早村
	许圩村			
朱巷镇	东许村	庞孤堆社区	柘塘社区	陈庄村
	镇北村	羊荒村	朱巷社区	梁圩村
	七里村	梁山村	耿岗村	油坊社区
	前黄村			
双凤工业区	凤梅居	徐桥居	凤霞居	梅冲湖居
	阿奎利亚	共和城居	洪塘社区	万里社区
	大陆社区	宇桥社区		
三十头镇	四十头村	李湾村	横店村	五十头村
	范冲村	杜大郢村	方岗村	卫岗村
	罗巷村	三房岗村	新店居	北岗居
	高峰居	三元居	瓦岗居	三十头居

地区第一个党组织中共合肥北乡支部。县域内现有荒沛桥陆遐龄起义遗址，柘塘集袁洪漠大战周盛传遗迹、吴山庙起义、双河集革命暴动故址……

生态优美、宜居宜游。滁河干渠串联双凤湖、双龙湖、鹤翔湖、梅冲湖、大官塘等五座水库、上万亩水面，大别山天然山泉水顺渠而下，享有“五湖连珠”的美誉。境内拥有元一双凤湖国际旅游度假区和岗集非物质文化遗产园两个国家4A级旅游景区。正着力打造100平方公里大房郢水库上游现代都市型生态农业园区。

长丰县已培育形成汽车配件、新型建材、食品加工、电力电器、平板显示五大主导产业，是全省汽配生产基地、全省建材生产大县。江汽、伊利、万和、世纪金源、恒大、南山集团、广银铝业等全国知名企业先后落户县内。全县现有国家级高新技术企业70家，国家火炬计划重点高新技术企业2家，省级重点实验室1家。“十三五”期间，与安徽大学加强产学研结合，合作共建安大合肥绿色发展研究院，打造“科创绿洲”。2017年，长丰县全年城镇常住居民人均可支配收入首次突破3万元，达到30490元，同比增长8.9%，与全省相比高出0.4个百分点。

【工业】 2017年，规上工业增加值同比增长11%，增速快于全市1.6个百分点，持续保持平稳较快发展态势。完成工业投资309亿元，增长17.8%，占年度目标任务306亿元的100.1%；其中完成技改投资176.2亿元，增长17.3%，占年度目标任务175亿元的100.7%；全县规上企业户数397户，产值超亿元企业200户，累计实现产值649亿元，增长20.9%。其中，鸿路钢构、万安汽车、万力轮胎、伊利乳业等重点企业月均产值超亿元。新型建材、汽车零部件、食品加工、电力设备、家居家电、生物医药等重点产业实现产值537亿元，占全县工业总量的60%；荣事达电子电器入选国家级双创示范基地、国家级工业旅游示范基地，龙波实业等3户企业通过市级创业基地备案，庆云医药等8个工业产品被认定为省级新产品，舜禹水务等10户企业通过省、市级企业技术中心中心认定，企业创新能力不断取得新突破；新通过省市级“智能工厂”认定5户、“数字化车间”15户，通过国家“两化融合”贯标体系认证企业2户。荣事达、志邦家居等5户企业（项目）先后入选国家级、省级智能制造、制造业与互联网融合试点示范。2017年全县列入市“大新专”项目108个，总投资1244.27亿元，计划投资145.61亿元，全年完成投资199.83亿元，占年度计划的137.24%；计划新开工项目42个，实际开工项目49个，开工率116.67%；计划竣工项目16个，实际竣工项目35个，竣工率218.75%。

全年规模以上工业总产值增长11.4%；其中战略性新兴产业产值增长8.8%。规模以上工业实现增加值198.75亿元，按可比价计算，比上年增长11.0%。

规模以上工业统计的主要产品产量中，电动机增长51.7%，电动自行车增长20.6%，彩色电视机增长95.6%，电子元件和电力电缆分别增长61.8%和50.3%，商品混凝土下降2.0%，乳制品下降4.5%，水泥下降5.8%。

【农业】 2017年，全县农林牧渔业总产值103.67亿元，其中农业总产值59.6亿元；农村居民人均可支配收入17596元，同比增长9.0%，总量比全省高4838元，增速与合肥市持平，比全省高0.1个百分点，增速位居合肥五县（市）第二位。长丰县获得安徽省美丽乡村建设先进县、全国“平安

2017年规模以上工业主要产品产量及其增长速度

产品名称	单 位	绝对数	比上年增长%
大米	万吨	54.81	-5.1
乳制品	万吨	27.55	4.5
营养、保健食品	吨	452.00	48.2
饮料	万吨	7.83	-5.0
家具	万吨	1121.69	9.6
纸制品	万吨	13.21	51.5
橡胶轮胎外胎	万吨	121.09	1614.4
水泥	万吨	130.92	-5.8
商品混凝土	万立方米	383.04	2.0
钢结构	万吨	56.09	38.4
模具	套	14951.00	17.0
电动自行车	万辆	5.96	20.6
电动机	万千瓦	32.95	51.7
电力电缆	万千米	7.13	50.3
家用电冰箱	万台	8.20	6.0
灯具及照明装置	万套（台、个）	53.96	142.7
彩色电视机	万台	9.25	95.6
电子元件	万只	979.00	61.8

农机”示范县。全县培育发展142个粮食绿色生产技术示范基地，全年粮食生产面积达151万亩，总产达62.5万吨。深入开展草莓产业提升行动，成功举办第八届全国草莓大会，草莓种植面积达21万亩；积极推进稻虾共养，稻虾共养面积突破6万亩，当年新增1.2万亩；大力发展薄壳山核桃产业，全县种植面积突破2万亩。围绕合淮路、合水路，集中打造10个田园综合体。在积极扩大稻虾共养面积的同时，全力打好规模养殖场污染治理攻坚战，全年关闭或搬迁禁养区养殖场93家，全县养殖业规模化、标准化、规范化、绿色健康养殖水平全面提升。全县农业龙头企业发展到191家，各类专业合作社、家庭农场分别突破800家、1000家。积极引导各类农业经营主体与电商企业对接，农副产品依托淘宝、京东、微店等电商平台进行网上销售，促进一三产业实现深度融合。

【草莓生产】 出台《草莓产业提升工程实施意见（试行）》，鼓励支持草莓标准化生产、草莓子品牌创建、草莓线上线下销售及草莓一三产融合发展等，开展草莓子品牌评选和草莓包装设计大赛。2017年，全县草莓面积达1.4万公顷，总产达35万吨，总产值突破50亿元，拥有草莓种植户近9万户、从业人员18万人、受益农民约36万人。同时，长丰草莓品牌效应不断扩大，荣获最受消费者喜爱的农产品区域公用品牌，品牌价值被认定为34.28亿元。

【草莓大会】 第八次中国草莓大会暨第十三届中国草莓文化节于2017年2月16日～19日在长丰隆重举行。本次大会共有来自美国、英国、意大利、德国、西班牙、日本、越南等7个国家和71家国内各大院校、科研院所的专家以及国内25个省（市、区）的参会代表，与会人员1300多人；新华社、CCTV4、CCTV7、法制日报、经济日报、农民日报等50多家新闻媒体全程报道，为历届草莓大会之最。

【农业产业化】 2017年，全县新增省级龙头企业1家，市级龙头企业18家，全县农业龙头企业达到113家。全县各级农业产业化龙头企业实现销售收入突破478亿元，同比增长15.6%；实现销售收入过亿元以上农业产业化龙头企业20家。全县各级龙头企业带动和辐射基地面积达35万亩，同比增长4.6%，带动农户5.1万户，户均增收420元。全县初步形成了以丰大集团、金润米业、永迪油脂为依托粮油精深加工产业群，以伊利乳业、新希望白帝为依托的乳制品加工产业群，以东宝公司、荣丰公司为依托的蔬菜、水果加工产业群，以长风公司、鄂尔多斯为依托畜禽产品加工产业群，以立华禽业、九牛牧业为依托的饲料加工产业群，全县农产品加工企业278家，其中规上企业74家，农产品初加工企业产值164.38亿元。共培育组建各类农业产业化联合体11家，新增市级示范联合体5家，参与农业联合体运营的企业有24家，各类合作社35家，家庭农场50家，专业大户10家，带动农户3000户，经营土地1533.33公顷。

【农业机械化】 农机装备总量持续增长，结构进一步优化，2017年农业机械总动力达98.88万千瓦，比2016年末增长3.50%，

2017年主要农业产品产量及其增长速度

产品名称	单 位	绝对数	比上年增长%
粮 食	万吨	61.53	2.0
#小 麦	万吨	15.52	4.2
水 稻	万吨	42.45	1.0
油 料	万吨	3.21	-2.1
#油菜籽	万吨	2.48	-3.0
棉 花	吨	5413	-0.5
蔬 菜	万吨	32.14	4.6
肉 类	万吨	13.39	1.1
禽 蛋	万吨	2.91	0.2
水产品	万吨	3.96	4.4

2017年全县房地产开发和销售主要指标完成情况及增长速度

指 标	单 位	绝对数	比上年增长%
投资额	亿元	108.08	-4.3
其中：住宅	亿元	70.86	5.1
房屋施工面积	万平方米	599.69	17.6
其中：新开工	万平方米	195.68	32.4
房屋竣工面积	万平方米	183.11	72.8
商品房销售面积	万平方米	117.85	-64.9
其中：住宅	万平方米	69.83	-75.1
商品房待售面积	万平方米	19.70	59.4
其中：住宅	万平方米	11.43	91.8
商品房销售额	亿元	111.96	-54.6
其中：住宅	亿元	69.66	-67.2

主要农作物综合机械化水平达79.90%。全年共办理农机登记注册471台，其中拖拉机243台、收割机228台；年检农机467台；培训报考换发驾驶证农机手150人，办理驾驶证128本，换发驾驶证101本；办理农机报废21台、网上注销21台，实地对皖中报废公司进行检查，监销报废收割机（全市）99台。

【城乡规划建设】《北城城市形象设计》《国际慢城概念性规划》《县城总体城市设计》三大规划同步编制。启动新一轮乡镇总体规划、村庄布点规划修编。完成北城和县城公共服务、综合交通、排水供热、邻里中心、公园绿地等规划编制。全力打造品质北城，阜阳北路高架全面动工，凤麟路、五湖大道、淮南北路等延伸工程有序推进。着力建设“精致县城”，综合运动馆、护城河二期等项目开工建设，县城慢行系统、公共停车场、绿化提升、菜市场改造等启动实施，城市规划展示馆、气象科普馆、科技馆、体育场、书画院建成使用。加快推进城乡建设，合水路（水湖—左店段）、水九路、张义路等工程进展顺利，1332公里农村道路扩宽升级，55座危桥加固改造。全面建设美丽乡村，朱巷、义井等7个美丽乡镇、7个市级中心村圆满通过省级验收。

【公用事业】2017年，全县各乡镇（区）涉及重点拆迁项目共计132个，计划拆迁面积约328.23万平方米，累计完成拆迁面积约381.81万平方米；初步实现城乡供水一体化，供水区域覆盖双墩（罗集）、岗集、下塘、朱巷、庄墓、左店、义井、杜集、陶楼、造甲等乡镇，受益人口约50余万人；全县管道燃气覆盖率达74%。2017年，全县共监督管理1089个单体工程，建筑总面积约528.6万平方米，其中，竣工工程235个单体。处理各类质量、安全等投诉案件462件，结案率达100%。监管项目中共有16个项目获奖，建筑面积达44万平方米，其中，荣获合肥市“庐州杯”优质工程3项、安徽省“安全文明标准化示范工地”1项、合肥市“建筑施工安全生产标准化示范工地”6项、合肥市建筑施工“平安工地”6项。

【建筑业】2017年，全县纳入统计范围的具有建筑业资质等级的总承包和专业承包建筑业企业85家，完成总产值69.44亿元，同比增长14.8%；实现利润总额5.21亿元，同比增长45.9%。房屋建筑施工面积396.16万平方米，同比增长24.4%；房屋竣工面积253.73万平方米，同比增长5.2%，期末从业人员2.31万人，企业劳动生产率30.03万元/人。全年房地产开发投资108.08亿元，下降4.3%，其中住宅投资70.86亿元，增长5.1%。商品房施工面积599.69万平方米，增长17.6%；竣工面积183.11万平方米，增长72.8%。商品房销售面积117.85万平方米，下降64.9%；商品房销售额111.96亿元，下降54.6%。

【商贸】制定《长丰县电子商务进农村全覆盖工作方案》和《长丰县电子商务进农村全覆盖工作奖补资金细则》等文件，建成长丰级电子商务公共服务中心和电商物流快递配送中心；共建村级服务站点301个，实现240个行政村村级服务站点全覆盖；举办32场次电子商务培训，理论培训超3000人，实操培训超600人，新增电商主体超过100家。全年实现社会消费品零售总额66.05亿元，同比增长15.0%。从消费形态看，商品零售56.58亿元，增长15%；餐饮收入9.47亿元，增长15.2%。分企业规模看，限额以上企业零售额13.31亿元，同比增长19.8%，限额以下企业实现零售额52.74亿元，同比增长13.8%。全年进出口总额2.75亿美元，增长32.2%。其中，出口1.91亿美元，增长22.1%；进口0.84亿美元，增长63%。

【生态环境】实施绿化提升改造，规划启动北城“511”及县城绿化提升工程，高标准完成梅冲湖公园改造提升、县城和岗集高速出口景观升级，建设合淮路、合水路绿色长廊，完成绿化造林7000亩。庄墓镇成功创建省级生态镇，朱巷镇、罗塘乡、义井乡成为省级森林城镇。双凤开发区等获得全国文明单位（村镇）称号。大力推进农村“三大革命”，实施城乡环卫一体化工程，配置保洁人员5200多名、环卫车辆1700多辆、垃圾桶6.6万个，清理陈年垃圾近3.6万吨。完成改厕6058户，提升改造53座污水处理站，乡镇污水处理厂集中运营，皖能垃圾发电厂正式运行，实现污水、垃圾集中处理全覆盖。掀起环保风暴，开展“四个专项整治”，共清理轮窑厂26家、石料加工厂46家、养殖场183家、“小散乱污”企业204家，完成成龙钢铁、龙佳金属等落后产能淘汰。重拳出击，拆除违法用地建筑101处、15.5万平方米，拆除违规高速广告牌108处。顺利实现省市年度空气质量控制目标，板桥河等三个市级考核断面水质全面达标，生态环境显著改善。

【社会民生】2017年，投入16亿元，实施38项民生工程。恒大帝景、世纪金源等4个邻里中心投入使用。投入3亿元实施城乡供水一体化，改造收购 10家乡镇小水厂，50万群众喝上“放心水”。新增就业10833人，城镇登记失业率控制在2.88%以内。低保、五保提标幅度位居全省前列。完成全县敬老院提标改造，在全省率先为敬老院装上空调。全国义务教育发展基本均衡县通过复查，高考本科达线率提高到61%，成功推行义务教育阶段校车运营，开办2所小学，建成3所公办幼儿园，创建3所市级一类幼儿园。县医院与省立医院、县中医院与省中医院实现托管合作，下塘、双墩卫生院被国家卫计委授予“群众满意的乡镇卫生院”称号，杨庙卫生院获评“全国百佳乡镇卫生院”，北城11所社区卫生服务站全面开诊，三级卫生服务体系更加完善。年末全县参加城镇（职工）基本养老保险人数5.13万人，比2016年增长5.3%；参加失业保险职工人数3.05万人，比2016年增长4.6%；参加城镇基本医疗保险职工人数5.46万人，比2016年增长3%；城乡居民社会养老保险参保人数40.93万人；城乡居民参加合作医疗人数64.88万人。全县城镇居民最低生活保障救济人数0.69万人；农村居民最低生活保障救济人数3.52万人；农村五保户供养人数0.59万人。

【项目及招商】 坚持项目工作主抓手，建立县领导领衔分类推进重大项目制度，实行重大项目“挂图作战”，完善县重大项目智能管理系统，建立项目信息化精准服务和调度工作机制，全力加快投资增长。2017年列入市“大新专”项目108个，总投资1244.27亿元，占年度计划的137.24%；计划新开工项目42个，已开工49个（其中计划外开工8个），开工率为116.67%；计划竣工项目16个，已竣工35个（其中计划外竣工20个），竣工率为218.75%。超额完成市下达的项目推进工作任务。2017年与央企合作新签约项目3个，总投资270.2亿元；新开工项目2个，总投资70.2亿元，实际完成投资44.6亿元；竣工项目3个，总投资74亿元；成立十大重点产业推进组，量身定制招商政策，精准推进产业升级。营造大招商氛围，坚持全员“走出去”招商，创新招商方式，以商招商渠道不断拓宽，成立县政协委员企业家联谊会等3个商会，建立“智库＋招商顾问”新模式，聘任21名招商顾问，把关招商质量。基金招商取得突破，成立县基金决策委员会，设立10亿元北城文化基金、专项招商基金，发行2.41亿元三品创业等3支专项基金。全年研究审定75个招商项目，总投资287亿元。全年签约亿元以上项目53个，其中，工业大项目5亿元以上18个，10亿元以上5个。

【交通和邮电】 2017年，建成水九路一期6.7公里主车道，合水路（左店至水湖段）14.6公里正在铺筑水稳垫层，张义路全长21公里正在沥青混凝土铺筑。完成了金梅路、江汽大道的环评、初步设计、林地、规划等前期手续；县城公交停保场规划用地近70亩的主题工程已结束。206国道（吴山至南岗段）境内长约12公里，其中吴山至岗集段约3公里已完成沥青路面铺设；做好滁淮高速公路长丰段全长24.616公里的协调服务工作，该路道路底基层已完成。县乡公路方面，县级公路畅通工程建设任务22公里、乡级公路畅通工程建设任务61公里、民生工程建设任务282公里和村级公路畅通工程建设任务666公里已全部完成；农村公路养护大修工程5.67公里、中修工程16公里、村村通维修工程22公里；共查处超限超载车辆1162台次，其中车货总超过75吨以上40辆次，办结超限案件1138件、抛撒案件57件、切割改型车辆19台次，卸载、转载货物1.2万吨，公安部门处理驾驶证98本、记549分，全年共罚款528.06万元，行政拘留2人，全县超载率逐年下降，超载车辆达到有效遏制。连续三年获得全省治超工作先进县。开通合肥至下塘和吴山公交车，使村村通班车与县际班车、公交车形成无缝对接。对70周岁以上老年人、二级以上残疾人等特殊群体继续实行免费乘坐公交车，进一步方便群众出行。严格兑现村村通班车冷线补贴资金，行政村村村通班车通达率100%，年末，全县公路通车里程3223公里，其中高速公路通车里程91公里。年末民用汽车拥有量4.8万辆，比2016年增长9.1%；其中私人汽车3.25万辆，增长10.2%。民用轿车拥有量2.08万辆，增长7.8%，其中私人轿车1.96万辆，增长8.3%。

全年邮电业务收入5.95亿元，增长14.6%。其中，邮政业务收入0.99亿元，增长120%；电信业务收入4.96亿元，增长4.6%。本地固定电话年末用户5.67万户，比2016年减少0.19万户；移动电话年末用户73.66万户，比2016年增加10.91万户。年末基础电信运营企业计算机互联网宽带接入用户17.57万户，比2016年增加4.14万户。

【财政和金融】 2017年，财政收入55.14亿元，同比增长11.4%。其中，地方财政收入35.11亿元，同比增长5.3%。财政支出61.66亿元，同比增长13.3%。其中，一般公共服务支出7.59亿元，增长85.7%；社会保障与就业支出6.89亿元，增长10%；城乡社区事务支出11.55亿元，增长81.4%；医疗卫生支出6.25亿元，下降15.1%，教育支出11.12亿元，增长25.4%。全年实施38项民生工程累计投入16.7亿元，惠及60多万城乡居民。年末全县金融机构各项存款余额410.69亿元，比上年末增加76.42亿元，同比增长22.9%；其中，住户存款余额164.8亿元，比上年末增加27.09亿元，同比增长19.7%；各项贷款余额242.95亿元，比上年末增加49.25亿元，同比增长25.4%。其中，短期贷款64.83亿元，增长27.4%；中长期贷款166.59亿元，增长26.2%。

全年保险公司保费收入3.54亿元，比上年增长7.9%。其中，财产险保费收入2.3亿元，比上年增长25%；人身险保费收入1.24亿元，比上年下降13.9%。赔款和给付支出1.98亿元，增长5.9%。其中，财产险业务赔款支出1.28亿元，下降8.6%；人身险业务赔款支出0.7亿元，增长48.9%。

【教育】 把加强乡村教师队伍建设摆在优先发展的战略地位。2017年，农村偏远学校津补贴及乡镇工作补贴惠及教师4789人，发放资金1206.4万元。发放教育质量提升奖5200万元，补发2016年教育教学质量提升奖1000万元。全力加快学校基础设施建设，投入1785万元，改扩建维修校舍22625平米。全面改薄投入3367万元完成改造16所学校。投入运行14辆校车，16条运行线路，94个接送站点，承载了323名小学生的平安上学路。北城中学委托合肥一中管理，进入合肥高中第一方阵。推行学生饮用奶计划，203所中小学校和幼儿园39136人订购学生奶。新出台5项教育扶贫资助政策。对建档立卡在校大学生每生资助4000～5000元。对高中建档立卡户学生免除住宿费。对义务教育阶段建档立卡户学生免收一教一辅资料费。对开通校车和试行饮用奶计划的学校，免除建档立卡贫困户子女饮用奶费和乘校车费。在俄罗斯喀山第十四届世界武术锦标赛上，合肥北少林武校学子王雪、代诗梦夺得武术套路女子长拳冠军、女子散打48公斤级冠军。

年末全县共有普通中学41所，在校学生3.16万人；中等职业教育学校7所，在校学生1.05万人；小学83所，在校学生4.67万人；幼儿园101所，在园幼儿1.99万人。全县小学学龄儿童入学率100%，初中毕业生升学率100%。

【扶贫】 在2017年省对县级党委、政府扶贫开发工作成效考核中，长丰县综合评价为“较好”，在合肥市所辖县（市）区“较好”县中排名第一位。

出台《关于深入开展扶贫开发工作整改提升行动实施方案》等系列文件，进一步强化督查和问责，成立金融、教育、健康、就业、产业、社保六大精准扶贫工作组，确保各项扶贫政策落地见效，全力以赴推进年度脱贫攻坚任务顺利完成。

全县15个乡镇（区）258个村（居）聘用了267名扶贫专干，对45个贫困村派驻45支、135人的扶贫工作队。有扶贫任务的213个非贫困村，各安排1名县直单位或乡镇领导班子成员联系帮扶，县、乡、村共有6511名干部联系25784户贫困户，实现了包保全覆盖。开展了“重精准、补短板、促攻坚”专项整改行动、脱贫攻坚“百日会战”、脱贫攻坚工作大排查，对标问题整改，及时补差补缺。召开县乡村三级干部培训大会就达4次，组织召开15次脱贫攻坚工作推进会，其他集中辅导培训46余次，组织开展27次全县范围的专项督查，免费发放各类扶贫政策宣传资料5.8万份。经省第三方监测评估确认，实现149户383人贫困人口脱贫任务，超额完成年度脱贫目标任务。贫困人口由2013年底的51300人下降到2017年底的154人；贫困发生率由7.75%下降到0.03%，减少7.72个百分点。

【公安】 2017年，共立刑事案件2900起，其中立侵财类案件2484起；破案896起，其中破侵财类案件622起；刑事拘留661人。抓获毒品犯罪嫌疑人14名，查处吸毒人员146名，其中强制戒毒37名。共查获收缴非法枪支15支，管制刀具23把，收缴非法烟花爆竹3102件，各类子弹447颗、炮弹3枚、雷管11支，排查管控涉枪涉爆重点人42人，查处枪爆危险物品违法犯罪案件21起，查获违法犯罪人员16人。共受理行政案件2740起，治安调解2364起，行政拘留682人。全县社会治安呈现“五降四升”态势，刑事类警情、刑事发案、治安案件、四类可防性案件、传销警情同比分别下降6.1%、22.1%、36.3%、26.5%、80.4%，刑事破案、刑事打处、移送起诉、治安处罚同比分别上升19.3%、2.5%、15%和46.6%。全年共添加人口71851人，注销人口63934人；添加房屋9417户，注销3054户；添加单位596户，注销276户。1人荣获“全国优秀人民警察”称号，1人荣记个人一等功，1人荣记个人二等功，13人荣记三等功，19个集体和120人次受到县级以上表彰奖励。

年末全县常住人口66.01万人，比2016年增加0.78万人。年末户籍人口76.99万人，比2016年增加0.03万人，其中城镇户籍人口19.18万人，户籍人口城镇化率24.9%。全年人口出生率15.54‰，比2016年上升2.19个千分点；死亡率4.4‰，上升0.07个千分点；自然增长率11.14‰，上升2.12个千分点。

（李　标）

庐江县

【概况】　庐江又称潜川，是周瑜故里、温泉之乡、矿业大县。庐江古为舒国。现辖17个镇，190个村，40个社区。总户数391973户，总人口1205834人，其中男624286人，女581548人。2017年全县生产总值284.9亿元、增长7%，跻身“全国中小城市投资潜力百强县市”第87位，经济社会发展预期持续向好。其中：第一产业47.9亿元，占GDP比重16.8%；第二产业工业128.9亿元，占GDP比重45.3%；第三产业107.9亿元，占GDP比重37.9%，三产比重为16.8：45.3：37.9。全县城乡居民可支配收入22279元，增长9.7%。其中城镇居民28843元，增长8.8%，农村居民17204元，增长9.1%。

庐江县隶属于合肥市，位于江淮之间，地处皖中巢湖西南畔，为合肥市南部副中心。陆路交通主要有合九铁路，合安和合、铜、黄高速公路以及省道合铜公路，巢、庐公路、二军公路，水路运输通巢湖达长江。2017年实施乡村道路畅通工程开工率为100%。路基已完成970公里。县级畅通工程，已经完工的1条，正在施工的20条。全县公路总里程2679千米（其中高速公路78千米）。内河常年通航里程162千米。合九铁路庐江段全长36.7千米。境内基本形成以公路为主干，铁路、水路并举的立体交叉网络。

庐江属大别山余脉，境内群峦叠峰，绵延而南；东挟黄陂、白（湖）二湖，北连巢湖，圩田河流；中多丘陵，纵横起伏，冲塝相间。最高牛王寨海拔595米，最低为同大圩的同大浦5.8米，相对高差589.2米，一般海拔为20米至40米。形成西南高，东北低的地势。全县总面积中，丘陵地区54%、低山18%、圩区17%、水域11%，大体是“两山一分水，两圩五丘陵”的地形结构。

【矿产资源】　庐江县矿产资源富集，素有“地下聚宝盆”、“矿业大县”之称。建国后，经普查勘探，已探明的有铁、硫铁、铜、矾、铅锌、紫砂、石灰石、高岭土、钾长石等33种，其中：铁矿石储量近10亿吨，占全省1/4，平经均品位35%，罗河铁矿载入《中国地理》教科书；硫铁矿6.7亿吨；明矾石1.5亿吨，居全国第二位。龙桥铁矿、大包庄硫铁矿等项目已纳入国家项目库。2017年度，全县重点矿山企业开采原矿石737.59万吨，同比下降17.67%；产品产量486.04万吨，同比下降7.41%；工业总产值21.84亿元，同比增长12.69%；产品销售收入21.85亿元，同比增长11.34%；实交税金3.77亿元，同比增长65.59%。

【工业】　2017年，全县坚持“工业强县”战略不动摇，实现全县255户规模以上企业，新增23户。规模工业完成总产值216.4亿元，增长1.2%，17个镇完成工业总产值160.1亿元。全县战略性新兴产业和高新技术产业产值33.4和40.6亿元，分别增长16.7%和7.5%。全社会用电量16.92亿千瓦时，增长6.9%；工业用电8.98亿千瓦时，增长7.2%。

【高新经济开发区】　2017年，签约亿元以上项目13个，10亿元以上项目2个，5～10亿元项目1个，1～5亿元项目10个，协议总投资54.07亿元。实际到位资金数为57.96亿元，完成全年目标任务数的101.7%（全年目标任务数57亿元），完成序时进度的110.93%。2017年完成工业总产值68.2亿元，同比增长5.7%；完成工业增加值15亿元，同比增长1.8%；完成规上工业总产值44.7亿元，同比增长7%；完成工业投资50.33亿元，同比增长14.9%；完成固定资产投资61.37亿元，同比增长16.7%。实现税收3.16亿元，同比增长88.94%。

【现代农业】　持续扩大国家现代农业示范区建设试点成果，2017年实现农林牧渔业总产值86.2亿元、增长5%。

农业　全年粮食产量达88.2万吨，增长2.6%。水稻绿色高产高效创建示范成效显著，被省农委推荐为农业部技术攻关标兵县。台创园获得国家农业科技园区建设考核优秀等次。“三权分置”改革稳步推进，完成土地确权134.9万亩，通过农村产权交易平台入市成交34宗、1.63万亩、9401万元，发放农村承包土地经营权抵押贷款14笔980万元，发放农业小额保证保险贷款1.5亿元。汤池等9个集镇与虎洞等28个省级中心村的建成区整治顺利通过验收。全面掀起农村环境“三大革命”热潮，累计清理陈年垃圾3万吨，12个镇污水处理厂投入使用，58个中心村实现污水处理全覆盖，实施农村改厕8000座。汤池镇三冲村荣获“全国环境整治示范村”，果树村连续两届荣获“全国文明村镇”。新增培育各类新型农业经营主体225个，其中家庭农场132个、农民合作社68个、市农业产业化龙头企业21家。全县现代农业产业化示范联合体发展到25家。

农机 全县农机总动力达156.4万千瓦，其中大中型拖拉机3400多台，联合收割机3200多台，水稻插秧机890多台，育秧机械100多台套，粮食烘干机860多台套，植保无人机21台。主要农作物综合机械化水平达82%，农机经营总收入14.9亿元。庐江县先后被命名为全国农机化示范区、全国平安农机示范县、省农机富民工程重点县、省主要农作物全程机械化示范县。2017年，获全国主要农作物全程机械化生产示范县。

林业 全县完成造林2.3万亩（其中：长江防护林0.4万亩）；完成灾后重造0.3万亩，灾后抚育1万亩；完成农村“五个一”工程绿化0.4万亩；完成长江防护林工程封山育林0.4万亩，完成森林抚育4万亩（省级森林抚育示范片建设1.5万亩），经省林业厅造林核查组验收确认2017年造林面积核实率为100%，保存率为100%。2017年完成城市绿化面积102.3万平米（其中新增71.6万平米，提升30.71万平米。完成义务植树400万株。

水务 水利加快推进白石天河重点河段治理工程扫尾和验收。罗昌河、柯坦河防洪治理工程全面开工。兆河防洪治理工程通过小农水县级验收。水利兴修完成土石方850万m^3，完成农田水利基本建设投资1.0亿元以上。扩挖塘坝3991口；结合水毁修复清淤河沟88条；实施小型泵站更新改造2956kw；加固新建规模以上小型水闸20座；除险加固小型水库8座；改造灌溉面积1～5万亩的灌区2处、5万亩；改造灌区末级渠系5万亩。同时对全县面上水利工程按照“产权有归属，管理有载体，运行有机制，工程有效益”，继续试点推进小型农田水利工程产权制度改革。

水产 全县水产养殖面积稳定在18万亩，渔业总产量5.7万吨，比上年增长4.2%，渔业总产值17.6亿元，增长4.6%。

【扶贫开发】 坚持把脱贫攻坚作为最大政治任务和第一民生工程，建立健全“单位包村、干部包户”机制，成立18个包镇（园区）工作组、222个包村工作组、1387个包户工作组，7710名帮扶干部担当起帮扶责任，同困难群众融为一体，成为共同脱贫致富一家人。进一步完善建档立卡数据，不断提升基础工作质量，基层基础得到有效夯实；进一步完善政策体系，不断细化工作举措，“十大工程”得以落地见效。持续加大投入保障和政策支撑，发放金融扶贫小额信贷1.76亿元，兑现健康扶贫综合医保资金1.49亿元，实现22个贫困村产业达标，5794名贫困人口相对灵活就业，12683名贫困家庭在校生教育资助全覆盖。

全县有扶贫开发任务的村（社区）共有222个，其中2014年建档立卡贫困村24个、贫困人口90200人。2014年脱贫17092人，2015年脱贫30994人，2016年脱贫26339人，2017年实现16114名贫困人口脱贫，其中省第三方评估脱贫15501人，自然减贫613人。尚有贫困人口403户1084人，其中五保贫困户15户23人、低保贫困户311户870人、一般贫困户77户191人，贫困发生率由2014年建档立卡时的7.5%下降到2017年底的0.1%，2017年农民人均纯收入增长9.1%，高于全省平均水平，完成年度减贫任务。2017年庐江县脱贫攻坚综合考核评价为“好”，在全省排名第19位，在合肥市排名第1位；扶贫资金绩效考评位列全省第3位；教育扶贫在全市考核中位列第一。还荣获全省健康脱贫示范县称号。

全县发展特色种养业扶贫户34782户，占建档立卡贫困户95.4%。特色扶贫累计投入财政资金11117.61万元。在项目覆盖户率、财政投入强度和新型主体带动的贫困户比例三大主要指标中，庐江在71个县中排名分别为第23位、第37位和第14位。

【现代服务业】 2017年，规模以上服务业营业收入20.3亿元，税金29万元，利润总额7亿元，应交增值税1217万元。规模以上服务业法人单位，包括交通运输、仓储和邮政业、信息传输等方方面面。其中，庐江县移动公司通信业务服务收入累计完成27960万元，移动客户数年末达到43.77万户，其中，4G基站建设规模达到621个，4G活跃用户到达21.26万户，同比增长51%，互联网电视用户到达4.63万户，同比增长57.19%。庐江县联通公司全年累计完成净收入5956万元，累计发展用户3.31万户。年末总用户数达13.11万户。

【城乡建设】 2017年，新续建项目138个，竣工项目73个，完成投资66.9亿元，征地2.9万亩，拆迁150万平方米，均创历史

冶父山

新高。建成合铜路二期、花泥路、环湖大道与庐城连接线二期、石头至万山、金牛至郭河等重点道路。建成农村道路畅通工程1798公里，改建危桥123座。二军东路、小砂路、庐巢路即将开工，合安高速郭河道口及连接线开工建设，合安高速四改八、岳武高速东延前期工作进展顺利。建成25条市政道路共30公里，内环北路、五里南路、移湖北路等主干道基本贯通，兆河路、礤桥路等次干道正式通车，汤池北路等断头路打通，“二环五横五纵”市政路网蔚然成型。城市人居环境持续提升。建成黄庄家园、朱墩花园、余月湖畔等安置小区9个、100万平方米，完成分配80万平方米，8000多户群众喜迁新居。投资6000万元实施绿都花园等8个老旧小区、小乔巷等10余条背街小巷和10个星级旅游公厕改造，直接惠及群众3.5万人。完成4380户农村危房改造。新建商品房138.3万平方米，销售95万平方米。新建一体化排涝泵站3座，完成城区易涝点整治。环碧公园和二军西路改造景观提升绿化精品示范工程已经按时竣工；苏家河、二军西路以及南外环26.1公里绿道建成，标识标牌安装到位；环碧公园开园、三里岗游园主体工程接近完工；新建花镜周瑜大道与合铜路立交桥、小乔园等7处，1350平方米，在市局开展的城市花镜建设竞赛中获奖；合铜路等五条道路绿化长廊建设稳步推进，已完成整理土地172.48万平方米，占总任务85.20%。新改建公园绿地2个、街头游园6个，实施道路绿化13条，26公里河道景观带全面建成，新增提升绿化面积102万平方米。持续开展市容秩序、户外广告、渣土运输处置等专项整治，加强违法建设管控，城市净化、亮化、美化、绿化水平全面提升。连续三届成功创建安徽省文明县城。

【美丽乡村建设】 汤池等16个镇的总体规划修编工作全面启动，汤池镇已经县政府批复，白山镇已通过专家评审，盛桥镇已完成评审稿，同大、泥河镇正在修改完善，其他11个镇总规划均在加紧编制和修改完善；启动了郭河等6个镇政府驻地建成区整治规划和完成了12个省市级美丽乡村中心村建设规划方案的审批工作。同时，汤池等28个省级中心村规划和9个镇政府驻地建成区整治规划已通过省市验收。

【房地产市场】 城投公司为保障县城西新区三期工程2600套棚改项目，申报发行二期企业债13亿元，期限7年。2017年融资到位资金8.2亿元，落实项目放贷8.2亿元。推进PPP项目合作。与市建投集团合作按1：9比例共同出资成立庐江县基础设施（一期）工程PPP项目公司合肥市建庐建设投资有限公司，到位注册资本6.7亿元；与智慧时代投资管理有限公司按2：8比例共同出资设立庐江智慧城市PPP项目公司智慧时代（庐江）投资管理有限公司，两公司组建完成，解决总投资30.4亿元和10亿元的城市基础设施建设项目资金。完成城西新区三期1300套棚改项目政府购买服务前期调研和准备工作，竣工验收并交付分配安置房55万平方米。

2017年新开工建设商品房169.5万平方米，同比增长162.8%；全县开发总投资70.5亿元，同比增长70.2%。其中住宅51.73亿元增长62.3%。全县新建商品房批准预售125.1万平方米（10816套），同比增长23%；新建商品房销售92.6万平方米（8244套），商品住宅销售均价7664元/平方米，同比增长29.9%。全县经营性用地成交912.9亩，虽然同比下降4.2%，但成交金额36.9亿元，同比增长17.0%；全县房地产税收入6.0亿元，同比增长8.1%；吸引了碧桂园、恒大等多个一流开发商企来庐，开发品质明显提高，居住环境日益改善，城市品位也日渐提升。全年争取保障性安居工程专项补助资金8111.6万元，新建棚户区改造住房3900套。

【环境保护】 配合做好中央、省环保督察工作。对中央交办的28件信访件中涉及的企业和相关单位，依法责令整改19家，停产整治10家，查封扣押2家，立案处罚7家、罚款43.52万元，依法移送公安机关2件，行政拘留4人。在省环保督察组进驻期间，共受理交办3件问题，依法责令3家整改，1家停产整治，立案处罚2家（处罚款14万元），并督促相关单位对责任人员进行相应处理。内部通报批评1人，行政警告1人，免职1人，约谈2人。并对相关人员进行罚款。县内对51家工业企业存在问题，依法责令限期整改，责令15家环境违法企业停产、停建；立案查处环境违法企业22家，罚款81万元，对13家企业采取断电措施；对4家企业依法实施查封，完成排污费征收额6.8万元。还受理各类环境信访投诉519件，已办结493件，切实做到了让政府和上级放心，让群众满意。争创国家级生态镇2个、省级生态镇10个、省级生态村13个。

【商贸】 2017年，实现社会消费品零售总额102.3亿元、增长12%，全省排名第11位。项目建设有8个，迎松路农贸市场、移湖路农贸市场、庐北建材专业市场、中国供销（庐江）农产品物流园一期工程、世纪华联、中心城商业综合体、金街一号、安德利广场等，建成1个县级运行中心、1个仓储配送中心、1个线上线下体验馆、6个镇级运营中心建成271个村级电子商务服务站点，全县231个村全覆盖，受到市级验收组的好评。

承接珠三角产业转移，扩大外向型经济规模，拉动整体经济发展，2017年重点对加工贸易类外向型企业进行招商，并在广州召开合肥市（庐江）珠三角加工贸易招商对接会，对接广州、深圳、东莞等地52家企业，梳理招商线索42条，有9家企业来庐洽谈。合同外资508万美元；外商直接投资8200万美元，增长7.7%。

【市场监管】 经济、社会、行政体制三大领域深化改革任务全面推进。持续深化商事制度改革，“五证合一”“两证整合”登记模式基本建立，市场主体退出机制全面简化。2017年，新增企业1348户，个体工商户4551户，农民专业合作社126户。持续深化“放管服”改革，动态调整政府权力清单256项，梳理县级公共服务事项1140项、中介服务事项168项。建立县级涉企收费清单制度，取消或停征10项行政事业性收费，全年减征1000万元以上。持续优化发展环境，扎实开展“四送一服”双千工程。减免442户小微企业和17户科技型中小企业税款1600万元。为103家中小微企业提供“4321”新型政银担贷款4.18亿元，为136家企业提供中小微企业续贷过桥资金5.57亿元。深化市场监管体制改革，设立18个市场监督管理所。

【旅游】 实施“全域旅游”战略，跻身全省十大全域旅游目的地，2017年接待游客552万人次、增长22.6%，实现旅游总收入43.8亿元、增长18.4%。汤池镇获批省级服务业集聚示范园区、省级旅游度假区，中国稻米博物馆获批首批安徽省研学旅行基地。“天鸣花海”、三食六巷、庐江名人馆通过3A景区景观价值评定，金孔雀爱情公园、台创园格桑花田等景点建成开放，周瑜文化园、奎星楼等景点改造提升即将完成，交冲、芭洼民宿项目签约落地。景区基础设施不断完善，建设汤池游客集散中心，新增天鸣花海等5个游客服务中心，开通合肥至冶父山旅游直通车。成功举办茶文化节、开湖节、黄陂湖河蟹节、温泉养生节、音乐帐篷节等一批旅游节庆活动。积极培育新业态和新商业模式，庐江县电子商务公共服务中心正式建立，农村电子商务服务站点达271个，白云春毫、润生园食品等一批传统企业上线运营。安德利广场、中农批物流园开业运营。

【固定资产投资】 2017年，实现全社会固定资产投资375.2亿元、增长11.1%；销售面积达90.78万平方米。农业投资21.3亿元，增长3%；工业投资153.3亿元，下降8.1%；服务业投资200.3亿元，增长35.1%。一、二、三产的投资结构分别由上年同期的6.1：50：43.9调整为5.7：40.9：53.4。

【招商引资】 2017年，新签约亿元以上项目15个，到位资金220亿元。融资方面，持续深化县城基础设施投融资体制改革试点县成果，大力推广政府和社会资本合作（PPP）模式，扎实推进庐江县基础设施建设（一期，总投资30.39亿元）、移湖产城融合（总投资25.66亿元）、智慧城市等PPP项目前期工作。中央预算内投资方面，有安徽省内燃机活塞工程研究中心、国轩电池、大地熊和辰航铝业等企业10个项目获得中央预算内投资及省统筹资金近亿元。深入实施五大发展行动计划方面，持续扩大有效投资，新续建500万元以上项目449个，完成投资290亿元。75个省“大新专”项目、99个市“大新专”项目和150个县重点实施项目分别完成投资110亿元、140亿元和180亿元。星源湿法隔膜一期、国轩锂电池正极材料一期、美高美亚克力板材等重大项目竣工投产，沙溪铜矿、安铝节能铝合金型材、国投报废汽车综合利用等重大项目加快建设，国轩3G瓦时圆柱电池、力翔锂电池铝壳盖板、潜川动力锂电池、元奈高性能聚氨酯软管等重大项目开工建设。一批重大基础设施项目进展顺利，庐铜铁路具备通车条件，合安高铁庐江段全面开工建设，引江济淮工程启动征地拆迁，神皖庐江电厂加快建设，环巢湖生态示范区建设初显成效。

【重点项目投资】 重点建设项目共182个（含市级投资14个），其中续建项目51个，新建项目94个，质保期项目37个。截至2017年底，在建69个项目，竣工30个项目；完成安置房建设 144.7万㎡，共计9730套，道路80.4公里，绿化面积约50.2万㎡。年度大建设计划开工率86%，全年完成投资11031万元。

【财政金融】 2017年，全县完成财政收入30.7亿元，增长14.7%，同比加快7.4个百分点；其中：完成地方财政收入17.6亿元，增长0.4%。国地两税税收比重93.5%，同比提高11个百分点。财政支出58.3亿元，增长12.8%。

2017年，全县金融机构各项存款余额476.4亿元，增长19.9%，同比加快4.8个百分点；其中：居民储蓄存款余额287.7亿元，增长9.2%。全县金融机构各项贷款余额280.4亿元，增长25.7%，同比加快10.4个百分点。其中，中长期信贷比重（57.8%）同比提高6.8个百分点。

【科教兴县】 **科技** 获省科技进步奖一等奖1项（大地熊），省科技进步奖三等奖1项（安风），市科技进步奖二等奖1项（喜洋洋）。在实施创新驱动战略、推进创新行动计划和发展高新技术产业等工作上成效明显，受到省政府通报表彰。共兑现省市县自主创新政策扶持资金1171万元，企业（个人）共申请专利556件，其中发明专利申请242件，专利授权数为194件。新认定国家高企6家（国轩电池材料、纽斯康生物、锐凌计量、金三隆、华骅桥梁、天宇磁业），高企总数达32家，高新技术产业产值达30亿元；高新技术企业获得重大专项3个。其中：安徽大地熊新材料股份有限公司获得省级科技重大专项项目1个，获得省级200万元资金支持；安徽安徽恒泰动力科技有限公司获得市级“借转补”科技小巨人项目1个，获得市级100万元资金支持；万磁电子有限公司获得市级关键技术研究重大专项项目1个，获得市级100万元资金支持。

教育 中考700分以上考生达803人，庐江中学实验初中、庐江四中继续保持优质发展，冶父山、郭河、白湖、盛桥、汤池、万山等镇和白湖中学等校加强教学管理，中考成绩不断上升。全县高考应届本科达线3190人，一本达线1446人。庐江中学本科和一本达线率分别为96.14%、73.75%，比上年分别高出9.75、4.64个百分点，高出四县一市同类学校近20个百分点；庐江二中本科和一本达线率分别为78.99%、31.43%，位列四县一市二中第一。

【文化事业】 文化活动 举办第二届“庐江之韵”乡村文艺调演，汇集全县17个镇20余个文艺节目（包括舞蹈、歌曲、朗诵、戏曲等）进行联合展演，节目具有浓郁的乡土气息和鲜明的地方特色，努力打造本县文艺品牌。

举办第二届“庐江之韵”乡村文艺调演，汇集全县17个镇20余个文艺节目（包括舞蹈、歌曲、朗诵、戏曲等）进行联合展演，节目具有浓郁的乡土气息和鲜明的地方特色，努力打造本县文艺品牌。

县文化馆与浙江安吉县文化馆联合开展“守护绿水青山 共建美丽县域”文化走亲活动，搭建了县际之间的文化交流平台。

“戏曲进校园”。首次聘请10名县内文艺工作者担当“戏曲进校园”辅导员，城关小学、三里小学和城南小学等3所学校参加合肥市第二届“玉兰杯”戏曲大赛校园戏曲比赛，城关小学庐剧社的庐剧《新借罗衣》选段《骑驴赶路》荣获一等奖。

民营剧团。首次召开全县31家民营演出团体健康发展座谈会，激发民营剧团创造力和艺术表现力，扶持民营演出团体发展壮大。

文化遗产保护 做好文化遗产保护工作。着手编制申报本县第八批省级文物保护单位工作。公布庐江县第六批县级文物保护单位。公布县级非遗保护项目七个。

文化市场监管 3月，召开全县文化系统第十四个事故隐患排查月活动推进会。6月在农行广场设立宣传咨询台，向过往群众发放《文化市场法律法规节选手册》等宣传资料200余份，接受政策法规咨询37人次、解答疑难20人次。春节前夕加强安全检查。会同县消防大队对全县网吧、歌舞娱乐、演出场所等消防安全进行全面检查。共排查出各种安全隐患23处，均下达《责令整改通知书》，责令立即整改。“扫黄打非”共出动执法人员2100余人次，检查文化经营单位1260余家次，查处网吧违规经营案件11件。

【卫计体育】 **卫生** 全县共建立规范化电子居民健康档案811498份，电子建档率81.89%。65岁以上老年人健康管理105134人，其中接受年度健康体检并规范管理73551人，高血压患者健康管理83282人，糖尿病患者健康管理19406人，重性精神障碍患者健康管理5625人，肺结核患者697人。加大对人感染H7N9禽流感、艾滋病、血吸虫病、肠道传染病、手足口病等重点传染病防控力度。

计划生育 完成免费婚检10000人，孕前优生健康检查5787对，孕产妇免费服务72279人次，产后访视14793人，妇女“两癌”筛查完成宫颈癌筛查9181人，乳腺癌筛查9397人，发放儿童营养包712人。并加强生育审批工作对生育一个或两个孩子取消审批，实行生育登记服务。“以孕环检”为龙头，扎实开展“大摸排”工作，完成了确认奖扶对象工作。统计出生17169人，出生率为13.78‰，同比增长1.82个千分点。

体育 开展各类全民健身活19次，参与健身活动人数达3万多人次。2月组队参加合肥市举办的“谁是舞王”广场舞大赛，荣获第三名的好成绩。4月与旅游局、柯坦镇共同举办“挑战合肥最高峰——牛王寨”登山比赛，来自合肥、芜湖、铜陵等地500多名选手参加了比赛。5月中国钓鱼运动协会在汤池金孔雀垂钓中心再次举办国家级一类钓鱼赛事——2016～2017年全国垂钓俱乐部挑战赛总决赛，代表中国淡水池钓竞技赛场上团队作钓中坚力量的70支参赛队伍共计210名选手参与角逐。9月“大美庐江 休闲汤池”2017汤池山地半程马拉松赛在县汤池镇鸣枪开赛，近万名国内外马拉松运动员及跑步爱好者参与竞跑。比赛共设半程马拉松、10公里迷你马拉松、亲子趣味跑和扶贫公益跑等多个项目。10月组织举办全国业余围棋顶级赛事——第八届“国轩·国学”杯全国业余围棋公开赛。为期5天的比赛中，来自全国的13支代表队102名围棋选手参与角逐。12月举办首届“美的城”杯少年周瑜跆拳道品势精英赛。

县政府投资1162万元对黄山南路市民健身中心进行升级改造，新建标准运动场、3片篮球场、2片网球场、2片门球场以及儿童游乐场、全民健身广场和训练办公综合楼。市局安排建设全民健身苑5个，社区体育俱乐部2个。充分利用社会力量，建成两家私营体育场馆。体彩累计销量达4158万元，超额完成全年3500万元的目标任务。

【精神文明建设】 全年在中央、省、市主流媒体发稿4968篇，其中中央级媒体460篇、省级媒体1008余篇、市级媒体1500余篇、网络和新媒体2000余篇。

主题宣传 围绕迎接十九大，做好“砥砺奋进的五年”系列主题宣传，全面展示庐江五年的干部群众励精图治的壮美史诗。围绕贯彻落实县十七届人代会精神，做好全县大交通大建设、五大发展理念、环保督查、脱贫攻坚、招商引资与项目建设、三大革命、全域旅游、五事干部等重点工作主题宣传。精心组织好了茶文化旅游节、“大美庐江 快乐毅行”、古诗词吟诵大会等活动赛事的宣传报道。仅文化节活动，《人民日报》2次用大幅版面刊登庐江采摘新茶，《经济日报》《环球时报》等也用浓墨重彩对茶文化旅游节等系列活动进行宣传报道。香港卫视《香江唱皖》聚焦温泉之乡庐江汤池，访问量也超过80万，有力在世界舞台上唱响“庐江好声音”。

媒体采访 邀请数十家中央、省、市主流媒体组成采访团采访本县精准扶贫工作，深度挖掘脱贫攻坚工作以来的好做法、涌现出先进典型，采写一批高质量、有深度、有温度的稿件，为庐江打赢扶贫攻坚战提供坚强的舆论保障。通过在《合肥日报》上开设扶贫专栏、《合肥晚报》推出多篇扶贫整版，合肥广播电台《印象庐江》每周不少于3次播放庐江扶贫有关内容，讲述庐江各地脱贫攻坚上的好经验、好做法。积极组织新闻工作者、文艺工作者赴汤池、同大、矾山等地开展创作采风活动，以创作身边的人身边的故事为县脱贫攻坚加油鼓劲。还邀请中央电视台《味道》栏目组来庐，在央视七套黄金时间为全国观众展现庐江的文化魅力。中央电视台《新闻联播》黄金时间播出《安徽庐江千亩金丝皇菊带动百姓致富》，引起强烈反响。

“诗词进校园”和“传统体育进校园”系列活动，让传承优秀传统文化落到实处。组织县内3支民营院团编排文艺节目，送戏进校园演出20余场次，播放音视频80余次。

9月份，庐江县被授予“安徽散文之乡”称号，有12名作者加入中国散文协会会员，50余名作者加入安徽省散文家协会会员，60多篇散文作品在全国各地获奖。开展庐剧《少年周瑜》的创编和巡演；围绕“庐江好人”，开展庐江原创作品征集、评选；举办书画创作展览、诗歌散文比赛等，不断推出更多有思想、有深度、有品质的优秀作品。

评比表彰 庆祝“五一”国际劳动节暨先进表彰大会，表彰10个先进单位、10个先进集体和和40个先进个人。推荐安徽同大江淮汽车车身有限公司等四个企业和徐泰松等四人参加合肥市“十大诚信企业”“十大诚信个人”评选。举办第四届庐江县道德模范颁奖典礼，开展第四届感动庐江十大人物评选。1人当选“安徽好人”，6人当选“合肥好人”，47人当选“庐江好人”，评选10名楼道好人和10名楼宇好人，推荐11人参加第五届安徽省道德模范和第五届合肥市道德模范评选。加大文明新风宣传。在各镇、村（社区）显著位置增设“移风易俗，倡树新风”公益广告1000多幅。庐江县艺术团、群英艺术团创编了《吃穿住行乐万家》《好人梁新的故事》《文明新风进万家》等移风易俗、倡导文明新风节目，今年以来已演出120多场次，受益群众10万多人次。

文明创建 “双城”创建水平进一步提升，城乡环境不断改善。经过3年的不断努力，成功创建第四届安徽省文明县城，连续蝉联三届。汤池镇果树村蝉联全国文明村镇荣誉称号，汤池镇和汤池镇果树村获得“第四届安徽省文明村镇”荣誉称号。30个镇村参加“第四届合肥市文明村镇”评选。推荐3个小区参加2017年度“合肥市文明示范小区评选”。评选出“文明家庭”100户，其中推荐15户参加“合肥市文明家庭”评选。推荐高明发户参加“全国文明家庭”评选。评选“最美家庭”22户，并给予表彰奖励。新表彰67个单位为新一届的县级文明单位。县广电台等6家单位荣获“第十一届安徽省文明单位”荣誉称号。20所学校申报了县级文明校园，庐江中学和庐江四中被评为合肥市首届“文明校园”。

【民生保障】 2017年城镇新增就业岗位7288个，完成目标任务5000个的145%；失业人员再就业994人，完成目标任务600人的166%；失业人员再就业率达90%以上；就业困难人员再就业率达80%以上；城镇登记失业率为3.5%；转移农村劳动力10005人，完成目标任务8000人的125%。

全年开发公益性岗位116个，完成目标任务110个的105.45%；开发高校毕业生见习岗位257个，完成目标任务120个的214%。认定就业见习基地11家，全县就业见习基地总数达已到49家。

全年企业新录用人员培训1192人，完成目标任务1000人的119.2%；技能脱贫培训1027人，完成目标任务365人的281.37%。

全年城乡居民保缴费人数为39.29万人，完成目标任务37.2万人的106%；收取保费4993.07万元；待遇发放18.84万人，发放率达到100%。

2017年以来，组织实施15场公开招聘（选调）考试，共公开招聘（选调）1158人，其中卫生系统医技人员243人，中小学及幼儿园教师498人，公务员74人，机关事业单位工作人员336人，国有企业7人。推荐1人申报省战略新兴产业技术领军人才，推荐2人申报省学术和技术带头人及后备人选，推荐7人申报市学术和技术带头人及后备人选。首批“庐江名家”已评选出3名人选。

全年共受理劳动投诉举报案件410件，其中农民工工资367件，在规定的时间内结案率为100%；共处理劳动争议案件1032件，结案1032件，按期结案率100%；累计办理各类工伤认定案件377件。

【民生工程建设】 2017年累计拨付财政扶贫资金3.8亿元，其中预算安排专项资金24256万元，整合涉农项目资金5617万元，全力保障脱贫攻坚。拨付专款4443万元，用于提高城乡居民养老保险、农村五保和低保补助标准。发放财政惠农补贴资金59595万元，实施一事一议财政奖补项目202个，拨付奖补资金4198万元。增加村级转移支付补助765万元，用于提高村（居）干部报酬和村（居）运转经费标准；支持秸秆禁烧和综合利用，拨付补助资金6246万元。投入专项资金7684万元，用于污染治理、生态建设以及环境保护。2017年全县社会保障和就业、教育、科学技术、医疗卫生与计划生育等支出分别增长32.5%、69.4%、15.5%、9.3%，财政保障能力不断增强。全年“四项”社会保险费累计征收5.8364亿元，其中企业职工养老保险累计征收3.555亿元，完成目标任务的117.69%；失业保险征收1722万元，完成目标任务的100.29%；职工医保征收1.94亿元，完成目标任务的122.8%；工伤保险征收1365万元，完成目标任务的138.58%。

投入23.67亿元实施38项民生工程。扎实推进全国第二批农民工等人员返乡创业试点，成立创业服务指导中心，城镇新增就业岗位5206个，转移农村劳动力8112人，城镇登记失业率控制在4%以下。城乡居民人均可支配收入28850元和17190元，分别增长8.8%和9%。城乡低保分别提标到年人均6552元、4320元，农村五保供养提标到年人均6448元。

城乡医疗救助和建档立卡“351”有序推进。将贫困人口全部纳入医疗救助范围，救助患

庐江县主要经济指标在全省位次
（2017年1～12月）

单位：亿元，亿千瓦时，%，位

指标名称	总量	位次		增幅	位次	
		全省	十五强		全省	十五强
地区生产总值	284.91	11	11	7.0	—	—
规模以上工业增加值	—	—	—	-4.3	59	15
社会消费品零售总额	102.39	11	8	12.0	31	11
固定资产投资完成额	375.27	7	7	11.1	47	13
财政收入	30.74	16	10	14.7	19	5
#地方财政收入	17.62	16	9	0.4	47	12
财政支出	58.45	15	9	12.9	27	10
全社会用电量	16.92	16	10	6.9	40	10
#工业用电	8.98	25	11	7.2	37	9
金融机构存款余额	476.36	4	2	19.9	6	2
住户储蓄存款余额	287.66	6	3	9.2	44	13
金融机构贷款余额	280.40	4	4	25.7	18	4

注：金融机构存贷款增幅为巢湖中支反馈数。

2017年庐江县各镇固定资产投资额

单位：万元，%

镇别	固定资产投资			工业投资		
	1-12月	增长	进度	1-12月	增长	进度
全　县	3752700	11.1	97.5	1532729	-8.1	85.2
庐城镇	824464	61.9	100.0	89428	2.6	111.8
冶父山镇	135170	10.0	100.0	73144	91.3	104.5
万山镇	113830	14.0	104.6	65590	-6.2	93.7
汤池镇	212484	10.0	100.0	17900	7.0	119.3
郭河镇	109000	1.1	100.1	39817	5.3	99.5
金牛镇	88146	19.4	110.5	42030	23.6	105.1
石头镇	97799	1.1	100.1	52244	-2.7	104.5
同大镇	119286	17.8	108.0	24293	-63.0	34.7
白山镇	55682	9.4	101.3	16602	66.5	110.7
盛桥镇	59510	15.8	100.0	23864	-11.3	119.3
白湖镇	168038	28.5	100.0	100153	-11.0	111.3
龙桥镇	174327	-17.0	82.2	50189	-59.5	55.8
矾山镇	117991	9.0	100.0	42679	-35.9	71.1
罗河镇	138460	13.3	103.9	41404	-45.3	59.1
泥河镇	187750	-11.4	82.9	47656	-66.6	36.7
乐桥镇	70468	41.6	101.4	31340	-3.9	104.5
柯坦镇	74391	5.4	100.4	22760	-27.4	75.9
高新区	621819	10.8	82.9	436569	-0.4	72.8
台创园	143638	29.1	103.3	95453	38.5	119.3
龙桥园	226774	50.3	104.4	223124	75.2	111.6

者46656人次，发放救助资金2852.62万元，临时救助1148人次，资金169.4万元，“351”兜底保障368人次，12.92万元。农村低保标准，由年人均3600元提高到4320元，增长20%，将所有符合条件的扶贫对象按程序纳入低保保障，按月实行动态管理，应保尽保，年发放农村低保金13291万元。为15997名残疾人发放护理补贴1078.6万元，为14705名残疾人发放生活补贴1034.2万元。为符合条件1313名严重精神障碍患者监护人发放监护护理补贴313.3万元。开展养老院服务质量建设专项行动。完成了基础信息录入，全县32个养老院开展了自查和核查，为全县2.7万名高龄老人发放高龄津贴1650多万元。开展居家养老服务，建成养老服务设施144个，落实服务资金106.2万，惠及庐城镇885人。大幅提高特困人员供养标准，由年人均3600元提高到6448元，增长79%，落实五保供养对象长期医疗护理保障制度，为8678名供养对象发放五保资金7057万元，护理补贴701人次、102万元；扎实做好孤儿救助工作，首次对全县230名社会散居孤儿集中开展走访评估工作，发放补助资金227.8万元。不断加大生活无着人员救助力度，救助流浪乞讨人员491人次。为退役士兵搭建就业平台，已培训退役士兵111人。继续实施殡葬基本公共服务惠民工程。全县死亡7455人，火化7455具，火化率100%，减免各项殡葬惠民费用652万元。建立家庭、政府、社会三位一体的关爱保护体系，为全县3151名农村留守儿童支起安全保障网。

【社会治理】 政法（综治）工作在省综治委民调中，群众安全感 98.4%、对政法工作满意度 92.21%，连续三年荣获“合肥市社会治安综合治理优秀县”称号。全县共立刑事案件 2296 起，同比上升 3.24%，侦破各类刑事案件 687 起，同比上升 29.87%，抓获各类犯罪嫌疑人 809 人，同比上升 25.23%。立八大类案件 43 起，同比下降 14%。7 月，县公安机关快速侦破“7·11”抢劫杀人案，抓获犯罪嫌疑人乔某，及时消除社会影响；8 月，县公安局抓获潜逃 23 年的命案逃犯徐某，受到省市公安机关嘉奖。强化道路交通秩序整治，现场查处交通违法行为 69721 起，其中查处饮酒醉酒驾驶 769 起、涉牌涉证 3855 起，持续增强群众满意度。共调处矛盾纠纷 13624 件，化解 13522 件，成功率达 99.25%。

14 名县处级领导干部参加信访接待活动 496 次，共接待群众来访 1706 批 8624 人次，其中集体访 291 批 6153 人次，重复访 240 多人（次）。县信访局机关共接待来电访和电话咨询 300 多人（次）；转交办信访件 310 件次；受理群众来信 480 件（次），其中网上信访 205 件，来信 116 件，省长信箱 159 件，县领导阅批群众来信 105 件；受理信访复查 46 件，协调处理 13 件，出具复查处理意见书 33 件。

农村饮水工程重点解决 31949 人饮水安全问题，采取以适度规模集中供水为主、分散式供水为辅的方式，重点解决县建档立卡的高桥、乐华、高山、三岔、砖桥、黄屯、连河、新桥、沙溪 9 个贫困村所有村民及其他村贫困人口饮水问题。总投资 2076.99 万元，已全部完成任务。

（董照龙、叶显山）

巢湖市

【概况】 巢湖市位于安徽省中部、江淮丘陵南部，地处东经 117°25′～117°58′和北纬 31°16′～32°之间。东与含山县交界，西北与肥东县接壤，南与无为县毗邻，西南隔兆河与庐江县相对，东北隔滁河与全椒县相望。巢湖市历史悠久，文字记载的历史有三千余年。古称南巢、居巢，秦时设居巢县，唐设巢县，1984 年设立县级巢湖市，1999 年撤市设居巢区，属地级巢湖市，2011 年 8 月根据《国务院关于同意安徽省撤销地级巢湖市及部分行政区划调整的批复》（国函〔2011〕84 号）精神，重新设立县级巢湖市，新设的巢湖市由安徽省直辖，合肥市代管。巢湖市是全国唯一以湖命名的城市。截至 2017 年底，全市辖 11 个镇、1 个乡、6 个街道办事处，人口 85.80 万人，全年人口出生率 10.31‰，比上年下降 0.52 个千分点；死亡率 5.51‰，下降 0.08 个千分点；自然增长率 4.80‰，下降 0.44 个千分点。面积 2046.14 平方公里，其中区域内巢湖水域面积 463.78 平方公里。2017 年，巢湖市荣膺全国文明城市、

2017 年巢湖市生产总值及增长速度

单位：亿元

指　标	绝对数	比上年增长 %
生产总值	333.7	8.6
其中：第一产业	30.8	4.9
第二产业	178.6	8.6
第三产业	124.3	9.5
其中：农林牧渔业	32.2	4.8
工业	161.1	9.3
建筑业	17.6	2.9
批发和零售业	22.1	7.0
交通运输、仓储和邮政业	11.9	9.5
住宿和餐饮业	6.4	12.5
金融业	10.0	13.2
房地产业	8.9	5.2
营利性服务业	23.8	26.6
非营利性服务业	39.7	1.9

2017 年巢湖市规模以上工业总产值及增加值

单位：亿元

指　标	工业总产值（现价）		工业增加值（现价）	
累计值	416.9	14.9	96.6	10.0
其中：	185.3	11.9	36.3	10.4
轻工业	231.6	17.5	60.3	9.5
重工业	16.1	3.9	3.6	6.0
其中：	357.4	14.8	86.8	9.5
国有企业	41.7	18.7	5.8	14.7
股份制企业	1.7	103.2	0.4	106.4
外商和港澳台商投资企业	130.9	13.9	31.3	6.9
其他企业	275.3	16.9	60.9	8.2

国家园林城市，跻身省美丽乡村建设先进县（市）。

【产业强市】 完善促进新型工业化发展政策，推进“四送一服”双千工程，2017年新增规上工业企业20家，完成工业投资144亿元、比2016年增长22.6%。促进传统产业转型升级，加快“两化融合”，完成技改投资98亿元、增长55.6%。推进“三重一创”建设，加快培育镁基轻质合金材料、新能源等战略性新兴产业集群，战略性新兴产业产值33.5亿元、增长8.4%。新增富煌电控等7家国家级高新技术企业，高新技术产业增加值4.5亿元、增长9.5%。宜安科技、富煌三期、东瑞塑业等项目建成投产，中科智城、晶联电子、普尔德医用器械、新能源汽车配件等一批制造业项目相继开工。现代服务业迸发活力。总投资超40亿元的中铁佰和佰乐项目一期主体完工，完成投资5.2亿元。万达城市综合体项目完成投资2.5亿元。启动中庙姥山岛5A景区和东庵森林公园创建工作，柘皋镇、黄麓洪疃村等四镇八村获评省优秀旅游镇村，全年接待游客720万人次、实现旅游收入31亿元，分别增长18%、32%。电子商务进农村实现全覆盖，综合绩效评价位居全省第一。清理闲置楼宇30万平米，成功引进安徽电商创业联盟、南京大学地学实习基地等项目。华夏人寿、光大银行在巢设立分支。全市全年贷款余额410亿元，新增贷款66亿元。特色农业倍增魅力。启动国家农业公园建设，现代农业示范区入驻项目36个。新增各类新型农业经营主体301家，实现农产品加工产值186亿元、增长10%。水产跨越工程连续六年全省第一，成功创建全国首批渔业健康养殖示范县（市）。

【城乡统筹】 精品城市初展英姿。2017年，开展城市总体规划修编，完成市政基础设施、综合交通等14个专项规划。新建、续建城市大建设项目144个，完成投资20.6亿元，巢湖大桥、亚父路等骨干路网工程启动建设。提档改造4个城市公园、70个老旧小区、25个城区农贸市场、77座公厕，建成姥山路、团结路精品道路和静巢园等7处“口袋公园”，实施一批城市绿道、出入口提升、文化雕塑、道路生态护栏等景观提升项目。完成商业干校、中储粮等37个地块39.13万平米房屋征收，腾出1381亩建设用地。统筹开展“三城同创”，扎实推进城市管理提升年行动，依法拆除违建3539例14.6万平米，全面巩固“五禁”成果，攻坚突破“五乱”顽症，重拳治理“五小”行业，城市环境显著改善。乡村面貌愈发靓丽。精心培塑特色小镇，黄麓建筑科创小镇、旗山中科精密智造小镇入列合肥市首批特色小镇。整市推进美丽乡村建设，完成40个中心村、7个乡镇政府驻地建成区整治建设，获评省美丽乡村建设先进县（市）。一体化开展农村环境“三大革命”，“三线三边”连续五年合肥第一，垃圾全域治理实现6个100%，获评全国农村生活垃圾分类处理和资源化利用示范县（市）。实施土地整治项目51个，新增耕地5077亩。基础设施日臻完善。商合杭高铁、合巢芜高速、环湖防洪治理、引江济淮等国省重点工程巢湖段全面启动。809公里农村道路畅通工程、38座危桥改造顺利完成，荣裕大道、槐坝路全线贯通。投入2.23亿元，治理中小河流12条，除险加固病险水库5座，改造末级渠系4万亩。建成城乡污水处理厂3座，日处理污水能力2.1万吨。实施城市第三水厂、备用水源等饮用水增量提质工程，实现了市民喝上“放心水”的夙愿。

【开放协调】 等高对接彰显速度。2017年，对接合肥上位规划，启动合巢产业新城规划编制，完成巢湖北岸科创走廊总体规划和交通、市政等专项规划。融入合肥基础设施框架，推进方兴大道东延，加速合巢同城化进程。推动合巢公交一体化，开通中庙、黄麓至合肥滨湖新区两条公交线路。策应合肥市支持“三重一创”建设和扶持产业发展“1+3+5”政策，主动链接合肥产业体系，巢湖半岛科学城、半汤科学城成为环巢湖科创走廊“一核三城”重要组成部分。平台载体扩展升级。加快完善巢湖半岛科学城基础设施，提速建设半岛大道等17条74.4公里框架道路，炯长路建成通车；实施联通肥东供水工程。统筹“三公园一基地”建设，推进炯炀健康科技产业基地转型“蝶变”。规划展示中心建成开放，半岛公安服务中心、政务服务分中心挂牌运行。合肥师范学院、黄师改扩建等相继开工。居巢经开区构建“一区五园”格局，围合面积近50平方公里；实现规上工业增加值39.75亿元、增长15.1%，固定资产投资118亿元、增长23.7%。南区实施9.79亿元生态景观PPP工程；北沿江高速连接线等11条17.65公里道路陆续竣工；采用EPC模式打造中科智城，注册科技型企业22家，投产项目5个。北区“一纵三横”路网全面铺开，镁合金产业园雏形初现。全力支持合巢经开区发展，帮助统筹调减基本农田3400亩。开放合作焕发生机。完善招商引资考核办法，开展精准招商，全年招商引资220亿元、增长5.9%，宏光高新、晨鑫维克、富煌科技研发中心等项目成功落户。延长镁基轻质合金材料产业链，与北汽、国轩深谋产业蓝图，与信实、云海共设产业基金。扩大交流合作，与观歌、皖维分别成立合作公司，与阿根廷伯嘎密诺市、江苏宜兴市缔结友城，与巢湖学院、合肥职业技术学院、浙江大学圆正控股集团签订战略合作协议。大力发展外向型经济，皖维高新获海关高级认证，中粮粮油年进口100～150万吨大豆外贸项目顺利启动；实现进出口总额2.9亿美元、增长17.9%，利用外资1.09亿美元。

【创新改革】 加大科技创新投入，2017年，兑现奖励资金1500万元，新增专利申请量648件，授权量68件。推进15家企业与高校产学研合作，“创客巢”孵化器和巢荟、安德利2家众创空间获合肥市级认定。制定“1+7”人才政策，引进国家“千人计划”专家5人、集聚各类高层次人才700余人。成功举办ECI国际数字商业创新论坛、长三角青年创新创业论坛、中科大海外杰出校友巢湖侨创峰会、第三届海峡两岸（合肥）健康养老产业合作论坛，畅通科技、人才、信息交流渠道。蝉联全国中小城市投资潜力百强县（市）、全国创新创业（双创）百强县（市）。聚焦改革激发活力。妥善解决旅游管理、财政体制上解、合肥在巢储备土地管理等行政区划调整遗留问题，接管巢湖旅游总公司和紫微洞、银屏山风景区，争取合肥市每年转移支付4.19亿元，确立储备土地合肥、巢湖两级共享收益机制。深化国企改革，解决职能边界不清、人力资源缺乏、制度体系不健全等运营管理问题，实现效率和效益双提升。推进投融资体制改革，创新农发行“改善人居环境”、农行“绿色基金”等中长期、低成本融资产品。公共资源交易一体化平台建成运行，网招率92%。试点推行工业项目“见章盖章”，开辟签约到建设全程绿色通道。完成城市公交体制改革，加快推进城乡公交一体化进程，获评全省城乡道路客运一体化示范县（市）。探索农村“三权分置”，完成庙岗乡莲花社区集体资产股份合作制和“三变”改革试点。全省首创面向优秀退役士兵选聘村干部，军民融合产业园签约启动。整合市政、市容环境、园林绿化和城管综合执法等职能，组建城市管理委员会，完成数字城管建设。

【绿色发展】 环巢湖生态示范区一、二期项目全部建成，三期项目全面开工，获评优秀建设单位。全域落实“河长制”，大力整治不达标水体，双桥河等水体水质持续好转。重新划定畜禽养殖禁养区、限养区，取消适养区。强化国控、省控污染源监管，全面淘汰燃煤锅炉，全域推进秸秆禁烧，主要空气污染物PM2.5、PM10双下降，空气质量优良率80%以上。全面启动土壤污染防治，水泥窑协同处置城市废弃物项目正式投产。生态建设成果丰硕。推行“林长制”，完成森林资源“一张图”数据采集。造林绿化5877亩，新增省级森林城镇1个、省级森林村庄12个。城市绿化154.55万平米，建成区绿化覆盖率40.1%，绿地率35.2%，入列国家园林城市。巢湖半岛湿地公园入围国家级试点，槐林、柘皋河湿地公园进入省级试点。实施环巢湖矿山生态修复示范工程，治理面积2620亩。推进蓝藻多元化处置，建成中庙藻水分离站。完善生态文明建设考核评价制度，推行生态问责、铁腕治污，立案查处环境违法案件68件。严格项目环保准入，坚决执行“三同时”制度，新建项目环评执行率100%。聚焦中央、省环保督察，85件信访件按时办结，30项涉巢环保问题全部按要求整改。生态保护行动深入推进，柘皋镇和中埠小联圩村、滨湖村被评为省级生态镇村。

【民生建设】 2017年，投入2.1亿元，精准实施脱贫攻坚“十大工程”，高标准完成76户、158人年度脱贫任务。31+7项民生工程全面完成，累计投入资金16.15亿元。城乡低保提至年人均6552元和4320元。完成公租房分配992套，发放廉租房租金补贴42.1万元。启动全民参保计划，城乡居民基本养老保险参保率93.2%。新增城镇就业4957人，向阳社区等8个社区获评合肥市充分就业社区。新增创业担保贷款3312万元，扶持创业368人，带动就业1635人。社会事业协调发展。二中迁建顺利启动，四中初中部、城东小学建成投用，农村寄宿制中学实现全覆盖。打造“高考圣地”，高考应届达本率64.3%，一本率31.2%。承办环巢湖全国自行车赛等品牌赛事，举办首届市直机关运动会，成功命名省创建体育强县示范县（市）。组建医共体3个，家庭医生签约服务33.42万人。人口质量持续提高，成功创建全国计划生育优质服务先进单位，并获省政府嘉奖。图书馆、档案馆、城建档案馆结构封顶，博物馆、城市规划馆主体完工。打造书香巢湖，布点建设10个城市阅读空间，爱巢书屋对外开放。社会大局安定有序。严格落实安全生产“党政同责、一岗双责”，连续四年获评合肥市先进单位。强化食品药品安全监管，实现基层监管机构全覆盖。国家、省交办信访积案全部化解，获评省信访工作优秀单位。平安巢湖扎实推进，全国“两会”、十九大等重要时期实现“三零”目标，综治委荣获全国社会治安综合治理先进集体。

（昂朝桂）

瑶海区

【概况】 瑶海区地处合肥市东部，前身为合肥市东市区。2002年3月经国务院批准，安徽省人民政府调整合肥市部分行政区划，东市区更名为瑶海区。2009年11月，肥东龙岗开发区正式划归瑶海区管辖。2010年10月，市委市政府调整瑶海区与新站综合开发试验区委托管理区域，以北二环路、包公大道为界，将瑶海区北二环路、包公大道以北区域委托给新站试验区管理，将新站试验区的长淮街道、方庙街道北二环路以南区域划给瑶海区管理。2016年4月，瑶海区调整部分街道行政管辖权范围，调整后，全区辖11个街道、1个镇，设龙岗综合经济开发区。2017年，辖区面积64.4平方公里，常住人口79.93万（含新站开发区）。全年实现地区生产总值528.1亿元，财政收入16.92亿元，全社会固定资产投资387.67亿元，社会消费品零售总额394.3亿元，城镇常住居民人均可支配收入39747元。

【产业发展】 根据《关于明确瑶海老工业区整体搬迁改造若干支持政策的通知》，龙谷华庭等12个项目获批行政事业性收费减免8673.73万元。客来福智能制造研发楼等10个项目申报中央预算内资金，总投资32.08亿元。开展老合钢、原氯碱集团等地块收储工作。依法关停并转工业企业63家。引进亿元以上项目19个，总投资约124亿元，文一总部大楼、同庆楼原料加工及配送基地等基本竣工。尚荣移动医疗基地一期厂房建成并达到投产条件。保利商业广场等开业运营，高速静安健康养老基地、龙湖天街等项目进展顺利。绿苑社区生活服务中心等商业集聚区通过市级认定。恒大皖里美食街、瑶海万达金街被评为市级特色商业街。推动白马电商园争创“国家级电商示范园”。出台区级“1+7”产业扶持政策，结合“四送一服”双千工程，开展政策宣讲46场。发放鼓励企业上规模奖补资金487万元。建立区长走访服务企业制度，培养新型“亲、清”政商关系，深入全区112户重点企业走访调研。建成区“双创”服务平台。城区整体竞争力不断增强，居全国综合实力百强区第94位，全国投资潜力百强区第63位。

【改革创新】 加快经济体制改革，调整区国资管理领导小组，出台《瑶海区国有（集体）资产租赁管理暂行办法》《瑶海区国有资产管理暂行办法》，成立文旅、复兴公司等区属企业。设立安创瑶海等政府投资基金。深化投融资体制改革，完成融资授信20.6亿元。制定《瑶海区审计整改工作联席会议制度（暂行）》。实施“先照后证”“多证合一”等登记制度改革，2017年新登记市场主体18531户，同比增长43.17%。连续三年荣获“全省发展民营经济先进区”称号。推进行政体制改革，完善重大行政决策等机制，坚持领导干部学法制度。深化“放管服”改革，编制完成公共服务事项464项、中介服务事项49项。19家政府部门、174项行政审批（服务）事项入驻瑶海区政务服务中心，入驻率90.36%。启用投资项目在线审批监管平台。区政府网站连续六年被评为全省优秀政府网站。创新“大综管”工作模式，区城管委正式挂牌。180条街巷支路实现环卫市场化，龙岗开发区实施“三位一体”综合管养改革。规范公务用车，降低“三公”经费。加大对外开放交流，2017年完成招商引资322.2亿元，其中外商直接投资2.27亿美元。开展精准招商，组建4个产业招商小组。在全市率先引入第三方专业化招商推介新模式，成功举行第六届CC—CMM国际标准年会暨合肥瑶海招商推介会。与大连亿达、英国

2017年瑶海区镇、街、开发区、社区（村）一览表

镇、街、开发区	社区（村）
龙岗综合经济开发区	马岗、史城、新站、罗岗、王岗、大店、大彭、油坊、海洲、琥珀、华源、华都、瑞泰、新安
大兴镇	钟油坊、漕冲、兴集、双圩、四岗、伏龙、东岗、钢南、钢红、新海家园工作站
城东街道	柳荫塘、隆岗、唐桥、合裕路、大王庙
胜利路街道	凤凰桥、滁州路、大窑湾、建设、红旗、戴安桥、濉溪东路
明光路街道	全椒路、金大塘、填海巷
三里街街道	三里一村、三里三村、铁路一村、凤阳一村、临淮路、天长路、来安路、凤阳路
铜陵路街道	花冲、合浦北村、五里井、泗州路、花溪、铜陵新村、铜南
七里站街道	东七、紫竹苑、学苑、站塘、恒通、廿埠
和平路街道	当涂路、茂林路、华业、荻港路、繁昌路、绿苑、肥东路、裕溪路
红光街道	土山南路、钢北新村、枞阳路、化南
长淮街道	长淮、胜利、临泉中路、火车站广场、长春、元一、红星村
方庙街道	汪塘、站塘、万绿园、香格里拉、森海、安徽大市场、天辉、香江佳元
嘉山路街道	七里塘、三角线、板桥

卡迪夫公学签订合作框架协议。与加拿大女王大学、德国西伟德建材集团等开展交流活动。

【城区管理】 2017年，完成征迁110万平方米，启动铜南小高炉等10个旧改项目，实施广德家园复建点等15个征迁项目，完成北苑小区二期复建点等6个项目征迁扫尾。从源头控制安置房质量，在建襄河家园等19个复建点，交付幸福花园二期等8个复建点。收储上市地块3宗。完成轨道交通3号线等5个市级重点项目征迁扫尾。保障2号线通车运营，完成4号线和平路站、临泉路站征迁。实施支路项目35个，牌坊路等13条支路建成通车。火车站综合改造提升一期工程完工，周边10条道路基本建成。开展“城市管理提升年行动”“环境整治百日行动”，为合肥市蝉联全国文明城市作出贡献。创新实施城市管理项目化推进工作，完成景观围挡等项目31个。集中开展“裸露空地、淮南线、废品收购站”三大整治，原氯碱集团空地整治作为示范工程受到合肥市特别奖励。火车站地区拆除天龙商城等违章建筑约2万平方米。打造精品公厕6座，推动28座老旧公厕提档升级。36万平方米围墙、沿街卷闸门喷漆出新。胜利路成功打造成“胜利之路、迎宾之花”，成为合肥市道路灯饰亮化新标杆。

【生态建设】 2017年，启动园林绿化项目50个，新增提升绿化面积136万平方米，绿地面积增至1024万平方米，绿化覆盖率达到26.1%。囊括全市花境竞赛一、二名，荣获全市国庆花展一等奖。完成和平广场改造升级。推进“万棵”“万平”工程，提升道路绿化景观效果。板桥河绿化提升等29个项目建设完成。加大生态环保力度，成立河长制、林长制和大气污染整治领导小组。中央、省环保督察信访交办件103件全部办结。环巢湖二期二十埠河中游湿地工程竣工，三期小板桥河东支及楚汉河综合整治完成，实施二十埠河等3处黑臭水体整治。建成空气质量网格化监管平台。推进马（合）钢、原氯碱集团等2个工业地块土壤污染调查和修复工作。

【民生工程】 2017年，全面展开“九个一”惠民工程（具体包括，一个旧城〈危旧房及城中村〉改造工程、一个老旧小区整治工程、一宗工业厂房／土地收储工程、一条／个精品道路与特色街区建设工程、一个街头绿化〈提升〉工程、一个菜市场建设〈改造〉工程、一批停车场建设工程、一个卫生中心工程、一批运动场所建设工程），实施三年滚动计划，涉及项目近500个。整治红星家园等43个老旧小区。建成木材加工厂等15处临时停车场，增加停车位约1150个。建设4个全市一流的示范菜市场，其中胜利菜市场为全市首个智慧菜场。健全多层次社会保障体系，累计投入2.29亿元，落实“19+7”项民生工程。城镇新增就业9086人，失业人员再就业率93.37%。全面完成全民参保计划和机关事业养老保险改革任务。发放社会救助和社会福利4224.7万元。投入1308万元购买居家养老服务155万人次。新建12个社区居家养老服务中心（站）和社区养老食堂。支持夕阳红老年护理院、九久夕阳红老年护理中心两家民非单位公司化改制。天长路社居委荣获国家级“敬老文明号”称号，和平路社区大食堂被中央电视台《新闻联播》专题报道。

升级改造后的和平广场

【社会事业】 2017年，全年建成投入使用中小学、幼儿园11所。成功创建全国中小学校责任督学挂牌督导创新区。开展首届科技创新“区长奖”评选表彰。举办文化活动400余场。瑶海图书城、瑶海大剧院开放运营。《瑶海年鉴（2015）》荣获全省一等奖。绿苑社区获评“全国扫黄打非进基层示范点”。建成17个全民健身苑。裕溪路学校女子足球队包揽2017年全省青少年女子足球锦标赛甲、乙组冠军。深化基层医药卫生体制改革，推进家庭医生签约服务，重点人群签约率超过60%。提升基本公共卫生服务水平，13个社区卫生服务中心全部与安徽省立医院等三甲医院建立医联体，居民15分钟就医圈得到完善。创建全国基层中医药工作先进单位。凤阳一村社区荣获“全国流动人口社会融合示范社区”称号。

【综合治理】 加快平安瑶海建设，探索建立文明创建综合治理联勤联动机制，2017年，四类可防性案件发案同比下降19.91%。投入3000万元建设“天网”瑶海支网工程。花冲公园关闭改造。创建国家社会信用体系建设示范城市。严格落实安全生产责任，连续六年获评“合肥市安全生产优秀单位”。开展消防专项整治行动，火灾起数同比下降70.4%。创建国家食品安全示范城市，95所幼儿园实现“明厨亮灶”全覆盖。打击侵权假冒行为，推进质量强区建设。巩固打击传销成果，荣获全市“无传销城区”称号。加强信访维稳工作，落实重大决策社会稳定风险评估制度。全面畅通“信、访、网、电”诉求渠道，建成区联合接访、行业性调解和法律援助三个中心。坚持区领导接访下访，全年接访群众代表157批355人次。创新建立律师参与信访接待工作机制。实施信访积案化解工程，中央和省下达积案46件全部化解。全年办理法律援助案件765件。建成社区矫正中心，接收人员342人。开展农民工工资“清欠倒计时”百日行动，保障农民工工资全部支付到位。成功创建第四批安徽省法治（县、区）先进单位。开展“七五”法治宣传教育。创新建立公检法“三长”联席会议制度。嘉山路街道荣获“全国维护妇女儿童权益先进集体”称号。

【合肥东部新中心建设】 2017年9月29日，省委常委、市委书记宋国权在瑶海区关于推进合肥东部新中心建设的请示上批示：要加快实施，强力推动。11月1日，市长凌云主持召开合肥东部新中心（瑶海）建设专题会议，确定市级领导机构、定期调度和督查机制，明确16项规划设计和32项工程建设任务，并把当日作为合肥东部新中心建设的正式启动日。

推动整合《合肥东部新中心概念规划暨核心区城市设计》方案。开展控规编制，完成单元规划编制，区域竖向、排水、供电、公共服务设施、停车场、慢行系统、交通评价、内部水系等专项规划方案形成初步成果。加快拆迁改造步伐，编排三年拆迁计划，涉及面积239.2万平方米，完成征迁约24万平方米。马（合）钢区域资产拆除移交工作取得突破，并启动保护保留范围内工业遗产防锈防腐工作。老合钢片区结合“三供一业”进行全面移交准备。建设广德家园等6个复建点，总建筑面积178.9万平方米。强化东西通道，加密南北路网，形成“四横七纵”井字型路网框架体系。上海路建成通车，瑶海区与省政务办公区实现快速通达。启动裕溪路高架东延、采石路项目征迁，加快郎溪路高架建设。新建岩潭路、徽河路等7条区级道路。轨道交通6号线建设规划上报国家发改委待批。

（肖 利）

庐阳区

【概况】 庐阳区历史悠久，史称“庐州”，自秦置县，距今两千多年历史。1949年2月建区，历经合肥一区、东市区、南市区、中市区，2002年3月，合肥市实行新的区划调整，承袭历史上合肥别称“庐阳”命今区名。

庐阳区位于合肥市老城区及其西北部，辖三十岗乡、大杨镇和三孝口、逍遥津、四里河、杏花村、杏林、海棠、亳州路、双岗、林店9个街道，设有庐阳经济开发区。全区面积139.32平方千米，总人口84.56万人，其中户籍人口48.78万人。2017年地区生产总值769.47亿元，比上年增长8.4%，其中第一产业2.21亿元，增长-1.8%；第二产业112.70亿元，增长-4.9%；第三产业654.56亿元，增长11.1%。三次产业比例为0.28：14.56：85.07，全社会固定资产投资380.79亿元，增长-14.0%；财政收入35.75亿元，增长5.1%，其中，地方财政收入19.93亿元，

2017年12月，合肥城隍庙改造后首度亮相

增长-1.5%；招商引资总量335.5亿元，增长8.2%，其中，外商直接投资2.48万美元，增长5.7%；城镇居民和农村常住居民人均可支配收入4.3万元、2.5万元，分别增长9.41%、8.70%。万元GDP能耗下降，主要污染物排放量达到市控目标。2017年，获中国中小城市综合实力百强区、中国最具投资潜力百强区、中国新型城镇化质量百强区和中国创新创业百强区称号。

【现代服务业】 坚持“1341”发展思路（“1”即一个主要产业：以国际化、高端化、智慧化、特色化现代服务业为主导；“3”即三大功能板块：构建具有全国影响力国家级中央商务区、全省高技术服务示范区、长三角最美滨水文化生态休闲区；“4”即四大主导产业：金融业、特色商贸业、高技术服务业、文化旅游业；最后一个“1”，即至2020年实现一千亿元生产总值目标），以现代服务业为主线，构建三大功能区发展平台，集聚发展四大主导产业，汇聚各类发展要素，产业结构调整和转型升级已见成效。2017年服务业增加值654.56亿元，增长11.1%，增幅连续三年居全市四城区第一。金融业增加值和税收分别占合肥市34%、41%，2017年引进华富瑞兴、中英人寿等22个项目，全区各类金融机构增至615家。获全省金融总部集聚区、保险业综合发展示范区称号。现代服务业集聚加速发展，全区有1个省级服务业集聚示范园区、7个省级服务业集聚区、6个市级服务业集聚区，服务业集聚区总数为全省各县区首位，省级服务业集聚示范园区的IE果园被认定为国家级科技企业孵化器。中辰•创富电商产业园升级为安徽省级电子商务示范园区，入驻企业100余家，实现在线销售额6.05亿元，增长79%。工投•创智天地跨境电商产业园，签约入驻阿里巴巴庐阳区域跨境电商服务中心等45家企业，全年园区内电子商务企业实现在线销售额5.78亿元，增长30.3%。举办2017年庐阳区互联网区域化发展论坛，编制“互联网专刊+庐阳美食地图”组合套餐。开办互联网人才培训20次，覆盖各类商家2000户。

【城乡建设】 2017年，实施续建新建“大建设”项目147项，投资192亿元。其中完成安庆路第三小学灵溪路校区、合肥市十张小学两个校园5.5万平方米建设项目；完成梅小店、四里河畔等九个复建点9442套、106万平方米保障房建设项目；新建、续建道路52条，道路长度62.8千米，其中市政道路37条、农村公路12条、美丽乡村道路2条和长江路中路提升改造工程1项。保障合安客专（合肥至安庆客运线），合肥轨道交通2号、3号、5号线和阜阳北路高架北延等省市重点工程，完成2056户、60.83万平米征迁工作。实施淮河路小区、义仓片区、四湾巷小区等17个老旧小区环境综合整治，惠及7647户居民。破解市区停车难，建成金都楼、思和苑等18个停车场，2382个停车位投入使用。

【城市管理】 成立“庐阳区城市管理委员会”，印发《庐阳区城市环境综合提升三年行动方案》，启动城市执法体制改革，实施重点区域包联、网络化包保的全覆盖，构建全员式全域化的大城管格局。整治交通违法，在北一环、长江中路等八条重点道路全天候执法。运用“前段感知一体智慧云平台”对违法车辆实行短信告知、拖移等智能化、自动化管理。全年下达违停告知15万份，拖移违停车辆1万辆，清理僵尸车150辆。开展清洁家园、楼道革命等专项行动，清理垃圾4265吨。全区279处住宅楼内餐饮经营户转型关停。推行公厕“星级管理”制度，新建、改建公厕21座。清理违规橱窗广告、电子条屏和店招，代之是有序引导，规划设置。在全区26所中小学周边设置“志愿护学岗”，城管执法队员在校园周边定岗，对流动摊点、机动车乱停乱放及时查处。实施北一环、城隍庙夜景景观亮化，建设城市街头精品花境51处，增植色块草花1.5万平方米，城市环境渐趋改善。庐阳区连续21年获合肥

庐阳区行政区划一览表

镇、街、开发区	社区（村）
逍遥津街道	四牌楼、红旗、九狮桥、义仓、县桥、拱辰
三孝口街道	西平门、杏花、城隍庙、大夫第、廻龙桥、龚湾
亳州路街道	南河湾、古城、滨南、鲁园、畅园、水西门
双岗街道	一里井、虹桥、高河埂、小桥湾、万小店、白水坝
海棠街道	藕塘、清华、荷塘、平楼
四里河街道	四河、桃花园、银河湾
杏林街道	上城、北都、丽都、望城
林店街道	景湾、永清、官塘、金池、连水、菱湖、天河
杏花村街道	金都、五里、林店、松竹、汲桥、灵璧路
大杨镇	王墩、龙王、草塘、夹塘、高桥、五里拐、照山、清源、吴郢、水库村、谢岗村、十张村、大杨村、岗西村
三十岗乡	风景村、东瞿村、柴冲村、汪堰村、崔岗村、陈龙村、三十岗村、瞿嘴村、堰稍村

市城市管理目标考核第一名。

【社会民生】 2017年，实施民生工程29项，用于民生财政24.5亿元，占财政支出81.4%，比2016年提高2.18%。启用全省首台区级“精准救助服务信息平台”，发放各类救助金2339万元。提高城乡低保标准，对2903人次的低保对象发放低保金1215.52万元。多渠道促进就业创业，成立“庐阳区就业创业一站区服务中心”，全年举办各类招聘会25场，全年新增就业2.2万人。建立社区家庭病床，23万人签约家庭医生，总签约率34%，在全市率先达标国家标准。加快老年服务体系建设，建成46家社区养老服务站，常青藤养老院、万颐庐园、长者照料中心等一批高端品质的养老机构投入运营。新建2所小学、5所公办幼儿园投入使用，增加班级57个，学位2280个。45中、六安路小学、安庆路幼儿园挂牌全市首批名校园长工作室，评选出22名骨干教师，成立“名师工作室”。庐阳区连续三年获安徽省教育强区称号。出台《庐阳区全民健身实施计划（2016～2020年）》，全区建成11个全民健身苑场，开放34所学校运动场所，供市民入内锻炼健身。举办第五届中日韩三国围棋名人混双赛，第二届“区长杯”青少年校园足球赛，第三届社区体育运动会，获“安徽省创建体育强区示范区”。

【生态环境】 深化大气污染综合防治，整治涡阳路、清源路、合肥电厂等四处物料堆场，建立“黄标车”数据信息库，淘汰全部“黄标车”。2017年，完成16家大型餐饮企业油烟整治，严禁垃圾和秸秆焚烧。开展大气污染防治夜间督查，制定冬季大气质量应急管理措施。全年出动环保执法人员1034人次，整改违法企业328家、处罚32家、查封扣押10家、限制生产1家、停产整治1家。2017年全区PM10均值88微克/立方米，比2016年周期下降2.2%；PM2.5均值62微克/立方米。设置全域臭水体整治，制定四里河水体达标方案，清除遗留垃圾40万方。清理董铺、大房郢水源保护区畜禽养殖，板桥河鸳鸯路桥等考核断面水质持续好转。建立林长制，全区19处重点生态区纳入监管。完成22个年度城镇绿化提升目标考核，造林238亩，绿化100.1万平方米。商鼎公园、海棠公园、旱桥渡公园建成开放，庐州公园评为合肥五佳公园之首，三十岗乡东瞿村获中国人居环境范例奖。

【全国首家共享书店挂牌】 2017年7月16日，全国首家共享书店在庐阳区三孝口新华书店挂牌。书店365天、24小时不打烊，读者用手机下载“智慧书房”APP，注册交纳99元押金，扫一扫借阅图书条形码，将2本图书带回家，免费阅读10天，超过则每天每本收取1元的费用。共享书店诞生，帮助读者基本免除阅读成本，促进读者阅读频次，提高书店图书利用率。

【综合性国家科学中心大科学装置集中区落户庐阳】 2017年1月10日，国家发展改革委和科技部联合公布合肥综合性国家科学中心建设方案，其中规划建设聚变堆主机关键系统综合研究设施、大气环境立体检测实验研究设施等大科学装置集中区选址庐阳区三十岗乡。一期用地1052亩，范围涉及三十岗乡风景、东瞿、柴冲三个行村。2020年基本建成，2030年发展成为国际一流、面向国内外开放的能源、信息、材料、生命、环境、先进制造六大领域综合性国家科学中心，为国家科技长远发展和创新型国家建设提供有力支撑。

（王建生）

蜀山区

【概况】 2017年，蜀山区地区生产总值完成565亿元，比上年增长9%；财政收入完成32.1亿元，增长5.9%；社会消费品零售总额完成357亿元，增长13%；城镇常住居民人均可支配收入43733元，增长8.5%；农村常住居民人均可支配收入24743元，增长9.5%；完成固定资产投资420亿元、规上工业增加值48亿元、战略性新兴产业产值52亿元、进出口7.9亿美元。

【经济发展】 **开放开发强力推进。**落实合肥市扶持产业发展“1+3+5”政策体系，成立7个驻外招商分局，成功举办深圳跨境电商推介会，国华人寿等项目正式开业，顺丰丰卖网、怡亚通合肥供应链基地等项目先后签约。招商引资到位资金350亿元，其中外商直接投资2.5亿美元，引进现代服务业大项目8个、工业大项目1个。认真落实省市“五大发展行动计划”和“四督四保”工作制度，强化项目包联、调度、督查、服务机制，实行“挂图督战”，全年重点实施“大新专”项目109个，完成投资180亿元。

转型发展成效明显。天鹅湖金融商务区品牌形象和聚集效应初步显现，国家开发银行正式进驻，普华永道开业运营，全区金融类企业发展到226户，税收贡献率超过16%。清溪小镇获评省级特色商业街区。跨境电商“三平台一中心”功能日趋完善，产业生态圈规模效应显现，顺丰智能分拣基地、网达移动互联网产业园积极推进，蜀山国际电商园获批省级服务业集聚区。中国（合肥）工业设计城入驻企业达到120家，获得设计大奖56项，转化成果11项，获批省级青年创业园。以“三重一创”为抓手，加大与央企合作，加强园区共建，宾肯电气、宝龙环保等一批科技型工业企业快速成长，全区新增安徽蓝麦通讯等7家规上企业；南岗合作园惠而浦二期、大陆轮胎三期正式投产；寿蜀产业园在深化合作共建、加快产城一体发展上正成为同类园区的典范。全面完成农村土地确权颁证，农业产业化、规模化加快推进。井岗镇、南岗镇再次荣获“综合实力全国百强镇”。

【改革创新】 以改革创新转职能、促发展。推进“放管服”改革，建立区街两级政府权责清单和公共服务清单体系，区级行政审批事项由91项减少为77项。持续优化营商环境，不断深化商事制度改革，启动“互联网+政务服务”工作，累计发放“银政担”“税融通”“科创贷”等近15亿元；2017年全区各类生产经营主体发展到9.1万户，居四城区第一，同比增长28.1%，创历史同期最快增长速度；省、市级众创空间分别达到4家和7家，平台数量居四城区第一；授权发明专利751项，国家级高新技术企业发展至116家，新增院士工作站3家，获批国家知识产权强县（区）工程试点区。做大做强区城投公司，完成区直部门国有资产和商投、工投等5家企业的划转工作，组建创城资产管理、创美房屋租赁等4家公司，启动对城投公司的5年注资计划。在全市率先挂牌成立区级数据资源局。开展蜀山经济开发区申报国家级开发区工作。

以改革创新补短板、惠民生。突出问题导向，坚持先行先试，在全省率先建立安置房毛坯交付补偿机制，实现节约、环保、惠民；推进“适老化”改造，出台既有建筑加装电梯实施办法，林业小区5部电梯交付使用。出台公共资源交易招标文件审查办法，拓展“网上商城”功能，政府采购节约资金1158万元。推进环卫市场化改革，市政、环卫、园林养护作业基本实现市场化运作。区城市管理委员会正式挂牌成立。全面接收政务区社会事务，全力提高服务管理水平，强化安全管理，实现天鹅湖“零溺亡”。坚持依事设岗，凡进必考，在全市率先探索建立区级“编制池”，首批引进50名建设、法律、经济管理等紧缺人才。全面启动机关事业单位养老保险改革。围绕药品供应保障、分级诊疗体系构建，启动新一轮医药卫生改革。全面完成农村“三变”改革试点工作。

【城乡建设】 持续推进城市更新。推广“群众自主搬迁”模式，有序推进梁墩片区等4个改造项目和轨道交通5号线、合安高铁货运外绕线等7个大建设项目征迁，2017年累计完成征迁清表100万平方米。完成蜀山花园二期、方大郢等5个项目、56.9万平方米安置房分配，加快建设临湖家园、欣南嘉园等16个项目、193.4万平方米。畅通微循环、激活大交通，新建、续建白莲岩路、青龙路、半岛路等支路网项目50个，总长62公里。全力加快土地上市，12宗、867.3亩土地通过市土委会审查。推进黄山路、芜湖西路、皖河支路、西一环路4个精品道路建设，芜湖西路精品道路在全市率先完工，仅用8天时间高标准、高质量完成1.6公里的政务区国旗广场外环路改造，获得社会广泛赞誉。

不断加速新区建设。西部新城坚持规划先行、基础先行、配套先行，高标准完成公共配套专项规划，高起点实施城市总体设计；安置房建设全面加快，路网框架全面拉开，5个标段、16条道路陆续开工建设，220KV小庙变电站即将开工，杆线迁改全面加速；供水、燃气等综合配套及时跟进。完成西城投资公司组建，提升了项目建设、投融资和资产管理水平。完成蜀山生态文化旅游休闲区规划编制，确定“一路一廊、五区十村”的总体布局，实施乡村道路“成环成网”工程，总长56公里的农村道路畅通工程陆续交付，33.9公里的农村道路拓宽工程稳步推进；先后举办“春之韵”“双城记”“果趣节”“冬之藏”等系列主题旅游推介活动，西部农业生态区正成为合肥市民旅游休闲新热点。

【优化区域环境】 铁腕整治环境突出问题。对环保督察问题做到边督边改、立行立改，中央环保督察转办的216个信访举报件全部办结，省环保督察交办的27项整改任务基本完成，立案查处89家企业，罚款196.9万元。重新调整划定畜禽禁限养区，已关闭畜禽规模养殖场241家。启动农村垃圾、污水、厕所专项整治“三大革命”，集中清理陈年垃圾5000多吨。全面推行河长制、林长制，扎实开展环巢湖流域水体综合治理，新加坡花园城人工湖黑臭水体整治完成，叉东渠排水管涵完成改造，西北部输水渠生态补水工程、派河综合治理工程等进展顺利；航鑫家苑海绵小区改造试点项目开工建设。完成植树造林1055亩、占年度计划的107.7%，完成绿化长廊建设5.8公里，开展森林抚育2.3万亩。PM10

蜀山四季花海公园

平均浓度降幅在四城区处于前列，空气质量持续改善。

着力提升城市管理。以城市管理提升年行动和“第五届全国文明城市”创建为契机，实行月调度和“红黑榜”制度，城市治脏、治乱工作取得积极成效。开展立面“六清行动”，全面整治户外商业广告、持续开展“牛皮癣”专项整治。改建樊洼路等3座垃圾中转站，启动2.4万户家庭生活垃圾分类收集。取缔无证再生资源回收站点127家。成功探索渣土管理“双管模式”，门前卫生责任制管理实现全覆盖。有序实施96个老旧小区综合整治“三年滚动计划”，翠庭园小区率先完成高标准改造，评选区首届“宜居小区”48个。开展街面序化联合整治，霍山路慢行系统全市率先完工，开工建设轻工大厦等14个公共停车场，引入城泊公司规范管理车位9218个。林溪公园、四季花海C地块、怀仁游园等8处、86.2万平方米公园基本建成，8000平方米“多彩花境”精彩展现，28万平方米的“绿化、美化、亮化”改造全面推进。

【社会事业】 大力实施民生保障。统筹实施省市31项重点民生工程，“大民生”支出占财政总支出87%。加强就业和社会保障，新增实名制就业4.6万人，开发公益性岗位3612个，安置就业困难人员3515人。出台精准民生、“救急难”等扶弱济困措施，向低保户、优抚对象等困难群体发放各类救助资金1.1亿元。在全市率先实施残疾人辅助性就业项目。蜀麓小学等7所中小学、幼儿园投入使用，招考教师460名，为历年之最。全市首个“钱学森班”落户蜀山。通过全国中小学责任督学挂牌督导创新县（区）实地核查。全市首个公园里的城市阅读空间“林间书舍”对外开放，合肥电视台财经频道·中国蜀山栏目开播，开展大型文化惠民活动100余场。加强精神文明建设，中国好人数量连续五年居全市各县区第一。成功举办第二届“领跑蜀山”国际半程马拉松赛、首届“毅行蜀山”等系列活动，参与人数近5万人。获评全国群众体育先进单位。实施“健康蜀山、幸福居民”促进计划，家庭医生签约服务的“蜀山模式”得到国家卫计委的肯定和推广。三里庵、笔架山街道社区卫生服务中心改造即将竣工。拓展人口计生服务领域，成为全国第一批流动人口社会融合示范点。新增社区儿童之家7个。做好西藏浪卡子县及省内寿县、岳西县、庐江县、金安区的合作共建和对口扶贫工作。

深入推进社会治理。开展“七五”普法宣传，着力构建“大调解”格局，成功调解民间纠纷6530件，办理法律援助案件651件。创新“五社联动”服务新模式。有序推进诚信体系建设。扎实开展“百日除患铸安”专项行动，排查、整改各类安全隐患6157处。持续加强火灾防控，开展道路交通安全整治。扎实开展“护苗”“清源”“净网”等专项行动，全面净化文化市场环境。推行“一街一所”监管模式，持续强化食品药品安全监管，获评省级质量强区示范区。扎实开展禽流感防控。巩固无传销城区创建成果，开展互联网金融风险专项整治，全面加强社会治安防控体系和力量建设。开展区级领导接访下访，强化属地信访维稳责任，完善隐患排查预警和调处化解机制，重点信访积案化解率85%。国防动员和后备力量建设质量稳步提升。民族宗教、外事侨务、老龄、物价、科协、人防、应急、地方志、档案等工作都取得新成绩。

【依法治区】 民主法治全面加强。推进法治政府建设，健全部门法律顾问制度，加强政府合同监管和规范性文件制定，办结行政复议案件42件，行政首长出庭应诉率100%。自觉接受人大法律监督、工作监督和政协民主监督，通过对接会、恳谈会等形式，加强与区人大、区政协的沟通交流，全年共办理各级人大代表议案建议57件、政协委员提案66件。认真履行党风廉政建设主体责任，强化党风廉政建设“一岗双责”。全面推进政府及部门预算绩效管理，实行预算单位审计全覆盖。

行政管理务实高效。开展“两学一做”“讲重作”等学习教育，大兴实干之风，通过分解任务、定期调度、严格考核、兑现奖惩，对政府部门、镇街开发区实行责任化、项目化、节点化管理，促进各项工作目标任务落实到位。开展“四送一服”双千工程，助力实体经济发展，共走访服务辖区重点企业278家。积极回应群众诉求，切实解决服务群众“最后一公里”问题，共受理办结领导信箱信件371件、12345热线事项28213件。

（苏文安　黄　芸）

包河区

【概况】　包河区地处合肥主城东南，是全国唯一濒临五大淡水湖之一（巢湖）的省会城区，下辖8街、2镇、1个省级经济开发区和2个街道级大社区，区域面积340平方公里，其中巢湖水域面积70　平方公里，人口126万。2017年，包河区紧紧围绕“安徽新中心、品质首善区”战略定位，以“三做四创”为主线，全力推进“五大平台”建设，纵深实施“十大实事工程”，实现本届政府任期的“开门红”，向着“实现五个一、挺进40强”的目标迈出了坚实的一步。

经济发展量速并进。全年完成地区生产总值935.7亿元、增长8.7%；固定资产投资830.9亿元，投资质量效益进一步优化；规上工业增加值104.3亿元、战略性新兴产业产值93.5亿元；财政收入52.8亿元、增长7.5%，其中地方财政收入33亿元；社会消费品零售总额558亿元、增长12.2%；城镇、农村常住居民人均可支配收入分别达到44504元、25595元，增长9%和9.3%。在市政府考核的15项主要经济指标中，包河区10项指标总量位居城区第一，6项指标实现总量、增速“双第一”。全国“四个百强城区”全面进位，综合实力跃升至第48位，成为中西部地区唯一跻身投资潜力“全国10强”的城区。

【产业发展】　三次产业结构优化为0.6：27.7：71.7，服务业增加值达到670.9亿元，总量跃居全省县（市）区之首。软通云网总部、省军民融合发展服务平台成功引进，滨湖国际金融后台服务基地集聚各类金融企业29家，滨湖金融小镇跻身全省首批特色小镇，罍街模式走出包河、迈向全省、创响品牌，创意文化战新基地在全省考评中位居第一，包河区成为全市唯一一家省级服务业综合改革试点单位。工业经济加速转型，新能源汽车战新基地入驻企业达56家、实现产值280亿元，检验检测产业园成为全省服务业示范园区，包河经开区进入全省开发区第一梯队，迈进2017中国产业园区成长力百强。现代农业融合发展，“大圩葡萄”获国家生态原产地产品保护认证，大圩镇成为中国葡萄特色小镇。

【发展潜力】　“大新专”项目投资总量、开工项目数、续建项目数全市城区第一，亿元以上重点项目考核全市优秀。常青机械、安徽天然气成功上市，全区主板上市企业增至8家，新三板挂牌企业增至11家。新上市地块37宗、总面积2884亩，经营性用地成交量全市第一。新增各类市场主体2.5万户，总量超10万户，居全省县（市）区之首，连续5年蝉联全省发展民营经济先进县（市）区。淝河片区综合改造全面启动，滨湖卓越城加快建设，骆岗片区规划方案全球招标，致力打造全市乃至全省产城一体新样板、品质城区新典范。

【开放发展】　全年引资总量363亿元，其中外商直接投资2.3亿美元、增长10.4%。合肥港海关、国检、海事等口岸联检单位同步入驻，“一站式”通关服务体系基本形成，累计吞吐量突破100万标箱。合肥上海世界外国语学校建设加快推进，合肥国际马拉松赛、中国青年帆船帆板精英赛、环巢湖国际骑游大会、环湖毅行、全国速度轮滑锦标赛成功举办。

夜景滨湖

【重点改革】 创新设立和泰基金，整合成立滨湖源泉担保公司。滨湖卓越城、淝河片区“管委会+公司”模式进入实质性运转。“互联网+政务服务”更加精准高效，基本实现“愉快办事、一次就好”。创新实施政策兑现进窗口、信息推送入“端口”，兑现扶持资金5200多万元，惠及企业近500家。万年埠街道正式成立。区数据资源局挂牌运行，方兴社区、滨湖世纪社区等一批“智慧社区”雏形初现。全年启动社区“两级中心”项目33个，其中6个已建成使用。土地确权颁证工作顺利通过省级验收。

【优化创新环境】 校地共建平台成果涌现，中科大国际金融研究院全面开工，合工大智能院即将开建并先行引进企业51家。安徽广电文化创意产业园成为“三旧”资源改造重塑样板，全年新增软通动力乐业空间、万创云谷、青网3Q创咖等市级众创空间5个，常青创客梦空间晋升为国家级众创空间。在淝河镇设立全省首个国家级职业指导师工作室。国家级高新技术企业和市级技术中心数量位居城区之首，发明专利申请量、授权量位居全省前列，在全市率先获批“国家知识产权强县(区)工程示范区”。

【发展空间】 淝河片区全年征迁量超过100万平米，全区全年征迁168.8万平米，约占全市城区总量的40%，居各城区之首。棚户区改造建成率全市第一。全区在建安置房项目20个、约600万平米，金葡萄家园、安百苑B区、太湖新村、滨湖顺园复建点顺利回迁，全年累计分配房源逾1.8万套，约3.1万人喜迁新居。

【基础设施完善】 高铁时代加速前行，复兴号驶进包河，南站南广场加快建设，包河区成为全国“八纵八横”高铁路网重要交汇点。轨道交通全面提速，地铁4、5号线开工建设。上海路建成通车，北京路、郎溪路、龙川路、南淝河路、方兴大道延伸工程全面开建，全区“十纵十四横”主干路网格局加速形成。

【城市综管大提升】 “大综管”模式得到中央综治委充分肯定。高铁南站综合管理模式有望获批国家级社会管理和公共服务综合标准化试点。包公街道“微综管”智慧服务平台投入运营。区城市管理委员会挂牌成立。全省最大的小仓房大型垃圾中转站建成运营，在全省率先启动生活垃圾分类收集处置，城市管理综合考核和数字城管考核位居全市前列。在全市率先启动菜市场二轮升级改造，康园菜市场、桐城路菜市场投入运营、广受好评。荣获第二届安徽省文明城区、第三届安徽省未成年人思想道德建设工作先进县（区）。

【城区绿化美化】 在全省率先试点林长制，创新试点树长制，绿化养护网格化管理实现全覆盖。成功打造龙川路、花园大道、繁华大道3条市级精细化养护示范道路，精心实施高铁南站、祁门路节点等37处主题花境项目，改造提升了滨水公园、银河公园、淝河生态公园等一批景观绿地。全年完成植树造林1198亩，湿地修复1410亩，新建、提升绿化面积70万平米。

【水气污染联防联治】 全面推行“河长制”，落实最严格的水资源管理制度工作蝉联全市城区第一，蓝藻治理基本实现环巢湖岸线臭味管控目标。系统推进以燃煤烟气、工业废气、汽车尾气、工地扬尘、违禁焚烧、餐饮油烟治理为重点的“六气共治”，全年空气PM2.5、PM10平均浓度同比分别下降8.1%、5.4%。

【环保整改】 抓好中央、省环保督察和中办回访调研督察反馈意见整改落实，深入开展整治突出环境问题保障群众环境权益专项行动，完成各级交办整改任务257件。推进全区重点污染源专项整治，动态销号解决各类污染点源504个。农村垃圾、污水、厕所专项整治“三大革命”扎实推进，陈年垃圾治理通过省级验收。“三线三边”环境整治工作考核全市第一。

【社会民生】 **群众幸福感持续提升。**28项民生工程高效实施，民生事业投入42亿元，占全区公共财政预算支出84.5%。“公益性岗位安置窗口”全市首创，残疾人辅助性就业全省示范。大型庐剧现代戏《葡萄书记》入选第十九届中国上海国际艺术节参演剧目。罍街“悦·书房”建成开放，滨湖世纪城等3个阅读空间即将建成。全年新建扩建中小学、幼儿园23所，完成全国中小学校责任督学挂牌督导创新区国家认定，顺利通过国家义务教育均衡发展复查。

群众获得感持续增进。城乡居民养老保险、城镇居民医疗保险参保人数全市城区第一。全国基层中医药先进单位顺利通过复审，望湖城社区卫生服务中心开诊试运行，全区新增医养结合型养老服务床位833张。家庭医生服务有偿签约率全市第一，常青街道全国健康促进与教育优秀实践基地正式启用，创成省级健康促进区。

群众安全感持续强化。区级社区治理学院在全省率先设立，包河区成为全省社区协商示范区。全区社会组织孵化基地数量全省第一。方兴、惠园、明珠、云川、车谷5个社区获批全国综合减灾示范社区。综治工作连续8年全市优秀。

（杨　牧）

责任编辑：赵永军

全国五一劳动奖状

合肥学院

全国五一劳动奖章

李守芳（女） 中盐安徽红四方股份有限公司

曾新云 合肥市建筑质量安全监督站

全国五一巾帼标兵

周 静（女） 皖能合肥发电有限公司集控运行单元长

全国工人先锋号

兆科药业（合肥）有限公司新药研发中心

安徽省先进集体

1. 合肥长安汽车有限公司

2. 合肥市建设投资控股（集团）有限公司

3. 安徽公共资源交易集团有限公司

4. 阳光电源股份有限公司

5. 合肥急救中心

6. 合肥欣奕华智能机器有限公司 Track Inline 项目组

7. 安徽三瓜公社投资发展有限公司

安徽省劳动模范

1. 夏 力 合肥市公交集团有限公司 驾驶员

2. 付宏年 合肥汽车客运有限公司安捷客运分公司 修理工

3. 陈宜强 安徽金星预应力工程技术有限公司 副总工程师

4. 瞿顶娟（女）安徽鸿路钢结构（集团）股份有限公司焊接班组长

5. 门小雷 合肥安达创展科技股份有限公司 创意总监

6. 孙建明 国网安徽省电力公司合肥供电公司带电一班 班长

7. 李忠东 安徽中烟工业有限责任公司合肥卷烟厂 设备修理工

8. 张开超 格力电器（合肥）有限公司一分厂胀焊班 班长

9. 王义峰 安徽安利材料科技股份有限公司 生产技术副总

10. 王开库 安徽送变电工程公司 项目经理

11. 杨 光 惠而浦（中国）股份有限公司 洗衣机技术总监

12. 周海鹏 中国能源建设集团安徽省电力设计院有限公司 副总工程师

13. 陈 标 合肥燃气集团有限公司焊工班 班长

14. 杨景东 中国工商银行股份有限公司安徽省分行营业部肥东支行 行长

15. 方 进 合肥市远大轴承锻造有限公司 总经理助理

16. 周志国 东风精密铸造安徽有限公司 装备管理师

17. 王利明 合肥丰乐种业股

份有限公司　科研人员

18. 高文松　安徽省富光实业股份有限公司水电班　组长

19. 贾明元　合肥永升机械有限公司　焊工

20. 王传云　日立建机（中国）有限公司　员工

21. 叶琳玲（女）　合肥报业传媒有限公司合肥晚报采访中心　副主任

22. 孔祥伟　安徽博一流体传动股份有限公司　科长助理

23. 张　洪　合肥百货大楼集团股份有限公司合肥百货大楼　副总经理

24. 褚　兵　合肥金色大地生态农业科技开发有限公司　总经理

25. 张国庆　合肥禾润农业科技有限公司　董事长

26. 李明圣　肥西县明圣现代农业种植专业合作社　理事长

27. 田　峰　合肥莓福园农业专业合作社　理事长

28. 叶文江　庐江县汤池镇三冲村　党总支书记

29. 毕晓雪　合肥大圩葡萄酒有限公司　总经理

30. 李龙水　巢湖市银屏镇爱国村　党总支书记、村委会主任

31. 郑爱军　中国邮政集团公司安徽省巢湖市分公司　乡邮投递员

32. 李小莉（女）合肥丰华汽车零部件有限公司油箱车间　调度员

33. 赵红霞（女）庐江县迪安娜制衣有限公司　生产厂长

34. 陈怀奎　国网安徽省电力公司庐江县供电公司　总经理、党委副书记

35. 黄　汪　安徽华米信息科技有限公司　董事长兼总经理

36. 高　君　安徽宝业建工集团有限公司　总经理

37. 张　羽　合肥鑫晟光电科技有限公司　总经理

38. 许帮顺　合肥志邦家居有限公司　执行董事兼总经理

39. 童跃辉　安徽中汽旅游汽车集团公司　董事长

40. 高　健　合肥科技农村商业银行股份有限公司城北支行　综合柜员

安徽省工人先锋号

合肥市地方税务局涉外分局

安徽省五一劳动奖状

合肥市地方税务局

安徽省五一劳动奖章

1. 刘正勇　合肥欣奕华智能机器有限公司

2. 许日民　合肥禾盛新型材料有限公司

3. 徐　剑　合肥丰乐种业股份有限公司

4. 刘红卫　中盐安徽红四方股份有限公司

5. 毛玉金　惠而浦（中国）股份有限公司

6. 汪昱叡　安徽深燃天然气有限公司

7. 朱石磊　安徽深燃天然气有限公司

8. 宋　健　中国能源建设集团安徽电力建设第二工程公司

9. 袁　海　中国能源建设集团安徽电力建设第二工程公司

10. 胡兴宽　合肥市地方税务局

11. 杨　军　合肥市地方税务局高新技术产业开发区分局

安徽省先进工作者

1. 王永景　合肥市人民检察院　检察员

2. 周品芳（女）　肥东第一中学　党总支书记，县教育体育局副局长

3. 杨　华　合肥市庐阳区亳州路街道社区卫生服务中心　医务科长

4. 张　丽（女）　巢湖市审计局经济责任审计分局　副局长

5. 黄友章　长丰县人民法院庭长

6. 黄雷鸣　合肥市经贸旅游学校烹饪教研组　组长

7. 张凤彪　合肥市瑶海区城市管理局　清运组长

8. 唐晓先　巢湖管理局环境保护监测站　站长

9. 张　勇　合肥市中级人民法院　副庭长

10. 葛余祥　合肥市瑶海区重点工程建设管理局综合协调科　科长

11. 张迎宾　合肥市公安局包河分局望湖派出所　副所长

12. 陈发利　合肥市公安局警令部　主任

13. 刘　辉　合肥市妇幼保健院　党委书记、院长

合肥市先进单位

1. 合肥中南光电有限公司

2. 安徽丰乐农化有限责任公司

3．合肥海源机械有限公司

4．肥东县妇幼保健计划生育服务中心

5．安徽华星智能停车设备有限公司

6．合肥丰华汽车零部件有限公司

7．肥西县三河镇人民政府

8．肥西县地方税务局

9．安徽新大洋汽车配件有限公司

10．安徽信远包装科技有限公司

11．安徽方圆机械有限公司

12．合肥神舟建筑集团有限公司

13．长丰双凤经济开发区管理委员会

14．长丰县财政局

15．合肥荣事达电子电器集团有限公司

16．安徽舜禹水务股份有限公司

17．安徽金正大生态工程有限公司

18．安徽万安汽车零部件有限公司

19．庐江县供水有限责任公司

20．庐江龙桥矿业有限公司

21．合肥国轩电池材料有限公司

22．安徽建川市政工程有限公司

23．庐江县汤池镇人民政府

24．庐江中学

25．巢湖市地方税务局

26．巢湖市卫生和计划生育委员会

27．安徽光明槐祥工贸集团有限公司

28．安徽富煌三珍食品集团有限公司

29．合肥市菲力克斯电子科技有限公司

30．巢湖市兰天大诚门窗幕墙有限公司

31．合肥市瑶海区三里街街道办事处

32．安徽国泰国瑞医药有限公司

33．合肥捷沃汽车贸易有限责任公司

34．合肥市瑶海区国有资产经营有限责任公司

35．正奇安徽金融控股有限公司

36．志邦厨柜股份有限公司

37．安徽中皖辉达信息服务股份有限公司

38．合肥市南门小学

39．合肥市蜀山区人民法院

40．安徽山水空间装饰有限责任公司

41．合肥银泰城商业管理有限责任公司

42．合肥普瑞眼科医院有限公司

43．合肥市包河区常青街道办事处

44．合肥安达创展科技股份有限公司

45．安徽三环科技发展集团

46．安徽省世纪金源大饭店管理有限公司

47．合肥印象滨湖旅游投资发展有限公司

48．合肥高新技术产业开发区科学技术局

49．科大国盾量子技术股份有限公司

50．合肥同智机电控制技术有限公司

51．安徽资城孵化器管理有限公司

52．安徽江淮福臻车体装备有限公司

53．合肥美菱股份有限公司

54．合肥京东方光电科技有限公司

55．中铁二十四局集团安徽工程有限公司

56．合肥新站高新技术产业开发区七里塘社区管理委员会

57．东风精密铸造安徽有限公司

58．中国邮政集团公司合肥市分公司

59．国网安徽省电力公司合肥供电公司

60．安徽中烟工业有限责任公司合肥卷烟厂

61．东华工程科技股份有限公司

62．中国邮政集团公司安徽省合肥邮区中心局

63．安徽航天信息科技有限公司

64．合肥市农村公路管理局

65．皖能合肥发电有限公司

66．安徽天星医药集团有限公司

67．合肥电力安装有限公司

68．安徽百大合家福连锁超市股份有限公司

69．安徽省烟草公司合肥市公司

70．徽商银行股份有限公司合肥分行

71．合肥公交集团有限公司

72．合肥市建筑市场监督管理处

73．中建四局第六建筑工程有限公司

74．合肥热电集团有限公司

75．合肥演艺股份有限公司

76．合肥一六八中学

77．合肥市法律援助中心

78．合肥市殡葬管理处

79．合肥市公安局刑事警察支队

80．合肥市农业经济技术监督管理总站

合肥市劳动模范

1. 于学习　安徽超清科技股份有限公司

2. 盛　松　肥东县利民农机化综合服务农民专业合作社

3. 章庆华（女）　安徽省锦翔塑编包装实业有限公司

4. 汪　慧（女）　肥东深燃天然气有限公司

5. 殷少锋　安徽省雄峰起重机械有限公司

6. 金国钰　国网安徽省电力公司肥西县供电公司

7. 滕安全　肥西县丰乐镇绿苑土地流转专业合作社

8. 杨六云（女）　安徽省锦瑞汽车部件有限公司

9. 唐德满　合肥申仁养殖有限公司

10. 王　磊　合肥供水集团肥西供水有限公司

11. 鲍传杨　合肥伊利乳业有限责任公司

12. 蔡明虎　合肥华升泵阀股份有限公司

13. 郭　静（女）　合肥江淮铸造有限责任公司

14. 朱友银　合肥佳安建材有限公司

15. 蒋海龙　长丰县海龙家庭农场

16. 马大忠　庐江县柯坦镇柿树村民委员会

17. 汪海云（女）　庐江县正泰玩具厂

18. 李　燕（女）　安徽海神黄酒集团有限公司

19. 董元生　安徽尹昭工贸有限公司

20. 金劲松　国网安徽省电力公司庐江县供电公司乐桥供电所

21. 赵献祥　巢湖市柘皋镇龙毅胜家庭农场

22. 盛军东（女）　巢湖市环境卫生管理处

23. 徐　亮　泰山石膏（巢湖）有限公司

24. 邹传彬　巢湖市金鼎盛电子灯饰有限公司

25. 林海军　安徽富煌钢构股份有限公司

26. 王　磊　国网安徽省电力公司巢湖市供电公司

27. 刘　保　中共合肥市瑶海区大兴镇兴集社区委员会

28. 朱宽容　安徽省景辉建设投资集团有限公司

29. 李　珍（女）　合肥市瑶海区城市管理局清洁二队

30. 杨姗姗（女）　安徽兴博远实信息科技有限公司

31. 孙宏峰　合肥安信通用阀片制造有限公司

32. 瞿其贵　合肥市庐阳区三十岗乡东瞿村民委员会

33. 徐连波　琥珀街道奥林花园社区卫生服务站

34. 于博文　中水三立数据技术股份有限公司

35. 何宗梅（女）　合肥市蜀山区小庙镇金梅苗木农民专业合作社

36. 陈　锋　安徽中科龙安科技股份有限公司

37. 赵长勇　安徽东昌建设集团有限公司

38. 王　建　合肥万户网络技术有限公司

39. 吴大珍（女）　阿庆嫂农家乐饭店

40. 陶　磊　阳光电源股份有限公司

41. 谢长福　同路生物制药有限公司

42. 周　慧（女）　合肥金星机电科技发展有限公司

43. 吴　勇　合肥三晶电子有限公司

44. 田　明　合肥美亚光电技术股份有限公司

45. 姚晨光　合肥杰事杰新材料股份有限公司

46. 杜胜文　安徽三生缘现代农业发展有限公司

47. 何春红（女）　合肥云鹤江森汽车座椅有限公司

48. 王辅圣　中铁二十四局集团安徽工程有限公司

49. 刘正勇　合肥欣奕华智能机器有限公司

50. 李恒滨　合肥鑫晟光电科技有限公司

51. 何金培（女）　合肥新站高新技术产业开发区七里塘社区瑶海居民委员会

52. 高　青（女）　合肥乐凯科技产业有限公司

53. 李　缜　合肥国轩高科动力能源有限公司

54. 刘振云　安徽未名细胞治疗有限公司

55. 尹　钊　中科合肥微小型燃气轮机研究院有限责任公司

56. 徐占翠（女）　巢湖市半汤街道敬老院

57. 谭春青　中科合肥微小型燃气轮机研究院有限责任公司

58. 方　俊　中国电信股份有限公司合肥分公司

59. 张庆富　中国能源建设集团安徽电力建设第一工程有限公司

60. 束维正　中盐安徽红四方股份有限公司

61. 桑　森　天威保变（合肥）变压器有限公司

62. 魏　军　中国能源建设集

团安徽电力建设第二工程有限公司

63. 胡秀梅（女） 合肥南门汽车客运有限责任公司

64. 孙龙飞 合肥市吴山固体废物处置有限责任公司

65. 吕 虹（女） 南京医药合肥大药房连锁有限公司

66. 徐兆军 合肥添百福商贸有限责任公司

67. 吴万江 合肥三河四子百花园度假村有限公司

68. 刘海滨 中国邮政储蓄银行股份有限公司合肥市分行

69. 杨维淼 合肥供水集团有限公司包河区供水所

70. 王少乾 中国建筑第五工程局有限公司安徽分公司

71. 沈剑敏 合肥城改投资建设集团有限公司

72. 陆 波 合肥城建琥珀置业有限公司

73. 陆勤芬（女） 合肥报业传媒集团

74. 陈德莹（女） 合肥市市直机关印务有限公司

75. 杨 林 合肥丰乐种业股份有限公司

76. 陶 明 安徽省巢湖管理局裕溪闸管理处

合肥市先进工作者

1. 杨正霞（女） 肥东第三中学

2. 夏本琴（女） 肥西县铭传乡中心学校

3. 吴家礼 长丰县造甲乡卫生院

4. 张林华 庐江县人民医院

5. 徐六三 巢湖市柘皋镇中心卫生院

6. 宣守西 合肥市第三十八中学

7. 周 琼（女） 合肥市庐阳区亳州路街道办事处

8. 胡 燕（女） 合肥市蜀山区西园街道办事处

9. 何晓萍（女） 合肥师范附小三小

10. 陈国玖 清华大学合肥公共安全研究院

11. 王绍勇 合肥市交通运输管理处瑶海交通运输管理所

12. 汤永红（女） 合肥市国家税务局

13. 龚 梅（女） 合肥市规划局

14. 胡海利 合肥市妇幼保健所

15. 郑汉洲 合肥市第一中学

16. 封孝莉（女） 合肥幼儿师范高等专科学校

17. 史剑春 合肥市财政国库支付中心

18. 王杭军 合肥市土地储备中心

19. 罗 卿 合肥市劳动争议仲裁院

20. 王开满 合肥市公安局瑶海分局方庙派出所

21. 朱剑宇 合肥市公安局网络安全保卫支队

22. 翟振芳 合肥市气象台

23. 汪百鸣（女） 合肥市卫生局卫生监督所

24. 袁宏永 清华大学合肥公共安全研究院

合肥市五一劳动奖状

（合肥市第二届劳动和技能竞赛优胜单位）

1. 合肥市公安局

2. 惠而浦（中国）股份有限公司

3. 合肥市交通运输局

4. 合肥市卫生和计划生育委员会

5. 中国工商银行安徽省分行营业部

6. 合肥市烹饪餐饮行业协会

7. 肥东县总工会

8. 合肥市地方税务局高新技术产业开发区分局

9. 合肥市地方税务局涉外分局

合肥市五一劳动奖章

（合肥市第二届劳动和技能竞赛优胜个人）

1. 顾永贵 中铁二十四局集团安徽工程有限公司合肥地铁四号线一标项目部

2. 郑申俊 中铁二十四局集团安徽工程有限公司合肥管片厂

3. 吴 闯 惠而浦（中国）股份有限公司

4. 岳道珍（女） 惠而浦（中国）股份有限公司

5. 赵 阳 合肥星之宝汽车销售服务有限公司

6. 周云生 合肥民生汽车服务有限公司

7. 胡晓峰 合肥八一驾驶员培训学校

8. 聂腾飞 中国邮政速递物流股份有限公司合肥市分公司

9. 张 萍 （女） 中国民生银行合肥分行

10. 石 雨 中国民生银行合

肥分行

11. 周　娟　（女）　中国民生银行合肥分行

12. 张　灿　（女）　中国工商银行安徽省分行营业部

13. 刘国琴　（女）　肥东县妇幼保健计划生育服务中心

14. 张海侠　（女）　包河区疾病预防控制中心

15. 刘了了　（女）　合肥市疾病预防控制中心

16. 顾东平　安徽江淮兴业餐饮服务有限公司

17. 谢凯云　（女）　安徽塞纳河畔酒店管理有限公司

18. 杜　军　安徽蜀王餐饮投资控股集团有限公司

19. 夏大超　安徽新东方烹饪专修学院

20. 张俊峰　安徽江淮兴业餐饮服务有限公司

21. 徐倩倩　（女）　合肥市气象台

22. 胡森林　合肥市气象站

23. 许　霞　（女）　肥西县气象局

24. 汪有杰　中国电信股份有限公司安徽分公司

25. 丁　浩　中国电信股份有限公司安徽分公司

26. 邓道琳（女）　中国电信股份有限公司安徽分公司

27. 杜汝达　合肥市公安局交警支队瑶海大队

28. 康　辉　合肥市公安局特警支队一大队

29. 伍万龙　合肥市公安局包河分局巡警一大队

30. 郑继栋　肥西县公安局山南派出所

31. 朱士岳　肥东县公安局刑侦大队

32. 汪　艾　肥东县响导乡人民政府

33. 钱　伟　庐江县农业执法大队

34. 杭德龙　巢湖市植保站

35. 汪洪普　合肥市农业经济监督管理总站

36. 荣朝振　合肥市渔政监督管理站

37. 殷　星　合肥市地方税务局征管分局

38. 王玉龙　肥东县地方税务局

39. 沈　超　合肥市地方税务局庐阳分局

40. 周劲松　长丰县地方税务局

41. 郑　琼（女）　庐江县地方税务局

42. 王晶晶（女）　肥东县国家税务局

43. 王一超　合肥市国家税务局

44. 宋　玲（女）　庐江县国家税务局

45. 姜海驷　合肥市国家税务局

46. 何明龙　长丰县国家税务局

47. 李学平　中建七局第二建筑有限公司

48. 卫玉法　合肥市安全生产监察支队

49. 何金龙　合肥市安全生产监察支队

50. 孟凡利　安徽华星智能停车设备有限公司

51. 谢伯成　安徽华昕铸业有限公司

52. 王晓琼（女）　庐江县妇幼保健计划生育服务中心

53. 笪远球　安徽建宁建设工程有限公司

54. 吴立权　安徽省富煌建设有限公司

55. 范　围　安徽侬安康食品有限公司

56. 张　鑫（女）　合肥市南门小学

57. 张　悟　三河四子丽景假日酒店

58. 陆忠静　合肥瑞星机械制造有限公司

59. 胡朝荣　合肥高新公共交通运营有限公司

60. 李峰子　中科美菱科技股份有限公司

61. 章　俊　中铁二十四局集团安徽工程有限公司

62. 刘　恺　合肥乐凯科技产业有限公司

63. 冯　媛（女）　巢湖远洲豪庭大酒店

64. 周年进　巢湖市鼎力铁塔有限公司

65. 赵科佚　合肥市疾病预防控制中心

66. 臧德英（女）　合肥市包河区常青街道社区卫生服务中心

67. 于大勇　蜀山区南七街道社区卫生服务中心

68. 童明明（女）　瑶海区七里站街道社区卫生服务中心

69. 俞登奎　肥西县铭传乡卫生院众兴卫生室

70. 张荣平　巢湖市槐林镇中心卫生院

71. 杨睿智　合肥市国家税务局

72. 吴　涛　合肥市国家税务局

73. 胡传锦　肥东县地方税务局

74. 徐芝明　长丰县地方税务局

75. 钟诗荣　庐江县地方税务局

76. 颜　萍（女）　合肥市地方税务局庐阳区分局

77. 张晓妍（女）　合肥市地方税务局蜀山区分局

78. 蔡亚林　合肥市地方税务局巢湖经济开发区分局

79. 徐　捷　合肥市地方税务局涉外分局

80. 宋科江　合肥市地方税务局

81. 王木子　中国人民银行合肥中心支行

82. 吴家金　中国人民银行长丰县支行

83. 程　斌　巢湖市气象局

84. 罗　柯　安徽青松食品有限公司

85. 江　琴（女）　上海红星美凯龙品牌管理有限公司合肥分公司

86. 刘红勇　特易购商业（安徽）有限公司合肥濉溪店超市

87. 孙敏敏（女）　安徽华星智能停车设备有限公司

88. 孔　亮　中建八局第一建设有限公司安徽分公司

89. 程克龙　合肥建工集团公司

90. 潘启富　中天建设集团有限公司

91. 林计松　洽洽食品股份有限公司

92. 代世华　肥西老母鸡食品有限公司

93. 黄志霞（女）　安徽包河酒业有限公司

合肥市庐州工匠标兵

1. 付宏年　合肥汽车客运有限公司安捷分公司　汽修工

2. 朱　强　中国能源建设集团安徽电力建设第一工程有限公司高级技师

3. 王开库　安徽送变电工程公司　工程师

4. 潘　衡　中盐安徽红四方股份有限公司天辰公司　维修焊工

5. 刘　靖　安徽省掇英轩书画用品有限公司　美术师

6. 张　钢　合肥长安汽车有限公司焊装车间　技师

7. 陈　标　合肥燃气集团有限公司工程公司焊工班　高级工

8. 陈俊生　合肥京东方光电科技有限公司开发部研发　工程师

9. 许正保　合肥市公路局肥西分局小修工程队　技师

10. 孙　鑫　肥东县足春堂足浴城　修脚师

（崔　莉）

中国好人

【2017 年助人为乐类“中国好人”】

宋国强：好心医生成长为“公益达人”

人物简介：宋国强，男，1970 年 9 月出生，庐阳区双岗菜市场“宋国强口腔门诊部”负责人。

事迹简介：他一直坚持走在助人为乐的路上，个人捐款 40 多万元，为贫困居民和弱势群体减免医疗费 100 多万元，志愿服务时长近 3 万小时。参与和组织各类活动 1000 多场次，募集款物价值 300 多万元。现在，他被人熟知的身份是民间反扒明星，是夜巡队的发起人，是助残先锋，是公益达人……

他的“牙店”很多人去求助，他都尽力帮忙。牙店离救助站只有 300 米，20 多年里经常遇到流浪者或有困难的人，他都会伸手帮助，给点路费或送往救助站。每当弱势群体来治病，都会主动减免医药费用，为穷人看病。遇到行动不便特殊的老人，他都会主动上门免费服务。

为了更好地帮助更多的人，宋国强发动成立了安徽书画网公益部、合肥市庐阳区双岗街夜巡队、合肥市庐阳区双岗街助残队 3 支公益团队，主动承担活动经费和物资，先后策划组织了字画春联义卖、拍卖、捐赠等各类活动 100 多场，捐赠字画 3000 多幅，各类款物价值 100 多万元；积极配合参与社会治安和打击违法活动，制止数起打架事件，成功终止十几起被盗案件，挽回经济损失数十万元；积极开展“助残过大年”“助残踏青游”“助残家政服务”等助残服务活动近 110 场，募集款物 100 余万元，帮扶残疾人约 1200 人次。

刘海：“帮助别人，可以快乐自己！”

人物简介：刘海，男，1976 年出生，巢湖市居民。

事迹简介：在巢湖，人们都爱叫他“爱心大使”，他走到哪里，爱心就撒到哪里。从 2005 年组建雷锋车队以来，他率领队员们处处以雷锋为榜样，不仅树立了良好形象，更感动无数人。

多年来，刘海带领雷锋车队长期关爱农民工和留守儿童，实施阳光救助工程，救助城市特困家庭，开展爱心送考专项活动。车队成立以来，共计免费接考生达 3 万人次；为汶川、玉树灾区共计募捐救助资金近 12 万元；为身患白血病的队员募捐帮扶资金 30 多万元；为尿毒症患者孩子募捐 6 万多元；筹捐社会爱心资金 3 万多元，资助近 50 名留守儿童；联系爱心企业，筹集羽绒服200多件、大量学习用品，捐给6所乡镇学校200多名留守儿童；敬老助老，每一年的重阳节、春节，车队都带上自购的食品和募集的羽绒服等到市敬老院、困难家庭和五保户，看望和慰问孤寡老人，上门服务1200余次。

2016年7月，巢湖市遭受洪涝灾害，面对突如其来的灾情，他带领车队第一时间加入抗洪抢险一线，“冲在最前面，守在最险处”“哪里最危险，哪里有党员”是他喊出的口号。巡埂查险岗、突击抢险岗、物资供应岗、后勤保障岗都能看到他的身影。

有人觉得他傻，作为一名企业负责人，理应把精力放在赚钱上。但说到这个“傻”，刘海却很自豪，因为他要践行他的承诺：爱心路上永无止境。因为“傻”，他被团中央评为“全国优秀志愿者”；因为“傻”，他荣登“中国好人榜”。

王庆九：残疾干部15年圆百名孩子上学梦

人物简介：王庆九，男，1971年出生，合肥市残联信访维权处工作人员。

事迹简介：王庆九自幼身患小儿麻痹症，双腿残疾，毅然投身残疾人信访维权工作，15年来，已经帮助100多位残疾家庭的孩子解决了上学问题，“残疾人本来就落后于正常人一步，他们的孩子是家庭的最大希望，不能让残疾家庭的孩子输在起跑线上。”只要残疾人家庭孩子有入学的困难，王庆九总是千方百计想办法直至解决。王庆九“爱管闲事”，每当看到年轻的残疾人，都会仔细了解情况，劝导并介绍他们去接受矫正治疗。残疾人因为身体原因，心情大都比较压抑，王庆九在信访室创新性地开展心理咨询业务，受到广大残疾人的欢迎和称赞。此外，王庆九一直提倡残疾人朋友用法律武器维护自身合法利益，2015年他为残疾人申请法律援助案件达156件，2016年达到300多件。

“作为一名残疾人，能生活在这样的时代，我很幸运；作为一名残疾人工作者，能为广大残疾人服务，为他们解决困难，这让我的人生变得更有意义，也更加幸福！”王庆九将自己的经历和对社会的感恩化为工作的动力，把一腔热情全部奉献给合肥的残疾人事业。

刘运英：捐奖金扶贫困18年助学100余人的“豆芽奶奶”

人物简介：刘运英，女，1940年出生，合肥市包河区居民。

事迹简介：1999年，老人第一次捐助：“当时看到一个小女孩，小时候母亲因病去世，自己辍学在家。”刘运英按照报纸上写的捐助程序，把400块钱交到安徽省妇联儿童部。就这样，报纸上不定期刊登的儿童捐助信息，成为老人剪不断的牵挂。从400元到后来的500元，刘运英总会挤出积蓄，向需要帮助的孩子捐款。刘运英捐资助学已有19个年头，共捐助100多个困难学童。

为了多帮助孩子，刘运英开始尝试自制豆芽，把卖豆芽得来的钱捐助出去。买来豆子，在自家狭小的空间里支起工具，夏天一身汗水，冬天满地冰块儿。曾经好多年，做豆芽卖豆芽，有时包些粽子卖，成为刘运英每天的生活。十几年来，刘运英一直在攒钱捐款，却很少主动与孩子们联系，“我不想让孩子们觉得亏欠了谁，不图啥回报，只希望孩子们能过得好。”受刘运英感染，她的几个孩子都加入到捐助行列。

【2017年敬业奉献类“中国好人”】

陈道玉：三十余载忘我工作 一腔热忱敬业奉献

人物简介：陈道玉，男，1964年1月出生，中共党员，原长丰县国税局纳税服务科科长。

事迹简介：2016年9月18日上午10时18分，在长丰县国税局会议室里，正在参加营改增视频会议的陈道玉因积劳成疾，突然发病，晕倒在会场，经抢救无效去世，享年53岁。

陈道玉一生勤勤恳恳、任劳任怨，从税30年，他一心扑在工作上，爱岗敬业，默默奉献，出色完成各项任务，深得领导、同事和纳税人的赞誉。他用坚守和奉献，诠释了一名基层税务工作者对税收事业的忠诚热爱。因其先进事迹和忘我的工作精神，陈道玉被评为2016年度安徽省最美国税人，被追授为2016年度合肥市优秀共产党员，被评为2016年度合肥市“十大新闻人物”，获得2016年度“安徽好人”和2017年度敬业奉献类“中国好人”称号。

“直如朱丝绳，清如玉壶冰”。工作中，他始终坚持“三不”原则：不为物质金钱所诱惑，不为威胁所让步，不为人情所左右。陈道玉满腔热情，对待同事，他关爱有加。每天他总是最早到单位，最后一个离开单位。对待下属总是悉心教导，既像师长，又如父辈，生活上主动关心爱护，工作中教育引导。

“清清白白做人，踏踏实实做事”，作为长丰县国税局纳税服务科的领头羊，陈道玉率先垂范，打造了一支迎难而上、朝气蓬勃的队伍，以团结务实、文明高效的标准，擦亮了长丰县国税局纳税服务窗口，为每一个纳税人送去一股清新的办税春风，成为长丰县国家税务局最亮眼的风景线。

李怀富："路"到哪 爱心就播撒到哪

人物简介：李怀富，男，1968年2月出生，中共党员，合肥市蜀山区井岗镇社区居民。

事迹简介：李怀富，现为合肥市公路局直属公路分局合淮路岗集道班班长。其父李道胜是建国后的第一批养路工，拿起扫把、铁锹一干就是40多年；大儿子李怀富接过父亲的扫把，几十年如一日地坚守在一线养护道班；二儿子李怀余是一名路政员，护路保畅风雨无阻。

自1986年参加工作以来，李怀富数十年如一日，所在的岗集道班负责养护合淮路合肥段，这段沟通省城合肥和淮南的公路主干道全长70.247公里，盛夏酷暑，三九寒冬，总能看到他忙碌的背景；1998年以来无偿义务献血20年，献血和机采血小板累计约5万毫升，先后获得中国红十字会、卫生部、解放军总后勤部无偿献血金奖、银奖等，其弟弟李怀余、儿子、女儿在他的带动下，也光荣地加入无偿义务献血队伍；2015年5月，荣获全市交通运输行业首届"最美交通人"； 2016年代表合肥公路系统近千名养护工人，参加了全省公路养护技能大赛，经过激烈角逐，斩获个人第6名、集体第二名的好成绩。

黄淑云：白衣天使客串临时妈妈 温暖病重女婴最后瞬间

人物简介：黄淑云，女，1988年8月出生，合肥市第一人民医院护士。

事迹简介：冬日的合肥温度急降，一张看似平常的女护士哺乳的照片，却在这个寒冷的冬日温暖了整个省城，在合肥市民的朋友圈中广为流传，人们纷纷点赞转发。2月3日晚上，一名患有严重先天性心脏病的女婴被遗弃在合肥市第一人民医院滨湖医院，得知孩子急需补充糖水以提高血糖时，急诊科正处于哺乳期的护士黄淑云主动抱起奄奄一息的孩子给其哺乳，这一幕被同事拍下并发到朋友圈，获得众多市民转发点赞。

黄淑云工作近七年来，多次被评为优秀医务工作者，她热爱工作，热爱集体，在工作中不怕苦不怕累，严格按照各项规章制度，对待工作认真负责，不迟到不早退。急诊工作非常繁杂，黄淑云能够一直保持一颗爱心，一份善意对待每个患者。她安排醉酒患者，或者120救护车紧急情况下送来联系不到家人的患者，做到先抢救再治疗，热情负责，陪同检查，帮助联系患者家人，得到患者及家属的一直认同；她遇到家属带领智障患者前来就诊，会认真询问家属，通过手语或者肢体语言尝试和患者进行沟通，亲自带领患者去相关诊室进行诊治和治疗；在儿童穿刺室进行穿刺时，为了尽可能地减少患儿痛苦，自己在各种可用的模型上苦练手感。穿刺时轻声对患儿进行安慰，减少患儿的恐惧感，得到患儿家属的好评；面对一些流浪乞讨人员时，她不怕脏累，一直保持友善的态度，热情迎接，陪同做检查，并且多次自费购买食物和水送给流浪者食用。

就是这样一颗无私无畏，真正关心患者的爱心，支撑她在工作中越来越出色，成为这个冬天感动我们心灵的人。

陈春芳：尽心尽责坚守工作岗位 用生命树起敬业丰碑

人物简介：陈春芳，男，中共党员，1964年2月出生，安庆市潜山市人，一级警督，生前任合肥市公安局蜀山分局国内安全保卫大队大队长。

事迹简介：陈春芳自1984年6月参加公安工作，先后荣立合肥市公安局个人三等功3次。2017年1月31日上午8时许，陈春芳在工作期间，突感头部不适，坚持完成工作交接后前往医院，经抢救无效，于当日22时40分因公牺牲，年仅53岁。

从警33年来，他始终以强烈的政治责任感和饱满的工作热情，全身心投入公安工作，英勇果敢，临危不惧。2011年10月，在荷叶地派出所工作时，他冒着随时可能被轻生者抱住摔下的极度危险，解救一名站在26层高楼的轻生者；2015年6月29日夜，在查处捣毁一涉黄窝点时，他冲在一线，面对犯罪分子的尖刀威胁，临危不惧，在背部被刺伤流血的情况下，勇追歹徒，以实际行动树立了人民警察英勇无畏的良好形象；2014年3月24日，蜀山辖区发生一起暴力劫持人质警情。在处置过程中，陈春芳又主动请缨，与随时可能伤害人质生命的犯罪分子斗智斗勇，谈判周旋，为成功营救人质赢得了宝贵的时间。他始终保持着生命不息、战斗不止的锐气，连续奋战，夙夜在公，先后处置多起群体性事件，为"政协人大会议"安全保卫和辖区社会稳定作出了积极的贡献。

李义水：一生愿做电影放映人

人物简介：李义水，男，1956年出生，巢湖市夏阁镇居民。

事迹简介："我爱电影"是

李义水的口头禅。1973年，李义水成为巢湖市夏阁镇的一名民办教师，1980年，他作出惊人之举：不当教师，去放电影。

在人们的质疑和惋惜声中，李义水坚持了38年。38年来，他放映了1万多场电影。李义水家有一面残破的墙壁，以前曾是“电影院”的“大银幕”。1990年，李义水在自家院子里搭起一间“乡村电影院”，20米长、9米宽的大屋子里，放着十几条板凳。

在李义水所在的里岗村，他是最早买车的人，车上满满地放着都是他心爱的电影设备。差不多每过两年就跑坏一辆车，如今已经是第8辆。对李义水来说，受伤和饥饿都是常有的事。1994年11月的一天傍晚，他从巢湖取片回来时，车子在路上出事了。就在那一瞬间，他死死护着胶片，绝不能让胶片受到任何损伤。当时他只知道，村里还有那么多等他看电影的群众。第二天一大早，他才发现上衣已经穿不上了。经检查，车祸中他一根肩骨摔断了。好几次，在下乡放映途中，突下暴雨，他连忙用雨衣裹住器材，而自己任凭风吹雨打。放完电影后，他在所在村的村部打地铺过夜，饱受蚊虫叮咬，甚至饥不裹腹。

在这个电影市场蓬勃发展的时代，在这个文娱消费极速升级的都市社会，李义水放弃原本安稳的教师工作，怀抱一腔热血和使命感，下乡进村、放映电影，丰富了大家的业余生活，满足了乡民们日益增长的精神文化需求，

38个春秋，他走乡入村，为村民们放映电影1万余场次；38年艰辛，他栉风沐雨演绎着乡村电影放映员的光影岁月。电影是他一生的最爱，他认准电影放映员工作从不言悔，他一生愿做农村电影放映人。

【2017年孝老爱亲类“中国好人”】

董得兰：“七旬好儿媳”悉心照顾百岁婆婆半个多世纪

人物简介：董得兰，女，1942年6月出生，肥东县元疃镇杨祠村老花园村民组村民。

事迹简介：年逾七旬的董得兰，自从跨进婆家门到现在，服侍行动不便的婆婆陶传英长达50多年。婆婆爱吃鱼虾，最近几年，由于河水干涸，鱼虾、泥鳅难买，董得兰便与爱人骑着电动车，风里来雨里去，往返20公里的集镇买来。特别是婆婆在94岁时，意外摔了一跤后卧床不起，董得兰一人照顾起居和生活直到现在。婆婆行动不便，董得兰每天都要端茶送水，端屎端尿，搀扶婆婆上床下床，从来不敢怠慢，不敢有丝毫松懈。为了让婆婆每天吃得好，睡得香，心情好，健康长寿，董得兰总是想着法子哄老人开心，做老人喜欢吃的菜。老人喜欢吃包子，董得兰隔天就去集上买，有时打电话让远在合肥的儿子从合肥买些带回来，帮助老人换口味。婆婆一天三餐，董得兰就合理搭配，满足老人的要求。婆婆在她的精心照料下活到100岁，成为当地最长寿的人。2017年大年初六，她还积极邀请亲朋好友600多人，为婆婆做百岁大寿。婆婆见人便夸，若没有这个媳妇，她也活不到这个岁数。

吴贤秀：照料瘫痪小叔四十年 长嫂如母诠释人间大爱

人物简介：吴贤秀，女，1952年出生，肥西县三河镇中街社区居民。

事迹简介：1973年，吴贤秀才二十岁出头，经人介绍认识了现在的丈夫王元海，王元海排行老三，还有个弟弟王元荣排行老七。王元荣因为小儿麻痹症而导致双腿残疾，丧失了生活自理能力。吴贤秀嫁过来后，就和婆婆、小叔子一起生活，丈夫王元海为了养活全家，出门在外做瓦工。为了减轻丈夫的负担，吴贤秀主动担负起照顾婆婆和瘫痪小叔子的重担，每天帮小叔子穿衣脱衣、洗脸洗脚、端茶送饭、清洗衣服。40多年来，15000多个日夜，小叔子刚换上的裤子又被尿湿，吃进嘴里的东西又吐出来，刚躺下又吵着要起床……吴贤秀不离不弃、不厌其烦，像照顾自己的孩子一样照顾着小叔子。她已经记不起自己多久没有睡过一个囫囵觉，多久没有时间为自己买过一件新衣服。为了照顾王元荣，吴贤秀很少出远门，就连回娘家都是最多待个半天，就急匆匆赶回来。

40年如一日的坚守，不抛弃不放弃，吴贤秀用质朴的爱呵护着小叔子的生命，更维护着他生命的尊严，诠释了长嫂如母的大爱情怀，用行动谱写了一曲人间真情的赞歌！

胡江林：孝老爱亲十六载

人物简介：胡江林，男，1963年出生，合肥市新站高新区居民。

事迹简介：胡江林的妻子韩玉群小时候患小儿麻痹症，下肢瘫痪生活不能自理，结婚十六年来都是胡江林精心照料着妻子。365天每天做好饭菜端上桌，还帮她穿衣叠被，洗脸擦身，帮着妻子按摩，扶着她锻炼。闲暇之余，他也会推着妻子坐在社区送来的轮椅上，到外面散散心。他不离不弃地照顾残疾的妻子，让妻子的脸上每一天都充

满笑容。对待八旬多的岳母，胡江林一直如同亲生母亲一般，老人家患有高血压病、糖尿病、高血脂、白内障、肾病，需要常年吃药，为此，胡江林不仅埋头做好自己维修铺的小生意，还到附近的拆迁工地锤钢筋卖，想多攒点钱给岳母治病。老人每次住院透析，都是胡江林背着去，精心护理老人的起居，岳母对这个女婿简直是赞不绝口。对上学的儿子，胡江林就是再忙，每天都会骑车接送儿子上学，虽然自己不识几个字，但每天还是会坚持陪着儿子做作业。2016 年，成绩优异的儿子由于区域限制，需到离家十几里远的学校上初中，为了方便胡江林照顾家里的老老小小，在新站高新区和站北社区的多方努力下，孩子如愿成为合肥市第三十中学的学生，为此，胡江林感激涕零。

作为丈夫、父亲和女婿，胡江林都是大家的榜样，树立了好家风，用自己平凡的身躯为社会增添了一份正能量。

安徽好人

【2017 年见义勇为类“安徽好人”】

吴军信：危急时刻，他托起了幼吾幼以及人之幼的责任

人物简介：吴军信，男，1975 年 12 月出生，合肥市蜀山区人，大学本科学历，现任中国电信合肥分公司客户经理。

事迹简介：2017 年 2 月 8 日大雪纷飞，气温骤降至零下 2 度，早晨大约七点多钟，家住元一名城 13 幢的吴军信在准备上班的路上，发现保洁阿姨和路上行人都抬头向对面楼上张望并议论纷纷。吴军信顺着大家的目光看去，只见 8 楼上有个 4 岁左右的孩子整个身体已翻出阳台，悬挂在晾衣架上。孩子穿着单衣，由于温度低，双腿颤抖，双手紧抓栏杆，发出微弱的声音，眼看着随时都可能从楼上坠下，情况十分危急。吴军信来不及思考，迅速向对面楼上跑去。在相邻的房子里，吴军信将绳子一头系在自己的腰上，一头让邻居固定在楼道的北边窗户上，顺着楼道的北边窗沿，往出事孩子家的北阳台边爬去。窗沿狭窄得放不下一只脚，吴军信就在高空中，依靠自己的双手紧紧抓住窗户的边沿，一步一挪地爬到孩子家的阳台侧边。因绳子短无法直接走到阳台正面，旁边的阳台窗户又封闭着，无法上去，邻居提醒他将阳台窗户玻璃砸碎，吴军信想如果敲击的声音吓着孩子，孩子松开手，那后果不堪设想。由于天气寒冷，吴军信的双手此时已冻得麻木。于是他站在阳台外，将身体紧贴着墙面，用尽全身的力气，用双手费力地撬开窗户。吴军信争分夺秒，迅速爬进阳台内，第一时间将悬在阳台外面的孩子拉了起来。

朱守忠：无悔警徽下的誓言

人物简介：朱守忠，男，1963 年 8 月出生，庐江县白湖镇白湖监狱管理分局第二十一监区党支部委员。

事迹简介：2017 年 10 月 11 日下午，朱守忠像往常一样骑着电动车上班。当他经过东风桥十字路口时，忽然听到有人大声呼救：“快来救人啊，有人落水啦。”来不及多想，朱守忠急忙停下车，快步跑向河边。这时，他看见河中间漂着一辆黑色轿车，车头向下，眼看就要没入水中，岸上一片惊呼声。

形势危急，救人要紧，念头一闪而过，朱守忠毫不犹豫地跳进河中，奋力向落水车辆游去。当他游到轿车边，伸手想要拉开车门时，却发现水压太大，车门无法打开。同时，车辆已经失去控制，车身不断下沉，车内的人早已慌作一团，不住地拍打着窗户求救。

就在这时，同样路过此地的白湖分局机关车队职工李炎找来了一根钢筋撬棍，并在朱守忠的招呼下，跳入河中一起救人。两人用撬棍敲碎了轿车的后窗玻璃，接连将车内的两名女子和一名小孩拖拽出来，并托举着她们游向岸边。后在分局商贸公司职工季益文等热心群众的帮助下，共同将被救者拉上了岸。此时，落水车辆已经被河水完全淹没，而朱守忠的手和脸也不知何时被玻璃划出多道伤口。

救人后，朱守忠并没有回家休息，而是简单包扎后，换了一身衣服，继续在单位忙碌起来。没人知道在他身上，刚刚发生过一场惊心动魄的救援壮举，他用实际行动诠释了“白湖柳”的时代内涵。

郑孝庆：年轻企业家天鹅湖勇救轻生女

人物简介：郑孝庆，男，出生于 1984 年 1 月，山东人，现居住在合肥市蜀山区。

事迹简介：2017 年 5 月 9 日下午 6 点，郑孝庆在天鹅湖公园北岸散步，忽然听到远处有人在大喊：“不好了，有人下水了”，他觉得不对劲，就加快步子跑过去，只见一个女子走到了深水区，一头扎进水里，郑孝庆觉得情况不妙，便喊旁边的两个人，想一起把她救上岸，结果两人都说不会游泳。危急之下，郑孝庆没再多想，独自下水越过警戒线，游到深水区，一把搂住女子的脖子，不让她往下沉，

施救中女子拼命挣扎，两只手不停地乱抓，郑孝庆用尽全身力气才把她拖上了岸。女子在被救上岸后嚎啕大哭，情绪很不稳定，担心她再下水，郑孝庆一边开导她，一边让旁观群众赶紧拨打110，等民警赶到，郑孝庆默默地离开了。后来通过目击群众的信息才得知：那天在天鹅湖见义勇为的“好心哥”是郑孝庆。

郑孝庆现在是合肥市医疗行业一名企业家，也是一名普通的共产党员，平时为人低调、憨厚，富有爱心，2011年7月，桐城市连续暴雨，致使该市的多个乡镇受灾严重，他立即筹集送去价值2万多元的矿泉水、方便面、饼干、药品等急救灾物资。2013年3月，远在山东的老家农村修路，他捐款8万元；2014年7月，安徽省团委带领青年创业者协会去六安扶贫，他捐款2万元。

【2017年助人为乐“安徽好人”】

陈天泉：爱心洒满行车路

人物简介：陈天泉，男，1965年8月出生，巢湖市居民。

事迹简介：陈天泉打过杂工、开过货车，东拼西凑买了一辆出租车，开始从事出租车行业工作。尽管岗位平凡，但他爱岗敬业，努力服务广大市民。2005年4月，他与刘海牵头成立全省首家“安徽908青年志愿者爱心车队”，向社会困难群体奉献爱心，展示行业精神面貌，树立巢湖良好形象。

为了车队能够持续健康的发展，陈天泉全身心投入“爱心车队”里，将爱心事业当作自己主要的工作，毅然置“小家”于不顾，而顾车队这个“大家”。十多年来，陈天泉和队友们坚持社会公益事业，努力打造“爱心车队”的品牌。“爱心送考、爱心助学、敬老助残、无偿献血、公益募捐、文明向导”等众多公益活动，都做到了家喻户晓，在构建和谐社会方面起到带头作用。

坚持爱心送考，每年高考前一个多月，陈天泉就与各参高学校联系，由学校统一提供需要帮助的考生，再由车队提供“定人、定车、定时”一对一的免费服务。12年来累计服务考生达3万多人次。在每年车队成立日，陈天泉都带领全体队员无偿献血，12年来累计献血5万毫升。

十二年的坚持，源自不忘建立车队的“初心”——助人为乐、真诚服务、扶贫济困、传播文明，今后陈天泉将伴随他的“雷锋车队”在奉献爱心的道路上继续前行。

袁庆斌：心怀大爱　倾情公益

人物简介：袁庆斌，男，1965年出生，巢湖市居民。

事迹简介：袁庆斌原是一名军人，1983年入伍，而后随部队参加了对越自卫还击战侦察作战，由于他作战勇敢，所以在部队多次受到战斗嘉奖，并光荣地加入中国共产党。几年的军旅生涯，铸就了他坚韧不拔的性格和独特的人格魅力。

1999年他从事出租车行业，工作中他兢兢业业、任劳任怨、热情服务、忠诚待人，不久就被上级主管部门、出租车同事以及广大市民所认可，赞誉和掌声如潮般涌来。

他热心公益，“爱心送考”是车队每年必做的公益活动之一，每年高考期间，他总是提前一个月放弃黄金营运时间，积极主动地和校方联系，并且维护保养好自己的车辆，为那些品学兼优的贫困学生开辟一条绿色通道。他和队员们的无私奉献，赢得家长和师生们的一致称赞。

2015年，在袁庆斌的倡议下，巢湖市雷锋车队开展“情暖夕阳——关爱空巢老人”志愿服务活动，每周到结对的空巢老人家里去开展服务工作。每年的7月1日当日，让70岁及以上老人免费乘坐雷锋车。到了2017年，他又将这个倡议进一步升级：3月份和10月份这两个月时间里，符合条件的老人们都可免费乘坐雷锋车。

袁庆斌，一位从事出租车行业的普通老党员，为了那份沉甸甸的责任感，他将继续日夜兼程驾车行驶在巢湖市的大街小巷，将浓浓的爱意撒遍巢城大地。

【2017年敬业奉献类“安徽好人”】

郑爱梅：最美女乡长用生命演绎基层干部最美华章

人物简介：郑爱梅，女，1968年7月出生，1985年12月参加工作，中共党员。原合肥市庐阳区三十岗乡乡长、党委副书记。

事迹简介：2004年2月，作为安徽省第二批选派干部中的一员，郑爱梅第一次来到三十岗乡，这里冬风萧瑟，砂石路、土培房，落后凋敝。十三年如弹指一瞬，她把满腔热血挥洒在这里：凝聚班子合力，团结带领广大干部群众，紧紧围绕建设“中国最美乡村”目标，尽心履责、真抓实干、同心同德、砥砺奋进，把自己的青春和汗水毫无保留地奉献给了这片热土。13年后的今天，在她的不懈坚守下，人们共同见证了三十岗乡的快速发展和精彩“蝶变”：三十岗乡这个昔日合肥人眼中的“西伯利亚”，如今成为合肥市庐阳区生态发展的名片，先后获得“国家AAAA级生态旅游景区”“全国休闲农业与乡村旅游示范点”“安徽省环境优美乡镇”“安徽省森林城镇”“安徽省优秀旅游乡镇”“安徽省文明乡镇”等殊荣。然而，三十岗站起来了，郑爱梅却倒下了，2017年2月，郑爱梅积劳成疾，因病医治无效，在合肥逝世，终年49岁。直到生命的最后一刻，她仍然惦记着自己的工作进展情况，她用行动最好地诠释一名共产党员履职尽责的深刻意义，用生命谱写一名基层干部的最美华章，她是群众心中的亲人，她是干部眼里的楷模！

王玮龙：无悔青春铸就忠诚警魂

人物简介：王玮龙，男，1988年3月出生，庐江县柯坦镇柯坦派出所民警。

事迹简介：2017年10月16日上午，在车流如潮的兰州高速公路，突然发生一起大货车追尾交通事故。正在押解犯罪嫌疑人赶往机场途中的庐江县柯坦派出所民警王玮龙遭遇车祸，经多方抢救无效，于10月17日上午10时许，不幸以身殉职。

武警出身的王玮龙，在多年的军旅生涯中造就他敏捷的身手和过人的胆识。2016年夏季，柯坦镇一少年在四层建筑物上，意欲轻生。在处置现场，王玮龙趁少年家人与其沟通之际，凭着当兵时练就的敏捷身手，将轻生少年拦腰抱住，避免了一起悲剧的发生。

铁血男儿也有柔情之时。2016年，王玮龙在走访中了解到，辖区虎洞村孙姓村民的妻子重病缠身等原因，至今没有户口。王玮龙主动上门帮助孙某的妻子办理相关手续，将户口问题解决。后来短短一个月内，孙某的妻子、女儿相继离开人世。春节期间，他自费购置了粮油等一些生活用品看望孙某。2017年10月2日，王玮龙一行巡逻至合安高速陈埠服务区时，突然接到群众求助：有一孕妇在服务区车内要生产。他立即赶赴现场，一边电话联系医院，组织人员对孕妇进行救助，一边为孕妇撑着雨伞，轻声安慰孕妇，直到将孕妇安全护送至救护车上，浑身湿透的王玮龙才转身离开。

王玮龙如同夏花一般，一生短暂而绚烂，将最璀璨的一瞬定格在世间，在丰碑上被后来者铭记。

汪后方：永葆革命本色　服务人民群众

人物简介：汪后方，男，1966年出生，安徽省人民检察院控告申诉处来访接待室副主任。

事迹简介：2009年12月，汪后方从部队转业至安徽省检察院，担任控告申诉处来访接待室副主任、副调研员，从事来访接待工作。来访接待工作是一项直接与群众面对面的经常性工作，关系到党和政府形象。对待每一位来访群众，汪后方坚持做到首次接待“热心”，再次来访“暖心”，多次上访有“耐心”，不厌其烦地去疏导，释法说理，及时处理群众来访的每一份材料，及时搭起办案人与信访人沟通的一座座桥梁，尽最大努力，让来访群众“带着情绪不满而来，接访之后高高兴兴满意而归”。截至2016年12月底，汪后方共接待来访群众13953批，共计19820余人次，其中接待五人以上的集体访221批1560余人次，缠访、闹访160余起；协助检察长接待上访群众1091批，共计1680余人次，未出现任何差错和问题，确保了稳定，受到各级领导、同志们的充分肯定和来访群众的普遍好评。2012年11月，汪后方被安徽省人大常委会办公厅和省人社厅表彰为“全省人大信访工作先进个人”；在2010年至2013年的全国检察机关文明接待室评比创建活动中，汪后方全力做好检查评比前的准备工作，其所任职的控告申诉处来访接待室被最高人民检察院授予全国检察机关“文明接待室”称号。

范德标：合肥阿爸诚可敬　真心真情暖藏生

人物简介：范德标，男，汉族，1967年10月出生，中共党员，合肥市三十五中学党支部书记、校长，合肥市政协委员，安徽省党代表。

事迹简介：2001年，合肥市三十五中学承办西藏班，范德标被选调进校，专门负责西藏班的管理工作。2008年他担任书记、校长。他立下雄心，一定要使西藏班成为合肥市民族教育的亮点，成为全国内地西藏班中的佼佼者。

他成天“泡”在西藏班，边教学边管理，睡的是椅子，吃的是方便面。他走进市场，调查行情，为学生吃好每顿饭精打细算；他手里的电话，成为藏族学生家长的“热线”。每年春节、藏历年，他在学校组织家长、学生、食堂师傅一起做藏民传统食品糌粑，与藏族孩子们一起吃“古都”、跳“果谐”。

“扎扎实实为西藏班师生办事”，成了范德标工作的“启动点”。在制度化管理上，建立“代理家长”制，形成班级管理、“代理家长”管理与家庭管理的结合体，他创造性地提出“看、带、疏、训、教”的“五字方法”工作，把学校管理与家庭要求结合。

范德标先后荣获“全国教育援藏先进个人”“安徽省先进工作者”“西藏自治区优秀教师”“合肥市先进教育工作者”“全国内地西藏班（校）骨干教师”“合肥市十大杰出青年”“安徽好人”“合肥好人”等称号。

程业琳：爱在基层的好青年 拼在一线的好干部

人物简介：程业琳，男，1978年8月出生，六安市霍山人，合肥市瑶海区委党校主任科员。

事迹简介：程业琳出生在革命老区霍山县，祖辈是北宋二程（程颐、程颢），父亲是一位优秀村支书，良好的家风养成了他淳朴仁善的性格。无论在哪个岗位，程业琳都“干一行、钻一样、爱一行”，用自己的汗水和智慧干出一番新面貌。在合肥光华学校工作时，秉持“有了爱便有了一切”，帮助众多孩子成长进步；在合肥市瑶海区委办公室工作时，先后撰稿达上百万字，写出了一批精品力作，还推动机关党支部连年获得先进；在城东街道工作更是“爱在基层、拼在一线”，推动基层党建、社区建设等工作获得一系列国家级和省市级先进。2015年初，在创建全国文明城市期间，因过度劳累诱发脑溢血，一度病危的他依然给同事联系安排交代工作，而重返工作岗位的他依然保持着激情，在党校的工作舞台上创造新业绩，令人难忘的奉献情怀感染无数人。

一路走来，程业琳以扎实进取的敬业精神，先后多次被评为优秀公务员、荣立三等功；程业琳先进事迹专题片《真爱浇灌党建花》被评为全国优秀电教片，在《共产党员网》展播，反映其先进事迹的诗作《好人颂》在《安徽省党校报》和《长江诗歌》等报刊发表，引起强烈反响。

陈三喜：生命之光在烈火中闪耀

人物简介：陈三喜，男，1979年10月出生，1999年12月入伍，中共党员。曾荣立二等功2次，三等功5次，被评为“全国特级优秀人民警察。”

事迹简介：陈三喜从警18年来，始终坚持战斗在灭火救援第一线。面对灾难，他总是把百姓安危放在第一，把个人生命放在第二；面对挑战，他总是把安全留给别人，把危险留给自己；面对荣誉，他总是把战友放在前面，把自己放在后面。

2002年7月11日凌晨，合肥市西南郊安徽佳通轮胎有限公司发生重大火灾，数千平方米的仓库燃烧起火，火借风势迅速向西北角蔓延，严重危及周边居民生命财产安全。根据指挥部命令，陈三喜和战友们被安排在西北角堵截大火。风越刮越紧，火越烧越大。冒着强烈的热辐射和头顶上随时可能坍塌的厂房，他和战友们奋力扑救3个多小时，圆满完成火势阻截任务。

2008年1月下旬，合肥市遭遇了50年不遇的特大暴雪，城区积雪厚达40厘米，一时城市公共设施严重受损，交通事故频发。时任代理排长的他，在中队长的指挥下，带领战友们始终坚守在抗雪救灾第一线，成功解救被困人员14名，疏散遇险群众366人，清除厂房、大棚积雪面积2万平方米，抢救出价值达5000余万元的各类物资。

2010年1月18日，合肥安庆高速165公里处相继发生多起交通事故，60余辆车相撞。接到指挥中心指令后，陈三喜带领战斗班8名同志，利用各种破拆工具，想尽各种救援方法，经过4个多小时的奋战，先后抢救遇险人员13名，其中7人生还。

面对头上的光环和荣誉，在年轻的陈三喜的身上丝毫看不到一点满足与骄傲，他仍保持着那份淡定与平和，一如既往坚守着时刻保护人民生命财产的神圣工作——消防兵。

【2017年“诚实守信”类安徽好人】

许信：好男儿甘为已故继父还债20年

人物简介：许信，男，1963年11月出生，庐江县泥河镇中沙溪社区凤台村民组村民。

事迹简介：11岁那年，许信的父亲因病去世。次年，母亲改嫁，他也一起跟着与继父叶某生活。继父对许信关爱有加，依旧让许信上学。轻松的日子没有持续很久，1997年8月的一个清晨，继父早起打农药，不幸中毒身亡。继父离世后，留下10多万元的债务。没多久，债主们络绎不绝地堵上门来讨债。“我会把父亲所欠下的所有债务都还给你们，请你们放心，也请给我多点时间。”看着沉浸在悲痛中的母亲和尚未成年的同母异父的弟弟，许信义无反顾地担下所有的债务。许信先用退租的5万多元结算完工人的工钱，偿还了部分债务之后，给每一个债主打下欠条。于是，每年他都会先还每人500元，如果手头拮据他就向信用社贷款。

为了还债，许信夫妇没日没夜地拼命挣钱。自己学会了厨师的手艺，经常为乡邻红白喜事做饭，有时要不顾艰辛，挑着担子远行40多里。长年累月的还债给许信一家增加了太多的负担，两个女儿上完初中，家里实在供不起，她们也体恤父母，早早外出打工贴补家里。2017 年春节，许信还清了最后一笔债，压在许信心中长达 20 年的大石头终于卸下，已是知天命之龄的他，终于有机会过回自己的生活。

许信用整整 20 年的时间证明自己没有辜负先父所望，守住了继父的名声，也对得起自己的名字，更传承了中华民族一诺千金的光荣传统。

刘长德：一句承诺　一生践行

人物简介：刘长德，男，1944 年出生，肥西县上派镇灯塔社区居民。

事迹简介：1988 年，刘长德与妻子唐本珍，经工友、唐本珍的妹婿介绍而走到了一起。此时的唐本珍，丈夫因病去世，独自一人带着四个孩子，生活十分艰辛，彼时尚是单身的刘长德郑重地向唐本珍和工友承诺，一定会尽全力照顾好这个家，再苦再累都愿意。日子本就困难，更何况是抚养四个与自己毫无血缘关系的孩子，但是刘长德信守承诺，将四个孩子相继带大并一一操持成家。为给患病的继子和继女治病，他卖掉了老家的房子，打两份工，到处捡拾破烂来给孩子看病，硬是把这个家撑了起来。

为了一句承诺，刘长德热心照顾着与自己毫无血缘关系的四个孩子。从拼命打工挣钱将四个孩子慢慢地拉扯大，到卖房为孩子治病，刘长德信守承诺照顾继子女近 30 年，在四乡八里被传为佳话。这不仅是一份承诺，更是一种向上向善的人格力量。

唐永飞：历尽艰辛犹未悔　诚实守信不忘本

人物简介：唐永飞，男，1978 年出生，肥西东羽羽绒有限公司总经理。

事迹简介：唐永飞的父亲生前因不善经营欠下许多债务，患重病去世后，唐永飞将父亲所有债务都纳入自己名下，一边打工一边还钱，他告诉自己，即使父亲不在了，也要做到不失信于人。在这之后，唐永飞回乡创业，历经艰辛，一手创办了肥西东羽羽绒有限公司，公司在唐永飞的带领下迅猛发展。唐永飞自创业以来，始终坚持“诚信经营，质量为先”，在 2013 年禽流感时期，很多厂家因为禽流感这一不可抗力，选择违约。对于肥西东羽羽绒有限公司而言，选择违约也无可厚非，反而如果选择顶着压力完成订单，则可能会遭受巨额损失。利益与诚信面前，唐永飞毅然选择完成订单，顶住压力带领工人加班加点，按时按量地完成了客户订单。在这过程中，唐永飞面临着货源短缺压力，还需要时刻关注工人的身体状况。最终，唐永飞及肥西东羽羽绒有限公司信守承诺，以亏损千万元的代价给客户交上了一份满意的答卷，赢得了森马、波司登等国内知名服装品牌的青睐。

作为民营企业家，唐永飞用实际行动恪守诚信，树立了新时期青年企业家的良好形象。

汪根生：放弃百万年薪　承诺奉献残疾人事业的“新徽商”

人物简介：汪根生，男，1972 年出生，合肥市包河区居民。

事迹简介：“为家乡残疾人事业毕生奉献”，这既是一句铿锵诺言，也是汪根生给自己谋定的终生奋斗目标。为了这句诺言，2006 年，汪根生放弃百万年薪，从上海返回合肥，将他在上海创立的大唐盲人按摩有限公司扎根家乡。目前公司在合肥已经解决了 100 多名残疾人就业。“假如以后公司做大了，开了一百多家连锁店，能解决家乡成千上万的残疾人就业，我觉得这比自己拥有十几个亿的财富更有价值！”为了实现自己对社会的承诺，他仍然在努力奋斗着。

如今，在大唐工作的合肥周边残疾人，每个月有稳定的四五千元收入，有的甚至达到近万元。他们像普通人一样挣钱养家糊口，有的甚至买起了房，成为父母的骄傲，而不再是家庭和社会的负担，他们靠自己的努力奋斗得到社会的尊重。目前，大唐盲人按摩中心全国直营数十家门店，公司制订了清晰而坚定的发展目标：就是成为中国首家上市的盲人按摩企业，解决上万残疾人就业，为残疾人背后的每一个心酸的家庭解决实际困难。

（张素琴）

第十六届合肥十大新闻人物

束红英　她是滨湖世纪社区党委书记。一个初创型社区，成立仅 4 年多时间，就揽获全国先进基层党组织、全国文明单位等 14 项国家级荣誉，网络精神文明建设、“三社联动”等工作更是被中央部委点名作经验交流。在每个岗位上，她干一行、爱一行、精一行，束红英正是这列正高速运行的“滨湖世纪号”的当家人。

科学岛八剑客　在安徽合肥科学岛“中科院强磁场科学中心”，有八位从美国哈佛医学院回国的博士后，受到全国媒体的争相报道。他们被岛上的人亲切地称为“八剑客”。他们大多在哈佛就相识，都不是安徽人，却在科学岛上安了家。比起国外，科学岛是更适合他们安安静静搞科研的好地方。

安徽空中120 安徽空中120首次启用，让从没出过远门的老方成为安徽省第一位乘坐直升机看病的患者，他是安徽首台专用医疗直升机的第一位受益者。安徽医科大学第一附属医院的省内首台救援直升机已开启安徽空中120常态化时代。

黄先明和葛惠珍夫妇 2017年两人均满80岁，身体都还硬朗，他们生活清苦，却用省下的每一分钱，发放了126笔助学金，圆了120位贫寒学子的求学梦，资助总额达到21.32万元。平时夫妻俩的生活很节俭，衣服破了总是缝缝补补继续穿，几年都不添一件衣服。这一段爱心助学路，两位老人默默走了32年。

崔万志 他出生在肥东县一个农户家庭，自幼患有小儿麻痹症和语言障碍。大学毕业后求职四处碰壁，最后开创了自己的品牌女性服装加工厂。他的公司被淘宝网评为“全球网商30强”，带动就业人员500多人。事业成功后，他帮助残疾人就业创业，在母校新疆石河子大学建立“崔万志励志助学金”。

诺尔·怀特 七旬老人诺尔·怀特，是国际地学界一流学者和专家，他的另一个身份是合肥工业大学“外专千人计划”特聘教授、矿床成因和矿产勘探技术研究中心主任。他从自己的积蓄中捐赠100万元人民币，设立专项奖学金，用于支持有志于矿床学的中国青年学子。

陈三喜 他是合肥市消防支队万年埠中队政治指导员。作为全国公安系统英雄模范先进事迹报告团10名成员之一，2017年4月21日，他到北京参加全国公安系统英雄模范立功集体表彰大会并作巡回报告。入伍18年，先后获得多项荣誉称号。他曾荣立二等功2次、三等功5次，是我们身边的“烈火英雄”。

程海燕 她是一名残障儿童的家长，也是康复中心的一员。她将精力从儿子一个人身上，转移到中心众多残障儿童身上。她柔弱的肩膀为97名听障儿童和39名智力孤独症儿童撑起一片希望的天空，成为孩子们眼里笑意盈盈的“园长妈妈”。

吕家元 51岁的他，曾及时发现乘客的异常，挽救了乘客的生命；曾面对乘客落下的十万财物不动心，费尽周折完璧归赵。他在滴滴出行2017年度全国十大司机评选中，代表15万名合肥滴滴司机上台领奖。

颁奖仪式

魏普龙 他立志做中国的“阿甘”，参加过国内外近百场马拉松比赛，参与过合肥多次马拉松赛事组织工作，是合肥市马拉松运动协会首任会长。他曾入围中国马拉松跑步人物，见证了合肥马拉松运动的发展。2017年，他参加了波士顿马拉松，推动成立全国第一家马拉松文化博物馆。

第十二届合肥十大经济人物

张羽 京东方科技集团副总裁，他为合肥制造再添新彩。

2017年12月，全球首条最高世代线——京东方合肥第10.5代线投产，成为全球显示产业新的里程碑。他带领团队将2018年推入8K元年，更代表合肥智能在全球的影响力。

徐玉林 科大讯飞高级副总裁，他为讯飞插上“翅膀”飞向四处。从学者到知名企业家，他深耕人工智能领域多年。他在政务、教育、公安等行业信息化领域具有丰富的营销和管理经验，分管全国营销平台及湖南讯飞、河南讯飞、吉林讯飞、新疆讯飞、江西讯飞、重庆讯飞等众多子公司。

司云聪 彩虹集团公司董事、总经理，他点亮了合肥光伏的“彩虹”。“彩虹”绽放，合肥光伏再添翼。2017年12月，彩虹合肥光伏玻璃二期项目产线全面贯通。项目达产后，将年产3.2mm厚镀膜钢化光伏玻璃2480万平方米。司云聪及其团队将彩虹合肥光伏打造成为全球最大的全氧燃烧光伏玻璃生产基地。

美菱电器团队 他们用“黑科

颁奖仪式

技”重新定义冰箱。美菱，这位成长于小东门，发展于经济技术开发区的合肥家电巨头，刚刚迎来自己35岁的“生日”。“而立之年”，再度扬眉剑出鞘。剑指传统冰箱的三大痛点，合肥本土家电巨头美菱面向全球，首发具有保鲜黑科技的“M鲜生”系列冰箱。新款冰箱搭载的“水分子激活技术”触发行业保鲜极限，树立了中国家电技术在世界的新高度。

安徽建工集团团队 他们是“徽匠”，开创安徽国企混合所有制改革成功先例。2017年，总部位于合肥蜀山区的安徽建工集团迎来好消息，企业整体上市圆满收官。“整体上市+配套融资+员工持股”的方案设计，开创了省内国企混合所有制改革的成功先例。

许大红 合肥泰禾光电科技股份有限公司董事长、总经理，他领导的企业在主板成功上市。2017年3月，随着上海证券交易所上市钟声的敲响，泰禾光电成功登陆上海证券交易所，成为上交所第1238家上市企业，也是合肥市第42家上市公司。作为企业掌舵手，许大红也先后被授予合肥市劳动模范、合肥市专业技术拔尖人才、合肥市优秀青年企业家、合肥市青年创业奖等荣誉。

金融小镇经营团队 以“打造区域性金融集聚中心和省内最具有影响力的金融产业生态圈”为目标的滨湖金融小镇，获得了安徽省特色小镇和合肥市首批特色小镇称号。这个未来的“安徽陆家嘴”有着一个精干的经营团队——金融小镇经营管理公司。团队独立负责滨湖金融小镇的建设运营管理工作，正将金融小镇的纸上蓝图变成现实。

戴祖云 安徽江淮园艺种业股份有限公司董事长，凭借生物技术踏上“一带一路”。SSR分子标记技术可以在几千种材料中，筛选出具有抗病基因的种子，从而实现瓜菜优生优育。在安徽，江淮园艺种业是第一个应用这项技术的。借助此项技术，江淮园艺种业踏上“一带一路”，与8个国家开展了蔬菜新品种研发及示范推广方面的国际科技合作。2017年，江淮园艺种业成为首家在拉美地区建立自贸区的中国企业。

周　全 国网合肥供电公司营销部光伏专责，合肥光伏应用的电力“大管家”。2017年，“光伏应用第一城”建设取得阶段性成效，光伏发电占合肥能源消费比重稳步提升，能源供应逐步破解过度依赖煤炭难题。作为合肥地区光伏并网应用的电力“大管家”，周全为光伏并网项目提供全过程一站式服务。截至2017年底，合肥已并网光伏地面电站及分布式电源项目超过1万个，容量稳居全国省会城市之首。

张兴华 合肥大明节能科技股份有限公司董事长，引领合肥“互联网+路灯”领域技术革命。智慧路灯数字管理系统，可实现路灯设施的远程“可视化”实时监控、自我职能管控、远程故障报警、实时数据查询、远程精准策略管理、能量系统优化等多种技术创新。张兴华带领团队研发的智慧路灯，已在多个城市应用。在合肥，智慧路灯基本实现了主城4个区以及高新区等园区的全覆盖。

第二届合肥十大创新人物

潘建伟 中国科学技术大学常务副校长，中国科学院院士。如今，他的名字与“量子”紧紧“纠缠”在一起。2017年12月21日出版的国际权威学术期刊《自然》杂志，以封面形式公布了该杂志评选的“2017年度改变世界的十大科学人物”，“墨子号”量子科学实验卫星首席科学家潘建伟名列其中。

中科院强磁场科学中心超导磁体技术科研团队、强磁场科学中心超导磁体技术团队是一支以匡光力研究员为首、多名精英组成的科研团队。他们顺利完成了“十一五”大科学工程“稳态强磁场装置”中混合磁体外超导磁体的研制，实现了众多重大突破，达到国际一流水平。

安凯客车团队 2017年12月2日，安凯客车研发制造的阿尔法巴智能驾驶公交车在深圳投入运行，成为中国首款在公共道路运行的无人驾驶公交车。安凯无人驾驶公交车已实现自动驾驶车辆检测、减速避让、紧急停车、障碍物绕行等功能，系统安全性、稳定性已完全符合公交车试运行的要求。

段泽民 他是合肥工业大学教授，他带领团队全程参与了C919大型客机雷电防护方面的研制工作，为我国首架大飞机上天作出重要贡献。他长期从事脉冲功率技术、飞行器雷电防护专业研究，开创了我国飞行器雷电防护试验研究工作，填补了国内空白。继美国、法国之后主持建立了我国大型飞行器雷电防护实验室，主持承担了我国航空工业各类飞行器雷电防护试验研究工作。

冯汉升 他是合肥离子医学中心负责人之一，一直致力于质子治疗技术研发，带领离子医学技术团队创新创业，采用“引进＋自主研发”的创新发展模式，在制定引进设备技术要求的基础上，开展首套国产小型化超导质子治疗系统的研发。为降低高端质子治疗成本、促进质子治疗普及提供了中国解决方案，为众多癌症患者的健康梦奠定基础。

刘　伟 他是合肥宏晶微电子科技股份有限公司董事长，公司成立不到两年，即设计完成了第一颗平板显示主控芯片。刘伟团队研制的产品，各项性能比均达到世界领先水平，填补国内技术空白。芯片技术在显示领域占领技术的制高点，推动整个平板显示产业的发展，大力体现出安徽省乃至国家的自主创新形象。

刘文清 他是中国工程院院士。2017年底，我国首个大气环境监测国家工程实验室落户合肥，这也是我国大气环境监测领域唯一的国家级工程实验室。而这个实验室的掌舵人就是刘文清。实验室将通过构建“天、空、地”立体大气环境监测系统，为我国大气污染防治提供决策依据，也为大气污染防治效果评估提供先进的技术手段。

朱　磊 他是有方医疗科技有限公司创始人。从清华大学本科再到美国斯坦福大学博士毕业后，朱磊一直在佐治亚理工大学担任医学物理系教授，对于医疗领域的研究一直坚持不懈。多年的国外求学，朱磊深知中西方之间医疗器械领域的差距，他毅然回国，致力于研究开放CT，完成医学技术的跨代突破，助力健康中国。

手术机器人团队 在手术室里，拿手术刀的不是医生，而是机器人，这不是科幻影片中的情景。安徽省首台手术机器人达芬奇，“落户”安徽医科大学第一附属医院，已经为1000多位患者解除病痛折磨。在安医大一附院泌尿外科梁朝朝教授团队领衔下，该手术机器人已在泌尿外科、心脏大血管外科、普外科等领域大显身手。

计成志 他是安徽环瑞电热器材有限公司董事长。安徽环瑞不断追求核心技术的突破，中国航天、高铁车站、中国石油化工、国家级科研机构等都采用了安徽环瑞的产品。目前，公司产品远销美国、俄罗斯、欧洲等20多个国家和地区，拥有30多个全球各地的市场认证。

颁奖仪式

责任编辑：王惠莹

合肥市2017年国民经济和社会发展统计公报[1]

合肥市统计局
国家统计局合肥调查队

2018年3月30日

2017年，面对复杂多变的宏观经济环境，全市人民在市委、市政府坚强领导下，全面落实党的十八大、十九大精神，认真学习贯彻习近平新时代中国特色社会主义思想，以新理念引领新发展，坚持稳中求进工作总基调，大力实施五大发展行动计划，主动作为，砥砺奋进，保持了国民经济平稳健康较快发展和社会和谐稳定，在建设长三角世界级城市群副中心、“大湖名城、创新高地”的征程上阔步前行。

一、综合

年末全市常住人口796.50万人，比上年增加9.60万人。常住人口城镇化率73.75%，比上年末提高1.7个百分点。年末户籍人口742.76万人，比上年增加12.93

2017年末全市人口及构成

指　　标	年末数（万人）	比重％
年末户籍人口	742.8	
年末常住人口	796.5	
其中：城镇	587.4	73.75
乡村	209.1	26.25
其中：0-14岁	122.9	15.43
15-64岁	577.0	72.44
65周岁及以上	96.6	12.13

2017年全市生产总值及增长速度

指　　标	绝对数（亿元）	比上年增长％
生产总值	7213.45	8.5
其中：第一产业[3]	272.75	3.7
第二产业	3643.08	8.6
第三产业	3297.62	8.9
其中：农林牧渔业	279.74	3.8
工业	2952.22	9.3
建筑业	693.73	5.6
批发和零售业	514.43	5.3
交通运输、仓储和邮政业	241.98	6.6
住宿和餐饮业	108.88	7.6
金融业	551.29	8.8
房地产业	440.21	1.6
营利性服务业	644.71	19.2
非营利性服务业	786.26	8.0

万人，其中市区户籍人口270.11万人，增加10.95万人。全年人口出生率19.76‰，比上年上升3.49个千分点；死亡率9.87‰，上升5.14个千分点；自然增长率9.90‰，下降1.64个千分点。

初步核算，全年生产总值(GDP)[2]7213.45亿元，按可比价格计算，比上年增长8.5%。其中，第一产业增加值272.75亿元，增长3.7%；第二产业增加值3643.08亿元，增长8.6%；第三产业增加值3297.62亿元，增长8.9%。三次产业结构由上年的4.3：50.7：45.0调整为3.8：50.5：45.7，其中三产占GDP比重比上年上升0.7个百分点。按常住人口计算，人均GDP为91113元（折合13506美元），比上年增加10975元。

年末全市就业人员538.1万人，比上年增加7.8万人。其中，第一产业77.9万人，减少4.0万人；第二产业187.3万人，增加2.2万人；第三产业272.9万人，增加9.6万人。城乡私营企业就业人员和个体劳动者197.6万人，增加28.7万人。全年城镇实名制新增就业23.97万人，下岗失业人员再就业3.37万人，转移农村劳动力7.12万人。年末城镇登记失业率为2.86%，比上年下降0.17个百分点。

全年居民消费价格比上年上涨1.4%，其中食品价格下降1.0%。工业生产者出厂价格上涨2.0%，工业生产者购进价格上涨9.7%。

新企业新产业新业态快速发展。全年新登记各类市场主体16.28万户，比上年增长33.6%。全市国家高新技术企业达1666户，比上年净增309户，全年规模以上高新技术产业实现增加值增长12.8%；规模以上服务业企业达2634户，增加340户，实现营业收入1223.78亿元，增长20.5%；战略性新兴产业实现工业增加值增长16.4%，其中高端装备制造、新材料和新一代信息技术产业分别增长24.3%、23.0%和20.8%。网络零售市场规模不断扩大，全市104户开展网络零售业务的限额以上企业纳入统计，比上年增加37户，实现网上商品零售额115.30亿元，增长41.0%；网络购物带动快递业迅速发展，全年快递业务量3.91亿件，增长29.0%，实现快递业务收入39.88亿元，增长24.8%。

2012—2017年全市生产总值及增速[4]

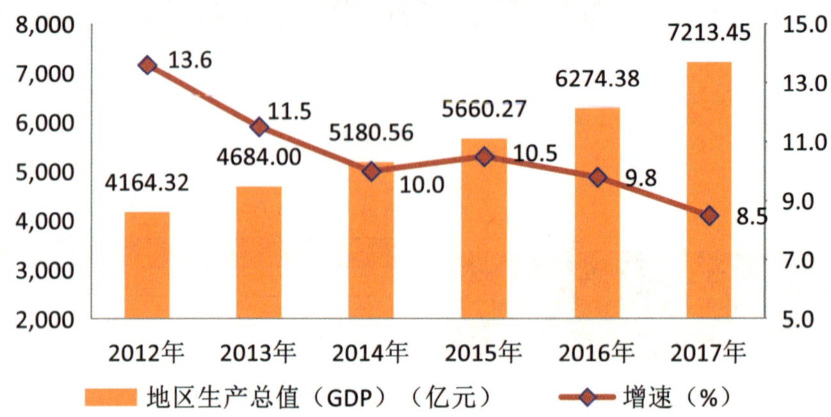

2012—2017年三次产业增加值GDP比重

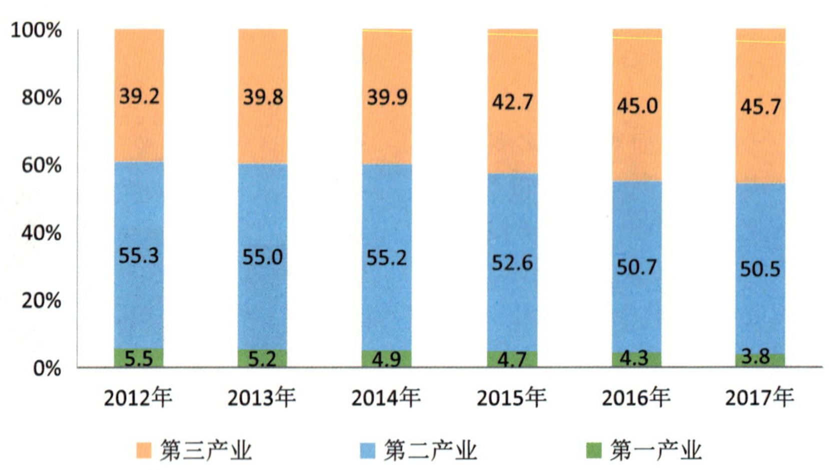

2017年全市居民消费价格比上年涨跌幅度

指　　标	涨跌幅度%
居民消费价格	1.4
其中：食品烟酒	-1.0
衣着	2.8
居住	2.9
生活用品及服务	1.4
交通和通信	0.6
教育文化和娱乐	4.0
医疗保健	2.4
其他用品和服务	2.0

发展质量效益进一步改善。全年实现税收收入1102.75亿元，占全部财政收入的88.1%。规模以上工业企业实现利润482.12亿元、增长7.2%，其中，国有控股企业增长41.0%，股份制企业增长9.2%；主营业务收入利润率由上年5.3%提高到5.5%，亏损企业亏损额比上年下降0.3%。规上服务业企业实现利润174.81亿元，增长14.9%，营业利润率14.3%。

二、农业

全年农作物总播种面积为75.45万公顷，比上年下降0.2%。其中，粮食作物50.93万公顷，增长1.5%；棉花2.49万公顷，下降10.4%；蔬菜9.46万公顷，增长2.9%；瓜果2.71万公顷，增长2.3%；油料9.25万公顷，下降9.0%。

全年粮食总产量315.65万吨，比上年增长1.7%。其中，稻谷245.81万吨，增长1.2%；小麦50.38万吨，增长3.6%。油料产量26.71万吨，下降9.8%。棉花产量2.38万吨，下降10.0%。蔬菜产量230.00万吨，增长5.2%。瓜果产量70.80万吨，增长3.7%。

年末全市生猪存栏量135.62万头，比上年略增，出栏量277.87万头，比上年增长0.6%。肉类总产量47.41万吨，下降0.4%，其中猪牛羊肉产量23.79万吨，增长0.6%。禽蛋产量20.03万吨，下降1.7%。牛奶产量10.89万吨，增长2.4%。

年末农业机械总动力470.5万千瓦，比上年增长3.7%。农用拖拉机21.52万台，下降0.2%，其中大、中型拖拉机1.42万台，增长7.5%；联合收割机1.32万台，增长6.4%；排灌动力机械14.5万台，增长2.4%。全市实现机耕作业面积69.4万公顷，占农作物播种面积的比重为92.0%，比上年提高0.3个百分点；机械播种面积28.14万公顷，占农作物播种面积的37.3%，提高2.3个百分点；机械收割面积51.12万公顷，增长3.2%，水稻、油菜、小麦等八大主要农作物耕种收综合机械化水平达到78.01%，比上年提高2个百分点。化肥施用量（折纯）25.77万吨，下降7.5%。农村用电量16.73亿千瓦时，增长5.0%。

全年农林牧渔业总产值485.91亿元，按可比价格计算，比上年增长3.7%。

三、工业和建筑业

年末全市规模以上工业企业[5]2561户，比上年增加95户。其中，产值超亿元企业1137户，

2017年全市主要农产品产量及增长速度

产品名称	绝对数（万吨）	比上年增长%
粮食	315.65	1.7
油料	26.71	-9.8
其中：油菜籽	19.75	-9.7
棉花	2.38	-10.0
蔬菜	230.00	5.2
瓜果	70.80	3.7
肉类	47.41	-0.4
其中：猪牛羊肉	23.79	0.6
牛奶	10.89	2.4
蛋类	20.03	-1.7

2012—2017年全市粮食产量

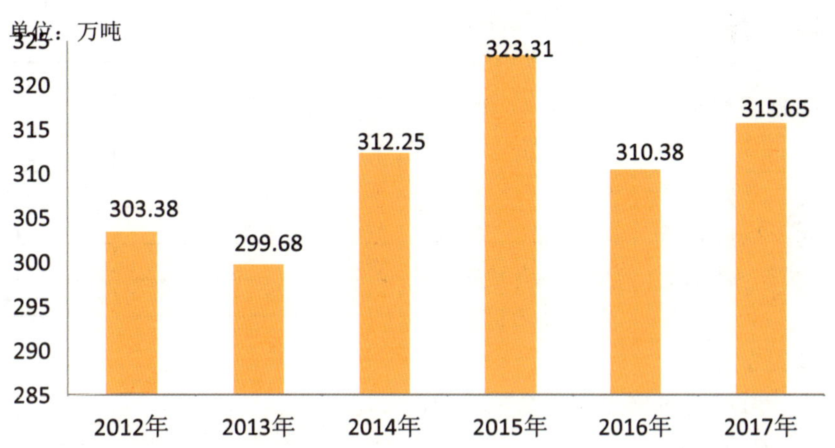

2017年全市六大主导产业增加值增速

指　　标	比上年增长%
六大主导产业	11.6
汽车及零部件	-5.6
装备制造	15.1
家用电器	6.4
食品及农副产品加工	4.3
平板显示及电子信息	28.5
光伏及新能源	7.5

增加40户；超50亿元企业34户，增加4户；超百亿元企业12户，与上年持平，联宝电子成为我市首个年产值超500亿元企业。全年规模以上工业增加值比上年增长9.4%。其中，轻、重工业分别增长4.6%和12.2%；国有控股企业增长11.6%，集体企业下降23.5%，股份制企业增长8.4%，外商及港澳台商投资企业增长10.4%。

规模以上工业中，37个工业大类行业有22个增加值保持增长。六大主导产业增加值比上年增长11.6%，占规模以上工业的64.0%，比上年提高0.8个百分点；其中平板显示及电子信息产业增长28.5%，装备制造产业增长15.1%。规模以上工业出口交货值1114.47亿元，比上年增长13.1%。

规模以上工业统计的主要产品产量中，彩色电视机、房间空气调节器和家用电冰箱分别比上年增长61.3%、22.0%和8.0%，太阳能电池增长35.8%，微型计算机设备增长13.1%，液晶显示屏增长8.8%，挖掘机和叉车分别增长98.9%和36.8%，新能源汽车增长37.6%。

全年建筑业增加值693.73亿元，按可比价计算，比上年增长5.6%。纳入统计范围的具有建筑业资质等级的总承包和专业承包建筑施工企业953户，比上年净增52户。房屋建筑施工面积22364.52万平方米，比上年增长12.4%。房屋竣工面积5981.60万平方米，增长9.8%。年末建筑业从业人员71.74万人，比上年下降0.4%。企业劳动生产率45.77万元/人，增长7.4%。

四、固定资产投资

全年固定资产投资6351.43亿元，按可比口径计算，增长5.0%。其中，基础设施投资1213.47亿元，增长25.0%；工业技术改造投资1372.09亿元，增长8.6%；民间投资3704.19亿元，下降8.0%。分产业看，第一产业投资64.33亿元，下降40.4%；第二产业投资2379.03亿元，增长11.8%；第三产业投资3908.08亿元，增长2.5%。分行业看，工业投资2356.48亿元，增长12.6%，其中六大主导产业投资1255.29亿元，增长13.7%；现代服务业投资3154.56亿元，增长5.8%。

全年计划总投资亿元以上施工项目1073个，比上年增加297个。其中，本年新开工项目615个，比上年减少202个；竣工项目370个，增加154个。全球首条最高世代线京东方10.5代线、康宁玻璃顺利

2017年全市规模以上工业企业主要产品产量及增长速度

产品名称	单位	绝对数	比上年增长%
卷烟	亿支	250.65	2.4
农用化肥（折纯）	万吨	34.85	1.2
合成洗涤剂	万吨	47.43	1.0
橡胶轮胎外胎	万条	4510.52	1.0
塑料制品	万吨	51.39	-11.2
钢材	万吨	131.99	-9.9
汽车	万辆	53.79	-29.9
其中：轿车	万辆	15.84	-22.7
SUV	万辆	11.86	-57.7
其中：新能源汽车	辆	34035	37.6
叉车	万辆	8.09	36.8
挖掘机	万台	0.79	98.9
变压器	万千伏安	2007.39	-30.9
太阳能电池	万千瓦	759.64	35.8
彩色电视机	万台	934.88	61.3
家用洗衣机	万台	1871.05	2.0
家用电冰箱	万台	2928.98	8.0
房间空气调节器	万台	1407.09	22.0
微波炉	万台	69.68	-2.6
微型计算机设备	万台	1876.77	13.1
液晶显示屏	万片	24790.07	8.8
水泥	万吨	1851.35	2.2

2017年全市房地产开发和销售主要指标完成情况及增长速度

指标	单位	绝对数	比上年增长%
投资额	亿元	1557.41	15.1
其中：住宅	亿元	1095.45	27.2
房屋施工面积	万平方米	8283.56	5.9
其中：新开工	万平方米	2041.56	-3.4
房屋竣工面积	万平方米	1179.34	-0.1
商品房销售面积	万平方米	1283.40	-38.8
其中：住宅	万平方米	960.46	-43.7
商品房待售面积	万平方米	204.55	2.4
其中：住宅	万平方米	38.37	-7.2
商品房销售额	亿元	1379.75	-29.8
其中：住宅	亿元	1098.95	-30.8

2012—2017年全市社会消费品零售总额

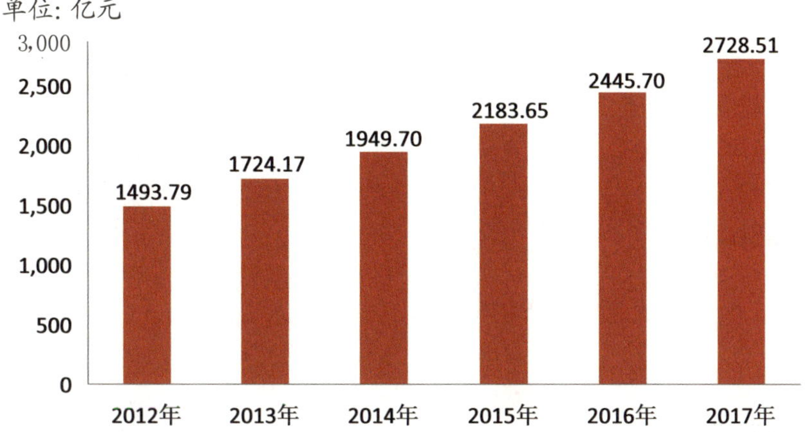

投产，晶合晶圆一期成功量产，实现了“合肥芯合肥造”。轨道交通1号线平稳运行，2号线正式通车，3、4、5号线加速推进，合肥迎来地铁“换乘时代”，绕城高速、合宁、合安、合芜高速扩容进展顺利，引江济淮、量子信息与量子科技创新研究院等“一号工程”全面施工建设。

全年房地产开发投资1557.41亿元，比上年增长15.1%，其中住宅投资1095.45亿元，增长27.2%。新建商品房施工面积8283.56万平方米，比上年增长5.9%；竣工面积1179.34万平方米，下降0.1%。新建商品房销售面积1283.40万平方米，下降38.8%；商品房销售额1379.75亿元，下降29.8%。

五、国内贸易

全年社会消费品零售总额2728.51亿元，比上年增长11.6%。按经营地统计，城镇消费品零售额2636.83亿元，增长11.5%；乡村消费品零售额91.68亿元，增长14.5%。按消费形态统计，商品零售额2432.62亿元，增长10.9%；餐饮收入295.89亿元，增长17.8%。

年末全市限额以上批发零售和住宿餐饮企业（单位）[6]2166户，比上年增加262户。全年累计零售额超亿元企业（单位）313户，增加9户。限额以上企业商品零售额中，粮油、食品类增长13.7%，烟酒类增长9.4%，日用品类增长16.8%，家具类增长28.4%，家用电器及音响器材类增长17.4%，石油及制品类增长15.3%，体育、娱乐用品类增长11.7%，化妆品类增长11.0%，汽车类增长3.0%。

六、对外经济

全年进出口总额249.59亿美元，比上年增长33.6%。其中，出口145.66亿美元，增长15.3%；进口103.93亿美元，增长71.8%。从出口商品看，机电产品出口额100.41亿美元，增长17.9%；高新技术产品出口额57.78亿美元，增长21.9%。

全年新备案外商投资企业128户，比上年增长34.1%。实际利用外商直接投资30.20亿美元，增长7.5%，其中工业投资10.1亿美元，下降14.3%，服务业投资19.7亿美元，增长13.2%。新增总投资（含增减资）38.4亿美元，同比下降11.5%。对外经济合作新签合同额30.6亿美元，同比增长81.0%；实现营业额24.7亿美元，增长9.0%。劳务合作年末在外人员6438人。年末境外世界500强企业共43家，在合肥投资设立60家外资企业，新增5家。

七、交通、邮电和旅游

全年交通运输、仓储和邮政业增加值241.98亿元，比上年增长6.6%。旅客运输量1.28亿人，下降10.0%；货物运输量3.90亿吨，增长13.7%。全年港口货物吞吐量3545.38万吨，增长26.1%，其中外贸货物吞吐量27.11万吨，增长37.8%。合肥新桥机场旅客吞吐量914.71万人次，增长23.7%。

年末民用汽车拥有量169.74万辆，比上年增长18.7%，其中私人汽车144.86万辆，增长19.5%。民用轿车拥有量109.86万辆，增长17.4%，其中私人轿车102.09万辆，增长17.5%。

全年邮政业务总量86.34亿元，比上年增长40.7%；电信业务总量188.20亿元[7]。年末本地固定电话用户127.34万户，比上年减少12.49万户。其中，城市105.84万户，减少2.41万户；农村21.50万户，减少10.08万户。移动电话用户877.01万户，增加78.08万户。基础电信运营企业计算机互联网接入用户258.16万户，增加40.69万户。

全年入境旅游人数45.90万人次，比上年增长10.1%；旅游外汇收入3.31亿美元，下降5.0%。国内游客11105.49万人次，增长20.2%；国内旅游收入1468.31亿元，增长27.0%。年末全市有星级饭店55家，其中五星级11家、四星级19家；A级及以上旅游景点（区）57处。

八、财政、金融、证券和保险

全年财政收入1251.15亿元，增长12.3%，比上年提高0.9个百分点，其中地方财政收入655.90亿元，增长6.7%(扣除营改增因素，同口径增长12.8%)。财政支出965.34亿元，比上年增长12.3%。其中，民生支出818.42亿元，占全部支出的84.9%，比上年提高2.8个百分点。从重点支出项目看，节能环保支出增长1.41倍，医疗卫生与计划生育支出增长44.5%，城乡社区服务支出增长42.5%，教育支出增长19.1%。

全年社会融资规模19648.42亿元，比上年增加2876.73亿元。年末全市金融机构本外币各项存款余额14235.41亿元，比上年末增加755.72亿元，增长5.6%。其中，住户存款3535.20亿元，增长6.1%；非金融企业存款6359.35亿元，增长7.2%；广义政府存款3833.57亿元，增长6.5%；非银行业金融机构存款497.45亿元，减少17.8%。年末金融机构本外币各项贷款余额13401.22亿元，比上年末增加1337.04亿元，增长11.1%。其中，住户贷款4636.75亿元，增长15.5%；非金融企业及机关团体贷款8531.70亿元，增长8.5%。

全年新增上市公司7家，融资43.36亿元，至年末全市共有境内外上市公司46家（其中境外上市2家）。全年债券融资3337.08亿元。年末证券营业部110个，比上年增加33个，全年证券交易量5596.75亿元。年末期货营业部22个，全年期货交易量23062.23亿元，从业人员471人。

全年保险公司保费收入314.19亿元，比上年增长47.2%。其中，财产险保费收入93.24亿元，增长16.8%；人身险保费收入220.95亿元，增长65.3%。赔款和给付85.33亿元，比上年增长17.3%。其中，财产险赔款与给付48.63亿元，增长8.4%；人身险赔款与给付36.69亿元，增长31.7%。

2012—2017年全市财政收入

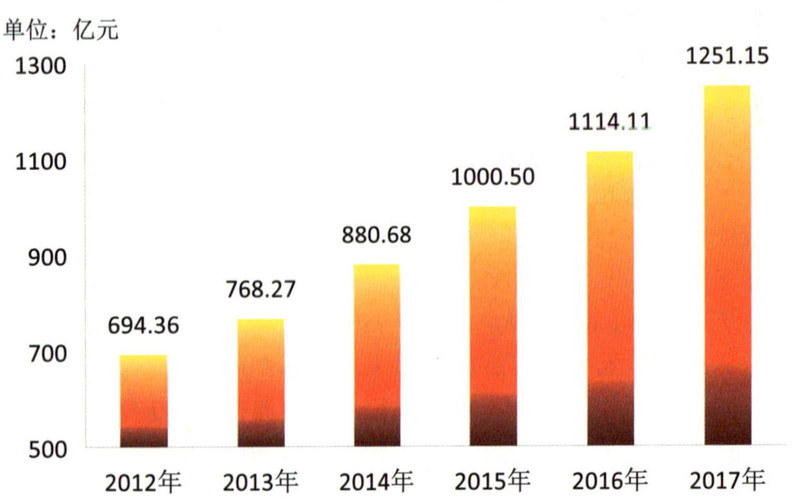

2017年末全市金融机构本外币存贷款余额及增长速度

指　　标	年末数（亿元）	比上年末增长%
各项存款余额	14235.41	5.6
其中：住户存款	3535.20	6.1
非金融企业存款	6359.35	7.2
广义政府存款	3833.57	6.5
非银行业金融机构存款	497.45	-17.8
各项贷款余额	13401.22	11.1
其中：住户贷款	4636.75	15.5
非金融企业及机关团体贷款	8531.70	8.5

2012—2017年全市城乡居民人均可支配收入

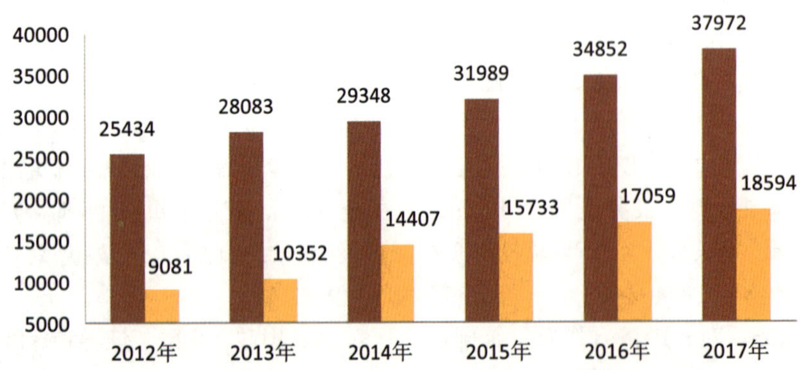

九、人民生活和社会保障

全年常住居民人均可支配收入31950元，比上年增长9.7%；人均消费性支出19693元，比上年增长8.0%。

城镇常住居民人均可支配收入37972元，比上年增长9.0%；人均消费性支出23311元，增长6.9%，其中食品烟酒支出增长2.7%、衣着增长1.0%、居住增长10.0%、生活用品及服务增长14.5%、医疗保健增长3.7%、交通通信增长9.4%、教育文化娱乐增长13.6%。城镇居民恩格尔系数[8]为31.7%，比上年下降1.3个百分点。年末城镇居民人均住房建筑面积35.9平方米，比上年增加0.1平方米。

农村常住居民人均可支配收入18594元，比上年增长9.0%；人均生活消费支出11667元，增长8.6%，其中食品烟酒支出增长8.1%、衣着下降6.7%、居住增长10.3%、生活用品及服务与上年持平、医疗保健增长8.5%、交通通信增长14.9%、教育文化娱乐增长15.3%。农村居民恩格尔系数为36.2%，比上年下降0.1个百分点。年末农村居民人均住房建筑面积41.9平方米，比上年增加2.0平方米。

市区最低月工资标准为1520元。年末参加城镇职工养老、医疗、失业、工伤、生育保险人数分别为228.28万人、183.41万人、141.36万人、151.27万人和149.46万人。城镇居民基本医疗保险参保人数172.07万人，城乡居民养老保险参（续）保人数300.76万人。城乡居民新农合参合率达105.43%[9]。

年末228.10万人次城乡居民享受政府最低生活保障，其中城市41.80万人次，农村186.30万人次；累计发放低保金7.60亿元，其中城市2.23亿元，农村5.37亿元。农村五保户集中供养能力为53%，城市“三无”人员全部纳入社会救助。全年实施城乡医疗救助50.61万人次，支出医疗救助金2.60亿元。

十、教育、科学技术和文化

全市各类高等院校60所，在校学生62.58万人；其中普通高校50所，在校学生54.61万人；成人高校4所，在校学生7.97万人。中等职业教育学校（不含技工学校）54所，在校生9.95万人；特殊教育学校6所，在校生1303人。普通高中108所，在校生15.32万人，高中阶段毛入学率125.26%。普通初中245所，在校生22.72万人，初中阶段毛入学率107.87%。小学542所，在校生50.15万人，小学毛入学率106.83%。幼儿园994所，在园幼儿27.09万人。各类专任教师9.99万人，其中普通高校2.75万人、中等职业学校0.37万人、普通中学2.97万人、小学2.64万人，幼儿园1.24万人。全市义务教育经费保障机制改革惠及学生72.87万人，其中城市33.39万人，农村39.48万人。

全市有院士工作站47个；省部级以上重点实验室和工程实验室200个，其中国家重点（工程）实验室16个；省级以上工程技术研究中心139个，其中国家级（含分中心）7个；省级以上工程研究中心62个，其中国家级15个；省级以上企业技术中心286个，其中国家级41个。省级以上创新型（试点）企业218个，其中国家级14个。市级以上科技企业孵化器49个，其中国家级12个。市级以上众创空间62个，其中国家级18个。

全年有6项科技成果获国家科技奖，其中国家自然科学二等奖3项，科技进步二等奖3项。全年受理专利申请61340件，其中发明专利32828件，比上年增长26.8%；授权专利21469件，其中发明专利4917件，增长2.5%。全年签订输出技术合同15301项，成交金额142.70亿元，增长18.5%；签订吸纳技术合同8553项，成交金额144.17亿元，增长68.7%。

年末全市有文化馆11个，公共图书馆9个，博物馆31个（其中：国有博物馆18个，非国有博物馆13个），各级国家综合档案馆10个，乡镇街道综合文化站121个。全国重点文物保护单位6处，省级重点文物保护单位36处，市级重点文物保护单位54处。国家级非物质文化遗产项目4项，省级非物质文化遗产项目28项，市级非物质文化遗产项目98项。图书馆总藏量594.66万册（件）（不含电子图书），其中图书481.32万册，比上年增长10.6%。各级国家档案馆馆藏档案资料441.12万卷，增长19.2%。电影院83家，全年票房收入5.59亿元。各类动漫企业107家，具有原创能力和代表作品的企业37家。全年共举办各类展览活动192场，比上年增长2.6%。年末广播综合人口覆盖率99.5%，

2017年全市各类教育发展情况

指　　标	招生数（人）	在校生数（人）	毕业生数（人）
研究生	16219	43145	12085
普通高等教育	149034	502943	142215
成人高等教育	33066	79734	34732
中等职业教育	37103	99452	33707
普通高中	51675	153157	50974
普通初中	79556	227179	70321
小学	89145	501527	74277
学前教育	105576	270935	90227
特殊教育	304	1303	173

电视综合人口覆盖率达 99%。

十一、卫生、体育和社会服务

年末拥有医疗卫生机构（含村卫生室）2199 个，其中医院、卫生院 270 个，妇幼保健院（所、站）12 个，疾控中心和专科疾病防治机构 18 个，社区卫生服务机构 196 个。卫生机构床位数 4.93 万张，其中医院、卫生院床位 4.69 万张。专业卫生技术人员 5.64 万人，其中执业（助理）医师 2.10 万人，注册护士 2.71 万人。每千人常住人口拥有床位数 6.20 张，拥有医院卫生院床位数 5.89 张；每千人常住人口拥有卫生技术人员 7.09 人，拥有医生 2.63 人，拥有注册护士 3.40 人。婴儿死亡率 4.09‰，孕产妇死亡率 16.75/10 万。城市社区卫生机构覆盖率达 98% 以上。

全年成功组织 118 项大型赛事和 49 项市级体育赛事。在各种省级以上体育赛事中，我市运动健儿共获得 12 枚金牌、22 枚银牌和 13 枚铜牌。成功举办 2017 合肥国际马拉松赛，吸引来自 15 个国家和港澳台地区以及 31 个省市自治区的 2.8 万名选手参赛。成功举办 2017 环巢湖全国自行车公开赛、全国青年帆船帆板精英赛暨 OP 锦标赛、中国热气球挑战赛（半汤站）、全国速度轮滑公开赛、全国击剑冠军赛（第一站）等高水平体育赛事。全市完成 100 个全民健身苑工程和 6 个笼式多功能健身场建设。全年共举办全民健身活动 341 次，参加活动总人数 91.3 万人次。全年销售体育彩票 15.9 亿元，比上年增长 12.0%。

年末拥有各类收养性社会福利机构 187 个，床位 3.36 万张，收养各类人员 1.51 万人。城镇建立各种社区服务中心（站）1888 个，其中乡镇、街道及县（市、区）级社区服务中心 159 个。全年销售社会福利彩票 20.29 亿元，筹集公益金 5.68 亿元，慈善组织募集各类善款善物 602.14 万元。

十二、生态环保和安全生产

2017 年末，全市共有市、县（区）级环境监测站 6 个。区域噪声等效声级 54 分贝，道路交通噪声等效声级 67.6 分贝，保持稳定。可吸入颗粒物（PM10）、细颗粒物（PM2.5）年均浓度分别为 80 微克 / 立方米和 56 微克 / 立方米，分别比上年下降 3.6% 和 1.8%，均完成年度目标任务。二氧化硫、二氧化氮、一氧化碳、臭氧年均浓度分别为 12 微克 / 立方米、52 微克 / 立方米、0.9 毫克 / 立方米和 100 微克 / 立方米，均达到空气环境质量日均值二级标准要求。全年空气质量优良天数 222 天，优良率 61.7%。巢湖湖区整体水质保持稳定。饮用水源地水质达标率 100%。辐射环境质量良好。

全市森林资源面积 269 万亩，森林覆盖率 27.4%。新增城区绿化面积 536.48 万平方米，绿化覆盖率 46%。建成区绿地率达 40.4%。生活垃圾无害化处理率 100%。

全年能源消费量 2216.60 万吨标准煤，比上年增长 2.8%。电力消费量增长 10.8%。单位 GDP 能耗下降 5.22%。

全年亿元 GDP 生产安全事故死亡人数为 0.053 人，比上年下降 15.9%；道路交通万车死亡人数为 2.182 人，下降 7.6%；工矿商贸企业就业人员十万人生产安全事故死亡人数为 1.847 人。全年发生一般程序道路交通事故 1678 起，造成 466 人死亡、1784 人受伤。

注释：

[1] 本公报数据为初步统计数。

[2] 全市生产总值及各产业、行业增加值绝对数按现价计算，增长速度按可比价计算。

[3] 国家统计局对三次产业和行业实行相对分离的划分标准，第一产业指农林牧渔业（不含农林牧渔服务业），第二产业指工业（不含开采辅助活动，金属制品、机械和设备维修业）和建筑业，第三产业指除第一产业、第二产业以外的其他行业。

[4] 2016 年及以前数据不含 R&D 支出。

[5] 规模以上工业统计范围为年主营业务收入 2000 万元及以上的工业企业。

[6] 限额以上批发零售和住宿餐饮企业（单位）统计范围为年主营业务收入 2000 万元及以上的批发企业（单位）、年主营业务收入 500 万元及以上的零售企业（单位）和年主营业务收入 200 万元及以上的住宿、餐饮企业（单位）。

[7] 2017 年电信业务量按照 2015 年不变价计算，与上年不可比。

[8] 恩格尔系数是指居民食品消费支出占全部消费性支出的比重。

[9] 农村合作医疗与城镇居民医保并轨运行，参合人数包含非农业人口。

统计分析

2017 年合肥市经济运行情况综述

2017 年，全市上下坚持以习近平新时代中国特色社会主义思想为指引，按照建设长三角世界级城市群副中心工作思路和要求，坚持稳中求进工作总基调，自觉践行新发展理念，积极实施创新驱动战略，持续推进供给侧结构性改革，全市经济总体保持稳中有进、稳中向好、稳中提质的良好发展态势。

一、综合实力持续提升，区域影响不断增强

（一）经济总量再上台阶。2017 年，全市生产总值（GDP）突破 7000 亿元，达到 7213.45 亿元，按可比价格计算，同比增长 8.5%，增幅高于全国 1.6 个百分点，与全省持平。规模以上工业增加值同比增长 9.4%，分别高于全国、全省 2.8 和 0.4 个百分点；进出口总额 249.59 亿美元，增速由上年下降 8.1% 转为增长 33.6%；固定资产投资 6351.43 亿元，增长 5%；社会消费品零售总额 2728.51 亿元，增长 11.6%；财政收入 1251.15 亿元、增长 12.3%，地方收入 655.9 亿元、增长 6.7%（扣除营改增因素，同口径增长 12.8%）。

（二）主要指标稳居前十。在全国 26 个省会城市中，从总量看，GDP 稳居前十，固定资产投资居第 6 位，进出口第 9，地方财政收入第 10；从增速看，GDP 居第 7 位，规上工业增加值第 8，地方财政收入第 3，社会消费品零售总额和城镇居民人均可支配收入均居第 4。在长三角城市群中，GDP 总量居第 8 位，增速居第 5 位，领跑长三角副中心城市；社会消费品零售总额总量和增速均居第 8 位，规上工业增加值增速第 6，固定资产投资、地方财政收入总量分列第 2 和第 7 位。

（三）引领带动作用增强。从首位度看，GDP 占全省的比重创历史新高，达到 26.2%，比上年提高 0.2 个百分点；财政收入占比 25.8%，提高 0.3 个百分点；进出口总额占比 46.5%，提高 4.4 个百分点；社会消费品零售总额占比 24.4%，固定资产投资占比 21.8%。从质量看，居民人均可支配收入增幅省内第 3，高于全省平均水平 0.4 个百分点；财政收入增速居第 6 位，高于全省平均水平 1.2 个百分点。

二、三次产业同向发力，工业增长贡献提升

（一）农业生产再获丰收。2017 年，第一产业实现增加值 272.75 亿元，同比增长 3.7%，比 2016 年加快 1.5 个百分点，完成农林牧渔业现价总产值 485.9 亿元。粮食总产量为 315.65 万吨、增长 1.7%，蔬菜及食用菌 230 万吨、增长 5.2%，瓜果类 70.8 万吨、增长 3.7%。肉类总产量 47.41 万吨、下降 0.4%，其中猪肉 22.98 万吨、增长 0.7%。

（二）工业产销形势喜人。全年，第二产业实现增加值 3643.08 亿元，增长 8.6%；对经济增长的贡献为 52.8%，比 2016 年提高 4.6 个百分点。其中，工业对经济增长的贡献达到 46.3%，同比提高 3.8 个百分点。全年规上工业增加值增长 9.4%，创年内新高。工业品产销率 97.7%，同比提高 0.4 个百分点，为近 11 年来同期最高点。出口交货值 1114.47 亿元，增速由上年下降 0.8% 转为增长 13.1%。

（三）服务业比重持续提高。全年，服务业（第三产业，下同）实现增加值 3297.62 亿元，增长 8.9%，对经济增长贡献为 45.3%；三次产业结构由上年的 4.2：50.9：44.9 调整为 3.8：50.5：45.7，服务业比重提高 0.8 个百分点。全年，规上服务业营业收入 1233.78 亿元、同比增长 20.5%，其中战略性新兴服务业营业收入 283.15 亿元、增长 20.3%。全市共有亿元以上服务业企业 189 户，实现营业收入 842.9 亿元，增长 21.6%。

三、需求升级持续用力，内部结构不断优化

（一）强基础、调结构，投资作用充分发挥。全年新开工亿元以上项目 464 个、同比增加 153 个，完成投资 962.61 亿元、增长 1.01 倍。六大主导产业完成投资 1255.29 亿元、增长 13.7%，快于工业投资增速 1.1 个百分点，其中新型平板显示和汽车及零部件产业分别增长 50.3%、15%。战新产业投资 1207.22 亿元，增长 8.8%。技改投资 1372.09 亿元，增长 8.6%。基础设施投资 1213.47 亿元，增长 25%，比全市投资增速高 20 个百分点。

（二）大众化、品质化，消费活力持续激发。消费者对外卖等大众餐饮的需求推动了餐饮行业新一轮增长，全年餐饮收入 295.89 亿元，增长 17.8%，高于商品零售增速 6.9 个百分点。消费结构升级类商品增长较快，家具类增长 28.4%，书报杂志类增长 28.2%，电子出版及音像制品类增长 27.2%，家用电器和音像器材类增长 17.4%，金银珠宝类增长 16.1%，汽车类增速由年初下降 7.5% 转为增长 3%。

（三）扩进口、优出口，外贸发展更加平衡。2017 年，全市进口总额 103.93 亿美元，增长 71.8%，占进出口总额比重由上年 32.4% 提升到 41.6%。出口总额 145.66 亿美元，增速由上年同期下降 7.8% 转为增长 15.3%，其中高新技术产品出口额 57.8 亿美元，增长 22%，快于出口额平均增速 6.7

个百分点。

四、供给侧改革蹄疾步稳，增长新动能加速集聚

（一）新产业快速成长。全年，战略性新兴产业实现工业增加值增长16.4%，高出规上工业增速7个百分点。其中高端装备制造、新材料和新一代信息技术产业均保持20%以上增幅，分别增长24.3%、23%和20.8%。六大战新基地中，智能语音基地产值增长37.4%，增速居全省基地第4位；集成电路、新型显示、生物医药和高端医疗器械基地分别增长25.5%、23.5%和19.7%。全年，工业机器人增长42.3%，新能源汽车增长37.6%，太阳能电池增长35.8%，笔记本电脑增长19.4%，液晶显示屏增长8.8%。

（二）新业态蓬勃发展。网络零售市场规模不断扩大，全年网上商品零售额115.3亿元，增长41%，分别高于全国、全省13和1.6个百分点。网络购物井喷式增长，带动快递业务快速发展，全年快递服务企业累计完成业务量3.91亿件，同比增长29%，占全省的45.3%；累计实现业务收入39.88亿元，同比增长24.8%，占全省比重为44.5%。

（三）新企业加速孕育。2017年，全市新登记各类市场主体16.28万户，同比增长33.6%。截至2017年底，全市实有登记各类市场主体69.55万户、同比增长26%，注册资本24826.8亿元、同比增长45.4%。全年净增“五上企业”314户，其中净增规上工业95户、规上服务业128户。全年新增国家高新技术企业309户，为历年最高。

（四）新技术层出不穷。合肥综合性国家科学中心启动建设，量子信息与量子科技创新研究院实质开工，合肥微尺度物质科学国家研究中心、类脑智能技术及应用国家工程实验室等获批组建。悟空、墨子等重大创新成果写入十九大报告。全年共有21个项目列入国家重点研发计划，获得国拨资金8.4亿元。全市发明专利申请量32828件，同比增长26.8%，发明专利授权量达4917件，占全省总量的39.5%。

五、发展环境更加宜居，发展质量稳步提升

（一）能耗降低污染减少。环境治理大力推进，资源、能源利用率大幅提高，能耗水平持续下降。全年，财政节能环保支出达53.95亿元，增长1.4倍。生态投资189.03亿元，增长1.3倍。全年万元GDP能耗下降5.2%。PM10、PM2.5浓度分别为80、56微克/立方米，分别下降3.6%和1.8%，是全省唯一实现“双下降”的城市。

（二）财政增收企业获利。全年财政收入1251.15亿元，增长12.3%，比上年提高0.9个百分点。其中税收收入1102.75亿元，占全部财政收入的88.1%，高于全省平均水平18个百分点。规模以上工业实现利润482.12亿元、增长7.2%，主营业务收入利润率由5.3%提高到5.5%；规上服务业企业实现利润174.81亿元、同比增长14.9%，营业利润率达14.3%。

（三）就业增加收入提高。全年城镇新增就业23.97万人，比上年多增0.77万人。居民人均可支配收入31950元，增长9.7%。其中，城镇居民人均可支配收入37972元，增长9%，增幅居全省首位；农村常住居民人均可支配收入18594元，增长9%。城乡收入比2.04，比上年同期略有缩小，低于全国（2.71）、全省（2.48）平均水平。

（四）民生改善物价平稳。全年财政民生支出818.42亿元，占全部财政支出的84.9%，比上年提高2.8个百分点。新开工各类保障性住房2.62万套，改造城中村、危旧房9个，整治老旧小区192个。建成城区幼儿园47所、中小学25所。全年居民消费价格同比上涨1.4%，涨幅低于全国平均水平0.2个百分点，低于年度控制目标1.6个百分点。

综合来看，全市经济呈现“基础稳固、结构优化、质效提升”的良好态势，成绩来之不易。展望2018年，是全面落实党的十九大精神的第一年，是决胜全面建成小康社会、实施“十三五”规划承上启下的关键一年，机遇难得，挑战严峻。

2017年合肥生产总值情况分析

2017年，全市上下深入学习贯彻党的十九大精神，以习近平新时代中国特色社会主义思想为指导，切实践行新发展理念，坚持稳中求进总基调，扎实推进供给侧结构性改革，经济运行总体平稳，向好势头不断巩固，产业结构继续优化，经济发展质效不断提高。

一、经济运行基本情况

（一）总量迈上新台阶，综合实力不断增强。

1. 全市经济总量持续扩大。2017年，经初步核算，合肥生产总值突破7千亿元，达到7213.4亿元，按可比价格计算，比上年增长8.5%。其中，第一产业增加值272.8亿元，增长3.7%；第二产业增加值3643.1亿元，增长8.6%；

第三产业增加值3297.6亿元，增长8.9%。全市人均GDP9.11万元，折合1.35万美元。

2. 合肥首位度稳步提高。2017年全市GDP总量占全省27518.7亿元的比重达到26.2%，比上年上升0.2个百分点。

3. 合肥保持省会城市前十强。2017年，合肥GDP总量在全国26个省会城市排名中，继续稳居前十行列。

4. 合肥与南京和杭州总量差距缩小。2017年，合肥GDP总量相当于南京市11715.1亿元的61.6%，比上年提高1.9个百分点；相当于杭州市12556.2亿元的57.4%，比上年提高0.6个百分点。

（二）增速总体平稳，居长三角副中心城市之首。

1. 全市经济平稳发展。纵向比，2017年合肥GDP增长8.5%，比上半年、前三季度分别加快0.1和0.2个百分点，比一季度低0.3个百分点，各季度波动不大，总体保持平稳增长。横向比，2017年合肥GDP增速列全国26个省会城市第7位，属于省会城市上游水平。

2. 速度高于全国与全省持平。2017年，合肥GDP增速比全国6.9%高1.6个百分点，与全省8.5%的增速持平。

3. 居长三角副中心城市之首。2017年，全市GDP增速比南京市的8.1%快0.4个百分点，比杭州市的8.0%快0.5个百分点，继续居长三角世界级城市群副中心城市第一位。

4. 略高于中部省会城市平均水平。2017年，合肥GDP增速比中部省会城市平均增长8.4%略高0.1个百分点，居第3位，分别比武汉市8.0%快0.5个百分点、比郑州市8.2%快0.3个百分点、比太原市7.5%快1个百分点，比长沙市和南昌市的9%均低0.5个百分点。

（三）第三产业快速发展，结构质量继续优化。

1. 第三产业比重上升，产业结构更趋优化。2017年，全市三次产业结构为3.8：50.5：45.7，与上年相比，第三产业增加值占GDP比重提高0.7个百分点，第二产业和第一产业占比分别回落0.2和0.5个百分点。

2. 第三产业增速领跑，增长动力更趋多元。2017年，全市一、二、三产业分别增长3.7%、8.6%、8.9%，第三产业增速最快，第三产业增加值增长快于GDP增速0.4个百分点，快于第二产业0.3个百分点。从各产业对GDP增长的贡献率看，全市一、二、三产业依次为1.8%、52.8%、45.3%，其中第三产业贡献率快速提升，创自2005年以来的次新高，为全市经济平稳健康发展增添重要力量。

3. 现代服务业快速发展，激发服务业发展活力。2017年，全市现代服务业实现增加值2078.6亿元，比上年增长10%，占服务业和GDP的比重分别63%和28.8%，比上年均提高1个百分点，对服务业和GDP的贡献率分别达到69.4%和31.4%，拉动服务业和GDP分别增长6.2和2.7个百分点。

（四）区域经济稳步发展，开发区增速快、城区贡献率大、县域总量位于全省前列。

1. 从区域经济来看，各县区均能保持稳步增长，开发区增速最快。2017年，十三个县区GDP均能保持稳定增长，开发区增速最快，四开发区合计GDP增长10.1%，比全市水平高1.6个百分点，四开发区增速均高于全市平均水平，其中新站区增速最快11%，比全市高2.5个百分点，高新、巢开、经开GDP增速分别为10.5%、10.1%和9.5%，分别高于全市2、1.6和1个百分点；四城区合计GDP增速为8.2%，比全市水平低0.3个百分点，其中包河增速最快8.7%，比全市高0.2个百分点，其次是蜀山8.5%，与全市持平，庐阳和瑶海GDP增速分别8.4%和7.1%，比全市低0.1和1.4个百分点；五县（市）合计GDP增速为8%，五县（市）只有巢湖市增速与全市持平，其他均低于全市水平。

2. 从区域经济对全市贡献率来看，四城区贡献率最大、结构最优。四城区GDP总量为2818.49亿元，比上年增长8.2%，对全市经济增长贡献率为37.7%。从产业结构来看，三次产业结构比重为0.4：24.2：75.4，与上年相比，一产降低0.1个百分点、二产降低1.1个百分点、三产（服务业）提升1.2个百分点，四城区服务业比重比全市高29.7个百分点。其中庐阳区服务业比重最大、提升幅度也最大，庐阳区服务业比重85.1%，比上年提升2个百分点；四开发区三次产业比重为0.1：79.7：20.2，与上年相比：一产降低0.1个百分点、二产提升0.1个百分点、三产持平；五县（市）三次产业比重为11.1：61.4：27.5，与上年相比：一产下降1.1个百分点、二产提升1.2个百分点、三产下降0.1个百分点。

3. 县域总量在全省名列前茅。五县（市）中，肥西、肥东、长丰GDP总量位于全省61县前三名，其中，肥西GDP总量为685.45亿元，位于全省县域GDP总量第1名，肥东、长丰GDP总量分别为596.14亿元和446.69亿元，分别位于全省县域第2名和第3名，巢湖总量位于全省县域第7名，庐江总量位全省县域第11名，位次较上年提升2位。

二、经济增长因素分析

（一）从行业看，营利性服务业、工业和金融业增速居GDP核算十个行业门类的前三甲。

1. 营利性服务业增速高居各行业榜首。软件和信息技术服务业、租赁和商务服务业、文化体育和娱乐业等营利性服务业在去年高速发展的基础上，仍然保持较快的增长势头。2017年，全市规模以上其他营利性服务业营业收入增长26%；营利性服务业增加值644.7亿元，增长19.2%，比前三季度加快1.7个百分点，比上年加快0.7个百分点，增速居十行业门类第一位，高于GDP增速10.7个百分点，对GDP增长的贡献率18.2%，比上年提高4.1个百分点。

2. 工业生产稳中加快。2017年以来，全市工业总体呈现稳中趋升的态势。2017年工业增加值2952.2亿元，增长9.3%，比一季度、上半年和前三季度分别回升0.8、1和0.5个百分点。其中，规模以上工业增长9.4%，比一季度、上半年和前三季度分别回升0.8、1和0.5个百分点；规模以下工业增长7.6%，比一季度、上半年和前三季度分别回升0.6、0.7和0.1个百分点。全部工业对GDP增长的贡献率46.3%，比上年提高3.8个百分点。

3. 保险证券业带动金融业较快增长。由于保险市场红火，2017年，全市保险业实现保费收入314.2亿元，增长47.2%，比上年提高9个百分点，其中：人身保险业务收入220.9亿元，增长65.3%，提高7.8个百分点；财产保险业务收入93.3亿元，增长16.8%，提高2.1个百分点。截至年末，全市境内外上市公司46家，其中境内上市企业44家，居全国省会城市第7位。金融业实现增加值551.3亿元，增长8.8%，高于GDP增速0.3个百分点，占GDP比重7.6%，比上年提高0.1个百分点。

4. 农业生产平稳增长。由于全年无重大灾害性天气，天时有利，农业生产形势较好。2017年，全市农林牧渔业增加值279.7亿元，增长3.8%，比前三季度提高0.3个百分点，比上年回升1.5个百分点。

5. 建筑业增速较缓。受建筑安装工程价格指数大幅回升的影响，建筑业增加值增速放缓。2017年，全市建筑业增加值693.7亿元，增长5.6%，比前三季度回落0.6个百分点，比上年回升0.3个百分点。

6. 批发和零售业增速平稳。因零售业销售额增速加快和批发业增速放缓影响，2017年全市零售业商品销售额3868.7亿元，增长12.7%，比前三季度提升0.8个百分点；批发业商品销售额6585.5

2017年合肥生产总值情况表

	绝对量（亿元）	同比增长（%）
合肥生产总值	7213.4	8.5
（一）按行业分		
农林牧渔业	279.7	3.8
工业	2952.2	9.3
建筑业	693.7	5.6
	绝对量（亿元）	同比增长（%）
批发和零售业	514.4	5.3
交通运输、仓储和邮政业	242.0	6.6
住宿和餐饮业	108.9	7.6
金融业	551.3	8.8
房地产业	440.2	1.6
营利性服务业	644.7	19.2
非营利性服务业	786.3	8
（一）按产业分		
第一产业	272.8	3.7
第二产业	3643.1	8.6
第三产业	3297.6	8.9

四城区现代服务业对服务业、GDP贡献率

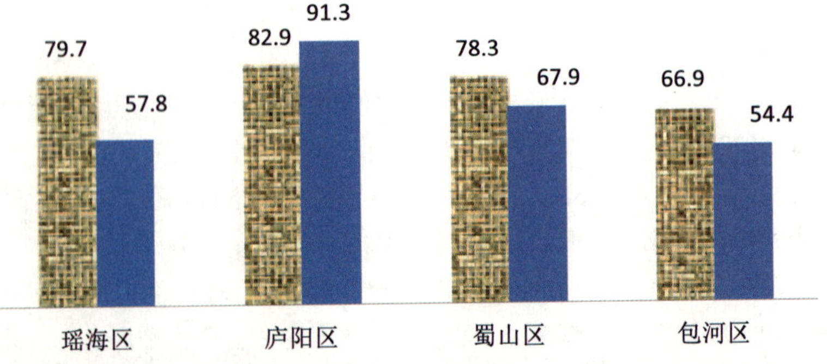

亿元，增长12.2%，回落0.3个百分点。批发和零售业增加值514.4亿元，增长5.3%，与前三季度持平。

7. 交通运输仓储和邮政业回升较快。公路周转量和交通运输业营业收入呈现双双回升态势。2017年，公路客货运周转量增长4.9%，比上年回升1个百分点；规模以上交通运输仓储和邮政业营业收入增长17.6%，加快3.8个百分点。交通运输仓储和邮政业实现增加值242亿元，增长6.6%，比上年回升1个百分点。

8. 住宿和餐饮业稳中有升。2017年，住宿业营业额62.3亿元，增长13.5%，比前三季度和上年分别上升0.7和1.1个百分点；餐饮业营业额305.4亿元，增长17.7%，比前三季度和上年分别上升0.1和0.2个百分点。住宿和餐饮业实现增加值108.9亿元，增长7.6%，比前三季度和上年分别上升0.1和0.3个百分点。

9. 非营利性服务业快速发展。涉及民生的教育、科技、医疗卫生、社会保障、城乡社区、节能环保、公共安全和一般公共服务共八项财政支出合计803.6亿元，增长23%，对非营利性服务业发展形成较强支撑。2017年，非营利性服务业增加值786.3亿元，增长8%，比前三季度回升1个百分点，占GDP比重10.9%，比上年提高0.2个百分点。

（二）从区域看，现代服务业是拉动城区GDP增长的主导力量，工业、现代服务业和建筑业共同拉动县（市）GDP增长，开发区GDP增长主要依赖于工业较快发展。

1. 城区现代服务业增速快、贡献大。四城区合计现代服务业增加值1431.27亿元，占其GDP比重超五成（50.8%），增速11.7%，比城区传统服务业增速（6.9%）快4.8个百分点，比城区GDP和服务业增速快3.5和1.7个百分点，四城区现代服务业对GDP的贡献率为68%，其中庐阳现代服务业对其GDP贡献率最高为91.3%，拉动其GDP增长7.6个百分点。

2. 县（市）工业、现代服务业和建筑业共同拉动经济增长。五县（市）合计工业增加值为1256.2亿元，占GDP的比重54.2%，增长8.9%，比GDP增速快0.9个百分点，拉动GDP增长4.8个百分点；现代服务业实现增加值316.29亿元，增长6.9%，拉动GDP增长0.9个百分点；建筑业实现增加值167.26亿元，增长10.5%，拉动GDP增长0.7个百分点，三行业共同拉动县（市）GDP增长6.4个百分点。

3. 开发区GDP增长主要依赖于工业较快发展。2017年四开发区实现工业增加值1476.46亿元，占其GDP比重为73%，增长10.9%，增速比GDP快0.8个百分点，拉动GDP增长8.1个百分点。

三、促进经济发展几点建议

（一）强化创新助推质量升级

当前，经济进入由高速度转向高质量发展的新时代，深化供给侧结构性改革，贯彻落实新发展理念，实施创新驱动发展战略。一是创新带动传统产业改造升级，增强传统产业的竞争力，推动产业向价值链高端攀升；二是紧抓合肥建设综合性国家科学中心契机，打造原始创新高地，融入全球创新体系。坚持把创新作为引领发展的第一动力，推动我市经济在高质量发展上不断取得新进展。

（二）加快发展县域经济

发展县域经济是未来五年合肥新发展的需要，也是决胜全面建成小康社会需求。当前面对经济下行压力较大，大力发展县域经济，一要继续巩固县域工业的主导地位，加快发展先进制造业，引领工业内部结构向更高层次转化。二是加快发展服务业，注重现代服务业、生产性服务业的发展，不断提升服务业的质量和层次。三是大力发展现代农业、生态农业，促进传统农业的优化升级，提高农业的整体效益。

2017年合肥市工业经济形势分析

2017年是“十三五”规划实施的承上启下之年，在市委、市政府的正确领导下，我市坚持稳中求进工作总基调，贯彻新发展理念，扎实推进供给侧结构性改革，不断优化产业结构，着力培育新兴产业，全市工业经济呈现稳中向好的发展态势。

一、总体情况

（一）生产增速稳中加快

今年以来，规上工业增加值增速保持稳中加快的态势，全年增长9.4%，为年内最高点，分别高于全国、全省2.8和0.4个百分点。12月份，规上工业增加值同比增长13%，为2015年6月以来的当月增速最高点。

（二）产销衔接形势向好

2017年，全市规上工业品产销率97.7%，为连续11年来的同期最高点，同比提高0.4个百分点；其中，国有控股企业产销率99.1%，提高1.5个百分点，大中型企业产销率98.2%，提高0.6个百分点。

（三）工业用电量较快增长

全年工业用电量150.39亿千瓦时，同比增长10.9%，较同期提高7.4个百分点，增速居省内城市第3位，高于全省5.1个百分点；其中，制造业用电量125.16亿千瓦时，增长11.9%，高于工业用电量增幅1.0个百分点，较上半年加快1.4个百分点。

（四）经营成本有所下降

2017年，全市规上工业企业实现主营业务收入8822.11亿元，增长3.6%；实现利润和利税总额482.12和737.84亿元，增长7.2%和3.2%；每百元主营业务收入中的成本费用为94.52元，同比减少0.31元。2017年末，规上工业企业资产负债率为56.2%，同比降低1.3个百分点，低于全省平均水平0.6个百分点。

（五）制造业占比稳步提升

2017年，制造业增加值占比94.5%，同比提升0.5个百分点；增加值同比增长9.9%，高于全市平均水平0.5个百分点，拉动全市工业增长9.3个百分点，增长贡献率为98.5%，较2016年提高6.8个百分点。采矿业、电力热力燃气及水生产和供应业增加值增速分别为-23.3%和4.1%。

二、支撑有力

（一）开发区贡献显著

2017年，四大开发区工业增加值占全市53.4%，同比提高1.8个百分点，增加值增长11.9%，拉动工业增长7.1个百分点，增长贡献率为75.7%，同比提高20.8个百分点。其中，高新区、经开区贡献率分别为33.7%和27.3%，在县（市）区中排名前两位。

（二）主导产业支撑稳固

2017年，六大主导产业增加值占全市工业64%，同比提高0.8个百分点；增加值增长11.6%，高于全市工业2.2个百分点，增长贡献率为78.1%。

1. 平板显示及电子信息产业高位加快。2017年，平板显示及电子信息产业增加值占工业的16.8%，同比提高2.8个百分点；增加值增长28.5%，较2016年加快17.5个百分点，对全市工业增长的贡献率达42.4%，拉动全市工业增长4.0个百分点。从产量看，生产液晶显示屏2.48亿片，由同期下降1.2%转为增长8.8%；笔记本电脑1781.99万台，由同期下降7.7%转为增长19.4%。从企业看，联宝电子因总部订单和高端产品比重增加，产值增长31.4%；京东方光电和鑫晟光电通过提高高端产品的比重，产值增长32.8%和18.6%；科大讯飞积极开拓新业务，产值增长52.1%。

2. 装备制造业保持较快增长。全年，增加值占全市工业的13.9%，同比提高0.4个百分点；增加值增长15.1%，较去年加快3.1个百分点，对工业增长的贡献率21.6%。从产量看，生产挖掘机7878台，同比增长98.9%；叉车8.09万台，同比增长36.8%。从企业看，合力股份订单持续增加，产值增长39%；国祯环保因业务拓展，污水处理能力由去年的300万吨/日增加到今年的400万吨/日，产值增长67.9%。

（三）重点产业占据半壁江山

2017年，十一个重点产业增

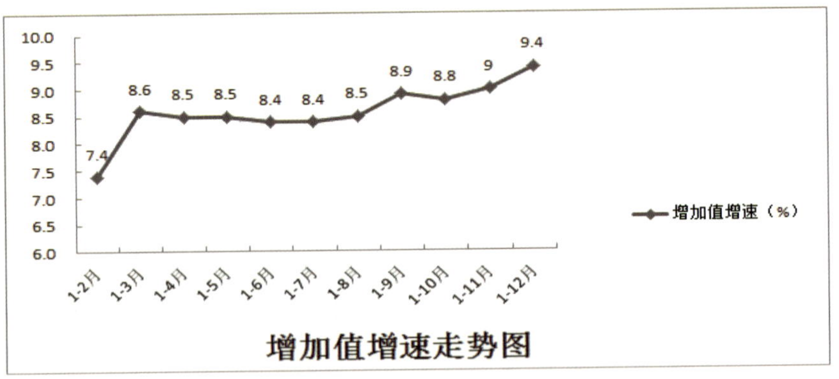

增加值增速走势图

2017年分县区工业完成情况表

	增加值占比（%）	增长（%）	贡献率（%）
全市	100.0	9.4	100.0
四城区	8.9	-2.1	-2.9
其中：瑶海区	0.5	-7.9	-0.5
庐阳区	1.8	-17.4	-4.1
蜀山区	1.8	-2.6	-1.3
包河区	4.8	5.9	3.0
	增加值占比（%）	增长（%）	贡献率（%）
开发区	53.4	11.9	75.7
其中：高新区	17.3	11.4	33.7
经开区	26.9	10.6	27.3
新站区	8.7	16.6	13.5
巢开区	0.5	17.0	1.2
县域	37.7	8.7	27.2
其中：长丰县	9.1	11.0	8.7
肥东县	10.4	6.7	3.6
肥西县	11.6	11.1	12.6
庐江县	2.3	-4.3	-1.1
巢湖市	4.3	10.0	3.4

2017 年战略性新兴产业增长情况

产业名称	产值增速（%）	增加值增速（%）
战略性新兴产业	16.1	16.4
一、节能环保产业	11.6	11.0
二、新一代电子信息产业	21.0	20.8
三、生物产业	8.7	6.9
四、高端装备制造产业	21.8	24.3
五、新能源产业	9.0	7.4
六、新材料产业	17.7	23.0
七、新能源汽车产业	2.9	3.6

加值占工业的 49.5%，较上半年提高 4.8 个百分点；增加值同比增长 11.7%，较上半年加快 0.2 个百分点。其中，重大车辆装备、语音和公共安全产业增加值分别增长 1.1 倍、70.0% 和 49.8%。

（四）亿元企业拉动强劲

2017 年，全市产值超亿元工业企业 1137 户，同比增加 40 户。其中产值超 10 亿元 133 户，增加 9 户；产值超 50 亿元企业 34 户，增加 4 户；产值超 100 亿元企业 12 户，联宝电子实现产值 562.22 亿元，成为我市首个年产值超 500 亿元的企业。亿元企业增加值增长 12%，拉动工业增长 10.9 个百分点，对工业增长的贡献达到 116.1%。

三、转型升级

（一）高新技术比重提升

2017 年，规上工业中高新技术产业增加值占工业 56.1%，同比提升 1.5 个百分点；增加值增长 12.8%，高于全市 3.4 个百分点，拉动全市工业增长 7.0 个百分点，增长贡献率为 74.1%，较去年提高 2.5 个百分点。

（二）新兴产业增势强劲

2017 年，全市战略性新兴产业产值占全市 32.6%，同比提高 2.1 个百分点；产值增长 16.1%，同比提高 4.3 个百分点；增加值增长 16.4%，高出全市工业 7.0 个百分点。其中，高端装备制造、新材料和新一代信息技术产业分别增长 24.3%、23% 和 20.8%。从产量看，工业机器人增长 42.3%，新能源汽车增长 37.6%，太阳能电池增长 35.8%。

（三）高技术制造业规模效益同步提升

2017 年，全市高技术制造业增加值占工业 20.5%，同比提升 1.1 个百分点；增加值增长 13.6%，高于工业 4.2 个百分点。2017 年，高技术制造业实现主营业务收入 1648.46 亿元、同比增长 15.5%，利润总额 98.10 亿元、增长 61.3%，主营业务收入利润率为 5.95%、同比提高 1.7 个百分点。

（四）民营企业逐步回暖

2017 年，民营企业增加值增长 9%，比年初加快 5.8 个百分点；其中，12 月份，民营增加值增速 19%，为年内最高点。民营企业对全市工业增长贡献率为 62.4%，较去年同期高 2.7 个百分点。

（五）高耗能行业占比回落

2017 年，六大高耗能行业增加值占工业 17.7%，同比下降 0.3 个百分点；增加值增长 5.5%，低于规上工业 3.9 个百分点。其中，石油加工、炼焦及核燃料加工业、有色金属冶炼及压延加工业分别下降 6.6% 和 13.0%。

（六）机器换人渐成趋势

据四季度 516 户工业企业的生产经营及景气状况调查结果显示，有 94 户企业存在机器换人的情况，占调查对象的 18.2%，较三季度提高 2.1 个百分点。

2017 年全市固定资产投资情况分析

2017 年以来，全市上下坚持稳中求进的总基调，以供给侧结构性改革为主线，坚持把投资作为稳增长、调结构、补短板的重要支撑，全方位、多举措、强力度保障投资和项目建设，投资质量效益不断提高，新旧动能转换加快，结构调整成效明显，为全市经济平稳运行、实现高质量的发展发挥了关键作用。

2017 年，全市固定资产投资完成 6351.43 亿元，按可比口径增长 5%。受环保督查、投资结构调整影响，上半年投资增速高位回落，下半年探底回升，整体呈现“总量高位运行，结构深度调整”态势。分产业看，第一产业投资 64.33 亿元，下降 40.4%，第二产业投资 2379.03 亿元，增长 11.8%，其中工业投资 2356.48 亿元，增长 12.6%；第三产业投资 3908.07 亿元，增长 2.5%。三次产业比例由上年的 1.7：34.5：63.9 调整为 1：37.5：61.5。

一、固定资产投资运行主要特点

（一）重大项目贡献突出，稳增长的基础不断夯实。

2017 年，全市 5000 万元以上在建项目（不含房地产项目，下同）1310 个，较上年同期（950 个）增加 360 个，完成投资 2752.63 亿元，占全部投资的比重为 43.3%，较上年同期提升 10.7 个百分点；增速由一季度的 9%，一路飙升至全年

2017年固定资产投资项目情况表

单位：个、亿元、%

指标名称	项目个数					完成投资
	总数	增加	占全省	总量	增长	占全省
5000万元以上项目	1310	360	13.4	2752.63	30.0	20.0
其中：亿元以上	1073	297	14.7	2636.21	30.3	21.0
其中：10亿元以上	194	75	25.7	1311.81	50.2	35.1
其中：100亿元以上	11	5	--	552.74	150.7	--

的30%，比上年同期加快28.7个百分点，高于全市投资增速25个百分点。

十亿元以上项目大幅增加。全年在建十亿元以上重大项目194个，同比增加75个，占项目个数的2.5%；完成投资1311.81亿元，增长50.2%，同比提高26.3个百分点，占项目投资的27.4%，同比提高10.4个百分点。其中，百亿元以上项目11个，同比增加5个，完成投资552.74亿元，增长1.5倍。在建十亿元以上工业项目66个，同比增加23个，完成投资627.62亿元，占全市工业投资的26.6%，同比提高8.7个百分点，增速59.4%，同比提高42.9个百分点。其中，50亿元以上工业项目8个，同比增加3个，完成投资324.72亿元，增长1.04倍。

亿元新开工项目纷至沓来。全年新开工亿元以上项目464个，同比增加153个，完成投资962.61亿元，增长1.01倍。其中，工业项目206个，同比增加58个，完成投资414.66亿元，增长60.9%，较去年同期提高67.5个百分点。引江济淮工程、量子通信研究院、地铁4、5号线、长鑫12吋晶圆存储器项目、京东安徽商城等一批重大项目相继开工建设，为全市投资增长垫定了坚实的基础。

（二）工业投资占比提升，调结构的活力不断激发。

2017年，全市工业投资完成2356.48亿元，增长12.6%，高于全市投资7.6个百分点，占全市投资的比重达到37.1%，同比提高2.5个百分点。其中，制造业完成2170.87亿元，增长12%，电力、热力、燃气及水生产和供应业完成投资171.09亿元，增长31.1%。

高新产业投资强劲。作为“中国制造2025”试点示范城市，全市上下围绕“三重一创”等重点领域，在新型平板显示、机器人、集成电路等产业实现重大转型升级。全球首条最高世代线京东方10.5代线、康宁玻璃顺利投产，晶合晶圆一期成功量产，长鑫存储器晶圆项目加快推进，实现了“中国芯合肥造”。2017年，全市高新技术产业投资1289.13亿元、增长23%。战新产业投资1207.22亿元，增长8.8%。六大主导产业投资1255.29亿元，增长13.7%，快于全市工业投资1.1个百分点；其中装备制造业投资增长24.1%，新型平板显示产业增长50.3%，汽车及零部件产业增长15.0%。

技改投资继续扩大。在工业转型升级三年行动计划的推动下，以工业技术改造项目为代表的“内涵效益型”投资增长平稳。2017年，全市工业技改完成投资1372.09亿元，同比增长8.6%，占工业投资比重的58.2%，对工业投资增长的贡献率达41%，拉动工业投资增长5.2个百分点。

高耗能产业投资趋缓。2017年，六大高耗能产业完成投资315.74亿元，增速由一季度的65.8%，大幅度回落至全年的5.7%，占工业投资的比重由上年同期的14.3%降低至13.4%。其中，非金属矿物制品业下降5.5%，黑色金属冶炼和压延加工业下降30.8%，石油加工、炼焦和核燃料加工业下降45.2%。

（三）基础设施投资逾千，补短板的力度不断增强。

在新型城镇化的推动下，全市城乡一体化融合发展加速，综合交通枢纽地位凸显，各项基础设施不断完善，城市管理水平全面提升。2017年，全市基础投资超千亿，达到1213.47亿元，增长25%，较上年加快5个百分点，占全市投资的19.1%，同比提高3.1个百分点，对全市投资增长贡献达80.6%，拉动投资增长4个百分点。

交通设施建设如火如荼。庐铜铁路全面建成，合安、商合杭高铁加快建设，全年铁路业完成投资86.46亿元；地铁2号线建成运行，3、4、5号线加快建设，合肥迎来地铁“换乘时代”；滁淮高速新建，绕城高速、合宁、合安、合芜高速扩容工程进展顺利，阜阳路高架延伸、裕溪路高架延伸、长江西路快速化改造项目快速推进，带动全市交通运输业完成投资356.22亿元，增长48.9%，比去年同期提高10.4个百分点，占全市基础设施投资的29.4%，同比提高5个百分点。

水利管理业爆发式增长。近年来，水利设施投入不断加大，巢湖环湖防洪治理工程、兆河流域综合治理工程、江水西调工程，环巢湖流域水环境综合治理工程三期先后开工并建设，尤其总投资超过900亿元的全省水利“一号工程”引江济淮正式启动，年度完成投资91

亿元，带动全市水利管理业完成投资151.16亿元，增长2.9倍。

（四）社会领域投资加大，惠民生的温度不断提升。

始终将改善民生作为全市重中之重，围绕人民对美好生活的需要，在教育、医疗、卫生、安居等各方面谋划建设了一大批民生项目，更加注重生态保护，着力提高公共服务水平。

生态领域投资成倍增长。2017年，十五里河流域综合治理、安医高新分院、省立医院南区二期，城区47所幼儿园、25所中小学先后投入使用，省立医院北城院区一期、合肥离子医学中心、职业技术学院新校区、合肥师范学院新校区、新四中、新巢湖二中等项目开工建设，较大改善了生态环境和提高了人民生活水平。全年生态领域完成投资189.03亿元、增长1.3倍，教育设施完成投资97.76亿元、增长21.8%，体育设施业完成投资9.47亿元、增长58.6%，卫生设施完成投资32.4亿元、增长7.2%。

安居工程建设成效斐然。全年实施安置房、复建点项目117个，完成投资247.66亿元。房地产开发投资完成1557.41亿元，增长15.1%，增速创2013年以来新高，高于全国8.1个百分点，低于全省6.8个百分点。其中，住宅投资1095.45亿元，增长27.2%，较去年加快16.6个百分点，住宅投资占比70.3%，比上年提高6.7个百分点，对全市投资增长的贡献率达114.5%，拉动房地产投资增长17.3个百分点。

（五）投资效益大幅提升，增效益的作用不断显现。

1. 投资效果系数提高。2017年，我市投资效果系数为0.1479，比上年提高0.0540，投资占GDP的比重自2014年以来首次降到100%以下，达到88.0%。

2. 建设周期继续缩短。建设周期是从建设速度方面反映投资宏观效益的重要综合指标，建设时间越短，投资效益越好。2017年，我市投资项目平均建设周期为1.37年，而2016年建设周期为1.52年，缩短了近2个月。其中，5000万元以上项目平均建设周期由2.96年缩短到2.68年，项目建设进度明显加快。

3. 工业竣工项目大幅增加。2017年，全市竣工项目5693个，同比增加560个，项目竣工率达73.2%，比上年提高7.5个百分点。其中，工业竣工项目3044个，同比增加899个，竣工项目完成投资1382.89亿元 ，同比增长15.1%，高于全市工业投资增速2.5个百分点，对全市工业投资增长的贡献率达68.6%。

二、投资形势预判

有利因素：一是宏观环境预期向好。供给侧结构性改革深入推进，有利于提高供给质量和效率的传统产业改造升级、高端装备制造业以及高新技术产业等领域的投资将保持较快增长。二是综合性国家科学中心和全国性产业创新中心进入全面实施阶段，北航科学城、中科大高新校区项目等项目正在加快推进。三是合肥仍将保持对基础设施建设薄弱环节，特别是民生相关领域的支持力度，地铁、城乡畅通工程等加快建设，高速扩容、高架桥延伸预计2018年投入使用，基建投资仍将有力。四是作为租售同权试点城市，不断完善多主体供应渠道，建立长效机制，加上近年来供地量较大，房地产投资仍有增长的基础和空间。

不利因素：一是国家为防范金融风险，对地方政府违规举债的严控，对我市地铁和铁路等大基建项目报批以及部分项目融资带来影响。二是国家信贷调控政策趋紧，社会民间资本融资难度加大，对民间投资造成不利影响。三是区域竞争激烈，招大引强工作难度加大，工业大项目有所减少，对投资支撑力度减弱。

综合分析，2018年全市投资仍将面临较大压力，在深度结构优化调整中实现平稳增长。

2012-2017年投资效果系数情况表

单位：%

年份	投资效果系数	变化	投资占GDP比重
2017	0.1479	0.0540	88.0
2016	0.0944	0.0120	103.6
2015	0.0820	-0.0120	103.4
2014	0.0943	-0.0180	103.9
2013	0.1122	-0.0270	97.1
2012	0.1387	-0.1510	91.3

2017年全市房地产投资运行情况分析

2017年，市委市政府认真贯彻落实“房子是用来住的不是用来炒的”定位，严格执行房地产调控政策，房地产开发投资保持较快增长趋势，商品房销售降幅较大，政策效果持续释放，市场总体保持健康平稳运行。

一、房地产市场运行特点

（一）房产投资增速创四年新

高，土地费拉动作用强。

2017年，我市房地产开发投资完成1557.41亿元，同比增长15.1%，创近4年新高，2014年至2016年增速分别为1.9%、11.7%、7.4%。房地产投资增长较快的原因主要是土地购置费的大幅度增加。2017年，房地产开发项目土地购置费568.88亿元，增长76%，比上年加快55个百分点，对全市房地产投资增长的贡献率达120%，拉动房地产投资增长18.1个百分点；占房地产投资的比重为36.5%，同比提高12.6个百分点。

（二)新增房地产项目百余个，城区新增项目多且大。

自2016年以来，我市加大了土地供应量，累计供地超2.2万亩，特别是2017年新增房地产项目不仅在量上增加，而且在规模和本年完成投资等方面增长较快。2017年，我市房地产新入库项目126个，同比增加10个；计划总投资2572.38亿元，同比增长40.9%；单个项目平均规模为20.42亿元，增长29.7%；新入库项目完成投资526.07亿元，增长14.9%，对房地产投资增长的贡献率达33.3%，拉动房地产投资增长5个百分点。其中，四城区新增房地产项目多且规模大，城区、县域、开发区新增项目个数分别为52、49和25个，项目总规模分别达1382亿元、673亿元和517亿元，城区项目规模大于县域和开发区之和。

（三)商品住宅投资一枝独秀，改善型住房增长最快。

2017年，全市住宅投资1095.45亿元，增长27.2%，住宅投资占全市的比重70.3%，同比提高6.7个百分点，对房地产投资增长的贡献率达114.5%，拉动房地产投资增长17.3个百分点；办公楼投资113.58亿元，下降6%；商业营业用房投资219.74亿元，下降6.1%；其他用房投资128.63亿元，下降5.8%。住宅投资中，90—144平方米住宅即改善性户型投资增长最快、占比最高。2017年，90—144平方米住宅投资631.31亿元，增长73.5%，占全部住宅投资的57.6%；90平方米及以下住宅投资242.21亿元，下降29.3%；144平方米以上住宅投资221.93亿元，增长43.6%；别墅、高档公寓投资27.71亿元，增长16.1%。

（四）商品房待售面积总体减少，办公商业去化效果好。

截至2月末，全市商品房待售面积204.55万平方米，较2017年初即2月末减少44.35万平方米。其中，住宅待售面积38.37万平方米，较年初减少15.71万平方米，同比下降7.2%；办公楼待售面积36.37万平方米，较年初减少23.53万平方米；商业营业用房待售面积48.3万平方米，较年初减少13.86万平方米；而其它（主要为厂房、车位、储藏室等）待售面积81.51万平方米，较年初增加8.76万平方米。可以看出，办公楼、商业营业用房的去库存效果较明显。住宅中，90平方米及以下户型待售面积5.86万平方米，下降60.6%；90—144平方米户型待售面积15.17万平方米，下降16.2%；144平方米以上户型待售面积17.34万平方米，增长106.8%。

二、2018年房地产市场展望

（一）从现行指标看，增长基础较稳。

据市国土局资料显示，2017年，全市成交经营性用地122宗，成交面积11567亩（771.14万平方米），同比增长4.6%，土地出让金总额816亿元，同比下降28.9%，成交均价705万元／亩，同比下降32.1%，呈现量增价跌态势。

全年房地产开发企业土地购置面积684.87万平方米，增长36.5%，比上年加快16.3个百分点，土地购置面积的大幅增加，为2018年房地产开发投资的较快增长奠定了基础。

（二）从房企预期看，乐观趋势明显。

据房地产企业生产经营景气状况调查显示，我市房地产企业对下季度国内宏观经济形势合理预期为“乐观”的占比达44.9%，分别高于一季度、上半年、三季度13.9、10.1、7.3个百分点；对下季度本行业运行状况合理预期为“乐观”的占比达42.2%，分别高于一季度、上半年、三季度11.1、7.1、6.4个百分点；对下季度本企业经营状况的合理预期为“乐观”的占比达42.3%，分别高于一季度、上半年、三季度11.5、5.1、5.9个百分点。

总体来看，受土地供应持续稳定增加、相关项目陆续开工等影响，2018年全市房地产开发投资将延续增长态势，全年或可保持两位数增长；在限购限贷政策不变的大环境下，受商品房供应增加的有利影响，预计全年销售面积增速或将低位转正。

2017年省会城市房地产市场比较分析

省会城市是一个省份经济发展的领头羊，受政治、历史、交通设施、资源禀赋等诸多因素影响，容易产生虹吸效应，在房地产业表现的尤为明显。为进一步了解我市房地产市场在全国省会城市中情况，

图 1：2017 年 26 个省会城市房地产开发投资总量及增速图（折线图）

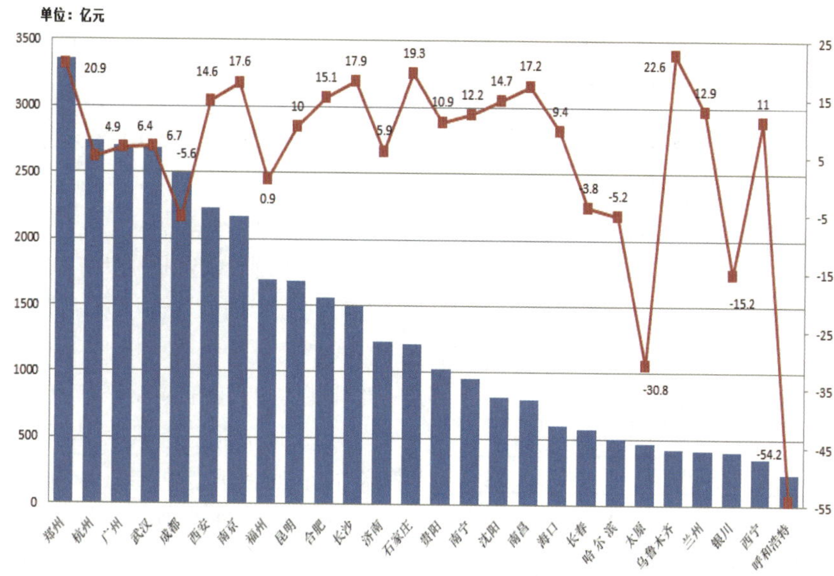

我们就省会城市，重点是房地产投资超千亿的城市进行了分析比较。

一、从总量看，位次高位稳定，占比明显偏低

2017 年，我市房地产开发投资达到 1557.41 亿元，在 26 个省会城市中排名第 10 位，与上年持平，连续 5 年总量超千亿，比较看，我市与杭州、南京、郑州、武汉的差距较大，紧随福州、昆明之后，略高于长沙。在长三角副中心城市中，杭州、南京房地产投资分别是 2734.2 亿元、2170.21 亿元，合肥分别相当于杭州的 57.0%，南京的 71.8%。在中部省会城市中，我市排名第 3，总量最大的是郑州市，达 3358.84 亿元，是我市的 2.2 倍，武汉市 2686.34 亿元，比我市高出 1128.9 亿元。

从占全部投资的比重看，2017 年，我市房地产开发投资占全部固定资产投资的比重为 24.5%，在 26 个省会城市中排名中等偏后，为第 17 位，占比最高的为沈阳，达 54.9%，低于杭州的 46.7% 和南京的 34.9%；在中部 6 个省会城市中，排名第 4，低于太原的 48.8%、郑州的 44.4%、武汉的 34.1%，仅高于长沙的 19.7% 和南昌的 15.5%。

二、从增速看，住宅表现突出，土地交易活跃

2017 年，我市房地产开发投资较上年增长 15.1%，在 26 个省会城市中位列第 7，较上年前进 9 个位次，排名前 6 位分别是乌鲁木齐 22.6%、郑州 20.9%、石家庄 19.3%、长沙 17.9%、南京 17.6%、南昌 17.2%，仅有郑州和南京两市在总量和增速上均超我市；在中部 6 个省会城市中，我市排名第 3，较上年前进 2 个位次，仅次于郑州、长沙。（见表 1）

住宅投资增长快比重高。2017 年，我市住宅开发投资 1095.45 亿元，在 26 个省会城市中居第 9 位，超越昆明，较上年前进 1 个位次；同比增长 27.2%，位居第 2，较上年前进 10 个位次，仅次于第 1 名的石家庄 30.7%。从住宅投资占房地产开发投资的比重看，我市占比为 70.3%，排名第 7，占比最高的是沈阳，达 76.2%，其它占比高于我市的分别是呼和浩特 75.4%、南京 72.3%、郑州 72%、石家庄 71.6%、南宁 70.9%。（见表 2）

土地购置费增速位居第三。数据显示，各地土地交易市场较为活跃，虽然土地成交价款较上年有所回落，但土地成交面积基本保持增长，土地购置费增速较快，在房地产开发投资中比重不断提高。2017 年，我市房地产开发投资中的土地购置费高达 568.88 亿元，在 26 个省会城市中排名第 6，前 5 名分别是杭州 1385.23 亿元、广州

表 1：2017 年房地产投资过千亿省会城市总量、增速及占比情况表

城　市	完成投资（亿元）	省会位次	比上年增长（%）	省会位次	占固定资产投资的比重（%）	省会位次
合　肥	1557.41	10	15.1	7	24.5	17
郑　州	3358.84	1	20.9	2	44.4	5
杭　州	2734.20	2	4.9	19	46.7	3
广　州	2702.89	3	6.4	17	45.7	4
武　汉	2686.34	4	6.7	16	34.1	10
成　都	2492.65	5	-5.6	23	26.5	16
西　安	2234.84	6	14.6	9	29.6	12
南　京	2170.21	7	17.6	5	34.9	9
福　州	1694.18	8	0.9	20	29.1	13
昆　明	1683.33	9	10	14	39.9	8
长　沙	1493.44	11	17.9	4	19.7	22
济　南	1232.63	12	5.9	18	28.2	14
石 家 庄	1212.27	13	19.3	3	40.6	7
贵　阳	1024.09	14	10.9	13	26.6	15

表2：2017年房地产投资过千亿省会城市投资结构情况表

城市	住宅投资（亿元）	比上年增长（%）	省会位次	住宅占比（%）	土地购置费（亿元）	比上年增长（%）	省会位次
合肥	1095.45	27.2	2	70.3	568.88	76.0	3
郑州	2418.66	26.2	4	72.0	811.89	62.8	7
杭州	1713.13	9.8	15	62.7	1385.23	6.9	14
广州	1769.49	11.0	14	65.5	871.27	6.9	15
武汉	1840.31	6.6	16	68.5	805.63	72.6	4
成都	1300.46	-8.3	22	52.2	491.46	-10.3	23
西安	1505.03	12.5	12	67.3	303.64	123.8	2
南京	1569.52	12.7	11	72.3	774.49	20.0	10
福州	1176.99	4.8	17	69.5	492.94	4.5	16
昆明	1058.90	13.6	10	62.9	213.88	0.9	19
长沙	809.32	16.7	8	54.2	210.17	12.3	12
济南	822.84	2.1	19	66.8	168.32	-24.9	24
石家庄	867.67	30.7	1	71.6	82.01	-4.8	21
贵阳	595.06	21.4	5	58.1	82.43	71.1	5

871.27亿元、郑州811.89亿元、武汉805.63亿元、南京774.49亿元；我市土地购置费较上年增长76%，排名第3，仅次于乌鲁木齐的173.1%、西安的123.8%，略高于武汉的72.6%。（见表2）

三、从面积看，总量位列前十，增速处于中等

2017年，我市房地产项目新开工面积达2041.56万平方米，位列26个省会城市第7名，前6位依次是郑州5449.61万平方米、成都4239.29万平方米、武汉3020.1万平方米、西安2490.33万平方米、杭州2176.52万平方米和长沙2113.09万平方米；从增长速度看，在26个城市中，新开工面积下降的达16个，增长的仅10个，我市较上年下降3.4%，排名13位。

2017年，我市房地产施工面积8283.56万平方米，位列26个省会城市第9名，低于长沙的9814.09万平方米、昆明的10090.2万平方米和广州的10658.49万平方米；较上年增长5.9%，排名第10位。

2017年，我市房地产竣工面积1179.34万平方米，位列省会城市第6名，略低于广州的1320.66万平方米；较上年下降0.1%，26个省会城市中，竣工面积下降的达12个，我市位列15名。

四、从土地看，购置面积位居榜首，发展后劲较足

2017年，我市房地产企业土地购置面积达684.87万平方米，位列26个省会城市首位，高出第二名长春（480.98万平方米）203.89万平米，高出第三名郑州（442.47万平方米）242.4万平方米，分别是长春、郑州的1.4倍和1.5倍；较上年增长1.35倍，位列第一，长春增长1.12倍，郑州增长36.5%。

大量的土地购置面积为2017年及之后我市房地产开发投资的较快增长奠定良好的基础。

2017年我市建筑业发展情况分析

2017年，我市建筑业全面贯彻落实党的十八大、十九大精神，积极深化供给侧结构性改革，强化内部管理，拓展建设领域，在宏观调控趋紧，固定资产投资增速趋缓，房地产市场降温，建筑市场竞争日趋激烈等困难中，不断增强建造能力，产业规模稳步扩大，行业发展继续保持健康平稳态势。

一、生产经营规模稳步扩大

1.签订合同创近五年来新高。随着我市高资质企业大幅上升，企业竞标能力也大幅提高。2017年，全市建筑业企业（指具有建筑业资质的施工总承包和专业承包企业，不含劳务分包企业，下同）签订合同额突破6000亿元，达到6882.93亿元，同比增长25.9%，创近五年来的新高。其中，上年结转合同额2686.51亿元，同比增长11.2%；本年新签合同额4196.42亿元，同比增长37.5%，占签订合同额的比重达到61%，高出去年同期5.2个百分点。

2.建筑产值实现二位数增长。2017年，我市建筑业克服了中央环保督查、高温天气的影响，在有效工期内加快施工进度，全年完成建筑业总产值3462.25亿元，同比增长11.6%，比2016年增幅提高6.8个百分点，占全省产值比重为50.7%。

3.大型企业主导作用突出。从规模看，大型建筑企业完成产值2261.61亿元，同比增长29.7%，中型企业完成产值957.32亿元，同比下降18.3%，小型企业完成产值200.91亿元，同比增长29.3%，微型企业完成产值7.69亿元，同比下降47.3%。大型企业拉动全市产值增长16.7个百分点，在经济形势偏紧中优势突出，对全市建筑业生产和经营起到了强劲的支撑和主导作用。

二、整体建筑实力趋强趋大

1. 资质企业数年净增加。随着建设领域规模不断扩大，建筑环境日趋完善，我市建筑业企业逐年增加。2012 年我市建筑业企业为 835 户，至 2017 年增至 953 户，年均增长 2.7%，其中 2017 年比 2016 年净增 52 户，增幅 5.8%。

2. 开拓外埠市场能力增强。在全国各地相继取消区域准入壁垒，建筑市场环境日趋公平以及自身实力较强的良好环境下，我市建筑业外向拓展持续保持健康的发展态势，建筑产值增长势头较强。2017 年，全年在外省累计完成建筑业总产值 964.73 亿元，比去年同期增加 42.8 亿元，增长 12.5%，高于全市产值增幅 0.9 个百分点，占全市建筑业总产值的比重 27.2%，高于上年水平 0.7 个百分点。其中，在东部地区完成产值 439.60 亿元，同比增长 3.4%，中部地区完成产值 250.62 亿元，同比增长 26.2%，西部地区完成产值 274.51 亿元，同比增长 17.4%，基本符合全国建设发展的趋势。

3. 城区建筑业产值占比继续扩大。2017 年，建筑业区域发展的亮点依然在城区。全年，城区完成产值 2999.28 亿元，同比增长 11.9%，占全市总量的 86.6%，同比提高 0.3 个百分点；县（市）完成产值 462.96 亿元，同比增长 9.6%，占全市总量的 13.4%，保持了强者愈强的势头。

从产值总量看，瑶海区以建筑业总产值 772.85 亿元位居第一，包河区、经开区分别以 726.65 亿元和 407.94 亿元位居二、三位，经开区超过了上年的蜀山区。从产值增速看，高新区以 25.1% 的增速位居第一，巢湖市、庐阳区以 24.5%、22.0% 的增速分列第 2 和第 3（巢开区因仅有 4 家企业，且当年新增一家，数据波动较大，暂未列入排序）；从增长贡献率看，瑶海区贡献率 28.2%，拉动全市产值增长 3.3 个百分点，位居第一，高新区贡献率 19%，拉动 2.2 个百分点，位居第二，庐阳区贡献率 18.6%，拉动 2.1 个百分点，位居第三。

三、加快改革转型步伐，引领全省建筑业发展

“十三五”时过两年，我市建筑业保持了持续发展，取得了良好业绩。2018 年，我市建筑业将深入贯彻落实党的十九大精神，以习近平新时代中国特色社会主义思想为指导，以深化供给侧结构性改革为主线，强化精品意识，加快改革创新，推进建筑业转型升级，壮大建筑业规模，提升质量安全水平，增强核心竞争力，亮响“合肥建筑”，为建设我省建筑业大省强省，为建设现代化五大发展美好安徽做出应有的贡献。

1. 创造良好的投资环境，积极引进优秀企业入驻合肥。

在大力发展壮大本土企业的同时，还要从政府效率、办事规则、城市建设等各个方面，营造良好的软硬件环境，制定各项优惠政策，着力引进一批国内外知名建筑企业、“高、精、尖”特色产业、行业龙头企业、高资质企业，着力引进优秀建筑专业人才来合肥发展，要留得住本地企业，引得进外地企业。

2. 着力培育新兴力量，促进企业转型升级。

要深入贯彻落实“大众创业、万众创新”，抓住全面创新改革试验区的机遇，以创新改革激发创新活力。从重视职业技能培训出发，利用我市建筑大专院校优势，成立“建筑业转型升级能力开发基地”。培养、建立 1—2 家具有国内较强竞争力的建筑产业集团，扶植一批在建筑总承包、建筑设计、建筑装备、绿色建材、构件生产等建筑业前沿领域具有国内先进水平的重点企业，在行业内先行示范作用。要积极创建国家级、省级建筑产业现代化示范基地。重点分阶段、分步骤推进绿色建筑、装配式建筑、成品住宅三大领域的发展。

3. 加大“走出去”政策力度，提高对外承包能力。

要紧盯“一带一路”建设这块大蛋糕，大力鼓励、扶持优秀企业参与“一带一路”建设。激励企业将发展目光瞄准全国仍至国外市场，不断加快“走出去”的步伐。建筑业企业要加大对国际标准的研究力度，积极适应国际标准，加强对外承包工程质量、履约等方面管理，在援外住房等民生项目中发挥积极作用。

4. 支持小微企业发展，促进其壮大规模。

一是创造环境扶持发展，认真落实各项优惠政策，规范行政执法行为，切实减轻企业发展负担，提高小微型企业发展的成活率、成长率。二是助力骨干小微企业加速成长，对于具有良好发展前景和初具一定规模的小微企业，应给予重点扶持和培养，引导企业走“专精特新”之路，尽快成长为大中型企业。

2017 年全市服务业发展情况分析

2017 年，我市主动适应经济发展新常态，贯彻新发展理念，以供给侧结构性改革为主线，积极推动服务业稳定发展和结构转型升级。全市规上服务业保持稳定较快发展，营业收入全面增长，税收回

升加速，应付职工薪酬较快增长，产业结构得到进一步优化，但同时也出现了企业成本负担加重、营业利润增速放缓等问题。

一、主要特点

（一）营业收入稳定较快增长

2017年年末，全市规上服务业企业2634家，实现营业收入1223.78亿元，比上年增长20.5%，较近三年平均增幅提高1.4个百分点。从各季度看，2017年四个季度服务业营业收入增速分别为21.9%、19.2%、18.9%和20.5%，均保持19%及以上的较快增长。从门类看，在统的11个服务业门类全部实现正增长，其中10个行业门类实现两位数增长。

（二）新增企业贡献突出

2017年，规上服务业较上年末新增企业340家，实现营业收入98.35亿元，增长183.9%，带动全市营业收入增长6.3个百分点，贡献率达30.5%。新增亿元以上企业17户，实现营业收入53.26亿元，带动全市营业收入增长4.0个百分点，贡献率达19.7%。

（三）权重行业支撑发展

2017年，软件和信息技术服务业、商务服务业、科技推广应用服务业和道路运输业四大行业营业收入均占全部规上服务业10%以上，在全市在统的35个服务业行业大类中，起重点支撑作用。四大行业合计实现营业收入726.53亿元，增长22.6%，高于全市平均增速2.1个百分点，营业收入占规上服务业比重59.4%，对营业收入贡献率达64.1%，拉动营业收入增长13.2个百分点；合计营业利润118.65亿元，增长14.2%，营业利润占规上服务业比重67.9%，对营业利润贡献率达65.1%，拉动营业利润增长9.7个百分点。

（四）税收回升速度加快

2017年，规上服务业共缴纳三项税金36.78亿元，增长43.3%，比上年提高36.4个百分点。其中，应交增值税25.54亿元，增长146.6%，提高111.1个百分点；营业税金及附加9.03亿元，同比下降21.9%；管理费用中税金2.21亿元，同比下降41.1%。

（五）应付职工薪酬较快增长

2017年，全市规上服务业应付职工薪酬共计183.64亿元，比上年增长13.8%，提高4.1个百分点；人均月薪酬5997.9元，比上年增加121.6元。其中，交通运输、仓储和邮政业、水利、环境和公共设施管理业、居民服务、修理和其他服务业、卫生和社会工作四个行业门类薪酬分别增长23.6%、20.4%、26.9%和28.1%，均在20%以上，分别高于上年19.8、2.7、21.2和6.9个百分点。

二、发展亮点

（一）企业规模不断扩大

2017年，全市规上服务业户均营业收入4646.08万元，较上年增加166.13万元。营业收入亿元以上大企业共有189户，占全部规上服务业企业7.2%，较上年提高0.9个百分点；合计营业收入842.90亿元，占全部规上服务业的68.9%，较上年提高0.1个百

图1 2014年至2017年三项税金变动示意图

图2 2014年至2017年户均营业收入

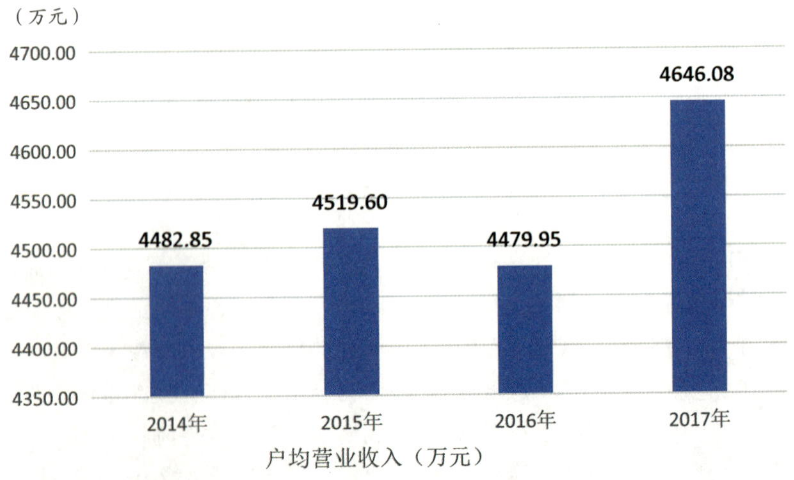

分点。

（二）产业结构进一步优化

2017年年末，规上现代服务业企业2117家，实现营业收入829.81亿元，比上年增长20.9%。现代服务业企业数和营业收入分别占全市规上服务业80.4%和67.8%，高于传统服务业60.8和35.6个百分点，现代服务业领先于传统服务的幅度分别比上年扩大1.5和2.6个百分点。

（三）信息服务产业推动新兴服务业发展

2017年，全市生产性服务业企业营业收入1005.54亿元，比上年增长16.9%；其中贡献率最大的信息服务业实现营业收入251.34亿元，增长20.8%，对整个生产性服务业营业收入增长贡献率达29.8%。

战略性新兴服务业企业营业收入283.15亿元，比上年增长20.3%；其中贡献率最大的新一代信息技术产业实现营业收入247.37亿元，增长18.9%，对战略性新兴服务业营业收入增长贡献率达82.3%。

科技服务业实现营业收入532.35亿元，比上年增长19.1%；其中贡献率最大的科技信息服务业实现营业收入281.46亿元，同比增长19.7%，对科技服务业营业收入增长贡献率达54.2%。

（四）开发区服务业发展较快

2017年，高新区、经开区、新站区、巢湖经开区服务业发展较快，合计实现营业收入446.70亿元，占全市服务业总量36.5%，高于上年3.1个百分点；增长21.3%，高于全市平均增速0.8个百分点。实现营业利润72.84亿元，占全市服务业比重41.7%，高于上年20.1个百分点；增长57.6%，高于全市平均增速42.7个百分点。

三、意见建议

（一）用力降低企业成本

要进一步改善服务业企业发展环境，进一步简化相应行政服务环节，降低行政服务费用，切实降低企业的行政成本。同时，积极贯彻落实税费减免、价格并轨、融资租赁、土地供给等优惠政策，切实降低企业生产成本，提高企业经营效益。

（二）引导投资转向“四新”

推进服务业企业转型升级，调整投资结构，保持投资合理健康增长，引导民间投资更多投向新技术、新产业、新业态、新模式企业。积极引导传统服务业引入先进的管理组织方式和技术手段，支持科技服务业、高技术服务业、战略新兴产业等高端服务业产业发展，积极鼓励企业以“双创”为契机，以“互联网+”为抓手，创新发展电子商务、云计算、数字创意等服务新业态，促进服务业企业发展向新动能、高质量、高效益方向发展。

2017年能源消费情况分析

2017年，我市能耗“双控”目标任务艰巨，上半年和前三季度监测显示，能源消耗总量和能源消耗强度两项指标均为一级预警等级（红灯区）。为应对严峻的能耗形势，确保完成能源消费总量增幅控制在2.94%以内、单位GDP能耗下降3.66%的“双控”目标任务，市委市政府及时制定节能调控方案，采取一系列节能措施，有效控制能耗过快增长，圆满地完成年度能耗“双控”目标任务。

一、节能降耗成绩斐然

（一）圆满完成年度“双控”目标

经省统计局审核认定，2017年，我市全社会能源消费总量（等价值）2216.60万吨标准煤，同比增长2.82%，低于省控目标和GDP增幅0.12和5.68个百分点；单位GDP能耗0.3229吨标准煤/万元，同比下降5.22%，超省控目标1.56个百分点。

（二）第二产业能耗占比回落

2017年，第一产业能耗52.04万吨标准煤，增长3.7%，增幅较上年回落4.7个百分点，占全社会能耗2.35%，同比提高0.02个百分点；第二产业能耗为1041.28万吨标煤，由2016年下降4.2%转变为增长0.8%，低于第二产业增加值增速7.8个百分点，占全社会能耗47.0%，同比下降0.9个百分点；第三产业能耗766.02万吨标准煤，同比增长5.3%，增幅较上年回落4.7个百分点，比增加值增速低3.6个百分点，占全社会能耗34.6%，同比提高0.8个百分点。居民生活能耗为357.26万吨标煤，同比增长3.5%，较上年回落3.5个百分点，占全社会能耗11.3%，同比提高0.1个百分点。

（三）工业节能贡献突出

2017年，全市工业能耗893.80万吨标煤，同比增加7.77万吨标准煤，增长0.9%，低于全社会能耗增幅1.9个百分点；占全市总能耗的40.3%，同比下降0.8个百分点；单位工业增加值能耗0.3576吨标煤/万元，同比下降7.79%，降幅高于单位GDP能耗2.57个百分点。

二、规上工业节能降耗成效显著

2017年，全市规模以上工业综合能耗778.48万吨标准煤，同比减少17.76万吨标准煤，下降2.2%，降幅比2016年收窄3.1个百分点。

（一）电力、热力、燃气及水生产供应业是节能主体

2017年，采矿业能耗2.83万吨标准煤，下降4.2%，降幅比去年收窄4.4个百分点，带动规上工业能耗下降0.02个百分点；制造业能耗445.08万吨标准煤，增长0.3%；电力、热力、燃气及水生产供应业能耗330.57万吨标准煤，由2016年的增长4.4%转为下降5.4%，带动规上工业能耗下降2.36个百分点。

（二）高耗能行业节能成效显著

2017年，六大高耗能行业综合能耗601.58万吨标煤，占规上工业能耗的77.3%，比2016年回落0.5个百分点；同比减少17.2万吨标煤，下降2.8%，降幅高于规上工业0.6个百分点，带动规上工业能耗下降2.16个百分点。受节能调控影响，非金属矿物制品业综合能耗164.30万吨标准煤，增速由一、二、三季度的18.22%、17.56%、11.94%回落至2.22%；其中，22家水泥企业综合能耗147.00万吨标准煤，占非金属矿物制品业的89.5%，较前三季度回落0.7个百分点；增长3.8%，与前三季度相比放缓11.4个百分点。

（三）清洁能源需求扩大

2017年，规上工业企业消费天然气26533.15万立方米，较2016年增加2836.17万立方米，增长12.0%；生物质能消费8.10万吨标准煤，由同期的下降12.9%转为增长10.0%；电力消费152.58亿度，增长4.1%，高于去年3.3个百分点；消费热力629.35万吨，增长3.1%；消耗煤炭1062.20万吨，同比减少39.28万吨，由同期增长0.3%转为下降3.6%；焦炭消费0.20万吨，同比减少0.07万吨，下降25.2%。

三、全社会用电量需求旺盛

据市供电公司统计，2017年，全社会用电量296.09亿度，同比增长10.8%，高于2016年、全省1.0和3.8个百分点，增幅居全省第2位。

（一）三次产业和居民用电均保持较快增长

2017年，第一、二、三产业和居民用电量分别为2.93、157.66、80.73和54.77亿度，同比增长12.3%、10.4%、14.1%和7.2%，与2016年相比，第二产业用电增幅加快6.8个百分点，第一、三产业和居民用电增幅有所放缓，分别低于同期17.7、1.6和13.7个百分点。

（二）工业用电量增幅强劲

2017年，全市工业用电量150.39亿度，同比增长10.9%，高于2016年和全省7.4和5.1个百分点，增幅居全省第3位。其中，制造业用电量125.16亿度，同比增长11.8%，增幅比去年高9.4个百分点。

2017年全市工业效益情况简析

2017年，我市规上工业企业积极推动供给侧改革，降成本、去杠杆、去库存取得成效，大中型企业利润快速回升，重点产业经营形势良好，但受市场等多种因素影响，工业企业经营压力不断上升。

一、基本情况

2017年，我市2561户规模以上工业企业实现主营业务收入8822.11亿元，增长3.6%；实现利润和利税482.12和737.84亿元，增长7.2%和3.2%；企业亏损面10.7%，亏损企业亏损额29.12亿元，同比下降0.3%。

二、企业经营运行特点

（一）企业盈利能力逐步增强

2017年，全市规上工业企业实现营业利润413.94亿元，增长14.4%，高于营业收入和同期增幅10.4和11.7个百分点；占利润总额的85.9%，同比提高2.3个百分点，营业利润率为4.6%，同比提高0.1个百分点；其中，采掘业和制造业实现营业利润4.40和398.70亿，增长102.4%和16.8%，高于营业收入增幅119.1和13.0个百分点，高于同期39.0和13.2个百分点。

（二）降成本去杠杆取得成效

2017年，全市规上工业企业每百元主营业务收入中的成本为86.42元，同比下降0.11元；每百元主营业务收入中的三项费用8.10元，同比下降0.20元，三项费用增长1.1%，低于同期7.3个百分点，其中，销售费用和财务费用增长3.3%和3.1%、管理费用下降0.7%。2017年末，企业资产负债率56.2%，同比下降1.3个百分点，低于全省平均水平0.6个百分点；全年企业利息支出下降2.4%。

（三）产成品库存增幅放缓

2017年末，全市规上工业企业产成品库存364.63亿元，增长11.5%，低于2016年1.7个百分点；全年工业品产销率97.7%，为连续11年来的同期最高点，同比提高0.4个百分点；其中，大中型企业产成品增速同比放缓2.5个百分点，产销率98.2%，同比提高0.6个百分点。全市工业企业两项资金占用额2011.87亿元，增长7.4%，同比放缓10.5个百分点；占流动

2017年盈利前十位大中型企业利润表

单位：亿元，%

企业名称	利润	同比增加	增长
合肥海尔电冰箱有限公司	22.03	1.75	8.6
合肥鑫晟光电科技有限公司	18.73	14.88	387.3
合肥京东方光电科技有限公司	17.48	12.12	226.3
格力电器（合肥）有限公司	16.82	7.84	87.3
合肥海尔空调器有限公司	14.20	1.64	13.0
合肥美的暖通设备有限公司	13.47	1.88	16.2
联合利华（中国）有限公司	12.90	0.43	3.4
阳光电源股份有限公司	8.92	2.70	43.4
马钢（合肥）钢材加工有限公司	8.26	0.72	9.6
合肥海尔洗衣机有限公司	7.61	0.13	1.8
合 计	140.43	44.09	45.8

资产的43.1%，同比回落0.2个百分点。

（四）大中型企业经营水平提升

2017年，全市343户大中型工业企业实现利润338.63亿元，占全市工业70.2%，同比增加41.67亿元，增长14.0%，高于主营业务收入和同期利润增幅7.2和4.6个百分点，拉动全市工业利润增长9.3个百分点，其中，265户中型企业实现利润95.72亿元，增长18.8%，高于同期8.6个百分点。从企业看，鑫晟光电受市场价格回暖影响，利润较上年增加14.88亿、增长3.9倍；京东方光电和格力电器因产品转型升级，利润较上年增加12.12和7.84亿、增长2.3倍和87.3%；日立建机的挖掘机产销形势两旺，由去年同期亏损1.13亿转为盈利6.9亿；四户企业合计实现利润59.93亿元，增长251.5%，拉动全市工业和大中型企业利润增长9.5和14.4个百分点。

（五）主导产业盈利贡献突出

2017年，六大主导产业实现主营业务收入5723.32亿元，增长4.8%，高于全市工业1.2个百分点；实现利润和利税总额300.96和470.13亿元，增长12.9%和6.2%，占全市工业的62.4%和63.7%，同比提高2.5和0.9个百分点，利润对全市工业增长的贡献率达106.0%，拉动全市利润增长7.6个百分点。从产业看，装备制造业、平板显示及电子信息业分别实现利润80.10和75.54亿元，同比增长12.4%和1.1倍。

（六）新兴产业经营形势良好

2017年，全市519户战略性新兴产业实现主营业务收入2875.09亿元，增长12.2%，高于同期和全市工业1.4和8.6个百分点；实现利润和利税总额174.94和232.13亿元，增长39.4%和39.7%，高于同期27.0和20.7个百分点，利润对全市工业增长的贡献率达152.1%；亏损企业亏损额12.49亿元，同比下降24.7%。

（任为民）

政策法规

【政府令】

《合肥市城市轨道交通管理办法》（合肥市人民政府令188号）

《合肥市电梯安全监督管理办法》（合肥市人民政府令189号）。

《合肥市建筑垃圾管理办法》（合肥市人民政府令190号）。

《合肥市机动车停车场管理办法》（合肥市人民政府令191号）。

《合肥市人民政府关于修改〈合肥市居住证管理办法〉的决定》（合肥市人民政府令192号）。

《合肥市人民政府关于废止〈合肥市城市居民最低生活保障暂行办法〉等规章的决定》（合肥市人民政府令193号）。

《合肥市人民政府关于修改〈合肥市专业技术人员继续教育暂行规定〉等规章的决定》（合肥市人民政府令194号）。

【合肥市绿色建筑发展条例】

（2017年6月21日合肥市第十五届人民代表大会常务委员会第三十四次会议通过 2017年7月28日安徽省第十二届人民代表大会常务委员会第三十九次会议批准）

第一章 总 则

第一条 为了节约资源，保护自然环境，促进绿色建筑发展，推动生态文明建设，根据《中华人民共和国建筑法》、《中华人民共和国节约能源法》、国务院《民用建筑节能条例》等法律、行政法规，结合本市实际，制定本条例。

第二条 本条例适用于本市行政区域内绿色建筑的规划、建设、运营及其监督管理等活动。

第三条 本条例所称绿色建筑，是指在建筑全寿命期限内，最大限度地节能、节水、节地、节材，保护环境和减少污染，为人们提供健康、适用、安全、高效的使用空间，与自然和谐共生的民用建筑。

第四条 绿色建筑发展应当遵循政府引导、市场推动，统筹规划、因地制宜，经济适用、安全高效的原则。

第五条　市、县（市）区人民政府应当加强对绿色建筑发展工作的领导，建立和完善工作机制，推动绿色建筑的发展。

市、县（市）区人民政府应当将绿色建筑发展工作纳入国民经济和社会发展规划，积极支持绿色建筑产业，健全绿色建筑公共服务体系；制定绿色建筑激励政策，建立与绿色建筑发展水平相适应的财政支持机制；制订绿色建筑发展工作目标和考核指标，对绿色建筑发展目标完成情况进行考核评价。

第六条　市、县（市）区人民政府城乡建设部门是绿色建筑发展工作的行政主管部门。

市人民政府城乡建设行政主管部门负责绿色建筑发展工作的指导、监督和管理，制定绿色建筑发展的措施和绿色建筑相关的技术要求，建立全市统一的绿色建筑监督管理信息平台。

县（市）区人民政府城乡建设行政主管部门依据职责分工，负责本辖区内绿色建筑发展工作的监督和管理。

发展改革、规划、财政、经济和信息化、国土资源、房产、地震、水务、林业和园林、环境保护、统计、税务、公安消防等行政主管部门在各自职责范围内，共同做好绿色建筑发展工作。

高新技术产业开发区、经济技术开发区、新站高新技术产业开发区、合肥巢湖经济开发区管理委员会应当按照市人民政府的要求做好本辖区绿色建筑发展工作。

第七条　倡导绿色生活方式与行为节能，鼓励社会公众积极参与绿色建筑相关活动，监督绿色建筑活动中的违法行为。

第二章规划与建设

第八条　市人民政府城乡建设行政主管部门应当依据国民经济社会发展规划，结合城市建设和经济发展的实际需要，组织编制本市绿色建筑发展规划，报市人民政府批准后实施。

绿色建筑发展规划应当与生态环保、海绵城市建设、能源综合利用、水资源综合利用、固体废弃物综合利用、绿色交通和地下空间开发利用等专项规划相衔接。

第九条　市、县（市）区人民政府规划主管部门应当将绿色建筑发展规划的相关要求纳入控制性详细规划，并在建设用地规划设计条件中明确绿色建筑等级和技术指标。

国土资源行政主管部门在土地供应时，应当将建设用地规划条件或者选址意见书的要求以及绿色建筑等级和主要技术指标，纳入国有建设用地使用权出让合同或者国有建设用地划拨决定书。

第十条　绿色建筑按照国家规定由低到高划分为一星、二星、三星三个等级。

城镇总体规划确定的城镇建设用地范围内新建民用建筑应当按照一星级以上绿色建筑标准进行建设。其中，大型公共建筑、公共机构办公建筑和政府投资的其他公共建筑，应当按照二星级以上绿色建筑标准建设。

绿色生态城区、重点功能区内的新建民用建筑，按照二星级以上绿色建筑标准建设应达到相应比例。

鼓励其他公共建筑和居住建筑按照二星级以上绿色建筑标准进行建设。

第十一条　建设工程项目可行性研究报告或者项目申请报告应当明确绿色建筑等级、绿色建筑技术、节能减排效益评价等内容。

市、县（市）区人民政府发展改革行政主管部门在固定资产投资项目节能评估和审查时，应当将绿色建筑等级和技术指标纳入评估和审查内容。

第十二条　市、县（市）区人民政府规划主管部门对民用建筑项目进行规划审查时，应当就建设工程设计方案是否符合绿色建筑等级和技术指标同步征求城乡建设行政主管部门的意见；城乡建设行政主管部门应当自收到征求意见材料之日起十个工作日内提出意见。

应当执行绿色建筑标准的项目，不能满足绿色建筑强制性标准的，不得核发建设工程规划许可证。

第十三条　建设单位在进行项目立项、设计招标或者委托设计时，应当明确绿色建筑等级和技术指标。

建设单位不得明示或者暗示设计、施工、监理单位违反绿色建筑等级和技术指标进行设计、施工、监理。

建设单位应当保证建设工程采用的建筑材料和设备、设施符合施工图设计文件要求。

建设单位应当按照有关规定委托符合资质条件的工程质量检测机构，对进入施工现场的绿色建筑相关工程材料和设备进行见证取样检测，对建设工程进行现场实体检测。

新建公共机构办公建筑和大型公共建筑，建设单位应当安装建筑用能分项计量及建筑能耗监测系统，设计单位应当在设计文件中明确相应的设计内容。

第十四条　设计单位应当按照绿色建筑等级和技术指标进行设计，明确建筑材料、设备和产品的技术指标以及采取的绿色建筑技术等；建设工程的方案设计、初步设计、施工图设计等文件应当包含绿色建筑专篇。

施工图设计文件审查机构应当依法对建设工程施工图设计文件中的绿色建筑设计内容进行审查，未达到绿色建筑要求的，不得出具施工图审查合格证书。

施工图设计文件中的绿色建筑设计内容经审查通过后，建设单位不得擅自变更；确需变更的，应当按照原审查程序重新审查。

第十五条　施工单位应当按照施工图设计文件和有关施工技术规范编制绿色建筑专项施工方案并组织实施。

施工单位应当在施工中采取降低施工能耗、水耗，减少废弃物排放，减少噪声污染和防治扬尘等节能减排和环境保护措施。

施工单位应当对施工现场的墙体材料、保温材料、节能门窗、供暖制冷系统、照明设备、节水器具等进行查验；未经查验或者查验不合格的，不得使用。

监理单位应当制定绿色建筑专项监理实施细则并实施监理。

第十六条　建设单位在组织工程竣工验收时，应当严格执行按图施工的规定，对建设项目是否符合绿色建筑标准进行专项查验，并在竣工验收报告中载明绿色建筑设计文件的实施情况。新建住宅工程应当按照分户验收管理规定实行验收。

新建二星级以上的绿色建筑项目，建设单位应当委托具备法定资质条件的建筑能效测评机构进行能效测评。

绿色建筑专项查验不合格或者建筑能效测评不符合设计要求的，不得通过竣工验收，市、县（市）区人民政府城乡建设行政主管部门不得予以竣工验收备案。

第十七条　从事节能检测和建筑能效测评的机构应当依法具备相应资质，并按照绿色建筑等级和技术指标开展检测、测评。

从事节能检测和建筑能效测评的机构以及有关责任人员不得出具虚假或者严重失实的节能检测、建筑能效测评报告。

第十八条　建设单位应当在建设项目施工和销售现场，明示该项目的绿色建筑等级、技术指标、技术措施、保护要求、保修期限等内容，并在销售合同、质量保证书和使用说明书中载明。

第十九条　建筑材料和设备供应商不得向建设工程提供不合格的绿色建筑相关产品。在销售产品的同时，应当提供有效的产品质量保证书和产品使用说明书，有环境指标检验报告或者型式检验报告要求的产品，还应当提供环境指标检验报告或者型式检验报告。

绿色建筑材料和设备应当有企业名称、产品名称、执行标准、生产日期以及质量保证期、地址等信息标识。

第二十条　市、县（市）区人民政府城乡建设行政主管部门应当将绿色建筑的要求纳入建设工程质量和安全监督管理体系，依据相关法律、法规和标准，对建筑实体质量和建设工程各参与单位的行为实施监督。

第二十一条　市、县（市）区人民政府质量技术监督行政主管部门和工商行政管理部门应当加强绿色建筑材料和产品的生产、销售环节的监管，依法查处假冒伪劣、无名称、无厂名、无厂址等不合格的建筑材料与产品。

第三章　运营与改造

第二十二条　绿色建筑的运营应当符合下列要求：

（一）节能、节水、室内外环境维护等管理制度完备；

（二）节能、节水和建筑用能分项计量及建筑能耗实时监测设备等设施运行正常；

（三）供暖、通风、空调、照明等设备的自动监控系统运行正常，空调使用符合国家规定的温度控制标准；

（四）废气、污水等污染物达标排放；

（五）垃圾收集容器规范设置，分类收集生活垃圾。

第二十三条　建筑物所有权人或者使用权人与物业服务企业签订物业服务合同时，可以约定载明符合绿色建筑特点的物业管理内容，并做好建筑物的围护结构、用能设备、可再生能源设备等日常维护工作。

第二十四条　市、县（市）区人民政府城乡建设行政主管部门应当会同有关部门建立民用建筑能耗统计、能源审计、能效公示等制度，建立市级建筑能耗监测平台，实施建筑能耗动态监测，实现信息共享。

第二十五条　建筑能耗监测系统应当与建筑智能化系统统一设计、同步安装。

安装建筑用能分项计量装置和建筑能耗监测系统的民用建筑，其所有权人或者使用权人应当将有关能耗数据传输至市级建筑能耗监测平台。

供电、供气、供水、供热等单位以及未安装建筑用能分项计量及建筑能耗监测系统的公共建筑所有权人，应当在每年三月三十一日前将上一年度民用建筑能耗数据报送所在地城乡建设行政主管部门。

第二十六条　鼓励建筑节能服务机构为建筑的运营和民用建筑节

能改造提供合同能源管理服务。

公共机构办公建筑应当逐步采用合同能源管理模式进行改造，改造后节约的能耗资金，可以按照合同约定用于支付节能服务机构的服务费用。

第二十七条　市、县（市）区人民政府城乡建设行政主管部门应当会同发展改革、财政、房产、统计等有关行政主管部门以及机关事务管理等部门开展既有民用建筑建设年代、结构形式、用能系统、能源消耗指标等基本信息调查分析，结合既有建筑改造和城市更新专项工作，制定既有民用建筑节能与绿色化改造计划，报本级人民政府批准后组织实施。

市、县（市）区人民政府机关事务管理部门负责组织实施公共机构办公建筑绿色节能改造工作。

第二十八条　国家机关办公建筑节能改造费用纳入同级财政预算。

教育、科技、文化、卫生、体育等公益事业使用的公共建筑节能改造费用，由市、县（市）区人民政府和建筑物所有权人共同承担。

其他民用建筑的节能改造应当征得业主同意，其费用由所有权人承担，市、县（市）区人民政府应当给予适当补贴。

第二十九条　既有民用建筑节能改造应当优先改善门窗、屋面、遮阳和外墙等保温隔热性能，不得影响建筑结构安全和使用功能。

鼓励既有民用建筑节能改造时采用绿色建筑技术措施，设计安装太阳能、浅层地热能、空气能等可再生能源利用系统，对屋顶、外墙面等部位实施立体绿化。

第三十条　大型公共建筑未达到设计使用年限需要提前拆除的，应当经过论证并向社会公开征求意见，报市、县（市）区人民政府批准后实施，县（市）区人民政府应当报市人民政府备案。

第四章　技术与应用

第三十一条　绿色建筑应当推广应用自然通风、自然采光、外遮阳、雨水渗透与收集、中水处理回用、透水地面、建筑废弃物资源化利用、装配式建筑、隔音、智能控制和太阳能、浅层地热能、空气能、余热废热利用等先进、适用技术，选用本土植物、普及高能效设备及节水型产品。

第三十二条　市人民政府城乡建设行政主管部门应当积极推广绿色建筑适用技术，开展科技成果推广示范活动，按照有关规定编制和发布绿色建筑技术、工艺、材料、设备的推广、限制和禁止使用目录并适时更新。

第三十三条　新建公共机构办公建筑和建筑面积达到一万平方米以上的其他公共建筑应当统一设计并安装一种以上与建筑能耗水平相适应的可再生能源利用系统。

宾馆、医院等有热水系统设计要求的公共建筑和新建居住建筑，应当统一设计并安装太阳能、空气能等可再生能源热水系统，同步施工、同步验收。

民用建筑附属停车场或者停车库应当按照有关规定配建电动汽车充电设施。

新建民用建筑选用冷、热源时，应当优先采用已建成的区域分布式能源系统或者楼宇分布式能源系统。

第三十四条　城镇开发建设应当推广海绵城市模式，实现雨水的自然积存、自然渗透和自然净化，提高水资源的综合利用水平。

建设用地面积达到二万平方米以上的新建民用建筑，应当按照有关规定同步建设雨水收集利用系统。

新建民用建筑的景观用水、绿化用水、道路冲洗用水应当优先采用雨水、再生水等非常规水源。

新建民用建筑应当使用节水器具，场地排水管网建设应当实行雨污分流。

第三十五条　鼓励发展绿色建筑材料，提高绿色建筑材料在绿色建筑中的使用比例，鼓励使用再生建筑材料产品，推进建筑废弃物资源化循环利用。

绿色建筑应当使用预拌砂浆、预拌混凝土、高强钢筋、新型墙体材料，推广应用高性能混凝土，鼓励就地取材，开发利用本地建材资源。

第三十六条　引导和鼓励农村民用建筑采用乡土材料和传统工艺，推广应用建筑墙体保温、节能门窗、节水器具、节能型家电和太阳能光热、光伏等绿色建筑技术和材料。

第三十七条　民用建设工程中需要采用尚无相应标准的绿色建筑新技术、新工艺、新材料、新设备的，由市人民政府城乡建设行政主管部门组织有关专家或者委托有关专业机构进行技术论证，经论证符合绿色建筑和质量安全要求的，可以在该建设工程中使用。

第五章　引导与激励

第三十八条　市、县（市）区人民政府应当制定优惠政策，引导社会资金参与合同能源管理、可再生能源建筑应用、既有民用建筑绿色节能和绿色化改造等。

第三十九条　市、县（市）区人民政府应当积极开展绿色生态城区创建工作。

鼓励绿色生态示范城区、新区开发、重点功能区等区域按照绿色生态城区标准实施规划建设，健全绿色生态城区管理制度，保障绿色生态城区运营。

第四十条 市、县（市）区人民政府应当安排资金，支持下列活动：

（一）绿色建筑技术、产品的研发与推广及其有关技术规范制定；

（二）绿色生态城区示范；

（三）建筑能效测评、合同能源管理、分布式能源建筑应用、可再生能源建筑应用、装配式建筑、既有民用建筑节能改造等项目示范；

（四）绿色建筑宣传培训和公共信息服务；

（五）绿色建筑监督管理信息化建设。

第四十一条 市、县（市）区人民政府科技行政主管部门应当将绿色建筑关键技术列入科技研发的重点内容，支持企业、高等院校、科研机构、行业组织等研究开发绿色建筑新技术、新工艺、新材料和新设备，促进科技成果转化、推广和应用。

第四十二条 对绿色建筑发展实行下列扶持措施：

（一）建筑物外墙外侧保温隔热层的建筑面积不计入建筑容积率；

（二）地源热泵系统应用项目依法减征或者免征水资源费；

（三）应用太阳能、浅层地热能、生物质能、空气能等可再生能源的民用建筑，在核算建筑能耗时，其常规能源替代量抵扣相应的能耗量；

（四）新建民用建筑实施屋顶绿化、垂直绿化的，按照有关规定折算为附属绿地面积。

（五）满足装配式建筑要求的商品房项目，其外墙预制部分建筑面积不超过装配式建筑各单体地上规划建筑面积之和百分之三的，不计入成交地块的容积率计算。

第四十三条 符合条件的新建民用建筑应当按照装配式建筑实施建设，装配式建筑应当按照全装修成品房要求建设。

逐步推行全装修住房，并实施分户验收制度。

鼓励全装修住房设计与施工一体化、土建与内装一体化，推进适用材料及部品的应用，推广内装工业化生产方式，提高全装修住宅整体质量。

第四十四条 鼓励工业园区、旅游集中服务区、绿色生态城区、大型办公集中区、大型商业设施等能源负荷中心建设区域分布式能源系统或者楼宇分布式能源系统；条件具备的，可以结合太阳能、浅层地热能、生物质能、空气能等可再生能源以及余热、废热进行综合利用。

第四十五条 鼓励行业组织、科研机构、高等院校等单位开展绿色建筑科技研发、技术推广、宣传培训、咨询服务、绿色建材评价和建筑能效评估等活动。

第六章 法律责任

第四十六条 违反本条例规定，建设单位有下列情形之一的，由市、县（市）区人民政府城乡建设行政主管部门按照下列规定予以处罚：

（一）明示或者暗示设计、施工单位违反绿色建筑强制性标准进行设计、施工的，责令改正，并处以二十万元以上五十万元以下的罚款；

（二）绿色建筑专项查验不合格或者建筑能效测评不符合设计要求通过竣工验收并擅自交付使用的，责令改正，并处以项目合同价款百分之二以上百分之四以下的罚款；

（三）未按照规定在建设项目施工或者销售现场公示绿色建筑相关信息、未在质量保证书和使用说明书中载明绿色建筑相关内容的，责令限期改正；逾期不改正的，处以三万元的罚款；

违反建筑节能强制性标准的，按照有关法律、法规予以处罚。

第四十七条 违反本条例第十四条第一款规定，设计单位未按照绿色建筑强制性标准进行设计的，由市、县（市）区人民政府城乡建设行政主管部门责令改正，并处以十万元以上三十万元以下的罚款；方案设计、初步设计和施工图设计文件中无绿色建筑专篇的，由市、县（市）区人民政府城乡建设行政主管部门责令改正，逾期不改正的，处以一万元以上三万元以下的罚款。

第四十八条 违反本条例第十四条第二款规定，施工图设计文件审查机构对未达到绿色建筑强制性标准出具施工图审查合格证书的，由市、县（市）区人民政府城乡建设行政主管部门责令改正，没收违法所得，并处以三万元的罚款；情节严重的，由市城乡建设行政主管部门根据有关规定，提请有权机关撤销对审查机构的认定。

第四十九条 违反本条例第十五条第一款规定，施工单位未按照绿色建筑强制性标准进行施工的，由市、县（市）区人民政府城乡建设行政主管部门责令改正，并处以民用建筑项目合同价款百分之二以上百分之四以下的罚款；情节严重的，由颁发资质证书的部门责令停业整顿，降低资质等级或者吊销资质证书；造成损失的，依法承担赔偿责任。

第五十条　违反本条例第十五条第四款规定，监理单位未按照绿色建筑强制性标准实施监理的，由市、县（市）区人民政府城乡建设行政主管部门责令改正；逾期未改正的，处以十万元以上三十万元以下的罚款。

第五十一条　违反本条例第十七条第二款规定，从事节能检测和建筑能效测评的机构以及有关责任人员出具虚假或者严重失实的节能检测、建筑能效测评报告的，由市、县（市）区人民政府城乡建设行政主管部门责令改正，没收违法所得，并处以五万元以上十万元以下的罚款。

第五十二条　违反本条例第二十五条规定，建筑物所有权人、使用权人未按照规定传输、报送建筑能耗数据的，由市、县（市）区人民政府城乡建设行政主管部门责令改正；逾期未改正的，处以一万元以上五万元以下的罚款。

第五十三条　市、县（市）区人民政府城乡建设行政主管部门和其他有关部门及其工作人员违反本条例规定，在绿色建筑监督管理工作中玩忽职守、滥用职权、徇私舞弊的，由有权机关对直接负责的主管人员和其他直接责任人员依法给予处分。

第五十四条　违反本条例的行为，法律、法规已有处罚规定的，从其规定。

违反本条例规定予以处罚的，按照国家有关规定记入社会诚信档案。

第七章　附　则

第五十五条　市人民政府应当依据本条例制定相应的实施细则。

第五十六条　本条例自 2017 年 10 月 1 日起施行。

责任编辑：徐仙春

本索引采取主题分析索引法，按索引词首字汉语拼音字母顺序排列，同声同韵字按声调、同音字按笔画顺序排列，若首字相同则按第二字音序排列，依次类推。索引词后的阿拉伯数字表示该词所在页码，数字后的英文字母 a、b、c 分别表示该页文字的左中右栏。

A

B

C

D

E

F

G

H

J

N

P

Q

T

W

X

Y